교원임용 교육학 논술 대비

2026 권지수 교육학 문제집

권지수의 만점전략 논제잡기

논제 쏙쏙

권지수 편저

시험에 나올 문제만 쏙! 뽑았다

객관식/논술형 기출분석
적중예상논제 289

박문각

머리말

본 서적은 싸움에서 이기기 위해서 태어났다. 『손자병법』에 따르면 '지피지기(知彼知己)면 백전불태(百戰不殆)'라고 한다. 싸움에서 이기려면 상대를 알고 효과적인 전략을 세워 놓아야 한다. 교원임용시험에서의 합격도 마찬가지이다. 그간의 출제경향을 분석하고 필승의 전략을 짜서 효과적으로 대응해 나갈 때 합격할 수 있게 된다. 본 서적은 이런 점을 염두에 두고 객관식 및 논술형 기출문제와 예상 논제별 모범답안을 제시한다.

우선, 제1편에서는 객관식 기출문제를 수록하였다. 지금까지 출제되었던 교육학 객관식 문제 중에서 교육학 논술에 중요한 의미를 지닌 문제들을 엄선하였다. 수험생들은 교육학의 핵심 쟁점들을 확인하고 교육학 논술 시험에 대비할 수 있을 것이다.

다음, 제2편에서는 논술형 기출문제를 모두 담았다. 2013학년도 중등 교육학 논술 추가시험에서부터 현재에 이르기까지, 중등 교육학 논술형의 모든 것을 수록하였다. 나아가 최근 초등 교직 논술까지 덧붙였다. 수험생들은 교육학 논술의 출제경향과 출제관점을 분명히 파악할 수 있을 것이다.

마지막으로, 책 속의 책에서는 예상 논제별 모범답안을 제시하였다. 출제 가능성이 높은 논제들을 엄선하고 그에 대한 모범답안을 제시함으로써 만점 답안을 모델링할 수 있도록 한 것이다. 이 점에서 본 서적은 바로 탁월한 만점 교육학을 추구한다. 수험생들은 출제경향과 핵심 논제를 정확히 파악하고, 그에 대응하는 효과적인 전략을 세울 수 있을 것이라 기대한다.

본 서적은 철저히 교육학 논술 시험에서 승리하기 위해 태어났다. 그 시험이 임용시험이든 행정고시 또는 교육전문직 시험이든 대학원이나 대학의 학과 시험이든 불문한다. 본 서적을 통해 시간과 노력의 비용을 절감하면서 최대의 효과를 거둘 수 있을 것이라 확신한다. 필자는 본 서적을 집필하는 데 많은 시간과 노력을 투자하였다. 모쪼록 본 서적이 교육에 헌신하고자 하는 동도제현께 탁월한 선택이 되었으면 하는 바람이다.

경재 권지수

출제 경향 분석

❶ 교육학 논술 출제 경향 분석

▶ 교육학 논술(20점) = 내용 영역(15점), 체계 영역(5점)

연도	전체 주제	출제 논점(소주제)	출제 영역	논술 유형
2013학년도 (중등 특수) [2013. 5. 25.]	IQ의 해석 ↓ 학습동기	IQ의 해석 [3점]	교육심리학	[대화문] • 설명형 • 관점 제시형 • 실질적 제시문
		기대×가치이론(학습동기 상실 원인 / 해결방안) [6점]	교육심리학	
		욕구위계이론(학습동기 상실 원인 / 해결방안) [6점]	교육심리학	
2014학년도 [2013. 12. 7.]	학습동기 유발 ↓ (수업 참여 촉진)	잠재적 교육과정(진단: 수업 소극적 참여) [3점]	교육과정	[대화문] • 설명형 • 관점 제시형 • 실질적 제시문 • 형식적 제시문
		문화실조(진단: 수업 소극적 참여) [3점]	교육사회학	
		협동학습 실행(학습동기 유발방안) [3점]	교육방법론	
		형성평가 활용(학습동기 유발방안) [3점]	교육평가	
		교사지도성 행동(학습동기 유발방안) [3점]	교육행정학	
2014학년도 (상반기 추시) [2014. 6. 28.]	학생의 학교생활 적응 향상 및 교사의 수업 효과성 증진 ↓ (학교생활 적응)	차별접촉이론 / 낙인이론(원인: 학교 부적응) [3점]	교육사회학	[성찰 일지] • 설명형 • 관점 제시형 • 관점 추론형 • 실질적 제시문 • 형식적 제시문
		행동주의 상담기법(학교생활 적응 향상) [3점]	생활지도와 상담	
		인간중심 상담기법(학교생활 적응 향상) [3점]	생활지도와 상담	
		발견학습(학문중심 교육과정에 근거한 전략) [3점]	교육방법론	
		장학 활동(교사 전문성 개발) [3점]	교육행정학	
2015학년도 [2014. 12. 6.]	교육개념에 충실한 자유교육의 이상 실현	자유교육 관점에서 교육 목적(내재적 목적) [4점]	교육철학	[워크숍] • 논증형 / 설명형 • 관점 제시형 • 관점 추론형 • 실질적 제시문 • 형식적 제시문
		백워드 교육과정 설계(특징) [4점]	교육과정	
		Keller의 ARCS(학습동기 향상 – 과제 제시 방안) [4점]	교육방법론	
		Senge의 학습조직(학습조직 구축 원리) [4점]	교육행정학	
2015학년도 (상반기 추시) [2015. 6. 27.]	교사의 과제 (학교 및 수업에 대한 이해)	학교교육의 선발·배치 기능 / 한계(기능론 관점) [4점]	교육사회학	[학교장 특강] • 설명형 • 관점 제시형 • 관점 추론형 • 형식적 제시문
		관료제 및 이완결합체제(특징) [4점]	교육행정학	
		ADDIE 모형(분석 및 설계의 주요 활동) [4점]	교육방법론	
		준거지향평가(개념 및 장점) [3점]	교육평가	
2016학년도 [2015. 12. 5.]	교사의 역량 (교과· 생활지도· 조직활동)	경험중심 교육과정(장점 및 문제점) [4점]	교육과정	[자기계발계획서] • 설명형 • 관점 추론형 • 형식적 제시문
		형성평가(기능 및 시행 전략) [4점]	교육평가	
		에릭슨(심리적 유예기) / 반두라(관찰학습) (개념) [3점]	교육심리학	
		비공식 조직(순기능 및 역기능) [4점]	교육행정학	
2017학년도 [2016. 12. 3.]	2015 개정 교육과정의 실질적 구현	교육기획(개념과 효용성) [4점]	교육행정학	[신문 기사] • 논증형 / 설명형 • 관점 추론형 • 실질적 제시문 • 형식적 제시문
		내용조직의 원리(통합성+2가지) [4점]	교육과정	
		조나센의 구성주의 학습환경 설계(학습지원 도구·자원과 교수활동) [4점]	교육방법론	
		타당도의 유형과 개념(내용타당도) [3점]	교육평가	
2018학년도 [2017. 11. 25.]	학생의 다양한 특성을 고려한 교육	워커 모형(명칭과 교육과정 개발에 적용 이유) [4점]	교육과정	[대화문] • 설명형 • 관점 추론형 • 실질적 제시문 • 형식적 제시문
		문제중심학습(학습자 역할, 문제 특성과 학습효과) [4점]	교육방법론	
		평가유형(준거지향·개인차 해석, 능력지향·성장지향) [4점]	교육평가	
		동료장학(명칭과 개념, 활성화 방안) [3점]	교육행정	

연도	주제	영역별 문항	영역	제시문 유형
2019학년도 [2018. 11. 24.]	수업 개선을 위한 교사의 반성적 실천	다중지능이론(명칭과 개념, 개발과제와 그 이유) [4점]	교육심리학	[성찰 일지] • 설명형 • 관점 추론형 • 실질적 제시문 • 형식적 제시문
		경험선정의 원리(기회·만족 원리) / 잠재적 교육과정(개념, 결과 예시) [4점]	교육과정	
		척도법(리커트 척도) / 문항내적 합치도(신뢰도 추정방법의 명칭과 개념) [4점]	교육평가	
		변혁적 지도성(명칭, 신장방안) [3점]	교육행정	
2020학년도 [2019. 11. 23.]	토의식 수업 활성화 방안	비고츠키 이론(지식론 명칭과 지식의 성격, 교사와 학생의 역할) [4점]	교육심리학	[교사협의회] • 설명형 • 관점 추론형 • 관점 제시형 • 실질적 제시문 • 형식적 제시문
		영 교육과정(영 교육과정 시사점) / 중핵 교육과정(교육내용 조직방식의 명칭, 이 방식이 토의식 수업에서 가지는 장점과 단점) [4점]	교육과정	
		정착수업(정착수업의 원리) / 위키 활용 시 문제점 [4점]	교육방법	
		스타인호프와 오웬스의 학교문화 유형(명칭, 개선방안) [3점]	교육행정	
2021학년도 [2020. 11. 21.]	학생의 선택과 결정의 기회를 확대하는 교육	교육과정 운영 관점(충실도 관점의 장단점, 생성 관점의 운영방안) [4점]	교육과정	[이메일] • 설명형 • 관점 추론형 • 관점 제시형 • 실질적 제시문 • 형식적 제시문
		자기평가(교육적 효과, 실행 방안) [4점]	교육평가	
		온라인 수업(학생 특성과 학습 환경의 예, 토론게시판을 활용한 학생 지원 방안) [4점]	교육방법	
		의사결정 모형(명칭, 개선방안) [3점]	교육행정	
2022학년도 [2021. 11. 27.]	학교 내 교사 간 활발한 정보 공유를 통한 교육의 내실화	교육과정(수직적 연계성, 교과 내 교육과정 재구성) [4점]	교육과정	[학교 자체 특강] • 설명형 • 관점 추론형 • 관점 제시형 • 실질적 제시문 • 형식적 제시문
		교육평가(총평관에서 진단검사, 평가결과 해석기준) [4점]	교육평가	
		교수전략(딕과 캐리 모형의 교수전략, 온라인 수업에서 고립감 해소를 위한 교수·학습활동 및 테크놀로지) [4점]	교육방법	
		교원연수(학교중심연수 종류, 활성화 지원방안) [3점]	교육행정	
2023학년도 [2022. 11. 26.]	학생, 학부모, 교사의 의견을 반영한 학교 교육 개선	교육심리(자기효능감, 자기조절학습) [4점]	교육심리	[학교 운영 자체 평가 보고서] • 설명형 • 관점 추론형 • 관점 제시형 • 실질적 제시문 • 형식적 제시문
		교육평가(형성평가 활용방안, 내용타당도) [4점]	교육평가	
		교육과정(경험중심 교육과정, 학문중심 교육과정) [4점]	교육과정	
		관료제(순기능, 역기능) [3점]	교육행정	
2024학년도 [2023. 11. 25.]	학습자 맞춤형 교육 지원을 위한 교사의 역량	교육과정(잠재적 교육과정) [3점]	교육과정	[신임교사와 교육전문가 대담] • 설명형 • 관점 추론형 • 관점 제시형 • 실질적 제시문 • 형식적 제시문
		교육방법(온라인 수업 상호작용) [4점]	교육방법	
		교육평가(능력참조평가, CAT 검사) [4점]	교육평가	
		학교운영위원회(구성위원 3주체, 그 구성의 의의, 위원으로 학생 참여의 순기능과 역기능) [4점]	교육행정	
2025학년도 [2024. 11. 23.]	변화하는 환경에서 교육의 기본에 충실한 교사	교육과정(타일러 목표중심모형) [4점]	교육과정	[경력교사와 신임교사의 대화] • 설명형 • 관점 제시형 • 실질적 제시문 • 형식적 제시문
		교육방법(조나센 구성주의 학습환경) [4점]	교육방법	
		교육평가(준거참조평가, 교육평가 기본 가정) [4점]	교육평가	
		교육행정(카츠 리더십 이론) [3점]	교육행정	

❷ 교육학 내용 영역별 출제 경향 분석

연도＼영역	교육과정	교육심리	교육방법	교육평가	생활지도	교육행정	교육사회	교육사 철학
2013학년도 (중등 특수)		IQ해석, 기대가치이론, 욕구위계이론						
2014학년도	잠재적 cur.		협동학습	형성평가		상황적 지도성	문화실조	
2014학년도 (상반기)			발견학습		상담기법 (행동주의, 인간중심)	장학활동	차별접촉이론, 낙인이론	
2015학년도	백워드설계		ARCS			학습조직		교육목적 (자유교육)
2015학년도 (상반기)			ADDIE	준거참조평가		관료제, 이완결합체제	기능론 (선발·배치 기능/한계)	
2016학년도	경험중심 cur.	에릭슨, 반두라		형성평가		비공식조직		
2017학년도	내용조직원리		조나센	내용타당도		교육기획		
2018학년도	워커 모형		PBL	준거참조평가, 자기참조평가		동료장학		
2019학년도	경험선정원리, 잠재적 cur.	다중지능이론		리커트 척도, 신뢰도 추정방법		변혁적 지도성		
2020학년도	영 교육과정, 중핵교육과정	비고츠키이론	정착수업, 위키활용			스타인호프와 오웬스의 학교문화유형		
2021학년도	교육과정 운영 관점		온라인 수업	자기평가		의사결정 모형		
2022학년도	수직적 연계성, 교육과정 재구성		딕과 캐리 모형, 온라인 수업	총평관에서 진단검사, 평가결과 해석기준		학교중심연수		
2023학년도	경험중심 cur. 학문중심 cur.	자기효능감, 자기조절학습		형성평가, 내용타당도		관료제		
2024학년도	잠재적 cur.		온라인 수업 상호작용	능력참조평가, CAT 검사		학교운영위원회		
2025학년도	타일러 모형		조나센	준거참조평가, 평가 기본 가정		카츠 리더십		

1. 하루에 몇 번이든 학생들과 인사하라. 한 마디 인사가 스승과 제자 사이를 탁 트이게 만든다.

2. 학생들에게 미소를 지으라. 밝고 다정한 스승으로 호감을 줄 것이다.

3. 학생들의 이름을 부르라. 이름을 부르는 소리는 누구에게나 감미로운 음악이다.

4. 친절하고 돕는 교사가 되어라. 학생들과 우호적인 관계를 원한다면 무엇보다도 친절하라.

5. 학생들을 성의껏 대하라. 내가 하는 모든 일을 즐거이 말하고 행동하되, 다만 신중할 것을 잊지 말라.

6. 학생들에게 진심으로 관심을 가지라. 내가 노력한다면 거의 누구든지 좋아할 수 있다.

7. 칭찬을 아끼지 말라. 그리고 가능한 한 비판을 삼가라.

8. 항상 학생의 입장을 이해하라. 서로 입장이 다를 경우에는 일반적으로 세 편이 있음을 기억하라. 그것은 '나의 입장', '학생의 입장', 그리고 '올바른 입장'이다.

9. 봉사를 머뭇거리지 말라. 교사의 삶에 있어서 가장 가치로운 것은 학생을 위하여 사는 것이다.

10. 이상의 것에 깊고 넓은 실력과 멋있는 유머와 인내, 약간의 겸손을 더하라. 그러면 교사가 하루를 후회하는 경우는 별로 없을 것이다.

차 례

Part 01

**객관식
기출분석**

Part
02

논술형
기출분석

참 잘했어요!

2026 권지수교육학 문제집

논제쏙쏙

PART

01

객관식 기출분석

교육과정학

1 교육과정 개발 ─ **교육과정 개발절차** ─ 교육목표의 설정 _{95 중등, 10 중등}
├ 교육내용의 선정과 조직 ─┬ 교육내용 선정의 원리 _{99 초등, 00 초등보수, 19 중등論}
├ 교수학습　　　　　　　└ 교육내용 조직의 원리 _{98~99 초등, 99~00 초등보수, 01 초·중등, 04 중등,}
│　　　　　　　　　　　　　　　　　　　　　　　　　_{05~06 초등, 06 중등, 09 중등, 10~11 초등, 11 중등,}
│　　　　　　　　　　　　　　　　　　　　　　　　　_{17 중등論, 22 중등論}
└ 평가

├ **교육과정 개발모형** ─ 개발모형 ─┬ Tyler의 목표중심 모형 _{98 중등, 00 초등보수, 03 초등, 07~09 중등, 12 초등, 25 중등論}
│　　　　　　　　　　　　　　　├ Taba의 교사중심모형 _{10 중등}
│　　　　　　　　　　　　　　　├ Skilbeck의 학교중심모형 _{07 초등, 11 초등, 12~13 중등}
│　　　　　　　　　　　　　　　└ Wiggins & McTighe의 백워드 설계모형 _{10 초등, 12 중등, 15 중등論}
│　　　　　├ 실제모형 ─┬ Schwab의 실제적 모형 _{07 초등}
│　　　　　│　　　　　　└ Walker의 자연주의적 모형 _{00 초등보수, 09 초·중등, 12 초등, 18 중등論}
│　　　　　└ 이해모형 ─┬ Eisner의 예술적 접근 모형 _{99 초등, 04 초등, 06~09 초등, 06 중등, 12~13 중등}
│　　　　　　　　　　　├ Pinar의 실존적 재개념화 모형 _{98 중등, 00 중등, 01 초등, 07 중등, 12 초·중등}
│　　　　　　　　　　　└ Apple의 구조적 재개념화 모형 _{06 중등}

2 교육과정 유형 ─ **공식적 교육과정** ─┬ 교과중심 교육과정 _{91 중등, 99 초등보수}
│　　　　　　　　　　├ 경험중심 교육과정 _{90 중등, 92 중등, 94 중등, 99 초등·초등보수, 04 중등, 07~08 중등, 08 초등, 12~13 중등,}
│　　　　　　　　　　│　　　　　　　　　　　_{16 중등論, 20 중등論, 23 중등論}
│　　　　　　　　　　├ 학문중심 교육과정 _{92 중등, 94 초등, 99 초등보수, 00 초·중등, 04 초등, 06 중등, 13 중등, 23 중등論}
│　　　　　　　　　　├ 인간중심 교육과정 _{92 중등, 99 초등, 10 중등}
│　　　　　　　　　　├ 통합 교육과정
│　　　　　　　　　　└ 역량중심 교육과정

├ **잠재적 교육과정** _{91 중등, 93 중등, 96 중등, 99 초등·초등보수, 99~00 중등, 02 초등, 06 중등, 08~09 중등, 09 초등, 14 중등論, 19 중등論,}
│　　　　　　　　　　　_{24 중등論}

└ **영 교육과정** _{96 중등, 99 초등·초등추시, 02 중등, 03 초등, 05 중등, 09 중등, 09~10 초등, 20 중등論}

3 교육과정 실제

교육과정의 결정과 운영

- 교육과정의 결정 98 초등, 02 중등, 05~06 초등
- Snyder의 교육과정 실행의 관점 07 전문상담, 10 초등, 21 중등論
- Hall의 교사의 관심에 기초한 교육과정 적용모형 08 초등
- 학교 교육과정의 재구성 22 중등論
- Renzulli의 교육과정 압축
- Dunkin과 Biddle의 교실 내 수업과정의 연구모형 08 초등

2022 개정 교육과정 총론

Section 01 교육과정 개발

01 교육과정 개발절차

01 "교육과정은 그 어원인 '쿠레레(currere)'에 복귀해야 한다." 라는 주장이 최근에 일어나고 있다. 이러한 주장과 관련 있는 것은? 01 초등

① 교육과정 논의의 대상은 교육과정 설계와 개발이다.
② 학교교육이 이루어지는 과정을 전달 과정에 비유한다.
③ 교육경험을 통한 개개인의 의미형성 과정을 강조한다.
④ 교육과정 질 관리의 차원에서 교사의 책무성을 강조한다.

🔡 교육과정의 개념

교육과정(curriculum)의 어원은 라틴어 'currere(쿠레레)'이다. 'currere' 는 경주에서 말들이 따라 달려야 하는 정해진 길(course)을 뜻하기도 하고, 경주에서 말들이 정해진 길을 따라 달리면서 갖는 체험의 과정을 의미하기도 한다. 후자의 경우 교육과정을 생생한 체험과 그 반성으로 보게 된다. 즉, 'currere'로서의 교육과정은 교육자나 학습자 자신이 외부의 사물이나 사건을 접하고, 읽고, 생각하고, 느끼고, 배우는 체험과 그 반성의 과정을 가르치고 배운다. 이와 관련하여 파이나(Pinar)는 "교육과정은 그 어원인 '쿠레레(currere)'에 복귀해야 한다."라고 주장하였다.

🔒 ③

02 실제 교수·학습 활동을 중요한 개념적 요소로 포함하는 교육과정의 정의는? 06 초등

① 교육과정은 의도된 학습결과이다.
② 교육과정은 교과 혹은 교과목에 담긴 내용이다.
③ 교육과정은 교육활동을 위한 문서화된 계획이다.
④ 교육과정은 학교의 지도 아래 학생이 겪는 경험이다.

🔡 교육과정의 개념

④와 같은 교육과정 정의는 학교에서 계획하고 교사가 제공하는 교육내용보다는 학습자가 교수·학습 활동(수업활동)에서 실제로 겪는 경험을 중요시하는 관점이다. 그러나 ①의 교육과정 정의 방식은 교육과정과 수업을 이원적 차원에서 파악하는 관점이다. 이 정의는 의도적 목표와 내용을 가정함으로써 교육과정과 수업을 구별하고자 하는 아이디어이다. 이것의 대표적인 교육과정 학자인 존슨(Mauritz Johnson)은 '교육과정은 일련의 의도된 학습결과 이며, 수업의 결과를 처방하는 것이다.'라고 한다. 이에 따르면, 교육과정이란 구조화된 일련의 의도된 학습결과만을 구성할 뿐이며, 그 밖의 활동내용, 학습활동 및 평가절차 등의 모든 것은 수업에 해당된다. 한편, 공약된 교육과정(계획된 교육과정, 의도된 교육과정), 수업 속에 반영된 교육과정(실행된 교육과정, 전개된 교육과정), 학습성과로서의 교육과정(경험된 교육과정, 실현된 교육과정)의 개념은 수준에 따른 교육과정 구분으로 교육과정에 관련된 여러 갈등적 입장이나 가설에 대해 중립적 입장을 취한다.

🔒 ④

03 교육과정의 순환과정에서 가장 먼저 결정되고, 그 이후에도 계속 기준의 역할을 하는 것은? ⁹⁷ 서울

① 교육목표 ② 교육내용
③ 교수방법 ④ 교육평가

🔡 교육과정 개발절차

일반적인 교육과정 개발절차는 '교육목표의 설정 → 교육내용의 선정과 조직 → 교수·학습의 과정 → 평가'로 진행된다.

🔒 ①

🔡 수업목표 진술의 원칙

수업목표는 학습자의 입장에서 도착점행동(학습의 결과)로 진술해야 한다. 내용과 행동 두 측면을 모두 포함해야 한다(2원 목표 분류). 관찰 가능한 행위동사로 진술하며, 구체적이고 세분화된 명시적 동사로 진술해야 한다. 한 개의 목표에는 한 가지의 학습 유형만 포함한다. 학습의 주제(예 한국전쟁, 이차방정식)를 수업 목표로 대치하지 않는다. ①, ③은 수업의 과정으로, ④는 교사의 입장에서 진술되었다.

🔒 ②

04 학교의 교육목표가 '인류의 지속 가능한 발전'이라는 보편적 가치에 부합하는지를 점검하였다. 이에 해당하는 점검의 준거는? ⁰⁸ 초등

① 타당성 ② 의사소통성
③ 적용가능성 ④ 달성가능성

🔡 교육목표(수업목표) 진술의 준거(일반원리)

교육목표를 설정할 때 고려해야 할 준거에는 구체성(명료성), 포괄성, 일관성, 실현가능성, 주체의 내면화, 가변성, 적합성, 타당성 등이 있다. ① 타당성이란 교육목표가 학습자의 현재의 삶이나 미래의 삶에 가치 있는 필수적인 것이어야 한다는 것이다.

🔒 ①

05 성취 행동의 관점에서 볼 때 가장 적절하게 진술된 수업 목표는? ⁰² 초등

① 수질 오염 방지 대책에 대해 토론한다.
② 비례 대표제의 장점과 단점을 열거할 수 있다.
③ '오빠 생각' 노래를 피아노 반주에 맞춰 연습한다.
④ 광합성 작용의 절차를 실험을 통해 파악하게 한다.

06 "교육목표는 내용요소와 행동요소를 2원적으로 제시해 주어야 수업의 실제에 유용한 지식이 될 수 있다."라는 주장과 관련이 깊은 것을 〈보기〉에서 모두 고른 것은? ⁹⁵ 중등

> ┌ 보기 ┐
> ㄱ. 교육목표가 상세화되어야 무엇을 어떻게 가르칠 것인지가 분명해진다.
> ㄴ. 교육목표는 예컨대 '비판적 사고력의 함양'과 같은 방식으로 제시되어야 한다.
> ㄷ. 교육목표를 상세화한다는 것은 곧 교육내용의 가치를 명료하게 한다는 것이다.
> ㄹ. 교육목표는 학습자의 행동적인 변화에 의해 평가될 수 있는 것이어야 한다.

① ㄱ, ㄴ ② ㄴ, ㄷ
③ ㄷ, ㄹ ④ ㄱ, ㄹ

🔡 타일러의 교육목표 진술

타일러에 따르면, 잘못된 목표 진술은 학습해야 하는 내용을 밝히지 않고 행동만을 진술하는 것이다. 지문 ㄴ처럼 비판적 사고력의 함양, 정서의 함양, 사회성의 발달 등이 그것이다. 이러한 진술은 무엇을 비판적으로 사고해야 하는지에 대한 구체적인 내용과 비판적 사고력을 활용해서 해결해야 할 문제가 무엇인지를 언급하고 있지 못한다. 지문 ㄷ의 교육목표를 상세화한다는 것은 교육과정이 표적하고 있는 바가 무엇인가를 명확하게 해 주는 것이다.

🔒 ④

07 다음 〈보기〉의 내용 중 타일러(Tyler)가 제시한 행동적 수업목표 진술의 3가지 특징은? 01 초등

보기

ㄱ. 수업목표 진술은 학습자의 행동으로 진술하여야 한다.

ㄴ. 행동과 함께 내용도 진술되어야 한다.

ㄷ. 기대되는 학습자 행동은 충분히 세분화하여야 한다.

ㄹ. 학습자의 도착점행동과 그 상황도 제시하여야 한다.

① ㄱ, ㄴ, ㄷ   ② ㄱ, ㄴ, ㄹ
③ ㄱ, ㄷ, ㄹ   ④ ㄴ, ㄷ, ㄹ

⊞ 타일러의 수업목표 진술의 특징

행동적 수업목표란 그 목표를 숙달했을 때 학습자들이 행동으로 표출하기를 기대하는 행동세목을 말한다. ㄹ은 메이거(Mager)가 제시한 수업목표 진술방법이다.

🔒 ①

08 다음 〈보기〉는 메이거(Mager)의 수업목표 진술방법에 따라 수업목표를 진술한 것이다. 어떤 조건이 누락되었는가?

96 초등

보기

제수(除數)가 한 자리인 나눗셈에서 몫과 나머지를 구할 수 있다.

① 상황   ② 수락기준
③ 도착점행동   ④ 학습방법

⊞ 메이거의 수업목표 진술방법

조건(상황), 수락기준(준거), 도착점행동(성취행동)으로 진술한다. 형성평가, 절대평가, 실기평가에 주로 활용한다. 지문에서 '제수가 한 자리인 나눗셈에서'는 조건이며, '몫과 나머지를 구할 수 있다.'는 도착점행동이다. 따라서 '② 수락기준'이 누락되어 있다. 수락기준(준거)이란 얼마만큼 그 행위를 잘 나타낼 수 있는가 하는 수준을 의미한다.

🔒 ②

09 수업목표를 진술할 때에는 조건, 도달기준, 행동의 종류가 명시되도록 하는 것이 바람직하다. 다음 중 이런 요소를 모두 충족시킨 진술은? 00 초등보수

① 지층과 화석의 형성과정을 알 수 있다.
② 운동장의 200미터 트랙을 빨리 달릴 수 있다.
③ 환경오염의 직접적인 원인 3가지를 알 수 있다.
④ 독일 통일 당시의 역사적 사실을 나열할 수 있다.
⑤ 나눗셈 30문제를 제시했을 때, 20문제 이상을 풀 수 있다.

⊞ 메이거의 수업목표 진술방법

조건(상황), 수락기준(준거), 도착점행동(성취행동)으로 진술한다. 지문 ⑤에서 '나눗셈 30문제를 제시했을 때'는 조건이며, '20문제 이상'은 수락기준(도달기준)이며, '풀 수 있다.'는 도착점행동(행동종류)이다.

🔒 ⑤

10 다음 중 가장 '일반적 수준'의 수업목표는? 00 강원 · 전남초보

① 형용사를 이해할 수 있다.
② 형용사의 '예'를 제시할 수 있다.
③ 형용사와 명사를 구분할 수 있다.
④ 형용사를 자신의 말로 설명할 수 있다.
⑤ 문장 속에서 형용사를 지적할 수 있다.

⊞ 일반적 수업목표 진술

그론룬드(Gronlund)는 일반적 수업목표와 명세적 수업목표를 구분하여 먼저 일반적 수업목표를 진술한 후 명세적 수업목표를 진술해야 한다고 하였다. 일반적인 수준의 수업목표는 일반적 · 포괄적이며, 장기적인 목표를 말하는 것으로 학습성과를 진술하되 내재적 행동을 나타내는 동사(안다, 이해한다)를 사용한다. 한편, 명세적 수업목표는 관찰 가능한 도착점행동으로 표현된 구체적인 학습성과 목록을 진술하며 관찰 가능한 행위동사(확인하다, 기술하다)를 사용한다. 따라서 지문에서 ①은 일반적 수업목표 진술이며, ②, ③, ④, ⑤는 모두 명세적 수업목표 진술에 해당한다.

🔒 ①

01

11 다음은 교육목표에 관한 타일러(R. Tyler)와 블룸(B. Bloom)의 견해를 대화 형식으로 구성한 것이다. (가)~(다)에 들어갈 말을 바르게 나열한 것은? 11 초등

> 타일러 : 저는 일찍이 　(가)　의 입장에서 교육목표를 진술해야 한다고 말한 바 있습니다.
> 블　룸 : 예, 잘 알고 있습니다. 선생님께서는 또한 　(나)　으로 이루어진 이원적 목표 진술을 강조하셨죠?
> 타일러 : 물론입니다. 그런데 선생님이 동료들과 함께 분류하려고 한 것은 그중의 어느 것입니까?
> 블　룸 : 저희들은 그 두 차원 중에서 　(다)　의 차원을 분류했습니다.

	(가)	(나)	(다)
①	교사	지식과 기능	기능
②	교사	내용과 행동	행동
③	학생	지식과 기능	기능
④	학생	지식과 기능	지식
⑤	학생	내용과 행동	행동

🔠 **블룸의 교육목표 분류학**

블룸(Bloom)은 교육목표를 내용(지식) 차원과 행동(인지과정) 차원으로 분류한 타일러(Tyler)의 2원 목표 분류에서 행동적 영역의 목표를 인지적 영역, 정의적 영역, 심리운동적 영역으로 세분화하였다.

🔒 ⑤

12 블룸(B. Bloom)의 인지적 영역 교육목표 분류와 크래쓰월(D. Krathwohl) 등의 정의적 영역 교육목표 분류에 대한 설명으로 적절하지 않은 것은? 10 중등

① 인지적 영역 목표의 분류 준거는 복잡성이다.
② 하위수준의 인지능력은 상위수준의 인지능력을 성취하기 위한 선행조건이다.
③ 정의적 영역 목표는 위계적으로 구성되어 있다.
④ 정의적 영역 목표의 분류 준거는 다양성이다.
⑤ 정의적 영역 목표는 감수, 반응, 가치화, 조직화, 인격화이다.

🔠 **블룸의 교육목표 분류학**

블룸(Bloom)의 교육목표 분류학은 인지적 영역, 정의적 영역, 심리운동적 영역으로 나누어진다. 먼저 인지적 영역의 교육목표를 분류하고(Bloom, 1956), 다음에 정의적 영역의 교육목표를 분류하고(Krathwohl, 1964), 가장 나중에 운동기능적 영역의 교육목표를 분류하였다(Harrow, 1972). 인지적 영역은 인지작용 복잡성(복잡성)의 원리에 의해 사고의 단순한 단계에서 복잡한 단계까지 계층적 순서를 이루며, 지식, 이해, 적용, 분석, 종합, 평가의 6가지로 분류할 수 있다. 정의적 영역은 내면화의 원리에 따라 감수(수용), 반응, 가치화, 조직화, 인격화로 분류할 수 있다.

🔒 ④

13 블룸(Bloom)의 수업목표 분류체계에 따를 때, "속성, 특징, 관계 등을 밝힘으로써 전문 술어를 정의한다."라는 목표와 관련되는 것은? 00 초등보수

① 지식　　　　　② 이해
③ 적용　　　　　④ 분석
⑤ 평가

> **블룸의 교육목표 분류학**(인지적 영역)
>
> 분석력(Analysis)은 주어진 자료를 부분으로 분해하고, 부분 간의 상호관계와 그것의 조직원리를 발견하는 능력을 의미한다. 분석력은 다음과 같이 세 수준으로 나눌 수 있다.
>
> ⑴ 요소의 분석 : 자료를 그 구성부분으로 나누어 자료의 요소를 발견하고 분류하는 능력
> ⑵ 관계의 분석 : 요소와 요소, 부분과 부분 간의 관계를 발견하는 능력
> ⑶ 조직원리의 분석 : 자료를 전체로 묶고 있는 조직원리, 즉 배열과 구조를 인식하는 능력
>
> 🔓 ④

14 블룸(Bloom)의 교육목표 분류학의 인지적 영역 중에서 자신의 경험을 독특한 표현방식으로 이야기하는 능력과 관련된 것은? 97 초등

① 지식　　　　　② 이해력
③ 분석력　　　　④ 종합력

> **블룸의 교육목표 분류학**(인지적 영역)
>
> 종합력은 여러 가지 요소나 부분을 새로운 의미체계가 성립되도록 하나의 전체로 묶는 능력으로 창의적인 능력(≒ 창의력)을 포함한다.
>
> ⑴ 독특한 의사전달방법의 창안 능력(🖼 작곡 능력, 자신의 고난 경험을 독특한 표현방식으로 이야기함, 새롭게 작문하는 능력, 즉흥 연설하기)
> ⑵ 조작의 계획 및 절차의 창안 능력(🖼 가을 운동회 계획수립 능력, 새로운 프로그램의 창출 능력)
> ⑶ 추상적 관계의 도출 능력(🖼 주어진 자료에서 잠정적인 가설을 형성하는 능력)
>
> 🔓 ④

15 블룸(Bloom)의 교육목표 분류체계에 따를 때, 다음 중 가장 상위 수준의 교육목표에 해당하는 것은? 03 초등

① 삼투압의 원리를 설명한다.
② 삼투압의 원리를 암송한다.
③ 삼투압의 원리를 이해한다.
④ 삼투압의 원리를 실생활에 적용한다.

> **블룸의 교육목표 분류학**(인지적 영역)
>
> 블룸(Bloom)의 교육목표 분류학에서 인지적 영역은 복합성(복잡성)의 원리에 따라 지식, 이해, 적용, 분석, 종합, 평가의 순으로 위계화된다. ① '설명한다'와 ③ '이해한다'는 이해력, ② '암송한다'는 지식, ④ '적용한다'는 적용력에 해당한다.
>
> 🔓 ④

16 정의적 영역의 수업목표에 대한 설명이다. 바르게 연결된 것은 무엇인가? 99 중등추시, 00 초등보수 유사

① 인격화 : 가치관이 일관성 있게 내면화됨
② 가치화 : 서로 다른 가치들을 비교하고 연관시켜 통합함
③ 수용 : 어떤 자극이나 활동에 적극 참여하여 만족감을 얻음
④ 조직화 : 특정대상이나 활동에 대해 의의와 가치를 추구하고 행동으로 나타냄

> **블룸의 교육목표 분류학**(정의적 영역)
>
> 블룸(Bloom)은 어떤 사상에 대한 주의, 흥미, 동기, 태도, 가치, 신념 등의 형성과 변화에 관계되는 정의적 영역의 행동을 감수(수용), 반응, 가치화, 조직화, 인격화로 분류하였다. ②는 조직화, ③은 반응, ④ 가치화에 대한 설명이다.
>
> 🔓 ①

17 "나는 좋아하는 음악이 있으면 친구들에게 그 음악을 듣도록 열렬히 권한다."라는 특성은 정의적 행동 목표의 어느 단계에 해당하는가? 99 초등

① 반응　　　　　　② 가치화
③ 조직　　　　　　④ 인격

블룸의 교육목표 분류학(정의적 영역)

가치화(Valuing)는 특정 대상이나 활동에 대해 의의와 가치를 직접 추구하고 행동으로 나타내는 것을 말한다. 가치화는 가치수용, 가치채택, 가치확신으로 분류된다.

②

19 학습경험의 선정 원칙 중 "독서에 대한 폭넓은 흥미의 함양을 지향하는 목표가 있다면 다양한 분야의 책을 읽어볼 수 있는 경험을 제공해야 한다."라는 원칙은?

93 중등 유사, 00 초등보수

① 기회의 원칙　　　② 만족의 원칙
③ 협동의 원칙　　　④ 가능성의 원칙

교육내용의 선정원리(기회의 원리)

기회의 원리란 교육목표 달성에 필요한 경험의 기회를 제공해야 한다는 원리이다.

①

18 김 교사는 학생들에게 독서를 지도하고자 한다. 지도에 앞서 우선 학생들의 여러 특성을 진단해 보고 그 특성 중 아동들의 필요와 흥미를 토대로 하여 독서에 관한 내용을 선정하였다. 이 경우 김 교사가 적용한 내용 선정의 원칙은?

99 초등

① 가능성
② 타당성
③ 만족의 원칙
④ 동목표와 경험의 원칙

교육내용의 선정원리(만족의 원리)

교육내용의 선정원리로는 기회의 원리, 만족의 원리(흥미의 원리), (학습)가능성의 원리, 일목표 다경험의 원리, 일경험 다성과의 원리, 중요성의 원리, 유용성의 원리, 타당성의 원리, 전이의 원리 등이 있다.

③

20 비판적 사고력 향상, 학교활동에의 적극적 참여 등 여러 가지 교육목표를 달성하기 위하여 '모의법정' 활동을 실시하기로 하였다. 이 경우에 적용한 교육내용 선정원리는?

03 중등

① 기회의 원리
② 가능성의 원리
③ 동목표 다경험의 원리
④ 동경험 다성과의 원리

교육내용의 선정원리(일경험 다성과의 원리)

일경험 다성과의 원리란 하나의 학습경험으로 여러 가지 교육목표(학습결과)를 동시에 달성할 수 있어야 한다는 원리이다.

④

21 교육과정 개발에서 "교육내용을 교육목표에 부합되도록 선정해야 한다."라는 원리는? 07 영양특채

① 흥미의 원리
② 타당성의 원리
③ 유용성의 원리
④ 균형성의 원리

▦ **교육내용의 선정원리**(타당성의 원리)

타당성의 원리란 교육내용은 교육의 일반목표 달성에 도움을 주는 것이어야 한다는 원리이다. 즉, 교육목적에 비추어 타당성 있는 내용이어야 한다. 교육내용이 일반목표와 무관하게 선택된다면 목적 없는 교육이 된다.

🔒 ②

22 관악기의 종류에 관한 음악과 수업계획안을 작성할 때, 범위(scope), 계열성(sequence), 중요성의 원리, 기회의 원리 등의 교육내용 선정·조직 준거 중 '범위'와 가장 관련이 깊은 것은? 04 중등

① 학습자료가 구비되어 있는지 확인한다.
② 본시의 수업내용이 전이가치가 높은지 검토한다.
③ 관악기의 종류 가운데 어떤 것까지 다룰 것인지 검토한다.
④ 음높이의 순서로 제시할 것인지, 크기의 순서로 제시할 것인지 결정한다.

▦ **교육내용의 조직원리**(수평적 조직: 범위, scope)

범위(scope)는 다루어야 할 학습내용의 폭과 깊이의 범위를 결정하는 것이므로 ③ '관악기의 종류 가운데 어떤 것까지 다룰 것인지 검토'하는 것은 범위와 가장 관련이 깊다. ①은 기회의 원리, ②는 전이의 원리, ④는 계열성의 원리에 해당한다.

🔒 ③

23 교육과정 내용 선정과 조직의 원리에서 '수평적 내용조직'의 특징을 가장 잘 보여주는 것은? 09 중등

① 고등학교 1학년에서는 국사 교과를, 2학년에서는 세계사 교과를 배울 수 있도록 조직한다.
② 중학교 도덕 교과에서 다루었던 전통 윤리의 내용을 고등학교 전통 윤리 교과에서 반복하여 제시한다.
③ 고등학교 수학 교과에서는 수학과 내용을, 사회 교과에서는 사회과 내용을 각각 독립적으로 다룬다.
④ 중학교 1학년에서 환경을 주제로 과학 교과내용과 기술, 가정 교과내용을 서로 긴밀히 관련지어 조직한다.
⑤ 중학교 1학년 국어 교과에서 시의 운율을 배운 후에, 2학년에서는 시에서 화자의 역할을 배우도록 배열한다.

▦ **교육내용의 조직원리**(수평적 조직: 통합성)

교육내용의 수평적 조직은 같거나 비슷한 시간대에 연관성 있는 교육내용을 나란히 배치하여 학습의 효율성을 도모하는 것을 말한다. 통합성(integration)은 교육내용들의 관련성을 바탕으로 서로 밀접히 관련지어 조직하는 것을 말한다.

🔒 ④

24 다음은 교육과정 구성절차 중 교육내용(학습경험)의 조직원리를 기술한 것이다. 이와 관계 깊은 것은? 98 초등

> 수학과에서 배운 표와 그래프의 개념을 자연과의 실험결과 데이터 해석과 관련지어 구성한다.

① 계속성
② 계열성
③ 통합성
④ 다양성

▦ **교육내용의 조직원리**(수평적 조직: 통합성)

통합성(integration)은 교육내용들의 관련성을 바탕으로 서로 밀접히 관련지어 조직하는 것을 말한다.

🔒 ③

25 학년 간 교육내용의 반복성을 강조하는 교육과정 조직의 원리는? ^{06 초등} → [06 초등]

① 통합성 ② 균형성
③ 계속성 ④ 계열성

교육내용의 조직원리(수직적 조직 : 계속성)

계속성(continuity)은 동일한 내용이 계속 반복되도록 조직하는 것을 말한다. 동일한 내용의 단순 반복이 특징이다.

🔒 ③

27 〈보기〉는 동물에 관한 학년별 교육내용을 배열한 예이다. 여기에 적용된 내용조직 원리는? [06 중등]

보기
• 1학년 : 동물
• 2학년 : 포유류, 조류, 양서류, 어류
• 3학년 : 염소의 소화기관, 기러기의 사계절, 개구리의 겨울잠, 연어의 한살이

① 계열성, 계속성 ② 계열성, 의존성
③ 독립성, 계속성 ④ 통합성, 균형성

교육내용의 조직원리(수직적 조직 : 계속성, 계열성)

〈보기〉에서 동물에 대한 교육내용이 학년이 올라감에 따라 계속 반복되고 있고, 전후 교육내용이 관련성을 갖고 양적으로 확대되고, 질적으로 심화되게 구성되어 있다. 따라서 정답은 계속성과 계열성이다.

🔒 ①

26 다음 〈보기〉제시된 교육상황과 관련 있는 원칙들을 맞게 결합시킨 것은? [00 초등]

보기
ㄱ. 인체의 기본 소화기관의 이름과 기능을 초등학교와 중학교에서 반복하여 가르친다.
ㄴ. 고려왕조 성립과정에 대하여 초등학교에서는 진행된 사실만을, 중·고등학교에서는 사실과 역사적 의미를 함께 가르친다.

	ㄱ	ㄴ
①	계속성의 원칙	계열성의 원칙
②	계속성의 원칙	통합성의 원칙
③	일관성의 원칙	계열성의 원칙
④	일관성의 원칙	통합성의 원칙

교육내용의 조직원리(수직적 조직 : 계속성, 계열성)

계속성(continuity)은 동일한 내용이 계속 반복되도록 조직하는 것을 말하며(단순 반복), 계열성(sequence)은 동일한 내용을 점차 폭과 깊이를 더해가도록 조직하는 것을 말한다(질적 심화와 양적 확대).

🔒 ①

28 교육내용을 조직하면서 동일한 내용요인을 반복하여 제시하되, 그 의미를 확대·심화시켜 가는 원리는? [00 초등보수]

① 균형성 ② 계속성
③ 동일성 ④ 통합성
⑤ 계열성

교육내용의 조직원리(수직적 조직 : 계열성)

계열성(sequence)은 동일한 내용을 점차 폭과 깊이를 더해가도록 조직하는 것을 말한다. 질적 심화와 양적 확대를 특징으로 한다.

🔒 ⑤

29 교육과정의 교육내용을 단순하고 구체적인 것으로부터 점차 복잡하고 추상적인 것으로 조직하는 원리는? 01 중등

① 계열성의 원리   ② 계속성의 원리
③ 통합성의 원리   ④ 균형성의 원리

교육내용의 조직원리(수직적 조직 : 계열성)
교육내용을 계열화할 때에는 연대순, 논리성, 주제별, 단순에서 복잡, 구체적인 것에서 추상적인 것, 전체에서 부분, 발달단계 등의 원칙이 고려되어야 한다.

🔒 ①

30 〈보기〉에서 교육과정의 수직적 내용조직의 특징을 나타내는 예를 골라 바르게 묶은 것은? 05 초등

┌─ 보기 ─┐

ㄱ. 아동 문학을 바탕으로 읽기, 쓰기, 말하기, 듣기를 함께 가르친다.
ㄴ. 수학 교과에서 비율의 개념을 가르친 후 사회 교과에서 축척의 개념을 가르친다.
ㄷ. 사회 교과에서는 정치, 경제, 사회, 문화, 지리, 역사 등을 균형 있게 가르친다.
ㄹ. 초등학교 6학년 과학 교과에서 가르친 에너지 개념을 중학교 1학년에서 심화하여 다룬다.

① ㄱ, ㄴ   ② ㄱ, ㄷ
③ ㄴ, ㄹ   ④ ㄷ, ㄹ

교육내용의 조직원리(수직적 조직 : 계열성)
교육내용의 수직적 조직은 시간적 순서에 따라 교육내용을 순차적으로 배치하여 수업의 효율성을 높이는 것을 말한다. 계속성, 계열성, 연속성(수직적 연계성)이 있다. 지문의 ㄱ은 통합성의 원리, ㄴ은 계열성의 원리, ㄷ은 균형성의 원리, ㄹ은 계열성의 원리에 해당한다.

🔒 ③

31 다음은 4~5학년 과학과 교육과정의 일부를 예시한 것이다. 이에 관한 세 교사의 대화와 교육내용 조직원리를 가장 적절하게 짝지은 것은? 11 초등

┌─────────────────────────┐
│ (4학년)
│ • 식물의 생김새와 특징 알아보기
│   - 식물이 사는 곳에 따른 생김새와 생활 방식 알아보기
│   - 비슷한 특징을 가진 식물끼리 묶어 보기
│
│ (5학년)
│ • 뿌리의 기능 알아보기
│ • 물관을 통한 물의 이동 실험하기
│ • 증산작용 실험하기
│ • 광합성의 산물 알아보기
└─────────────────────────┘

┌─────────────────────────┐
│ 박 교사 : 4~5학년에는 식물이라는 주제가 반복적으로 등장하도록 조직되어 있네요.
│ 이 교사 : 4학년은 식물의 겉모습에 초점을 두고 있는데, 5학년은 식물의 구조와 기능으로 심화되는 내용으로 조직되어 있네요.
│ 노 교사 : 5학년의 식물이라는 주제를 실과의 '꽃 가꾸기'와 하나로 묶어 조직하는 것도 좋을 것 같네요.
└─────────────────────────┘

	박 교사	이 교사	노 교사
①	계속성	계열성	통합성
②	계속성	통합성	계열성
③	계열성	계속성	통합성
④	통합성	계속성	계열성
⑤	통합성	계열성	계속성

교육내용의 조직원리(계속성, 계열성, 통합성)
박 교사는 주제가 반복적으로 나타나도록 조직되었다는 점을, 이 교사는 내용이 심화되도록 조직되었다는 점을, 노 교사는 과학과와 실과의 내용상 관련성을 바탕으로 하나의 단원으로 묶을 것을 제안한다는 점에서 각각 계속성, 계열성, 통합성과 관련된다.

🔒 ①

32 다음 대화에서 각 교사가 직면한 문제해결방법으로 가장 적절하게 연결된 것은? 10 초등

> 김 교사 : 매 단원마다 같은 내용이 반복되어 제시되다 보니 학생들이 지루해하는 것 같아요. 학생들의 학습을 심화, 발전시켜야 하는데 말이죠.
>
> 이 교사 : 저도 비슷한 고민을 해요. 미술 시간에 그림 그리기 준비를 하다 보면 정작 그리기 수업은 제대로 못하고 끝나버려요. 어떻게 하면 수업 시간을 안정적으로 확보할 수 있을까요?
>
> 박 교사 : 저는 조금 다른 문제로 고민 중입니다. 추석이 다가와서 친척들의 호칭을 가르쳐 주고 싶은데, 관련 단원이 마지막에 편성되어 있어서 어떻게 하면 좋을지 모르겠어요.
>
> 최 교사 : 저는 사회 시간에 역사적 사실과 그것을 배경으로 하는 문학 작품을 함께 가르치고 싶은데, 어떻게 하면 좋을까요?

	김 교사	이 교사	박 교사	최 교사
①	계열적 조직	연속운영 (block time)	단원 재구성	상관형 조직
②	계열적 조직	진도 조정	범교과학습 활용	분과형 조직
③	계속적 조직	연속운영 (block time)	단원 재구성	분과형 조직
④	계속적 조직	진도 조정	범교과학습 활용	상관형 조직
⑤	계속적 조직	진도 조정	범교과학습 활용	분과형 조직

⊞ 교육과정의 내용조직

김 교사는 계속성의 원리에 대한 해결책으로 계열적 조직을, 이 교사는 수업 시간의 안정적 확보와 수업의 완성도 제고 차원에서 블록타임(block time)제를, 박 교사는 단원 재구성을 통한 통합성을, 최 교사는 유사한 교과를 서로 연관시켜 구성하는 상관형 조직을 해결방법으로 고려할 수 있다.

🔒 ①

33 그림은 학교 교육과정의 내용조직에 관한 특정한 관점을 제시한 것이다. 이 그림이 나타내는 것은? 05 초등

① 저학년일수록 분과적 접근이 강조된다.
② 저학년일수록 추상적 과제의 학습이 강조된다.
③ 고학년으로 갈수록 활동 주제 중심의 학습이 강조된다.
④ 고학년으로 갈수록 지식 획득 중심의 학습이 강조된다.

⊞ 교육과정의 내용조직

그림을 살펴보면 저학년일수록 주제 중심의 구체적인 학습활동을 강조하고, 고학년으로 갈수록 추상적인 지식 중심의 교과지식을 강조하고 있다.

🔒 ④

02 교육과정 개발모형

01 교육과정 학자와 그의 업적이 잘못 연결된 것은? 06 중등

① 타바(H. Taba) : 귀납적 탐구 과정과 교육과정 개발에서 교사의 역할을 강조하였으며, 사회과의 '단원' 구성법을 제시하였다.

② 보비트(F. Bobbitt) : 과학적 관리에 기초한 활동 분석법을 활용하여 교육목표를 설정하였고, 전문가에 의한 교육과정 개발을 강조하였다.

③ 워커(D. Walker) : 교육 수요자의 요구분석에 기초하여 교육목표를 설정하고, 체계적 절차를 따르는 교육과정 개발모형을 제안하였다.

④ 스펜서(H. Spencer) : 근대 과학의 연구 성과를 교육과정 논의에 적용하였고, 실생활을 향상시키는 데 기여하는 지식의 우선순위를 정하였다.

교육과정 학자와 그 업적

워커(D. Walker)는 질적 연구 방법, 교육적 상상력을 강조하는 아이즈너(Eisner)의 제자로서 스승과 동일한 계열의 학문활동을 하였다. 따라서 그는 타일러의 합리적 개발모형과 정반대 입장에 있을 수밖에 없었다. 워커(D. Walker)는 교육과정을 실제적 장면에서 연구하였고, 교육과정 개발에 참여하는 사람의 의견이 타협되고 조정되는 과정을 강조하였다. 그는 타일러 모형이 교육과정 개발절차를 지나치게 절차적, 체계적, 합리적, 규범적으로 처방하여 제시함으로써 교육과정 개발에서 일어나는 많은 복잡한 것들에 대한 기술을 사상(捨象)했다고 비판하였다. 워커는 교육과정 개발 참여자들이 다양한 견해를 표방하고 공통된 기반을 모색하는 '토대 다지기(강령, platform)' 단계, 다양한 대안을 검토하고 가장 그럴듯한 대안을 선택하는 '숙의(deliberation)' 단계, 선택한 대안을 실천 가능한 것으로 구체화하는 '설계(design)' 단계를 자연스럽게 거치면서 교육과정을 개발한다고 하였다.

🔒 ③

02 다음 (가)와 (나)에 들어갈 학자로 옳은 것은? 13 중등

> 김 교사 : 교육활동을 시작하기 전에 교육의 목적을 명확하게 설정하기 곤란한 경우가 있습니다. 대표적으로 예술 교육이 여기에 해당합니다. 이 경우에는 교사가 사전에 예측할 수 없는 수많은 변인이 교육활동에 작용하며, 교사는 교육을 하는 과정에서 학습자의 요구에 맞게 반응해야 합니다. 교육활동이 수행된 후에 가지게 되는 학습경험을 교육의 목적이라고 할 때, (가) 는 이 목적을 '표현적 결과(expressive outcomes)'라고 불렀습니다.
>
> 최 교사 : 학교 교육과정은 과학적 연구에 기초하여 개혁되어야 합니다. 지금까지 학교에서 전통적으로 가르쳐온 교과는 근거가 불분명한 이론에 기초하고 있습니다. 학교 교육과정은 장차 젊은이들이 몸담게 될 '성인의 활동 영역'에 대한 과학적 조사를 바탕으로 새롭게 구성되어야 합니다. (나) 의 연구에 의하면, 성인의 활동 영역은 언어활동, 건강 활동, 시민 활동 등 10가지로 분류될 수 있습니다. 학교에서는 이런 것들을 가르쳐야 합니다.

	(가)	(나)
①	브루너(J. Bruner)	보비트(F. Bobbitt)
②	아이즈너(E. Eisner)	보비트(F. Bobbitt)
③	아이즈너(E. Eisner)	브로우디(H. Broudy)
④	파이나(W. Pinar)	브로우디(H. Broudy)
⑤	파이나(W. Pinar)	브루너(J. Bruner)

교육과정 학자의 견해

아이즈너(E. Eisner)는 모든 것을 수업 전에 행동목표로 구체화하여 진술하는 것은 불가능하다고 하면서 행동목표 이외에 문제해결목표와 표현적 결과를 제시하였다. 한편, 보비트(F. Bobbitt)는 『교육과정(The Curriculum)』(1918)에서 교육과정이라는 용어를 처음 사용한 사람이다. 타일러(Tyler)의 과학적 관리론을 교육과정에 도입하여, 교육과정을 '청소년들이 성인생활을 장차 영위할 때 겪게 될 여러 가지 일들을 보다 효과적으로 처리할 능력개발이라는 방식하에 경험하지 않으면 안 될 일련의 일들'이라고 정의하였다.

🔒 ②

03 〈보기〉의 진술 중 타일러(Tyler)가 『교육과정과 수업의 기본원리』(1949)에서 제시한 교육목표에 관한 주장들로만 묶인 것은? 07 중등

보기

ㄱ. 교육목표에 기초하여 교육경험(학습경험)을 선정, 조직해야 한다.
ㄴ. 교육목표는 인지적 영역, 정의적 영역, 심동적 영역으로 구분되어야 한다.
ㄷ. 타당한 교육목표 설정을 위해서 계속성, 계열성, 통합성의 원리를 준수해야 한다.
ㄹ. 교육목표에는 학생이 성취해야 할 행동, 그리고 삶의 내용 또는 영역이 포함되어야 한다.

① ㄱ, ㄴ   ② ㄱ, ㄹ
③ ㄴ, ㄷ   ④ ㄷ, ㄹ

타일러의 교육목표 설정

타일러는 교육목표를 설정할 때 잠정적 교육목표를 추출하고, 구체적 교육목표를 설정한다. 구체적 목표는 인지적 영역에 한정되며, 내용과 행동 차원으로 나누어 진술하는데, 목표 진술의 원칙은 합의된 가치와 기능의 합치성, 포괄성, 일관성, 실현가능성이다. 학습경험(교육내용)은 교육목표에 기초하여 선정·조직된다. ㄴ은 블룸(Bloom)의 주장에 해당하며, ㄷ은 학습경험 조직의 원리에 해당한다.

🔒 ②

04 〈보기〉의 ㄱ~ㄷ을 타일러(R. Tyler)가 제안한 학습경험 선정의 일반적 원리와 짝지은 것으로 가장 적절한 것은? 12 초등

보기

ㄱ. 학습활동을 선택할 때는 여러 가지 목표를 동시에 달성하는 데 도움이 되는 활동을 선택하도록 한다.
ㄴ. 한 가지 교육목표를 달성하는 데는 여러 가지 활동이 있으므로 다양한 학습활동을 선정하도록 한다.
ㄷ. 특정 교육목표를 달성하기 위해 그 목표 달성에 필요한 활동을 학습자 스스로 해볼 수 있도록 한다.

	ㄱ	ㄴ	ㄷ
①	만족의 원리	기회의 원리	다성과의 원리
②	기회의 원리	만족의 원리	가능성의 원리
③	다경험의 원리	가능성의 원리	만족의 원리
④	가능성의 원리	다성과의 원리	다경험의 원리
⑤	다성과의 원리	다경험의 원리	기회의 원리

타일러의 학습경험 선정의 원리

타일러는 학습경험 선정의 원리로 기회의 원리, 만족의 원리, 학습가능성의 원리, 일목표 다경험의 원리, 일경험 다성과의 원리를 제시하였다.

🔒 ⑤

05 타일러(Tyler)가 제시한 학습경험의 조직원리로 묶인 것은?

03 초등

> ㄱ. 교육철학에 비추어 학습경험이 교육적 가치가 있는지 판단한다.
> ㄴ. 학습경험을 분리하기보다는 구조적인 관련성을 갖도록 한다.
> ㄷ. 하나의 교육목표를 위해서 하나의 학습경험을 제공한다.
> ㄹ. 학습경험을 계속 제시하면서 심화·확대시킨다.

① ㄱ, ㄴ   ② ㄱ, ㄷ
③ ㄴ, ㄹ   ④ ㄷ, ㄹ

□□ 타일러의 학습경험 조직의 원리

타일러는 학습경험을 효과적으로 조직하는 기준으로 계속성, 계열성, 통합성의 원리를 제시하였다. ㄴ은 통합성의 원리, ㄹ은 계열성의 원리에 해당한다. ㄱ은 교육목표 설정과 관련되며, ㄷ은 학습경험 선정의 원리와 관련된다.

🔒 ③

06 타일러(R. W. Tyler)의 교육과정 개발모형에 대한 비판으로 볼 수 없는 것은? 08 중등

① 교육과정 개발을 지나치게 단순화해서 파악한다.
② 교육내용 선정에 대하여 직접적인 답을 제공하지 못한다.
③ 교육과정 개발에 개입되는 정치적 이해관계에 관심을 기울이지 않는다.
④ 학습경험의 조직을 지나치게 강조하여 교육목표의 효율적 달성을 소홀히 다룬다.

□□ 타일러의 교육과정 개발모형의 비판점

교육목표를 교육내용보다 우위에 두고 내용을 목표달성을 위한 수단으로 전락시켰다는 비판을 받는다.

🔒 ④

07 타바(H. Taba)의 교육과정 개발모형에 대해 바르게 설명한 것을 〈보기〉에서 모두 고른 것은? 10 중등

> ┤ 보기 ├
> ㄱ. 귀납적 접근 방법을 사용하였다.
> ㄴ. 요구 진단 단계를 설정하였다.
> ㄷ. 내용과 학습경험을 구별하여 개발 단계를 설정하였다.
> ㄹ. 반응평가모형을 제안하였다.

① ㄱ, ㄷ   ② ㄱ, ㄹ
③ ㄴ, ㄹ   ④ ㄱ, ㄴ, ㄷ
⑤ ㄴ, ㄷ, ㄹ

□□ 타바의 교육과정 개발모형(특징)

타바는 학년 또는 교과의 특성을 나타내는 '시험적인 단원 개발, 시험 단원의 검증(실행), 시험 단원의 수정 및 보완, 범위(scope)와 계열(sequence)에 따라 단원 배열, 새 단원의 보급' 등 5단계로 이루어진 교육과정 모형을 제시하였다. 이 중 시험적인 단원을 개발하는 데는 '요구진단, 목표설정, 내용선정, 내용조직, 학습경험 선정, 학습경험 조직, 평가내용·방법·수단 결정, 균형성과 계열성 검증' 등 8가지 하위단계가 순차적으로 요구된다. 이런 점에서 타바의 모형은 'ㄷ. 내용과 학습경험을 구별하여 개발 단계를 설정'하였고, 'ㄱ. 단원(unit) 개발에서부터 교과 형성으로 진행된다는 점에서 귀납적 모형'이다. 또 'ㄴ. 계속적인 요구진단'을 통하여 교육과정 요소들의 상호작용을 강조했다는 점에서 '역동적 모형'에 가깝다. 또, 교육과정 개발자들이 따라야 할 절차를 상세히 제시한다는 점에서 '처방적 모형'이다.
'ㄹ. 반응평가모형'은 스테이크(Stake)에 의해 제안된 평가방법으로 평가를 진행하는 동안 여러 관련 인사와 의논하여 그들의 반응에 따라 어떤 정보를 어떤 방법으로 수집, 분석할 것인지를 관찰한 그대로 기술하는 평가모형이다.

🔒 ④

08 스킬벡(M. Skilbeck)이 제안한 학교중심 교육과정 개발 모형의 특성이라 할 수 없는 것은? 07초등

① 교육과정 개발에서 강령(platform)을 중요한 요소로 삼는다.

② 교육과정 개발의 과정은 지속적이고 역동적인 성격을 지닌다.

③ 교육과정 개발은 학교 현실이나 상황에 기초하여 이루어진다.

④ 상황 분석 단계에서는 상황 구성의 내·외적 요인을 분석한다.

🔡 **스킬벡의 학교중심 교육과정 개발모형**(특징)

스킬벡(M. Skilbeck)은 전통적인 교육과정 개발모형의 경직성과 비현실성을 비판하면서, 학교현장의 교사들이 융통성 있게 교육 과정 개발에 참여할 수 있도록 허용하는 대안적 접근 방식, 즉 학교중심 교육과정 개발모형(SBCD)을 제시하였다. 그 개발과정은 '상황분석 → 목표 설정 → 프로그램 구성 → 판단(해석)과 실행 → 모니터링, 피드백, 평가, 재구성 → 상황분석……'으로 진행된다. 스킬벡의 SBCD 모형은 ③ 교육과정 개발이 학교현실이나 상황에 기초하여 이루어진다는 점에서 학교현실을 가장 잘 반영하고 실 행가능성이 높은 학교중심 교육과정 개발모형이다. ④ 학교, 교사, 학생 등 학교의 개별적 특성을 고려하여 교육과정을 개발하므로 학교특성을 고려한 교육과정 개발모형이다. ② 학생, 교사, 지역사회, 학부모들의 요구와 필요에 따라 발전적 으로 수정할 수 있기 때문에 역동적·상호작용적 모형이다. ①은 워커 모형에 대한 설명이다.

🔒 ①

09 스킬벡(M. Skilbeck)의 교육과정 개발모형이다. (가)와 (나)에서 수행해야 할 활동을 〈보기〉에서 골라 바르게 짝 지은 것은? 11초등

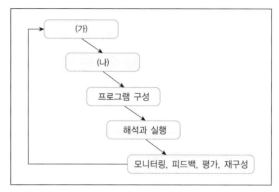

─ 보기 ─

ㄱ. 교육활동의 방향을 설정한다.

ㄴ. 기대되는 학습성과를 진술한다.

ㄷ. 교사의 가치관, 태도, 경험 등을 확인한다.

ㄹ. 학생들의 적성, 능력 및 교육적 요구를 조사한다.

	(가)	(나)
①	ㄱ, ㄴ	ㄷ, ㄹ
②	ㄱ, ㄷ	ㄴ, ㄹ
③	ㄱ, ㄹ	ㄴ, ㄷ
④	ㄴ, ㄷ	ㄱ, ㄹ
⑤	ㄷ, ㄹ	ㄱ, ㄴ

🔡 **스킬벡의 학교중심 교육과정 개발모형**(단계)

(가) '상황분석'에서는 상황을 구성하는 내·외적 요인들을 분석 한다. 학교 내적 요인에는 학생의 적성·능력·교육적 요구, 교 사의 가치관·태도·기능·지식·경험, 학교환경 등이 포함되며, 외적 요인에는 학부모의 기대감, 지역사회의 가치, 사회문화적 변화, 교육체제의 요구 등이 포함된다.
(나) '목표설정'에서는 상황분석에 기초하여 예상되는 학습결과를 진술하는데, 교육활동의 방향을 제시하기 위한 가치나 판단을 포 함한다.

🔒 ⑤

10 다음은 스킬벡(M. Skilbeck)의 모형(SBCD)에 따른 학교 교육과정 개발의 단계와 내용이다. (가)~(다)에 대한 설명으로 옳은 것만을 〈보기〉에서 있는 대로 고른 것은? ¹³중등

단계	내용
상황 분석	(가)
목표 설정	• 교육과정 운영 목표 설정 　－ 전년 대비 학업성취도 2% 향상 　　　　　　　　　　(하략)
프로그램 구성	(나)
(다)	• 변화된 교육과정에 따라 야기되는 문제점 예측 　－ 교과교실제 확대에 따른 교실 2개 부족 　　　　　　　　　　(하략)
모니터링, 피드백, 평가, 재구성	• 모니터링 및 평가 체제 설계 　－ 교육과정 평가 일정 준비 　　　　　　　　　　(하략)

보기

ㄱ. (가)에서는 교육정책과 학교풍토에 대한 분석이 이루어진다.
ㄴ. (나)에서는 교수·학습 활동에 대한 설계가 이루어진다.
ㄷ. (나)에서는 교사배제 교육과정(teacher-proof curriculum)의 아이디어를 실현하기 위한 활동이 수행된다.
ㄹ. (다)는 '해석과 실행' 단계에 해당한다.

① ㄱ, ㄴ　　　② ㄱ, ㄷ　　　③ ㄷ, ㄹ
④ ㄱ, ㄴ, ㄹ　　⑤ ㄴ, ㄷ, ㄹ

🔡 스킬벡의 학교중심 교육과정 개발모형(SBCD)

(가) '상황분석'에서는 상황을 구성하는 내·외적 요인들을 분석한다. 학교 내적 요인에는 학생의 적성·능력·교육적 요구, 교사의 가치관·태도·기능·지식·경험, 학교환경 등이 포함되며, 외적 요인에는 학부모의 기대감, 지역사회의 가치, 사회문화적 변화, 교육체제의 요구 등이 포함된다. (나) '프로그램 구성'에서는 교수·학습 활동의 설계, 수단－자료의 구비, 적절한 시설 환경의 설계, 인적 구성과 역할 분담, 시간표 짜기 등을 한다. 이때 교사배제 교육과정의 실현이 아니라 교사 주도의 교육과정 개발이 이루어진다. (다) '해석과 실행'에서는 교육과정의 변화를 일으키는 문제를 판단하고 실행한다.

🔓 ④

11 다음 상황을 읽고, 물음에 답하시오. (4문항) ¹⁰초등

푸른 초등학교에는 5학년 담임교사가 세 명이다. 이들은 교육과정을 운영해가는 방식에서 차이를 보인다. 박 교사는 (가) 학생의 지적 능력은 일반적인 단일능력이기 때문에 지능이 높은 학생은 전 교과에서 높은 성취를 보일 것이라고 생각한다. 박 교사는 모든 영역에서 고른 성취를 강조하고 열심히 공부하는 학급분위기를 조성하기 위해 학생 간 상호경쟁을 유도하고 있다. 또한 우수한 학생과 열등한 학생을 변별하여 개인의 상대적 위치를 확인시켜 주기 위해 평가를 활용하고 있다.

최 교사는 어떤 학생이건 자기 수준에 맞는 적절한 학습경험이 제공되면 올바른 학습습관과 지적 성장을 이루어 갈 것이라고 생각한다. 따라서 최 교사는 학생들이 교육과정을 통해 얼마나 성장하고 있는가에 관심을 둔다. 최종 성취수준에 대한 관심보다는 초기 성취수준에 비추어 얼마나 능력의 향상을 보이고 있는가를 중시한다. 최 교사는 학생들의 학습을 돕고, 학생의 노력과 성취의 변화과정을 확인하기 위한 목적으로 평가를 한다.

김 교사는 해당 학년에서 성취해야 할 교육과정상의 목표가 있으며 그 성취정도를 평가해 성취목표 달성수준에 대한 정보를 제공하고, 학습자가 성취목표를 달성할 수 있도록 효과적으로 돕는 것이 중요하다고 생각한다. 이와 같은 생각에서 김 교사는 교육과정을 (나) 백워드(backward) 방식으로 설계하는 것이 적절하며, 이는 성취기준과 교육의 책무성이 강조되는 최근 상황에도 부합한다고 본다. 또한 (다) 김 교사는 학생들의 성취목표 도달 정도를 확인해 이미 학습목표를 성취한 학생들과는 학습계약을 맺어 별도의 학습과제를 부여해 수업 시간을 낭비하지 않도록 하고 있다.

11-1 **(가)의 관점을 비판하는 가드너(H. Gardner)의 주장과 가장 가까운 것은?**

① 인간의 지적 능력은 문화권과 무관하게 규정된다.
② 지능은 고정적이고 개인에게 내재된 불변의 특성이다.
③ 인간의 지적 활동은 조작, 내용, 산출의 3차원 상호조합에 의해 발휘된다.
④ 인간의 지적 능력은 상호 독립적인 여러 개의 지능으로 구성되므로 특정 영역에서만 뛰어난 성취를 보이는 경우도 있다.
⑤ 인간의 지적 능력은 언어이해력, 언어유창성, 수리력, 기억력, 공간지각력, 지각속도, 추리력 등 일곱 개의 기본정신능력으로 구성된다.

🔡 가드너의 다중지능이론

가드너에 따르면, 지능은 단일요인이 아니라 영역별로 구분되는 9개의 상호 독립적인 지능들로 구성된다고 한다.
① 인간의 지능은 실생활 속에서 나타나는 지능이기 때문에 그 문화권에서 인정해 주는 결과물로서 문화와 무관할 수 없고 문화에 따라 달리 나타난다고 한다.
② 인간의 지능은 풍부한 교육적 환경 조성과 훈련을 통해 어느 정도 수준까지 발달시킬 수 있다고 보고, 지능발달을 촉진하기 위해 특히 아동기의 환경조성과 훈련, 조기 개입을 강조한다.
③ 길포드의 3차원적 지능구조모형에 대한 설명이다.
⑤ 써스톤의 중다요인설에 대한 설명이다.

🔒 ④

11-2 **(나)의 백워드 교육과정 설계 방식을 가장 잘 설명한 것은?**

① 학습자 흥미를 강조하는 활동 중심으로 설계한다.
② 탈목표(goal-free) 모형에 의해 평가가 이루어진다.
③ 목표설정, 평가계획, 수업활동계획 순으로 설계한다.
④ 교사와 학생의 협동 작업을 강조하는 구안법을 활용한다.
⑤ 학습자의 경험을 중시하는 과목 간의 횡적 통합을 강조한다.

🔡 위긴스와 맥타이의 백워드 설계모형

백워드 설계모형은 미국의 성취기준(standard) 중심의 교육개혁 운동에서 비롯된 것으로 교육자들에게 기대된 책무성을 획득하는 데 유리한 수단으로 인식되고 있다. 백워드 설계는 전통적인 타일러(Tyler) 방식과 비교할 때 2단계와 3단계의 순서가 역전되어 있는 모형이다. 즉, 이 모형은 평가를 교육과정의 마지막 단계에서 고려하는 일반적인 교육과정 모형과 다르게 교육목적과 그 평가 요소를 교육과정 설계의 처음 단계에서 고려한다. 설계절차는 '바라는 결과의 확인(목표설정) → 수용 가능한 증거의 결정(평가계획) → 학습경험과 수업의 계획(수업활동계획)'의 3단계로 진행된다. ①, ④, ⑤는 경험중심 교육과정, ②는 스크리븐의 탈목표 평가모형에 대한 설명이다.

🔒 ③

11-3 **김 교사가 (다)와 같이 수행한 방법과 가장 가까운 것은?**

① 발견학습(discovery learning)
② 협동학습(cooperative learning)
③ 상보적 학습(reciprocal learning)
④ 선행조직자(advanced organizer)
⑤ 교육과정 압축(curriculum compacting)

🔡 교육과정 압축

교육과정 압축은 렌줄리(Renzulli)가 제시한 개념으로, 이질적 교실에 있는 상위 학생들을 위해 이미 숙달한 학습자료의 반복을 피하고 보다 도전적인 학습기회를 마련해 주기 위한 정규 교육과정의 재구성 전략을 말한다. 정규 교육과정의 전체 또는 일부에 대해 미리 학습하였거나 다른 정규 학생들에 비해 탁월한 성취능력을 드러내는 학생들이라면 누구에게나 적용될 수 있는 방법이다.

🔒 ⑤

11-4 어떤 학생이 시험에서 84점을 얻었을 경우, 위의 세 교사가 관심을 지니게 될 질문과 참조틀을 〈보기〉에서 고르면?

10 초등

┌─ 보기 ┐

[질문]
ㄱ. 이 학생이 얻은 84점은 과거보다 향상된 점수인가?
ㄴ. 이 학생은 84점을 받았는데 다른 학생들의 점수는 어떤가?
ㄷ. 84점은 이 학생이 성취목표를 어느 정도 달성했다는 의미인가?

[참조틀]
a. 규준참조
b. 준거참조
c. 성장참조

└────────┘

	박 교사	최 교사	김 교사
①	ㄱ - c	ㄴ - a	ㄷ - b
②	ㄱ - c	ㄷ - a	ㄴ - b
③	ㄴ - a	ㄱ - c	ㄷ - b
④	ㄴ - b	ㄷ - c	ㄱ - a
⑤	ㄷ - b	ㄱ - c	ㄴ - a

⊞ 규준참조, 준거참조, 성장참조

ㄱ은 초기의 성취수준에 비추어 얼마나 성장하였느냐에 관심을 두는 평가이므로 '성장참조평가', ㄴ은 학생의 서열과 상대적 위치에 관심을 두는 평가이므로 '규준참조평가', ㄷ은 성취목표 달성의 정도에 관심을 두므로 '준거참조평가'에 해당한다.

🔒 ③

12 〈보기〉는 위긴스와 맥타이(G. Wiggins & J. McTighe)의 백워드 설계(Backward Design)에서 학교교육의 목표가 되는 6가지 이해에 관한 진술이다. (가) <u>가장 낮은 수준의 이해</u>와 (나) <u>가장 높은 수준의 이해</u>를 바르게 짝지은 것은?

12 중등

┌─ 보기 ┐

ㄱ. 비판적이고 통찰력 있는 견해(관점)
ㄴ. 의미를 제공하는 서술이나 번역(해석)
ㄷ. 타인의 감정과 세계관을 수용할 수 있는 능력(공감)
ㄹ. 지식을 새로운 상황이나 다양한 맥락에 효과적으로 사용하는 능력(적용)
ㅁ. 사건과 아이디어들을 '왜' 그리고 '어떻게'를 중심으로 서술하는 능력(설명)
ㅂ. 자신의 무지를 아는 지혜 혹은 자신의 사고와 행위를 반성할 수 있는 능력(자기지식)

└────────┘

	(가)	(나)
①	ㄴ	ㄱ
②	ㄴ	ㄷ
③	ㄹ	ㅂ
④	ㅁ	ㄷ
⑤	ㅁ	ㅂ

⊞ 위긴스와 맥타이의 백워드 설계모형('이해의 측면')

Wiggins와 McTighe는 이해를 여섯 측면(facets)으로 구체화하여 제시하였다. 이는 학습자가 ⅰ) 설명할 수 있고, ⅱ) 해석할 수 있고, ⅲ) 적용할 수 있고, ⅳ) 관점을 가지고 바라볼 수 있고, ⅴ) 공감할 수 있고, ⅵ) 자기 지식을 가질 수 있는 것이다.

🔒 ⑤

13 워커(D. Walker)의 교육과정 개발모형에서 여러 대안 중 가장 현실적인 대안을 찾아내는 단계는? 06 초등

① 설계(design) ② 강령(platform)
③ 숙의(deliberation) ④ 평가(evaluation)

⊞ 워커의 자연주의적 교육과정 개발모형

다양한 대안에 대한 논쟁을 거쳐 합의의 과정에 이름으로써 가장 그럴듯한 대안을 선택하는 단계는 '숙의(deliberation)' 단계이다.

🔒 ③

14 워커(D. Walker)가 제안한 교육과정 개발모형에 대한 설명으로 가장 적절한 것은? 09 초등

① 합리적 · 처방적 교육과정 개발모형에 속한다.
② 학업성취 향상을 위해서 역행설계(backward design) 방식을 취한다.
③ 교육과정 개발절차를 준수할 것과 그 절차의 직선적 계열성을 강조한다.
④ 개발 참여자들의 기본 입장이 제시되는 강령(platform) 이 중요한 요소이다.
⑤ 개발 과정이 5단계로 구분되어 있고, 어느 단계에서도 개발을 시작할 수 있다.

⊞ 워커의 자연주의적 교육과정 개발모형

워커(D. Walker)는 타일러 모형이 교육과정 개발절차를 지나치게 절차적, 체계적, 합리적, 규범적으로 처방하여 제시한다고 비판하면서, 실제 상황에서 교육과정이 어떻게 개발되는가를 기술하였다. 교육과정 개발절차는 '토대 다지기(강령) → 숙의(대안 선정) → 설계'로 이루어지며, 순서에 구애받지 않고 융통성 있게 진행할 수 있는 역동적 모형이다.
①, ③은 타일러 모형, ②는 위긴스와 맥타이의 백워드 설계모형, ⑤는 스킬벡의 교육과정 개발모형에 대한 설명이다.

🔒 ④

15 타일러(R. Tyler)의 교육과정 개발모형과 워커(D. Walker)의 교육과정 개발모형을 각각 가장 적절하게 설명한 것은? 09 중등

	타일러 모형	워커 모형
①	처방을 내리기 전에 교육 현장에 있는 참여자들의 의견을 수렴한다.	참여자들의 의견을 수렴하기 전에 개발의 순서와 절차를 처방한다.
②	사회, 학습자 및 교과의 필요를 계획적으로 조사하여 교육목표를 미리 설정한다.	실제 상황 속에서 참여자들의 논의를 거쳐 최선의 대안을 자연스럽게 구체화한다.
③	교육과정 개발은 목표설정에서 결과 도출에 이르기까지 순환하는 공학적 과정이다.	교육과정 개발은 참여자의 교육적 상상력이 발휘되어 의미가 재구성되는 예술적 과정이다.
④	교육과정 개발은 참여자들의 다양한 이해관계가 교차하는 정치적 과정이다.	교육과정 개발은 현실에 대한 다양한 시각을 표현하는 미학적 과정이다.
⑤	교육과정 개발의 계획, 과정 및 결과에 도덕적 고려가 포함되어야 한다.	교육과정 개발 과정에서 생길 수 있는 가치문제를 의도적으로 배제한다.

⊞ 타일러와 워커의 교육과정 개발모형 비교

타일러 모형에서 교육목표는 학습자의 심리적 요구, 사회적 요구와 가치, 교과 전문가의 견해를 토대로 잠정적 교육목표를 추출한다. 잠정적으로 설정된 교육목표는 교육적으로 추구할 만한 가치가 있는지, 학습자가 달성할 수 있는지를 따져본 후에 최종적인 교육목표가 구체적으로 설정된다. 워커는 교육과정 개발 참여자들이 다양한 견해를 표방하고 공통된 기반을 모색하는 '토대 다지기(강령, platform)' 단계, 다양한 대안들에 대한 논쟁을 거쳐 합의의 과정에 이름으로써 가장 그럴듯한 대안을 선택하는 '숙의(deliberation)' 단계, 선택한 대안을 실천 가능한 것으로 구체화하는 '설계(design)' 단계라는 3단계를 자연스럽게 거치면서 교육과정을 개발한다고 하였다.

🔒 ②

16 워커(D. Walker)가 제안한 자연주의적 교육과정 개발모형의 숙의(deliberation) 단계에 해당되는 사항을 〈보기〉에서 고르면? 12 초등

┌─ 보기 ─┐

ㄱ. 대안들의 예상되는 결과를 검토하기
ㄴ. 교육과정 개발의 목적과 그것을 달성하기 위한 방법을 확인하기
ㄷ. 교육과정 개발 참여자들이 갖고 있는 개념, 이론, 목적 등에 관한 공감대 형성하기
ㄹ. 교육과정을 구성하는 교과의 선정, 수업방법이나 자료 등을 확정하며, 이를 위한 행정적·재정적 지원 절차 등을 계획하기

① ㄱ, ㄴ
② ㄱ, ㄷ
③ ㄴ, ㄷ
④ ㄴ, ㄹ
⑤ ㄷ, ㄹ

⊞ 워커의 자연주의적 교육과정 개발모형

워커는 교육과정이 어떻게 계획되어야 하는가를 처방하는 다른 접근들과 달리 교육과정이 실제에서 계획되는 과정을 기술하고자 하였다. 이 때문에 자신의 교육과정 개발모형을 '자연주의적 모형'이라고도 하였다. 워커는 교육과정 개발 참여자들이 다양한 견해를 표방하고 공통된 기반을 모색하는 '토대 다지기(강령, platform)' 단계, 다양한 대안들에 대한 논쟁을 거쳐 합의의 과정에 이름으로써 가장 그럴듯한 대안을 선택하는 '숙의(deliberation)' 단계, 선택한 대안을 실천 가능한 것으로 구체화하는 '설계(design)' 단계를 자연스럽게 거치면서 교육과정을 개발한다고 하였다. '숙의' 단계에서는 교육과정개발위원들이 교육과정 개발의 목적을 확인하고 이를 달성하기 위한 방법(대안)을 찾기 위해 집단사고와 논의과정을 거친다. 대안들의 예상되는 결과를 검토하고 합의에 이르면 가장 현실적 대안을 선택한다.

ㄷ은 토대 다지기(강령), ㄹ은 설계 단계에 해당한다.

🔓 ①

17 다음을 핵심적 주장으로 내세우는 교육과정 이론가 집단은? 11 초등

교육과정에 관한 오늘날의 생각은 인구와 학교가 기하급수적으로 팽창하던 시대와는 다르다. 그 당시에는 교육과정을 구성하고 조직하는 일이 교육과정 연구의 주된 관심사였다. 그 당시는 교육과정 개발의 시대였던 것이다. 그러나 교육과정 개발의 시대는 1918년에 시작하여 1969년에 막을 내렸다. 지금 우리는 다른 시대에 살고 있다. 교육과정 연구는 교과 간의 관계, 각 교과의 쟁점, 교육과정과 세계 간의 관계 등을 드러내는 데에 초점을 두고 있으며, 더 이상 개발에 주력하지 않는다. 오늘날의 교육과정 연구는 개발이 아니라 이해에 주력해야 한다.

① 교과중심 교육과정론자
② 경험중심 교육과정론자
③ 학문중심 교육과정론자
④ 인간중심 교육과정론자
⑤ 교육과정 재개념화론자

⊞ 교육과정 재개념주의

1970년대부터 시작된 재개념주의는 1950년대와 1960년대를 지배한 행동주의적이고 기술공학적인 접근과 실증주의적 방법론을 비판하며 등장한 것으로, 현상학과 해석학, 비판이론에 토대를 둔 새로운 교육과정학 탐구운동을 말한다. 교육과정 재개념주의의 대표자로는 실존적 재개념화를 주장한 파이너(Pinar), 이데올로기적, 사회적 비판에 참여한 애플(Apple), 교육적 사고에서 예술적 측면도 중요하게 고려할 것을 주장한 아이즈너(Eisner) 등이 있다.

🔓 ⑤

18 '교육과정 재개념화'에 관한 진술로 옳은 것을 〈보기〉에서 고르면? 12 초등

> ─ 보기 ─
>
> ㄱ. 다양한 담론을 활용하여 교육과정을 이해하고 자 한다.
> ㄴ. 교육과정 연구에서 질적 접근보다는 양적 접근을 중시한다.
> ㄷ. 연구의 초점을 교수·학습 과정의 일반적 원리나 모형의 개발에 맞춘다.
> ㄹ. 대표적인 학자로는 파이너(W. Pinar), 애플(M. Apple), 아이즈너(E. Eisner) 등을 들 수 있다.

① ㄱ, ㄴ   ② ㄱ, ㄹ
③ ㄴ, ㄷ   ④ ㄴ, ㄹ
⑤ ㄷ, ㄹ

🔡 교육과정 재개념주의

교육과정 재개념주의자들은 이전의 교육과정이 무시하거나 간과하였던 부분을 들춰내고 새로운 시각으로 분석하면서 날카로운 비판을 한다. 해석학, 현상학, 실존주의, 정신분석학 등 매우 다양한 연구방법과 사회비판적 접근을 활용하였으며, 주로 주관적인 질적 연구방법을 중시하였다.

🔒 ②

🔡 교육과정 재개념주의

교육과정 재개념주의자들 중에서 애플(Apple)과 같이 교육과정 사회학자들로 불리는 사람들은 학교교육은 일종의 사회적 과정에 속하기 때문에 학교 교육과정과 사회의 관계를 재검토할 필요가 있다고 하였다. 학교교육은 권력이나 이데올로기와 관련짓지 않고는 생각할 수 없다는 것이 그들의 지적이다. 그리하여 이들 간의 관계를 정치적, 경제적, 역사적, 사회학적 분석을 통해 검토한다. ①은 개념-경험주의인 브루너(Bruner), ②는 개념-경험주의자인 워커(Walker), ④는 전통주의자인 타일러(Tyler)의 입장이다.

🔒 ③

20 〈보기〉에서 파이너(W. Pinar)에 의하여 1970년대 추진되어 온 교육과정 재개념화의 특징에 해당되는 사항들로만 묶인 것은? 07 중등

> ─ 보기 ─
>
> ㄱ. 교육과정의 이해보다 개발을 강조
> ㄴ. 기술공학적 교육과정 연구의 필요성 정당화
> ㄷ. 개인적 교육체험의 자서전적 서술 방법 도입
> ㄹ. 역사적, 정치적, 심미적 텍스트로서의 교육과정 탐구

① ㄱ, ㄴ   ② ㄱ, ㄹ
③ ㄴ, ㄷ   ④ ㄷ, ㄹ

🔡 교육과정 재개념주의

전통주의와 재개념주의의 가장 큰 차이점은 교육과정 연구를 보는 시각이다. 전통주의자들은 교육과정 연구의 목적을 교육과정 '개발'에 두는 반면, 재개념주의자들은 교육과정의 '이해'에 둔다. 재개념주의자들은 교육과정 내용의 의미를 이해하거나 그 현상을 분석하는 데 집중한다. 인본적·심미적·실존적·사회비판적 입장에서 교육과정 탐구 영역을 확대하고 질적 연구방법을 채택한다. 파이너(Pinar)는 모든 학문이 궁극적으로 추구하는 기본적 목표는 인간의 해방이라고 규정하고, 인간의 해방은 추상적으로 이론화하고 표준화해 놓은 관념적 인식으로부터 벗어나서 생동적이고 구체적인 개인의 직접적 경험의 세계를 회복함으로써 이루어질 수 있다고 본다. 인간에 대한 개념적 추상화는 인간의 삶 자체를 왜곡시킬 뿐이다. 따라서 그에게 있어 교육과정의 관심은 '개인'에게 있으며, 각 개인이 교육 속에서 갖는 내적 경험의 탐구에 초점을 맞추는 일이 교육과정 탐구의 새로운 출발점이 되는 것으로 생각한다.

🔒 ④

19 교육과정에 대한 재개념주의적 입장을 가장 잘 설명한 것은? 00 중등

① 지식의 구조나 지식의 형식을 교육내용으로 강조한다.
② 교육과정 개발에서 참여자들의 토론과 합의를 강조한다.
③ 교육내용의 이데올로기적 성격이나 쟁점을 드러내는 데 관심이 있다.
④ 교육목표를 가장 중시하고 교육목표의 내용, 방법 간의 일관성을 강조한다.

21 다음은 파이너(W. Pinar)의 쿠레레(currere) 방법 4단계이다. (가)와 (나)의 특징을 〈보기〉에서 고른 것은? 12 중등

```
(가) → (나) → 분석 → 종합
```

보기

ㄱ. 자유연상을 통해 아직 현실화되지 않은 미래의 모습을 상상한다.
ㄴ. 내면의 목소리에 귀를 기울이고, 자기에게 주어진 현재의 의미를 자문한다.
ㄷ. 과거·미래·현재라는 세 장의 사진을 놓고, 이들 간의 복잡한 관계를 탐구한다.
ㄹ. 자신의 실존적 경험을 회상하면서 기억을 확장하고, 과거의 경험을 상세히 묘사한다.

	(가)	(나)
①	ㄱ	ㄷ
②	ㄴ	ㄱ
③	ㄴ	ㄷ
④	ㄹ	ㄱ
⑤	ㄹ	ㄴ

⁙ 파이너의 쿠레레 방법론 4단계

파이너는 우리가 갖는 교육경험의 본질을 분석하여 그 실존적 의미를 찾는 작업을 '쿠레레의 방법론'이라 지칭한다. 그는 이러한 교육적 경험의 분석을 위해서 학생 자신의 전기적 과정을 일련의 단계를 통해 기술할 것을 제안했다. 즉 회귀, 전진, 분석, 종합이라는 단계를 거쳐 자신의 자서전을 기술함으로써 교육적 경험의 기원을 밝히고 그것이 가지는 본질을 밝혀낼 수 있다고 보았다. ㄱ은 전진, ㄴ은 종합, ㄷ은 분석, ㄹ은 회귀(소급) 단계에 해당한다.

△ ④

22 〈보기〉 중 교육과정에 대한 아이즈너(E. Eisner)의 관점에 해당하는 것은? 04 초등

보기

ㄱ. 교육과정 구성과 개발에 있어서 효율성을 우선시해야 한다.
ㄴ. 교육과정 개발자는 교육과정 현상에 대한 풍부한 '교육적 상상력'을 가져야 한다.
ㄷ. 교육목표는 구체적으로 표현될 수 있는 학습자의 '행동'에 초점을 두어야 한다.
ㄹ. 교육과정 평가자는 교육현상을 보고 교육활동의 질을 판단할 수 있는 '교육적 감식안'을 지녀야 한다.

① ㄱ, ㄴ ② ㄱ, ㄷ
③ ㄴ, ㄹ ④ ㄷ, ㄹ

⁙ 아이즈너의 예술적 접근모형(재개념주의)

아이즈너(Eisner)는 개인이 의미를 구성하는 방법은 다양하므로 교육과정에 대한 의사결정을 하는 사람은 실제에 대한 다양한 시각을 표현하는 예술가와 같은 사람이라고 말했다. 그는 미술교사로서의 경험과 미술 교육과정 프로젝트에 참여한 경험을 바탕으로 교육과정 개발이란 예술가가 상상력을 발휘하듯이 교육적 상상력을 발휘하는 과정이라고 보았다. 또한 아이즈너는 교육과정 구성 과정과 그 교육과정에 대한 평가에 있어서 예술적 평가방법, 즉 교육비평과 교육적 감식안을 제안하였는데, 평가자는 교육이 실제와 거기서 나타난 결과를 잘 드러내서 표현해야 할 뿐만 아니라 교육이 일어나는 상황을 읽고 이해할 수 있는 개인적 판단능력을 갖출 필요가 있다고 하였다.
ㄱ, ㄷ은 타일러, 타바 등의 전통주의 관점이다.

△ ③

23 교육목표에 관한 아이즈너(E. Eisner)의 관점으로 적절하지 않은 것은? 06 초등

① 모든 목표는 관찰 가능한 행동적 용어로 진술되어야 한다.

② 명백한 목표뿐만 아니라 의도되지 않은 목표도 고려해야 한다.

③ 어떤 교육활동에 대해서는 구체적인 목표를 미리 설정할 수 없다.

④ 어떤 목표는 교육활동이 전개된 이후에 설정하는 것이 타당하다.

🔠 **아이즈너의 교육목표 설정**

아이즈너(Eisner)는 수업은 아주 복잡하고 역동적인 과정을 거치면서 진행되는 것이므로, 모든 것을 수업 전에 행동목표로 구체화하여 진술하는 것은 불가능하다고 하였다. 명백한 교육목표(📵 행동목표) 이외에 잘 정의되지 않은 목표(📵 표현적 결과)도 고려하여야 한다. 따라서 반드시 사전에 목표를 설정할 필요가 없으며 이런 경우 행동목표에 대한 보완으로 수업 후 드러나는 목표(expressive outcomes)를 사후에 설정하는 것이 바람직하다.

🔓 ①

24 아이즈너(E. Eisner)가 제시한 교육목표 중 〈보기〉의 교육활동에 가장 적합한 유형의 목표는? 07 초등

┌─ 보기 ─

• 몸이 불편한 친구를 돕기 위한 방법을 찾아낸다.
• 한정된 예산으로 학습효과를 최대화할 수 있는 책들을 구입한다.

① 행동 목표　　　　② 운영 목표
③ 문제해결 목표　　④ 표현적 결과 목표

🔠 **아이즈너의 교육목표**(문제해결 목표)

문제해결 목표(problem-solving objectives)란 조건을 충족하며 문제를 해결해야 하는 목표를 말한다. 즉, 어떤 문제와 그 문제를 해결할 때 지켜야 할 조건이 주어지면, 그 조건을 충족하면서 문제를 해결해야만 하는 경우를 말한다.

🔓 ③

25 아이즈너(E. Eisner)가 말한 '표현적 결과(expressive outcomes)'에 관한 설명으로 가장 적절한 것은? 09초등

① 수업내용을 분석하여 측정 가능한 행동 용어로 결과를 진술한다.

② 수업결과로 나타나는 목표를 의미하는 것으로서 수업 전에 미리 정해져 있다.

③ 수업 시간에 일정한 조건을 주고 그 조건 내에서 문제해결책을 발견해 내는 활동이다.

④ 설정된 목표에 따라 학습내용을 가르치고 그 결과를 파악할 필요가 있을 경우에 적합하다.

⑤ 구체적인 목표 없이 수업을 시작하여 수업활동 중 혹은 종료 후 결과적으로 얻게 되는 것이다.

□□ 아이즈너의 교육목표(표현적 결과)

표현적 결과(expressive outcomes)란 어떤 활동을 하는 도중 또는 종료 후에 얻게 되는 바람직한 그 무엇을 말한다.

🔒 ⑤

26 다음은 교사들이 교육과정 설계에 관하여 문제를 제기한 것이다. 이를 해결하기 위한 가장 적합한 전략을 올바르게 짝지은 것은? 11중등

김 교사 :	시(詩) 수업에서의 행동목표는 너무 구체적이고 명세적이기 때문에 문학의 의미를 가르치는 데 많은 한계가 있다.
이 교사 :	중학교 3년 동안 배워야 할 교과목 수가 너무 많아 학생들의 학습 부담이 크다.
박 교사 :	어떤 교과목은 중학교 3학년과 고등학교 1학년 간의 교육내용 수준의 차가 크다.
최 교사 :	내가 가르치고 있는 교과목의 내용이 너무 분과적이고 중복이 심하다.

	김 교사	이 교사	박 교사	최 교사
①	학습과제 분석	계열(sequence) 조정	연계적 조직	통합
②	표현목표 설정	범위(scope) 조정	연계적 조직	통합
③	표현목표 설정	계열(sequence) 조정	중핵적 조직	압축
④	문제해결 목표설정	범위(scope) 조정	중핵적 조직	통합
⑤	문제해결 목표설정	계열(sequence) 조정	연계적 조직	압축

□□ 교육과정 설계전략

'김 교사'는 표현적 결과를 목표로 설정할 수 있다. 시(詩) 수업의 경우 시를 읽고 감상하면서 문학의 깊은 의미와 삶의 깨달음 등을 얻게 되므로 행동목표로 명세화하여 수업목표를 설정하면 문학의 의미를 가르치는 데 한계가 있다. '이 교사'는 범위(scope)를 조정해야 한다. 범위(scope)란 학생들이 배우게 될 내용의 폭과 깊이를 의미한다. 김 교사가 제기한 교과목 수가 많은 문제는 내용의 폭과 관련된 것이므로 교과목 수의 범위를 조정해야 한다. '박 교사'는 연계적 조직(수직적 연계성)이 요구된다. 수직적 연계성(연속성)이란 특정한 학습의 종결점이 다음 학습의 출발점과 잘 맞물리도록 교육내용을 조직하는 것을 말한다. 따라서 중학교 3학년과 고등학교 1학년 간의 교육내용 수준의 차를 좁혀주어야 한다. '최 교사'는 통합성이 요구된다. 통합성은 학습자에게 통합된 경험을 제공할 수 있도록 교육과정을 조직하는 것을 말한다. 따라서 분과적이고 중복이 심한 교과목의 내용은 하나의 교과나 단원으로 묶어 조직하여야 한다.

🔒 ②

정신 능력을 도야하기 위해서는 지식 교과를 반복·훈련해서 학습해야 한다. 지식 교과를 통해 도야된 정신 능력은 다른 교과는 물론이며 모든 생활사태에 일반적으로 전이된다.

🔒 ②

Section 02 교육과정 유형

01 공식적 교육과정

01 다음의 교육과정 관점에 대한 설명으로 옳지 않은 것은?

11 중등

> 인간의 정신은 몇 개의 능력들(faculties)로 이루어져 있고, 이 능력들을 단련하는 데에는 거기에 적합한 교과가 있다. 교과 교육에서 무엇을 기억하고 추리하느냐가 중요한 것이 아니고, 기억되고 추리되는 내용이 무엇이든지 간에 그것을 기억하고 추리한다는 점이 중요하다. 따라서 교과는 인간의 정신을 도야하는 가치에 따라 그 중요성이 결정되며, 정신능력들을 도야하는 데 적합한 교과들을 학교에서 가르쳐야 한다.

① 교과학습에서 흥미가 없는 교과라도 학습자의 노력이 중시된다.
② 교과내용의 가치를 개인 생활의 의미와 사회적 유용성에서 찾는다.
③ 교과의 중요성은 구체적인 내용에 있기보다는 내용을 담는 형식에 있다.
④ 능력심리학에 근거하여 심근(心筋) 단련을 위한 수단으로 교과를 강조한다.
⑤ 교과를 가르치는 방법으로 훈련과 반복을 강조하고 일반적 전이를 가정한다.

🔡 형식도야이론

형식도야이론이란 운동을 통해 근육을 단련하듯 교과를 통해 몇 가지 마음의 능력을 단련할 수 있다는 이론이다. 우리 몸의 근육이 신체적 훈련을 통해 단련되고 강인해질 수 있는 것처럼, 부소능력은 7자유과와 같은 어렵고 딱딱한 이론적 지식 교과를 통해 단련되고 발달될 수 있다고 본다. 이론적 지식 교과가 가치를 가지는 것은 그것이 지각, 기억 등 마음의 능력을 '도야'한다는 데 있다.

02 형식도야이론과 지식의 구조 이론에 공통적으로 해당하는 설명은? 09 중등

① 발견학습의 개념과 밀접히 관련되어 있다.
② 고등 지식과 초보 지식 사이의 간극을 좁힐 수 있다.
③ 교과에서 획득된 지식 또는 능력의 전이를 가정하고 있다.
④ 교육의 목적은 정신적 부소능력의 발달에 있다.
⑤ 손다이크와 듀이에 의하여 비판되었다.

🔡 형식도야이론과 지식의 구조

형식도야이론에 따르면, 정신 능력을 도야하기 위해서는 지식 교과를 반복·훈련해서 학습해야 한다고 한다. 지식 교과를 통해 도야된 정신 능력은 다른 교과는 물론이며 모든 생활사태에 일반적으로 전이된다고 본다. 예를 들어, 일단 기억력을 도야하고 나면 그것은 무엇인가를 기억해야 하는 상황에 전이되어서 쉽게 기억하여 외울 수 있다는 것이다. 한편, 지식의 구조이론에 따르면, 지식의 구조는 각 학문의 기저를 이루고 있는 기본개념, 일반원리, 아이디어 등을 뜻하며, 지식의 구조를 이해하고 나면 일반적 전이가 가능하다. ①, ②는 지식의 구조이론, ④, ⑤는 형식도야이론에 대한 설명이다.

🔒 ③

03 교과중심 교육과정과 학문중심 교육과정의 공통점으로 볼 수 있는 것은? 00 초등보수

① 인성 교육을 강조한다.
② 학생들의 지적 성장을 강조한다.
③ 교과내용은 '지식의 구조'를 중심으로 조직한다.
④ 생활 개선에 직접적인 의미가 있는 교육을 중시한다.
⑤ 학습을 경험의 총합으로 보고, 학생의 흥미를 중시한다.

🔳 교과중심 교육과정과 학문중심 교육과정

교과중심 교육과정은 인류 문화유산을 체계적으로 조직한 교과를 통해 지식의 함양을 중시하는 입장이라면, 학문중심 교육과정은 각 학문에 내재된 지식의 구조를 발견하고 탐구하는 것을 강조한다. 따라서 둘의 공통점은 학생들의 지적 성장을 강조한다는 것이다.

🔒 ②

04 초등학교에서 역사, 지리, 정치, 경제 등의 내용을 '사회'로 통합하여 가르치듯이, 여러 과목들 중에서 서로 유사하고 관련성이 큰 과목들을 한데 묶음으로써 교육내용과 활동을 재조직하는 통합 유형은? 99 초등추시 유사, 00 초등보수

① 중핵형   ② 나선형
③ 광역형   ④ 분과형
⑤ 독립형

🔳 교과중심 교육과정의 유형(광역형 교육과정)

광역형 교육과정은 서로 유사한 과목들을 한데 묶어 하나의 교과로 통합하는 교육과정 통합 유형이다. 광역형 교육과정의 장점으로는 ⅰ) 학문의 개별적 성격이 유지되면서 교과목의 통합이 촉진된다는 점, ⅱ) 주제와 관련된 지식, 기능, 가치 습득이 쉽다는 점, ⅲ) 사실보다는 기본개념과 원리에 보다 충실한 교육과정의 조직을 가능하게 한다는 점이다.
반면, 단점으로는 ⅰ) 교과목이 가지는 고유의 논리성과 개념체계를 유지하기가 어렵고, ⅱ) 추상적이어서 이해가 곤란하며, ⅲ) 너무 개략적인 내용만 다루어 학습내용의 깊이가 부족하다는 점이다.

🔒 ③

05 다음 중 지식의 체계를 강조한 교육과정은? 92 초등

① 교과중심 교육과정   ② 학문중심 교육과정
③ 인간중심 교육과정   ④ 경험중심 교육과정

🔳 교과중심 교육과정

교과중심 교육과정은 교육성과에서 지식의 함양을 가장 중요하게 생각하는 입장으로, 인류 문화유산을 논리체계적으로 조직한 교과를 강조한다. 이에 따르면, 교육과정은 학생들에게 가르치는 교과들의 체계적 목록이며, 각 교과별로 학생들에게 가르칠 만한 주제들을 열거해 놓은 교수요목(syllabus)이다.

🔒 ①

06 다음의 특징을 가지는 교육과정은? 00 초등보수

- 교육과정의 중심을 학생에 둔다.
- 학습내용을 미리 선정·조직하지 않고, 학습의 장에서 결정한다.
- 개인의 흥미와 개인차를 고려한다.

① 융합 교육과정   ② 상관 교육과정
③ 교과중심 교육과정   ④ 경험중심 교육과정
⑤ 학문중심 교육과정

🔳 경험중심 교육과정(특징)

경험중심 교육과정의 특징은 다음과 같다.
교육과정의 중점을 교과가 아닌 학습자에 둔다. 학생의 흥미와 필요를 토대로 교육과정을 구성하며 학생의 자발적 활동을 강조한다. 실제 생활경험을 교육내용으로 삼고, 교육내용을 학생의 흥미와 관심을 토대로 '심리적'으로 조직한다. 교재는 미리 선택하지 않고 학습의 장에서 결정된다. 교과활동 못지않게 과외활동을 중시하여 전인교육과 문제해결능력을 강조하며 생활인의 육성을 목표로 한다.

🔒 ④

07 사전에 계획하지 않고, 교사와 학생들이 학습현장에서 함께 학습주제를 정하고 내용을 계획하여 교육이 이루어지는 교육과정은? 00 초등보수

① 영(Null) 교육과정
② 중핵(Core) 교육과정
③ 현성(Emerging) 교육과정
④ 상관(Correlated) 교육과정
⑤ 광역(Broad-Fields) 교육과정

🔳 **경험중심 교육과정의 유형**(생성 교육과정)

생성(현성) 교육과정은 사전에 계획하지 않고, 교사와 학생이 학습현장에서 함께 '만들어 가는 교육과정'이다. 학습자의 요구와 경험을 중심으로 교사와 학생이 학습현장에서 협력하여 학습주제를 정하고, 내용을 계획하여 교육이 이루어진다.

🔒 ③

09 학생의 흥미나 요구를 중심으로 하여 교육내용을 통합하되 통합 이전 교과의 구분이 완전히 사라진 채 조직되는 통합 유형은? 04 초등

① 광역형   ② 중핵형
③ 분과형   ④ 상관형

🔳 **경험중심 교육과정의 유형**(중핵형)

중핵 교육과정은 중핵과정(중심과정)과 주변과정이 동심원적으로 결합된 교육과정이다. 교과의 선을 없애고 학습자의 흥미나 요구를 중심으로 조직한다. 중핵과정은 특정 교과의 중요한 주제일 수도 있고, 사회적인 문제일 수도 있으며, 학습자들의 단순한 흥미일 수도 있다. 어떤 주제를 중핵으로 삼든 중핵형 교육과정에서는 학생의 흥미나 요구가 중심이 되며, 통합 이전 교과의 구분이 완전히 사라진다. ① 광역형은 '다학문적 설계'라고도 부르며 비슷한 교과들을 묶어 새로운 교과로 통합하는 방식이며, ④ 상관형은 '학문병렬 설계'라고도 부르며, 독립된 교과들 가운데 관련되는 내용만 상호 관련짓는 것으로 거의 전통적인 분과형에 가까운 조직형태이다.

🔒 ②

08 '생성(emerging) 교육과정'의 특징을 가장 잘 설명한 것은?
08 초등

① 학교에서 사회의 직업적 수요와 기업의 주문에 따라 제작하는 교육과정
② 학생의 요구를 중심으로 교사와 학생이 협력하여 구성하고 실천하는 교육과정
③ 교사가 유기체의 탄생, 성장, 성숙, 쇠퇴, 소멸의 주기에 따라 개발하는 교육과정
④ 국가에서 정치 이데올로기를 학생들의 의식 속에 내면화시키기 위해 수립하는 교육과정

🔳 **경험중심 교육과정의 유형**(생성 교육과정)

생성(현성) 교육과정은 사전에 계획하지 않고, 교사와 학생이 학습현장에서 함께 '만들어 가는 교육과정'이다. 학습자의 요구와 경험을 중심으로 교사와 학생이 학습현장에서 협력하여 학습주제를 정하고, 내용을 계획하여 교육이 이루어진다.

🔒 ②

10 중핵교육과정(core curriculum)의 특징을 가장 잘 나타낸 것은? 08 중등

① 두 교과 간 내용의 상호 관련성이 약화된다.
② 개별 교과의 기본 논리 혹은 구조를 파악하기에 용이하다.
③ 특정 주제를 중심으로 여러 교과의 내용을 결합할 수 있다.
④ 개별 교과의 특성을 유지하면서 내용을 체계적으로 조직할 수 있다.

🔳 **중핵 교육과정의 특징**

중핵 교육과정은 중핵과정과 주변과정이 동심원적으로 결합된 교육과정으로, 교과의 선을 없애고 학습자의 흥미나 요구, 사회문제를 중심으로 조직하는 형태이다. 중핵 교육과정은 ⅰ) 모든 학생에게 공통적이며 필수적인 학습활동으로 구성된다. ⅱ) 학습활동은 교사와 학생이 상호 협력하여 계획한다. ⅲ) 종래의 전통적인 교과의 구분을 파기한다. ⅳ) 융통성 있게 학습활동을 운영한다.

🔒 ③

11 다음에서 김 교사가 동료교사들과 개발한 교육과정의 유형으로 가장 적절한 것은? ^{13 중등} 13 중등

> 사회과 김 교사는 남대천이 흐르는 도시의 어느 중학교에서 근무하고 있다. 김 교사, 주민, 그리고 학생들은 지역사회의 가장 큰 문제가 남대천의 잦은 범람이라는 데 생각을 같이하고 있다. 김 교사는 과학과, 기술·가정과 교사와 협력하여 '남대천의 범람'을 주제로 한 교육과정을 개발하여 '창의적 체험활동' 시간에 운영하기로 하였다. 김 교사는 남대천의 범람 원인과 지역사회의 피해 정도를 세부 주제로 그 교육과정 전체의 핵심이 되는 한 개의 과정을 설계하였다. 그리고 과학과와 기술·가정과 교사는 지구 온난화가 환경에 미치는 영향, 범람을 막기 위해 실천 가능한 방안과 소요 비용 산출, 방안 실천 시 기술·과학적 고려사항 등을 세부 주제로 '주변 과정' 5가지를 설계하였다.

① 분과 교육과정
② 생성 교육과정
③ 중핵 교육과정
④ 나선형 교육과정
⑤ 잠재적 교육과정

> **⊞ 중핵 교육과정**
>
> 중핵 교육과정은 중핵과정과 주변과정이 동심원적으로 결합된 교육과정으로, 교과의 선을 없애고 학습자의 흥미나 요구, 사회문제를 중심으로 조직하는 형태이다. 김 교사가 과학과, 기술·가정과 교사와 협력하여 '남대천의 범람'을 주제로 한 교육과정을 개발한 것은 중핵 교육과정에 해당한다.
>
> 🔓 ③

12 학문중심 교육과정 이론과 가장 밀접하게 관련된 것은? ^{00 초등} 00 초등

① 학습자 자신의 이해에 입각하여 핵심 개념이나 원리 등을 파악하도록 한다.
② 교육은 사회적 불평등의 재생산이 영속되지 않는 방식으로 이루어져야 한다.
③ 교육은 학생 경험의 계속적인 성장을 추구해야 한다.
④ 교육은 체계적이고 효율적인 절차를 존중하여 이루어져야 한다.

> **⊞ 학문중심 교육과정**
>
> 학문중심 교육과정은 각 학문에 내재해 있는 '지식의 구조와 지식 탐구 과정의 조직'을 교육과정으로 본다. 학생들이 탐구 능력과 지적 수월성을 개발하는 데 목적을 둔 학문중심 교육과정에서는 기본개념이나 원리를 논리적으로 구조화한 지식의 구조를 학습자 스스로 찾아내게 하는 발견학습을 그 방법상 원리로 삼는다. 초등학생도 학자들이 하는 것과 동일한 성격의 지적 탐구활동을 한다.
>
> 🔓 ①

13 학문중심 교육과정에 대한 설명으로 옳지 않은 것은? ^{96 초등} 96 초등

① 나선형 교육과정의 원리에 따라 교육내용을 조직한다.
② 탐구과정을 중시한다.
③ 지식과 기술의 폭발적인 증가에 따라 실용성 있는 학습내용으로 조직한다.
④ 교과내용은 지식의 구조를 중심으로 조직한다.

> **⊞ 학문중심 교육과정**
>
> 학문중심 교육과정에서 내용조직의 원리는 나선형 교육과정의 원리이다. 이것은 동일한 교육내용(지식의 구조)을 점점 폭과 깊이를 더해가며 심화·확대되어 나가도록 조직하는 것을 말한다. ③ 학문중심 교육과정에서는 지식과 기술의 폭발적 증가에 대처하기 위해서 학문에 내재해 있는 지식의 구조, 학습의 전이가가 높은 지식을 가르쳐야 한다고 주장한다.
>
> 🔓 ③

14 다음과 같은 교육과정의 관점을 반영하여 교육내용을 가장 적절하게 조직하는 방법은? 11 중등

> 어떤 교과든지 그 교과를 특징적으로 교과답게 해 주는 골간(骨幹)으로서 구조가 있다. 교과의 구조란 각 교과가 모태로 삼고 있는 학문 분야의 기본적인 아이디어나 개념 및 원리를 말한다. 이러한 구조는 기본적이고 일반적이므로 단순하다. 그래서 어린 나이에도 지식의 구조 학습이 가능하며 나아가서는 새로운 문제에 대한 적용 범위도 넓다. 그리고 구조 학습을 통해 초보 수준의 지식과 고등 수준의 지식 간의 간극을 좁힐 수 있다.

① 구안법을 통하여 활동 중심으로 내용을 조직한다.
② 교과의 논리보다 학습자의 심리를 우선하여 조직한다.
③ 작업단원법에 따라 생활 영역을 중심으로 내용을 조직한다.
④ 사회의 주요 문제를 중심으로 핵심 및 주변 과정을 조직한다.
⑤ 기본 개념을 반복하면서 폭과 깊이를 확대·심화시켜 조직한다.

🔡 **학문중심 교육과정**

학문중심 교육과정은 나선형 교육과정의 원리에 따라 교과내용을 조직한다. ①, ②, ③, ④는 모두 경험중심 교육과정에 해당한다.

🔒 ⑤

15 〈보기〉와 같은 특징을 지닌 교육과정은? 06 중등

> 보기
> • 과학교과에서는 초등학교에서 배운 광합성의 원리를 중등학교에서도 심화·반복한다.
> • 경제 단원에서 자원의 희소성, 수요와 공급 등의 기본 개념과 원리를 교과 구조 속에서 강조한다.
> • 교사가 결과적 지식을 먼저 제시하기보다 학생들로 하여금 탐구과정을 통해 일반화된 원리를 발견하게 한다.

① 인간중심 교육과정 　② 학문중심 교육과정
③ 생활중심 교육과정 　④ 경험중심 교육과정

🔡 **학문중심 교육과정**

학문중심 교육과정은 지식의 구조와 발견학습을 중시한다.

🔒 ②

16 동일한 교육내용을 수준과 범위를 달리하여 단계적으로 조직하는 교육과정 모형은? 99 중등추시

① 나선형 교육과정 　② 융합형 교육과정
③ 통합형 교육과정 　④ 중핵형 교육과정

🔡 **나선형 교육과정**

나선형 교육과정은 동일한 교육내용(기본개념과 원리, 지식의 구조)을 점점 폭과 깊이를 더해가며 심화·확대되어 나가도록 조직한 교육과정을 말한다. 계열성의 원칙을 적용하여 조직한 교육과정이다.

🔒 ①

17 다음과 같이 비판받고 있는 교육과정 유형은? 04 초등

> • 사회가 당면한 문제나 학생이 흥미를 갖는 주제에 관심이 적다.
> • 교육과정 개발에서 교사의 실천적 지식을 잘 반영하고 있지 않다.
> • 학년이 올라감에 따라 동일 주제가 심화·확대되면서 교과내용이 지나치게 어려워질 가능성이 있다.

① 인간중심 교육과정 ② 학문중심 교육과정
③ 경험중심 교육과정 ④ 공학중심 교육과정

학문중심 교육과정의 단점

학문중심 교육과정은 지나치게 학문적이고 지적인 교육에 치중하므로 정의적 교육을 소홀히 하며, 실생활과 유리된 비실용적인 지식이 중시되며, 소수 엘리트 학생에게 유리하다는 비판이 있다.

🔒 ②

18 다음에 제시된 특징을 지니고 있는 교육과정은? 00 초등보수

> • 자아실현을 목표로 함
> • 학교환경의 인간화
> • 학습선택권의 최대한 보장
> • 잠재적 교육과정의 중시

① 생활중심 교육과정 ② 학문중심 교육과정
③ 인간중심 교육과정 ④ 경험중심 교육과정
⑤ 교과중심 교육과정

인간중심 교육과정(특징)

인간중심 교육과정은 학생들이 학교생활을 하는 동안에 갖게 되는 모든 경험을 교육과정으로 삼는다. 이런 점에서 교육과정의 의미에는 표면적(공식적) 교육과정뿐만 아니라 잠재적 교육과정도 포함된다. 교육을 통한 자아실현(自我實現) 및 전인적 인간 양성에 목적을 둔다. 인간중심 교육과정의 특징으로는 잠재적 교육과정 중시, 자아실현과 전인양성을 위한 교육의 인간화 중시, 학교환경의 인간화 강조, 인간주의적 교사 요구, 통합교육과정 중시 등을 들 수 있다.

🔒 ③

19 인본주의 교육과정(humanistic curriculum)의 관점과 관련이 깊은 것을 〈보기〉에서 모두 고른 것은? 10 중등

> ┌─ 보기 ┐
> ㄱ. 개인의 잠재적 능력 계발과 자아실현을 지향한다.
> ㄴ. 사회가 요구하는 직업 능력을 갖춘 사회 구성원 양성을 주목적으로 한다.
> ㄷ. 교사와 학습자 간의 관계에서 존중, 수용, 공감적 이해를 중시한다.
> ㄹ. 대표적인 학자로 메이거(R. Mager), 마자노(R. Marzano) 등이 있다.

① ㄱ, ㄷ   ② ㄴ, ㄷ
③ ㄴ, ㄹ   ④ ㄱ, ㄴ, ㄹ
⑤ ㄱ, ㄷ, ㄹ

인본주의(인간중심) **교육과정**

인본주의 교육과정은 현대 학교교육의 비인간적인 측면에 대한 반발로서 전인교육을 학교현장에서 보다 구체적으로 전개하려는 일련의 교육과정 동향을 말한다.
ㄱ. 인본주의 교육과정은 인간의 성장 가능성을 최대한 신장시키고, 개인적으로 만족스러운 삶을 살 수 있도록 도와줌으로써 개인의 자아실현을 지향하는 것을 궁극적인 목적으로 한다.
ㄷ. 인본주의 교육과정은 현상학, 실존주의, 인본주의 심리학(Maslow)을 토대로 하였다. 인본주의 심리학에서는 교사와 학습자 간의 관계에서 존중, 수용, 공감적 이해를 중시한다.

🔒 ①

20 1980년대 미국 교육과정에서 나타난, 주지주의 교육으로의 복고 경향과 관련이 깊은 것을 〈보기〉에서 모두 고른 것은?

10 중등

> ┌─ 보기 ┐
>
> ㄱ. 환경 교육, 소비자 교육, 인권 교육 등의 새 프로그램 개발
> ㄴ. 중핵교육과정(core curriculum)의 강조
> ㄷ. 파이데이아 제안서(Paideia Proposal)의 발표
> ㄹ. 조직화된 지식 습득과 지적 기능 계발의 강조

① ㄱ, ㄴ   ② ㄱ, ㄹ
③ ㄷ, ㄹ   ④ ㄱ, ㄴ, ㄷ
⑤ ㄴ, ㄷ, ㄹ

⊞ 주지주의 교육의 복고 경향(파이데이아)

주지주의 교육은 인간의 마음은 지·정·의로 구성되어 있다고 보고, 그중에서 지적인 것, 지성·이성·오성의 기능을 감정이나 의지의 기능보다 상위에 있다고 보는 입장이다. 따라서 ㄹ. 조직화된 지식 습득과 지적 기능 계발을 강조한다.

ㄷ. 파이데이아 제안서(Paideia Proposal)는 아들러가 1982년에 고전교육을 옹호하기 위해 펴낸 책으로 당시 미국 사회에 큰 반향을 불러일으켰다. 이것은 미국교육의 주된 목적이 직업을 얻어 생계를 유지하기 위한 수단으로 전락한 것은 바로 진보주의 때문이라고 공격하면서 등장한 것이다. 아들러는 1930년대에 허친스와 함께 '위대한 고전 읽기 프로그램'을 전개한 사람으로서 교양교육이야말로 모든 사람들이 받아야 할 최상의 교육이며, 직업적으로 전문화되기 이전에 반드시 받아야 할 교육이라고 주장하였다. 아들러는 '파이데이아 제안'에서 국민공통 기본교육과정, 즉 유치원에서 고등학교 3학년까지의 교육에서 모든 복선제와 선택과목 제도를 배제하여야 한다고 주장하고, '모든 학생을 위한 동일한 교육과정'을 제시하였다. 파이데이아(Paideia)란 고대 그리스의 폴리스적 삶의 질서 안에서 신체적·정신적·음악적·도덕적 교육을 역동적이고 종합적으로 만듦으로써 전인적 인간을 형성하고자 하는 교육을 의미한다. 파이데이아의 목표는 개인의 신체적·심적·정신적 능력들을 조화롭게 전개시키는 것을 통하여 완전한 인간을 길러내는 것이다.

🔒 ③

21 다음과 같은 특징을 지닌 교육과정에 가장 부합하는 것은?

02 중등

> • 학생이 주체적으로 학습에 참여하게 한다.
> • 학생은 자신이 속한 역사적·문화적·사회적 상황을 바탕으로 하여 의미와 지식을 만들어 간다.
> • 학생은 교사의 도움을 받아 가며 동료들과 협동적으로 탐구한다.

① 구성주의   ② 인본주의
③ 본질주의   ④ 행동주의

⊞ 구성주의 교육과정

구성주의는 객관적 지식이나 절대적 진리란 존재하지 않으며, 지식은 사회적·역사적·문화적 상황맥락 속에서 개인이 스스로 구성하는 것이라고 본다. 이런 관점에서 구성주의에서 학습이란 학습자가 지식을 내부로 표상하여 자신의 경험적 해석을 통하여 구성해 가는 과정으로 본다. 따라서 학습은 실제 세상을 반영하는 풍부한 맥락 속에서 상황화되었을 때 효과적으로 이루어질 수 있다고 한다.

🔒 ①

22 구성주의적 입장과 관련된 것끼리 묶인 것은? ^{03 초등}

> ㄱ. 지식의 사회적·문화적 성격을 강조한다.
> ㄴ. 교육내용은 성취기준 식으로 제시되는 것이 바람직하다.
> ㄷ. 학생의 주체적 지식 형성이 강조된다.
> ㄹ. 진정한 의미에서의 학습은 학습자의 일상적 삶과 밀착된 상황에서 이루어진다.
> ㅁ. 교육내용을 정당화하기 위해서 '지식의 형식' 개념이 필요하다.

① ㄱ, ㄷ, ㄹ   ② ㄱ, ㄷ, ㅁ
③ ㄴ, ㄷ, ㄹ   ④ ㄴ, ㄹ, ㅁ

⊞ 구성주의 교육과정

구성주의는 객관적 지식이나 절대적 진리란 존재하지 않으며, 지식은 사회적·역사적·문화적 상황맥락 속에서 개인이 스스로 구성하는 것이라고 본다. 이런 관점에서 구성주의에서 학습이란 학습자가 지식을 내부로 표상하여 자신의 경험적 해석을 통하여 구성해 가는 과정으로 본다. 따라서 학습은 실제 세상을 반영하는 풍부한 맥락 속에서 상황화되었을 때 효과적으로 이루어질 수 있다고 한다.

🔓 ①

23 〈보기〉에서 구성주의 교육의 관점과 관계 깊은 내용을 골라 바르게 묶은 것은? ^{05 초등}

> ┤보기├
> ㄱ. 객관적 지식의 습득을 강조한다.
> ㄴ. 교과서를 여러 교재 가운데 하나로 다룬다.
> ㄷ. 실제적 과제를 제시하는 통합 수업 자료를 개발한다.
> ㄹ. 일반 전이 효과가 높은 고전 교과를 필수로 선정한다.
> ㅁ. 학생의 자아성찰과 사회적 참여를 요구하는 과제를 개발한다.

① ㄱ, ㄴ, ㄷ   ② ㄴ, ㄷ, ㅁ
③ ㄴ, ㄹ, ㅁ   ④ ㄷ, ㄹ, ㅁ

⊞ 구성주의 교육과정

구성주의는 객관적 지식이나 절대적 진리란 존재하지 않으며, 지식은 사회적·역사적·문화적 상황맥락 속에서 개인이 스스로 구성하는 것이라고 본다. 이런 관점에서 구성주의에서 학습이란 학습자가 지식을 내부로 표상하여 자신의 경험적 해석을 통하여 구성해 가는 과정으로 본다. 따라서 학습은 실제 세상을 반영하는 풍부한 맥락 속에서 상황화되었을 때 효과적으로 이루어질 수 있다고 한다.

🔓 ②

24 〈보기〉에서 구성주의 교육과정에 대한 설명으로 바르게 묶인 것은? ^{07 영양}

> ┤보기├
> ㄱ. 교육내용의 위계적 관계를 중시
> ㄴ. 학습자의 능동적 참여를 유도하는 교육내용으로 조직
> ㄷ. 교육내용의 정당화를 위한 '지식의 형식' 개념을 도입
> ㄹ. 지식이란 인간이 주도적으로 형성해 가는 것임을 강조

① ㄱ, ㄴ   ② ㄱ, ㄹ
③ ㄴ, ㄷ   ④ ㄴ, ㄹ

⊞ 구성주의 교육과정(특징)

구성주의 교육과정의 주요 특징은 다음과 같다.
(1) 학생들의 주체적 지식의 구성과 학습참여 및 자기 주도성을 강조한다.
(2) 실제 생활에서 당면한 문제를 학습대상으로 삼는다.
(3) 교사에게 학생들을 도와준 동반자적 관계를 유지하도록 요구한다.
(4) 학습자 중심 평가와 학습과정 평가를 강조한다.

🔓 ④

02 잠재적 교육과정

01 다음 내용이 가리키는 교육과정의 유형은? 07 영양

> 학교가 의도하지는 않았지만 학생이 학교에서 생활을 하는 동안 은연중에 배우게 되는 내용으로 바람직한 것뿐 아니라 바람직하지 못하다고 판단되는 것도 포함된다.

① 영 교육과정 ② 표면적 교육과정
③ 잠재적 교육과정 ④ 문서화된 교육과정

⊞ 잠재적 교육과정

잠재적 교육과정은 학교에서 의도하지 않았으나 학생들이 학교생활을 하는 동안 은연중에 배우게 되는 경험의 총체이다. 이것은 ⅰ) 학교에서 의도했으나 의도와는 다른 학습결과를 초래하는 경우, ⅱ) 학교에서 의도하지 않았으나 학생들이 학습한 경우를 모두 포함한다.

🔒 ③

02 잠재적 교육과정에 관한 설명으로 가장 적절한 것은?

00 중등

① 수업과 평가에서 고려할 필요가 없는 교육과정의 영역
② 학교에서 소홀히 하거나 공식적으로 가르치지 않은 교과지식
③ 공식적 교육과정을 배우는 동안 놓치게 되는 학습 내용
④ 의도되지는 않았지만 학교생활을 통해 얻게 되는 학생들의 경험

⊞ 잠재적 교육과정

잠재적 교육과정은 학교에서 의도하지 않았으나 학생들이 학교생활을 하는 동안 은연중에 배우게 되는 경험의 총체이다.

🔒 ④

03 표면적 교육과정과 잠재적 교육과정의 차이로 옳은 것은?

00 초등보수

① 표면적 교육과정이 생활 기능과 관련이 있다면, 잠재적 교육과정은 이론·지식과 관련이 있다.
② 표면적 교육과정은 장기적·반복적인 데 비하여, 잠재적 교육과정은 단기적·일시적인 경향이 있다.
③ 표면적 교육과정이 주로 비지적인 것과 관련이 있다면, 잠재적 교육과정은 지적인 것과 관련이 있다.
④ 표면적 교육과정은 주로 비교과적인 것에 관련이 있다면, 잠재적 교육과정은 교과적인 것과 관련이 있다.
⑤ 표면적 교육과정은 주로 바람직한 것인 데 비하여, 잠재적 교육과정은 바람직한 것과 바람직하지 못한 것을 포함하고 있다.

⊞ 표면적 교육과정과 잠재적 교육과정의 비교

①, ②, ③, ④는 내용이 서로 바뀌었다.

🔒 ⑤

04 잠재적 교육과정을 설명하는 사례로 가장 적절한 것은?

06 중등

① 계발활동에서 문예반을 선택하여 소설을 읽고 현대소설의 특징을 이해하였다.
② 냉전 시대 공산주의 국가에서는 시장경제체제의 장점을 제대로 가르치지 않았다.
③ 수업 시간에 배운 한자를 30번씩 써 오라는 숙제 때문에 한문을 싫어하게 되었다.
④ 국어 시간에 일제 강점기 독립운동에 기여한 문학작품을 조사하고 각각의 특징을 기술하였다.

⊞ 잠재적 교육과정의 사례

잠재적 교육과정은 학교에서 의도하지 않았으나 학생들이 학교생활을 하는 동안 은연중에 배우게 되는 경험의 총체이다.

🔒 ③

05 다음은 학교에서 흔히 볼 수 있는 상황들이다. 이러한 상황을 설명하는 데 가장 적절한 개념은? _{99 중등}

> • 공부를 잘하는 아이가 대접받는 것을 당연하게 생각한다.
> • 학급 친구들을 협력의 대상이기보다는 경쟁의 상대로 여긴다.
> • 수업 시간에 모르는 것이 있어도 가능한 한 질문하지 않는다.

① 형식적 교육과정 ② 잠재적 교육과정
③ 영 교육과정 ④ 의도적 교육과정

⟐ 잠재적 교육과정

잠재적 교육과정은 학교에서 의도하지 않았지만, 학교의 물리적 조건, 학교의 제도 및 행정조직, 사회·심리적 상황에 의하여 학습하게 되는 비공식적 교육과정으로, 숨어 있는(latent) 교육과정, 비형식적(informal)이라고도 한다. 잭슨(Jackson)에 따르면, 잠재적 교육과정이 나타나는 원천으로 군집성(crowd), 상찬(평가, praise), 권력관계(power)를 들고 있다.

🔓 ②

06 다음 중 잠재적 교육과정에 해당하는 것은? _{00 초등보수}

① 교사의 수업 의도 ② 문서화된 교육과정
③ 교사의 학습지도안 ④ 학교의 교육계획서
⑤ 교사의 인격적 감화

⟐ 잠재적 교육과정

잠재적 교육과정은 학교에서 의도하지 않은 교육과정이다. ①, ②, ③, ④는 모두 계획된 것으로 공식적 교육과정에 해당하며, ⑤ 교사의 인격적 감화는 교사의 인격적 특징이 학생의 동일시 대상이 될 수 있다는 것으로 잠재적 교육과정에 해당한다.

🔓 ⑤

07 다음 글에서 밑줄 친 부분과 관계가 있는 교육과정은? _{00 초등보수}

> 학생들을 강력하게 통제하는 경우, 학교의 질서를 유지할 수 있을지는 모르나 <u>학생들에게 무슨 수단을 써서라도 학교의 통제를 회피하려는 태도를 가지게 하기도 한다.</u>

① 잠재적 교육과정 ② 의도된 교육과정
③ 표면적 교육과정 ④ 형식적 교육과정
⑤ 명시적 교육과정

⟐ 잠재적 교육과정

잠재적 교육과정은 학교에서 의도하지 않았지만, 학교의 물리적 조건, 학교의 제도 및 행정조직, 사회·심리적 상황에 의하여 학습하게 되는 비공식적 교육과정으로, 숨어 있는(latent) 교육과정, 비형식적(informal)이라고도 한다. 잭슨(Jackson)에 따르면, 잠재적 교육과정이 나타나는 원천으로 군집성(crowd), 상찬(평가, praise), 권력관계(power)를 들고 있다.

🔓 ①

08 〈보기〉의 내용과 가장 관련이 깊은 교육과정은? ^{02 초등}

보기

교사의 인격은 알게 모르게 학생들에게 계속적인 영향을 미친다. 세상을 부정적, 비관적으로 보는 교사 밑에서 배우는 학생들은 자신도 모르는 사이에 세상에 대한 부정적 견해를 가지게 되기 쉬우며, 교사로부터 사랑과 관심을 많이 받은 학생은 따뜻한 마음의 소지자가 될 가능성이 높다. 만약 한 학교의 여러 교사들이 공통적으로 어떤 인간적 특징을 나타낼 때 그렇게 집단화된 교사의 인격적 특징은 학생의 인성 발달에 더욱 강력한 영향을 미치게 될 것이다.

① 영 교육과정   ② 표면적 교육과정
③ 잠재적 교육과정   ④ 공식적 교육과정

⁑ 잠재적 교육과정

표면적 교육과정은 주로 교사의 지적·기능적인 영향을 받으나, 잠재적 교육과정은 주로 교사의 인격적인 감화를 받는다. 잠재적 교육과정에서 학생들은 교사를 동일시 대상으로 삼고 교사의 행동을 은연중에 모방하게 된다. 따라서 ⅰ) 교사는 학생들의 동일시 대상이 되기 때문에 항상 그 행동이 학생들에게 모범이 되도록 해야 한다. ⅱ) 교사가 교직에 대하여 긍지와 자부심을 가지고 학생지도에 임할 때 인격적인 영향을 줄 수 있다. ⅲ) 교사는 학생들의 가정환경에 따라 차별을 두지 않고 똑같이 인격을 존중하며 자유로운 활동을 보장해야 한다.

🔒 ③

09 〈보기〉 중 잠재적 교육과정에서 강조하는 사항을 모두 고른 것은? ^{08 중등}

보기

ㄱ. 학생들의 교실생활이나 학교의 문화풍토를 중시한다.
ㄴ. 교육과정을 '의도'나 '계획'의 차원에 한정하지 않는다.
ㄷ. 공식적(formal) 교육과정의 부정적 결과에도 관심을 기울인다.
ㄹ. 교육과정은 교사가 해석하여 교육사태에서 재구성하는 것이다.

① ㄱ, ㄹ   ② ㄴ, ㄷ
③ ㄱ, ㄴ, ㄷ   ④ ㄱ, ㄷ, ㄹ

⁑ 잠재적 교육과정

ㄹ은 표면적 교육과정과 관련이 있다.

🔒 ③

03 영 교육과정

01 다음 사례와 교육과정 유형을 바르게 짝지은 것은? 09 초등

사례 A: 북한 초등교육기관에서는 의도적으로 종교에 관한 내용을 배제한다.

사례 B: ○○교육청은 입학초기 적응 프로그램인 '우리들은 1학년'을 직접 제작하여 학교에 적용하였다.

사례 C: 받아쓰기 시험을 매일 보고 틀린 낱말을 30번씩 적게 했더니 학생들이 국어를 싫어하게 되었다.

	사례 A	사례 B	사례 C
①	영 교육과정	잠재적 교육과정	공식적 교육과정
②	잠재적 교육과정	공식적 교육과정	영 교육과정
③	영 교육과정	공식적 교육과정	잠재적 교육과정
④	잠재적 교육과정	영 교육과정	공식적 교육과정
⑤	공식적 교육과정	영 교육과정	잠재적 교육과정

🔡 공식적 교육과정, 잠재적 교육과정과 영 교육과정

사례 A는 의도적으로 배제한 교육과정이므로 영 교육과정에 해당하고, 사례 B는 시·도 교육청 지침을 토대로 학교 교육과정을 개발한 것이므로 공식적 교육과정에 속하며, 사례 C는 학교에서 의도하지 않은 경험이므로 잠재적 교육과정에 해당한다.

🔓 ③

02 다음은 '학교 교육과정'을 주제로 두 교사가 나눈 대화 내용이다. 밑줄 친 ㉠과 ㉡에 해당하는 교육과정 개념으로 가장 적절한 것은? 09 중등

김 교사: 저는 어떤 학교에서든지 그 학교에서 실지로 가르치는 내용은 공식적인 문서나 활동만 보아서는 알 수가 없다고 봐요.

유 교사: 그렇죠. 학생들은 학교에서 의도하지 않은 것들도 은연중에 많이 배우게 되죠. 거기에는 학부모나 교사의 입장에서는 결코 기대하지 않았던 생각과 행동, 태도들도 많죠.

김 교사: 그뿐만 아니라 이런 경우도 있어요. 마땅히 가르쳐야 하는데도 불구하고 학교 또는 교사가 의도적으로 가르치지 않아서 학생들이 아예 배우지 못하는 것들도 더러 있죠.

유 교사: 제가 말한 경우는 ㉠ 학교가 의도하지 않았는데 학생의 학습경험이 생기는 것이라면, 김 선생님이 말한 경우는 ㉡ 당연히 발생해야 할 학습경험이 학교의 의도 때문에 일어나지 않은 것으로 해석할 수도 있겠네요.

	㉠	㉡
①	암시적 교육과정	명시적 교육과정
②	비공식적 교육과정	공식적 교육과정
③	잠재적 교육과정	영(null) 교육과정
④	활동중심 교육과정	교과중심 교육과정
⑤	아동중심 교육과정	교사중심 교육과정

🔡 잠재적 교육과정과 영 교육과정

㉠은 학교가 의도하지 않은 경험이므로 잠재적 교육과정에 해당하며, ㉡은 학교에서 의도적으로 배제한 교육과정이므로 영 교육과정에 해당한다.

🔓 ③

03 다음 (가)와 (나)의 내용에 가장 부합하는 교육과정의 유형을 바르게 짝지은 것은? 12 중등

> (가) 학생들은 학교에서 교사의 희망 때문에 자기 자신의 욕망을 억누르고 또 공동선 때문에 자기의 행동을 조심하는 것을 배운다. 그들을 둘러싸고 있는 규칙·규정 및 관례에 따르는 것을 배운다. 그들은 사소한 좌절감을 극복하고, 권위를 가지고 있는 사람의 계획과 정책이 비합리적이고 불분명할지라도 그것에 따르는 것을 배운다. 다른 사회적 기관의 구성원들과 마찬가지로 학생들도 '세상이 다 그런 거야.'라고 말하는 것을 배운다.
> — 잭슨(P. Jackson), 『아동의 교실생활』
>
> (나) 왜 대부분의 중등학교에서 영어를 4년, 수학을 2년, 과학을 1~2년, 역사와 사회를 2~3년 동안 의무적으로 가르치는가? 왜 중등학교에서 법학, 경제학, 인류학, 심리학, 무용, 시각예술, 음악은 자주 가르치지 않거나 필수교과로 지정하지 않는가? (중략) 나는 우리가 학교에서 몇몇 교과를 다른 대안적인 교과에 대한 면밀한 검토 없이 그저 전통적으로 가르쳐 온 교과이므로 계속해서 가르치고 있다고 생각한다. 그 과정에서 우리는 종종 학생들에게 매우 유용하다고 입증된 교과를 가르치지 않는다.
> — 아이즈너(E. Eisner), 『교육적 상상력』

	(가)	(나)
①	영 교육과정	중핵 교육과정
②	영 교육과정	잠재적 교육과정
③	잠재적 교육과정	영 교육과정
④	잠재적 교육과정	중핵 교육과정
⑤	중핵 교육과정	영 교육과정

🔲 잠재적 교육과정과 영 교육과정

(가) 잭슨에 따르면, 잠재적 교육과정이 나타나는 원천에는 군집성(crowd), 상찬(평가, praise), 권력관계(power)가 있다.
(나) 아이즈너에 따르면 배울 만한 가치가 있음에도 불구하고 의도적으로 배제한 교육과정을 영 교육과정이라고 한다.

🔓 ③

04 〈보기〉에 제시된 A교사의 생각을 가장 잘 설명해주는 교육과정은? 03 초등

> ┌─ 보기 ─────────────────────
> │ A교사는 평소 학교교육에서 예능 교과가 그 중요성에 비해 소홀히 다루어지고 있다고 생각한다. 지적 기능 못지않게 중요한 감성은 음악이나 미술 교과를 통해서 잘 계발될 수 있으나, 학교에서는 수업시수가 적어 많은 내용이 가르쳐지지 않고 배제되고 있다는 것이다.
> └────────────────────────────

① 영 교육과정　　　　② 중핵 교육과정
③ 융합 교육과정　　　④ 상관 교육과정

🔲 영 교육과정

영 교육과정은 배울 만한 가치가 있음에도 불구하고 의도적으로 배제한 교육과정을 말한다.

🔓 ①

05 다음의 현상을 설명하는 데 가장 적절한 교육과정의 유형은?

02 중등

> • 일본의 역사교과서에서 한국 침략 내용을 의도적으로 배제
> • 진화론은 가르치나 창조론은 배제
> • 사회과 교과서에서 사회적 약자에 관한 논의 배제

① 영 교육과정
② 공식적 교육과정
③ 잠재적 교육과정
④ 교사배제 교육과정

🔡 영 교육과정

영 교육과정은 배울 만한 가치가 있음에도 불구하고 의도적으로 배제한 교육과정을 말한다. 이것은 공적인 문서에 들어 있지 않아서 학생들이 학습하지 못한 내용은 물론이며 공식적 교육과정에는 포함되어 있지만 학습할 기회가 없었던 내용도 포함한다.

🔓 ①

06 다음 두 교사의 대화 내용 중, B교사가 근거하고 있는 교육과정의 개념은? 05 중등

> A교사 : 고고학은 정말 중요한 학문인데, 우리나라 고등학교에서는 왜 안 가르치는지 모르겠어요.
> B교사 : 어떤 것을 가르친다는 것은 다른 것을 가르치지 않는다는 것을 의미하지요. 제한된 여건 때문에 모든 것을 동시에 다 가르칠 수는 없지요.

① 영 교육과정(Null Curriculum)
② 명시적 교육과정(Explicit Curriculum)
③ 암시적 교육과정(Implicit Curriculum)
④ 현성 교육과정(Emerging Curriculum)

🔡 영 교육과정

영 교육과정은 배울 만한 가치가 있음에도 불구하고 의도적으로 배제한 교육과정을 말한다.

🔓 ①

07 다음 사례에 공통적으로 나타나는 교육과정 개념에 대한 설명으로 가장 적절한 것은? 10 초등

> • 어느 국가에서는 생물 수업 시간에 진화론을 가르치지 않는다.
> • 어느 국가의 경제 교과서에는 노동자의 인권에 대한 내용이 배제되어 있다.
> • 어느 국가에서는 자국(自國)에 불리한 역사적 사실을 학교 교육내용에서 제외시킨다.

① 공식적 문서로서의 표면적 교육과정
② 학교교육에서 의도되지 않은 학습결과
③ 상황맥락성을 강조하는 내러티브적 교육과정
④ 공식적 교육과정에 결여되어 있기 때문에 학습할 수 없는 내용
⑤ 공식적 교육과정에 포함되지 않으나 학생들이 경험하는 교육과정

🔡 영 교육과정

영 교육과정은 배울 만한 가치가 있음에도 불구하고 의도적으로 배제한 교육과정을 말한다. 이것은 공적인 문서에 들어 있지 않아서 학생들이 학습하지 못한 내용은 물론이며 공식적 교육과정에는 포함되어 있지만 학습할 기회가 없었던 내용도 포함한다.

🔓 ④

08 다음 〈보기〉와 같이 내용을 강조한 학자는? 00 초등

> ── 보기 ──
>
> • 영 교육과정(null curriculum)이라는 개념을 사용하였다.
> • 교육과정을 평가하기 위한 방법으로 심미안과 비평이라는 개념을 도입하였다.
> • 교육과정은 이해하는 데 있어서 의도와 결과 분석의 중요성을 강조하였다.

① 아이즈너(Eisner)　　② 슈왑(Schwab)

③ 워커(Walker)　　　④ 타일러(Tyler)

🔡 **영 교육과정**

아이즈너(Eisner)는 개인이 의미를 구성하는 방법은 다양하므로 교육과정에 대한 의사결정을 하는 사람은 실제에 대한 다양한 시각을 표현하는 예술가와 같은 사람이라고 말했다. 그는 미술교사로서의 경험과 미술 교육과정 프로젝트에 참여한 경험을 바탕으로 교육과정 개발이란 예술가가 상상력을 발휘하듯이 교육적 상상력을 발휘하는 과정이라고 보았다. 또한 아이즈너는 교육과정 구성과정과 그 교육과정에 대한 평가에 있어서 예술적 평가방법, 즉 교육비평과 교육적 감식안을 제안하였는데, 평가자는 교육이 실제와 거기서 나타난 결과를 잘 드러내서 표현해야 할 뿐만 아니라 교육이 일어나는 상황을 읽고 이해할 수 있는 개인적 판단 능력을 갖출 필요가 있다고 하였다.

🔒 ①

교육과정 실제

01 교육과정의 결정 및 운영

01 교육과정을 지방 자치적으로 운영하던 나라들이 국가 수준의 교육과정기준(National Standards) 또는 국가 교육과정(National Curriculum)을 채택하게 된 이유와 가장 거리가 먼 것은? 02 중등

① 교사의 전문성과 자율성을 향상시킬 수 있다.
② 교육의 책무성 강화를 통해 국가 경쟁력을 높일 수 있다.
③ 지역 교육과정 개발을 위한 비용과 시간을 절감할 수 있다.
④ 학생의 거주지 이동에 관계없이 교육의 계속성을 보장할 수 있다.

▦ 국가수준 교육과정을 채택하는 이유

국가수준 교육과정이란 교육에 대한 국가의 의도를 담은 문서 및 내용을 말한다. 그 필요성은 다음과 같다.
(1) 교육의 기준을 설정하기 위함이다. 국가수준 교육과정은 교육의 기준이 됨으로써 자유방임적·무궤도적 교육운영을 예방할 수 있다.
(2) 교육의 기회균등을 확보하기 위함이다. 국가수준 교육과정은 교육의 질적 기회균등을 확보해 준다.
(3) 학교급별 일관성을 유지하기 위함이다. 국가수준 교육과정은 학교급별로 교육내용의 일관성을 유지하도록 해 줌으로써 초·중·고등학교 교육내용의 계통성과 일관성을 유지하도록 해 준다.
(4) 교육의 일정 수준을 유지하기 위함이다. 국가수준 교육과정은 자국의 일정한 교육수준을 유지·향상시킬 수 있는 바탕이 되며 교육내용 수준의 적합성을 유지시켜 준다.
(5) 교육의 중립성을 확보하기 위함이다. 국가수준 교육과정은 정치적·종교적으로 중립성을 유지해야 한다.
(6) 교육목표의 책임을 달성하기 위함이다. 국가수준 교육과정은 도달해야 할 교육목표 달성 기준을 제시한다.

🔓 ①

02 교사들이 교육과정 개발에서 적극적인 역할을 수행하지 못할 경우, 교육과정을 중요하게 생각하지 않는 '교육과정의 사소화' 현상이 종종 일어난다. 〈보기〉에서 이러한 문제를 최소화하기 위한 적절한 방안을 골라 바르게 묶은 것은? 05 초등

─ 보기 ─
ㄱ. 단위학교 내 학교교육과정위원회의 기능을 활성화한다.
ㄴ. 전문가의 연구·개발·보급 과정을 거쳐 현장에 적용하는 교육과정 개발 방식을 강화한다.
ㄷ. 국가는 '교사 배제형 교육과정(teacher-proof curriculum)'을 개발하여 단위학교에 보급한다.
ㄹ. 일반 원리에 따른 절차보다는 구체적인 실천 사례의 반성을 통해 교육과정을 개발한다.

① ㄱ, ㄴ   ② ㄴ, ㄷ
③ ㄱ, ㄹ   ④ ㄷ, ㄹ

▦ 교육과정 사소화 현상을 방지하는 방법

국가가 주도하는 중앙집권형 교육과정 개발체제에서는 교사가 교육과정으로부터 소외되어 '교육과정 사소화' 현상이 발생할 수 있다. 이를 방지하기 위해서는 시·도 교육청 단위 또는 학교 단위에서 다양한 인사의 참여를 통해 교육과정을 개발하는 지방분권형 교육과정 개발체제를 가미하는 것이 필요하다.

🔓 ③

03 지방분권적 교육과정의 장점으로 볼 수 없는 것은? 06 초등

① 단위학교의 자율성과 책무성을 제고할 수 있다.
② 전국 수준의 표준화된 교육과정을 유지할 수 있다.
③ 지역 인재를 양성하여 국가 발전에 기여할 수 있다.
④ 지역실정에 적합한 교육과정을 편성·운영할 수 있다.

01

⬚⬚ 지방분권형 교육과정의 특징

지방분권형 교육과정은 전국적으로 합의된 교육과정을 갖기 어렵다는 단점이 있다. ②는 중앙집권적 교육과정 개발의 장점이다.

🔒 ②

04 지방분권적인 교육과정 개발체제의 특성으로 볼 수 있는 것은? 98 초등

① 교사의 참여가 더욱 제한될 것이다.
② 교육과정의 운영에 획일성이 감소될 것이다.
③ 지역사회의 요구가 반영되기 어려울 것이다.
④ 지역수준 교육과정의 질적인 차이가 줄어들 것이다.
⑤ 중앙집권적인 통제가 가능해질 것이다.

⬚⬚ 지방분권형 교육과정의 특징

지방분권형 교육과정 개발체제는 시·도 교육청 단위 또는 학교 단위에서 다양한 인사의 참여를 통해 교육과정을 개발하는 것을 말한다. 지방분권형의 경우, 교육과정 운영의 획일성이 감소되고 다양성이 증대되며, 주변 상황의 급속한 변화에 대응하여 교육과정을 신속하고 유연하게 수정하고 운영할 수 있다.

🔒 ②

05 학교수준 교육과정 개발(SBCD)의 특징으로 가장 적절한 것은? 09 초등

① 각 학교의 특성을 고려한 교육과정 개발이 용이하다.
② 연구·개발·보급 모형(RDD model)에 따라 개발된다.
③ 중앙-주변 모형(center-periphery model)에 따라 개발된다.
④ 전국적·공통적 교육과정(common curriculum)의 특성을 갖는다.
⑤ 교사배제 교육과정(teacher-proof curriculum)이라는 지적을 받는다.

⬚⬚ 학교수준 교육과정 개발(SBCD)의 특징

학교수준에서 이루어지는 교육과정 개발은 학교 교육과정을 계획하는 것과 교과별 수업을 위한 교수·학습 계획안을 작성하는 것이다. 학교수준 교육과정 개발은 교사들에 의해 이루어진다는 점에서 교사들의 적극적인 참여가 무엇보다 중요하며, 교사의 전문성을 가장 잘 드러낼 수 있다. 학교 교육과정은 모든 교원이 전문성을 발휘하여 참여하는 민주적인 절차와 과정을 거쳐 편성한다. 학교 교육과정을 편성·운영할 때에는 교원의 조직, 학생의 실태, 학부모의 요구, 지역사회의 실정 및 교육 시설·설비 등 교육 여건과 환경을 충분히 반영하도록 노력한다. 교육과정의 합리적 편성과 효율적 운영을 위해 교원, 교육과정 전문가, 학부모 등이 참여하는 학교 교육과정 위원회를 구성하여 운영한다. ② 연구·개발·보급 모형(RDD model)은 전문가들이 연구를 통해 교육과정을 개발하고, 이를 운영기관에 확산하여 실행시키는 방식이다. ③ 중앙-주변 모형(center-periphery model)은 연구·개발·보급과 마찬가지로 중앙(1차 센터)에서 교육과정을 개발하고 지역(2차 센터)에서 그 적용법을 실행기관에 전달하는 모형이다.

🔒 ①

06 단위학교 수준에서 교육과정의 탄력적 운영을 위해 도입할 수 있는 운영 방법이 아닌 것은? 02 초등

① 특정 교과의 수업을 특정 요일에 블록타임제로 운영한다.
② 교과 간의 중복된 내용 요소를 분석하여 교과 간 통합 운영한다.
③ 교과서에 제시된 내용 순서를 필요에 따라 적절히 바꾸어 가르친다.
④ 학생의 요구와 교사의 판단에 따라 연간 수업 시수를 감축하여 운영한다.

⬚⬚ 학교수준 교육과정의 탄력적 운영 방법

학교는 교육의 질을 고려하여 국가교육과정의 기준 내에서 국가교육과정을 융통성 있게 재구성할 수 있다. 학교수준에서 할 수 있는 교육과정의 재구성 형태로는 교육내용 재구성(교과 내, 교과 간, 교과와 창의적 체험활동의 연계), 교과목의 탄력적 편성(집중이수), 수업 시간의 탄력적 운영(수업 시간 조정, 블록타임, 20% 범위 내 교과별 이수단위 증감) 등이 있다. ④ 연간 수업 시수는 교사가 준수해야 할 '최소 수업 시수'이므로 교사의 임의적 판단에 따라 감축할 수 없다. 다만 '기준 수업 시수'는 20% 범위 내에서 증감할 수 있다.

🔒 ④

07 〈보기〉와 관계있는 스나이더(J. Snyder) 등이 언급한 교육과정 실행(curriculum implementation)의 관점은? 07 전문상담

―― 보기 ――
- 교육과정은 교사와 학생에 의해 공동으로 만들어지는 교육경험이라고 본다.
- 외부에서 만들어진 교육과정 자료와 프로그램 수업전략 등은 도구로서의 의미를 지닌다.
- 대표적인 연구로는 뉴론(J. Newlon)에 의해 주도된 덴버교육과정 개발사업(Denver Plan)이 있다.

① 충실도 관점(fidelity perspective)
② 비판 관점(criticism perspective)
③ 형성 관점(enactment perspective)
④ 상호적응 관점(mutual adaptation perspective)

▦ 스나이더의 교육과정 실행의 관점

교육과정 실행의 관점이란 교육과정의 전개과정을 어떤 시각으로 보는지를 의미한다. 스나이더는 교육과정 실행의 관점을 충실도 관점, 상호적응 관점, 형성(생성) 관점으로 제시하였다. '충실도 관점'은 외부에서 개발된 교육과정(계획된 교육과정)이 학교현장에 충실하게 이행되어야 한다는 입장이다. 교사는 수동적이고 소극적인 역할을 담당하며, 교육과정 개발자의 의도에 충실하게 운영하는 역할을 맡아야 한다('교사배제' 교육과정, teacher proof). '상호적응 관점'은 외부에서 개발된 교육과정은 학교나 교실 상황에서 그것을 실제로 사용하는 사람들에 의해 조정될 수 있다고 보는 관점이다. '형성(생성) 관점'은 교육과정을 교사와 학생에 의해 공동으로 만들어가는 교육경험으로 본다. 충실성이나 상호적응 관점의 핵심이라 할 수 있는 외부에서 만들어진 교육과정 자료나 프로그램 수업전략 등은 도구로서의 의미만을 지니고 있다.

🔒 ③

08 다음 대화에서 추론할 수 있는 교사와 교장의 교육과정 실행에 대한 관점을 옳게 연결한 것은? 10 초등

김 교사 : 국가가 정한 교육과정에 얽매이기보다는 교사가 창의적으로 교육내용을 만들어서 가르치는 것이 중요하다고 봐요. 교육과정은 교사와 학생이 함께 만들어가는 교육경험이라 할 수 있잖아요.

이 교장 : 글쎄요. 국가 교육과정은 전국적인 교육의 질을 보장하기 위하여 공통된 내용을 정하여 실시하는 교육계획이지요. 그렇다면 교사가 수업을 임의로 해서는 안 되고, 당초 국가 교육과정에서 정한 목표와 내용을 중심으로 가르쳐야지요.

박 교사 : 두 분 말씀은 알겠는데요. 교육과정을 실제로 운영하는 것은 복잡한 일입니다. 국가 교육과정뿐만 아니라 교실 상황, 학습자 수준, 교사의 요구도 함께 고려해야죠. 교육과정 개발자와 사용자 간의 의견 조정도 중요하다고 봐요.

	김 교사	이 교장	박 교사
①	형성(생성) 관점	충실성 관점	상호적응 관점
②	형성(생성) 관점	상호적응 관점	충실성 관점
③	충실성 관점	상호적응 관점	형성(생성) 관점
④	충실성 관점	형성(생성) 관점	상호적응 관점
⑤	상호적응 관점	충실성 관점	형성(생성) 관점

▦ 스나이더의 교육과정 실행의 관점

김 교사는 형성 관점, 이 교장은 충실성 관점, 박 교사는 상호적응 관점을 취하고 있다.

🔒 ①

09 홀(G. E. Hall) 등의 '교사의 관심에 기초한 교육과정 적용 모형(CBAM)'에 따르면, 새로 채택된 교육과정의 실행 양태는 교사의 관심 수준에 따라 달라진다. 이 모형에서 교사의 가장 높은 단계의 관심 수준은? 08 초등

① 새 교육과정을 수정·보완하여 더 나은 결과를 가져올 방안에 대한 관심
② 새 교육과정의 운영을 위한 정보와 자원을 효율적으로 배분하는 데 대한 관심
③ 새 교육과정에 대해 개괄적인 것을 넘어 더 구체적인 것을 알고 싶어 하는 관심
④ 새 교육과정을 적용하는 것이 자신과 주변에 어떤 영향을 끼치는지에 대한 관심

🔡 **교사의 관심에 기초한 교육과정 적용모형**(CBAM)

Hall, George, Rutherford는 '교사의 관심에 기초한 교육과정 적용모형(CBAM : Concern-Based Adoption Model)'에서 새로 채택된 교육과정의 실행 양태는 교사의 관심 수준에 따라 달라진다고 하였다. 지문에서 높은 단계의 순서는 ①, ②, ④, ③이다.

관심의 단계		관심의 표현
결과	6. 개선단계	새 교육과정을 수정하고 보완하여 더 좋은 결과를 가져올 방법에 대해 관심이 있다.
	5. 협동단계	새 교육과정을 실행함에 있어 다른 교사들과 협동하고 조정하는 데 관심이 있다.
	4. 결과단계	새 교육과정을 실행하는 것이 학생들에게 어떤 영향을 끼치는지에 관심이 있다. 새 교육과정의 학생에 대한 적절성, 학생들의 성취에 대한 평가, 학생의 성취를 향상시키기 위한 방안 등에 관심이 있다.
업무	3. 운영단계	새 교육과정의 운영과 관리에 관심이 있으며, 정보와 자원의 활용에 관심이 높다. 효율성, 조직화, 관리방안, 시간계획, 이를 구현하기 위한 교재를 준비하는 데 관심이 높다.
교사 자신	2. 개인단계	새 교육과정을 실행하는 것이 자신과 주변에 어떤 영향을 끼칠지 알고 싶어 한다. 새 교육과정 실행에 자신의 역할, 필요한 의사결정, 기존 조직에 야기될 갈등, 재정적 소요 등을 알고 싶어 한다.
	1. 정보단계	새 교육과정에 대해 개괄적인 것을 알고 있으나 좀 더 구체적인 것을 알고 싶어 한다. 새 교육과정의 특징, 효과, 실천을 위해 반드시 해야 할 사항 등을 알고 싶어 한다.
	0. 지각단계	새 교육과정에 대해 관심이 전혀 없다.

🔓 ①

10 던킨(M. J. Dunkin)과 비들(J. Biddle)이 제시한 다음의 '교실 내 수업과정의 연구모형'에서 (가)에 대한 설명으로 옳은 것은? 08 초등

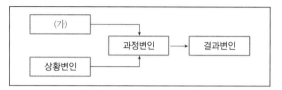

① 교사와 학습자의 교실행동 요인들이다.
② 학습자의 특성과 경험 등을 의미하는 학습자 요인들이다.
③ 교사의 특성 및 훈련 경험 등 교사와 관련된 요인들이다.
④ 학교 및 지역사회의 특징을 포함하는 물리적 환경 요인들이다.

🔡 **던킨과 비들의 교실 내 수업과정의 연구모형**

던킨과 비들이 제시한 '교실 내 수업과정의 연구모형'은 교수자에 관련된 '전조변인'과 학습자와 그가 처한 물리적 환경을 묶은 '상황변인(맥락변인)'을 교수학습과정에 영향을 미치는 독립변인으로 하고, 결과를 종속변인으로 설정하여 수업에 관한 연구의 패러다임을 이루게 하였다. ①은 과정변인, ②와 ④는 상황변인에 대한 설명이다.

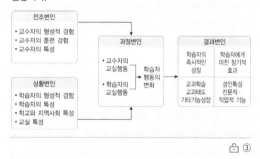

🔓 ③

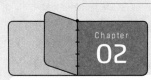
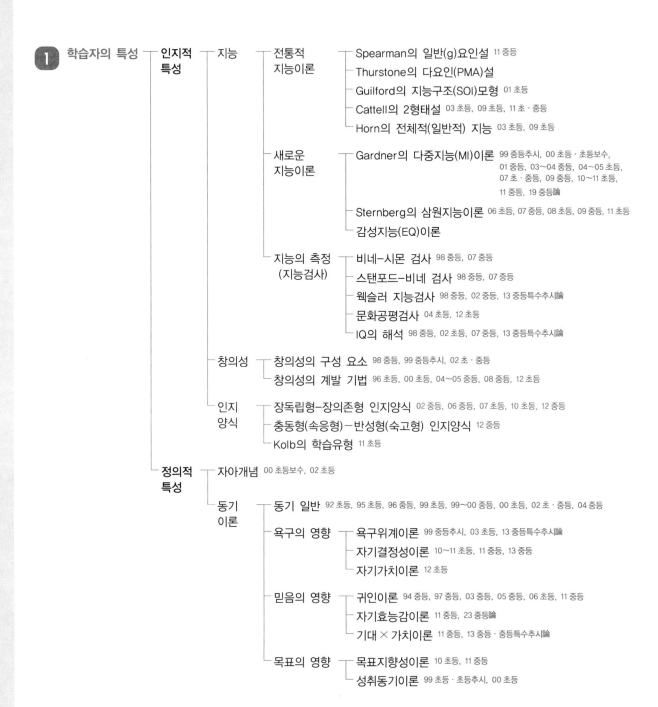

1 학습자의 특성 ─ **인지적 특성** ─ 지능 ─ 전통적 지능이론 ─ Spearman의 일반(g)요인설 11 중등
　　　　　　　　　　　　　　　　　　　　　　─ Thurstone의 다요인(PMA)설
　　　　　　　　　　　　　　　　　　　　　　─ Guilford의 지능구조(SOI)모형 01 초등
　　　　　　　　　　　　　　　　　　　　　　─ Cattell의 2형태설 03 초등, 09 초등, 11 초·중등
　　　　　　　　　　　　　　　　　　　　　　─ Horn의 전체적(일반적) 지능 03 초등, 09 초등

　　　　　　　　　　　　　　　─ 새로운 지능이론 ─ Gardner의 다중지능(MI)이론 99 중등추시, 00 초등·초등보수, 01 중등, 03~04 중등, 04~05 초등, 07 초·중등, 09 중등, 10~11 초등, 11 중등, 19 중등論
　　　　　　　　　　　　　　　　　　　　　　─ Sternberg의 삼원지능이론 06 초등, 07 중등, 08 초등, 09 중등, 11 초등
　　　　　　　　　　　　　　　　　　　　　　─ 감성지능(EQ)이론

　　　　　　　　　　　　　　　─ 지능의 측정 (지능검사) ─ 비네-시몬 검사 98 중등, 07 중등
　　　　　　　　　　　　　　　　　　　　　　─ 스탠포드-비네 검사 98 중등, 07 중등
　　　　　　　　　　　　　　　　　　　　　　─ 웩슬러 지능검사 98 중등, 02 중등, 13 중등특수추시論
　　　　　　　　　　　　　　　　　　　　　　─ 문화공평검사 04 초등, 12 초등
　　　　　　　　　　　　　　　　　　　　　　─ IQ의 해석 98 중등, 02 초등, 07 중등, 13 중등특수추시論

　　　　　　　　　　─ 창의성 ─ 창의성의 구성 요소 98 중등, 99 중등추시, 02 초·중등
　　　　　　　　　　　　　　─ 창의성의 계발 기법 96 초등, 00 초등, 04~05 중등, 08 중등, 12 초등

　　　　　　　　　　─ 인지양식 ─ 장독립형-장의존형 인지양식 02 중등, 06 중등, 07 초등, 10 초등, 12 중등
　　　　　　　　　　　　　　─ 충동형(속응형)-반성형(숙고형) 인지양식 12 중등
　　　　　　　　　　　　　　─ Kolb의 학습유형 11 초등

　　　─ **정의적 특성** ─ 자아개념 00 초등보수, 02 초등

　　　　　　　　─ 동기이론 ─ 동기 일반 92 초등, 95 초등, 96 중등, 99 초등, 99~00 중등, 00 초등, 02 초·중등, 04 중등
　　　　　　　　　　　　　─ 욕구의 영향 ─ 욕구위계이론 99 중등추시, 03 초등, 13 중등특수추시論
　　　　　　　　　　　　　　　　　　─ 자기결정성이론 10~11 초등, 11 중등, 13 중등
　　　　　　　　　　　　　　　　　　─ 자기가치이론 12 초등

　　　　　　　　　　　　　─ 믿음의 영향 ─ 귀인이론 94 중등, 97 중등, 03 중등, 05 중등, 06 초등, 11 중등
　　　　　　　　　　　　　　　　　　─ 자기효능감이론 11 중등, 23 중등論
　　　　　　　　　　　　　　　　　　─ 기대 × 가치이론 11 중등, 13 중등·중등특수추시論

　　　　　　　　　　　　　─ 목표의 영향 ─ 목표지향성이론 10 초등, 11 중등
　　　　　　　　　　　　　　　　　　─ 성취동기이론 99 초등·초등추시, 00 초등

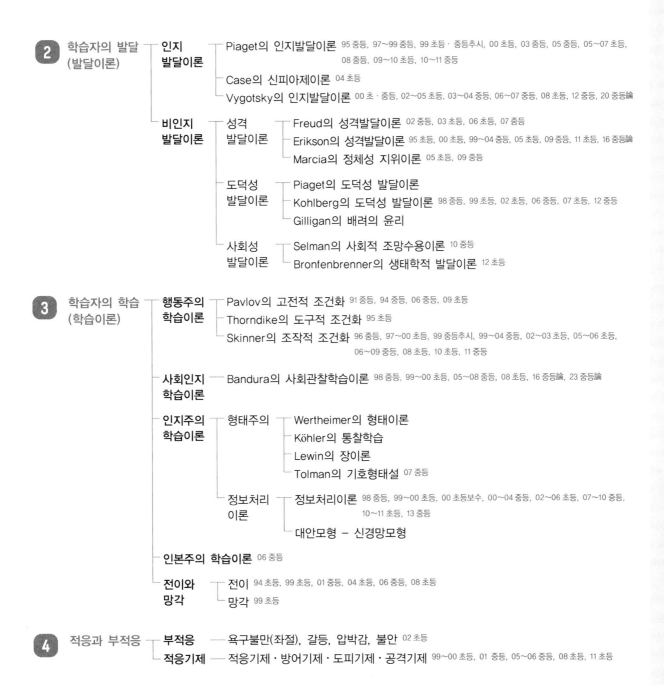

2 학습자의 발달
(발달이론)

**인지
발달이론**
— Piaget의 인지발달이론 95 중등, 97~99 중등, 99 초등 · 중등추시, 00 초등, 03 중등, 05 중등, 05~07 초등, 08 중등, 09~10 초등, 10~11 중등
— Case의 신피아제이론 04 초등
— Vygotsky의 인지발달이론 00 초 · 중등, 02~05 초등, 03~04 중등, 06~07 중등, 08 초등, 12 중등, 20 중등論

**비인지
발달이론**
— 성격
발달이론
— Freud의 성격발달이론 02 중등, 03 초등, 06 초등, 07 중등
— Erikson의 성격발달이론 95 초등, 00 초등, 99~04 중등, 05 중등, 09 중등, 11 초등, 16 중등論
— Marcia의 정체성 지위이론 05 초등, 09 중등

— 도덕성
발달이론
— Piaget의 도덕성 발달이론
— Kohlberg의 도덕성 발달이론 98 중등, 99 초등, 02 초등, 06 중등, 07 초등, 12 중등
— Gilligan의 배려의 윤리

— 사회성
발달이론
— Selman의 사회적 조망수용이론 10 중등
— Bronfenbrenner의 생태학적 발달이론 12 초등

3 학습자의 학습
(학습이론)

**행동주의
학습이론**
— Pavlov의 고전적 조건화 91 중등, 94 중등, 06 중등, 09 초등
— Thorndike의 도구적 조건화 95 초등
— Skinner의 조작적 조건화 96 중등, 97~00 중등, 99 중등추시, 99~04 중등, 02~03 초등, 05~06 초등, 06~09 중등, 08 초등, 10 초등, 11 중등

**사회인지
학습이론**
— Bandura의 사회관찰학습이론 98 중등, 99~00 초등, 05~08 중등, 08 초등, 16 중등論, 23 중등論

**인지주의
학습이론**
— 형태주의
— Wertheimer의 형태이론
— Köhler의 통찰학습
— Lewin의 장이론
— Tolman의 기호형태설 07 중등

— 정보처리
이론
— 정보처리이론 98 중등, 99~00 초등, 00 초등보수, 00~04 중등, 02~06 초등, 07~10 중등, 10~11 초등, 13 중등
— 대안모형 – 신경망모형

인본주의 학습이론 06 중등

**전이와
망각**
— 전이 94 초등, 99 초등, 01 중등, 04 초등, 06 중등, 08 초등
— 망각 99 초등

4 적응과 부적응
— **부적응** — 욕구불만(좌절), 갈등, 압박감, 불안 02 초등
— **적응기제** — 적응기제 · 방어기제 · 도피기제 · 공격기제 99~00 초등, 01 중등, 05~06 중등, 08 초등, 11 초등

01 인지적 특성

01 다음 세 교사의 견해에 근거가 되는 지능이론가들을 올바르게 짝지은 것은? ^{11 중등}

> 최 교사 : 우리 반 영철이는 IQ가 높아서인지 공부를 참 잘해요. 과목별 점수로 봐도 영철이가 거의 전교 1, 2등이잖아요. 머리가 좋으니까 나중에 어떤 직업을 갖더라도 잘할 거예요.
>
> 송 교사 : 우리 반 순희는 언어와 수리 교과는 잘 하지만, 음악이나 체육은 재능이 없어 보여요. 친구들하고 잘 어울리지도 못해요. 그런 것을 보면 지능이 높다고 뭐든 잘하는 것 같지는 않아요. 그리고 공부뿐만 아니라 인간관계 능력이나 다른 것들도 지적 능력에 포함되는 것이 아닐까요? 결국, 영역별로 지적 능력이 따로 있는 것 같아요.
>
> 강 교사 : 영역별 지능도 중요하지만, 제 생각엔 지능이 한 가지 경로로만 발달하지는 않는 것 같아요. 기억력처럼 뇌 발달과 비례하는 능력들도 있지만, 언어이해력과 같은 것들은 문화적 환경과 경험에 의해 발달하잖아요.

	최 교사	송 교사	강 교사
①	스턴버그 (R. Sternberg)	골만 (D. Goleman)	카텔 (R. Cattell)
②	스피어만 (C. Spearman)	가드너 (H. Gardner)	카텔 (R. Cattell)
③	스피어만 (C. Spearman)	가드너 (H. Gardner)	길포드 (J. Guilford)
④	스턴버그 (R. Sternberg)	가드너 (H. Gardner)	길포드 (J. Guilford)
⑤	스피어만 (C. Spearman)	골만 (D. Goleman)	길포드 (J. Guilford)

지능이론(스피어만, 카텔, 가드너)

(1) 스피어만(Spearman)의 2요인설(일반요인설, g요인설)에 따르면, 지능은 일반요인과 특수요인이 결합된 단일능력이다. 따라서 지능은 모든 지적 과제를 해결하는 데 작용하며, 지능이 높은 학생은 전 교과에서 높은 성취를 보일 것으로 기대할 수 있다.
(2) 가드너(H. Gardner)의 다중지능이론에 따르면, 지능은 단일요인이 아니라 영역별로 구분되는 9개의 상호 독립적인 지능들(다중지능)로 구성되어 있다.
(3) 카텔(Cattell)은 지능의 일반요인(g요인)을 유동성 지능과 결정성 지능으로 분류하였다. 유동성 지능은 선천적 요인(예 유전, 성숙 등 생리적 요인)에 의해 영향을 받는 지능으로 뇌 발달과 비례하는 능력이다. 반면, 결정성 지능은 환경적 요인(예 경험, 학습)에 의해 영향을 받는 지능으로 문화적 환경과 경험에 의해 발달하는 능력이다.

🔒 ②

02 카텔(Cattell)의 결정적 지능과 관계가 없는 것은?

^{97 5급승진}

① 환경에 영향을 받는다.
② 평생교육과 관계가 있다.
③ 개념형성, 사고, 추리, 기계적 암기 등의 기능을 수행한다.
④ 독해, 일반적인 상식 등 절차화되어 있는 의식과 행위에 관계한다.

02

카텔(Cattell)의 유동성 지능과 결정성 지능

카텔에 따르면, 지능은 상위요인인 일반요인(g요인)과 하위요인인 유동성 지능과 결정성 지능으로 구성되어 있다고 본다. 유동성 지능은 선천적 요인(예 유전, 성숙 등 생리적 요인)에 의해 영향을 받는 지능으로 뇌 발달과 비례하는 능력이다. 기억력, 기계적 암기, 지각능력, 일반적 추리력 등 모든 문화권에서의 보편적인 능력으로 탈문화적 내용에 해당한다. 반면, 결정성 지능은 환경적 요인(예 경험, 학습)에 의해 영향을 받는 지능으로 문화적 환경과 경험에 의해 발달하는 능력이다. 독해력(어휘이해력), 일반지식, 상식, 문제해결력, 논리적 추리력 등 문화적 내용에 해당한다.

🔓 ③

04 철수는 수학 시간에 다음 〈보기〉의 문제를 해결하였다. 철수가 답을 찾기 위해 사용한 지적 능력은 길포드(Guilford)의 지능구조모형에서 볼 때 어떤 요인들의 조합으로 이루어진 것인가? 01 초등

> ─ 보기 ─
> 다음의 (   )에 알맞은 숫자는 무엇일까요?
>   2, 3, 5, 8, 12, (   )
>   정답: 17

① 상징, 수렴적 사고, 관계
② 상징, 확산적 사고, 유목
③ 의미, 수렴적 사고, 관계
④ 의미, 확산적 사고, 관계

길포드(Guilford)의 지능구조모형(복합요인설)

길포드에 따르면, 지능은 '내용'(5), '조작'(6), '결과'(6)의 3차원 조합으로 이루어진 상호 독립적인 180개의 복합요인으로 구성되어 있다. 내용 차원은 조작의 대상으로, 시각·청각·상징·의미·행동이고, 조작 차원은 내용에 대한 정신활동으로, 인지·기억저장·기억파지·수렴적 사고·발산적 사고·평가이며, 결과 차원은 조작의 결과로 단위·유목(분류)·관계·체계·변환·함축(적용)으로 구성되어 있다.

🔓 ①

03 다음은 카텔(Cattell) 등 여러 학자들의 지능에 관한 연구를 종합하여 혼(Horn)이 제시한 전체적 지능(G), 결정성 지능 (Gc), 유동성 지능(Gf)의 발달곡선이다. 그림에 대한 설명으로 적절한 것은? 03 초등

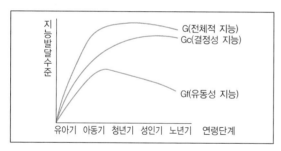

① G는 주로 창의력검사에 의하여 측정된다.
② Gc는 후천적 경험과 밀접히 관련되어 있다.
③ Gf는 어휘력검사와 관련성이 높다.
④ G, Gc, Gf는 모두 지능구조의 변화를 나타낸다.

혼(Horn)의 전체적 지능(G)

혼(Horn)은 카텔(Cattell)이 제시한 유동성 지능(Gf)과 결정성 지능 (Gc)을 종합하여 '전체적 지능(G)'을 제시하였다. ① G(전체적 지능)는 지능검사에 의하여 측정되고, ③ 어휘력검사와 관련성이 높은 것은 Gc(결정성 지능)이며, ④ G(전체적 지능)는 종합적 변화로 Gc와 Gf의 합의 관계이다. ② Gc(결정성 지능)는 후천적 경험과 밀접히 관련되어 있다.

🔓 ②

05 다음의 내용에서 교사가 활용한 지능이론은? 04 중등

> 박 교사는 지난 여름방학 직무연수에서, 학습자에게는 최소한 한 가지 이상의 우세한 지능영역이 있으므로 학습자에게 약한 영역을 지도할 때 그에게 '상대적으로 우세한 영역의 지능을 활용'할 수 있도록 교수·학습 활동을 다양화하는 것이 보다 효율적이라는 점을 시사하는 이론을 접했다. 박 교사는 그때 대중가요를 좋아하고 음악은 잘하지만, 글짓기를 싫어하는 미영이를 떠올렸다. 개학 후 미영이를 위해 좋아하는 노래의 가사를 창의적으로 바꾸어 보게 하고, 작은 음악회를 개최할 수 있도록 안내하는 교수·학습 활동을 구성하였다.

① 다중지능이론　　② 도덕지능이론
③ 삼원지능이론　　④ 지능구조이론

> **가드너(Gardner)의 다중지능이론**
> 가드너에 따르면, 인간은 최소한 한 가지 이상의 우세한 지능영역이 있으므로 학습자에게 약한 영역을 지도할 때 그에게 '상대적으로 우세한 영역의 지능을 활용'할 수 있어야 한다고 주장하였다. 가드너가 다중지능이론을 통해 시사하고자 했던 점은 '인간은 누구나 강점 영역과 약점 영역이 있는데 강점만을 편중적으로 계발하기보다는 강점을 이용해서 약점을 보완하면 개인의 강점의 효과성과 효율성을 더욱 높일 수 있다'라는 것이다.
>
> 🔒 ①

06 지능은 언어지능, 수리적 지능, 인간관계지능, 음악적 지능, 개인내적 지능 등 여러 지능영역이 있으며, 학생 개인에 따라 각기 뛰어난 지능영역이 있다고 보는 이론은? 01 중등

① 지능발달론　　② 지능요인론
③ 다중지능론　　④ 삼원지능론

> **가드너(Gardner)의 다중지능이론**
> 가드너에 따르면, 지능은 단일요인이 아니라 영역별로 구분되는 9개의 상호 독립적인 지능들(다중지능)로 구성되어 있다고 한다. 각 지능 요인들의 결합 형태에 따라 개인의 독특한 지능이 형성된다고 본다. 9가지 지능에는 언어 지능, 논리-수학 지능, 음악 지능, 공간 지능, 신체-운동 지능, 대인관계 지능, 개인 내적 지능, 자연관찰 지능, 실존 지능이 있다.
>
> 🔒 ③

07 다음에서 박 교사가 이용하려는 지능은? 07 초등

> 다중 지능을 이용한 수학 수업에서 박 교사는 나눗셈의 풀이 과정을 세 단계로 나누고 각 단계별 풀이 과정을 세 개의 네모 칸에 기록하였다. 그런 후 네모 칸에 각각 다른 색을 칠하여 풀이 과정을 색깔별로 구분하고 색깔과 연결 지어 나눗셈의 풀이 과정을 기억하도록 가르쳤다.

① 언어 지능　　② 대인 지능
③ 자연탐구 지능　　④ 시각-공간 지능

> **가드너(Gardner)의 다중지능이론**
> 9가지 지능에는 언어 지능, 논리-수학 지능, 음악 지능, 공간 지능, 신체-운동 지능, 대인관계 지능, 개인 내적 지능, 자연관찰 지능, 실존 지능이 있다. 이 중 공간 지능(spatial intelligence)은 시·공간적 세계를 정확히 지각하고, 지각한 것을 토대로 시·공간적 세계를 변형·수정·재창조하는 능력을 말한다.
>
> 🔒 ④

08 다음에 활용된 수업도입전략으로 가장 적절한 것은?

11 초등

> 김 교사는 신라의 역사에 관한 수업의 도입 단계에서 신라 건국 시조인 박혁거세의 탄생에 얽힌 전설과 즉위 후에 보여준 뛰어난 지도력에 대한 이야기를 들려주었다. 학생들은 김 교사의 이야기를 들으면서 수업시간에 배울 내용에 대해 흥미를 갖게 되었다.

① 심미적(aesthetic) 도입전략
② 서술적(narrational) 도입전략
③ 경험적(experiential) 도입전략
④ 근원적(foundational) 도입전략
⑤ 논리적－양적(logical-quantitative) 도입전략

가드너의 다중지능이론(수업도입전략)

가드너는 효과적인 교사는 '교육의 중개인'으로서 다양한 학습양식을 가진 학생들에게 가능하면 참여를 유도할 수 있는 효과적인 방법으로 관련 내용을 전달하려 할 것이며, 이러한 다양한 도입 방법을 사용함으로써 학생들의 오해, 편견, 고정관념을 해소할 수 있을 것이라고 말한다. 수업도입전략에는 서술적 도입전략, 논리적 도입전략, 수량적 도입전략, 근원적(실존적) 도입전략, 미학적(심미적) 도입전략, 경험적 도입전략, 협력적 도입전략이 있다. ② 서술적 도입전략은 의문스러운 개념에 대해 설명하거나 구체적인 사례를 제시하는 방법이다.

🔓 ②

09 가드너의 다중지능이론과 스턴버그의 성공지능이론의 공통점을 모두 고른 것은? 09 중등

> ㄱ. 인간의 지능을 사회, 문화적 맥락을 고려하여 이해한다.
> ㄴ. 지능의 작용 과정보다는 지능의 독립적 구조를 밝히는 데 주력하고 있다.
> ㄷ. 지능의 개념 정의에서 전문성과 지혜가 중시된다.
> ㄹ. 학교 수업과 평가는 학생의 강점 지능을 활용하고 약점 지능을 교정, 보완하는 데 초점을 맞추어야 한다고 강조한다.

① ㄱ, ㄴ   ② ㄱ, ㄹ   ③ ㄴ, ㄷ
④ ㄴ, ㄹ   ⑤ ㄷ, ㄹ

가드너의 다중지능이론과 스턴버그의 성공지능이론의 공통점

최근 지능이론은 지능검사를 통한 지능연구의 틀을 벗어나고자 한다. 지능검사는 학업성적을 어느 정도 예언해 주기는 하지만, 지능의 다른 측면들에 대해서는 아무런 설명을 제시하지 못하기 때문이다. 이런 경향은 가드너와 스턴버그의 이론에서 볼 수 있다. 두 지능이론은 종래의 지능검사보다 훨씬 포괄적으로 지능의 개념을 확장하고자 한다. 가드너와 스턴버그의 지능이론은 ㄱ. 한 개인이 처해 있는 다양한 사회적·문화적 맥락을 반영하는 지능모형이다. 또, ㄹ. 학교 수업과 평가는 학생의 강점 지능을 활용하고 약점 지능을 교정, 보완하는 데 초점을 맞추어야 한다고 강조한다. 한편, ㄴ. 스피어만(Spearman), 써스톤(Thurstone), 가드너(Gardner)의 지능이론은 개인의 지능, 즉 능력의 내용이 어떻게 서로 다른가를 기술하는 경향이 있다. 반면, 스턴버그(Sternberg)의 성공지능이론은 지능에 대한 인지적 접근으로, 모든 사람에게 공통적으로 나타나는 사고과정을 강조한다. 즉, '인간은 정보를 어떻게 모으고 사용하여 문제를 풀고 지적으로 행동하는가?'에 관심을 가진다.

🔓 ②

10 스턴버그(R. J. Sternberg)의 삼원지능이론에서 상황적 하위이론(contextual subtheory)에 부합하는 능력은?

08 초등

① 새로운 지식을 획득하고 이를 논리적 과제 해결에 적용하는 분석적 능력
② 원만한 인간관계, 사회적 유능성, 뛰어난 적응력 등과 같은 실제적 능력
③ 서로 관련되어 있지 않은 사실들을 조합하여 새로운 아이디어를 생성하는 창의적 능력
④ 기존의 지능 개념과 유사한 것으로, 추상적이고 학업적인 문제해결에 관여하는 메타인지적 능력

스턴버그의 삼원지능이론(실제적 지능)

스턴버그에 따르면, 인간의 지능은 분석적 지능(요소하위이론), 경험적 지능(경험하위이론), 실제적 지능(상황하위이론)이 하나의 체계로 통합되어 작용한다고 한다. ①과 ④는 분석적 지능(요소하위이론), ②는 실제적 지능(상황하위이론), ③은 경험적 지능(경험하위이론)이다.

🔓 ②

11 〈보기〉에서 스턴버그(R. Sternberg)의 실제적 지능(practical intelligence)에 대한 바른 설명으로 묶인 것은? 07 전문상담

> 보기
> ㄱ. 추상적으로 사고하는 능력
> ㄴ. 새로운 문제를 독창적으로 해결하는 능력
> ㄷ. 일상생활에서 배우는 암묵적 지식에 기초한 능력
> ㄹ. 성공할 수 있는 환경을 선택하고 그 환경에 적응하는 능력

① ㄱ, ㄴ   ② ㄱ, ㄹ
③ ㄴ, ㄷ   ④ ㄷ, ㄹ

⊞ 스턴버그의 삼원지능이론(실제적 지능)

실제적 지능이란 성공할 수 있는 환경을 선택하고 그 환경에 적응하며 필요할 경우 그 환경을 변화시키는 능력을 말한다. 이것은 학교교육이 아니라 일상생활을 통해 획득되고 발전하는 능력으로서 '암시적 지능'이라고도 한다. 일상의 문제해결능력, 실제적인 적응능력, 사회적 유능성 등 실제적 능력이 이와 관련된다.

🔒 ④

12 철수는 공부할 때 방해를 받지 않기 위해 자기 방문에 '공부 중'이란 팻말을 걸어두었다. 스턴버그(R. Sternberg)가 제안한 지능의 삼원이론에서 볼 때, 이런 행동과 가장 관계가 깊은 것은? 06 초등

① 분석적 지능   ② 언어적 지능
③ 정서적 지능   ④ 실제적 지능

⊞ 스턴버그의 삼원지능이론(실제적 지능)

스턴버그에 따르면, 지능은 분석적 지능, 경험적 지능, 실제적 지능의 3가지 능력이 하나의 체계로 통합되어 작용한다고 한다. 예시는 실제적 지능에 해당한다. 실제적 지능은 변화하는 환경에 잘 적응하고, 필요할 경우 환경을 변화시키거나 보다 나은 새로운 환경을 선택하는 능력을 말한다. 일상의 문제해결능력, 실제적인 적응능력, 사회적 유능성 등 실제적 능력이 이와 관련된다.

🔒 ④

13 지능에 관련된 설명으로 옳은 것을 〈보기〉에서 모두 고르면? 11 초등

> 보기
> ㄱ. 플린 효과(Flynn effect)란 인간의 지능검사 점수가 해를 거듭할수록 점차 낮아지는 세계적인 경향을 말한다.
> ㄴ. 가드너(H. Gardner)의 다중지능이론에서는 여러 지능들이 상호 독립적이며 각각의 상대적 중요성이 동일하다고 가정한다.
> ㄷ. 카텔(R. Cattell)의 결정성 지능(crystallized intelligence)이란 환경적·문화적·경험적 영향에 의해 발달하는 지능으로, 자신의 학습과 경험을 적용하여 획득한 능력을 말한다.
> ㄹ. 스턴버그(R. Sternberg)의 삼원지능이론에서 창의적 지능이란 현실 상황에 적응하거나 상황을 선택·변형하는 능력으로, 일상의 문제해결능력이나 사회적 유능성과 같은 지능을 말한다.

① ㄱ, ㄴ   ② ㄴ, ㄷ
③ ㄷ, ㄹ   ④ ㄱ, ㄴ, ㄷ
⑤ ㄴ, ㄷ, ㄹ

⊞ 플린 효과, 가드너, 카텔, 스턴버그

ㄱ. 플린 효과(Flynn effect)란 세대가 반복될수록 지능검사 점수가 높아진다는 것을 말한다. 뉴질랜드 정치학자 제임스 플린이 발견한 것인데, 플린은 미국 군입대 지원자들의 IQ검사결과를 분석해 신병들의 평균 IQ가 10년마다 약 3점씩 올라간다는 사실을 발견했으며, 1987년 14개국으로 대상을 확대 실시한 조사에서도 비슷한 결과를 얻었다.

ㄴ. 가드너에 따르면, 지능은 단일요인이 아니라 영역별로 구분되는 9개의 상호 독립적인 지능들(다중지능)로 구성되어 있다. 각 지능 요인들의 결합 형태에 따라 개인의 독특한 지능이 형성된다. 여러 지능들이 상호 독립적이며 각각의 상대적 중요성이 동일하다고 가정한다.

ㄷ. 카텔에 따르면, 지능은 상위요인인 일반요인(g요인)과 하위요인인 유동성 지능과 결정성 지능으로 구성되어 있다고 본다. 유동성 지능은 선천적 요인(예 유전, 성숙 등 생리적 요인)에 의해 영향을 받는 지능으로 뇌 발달과 비례하는 능력이다. 반면, 결정성 지능은 환경적 요인(예 경험, 학습)에 의해 영향을 받는 지능으로 문화적 환경과 경험에 의해 발달하는 능력이다.

ㄹ. 실제적 지능에 대한 설명이다.

🔒 ②

14 다음과 같은 상황에서 실시될 수 있는 지능검사들로 가장 적절한 것은? 12 초등

> 수미는 어렸을 때부터 줄곧 외국에 살면서 유치원과 초등학교를 다녔다. 최근에 귀국한 수미는 언어적 어려움을 겪고 있으며, 학력 평가에서 국어 30점, 수학 40점을 받아 기초학력 부진으로 의심되었다. 김 교사는 수미의 학력부진 원인을 파악하기 위해 상담센터에 심리검사를 의뢰하였다. 상담센터에서는 수미의 특수한 상황을 고려하여 다양한 사회적·문화적 배경을 지닌 아동의 지적 능력을 공평하게 평가할 수 있는 문화공평 검사(culture-fair test)를 실시하고자 한다.

① 고대-비네 검사, 카우프만 검사(K-ABC)
② 고대-비네 검사, 웩슬러 검사(KEDI-WISC)
③ 카우프만 검사(K-ABC), 레이븐 검사(CPMT)
④ 쿨먼-앤더슨 집단지능 검사, 레이븐 검사(CPMT)
⑤ 쿨먼-앤더슨 집단지능 검사, 웩슬러 검사(KEDI-WISC)

🔡 **문화공평검사**

문화공평검사(문화평형검사, culture-fair test)는 종래 지능검사가 지닌 문화적·경제적 차이를 극복하려는 검사를 말한다. 이에는 SOMPA(다문화적 다원사정체제), K-ABC(카우프만 검사), UNIT (동작성 보편지능검사), CPMT(색채 누진행렬 지능검사, 레이븐 검사) 등이 있다.

🔒 ③

15 다음 세 교사 견해의 근거가 되는 지능검사 혹은 평가접근을 올바르게 짝지은 것은? 12 중등

> 김 교사 : 지난번에 현우와 연수에게 언어성 검사와 동작성 검사로 이루어진 지능검사를 실시한 결과, 두 학생의 지능지수가 유사하게 나온 것을 보니 두 학생의 지적 능력은 비슷하다고 보아도 좋을 것 같아요.
> 박 교사 : 제가 보기에 현우와 연수는 발달잠재력이 서로 다른 것 같은데, 혼자서 과제를 해결할 수 있는 발달 수준과 도움을 받아서 과제를 해결할 수 있는 발달 수준을 모두 평가하여 이를 비교하는 것이 더 타당하다고 생각합니다.
> 이 교사 : 제가 보기에도 현우와 연수가 서로 다른 지적 능력을 갖고 있는 것 같은데, 혹시 지능검사 자체가 갖고 있는 문화적 편파(cultural bias) 가 영향을 미친 결과가 아닐까요? 그래서 저는 문화적으로 영향을 줄 수 있는 요인들을 제거 하거나 그 영향을 최소화한 문화평형검사 (culture-fair test)가 필요하다고 생각해요.

	김 교사	박 교사	이 교사
①	MMPI	정적 평가 (static assessment)	TAT
②	MMPI	정적 평가 (static assessment)	SOMPA
③	K-WISC-Ⅲ	정적 평가 (static assessment)	TAT
④	K-WISC-Ⅲ	역동적 평가 (dynamic assessment)	SOMPA
⑤	K-WISC-Ⅲ	역동적 평가 (dynamic assessment)	TAT

🔡 **K-WISC-Ⅲ, 역동적 평가, 문화공평검사**

한국 웩슬러 아동지능검사(K-WISC-Ⅲ, 7~16세)는 언어성 검사와 동작성(비언어성) 검사로 구성되어 있다. 웩슬러 지능검사는 동일 연령집단 내에서의 상대적 위치로 규정한 IQ인 편차 IQ를 사용한다. 편차IQ는 평균 100, 표준편차가 15인 표준점수로 환산한 척도이다. 따라서 K-WISC-Ⅲ는 현우와 연수의 지적 능력에 대한 상대적 비교가 가능하다. 역동적 평가란 아동이 혼자서 할 수 있는 것에 대한 평가(정적 평가)가 아니라 다른 사람의 도움을 받아 할 수

있는 잠재적 능력에 대한 평가(동적 평가)이다. 박 교사가 주장하는 것은 역동적 평가이다. 문화평형검사(문화공정검사, culture-fair test)는 종래 지능검사가 지닌 문화적·경제적 차이를 극복하려는 검사를 말한다. 이에는 SOMPA(다문화적 다원사정체제), K-ABC 검사, UNIT(동작성 보편지능검사), CPMT(색채 누진행렬 지능검사, 레이번 검사) 등이 있다. 한편, MMPI(미네소타 다면 인성 검사, Minnesota Multiphasic Personality Inventory)는 개인의 성격, 정서, 적응 수준 등을 다차원적으로 평가하기 위해 개발된 자기보고형 성향 검사이다. TAT(Thematic Apperception Test, 주제통각검사)는 로르샤흐 검사와 함께 전 세계적으로 널리 사용되고 있는 대표적인 투사적 검사이다. 이 검사는 로르샤흐 검사와 마찬가지로, 모호한 대상을 지각하는 과정에는 개인 특유의 심리적인 과정이 포함되어 독특한 해석을 도출하게 된다는 이론적 입장에서 출발하고 있다. TAT는 30매의 회화도판과 1매의 백지 카드를 이용한다.

🔒 ④

---

16 편차지능지수(偏差知能指數 : Deviation I.Q.)를 전제로 한 진술 중 가장 적절한 것은? 02 중등

① 나이가 들수록 지능지수는 점점 낮아지게 된다.
② 제작연도가 오래된 지능검사에서 얻은 지능지수는 덜 신뢰롭다.
③ 지능지수가 각각 100인 10세 어린이와 12세 어린이의 지능은 같다.
④ 검사 전체보다 하위 영역(혹은 척도)별로 지능지수를 해석하는 것이 더 신뢰롭다.

⊞ 편차지능지수(DIQ)

편차지능지수(DIQ)는 지능의 분포를 정상분포로 가정하여 평균과 표준편차를 사용한 표준점수로 산출된 지수로서, 한 사람의 지능을 그와 동일연령집단 내에서의 상대적 위치로 규정한 지능점수이다. 따라서 ① 나이가 들수록 낮아지는 지수가 아니며, ③ 지능지수만으로 연령이 다른 아동의 지능을 비교할 수 없다. 또, ④ 한 사람의 지능을 동일집단 내에서의 상대적 위치로 나타내기 위해서는 하위 영역(혹은 척도)별로 지능지수를 해석하는 것보다 검사 전체를 해석하는 것이 신뢰롭다. 그리고 ② 지능검사는 문화적 영향을 많이 받기 때문에 제작연도가 오래되면 신뢰성이 떨어질 수 있으므로 개정해 나가야 한다.

🔒 ②

---

17 지능검사 결과를 바르게 해석하고 있는 교사는? 07 중등

① 집단지능검사 결과 A학생의 IQ는 130으로 나타났다. 김 교사는 A학생을 영재라고 판단하였다.
② 집단지능검사 결과 B학생의 IQ는 102이고, C학생의 IQ는 98이었다. 이 교사는 B학생이 C학생보다 지적 능력이 우수하다고 판단하였다.
③ K-WISC-Ⅲ 검사 결과 D학생의 전체 IQ는 60으로 나타났다. 박 교사는 D학생이 경미한 수준의 정신지체를 보일 가능성이 있다고 판단하였다.
④ K-WISC-Ⅲ 검사 결과 E학생의 언어성 IQ는 113이고 동작성 IQ는 118이었다. 정 교사는 E학생이 충동성 성향을 보일 가능성이 있다고 판단하였다.

⊞ 지능검사 결과의 해석

한국 웩슬러 아동지능검사(K-WISC-Ⅲ)는 언어성, 동작성, 전체검사 IQ 점수뿐만 아니라, 요인에 근거한 지표점수를 계산할 수 있다. K-WISC-Ⅲ도 DIQ를 사용하여 평균 100, 표준편차가 15로 계산된다. 미국정신지체협회(AAMR)에서는 정신지체로 판단하기 위해 3가지 요건을 검토한다. '평균 이하의 현저히 낮은 지적 기능(IQ 53~60), 2가지 이상 영역에서 실제 적응기술능력의 제한, 18세 이전에 발생'이 그것이다. 따라서 지적 능력이 정신지체를 판단하는 유일한 기준은 아니다. 그러나 정신지체를 판단하는 일차적 기준은 지적 능력이므로 박 교사가 D학생을 정신지체의 가능성이 있음을 판단(판정이 아님)한 것은 타당하다.

🔒 ③

---

18 다음은 창의력의 개념이다. 짧은 시간에 많은 문제를 풀고 질보다 양을 중요시하는 것은? 93 중등

① 융통성   ② 유창성
③ 독창성   ④ 감수성

⊞ 창의성의 구성 요소(유창성)

유창성은 일정한 시간 내에 한 범주의 아이디어를 많이 산출해 내는 능력, 제한된 시간에 가능한 한 많은 양의 아이디어를 산출해 내는 능력(양의 다양성)을 말한다.

🔒 ②

02

19 창의성과 관련한 다음 진술 중 가장 적절한 것은? 02 중등

① 유창성은 창의성의 주요 요소이다.
② 창의성은 학교 학업 성적에 영향을 주지 않는다.
③ 창의성이 높은 학생일수록 자신을 개방하려는 경향이 적다.
④ 지능이 높을수록 창의성이 높으며 그 상관계수는 약 0.80 정도이다.

🔳 **창의성의 특징**(구성 요소)

창의성은 독창적인 아이디어를 생산해 내는 능력으로, 길포드 (Guilford)는 창의성의 지적 능력의 요소로 민감성(지각의 개방성), 유창성, 융통성, 독창성, 조직성, 정교성 등을 들고 있다. ② 겟젤스와 잭슨(Getzels & Jackson)의 연구에 따르면, 창의성은 학교 학업성적과 밀접한 상관을 가지며, ③ 창의적인 사람은 자신의 경험에 대해 개방적이다. 사물, 사태, 아이디어를 이미 정해진 범주로 지각하지 않고 자기가 느끼는 그대로 받아들인다. 따라서 창의성이 높은 학생일수록 자기 나름대로의 사고나 표현을 자유롭게 할 수 있어 지각의 개방성이 높다. ④ 지능과 창의력의 상관은 0.27로 두 특성 간 상관은 높지 않다.

🔒 ①

20 〈보기〉의 창의력 검사 문항이 측정하는 능력은? 02 초등

┌─ 보기 ─┐

바늘의 주된 용도는 옷을 깁는 것이다. 이 용도 외에 바늘의 다른 용도를 가능한 한 많이 써 보시오.
(제한 시간 30초)

① 유창성   ② 정교성
③ 융통성   ④ 독창성

🔳 **창의성의 구성 요소**(융통성)

융통성은 일정한 시간 내에 다양한 범주의 아이디어를 많이 산출해 내는 능력(질의 다양성, 접근방법의 다양성)을 말한다.

🔒 ③

21 창의적인 사람이 갖추어야 할 우선적으로 중요한 요인으로 묶인 것은? 98 중등

┌─────────────────┐
ㄱ. 확산적 사고
ㄴ. 수렴적 사고
ㄷ. 사회적 인정 욕구
ㄹ. 높은 지능
ㅁ. 사고의 유연성
ㅂ. 높은 감수성
└─────────────────┘

① ㄱ, ㄴ, ㄷ   ② ㄱ, ㅁ, ㅂ
③ ㄴ, ㄷ, ㅂ   ④ ㄷ, ㄹ, ㅁ

🔳 **창의적인 사람의 특징**

지문에서 창의적인 사람에 해당하는 것은 확산적 사고, 유연성, 감수성(민감성)이다. 창의적인 사람은 수렴적 사고보다는 확산적 사고를 하고(ㄴ), 사회적 관행에 동조하기를 거부한다(ㄷ). 지능과 창의성의 상관은 0.27로 두 특성 간의 상관은 높지 않다(ㄹ).

🔒 ②

22 다음 중 창의적 사고를 가장 잘 유발할 수 있는 질문은?
01 중등

① 포유동물의 예를 열거하시오.
② 병자호란은 언제 일어났는가?
③ 운전을 하는 절차를 설명해 보시오.
④ 6·25 전쟁이 일어나지 않았다면 어떻게 되었을까?

🔳 **창의적 사고를 유발할 수 있는 질문**

창의적 사고를 유발하기 위해서는 폐쇄적·제한적인 수렴적 사고를 요구하는 폐쇄적 질문보다는 자유롭고 폭넓은 확산적 사고를 유도할 수 있는 개방적 질문이 필요하다. ④는 개방적 질문, ①, ②, ③은 폐쇄적 질문과 관계된다.

🔒 ④

23 학생들의 창조성을 길러주기 위한 교사의 수업태도로 알맞은 것은? ^{90 서울}

① 목표에 따른 수업을 계획·진행하는 교사
② 역사적 관점에 관심을 두는 교사
③ 학생들의 질문에 비판을 가하지 않는 교사
④ 자신의 경험에 개방적인 교사

🔡 창의력 증진을 위한 교사의 수업태도

창의력을 촉진하는 교사의 특징은 다음과 같다.
(1) 학생들이 스스로 할 수 있도록 한다.
(2) 교실에서 협동적으로 생활할 수 있는 사회적 적응을 시도한다.
(3) 학생들로 하여금 기존의 지식을 충분히 익히도록 한 다음 자유롭게 창의적인 사고를 할 수 있도록 동기를 유발시킨다.
(4) 교실에서 창의력을 촉진시킬 수 있는 특수한 활동을 진행한다.
(5) 교사 자신이 의견을 되도록 지연시키고 학생들이 그들의 생각을 완전하게 표현할 때까지 기다린다.
(6) 학생들의 지적 유연성을 가능하게 한다.
(7) 학생들이 자기평가를 할 수 있게 한다.
(8) 다른 사람들의 감정이나 분위기를 잘 파악할 수 있도록 지도한다.
(9) 학생들의 질문을 신중히 생각한다.
(10) 학생들에게 많은 자료를 활용하고 여러 곳에서 활동할 수 있는 기회를 제공한다.
(11) 실패를 이겨낼 수 있는 능력을 키워준다.
(12) 부분적인 것보다 전체적인 것을 보게 하는 능력을 키워준다.

🔒 ③

24 창의성을 기르기 위한 수업 상황에서 교사가 사용할 수 있는 활동들을 〈보기〉에서 모두 고른 것은? ^{03 중등}

┌─ 보기 ─
ㄱ. 브레인스토밍을 통하여 논리적 판단력과 비판력을 기른다.
ㄴ. 일상적, 보편적 아이디어를 새롭게 변형, 조합, 개선시킨다.
ㄷ. 지속적인 반복 연습과 암기 학습으로 창의적 능력을 강화한다.
ㄹ. 변형, 조합, 은유, 유추적 결합 등으로 창의적 사고의 의미를 알게 한다.

① ㄱ, ㄴ   ② ㄱ, ㄷ
③ ㄴ, ㄹ   ④ ㄷ, ㄹ

🔡 수업 상황에서 창의력 신장방안

ㄱ. 브레인스토밍(brainstorming)은 논리적 판단력과 비판력을 기르는 것이 아니다. 자유분방, 양산, 비판금지, 결합과 개선을 통해 새로운 생각을 창출하는 기법이다. 따라서 브레인스토밍은 비논리적 양산, 예측불가능한 것을 창출한다고 볼 수 있다.
ㄴ. 스캠퍼(SCAMPER) 기법을 활용하여 기존의 것을 다양한 방법으로 변형하고 개선하여 새로운 아이디어를 생성할 수도 있다.
ㄷ. 반복과 암기는 창의력 강화와 무관하다.
ㄹ. 시넥틱스(synectics) 교수법을 활용하여 은유나 유추적 결합을 시도함으로써 창의적 사고를 신장시킬 수 있다.

🔒 ③

02

25 다음 〈보기〉와 같은 특징을 지닌 창의력 계발 방법은?

96 초등

┌─ 보기 ─┐

주어진 문제에 대하여 해결방법을 되도록 많이 생각하고 자신은 물론 타인의 의견을 판단하거나 비판하지 않으며 자유롭게 발표한다.

① 고든법   ② 브레인스토밍
③ 체크리스트   ④ 형태학적 분석법

⊞ 창의력 계발 기법(브레인스토밍)

브레인스토밍은 오즈번(Osborn)이 창안(1963)한 것으로, 자유로운 집단사고를 통해 창의적 아이디어를 산출하는 방법을 말한다. 자유분방, 양산, 비판금지, 결합과 개선을 통해 새로운 생각을 창출한다.
① 고든법(시넥티스)은 아무런 관련이 없어 보이는 요소들을 '비유, 유추'로 연결하는 연습을 통해 새로운 생각을 창출하는 방법이다. 학생들에게 생소한 것을 친숙한 것으로 만들어 보고, 또 친숙한 것을 생소한 것으로 만들어 보도록 함으로써 새로운 생각을 창출하도록 한다.
③ 체크리스트법은 오즈번(Osborn)이 창안한 것으로, 타인의 창의적 사고를 유발하는 질문형태의 점검목록(checklist)을 미리 작성해 놓고 다양한 사고를 능률적으로 전개하는 기법이다.
④ 형태학적 분석법은 개선하고자 하는 물건이나 대상의 구조를 분석하는 것이다.

🔓 ②

26 다음에서 설명하고 있는 창의적 사고 기법은? 04 중등

┌─────────────────────┐
• 고든(W. Gordon) 등에 의해 제안되었으며, 창의적인 사람들이 무의식적으로 사용하는 전략들을 활용하는 것이다.
• 당연한 것으로 받아들이던 대상이나 요소에 대해 의문을 가져본다.
• '내가 만일 새롭게 고안된 병따개라면 어떤 모양이 되고 싶은가?'와 같이 사람이 문제의 일부분이 되어 봄으로써 새로운 관점을 창출한다.
• 동·식물이 스스로를 보호하고 있는 방법에서 아이디어를 얻어 신변 안전장치를 개발할 수도 있다.
└─────────────────────┘

① 스캠퍼(SCAMPER)
② 시넥틱스(synectics)
③ 속성열거(attribute listing)
④ 브레인스토밍(brainstorming)

⊞ 창의력 계발 기법(시넥티스)

시넥티스는 개인이 당연한 것으로 받아들이던 대상이나 요소를 이상한 것으로 파악한다거나 이상한 것으로 받아들이던 것을 친밀한 것으로 받아들이는 경험을 통해 새로운 사고를 창출하는 기법이다. 즉, 아무런 관련이 없어 보이는 요소들을 '비유, 유추'로 연결하는 연습을 통해 새로운 생각을 창출하는 방법이다. 시넥티스 유형에는 직접유추, 대인유추, 상징적 유추, 환상적 유추가 있으며, 시넥티스는 탈리(멀리서 통찰), 거치(1차 해결책은 잠시 두고 봄), 성찰(숙고적 탐색), 자율(해결책의 구체화)의 4단계로 이루어진다.

🔓 ②

27 고든(Gordon)의 시넥티스(Synetics)교수법에 대한 설명 중 바른 것은? 01 초등

① 새로운 것을 창조하기 위한 전략의 첫 단계는 탐색 활동이다.

② 창의력을 창출하는 과정에는 지적, 합리적인 요소가 정의적, 비합리적인 요소보다 더 중요하다.

③ 2가지 사물들 간의 직접적인 단순비교를 스스로 해낼 수 있도록 유도하는 대인유추가 중요하다.

④ 창의성은 학습자가 비유법을 활용하여 고정관념을 깨뜨리고 새로운 대안을 창출하는 과정 속에서 발달된다.

⟐ 창의력 계발 기법(시넥티스)

시넥티스는 아무런 관련이 없어 보이는 요소들을 '비유, 유추'로 연결하는 연습을 통해 새로운 생각을 창출하는 방법이다. 시넥티스 유형에는 직접유추, 대인유추, 상징적 유추, 환상적 유추가 있으며, ① 시넥티스는 탈리(멀리서 통찰), 거치(1차 해결책은 잠시 두고 봄), 성찰(숙고적 탐색), 자율(해결책의 구체화)의 4단계로 이루어진다. ② 창의력 창출 과정에서는 지적·합리적 요소보다는 정의적·비합리적 요소가 더 중요하며, ③ 2가지 사물, 아이디어, 현상, 개념들 간의 직접적인 단순 비교는 '직접 유추'라고 한다. 대인유추는 학습자가 물리적인 어떤 실체나 그중 한 부분 요소가 되도록 하여 그것과의 심리적인 감정이입을 경험하도록 하는 유추, 즉 사람을 어떤 물체에 비유하여 가정하는 것이다.

🔒 ④

28 다음에서 설명하는 창의성 개발 기법은? 08 중등

- 아이디어, 건의, 제안 등을 처리하는 창의적인 기법으로 사용된다.
- 학생들은 단순히 어떤 아이디어를 좋아하거나 좋아하지 않는다고 판단하지 않는다.
- 학생들에게 어떤 아이디어에 대하여 먼저 좋은 점을 생각하고, 다음에는 나쁜 점을 생각하며, 마지막으로 좋지도 나쁘지도 않지만 주목할 만한 가치가 있다고 생각되는 점을 살펴보도록 하여 사고의 방향을 안내한다.

① 드 보노(E. de Bono)의 PMI

② 오스본(A. F. Osborn)의 CPS

③ 에벌리(B. Eberle)의 SCAMPER

④ 브랜스포드(J. D. Bransford)의 IDEAL

⟐ 창의성 계발 기법(드 보노의 PMI)

드 보노의 PMI기법은 학생들이 어떤 상황에 단순히 반응하는 것이 아니라 먼저 어떤 문제의 긍정적인 면(Plus)을 살펴보고, 그 후 부정적인 면(Minus)을 살펴본 후, 마지막으로 주목할 만한 가치가 있으나 긍정적인 측면 또는 부정적인 측면이라고 할 수 없는 것(Interesting)을 생각하도록 하여 주의(attention)의 방향을 잡아주는 방법이다.

🔒 ①

29 다음에 해당되는 창의적 사고 기법은? 05 중등

- 측면적/수평적 사고(lateral thinking)를 하게 함
- 감정적, 객관적, 긍정적 측면 등의 사고를 한 번에 한 가지씩 할 수 있도록 돕는 도구를 사용함

① 스캠퍼(SCAMPER)

② 속성 열거(attribute listing)

③ 브레인라이팅(brainwriting)

④ 육색 사고 모자(six thinking hats)

02

⠿ **창의력 계발 기법**(육색 사고 모자)

'육색 사고 모자'란 6가지 색깔의 모자를 바꾸어 쓰면서 자신의 모자가 요구하는 특정한 사고만 하도록 하는 기법이다. 이런 방법을 이용하면 사람들은 대체로 한 가지 방식의 사고에 얽매여 있거나 자기방어 때문에 할 수 없는 말·사고가 가능하게 된다.

🔒 ④

---

31 장(場)의존적 학습유형(learning style)을 가진 학습자의 특성과 거리가 먼 것은? 07 초등

① 외부의 비판에 민감하게 반응한다.
② 사물을 분석적으로 지각하는 것을 선호한다.
③ 타인과의 상호작용이나 토론하기를 선호한다.
④ 대상을 요소로 분리하지 않고 전체로 지각한다.

⠿ **장독립적 – 장의존적 학습자의 특징**

①, ③, ④는 장의존적 학습자, ②는 장독립적 학습자의 특성에 해당한다.

🔒 ②

---

30 장독립적 학습자와 비교할 때 장의존적 학습자의 특성으로 거리가 먼 것은? 06 중등

① 실제 상황이 함께 제시되는 학습과제를 잘 해결한다.
② 요소들 간의 관계가 분명한 학습내용을 잘 이해한다.
③ 분석력과 추리력이 요구되는 학습과제를 잘 해결한다.
④ 학습상황을 부분으로 나누기보다는 전체로 지각한다.

⠿ **장독립적 – 장의존적 학습자의 특징**

위트킨(Witkin)은 잠입도형검사(EFT : Embedded Figure Test, 숨은그림찾기)를 통해 개인이 주어진 상황에서 정보를 받아들이는 독특한 양식이 있음을 확인하고, 인지양식을 장독립형과 장의존형으로 나누었다. 장독립적 학습자는 어떤 사물을 인지할 때 그 사물의 배경이 되는 주변의 장의 영향을 별로 받지 않는 사람, 즉 심리적 분화가 잘 된 사람이다. 그래서 사물을 논리적·분석적으로 지각하는 경향이 높다. 반면, 장의존적 학습자는 사물을 인지할 때 그 사물의 배경, 즉 주변의 장에 영향을 많이 받는 사람을 말한다. 이들은 심리적 분화가 잘 이루어지지 않아 주어진 대상을 전체적으로 파악하려는 경향이 있다. ①, ②, ④는 장의존적 학습자, ③은 장독립적 학습자의 특성에 해당한다.

🔒 ③

---

32 장의존적(field–dependence) 학생에게 가장 적합한 학습환경은? 00 서울교편 유사, 02 중등

① 선형적인 CAI 프로그램, 구조화된 과제 제공
② 선형적인 CAI 프로그램, 비구조화된 과제 제공
③ 하이퍼텍스트적인 CAI 프로그램, 구조화된 과제 제공
④ 하이퍼텍스트적인 CAI 프로그램, 비구조화된 과제 제공

⠿ **장독립적 – 장의존적 학습자의 특징**

장의존적 학습자에게는 ① '선형적인 CAI 프로그램, 구조화된 과제'를 제공하는 것이 적절하고, 장독립적 학습자에게는 ④ '하이퍼텍스트적인 CAI 프로그램, 비구조화된 과제'를 제공하는 것이 적절하다.

🔒 ①

33 그림은 왼쪽 도형을 오른쪽 배경에서 찾아내는 수준에 따라 개인의 인지양식을 진단하는 '잠입도형검사(Embedded Figure Test)'의 예이다. 이 검사 점수가 높은 학생들의 인지양식에 맞추어 지도한 교사의 행동을 〈보기〉에서 고른 것은? 00 초등

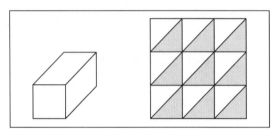

┌─ 보기 ─────────────────────────┐
ㄱ. 외적 보상을 통해서 동기를 유발하였다.
ㄴ. 안내와 시범 없이 스스로 수학문제를 풀도록 하였다.
ㄷ. 모둠별 활동보다 개인별 활동을 할 수 있도록 하였다.
ㄹ. 교사가 작성한 구조화된 표를 주고 암석의 종류를 비교해 보도록 하였다.
└────────────────────────────┘

① ㄱ, ㄴ
② ㄱ, ㄷ
③ ㄱ, ㄹ
④ ㄴ, ㄷ
⑤ ㄴ, ㄹ

🔖 **장독립적 – 장의존적 학습자의 특징**

위트킨(Witkin)은 잠입도형검사(EFT : Embedded Figure Test, 숨은그림찾기)를 통해 개인이 주어진 상황에서 정보를 받아들이는 독특한 양식이 있음을 확인하고, 인지양식을 장독립형과 장의존형으로 나누었다. 이 검사에서 점수가 높은 학생은 장독립형에 해당한다.

ㄴ, ㄷ은 장독립형, ㄱ, ㄹ은 장의존형 인지양식에 맞춘 지도에 해당한다.

🔒 ④

---

34 다음 두 교사의 대화에서 (가)와 (나)의 내용에 부합하는 학습양식 이론에 대한 설명으로 옳은 것만을 〈보기〉에서 있는 대로 고른 것은? 12 중등

┌────────────────────────────┐
강 교사: 학생들마다 공부하는 방식에 차이가 있는 것 같아요. 어떤 사물을 지각할 때 (가) <u>그 사물의 배경이 되는 맥락의 영향을 많이 받고 배경과 요소들을 연결지어 지각하는 학생이 있는 데 반해, 맥락의 영향을 별로 받지 않고 사물의 요소들을 분리하여 지각하는 학생이 있는 것 같아요.</u>

윤 교사: 강 선생님이 이야기한 학습양식의 차이 외에도 어떤 자극에 대한 (나) <u>반응속도가 빠르지만 반응오류를 범하는 학생이 있는 반면, 반응속도는 느리지만 사려가 깊어서 정확한 반응을 하는 학생도 있는 것 같아요.</u>
└────────────────────────────┘

┌─ 보기 ─────────────────────────┐
ㄱ. (가): 잠입도형검사(Embedded Figure Test)에서 점수가 높은 학생들은 장의존형 학습자로 판별된다.
ㄴ. (가): 장독립형 학습자는 과제와 관련된 구체적인 상황이 주어지지 않아도 분석적 능력을 요구하는 학습과제를 잘 해결하는 경향이 있다.
ㄷ. (나): 충동형과 반성형의 학습양식을 판별하는 방법으로 케이건(J. Kagan)의 같은 그림찾기(Matching Familiar Figure) 검사가 있다.
ㄹ. (나): 충동형 학습양식을 반성형 학습양식으로 수정하기 위한 방법으로 매켄바움(D. Meichenbaum)의 자기교수법(self-instruction)이 있다.
└────────────────────────────┘

① ㄱ, ㄴ
② ㄱ, ㄹ
③ ㄴ, ㄷ
④ ㄱ, ㄴ, ㄹ
⑤ ㄴ, ㄷ, ㄹ

🔠 장독립형 – 장의존형, 충동형 – 반성형

ㄱ. (가) 잠입도형검사(Embedded Figure Test)에서 점수가 높은 학생들은 장독립형 학습자이다. ㄴ. (가) 장독립형 학습자는 주변의 장의 영향을 별로 받지 않고 논리적·분석적으로 지각하는 경향이 높다. ㄷ. (나) 케이건(Kagan)은 유사도형검사(MFFT : Matching Familiar Figure Test, 같은그림찾기)에서 유사한 도형을 찾는 데 걸리는 반응시간과 반응오류(오답 수)를 계산하여 인지양식을 충동형과 반성형으로 분류하였다. 충동형(속응형)은 문제에 대한 반응시간은 빠르지만(반응잠시, 反應潛時, response latency가 짧음), 반응오류(오답 수)가 많은 유형이고, 반성형(숙고형)은 문제에 대한 반응시간은 느리지만(반응잠시가 김), 반응오류(오답 수)가 적은 유형이다. ㄹ. (나) 충동형 학습양식을 반성형 학습양식으로 수정하기 위한 방법으로 매켄바움의 자기교수법과 훑어보기 전략이 있다.

🔒 ⑤

🔠 콜브(Kolb)의 학습유형

콜브(Kolb)는 학습자가 사용하는 정보지각방식(perception)과 정보처리방식(processing)에 따라 학습유형을 적응형, 분산형(발산형), 수렴형, 동화형(융합형)으로 분류하였다. (ㄱ) 적응형(accommodator)은 구체적인 경험을 통해 지각하고, 활동적인 실험을 통해 정보를 처리하는 유형으로, 계획 실행에 뛰어나고 새로운 경험을 추구하고 새로운 상황에 잘 적응하며 지도력이 탁월하다. ③의 설명이 이에 해당한다. 분산형(diverger, 발산형)은 구체적인 경험을 통해 지각하고, 반성적으로 관찰하며 정보를 처리하는 유형으로, 상상력이 뛰어나고 상황을 여러 관점에서 조망하며 풍부한 아이디어를 낸다. ②는 발산형이다. 수렴형(converger)은 추상적으로 개념화하여 지각하고, 활동적으로 실험하면서 정보를 처리하는 유형으로, 가설 설정과 연역적 추리가 뛰어나고, 이론을 실제에 잘 적용하며, 기술적인 과제와 문제를 잘 다룬다. ⑤는 수렴형이다. 동화형(assimilator, 융합형)은 추상적으로 개념화하여 지각하고, 반성적으로 관찰하며 정보를 처리하는 유형으로, 논리성과 치밀성이 뛰어나고 귀납적 추리와 이론화에 강하다. 또 여러 아이디어를 잘 종합하고 다각적으로 이해할 수 있어 이론적 모형을 잘 만든다. ①, ④가 이에 속한다.

🔒 ③

35 (라)에 언급된 콜브의 4가지 학습유형 중 (ㄱ)에 속하는 학습자의 특성을 가장 잘 설명한 것은? [11초등]

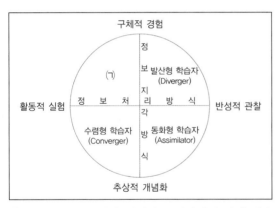

① 논리성과 치밀성이 뛰어나고 귀납적 추리에 익숙하므로 이론화를 잘한다.

② 상상력이 뛰어나고 상황을 여러 관점에서 조망하며 다양한 분야에서 많은 아이디어를 낸다.

③ 계획 실행에 뛰어나고 새로운 경험을 추구하고 새로운 상황에 잘 적응하며 지도력이 탁월하다.

④ 여러 아이디어를 잘 종합하고 다각적으로 이해할 수 있어서 이론적 모형을 만드는 일을 잘한다.

⑤ 아이디어를 실제적으로 잘 응용할 뿐만 아니라 가설 설정과 연역적 추리에 익숙하며 기술적인 과제와 문제를 잘 다룬다.

02 정의적 특성

01 다음 그림에 있는 두 그래프는 학생이 지속적으로 성공 또는 실패를 경험한 기간과 어떤 정의적 특성과의 관계를 보여주는 것이다. 이 그래프가 보여주는 정의적 특성은? [02초등]

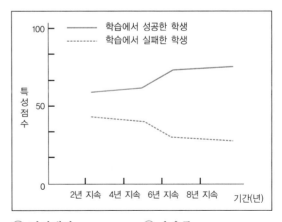

① 자아개념   ② 우울증

③ 시험불안   ④ 정서불안

🔲 자아개념과 학업성취의 관계

제시된 그래프는 1973년 키퍼(Kifer)가 학업능력에 대한 자아개념과 학업성취의 관계를 연구한 결과를 나타낸 그래프이다. 연구결과, 학습에서 성공 경험을 장기간 거듭할수록 자아개념은 점점 긍정적인 방향으로 고착되며, 실패 경험을 거듭할수록 자아개념은 점점 부정적인 방향으로 고착된다는 것이다. 그래프를 보면, 2학년이 끝났을 때에는 성공하는 학생들과 실패하는 학생들 사이에 작은 자아개념 점수 차이밖에 없다가 4학년이 끝났을 때에 그 차이가 약간 더 벌어지지만, 6학년 말과 8학년 말의 차이는 대단히 크다.

🔒 ①

02 로젠탈과 제이콥슨은 자기충족적 예언 현상이 학급에서 일어난다는 것을 실증적으로 밝힌 바 있다. 이들의 연구결과에 관한 설명 중에서 옳은 것은? 98 초등

① 기대효과는 학년이 낮을수록 크게 나타난다.
② 기대효과는 사회계층이 높을수록 크게 나타난다.
③ 기대효과는 성적 중위집단보다 성적 하위집단에서 크게 나타난다.
④ 기대효과는 성적 하위집단보다 성적 상위집단에서 크게 나타난다.

🔲 자기충족적 예언(피그말리온 효과)

로젠탈과 제이콥슨(Rosenthal & Jacobson)은 교사의 기대가 학생에게 미치는 영향에 대한 연구의 결과로 교사의 기대에 따른 자기충족적 예언 효과(self-fulfilling prophecy : 이를 피그말리온 효과, Pygmalion effect라고도 함)를 발표하였다. 자기충족적 예언 효과(피그말리온 효과)란 사실은 아니지만 기대가 실현될 것이라는 믿음을 가지고 노력하면 결국 그 기대가 실현된다는 것이다. 학생은 교사가 원하거나 기대하거나 바라는 대로 되어 가는 경향이 있다. 어떤 학생을 능력보다 우수하다고 보면, 그 학생은 교사의 그러한 기대에 부응해 가려는 경향이 있다. 따라서 교사의 학생에 대한 기대 수준이 학생의 학업성취에 강력한 예언력을 갖는다. 연구에 의하면, 기대효과는 연령이 낮을수록(저학년), 사회경제적 지위가 낮을수록(하류계층), 성적 하위집단이나 성적 상위집단보다 성적 중위집단에서 크게 나타난다.

🔒 ①

03 다음 현상을 가장 잘 설명하는 것은? 01 중등

김 교사는 처음으로 학교에 부임하여 담임을 맡게 되었다. 김 교사가 맡게 된 반은 보통의 학생들로 구성되었지만, 어떤 교사가 그 반은 우수한 학생들로 구성된 반이라고 하였다. 김 교사는 자기 반의 학생들이 우수한 학생들이기 때문에 공부도 잘할 것이라고 생각하였다. 실제로 학기말에 김 교사의 반은 다른 반에 비하여 높은 성취를 보였다.

① 적극적 전이효과
② 사회적 학습효과
③ 작동적 조건화 효과
④ 자기충족적 예언 효과

🔲 자기충족적 예언 효과(피그말리온 효과)

김 교사는 자기 반 학생들을 우수한 학생들로 기대했기 때문에 학생들은 그 기대에 부응해 가려는 경향을 보인 것이고, 결과적으로 다른 반에 비해 높은 학업성취를 보인 것이다. 이것은 교사의 학생에 대한 기대가 학생의 학업성취에 강력한 예언력을 갖는다는 자기충족적 예언 효과(피그말리온 효과)에 해당한다. 자기충족적 예언 효과는 기대가 실현될 것이라는 믿음을 가지고 노력하면 결국 그 기대가 실현된다는 것이다.

🔒 ④

04 다음은 심리적 현상에 관한 내용이다. (가)와 (나)에 들어갈 말은? 09 초등

- 초등학교에서 학년 초 학생들에게 지능검사를 실시한 후 무작위로 20%를 선정하여 반을 편성하고 담임교사에게 그 학생들이 1년 후 놀랄 만한 지적 성장을 할 것이라고 말해 주었다. 그 결과 학년 말에 그들은 다른 반 학생보다 지능지수(IQ)가 유의하게 향상되었다. 이처럼 교사의 기대가 학생들의 성취에 미치는 긍정적 현상을 [(가)]라고 한다.
- 레빈(K. Lewin)의 장이론에 따르면, 어떤 목표가 달성되면 긴장이 해소되어 더 이상 목표에 대한 생각을 하지 않게 되지만 목표가 달성되지 않으면 긴장이 계속되어 목표에 대한 생각이 유지된다. 그 결과 미완성 과제에 대한 회상률은 더 높아진다. 이처럼 완성된 과제보다 미완성된 과제를 더 잘 회상하는 현상을 [(나)]라고 한다.

	(가)	(나)
①	플린 효과 (Flynn effect)	골름 효과 (Golem effect)
②	플린 효과 (Flynn effect)	호손 효과 (Hawthorn effect)
③	플라시보 효과 (Placebo effect)	노시보 효과 (Nocebo effect)
④	피그말리온 효과 (Pygmalion effect)	가르시아 효과 (Garcia effect)
⑤	피그말리온 효과 (Pygmalion effect)	자이가닉 효과 (Zeigarnik effect)

🔲 피그말리온 효과, 자이가닉 효과

피그말리온 효과는 사실은 아니지만 기대가 실현될 것이라는 믿음을 가지고 노력하면 결국 그 기대가 실현된다는 것이다. 이를 자기충족적 예언 효과, 로젠탈 효과라고도 한다. 실험자 효과, 호손 효과, 플라시보 효과(위약 효과), 교수자 효과도 모두 비슷한 의미이다. 모두 긍정적 기대가 긍정적 결과를 낳는다는 점에서 공통적이다. 호손 효과는 누군가 관심을 갖고 지켜볼 때 생산성이 향상된다는 것이다. 즉, 심리적 요인이 생산성 향상에 긍정적 효과를 제공한다는 것이다. 한편, 부정적 기대가 부정적 결과를 낳는다는 의미와 관련된 것에는 골름(Golem) 효과, 낙인 효과, 기대유지 효과(기대지속 효과), 노시보(Nocebo) 효과 등이 있다. 피그말리온 효과의 상대적 개념으로 골름(Golem) 효과[또는 스티그마(stigma) 효과]가 있다. 골름(스티그마) 효과란 남들에게 무시당하고 부정적인 낙인이 찍히면 자신도 모르게 나쁜 쪽으로 변해 가는 것을 말하는데, 이를 낙인 효과라고 한다. 기대유지 효과는 학생의 향상을 인정하지 않고 항상 그 수준일 것이라는 교사의 생각이 실제로 학생의 성취를 교사의 기대 수준에 계속 머물게 하는 것을 말한다. 그러므로 학생의 향상을 인정하고 학생의 향상 정도에 맞추어 교사의 기대 수준도 수정해 나가야 한다. 자이가닉 효과는 완성된 과제보다 미완성된 과제를 더 잘 회상하는 현상을 말한다. 플린 효과(Flynn effect)란 세대가 반복될수록 지능검사 점수가 높아진다는 것을 말한다. 뉴질랜드 정치학자 제임스 플린이 발견한 것인데, 플린은 미국 군입대 지원자들의 IQ 검사결과를 분석해 신병들의 평균 IQ가 10년마다 약 3점씩 올라간다는 사실을 발견했으며, 1987년 14개국으로 대상을 확대 실시한 조사에서도 비슷한 결과를 얻었다. 가르시아 효과(Garcia effect)는 특정한 먹거리의 미각과 뒤에 따르는 질병 사이의 관련성을 조건반사적으로 학습하는 현상을 말한다. 예를 들어 닭고기를 먹고 어느 정도 시간이 흐른 뒤에 배탈이 났다고 하더라도 닭고기와 배탈 사이의 인과관계를 학습하게 되는 것을 말한다.

🔒 ⑤

---

05 '실패는 성공의 어머니'라는 속담은 실패의 가치를 그 속에 담고 있으나, 학교 학습상황에서 이 속담이 정당화될 수 없음을 제시하는 몇몇 이론적 연구결과가 있다. 그 이론적 근거를 제시하고 있는 것이 아닌 것은? ^{96중등}

① 부정적인 자아개념의 형성
② 학습부진 현상의 원인
③ 비합리적인 기대 수준의 설정
④ 이상 성격의 형성

🔲 반복된 실패가 정의적 특성에 미치는 영향

① 퍼키(Perkey)에 의하면 학업성적이 좋지 않은 학생들은 자아개념이 부정적이어서 자신감이 부족하고 자기를 비하한다고 한다. 또 ③ 호프(Hoppe)에 의하면 학생들이 마치 성공하겠다고 하는 희망만이 성공을 가져다주는 듯이 그들의 기대를 비현실적으로 가지는 경향이 있다고 한다. 또 바이너(Weiner)에 따르면, 계속되는 실패로 인해 무능력감이 학습되면 학습된 무기력감으로 인해 아무리 노력해도 성공할 수 없다는 감정이 생긴다고 한다. 이처럼 반복된 실패는 ② 학습부진 현상의 원인이 될 수도 있다.

🔒 ④

---

06 정의적 특성과 학습의 관계에 대한 설명 중 옳은 것은?

^{03중등}

① 도전적 과제의 성취동기 수준과 연령 간에는 정적 상관이 있다.
② 최상의 학습효과를 위해서는 불안수준을 최대한 낮춰야 한다.
③ 내재적 동기보다 외재적 동기에 의해 수행되는 학습이 더 지속적이다.
④ 실패의 원인을 능력보다 노력 부족에 돌리는 학생은 다음 시험을 위해 더 노력한다.

🔲 정의적 특성과 학습의 관계

① 도전적 과제의 성취동기 수준과 연령 간에는 상관이 없고, 지속적인 성공 경험과 정적 상관이 있다. ② 최상의 학습효과를 위해서는 불안수준은 적정수준을 유지해야 한다. ③ 외재적 동기보다 내재적 동기에 의해 수행되는 학습이 더 지속적이다.

🔒 ④

07 학습자의 내적 동기를 유발시키기 좋은 방법은? ^{99 중등}

① 각종 스트레스의 즉각적인 발산과 해소를 권장한다.
② 현대 사회에서 적응할 수 있는 경쟁의식을 조장한다.
③ 행동에 대한 상벌 계획을 면밀하게 수립하여 시행한다.
④ 성취에 대한 만족감을 느낄 수 있는 기회를 제공한다.

⊞ 내재적 동기유발 방법

내재적 동기란 유기체 내부에서 비롯되는 동기를 말한다. 내재적 동기를 유발하는 방법에는 과제에 대한 흥미, 호기심, 성취감, 만족감 등을 고취시키는 것이 있다.

🔓 ④

08 내재적 동기 수준이 높은 학습자를 위한 지도 방법으로 적절하지 않은 것은? ^{04 중등}

① 학습의 과정보다 결과의 중요성을 강조한다.
② 학습과제에 대한 기대와 호기심을 갖게 한다.
③ 과제 선택의 기회를 주어 자기 주도적 학습환경을 제공한다.
④ 학습자의 수준보다 약간 높은 수준의 곤란도를 가진 학습과제를 제시하여 도전감을 유발한다.

⊞ 내재적 동기유발 방법

내재적 동기는 행동의 전개 자체가 목표인 동기를 말하는 것이므로 학습의 결과보다는 과정을 강조해야 한다.

🔓 ①

09 학습자에 대한 외적 동기유발 방법에 속하는 것은? ^{00 초등}

① 학습과제를 실생활과 관련시켜 흥미를 갖도록 한다.
② 학습목표를 달성한 그룹에게 스티커를 주어 경쟁심을 유발한다.
③ 비디오 자료를 활용하여 지적 호기심을 자극한다.
④ 학습과제를 단계별로 확인하여 성취감을 느낄 수 있게 한다.

⊞ 외재적 동기유발 방법

외재적 동기란 유기체 외부에서 비롯되는 동기를 말하며, 이를 높이기 위한 방법으로는 상벌, 경쟁, 학습결과 제시 등을 들 수 있다.

🔓 ②

10 다음과 같은 방법을 통하여 동기를 유발하고자 할 때 관련되는 이론은? ^{00 대구 · 경북초보}

• 학생이 가지고 있는 관점과 다른 관점을 제시한다.
• 학생으로 하여금 자신의 신념과 행동 간의 차이점을 깨닫게 한다.

① 귀인이론　　　　② 성장동기이론
③ 인지부조화이론　④ 성취동기이론
⑤ 자기효능감이론

⊞ 동기유발이론(인지부조화이론)

레온 페스팅거(Leon Festinger)의 인지부조화이론은 어떤 사람이 모순되는 2가지 인지를 동시에 가지고 있을 때 인지부조화가 발생하며, 인지부조화는 심리적 긴장을 일으키면서 개인에게 어떤 방식으로든 그 부조화를 해결하기 위한 시도를 하도록 동기화시킨다는 것이다.

🔓 ③

11 학습동기 측면에서 〈보기〉와 같은 상황을 가장 경계하는 학습이론은? 06 중등

┤ 보기 ├

우희는 컴퓨터 게임을 마친 후, '이제 공부 좀 해야겠다'라고 결심하였다. 그리고 책꽂이에서 책을 꺼내 공부하려고 하는데, 갑자기 밖에서 "애, 공부 좀 해!"라는 어머니의 말씀을 듣고 공부할 의욕이 사라졌다.

① 사회적 학습이론　　② 인본주의 학습이론
③ 정보처리 학습이론　　④ 행동주의 학습이론

🔡 인본주의 학습이론과 동기유발

① 사회적 학습이론은 내적·외적 강화와 과제목표의 가치 및 그 목표도달에 대한 기대가 학습동기의 결정요인이라는 입장이다.
③ 정보처리 학습이론은 인간의 기억, 파지, 인출 등과 같은 정보처리 과정과 능력 및 발달 과정을 탐구하는 이론으로 학습동기와는 거리가 먼 이론이다.
④ 행동주의 학습이론은 학습자가 과제 상황에서 스스로의 자기 결정 혹은 결정 욕구를 정면으로 부인하며, 엄격한 외적 통제와 자극 제시를 통해서 행동의 반응률을 높이는 전략을 취한다.
② 인본주의 학습이론은 인간행동을 환경이나 본능에 대한 반응으로 제한하고 인간의 전체적인 부분을 검토하지 않은 채 학습과 동기에 미치는 영향을 논하는 것은 옳지 않다고 생각한다. 이 이론은 개인의 자유, 선택, 자기결정, 개인적 성장을 위한 노력, 자아실현 등과 같은 내재적 동기의 중요성을 강조한다. 자기결정의 욕구란 '개인이 무엇을 하고 그것을 어떠한 방법으로 할 것인가를 스스로 선택하고자 하는 욕구'이다. 인본주의 학습이론(대표적으로 Maslow, Deci, Decharm 등)은 인간의 동기가 내적 보상, 자존심, 자기가치감, 자기충족감, 자기 결단 욕구에 의해 결정된다는 입장이다. 이 점에서 인본주의 학습이론은 앞의 학습이론과 분명한 차이가 있다.

🔒 ②

12 다음은 시험이 끝난 직후 4명의 학생이 한 말이다. 이를 와이너(B. Weiner)의 귀인이론(attribution theory)에 적용해 볼 때, 아래 그림에서 A, B 유형에 해당되는 학생을 바르게 나열한 것은? 05 중등

ㄱ. "난 역시 똑똑해!"
ㄴ. "이번엔 운이 없었어!"
ㄷ. "이번엔 공부를 너무 안 했어!"
ㄹ. "이번 시험은 너무 어려웠어!"

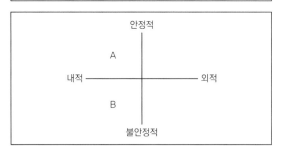

	(A)	(B)
①	ㄱ	ㄴ
②	ㄱ	ㄷ
③	ㄴ	ㄹ
④	ㄹ	ㄴ

🔡 귀인이론

귀인(歸因)이론은 어떤 상황의 성공과 실패의 원인을 어디로 돌리느냐에 따라 개인의 학습동기에 영향을 미친다고 가정하는 인지적 이론이다. 학생들은 자신들이 경험해 온 학교 성적에서의 성공과 실패를 주로 능력, 노력, 과제 난이도, 운의 4가지 원인으로 설명하려고 한다고 하였다. 능력은 내적·안정적·통제불가능한 원인이고, 노력은 내적·불안정적·통제가능한 원인이며, 과제 난이도는 외적·안정적·통제불가능 원인이고, 운은 외적·불안정적·통제불가능한 원인이다. 따라서 A는 능력과 관련되며(ㄱ), B는 노력과 관련된다(ㄷ).

 ②

13 영희는 "시험칠 때 갑자기 배가 아팠어요."라고 시험점수가 낮은 이유를 부모님께 말씀드렸다. 영희의 말을 와이너(B. Weiner)의 귀인이론에 근거하여 원인의 소재, 안정성, 통제가능성의 세 차원으로 설명할 때, 바르게 나열한 것은? 06 초등

	원인의 소재	안정성	통제가능성
①	내적	안정적	불가능
②	내적	불안정	불가능
③	외적	안정적	가능
④	외적	불안정	가능

🎛 귀인이론

제시문은 ② 내적, 불안정, 통제불가능 차원에 해당한다. 귀인이론에서는 원인의 소재, 안정성, 통제가능성의 세 차원으로 실패에 대한 인과적 차원을 분류한다. 각각의 예를 제시하면 다음과 같다.

차원		실패에 대한 이유
내적	안정 · 통제불가능	나는 수학적 머리가 없어.
	안정 · 통제가능	나는 정말 게을러서 공부를 많이 안 하는 편이야.
	불안정 · 통제불가능	시험 보는 날 지독한 감기에 걸렸어.
	불안정 · 통제가능	시험 보기 전날 TV 보느라 공부를 못 했어.
외적	안정 · 통제불가능	그 과목의 pass 기준점수가 너무 높아.
	안정 · 통제가능	그 선생님은 어느 누구도 존중해주지 않아.
	불안정 · 통제불가능	어떤 때는 정말 운이 없어.
	불안정 · 통제가능	시험 전날 친구들이 찾아와 늦도록 놀고 갔어.

🔒 ②

14 다음 〈보기〉의 내용은 어느 학생의 육성을 기술한 것이다. 이 학생의 육성을 가장 적절하게 설명한 것은? 00 초등

> **보기**
>
> • 학업적 자아개념이 매우 부정적이다.
> • 아무리 열심히 노력해도 성공할 수 없다고 생각한다.
> • 어떤 과업이 주어지면 실패할 것이라고 부정적인 기대를 갖고 있다.
> • 수동성, 우울, 인내성의 부족, 자기통제성의 결여 등과 같은 증상을 보인다.

① 학습된 무력감 ② 학습의 고원현상
③ 욕구좌절 ④ 시험불안

🎛 학습된 무기력감

학습된 무기력감이란 계속되는 실패로 인해 무능력감이 학습된 것으로, 아무리 노력해도 성공할 수 없다는 감정을 말한다. 무기력감을 느끼는 학생들은 동기화되지 않고, 인지적 결손을 초래하며, 우울감이나 불안을 느끼며, 결과적으로 낮은 성취를 보이고 실패할 것이라고 기대하게 된다.

🔒 ①

15 다음은 학습동기와 관련하여 와이너(B. Weiner)가 주장한 귀인이론(attribution theory)의 기본 관점이다. ( ) 속에 적절한 것은? 07 영양특채

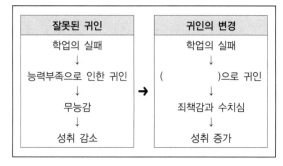

① 운이 없음 ② 노력의 부족
③ 과제의 어려움 ④ 교사의 지도 부족

02

귀인변경(귀인훈련) 프로그램

귀인변경 프로그램은 학습자의 바람직하지 못한 귀인유형을 바람직한 귀인유형으로 변경시키는 것을 말한다. 학생이 학업의 실패원인을 내적, 안정적, 통제불가능한 '능력'으로 귀인할 때, 이를 학업 실패의 원인을 내적, 불안정적, 통제가능한 '노력'으로 귀인하게 하여 해소한다.

🔒 ②

16 학습동기의 성취목표이론에 근거할 때, 영희가 보여주는 목표지향성의 특성에 부합하는 것을 〈보기〉에서 고른 것은?

12 중등

> 영희는 자신의 능력이 다른 사람의 능력과 어떻게 비교되느냐에 주된 관심이 있고, 학교에서 높은 성적을 받아 자신의 능력이 뛰어나다는 것을 보여주기 위해 공부한다.

─ 보기 ─

ㄱ. 개인의 지적 능력은 변하지 않는다는 관점을 갖기 쉽다.
ㄴ. 학습과제를 선택할 때 도전적이고 새로운 과제를 선호한다.
ㄷ. 성공은 '내적이고 통제 가능한 원인'에서 비롯된다고 지각한다.
ㄹ. '우리 반 광수보다 더 높은 점수 받기'와 같은 목표를 설정한다.

① ㄱ, ㄴ   ② ㄱ, ㄹ   ③ ㄴ, ㄷ
④ ㄴ, ㄹ   ⑤ ㄷ, ㄹ

성취목표이론(목표지향성이론)

Dweck과 Elliot(1983)은 학업성취를 위한 목표설정을 2가지 유형으로 나누었다. 하나는 자기의 유능성(역량)을 타인과 비교한 역량에 초점을 둔 것으로서 타인으로부터 긍정적인 평가를 받고자 하는 수행목표(performance goal)이고, 다른 하나는 자신의 유능성(역량)을 증가시키려는 것 자체에 목표를 두는 학습목표(숙달목표 : learning goal, mastery goal)이다. 영희는 수행목표를 추구하는 학습자에 해당한다. 수행목표를 추구할 경우 개인의 지적 능력은 잘 변하지 않는다는 생각을 하기 쉬우며(ㄱ), 학습자의 능력을 타인과 비교한 역량에 초점을 둔 목표를 설정하게 된다(ㄹ).

🔒 ②

17 동기의 성취목표이론에서는 목표를 수행목표(performance goal)와 학습목표(learning goal)로 구분한다. 〈보기〉에서 학습목표 지향적인 학생들의 특성만을 고르면? 08 초등

─ 보기 ─

ㄱ. 실수를 했을 때 그것을 인정하지 않고 당황스러워 한다.
ㄴ. 어려운 과제에 직면했을 때 타인의 도움을 적극적으로 요청한다.
ㄷ. 실패했을 때 자신의 노력보다는 능력의 부족에서 그 원인을 찾는다.
ㄹ. 내재적 동기가 높으며, 도전적이고 의미 있는 과제에 가치를 부여한다.

① ㄱ, ㄷ   ② ㄱ, ㄹ
③ ㄴ, ㄷ   ④ ㄴ, ㄹ

성취목표이론(목표지향성이론)

Dweck과 Elliot(1983)은 학업성취를 위한 목표설정을 2가지 유형으로 나누었다. 하나는 자기의 유능성(역량)을 타인과 비교한 역량에 초점을 둔 것으로서 타인으로부터 긍정적인 평가를 받고자 하는 수행목표(performance goal)이고, 다른 하나는 자신의 유능성(역량)을 증가시키려는 것 자체에 목표를 두는 학습목표(숙달목표 : learning goal, mastery goal)이다. Nicholls와 Miller는 학습목표에 초점을 두는 학습자를 과제지향형 학습자, 수행목표에 초점을 두는 학습자를 능력지향형 학습자라고 불렀다.

	과제지향형 학습자	능력지향형 학습자
1. 성공의 준거	기능의 개선, 숙련, 혁신, 창의성	높은 점수, 타인보다 앞서가는 것
2. 소중하게 여기는 것	노력, 힘든 과제의 시도	실패를 하지 않는 것
3. 만족의 준거	진보, 숙련	최고가 되는 것, 적은 노력으로 성공하는 것
4. 직업·수행의 맥락	개인의 잠재력의 성장, 학습	수행의 위계 설정
5. 노력하는 이유	내생적, 개인적 의미	외생적, 자신을 과시하는 것
6. 평가의 준거	절대적 준거, 진보의 근거	타인과의 비교
7. 오류의 의미	성장 과정의 일부분, 정보	실패, 능력 부족의 근거
8. 능력에 대한 관점	노력을 통해 변화한다고 봄	타고남, 고정된 것으로 봄

🔒 ④

18 다음 세 교사의 견해를 설명할 수 있는 동기이론들이 옳게 연결된 것은? 10 초등

> 이 교사 : 학생들이 새로운 일을 해야 할 때, 그 일을 잘 해낼 수 있는가 뿐만 아니라 그 일이 본인에게 얼마나 중요한가에 따라서도 동기 수준이 달라지는 것 같아요.
>
> 최 교사 : 학생들은 자율적이고 싶어해요. 자신의 행동을 스스로 통제하고 조절할 수 있다는 믿음에 의해서 동기가 유발되는 것이지요.
>
> 윤 교사 : 실수를 해도 새로운 일에 도전하고 그 일을 하면서 성취감이 중요하다고 생각하는 학생들이 있는 반면, 어떤 학생들은 점수도 점수지만 항상 친구들과의 비교를 중요하게 생각하더군요.

	이 교사	최 교사	윤 교사
①	귀인이론	목표지향성이론	기대—가치이론
②	귀인이론	욕구위계이론	목표지향성이론
③	기대—가치이론	자기결정성이론	목표지향성이론
④	기대—가치이론	욕구위계이론	자기결정성이론
⑤	목표지향성이론	자기결정성이론	기대—가치이론

⊞ 기대 – 가치이론, 자기결정성이론, 목표지향성이론

'기대-가치이론'은 자신이 성공할 것이라는 기대에 그 성공에 대해 부여하는 가치를 곱한 값만큼 동기화된다는 이론이다. '자기결정성이론'은 인간의 동기란 무엇을 어떻게 할 것인지에 대한 자신의 선택이나 자기통제의 욕구, 자신의 의지를 활용하는 과정에서 발생한다고 설명하는 이론이며, 자기결정성은 자율성, 유능감, 관계성의 3가지 기본욕구로 이루어져 있다고 한다. '목표지향성이론'은 과제 수행의 목표를 어디에 두느냐에 따라 과제의 수행 과정과 결과가 달라진다는 이론이며, 목표는 크게 숙달목표(학습목표 : mastery goal, learning goal)와 수행목표(performance goal) 등으로 구분된다.

🔓 ③

19 다음 (가)와 (나)의 대화에서 최 교사가 활용하고 있는 동기 유발 활동에 부합하는 동기이론으로 가장 적절한 것은?

13 중등

> (가) 은　미 : 선생님, 처음에는 역사가 재미있어서 열심히 했는데, 요즘에 배우는 고려 시대 내용은 재미도 없고 너무 어려운 것 같아요.
>
> 최 교사 : 그래? 그런데 내가 생각하기로는 잘하고 있는 것으로 보이는데……. 그리고 너는 고고학자가 꿈이잖아. 아마 지금 배우고 있는 고려 시대 내용은 너에게 중요하고 앞으로 도움이 많이 될 거야.
>
> (나) 최 교사 : 미영아, 다음 주에 배울 6단원의 주제들이 조금 어렵긴 하지만, 이 중 어떤 주제를 언제 발표할지 정해서 알려 줄래?
>
> 미　영 : 맞아요. 6단원 내용이 어려운 것 같아요 하지만 해 볼 만한 것 같아요. 저는 6단원 중에서 '조선 시대의 통치 체제'에 대해 준비해서 발표할게요. 발표는 다음 주 수요일에 할게요.

	(가)	(나)
①	귀인이론	욕구위계이론
②	귀인이론	자기결정성이론
③	기대—가치이론	강화이론
④	기대—가치이론	욕구위계이론
⑤	기대—가치이론	자기결정성이론

⊞ 기대 – 가치이론, 자기결정성이론

(가)는 '기대-가치이론'으로, 기대 요인에 영향을 주는 것은 목표, 과제난이도, 자기도식, 정서적 기억이며, 가치 요인에 영향을 주는 것은 내재적 흥미, 중요성(달성가치), 효용가치, 비용이다. 최 교사는 "고려 시대 내용은 너에게 중요하고 앞으로 도움이 많이 될 거야"라고 함으로써 중요성과 효용가치를 강조하고 있다.
(나)는 '자기결정성이론'으로, 최 교사는 미영이에게 스스로 주제를 정해서 발표하도록 함으로써 자율성 욕구를 증진시켜 주고 있다.

🔓 ⑤

02

20 다음과 같은 견해에 가장 부합하는 학습동기이론은?

11 초등

> • 학생들의 자율성, 유능감, 관계 유지 욕구를 자극하고 충족시키면 그들의 내재적 동기가 높아진다.
> • 학생들은 자신이 외재적 보상을 받거나 처벌을 피하기 위해서가 아니라 자신의 의지에 의해 그러한 행동을 한다고 믿고 싶어 한다.
> • 학생들은 과제 자체에 대한 흥미 때문에 특정한 과제를 수행하는 경우도 있지만, 외재적 보상 때문에 시작한 행동이 점차 내면화되어 결국 외재적 보상이 없어도 그러한 행동을 지속하는 경우가 많다.

① 귀인이론 ② 성취목표이론
③ 욕구위계이론 ④ 자기효능감이론
⑤ 자기결정성이론

⊞ 자기결정성이론
'자기결정성이론'은 인간의 동기란 무엇을 어떻게 할 것인지에 대한 자신의 선택이나 자기통제의 욕구, 자신의 의지를 활용하는 과정에서 발생한다고 설명하는 이론이며, 자기결정성은 자율성, 유능감, 관계성의 3가지 기본욕구로 이루어져 있다고 본다.

🔒 ⑤

21 다음 글의 (가)~(마)에 나타난 학생의 동기 상태를 설명한 것 중 옳은 것은? 11 중등

> 오늘 중간고사 성적표가 나왔다. 과학과 영어가 생각보다 성적이 많이 올라 기분이 좋다. 게임시간을 줄이면서 (가) 게으름 피우지 않고 꾸준히 열심히 한 덕분이겠지! 1학년 때도 공부를 안 한 것은 아니다. (나) 별 생각 없이 친구들이 다니는 학원을 따라다니며 공부했다. 그런데 지금 생각하면 목표도 없이 시간 낭비만 한 꼴이다. 2학년이 되면서 '내가 왜 공부를 해야 하는가?'에 대해 생각을 하고 하나씩 답을 찾아가니 성적도

오르고 더 열심히 하고 싶어졌다. (다) 기상관측과 관련된 직업을 갖고 싶다고 마음먹으니 과학 과목이 매우 중요하게 여겨졌고, 영어는 다른 나라의 문화를 알게 되니 재미있어서 더 열심히 하게 되었다. 지금 수학 성적이 좀 낮긴 하지만 (라) 초등학교 때는 학교 대표로 수학경시대회에 나갈 정도였으니 앞으로는 성적이 점점 오르겠지…… (마) 선생님과 친구들에게 확실하게 인정받으려면 기말고사는 전교 5등 안에 들 수 있도록 더욱 열심히 공부해야겠다.

① (가): 성적 향상의 원인을 외적 소재로 귀인하고 있다.
② (나): 내적 조절 단계에서 자기결정성 동기를 발현시켰다.
③ (다): 기대-가치이론 중 가치 요인으로 동기를 증진시키고 있다.
④ (라): 자신의 정서를 긍정적으로 평가함으로써 자기효능감을 높이고 있다.
⑤ (마): 수행목표 지향적이기보다 숙달목표 지향적이다.

⊞ 귀인이론, 기대-가치이론, 자기효능감이론, 목표지향성이론
(가)는 성적 향상의 원인을 노력이라는 내적 소재, 불안정성, 통제가능성에 귀인한다.
(나)는 무엇을 어떻게 할 것인지에 대해 스스로 선택하고 통제하며 결정하고자 하는 자기결정성 동기가 발현되지 못한 결과이다.
(다)의 기대-가치이론에서 기대 요인에 영향을 주는 것은 목표, 과제난이도, 자기도식, 정서적 기억이며, 가치 요인에 영향을 주는 것은 내재적 흥미, 중요성(달성가치), 효용가치, 비용이다. (다)의 내용은 교과목의 효용가치, 내재적 흥미와 관련되므로 가치 요인으로 동기를 증진시키고 있다.
(라)에서 자기효능감은 개인이 특정한 과제를 성공적으로 수행할 수 있다는 자신의 능력에 대한 믿음을 의미하며, 제시문과 같은 막연한 추측과 구별된다.
(마)는 목표지향성이론과 관련되는데, 타인에게 긍정적 평가를 받는 데 초점을 두고 있으므로 숙달목표 지향적이기보다는 수행목표 지향적이라고 볼 수 있다.

🔒 ③

22 다음 사례에서 경수의 학습행동에 대한 김 교사의 견해와 가장 부합하는 학습동기이론은? ¹²초등

> 경수는 선생님이나 다른 학생들의 평가에 매우 민감하게 반응한다. 그는 특히 선생님에게 부정적인 평가를 받을까 봐 전전긍긍하며, 무엇보다 실패에 대한 불안이 크다. 이 때문에 중요한 시험을 앞두고서도 공부를 하지 않거나 과제를 마지막까지 미루어 자신의 능력을 제대로 드러내지 못하는 경향이 있다.
> 김 교사는 자기존중감이 동기화의 결정적인 요인이라고 생각한다. 그는, 경수가 중요한 시험을 앞두고서 이처럼 자기장애전략(self-handicapping strategy)을 사용하는 것은 자기존중감을 보호하려는 동기를 지니고 있기 때문이며, 경수가 이러한 전략을 계속 사용할 경우 심각한 결과를 초래할 수도 있다고 판단하였다. 그래서 경수에게 성공적인 학습을 위해서는 좀 더 적극적인 노력을 기울여 자기존중감을 유지하는 것이 무엇보다 중요하다고 조언하고 지속적으로 격려하였다.

① 강화이론 ② 기대가치이론
③ 자기가치이론 ④ 자기결정성이론
⑤ 자기효능감이론

🔡 **자기가치이론**(자기장애전략)

코빙톤(Covington)의 자기가치이론이란 인간은 자신을 가치 있는 존재로 인식하고 자기가치를 보호하려는 욕구를 갖고 있다고 보는 이론을 말한다. 학생들은 자기가치를 보호하기 위해 자기장애전략을 사용한다. 자기장애전략이란 학업 실패 상황에서 자신의 유능함을 유지하고 무능함을 회피하기 위해 사용하는 자기보호(자기방어)전략을 의미한다.

🔓 ③

23 요즈음 철수는 누가 시키지 않아도 수학공부를 열심히 한다. 수학문제를 푸는 데에 재미가 있을 뿐만 아니라 문제를 풀었다는 것 자체에 희열을 느끼기 때문이다. 이때 철수의 학습동기는? ⁹⁹ 초등추시

① 권력동기 ② 인정동기
③ 친애동기 ④ 성취동기

🔡 **성취동기**

성취동기는 도전적이고 어려운 과제를 성공적으로 수행하려는 욕구를 말하며, 학업성취와 밀접한 관련이 있다.

🔓 ④

24 학생의 능력에 적합한 과제를 주어 성공 경험을 맛보게 하는 교사의 행동과 가장 밀접한 관계가 있는 것은? ⁰⁰ 강원초보

① 문제해결전략 지도 ② 인지적 평형 유도
③ 조작적 사고력 신장 ④ 장독립적 사고 육성
⑤ 성취동기 육성

🔡 **성취동기 증진방안**

⑴ 달성 가능한 학습목표를 명확히 제시한다.
⑵ 학생에 대한 믿음과 기대가 있어야 한다.
⑶ 학생의 지적 욕구를 자극한다.
⑷ 인지적 호기심을 자극하고 유지하도록 한다.
⑸ 흥미롭고 다양한 수업방법을 활용한다.
⑹ 학생이 수업에 참여할 수 있는 기회를 주도록 한다.
⑺ 학습초기에 보상의 예를 보여준다.
⑻ 익숙한 자료를 예로 든다.
⑼ 이전에 학습한 내용을 이용하도록 한다.
⑽ 시험과 성적을 잘 사용한다.
⑾ 학습결과에 대해 분명하고 구체적인 피드백을 준다.
⑿ 피드백은 즉각적으로 제시되어야 한다.
⒀ 피드백과 보상은 자주 주어야 한다.
⒁ 모든 학생에게 적절한 수준의 보상 가능성을 유지해야 한다.

🔓 ⑤

25 아래의 표는 성공추구동기가 실패회피동기보다 강한 학습
자가 과제를 성공 혹은 실패하였을 경우, 동일한 과제를 반
복적으로 하고 싶은 동기의 변화를 보여주고 있다. 빈칸에
들어갈 내용으로 적절한 것은? 01 초등

	성공추구동기 > 실패회피동기
과제의 성공	(가)
과제의 실패	(나)

+ : 동기의 증가, − : 동기의 감소

	(가)	(나)
①	−	−
②	−	+
③	+	−
④	+	+

⊞ **성공추구동기와 실패회피동기**

와이너(Weiner)는 Ms(성공추구동기) > Maf(실패회피동기) 유형의
학생과 Ms < Maf 유형의 학생이 어떤 과제에서 실패 혹은 성공한
경우, 그 과제에 대한 동기 수준이 정반대로 변한다는 것을 발견
하였다. Ms(성공추구동기) > Maf(실패회피동기) 유형의 학생은
과제의 성공은 동기를 감소시키는 데 반해, 과제의 실패는 동기를
증가시킨다. 반면, Ms < Maf인 경우는 어떤 과제에서 성공 경험은
동기를 증가시키는 데 반해, 실패는 동기를 저하시킨다.

 ②

Section 02 학습자의 발달

01 인지발달이론

01 '연령이 같은 학생들이라도 각 학생의 지적, 정의적 특성에 맞는 지도를 해야 한다'라는 주장과 관련된 발달의 원리는?

00 서울초보

① 발달의 상관성　　② 발달의 분화성
③ 발달의 순서성　　④ 발달의 개별성
⑤ 발달의 주기성

🔡 인간발달의 기본원리(발달의 개별성)

기본원리	내용
발달의 상관성	발달은 개체와 환경과의 상호작용의 산물이다. 성숙과 학습의 2가지 과정 간의 상호작용의 결과로서 발달이 일어난다.
발달의 분화·통합성	발달은 전체적·일반적 기능에서부터 부분적·특수적 기능으로 분화되고, 그것이 다시 일정한 계열에 따라 조직·통합된다.
발달의 순서성	발달에는 순서와 방향이 있다. 일반적으로 머리(두부)에서 꼬리(미부)로, 전체에서 부분으로, 가까운 거리(근처)에서 먼 거리(원처)로 발달한다.
발달의 연속성	발달은 비약적인 것이 아니라 연속적이며 점진적이다(장기적 측면).
발달의 주기성	발달속도는 불규칙적이다(단기적 측면). 장기적으로 보면 발달은 연속적이지만 특정한 시기를 놓고 보면 불규칙적이다. 📵 어느 시기에 키가 크지 않다가 특정 시기에 갑자기 크기도 한다.
발달의 개별성	발달속도는 개인차가 있다. 사람마다 발달속도는 다르며, 개인 내에서도 각 발달영역 간 서로 차이가 있다.
결정적 시기	특정 행동이 발달하는 시기는 정해져 있으며, 그 시기에 맞는 적절한 환경적 자극을 받아야 한다.
불가역성	초기 결손은 나중에 교정·보완이 어렵다.

🔒 ④

02 다음의 내용이 설명하고 있는 것은? 00 서울초보

- 발달 과정의 특정 시기를 말한다.
- 특정 시기에 맞는 환경 조성이 필요하다.
- 사춘기에 신체가 급성장하는 것, 학령 전기에 어휘가 급격하게 증가하는 것 등을 설명할 수 있는 개념이다.
- 조기 교육의 찬·반과 관련하여 언급되는 개념이다.

① 전조작기　　② 성장
③ 아동기　　④ 결정적 시기
⑤ 구체적 조작기

🔡 인간발달의 기본원리(결정적 시기)

결정적 시기(critical periods)란 인간의 발달과정에서 특정 행동이 발달하는 시기가 정해져 있다는 것을 말하며, 그 시기에 맞는 적절한 환경적 자극을 받아야 한다는 것이다. 그 시기가 지나면 결함과 장애를 일으키며 다음 단계의 발달에도 큰 지장을 초래한다.

🔒 ④

03 정사각형의 개념을 알고 있는 학생이 마름모를 보고 정사각형이라고 말했다면, 이것을 설명하는 인지 작용은?

00 대구·경북초보

① 조절　　② 동화
③ 투사　　④ 승화
⑤ 통찰

🔡 피아제의 인지발달기제(동화의 사례)

사례는 새로운 자극이나 정보를 기존의 인지도식에 통합하려고 하고 있으므로 동화에 해당한다.

🔒 ②

04 〈보기〉의 내용이 설명하는 것은? 07 영양

| 보기 |

- 피아제(J. Piaget) 인지발달이론의 주요 개념이다.
- 인지구조를 균형 있게 유지하려는 경향성을 의미한다.
- 동화와 조절이 기본적인 기제이다.

① 일반화　　　　② 조건화
③ 부호화　　　　④ 평형화

▣ **피아제의 인지발달기제**(평형화)

평형화는 동화와 조절을 통해 평형(균형)을 이루는 상태를 의미한다. 기존의 인지도식으로 새로운 자극이나 정보를 이해하기 어려울 때(동화로 이해되지 않을 때) 인지적 불평형(비평형)이 발생하는데, 이 경우 기존의 인지구조를 변화시켜 그 대상을 이해하려는 조절의 과정을 거쳐 인지적 평형상태로 나아가게 된다.

🔒 ④

05 다음은 피아제(J. Piaget) 이론의 인지발달기제와 관련된 예화이다. (가), (나), (다)에 해당되는 개념을 바르게 나열한 것은? 05 중등

현아는 모둠 학습 과제를 위해 디지털카메라를 꺼내어 작동시켜 보았더니 고장이 나 있었다. 그래서 어머니께서 빌려다 주신 것을 사용하게 되었다. (가) 낯선 제품이었지만 평소 자기의 카메라를 다루던 방식으로 전원 스위치를 눌렀더니 작동이 되었다. 그러나 (나) 풍경 모드로 전환하는 방식이 예전의 자기 것과는 달라 당황스러웠다. 현아는 (다) 기능 버튼을 이리저리 눌러 보고 새로운 제품의 사용 방법을 익혔다. 그 결과 그 제품을 자유로이 다룰 수 있게 되었다.

	(가)	(나)	(다)
①	도식	조절	동화
②	조절	동화	도식
③	동화	비평형화	조절
④	조절	비평형화	동화

▣ **피아제의 인지발달기제**(동화, 비평형화, 조절)

(가) 동화는 새로운 정보(환경자극)를 자신의 기존 인지구조에 흡수하여 이해하는 것을 말하며, (나) 비평형화(불평형)는 동화와 조절 간의 인지적 균형이 일어나지 못했을 때 일어나는 갈등상황을 말한다. (다) 인지적 불평형(비평형) 상황이 발생하면 기존의 인지구조를 변화시켜 그 대상을 이해하려는 조절의 과정을 거쳐 인지적 평형상태로 나아가고자 한다.

🔒 ③

06 피아제(J. Piaget)의 인지발달이론에 근거할 때, 빈칸에 공통으로 들어갈 용어로 적절한 것은? 11 중등

- ⬚⬚⬚⬚은/는 오류가 생기는 상황에 직면할 때 일어난다.
- ⬚⬚⬚⬚은/는 인지적 성장을 고무하기에 알맞은 정도로 유지되어야 한다. 그 이유는 문제가 너무 단순해서 학생들이 지루해서도 안 되고, 교수내용을 이해할 수 없어서 뒤쳐져서도 안 되기 때문이다.
- 주먹만 한 스티로폼과 손톱만 한 유리구슬을 물속에 담그기 전과 후를 학생들에게 보여주었을 때, 학생들은 그 상황에서 '일어나야 한다고 생각하는 일'과 '실제로 일어나는 일' 사이의 ⬚⬚⬚⬚을/를 경험한다.

① 동화(assimilation)
② 보존(conservation)
③ 가역성(reversibility)
④ 불평형(disequilibrium)
⑤ 자기중심화(egocentering)

▣ **피아제의 인지발달기제**(불평형)

불평형(비평형)은 동화와 조절 간의 인지적 균형이 일어나지 못했을 때 일어나는 갈등상황을 말한다.

🔒 ④

07 지적 발달과 학습에서 사회적 상호작용의 중요성을 강조하는 개념으로 볼 수 없는 것은? 08 중등

① 피아제(J. Piaget)의 평형화
② 브루너(J. S. Bruner)의 비계설정
③ 비고츠키(L. S. Vygotsky)의 근접발달영역
④ 포에르스타인(R. Feuerstein)의 중재학습경험

피아제의 인지발달기제

① 피아제는 인간과 환경과의 능동적 상호작용의 결과 인지구조의 질적 변화가 나타나는데 이를 인지발달이라고 보았다. 피아제 인지발달이론에서 사회적 상호작용이 아무런 의미를 갖지 않는 것은 아니다. 사회적 상호작용이 주로 구체적 조작기 이후에 불평형 상태를 초래함으로써 발달의 촉진에 기여하는 주요 메커니즘의 하나라고 인정하고 있는 것도 사실이다. 그러나 사회적 상호작용이 자기구성 과정에 직접적으로 관여한다고 보고 있지 않다. 어린 과학자로서 아동은 자기구성 과정에서 반드시 성인이나 다른 사람의 도움을 받아야 하는 것은 아니며, 타인과의 상호작용 역시 물리적 경험과 마찬가지로 개별적으로 상호작용하는 자극 세계의 일부이다. 이런 측면에서 '평형화'도 외부 세계와 내적 정신 구조 간의 불일치를 극복하는 과정을 설명하기 위해 채택된 개념으로, 평형화의 과정은 모델링과 같은 타인의 안내에 의해 내면화되는 것이 아니라 순수하게 내적이고 적극적인 자기구성 과정이다. 이처럼 피아제의 이론에서는 사회적 상호작용이 자기구성 과정에 직접적으로 관여한다고 보고 있지 않다.
② 브루너는 인지발달과 학습과의 관계를 정립하고, 나선형 교육과정, 발견학습이론 등 아동의 인지발달에 바탕을 둔 수업이론을 전개하였다. 그는 발견학습이론을 적용하기 위해 '비계설정'이라는 개념을 제시하였는데, 이는 교사가 학습자에게 습득하기를 원하는 학습전략을 시범 보이다가 점차 학습자 혼자서 그런 전략들을 사용할 수 있도록 사회적 상호작용을 점차 줄여 나가는 교수전략을 말한다.
③ 비고츠키는 아동이 혼자서는 해결할 수 없지만 성인이나 뛰어난 또래의 도움에 의해 학습(발달)할 수 있는 영역을 '근접발달영역'이라고 제시하였다.
④ 포에르스타인은 많은 사람들이 필요한 인지과정을 통해 자신의 행동을 구조화하지 못하고 있다고 보고, 이렇게 통합하지 못하는, 체계성 없는 광범위한 정보를 체계화하도록 하는 것이 바로 '중재학습경험'이라고 하였다. 중재학습경험(MLE: Mediated Learning Experience)은 중재자가 자신을 자극과 반응 사이에 놓아 학습자에게 의도적인 변형이 의미 있는 방식으로 일어나도록 하는 것이다.

🔒 ①

08 〈보기〉에서 피아제의 인지발달이론과 일치하는 설명을 모두 고른 것은? 95 중등

┌─ 보기 ─
ㄱ. 인지발달은 질적으로 차이가 있는 단계를 거쳐 이루어진다.
ㄴ. 어떤 인지적 행동 과제는 특정한 단계에 도달해야만 수행할 수 있다.
ㄷ. 발달단계의 순서에는 개인차가 있다.
ㄹ. 정의적 발달이 이루어지지 않으면 인지적 발달은 이루어질 수 없다.
└─

① ㄱ   ② ㄱ, ㄴ
③ ㄱ, ㄴ, ㄷ   ④ ㄱ, ㄷ

피아제의 인지발달이론의 특징

ㄱ. 인간의 인지발달은 감각운동기, 전조작기, 구체적 조작기, 형식적 조작기라는 질적으로 다른 4가지 단계를 거쳐 발달한다. 따라서 각 발달단계는 질적으로 다르다. 이 인지발달의 질적 차이는 피아제가 인간의 인지발달을 4단계로 나눈 기준이자 그의 이론의 전제이다.
ㄴ. 인지발달의 질적 차이로 인해 각 단계별로 그 단계에 도달해야만 수행 가능한 인지적 행동과제가 있다.
ㄷ. 발달단계의 순서는 개인차가 없지만, 발달 속도에서는 개인차가 존재한다.
ㄹ. 정의적 발달이 인지적 발달에 선행하는 것이 아니라, 인지발달이 언어발달을 촉진하고 정서발달도 촉진한다고 본다.

🔒 ②

09 피아제(J. Piaget)의 이론에 대한 설명 중 옳은 것은?

97 중등

① 언어의 발달이 사고의 발달에 선행한다.
② 아동과 성인의 인지 특성 간에는 구조적 차이가 없다.
③ 도식(schema)은 동화와 조절을 통해 평형을 유지하려는 선천적 경향이다.
④ 아동이 범하는 오류는 그의 인지구조를 파악할 수 있게 하는 유용한 근거이다.

🔡 **피아제 인지발달이론의 특징**

피아제는 인간과 환경과의 능동적 상호작용의 결과 인지구조의 질적 변화를 인지발달이라고 하였다. 그는 인지구조의 기본 단위를 인지도식(schema)으로 보았다. 인지도식(schema)이란 인간이 사물을 받아들이는 데 사용하는 정신체계로서, 외부환경에 대한 이해의 틀, 사고의 체계를 의미한다. 인지도식이 형성되고 인지구조가 변화되기 위해서는 인지기능의 작용이 있어야 하는데, 인지기능은 유기체가 환경에 적응하려는 선천적·불변적 경향성을 말한다. 인지기능이 적응(동화, 조절, 평형)과 조직의 기능을 수행하면서 인지구조가 발달되어 간다. 이 과정에서 아동이 범하는 오류는 그의 인지구조의 상태를 파악할 수 있는 유용한 근거가 되며, 인지불평형의 과정을 거치면서 인지구조가 발달되어 간다. 피아제는 사고(인지)의 발달이 언어의 발달에 앞서며, 발달은 학습에 선행한다고 하였다. 따라서 타당한 지문은 ④이다.

🔒 ④

10 태어난 지 6개월 된 준이는 공을 가지고 놀다가도 그 공이 안 보이는 곳으로 굴러 가버리면 공이 자기 손에 쉽게 닿는 가까운 곳에 있어도 그 공을 찾으려 하지 않는다. 이러한 현상을 설명할 수 있는 개념은? 99 중등추시

① 자기중심성   ② 대상영속성
③ 보존개념   ④ 불가역성

🔡 **감각운동기의 특징**(대상영속성)

대상영속성은 감각운동기에 일어나는 가장 중요한 인지발달의 변화로, 어떤 대상이 시야에서 사라져도 독립된 실재로 여전히 존재하는 사실을 인지하는 것을 말한다. 이는 표상능력의 획득을 의미하는 것으로 인지발달의 코페르니쿠스적인 전환이라 할 수 있다.

🔒 ②

11 피아제(J. Piaget)의 인지발달단계에서 〈보기〉를 나타낸 단계는? 93 중등

┌─ 보기 ─
│ 자기중심적 사고가 생기고 비가역성(非可逆性), 언어발달이 시작된다.

① 감각 동작기   ② 전조작적 사고기
③ 구체적 조작기   ④ 형식적 조작기

🔡 **전조작기의 특징**(자기중심적 사고, 비가역성, 언어발달)

전조작기에는 상징의 사용과 언어의 급속한 발달, 중심화, 자기중심적 사고, 자기중심적 언어, 물활론적 사고, 인공론적 사고를 한다. 구체적 조작기에 나타나는 가역적인 사고는 하지 못한다.

🔒 ②

12 다음 수업 상황에 나타난 아동의 발달 특징을 설명하는 이론과 그 관점으로 가장 적절한 것은? 09 초등

> 입학 첫날, 김 교사는 반 아동들에게 교실행동 요령을 가르치고 있었다. "선생님의 질문에 답하려면 먼저 오른손을 드세요. 그리고 선생님이 이름을 부르면 일어나서 대답하세요."라고 말하고, 아동들을 똑바로 마주보고 시범을 보이면서 "선생님처럼 오른손을 들어 보세요."라고 지시했다. 그러자 아동들은 대부분 왼손을 들었다.

① 콜버그의 도덕성발달이론 - 인습적 발달 수준의 아동은 동료 아동들에게 동조하려는 경향이 강하다.
② 케이스의 신피아제 이론 - 차원조작단계의 아동은 왼손 사용과 관련된 실행제어구조가 자동화되어 있다.
③ 피아제(J. Piaget)의 인지발달이론 - 전조작기의 자기중심성에서 완전히 벗어나지 못한 아동은 다른 사람의 관점을 고려하지 못한다.
④ 에릭슨(E. Erikson)의 심리사회적 발달이론 - '자율성 대 수치심' 단계의 아동은 과제를 완수하는 데 필요한 운동기능과 자발성이 부족하다.
⑤ 프로이트의 심리성적 발달이론 - 어렸을 때 심리적으로 상처를 받은 아동은 학령기가 되면 반항심이 강해 어른들의 지시에 저항한다.

🔓 전조작기의 특징(자기중심성)
자기중심성이란 다른 사람의 감정, 생각, 관점을 고려하지 못한 채 자신의 입장에서만 대상을 지각하고 사고하며 말하려는 경향을 말한다. 보기에서 아동들은 교사와 마주보고 있으므로 교사의 오른손이 아동의 입장에서는 왼손으로 보이는 것이다. 피아제는 이후 아동의 조망수용능력이 발달함에 따라 자아중심적 사고와 자아중심적 언어는 점차 감소하게 된다고 한다.

🔒 ③

13 〈보기〉와 관련 있는 피아제(J. Piaget)의 인지발달단계는? 07 영양특채

> ┌─ 보기 ─
> • 탈자기중심성(脫自己中心性)
> • 분류, 서열화, 부분과 전체의 개념 발달
> • 실제적·구체적 사물에 제한된 논리적 조작

① 감각 동작기   ② 전조작기
③ 구체적 조작기   ④ 형식적 조작기

🔓 구체적 조작기의 특징
구체적 조작기는 구체적 사물에 대한 논리적·조작적 사고가 가능한 시기를 말한다. 이것은 탈중심화하면서 나타나는 것으로, 이 시기의 특징으로는 보존개념의 발달(동일성, 가역성, 보상성), 분류 및 서열 능력의 발달을 들 수 있다.

🔒 ③

14 다음은 피아제의 인지발달단계 중 어느 단계에서 나타나는 특징인가? 99 초등

> • 가역성이 획득되는 시기
> • 논리적 사고가 가능하고 언어사용이 복잡해지는 시기
> • 무게의 보존개념이 획득되는 시기
> • 분류 및 서열 조작 능력을 갖추는 시기

① 감각 동작기   ② 전조작기
③ 구체적 조작기   ④ 형식적 조작기

🔓 구체적 조작기의 특징
구체적 조작기는 구체적 사물에 대한 논리적·조작적 사고가 가능한 시기를 말한다. 이것은 탈중심화하면서 나타나는 것으로, 이 시기의 특징으로는 보존개념의 발달(동일성, 가역성, 보상성), 분류 및 서열 능력의 발달을 들 수 있다.

🔒 ③

15 영희의 행동특징을 피아제(J. Piaget)의 인지발달이론에 기초하여 파악한 교사가 영희의 발달단계에 맞게 지도한 교수활동이라고 할 수 없는 것은? ^{10 초등}

> 영희는 요즘 들어 물건 정리에 재미를 붙인 듯하다. 학급 문고의 책들을 위인전과 동화책으로 나누어 다른 칸에 꽂더니 곧 위인전은 두꺼운 순서대로, 동화책은 표지의 색깔별로 정리하고 있다. 책 정리 다음에는 친구들의 연필을 모두 모아서 길이대로 늘어놓는다.

① 교실과 교무실의 크기를 비교하게 한 후, 면적의 차이를 가르쳤다.
② 친척이라는 추상적인 개념은 가계도 그림 자료를 활용하여 설명하였다.
③ 오징어와 문어의 그림을 보고 공통점과 차이점을 설명해 보도록 하였다.
④ 감추기-찾기 놀이를 통해 눈에 보이지 않는 물건도 세상에 존재함을 알게 하였다.
⑤ 지도에 경계선을 그려가며 서울의 행정구역 단위인 구(區)와 동(洞)의 포함관계를 가르쳤다.

□□ 구체적 조작기의 지도방법

제시문의 영희는 구체적 조작기에 해당한다. 구체적 조작기에는 구체적 사물에 대한 논리적 · 조작적 사고가 가능하며, 보존개념(동일성, 가역성, 보상성)과 분류 및 서열 능력이 발달한다. ④ 감추기-찾기 놀이를 통해 눈에 보이지 않는 물건도 세상에 존재함을 알게 하는 것은 감각운동기의 대상영속성 획득을 위한 교수방법이다.

🔒 ④

16 피아제(Piaget)의 인지발달이론에서 구체적 조작기에 나타나는 발달 현상의 하나는? ^{00 강원초보}

① 물질의 보존개념을 습득한다.
② 가설 연역적인 추론 능력을 발휘한다.
③ 자기중심적 사고가 발달하기 시작한다.
④ 대상영속성(對象永續性)의 개념을 습득한다.
⑤ 물활론적(物活論的) 사고가 발달하기 시작한다.

□□ 구체적 조작기의 특징

①은 구체적 조작기, ②는 형식적 조작기, ③은 전조작기, ④는 감각운동기, ⑤는 전조작기의 인지특징이다.

🔒 ①

17 피아제(Piaget)의 인지발달단계 가운데 형식적 조작기에 나타나는 특징은? ^{00 중등}

① 명제 중심의 사고가 가능하다.
② 논리적 추리에 일관성이 없다.
③ 다양한 관점에서 사고하지 못한다.
④ 다른 사람도 자신과 똑같이 생각한다고 믿는다.

□□ 형식적 조작기의 특징(명제적 사고)

형식적 조작기는 구체적 사물이 없이도 추상적이고 개념적인 사고가 가능한 시기를 말한다. 이 시기의 특징으로는 추상적 사고, 반성적 추상화, 가설 · 연역적 사고, 이상주의적 사고, 자기중심적 사고(Elkind), 조합적 사고, 명제적 사고 등이 있다.

🔒 ①

18 다음은 피아제(J. Piaget) 인지발달이론의 형식적 조작 단계에서 나타나는 사고의 특징을 설명한 것이다. 이를 가장 잘 나타내는 개념은? 10 중등

> • 구체적인 경험과 관찰의 한계를 넘어서, 제시된 정보에 기초해서 내적으로 추리한다.
> • 사고에 대한 사고, 즉 메타사고(meta-thinking)의 과정을 통해 자신의 사고 내용에 대해 숙고하는 과정이다.
> • 문제를 해결하는 과정에서 기존의 지식을 새로운 장면에 쉽게 적용하거나 새로운 지식을 창조하는 일에 깊이 관여한다.
> • '할아버지와 할머니의 관계는 아버지와 어머니의 관계에 해당한다.'와 같이 대상들 간의 관계를 유추하는 과정에서 작용한다.

① 자동화(automatization)
② 탈중심화(decentration)
③ 명제적 사고(propositional thinking)
④ 반성적 추상화(reflective abstraction)
⑤ 가설연역적 추론(hypothetic-deductive reasoning)

⏹ 형식적 조작기의 특징(반성적 추상화)

④ 반성적 추상화란 구체적 경험과 관찰의 한계를 벗어나서 제시된 정보에 기초해서 내적으로 추리하는 과정을 말한다. 사고에 대한 사고, 즉 내적 성찰(메타사고)을 통해 자신의 사고 내용에 대해 숙고하며 논리─수학적 지식을 창출한다.
① 자동화는 자각이나 의식적인 노력 없이 수행할 수 있는 정신적 조작이며, ② 탈중심화는 자기중심적 사고와 언어로부터 사회화된 언어로 발달하게 되는 것을 말한다.
③ 명제적 사고는 명제를 구성하고 명제들 사이의 관계에 대해 논리적으로 추론하는 사고를 말하며, ⑤ 가설연역적 추론은 가설을 설정하고 연역적으로 검증 및 결론을 추론하는 것을 의미한다.

🔒 ④

19 인지발달에 관한 여러 가지 이론을 종합해 볼 때, 다음 지도방법 중에서 학생들에게 부적절한 것은? 99 중등

① 학생의 발달 수준과 과제의 복잡성을 연계시킨다.
② 학습자가 범하는 실수의 유형을 분석한다.
③ 자기 주도적 학습을 적극적으로 장려한다.
④ 새로운 경험보다는 친숙한 것을 예시한다.

⏹ 피아제의 인지발달이론에 따른 지도법

피아제는 인지불평형 상태에 접할 때 학습자의 지적 평형이 깨어지게 되고, 이러한 상황을 동화와 조절을 통해 극복함으로써 인지의 발달이 일어난다고 한다. 따라서 ①, ②, ③의 설명은 모두 타당하지만, ④는 친숙한 것보다 새로운 경험을 제공하여 지적 자극을 주는 것이 타당하다.

🔒 ④

20 〈보기〉와 같은 인지발달단계의 학생에게 가장 적합한 교수방법은? 03 중등

> 보기
> • 가설 연역적 사고와 명제적 사고가 가능하다.
> • 실험을 통한 과학적 원리의 탐색이 가능하다.
> • 비현실적인 것에 대한 상상과 추론이 가능하다.

① 기억 속의 사물에 대한 표상 활동을 하도록 지도한다.
② 사물은 보는 각도에 따라 동일한 사물이 다양한 모습으로 인지됨을 알려준다.
③ 시청각 자료와 실물을 활용하여 학습자가 직접 경험을 통해 학습할 수 있도록 안내한다.
④ 이해에 선행하여 관련 스키마를 구성하고, 이를 활용하여 체계적으로 문제를 해결하도록 유도한다.

형식적 조작기에 적합한 교수방법

형식적 조작기에는 추상적 사고와 형식논리적 추론이 가능해서 구체물 없이도 추상적이고 개념적 사고가 가능하다. 따라서 ④ 관련된 개념 스키마를 형성하도록 한 후 이를 활용하여 문제를 체계적으로 해결하도록 하는 교수방법은 적절하다. ①은 감각운동기, ②는 전조작기, ③은 구체적 조작기에 적합한 교수방법이다.

🔒 ④

---

21 다음 〈보기〉의 내용을 강조하는 학자는? 00 초등

> 보기
>
> • 아동은 타인과의 관계에서 영향을 받으며 성장하는 사회적 존재이다.
> • 아동의 자기중심적 언어의 사용은 단순히 자기만의 생각을 표현하는 것이 아니라 문제해결을 위한 사고의 도구이다.
> • 아동은 근접발달영역(ZPD) 내에서 문제를 파악해야 하고, 교사나 다른 아동과의 상호작용에 의해 제공된 발판을 필요로 한다.

① 브루너(Bruner)   ② 콜버그(Kohlberg)
③ 피아제(Piaget)   ④ 비고츠키(Vygotsky)

비고츠키

비고츠키는 아동이 타인과의 관계에서 영향을 받으며 성장하는 사회적 존재임을 강조하였으며, 인지발달은 사회문화적 맥락 속에서 타인과 사회적 상호작용을 하면서 일어난다고 보았다. 언어는 학습 및 발달에서 핵심적인 역할을 한다. 사회적 상호작용의 필수적 요소인 언어는 사고의 도구이기 때문에 개인의 사고와 행동을 조절해줄 뿐만 아니라 사회적 상호작용을 가능하게 한다. 근접발달영역(ZPD)이란 실제적 발달 수준과 잠재적 발달 수준 사이의 영역으로, 아동이 혼자서는 문제를 해결할 수 없지만 성인이나 뛰어난 동료의 도움(비계설정, scaffolding)을 받으면 문제를 해결할 수 있는 영역을 의미한다.

🔒 ④

---

22 정 교사는 그림과 같이, 학습성취수준이 낮은 학생에게 필요한 학습전략을 시범해 보이면서 사회적 상호작용을 통해 도움을 주되, 학생의 수준이 목표치에 도달할 때까지 교사의 도움을 점차적으로 줄여 나갔다. 정 교사가 적용한 수업전략과 가장 가까운 것은? 10 초등

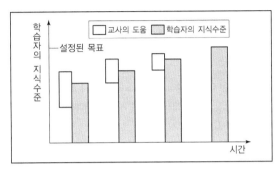

① 궤도학습(orbitals)
② 비계설정(scaffolding)
③ 과잉학습(overlearning)
④ 정착수업(anchored instruction)
⑤ 차등적 과제(tiered assignment)

비계설정

비계설정(scaffolding)이란 학습 초기 단계에서 아동의 학습을 도와주기 위해 사용하는 다양한 방법이나 전략을 말한다. 비계설정 시 유의점으로는 ⅰ) 효과적인 비계설정은 학습자 스스로 할 수 있도록 지원해 주는 것에 국한해야 한다. ⅱ) 학습에서의 비계설정은 초기 단계에서는 많은 도움을 제공하다가 점점 지원을 줄여서(fading) 스스로 할 수 있는 단계까지 이끌어 나가야 한다. ⅲ) 학습자의 근접발달영역을 고려하여, 실제적 발달 수준보다 약간 더 높은 수준의 과제를 제시해야 한다.

① 궤도학습(orbitals)은 학생이 독자적으로 주제를 정하여 3~4주 동안 탐구하는 학습이다. 여기서 '궤도'라고 하는 이유는 주어진 교육과정의 어떤 측면을 중심으로 순환한다는 의미를 갖고 있기 때문이다. 독립연구(independent study)와 유사한 개념이지만, 궤도학습은 기간이 짧고 교사의 지도를 받는다는 점이 다르다. ③ 과잉학습(overlearning)은 처음에 자료를 완전히 숙달한 후에도 계속해서 그 자료를 시연하는 것을 말한다. 과잉학습의 정도는 보통 퍼센트로 나타내는데, 예를 들어 단어목록을 학습하는 데 10번의 시행이 걸리는 것을 5번 더 시행했다면 50% 과잉학습인 셈이다. 이러한 과잉학습은 장기간의 기억이 필요할 경우 가장 큰 도움이 된다.

④ 정착수업(anchored instruction)은 교수학습활동이 이야기, 사례, 학습자의 관심사와 관련된 주제 또는 문제 등과 같은 정황(anchor; macro context)을 중심으로 이루어지는 구성주의 교수학습방법이다.

⑤ 차등적 과제(tiered assignment)는 학생들의 능력이나 기능 수준 등에 따라 부과하는 과제를 말한다. 상층으로 갈수록 보다 높은(어려운) 수준의 학습자에게 적합한 과제를 제시한다.

🔒 ②

23 다음은 아이가 엄마와 함께 '차례 맞추기' 과제를 수행하고 있는 예이다. 〈보기〉에서 엄마가 사용한 비계설정(scaffolding)의 주요 요소는? 04 초등

아이: (그림들을 이리저리 놓아보며) 나 이거 못 맞추겠어!

엄마: (그림들을 가리키며) 라면을 끓일 때 무엇부터 해야 할지 생각해 보자.

아이: (그림들 중에서 자꾸 틀린 것을 찾으며) 이거 아니야?

엄마: (그림들을 다시 가리키며) 글쎄, 너는 그렇게 생각하니?

아이: (물을 끓이는 그림을 집으면서) 이거 아냐?

엄마: 찾았네! 이제 다음 그림을 함께 찾아볼까?

아이: (혼잣말로) 물을 끓인 다음 무얼 하지?
　　　(엄마의 도움으로 나머지 그림들의 차례를 완성한다.)

┌─ 보기 ─

ㄱ. 상호 주관성　　　ㄴ. 신체적 접촉
ㄷ. 공동 문제해결　　ㄹ. 통제적 지시

① ㄱ, ㄷ　　　　　② ㄱ, ㄹ
③ ㄴ, ㄷ　　　　　④ ㄴ, ㄹ

🔲 **비계설정의 주요 요소**

비계설정(scaffolding)이란 학습 초기 단계에서 아동의 학습을 도와주기 위해 사용하는 다양한 방법이나 전략을 말한다. 효과적인 비계설정을 위한 주요 요소로는 공동의 문제해결, 상호 주관성, 따뜻한 반응, 아동을 근접발달영역 안에 머물게 하기, 자기조절 증진하기 등이 있다.

🔒 ①

24 비고츠키(L. Vygotsky)의 인지발달에 관한 견해와 거리가 먼 것은? 04 중등

① 인지발달은 사회문화적 맥락의 영향을 받는다.
② 인지발달은 변증법적 교류에 의해 이루어진다.
③ 근접발달영역은 잠재적(potential) 발달 수준과 실제적(actual) 발달 수준 사이의 영역을 의미한다.
④ 실제적 발달 수준은 부모나 교사의 도움을 받아 과제를 해결할 수 있는 능력 수준을 의미한다.

🔲 **비고츠키의 인지발달이론의 특징**

① 비고츠키에 따르면, 인지발달은 사회문화적 맥락 속에서 타인과 사회적 상호작용을 하면서 일어난다고 한다. ② 근접발달영역(ZPD)이란 실제적 발달 수준과 잠재적 발달 수준 사이의 영역으로, 아동이 혼자서는 문제를 해결할 수 없지만 성인이나 뛰어난 동료의 도움(비계설정, scaffolding)을 받으면 문제를 해결할 수 있는 영역을 의미한다. ③ 이렇게 인간발달은 '실제적 발달 수준 → 잠재적 발달 수준 → 실제적 발달 수준'이라는 정반합(正反合)의 변증법적 교류에 의해 이루어진다. ④ 실제적 발달 수준은 학생의 내부에 이미 발달한 기능에 의하여 혼자 힘으로도 문제를 해결할 수 있는 수준(현재 수준)이며, 잠재적 발달 수준은 타인(성인, 뛰어난 동료)의 도움을 받으면 문제를 해결할 수 있는 수준(미래의 가능성, 능력)을 의미한다.

🔒 ④

25 비고츠키(Vygotsky)의 언어와 사고 발달에 대한 설명으로 옳지 않은 것은? 03 중등

① 어려운 문제를 해결할 때, 내적 언어의 사용 빈도가 증가한다.
② 아동의 지적 발달은 내적 언어와 사회적 언어 모두에 영향을 받는다.
③ 2세 경이 되면 사고와 언어가 결합되어, 언어는 점차 합리적으로 표현된다.
④ 사고는 언어에 선행하므로, 인지발달이 적절한 수준에 이르지 못하면 언어 학습의 효과가 없다.

02

🔲 비고츠키의 인지발달이론(언어와 사고 발달)

① 비고츠키에 따르면, 언어는 개인적 사고에서 중요한 기능을 수행한다. 자신의 사고를 조절하기 위해 자신에게 하는 말인 '사적 언어'를 사용하며, 목표달성이나 문제해결을 위해 마음속에서 사용하는 언어인 '내적 언어'를 사용한다. ② 비고츠키에 따르면, 언어발달은 사회적 언어 → 자기중심적 언어(사적 언어) → 내적 언어로 발달되며 자기중심적 언어가 내적 언어로 진행되면서 논리적 사고가 발달한다고 한다. 아동은 이런 사회적 언어, 사적 언어, 내적 언어 모두에 영향을 받으며 발달한다. ③ 비고츠키에 따르면, 사고와 언어는 독립적으로 발달하다가 2세를 전후하여 서로 만나서 발달을 촉진시킨다고 본다. ④는 피아제의 견해에 해당한다.

🔒 ④

26 다음 〈보기〉는 비고츠키(Vygotsky)가 말하는 사적 언어(private speech)에 대한 설명이다. 맞는 것만으로 묶은 것은? 01 초등

> ┤ 보기 ├
> ㄱ. 인지적 미성숙의 표시이다.
> ㄴ. 자신의 행동과 사고를 안내한다.
> ㄷ. 나이가 들어감에 따라 점차 증가한다.
> ㄹ. 과제가 어렵고 혼동될 때 많이 사용된다.

① ㄱ, ㄴ   ② ㄱ, ㄷ
③ ㄴ, ㄷ   ④ ㄴ, ㄹ

🔲 비고츠키의 인지발달이론(사적 언어)

비고츠키에 따르면, 사적 언어는 자신의 사고를 조절하기 위해 자신에게 하는 혼잣말을 의미하며, 자기지시나 자기조절, 문제해결을 위한 사고의 도구가 된다. 사적 언어는 중요한 목표를 달성하려고 할 때나 주어진 과제가 어렵고 혼동될 때 많이 사용한다. 사적 언어는 어릴 때는 많이 사용하지만 그 후에는 점차적으로 들리지 않는 속내말(내적 언어)로 바뀐다. ㄱ은 피아제의 관점이며, ㄷ은 반대로 설명하였다.

🔒 ④

27 유치원생인 수진이는 퍼즐 문제를 해결하면서 "아니야, 그것은 맞지 않아, 이렇게 하면 어떨까? 여기로? 아니다. 차라리 저기가 어떨까? 그 다음에는 어떻게 하지?"라고 혼잣말을 하였다. 수진이의 행동을 비고츠키(L. Vygotsky)의 견해에 비추어 해석할 때 가장 적절한 것은? 06 중등

① 자기중심적 사고를 반영하고 있다.
② 언어가 사고로 내면화되는 과정이다.
③ 사고과정에 비계를 적극적으로 활용하고 있다.
④ 자기조절 및 인지적 통제가 불가능함을 반영하고 있다.

🔲 비고츠키의 인지발달이론(사적 언어)

비고츠키에 따르면, 사적 언어는 자신의 사고를 조절하기 위해 자신에게 하는 혼잣말을 의미하며, 자기지시나 자기조절, 문제해결을 위한 사고의 도구가 된다. 따라서 ② 언어가 사고로 내면화하는 과정이라고 볼 수 있다. 한편, 비고츠키는 사적 언어(혼잣말)가 연령 증가에 따라 사라지는 것이 아니라, 내면화되어 내적 언어(속내말)가 되고 인간에게 고유한 방식으로 정신 기능을 형성한다고 주장하였다. ①은 피아제의 견해이며, ③ 비계는 성인이나 유능한 또래의 도움을 의미한다.

🔒 ②

28 비고츠키(Vygotsky) 이론의 가장 중요한 교육적 시사점은? 00 중등

① 실물교육이 지식교육보다 중요하다.
② 지식 및 인지구조의 획득이 중요하다.
③ 명제적 지식이 방법적 지식보다 중요하다.
④ 교사와 학생의 언어적 상호작용이 중요하다.

🔲 비고츠키 이론의 시사점

비고츠키에 따르면, 인지발달은 사회문화적 맥락 속에서 타인과 사회적 상호작용을 하면서 일어나므로, 교사와 학생의 언어적 상호작용이 매우 중요하다.

🔒 ④

29 비고츠키(L. Vygotsky)의 관점에 부합하지 않는 것은?

05 초등

① 언어가 사고를 발달시키기보다는 사고가 언어 발달을 촉진한다.
② 교사의 역할은 역동적 평가를 통해 학습 잠재력을 확인하는 일이다.
③ 교사는 협력적인 학습환경을 조성함으로써 아동의 학습을 촉진할 수 있다.
④ 아동의 인지발달은 더 성숙하고 유능한 사람과의 상호작용을 통해 촉진될 수 있다.

⊞ 피아제와 비고츠키의 관점 비교
①은 피아제에 대한 설명이다.

🔒 ①

30 〈보기〉에서 비고츠키(L. Vygotsky)의 견해와 부합하는 것을 고르면? 08 초등

┌─ 보기 ┐
ㄱ. 적절한 학습이 발달을 촉진한다.
ㄴ. 언어가 사고발달을 촉진하기보다는 사고가 언어발달을 촉진한다.
ㄷ. 아동은 혼자서 세계에 대한 폭넓은 이해를 구성하는 '작은 과학자'이다.
ㄹ. 아동의 인지발달을 위해 성인이나 유능한 또래와의 협동적인 상호작용이 중요하다.
└─────────────┘

① ㄱ, ㄷ   　　② ㄱ, ㄹ
③ ㄴ, ㄷ   　　④ ㄴ, ㄹ

⊞ 피아제와 비고츠키의 관점 비교
ㄴ, ㄷ은 피아제, ㄱ, ㄹ은 비고츠키에 대한 설명이다.

🔒 ②

31 〈보기〉는 인지발달에 관한 피아제(J. Piaget)와 비고츠키(L. Vygotsky)의 관점을 비교한 것이다. 옳은 진술을 모두 고른 것은? 07 중등

┌─ 보기 ┐
ㄱ. 피아제는 개인 내부에서 새로운 지식이 어떻게 구성되는가에 관심을 두었으나, 비고츠키는 문화의 맥락 안에서 정신적 도구가 어떻게 매개되는가에 관심을 두었다.
ㄴ. 피아제는 사회적 상호작용이 언어를 습득하고 생각을 교환하는 수단이라고 보았으나, 비고츠키는 사회적 상호작용이 인지구조를 검증하고 확인하는 수단이라고 보았다.
ㄷ. 피아제는 교사가 아동의 평형화를 깨뜨리는 경험을 제공해야 한다는 점을 시사하였으나, 비고츠키는 교사가 아동에게 발판을 제공하고 상호작용을 안내해야 한다는 점을 시사하였다.
└─────────────┘

① ㄱ, ㄴ   　　② ㄱ, ㄷ
③ ㄴ, ㄷ   　　④ ㄱ, ㄴ, ㄷ

⊞ 피아제와 비고츠키의 관점 비교
ㄱ과 ㄷ은 맞는 설명이지만, ㄴ은 피아제와 비고츠키의 설명이 서로 바뀌었다.

🔒 ②

32 다음 문 교사의 생각에 근거가 되는 학자의 견해와 부합하는 것만을 〈보기〉에서 있는 대로 고른 것은? ^{13 중등}

문 교사는 금년 하계 방학 연수에서 학생들의 지능이나 인지발달 수준을 측정할 때, 그들이 이미 알고 있는 것이 아니라 학습에 대한 잠재적 능력을 측정해야 한다는 학자의 이론을 배웠다. 이 학자는 전통적인 지능검사의 한계를 지적하면서 근접발달영역(zone of proximal development)이라는 개념을 처음으로 주장했다. 연수 이후 문 교사는 학생들이 혼자서 해결할 수는 없지만 타인의 도움을 받으면 해결할 수 있는 근접발달영역에서 학습이 가장 효과적으로 이루어지며, 이 영역이야말로 교수・학습 및 평가 활동에서 강조되어야 한다고 생각하게 되었다.

─ 보기 ─

ㄱ. 인지발달은 언어발달에 선행한다.
ㄴ. 적절한 학습이 인지발달을 촉진한다.
ㄷ. 개인의 발달을 이해하기 위해서는 그 개인이 속해 있는 사회・문화적 환경을 이해하는 것이 중요하다.
ㄹ. 평형화(equilibration)는 개인이 스스로 자신의 인지구조를 형성하고 재구성하는 인지발달의 핵심 기능이다.

① ㄱ, ㄴ   ② ㄴ, ㄷ
③ ㄷ, ㄹ   ④ ㄱ, ㄴ, ㄷ
⑤ ㄱ, ㄷ, ㄹ

🔲 **피아제와 비고츠키의 관점 비교**

제시문은 비고츠키의 인지발달이론에 관한 내용이다. 비고츠키는 아동이 타인과의 관계에서 영향을 받으며 성장하는 사회적 존재임을 강조하고, 인지발달은 사회문화적 맥락 속에서 타인과 사회적 상호작용을 하면서 일어난다고 주장하였다. 그러므로 개인의 발달을 이해하기 위해서는 그 개인이 속해 있는 사회・문화적 환경을 이해하는 것이 중요하다(ㄷ). 또, 언어는 학습 및 발달에서 핵심적인 역할을 하며, 학습은 발달에 선행하며 발달을 주도(촉진)한다고 주장하였다(ㄴ).

ㄱ, ㄹ은 피아제의 견해에 해당한다.

🔒 ②

---

02 **비인지발달이론**

01 다음은 프로이트(Freud)의 이론에서 가정하는 인간의 성격구조를 그림으로 표현한 것이다. 이 그림에서 A의 특징에 해당되는 것은? ^{03 초등}

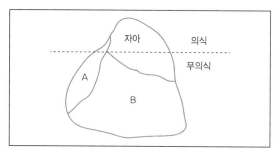

① 현실원리를 따른다.
② 너무 강하면 불안을 야기한다.
③ 인간정신의 모든 것을 관장한다.
④ 인간의 정신에너지가 저장된 창고이다.

🔲 **프로이트의 성격발달이론**(성격의 구조)

프로이트에 따르면, 성격은 id, ego, super-ego의 역동적 관계에 의해 형성된다고 한다. 'A'는 초자아(superego), 'B'는 원초아(id)이다. 'A' 초자아가 너무 강하여 자아를 위협하면 도덕적 불안을 느끼게 된다. 한편, id(원초아)는 선천적으로 타고나는 것으로, 성격의 무의식적 부분이며 기본적 욕구의 저장고이다. 쾌락을 추구하고 고통을 피하는 '쾌락의 원리'에 입각하여 작동되며 모든 에너지의 원천이다. ego(자아)는 항문기에 형성되는 것으로, 성격의 현실적, 합리적인 부분이다. '현실의 원리'에 지배받기 때문에 이성과 상식이 통하는 성격부분이며 id와 superego의 중재자(조정자) 역할을 한다. superego(초자아)는 남근기에 후천적으로 학습되는 것으로, 성격의 이상적인 부분이며 학습된 도덕성이 내면화된 것이다. '양심의 원리'에 지배받기 때문에 도덕적 규제와 판단을 하며 심판자의 역할을 수행한다.

🔒 ②

02 〈보기〉에 해당하는 프로이트의 성격발달단계는? 06 초등

┌─ 보기 ┐

이 시기에 남자아이는 어머니에 대한 이성애적 감정과 갈등을 경험하고 극복하게 되는데, 아버지와의 동일시를 통해 대리 만족을 경험할 뿐만 아니라 성역할 태도를 발달시키고 부모의 가치와 규범 등을 내면화하게 된다.

① 구강기　　　　　② 항문기
③ 남근기　　　　　④ 잠복기

⊞ **프로이트의 성격발달단계**(남근기)

남근기는 성기에 리비도가 집중되고, 성기의 자극을 통해 쾌감을 얻는 시기이다. 고착 시 성불감증이나 동성애가 형성된다. 성적 갈등현상(complex)을 동성 부모에 대한 '동일시(identification)'를 통해 극복하고 성역할 및 부모의 도덕률과 가치체계를 내면화한다. 부모의 도덕성(양심)을 주도적으로 내면화함으로써 도덕성이 발달된다. 이 시기를 성격발달의 결정적 시기라고 한다.

🔒 ③

03 다음 〈보기〉는 Erikson이 주장하는 심리사회적 발달을 촉진하기 위한 지도방법이다. 어떤 성격의 발달과 가장 관련이 깊은가? 01 초등

┌─ 보기 ┐

• 학생이 자신의 성취를 확인할 수 있도록 한다.
• 독립심과 책임감을 보일 수 있는 기회를 준다.
• 어려운 과제의 완성에 대한 기쁨을 경험하게 한다.

① 신뢰감　　　　　② 생산성
③ 근면성　　　　　④ 정체감

⊞ **에릭슨의 성격발달단계**(근면성 촉진 전략)

근면성을 촉진하기 위해서는 다음과 같은 전략을 시행할 수 있다.
(1) 학생들에게 현실적 목표를 세우고 실행할 기회가 있도록 한다.
(2) 학생들이 자신들의 독립성과 책임감을 나타낼 기회를 준다.
(3) 위축된 듯한 학생들에게 도움을 준다.

🔒 ③

04 에릭슨(E. Erikson)의 인성발달이론에 근거할 때 (가)와 (나)에 들어갈 말로 가장 적합한 것끼리 짝지은 것은? 11 초등

┌─────────────┐

'근면성 대 열등감' 단계의 아동은 지금까지의 가정이나 유치원 이외의 더 큰 세계로 나아가면서 인지적·사회적 능력의 개발이라는 새로운 과제에 직면하게 된다. 학업뿐만 아니라 또래 및 성인과의 상호작용에서 근면성을 발휘하게 되면 (가) 을 갖게 되는 반면, 이들 과제 수행에 어려움을 겪거나 실패하면 열등감을 갖게 될 수 있다. 이 단계의 심리·사회적 위기를 잘 극복한 아동은 긍정적인 자아개념을 획득하고 (나) 을 갖게 되어 능동적이고 활발한 성격을 형성하게 된다.

	(가)	(나)
①	자신감	유능감
②	자신감	의지력
③	자율성	신뢰감
④	자율성	유능감
⑤	친밀감	의지력

⊞ **에릭슨의 성격발달단계**(근면성 대 열등감)

'근면성 대 열등감'의 시기에는 가정이나 학교에서 아동의 성취에 대해 인정하고 격려하면 근면성이 발달하지만, 실패가 반복되거나 노력을 비웃으면 열등감을 갖게 된다. 근면성을 발휘하게 되면 자신감을 갖게 되며, 이 시기를 잘 극복하면 긍정적 자아개념과 유능감을 갖게 된다.

🔒 ①

05 청소년기의 원만한 발달 결과로 나타나는 사회심리적 특성으로 가장 적절한 것은? 00 중등

① 생산성　　　　　② 근면성
③ 신뢰감　　　　　④ 자아정체감

▣ 에릭슨의 성격발달단계(자아정체감)

에릭슨에 따르면, 청소년기는 '자아정체감 대 역할혼미'(12~18세)의 단계이다. 이 시기는 급격한 신체적·심리적 변화와 사회적 요구에 따라 자기 존재에 대한 새로운 탐색을 시작하는 시기이다. 또래 집단과의 상호작용, 개인의 내적 동일성(자기동일성)이 확보될 때 자아정체감이 형성되지만, 그렇지 않으면 역할혼미를 겪게 된다. 자신에 대한 결정을 잠시 보류하는 시기, 정체감 형성을 위해 대안적 탐색을 계속 진행하는 시기인 '심리적 유예기'를 거치게 된다.

🔒 ④

07 에릭슨(Erikson)의 심리사회적 발달이론 중, 각 단계에서 직면하는 위기와 단계별로 획득해야 할 기본 덕목이 올바르게 연결된 것은? 03 중등

	발달단계	위기(적응적·부적응적 대처양식)	기본덕목
①	영아기	주도성 대 죄책감	능력
②	유아기	신뢰감 대 불신감	의지력
③	청년기	자아정체감 대 역할혼미	충성심
④	성인기	생산성 대 자아통정	지혜

▣ 에릭슨의 성격발달단계(단계와 덕목)

발달단계	위기(적응적·부적응적 대처양식)	기본덕목
영아기	신뢰감 대 불신감	희망
유아기	주도성 대 죄책감	목적의식
청년기	자아정체감 대 역할혼미	충성심
성인기	생산성 대 침체감	돌봄

🔒 ③

06 에릭슨(E. Erikson)의 자아정체감(ego-identity) 발달에 관한 견해 중 옳은 것은? 04 중등

① 정체감 확립은 아동기의 중요한 발달과업이다.
② 정체감은 삶을 완성하고 회고하는 단계에서 확립될 수 있다.
③ 심리적 유예기는 정체감 형성을 위해 대안적인 탐색을 계속 진행하는 시기이다.
④ 정체감 확립은 부모나 교사의 권유에 따라 자신의 진로나 역할 방향을 성급히 선택한 상태이다.

▣ 에릭슨의 성격발달단계(자아정체감)

① 정체감 확립은 청소년기의 중요한 발달과업이며, ② 정체감은 급격한 신체적 변화와 사회의 요구에 따라 자기 존재에 대한 탐색에서 시작된다. ③ 심리적 유예기는 사회적 책임으로부터 유예하여 자신을 찾아 끊임없이 노력하는 기간이며 정체감 형성을 위해 대안적 탐색을 계속 진행하는 시기를 말한다. ④의 설명은 정체감 유실에 해당한다.

🔒 ③

08 프로이트(Freud)의 심리성적(心理性的) 발달이론과 에릭슨(Erikson)의 심리사회적(心理社會的) 발달이론에서는 원만한 성격 발달을 위하여 성장과정에서 어떤 경험을 많이 해야 한다고 보는가? 02 중등

① 여러 가지 욕구가 적절하게 충족되어야 한다.
② 무엇이든 스스로 할 기회를 많이 가져야 한다.
③ 유아기 때부터 생활 습관이 잘 형성되어야 한다.
④ 좋지 못한 행동을 했을 때에는 벌을 받아야 한다.

▣ 프로이트와 에릭슨의 성격발달이론(공통점)

프로이트의 심리성적 발달이론에서는 성격발달의 각 단계에서의 욕구가 적절히 충족될 때 바람직한 성격을 형성한다고 주장하였다. 또, 에릭슨의 심리사회적 성격발달이론에서는 인간의 성장 발달은 개인적 욕구 및 능력과 사회적 기대와 요구 사이의 상호작용의 산물로 보고, 각 단계에서의 욕구를 충족시킬 때 바람직한 성격을 형성하게 된다고 주장하였다. 결국 두 이론은 공통적으로 각 발달시기에 여러 가지 욕구가 적절하게 충족되어야 원만한 성격이 형성된다고 강조한 것이다.

🔒 ①

09 다음은 에릭슨(E. Erickson)의 사회심리적 발달이론에 따라 특정 시기의 발달특징을 기술한 것이다. 프로이트(S. Freud)가 제시한 아동의 발달단계 중 이 시기에 해당하는 것은?

07 중등

> 이 시기의 아동은 소방관이나 경찰관과 같이 자신이 이해할 수 있는 직업을 수행하는 사람들을 유심히 지켜보거나 모방하려 하며, 자기가 속해 있는 사회에서 직업을 수행하는 데 필요한 기술을 직접 익히기 시작한다. 사회는 아동이 지식과 기술을 배워서 유능한 사람이 되도록 준비시켜야 한다. 만일 이 시기에 유능한 존재가 되려는 바람을 훌륭하게 성취할 수 있다면, 청소년기의 직업 선택은 단순히 보수와 지위의 문제를 초월하게 될 것이다.

① 구강기　　　　② 항문기
③ 남근기　　　　④ 잠복기

🔖 프로이트와 에릭슨의 발달단계(비교)

제시문은 에릭슨이 제시한 발달단계 중 '근면성 대 열등감' 시기에 대한 설명이다. 프로이트는 이 시기를 심리성적으로 비활동적인 시기로 보아 ④ '잠복기'라고 했으나, 에릭슨은 이 시기를 그 이전의 시기 못지않게 활동적이고 역동적인 시기라고 보았다. 그는 이 시기부터 사춘기 이전까지는 성숙한 성인의 역할에 필요한 기술을 발달시키게 되며, 이러한 과정에서 근면성 대 열등감의 갈등을 겪게 된다고 보았다. 이 시기는 학교교육이 시작되는 시기로 중요한 인지적 기술과 가족을 벗어난 사회적 관계를 넓히면서 사회에서 생존해 나가는 데 필요한 사회적 기술을 습득한다. 만약 이러한 기술을 개발하지 못하면 열등감을 느끼게 되고 아동 스스로가 무능하고 자신이 중요한 존재가 아니라는 자각을 하게 된다.

🔒 ④

10 마샤(J. Marcia)가 제시한 청소년기의 정체감 상태 중에서 〈보기〉에 해당하는 것은?

05 초등

┌─ 보기 ─┐

• 정체감 위기를 경험하지 못했다.
• 삶에 대한 방향감이 결여되어 있다.
• 어떤 일을 하더라도 왜 하는지 모른다.
• 타인들이 어떤 일을 왜 하는지에 관심이 없다.

① 정체감 혼미　　　② 정체감 유실
③ 정체감 유지　　　④ 정체감 확립

🔖 마샤의 정체감 지위이론

마샤(Marcia)는 정체감 지위(identity status)이론에서 '위기(crisis)'와 '참여(수행, 전념, commitment)'를 기준으로 정체감(자아정체감, identity)을 4가지 유형으로 분류하였다. 정체감 혼미, 정체감 유예, 정체감 확립(성취), 정체감 유실(폐쇄)이 그것이다. 〈보기〉의 설명은 정체감 혼미에 해당한다. 이 상태가 지속되면 '부정적 정체감'에 빠질 위험이 있다.

🔒 ①

11 마샤(J. Marcia)가 구분한 정체감 지위 중 다음의 ©에 해당하는 정체감 지위의 특징을 가장 잘 설명한 것은? ^{09 중등}

> • 마샤의 정체감 지위이론을 확인하기 위하여 메일만(P. Meilman)이 수행한 횡단 연구 결과이다.
> • 각 연령별로 연구대상이 4가지 정체감 지위(혼미, 유실, 유예, 확립)에서 차지하는 비율을 다음의 그래프로 제시하였다.
>
>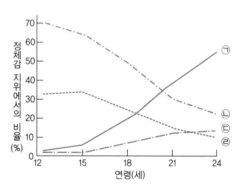
>
> • 이 결과에 대해 메일만은 "청소년 후기가 되어야 대부분의 청소년들이 정체감을 확립한다."라고 주장하였다.
> • ⑤은 각 연령별로 정체감을 확립한 청소년들의 비율 변화를 나타내는 그래프이다. ©, ©, @ 역시 각 연령별로 특정 정체감 지위에서 차지하는 비율의 변화를 나타낸 것이다.

① 정체감을 탐색하는 과정에서 가장 위험한 상태로, 이 상태가 지속되면 부정적 정체감을 지니게 될 가능성이 있다.

② 정체감 위기를 경험하지 않고서도 정체감이 확립된 것처럼 행세하며, 부모가 기대하거나 선택해 준 생애과업을 그대로 수용한다.

③ 정체감 위기를 경험하지 못했으며, 삶의 목표와 가치를 탐색하려는 시도조차 하지 않고 삶을 계획하려는 욕구도 부족한 상태이다.

④ 정체감 위기를 겪고 난 다음, 자기 삶의 가치 혹은 목표를 확고하게 정한 상태이지만, 나중에 타인의 기대를 충족시켜 주기 위하여 자신의 정체감을 포기하기도 한다.

⑤ 정체감 위기를 겪고 난 다음, 특정 역할이나 과업에 몰두하지 못하는 상태이며, 정체감 확립에 도달하기 위한 과도기적 단계로 적극적으로 정체감을 탐색하려고 한다.

🔡 마샤의 정체감 지위이론

㉠은 정체감 확립, ㉡은 정체감 혼미, ㉢은 정체감 유예, ㉣은 정체감 유실을 나타낸다. ㉢ 정체감 유예에 대한 설명은 지문 ⑤이다.

🔓 ⑤

---

12 〈보기〉와 같은 특징을 보이는 콜버그(L. Kohlberg)의 도덕성 발달단계는? 07 초등

┌─ 보기 ─┐

• 자신의 욕구가 옳고 그름을 결정하는 기준이 된다.
• 도덕적 행위는 자신과 타인을 만족시키는 수단이라고 생각한다.
• "네가 내 등을 긁어 주었으니 나도 너의 등을 긁어 줄게."와 같은 입장에서 도덕적 판단을 한다.

① 2단계 : 개인적 보상 지향
② 3단계 : 착한 소년-착한 소녀 지향
③ 4단계 : 법과 질서 지향
④ 5단계 : 사회적 계약 지향

🔡 콜버그의 도덕발달단계(욕구충족의 단계)

2단계(욕구충족을 위한 수단으로서의 도덕성, 도구적 상대주의)는 개인의 욕구를 충족하는 것이 옳은 행위라고 판단한다. 상대방과의 상호 교환관계에 의해 행동한다.

🔓 ①

---

13 콜버그(Kohlberg)의 도덕적 추론단계에 비추어 볼 때, 〈보기〉와 같이 주어진 상황에 대답한 아동이 속하는 단계는?

02 초등

┌─ 보기 ─┐

• **상황** : 한 남자의 부인이 죽어가고 있었다. 부인을 살릴 수 있는 약은 있지만 너무 비싸고, 그것을 조제한 약사가 싼 가격에 약을 팔려고 하지 않았다. 어쩔 수 없어 남자는 그 약을 훔치려고 계획하였다. 이 행위가 정당한 것인가? 그렇지 않은가?
• **아동의 대답** : "만일 남자가 약을 훔친다면 그것은 잘못된 것이다. 그렇게 하면 경찰에게 잡혀서 감옥에 갈 것이기 때문이다."

① 처벌 복종 지향 단계
② 법과 질서 지향 단계
③ 사회적 계약 지향 단계
④ 보편적 원리 지향 단계

🔡 콜버그의 도덕발달단계(벌과 복종의 단계)

1단계(벌과 복종의 단계)는 벌을 피하고 힘에 복종하는 것이 옳은 행위라고 판단한다.

🔓 ①

14 다음 밑줄 친 '콜버그(L. Kohlberg)의 도덕성 발달 수준'에 대한 설명으로 옳은 것을 〈보기〉에서 고른 것은? 13 중등

> 콜비(A. Colby) 등(1983)의 연구 결과에 의하면, 청소년기 초기에는 전인습 수준의 비율이 급격하게 감소하고, 17세 이후에는 대부분이 <u>인습 수준</u>에 도달하는 것으로 나타났다.

┌─ 보기 ─┐

ㄱ. 자신의 욕구나 다른 사람의 욕구를 충족하는 것이 옳은 행위라고 판단한다.

ㄴ. 법이나 규칙을 준수하고 사회질서를 유지하는 행위를 옳은 행위라고 판단한다.

ㄷ. 벌을 피할 수 있거나 힘 있는 사람에게 복종하는 것 자체가 도덕적 가치를 갖는 것으로 본다.

ㄹ. 다른 사람을 도와주고 기쁘게 해 주며, 다른 사람으로부터 인정받는 것을 도덕적 판단의 기초로 삼는다.

ㅁ. 법이나 규칙을 융통성 있는 도구로 생각하며, 개인의 권리를 존중하고 사회 전체가 인정하는 기준을 준수하는 것이 옳은 행위라고 판단한다.

① ㄱ, ㄴ   ② ㄱ, ㄷ
③ ㄴ, ㄹ   ④ ㄷ, ㅁ
⑤ ㄹ, ㅁ

🔡 콜버그의 도덕발달단계(인습 수준)

ㄱ은 인습 이전 수준 중 2단계 욕구충족의 단계, ㄷ은 인습 이전 수준 중 1단계 벌과 복종의 단계, ㅁ은 인습 이후 수준 중 5단계 사회계약정신의 단계에 속한다. ㄴ과 ㄹ은 인습 수준에 속하며, 각각 4단계 법과 질서의 준수 단계, 3단계 대인관계 조화의 단계에 해당한다.

🔒 ③

15 청소년기의 심리적 발달 특징에 대한 학자들의 견해를 잘못 기술한 것은? 10 중등

① 안나 프로이트(A. Freud)는 청소년기를 정서적 갈등과 별난 행동으로 특징지어지는 심리적 불안정의 시기라고 가정하였다.

② 해비거스트(R. Havighurst)는 부모나 다른 성인으로부터 정서적으로 독립하는 일을 청소년기 발달 과업 중 하나로 제시하였다.

③ 에릭슨(E. Erikson)은 심리사회적 발달이론에서 정체감 위기를 겪고 있는 청소년들의 지배적인 심리 상태를 심리적 유예라고 명명하였다.

④ 셀만(R. Selman)은 조망수용이론에서 형식적 조작 과제를 통과한 청소년들의 조망수용능력이 사회정보적 조망 수준에 머물러 있다고 설명하였다.

⑤ 엘킨드(D. Elkind)는 청소년기에 나타나는 자아중심적 사고의 특징을 상상적 청중(imaginary audience)과 개인적 우화(personal fable)로 기술하였다.

🔡 셀만의 사회적 조망수용이론

사회적 조망수용능력이란 타인의 관점, 입장, 사고 등을 추론하여 이해하는 능력을 말한다. 셀만은 조망수용의 발달단계를 0단계(자기중심적 관점수용), 1단계(사회정보적 조망수용), 2단계(자기반성적 조망수용), 3단계(제3자적 조망수용), 4단계(사회적 조망수용)으로 구분하였다. ④ 사회정보적 조망수용 단계의 학생은 자신의 관점(조망)과 타인의 관점(조망)이 다를 수 있다는 것은 이해할 수 있지만, 아직도 자신의 입장(조망)에서만 타인의 관점을 이해하려고 한다. 이 단계는 구체적 조작기의 수준에 해당한다는 점에서 형식적 조작 단계라는 지문의 설명은 틀리다.

🔒 ④

16 다음의 진술들과 가장 부합하는 인간발달이론은? 12초등

> • 개인의 발달은 유전과 환경 모두의 영향을 받는다.
> • 환경의 다차원적인 체계가 상호작용하여 발생하는 힘이 개인의 발달과 행동에 영향을 미친다.
> • 개인을 둘러싼 환경은 미시체계, 중간체계, 외체계, 거시체계의 네 층과 시간체계로 구분된다.
> • 개인의 발달에 영향을 미치는 지배적인 환경은 연령 증가에 따라 미시체계에서 바깥층의 체계로 점차 이동한다.

① 엘더(G. Elder)의 생애이론
② 게젤(A. Gesell)의 성숙이론
③ 반두라(A. Bandura)의 사회인지이론
④ 에릭슨(E. Erikson)의 심리사회적 이론
⑤ 브론펜브레너(U. Bronfenbrenner)의 생태학적 이론

🔡 **브론펜브레너의 생태학적 이론**

제시된 내용은 브론펜브레너의 생태학적 발달이론이다.

🔒 ⑤

학습자의 학습

01 행동주의 학습이론

01 행동주의적 관점에서 인간을 묘사한 것은? ^{99 중등}

① 인간은 능동적으로 행동한다.
② 인간의 본성은 선한 것이다.
③ 인간은 환경에 반응하는 존재이다.
④ 유아기의 경험이 일생을 지배한다.

행동주의 인간관

행동주의는 학습을 자극(S)과 반응(R)의 연합으로 설명한다. 자극은 학습자가 환경으로부터 받는 모든 것을 말하며, 반응은 자극의 결과 나타나는 행동을 의미한다. 따라서 행동주의에서는 인간을 단순히 환경(자극)에 반응하는 존재로 본다.

🔓 ③

02 〈보기〉에 해당하는 용어를 바르게 짝지은 것은? ^{07 영양특채}

보기

(가) 학습된 행동이 사라짐
(나) 자극과 반응을 결합시킴
(다) 특정 행동의 강도를 증가 혹은 유지시킴

	(가)	(나)	(다)
①	소거	조건화	강화
②	소거	일반화	조작
③	변별	조성	강화
④	조건화	조작	자극통제

행동주의 학습이론의 주요개념

행동주의에서는 (나) 자극과 반응을 결합시켜 새로운 반응(조건반응)을 형성하는 것을 '조건화'라고 하고, (가) 조건화된 행동, 즉 학습된 행동이 사라지는 것을 '소거'라고 한다. 또, 특정 행동의 발생빈도를 증가시키는 것을 '강화', 발생빈도를 감소시키는 것을 '벌'이라고 한다.

🔓 ①

03 조건화 이론에 따른, 행동형성을 위한 교수활동이 아닌 것은? ^{03 중등}

① 이타적 행동형성을 위하여 봉사활동 5회당 3점의 가산점을 사회 과목에 부여한다.
② 학습동기유발을 위하여 쪽지 시험의 결과에 따라 다양한 스티커를 붙여준다.
③ 소극적인 학생의 발표력 향상을 위하여 학생이 정답을 말할 기회를 주고 칭찬한다.
④ 새로운 학습을 위하여 사전 학습내용을 활성화시키고 인지지도(cognitive map)를 그리게 한다.

행동주의 교수활동

① 가산점, ② 스티커, ③ 칭찬은 학생의 행동형성을 위한 강화물로서 행동주의 교수활동에 해당한다. ④ 인지지도(cognitive map)를 그리게 하는 것은 톨만(Tolman)의 기호형태설과 관련되는 것으로 인지주의 학습활동에 해당한다.

🔓 ④

04 인지주의 학습이론이 기초하고 있는 기본가정이 아닌 것은?

96 중등

① 동물의 학습과 인간의 학습 간에는 질적인 차이가 있다.
② 학습의 기본 단위는 요소들 간의 관계이다.
③ 심리학적 탐구 대상은 인간의 내적, 정신적 과정이어야 한다.
④ 인간의 행동은 특정한 환경적 자극에 대한 기계적 반응이다.

⊞ 인지주의 학습이론의 기본가정

① 인지주의에서 인간은 생각하는 존재로서 동물과 질적으로 다르며, 자신의 인지구조를 재구성하는 능동적 존재로서 환경에 적극적으로 반응하는 능동적 학습자이다. ③ 인지주의에서 학습은 인지과정, 사고의 변화라고 본다. ② 인지주의 학습이론에서 형태심리학은 학습의 단위를 요소들 간의 관계로 보고, 이런 관계는 통찰에 의해 발견된다고 본다. ④는 행동주의에 해당한다.

⌂ ④

05 인지주의 학습이론을 가장 잘 반영한 것은? 04 중등

① 학습동기유발을 위해 토큰강화기법을 사용한다.
② 수업의 중점을 학습자의 사고기능과 탐구능력 신장에 둔다.
③ 학습목표를 "인수분해 20문제를 제시했을 때 16문제 이상을 풀 수 있다."로 설정한다.
④ 수업에서 복잡하고 어려운 학습과제를 최소단위로 세분화하여 쉬운 것에서 어려운 것의 순서로 제시한다.

⊞ 인지주의 학습이론(학습원리)

② 인지주의 학습이론에서 학습은 인지구조(인지과정)나 사고의 변화로 보기 때문에 수업의 중점은 사고기능과 탐구능력의 신장에 둔다. ① 토큰강화기법이나 ③ 학습목표의 구체적 설정, ④ 학습과제의 세분화는 모두 행동주의 학습이론에서 강조하는 학습원리이다.

⌂ ②

06 〈보기〉의 조건화 과정에서 무조건자극, 중립자극 및 조건자극에 해당하는 요소들을 바르게 짝지은 것은? 06 중등

> **보기**
>
> 1995년에 가영이는 A중학교에 입학하였다. 그곳에서 가영이는 담임선생님의 칭찬을 받으면서 즐거운 학교생활을 보냈고, 성적도 향상되었다. 3년이 경과한 1998년에 가영이는 고등학교에 진학하였는데, 등하교 시 전에 다녔던 A중학교를 지날 때마다 그 학교에서의 좋은 일들이 떠올라 유쾌해졌다.

	무조건자극	중립자극	조건자극
①	칭찬	A중학교 (1998년)	A중학교 (입학 시)
②	A중학교 (입학 시)	A중학교 (1998년)	칭찬
③	칭찬	A중학교 (입학 시)	A중학교 (1998년)
④	A중학교 (1998년)	A중학교 (입학 시)	칭찬

⊞ 파블로프의 고전적 조건형성의 과정

Pavlov의 고전적 조건형성이론에 따르면, 조건자극(CS)을 무조건자극(UCS)과 결합시켜 유기체에 제공함으로써 무조건자극 없이도 조건자극(CS)에 반응하는 조건반응(CR)을 유발할 수 있다고 한다. 이를 '조건화(conditioning)'라고 한다.
③ 교사의 칭찬은 본능적으로 정서적·생리적 반응을 일으키는 '무조건자극(UCS)'이고, 입학 시 A중학교는 아무런 생리적 반응을 일으키지 못하는 '중립자극(NS)'이었다. 그러나 그 학교 재학 시 교사의 칭찬 때문에 졸업 후 A중학교를 지날 때마다 유쾌한 감정을 가지게 된 것은 A중학교가 유쾌한 자극으로 작용하게 된 것이므로 이 경우 A중학교는 조건자극(CS)에 해당한다.

⌂ ③

07 〈보기〉는 초등학교 교사가 행동주의 학습이론을 교실 수업에 적용한 사례들을 제시한 것이다. 고전적 조건형성의 원리에 기초하고 있는 교사의 행동을 고른 것은? ^{09 초등}

> ── 보기 ──
>
> ㄱ. 김 교사: 수학 시간에 학생들에게 '$\frac{1}{2} + \frac{1}{4} = ?$' 의 문제를 내 주고 먼저 풀이 과정에 대한 시범을 보인 후, 학급의 모든 학생이 다 풀 수 있을 때까지 연습을 시켰다.
> ㄴ. 박 교사: 신학기 첫날부터 매일 아침, 반 학생들에게 반갑게 미소를 짓고 등을 다독이며 친근감을 표시하고, 자주 유머를 사용하여 그들을 즐겁게 해 주려고 노력하였다.
> ㄷ. 정 교사: 반 학생들에게 과제를 제시한 후 교실을 돌아다니면서, 조용히 과제를 수행하고 있는 학생에게 도서상품권을 나누어 주고 서점에서 책을 살 때 사용하도록 하였다.
> ㄹ. 최 교사: 일제고사를 앞둔 학생들에게 시험범위는 물론 문제형식과 수험요령 등 관련 정보를 자세히 알려 주고, 시험 직전에는 심호흡을 유도하여 그들의 불안감을 해소해 주려고 노력하였다.

① ㄱ, ㄴ   ② ㄱ, ㄷ
③ ㄴ, ㄷ   ④ ㄴ, ㄹ
⑤ ㄷ, ㄹ

🔠 고전적 조건형성의 원리(교사의 행동)

ㄴ. 박 교사(NS)는 매일 아침 친근감을 표시하거나 자주 유머를 사용(UCS)하여 학생들이 즐거움(UCR)을 갖게 함으로써 박 교사(CS)만 생각해도 즐거움(CR)을 느낄 수 있도록 한다.

ㄹ. 최 교사는 시험불안(CR)이 있는 학생들을 고려해서 관련정보를 알려주거나 심호흡을 하도록 하여 불안감을 해소하려고 한다.

ㄱ은 손다이크의 도구적 조건형성의 원리인 '연습의 법칙'에 해당하며, ㄷ은 스키너의 조작적 조건형성의 원리인 강화의 원리에 해당한다.

🔒 ④

08 고전적 조건반사이론에 대한 설명 중 틀린 것은? ^{94 중등}

① 조건반사가 이루어지려면 조건자극은 무조건자극과 동시에 혹은 조금 앞서서 주어져야 한다.
② 조건자극이 무조건자극 직후에 제시되어야 한다.
③ 조건반사가 이루어진 후 조건자극과 유사한 자극에도 동일한 반응을 보이는 것을 일반화라 한다.
④ 조건자극과 조건반응이 결합된 후일지라도 무조건자극을 제시하지 않으면 학습에 대한 제지현상이 일어난다.

🔠 고전적 조건형성의 원리

고전적 조건형성의 기본원리를 제시하면 다음과 같다.

기본원리	내용
강도의 원리	후속되는 무조건자극의 강도가 처음보다 강할수록 조건화가 잘 이루어진다.
일관성의 원리	조건자극이 일관성 있게 같은 자극으로 계속 제시되어야 조건화가 잘 이루어진다.
시간의 원리	조건자극(CS)은 무조건자극(UCS)과 동시에 또는 조금 앞서서 제시되어야 조건화가 잘 이루어진다.
계속성의 원리	자극과 반응의 결합횟수가 많을수록 조건화가 잘 이루어진다.

🔒 ②

09 손다이크(Thorndike)가 '자극 – 반응 연합이론'에서 제시한 학습의 법칙이 아닌 것은? ⁹²⁺⁾ 중등

① 효과의 법칙 　② 연습의 법칙
③ 근접성의 법칙 ④ 준비성의 법칙

⿴ 손다이크의 도구적 조건형성의 원리

근접성의 법칙은 형태주의 학습이론에서 제시한 프래그난츠(Pragnanz) 법칙과 관련되는 것으로, 서로 가까이 있는 것들끼리 묶어서 지각하려는 경향을 말한다. 손다이크(Thorndike)의 도구적 조건형성의 학습원리를 제시하면 다음과 같다.

학습원리	내용
준비성의 법칙	• 학습이 일어나려면 학습자가 학습할 태세(준비)가 되어 있어야 한다. 圖 굶주린 고양이 • 준비성은 물리적 조건뿐만 아니라 심리적 조건(지능, 경험, 성숙도, 성격, 태도, 의지, 노력 등)을 포함한다.
효과의 법칙	• 행동의 결과(보상)가 만족스러울 때 학습이 촉진된다. 특정 반응의 결과가 만족스러우면 자극과 반응(S–R)의 결합은 강화된다. • 학습과정에서 만족한 경험이 있어야 학습이 촉진되며, 보상이 처벌보다 강력한 영향을 준다.
연습의 법칙	• 반복연습이 반응의 학습을 촉진한다. ⇨ 후속연구 뒤에 폐기 • 연습횟수(사용빈도)가 증가할수록 자극–반응 결합이 강해지고, 연습횟수(사용빈도)가 감소할수록 자극–반응 결합이 약화된다. • 에빙하우스(Ebbinghaus)의 파지–망각곡선은 연습곡선에 관한 설명이다.

🔓 ③

10 다음과 같은 상황에 가장 적절한 학습이론은? ⁹⁷⁺⁾ 초등

> 초등학교 6학년 담임 교사가 점심시간에 떠들며 식사를 하고 있는 아동들의 행동을 관찰하고 있다. 바닥에 떨어진 친구의 활동을 도와주는 역할을 지적하여 칭찬을 해주었다. 그 후 그 학생은 계속해서 착한 일을 하는 것이 눈에 띄었다.

① Lewin의 장이론
② Kohler의 통찰설
③ Skinner의 조작적 조건형성
④ Pavlov의 고전적 조건형성

⿴ 스키너의 조작적 조건형성이론

제시문은 스키너의 조작적 조건형성의 강화이론과 관련된다. '강화(reinforcement)'란 특정 행동의 빈도를 증가시키는 것으로, 조작적 조건형성이론에서 가장 중요한 개념이다. 제시문의 교사는 학생의 바람직한 행동에 칭찬이라는 쾌 자극을 주어 그 반응을 촉진하였으므로 칭찬은 정적 강화물이 된다.

🔓 ③

11 수업 시간이 너무 소란스러워 떠드는 아이들에게 체벌을 가하였더니 조용해졌다. 이런 일이 반복된 후 교사의 체벌이 잦아졌다. 이러한 사태를 행동주의 학습이론 중 강화이론으로 해석할 때, 교사의 체벌행동의 빈도를 높인 강화물은?
03 초등

① 학생들의 소란행위
② 학생들의 조용해진 행동
③ 체벌을 받는 학생의 생각
④ 체벌을 하는 교사의 의지

⿴ 강화물

'강화(reinforcement)'란 특정 행동의 빈도를 증가시키는 것을 말하며, '강화물(reinforcer)'이란 특정 행동의 빈도를 증가시키는 물건이나 자극을 말한다. 제시문에서 교사의 체벌행동의 빈도를 높인 자극제 역할을 한 것은 ② 학생들의 조용해진 행동이다.

🔓 ②

12 〈보기〉에서 김 교사가 영희의 행동을 변화시키기 위해서 사용한 강화 원리는? 05 초등

┌─ 보기 ─┐

영희는 수학을 잘하는 아동이다. 김 선생님은 수학 시간에 영희에게 자신이 푼 문제를 발표하게 하였다. 영희는 긴장했는지 얼굴이 빨개지면서 한 마디도 하지 못했다. 다음 시간부터 김 선생님은 영희가 수학 시간에 한 마디라도 발표하면 그때마다 관심을 보여 주었고, 오랫동안 발표를 잘했을 때에는 적극적으로 관심을 보여 주었다. 그 이후 영희는 차차 용기를 내어 스스로 발표를 하게 되었다.

① 정적 강화   ② 부적 강화
③ 상반행동 강화   ④ 간헐강화

강화이론(정적 강화)

① 정적(적극적) 강화(positive reinforcement)란 반응(행동) 후에 쾌 자극을 제시하여 바람직한 행동의 빈도를 증가시키는 것을 말한다. 김 교사는 영희가 한마디라도 발표할 때마다 관심을 보여줌으로써 영희가 스스로 발표할 수 있도록 하고 있다.
② 부적 강화는 반응(행동) 후에 불쾌 자극을 제거하여 바람직한 행동의 빈도를 증가시키는 것을 말한다.
③ 상반행동 강화란 문제행동을 무시하고 그 문제행동과 반대되는 바람직한 행동에 강화를 주어 문제행동을 감소시키는 방법이다.
④ 간헐강화는 매 행동마다 강화하지 않고 가끔 부분적으로 강화하는 방법을 말한다.

🔒 ①

13 다음은 조작적 조건형성을 위한 방법을 제시한 것이다. (라)에 해당하는 조건형성의 예를 적절히 기술한 것은? 04 중등

강화자극		자극의 성질	
		유쾌	불쾌
제시 방식	제시	(가)	(나)
	제거	(다)	(라)

① 숙제를 다 하면 나가서 놀게 한다.
② 관심을 끌려는 행동을 모른 체한다.
③ 소란을 피울 때 자유 시간을 박탈한다.
④ 착한 일을 할 때 교실청소를 면제한다.

강화와 벌의 유형(부적 강화)

(가)는 정적 강화, (나)는 제1유형의 벌(수여성 벌), (다)는 제2유형의 벌(제거성 벌), (라)는 부적 강화이다. ①은 '프리맥의 원리'에 해당하고(가), ②는 바람직하지 못한 행동을 제거하기 위해 특정 행동에 강화를 주지 않는 '소거'에 해당하며(다), ③은 '제거성 벌'에 해당하며, ④는 '부적 강화'에 해당한다(라).

🔒 ④

14 다음 중 성질이 다른 하나는? 08 초등

① 벌   ② 부적 강화
③ 강화의 중단   ④ 상반행동의 강화

문제행동의 감소(교정)

정적 강화나 부적 강화는 모두 바람직한 행동의 증가를 위한 방법이며, 벌은 바람직하지 않은 행동의 감소를 위한 방법이다. 지문의 ① 벌, ③ 강화의 중단, ④ 상반행동의 강화는 모두 문제행동을 감소시키기 위한 기법에 해당한다. ④ '상반행동의 강화'에 '강화'라는 말이 있지만, 그 목적이 문제행동(부적응행동)을 감소시키기 위한 것으로, 감소하고자 하는 표적행동을 명시하고, 그 표적행동을 모른 척하거나 무시하되, 문제행동과 반대되는 바람직한 행동을 했을 때 그것에 강화를 주어 표적행동을 감소시키고자 한다. 반면, ② 부적 강화는 어떤 행동 후에 불쾌 자극을 제거하여 바람직한 행동을 증가시키는 것으로 보상의 한 종류이다.

🔒 ②

15 학생들의 문제행동이나 부적응행동을 약화시키거나 수정하기 위한 방법으로 볼 수 없는 것은? 96 중등

① 벌   ② 간헐적 강화
③ 타임아웃   ④ 상반행동의 강화

🔲 **간헐적 강화**

간헐적 강화는 매 행동마다 강화하지 않고 가끔 부분적으로 보상을 주어 강화하는 방법을 말한다. 이것은 어떤 강화에 의해 일단 학습된 행동을 유지하기 위한 방법이므로, 문제행동이나 부적응행동을 약화시키거나 수정하기 위한 방법과는 거리가 멀다.

🔒 ②

16 다음과 같은 강화계획의 유형은? 04 중등

> 스티커 10장을 모으면 '환경왕' 메달을 수여하기로 하고, 교실 바닥의 쓰레기를 줍거나 거울을 닦는 등 환경미화를 위한 바람직한 행동을 한 번 할 때마다 스티커를 하나씩 주었다.

① 고정비율   ② 고정간격
③ 변동간격   ④ 변동비율

🔲 **강화계획의 유형**(고정비율강화)

강화계획에는 매 행동마다 강화하는 계속적 강화(연속강화)와 가끔 부분적으로 강화하는 간헐적 강화(부분강화)가 있다. 또, 간헐적 강화에는 일정한 시간(간격)을 기준으로 강화하는 간격강화와 일정한 행동(횟수)을 기준으로 강화하는 비율강화가 있다. '간헐적 강화'는 다음과 같다.

고정 간격	• 정해진 시간마다 한 번씩 강화하는 것 예 정기고사, 월급 • 강화가 주어지는 시점이 가까워지면 반응확률(행동빈도)이 높아지지만, 강화 직후에는 반응확률(행동빈도)이 급격히 떨어짐 ⇨ 강화 후 휴지
변동 간격	• 강화를 주는 시간간격을 변화시켜 강화하는 것(평균 시간간격으로는 한 번씩 강화) 예 수시고사, 낚시, 버스 기다리기 • 언제 강화를 받을지(강화가 주어지는 시점) 예측할 수 없기 때문에 반응확률을 항상 일정하게(꾸준하게) 유지할 수 있는 장점이 있음

고정 비율	• 정해진 행동의 횟수마다 강화하는 것 예 성과급, 수학 3문제 풀 때마다 사탕 주기 • 강화 직후에 잠시 휴식과 같이 반응을 중단하는 일시적 중단현상이 있음 ⇨ 강화 후 휴지
변동 비율	• 강화를 주는 행동의 횟수를 변화시켜 강화하는 것(일정한 행동에 대해 강화하는 비율이 다름. 평균 횟수의 반응을 보일 때마다 한 번씩 강화) 예 도박, 무작위로 출석 체크 • 강화 후에도 반응확률을 가장 높게 유지하며, 학습 후 소거도 가장 늦게 나타남

🔒 ①

17 박 교사는 학생들에게 "여러분, 지금부터 30분 동안 인터넷에서 유럽의 도시 사진을 찾아보세요, 5개를 찾을 때마다 손을 들면 내가 스티커를 붙여 주겠어요."라고 말했다. 박 교사가 사용한 강화계획은? 06 초등

① 고정간격강화   ② 고정비율강화
③ 변동간격강화   ④ 변동비율강화

🔲 **강화계획의 유형**(고정비율강화)

박 교사가 유럽의 도시 사진을 5개 찾을 때마다 스티커를 주기로 한 것은 정해진 행동의 횟수마다 강화하는 것이므로 고정비율강화에 해당한다.

🔒 ②

18 영희는 수학 시간에는 5개의 문제를 잘 풀어 담임선생님으로부터 칭찬을 받았고, 국어 시간에도 3개의 문제를 잘 풀어 담임선생님으로부터 칭찬을 받았다. 영희의 담임선생님이 사용한 강화계획은? 01 초등

① 고정비율강화   ② 변동비율강화
③ 고정간격강화   ④ 변동간격강화

🔲 **강화계획의 유형**(변동비율강화)

영희의 담임은 영희의 문제 푸는 행동에 대해 강화를 하지만 그 비율이 일정하지 않으므로 변동비율강화에 해당한다.

🔒 ②

19 다음은 4명의 학생에게 총 10차례의 시험에서 성적이 우수한 경우에 각각 적용한 칭찬방식을 나타낸 것이다. 누구에게 칭찬의 효과가 가장 오래 지속되겠는가? ^{02 중등}

구분	1차	2차	3차	4차	5차	6차	7차	8차	9차	10차
A학생	•	○	•		○	•	○	•	○	•
B학생	•		•	•			•		•	
C학생	•	○	○	•				•	○	○
D학생	•	○	•	•	○	•	○	•	○	•

- • : 시험을 잘 본 것에 칭찬을 함
- ○ : 시험을 잘 보았으나 칭찬을 하지 않음

① A학생 ② B학생
③ C학생 ④ D학생

🔲 강화계획의 유형(변동비율강화)

A학생은 시험을 잘 보았을 경우 한 번 걸러 칭찬하고 있으므로 '고정비율강화', B학생은 시험을 잘 보았을 때마다 매번 강화하고 있으므로 '계속적 강화', C학생은 시험을 잘 보았을 경우 두 번 걸러 칭찬하고 있으므로 '고정비율강화', D학생은 시험을 잘 보았을 경우 칭찬하는 비율이 일정하지 않으므로 '변동비율강화'에 해당한다. 이 중 강화 후에도 반응확률을 가장 높게 유지하는 것은 '변동비율강화'이므로 D학생에게 칭찬의 효과가 가장 오래 지속된다.

🔒 ④

20 효과적인 교수 · 학습을 위해 행동주의 관점에서 강화를 사용하고자 할 때 올바른 방법은? ^{11 중등}

① 새로운 주제의 초기 학습 단계라면 계속강화계획보다 간헐강화계획을 사용한다.
② 학생의 나쁜 습관을 없애고자 한다면 그 행동을 보일 때 부적 강화를 사용한다.
③ 학습이 진행되는 동안 점진적으로 강화의 제시 횟수를 줄이고 제시 간격을 넓힌다.
④ 강화 제공의 시점을 특별히 정해두지 않았다면 즉시강화보다 지연강화를 사용한다.
⑤ 학습자의 반응 지속성을 높이기 위해서는 변동강화계획보다 고정강화계획을 사용한다.

🔲 강화계획의 유형

③ 학습이 진행되는 동안에는 간헐적 강화를 사용하되, 점진적으로 제시 횟수나 제시 간격을 넓히는 것이 효과적이다. ① 가장 이상적인 강화계획은 학습의 초기단계에는 '계속적 강화'를, 후기단계에서는 '간헐적 강화'를 사용하는 것이다. ② 학생의 나쁜 습관을 없애고자 한다면 수여성 벌이나 제거성 벌이라는 '벌'을 사용한다. ④ 강화 제공의 시점을 특별히 정해두지 않았다면 지연강화보다 즉시강화가 효과적이다. 즉시강화가 주어져야 특정 행동에 대해 즉각적인 동기가 부여되고 행동을 빨리 변화시킬 수 있기 때문이다. ⑤ '고정간격강화'와 '고정비율강화'는 '강화 후 휴지'가 나타난다. 따라서 학습자의 반응 지속성을 높이기 위해서는 고정강화계획보다 변동강화계획을 사용하는 것이 바람직하다.

🔒 ③

21 〈보기〉의 (가)와 (나)에 해당하는 행동수정기법은? ^{08 초등}

> ┌ 보기 ┐
>
> (가) 김 교사는 수업 시간에 장난치는 영수의 행동을 고치기 위해 영수가 그런 행동을 보일 때 교실 뒤로 보내서 5분간 벽을 보고 서 있도록 하였다.
>
> (나) 최 교사는 미영이가 수업 시간에 발표를 잘할 수 있도록 하기 위해 교사와 눈 맞추기, 발표하기 위해 손들기, 일어서서 발표하기 등의 행동변화 단계를 정하고, 미영이가 그 행동을 했을 때 적절한 강화물을 제공하였다.

	(가)	(나)
①	소멸	고정간격강화
②	소멸	행동형성법
③	타임아웃	행동형성법
④	타임아웃	고정간격강화

🔲 행동수정기법(타임아웃, 행동형성)

(가) 타임아웃(격리, Time-Out, TO)은 문제행동을 할 때 정적 강화의 기회(쾌 자극)를 박탈(차단)하여 문제행동을 감소시키는 방법이며, (나) 행동조성(행동조형)은 차별적 강화를 이용하여 목표행동을 점진적으로 형성하는 기법을 말한다.

🔒 ③

22 책상 앞에 앉아 공부하는 습관을 들이도록 다음과 같은 행동 조성(shaping) 절차를 적용하였다. 여기에서 사용되지 않은 기법은? 09 중등

목표행동	책상 앞에 앉아 90분 이상 공부하는 습관을 들이도록 한다.
기저선	학교에서 돌아온 후 책상 앞에 앉아 공부하는 시간은 평균 20분 정도였다.
강화물	자유 시간을 준다.
목표행동 세분화	책상 앞에 앉아 공부하는 시간을 30분, 60분, 90분으로 세분화하였다.
강화계획 1	처음 1주일 동안에는 30분 이상 책상 앞에 앉아 공부한 날에만 자유 시간 30분을 주었다.
강화계획 2	2주일째부터는 60분 이상 책상 앞에 앉아 공부한 날에만 자유 시간 30분을 주었다.
강화계획 3	3주일째부터는 90분 이상 책상 앞에 앉아 공부한 날에만 자유 시간 60분을 주었다.
강화계획 4	4주일째부터는 90분 이상 책상 앞에 앉아 공부한 날이라도 어떤 날은 자유 시간 60분을 주고, 어떤 날은 자유 시간을 주지 않았다.

① 간헐적 강화
② 점진적 접근
③ 차별적 강화
④ 연속적 강화
⑤ 대리적 강화

행동조성, 연속적 강화, 간헐적 강화

책상 앞에 앉아 공부하는 습관을 들이도록 하는 행동조성(shaping) 절차에서 ② 목표행동을 세분화하여 진행한 것은 '점진적 접근'에 해당하며, ③ 책상 앞에 앉아 공부한 날만 골라 선택적으로 강화한 것은 '차별적 강화'에 해당한다. ④ 강화계획 1~3에서 책상 앞에 앉은 날마다 강화한 것은 '연속적 강화'에 해당하며, ① 강화계획 4에서 90분 이상 책상 앞에 앉아 공부한 날이라도 어떤 날은 자유 시간을 주고, 어떤 날은 자유 시간을 주지 않은 것은 '간헐적 강화'에 해당한다. ⑤ 대리적 강화는 모델이 보상이나 벌을 받는 것을 관찰함으로써 간접적으로 강화를 받는 경우에 해당하므로 지문과 전혀 관계가 없다.

🔒 ⑤

23 〈보기〉에서 교사가 사용하고 있는 강화의 원리는? 02 초등

> **보기**
> 학생들 : 싫어요! 또 산수 문제를 풀어야 하나요. 옆 반은 만화 영화를 보고 있어요.
> 교 사 : 옆 반은 어제 이 산수 문제를 다 풀었어. 우리도 거의 다 끝났잖아.
> 학생들 : 우리도 만화 영화 봐요. 그렇게 해 주세요.
> 교 사 : 만일 열심히 산수 문제를 다 푼다면 재미있는 만화 영화를 보여 주지.
> 학생들 : 네! 좋아요.
> 교 사 : 자, 빨리 시작해야지.

① 프리맥(Premack) 원리
② 변동간격강화의 원리
③ 간헐강화의 원리
④ 계속강화의 원리

행동수정기법(프리맥의 원리)

프리맥의 원리란 빈도가 높은 행동(좋아하는 행동)을 이용하여 빈도가 낮은 행동(싫어하지만 바람직한 행동)을 강화하는 방법이다.

🔒 ①

24 철수에게 태권도 품세를 노래에 맞추어 가르치는 교사의 수업장면이다. 〈보기〉의 내용과 그에 해당하는 행동주의 학습원리를 옳게 연결한 것은? 10 초등

┌─ 보기 ┐

ㄱ. 노래를 여덟 소절로 나누고, 각 소절마다 4가지의 품세들을 배열하였다.

ㄴ. 수업 시작부터 장난을 치며 친구들을 방해한 철수에게 점심시간에 좋아하는 축구를 하지 못하도록 하였다.

ㄷ. 의기소침해 있는 철수를 수업에 집중시키기 위해, 철수가 동작을 정확하게 수행할 때마다 칭찬을 해주었다.

ㄹ. 철수의 수업 집중도가 높아진 후에는 정확한 행동을 세 번 하면 한 번씩 칭찬하였다.

	ㄱ	ㄴ	ㄷ	ㄹ
①	과제분석	부적 강화	계속적 강화	고정비율 강화
②	과제분석	제거성 벌	프리맥 원리	변동비율 강화
③	과제분석	제거성 벌	계속적 강화	고정비율 강화
④	응용행동 분석	제거성 벌	계속적 강화	변동간격 강화
⑤	응용행동 분석	부적 강화	프리맥 원리	변동간격 강화

행동주의 학습원리(과제분석, 제거성 벌, 강화계획)

ㄱ. 과제분석은 최종 교수목표에 도달하기 위해 필요한 지식, 기능, 태도 등을 분석하는 것을 말하며, 학습목표 분석과 하위기능 분석으로 구성된다.

ㄴ. 제거성 벌은 행동(반응) 후 쾌 자극을 제거하여 바람직하지 못한 행동의 발생빈도를 약화시키는 것을 말한다.

ㄷ. 계속적 강화는 매 행동마다 강화하는 것이며, ㄹ. 고정비율강화는 정해진 행동의 횟수마다 강화하는 것을 말한다.

🔓 ③

---

02 사회인지 학습이론

01 〈보기〉의 내용과 가장 가까운 학습이론은? 08 초등

┌─ 보기 ┐

• 환경, 개인, 행동은 서로 영향을 주고받는다.

• 교사는 학생들의 자기효능감과 자기조절능력을 증진시켜야 한다.

• 교사는 학생들이 학업성취에 대해 긍정적이고 현실적인 기대를 갖도록 해야 한다.

• 학생들은 사회적 상황 속에서 다른 사람의 행동을 관찰하고 모방함으로써 학습한다.

① 톨만(E. C. Tolman)의 기호형태이론
② 반두라(A. Bandura)의 사회인지이론
③ 노만(D. A. Norman)의 정보처리이론
④ 로저스(C. R. Rogers)의 인간주의 학습이론

🔳 **사회인지 학습이론**

반두라(Bandura)의 사회인지 학습이론에서는 인간은 직접적인 자극이나 강화를 받지 않아도 타인(모델, model)의 행동을 관찰하고 모방하는 것으로도 학습한다고 한다. 행동주의는 환경이 직접적으로 행동을 일으키는 일방적 관계를 주장하는 반면에, 사회인지이론은 환경(모델의 행동과 그에 따른 결과, 상황, 물리적 배경)과 개인적 요인(기대, 자기효능감, 목표, 신념 등), 행동(개인의 반응적 행동)이 서로 영향을 주고받으며, 학습에 영향을 미친다고 설명한다. 특히 행동의 결과 주어지는 강화와 처벌은 학습자에게 기대를 형성하고 동기에 영향을 미친다.

🔓 ②

02 다음의 현상은 어떤 개념의 예라고 할 수 있는가? 98 중등

정호는 학교에서 선생님이 자동차에 대하여 설명하고 또 공부 잘하는 학생을 칭찬하는 것을 본다. 집에 가서 정호는 인형들을 학생으로 간주하고 그 앞에서 선생님의 역할을 해 본다.

① 관찰학습   ② 강화
③ 신호학습   ④ 조작적 조건화
⑤ 고전적 조건화

🔠 사회인지 학습이론(관찰학습의 예)

관찰학습이란 인간은 직접적인 자극이나 강화를 받지 않아도 타인
(모델, model)의 행동을 관찰하고 모방하는 것으로도 학습한다는
것을 말한다.

 ①

🔠 대리강화

제시문의 대리강화는 사회인지학습에서 행동을 유발하는 강화의
한 예이다. 대리강화는 모델이 보상이나 처벌을 받는 것을 관찰
함으로써 간접적으로 강화를 받는 경우이다. 즉, 모델의 행위를
모방하는 것이 어떤 결과를 가져올 것인지 모델이 행한 결과를
보고 예기하는 것이다. 제시문처럼 타인의 행동을 관찰하는 것만
으로 강화를 받는다면 간접 강화인 대리강화에 해당한다. 대리강
화의 개념과 역할을 제시하면 다음과 같다.

개념	• 모델이 보상이나 처벌을 받는 것을 관찰함으로써 간접적으로 강화를 받는 경우 • 모델의 행위를 모방하는 것이 어떤 결과를 가져올 것인지 모델이 행한 결과를 보고 예기하는 것
역할	• 정보제공 기능 : 모델이 행한 일의 결과는 자신의 행동여부를 결정짓는 정보로 사용된다. • 동기유발 기능 : 모델이 강화받는 것을 보고 자신도 같은 일을 하면 보상받을 것이라는 기대감을 갖게 됨으로써 동기를 유발한다. • 정서학습 기능 : 관찰을 통해 모델이 보이는 정서 상태를 학습한다. 반응결과의 관찰을 통해 두려움과 제지를 획득시킬 수도 있고 감소시킬 수도 있으므로 이는 심리치료 과정에서도 많이 활용된다. • 영향가능성 기능 : 강화받는 모델의 반응을 관찰함으로써 관찰자의 직접강화에 대한 민감성이 증가되어 그 일을 수행할 가능성을 높여준다. • 모델의 지위변화 기능 : 보상 또는 처벌의 결과에 따라 모델의 가치가 상승 또는 하락한다. • 가치평가 기능 : 관찰자의 개인적 가치관은 모델 행위의 강화에 따라 달라질 수 있다.

03 "TV에서 폭력 장면을 많이 본 학생은 폭력 행동을 자주 할
것이다"라고 주장하는 학습이론은? 00 대구초보

① 인지적 학습이론
② 사회적 학습이론
③ 인본주의 학습이론
④ 고전적 조건화 학습이론
⑤ 조작적 조건화 학습이론

🔠 사회인지 학습이론

사회관찰학습에서 인간은 직접적인 자극이나 강화를 받지 않아도
타인(모델, model)의 행동을 관찰하는 것으로도 학습한다고 한다.

 ②

05 반두라(Bandura)의 사회학습이론에서 강조하고 있는 것은?
00 초등

① 관찰학습, 모방학습   ② 체험학습, 활동학습
③ 발견학습, 탐구학습   ④ 토론학습, 협동학습

🔠 사회인지 학습이론

반두라(Bandura)의 사회인지 학습이론에서는 인간은 직접적인
자극이나 강화를 받지 않아도 타인(모델, model)의 행동을 관찰
하고 모방하는 것으로도 학습한다고 한다.

🔒 ①

04 다음 사례와 관계 깊은 것은? 07 전문상담

> TV 광고에서 어떤 유명한 영화배우가 멋진 자동차를
> 타고 가면서 A회사의 음료수를 마신 후, "나는 정말
> 행복해!"라고 말하였다. 이 모습을 본 중학생 수현이는
> 자신도 광고 속의 영화배우처럼 해 보고 싶어졌다.

① 부적 강화   ② 대리강화
③ 간격강화   ④ 고전적 조건화

06 다음 내용과 관련되는 자기조절학습 전략의 구성 요소는?

04 초등

- 정보 탐색하기
- 물리적 환경 구조화하기
- 학업시간 관리하기
- 교사와 동료에게 도움 구하기
---

① 인지적 요소　　② 상위인지적 요소

③ 행동적 요소　　④ 동기적 요소

🔲 자기조절학습 전략

전략		내용
인지 변인	인지 전략	학습자가 정보를 기억하고 이해하는 데 사용하는 실제적 전략으로, ① 시연, ② 정교화, ③ 조직화 전략을 말함
	메타 인지 전략	인지에 대한 인지로서 자신의 인지과정을 계획·점검·조절하는 전략으로, ① 계획하기, ② 점검하기, ③ 조절하기 등이 있음
동기전략 (동기변인)		자기주도학습을 진행하는 데 있어서 학습목적에 대한 동기유발로, ① 숙달목표 지향성(새로운 지식과 기능을 습득하는 것에 대한 내재적 가치를 우선시하는 것), ② 자기효능감(자기능력에 대한 자신의 평가), ③ 과제가치(학습자가 자신의 학습과제가 가치 있다고 생각하는 것), ④ 통제인식(학업성취의 성공과 실패의 책임이 자기에게 있다고 이해하는 것) 등이 있음
행동전략 (행동변인)		학습행동(수행)과 관련된 것으로, ① 행동통제(어려움이 있어도 포기하지 않고 노력하기), ② 도움 구하기(동료나 선생님에게 도움을 구하는 것), ③ 학습시간관리, ④ 물리적 환경 구조화하기 등이 있음

🔒 ③

03 인지주의 학습이론

---

01 통찰(insight)의 특징을 바르게 표현한 것은? 95 초등

① 점진적 사고과정의 결과이다.

② 연역적 사고과정의 결과이다.

③ 비약적 사고과정의 결과이다.

④ 수동적 사고과정의 결과이다.

🔲 쾰러의 통찰(a-ha 현상)

통찰(a-ha 현상)이란 상황을 구성하는 요소들 간의 관계(즉, 형태, gestalt)를 파악하는 능력을 말하며, 이것은 순간적으로 일어나는 비약적 문제해결의 과정이자 비약적 사고의 과정이다. 통찰은 흔히 '아하 현상(a-ha phenomenon)'이라고 한다.

🔒 ③

02 다음 그래프는 톨만(E. Tolman)이 실시한 미로학습 실험에서 보상의 유형에 따른 과제의 수행결과를 나타낸 것이다. 그래프를 바르게 해석한 것은? 07 중등

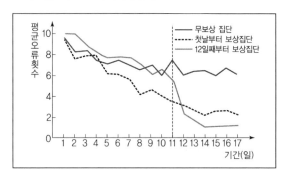

① 과제의 수행정도는 보상과 아무런 관계가 없다.

② 과제의 수행정도는 보상의 양에 비례하여 상승한다.

③ 보상을 받지 않아도 과제의 학습은 어느 정도 일어난다.

④ 보상을 철회하면 과제의 학습에 부정적인 영향을 미친다.

02

톨만의 잠재학습

그래프는 톨만의 잠재학습(latent learning) 실험이다. 잠재학습
이란 유기체에 잠재되어 있지만 학습의 수행으로 나타나지 않는
학습을 말하며, 우연학습이라고도 한다. 강화(보상) 없이도 학습이
일어나며, '강화(보상)'는 학습변인이 아니라 수행변인이라는 것이
이 실험의 주된 결론이다. 따라서 보상을 받지 않아도 과제의 학
습은 어느 정도 일어난다고 보는 것이 타당하다.
④ 그래프의 어디에서도 보상을 철회했을 때 어떤 결과가 나타날
것이라는 결론을 이끌어낼 수 있을 만한 근거를 찾을 수 없다.

🔒 ③

---

04 다음은 인간의 정보처리에 관한 모형을 제시한 것이다.
(가)에 대한 설명이 아닌 것은? ⁰⁹초등

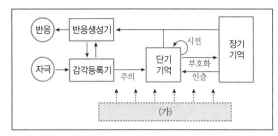

① 정신체계 내에서 정보의 흐름을 통제한다.
② 정신체계의 의식적이고 반성적인 부분이다.
③ 감각등록기로부터 입력된 정보를 의미적 부호로 변
    환한다.
④ 감각입력정보 중에서 무엇에 주의를 기울일 것인
    지를 결정한다.
⑤ 효율적 정보처리를 위한 전략을 선택하고 적용하며
    모니터한다.

정보처리이론(메타인지)

정보처리이론은 인간의 사고과정(인지과정)을 컴퓨터의 정보처
리과정에 비유하여 설명하는 이론이다. (가)는 메타인지로서 자
신의 인지과정을 계획, 점검, 평가한다. ①, ②, ④, ⑤가 이에 대한
설명이다.
③ 감각등록기로부터 입력된 정보를 의미적 부호로 변환하는 것은
지각(perception)이라 한다.

🔒 ③

---

03 다음은 장기기억에 저장되어 있는 지식의 성질을 설명한
것이다. 이에 해당하는 지식의 유형은? ⁰⁸중등

> • 절차적 지식의 기본 단위이다.
> • '만일~, 그러면~'의 형식으로 표현된다.
> • 특정한 조건하에서 드러내야 할 행위를 나타낸다.

① 개념(concept)   ② 명제(proposition)
③ 도식(schema)   ④ 산출(production)

장기기억 속에 저장된 지식의 유형(산출)

절차적 지식은 특정한 조건하에서 드러내야 할 행위 규칙인 산출
(production)로 저장되고 표상됨. 산출은 조건-행위의 규칙이며,
'만일(If)~, 그러면(Then)~'의 형식으로 표현된다.

🔒 ④

05 다음은 학습자의 정보처리과정에 관한 모형이다. ㉠과 관련된 설명으로 옳은 것은? 04 중등

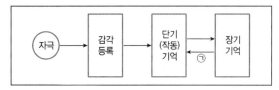

① 정보를 부호화(encoding)한다.
② 정보를 반복해서 읽고 암기한다.
③ 외부에서 유입된 정보를 일시적으로 보유한다.
④ 생각이 날 듯 말 듯 혀끝에서 맴도는 현상이 발생할 수 있다.

> **정보처리이론**(설단현상)
>
> ㉠은 장기기억 속의 정보를 인출하는 과정이다. ④ 설단현상은 생각이 날 듯 말 듯 혀끝에서 맴도는 현상을 말한다. 장기기억에 존재하는 특정 정보에 접근할 수 있는 인출 단서가 없을 때, 장기기억에 저장된 정보가 체계적이지 못할 때 발생하는 인출실패 현상이다.
>
> 🔒 ④

06 최 교사는 공기를 주제로 과학 수업을 하면서 풍선에 공기를 서서히 불어 넣어 학생들 앞에서 터뜨리기도 하고, 판서할 때 중요한 개념 밑에 노란색으로 밑줄을 그어 그 개념을 강조하기도 하였다. 최 교사의 이런 행동을 가장 잘 설명할 수 있는 것은? 07 초등

① 자동   ② 일반화
③ 선택적 주의   ④ 자발적 회복

> **정보처리이론**(선택적 주의)
>
> 정보처리이론에 따르면, 감각등록기에 들어오는 정보는 주의를 기울여야 단기기억으로 이동하게 되는데, 이때 선택적 주의를 하게 된다. 선택적 주의(selective attention)란 특정 자극에만 선택적으로 주의를 집중하고 다른 측면은 무시하는 것을 말한다. 학습자의 주의를 유도하는 전략에는 강조하기, 특별한 자극 사용하기, 흥미유발 자료 제시, 도표·그림·사진 제시, 사고를 자극하는 질문, 호명하기 등이 있다. 최 교사는 학생의 주의를 유도하기 위해 풍선을 터뜨리고, 밑줄로 강조하는 전략을 사용하고 있다.
>
> 🔒 ③

07 학생들이 책을 읽는 동안 글자를 해독하는 데 지나치게 집중하면 읽고 있는 내용의 의미를 잘 파악하지 못하는 경우가 있다고 한다. 이러한 현상이 나타나는 원인은? 01 초등

① 단기기억의 제한된 용량
② 감각등록기의 제한된 용량
③ 장기기억의 무제한적 용량
④ 초인지능력의 무제한적 용량

> **단기기억**(저장용량)
>
> 단기기억에서는 한 번에 7±2unit(5~9개) 정도의 정보를 약 20초 정도 저장한다. 제시문과 같은 현상이 나타나는 원인은 단기기억의 제한된 용량 때문이다.
>
> 🔒 ①

08 다음은 스완슨(Swanson)의 단순화된 정보처리모형이다. 그림에서 A의 특징에 해당되는 것은? 03 초등

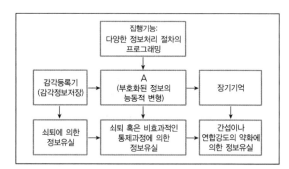

① 이곳의 정보 내용은 대개 의식되지 않는다.
② 여기서는 정보를 아주 짧은 기간(1~2초) 동안 보유한다.
③ 이곳은 보통 7±2 의미단위(chunk)의 정보를 저장할 수 있다.
④ 여기에 들어갈 수 있는 정보의 양이나 정보가 머무는 시간은 한계가 없다.

🔡 **작업기억**(단기기억)

'A'는 작업기억이다. 작업기억은 정보가 일시적으로 저장되는 저장소이기 때문에 단기기억이라고도 한다. 이곳은 7±2개의 정보를 약 20초 정도 저장할 수 있다.

①, ②는 감각기억, ④는 장기기억에 대한 설명이다.

🔒 ③

🔡 **칵테일파티 효과, 이중처리**

(가) 칵테일파티 효과란 특정 자극에만 선택적으로 주의를 집중하고 다른 측면은 무시하도록 하는 것이다. 정보처리능력의 한계로 인해 감각기억에 투입되는 정보를 모두 처리할 수는 없기 때문이다.

(나) 이중처리는 언어정보(청각정보)와 시각정보를 함께 활용하여 정보를 처리하도록 하는 것을 말한다. 작업기억은 언어정보와 시각정보를 별개의 인지체제에 저장하므로 시각자료를 보여주면서 이들에 담긴 내용을 설명하면 인지부하를 극복할 수 있고 재생도 쉽다.

🔒 ⑤

---

09 다음 (가)와 (나)의 수업활동에서 활용하고 있는 심리학적 개념으로 가장 적절한 것은? 13 중등

> (가) 수업이 시작되어도 학생들이 수업에 주의를 기울이지 않아 항상 고민이던 사회과 강 교사는 다음날 몽골 문화를 주제로 하는 수업을 위해 몽골인 복장을 하고 교실로 들어갔다. 그러자 어수선하고 소란스럽던 학생들이 강 교사에게 집중하기 시작했다.
>
> (나) 언어적 설명에 의존하여 수업을 하는 과학과 윤 교사는 수업 시간에 학생들 대부분이 자신의 수업을 이해하지 못해 고개를 갸우뚱거리는 모습이 마음에 걸렸다. 다음날 윤 교사는 식물의 뿌리와 관련된 수업을 할 때, 곧은 뿌리와 수염뿌리에 대해 언어로 설명하면서 동시에 배추와 마늘의 뿌리가 있는 사진을 보여 주는 방식으로 학생들의 이해를 도와주었다.

	(가)	(나)
①	플린 효과 (Flynn effect)	자동화 (automatization)
②	플린 효과 (Flynn effect)	이중처리 (dual processing)
③	칵테일파티 효과 (cocktail party effect)	청킹 (chunking)
④	칵테일파티 효과 (cocktail party effect)	자동화 (automatization)
⑤	칵테일파티 효과 (cocktail party effect)	이중처리 (dual processing)

---

10 사람 뇌의 좌·우반구적 특성을 조화롭게 활용하는 교수방법에 해당하는 것은? 00 초등

① 열대 지방의 동물들이 지닌 특성을 설명하면서 사진을 보여준다.

② 환경 오염의 결과에 대한 통계를 설명하여 줌으로써 경각심을 높인다.

③ 학교 화단에 심어져 있는 꽃을 직접 보고 특징을 발견한다.

④ 어린이 교통 공원에서 교통 법규를 실제로 지켜보도록 한다.

🔡 **이중부호화 이론**

파이비오(Paivio)의 이중부호화 이론에 따르면, 인간은 2가지 인지적 부호화 기능을 가지고 있다. 즉, 시각정보는 공간적으로 부호화되고, 언어정보는 계열적으로 부호화된다는 것이다. 이는 마치 인간에게 비언어적·심상적 정보처리를 맡는 우반구와 언어적 정보처리를 맡는 뇌의 좌반구가 있는 것과 같다. 따라서 이중부호화 이론은 언어정보와 시각정보를 별도로 제시하는 것보다는 함께 제시하는 것이 효과적이라는 것을 시사한다.

① 열대 지방의 동물들이 지닌 특성에 대한 설명(언어정보)과 사진(시각정보)을 함께 제시한 것은 이중부호화 이론과 관련된다.

🔒 ①

11 다음 인간정보처리모형에서 기억장치 (나)의 특징에 대한 설명으로 옳은 것은? 07 중등

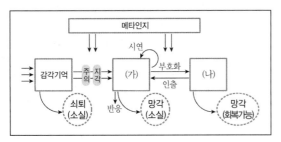

① 지속 기간이 짧고 시연하지 않으면 1분 이상 유지하기 어렵다.

② 많은 양의 정보를 처리하는 경우 기억의 병목현상이 발생할 우려가 크다.

③ 명제와 산출 등에 기초한 다양한 형태의 정보망과 도식적 지식으로 이루어져 있다.

④ 기억 용량에는 제한이 없으나 처리가 곧바로 이루어지지 않으면 기억흔적도 사라진다.

▥ 장기기억

(나)는 장기기억이다. 장기기억은 단기기억에서 적절히 처리된 정보를 영구적으로 저장하는 장소이다. 장기기억은 거의 무제한의 정보를 영구적으로 저장한다. 장기기억 속에 저장된 지식은 선언적 지식, 절차적 지식, 조건적 지식이다. 선언적 지식은 조직화된 도식(schema)과 심상으로 저장되고 표상되며, 절차적 지식은 특정한 조건하에서 드러내야 할 행위 규칙인 산출(production)로 저장되고 표상되며, 조건적 지식은 선언적 지식과 절차적 지식이 서로 연결된 명제망의 형태로 저장되고 표상된다.

🔒 ③

12 다음 실험 결과들에 공통적으로 관계되는 인지학습이론은? 10 중등

- 피험자들에게 '○─○'와 같은 모호한 형태의 그림을 보여주면서 '안경과 비슷하다.'라는 말을 했을 때, 피험자들은 회상 검사에서 안경을 닮은 그림을 더 많이 그렸다.
- 두 집단의 피험자에게 '집에 관한 글'을 제시하고 각각 '주택구입자'의 관점과 '좀도둑'의 관점에서 읽도록 했을 때, 두 집단의 피험자가 기억한 내용은 서로 달랐다.
- 음악 전공 학생들과 체육 전공 학생들에게 '카드 게임'이나 '즉흥 재즈 연주'로 해석할 수 있는 이야기를 들려주었을 때, 음악 전공 학생들은 즉흥 재즈 연주로 이해한 반면에 체육 전공 학생들은 카드 게임으로 이해했다.

① 통찰이론(insight theory)

② 도식이론(schema theory)

③ 초인지이론(metacognition theory)

④ 신경망이론(neural network theory)

⑤ 이중부호화 이론(dual coding theory)

▥ 도식이론

도식(schema)은 인간의 기억 속에 축적된 지식의 구조 혹은 인지구조를 의미한다. 도식이 갖는 기능은 다음과 같다.

(1) 도식은 수많은 정보 중에서 중요한 정보에 주의를 기울이도록 한다.

(2) 도식은 새로운 정보를 지각하고 이해하는 데 영향을 준다.

(3) 도식은 기억 속에 저장된 정보를 회상하는 데 영향을 준다.

(4) 도식은 문제를 적절히 표상하는 데 영향을 주어 문제해결을 촉진한다.

(5) 도식은 지엽적인 사항의 누락, 인지왜곡 등 인지과정에 부정적인 영향을 줄 수도 있다.

🔒 ②

02

13 다음 중 교사가 학습자에게 수업을 통해서 학습한 지식의 의미를 심화 또는 확대해 주는 전략으로 가장 적절한 것은?

01 중등

① 중요한 내용에 밑줄 쳐주기
② 학습내용을 요점 정리해 주기
③ 설명 내용을 표로 정리해 주기
④ 지식 간의 관계를 증대시켜 주기

⸬ 부호화 전략(정교화)

정교화란 새로운 정보를 기존 지식과 연결(연합)하여 의미를 부여하거나 추가(확장)하는 전략이다. 정교화 전략으로는 사례 제시, 유추, 사전도식(사전지식) 활용, 논리적 결합, 노트 필기 등이 있다. ④ 지식 간의 관계를 증대시키는 것은 새로운 정보에 관련된 지식을 추가하여 의미를 확대시켜주는 것이므로 정교화 전략에 해당한다. ①은 선택적 주의에 해당하며, ②와 ③은 조직화 전략에 해당한다. 요약은 정교화의 예로 설명하기도 한다.

🔒 ④

14 권 교사는 '빨간 사과'라는 단어를 학생들에게 더 잘 기억시키기 위해 "화난 사람이 얼굴을 붉히며 빨간 사과를 집어던 졌다."라는 문장을 제시했다. 권 교사가 사용한 인지전략은?

06 초등

① 정교화
② 자기 조절
③ 시연 효과
④ 부호화특수성

⸬ 부호화 전략(정교화)

정교화는 새로운 정보를 기존 지식과 연결(연합)하여 의미를 부여하거나 추가(확장)하는 전략을 말한다. Mater는 정교화 전략을 시각적 정교화와 언어적 정교화로 구분하여 설명한다. 시각적 정교화는 '개구리-나무'의 쌍을 기억할 때 개구리가 나뭇가지 위에 앉아 있는 모습을 상상하면 더 쉽게 기억되는 것을 말하며, 언어적 정교화는 '소년-자동차'의 쌍을 기억할 때 '소년이 자동차를 운전하고 있다.'라는 하나의 문장을 만들어 기억하면 더 쉽게 기억되는 것을 말한다. 권 교사는 정교화 중 언어적 정교화를 사용하고 있다.

🔒 ①

15 다음은 김 교사의 교수활동 사례이다. 김 교사가 학생들에게 촉진시키고자 한 정보처리의 전략으로 가장 적절한 것은?

11 초등

- 학생들에게 기억해야 할 새로운 정보를 선행지식과 연결하게 함으로써 정보의 유의미성을 높였다.
- 학생들에게 새로운 정보의 의미에 대해 토론하게 하거나 글의 요점에 대해 설명해 보도록 하였다.
- 학생들에게 새로운 정보에 대해 생각할 수 있는 시간을 주면서 다음과 같은 질문들을 적절히 활용하였다.
  - 이 정보의 예로는 어떤 것들이 있을까요?
  - 이 정보로부터 어떤 결론을 도출할 수 있을까요?
  - 이 정보를 일상생활에서 어떻게 활용할 수 있을까요?

① 맥락(context)
② 시연(rehearsal)
③ 심상(imagery)
④ 묶기(chunking)
⑤ 정교화(elaboration)

⸬ 부호화 전략(정교화)

정교화란 새로운 정보를 기존 지식과 연결(연합)하여 의미를 부여하거나 추가(확장)하는 전략이다. 즉, 기억해야 할 정보에 무언가를 덧붙이거나 다른 정보와 서로 관련시킴으로써 학습과 기억을 돕는 전략이다. 정교화 전략으로는 사례 제시, 유추, 사전도식(사전지식) 활용, 논리적 결합, 노트 필기 등이 있다.

🔒 ⑤

16 앳킨슨과 쉬프린(R. Akinson & R. Shiffrin)의 정보처리 모형에 근거할 때, 학생들의 부호화를 촉진하기 위한 교사의 교수활동 중 조직화 전략에 해당되는 것을 〈보기〉에서 고른 것은? 12 중등

┌─ 보기 ─┐

ㄱ. 인체의 순환기 체계에 대한 학습을 촉진하고자 순환기 체계와 유사한 펌프 체계에 연결하여 설명하였다.

ㄴ. 우리나라의 주요 하천에 대한 학습을 촉진하고자 하천의 흐르는 방향, 특징 등의 범주로 묶은 도표를 제시하면서 설명하였다.

ㄷ. 우리 주변의 여러 가지 힘 중 마찰력에 대한 학습을 촉진하고자 등산화 밑창, 체인을 감은 자동차 바퀴 등을 사례로 제시하면서 설명하였다.

ㄹ. 식물에 대한 학습을 촉진하고자 식물을 크게 종자식물과 포자식물로, 다시 종자식물을 속씨식물과 겉씨식물로 구분한 위계도(位階圖)를 사용하여 설명하였다.

① ㄱ, ㄴ   ② ㄱ, ㄷ
③ ㄴ, ㄷ   ④ ㄴ, ㄹ
⑤ ㄷ, ㄹ

▦ 부호화 전략(조직화)

조직화는 별개의 정보를 서로 관련 있는 것끼리 묶어 체계화·구조화하는 것을 말한다. 조직화에는 개념도·위계도 제시, 도표 제시, 개요 제시 등의 방법이 있다. ㄴ은 도표, ㄹ은 위계도를 제시한 것으로 조직화 전략과 관련된다. ㄱ은 정교화 전략 중 유추, ㄷ은 정교화 전략 중 사례 제시와 관련된다.

🔒 ④

---

17 음식 만들기 수업에 교사가 적용한 교수 기법 중 정보처리 이론과 관련이 깊은 것을 〈보기〉에서 모두 고른 것은?

10 중등

┌─ 보기 ─┐

ㄱ. 자료를 제시하고 요리법을 설명하면서 중요한 부분에 밑줄을 그어 주의를 유도하였다.

ㄴ. 음식을 만드는 데 필요한 재료 목록을 제시하고 유사한 항목끼리 묶어 기억하도록 하였다.

ㄷ. 음식을 만드는 주요 과정을 랩 가사로 만든 후 학생이 익숙한 노랫가락에 맞추어 부르게 하였다.

ㄹ. 음식 만들기를 성공적으로 수행한 학생에게는 자신이 평소 하고 싶었던 게임을 하도록 허용하였다.

① ㄱ, ㄴ   ② ㄴ, ㄹ
③ ㄷ, ㄹ   ④ ㄱ, ㄴ, ㄷ
⑤ ㄱ, ㄷ, ㄹ

▦ 정보처리이론(주의, 조직화, 기억술)

ㄱ은 중요한 부분에 밑줄을 그어 '주의'를 유도하는 전략을 사용하고, ㄴ은 유사한 항목끼리 묶어 범주화하여 기억하도록 하므로 '조직화' 전략을 사용하며, ㄷ은 음식을 만드는 과정을 운율(가락)으로 만들어 기억하는 '기억술' 전략을 사용하고 있다. ㄹ은 행동주의 학습이론에서 사용하는 '프리맥의 원리'와 관련된다.

🔒 ④

18 그림은 학습 상황과 검사 상황의 일치 여부에 따른 회상률의 차이를 알아보기 위해, 잠수부에게 단어 목록에 대한 기억 실험을 실시한 결과를 그래프로 나타낸 것이다. 이러한 결과를 설명하는 기억 원리는? 05 초등

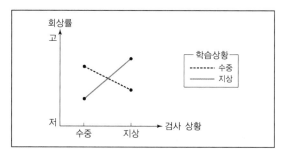

① 이중부호화(dual code of memory)
② 자동적 처리(automatic processing)
③ 통제적 처리(controlled processing)
④ 부호화 특수성(encoding specificity)

🔖 부호화 특수성

부호화 특수성 원리는 정보를 부호화할 때 사용된 단서가 그 정보를 인출하는 가장 효과적인 단서가 된다는 원리이다. 즉, 어떤 정보를 학습할 때 당시의 특수한 상황이나 맥락이 동시에 학습되어, 이들 상황이나 맥락은 다음에 그 내용을 회상하거나 응용할 때 중요한 인출 단서의 역할을 한다는 것이다. 이 원리에 따르면, 인출 조건이 부호화 조건과 일치할수록 인출이 촉진된다. '훈련은 실전처럼'이라는 말은 이 원리의 타당성을 단적으로 나타내준다. 학습맥락과 동일한 맥락에서 정보를 인출할 확률이 높아진다는 부호화 특수성 원리는 상황학습이론으로도 적절하게 설명된다. 이에 따르면 특정 상황에서 학습한 내용은 상황이 바뀌면 잘 인출되지 않는다. 따라서 부호화 특수성 원리는 효과적인 인출 단서로 활용될 수 있는 다양한 맥락과 예시를 사용해서 학습내용을 가르쳐야 함을 시사한다. 그래야만 학습내용이 효과적인 인출 단서와 함께 부호화되어 잘 인출될 수 있기 때문이다.

🔓 ④

19 〈보기〉의 상위인지(metacognition)에 관한 설명 중 바른 것끼리 묶은 것은? 06 초등

┌─ 보기 ─┐

ㄱ. 상위인지에는 개인차가 나타나지 않는다.
ㄴ. 상위인지의 주요한 기술은 계획, 점검, 평가 등이다.
ㄷ. 상위인지는 자신의 사고과정에 대한 인식(지식)이다.
ㄹ. 상위인지는 추리, 이해, 문제해결 과정에 영향을 주지만, 학습과는 무관하다.

① ㄱ, ㄴ   ② ㄱ, ㄹ
③ ㄴ, ㄷ   ④ ㄷ, ㄹ

🔖 상위인지(메타인지)

ㄷ. 상위인지(메타인지)는 '사고에 대한 인지(지식)'를 의미한다.
ㄴ. 상위인지(메타인지)의 주요 기술로는 계획, 점검, 평가 등이 있다.
ㄱ. 상위인지(메타인지)는 개인차가 있다.
ㄹ. 상위인지(메타인지)는 추리, 이해, 문제해결 등은 물론이며, 학습에도 영향을 주어 학업성취도의 차이를 낳게 한다.

🔓 ③

20 〈보기〉의 학습자 활동을 바르게 연결한 것은? ^{03 중등}

─ 보기 ─

현아는 갑자기 자신이 읽고 있는 자료를 이해하지 못하고 있다는 막연한 느낌을 가졌다(A). 그리고 무엇이 잘못되었는지를 확실히 파악하기 위해 어떻게 해야 할지 방법을 생각했다(B). 그래서 현아는 자료를 꼼꼼히 읽으며 살펴보았다(C). 그 후 자신이 왜 글을 읽는지, 개념파악이 잘 되지 않았는지를 다시 생각해 보고(D), 부분 부분을 읽어보기 시작하였다(E).

	A	B	C	D	E
①	초인지	초인지	인지	초인지	인지
②	인지	인지	초인지	인지	초인지
③	초인지	인지	초인지	초인지	초인지
④	인지	인지	인지	초인지	인지

🔡 **인지와 초인지**(메타인지)

인지전략은 구체적인 사고기능과 전략을 사용하여 의미를 만들고 문제를 해결해 가지만, 메타인지(초인지) 전략은 전체적이고 일반적인 전략이나 계획을 세우며, 인지의 전 과정을 조절·통제한다는 점에서 큰 차이가 있다.

🔓 ①

21 다음의 과제 제시 방법을 통해 박 교사가 향상시키고자 하는 학생들의 능력은? ^{10 초등}

박 교사는 학생들에게 다음과 같이 구성된 '학습목표 카드' 과제를 제시하고, 스스로 날마다 수행하고 점검하도록 하였다.

• 그날 배운 과목들의 내용을 간략하게 정리하기
• 다음날 배울 과목들의 내용을 계획하기
• 다음날 배울 과목들의 예상 학습목표를 세우기

그 결과, 학생들은 점차로 자신이 무엇을 배우고 있고, 어떻게 배워야 하며, 왜 주어진 학습활동을 해야 하는지, 그리고 자신이 공부를 제대로 하고 있는지 등에 대해 더욱 명확하게 인식해 갔다.

① 초인지(meta-cognition)
② 다중지능(multiple intelligence)
③ 조작적 행동(operant behavior)
④ 선택적 주의(selective attention)
⑤ 개념적 표상(conceptual representation)

🔡 **초인지**(메타인지)

초인지(메타인지)는 '사고에 대한 사고', '인지에 대한 인지'로, 자신의 사고과정에 대해 알고, 그것을 토대로 자신의 사고과정을 점검·조절하고 통제하는 것을 말한다. 초인지(메타인지)의 주요 기술은 계획, 점검, 평가 등이 있다.

🔓 ①

22 인지전략 또는 초인지전략과 이를 활용한 수업방법의 연결이 옳지 않은 것은? 09 중등

	전략	수업방법
①	발췌 (abstracting)	배운 내용을 적은 공책에 학습 자료에서 찾은 예나 삽화 등을 추가하여 정리하도록 하였다.
②	도식화 (schematizing)	학습 자료에서 주요 개념들을 찾아 개념도를 그려보게 하였다.
③	인지적 점검 (monitoring)	오답 공책을 만들어 자신의 부족한 부분에 대해 확인하고 그 원인을 분석하도록 하였다.
④	조직화 (organizing)	책의 목차를 훑어보면서 앞으로 배우게 될 내용의 위계를 파악하도록 하였다.
⑤	정교화 (elaborating)	배운 개념을 학생 스스로 비유적으로 표현하거나 자신의 언어로 말해보게 하였다.

메타인지(초인지)전략

메타인지(초인지)전략은 정보를 장기기억에 부호화하고 저장하며, 그것을 회상하기 위해 체계적인 과정에서 필요하다.
① 발췌는 학습내용의 핵심을 추출해 내는 기법으로, 책을 읽고 주요 내용을 요약하는 것이 이에 해당한다. 그런데, 지문의 설명은 정교화와 관련된다.
② 도식화는 정보를 구조화할 때 사용하는 기본적인 사고의 틀을 의미한다. 글의 내용에서 주요 개념들을 찾아 개념도를 그려보는 것이 이에 해당한다.
③ 인지적 점검은 자신이 학습을 제대로 하고 있는지 계속적으로 추적하고 통제하는 활동을 말한다. 인지적 점검(감지)에는 자기질문(self-questioning), 목표설정, 자기검사(self-testing), 환경점검, 피드백활용 등이 있다. 지문의 오답노트는 자신의 이해도를 점검하기 위한 피드백활용에 해당한다.
④ 조직화는 자료에 구조를 부과하려는 노력으로, 정보처리를 쉽게 하기 위해서 내용을 묶음으로 나누는 것을 의미한다. 책의 목차를 훑어보며 장, 절 등으로 위계화하여 파악하는 것이 이에 해당한다.
⑤ 정교화는 발췌와는 달리 정보를 더 늘려가는 것으로, 정보를 더 구체적이며 실제적으로 나타내는 것을 말한다. 예나 삽화, 그림, 비유, 은유를 사용하거나 내용을 독자 자신의 말로 다시 적어보는 것 등이 이에 해당한다.

🔒 ①

04 인본주의 학습이론

01 "학생은 스스로 성장할 수 있는 잠재가능성을 지니고 있으며 이러한 잠재가능성은 관리적이고 통제적인 교육보다 학습자의 자기 주도적인 학습과 자유롭고 허용적인 교육을 통해서 잘 발현된다."라고 가정하는 학습관은? 00 강원초보

① 결합주의적 학습관　　② 인본주의적 학습관
③ 인지론적 학습관　　　④ 구성주의적 학습관
⑤ 신경생리학적 학습관

인본주의 학습관

인본주의 학습이론에서는 인간은 전인적 존재, 목적지향적 존재이며, 긍정적 자기 지향성과 자유의지를 가지고 스스로 동기화되는 열정적인 존재이다. 교육의 목적을 전인적 발달, 자아실현에 둔다. 인본주의 학습에서는 자기 주도적 학습, 학습방법에 대한 학습, 자기평가, 감성의 중요성, 인간적 환경을 중시한다.

🔒 ②

02 교육에 대한 인간주의 심리학의 입장을 바르게 설명한 것은? 00 중등

① 학생 행동의 의도적 변화를 교육이라고 본다.
② 사회화된 인간의 육성을 교육의 목적으로 본다.
③ 교사를 학생의 성장 및 발달의 촉진자로 파악한다.
④ 과학적 방법에 따라 인간성을 형성하려고 한다.

인본주의(인간주의) 심리학의 입장

① 인본주의는 학습에서 인간성과 자아실현, 교육의 적합성, 정의적 측면을 중시한다. 학생의 전인적 성장과 발달을 위해 잠재적 교육과정도 중시한다. ② 교육의 목적을 전인적 발달, 자아실현에 두며, ③ 교사는 학습자의 학습활동 안내자 또는 촉진자, 조력자, 보조자, 동료로서의 역할을 한다. ④ 과학적 방법이 아니라 인간적인 만남과 환경을 중시한다.

🔒 ③

02

05 전이와 망각

01 다음 〈보기〉에서 주장하고 있는 개념은? ⁹⁴ ᵏᵒᵈ 94 초등

┌─ 보기 ─┐

학습자로서의 학생이 습득하는 기억·사고·기능·사회성 기타의 지식이 학습활동, 사회생활로 연결되지 않는다면 학교교육 본래의 의미는 소실되어 버린다.

① 학습의 파지   ② 학습의 망각
③ 학습의 전이   ④ 학습의 목표
⑤ 학습의 동기

▣▣ 전이

전이란 어떤 상황에서 학습한 내용을 새로운 상황에 적용하거나 사용하는 것을 말한다.

🔓 ③

02 다음 개념 중 국어 시간에 곤란을 겪었던 학생이 다음 시간인 음악 수업에서도 싫증을 느끼는 것을 설명할 수 있는 것은? 93 초등

① 적극적 전이   ② 소극적 전이
③ 학습의 파지   ④ 형태이조

▣▣ 소극적 전이(부정적·부적 전이)

문제는 선행학습이 후행학습을 방해한 것이므로 소극적 전이(부정적 전이, 부적 전이)에 해당한다.

🔓 ②

03 "면도날을 딱딱한 가죽에 갈면 날카롭게 되어서 수염을 잘 자를 수 있듯이, 어려운 교과를 통해서 정신능력을 단련하면 나중에 문제해결을 잘 할 수 있다"라고 보는 전이이론은? 01 중등

① 일반화설   ② 형식도야설
③ 형태이조설   ④ 동일요소설

▣▣ 전이이론(형식도야설)

형식도야설이란 능력심리학에 근거하여 인간의 정신은 기억, 추리, 상상, 감정, 의지, 지각 등 여러 가지 능력으로 구성되어 있다고 보고, 교육을 통해 이를 잘 단련시켜 놓으면 인간의 생활에 두루두루 적용될 수 있다고 보는 이론이다.

🔓 ②

04 〈보기〉에 나타난 최 교사의 견해와 가장 일치하는 것은? 06 중등

┌─ 보기 ─┐

진   영: 학교에서는 실생활에 도움도 되지 않는 수학을 왜 그렇게 많이 가르치지요?

최 교사: 수학공부가 당장 쓸모는 없어 보여도 논리력을 길러주어 그 능력을 장래 여러 가지 일에 발휘할 수 있게 해주기 때문이지. 마치 운동을 열심히 하면 근력이 길러져서 힘든 일을 더 잘할 수 있는 것과 같은 이치지.

① 형태이조(transposition)설
② 수평전이(laternal transfer)설
③ 형식도야(formal discipline)설
④ 동일요소(identical elements)설

▣▣ 전이이론(형식도야설)

형식도야설이란 능력심리학에 근거하여 인간의 정신은 기억, 추리, 상상, 감정, 의지, 지각 등 여러 가지 능력으로 구성되어 있다고 보고, 교육을 통해 이를 잘 단련시켜 놓으면 인간의 생활에 두루두루 적용될 수 있다고 보는 이론이다.

🔓 ③

05 〈보기〉의 내용에 부합하는 학습전이이론은? 08 초등

보기

- 두 학습과제 간에 원리가 동일하거나 유사할 때 전이가 이루어진다.
- '지식의 구조'를 강조하는 브루너(J. S. Bruner) 등의 학문중심 교육과정에서 지지되고 있다.
- 수중 30cm 깊이에 있는 표적 맞추기 실험을 했을 때 굴절의 원리를 배운 학생들이 배우지 않은 학생들보다 표적을 잘 맞추었다.

① 일반화설   ② 동일요소설
③ 형식도야설   ④ 형태이조설

⊟⊟ 전이이론(일반화설)

① 일반화설(동일원리설)은 두 학습과제 간에 원리가 동일하거나 유사할 때 전이가 발생한다는 것이다. 학문중심 교육과정에서 많은 지지를 받았으며, 브루너의 지식의 구조(기본개념과 원리를 학습해야 새로운 상황에 전이가 잘 일어난다)와 관련된다.
④ 형태이조설은 형태심리학의 원리에 기초하여, 두 학습과제 간에 형태(gestalt)가 비슷할 때 전이된다는 것이다. 즉, 두 학습자료의 형태나 그 자료 내의 관계성에 공통성이 있을 때 전이된다고 본다. 브루너의 '발견학습' 또는 '탐구학습'은 지식의 구조를 가르치는 방법상의 원리를 나타내는 것으로 형태이조설과 관련된다.

🔓 ①

06 전이이론과 관련 수업활동을 바르게 연결한 것은? 04 초등

① 정신도야이론 → 학생 스스로 몇 가지 적용 방안을 생각해 내도록 질문한다.
② 상위인지이론 → 전이를 요구하기 전에 본래 학습과제를 많이 연습시킨다.
③ 동일요소이론 → 원리나 일반적인 사실을 가르칠 때 다양한 예를 제시한다.
④ 전문가−초보자이론 → 선행지식이나 기술을 가르친다.

⊟⊟ 전이이론별 수업활동

①은 상위인지이론에 해당한다. 상위인지이론(메타인지이론)에서는 자신의 인지과정을 인식하고 점검하고 조절할 수 있어야 하고, 다양한 인지전략을 언제 어떻게 활용할 수 있는가를 학습해야 전이가 촉진된다. ②는 정신도야이론에 해당하며, 정신능력의 도야를 위해 연습기회를 반복적으로 제공해 주어야 한다. ③은 일반화설에 해당하며, 새로운 상황에 일반화하여 적용할 수 있는 일반적인 원리를 학습하도록 한다. ④의 전문가−초보자이론은 초보자가 전문가의 수준에 도달할 때까지 자신의 과제수행을 전문가의 것과 지속적으로 비교하도록 하는 것을 말한다.

🔓 ④

07 다음 중 순행간섭을 가장 잘 설명한 것은? 00 강원초보

① 이번 수업 시간에 배운 마름모의 개념 때문에 이전 시간에 배운 직사각형의 개념에 혼동이 생겼다.
② 알고 있던 직사각형과 마름모의 개념을 말하려고 하였으나, 혀끝에서 맴돌기만 하였다.
③ 이전 시간에 배운 직사각형의 개념 때문에 이번 수업 시간에 배우는 마름모의 개념을 제대로 이해하기 어려웠다.
④ 수업 내용이 재미가 없어서 마름모의 개념 학습에 집중하기 어려웠다.
⑤ 알고 있던 직사각형과 마름모의 개념을 설명하려고 하였으나, 전혀 기억이 나지 않는다.

⊟⊟ 망각의 원인(순행간섭, 선행간섭)

망각의 원인을 설명하는 이론 중 간섭설은 학습 이전이나 이후의 정보에 의해 기억정보가 방해를 받았기 때문에 망각이 일어난다고 설명한다. 선행간섭(순행간섭)은 선행학습이 후행학습의 기억을 방해하는 것으로, 선행학습과 후행학습이 유사할수록 많이 발생한다. 후행간섭(역행간섭)은 후행학습이 선행학습의 기억을 방해하는 것을 말한다. ①은 후행간섭, ③은 선행간섭의 사례에 해당한다. ②는 설단현상, ④는 학습동기의 저하, ⑤는 망각현상의 예이다.

🔓 ③

01 부적응

01 다음 그림에 있는 4개의 그래프는 학습자의 불안수준과 학업성취수준의 관계가 과제의 난이도에 따라 달리 나타나는 것을 보여 주고 있다. 학습자에게 주어진 과제가 쉬울 때 나타날 수 있는 그래프로 가장 적절한 것은? 02 초등

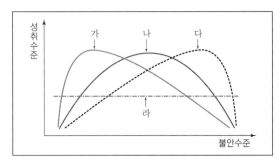

① 가   ② 나

③ 다   ④ 라

▨ 불안수준과 학업성취수준과의 관계

대부분의 과제에서는 불안수준이 중간 수준일 때 과제수행이 높다. 그러나 어려운 과제에서는 불안수준이 낮을 때 과제수행이 높고, 쉬운 과제에서는 불안수준이 높을 때 과제수행이 높다.

🔓 ③

02 시험불안이 높은 학생을 위한 조력방안으로서 적절하지 못한 것은? 92 중등

① 책을 펴 보고 시험을 치게 한다.

② 기말고사와 같은 공식적인 시험을 실시한다.

③ 시험문항을 쉬운 것부터 점차 어려운 것으로 배열한다.

④ 특성불안이 높은 학생에게 시험문항에 대해 강평할 기회를 제공한다.

▨ 시험불안이 높은 학생을 위한 조력방안

공식적인 시험은 압력요인으로 작용하기 때문에 시험불안이 높은 학생을 위한 조력방안이라고 볼 수 없다.

🔓 ②

02 ▶ 적응기제

01 다음의 사례에서 보람이가 사용한 방어기제는? 05 중등

> 보람이는 학급 임원으로 선출되기를 기대했다. 그러나 아무도 추천하지 않아 후보에도 오르지 못했다. 선거가 끝난 후 보람이는 스스로에게 다음과 같이 말하였다. "임원이 되면 공부할 시간이 없을 텐데, 잘된 거야."

① 투사(projection)
② 동일시(identification)
③ 합리화(rationalization)
④ 반동 형성(reaction formation)

방어기제(합리화)

합리화는 그럴듯한 변명을 들어 난처한 입장이나 실패를 정당화하려는 자기기만전략을 말한다. 합리화에는 신포도형, 달콤한 레몬형, 투사형, 망상형이 있다. 보람이는 원하는 것을 얻지 못했을 경우 처음부터 그것을 원하지 않았다고 변명하는 신포도형에 속한다.

🔒 ③

02 영희는 지난 기말시험에 실패하게 된 원인을 자신에게서 찾기보다는 시험 문제와 담당 교사의 탓으로 돌렸다. 이는 어떤 방어기제에 해당하는가? 99 중등추시

① 투사
② 부인
③ 합리화
④ 반동 형성

방어기제(투사)

투사는 자신의 잘못이나 결점을 인정하지 않고 타인이나 환경의 탓으로 돌리는 것을 말한다. 즉, 자신의 결점을 다른 사람이나 사물에 전가시켜 비난함으로써 자신의 결함, 약점, 위험, 불안으로부터 벗어나 자신을 보호하려는 행위를 말한다. 책임 전가, 감정 전이가 일어난다.

🔒 ①

03 〈보기〉의 두 사례에 공통적으로 나타난 방어기제는? 08 초등

> **보기**
> • 민수는 진영이가 싫지만 오히려 진영이가 자기를 싫어한다고 생각한다.
> • 승희는 밤길을 무서워한다. 어느 날 밤, 엄마가 심부름을 시키자 언니에게 함께 나가자고 하면서 "언니, 무섭지? 내가 같이 가니까 괜찮지?"라고 말한다.

① 투사
② 승화
③ 동일시
④ 합리화

방어기제(투사)

투사는 자신의 잘못이나 결점을 인정하지 않고 타인이나 환경의 탓으로 돌리는 것을 말한다. 즉, 자신의 결점을 다른 사람이나 사물에 전가시켜 비난함으로써 자신의 결함, 약점, 위험, 불안으로부터 벗어나 자신을 보호하려는 행위를 말한다. 책임 전가, 감정 전이가 일어난다.

🔒 ①

04 〈보기〉의 사례에 해당하는 프로이트(S. Freud)의 방어기제는? 06 중등

> 외아들인 기수는 형제가 있는 친구들을 볼 때마다 매우 부러웠다. 특히 학교를 가지 않는 날이면 외롭고 쓸쓸하였다. 그래서 기수는 시(市)에서 운영하는 청소년 단체에 가입해서 나이가 서로 다른 사람들과 어울림으로써 외로움을 많이 달랬고, 그 결과 사교성도 발달하였다.

① 승화
② 투사
③ 치환
④ 합리화

방어기제(승화)

승화란 성적 충동이나 공격적인 충동 등 욕구를 사회적으로 바람직한 방식으로 전환하는 경우를 말한다.

🔒 ①

05 자기 아버지는 훌륭한 교사라고 자랑하면서 우쭐대거나, 자기의 친구가 현직 장관이라고 자랑하면서 만족해하는 것은 어떤 적응기제에 속하는가? 93 초등

① 합리화　　　　② 보상
③ 동일시　　　　④ 투사

> **방어기제**(동일시)
> 동일시는 무의식적으로 다른 사람의 특성을 내면화하는 과정, 자기의 것이 아님에도 불구하고 자기의 것으로 된 듯이 행동하는 것을 말한다.
>
> 🔒 ③

06 인간의 방어기제 중 다음의 현상을 가장 잘 설명하여 주는 것은? 01 중등

> 철수는 운동선수인 P군을 매우 좋아한다. 철수는 P군의 사진을 벽에 붙이고, P군의 행동도 흉내 낸다.

① 승화　　　　② 퇴행
③ 합리화　　　　④ 동일시

> **방어기제**(동일시)
> 동일시는 무의식적으로 다른 사람의 특성을 내면화하는 과정, 자기의 것이 아님에도 불구하고 자기의 것으로 된 듯이 행동하는 것을 말한다.
>
> 🔒 ④

07 다음의 사례에 나타난 방어기제는? 11 초등

> 초등학교 3학년인 민호에게 동생이 태어났다. 동생이 태어난 이후로 민호는 나이에 어울리지 않게 손가락을 빨고, 바지에 오줌을 싸는 등의 행동을 다시 하게 되었다.

① 퇴행　　　　② 억압
③ 투사　　　　④ 부인
⑤ 동일시

> **방어기제**(퇴행)
> 퇴행이란 문제가 발생했을 때 이전 발달단계나 유치한 행동으로 되돌아가는 것을 말한다.
>
> 🔒 ①

08 그림은 렌줄리(J. Renzulli)가 제시한 영재 특성 모형이다. (가)에 해당하는 것은? 05 초등

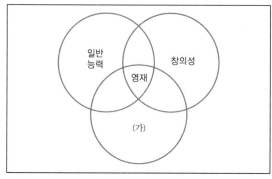

① 학업성취도　　　　② 과제 집착력
③ 정보처리 능력　　　　④ 상위인지 능력

> **영재의 개념**(렌줄리의 세 고리 모형)
> 렌줄리는 영재성의 개념 준거로 '평균 이상의 일반능력, 창의성, 과제 집착력'을 제시하였고, 이 3가지 요소의 상호작용에 의해 영재성이 발휘된다고 주장하였다.
>
> 🔒 ②

09 렌줄리(J. Renzulli)가 영재성을 설명하기 위해 사용한 '세 고리 모형'의 요소로 옳은 것은? 07 전문상담

① 재능(talent)
② 과제 집착력(task commitment)
③ 빠른 학습력(fast learning ability)
④ 비판적 사고력(critical thinking ability)

02

영재의 개념(렌줄리의 세 고리 모형)

렌줄리는 영재성의 개념 준거로 '평균 이상의 일반능력, 창의성, 과제 집착력'을 제시하였다.

🔒 ②

10 렌줄리(J. Renzulli)가 제안한 영재성 개념의 구성 요소가 아닌 것은? 07 초등

① 사회성   ② 창의성
③ 과제 집착력   ④ 평균 이상의 일반능력

영재의 개념(렌줄리의 세 고리 모형)

렌줄리는 영재성의 개념 준거로 '평균 이상의 일반능력, 창의성, 과제 집착력'을 제시하였고, 이 3가지 요소의 상호작용에 의해 영재성이 발휘된다고 주장하였다.

🔒 ①

11 렌줄리(J. S. Renzulli)의 심화학습 모형에 대한 〈보기〉의 설명 중 옳은 것을 고르면? 08 초등

┌─ 보기 ─┐

ㄱ. 처음에는 영재 학생들을 위해 제안된 수업모형이었으나, 일반 학생들을 포함한 학교 전체 심화학습 모형으로 발전하였다.
ㄴ. 이 모형에 근거한 최초의 프로그램은 중등학교 학생들을 대상으로 개발되었다.
ㄷ. 수업의 전개는 '일반적 탐색활동 → 집단 훈련활동 → 개인과 소집단의 실제문제 탐구활동'의 3단계로 이루어진다.
ㄹ. 개인과 소집단의 실제문제 탐구활동은 영재 수준의 학생들보다 보통 수준의 학생들에게 더 적합하다.

① ㄱ, ㄴ   ② ㄱ, ㄷ
③ ㄴ, ㄹ   ④ ㄷ, ㄹ

렌줄리의 심화학습 모형

렌줄리의 심화학습 모형 3단계는 영재교육 교수 · 학습 모형 중 가장 일반화되어 있는 모형으로 개별 학생들에게 자신의 관심과 흥미를 스스로 계발할 수 있는 학습기회를 제공하고, 학습내용 선택의 자율권을 부여하며, 개별화된 학습환경을 제공하는 것을 기본원리로 삼고 있다. 후에 렌줄리는 아이들의 흥미와 자발성을 중시하는 영재성 계발 프로그램을 일반학교 교육에 적용시키기 위해 노력하였다. 주로 초등학생에게 실시되었으나 중학생에게도 효과적으로 사용될 수 있는 모형이다. 1단계와 2단계는 영재뿐만 아니라 모든 학생들을 대상으로 하며, 3단계는 영재만을 위한 활동이다(영재 판별도구이자 영재교육 프로그램임). 심화학습 모형의 3단계는 다음과 같다.

단계	내용
1단계 (일반적 탐색활동)	학생들이 학습하는 학습주제와 내용에 흥미를 가질 수 있도록 하는 경험과 활동을 구성하는 단계로, 정규수업에서 다루지 않은 다양한 주제와 흥미로운 분야를 접하게 한다.
2단계 (집단 훈련활동)	창의적 사고력, 문제해결력 등의 개별 또는 집단 훈련 과정, 즉 학습자가 내용을 효과적으로 다룰 수 있도록 하는 정신작용을 발전시키는 단계로, 학생들이 사고과정을 훈련한다. 이 단계는 정보나 지식을 증가시키는 식의 내용지향적인 학습상황이나 활동과 달리 비판적 사고, 문제해결, 반성적 사고, 질문훈련, 확산적 사고, 감성훈련, 창의적 · 생산적 사고 등을 계발하는 과정으로 새로운 상황 문제를 다룰 수 있는 기술과 능력 발달에 초점을 둔다.
3단계 (개인과 소그룹의 실제문제 탐구활동)	학생들이 적절한 탐구 방법을 사용하여 실제 문제를 탐구하는 활동들로 구성하는 단계로 1, 2단계에서 습득한 지식과 기능을 바탕으로 일상생활의 문제나 자기 주도적 관심사를 선택하여 이를 창의적으로 해결하고 산출물(목표물)을 만들어 낸다.

🔒 ②

Thinking Map

Chapter 03 교수방법 및 교육공학

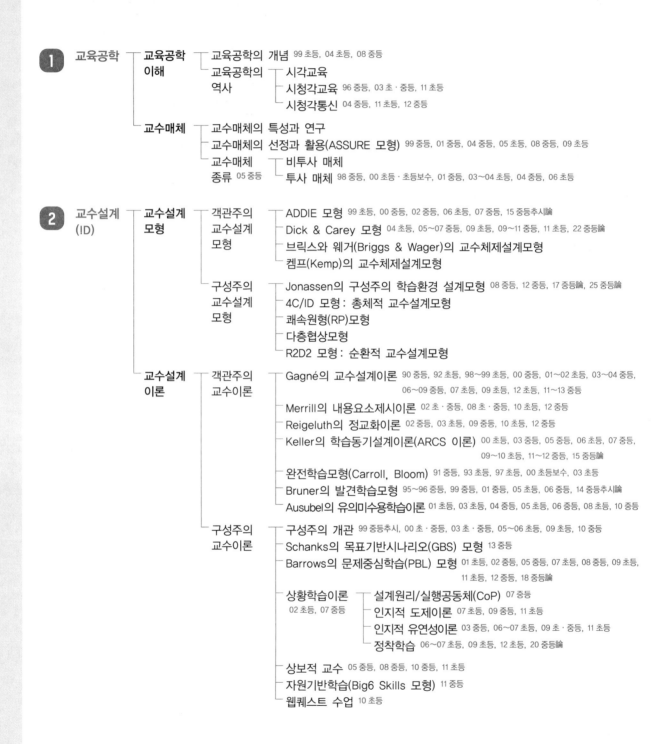

1 교육공학

┬ **교육공학 이해** ┬ 교육공학의 개념 99 초등, 04 초등, 08 중등
│ └ 교육공학의 역사 ┬ 시각교육
│   ├ 시청각교육 96 중등, 03 초·중등, 11 초등
│   └ 시청각통신 04 중등, 11 초등, 12 중등
│
└ **교수매체** ┬ 교수매체의 특성과 연구
              ├ 교수매체의 선정과 활용(ASSURE 모형) 99 중등, 01 중등, 04 중등, 05 초등, 08 중등, 09 초등
              └ 교수매체 종류 05 중등 ┬ 비투사 매체
                                      └ 투사 매체 98 중등, 00 초등·초등보수, 01 중등, 03~04 초등, 04 중등, 06 초등

2 교수설계 (ID)

┬ **교수설계 모형** ┬ 객관주의 교수설계 모형 ┬ ADDIE 모형 99 초등, 00 중등, 02 중등, 06 초등, 07 중등, 15 중등추시論
│   │   ├ Dick & Carey 모형 04 초등, 05~07 중등, 09 중등, 09~11 중등, 11 초등, 22 중등論
│   │   ├ 브릭스와 웨거(Briggs & Wager)의 교수체제설계모형
│   │   └ 켐프(Kemp)의 교수체제설계모형
│   │
│   └ 구성주의 교수설계 모형 ┬ Jonassen의 구성주의 학습환경 설계모형 08 중등, 12 중등, 17 중등論, 25 중등論
│   ├ 4C/ID 모형 : 총체적 교수설계모형
│   ├ 쾌속원형(RP)모형
│   ├ 다층협상모형
│   └ R2D2 모형 : 순환적 교수설계모형
│
└ **교수설계 이론** ┬ 객관주의 교수이론 ┬ Gagné의 교수설계이론 90 중등, 92 초등, 98~99 초등, 00 중등, 01~02 초등, 03~04 중등, 06~09 중등, 07 초등, 09 초등, 12 초등, 11~13 중등
                   │   ├ Merrill의 내용요소제시이론 02 초·중등, 08 초·중등, 10 초등, 12 중등
                   │   ├ Reigeluth의 정교화이론 02 중등, 03 초등, 09 중등, 10 초등, 12 중등
                   │   ├ Keller의 학습동기설계이론(ARCS 이론) 00 초등, 03 중등, 05 중등, 06 초등, 07 중등, 09~10 초등, 11~12 중등, 15 중등論
                   │   ├ 완전학습모형(Carroll, Bloom) 91 중등, 93 초등, 97 초등, 00 초등보수, 03 초등
                   │   ├ Bruner의 발견학습모형 95~96 중등, 99 중등, 01 중등, 05 초등, 06 중등, 14 중등추시論
                   │   └ Ausubel의 유의미수용학습이론 01 초등, 03 초·중등, 04 중등, 05 중등, 06 초등, 08 초등, 10 중등
                   │
                   └ 구성주의 교수이론 ┬ 구성주의 개관 99 중등추시, 00 초·중등, 03 초·중등, 05~06 중등, 09 중등, 10 중등
                                      ├ Schanks의 목표기반시나리오(GBS) 모형 13 중등
                                      ├ Barrows의 문제중심학습(PBL) 모형 01 초등, 02 중등, 05 중등, 07 초등, 08 중등, 09 초등, 11 초등, 12 중등, 18 중등論
                                      ├ 상황학습이론 02 초등, 07 중등 ┬ 설계원리/실행공동체(CoP) 07 중등
                                      │   ├ 인지적 도제이론 07 중등, 09 중등, 11 초등
                                      │   ├ 인지적 유연성이론 03 중등, 06~07 초등, 09 초·중등, 11 초등
                                      │   └ 정착학습 06~07 초등, 09 초등, 12 초등, 20 중등論
                                      ├ 상보적 교수 05 중등, 08 중등, 10 중등, 11 초등
                                      ├ 자원기반학습(Big6 Skills 모형) 11 중등
                                      └ 웹퀘스트 수업 10 초등

3 교수방법 ─ **교수방법** ─ 전통적 교수법 ─ 강의법 99 초등, 03 초등, 문답법 99 중등추시, 팀티칭 99 중등추시, 00 서울초보, 게임 02 초등, 사례연구 00 강원초보, 역할놀이 99 초등추시, 01 중등, 토의법 93 중등, 98 중등, 00~01 초등, 04 중등, 07 중등, 11 중등, 문제해결학습 99 중등, 프로젝트학습 99 중등, 00 초등보수, 01 중등, 자기주도학습 99 중등, 01 중등, 04 초등, 05 중등, 11 초등, 개별화학습 92 중등, 94 중등, 99 초등, 02 초등, 04 초등, 05 초등, 10 중등

협동학습 ─ 개관 96 중등, 99 초등·초등추시, 00 초등·초등보수·중등, 01 초등, 04 중등, 06 초·중등, 14 중등論

직소모형(Jigsaw) 99 초등추시, 01 초등, 05 중등, 08 중등, 10~11 중등

팀성취분담모형(STAD) 03 초등, 07 중등, 11 중등

팀경쟁학습(TGT)

자율적 협동학습(Co-op, Co-op) 02 중등, 10 중등

집단조사(GI)

함께 학습하기(LT)

팀보조개별학습(TAI) 04 초등

웹기반 협동학습

교수방법의 혁신 ─ 컴퓨터보조수업(CAI)

멀티미디어 99 중등추시, 99~00 초등, 02~03 중등, 04~06 초등, 06 중등, 11 중등

원격교육·온라인 수업 21 중등論, 22 중등論, 24 중등論

액션러닝

블렌디드 러닝 07 중등

플립드 러닝

디지털 교과서

디지털 리터러시

미디어 리터러시

테크놀로지 활용 수업

스마트 교육

소셜 미디어

메타버스

교수실행 ─ 질문하기와 청취하기

설명하기

마이크로티칭

Section 01 교육공학

01 교육공학의 이해

01 미국교육공학회(AECT)는 1994년에 교육공학(교수공학)의 정의를 내린 바 있다. 이 정의에 포함된 영역은? 08 중등

① 교수, 학습, 통신, 체제, 매체
② 설계, 개발, 활용, 관리, 평가
③ 시각매체, 청각매체, 교육방송, 컴퓨터
④ 교수방법, 교수매체, 학습환경, 학습전략

교육공학의 개념

교육공학이란 학습을 위한 과정과 자원의 설계, 개발, 활용, 관리 및 평가에 관한 이론과 실제이다.

🔒 ②

02 데일(Dale)의 경험의 원추에 따라 매체를 나열할 경우, 그림에서의 위치와 매체가 적절하게 묶인 것은? 03 초등

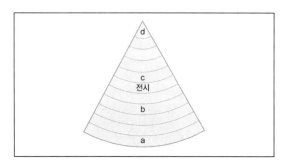

① a – TV
② b – 시범
③ c – 인쇄물
④ d – 직접적 경험

데일(Dale)의 경험의 원추모형

데일의 경험의 원추모형은 학습경험을 가장 구체적인 경험으로부터 추상적 경험까지 11단계로 나누어 전개하고 있다. 이에 따르면 '직접경험 → 구성된 경험 → 극화경험 → 시범 → 견학 → 전시 → TV → 영화 → 사진, 라디오, 녹음 → 시각기호 → 언어기호'로 배열된다. 여기서 최근 컴퓨터 매체의 등장에 따라 컴퓨터

매체를 추가한다면 'TV와 전시' 사이가 된다. 지문에서 a는 직접경험, b는 시범, c는 TV, d는 언어기호에 해당한다.

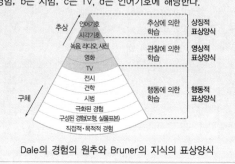

Dale의 경험의 원추와 Bruner의 지식의 표상양식

🔒 ②

03 벌로(D. Berlo)의 SMCR 모형에 관한 설명으로 옳은 것은? 04 중등

① 메시지는 내용, 요소, 처리, 해독으로 구성된다.
② 잡음(noise)을 메시지 전달 과정의 중요한 변인으로 고려한다.
③ 송신자의 메시지는 수신자의 시각과 청각에 의해서만 전달된다.
④ 송신자는 통신기술, 지식수준, 사회체제, 문화양식에 의해 영향을 받는다.

벌로의 SMCR 모형

벌로(D. Berlo)의 SMCR 모형에 따르면 통신효과는 4가지 구성요소(송신자, 전달내용, 통신방법, 수신자)들 간의 관계에 의해 결정되는 것으로 본다. SMCR 모형에서 S는 '송신자', M은 '전달내용', C는 '통신방법', R은 '수신자'를 의미한다. 이 모형에 따르면, 송신자와 수신자를 이해할 때 '통신기술, 태도, 지식수준, 사회체제, 문화양식' 등을 고려해야 하고, 메시지는 '내용, 요소, 처리, 구조, 코드' 등으로 구성되며, 이러한 메시지는 '시각, 청각, 촉각, 후각, 미각' 등에 의해서 전달된다. 그리고 메시지 전달 과정에서 '잡음'은 중요한 변인으로 설정되어 있지 않다.

🔒 ④

04 의사소통모형인 벌로(D. Berlo)의 SMCR 모형에 기초하여 김 교사와 학생의 수업과정을 분석할 때, M단계의 하위요소에 해당하는 것으로 옳은 것을 〈보기〉에서 고른 것은? 12 중등

┌─ 보기 ┐

김 교사는 학생의 흥미와 수준을 고려하여 ㉠ 가르칠 내용의 순서에 따라 설명하기 때문에 학생도 수업의 흐름을 놓치지 않고 잘 따라온다. 김 교사의 ㉡ 교과와 수업에 대한 열의는 수업 시간에 그대로 반영되어, 학생이 교사의 말에 더욱 집중하게 한다. 김 교사의 수업이 쉽고 지루하지 않은 것은 설명이 명확해서이기도 하지만, ㉢ 비언어적 표현, 즉 몸짓, 눈 맞추기, 표정 등을 적절히 활용하기 때문이다. 김 교사가 컴퓨터 활용 수업을 할 때에는 ㉣ 학생이 자료를 읽거나 사용하는 의사소통기술에 어려움이 없도록 지도한다. 전반적으로 김 교사의 수업에서는 학생들이 ㉤ 보고 듣기만 하는 것이 아니라, 만져보고 때로는 냄새를 맡고 맛을 보기도 하는 등 오감각을 통해 보다 풍부한 의사소통을 한다.

① ㉠, ㉡   ② ㉠, ㉢
③ ㉡, ㉣   ④ ㉢, ㉤
⑤ ㉣, ㉤

🔡 **벌로의 SMCR 모형**(M단계 하위요소)

Belro의 SMCR 모형에서는 커뮤니케이션 과정에서 필요한 요소를 송신자(Sender), 메시지(Message), 통신수단(Channel), 수신자(Receiver)의 4개로 제시하였다. 메시지(message)는 내용, 요소, 구조, 코드, 처리의 형태를 지닌다. 메시지(M)의 하위요소 중 ㉠은 '구조', ㉡은 '코드'와 관련된다. ㉢은 송신자(S)의 '태도' 요소에 속하고, ㉣은 수신자(R)의 '통신기술'과 관련되며, ㉤은 '통신수단'(C)과 관련된다.

🔒 ②

---

05 쉐논과 슈람(C. Shannon & W. Schramm)의 통신모형을 수업 과정으로 해석할 때, 설명이 바르지 않은 것은? 11 초등

① 학생은 교육내용을 자신의 경험의 장에 비추어 받아들인다.
② 교사와 학생의 의사소통 과정에 불필요한 잡음이 개입될 수 있다.
③ 교사가 교육내용을 전달하는 방식은 교사의 경험의 장에 영향을 받는다.
④ 교사와 학생 사이에 공통된 경험의 장이 없더라도 효과적인 의사소통이 이루어진다.
⑤ 교사와 학생의 의사소통 과정에서 전달내용이나 서로의 경험 차이에 관한 피드백이 이루어진다.

🔡 **쉐논과 슈람의 통신모형**

쉐논과 슈람(Schannon & Schramm)의 통신과정모형(1964)은 통신과정의 요소로 경험의 장, 잡음, 피드백의 3가지를 제시하고, 송신자와 수신자의 공통된 경험의 장, 잡음의 제거, 피드백의 원활한 활용 시 효과적인 학습이 가능하다고 보았다.

🔒 ④

02 교수매체

01 다음 중 교수매체를 활용하고자 할 때, 가장 먼저 해야 할 활동은? 01 중등

① 최적의 교수매체와 자료를 선정한다.
② 교수매체와 자료를 수업에서 활용한다.
③ 교수매체와 자료의 활용 결과를 평가한다.
④ 교수매체를 적용할 학습자의 제반 특성을 분석한다.

⊞ 교수매체의 활용(ASSURE)

교수매체와 자료를 효과적이고 체계적으로 활용하기 위한 지침으로는 ASSURE 모형이 있다. ASSURE 모형은 '학습자 분석(Analyze learners) → 목표 진술(State objectives) → 매체와 자료의 선정(Select media and materials) → 매체와 자료의 활용(Utilize media and materials) → 학습자 참여 요구(Require learners participation) → 평가와 수정(Evaluate and revise)의 단계로 구성된다. 따라서 교수매체를 활용하고자 할 때, 가장 먼저 해야 할 활동은 교수매체를 적용할 학습자의 제반 특성을 분석하는 것이다.

🔒 ④

⊞ ASSURE 모형(단계별 활동)

ASSURE 모형은 교수매체와 자료를 효과적이고 체계적으로 활용하기 위한 지침으로, ㄱ. 학습자 분석(A) 단계에서는 학습자의 일반적 특성, 구체적인 출발점 행동, 학습양식(학습유형)을 분석하며, ㄴ. 목표 진술(S) 단계에서는 학습자가 달성해야 할 학습목표를 구체적으로 설정하여 학습의 결과로 습득하게 될 새로운 지식과 경험을 명확하게 진술한다. 즉, 학습목표는 수업을 마쳤을 때 학습자가 무엇을 할 수 있는가를 구체적으로 진술하여야 한다. ㄷ. 매체와 자료의 선정(S) 단계에서는 학습목표 달성에 가장 적합한 교수방법, 교수매체 및 교수자료를 선정한다. 매체와 자료의 활용(U) 단계에서는 매체와 자료를 효과적으로 활용할 수 있도록 매체와 자료의 사전 점검, 매체와 자료의 준비, 환경 정비, 학습을 위한 사전 준비(학습자 준비)를 한 후, 학생들에게 학습경험을 제공하도록 한다. ㄹ. 학습자 참여 요구(R) 단계에서는 학습자에게 습득한 지식이나 기능을 연습할 기회와 피드백을 제공하여 학습활동을 강화시킨다. 평가와 수정(E) 단계에서는 학습자의 성취도 평가, 매체와 방법에 대한 평가, 교수·학습 과정에 대한 평가를 하고, 평가결과가 만족스럽지 않은 부분에 대해 수정을 한다. 따라서 〈보기〉 중 매체 선정 및 활용을 위한 ASSURE 모형에 관한 설명으로 옳은 것은 ㄷ과 ㄹ이다.

🔒 ④

02 〈보기〉에서 매체 선정 및 활용을 위한 ASSURE 모형에 관한 설명으로 옳은 것끼리 묶인 것은? 08 중등

┌─ 보기 ─┐

ㄱ. '요구 사정' 및 '학습양식 분석'을 실시한다.
ㄴ. 학습자가 수업 중에 경험하게 될 일련의 학습활동을 수업목표로 제시한다.
ㄷ. 수업목표 달성을 위한 교수방법과 매체를 선택하고, 그에 따라 구체적인 교수·학습 자료를 선정한다.
ㄹ. 학습자에게 습득한 지식이나 기능을 연습할 기회와 피드백을 제공하여 적극적인 사고활동을 유도한다.

① ㄱ, ㄴ   ② ㄱ, ㄹ
③ ㄴ, ㄷ   ④ ㄷ, ㄹ

03 ASSURE 모형을 활용하여 교수매체를 사용하고자 할 때, 다음에 제시된 교사의 활동 단계는? 04 중등

• 수업자료가 학습자와 학습목표에 적절한가를 사전에 검토한다.
• 교수매체를 이용할 교실의 주변 환경을 점검한다.
• 학습자에게 학습 준비를 위해 학습내용과 교수매체에 관한 정보를 제공한다.

① 목표 진술   ② 학습자 분석
③ 평가와 수정   ④ 매체와 자료의 활용

⊞ ASSURE 모형(매체와 자료의 활용)

'매체와 자료의 활용' 단계에서는 교수매체를 효과적으로 활용하기 위해 '매체와 자료의 점검, 매체와 자료의 준비, 환경의 준비, 학습자의 준비, 학습경험의 제공'을 한다.

🔒 ④

04 〈보기〉는 하이니히(R. Heinich)가 제안한 ASSURE 모형이다. (가) 단계에서 교사가 수행한 일로 가장 적합한 것은? _{05 초등}

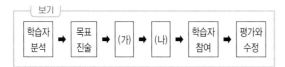

① 단답형 평가를 실시하여 성취도를 측정하였다.
② 학생들이 인터넷에서 자료를 검색하고 발표하게 하였다.
③ 학생들이 모둠별로 데이터베이스를 만들도록 도와주었다.
④ 사서 교사와 의논하여 비디오, 책, 지도 등을 예약해 두었다.

🔡 **ASSURE 모형**(매체와 자료의 선정)

(가)는 '매체와 자료의 선정', (나)는 '매체와 자료의 활용' 단계에 해당한다. (가)에서는 학습목표 달성에 가장 적합한 교수방법, 교수매체 및 교수자료를 선정한다.
①은 '평가와 수정', ②와 ③은 '학습자 참여 요구' 단계에 해당한다.

🔒 ④

05 하이니히가 제안한 ASSURE 모형의 '매체와 자료 활용' 단계에서 교사가 수행하는 활동이 아닌 것은? _{09 초등}

① 학습목표 달성을 위해 적절한 수업방법, 매체 및 자료를 선정한다.
② 매체를 활용하여 수업을 진행함으로써 학생들에게 학습경험을 제공한다.
③ 수업자료의 내용을 미리 확인하여 그 자료를 충분히 효과적으로 활용할 수 있도록 한다.
④ 수업을 하려는 장소가 매체를 사용하기에 적절한지 점검하고 수업환경을 적절하게 준비한다.
⑤ 학생에게 수업내용에 대한 개요를 소개하거나 학습목표를 알려줌으로써 수업에 대한 기대감을 갖게 한다.

🔡 **ASSURE 모형**(매체와 자료의 활용)

'매체와 자료의 활용' 단계에서는 교수매체를 효과적으로 활용하기 위해 매체와 자료를 점검·준비하고, 매체를 사용할 환경을 준비하며, 학습자를 준비시킨 후, 학습경험을 제공한다.
①은 '매체와 자료의 선정' 단계에 해당한다. ②는 학습경험의 제공, ③은 자료에 대한 사전 검토, ④는 환경의 준비, ⑤ 학습자의 준비에 해당한다.

🔒 ①

Section 02 교수설계(ID)

01 교수설계 이해

01 학습지도의 원리 중 전인교육을 강조하는 것은? ^{92 중등}

① 직관의 원리
② 개별화의 원리
③ 사회화의 원리
④ 통합화의 원리

> **학습지도의 원리**(통합의 원리)
>
> 통합화의 원리는 학습자의 지적·정의적·심동적 영역이 종합적인 전체로서 이루어져야 한다는 전인교육의 원리로, 교과 간의 통합, 교과와 생활의 통합을 강조한다.
>
> 🔒 ④

02 다음 〈보기〉의 속담과 가장 밀접한 학습지도의 원리는?

^{93 초등}

> ┤ 보기 ├
>
> 말을 물까지 끌고 가기는 쉬우나, 물을 먹지 않으려는 말에게 물을 먹이기는 어렵다.

① 사회화의 원리
② 개별화의 원리
③ 직관의 원리
④ 자발성의 원리

> **학습지도의 원리**(자발성의 원리)
>
> 자발성의 원리는 학습자 자신이 학습을 전개해 나가는 원리이다. 구안법, 문제해결학습, 발견학습, 프로그램 학습 등이 자발성의 원리에 근거한 것이다.
>
> 🔒 ④

03 〈보기〉는 수업이론에 대한 브루너(J. Bruner)의 견해이다. (가)와 (나)에 알맞은 단어들을 순서대로 연결한 것은?

^{05 초등}

> ┤ 보기 ├
>
> 수업이론은 주어진 교육목표를 달성하기 위한 가장 효과적인 수업의 절차를 제시해야 한다는 점에서 □(가)□ 이다. 또한 학습자가 어떤 조건에서 어느 정도 학습해야 하는지 그 조건과 준거를 제시해야 한다는 점에서 □(나)□ 이다.

① 간접적 − 기술적
② 규범적 − 간접적
③ 처방적 − 규범적
④ 처방적 − 기술적

> **수업이론에 대한 브루너의 견해**
>
> 브루너는 학습이론이나 발달이론은 근본적으로 기술적인 성격을 가지고 있는데 반해, 수업이론은 처방적이고 규범적인 성격을 가진다고 하였다.
>
> 🔒 ③

04 그림은 처방적 교수이론의 특징을 묘사한 것이다. 이에 대한 설명으로 잘못된 것은? 08 초등

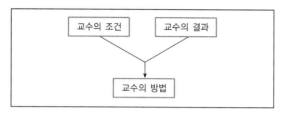

① 브루너(J. S. Bruner)가 말하는 교수이론의 특징이다.
② 교수의 결과는 사전에 기대했던 학습결과를 의미한다.
③ "~을 하기 위하여~을 해야 한다."라는 규범적이고 당위적인 판단이 이루어진다.
④ 주어진 교수조건과 적용된 교수방법이 어떤 결과를 가져왔는지를 기술하는 데 중점을 둔다.

🔳 처방적 교수이론의 특징

브루너는 교수이론이 처방적이고 규범적이어야 한다고 주장하였다. 즉, 교수이론은 주어진 교수조건과 적용된 교수방법이 어떤 결과를 가져왔는지를 기술하는 데 중점을 두는 것이 아니라, 지식이나 기술을 습득하는 데 있어서 가장 효과적인 방법에 관한 법칙을 제공하고(처방적 성격), 특정한 교수나 학습의 방법을 비판한다거나 평가하기 위한 표준을 제공할 수 있는 것이어야 한다(규범적 성격).

🔒 ④

05 라이겔루스(C. Reigeluth)가 교수의 3대 변인 사이의 관계를 도식화한 다음 모형에 대한 설명으로 옳은 것만을 〈보기〉에서 있는 대로 고른 것은? 12 중등

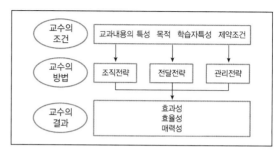

┌ 보기 ┐

ㄱ. '교수의 조건'이란 교수설계자나 교사가 통제할 수 있는 것으로, 가네(R. Gagné)의 학습조건 중 외적 조건과 같은 의미이다.
ㄴ. '교수의 방법'이란 서로 다른 조건하에서 의도한 학습결과를 성취하기 위하여 사용되는 다양한 교수전략을 의미한다.
ㄷ. '조직전략'에는 하나의 아이디어를 가르칠 때의 교수전략인 미시적 조직전략과 복합적인 여러 아이디어를 가르칠 때의 교수전략인 거시적 조직전략이 있다.
ㄹ. '교수의 결과' 중 매력성(appeal)이란 학습자가 교수·학습 활동과 학습자료 등에 매력을 느껴 학습을 더 자주 하려 하고, 습득한 지식이나 기능을 사용하려는 성향을 의미한다.

① ㄱ, ㄴ
② ㄷ, ㄹ
③ ㄱ, ㄴ, ㄹ
④ ㄱ, ㄷ, ㄹ
⑤ ㄴ, ㄷ, ㄹ

🔳 라이겔루스의 교수설계 3대 변인

교수설계 3대 변인에는 교수조건, 교수방법, 교수성과(결과)가 있다. ㄱ. 교수조건은 교수방법과 상호작용하지만 교수설계자나 교사에 의해 통제될 수 없는 변인이다.

🔒 ⑤

06 다음은 어느 교사가 작성한 교단일기 중의 일부이다. (가) ~(마)에서 라이겔루스(C. Reigeluth)가 제시한 교수의 3가지 변인 중 '조건' 변인에 해당하는 것으로 가장 적절한 것은? 13 중등

우리 학교의 교과별 교육과정에는 월별 계획뿐 아니라 매시간 수업을 통해 도달해야 할 목표와 다루어야 할 교육내용이 상세하게 규정되어 있다. 모든 교사는 그 교육과정에 따라 수업을 진행해야 한다. 따라서 (가) 나는 정해진 수업목표와 교육내용을 바꿀 수 없었다. 그러나 (나) 수업목표 달성을 위한 전략은 내가 선택하여 사용할 수 있었다. 나는 교육내용을 강의식으로 설명하기보다는 학습자들이 서로 협력하여 토론하게 하는 전략을 활용하였다. 그 전략은 강의식에 비해 (다) 학습시간이 더 많이 소요되었다. 그렇지만 수업이 끝난 후 (라) 대부분의 학습자들이 수업목표에 도달하였고, (마) 수업에 대한 흥미도가 높아졌으며 그 수업의 내용에 대해서도 지속적인 관심을 보였다.

---

① (가) ② (나)
③ (다) ④ (라)
⑤ (마)

🔲 라이겔루스의 교수설계 3대 변인

교수설계 3대 변인에는 교수조건, 교수방법, 교수성과(결과)가 있다. 조건변인에는 교과목표, 교과내용 특성, 학습자 특성, 제약조건이 있고, 방법변인에는 조직전략, 전달전략, 관리전략, 결과변인에는 효과성, 효율성, 매력성, 안정성이 있다.
(가)는 조건변인('교과목표, 교과내용'), (나)는 방법변인('전달전략'), (다)는 결과변인('효율성'), (라)는 결과변인('효과성'), (마)는 결과변인('매력성')에 관한 내용이다.

🔒 ①

---

02 교수설계모형

01 수업설계 과정에서 학습과제분석과 학습자분석은 매우 중요하다. 다음 중 분석의 목적에 가장 직접적으로 관련되는 것은? 00 대구 · 경북초보

① 수업목표 선정 ② 평가방법 선정
③ 학습경험 선정 ④ 수업방법 선정
⑤ 수업매체 선정

🔲 체제적 수업설계(수업목표 선정)

수업목표는 요구분석, 과제분석, 학습자분석, 환경분석 등을 토대로 수업을 마쳤을 때 학습자가 무엇을 할 수 있는가를 구체적으로 진술한다.

🔒 ①

---

02 일반적 교수체제 설계모형(ADDIE)의 '분석 단계'에서 수행하는 활동을 〈보기〉에서 모두 고른 것은? 09 초등

보기

ㄱ. 요구분석 ㄴ. 환경분석
ㄷ. 교수자분석 ㄹ. 학습자분석
ㅁ. 직무 및 과제분석

---

① ㄱ, ㄴ, ㄷ ② ㄱ, ㄹ, ㅁ
③ ㄴ, ㄹ, ㅁ ④ ㄱ, ㄴ, ㄷ, ㄹ
⑤ ㄱ, ㄴ, ㄹ, ㅁ

🔲 ADDIE 모형(분석 단계)

일반적 교수체제설계모형(ADDIE)은 분석(Analysis), 설계(Design), 개발(Development), 실행(Implementation), 평가(Evaluation)라는 다섯 단계로 이루어진다. 분석 단계에서는 요구분석, 과제분석, 학습자분석, 환경분석을 하며, 설계 단계에서는 수행목표 명세화, 평가도구 개발, 교수전략 및 매체 선정을 한다. 개발 단계에서는 교수자료 개발, 형성평가 실시 및 자료 수정을 하며, 실행 단계에서는 프로그램 사용 및 질 관리, 지원체제 강구를 하며, 평가 단계에서는 총괄평가를 한다.

🔒 ⑤

---

03 다음은 체제적 수업 개발의 일반적 절차를 나타낸 그림이다. 평가 도구를 작성해야 하는 단계는? 02 초등

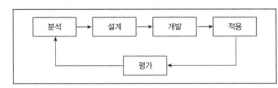

① 분석   ② 설계
③ 개발   ④ 평가

▦ **ADDIE 모형**(설계 단계)

설계 단계에서는 분석 단계에서 나온 산출물을 토대로 전체적인 교수 도안(design)을 그린다. 그 주요활동으로는 수행목표 명세화, 평가도구 개발, 교수전략 및 매체 선정이 있다.

🔓 ②

04 〈보기〉의 활동에 해당하는 일반적 교수체제 설계모형의 단계는? 07 영양

> 보기
> • 교수자료의 효과성과 효율성을 확인한다.
> • 교육프로그램의 효과성과 효율성을 검증한다.
> • 해당 자료나 프로그램의 문제점 파악 및 수정사항을 결정한다.

① 분석 단계   ② 설계 단계
③ 개발 단계   ④ 평가 단계

▦ **ADDIE 모형**(평가 단계)

평가 단계는 총괄평가를 실시하는 단계로, 새로 개발된 교수프로그램이나 교수자료의 효과성이나 효율성을 측정한다. 프로그램의 만족도, 학습자의 지식·기능·태도 등의 변화 정도 및 전이 등을 평가한다.

🔓 ④

05 체제적 교수설계모형(ADDIE 모형, ASSURE 모형, Dick & Carey 모형)에 따라, 김 교사는 가장 먼저 개발할 교사 직무능력 향상 프로그램을 선정하기 위해 요구분석을 실시하였다. (가)와 (나)에 적합한 활동을 〈보기〉에서 고른 것은? 10 중등

요구분석 단계	요구분석 활동
직무수행의 바람직한 상태 설정	여러 자료를 토대로 직무별로 바람직한 교사의 수행 상태를 설정하였다.
교사의 현재 직무수행 상태 측정	동료 교사와의 인터뷰, 관찰 등을 토대로 교사의 직무별 현재 수행 상태를 측정하였다.
요구의 크기 계산	직무별로 '바람직한 직무수행 상태'와 '교사의 현재 직무수행 상태' 간의 차이를 계산하였다.
요구 우선순위 결정	(가)
요구 발생원인 분석	(나)
직무연수 프로그램 개발 대상 요구 선정	위의 (나)에서 선정된 요구 중 우선순위가 가장 높은 요구를 충족시키기 위해 직무연수 프로그램을 개발하기로 결정하였다.

> 보기

(가)	ㄱ. 직무별 요구의 크기에 따라 요구들의 우선순위를 결정하였다.
	ㄴ. 직무별 요구의 크기와 직무 중요도에 따라 요구들의 우선순위를 결정하였다.
(나)	ㄷ. 요구 발생 원인을 분석하여 환경, 조직운영 및 학교 교육정책의 문제로 초래된 요구를 선정하였다.
	ㄹ. 요구 발생 원인을 분석하여 교사의 건강, 업무 분장 및 업무량의 문제로 초래된 요구를 선정하였다.
	ㅁ. 요구 발생 원인을 분석하여 교사의 지식과 기능 부족으로 초래된 요구를 선정하였다.

       (가)   (나)
①   ㄱ   ㄷ
②   ㄱ   ㅁ
③   ㄴ   ㄷ
④   ㄴ   ㄹ
⑤   ㄴ   ㅁ

체제적 교수설계모형(요구분석)

체제적 교수설계에서 요구분석이란 바람직한 상태(최적의 수행수준)와 현재의 상태(실제 수행수준) 간의 차이가 무엇인지 근본적인 원인을 규명하고 가장 적합한 해결방안을 찾는 것을 말한다. 요구분석이 필요한 이유는 차이의 근본적인 원인을 규명하면 우선순위를 결정하여 자원을 합리적으로 분배할 수 있기 때문이다. 우선순위를 결정할 때에는 차이의 크기가 큰 사항, 목적의 중요도가 큰 사항, 영향을 받을 학생의 수가 많은 경우, 목적달성에 큰 영향을 미칠 사항, 차이를 줄일 가능성이 높은 사항을 고려하여 가장 중요하고 주의를 기울여야 하는 차이부터 우선순위를 결정한다. 지문의 요구분석은 '교사 직무능력 향상 프로그램 선정'을 위해 실시된 것인데, 따라서 요구 우선순위를 결정할 때에는 ㄴ. 직무별 요구의 크기뿐만 아니라 직무 중요도를 고려해야 하며, 요구의 발생 원인 분석에서는 ㅁ. 교사의 직무능력, 즉 교사의 지식과 기능 부족으로 초래된 요구를 선정하여야 한다.

🔒 ⑤

06 딕과 케리(W. Dick, L. Carey & J. Carey)의 교수설계모형에 대한 설명으로 옳지 않은 것은? 11 중등

① 교수 프로그램을 설계 및 개발하기 위해 체계적인 접근을 한다.
② 딕과 케리의 교수설계모형에는 ADDIE 모형의 실행단계(I)가 생략되어 있다.
③ 교수 프로그램 설계 및 개발 과정을 주도한 교수설계자가 총괄평가를 실시할 것을 권한다.
④ 수행목표진술 단계에서는 학습이 끝났을 때 학습자가 할 수 있는 것으로 기대되는 목표를 구체적으로 진술한다.
⑤ 교수분석 단계에는 목표를 학습 영역(learning outcomes)에 따라 분류하고 수행 행동의 주요 단계를 파악하는 활동이 포함된다.

딕과 케리 모형

딕과 케리(Dick & Carey) 모형은 수업설계자 입장에서 구안한 것으로 수업실천보다 사전설계에 초점을 둔 모형이다. ③ 총괄평가는 형성평가에 의해 충분히 수정·보완된 후 실시하며, 보통 외부평가자에게 의뢰한다.

🔒 ③

07 가네(R. Gagné)가 학습결과 중의 하나로 분류한 문제해결력을 기르기 위한 수업을 딕(W. Dick)과 캐리(L. Carey)의 체제적 교수설계모형에 따라 설계하고자 한다. 〈보기〉에서 옳은 것을 고른 것은? (단, 학습과제는 구조화되어 있다고 가정한다.) 10 중등

┌─ 보기 ┐

ㄱ. 학습목표는 '문제해결에 필요한 원리와 법칙을 정확하게 설명할 수 있다.'로 설정한다.
ㄴ. 문제해결력을 육성하는 학습목표에 관한 교수분석은 문제해결력에서부터 시작하여 하향식 위계분석을 실시한다.
ㄷ. 교수분석과정에서 출발점 행동을 설정하기 위해 해당 학생들이 이수한 교육과정 분석과 학생 관찰 결과를 활용한다.
ㄹ. 문제해결력 학습에 필요한 하위능력은 구체적 개념, 정의된 개념, 변별력, 원리와 법칙의 순서로 가르친다.
ㅁ. 학습목표에 기술된 조건과 성취행동(또는 수행)에 부합하는 연습 기회와 교정적 피드백을 제공한다.

① ㄱ, ㄷ, ㄹ   ② ㄱ, ㄷ, ㅁ
③ ㄴ, ㄷ, ㄹ   ④ ㄴ, ㄷ, ㅁ
⑤ ㄴ, ㄹ, ㅁ

가네, 딕과 캐리의 교수설계모형(교수분석)

딕과 캐리의 체제적 교수설계모형에서는 교수분석 단계에서 과제분석을 실시한다. 과제분석이란 가르쳐야 할 모든 종류의 지식, 기능, 태도 등을 위계적으로 분석하는 것을 말한다. 과제분석은 '학습목표 분석'과 그 목표를 구성하는 '하위기능 분석'의 두 단계로 구성된다. ㄱ. 가네의 학습결과 중 '문제해결력'은 이미 배운 원리를 응용하여 여러 가지 새로운 상황에서 당면하는 문제에 대한 해결책을 발견하게 되는 학습유형이므로, 문제해결에 필요한 원리와 법칙을 정확하게 '설명할 수 있다'는 문제해결력을 기르기 위한 학습목표로 적절하지 않다. 학습목표는 '문제해결에 필요한 원리와 법칙을 창안할 수 있다.'로 설정할 수 있다. ㄹ. 가네는 인간의 모든 지식은 위계적으로 축적되어 있기 때문에 높은 수준의 지식을 학습하기 위해서는 반드시 낮은 수준의 지식을 사전에 습득하여 학습의 위계 구조를 밝혀야 한다고 하였다. 가네가 제시한 8가지 학습 형태는 '신호학습 − 자극반응 학습 − 연쇄학습 − 언어연합학습 − 변별학습 − 개념학습 − 원리학습 − 문제해결학습'의 순서로 낮은 수준에서 높은 수준의 위계구조를 갖는다.

이들은 각각 다음 상위 수준의 기능 습득을 위한 핵심적인 선행 학습 요소이다. 이 중 지적 기능학습 영역은 '변별학습 – 개념학습(구체적 개념, 정의된 개념) – 원리학습 – 문제해결학습'이며, 따라서 ㄹ. 문제해결학습에 필요한 하위 능력은 '변별력 – 구체적 개념 – 정의된 개념 – 원리와 법칙'의 순서로 가르쳐야 한다.

🔒 ④

08 딕과 캐리(W. Dick & L. Carey)의 수업체제설계모형에 따라 수업을 설계할 때, 다음에 제시된 절차에 해당하는 것은? 13 중등

> '학습자는 순환마디로만 이루어진 순환소수를 분수로 변환할 수 있다.'라는 수업목표를 '지적 기능'으로 분류한 후, 정보처리 분석과 위계분석을 수행하였다. 다음 그림은 그 결과의 일부이다.
>
>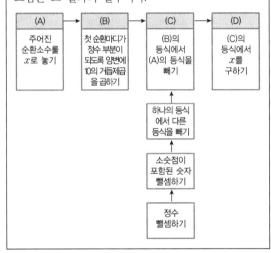

① 교수분석 ② 요구분석
③ 형성평가 ④ 환경분석
⑤ 학습자분석

⚏ 딕과 캐리 모형(교수분석)

딕과 캐리의 교수체제설계모형에서 교수분석 단계에서는 학습자가 교수목적(최종 교수목적)에 도달하기 위해 필요한 목표유형 및 하위기능, 그리고 그 기능들이 어떤 절차로 학습되어야 하는가를 분석한다.

🔒 ①

09 딕(W. Dick)과 캐리(L. Carey)의 체제적 교수설계모형에서 학습과제분석(또는 교수과제분석)의 결과와 그 활용에 관한 설명 중 거리가 먼 것은? 06 중등

① 분석된 모든 목표와 하위기능을 수행목표(또는 성취목표)로 진술한다.
② 분석된 학습목표들을 고려하여 연습문제, 형성평가 및 총합평가 도구를 개발한다.
③ 설정된 출발점 행동을 본시수업 초기단계에서 가르치고 형성평가 단계에서는 성취도를 평가한다.
④ 분석결과에 따라 하위기능을 먼저 가르치고, 그 다음 관련된 상위목표를 달성하도록 수업순서를 정한다.

⚏ 딕과 캐리 모형(교수분석의 결과와 활용)

형성평가는 교수 프로그램의 초안이 완성되면 프로그램의 질을 개선하는 데 필요한 자료를 수집하는 평가를 의미한다. 형성평가의 결과를 바탕으로 하여 수업프로그램이 가지고 있는 결점을 수정·보완한다.

🔒 ③

10 딕과 캐리(W. Dick & L. Carey)의 체제적 교수설계모형에서 (가), (나) 단계에 해당하는 것은? 04 초등

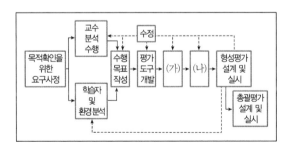

	(가)	(나)
①	교수전략 개발	관리전략 개발
②	교수전략 개발	교수자료 개발 및 선정
③	교수자료 개발 및 선정	조직전략 개발
④	교수자료 개발 및 선정	전달전략 개발

딕과 캐리 모형(교수전략 개발, 교수자료 개발)

(가)는 교수전략 개발, (나)는 교수자료 개발 및 선정이다. 교수전략 개발은 교수 프로그램의 최종 목표를 성취하기 위해서 교수전략을 개발하는 것을 의미한다. 교수전략에는 동기유발 전략, 학습내용의 제시 전략, 연습·피드백 전략, 추후활동 전략, 교수·학습 집단의 조직, 수업환경 정비 등이 포함된다. 교수자료 개발 및 선정에서는 수립된 교수전략에 의거하여 교수와 관련되는 모든 형태의 자료를 만든다. 학습자용 지침서, 교사용 지침서, 비디오테이프, 컴퓨터 기반 멀티미디어, 원격학습용 콘텐츠 등 다양한 형태로 개발할 수 있다.

🔒 ②

11 다음은 딕과 캐리가 제시한 체계적 교수설계모형이다. ⊙ 에서 수행해야 할 활동은? 09 초등

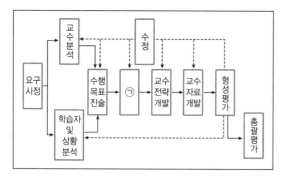

① 평가문항을 개발한다.
② 수업내용을 계열화한다.
③ 사용할 매체의 유형을 결정한다.
④ 학습자의 출발점 행동을 확인한다.
⑤ 과제분석을 통해 수업내용을 선정한다.

딕과 캐리 모형(평가도구 개발)

⊙은 평가도구 개발 단계이다. 여기서는 수행목표 진술을 기준으로 수업 후 학습자의 성취수준을 측정할 수 있는 준거지향평가(절대평가)문항을 개발한다. 절대평가 문항과 진술된 목표는 반드시 일치해야 한다.

🔒 ①

12 딕과 캐리(W. Dick, L. Carey, & J. Carey)의 체계적 교수설계모형을 활용하여 방과 후 영어수업 프로그램을 개발하고자 할 때, 교사가 (가) 단계에서 수행해야 할 활동으로 적절하지 않은 것은? 11 초등

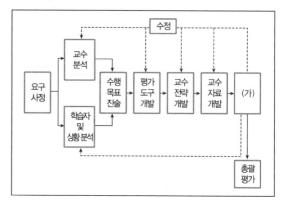

① 개발된 영어연극 교수전략이 학습자 특성에 부합하는지 점검하기 위해 소집단평가를 실시한다.
② 개발된 교수자료의 영어 표현들이 적절한지를 확인하기 위해 원어민 영어교사에게 검토를 의뢰한다.
③ 개발된 프로그램이 타 학교 방과 후 프로그램보다 더 효과적인지를 판단하기 위해 지필평가를 실시한다.
④ 개발된 영어능력 평가 문항들의 타당성을 확인하기 위해 세 명의 학생을 선정하여 일대일평가를 실시한다.
⑤ 개발된 프로그램을 정해진 수업 시간 내에 실행할 수 있는지 확인하기 위해 학습자를 대상으로 현장평가를 실시한다.

딕과 캐리 모형(형성평가 실시)

딕과 캐리 모형에서 '형성평가'는 교수 프로그램의 초안이 완성되면, 프로그램의 질을 개선하는 데 필요한 자료를 수집하는 평가이다. 일대일평가, 소집단평가, 현장평가, 전문가평가 등이 있다. 형성평가의 목적은 개발된 교수 프로그램의 수정·보완에 있다.

🔒 ③

13 딕(W. Dick)과 캐리(L. Carey)의 수업설계모형에서 형성 평가에 대한 설명으로 가장 적절한 것은? 07중등

① 일대일평가, 소집단평가, 현장평가 등을 실시한다.
② 형성평가의 결과를 바탕으로 총괄평가를 실시한다.
③ 개발된 수업프로그램을 실제수업에 활용한 후에 실시한다.
④ 개발된 수업프로그램의 계속 사용 여부를 결정하기 위해 실시한다.

🔠 딕과 캐리 모형(형성평가)

딕과 캐리 모형에서 '형성평가'는 교수 프로그램의 초안이 완성 되면, 프로그램의 질을 개선하는 데 필요한 자료를 수집하는 평 가이다. 일대일평가, 소집단평가, 현장평가, 전문가평가 등이 있다. 형성평가의 목적은 개발된 교수 프로그램의 수정·보완에 있다. '교수 프로그램 수정' 단계에서는 형성평가의 결과를 토대로 교 수 프로그램이 지닌 결점을 수정·보완한다.

🔒 ①

14 ADDIE 모형, ASSURE 모형, 딕과 캐리 모형(W. Dick, L. Carey, & J. Carey, 2005)에 대한 설명으로 옳은 것만을 〈보기〉에서 있는 대로 고른 것은? 12중등

┌─ 보기 ─┐

ㄱ. ASSURE 모형은 학교 수업에 활용하도록 만들 어졌으며, 모형 자체에는 과제분석(교수분석) 단 계가 포함되지 않는다.
ㄴ. 딕과 캐리 모형에서는 독립된 단계로서의 교수 실행이 설정되어 있지 않다.
ㄷ. ADDIE 모형과 딕과 캐리 모형은 모두 형성평가 나 파일럿 테스트를 실시하고 교수 프로그램을 수정하도록 한다.
ㄹ. 이들 세 모형은 모두 수행목표 각각에 대응하 여 평가 항목을 만들도록 교수전략 개발 단계 이전에 평가도구 개발 단계를 두고 있다.

① ㄱ, ㄴ   ② ㄷ, ㄹ
③ ㄱ, ㄴ, ㄷ   ④ ㄱ, ㄴ, ㄹ
⑤ ㄴ, ㄷ, ㄹ

🔠 ADDIE 모형, ASSURE 모형, 딕과 캐리 모형

ㄹ. 교수전략 개발 이전 단계에 수행목표에 대응하여 평가도구 개발단계를 두고 있는 것은 ADDIE 모형과 딕과 캐리 모형에만 해당된다. ASSURE 모형에서는 평가도구 개발단계가 없으며, 평 가와 수정 단계에서 학습목표 달성 정도, 교수방법과 매체 및 자료 의 효과성을 평가하고 다음 수업을 위해 수정한다.

🔒 ③

15 〈보기〉는 체제적 수업설계 과정 중 요구분석에 대한 진술 이다. 옳은 것을 모두 고른 것은? 07중등

┌─ 보기 ─┐

ㄱ. 요구분석은 불확실한 문제의 본질을 규명하고 자 실시된다.
ㄴ. 요구분석에서 요구란 최적의 수행수준과 실제 수행수준 사이의 격차(discrepancy)를 뜻한다.
ㄷ. 요구분석은 학습의 결과로 획득되는 능력의 다 양한 유형들을 확인하고, 구조화된 학습내용의 요소들이나 단위들을 계열화하는 것이다.

① ㄱ, ㄴ   ② ㄱ, ㄷ
③ ㄴ, ㄷ   ④ ㄱ, ㄴ, ㄷ

🔠 교수체제설계(요구분석)

요구분석은 ㄱ. 불확실한 문제의 본질(원인)을 규명하고 가장 적 절한 해결방안을 찾아내기 위한 활동을 의미한다. ㄴ. 요구분석 에서 요구란 바람직한 상태(최적의 수행수준, 원하는 상태)와 현 재의 상태(실제 수행수준) 간의 차이(gap, discrepancy)를 의미 한다. 그런데 ㄷ. 학습목표 분석을 통해 학습목표가 어떤 학습유 형에 속하는지 목표유형을 분석하고, 그 목표를 구성하는 '하위 기능 분석'을 하는 것은 과제분석 단계에 해당한다.

🔒 ①

16 교육과정 관련 요구조사에 대한 설명으로 맞게 묶인 것은?

03 초등

> ㄱ. 주로 학습자를 대상으로 정보를 수집한다.
> ㄴ. 교육과정 관련 집단 간의 의사소통을 증진시킨다.
> ㄷ. 다양한 방법을 통하여 자료를 수집하는 것이 바람직하다.
> ㄹ. 적용되고 있는 교육과정의 실태를 파악하는 데 우선적인 목적을 둔다.
> ㅁ. 교육과정 개발 과업의 우선순위를 설정하는 데 기초 자료를 제공한다.

① ㄱ, ㄴ, ㄷ   ② ㄱ, ㄹ, ㅁ
③ ㄴ, ㄷ, ㅁ   ④ ㄷ, ㄹ, ㅁ

🔡 교수체제설계(요구분석)

교수체제설계에서 요구분석(요구조사, 요구사정)이란 바람직한 상태(최적의 수행수준, 원하는 상태)와 현재의 상태(실제 수행수준) 간의 차이를 분석하는 것이다. 즉, 두 수행상의 차이가 무엇인지 근본적인 원인을 규명하고 가장 적합한 해결방안을 찾는 것을 말한다. 따라서 요구분석은 정보를 수집하고 이를 분석하는 일련의 과정으로, 개인과 집단, 조직, 사회 등이 요구하는 바를 확인하는 역할을 한다. 이러한 요구분석의 가장 큰 목표는 어떤 프로그램의 계획을 세우는 데 필요한 정보를 획득하기 위한 것이라고 볼 수 있다.
ㄱ. 교육과정 관련 요구조사는 학습자뿐만 아니라 학습자, 사회, 교과전문가의 요구 등을 모두 파악 조사하고, ㄹ. 적용되고 있는 교육과정 실태를 파악하는 것에만 우선적인 목적을 두는 것이 아니라 새로 만들어질 교육과정에 대해 학습자, 사회, 교과전문가가 무엇을 필요로 하는지에 대한 기초자료 수집에 초점을 두고 있다. 따라서 '요구조사(분석)'에 대한 설명으로 옳은 것은 ㄴ, ㅁ이다.

🔓 ③

17 다음 중 '학습과제분석'을 가장 바르게 설명한 것은?

00 서울초보

① 학생들이 수행하여 제출한 학습과제물의 목표달성도를 분석하는 것이다.
② 최종목표의 달성에 필요한 교수·학습 자료, 교수·학습 방법, 평가문항을 분석하는 것이다.
③ 수업실시 전에 수업의 목표, 내용, 교수·학습 자료, 교수·학습 방법, 평가문항을 분석하는 것이다.
④ 수업이 끝난 후에 수업목표 달성도를 평가하기 위해 필요한 내용-행동 분류체계를 분석하는 것이다.
⑤ 최종목표를 달성하기 위해 학습자가 습득해야 할 지식, 기능, 태도, 인지전략 등을 위계적으로 분석하는 것이다.

🔡 교수체제설계(과제분석)

과제분석이란 가르쳐야 할 모든 종류의 지식, 기능, 태도, 인지전략 등을 위계적으로 분석하는 것을 말한다. 과제분석은 '학습목표분석'과 그 목표를 구성하는 '하위기능분석'의 두 단계로 구성된다. 학습목표분석은 진술된 학습목표가 어떤 학습유형에 속하는지를 규명하고, 그 목표의 학습과정을 정보처리 단계로 분석하는 것이다. 하위기능분석은 분석된 정보처리의 각 단계별로 그 단계의 학습에 요구되는 하위기능과 지식을 분석하는 것이다.

🔓 ⑤

18 딕(W. Dick)과 캐리(L. Carey)의 교수목적 하위기능분석 방법으로 가네(R. Gagné)의 학습영역 중 언어정보를 분석하기 위해 사용하는 것은? 07 전문상담

① 군집분석(cluster analysis)
② 절차적 분석(procedural analysis)
③ 위계적 분석(hierarchical analysis)
④ 통합적 분석(combining instructional analysis)

교수체제설계(과제분석의 기법)

학습과제 분석기법 중 ① 군집분석은 학습과제를 범주별로 묶는 방법으로, 언어정보의 학습과제를 분석할 때 사용한다. 언어정보는 상하위의 위계적 관계가 없으므로, 주요 정보를 효과적으로 묶는 방법이 적절하다. 예를 들어, 인간의 신체부위의 이름을 학습하는 과제는 신체 각 부위별로 묶는 방법이 있고, 주요 사찰의 소재지를 학습하는 과제는 지역과 도시를 군으로 묶는 방법이 사용될 수 있다. ② 절차적 분석은 학습과제가 절차적 순서로 구성되어 있는 경우 먼저 수행하여야 할 과제와 나중에 수행하여야 할 과제의 순서를 분석하는 기법(운동기능 영역)이고, ③ 위계적 분석은 과제를 달성하기 위해 필요한 기능을 상위기능과 하위기능으로 분석하는 기법(지적기능 영역)이며, ④ 통합적 분석은 위계적 분석, 절차적 분석, 군집분석을 혼합하여 사용하는 기법(태도 영역)이다.

🔒 ①

19 딕과 캐리(W. Dick, L. Carey, & J. Carey)의 체제적 교수설계에서 제시하는 학습과제분석에 대한 설명으로 옳은 것을 〈보기〉에서 모두 고른 것은? 09 중등

┌─ 보기 ─┐

ㄱ. 최소공배수를 구하는 학습과제는 위계분석을 한다.

ㄴ. 시간을 잘 지키는 태도를 기르는 학습과제는 군집분석을 한다.

ㄷ. 각 나라와 그 수도를 연결하여 암기하는 학습과제는 통합분석을 한다.

ㄹ. 다항식의 덧셈을 하는 학습과제는 상위목표에서부터 하위목표로 분석해 나간다.

① ㄱ, ㄴ   ② ㄱ, ㄹ   ③ ㄴ, ㄷ
④ ㄴ, ㄹ   ⑤ ㄱ, ㄷ, ㄹ

교수체제설계(과제분석의 기법)

하위기능분석을 위한 과제분석 기법에는 군집분석, 위계분석, 절차분석, 통합분석이 있다. ㄱ, ㄹ. 위계분석은 지적기능의 영역일 때 사용하는 분석법으로, 과제 달성에 필요한 기능을 상위기능과 하위기능으로 분석하는 기법이다. ㄴ. 통합분석은 학습과제가 태도 영역일 때 사용하는 방법으로, 군집분석, 위계분석, 절차분석을 혼합하여 분석하는 기법이다. ㄷ. 군집분석은 학습과제가 언어정보의 영역일 때 사용하는 방법으로, 군집별로 묶는 기법이다.

🔒 ②

20 조나센(D. Jonassen)의 구성주의 학습환경 설계모형에 근거하여 박 교사가 프로젝트 수업을 위한 웹사이트를 제작하고자 한다. 설계 요소로서 (가)에 가장 적합한 것은?

12 중등

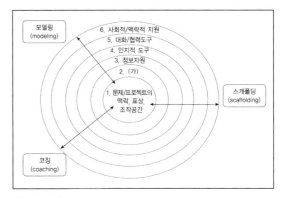

① 용어집
② 학습계획서
③ 성찰하기 도구
④ 개념도 그리기 도구
⑤ 프로젝트와 관련된 사례

조나센의 구성주의 학습환경 설계모형

조나센(Jonassen)은 구성주의 학습환경을 설계하는 데 고려해야 할 6개의 설계요소와 학습자의 학습활동을 지원하는 3개의 교수활동을 제안한다. 설계요소들은 문제/프로젝트, 관련 사례, 정보자원, 인지적 도구, 대화/협력도구, 사회적/맥락적 지원이며, 교수활동은 모델링, 코칭, 스캐폴딩이다. 따라서 (가)는 프로젝트와 관련된 사례이다.

① 용어집은 정보자원에 속하고, ② 학습계획서와 ④ 개념도 그리기 도구는 인지적 도구에 속하며, ③ 성찰하기 도구는 대화/협력도구에 속한다.

🔒 ⑤

21 다음은 조나센(D. H. Jonassen)의 구성주의 학습환경 설계 모형이다. [ ] 안에 들어갈 교수자의 교수활동에 해당하지 않는 것은? 08 중등

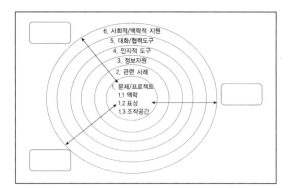

① 코칭(coaching) ② 통찰(insight)
③ 모델링(modeling) ④ 비계설정(scaffolding)

⊞ 조나센의 구성주의 학습환경 설계모형

조나센의 구성주의 학습환경 설계모형은 문제와 프로젝트를 학습환경의 핵심으로 보고 이를 둘러싼 해석적·인지적 지원체제로 구성되어 있다. 구성주의 학습환경에서 학습자의 주요활동은 탐색(exploration), 명료화(articulation), 성찰·반추(reflection)이며, 각 단계에서 학습자의 학습활동을 촉진하는 교사의 교수활동에는 모델링(modeling), 코칭(coaching), 스캐폴딩(scaffolding)이 있다.

🔓 ②

---

03 교수설계이론

01 가네(R. Gagné)의 교수·학습이론에 대한 진술로 옳은 것만을 〈보기〉에서 모두 고른 것은? 11 중등

> **보기**
>
> ㄱ. 학습을 주관적 경험에 근거한 개인적 의미 창출 과정으로 본다.
> ㄴ. 학습 영역(learning outcomes)을 언어정보, 지적 기능, 운동기능, 태도, 인지전략으로 나눈다.
> ㄷ. 학습자의 내적 학습과정을 지원하기 위한 9가지 외적 교수사태(events of instruction)를 제안한다.
> ㄹ. 학습 영역(learning outcomes)을 세분화하여 제시한 메릴(M. D. Merrill)의 내용-요소 제시이론(component display theory)의 토대가 되었다.

① ㄱ, ㄹ ② ㄴ, ㄷ
③ ㄱ, ㄴ, ㄷ ④ ㄱ, ㄴ, ㄹ
⑤ ㄴ, ㄷ, ㄹ

⊞ 가네의 교수설계이론

가네는 1965년 『학습의 조건』을 저술하였는데, 1985년 4판에 이르러 행동주의에서 출발하여 인지주의로 변화하는 당시 주요 학습이론의 아이디어를 종합하여 체계적인 수업이론을 제시하였다. 가네는 자신의 이론을 구축하는 토대로서 정보처리이론을 채택하여 이를 바탕으로 학습을 위한 내적 조건과 외적 조건, 교사가 수업설계 시 고려해야 하는 주요 9단계의 수업사태를 구체화하여 제시하였다. 따라서 ㄱ의 설명은 잘못되었다. ㄴ, ㄷ, ㄹ의 설명은 모두 옳다.

🔓 ⑤

02 〈보기〉의 내용과 모두 관계된 가네(R. Gagné)의 학습된 능력의 영역은? ^{07 초등}

───── 보기 ─────

- 학습이나 사고에 대한 통제 및 관리 능력이다.
- 다양한 상황에서의 문제해결 경험을 통해 개발된다.
- 비교적 오랜 기간에 걸쳐 습득되는 창조적 능력이다.

① 태도   ② 지적 기술
③ 인지전략   ④ 언어적 정보

🔡 **가네의 교수설계이론**(학습결과)

가네(Gagné)는 학습결과인 학습된 능력 범주를 언어정보, 지적기능, 인지전략, 태도, 운동기능의 5가지 영역으로 분류하였다. ③ 인지전략이란 학습자 자신의 학습, 사고, 행동 등을 관리·통제하는 능력을 의미한다. 이것은 비교적 장시간에 걸친 연습을 통해 발달한다고 하였다.

🔓 ③

03 가네가 제시한 인간의 학습된 능력(learning outcomes) 중 지적기능에 대한 설명으로 옳은 것은? ^{09 초등}

① 지적기능은 개인의 학습, 기억, 사고행동을 통제한다.
② '말로 진술된 문제를 거꾸로 재배열하기'는 지적기능의 수행사례이다.
③ 지적기능으로 분류된 학습목표의 하위기능을 분석하기 위해서는 군집분석을 한다.
④ 지적기능은 학습자가 언어, 숫자 등 상징을 이용하여 환경과 상호작용하는 능력이다.
⑤ 선언적 지식(declarative knowledge), 혹은 '~에 관한 지식(knowing that)'은 지적기능에 해당한다.

🔡 **가네의 교수설계이론**(학습결과)

④ 지적기능은 '~을 할 줄 안다(knowing how)'로 진술되는 방법적(절차적) 지식으로, 기호나 상징을 사용하여 환경과 상호작용할 수 있는 능력을 의미한다. ①과 ②는 인지전략, ③은 위계분석, ⑤는 언어정보에 해당한다.

🔓 ④

04 가네(R. Gagné)가 제시한 인간의 학습된 능력(학습결과 : learning outcome)과 그에 해당하는 사례가 적절하게 연결되지 않은 것은? ^{07 중등}

① 언어정보 – 중학생인 영훈이는 삼각형의 넓이를 구하는 공식을 회상하여 진술할 수 있다.
② 지적기능 – 초등학생인 민아는 부모님에 대한 고마움을 적절한 비유법에 맞게 글로 표현할 수 있다.
③ 태도 – 고등학생인 혜진이는 가족 나들이 중 차안에서 가족 모두 참여할 수 있는 게임을 창안해낼 수 있다.
④ 운동기능 – 학령 전 아동인 윤아는 연필을 사용하여 낱글자 쓰기를 포함하여 특정한 종류의 그리기를 할 수 있다.

🔡 **가네의 교수설계이론**(학습결과)

가네가 제시한 학습된 능력은 학습결과인 학습목표를 의미하며, 언어정보, 지적기능, 인지전략, 태도, 운동기능의 5가지 영역이 있다. 학습목표를 설정할 때, 언어정보학습은 '말한다', 지적기능학습 중에서 변별학습은 '구별한다', 개념학습은 '분류한다', 원리학습은 '예증한다', 문제해결학습은 '창안한다', 태도학습은 '선택한다', 운동기능학습은 '실행한다'라는 동사를 주로 사용한다. 따라서 ③은 지적기능 중에서 문제해결학습에 해당한다.

🔓 ③

05 교수설계이론에 대한 설명으로 옳은 것은? ^{04 중등}

① 가네(R. Gagné)는 교수목표에 따라 학습조건은 달라져야 한다고 주장하였다.
② 켈러(J. Keller)는 교수내용의 조직전략, 전달전략, 관리전략에 초점을 두고 있다.
③ 메릴(M. Merrill)은 교수·학습 상황에서 학습동기를 유발하고 유지시키기 위한 동기설계 전략에 초점을 두고 있다.
④ 라이글루스(C. Reigeluth)는 수행-내용 행렬표, 자료제시 형태, 일관성, 적절성을 교수설계의 주요 개념으로 제시하였다.

가네(Gagné)는 학습목표를 언어정보, 지적기능, 인지전략, 태도, 운동기능의 5가지 영역의 학습된 능력으로 규정하고, 각 수업목표에 따라 적절한 학습조건인 수업방법을 달리 설정해야 한다고 하였다. ②는 라이겔루스의 정교화이론, ③은 켈러의 학습동기설계전략, ④는 메릴의 내용요소제시이론에 대한 설명이다.

🔒 ①

06 가네(R. Gagné)의 수업사태(events of instruction)에 관한 진술로 옳지 않은 것은? 08 중등

① 학습자의 내적 학습과정을 지원하는 일련의 외적 교수활동이다.

② 교실수업을 계획할 때 수업사태의 순서를 변경하거나 생략할 수 있다.

③ '학습 안내 제공' 단계에서는 학습을 위한 적절한 자극자료를 제시하고, 교재나 보조자료의 구성과 활용 방법을 안내한다.

④ '파지와 전이 촉진' 단계에서는 학습자에게 다양한 종류의 새로운 과제를 제시하여 학습의 전이가 잘 일어날 수 있도록 지원한다.

가네의 교수설계이론(수업사태)

① 9가지 수업사태란 수업의 계열화 원리를 나타낸 것으로, 인지처리과정에 근거하여 학습자의 내적 학습과정을 지원하는 일련의 외적 교수활동이다. ② 수업사태의 순서는 융통성 있게 변경하거나 생략하거나 반복할 수 있다. 그러나 정보처리과정과 일치하지 않도록 완전히 순서를 뒤바꾸는 것은 적절하지 않다. ④ '파지와 전이 촉진' 단계는 새로운 상황에 적용하게 하여 파지와 전이력을 높이고 일반화하게 하는 단계이다. 그러나 ③의 활동은 '자극자료 제시(학습내용 제시)' 단계에 해당한다. 이와 달리 '학습안내 제시' 단계는 유의미하게 부호화하도록 돕기 위한 단계로서, 이전 정보와 새로운 정보를 적절히 통합시키고 그 결과를 장기기억에 저장할 수 있도록 한다.

🔒 ③

07 다음 가네의 9단계 수업사태에서 ㉠~㉤에 해당하는 교사의 수업활동에 대한 설명으로 가장 적합한 것은? 09 중등

단계		교사의 수업활동
①	㉠	학생들이 내용의 핵심을 선택적으로 지각하여 용이하게 저장할 수 있도록 안내하였다.
②	㉡	학생들이 유의미한 지식구조를 구축하는 데 초점을 맞추어 필요한 기법을 활용하였다.
③	㉢	학생들이 배운 내용을 단기기억에 저장하도록 다양한 흥미 유발기법을 활용하였다.
④	㉣	성공적 수행에 대해서는 강화를 제공하고, 잘못된 수행은 교정할 수 있도록 정보를 제공하였다.
⑤	㉤	학생들이 선수학습 점검 질문에 답을 못할 경우, 다시 가르치기보다는 일단 새로운 학습을 진행하였다.

단계 흐름도:
㉠ → 학습목표 제시 → ㉡ → 자극 제시 → ㉢ → 수행 유도 → ㉣ → 수행 평가 → ㉤

가네의 교수설계이론(수업사태)

9가지 수업사태는 '주의집중시키기(㉠), 수업목표 제시, 선수학습 회상(㉡), 자극 제시(학습내용 제시), 학습안내 제시(㉢), 수행 유도, 피드백 제공(㉣), 수행평가, 파지와 전이 증진(㉤)'의 절차로 구성된다. 지문의 설명에서 ㉠의 설명은 '자극 제시', ㉡의 설명은 '학습안내 제시', ㉢의 설명은 '자극 제시', ㉣의 설명은 '피드백 제공', ㉤의 설명은 '선수학습 회상' 단계에 해당한다. 따라서 정답은 ④이다.

🔒 ④

03

08 다음 (가)~(다)의 교수활동과 가네(R. Gagné)의 수업사태의 단계를 옳게 연결한 것은? 13 중등

> 홍 교사는 다항식의 덧셈을 가르치려고 한다. 지난 주말 두 가족이 놀이공원 입장표를 사면서 있었던 에피소드로 학생들의 주의를 집중시킨 후, (3X+2Y)+(2X+Y)를 예로 들면서, '미지수가 2개인 다항식의 덧셈을 할 수 있다.'라는 수업목표를 알려 준다. 이 수업목표를 달성하기 위해, 홍 교사는 지난 수업 시간에 가르친 다항식의 개념을 상기해 주면서, 다항식의 덧셈 절차를 단계적으로 보여 주며 가르친다. (가) 부호화(encoding)를 촉진하기 위해 문자가 같은 항끼리 더하는 데 도움이 되는 그림이나 단서를 제공해 준다. (나) 학생이 다항식 덧셈의 각 단계를 밟아 놀이공원 입장료를 계산하도록 한다. 학생이 입장료를 정확히 계산하면, 그 사실을 확인해 주고, 틀리면 교정해 준다. 또 학생이 배운 규칙을 이용하여 다양한 다항식 덧셈 문제를 풀도록 하고 이를 평가한다. (다) 마지막으로 다항식 덧셈 절차를 노트에 적어 가며 복습하고, 배운 것을 다양한 형태의 다항식 덧셈 문제에 일반화하도록 한다.

	(가)	(나)	(다)
①	선수학습 회상하기	수행 유도하기	파지 및 전이 향상시키기
②	주의 획득하기	수행 유도하기	파지 및 전략 점검하기
③	주의 획득하기	피드백 제공하기	파지 및 전략 점검하기
④	학습안내 제시하기	수행 유도하기	파지 및 전이 향상시키기
⑤	학습안내 제시하기	피드백 제공하기	파지 및 전이 향상시키기

가네의 교수설계이론(수업사태)

9가지 수업사태는 '주의집중시키기, 수업목표 제시, 선후학습 회상, 자극 제시(학습내용 제시), 학습안내 제시, 수행 유도, 피드백 제공, 수행평가, 파지와 전이 증진'의 절차로 구성된다.
(가) '학습안내 제시하기'는 유의미하게 부호화하도록 돕기 위한 단계로서, 이전 정보와 새로운 정보를 적절히 통합시키고 그 결과를 장기기억에 저장할 수 있도록 한다.
(나) '수행 유도하기'는 학습의 진척상황을 확인하는 단계로, 연습 기회를 제공하여 학습자가 실제로 학습했는지 확인한다.
(다) '파지 및 전이 향상시키기'는 새로운 상황에 적용하게 하여 파지와 전이력을 높이고 일반화하게 한다.

🔒 ④

09 가네(R. Gagné)의 수업모형에서 〈보기〉에 해당하는 수업 사태는? 06 중등

> **보기**
> • 학습내용의 적용 예를 설명한다.
> • 학습내용의 핵심 요소를 설명한다.
> • 학습내용과 관련된 영상자료를 보여준다.

① 주의집중   ② 수행 유도
③ 피이드백 제공   ④ 자극자료 제시

가네의 교수설계이론(수업사태 : 자극자료 제시)

'자극자료 제시' 단계는 학습과제를 다루는 구체적 활동이 시작되는 첫 단계로서, 학습자에게 학습할 새로운 내용을 제시하고, 학습자는 자극 제시에 따라 선택적 지각을 하도록 한다. 이 단계에서는 학습내용의 핵심요소를 설명하기(개념이나 명칭 제시), 학습내용의 예를 설명하기(개념의 사례 제시), 학습내용과 관련된 영상자료 보여주기 등의 활동을 한다.

🔒 ④

10 다음은 가네(R. Gagné)의 수업사태(instructional events) 중 자극자료 제시 단계에 해당하는 수업활동이다. 이를 통해 촉진하고자 하는 학습활동은? 12초등

> • 삼각형의 내각의 합이 180°라는 것을 가르치기 위해 '삼각형의 내각의 합은 180°이다.'라는 문장을 적고 180° 밑에 빨간색으로 밑줄을 그어 삼각형의 내각의 합이 180°인 것을 강조하였다.
> • 평행사변형의 특징을 가르치기 위해 평행사변형을 그린 후, 한 쌍의 평행변은 초록색으로 또 다른 한 쌍의 평행변은 빨간색으로 칠해서 평행사변형의 마주하는 두 쌍의 변이 서로 평행하다는 것을 강조하였다.

① 기대(expectancy)
② 반응(responding)
③ 강화(reinforcement)
④ 선택적 지각(selective perception)
⑤ 의미적 부호화(semantic encoding)

> 🔡 **가네의 교수설계이론**(수업사태 : 자극자료 제시)
>
> '자극자료 제시' 단계는 학습과제를 다루는 구체적 활동이 시작되는 첫 단계로서, 학습자에게 학습할 새로운 내용을 제시하고, 학습자는 자극 제시에 따라 선택적 지각을 하도록 한다. 이 단계에서는 학습내용의 핵심요소를 설명하기(개념이나 명칭 제시), 학습내용의 예를 설명하기(개념의 사례 제시), 학습내용과 관련된 영상자료 보여주기, 하이라이트 표시나 밑줄 사용, 운동기능의 시범 등의 활동을 한다.
>
> 🔒 ④

11 다음 교수활동에서 밑줄 친 부분은 가네(Gagné)의 9가지 수업사태 중 무엇에 해당하는가? 01초등

> 최 교사는 교통안전 교육을 위해 교통표지판의 개념과 식별방법에 대하여 교육하였다. 그 후 <u>다양한 모양의 표지판을 여러 상황과 관련지어 제시하면서 학습자로 하여금 교통안전과 관련한 실제 상황에 적용할 수 있는 연습의 기회를 제공하였다.</u>

① 주의집중
② 학습자 수행 유도
③ 전이와 파지의 증진
④ 자극의 제시와 학습안내

> 🔡 **가네의 교수설계이론**(수업사태 : 파지와 전이 증진)
>
> 최 교사는 새로운 학습내용을 실제 상황에 적용할 수 있는 경험을 제공하여 파지와 전이력을 높이고자 하였으므로, 밑줄 친 부분은 가네의 9가지 수업사태 중 '전이와 파지의 증진'에 해당한다.
>
> 🔒 ③

12 다음의 내용을 특징으로 하는 교수설계이론은? 02중등

> • 학습결과의 범주를 이차원적인 수행-내용 행렬표로 제시하고 있다.
> • 일차적 자료 제시 형태는 일반성과 사례, 설명식과 탐구식으로 이루어져 있다.
> • 이차적 자료 제시 형태는 맥락, 선수학습, 암기법, 도움말, 표현법, 피드백을 포함한다.

① 상황학습이론(Situated Learning Theory)
② 체제설계이론(System Design Theory)
③ 내용요소제시이론(Component Display Theory)
④ 자기주도학습이론(Self-Directed Learning Theory)

⿻ 메릴의 내용요소제시이론

메릴의 내용요소제시이론은 복잡한 학습유형을 내용차원(content)과 수행차원(performance)으로 나눈 다음, 각각에 적절한 교수방법을 제시(display)하는 이론이다. 내용차원에는 사실, 개념, 절차, 원리의 4가지, 수행차원에는 기억, 활용, 발견의 3가지가 있다. 교수방법에서, 일차적 자료 제시 형태는 일반성과 사례, 설명식과 탐구식(질문식)으로 이루어져 있고, 이차적 자료 제시 형태는 맥락, 선수학습, 암기법, 도움말, 표현법, 피드백을 포함한다.

🔓 ③

13 '학습과제'와 '메릴(M. Merrill)의 수행·내용 행렬표상의 범주'가 옳게 짝지어진 것은? 13 중등

① 포유류의 정의를 말할 수 있다. – 절차 발견

② 피타고라스 정리를 말할 수 있다. – 사실 활용

③ 현미경을 조작하는 순서를 말할 수 있다. – 절차 기억

④ 암석이 주어지면 그 종류를 분류할 수 있다. – 사실 발견

⑤ 조선의 첫 번째 임금의 이름을 말할 수 있다. – 원리 기억

⿻ 메릴의 내용요소제시이론

내용차원에는 사실, 개념, 절차, 원리의 4가지, 수행차원에는 기억, 활용, 발견의 3가지가 있다. 사실은 임의적으로 연관된 단편적인 정보, 개념은 공통적 속성을 지닌 집합체, 절차는 문제해결에 필요한 단계들을 순서화한 계열을 말한다. 한편, 기억은 언어적 정보의 재생, 활용은 개념, 절차, 원리를 실제 상황에 적용해 보는 것, 발견은 새로운 개념, 절차, 원리를 찾아내는 창조적 수행을 의미한다. ③은 절차×기억, ①은 개념×기억, ②는 원리×기억, ④는 개념×활용, ⑤는 사실×기억에 해당한다.

🔓 ③

14 교수·학습이론 중 〈보기〉는 어떤 이론에 대한 설명인가? 03 초등

┌─ 보기 ─┐

먼저 광각렌즈를 통해 사물의 전체적인 모습을 관찰함으로써 각 부분들이 서로 어떠한 관계를 형성하고 있는지 파악할 수 있을 것이다. 그 다음 각 부분별로 확대해 들어가 세부 사항들을 관찰할 수 있을 것이다. 한 단계 줌인(zoom-in)해서 세부사항들을 관찰한 다음 다시 줌아웃(zoom-out)해서 전체와 부분 간의 관계를 다시 반복적으로 검토할 수도 있다.

① 정교화이론　　　② 처방적 교수이론

③ 내용요소제시이론　④ 구성주의 교수이론

⿻ 라이겔루스의 정교화이론

라이겔루스는 학습내용의 가장 핵심이 되는 정수(epitome)를 확인하고, 이후 이를 정교화하는 방법을 제시한다. 먼저, 전체개요 제시(zoom-out)로, 수업의 정수(epitome)라고 불리는 수업의 '전체개요(overview)'를 먼저 제시한다. 다음, 상세한 내용 설명(zoom-in)으로, '개요'를 부분별로 세분화한 좀 더 상세한 내용을 점진적으로 정교화하여 제시한다. 마지막으로, 요약과 종합(zoom-out)으로, 학습내용의 요약과 종합을 통해 전체 개요를 정교화시킨다.

🔓 ①

15 다음 중 라이글루스(Reigeluth)의 정교화 이론(Elaboration Theory)에 대한 설명으로 틀린 것은? 02 중등

① 정교화된 계열은 학습자가 사용해야 할 인지전략의 조직이다.

② 정교화에는 개념적 정교화, 절차적 정교화, 이론적 정교화의 세 유형이 있다.

③ 종합자는 아이디어들을 서로 연결시키고 통합시키기 위하여 사용되는 전략요소이다.

④ 요약자는 학습자가 학습한 것을 망각하지 않도록 하기 위해 체계적으로 복습하는 데 사용되는 전략요소이다.

🔡 라이겔루스의 정교화이론

라이겔루스는 정교화 전략으로 정교화된 계열화, 선행학습요소의 계열, 요약자, 종합자, 비유, 인지전략의 촉진자, 학습자 통제를 제시하였다. ① 정교화된 계열은 학습내용을 구조화할 때 단순 복잡의 순서대로 학습내용을 조직하는 것으로, 개념이나 절차들의 구성 요소가 많고 적음에 따라서 위계적 또는 순차적으로 내용을 조직하는 것이다. 이것은 교사가 사용해야 할 인지전략의 조직이다.

🔒 ①

---

16 라이겔루스의 개념학습은 개념의 제시, 연습, 피드백의 순서로 진행된다. '제시' 단계에 해당하는 것을 〈보기〉에서 모두 고른 것은? 09 중등

┌─ 보기 ─┐

ㄱ. 칭찬이나 격려를 하거나 오답에 대해 왜 틀렸는지를 설명한다.

ㄴ. 포유류가 아닌 예와 포유류인 예를 동시에 들면서 변별하게 한다.

ㄷ. 다양한 문항을 통하여 이전에 본 적이 없는 사례에 포유류 개념을 적용해 보도록 한다.

ㄹ. 포유류의 정의나 결정적 속성을 가르치거나 가장 쉽고 전형적인 예를 가지고 설명한다.

ㅁ. 가변적 속성을 지닌 고래, 말, 캥거루 등의 다양한 사례를 통하여 포유류 개념을 일반화하게 한다.

ㅂ. 포유류와 다른 개념들을 비교하여 분석하게 하거나, 포유류의 특성이 환경에 적응하는 데 어떻게 영향을 미치는지 파악하게 한다.

① ㄴ, ㅂ
② ㄱ, ㄹ, ㅂ
③ ㄴ, ㄹ, ㅁ
④ ㄱ, ㄴ, ㅁ, ㅂ
⑤ ㄴ, ㄷ, ㅁ, ㅂ

🔡 라이겔루스의 개념학습

라이겔루스(Reigeluth)는 학습유형인 개념학습, 원리학습, 절차학습에 따른 교수설계전략인 미시적 전략과 여러 아이디어들을 어떤 순서로 가르칠 것인가와 관련된 거시적 전략을 제시하였다. 미시적 전략은 단일 아이디어(개념학습, 원리학습, 절차학습)를 가르치는 교수설계전략이며, 미시적 전략의 하위전술에는 제시, 연습, 피드백과 같은 일상적 방식과 각각의 일상적 방식을 다시 다른 형태로 나타낸 심화방식이 있다. 개념학습의 교수원리를 제시하면 다음과 같다.

단계	내용
제시	• 개념의 전형적인 사례, 개념 정의, 개념의 결정적 속성 제시 → 개념의 전형 형성 • 개념의 사례와 비사례 제시 → 변별 촉진 • 무시하여도 좋은 가변적 속성 제시 → 일반화
연습	• 다양한 연습문항을 통해 이전에 접하지 못한 사례에 개념을 적용 • 연습은 매우 발산적 성격을 띠어야 함
피드백	• 동기화(칭찬/격려) : 옳은 응답에 대해 칭찬과 격려 • 유도 : 옳지 않은 응답에 대해 힌트를 제공하여 재시도하게 하거나, 정답과 설명 제공. 이때 부드러운 표정과 함께 격려를 함

ㄱ은 피드백, ㄴ은 제시, ㄷ은 연습, ㄹ은 제시, ㅁ은 제시, ㅂ은 개념이해에 해당한다. 라이겔루스는 개념학습의 종류로 개념획득, 개념적용, 개념이해의 3가지로 분류하였다. 상기 개념학습의 원리는 개념적용에 해당하는 것이다. 한편, ㅂ의 개념이해는 개념을 다른 개념과 비교하고, 그 영향력을 분석할 수 있는 수준이다.

🔒 ③

03

17 〈보기〉의 수업지도 계획과 그에 적용된 수업설계 전략을 옳게 연결한 것은? 10 초등

┌ 보기 ┐

ㄱ. 라이글루스(C. Reigeluth)의 이론에 근거하여 이번 달 단원 수업을 단순하고 기본적인 것으로부터 복잡하고 상세한 것으로 계열화하였다.

ㄴ. 켈러(J. Keller)의 이론에 근거하여 학생들에게 친근한 인물이나 사건을 활용하여 동기를 유발하였다.

ㄷ. 메릴(M. Merill)의 이론에 근거하여 교과내용을 일반적 내용과 구체적 사례로 분류하고, 이를 다시 설명방식과 질문방식으로 나누어 자료를 제시하였다.

	ㄱ	ㄴ	ㄷ
①	미시조직 전략	관련성 전략	일차적 자료 제시
②	미시조직 전략	주의환기 전략	이차적 자료 제시
③	정교화 전략	관련성 전략	일차적 자료 제시
④	정교화 전략	주의환기 전략	일차적 자료 제시
⑤	정교화 전략	주의환기 전략	이차적 자료 제시

🔡 **라이겔루스, 켈러, 메릴**

ㄱ은 라이겔루스의 정교화 전략, ㄴ은 켈러의 관련성 전략, ㄷ은 메릴의 일차적 자료 제시에 해당한다.

🔒 ③

18 켈러(J. Keller)가 제안한 동기설계에 관한 ARCS 모형에 대한 설명으로 적절하지 않은 것은? 07 중등

① 학습동기유발을 위한 동기요소에는 주의집중, 관련성, 자신감, 만족감이 있다.

② 교사주도 수업뿐만 아니라 컴퓨터 보조수업이나 e-러닝 콘텐츠 설계에도 활용가능한 모형이다.

③ 학습동기를 유발하고 지속시키기 위하여 학습환경의 동기적 측면을 설계하는 문제해결 접근이다.

④ 학습자의 동기 수준을 최대한 높임으로써 학업성취 향상에 직접적인 영향을 미치고자 동기설계를 하는 모형이다.

🔡 **켈러의 ARCS 모형**

켈러의 ARCS 모형은 ④ 학습자의 동기 수준을 최대한 높임으로써 학업성취 향상에 직접적인 영향을 미치고자 동기설계를 하는 모형이 아니다. 학습동기의 중요성을 체계적으로 제시하고 학습자의 학습동기를 유발하는 것에 대한 체계적·구체적인 지침을 제공하고자 하는 모형이다.

🔒 ④

19 ARCS 모형의 동기유발 요소별 활용전략으로 적절한 것을 〈보기〉에서 고르면? 09 초등

┌ 보기 ┐

ㄱ. 주의집중(Attention): 강의 형태의 일방적 정보 제시와 토론 등의 상호작용 위주의 교수·학습 방법을 적절히 혼합하여 수업방식에 변화를 준다.

ㄴ. 관련성(Relevance): 학습자의 흥미와 일치하고 학습자에게 의미와 가치가 있는 학습과제, 목표, 활동 등을 제시한다.

ㄷ. 자신감(Confidence): 학습자의 호기심과 탐구심을 자극하고 학습에 대한 기대감을 갖게 한다.

ㄹ. 만족감(Satisfaction): 다양한 난이도의 과제를 제공하고, 학습자가 학습속도, 상황의 복잡성 등을 스스로 조절하도록 한다.

① ㄱ, ㄴ   ② ㄱ, ㄷ

③ ㄴ, ㄷ   ④ ㄴ, ㄹ

⑤ ㄷ, ㄹ

켈러의 ARCS 모형

ARCS 모형은 학생의 학습동기를 유발하고 유지시키기 위한 체계적이고 구체적인 지침을 제공하고자 하는 모형이다. 학습동기 유발을 위한 동기요소에는 주의집중(Attention), 관련성(Relevance), 자신감(Confidence), 만족감(Satisfaction)이 있다. ㄱ, ㄴ은 바른 설명이다. ㄷ은 주의집중, ㄹ은 자신감 활용전략이다.

🔒 ①

20 다음의 내용은 켈러(Keller)가 명명한 동기화 전략 중 무엇을 의미하는가? 01 초등

CBI(computer based instruction)의 끝부분에서 해당 프로그램을 통해 학습한 기능이나 지식을 적용하는 교육용 게임이나 시뮬레이션을 제공하기

① 관련성   ② 자신감
③ 만족감   ④ 주의집중

켈러의 ARCS 모형(만족감)

ARCS 모형에서 학습한 것을 연습문제나 모의상황에 적용할 기회를 제공하는 것은 '만족감' 요소와 관련된다.

🔒 ③

21 켈러(Keller)의 ARCS 이론의 '만족감(Satisfaction)' 증대를 위한 수업전략은? 03 중등

① 친밀한 인물이나 사건의 활용
② 비일상적인 내용이나 사건의 제시
③ 쉬운 것에서 어려운 것의 순서로 과제 제시
④ 성공적 학습결과에 대한 긍정적 피드백 제공

켈러의 ARCS 모형(만족감)

지문에서 ④ 성공적인 학습결과에 대한 긍정적 피드백의 제공은 만족감을 높이기 위한 전략이다. ①은 관련성, ②는 주의집중, ③은 자신감을 높이기 위한 전략이다.

🔒 ④

22 켈러(J. Keller)의 학습동기설계이론에 따라 자신감 범주의 하위전략을 활용한 것만을 〈보기〉에서 모두 고른 것은? 11 중등

┌─ 보기 ─┐

ㄱ. 학생에게 학습속도를 스스로 조절할 수 있는 기회를 제공한다.
ㄴ. 학생에게 친밀한 예문이나 배경지식을 활용하여 수업내용을 구성한다.
ㄷ. 학생에게 평가기준을 명확히 제시하여 성공에 대한 긍정적 기대감을 갖도록 한다.
ㄹ. 학생이 새롭게 습득한 지식이나 기능을 실제 상황에 적용해볼 수 있는 기회를 제공한다.

① ㄱ, ㄷ   ② ㄴ, ㄹ
③ ㄱ, ㄴ, ㄷ   ④ ㄱ, ㄷ, ㄹ
⑤ ㄴ, ㄷ, ㄹ

켈러의 ARCS 이론(자신감)

ARCS 모형은 학생의 학습동기를 유발하고 유지시키기 위한 체계적이고 구체적인 지침을 제공하고자 하는 모형이다. 학습동기 유발을 위한 동기요소에는 주의집중(Attention), 관련성(Relevance), 자신감(Confidence), 만족감(Satisfaction)이 있으며, 이들은 각각 3가지 하위전략을 포함하고 있다. 자신감의 하위전략으로는 학습의 필요조건 제시, 성공기회 제시, 개인적 조절감 증대가 있다. ㄱ은 자신감 범주(개인적 조절감 증대), ㄷ은 자신감 범주(학습의 필요조건 제시), ㄴ은 관련성 범주(친밀성), ㄹ은 만족감 범주(자연적 결과 강조)에 속한다.

🔒 ①

23 다음에서 켈러(J. Keller)의 학습동기설계이론(ARCS) 중 '만족감' 요소로 가장 적절한 것은? 13중등

> 정수 : 우리 국어 선생님 수업은 재미있지. ㉠ 수업방법이 다양하잖아. 변화가 있어. 그래서 선생님 수업에서 눈을 뗄 수가 없어.
>
> 혜민 : 맞아. 나는 그 수업 시간마다 ㉡ 선생님이 다음에는 무슨 말씀을 하실까 궁금해져. 나는 때로 선생님이 다음에는 이런 말을 하실 것이라고 추측도 해 봐. 내 추측이 맞을 때도 있고 틀릴 때도 있어.
>
> 정수 : 선생님 수업은 귀에 쏙쏙 들어와. ㉢ 선생님은 우리 생활 주변에서 자주 예를 가져오시잖아. 아마 선생님은 좋은 예를 찾기 위해서 우리가 좋아하는 텔레비전 프로그램도 일부러 보시는 것 같아.
>
> 혜민 : 정말 그렇지. ㉣ 선생님이 흥미로운 그림이나 짧은 비디오도 가끔 보여 주시잖아. 난 그것도 재미있어. 무엇보다도 ㉤ 학습목표에 맞게 가르치고, 가르친 대로 시험문제도 출제하시기 때문에, 선생님 말씀을 따라서 공부하면 국어 성적이 높아져서 좋아.

① ㉠   ② ㉡

③ ㉢   ④ ㉣

⑤ ㉤

🔲 **켈러의 ARCS 이론**(만족감)

ARCS 모형은 학생의 학습동기를 유발하고 유지시키기 위한 체계적이고 구체적인 지침을 제공하고자 하는 모형이다. 학습동기 유발을 위한 동기요소에는 주의집중(Attention), 관련성(Relevance), 자신감(Confidence), 만족감(Satisfaction)이 있으며, 이들은 각각 3가지 하위전략을 포함하고 있다.
㉠은 주의집중(다양성 전략), ㉡은 주의집중(탐구적 각성 전략), ㉢은 관련성(친밀성 전략), ㉣은 주의집중(다양성 전략), ㉤은 만족감(공정성 강조 전략)에 해당한다.

🔒 ⑤

---

24 캐롤(Carroll)의 학교학습모형은 〈보기〉에 제시한 다섯 개의 요소를 사용하여 학습의 정도를 학습에 필요한 시간과 학습에 소비한 시간의 함수로 표현한다. 학습에 소비한 시간으로 분류된 요소로 묶인 것은? 03초등

> ┌ 보기 ┐
>
> ㄱ. 적성   ㄴ. 수업의 질
>
> ㄷ. 수업이해력   ㄹ. 학습지속력
>
> ㅁ. 학습기회

① ㄱ, ㄷ   ② ㄴ, ㄹ

③ ㄷ, ㅁ   ④ ㄹ, ㅁ

🔲 **캐롤의 학교학습모형**

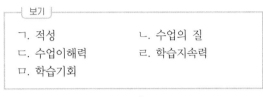

$$\text{학습의 정도} = f\left\{\dfrac{\text{학습에 사용한 시간}}{\text{학습에 필요한 시간}}\right\}$$

$$= f\left\{\dfrac{\text{학습기회, 학습지속력}}{\text{교수의 질, 적성, 교수이해력}}\right\}$$

캐롤은 학교학습의 여러 형태 중 지적 학습에 작용하는 주요 변인들을 추출한 후 그 변인들 간의 상호관계를 토대로 체계화하였다. 그는 학습의 정도는 학습에 필요한 시간에 대한 학습에 사용한 시간의 비율로 결정된다고 보았다. 그래서 학습에 필요한 시간은 가능한 줄이고, 학습에 사용한 시간은 늘리면 학습의 정도를 극대화할 수 있다고 보았다.

🔒 ④

25 다음은 캐롤(J. Carroll)의 학교학습모형이다. 김 교사가 캐롤의 모형을 올바르게 이해한 것만을 〈보기〉에서 있는 대로 고른 것은? 12중등

$$학습의 \ 정도 = f\left\{\dfrac{학습에 \ 사용한 \ 시간}{학습에 \ 필요한 \ 시간}\right\}$$

$$= f\left\{\dfrac{학습기회, \ \boxed{(가)}}{교수의 \ 질, \ 적성, \ \boxed{(나)}}\right\}$$

─ 보기 ─

ㄱ. '학습에 사용한 시간'을 계산하기 위해 김 교사는 학생이 학습에 소비한 총 시간과 능동적으로 학습에 몰두한 시간을 구분할 수 있는 수업관찰 기법을 공부하였다.

ㄴ. (가)를 개선하는 한 방법으로, 김 교사는 우선 학생의 학습동기를 유발하고 유지하는 방법을 집중적으로 다루는 교수설계 기법에 관한 연수를 받았다.

ㄷ. 김 교사는 '수업이해력'이 교사의 일반지능과 언어능력에 의해 결정되지만 일반지능은 개선하기 어렵다고 판단하여 '교사의 수업 중 화법(話法) 개선' 연수에 참여하였다.

ㄹ. (나)와 관련해서, 김 교사는 학습활동의 계열화, 학습단서의 제공, 피드백과 학습교정 활동 등 수업의 질적 수준 향상을 위해 수업 후 협의회, 마이크로티칭, 동료장학, 수업컨설팅 등의 활동에 참여하였다.

① ㄱ, ㄴ 　　② ㄱ, ㄷ
③ ㄷ, ㄹ 　　④ ㄱ, ㄴ, ㄹ
⑤ ㄴ, ㄷ, ㄹ

□□ 캐롤의 학교학습모형

$$학습의 \ 정도 = f\left\{\dfrac{학습에 \ 사용한 \ 시간}{학습에 \ 필요한 \ 시간}\right\}$$

$$= f\left\{\dfrac{학습기회, \ 학습지속력}{교수의 \ 질, \ 적성, \ 교수이해력}\right\}$$

캐롤은 학교학습의 여러 형태 중 지적 학습에 작용하는 주요 변인들을 추출한 후 그 변인들 간의 상호관계를 토대로 체계화하였다.

그는 학습의 정도는 학습에 필요한 시간에 대한 학습에 사용한 시간의 비율로 결정된다고 보았다. 그래서 학습에 필요한 시간은 가능한 줄이고, 학습에 사용한 시간은 늘리면 학습의 정도를 극대화할 수 있다고 보았다.

🔒 ④

26 〈보기〉는 Bruner가 학습의 준비도와 관련지어 제기한 가설이다. 밑줄 친 부분과 관련되는 것은? 96중등

─ 보기 ─

어떤 교과도 <u>지적으로 정직한 형태로 표현된다면</u> 어떤 발달단계의 어떤 연령의 아동에게도 가르칠 수 있다.

① 교과의 내용을 학생의 인지구조의 계열에 맞추어 준다.
② 교과의 내용을 학생이 이해할 수 있는 방법으로 제시한다.
③ 지식의 구조를 탐구의 방법으로 접근시킨다.
④ 있는 그대로의 지식을 파지하고 전이한다.

□□ 브루너의 대담한 가설

〈보기〉의 밑줄은 아무리 어려운 지식의 구조라 할지라도 아동의 지적 수준에 맞게 적절하게 구조화하여 표현하면 누구나 쉽게 이해하고 배울 수 있다는 것을 의미한다. 지식의 구조는 작동적(동작적) 표현, 영상적 표현, 상징적 표현의 방식으로 표현될 수 있다고 한다.

🔒 ②

27 브루너(J. S. Bruner)가 말하는 "지식의 구조를 가르친다."라는 말의 의미를 잘못 설명한 것은? ^{95 중등}

① 학생들로 하여금 한 가지 현상에 관련되는 다른 현상과 관련지어 이해하도록 한다.

② 학생들이 전문학자들과 같은 종류의 일을 하도록 전문용어를 암기하게 한다.

③ 각 교과를 특징짓는 독특한 안목이나 사고방식을 학생들이 이해하도록 한다.

④ 각 교과의 기본개념과 원리를 학생수준에 알맞게 번역하여 가르치는 일을 말한다.

🔠 브루너의 '지식의 구조를 가르친다'라는 의미

'지식의 구조를 가르친다'라는 의미는 다음과 같다.

⑴ 학생들로 하여금 해당 분야의 학자들과 똑같은 일(교과언어 subject language, 즉 학자들의 생각이나 탐구 과정 자체)을 하도록 하는 것이다. 학자들이 탐구해서 발견한 결과인 중간언어(middle language)를 가르치는 것이 아니다.

⑵ 한 가지 현상을 여러 가지 현상과 관련지어 이해하도록 하는 것이다.

⑶ 각 교과를 특정 짓는 안목이나 사고방식을 이해하도록 하는 것이다.

🔒 ②

28 브루너(J. Bruner)의 지식의 구조 이론이 가장 잘 드러나는 사례는? ^{04 중등}

① 영문법에서 문장 5형식은 기본 원리이므로 암기하도록 한다.

② 자석의 원리에 대하여 설명해 준 다음 자석놀이를 통하여 이해하게 한다.

③ 삼권분립의 원리를 입법부, 사법부, 행정부의 요소별로 구조화하여 가르친다.

④ 물과 알코올을 섞는 실험을 통하여 물체의 분자구조에 따라 부피가 달라지는 현상을 깨닫게 한다.

🔠 브루너의 지식의 구조 이론

Bruner의 저서인 『교육의 과정(The Process of Education)』의 핵심 개념인 '지식의 구조' 이론은 각 학문의 중요한 개념이나 원리, 아이디어를 가르치되 학생들의 수준에 맞게 표현하여 학생들이 스스로 발견할 수 있도록 해야 한다는 이론이다. 『교육의 과정』이라는 책에서 Bruner가 들고 있는 수업의 예들은 모두 가르쳐야 할 원리나 개념을 학생들이 관찰, 토론, 실험 등을 통해서 스스로 발견하는 수업이다. 학생 스스로 탐구하게 하지 않고 중요한 원리나 개념을 미리 학생에게 가르치거나 설명하는 일을 Bruner는 '중간언어(middle language)'를 가르치는 일이라고 하여 비판하였다.

🔒 ④

29 〈보기〉의 내용과 가장 관련이 있는 교수 · 학습이론은? ^{06 중등}

> ┤ 보기 ├
>
> • 새로운 지식이나 정보와 선행 학습내용의 통합을 강조한다.
> • 학습자의 인지구조에 알맞게 포섭 · 동화되도록 학습과제를 제시한다.
> • 일반적이고 포괄적인 지식을 먼저 제시하고, 그 다음에 세부적이고 상세한 지식을 제시한다.

① 블룸(B. Bloom)의 완전학습이론

② 오수벨(D. Ausubel)의 유의미학습이론

③ 콜린스(A. Collins)의 인지적 도제이론

④ 스키너(B. Skinner)의 행동주의 학습이론

🔠 오수벨의 유의미학습이론

유의미수용학습(meaningful reception learning)이란 교사가 학습내용을 조직화하여 제시함으로써 새로운 지식(학습과제)을 기존의 인지구조(기존의 지식)에 의미 있게 연결하는 학습방법을 의미한다.

🔒 ②

30 박 교사는 오수벨(D. Ausubel)의 유의미수용학습이론에 따라 수업을 하고자 한다. (가), (나), (다)에 들어갈 내용을 바르게 짝지은 것은? 10 중등

> 박 교사는 학생들에게 먼저 수업목표를 명확히 제시하고, 수업내용을 쉽게 이해하도록 하기 위해 수업내용을 포괄하는 예를 ___(가)___ 로 제시하였다. 박 교사는 ___(가)___ 가 학생들의 인지구조 내에서 새로운 학습내용을 ___(나)___ 하여 의미 있는 수용학습이 이루어지도록 촉진할 것이라고 기대하였다. 그 이유는 수업내용을 학습하기 전에 수업내용에 관한 포괄적인 예를 제시하면 그것이 ___(다)___ 의 역할을 수행하여 학습의 정교화를 촉진할 것이기 때문이다.

	(가)	(나)	(다)
①	비교조직자	대조	정착 아이디어 (anchoring ideas)
②	비교조직자	포섭	지식망 (knowledge network)
③	설명조직자	대조	정착 아이디어 (anchoring ideas)
④	설명조직자	포섭	지식망 (knowledge network)
⑤	설명조직자	포섭	정착 아이디어 (anchoring ideas)

🔡 오수벨의 유의미학습이론(선행조직자)

선행조직자란 수업의 도입단계에서 새로운 학습과제에 앞서 제시하는 입문적 자료를 의미하며, 새로운 학습과제보다 추상성, 일반성, 포괄성의 정도가 높은 특징을 지닌다. 이러한 선행조직자는 새로운 학습과제와 관련된 인지구조(관련정착지식)를 미리 설정해 주기 위한 것으로, 새로운 정보를 인지구조 내에 포섭(subsumption)하기 위한 발판 역할을 한다.

🔒 ⑤

31 〈보기〉에 제시된 (가)와 (나)의 학습에 활용된 오수벨(D. P. Ausubel)의 포섭 유형을 바르게 나열한 것은? 08 초등

> ┌ 보기 ┐
> (가) • 사각형의 개념을 학습하였다.
> • 정사각형, 직사각형, 마름모 등을 학습하여 사각형에는 여러 가지 형태가 있음을 알게 되었다.
> (나) • 고양이, 소, 돌고래의 특징을 학습하였다.
> • 이 동물들은 새끼에게 젖을 먹이며, 이런 공통점을 지닌 동물들이 포유류임을 알게 되었다.

	(가)	(나)
①	상관적 포섭	상위적 포섭
②	상관적 포섭	병렬적 포섭
③	파생적 포섭	상위적 포섭
④	파생적 포섭	병렬적 포섭

🔡 오수벨의 유의미학습(포섭의 유형)

새로운 학습내용이 관련정착지식에 포섭되는 방법은 크게 새로운 학습내용이 관련정착지식의 하위에 포섭되는 방법(종속적 포섭), 상위에 포섭되는 방법(상위적 포섭), 대등한 수준으로 포섭되는 방법(결합적 포섭) 등 3가지가 있다. 종속적 포섭에는 새 학습내용이 이미 학습한 명제나 개념(인지구조)의 특수 사례일 때 발생하는 파생적 포섭과 새로운 학습내용이 이미 학습한 명제나 개념(인지구조)을 수정·확장·정교화하는 관계에 있을 때 발생하는 상관적 포섭이 있다.
(가)는 이미 학습한 사각형의 개념을 토대로 사각형의 특수 사례(정사각형, 직사각형, 마름모 등)를 학습하므로 '파생적 포섭'에 해당한다. (나)는 구체적인 고양이, 소, 돌고래의 특징을 학습한 후에 포유류라는 상위의 개념을 학습하므로 상위적 포섭에 해당한다.

🔒 ③

32 그림은 오수벨(D. Ausubel)의 유의미학습이론을 나타낸 것이다. (나)에 해당하는 요소를 바르게 설명한 것은?

05 초등

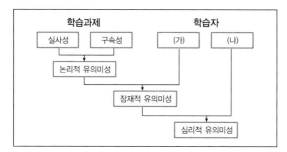

① 특정 과제를 어떻게 표현하더라도 그 의미가 변하지 않는다.

② 새로운 학습과제를 의미 있게 포섭할 수 있는 선행조직자의 역할이 강조된다.

③ 일단 임의적으로 맺어진 의미 관계가 관습이 되면 그 의미는 변경될 수 없다.

④ 주어진 학습과제를 자신의 인지구조에 의미 있게 관련시키려는 학습자의 성향이다.

🔠 **오수벨의 유의미학습**(유의미학습의 조건)

실사성과 구성성을 갖춘 논리적 유의미성을 가진 학습과제가 학습자의 인지구조 속 관련정착지식에 연결될 때 학습과제가 잠재적 유의미성을 갖는다. 잠재적 유의미성을 가진 학습과제와 유의미학습태세가 결합될 때 심리적 유의미성을 갖게 되며 유의미학습이 일어나게 된다. (가)는 인지구조, (나)는 학습태세이다. 학습태세와 관련된 지문은 ④이다. ①은 실사성, ②는 (가)의 인지구조(관련정착지식), ③은 '구속성'이다.

🔒 ④

33 다음에 제시된 교수·학습 활동과 가장 관련이 있는 이론은?

04 중등

학습목표는 "지구의 내부 구조를 이해한다."이다. 교사는 학습내용을 체계적이고 계열적으로, 포괄적인 내용에서 점차 세부적인 내용으로 조직하였다. 먼저 파워포인트를 이용하여 지난 시간에 학습한 지구와 관련된 내용을 요약해 주고, 지구 내부의 구조보다 더 포괄적인 내용을 제시하였다. 학습자의 학습동기 유발을 위해 학습자들이 잘 알고 있는 사례를 활용하였다.

① 마시알라스(B. Massialas)의 탐구학습이론

② 오수벨(D. Ausubel)의 설명식 수업이론

③ 콜린스(A. Collins)의 인지적 도제이론

④ 스키너(B. Skinner)의 프로그램 학습이론

🔠 **오수벨의 유의미학습**(유의미학습의 원리)

제시된 교수·학습 활동은 오수벨의 설명식 수업이론의 원리를 적용한 것이다. 내용의 체계적 조직의 원리, 선행학습의 요약·정리의 원리, 선행조직자의 원리 등이 적용되어 있다.

🔒 ②

34 〈보기〉에 제시된 오수벨(D. Ausubel)의 유의미학습이론을 적용한 수업활동을 올바른 순서로 나열한 것은? 07 전문상담

┌ 보기 ┐

ㄱ. 질의응답, 모둠별 토의, 학습자를 활용한 활동 등을 수행하게 한다.

ㄴ. 자료를 제시하고 관련 지식을 생각하게 하며, 경험이나 사례를 발표시킨다.

ㄷ. 본시 수업내용과 연결시킬 수 있는 선행지식을 학생들이 갖추고 있는지 점검하고 필요 시 가르친다.

① ㄱ → ㄴ → ㄷ   ② ㄴ → ㄷ → ㄱ
③ ㄷ → ㄱ → ㄴ   ④ ㄷ → ㄴ → ㄱ

⟐ 오수벨의 유의미학습(선행조직자 교수모형)

단계	내용

1단계 선행조직자 제시	① 수업목표를 명료화한다.
	 ② 선행조직자를 제시한다.
	  ㉠ 조직자의 속성을 정의한다.
	  ㉡ 예를 든다.
	  ㉢ 조직자의 전후관계를 제시한다.
	  ㉣ 반복적으로 제시한다.
	 ③ 학습자의 관련 지식과 경험을 자극한다.

2단계 학습과제와 학습자료 제시	① 학습과제의 실사성과 구속성, 즉 조직을 분명히 한다. ② 학습자료를 계열화하여 논리적으로 조직한다. ③ 주의를 집중시키며 학습자료를 제시한다. ④ 점진적 분화의 원리를 적용한다.
인지조직 강화	① 통합적 조정을 유도한다. ② 능동적 수용학습을 촉진한다. ③ 학습내용에 대한 비판적 접근을 유도한다. ④ 학습내용을 명료화하고 요점을 정리한다.

지문에서 ㄷ은 선행조직자 제시, ㄴ은 학습과제와 자료 제시, ㄱ은 인지조직 강화 단계에 해당한다.

🔓 ④

35 다음은 오수벨(D. Ausubel)의 선행조직자 교수모형이다. (가) 단계에서 교사가 수행하는 대표적인 교수활동으로 옳은 것을 〈보기〉에서 고른 것은? 12 중등

선행조직자 제시 → 학습과제와 자료 제시 → 　(가)　

┌ 보기 ┐

ㄱ. 학습결과를 분석하여 선행조직자의 개선을 위한 자료를 수집한다.

ㄴ. 수업목표를 제시하고 점진적 분화의 원리에 따라 학습자료에 나오는 개념이나 명제를 학습하도록 유도한다.

ㄷ. 학습자가 학습자료의 내용을 다른 시각에서 살펴보거나 숨겨져 있는 가정이나 추론 등에 대해 도전하게 한다.

ㄹ. 학습자료에 제시된 여러 가지 개념이나 명제들 사이의 공통점과 차이점을 학습자의 선행학습 내용에 근거해서 비교·설명하게 한다.

① ㄱ, ㄴ   ② ㄱ, ㄷ
③ ㄴ, ㄷ   ④ ㄴ, ㄹ
⑤ ㄷ, ㄹ

⟐ 오수벨의 유의미학습(선행조직자 교수모형)

(가) 인지조직의 강화 단계에서는 통합적 조정을 유도하기 위해 학습자료에 제시된 개념이나 명제들 간의 공통점과 차이점을 학습자의 선행학습내용에 근거해서 비교·설명하게 한다(ㄷ). 또, 학습내용을 다른 시각에서 살펴보거나 숨겨져 있는 가정이나 추론 등에 도전하도록 하여 학습내용에 대한 비판적 접근을 유도한다(ㄹ). ㄱ은 교수활동이 끝난 후에 교수학습의 개선을 위해 하는 활동이다. ㄴ에서 수업목표 제시는 1단계, 점진적 분화의 원리에 따른 학습활동 유도는 2단계에서 이루어지는 활동이다.

🔓 ⑤

36 교사가 수업 중 적용한 전략으로 가장 적절한 것은? 12초등

> 교사 : 여러분, 지금까지 글을 잘 읽기 위한 방법을 설명해 보았어요. 이제부터는 선생님이 직접 글을 읽으면서 선생님이 생각하는 것을 여러분에게 말해 줄게요. 선생님이 이 방법들을 어떻게 사용하는지 잘 들어 보세요.
>
> 학생 : 네.
> (교사는 열대림의 생태계에 관한 글을 소리 내어 읽으면서 동시에 글을 읽는 과정에서 자신이 생각하는 것을 다음과 같이 학생들에게 독백 형식으로 이야기한다.)
>
> 교사 : 지금까지 글의 내용을 보면 열대림과 열대 우림의 의미가 다른 것 같은데 그 차이가 뭐지? 앞으로 이 글을 읽으면서 확인해 봐야겠어. … (중략) … 그러니까 지금까지의 내용을 간단히 정리해 보면, 열대 우림은 열대림 중 대표적인 것이고 이것은 다시 고도에 따라 산지 우림과 저지 우림으로 나뉜다는 것이네. … (중략) … 열대 우림이 생태계에 미치는 영향이 크다는 내용이 나왔으니 앞으로 열대 우림을 보호하기 위한 구체적인 방법에 대한 내용이 나오겠네.

① 암기법(mnemonics)
② 대조(contrast)
③ 모델링(modeling)
④ 조건화(conditioning)
⑤ 점진적 도움 줄이기(fading)

⊞ 모델링(modeling)

모델링은 전문가가 과제수행의 시범을 보여주는 것을 말한다. 모델링은 외현적 행동 모델링(behavioral modeling)과 내재적 인지 모델링(cognitive modeling)의 2가지가 있다. 외현적 행동 모델링은 학습자에게 바람직한 수행의 사례를 보여주는 것이며(❶ 시연, 예제풀이 등), 내재적 인지 모델링은 전문가의 능숙한 추론과정이나 의사결정방법을 명료화하는 것이다(❶ 소리내어 생각하기, 중요한 과정에 대한 단서 제시나 설명하기 등). 모델링은 전문가의 수행에 초점을 맞춘다.

🔓 ③

37 비고츠키(L. Vygotsky)의 근접발달영역(ZPD) 아이디어를 교수·학습 과정에 적용한 것에 대한 설명으로 옳지 않은 것은? 12중등

① 교수·학습 과정은 잠재적 발달 수준을 새로운 실제적 발달 수준이 되도록 변환시키는 과정이다.
② 교수·학습 과정은 학습자 주도의 연역적 계열에서 교사 주도의 귀납적 계열로 옮겨가는 이중적 전개 방식을 따른다.
③ 근접발달영역 범위는 학습자의 발달 수준과 교사의 조력 방법 등에 따라서도 달라질 수 있으므로 이를 고려한 교수설계가 필요하다.
④ 교수·학습 과정에 인지적 도제이론의 모델링(modeling), 코칭(coaching), 스캐폴딩(scaffolding), 성찰(reflection) 등의 활동을 적용할 수 있다.
⑤ 잠재적 발달 수준에 도달한 학습자는 새로운 근접발달영역에서 교사나 유능한 학생의 도움을 받아 학습활동을 하게 된다.

⊞ 구성주의 개관(비고츠키의 근접발달영역)

비고츠키의 ZPD에서 교사가 제공하는 스캐폴딩은 교사 주도에서 학습자 주도로 옮겨가는 것을 강조한다.

🔓 ②

38 생크(R. Schank)의 '목표기반 시나리오(Goal-Based Scenarios)'에 따라 멀티미디어 수업 프로그램을 설계하였다. 이 프로그램의 학습목표와 학습자의 임무(mission)는 다음과 같다. '표지 이야기(cover story)'에 해당하는 내용으로 가장 적절한 것은? ^{13 중등}

학습목표	조선시대 말기 운양호 사건을 둘러싸고 이루어진 정치적 의사결정 과정에 가상적으로 참여하는 경험을 통해 비판적·합리적 사고능력을 기른다.
학습자의 임무	운양호 사건 당시에 고종의 조정 대신으로 중요한 직책을 맡아 조선의 운명을 긍정적으로 변화시킨다.

① 운양호 사건 발생 당시의 국내외 정치 상황과 주요 인물들을 소개하고, 조정 대신들이 그 사건에 대해 의논하는 장면을 제시한다.

② 학습자가 정책 제안을 할 때마다 고종과 대신들의 반응, 그리고 그로 인한 국내외 정세의 변화를 제시한다.

③ 학습자가 자신에게 부여된 직책을 수행할 때 참고할 수 있는 각종 정보와 문서를 제공한다.

④ 학습자의 정책 제안이 조선의 운명을 긍정적으로 이끄는 데 도움이 되고 있는지에 대한 피드백을 수시로 제공한다.

⑤ 프로그램 종료 시 학습내용과 학습과정에 대해서 성찰할 수 있는 기회를 학습자에게 제공한다.

목표기반시나리오모형(GBS)

목표기반시나리오 모형은 생크(R. Schanks)에 의해 개발된 것으로 정해진 목표를 중심으로 마치 연극이나 역할놀이처럼 시나리오에 따른 역할을 실제 수행하는 과정에서 자신도 모르게 목표를 성취하도록 하는 교수학습모형이다. 목표기반시나리오모형의 구성 요소 중 ①은 표지 이야기, ②는 시나리오 운영, ③은 자원, ④는 피드백에 해당한다. ⑤는 수업 종료 시에 한다.

🔒 ①

39 다음과 같은 상황에 가장 적절한 교수·학습 방법은? ^{02 중등}

> 과학을 담당하는 김 교사는 정보화 사회에서 학생들에게 요구되는 종합력, 비판력, 협동력을 길러줄 수 있는 교수·학습 방법이 무엇일까 고민하게 되었다. 교수·학습과 관련된 자료를 분석한 결과, 이러한 능력을 키워주기 위해서는 실제 생활 속에서 발생했던 과학 관련 내용과 상황으로 구성된 학습활동을 사용하는 것이 매우 효과적임을 알게 되었다. 또한 교사는 지식 전달자에서 벗어나 학습 지원자(facilitator)의 역할을 하고, 학생은 자기 주도적인 성찰을 통해 학습해야 할 필요성을 느꼈다.

① 직소(Jigsaw)

② 역할놀이(Role Play)

③ 시뮬레이션(Simulation)

④ 문제기반학습(Problem-Based Learning)

문제중심학습(PBL)

문제중심학습(PBL)은 실제 생활과 관련된 비구조화된(ill-structured) 문제를 중심으로 이를 해결해 나가는 과정에서 문제해결력 및 관련 지식과 기능을 학습하도록 하는 방법을 말한다. 교사는 교육과정 설계자, 학습 진행자, 촉진자의 역할을 수행한다.

🔒 ④

40 문제중심학습(problem-based learning)의 특성을 가장 적합하게 설명한 것은? ^{01 초등}

① 준거지향평가를 강조한다.

② 단답형 문제를 중심으로 학습한다.

③ 실제 상황과 관련된 문제를 중심으로 학습활동을 수행한다.

④ 행동주의와 인지주의 학습이론을 중심으로 교육한다.

문제중심학습(PBL)

문제중심학습(PBL)은 실제 생활과 관련된 비구조화된(ill-structured) 문제를 중심으로 이를 해결해 나가는 과정에서 문제해결력 및 관련 지식과 기능을 학습하도록 하는 방법이다.
① 준거지향평가를 강조하는 것은 객관주의 교수설계이론에 해당한다. 문제중심학습과 같은 구성주의 교수설계이론에서 평가는 학습결과에 대한 평가는 물론 학습과정에 대한 성찰적 평가도 중시한다. 또, 교사 평가는 물론 학생 자신과 동료의 평가도 포함한다.
② 단답형이 아니라 실제 상황과 관련된 비구조화된 문제를 중심으로 학습한다.
④ PBL은 구성주의 학습이론을 중심으로 교육한다.

 ③

---

42 배로우즈(H. Barrows)의 문제중심학습 방법에 대한 설명으로 가장 적절한 것은? 07초등

① 추상적이며 구조화된 문제에서 출발한다.
② 협력적 방식으로 이루어지므로 개별학습 기회가 없다.
③ 학생들은 가설-연역적 방법을 활용하여 문제를 해결한다.
④ 행동주의의 영향을 받아 1990년대 이후 대두된 학습 방법이다.

문제중심학습(PBL)

문제중심학습은 실제 상황과 관련된 복잡한 문제에 직면하여 가설을 설정하고, 가설 검토를 위한 자료를 수집하며, 자료를 분석·종합하여 복잡한 문제를 해결한다(가설-연역적 방법). ① 문제중심학습에서의 문제는 추상적이고 구조적인 것이 아니라, 실제적이며 비구조화된 문제에서 출발한다. ② 학습은 개별학습과 협동학습을 번갈아 가며 진행하고, ④ 구성주의에 이론적 기반을 두고 있다.

 ③

---

41 문제중심학습(problem-based learning)에 대한 설명으로 잘못된 것은? 05중등

① 문제는 복잡하고 비구조적이며 실제적인 특성을 지닌다.
② 평가는 과정 중심적이라기보다는 결과 중심적이다.
③ 상대주의적 인식론인 구성주의에 이론적 근거를 둔다.
④ 학습방식은 자기 주도적 학습과 협동학습으로 이루어진다.

문제중심학습(PBL)

문제중심학습(PBL)은 실제 생활과 관련된 비구조화된(ill-structured) 문제를 중심으로 이를 해결해 나가는 과정에서 문제해결력 및 관련 지식과 기능을 학습하도록 하는 방법을 말한다.
③ 결과중심의 평가는 객관주의 교수이론이며, 문제중심학습은 학습결과에 대한 평가는 물론 학습과정에 대한 성찰적 평가도 중시한다. 또, 교사 평가는 물론 학생 자신과 동료의 평가도 포함한다.

🔒 ②

---

43 문제중심학습(problem-based learning)에 관한 진술로 옳은 것을 〈보기〉에서 모두 고르면? 11초등

> ┌─ 보기 ─┐
> ㄱ. 구성주의적 인식론에 바탕을 둔 학습 모형이다.
> ㄴ. 학습 문제는 기본적으로 구조화된 형태로 제시된다.
> ㄷ. 문제해결을 위해 요구되는 정보, 지식, 해결 방법 등을 자기 주도적으로 탐구한다.
> ㄹ. 학습자에게 제시되는 문제는 일상에서 접하게 되는 수준의 복잡성과 실제성을 가지는 것이 좋다.

① ㄱ, ㄷ   ② ㄴ, ㄹ
③ ㄱ, ㄷ, ㄹ   ④ ㄴ, ㄷ, ㄹ
⑤ ㄱ, ㄴ, ㄷ, ㄹ

문제중심학습(PBL)

문제중심학습은 구성주의 인식론에 바탕을 둔 학습모형으로서 (ㄱ), 실제적이고 복잡한 비구조화된 문제를 기반으로(ㄹ), 자기 주도적 학습과 협동학습을 번갈아 가며 문제를 해결하도록 한다(ㄷ).
ㄴ. 구조화된 형태의 문제를 제시해서는 안 된다.

🔒 ③

44 〈보기〉는 문제기반학습에서 교사의 단계별 행동을 진술한 것이다. 순서대로 바르게 나열한 것은? 08 중등

┌─ 보기 ┐

ㄱ. 학생들에게 자신의 탐구 능력과 사고과정을 반성하게 한다.

ㄴ. 학생들이 문제해결을 위한 연구 과제를 구체적으로 정의하도록 돕는다.

ㄷ. 학생들이 적절한 자료를 수집하고 실험하여 원인과 해결책을 찾도록 지도한다.

ㄹ. 학생들이 보고서, 비디오, 모형 등 적절한 결과물을 만들어서 발표하게 한다.

ㅁ. 학생들에게 탐구할 과제와 그 요건을 설명하고 학생들이 과제를 선택하여 문제해결 활동에 참여하도록 안내한다.

① ㄴ → ㄹ → ㅁ → ㄷ → ㄱ
② ㄴ → ㅁ → ㄹ → ㄷ → ㄱ
③ ㅁ → ㄴ → ㄷ → ㄹ → ㄱ
④ ㅁ → ㄷ → ㄹ → ㄴ → ㄱ

▣ **문제중심학습**(PBL)

문제중심학습의 단계별 활동을 제시하면 다음과 같다.

강좌 소개(ㅁ) → 문제 제시 → 문제 확인(ㄴ) → 자료 수집(ㄷ) → 문제 재확인 → 결과물 발표(ㄹ) → 문제 결론(ㄱ)

🔒 ③

45 다음 김 교사가 활용한 교수 · 학습 유형으로 가장 적절한 것은? 13 중등

김 교사는 해안가의 한 도시에 있는 학교에 근무하고 있다. 그는 학생들에게 '지역 축산 단지에서 흘려보내는 오 · 폐수로 인한 환경오염이 지역사회에 미치는 피해를 최소화할 수 있는 방법'을 모색해 보는 과제를 웹에 제시하였다. 이 과제는 지역 농가, 도시 주민, 자치단체의 이해관계가 복잡하게 얽혀 있는 실제적 과제(authentic task)로서 비구조화되어 있다. 이 과제를 해결하기 위해서 학생들은 환경오염의 원인에 대해 다양한 가설을 세우고, 오염물질에 관한 자료를 수집하고 분석하여 그 원인을 추론하였다. 이 과정에서 교사는 촉진자의 역할을 수행하였고 학생들은 주인 의식을 갖고 자기 주도적으로 과제를 해결해 나갔다. 마지막으로 학생들에게 보고서를 웹에 올려 평가받게 함으로써 학습과정을 성찰(reflection)해 볼 수 있는 기회를 제공하였다.

① 직접교수모형   ② 문제기반학습
③ 완전학습모형   ④ 인지적 도제학습
⑤ 정교화 수업모형

▣ **문제중심학습**(PBL)

문제중심학습은 실제적이고 비구조화된 문제를 중심으로 가설을 설정하고 그 원인을 찾아 해결하도록 하는 학습방법이다. 학생들은 자기 주도적 학습과 협동학습을 번갈아 가며 문제를 해결하며, 교사는 이들의 학습을 촉진하고 진행하는 역할을 수행한다. 마지막 단계에서는 학습자 스스로 자신의 탐구능력과 사고과정을 반성(reflection)해 보도록 하며, 학습결과를 정리하고 평가를 실시한다.

🔒 ②

46 상황학습(situated learning)에 대한 설명으로 적절하지 않은 것은? 07 중등

① 상황학습에서 활용되는 평가방법에는 포트폴리오 (portfolio) 평가가 있다.

② 상황학습은 실제적인 문제를 포함하는 환경에서 이루어지는 문화 적응과정이다.

③ '실행공동체(community of practice)'와 '정당한 주변적 참여(legitimate peripheral participation)'는 상황학습의 주요 개념이다.

④ 상황학습환경을 설계할 때, 학습자 간의 상호작용은 최소화하고 교사가 개별학습자에게 정선된 학습내용을 지속적으로 전달할 수 있도록 해야 한다.

🔡 상황학습

레이브와 웬거(Lave & Wenger, 1991)에 따르면, 상황학습의 관점에서 학습은 실천(실행)공동체에의 참여를 통해 이루어진다. 즉, 상황학습에서 학습은 실천(실행)공동체의 합법적(정당한) 주변적 참여로부터 핵심적인 구성원이 되어가는 과정, 공동체 구성원으로서 자신의 정체성을 형성하는 과정으로 정의할 수 있다. ④ 상황학습에서 학생들은 협동학습을 통해 다른 사람들과 의미를 공유하고 합의점에 도달하게 된다. 교사는 지식의 전달재(전수자)가 아니라 학습 촉진자의 역할을 담당해야 한다.

🔒 ④

47 다음 내용과 가장 가까운 교수 · 학습 모형은? 07 초등

> • 읽기 능력이 낮은 학생들에게 효과적인 방법이다.
> • 문제를 해결하기 위하여 학생들 간 협력을 필요로 한다.
> • 실제 상황과 관련한 흥미로운 문제해결이 중심이 된다.
> • 실제 상황을 모사한 영상매체의 이야기를 통해 수학문제를 제시한다.

① 정착 수업(anchored instruction)

② 위계 학습(hierarchical learning)

③ 디자인 중심 학습(learning by design)

④ 프로그램 학습(programmed learning)

🔡 정착학습

정착학습은 실제 상황을 모사한 영상매체의 이야기를 통해 문제를 제시하고, 이를 해결하도록 함으로써 현실 상황에서 활용할 수 있는 유용한 지식을 학습하도록 하는 방법을 말한다. 학습자들은 협동학습을 통해 영상매체에 제시된 단서에 근거해서 다양한 문제해결방법을 모색하게 된다.

🔒 ①

48 박 교사가 수업에 적용한 이론으로 가장 적절한 것은? 12 초등

> 박 교사는 수학 교과는 실제적인 맥락에서 학습되어야 한다고 생각한다. 그래서 그는 수학 교과의 내용을 적용하여 실제적인 문제를 해결해 가는 이야기를 담은 동영상을 제작하고 이를 수업 시간에 제시하였다. 문제가 발생되는 장면에서 동영상을 멈추고 학생들에게 이야기 속에 암시된 여러 단서들을 찾아 스스로 문제를 해결해 보도록 하였다. 그런 다음 멈추었던 동영상을 다시 틀어 문제가 해결되는 과정을 보여 주었다.

① 이중부호화이론(dual coding theory)

② 상황정착수업이론(anchored instruction theory)

③ 인지유연성이론(cognitive flexibility theory)

④ 내용요소전시이론(component display theory)

⑤ 정교화수업이론(elaboration theory of instruction)

🔡 정착학습

정착학습은 실제 상황을 모사한 영상매체의 이야기를 통해 문제를 제시하고, 이를 해결하도록 함으로써 현실 상황에서 활용할 수 있는 유용한 지식을 학습하도록 하는 방법을 말한다.

🔒 ②

49 인지적 도제(cognitive apprenticeship)수업에서 활용되는 수업전략과 가장 거리가 먼 것은? ^{07 초등}

① 해독(decoding)　　② 코칭(coaching)
③ 시범(modeling)　　④ 점진적 도움 중지(fading)

⊞ 인지적 도제이론

인지적 도제학습은 모델링, 코칭, 스캐폴딩, 명료화, 성찰, 탐색의 과정(MCSARE)으로 진행된다.

🔒 ①

---

50 인터넷을 활용한 인지적 도제수업을 설계하고자 할 때 (가)에 가장 적합한 수업활동은? ^{11 초등}

① 학생들에게 문제해결 과정을 블로그에 스스로 정리하게 한다.
② 학생들에게 과제수행에 필요한 자료를 인터넷으로 조사하게 한다.
③ 학생들에게 과제수행 과정에 대한 UCC를 제작하여 수업 게시판에 올리게 한다.
④ 전문가의 과제수행 과정이 담긴 동영상을 인터넷에서 찾아 학생들에게 보여준다.
⑤ 과제수행 중 문제에 봉착한 학생들에게 문제해결의 단서를 트위터를 통해 제공한다.

⊞ 인지적 도제이론

인지적 도제학습은 초보적인 학습자가 전문가인 교사의 과제수행을 관찰하고 모방함으로써 전문가의 문제해결능력과 사고과정을 습득하도록 하는 것을 말한다. 인지적 도제학습은 모델링, 코칭, 스캐폴딩, 명료화, 성찰, 탐색의 과정(MCSARE)으로 진행된다. (가)는 모델링으로, ④ 전문가인 교수자가 과제수행의 시범을 보여주는 것을 말한다. 외현적 행동을 시연하거나 내재적 인지과정에 대한 명료화를 한다. ①은 명료화, ②는 코칭, ③은 탐색, ⑤는 스캐폴딩에 해당한다.

🔒 ④

---

51 〈보기〉는 인터넷을 이용한 원격교육 사례이다. 적용된 학습유형을 가장 바르게 연결한 것은? ^{03 중등}

┌─ 보기 ┐

학생들은 스스로 탐구할 주제를 찾는다(A). 학생들은 이메일이나 인터넷 토론방을 통해 과학자들로부터 과제에 대한 피드백과 지도를 지속적으로 받으면서 실제적인 과학 탐구 경험을 점차적으로 쌓는다(B). 학생들은 과학자들의 도움을 받아 학습결과물을 산출하며, 과학자들은 그 결과물을 연구자료로 활용한다(C).

	A	B	C
①	탐구학습	인지적 도제학습	협력학습
②	탐구학습	사례중심학습	순차학습
③	문제해결학습	순차학습	협력학습
④	문제해결학습	발견학습	협력학습

⊞ 원격교육을 이용한 학습유형

'A'는 학생들 스스로 탐구할 주제를 찾으므로 탐구학습이 적용된 것이다. 반면, 문제해결학습은 교사에 의해 해결해야 할 문제가 주어진다. 'B'는 전문가를 통해 피드백과 지도를 받으므로 인지적 도제학습이 적용된 것이다. 'C'는 서로 협력하여 학습하므로 협력학습이 적용되었다.

🔒 ①

---

52 〈보기〉의 진술과 가장 관계가 깊은 개념은? ^{06 초등}

┌─ 보기 ┐

• 실제 사례를 '있는 그대로' 학습하도록 한다.
• 영화 등 하이퍼미디어를 활용하는 것이 효과적이다.
• 맥락을 벗어난 지식은 지나친 단순화와 일반화의 오류에 빠지기 쉽다.
• 동일한 자료를 다른 시기에 다른 목적과 관점으로 검토함으로써 다양한 차원에서 지식을 이해하게 한다.

① 인지적 유연성　　② 수단－목표 분석
③ 일반화된 문제해결　　④ 지식의 위계 구조

🔡 인지적 유연성이론

인지적 유연성이론은 실제 세계와 같이 복잡하고 비구조화된 과제와 학습환경을 제공하여 복잡하고 다차원적인 개념의 지식을 구성하도록 함으로써 인지적 유연성을 획득하도록 하는 방법이다. 인지적 유연성이란 여러 지식의 범주를 넘나들고 연결 지으면서, 다양한 방법으로, 변화하는 새로운 상황에 맞게 융통성 있게 자신의 지식을 즉각적으로 재구성하는 능력을 의미한다.

🔒 ①

03

54 학생들에게 복잡하고 비구조화된 개념을 가르치기 위하여, 스피로(R. Spiro)의 인지적 유연성이론에 기초하여 개발된 동영상 수업자료를 활용하고자 한다. 이때 수업 시간에 보여줄 동영상 형태로 가장 적합한 것은? 09 중등

① 해당 개념에 대한 강의를 5분 단위로 자른 동영상 5~6개

② 해당 개념이 한 가지 관점에서 한 사례에 적용된 5분 안팎의 동영상 1개

③ 해당 개념이 한 가지 관점에서 한 사례에 적용된 20분 안팎의 동영상 1개

④ 해당 개념에 대한 강의에 시작자료를 포함한 20분 안팎의 동영상 1개

⑤ 해당 개념이 각기 다른 관점에서 여러 사례에 적용된 1분 안팎의 동영상 5~6개

🔡 인지적 유연성이론

인지적 유연성이론에서는 교수·학습에서 임의적 접근 학습(십자형 접근, 무선적 접근, random access instruction)을 사용한다. 이것은 특정 과제가 주어졌을 때 그것을 다양한 맥락과 관점에서 접근해 보며, 가르치는 순서도 비순차적으로 재배치해 보고, 특정 과제와 연결하여 가능한 한 많은 사례들을 다루어 보는 방법이다. 따라서 인지적 유연성이론에 기초하여 개발된 동영상 형태로 가장 적합한 것은 ⑤이다.

🔒 ⑤

53 〈보기〉와 가장 관련 깊은 이론은? 03 중등

> 보기
>
> • 대부분의 지식은 복잡하고 다원적인 개념으로 형성되어 있다.
> • 지식을 단순화·구조화하여 제시하는 것은 고차적 지식 습득을 오히려 방해한다.
> • 지식의 전이는 지식을 단순히 기억해 내는 것이 아니라 즉각적으로 재구성하는 것이다.
> • 적용 사례들을 제시해 줌으로써 다양한 형태의 지식을 다각도로 체험하게 한다.

① 정교화이론(Elaboration Theory)

② 신경망이론(Neural Network Theory)

③ 내용요소제시이론(Component Display Theory)

④ 인지적 융통성이론(Cognitive Flexibility Theory)

🔡 인지적 유연성이론

인지적 유연성이론은 실제 세계와 같이 복잡하고 비구조화된 과제와 학습환경을 제공하여 복잡하고 다차원적인 개념의 지식을 구성하도록 함으로써 인지적 유연성을 획득하도록 하는 방법이다. 인지적 유연성이란 여러 지식의 범주를 넘나들고 연결 지으면서, 다양한 방법으로, 변화하는 새로운 상황에 맞게 융통성 있게 자신의 지식을 즉각적으로 재구성하는 능력을 의미한다.

🔒 ④

55 웹기반 학습에 관한 다음의 대화에서 두 교사가 활용한 교수 · 학습 전략을 바르게 짝지은 것은? 11 초등

> 김 교사: 복잡한 개념을 가르치기 위해 다양한 관점을 보여 주는 여러 사례들을 모은 웹사이트를 만들었어요. 그래서 학생들이 비계열적 방식으로 자유롭게 사례들을 찾아다니며 그 개념을 이해할 수 있도록 했어요.
>
> 박 교사: 글쎄요, 그럴 경우 학생들이 방향감을 상실할 수도 있지 않을까요? 그래서 저는 학생들이 웹상의 정보를 탐색할 때마다 스스로 목표를 정하여 학습하게 하고, 그 후에는 정보 탐색 활동에 대한 기록과 점검을 통해 자기평가를 수행하도록 했어요.

	김 교사	박 교사
①	정착(anchored) 수업	순차식 − 발견식 수업
②	분지형(branching) 프로그램	자기조절 학습
③	분지형 프로그램	정착 수업
④	인지적 유연성 (flexibility)이론	자기조절 학습
⑤	인지적 유연성이론	순차식 − 발견식 수업

⊞ 인지적 유연성이론, 자기조절 학습

인지적 유연성이론에서는 복잡하고 다차원적인 지식을 구성할 수 있도록 주제중심의 학습을 하고, 복잡성을 지닌 과제를 세분화하여 제시하며, 다양한 소규모 사례를 제시한다. 따라서 김 교사의 교수학습 전략은 인지적 유연성이론에 해당한다. 한편, 자기조절학습은 학습자가 자신의 학습과정을 스스로 조절 · 통제하면서 진행해 가는 자기주도학습을 말한다. 학습자 스스로 다양한 인지전략과 학습전략을 사용해 가며 자신의 학습과정을 조절해 나간다.

🔒 ④

56 다음은 중학교 ○○과 수업 지도안의 일부분이다. 이 수업에 적용된 교수 · 학습 방법은? 05 중등

학년	3학년		
학습목표	인구 증가와 자원 고갈의 관계에 대해 설명할 수 있다.		
학습자료	읽기 자료, 학습장, 필기도구		
단계	교수 · 학습 활동	시간	자료
도입	인구 증가와 자원 이용에 관한 글 읽기	5′	읽기 자료
전개	• 읽은 글의 내용을 학생 각자가 요약하기 • 교사와 학생, 학생과 학생이 번갈아가며 질문을 만들고 대답하기 • 대답에 근거하여 요약을 명료화하기 • 다음에 이어질 내용을 예측하기	30′	읽기 자료

① 팀티칭(team teaching)
② 정황 학습(anchored learning)
③ 상보적 교수(reciprocal teaching)
④ 인지적 도제(cognitive apprenticeship)

⊞ 상보적 교수

상보적 교수는 교사와 학생, 학생들 간의 대화를 통해 독해전략을 배우는 방법을 말한다. 주어진 교재의 의미를 보다 정확히 이해하려는 독해(읽기이해) 능력 향상을 목적으로 한다. 요약, 질문, 명료화, 예측의 네 단계로 이루어진다.

🔒 ③

03

57 다음에서 제시하는 교수 · 학습 방법은? 08 중등

> • 학생이 읽은 내용을 깊이 이해하고 생각하도록 도와주는 것이 목적이다.
> • 학생으로 하여금 자신이 읽은 내용을 요약하고, 의문을 제기하고, 이해가 어려운 부분을 명료화하고, 후속 내용을 예측하게 한다.
> • 과제의 난이도와 학생의 능력을 고려하여, 학습의 주도권이 교사로부터 학생에게 점진적으로 옮겨가게 한다.

① 구안법(project method)
② 상호교수(reciprocal teaching)
③ 발견학습(discovery learning)
④ 프로그램교수(programmed instruction)

⌗⌗ 상보적 교수

상보적 교수는 교사와 학생, 학생들 간의 대화를 통해 독해전략을 배우는 방법을 말한다. 주어진 교재의 의미를 보다 정확히 이해하려는 독해(읽기이해) 능력 향상을 목적으로 한다. 요약, 질문, 명료화, 예측의 네 단계로 이루어진다.

🔒 ②

58 다음 내용에 가장 부합하는 교수 · 학습 방법은? 11 초등

> • 교사는 학생의 역할을 하면서 수업에 참여하기도 한다.
> • 교사와 학생이 함께 대화를 주고받는 과정에서 학습이 이루어진다.
> • 학생은 교사의 역할을 하면서 교사로서 제기할 질문을 스스로 만들어 본다.
> • 예측하기, 질문 만들기, 요약하기, 명료화하기가 수업 활동의 핵심적인 요소가 된다.

① 직접 교수(direct instruction)
② 협동학습(cooperative learning)
③ 상보적 학습(reciprocal learning)
④ 유의미학습(meaningful learning)
⑤ 자원기반학습(resource-based learning)

⌗⌗ 상보적 교수

상보적 교수는 교사와 학생, 학생들 간의 대화를 통해 독해전략을 배우는 방법을 말한다. 주어진 교재의 의미를 보다 정확히 이해하려는 독해(읽기이해) 능력 향상을 목적으로 한다. 요약, 질문, 명료화, 예측 등 교사가 사용하는 전략을 초기에 시범을 보여주면 학습자는 연습을 통해 점차 교사를 모방하며 전략을 내면화한다. 점차적으로 책임이 교사에게서 학습자에게로 옮겨가도록 구성되어 있다.

🔒 ③

59 다음의 교수 · 학습 방법에서 강조하는 교사의 역할과 가장 거리가 먼 것은? 10 중등

> • 팰린사(A. Palincsar)와 브라운(A. Brown)이 독해력 지도를 위해 제안하였다.
> • 교사는 독해력을 지도할 때 질문하기, 요약하기, 명료화하기, 예견하기의 4가지 인지전략을 사용한다.
> • 리더 역할은 경우에 따라 교사나 학생이 모두 수행할 수 있다.

① 수업의 처음 단계와 마지막 단계를 교사가 통제한다.
② 학생에게 현재 수준에 맞는 피드백과 조언을 제공한다.
③ 학생이 능동적으로 지식을 구성하도록 교사가 격려한다.
④ 사회적 상호작용을 통해 학생의 사고 발달을 교사가 촉진한다.
⑤ 도입 단계에서 교사는 학생에게 인지전략을 설명하고 시범 보인다.

⌗⌗ 상보적 교수

상보적 교수는 교사와 학생, 학생들 간의 대화를 통해 독해전략을 배우는 방법을 말한다. 주어진 교재의 의미를 보다 정확히 이해하려는 독해(읽기이해) 능력 향상을 목적으로 한다. 요약, 질문, 명료화, 예측의 네 단계로 이루어진다. ① 상보적 교수는 학습의 주도권을 교사에게서 학생에게로 점차 이양하는 것이 특징이다.

🔒 ①

60 자원기반학습 중 하나인 Big6 Skills 모형에 근거하여 조선시대의 문학을 주제로 수업을 하려고 한다. 다음 (가) 단계에서의 활동으로 가장 적합한 것은? ^{11 중등}

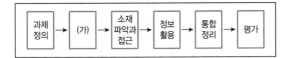

① 조선시대의 문학에 대한 정보를 읽고 적합한 정보를 가려낸다.

② 조선시대의 문학과 관련하여 중요한 주제가 무엇인지 파악한다.

③ 선택한 정보들을 체계적으로 정리하여 최종 결과물을 만든다.

④ 조선시대의 문학과 관련된 도서와 웹사이트에서 정보를 찾는다.

⑤ 사용 가능한 정보원의 형태와 종류를 파악하고 최적의 정보원을 선택한다.

자원기반학습(Big6 Skills 모형)

Big6 정보리터러시 모형은 정보문제해결의 단계를 블룸의 인지적 영역의 단계를 적용하여 제시한 모형이다. '과제정의' 단계에서 과제를 인식하고 정의하며, '정보탐색 전략' 단계에서 정보원을 이해하고 선택한다. '소재파악과 접근' 단계에서는 정보원의 소재를 파악하여 정보를 찾고, '정보활용' 단계에서 찾아낸 정보를 분석하여 적합한 정보를 가려낸다. '종합정리' 단계에서 가려낸 정보들을 체계적으로 정리하여 최종 결과물을 만들고, 마지막 '평가' 단계에서 결과물의 유효성과 과정의 효율성을 평가하도록 한다. '(가)'는 '정보탐색 전략' 단계에 해당하며, ⑤가 이에 해당한다.
①은 '정보활용', ②는 '과제정의', ③은 '종합정리', ④는 '소재파악과 접근' 단계에서의 활동에 해당한다.

🔒 ⑤

---

61 다음 내용을 공통적으로 포함하는 인터넷 활용 수업 모형은? ^{10 초등}

- 닷지(B. Dodge)에 의해 제안된 인터넷 정보를 활용한 과제해결 활동이다.
- 학생의 탐구활동은 소개(introduction) − 과제(task) − 과정(process) − 자원(resource) − 평가(evaluation) − 결론(conclusion)의 단계로 구성된다.
- 교사는 학생들이 적합한 자료를 탐색할 수 있도록 과제와 관련된 인터넷 자료나 인쇄자료에의 접근 방법을 제공한다.

① 혼합 학습(blended learning)

② 온라인 개인교수(online tutorial)

③ 웹퀘스트 수업(WebQuest instruction)

④ 온라인 시뮬레이션(online simulation)

⑤ 온라인 인지적 도제학습(online cognitive apprenticeship)

웹퀘스트 수업(웹기반 탐구학습모형)

닷지 등(Bernie Dodge & Tom March)에 의해 제안된 인터넷 정보를 활용한 과제해결 활동이다. 인터넷을 사용하여 진행하는 일종의 프로젝트로 학생들에게 특정 과제가 부여되고, 학생들은 이 과제를 해결하기 위해 인터넷 탐색을 한 뒤 최종 리포트를 작성하는 방식으로 진행된다.

🔒 ③

Section

03 교수방법

01 전통적 교수법

01 인터넷을 이용한 〈보기〉와 같은 토론수업의 교육적 기대 효과와 가장 거리가 먼 것은? 03 중등

> **보기**
>
> 교사는 '대학 기여 입학제'에 관한 토론수업을 시도하였다. 먼저 학생들로 하여금 각자 찬반 의견을 인터넷 토론방에 올리도록 하였다. 그리고 동료 학생들의 의견을 읽고 비평하게 하였다. 마지막으로 자신의 의견을 수정하여 다시 올리도록 하였다.

① 의사소통능력의 향상
② 다양한 사고활동의 촉진
③ 비판적 사고능력의 함양
④ 교사가 의도한 최종 결론의 도출

토론법(교육적 효과)

토론법은 스스로 사고하고 의사를 표현하도록 함으로써 다양한 사고활동과 의사소통능력을 향상시켜준다. 또, 여러 가지 관점에서 논리와 근거를 가지고 비판적으로 사고하고 문제를 해결함으로써 비판적 사고능력과 문제해결능력을 향상시켜준다.

④

02 다음에서 김 교사가 활용한 토의식 수업의 유형은? 07 중등

> 김 교사는 환경오염에 대한 수업 시간에 환경전문가인 강 박사를 초청하였다. 김 교사는 수업방식 및 주제에 대하여 간단히 안내하였다. 강 박사는 학생들에게 약 15분간 지역의 환경오염 방지 방안을 설명하였다. 이후 김 교사의 사회로 학생들은 설명내용에 대하여 30분간 강 박사와 질의응답 시간을 가졌다.

① 포럼(forum)
② 배심토의(panel descussion)
③ 버즈토의(buzz session method)
④ 원탁토의(round table discussion)

토의법(포럼)

포럼은 1~3인 정도의 전문가가 10~20분간 공개 연설을 한 후, 이를 중심으로 청중과 질의응답하는 방식의 토의 형태이다. 포럼은 일반적으로 '주제(의제) 소개 → 발표 → 질의응답'의 절차로 진행되는데, 이 문항에서 제시한 토의수업은 김 교사가 주제를 안내하고, 강 박사가 주제에 대하여 발표한 다음, 강 박사와 학생이 질의응답을 하는 절차로 진행됨으로써, 포럼의 일반적이고 전형적인 절차를 따르고 있다.

①

03 단상토론(symposium)에 관한 설명으로 맞는 것은? 01초등

① 전문적 식견을 가진 50명 이하의 참석자 전원이 발표자의 발제 내용에 대하여 공개적으로 질의, 토론한다.

② 사회자의 진행에 의해 특정 주제에 관하여 3~6명의 토론자가 청중들 앞에서 유목적적인 대화의 형태로 토론을 한다.

③ 3~4명의 학습자집단(청중대표)과 3~4명의 전문가집단이 청중 앞에서 사회자의 진행으로 특정 주제에 대하여 대담토론을 한다.

④ 몇몇 주제를 중심으로 청중들 앞에서 2~5명의 발표자들이 공식적으로 각자의 전문적 지식과 의견을 제시하고 발표자 간 좌담식 토론을 한다.

> **토의법**(단상토의)
>
> 단상토의는 특정 주제에 대해 다양한 의견을 가진 전문가들(3~4인)이 각각 강연식으로 의견을 발표한 후 발표자 간 좌담식 토론을 하는 방식이다. ①은 세미나(seminar), ②는 배심토의(panel discussion), ③은 대담토의(colloquy)에 대한 설명이다.
>
> 🔒 ④

04 다음의 내용과 가장 부합하는 토의 유형은? 12초등

> • 여러 개의 소집단이 열띠게 토의하는 과정을 비유해 토의 유형의 이름이 붙여졌다.
> • 3~6명으로 편성된 소집단들이 주어진 주제에 대해 6분 정도 토의하는 형태로 시작된다.
> • 사회자가 비슷한 결론을 내린 소집단들을 점점 합쳐가며 토의를 진행하고, 최종적으로 전체가 모여 토의의 결론을 내린다.
> • 좌석배치의 예를 들면 아래 그림과 같다.
>
>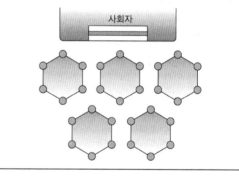

① 버즈토의(buzz)　　　② 배심토의(panel)

③ 공개토의(forum)　　　④ 단상토의(symposium)

⑤ 원탁토의(round table)

> **토의법**(버즈토의)
>
> 버즈토의는 전체집단을 몇 개의 소집단으로 나누어 분과토의를 진행하고, 최종적으로 집단구성원 전체가 모여 전체토의에서 소집단토의 결과를 종합·정리하고 결론을 도출해 내는 방식이다.
> 📝 Phillips의 6·6법(6명씩 한 그룹을 구성하여 6분간 토의한 결과를 다시 전체가 모여 토의함)
>
> 🔒 ①

05 다음 〈보기〉에서 설명된 내용의 특징을 갖는 교수법은?

99 중등

> 보기

- 구체적인 결과물이 만들어진다.
- 학습주제가 실제 생활과 연결될 수 있다.
- 교재의 논리적 체계가 무시될 수 있다.

① 강의법   ② 프로젝트법
③ 문답법   ④ 역할연기법

프로젝트법(구안법)

프로젝트법은 교사의 지도와 더불어 학습자가 일상생활에서 가치 있는 문제를 선정하고 문제해결을 위해 학습의 과정을 스스로 설계하고 실행하도록 하는 수업방법이다. 프로젝트법은 사실적인 자료(물질적 자료)를 사용하여 실제적이고 구체적인 활동을 하며 이를 통해 현실적인 결과를 도출해낸다. 프로젝트법은 학교생활과 실제 생활이 결부된다는 장점이 있으나, 교재의 논리적 체계가 무시되고 학생활동의 자유에 따른 무질서가 심해진다는 단점이 있다.

② 🔒

06 다음 중 비판력, 분석력, 창의력 등의 고등정신능력 획득에 가장 적합한 방법은? 01 중등

① 연상학습   ② 프로그램학습
③ 기억력증진학습   ④ 프로젝트기반학습

프로젝트법(구안법)

프로젝트학습은 킬패트릭(Kilpatrick)이 창안한 것으로, 실제 생활과 직결될 수 있는 주제를 학습자 스스로 선정하여 수행하면서 구체적인 결과물을 만들어 내는 교수방법이다. 프로젝트학습은 학습자가 선정한 실제적 주제나 문제를 중심으로 자율적인 계획과 실천을 통해 산출물을 완성하는 것이므로 학교생활과 실생활이 연계되고, 학습자의 자발적 활동과 분석적이며 구성적인 태도와 창의적인 사고를 함양하는 데 기여할 수 있다.

④ 🔒

07 노울즈(Knowles)가 제시한 것으로, 학습자가 과제의 선택 계획의 수립과 수행, 학습과정 및 결과의 점검을 스스로 해 나가는 학습활동은? 00 초등

① 과제학습   ② 문제해결학습
③ 자기 주도적 학습   ④ 시뮬레이션학습

자기 주도적 학습

자기 주도적 학습은 노울즈(Knowles)가 성인학습의 한 형태로 주장한 것으로, 학습자가 스스로 자신의 학습요구를 진단하고 학습목표를 설정하며, 학습에 필요한 인적·물적 자원을 파악하고 적절한 학습전략을 선택·실행하며, 자신이 성취한 학습결과를 스스로 평가하는 과정을 말한다.

③ 🔒

08 노울즈(Knowles)의 자기 주도적 학습(self-directed learning)에 대한 설명으로 잘못된 것은? 05 중등

① 초인지 학습전략을 적용한다.
② 성인을 위한 학습전략으로 시작되었다.
③ 개별학습 또는 협동학습 방법을 사용한다.
④ 학습자가 학습의 주도권을 가지나 평가는 교사가 한다.

자기 주도적 학습

자기 주도적 학습은 노울즈(Knowles)가 성인학습의 한 형태로 주장한 것으로, 학습자가 스스로 자신의 학습요구를 진단하고 학습목표를 설정하며, 학습에 필요한 인적·물적 자원을 파악하고 적절한 학습전략을 선택·실행하며, 자신이 성취한 학습결과를 스스로 평가하는 과정을 말한다. 자기 주도적 학습에서 학습결과에 대한 책임은 학습자에게 부여되므로 학습자의 자기평가가 중시된다.

④ 🔒

09 프로그램학습에 대한 설명 중 옳지 않은 것은? ⁹² 중등

① 스키너(Skinner)의 이론에 기초하여 발전되었다.
② 영재아 지도를 주된 목적으로 고안되었다.
③ 개별화학습이 가능하도록 고안된 학습방법이다.
④ 학습자의 적극적인 반응이 있어야 학습효과를 높일 수 있다.

▦ 프로그램학습(PI)

프로그램학습은 학습자가 자신의 능력과 속도에 따라 스스로 학습하면서 점진적으로 학습목표에 도달하도록 하는 학습방법이다. 이것은 스키너(Skinner)의 작동적 조건형성이론(행동조형, shaping)과 학습내용조직의 계열화 원리, 강화이론에 기초하여 학습부진아의 완전학습을 위해 고안된 수업방법이다.

🔓 ②

10 프로그램학습에 있어서 분지형이 직선형과 다른 점은 무엇인가? ⁹³ 중등

① 강화를 이용한 것이다.
② 반복횟수가 많다.
③ 여러 프레임이 요구된다.
④ 오답이 나왔을 때 보충할 수 있는 프로그램이다.

▦ 프로그램학습(PI)

직선형 프로그램은 단지 한 개의 경로를 통해 목표에 도달할 수 있도록 설계된 프로그램이다. 전 단계를 성공적으로 거치지 않고서는 다음 단계로의 진행이 불가능하다. 반면, 분지형 프로그램은 목표에 도달하는 경로가 여러 개 있는 프로그램이다. 오답에 반응하면 보충학습 경로를 통해 목표에 도달하도록 안내하고, 우수한 경우엔 주 계열을 건너뛰어 빨리 진행할 수 있는 방법도 있다.

🔓 ④

11 다음은 켈러(F. Keller)의 개별화 교수체제(Personalized System of Instruction, 일명 Keller Plan) 모형을 적용하여 e-러닝과 교실 수업을 혼합한 블렌디드 러닝(blended learning)을 설계한 것이다. 밑줄 친 ㉠~㉤ 중 개별화 교수체제 원리를 잘못 적용한 것은? ¹⁰ 중등

> 학생들의 수학 교과 기초능력 결손을 보완하기 위해 김 교사는 개별화 교수체제 원리를 토대로 보충수업을 설계하였다. 김 교사는 ㉠ 전체 학습과제를 소단위로 나누어 단계적으로 학습하도록 e-러닝 콘텐츠를 설계하였다. 학생들은 인터넷을 통해 가정에서 ㉡ 자신의 학습속도에 맞게 e-러닝을 진행하였다. 각 소단위 학습을 마치면 곧바로 해당 단위에 대한 온라인 평가가 실시되고, ㉢ 해당 소단위 목표를 달성한 경우에만 다음 단계의 소단위 학습을 할 수 있었다. 소단위 학습 목표 달성에 실패할 때는 해당 단위를 다시 학습하고 평가도 다시 받도록 하였다. e-러닝 시스템은 각 평가문항에 학생이 응답하면 즉시 정답 여부를 알려 주었다. ㉣ 별도의 학습 조력자 없이 학생들이 개별적으로 전체 학습을 진행하도록 하였다. 김 교사는 학생의 개별학습에 개입하는 것을 최소화하기 위해 모든 학습자료와 전달 사항을 인쇄물로 나누어 주었다. ㉤ 김 교사는 학생들에게 학습동기유발이나 학습의 전이를 촉진할 필요가 있다고 판단될 때, 이를 위해 교실에서 강의식 수업을 간단하게 실시하였다.

① ㉠ ② ㉡
③ ㉢ ④ ㉣
⑤ ㉤

▦ 개별화 교수체제(PSI)

개별화 교수체제(PSI)는 켈러(Keller)에 의해 개발된 개별화 수업체제로, 스키너의 프로그램학습법을 다인수 학급에 적용한 것이다. PSI는 학습자 각자의 역량에 따라 수업목표에 달성하도록 하는 미시적 접근의 수업체제이다. 그 절차는 '자기 진도에 따른 개별학습 → 한 단원 학습 후 평가 → 학습보조원 활용 → 필요시 강의 실시'로 진행된다. 따라서 별도의 학습 조력자 없이 학생들이 개별적으로 전체 학습을 진행하도록 하여서는 안 된다.

🔓 ④

12 학습능력이 높은 학생에게는 토의법이 효과적이었고 학습 능력이 낮은 학생에게는 강의법이 효과적이었다면, 위 현상을 설명하는 데 적합한 수업모형은? ^{99 초등}

① 적성-처치 상호작용모형
② 완전학습이론
③ 특성-과제-처치 상호작용모형
④ 캐롤(Carroll)의 학교학습모형

⊞ 적성처치 상호작용모형(ATI)

크론바흐와 스노우(Cronbach & Snow)가 창안한 적성처치 상호작용모형은 학습자의 적성과 교수방법인 처치 간에는 상호작용이 존재하므로, 학습자의 적성(특성)에 따라 수업처치(수업방법)도 달리해야 한다는 것이다. 학생 개개인의 적성은 모두 다르기 때문에 학생 개인이 갖고 있는 적성에 따라 투입되는 교수방법을 달리해야 학생의 학업성취도를 극대화할 수 있다는 것이다. 지문에서 학생의 능력에 따라 수업방법을 달리하여 학업성취를 극대화하였으므로 적성-처치 상호작용모형과 관련된다.

🔒 ①

13 〈보기〉와 같은 교사의 경험을 가장 잘 설명하고 있는 이론은? ^{02 초등}

┌ 보기 ┐

지난해 소집단 토론수업을 실시한 결과 학생들의 학습 참여도와 학업성취도가 설명식 수업방법에 비해 크게 향상되어, 소집단 토론수업방법이 설명식 수업방법보다 효과적이라는 확신을 갖게 되었다. 이런 확신 때문에 새로운 학교로 전근을 와서도 소집단 토론을 중심으로 수업을 진행하였다. 그러나 기대와는 달리 학생들의 학습 참여도와 학업성취도가 설명식 수업을 실시하고 있는 다른 반 학생들보다 오히려 떨어졌다. 그래서 다시 설명식 수업방법으로 전환하게 되었다.

① 정교화이론
② 행동수정이론
③ 유의미학습이론
④ 적성-처치 상호작용이론

⊞ 적성처치 상호작용모형(ATI)

크론바흐와 스노우(Cronbach & Snow)가 창안한 적성처치 상호작용모형은 학습자의 적성과 교수방법인 처치 간에는 상호작용이 존재하므로, 학습자의 적성(특성)에 따라 수업처치(수업방법)도 달리해야 한다는 것이다.

🔒 ④

14 다음 그림의 해석으로 옳은 것은? ^{94 중등}

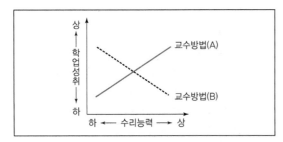

┌ 보기 ┐

ㄱ. 이 그림은 적성-처치 상호작용 효과를 보여 준다.

ㄴ. 일반적으로 교수방법 A가 교수방법 B보다 효과적이다.

ㄷ. 수리능력이 높은 학생에게는 교수방법 A를 사용하는 것이 더 효과적이다.

ㄹ. 이 그림은 교수방법이 학생 특성에 기초해야 함을 보여 준다.

① ㄱ, ㄴ   ② ㄷ, ㄹ

③ ㄱ, ㄴ, ㄷ   ④ ㄱ, ㄷ, ㄹ

⊞ 적성처치 상호작용모형(ATI)

그림에서 수리능력이 높은 학생에게는 교수방법(A)를, 수리능력이 낮은 학생에게 교수방법(B)를 적용했을 때 학습성취가 높게 나타났다. 이것은 학습자의 적성과 수업방법인 처치의 상호작용 효과를 보여주며, 교수방법이 학생 특성에 기초해야 함을 시사한다. 따라서 그림의 해석으로 옳은 지문은 ㄱ, ㄷ, ㄹ이다.

🔒 ④

15 다음 3개의 적성-처치 상호작용(ATI) 현상에 대한 설명 중 옳은 것은? ^{04 초등}

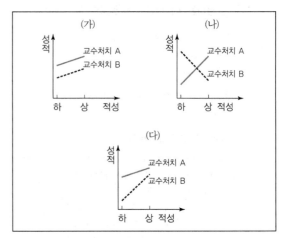

① (가)는 적성수준에 따라 교수처치 효과가 다르게 나타난 것이다.

② (나)는 개인차를 고려한 적응적 수업의 효과가 가장 크게 나타난 것이다.

③ (다)는 적성-처치 상호작용 효과가 가장 크게 나타난 것이다.

④ (가)는 교수처치에 따른 적성수준별 반 편성의 필요성을 가장 크게 시사해 주는 것이다.

⊞ 적성처치 상호작용모형(ATI)

(가)는 적성-처치 상호작용모형의 현실적인 현상, (나)는 가장 이상적인 현상을 도식화한 것이다.
① (가)는 학습자의 적성수준에 관계없이 교수처치 A가 교수처치 B보다 효과적이다.
③ (나)는 적성-처치 상호작용 효과가 가장 크게 나타난 것이다.
④ 교수처치에 따른 적성수준별 반 편성의 필요성을 가장 크게 시사해 주는 것은 (나)이다.

🔒 ②

02 협동학습

01 집단구성원 간의 긍정적 상호작용을 강조하는 협동학습의 문제점으로 '다른 집단에 대한 무관심과 자기집단에 대한 편애'를 들 수 있다. 이러한 문제점을 해소하기 위한 효과적인 방법은? 00 초등

① 개별책무성
② 주기적 소집단 재편성
③ 집단보상
④ 소집단 경쟁

⊞ 협동학습(문제점 극복방안)

협동학습의 문제점 중 하나로 집단 간 편파 현상을 들 수 있다. 집단 간 편파 현상이란 외집단의 차별과 내집단의 편애 현상으로 외집단의 구성원에게는 적대감을, 내집단의 구성원에게는 호감(好感)을 가지는 현상을 말한다. 이를 극복하기 위해서는 주기적인 소집단 재편성이나, 과목별로 소집단을 다르게 편성하는 방법이 요구된다.

🔒 ②

02 과제의 상호 의존성은 높고 보상 의존성은 낮은 협동학습 모형은? 05 중등

① 팀경쟁학습(TGT)
② 팀보조개별학습(TAI)
③ 성취과제분담학습(STAD)
④ 과제분담학습 I(JigsawⅠ)

⊞ 협동학습(과제와 보상의 상호 의존성)

협동학습의 접근원리에는 사회응집성 관점과 동기론적 관점이 있다. 전자는 과제를 분담하여 팀의 응집성 강화와 협동기술의 향상에 초점을 두는 방식이다. 이에는 과제분담학습Ⅰ(JigsawⅠ), 집단조사(GI), 함께 학습하기(어깨동무학습, LT), 자율적 협동학습(도우미학습, Co-op Co-op) 등이 있다. 한편, 후자는 협력적인 상호작용을 촉진하는 집단보상에 초점을 두는 형태이다. 이에는 성취과제분담모형(STAD), 팀경쟁학습(TGT), 팀보조개별학습(TAI) 등이 있다.

🔒 ④

03 〈보기〉에 제시된 협동학습의 유형은? 99 초등추시, 01 초등 유사, 07 전문상담

┌ 보기 ┐

• 전체 학습자들에게 학습방법을 안내하고 자료를 제시한 후, 전체 학생을 6명씩 6모둠으로 조직한다.
• 각 모둠 구성원은 6개로 분류된 학습주제 중에서 하나를 선택하고, 동일 주제를 선택한 학생들끼리 전문가 집단을 구성하여 협동학습을 한다.
• 해당 주제를 학습한 후 학습자는 최초 자신의 모둠으로 가서 다른 구성원들에게 자신이 맡은 부분에 대해 가르친다.

① 직소법(Jigsaw Method)
② 집단조사(Group Investigations)
③ 팀경쟁학습(Teams Games Tournaments)
④ 팀보조개별학습(Team Assisted Individualization)

⊞ 협동학습(직소모형)

직소모형은 모집단이 전문가 집단으로 갈라져서 학습한 후 다시 모집단으로 돌아와서 가르치는 형태의 학습모형이다.

🔒 ①

04 다음과 같은 학습절차를 갖는 협동학습유형으로 가장 적절한 것은? ^{12 초등}

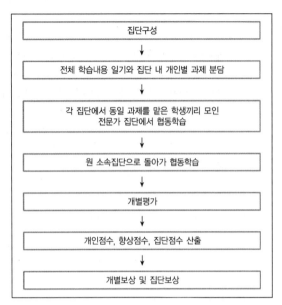

```
집단구성
↓
전체 학습내용 일기와 집단 내 개인별 과제 분담
↓
각 집단에서 동일 과제를 맡은 학생끼리 모인
전문가 집단에서 협동학습
↓
원 소속집단으로 돌아가 협동학습
↓
개별평가
↓
개인점수, 향상점수, 집단점수 산출
↓
개별보상 및 집단보상
```

① 직소 Ⅱ(Jigsaw Ⅱ)
② 자율적 협동(Co-op Co-op)
③ 집단조사(Group Investigations)
④ 팀경쟁(Teams Games Tournaments)
⑤ 성취과제분담(Student Teams Achievement Divisions)

> 🔳 **협동학습**(직소 Ⅱ)
>
> 직소 Ⅱ모형은 1983년 슬래빈(Slavin)이 개발한 것으로, 직소 Ⅰ 모형에서 집단보상(팀 점수)을 추가한 모형이다. 집단구성원 개 개인의 기준점수에 비해 향상된 점수를 합산하여 팀 점수를 산정하 고(개인별 향상점수를 팀 점수에 반영), 이를 토대로 개별보상과 집단보상을 제공한다(STAD 평가방식 도입). 집단보상으로 인해 집단구성원들의 보상의 상호 의존성을 높일 수 있다.
>
> 🔓 ①

05 〈보기〉와 같은 방식에 따라 김 교사가 진행한 협동학습유형으로 가장 적절한 것은? ^{07 중등}

> ┌ 보기 ┐
>
> • 전체 학생들에게 기본적인 학습내용을 설명한 후, 학습능력 등을 고려하여 이질적인 4명씩으로 팀을 구성하였다.
> • 팀별로 나누어 준 학습지의 문제를 협동학습을 통하여 해결하도록 하였다.
> • 팀별 활동이 끝난 후, 모든 학생들에게 퀴즈를 실시하여 개인점수를 부여하였고, 이를 지난번 퀴 즈의 개인점수와 비교한 개선점수를 주었다.
> • 개선점수의 합계를 근거로 우수 팀을 선정하였다.

① 집단조사(Group Investigation)
② 팀경쟁학습(Team Games Tournament)
③ 팀보조개별학습(Team Assisted Invidualization)
④ 성취과제분담학습(Student Teams Achievement Division)

> 🔳 **협동학습**(STAD)
>
> 성취과제분담모형(STAD)은 슬래빈(Slavin)이 개발한 것으로, 집단 구성원의 역할이 분담되지 않은 공동학습구조이면서 동시에 개 별보상과 더불어 집단보상(팀 점수가 가장 높은 팀에 보상)이 추 가되는 구조이다. 먼저, 팀 구성원 모두가 학습내용을 완전히 이 해할 때까지 팀별로 공동학습을 하고, 팀 학습이 끝나면 형성평 가를 실시하여 개인별 향상점수를 계산하고, 이를 합산하여 팀 점수를 산출하며, 이를 토대로 개별보상과 집단보상을 제공한다.
>
> 🔓 ④

06 슬라빈(Slavin)은 협동학습 시 집단구성원 간의 긍정적 상호 의존성을 높여 무임승차를 줄일 수 있는 보상 방식을 제시하였다. 협동학습을 실시한 수업에서 A조의 성적이 다음과 같을 때, 슬라빈이 제시한 방식에 따라 A조에 대한 보상 여부를 결정한다면 다음 중 어느 방법이 가장 적합한가?

03 초등

시험시기 학생	4주	5주	6주	7주
갑	45	50	50	55
을	95	95	95	100
병	90	90	90	95
정	30	30	40	45
A조 평균				74
학급 평균				60

① 90점을 넘긴 두 학생에게만 보상한다.

② 학급 평균 이하인 학생이 50%이므로 모두에게 보상하지 않는다.

③ 모든 학습자가 이전 주에 비해 성적이 향상되어 모두에게 보상한다.

④ A조의 평균이 교사가 기대하는 80점을 넘지 못하여 모두에게 보상하지 않는다.

🔡 **협동학습**(STAD)

성취과제분담모형(STAD)은 슬래빈(Slavin)이 개발한 것으로, 집단구성원의 역할이 분담되지 않은 공동학습구조이면서 동시에 개별보상과 더불어 집단보상(팀 점수가 가장 높은 팀에 보상)이 추가되는 구조이다. 먼저, 팀 구성원 모두가 학습내용을 완전히 이해할 때까지 팀별로 공동학습을 하고, 팀 학습이 끝나면 형성평가를 실시하여 개인별 향상점수를 계산하고, 이를 합산하여 팀 점수를 산출하며, 이를 토대로 개별보상과 집단보상을 제공한다. A조는 모든 학습자가 이전 주에 비해 성적이 향상되었으므로 모두에게 보상하는 것이 옳다.

🔓 ③

07 다음과 같은 교수 · 학습 절차가 적용되는 교수 · 학습 모형은? 04 초등

- 사전 진단검사를 통해 능력수준이 각기 다른 학생들을 4~5명씩으로 하여 팀을 구성한다.
- 각자의 수준에 맞는 학습과제를 교사의 도움 아래 개별적으로 학습한다.
- 단원평가 문제를 각자 풀게 한 후, 팀 구성원들을 두 명씩 짝지어 교환채점을 하게 한다.
- 일정 성취수준에 도달하면, 그 단원의 최종적인 개별시험을 보게 한다.
- 개별점수를 합하여 각 팀의 점수를 산출한다.
- 미리 설정해 놓은 팀 점수를 초과한 팀에게 보상을 한다.

① 직소(Jigsaw)모형

② 함께 학습하기(LT)모형

③ 팀보조개별학습(TAI)모형

④ 토너먼트 게임식 팀학습(TGT)모형

🔡 **협동학습**(팀보조개별학습, TAI)

팀보조개별학습(TAI)은 슬래빈(Slavin)이 수학교과 학습을 위해 개발한 것으로 개별학습과 협동학습이 결합(혼합)된 모형이다. 작업구조는 개별작업과 작업분담의 혼합구조이고, 보상구조도 개별보상과 집단보상의 혼합구조이다.

 🔓 ③

08 다음은 토의법과 협동학습에 대한 교사들의 대화이다. 각 교사의 요구에 가장 부합하는 토의법이나 협동학습 방법을 옳게 짝지은 것은? 11 중등

> 이 교사: 발표자 중심의 교실 전체 토의수업에서는 나머지 학생들의 참여와 상호작용이 저조한 경우가 많아요. 소집단 토의처럼 학생들이 청중이 아닌 토론의 주체가 되어 활발하게 상호작용하면 좋겠습니다.
>
> 장 교사: 저는 협동학습에서 무임승차하는 학생들이 더 문제라고 봅니다. 집단보상 시에 개인의 성취 결과를 집단 점수에 반영하여 모든 학생들이 책무성을 갖도록 하면 좋겠습니다.
>
> 김 교사: 토의법이나 협동학습에서 학생들은 무엇을 어떻게 해야 할지 몰라서 시간을 낭비하는 경우가 종종 있지요. 토의나 협동학습의 주제, 형식과 절차 및 구성원의 역할 분담이 명확하게 제시되면 좋겠습니다.

	이 교사	장 교사	김 교사
①	버즈토의 (Buzz Discussion)	함께 학습하기 (Learning Together)	원탁토의 (Round Table Discussion)
②	버즈토의 (Buzz Discussion)	성취-과제분담 (STAD)	과제분담학습 II (Jigsaw II)
③	배심토의 (Panel Discussion)	팀경쟁학습 (TGT)	집단조사 (Group Investigation)
④	공개토의 (Forum Discussion)	팀경쟁학습 (TGT)	원탁토의 (Round Table Discussion)
⑤	배심토의 (Panel Discussion)	함께 학습하기 (Learning Together)	집단조사 (Group Investigation)

🔡 버즈토의, 성취과제분담(STAD), 직소 II
이 교사는 소집단 분과토의를 강조하고 있으므로 버즈토의와 관련된다. 장 교사는 무임승객 효과를 방지하기 위해 집단보상을 실시할 것을 주장하므로, 이와 관련될 수 있는 협동학습모형에는 직소 II~IV, 성취과제분담모형(STAD), 팀경쟁학습(TGT), 팀보조개별학습(TAI) 등이 있다. 김 교사가 강조하는 토의나 협동학습의 주제, 형식과 절차 및 구성원의 역할 분담이 명확하게 제시된 학습형태는 직소모형이다. 직소모형은 '모집단 → 전문가 집단 → 모집단'의 방식으로 명확하게 규정되어 있다.

🔒 ②

09 다음과 같은 상황에서 학생들의 불만을 해소하면서, 김 교사가 추구했던 목적도 달성할 수 있는 교수·학습 방법으로 가장 적합한 것은? 02 중등

> 경쟁의식이 지나쳐 학생들이 학습에 필요한 정보도 서로 교환하지 않는 교실문화에서 김 교사는 학생들의 협동심을 길러주기 위해 소집단 학습을 시도하였다. 그러나 몇몇 성적이 우수한 학생들이 자기 분단에서 열심히 참여하지 않은 학생들이 있음에도 모두 같은 점수를 받는 것이 공정하지 않다고 불만을 털어놓았다.

① 토론
② 사례분석
③ 시뮬레이션
④ 자율적 협동학습(Co-op Co-op)

🔡 협동학습(자율적 협동학습, Co-op Co-op)
무임승객 효과나 봉 효과를 최소화시킬 수 있는 교수학습방법은 자율적 협동학습(Co-op Co-op)이다. 무임승객 효과란 학습능력이 낮은 학습자가 적극적으로 학습에 참여하지 않아도 학습능력이 높은 학습자의 성과를 공유하는 현상을 말한다. 지문의 학생들이 털어놓는 불만이 이에 해당한다. 반면, 봉 효과는 학습능력이 높은 학습자가 자기의 노력이 다른 학습자에게 돌아가기 때문에 학습참여에 적극적이지 않게 되는 효과를 말한다.
④ 자율적 협동학습은 케이건(Kagan)이 개발한 모형으로, 학급 전체의 과제를 소주제로 나누고 같은 소주제를 선택한 학생들끼리 팀을 구성하여 팀별로 학습한 후 동료 및 교사에 의한 다면적 평가를 실시하는 모형이다.

🔒 ④

10 (가)와 (나)에 해당하는 협동학습 모형을 바르게 짝지은 것은? 10 중등

> (가) 교사는 단원을 몇 개의 소주제로 나누어 원집단에 질문의 형식으로 제시한다. 원집단의 구성원들은 소주제를 하나씩 나누어 맡는다. 각 구성원은 원집단에서 나와, 같은 소주제를 맡은 다른 집단의 구성원들과 전문가 집단을 형성하여 맡은 과제를 집중적으로 학습한다. 학습이 끝나면 원집단으로 돌아가 습득한 전문 지식을 다른 구성원에게 가르친다. 마지막으로 단원 전체에 대해 개별시험을 치른 후, 집단보상을 받는다.
>
> (나) 교사와 학생들이 토의를 통해서 학습과제를 선택한 후, 이것을 다시 소주제로 분류한다. 학생들은 각자 학습하고 싶은 소주제를 선택하고, 같은 소주제를 선택한 학생들끼리 팀을 구성한다. 팀 구성원들은 소주제를 더 작은 미니 주제들(mini-topics)로 나누어 개별학습한 후, 그 결과를 팀 내에서 발표한다. 팀별로 보고서를 작성한 후, 학급 전체에서 발표한다.

	(가)	(나)
①	과제분담학습 Ⅱ (Jigsaw Ⅱ)	팀경쟁학습 (TGT)
②	과제분담학습 Ⅱ (Jigsaw Ⅱ)	자율적 협동학습 (Co-op Co-op)
③	과제분담학습 Ⅱ (Jigsaw Ⅱ)	팀보조개별학습 (TAI)
④	성취−과제분담 (STAD)	팀경쟁학습 (TGT)
⑤	성취−과제분담 (STAD)	자율적 협동학습 (Co-op Co-op)

▦ **협동학습**(직소 Ⅱ, 자율적 협동학습)

과제분담학습 Ⅱ(Jigsaw Ⅱ)는 마지막 단계에 개별시험을 치른 후 집단보상을 받는 것이 특징이다. 한편, 자율적 협동학습(Co-op Co-op)은 학급 전체의 과제를 소주제로 나누고 같은 소주제를 선택한 학생들끼리 팀을 구성하여 팀별로 학습한 후 동료 및 교사에 의한 다면적 평가를 실시하는 모형이다.

🔒 ②

11 교사의 수업 전문성 향상을 목적으로 〈보기〉와 같이 진행되는 수업은? 08 초등

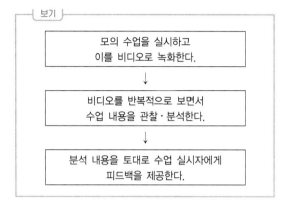

① 팀티칭(team teaching)
② 마이크로티칭(micro teaching)
③ 상보적수업(reciprocal teaching)
④ 프로그램수업(programmed teaching)

▦ **마이크로티칭**

마이크로티칭은 1963년 스탠포드 대학의 중등교사양성 과정에서 쓰였던 훈련과정의 하나로, 가르치는 기술을 훈련하는 소집단 교수방법이다. 마이크로티칭은 5~20분 정도의 짧은 시간 동안 교수상황이 실제보다 축소된 상황에서 이루어지며, 수업은 보통 비디오테이프로 기록되고, 다른 훈련 교사들 앞에서 재생해 다시 보고 즉시 이에 대한 반응을 얻어 수업에 대해 토론한다.

🔒 ②

12 다음은 사이버 가정학습용 콘텐츠 개발에 참여하게 된 교사들의 대화이다. 각 교사들의 화면설계 전략과 밀접하게 관련된 것은? 10 초등

> 김 교사 : 각 화면의 교육내용을 학생들에게 효과적으로 전달하기 위해서는 글만 제시하지 말고 그림을 함께 사용하면 좋을 것 같아요.
> 최 교사 : 화면에 글과 그림들을 배열할 때는 관련된 요소들끼리 서로 가까이 배치하는 것이 좋겠네요.
> 박 교사 : 좋은 생각이네요. 그런데 한 화면에 너무 많은 글과 그림이 동시에 들어가게 되면 학생들의 이해를 방해할 수도 있을 것 같아요.

	(가)	(나)	(다)
①	병렬분산처리	근접성의 원리	인지적 과부하
②	병렬분산처리	유사성의 원리	인지적 과부하
③	이중부호화	근접성의 원리	인지적 과부하
④	이중부호화	유사성의 원리	정보처리 역행간섭
⑤	이중부호화	근접성의 원리	정보처리 역행간섭

⊞ 컴퓨터 화면설계의 원리

이중부호화 이론에 따르면 언어정보와 시각정보는 각각 별개로 저장되므로 글과 그림을 함께 제시하는 것이 효과적이다. 근접성의 원리는 글과 그림을 시공간적으로 가깝게 제시하여 인지부하를 줄여주는 것을 말한다. 인지적 과부하는 과제해결에 요구되는 인지부하의 총량(내재적 인지부하 + 외생적 인지부하 + 본질적 인지부하)이 학습자의 작업기억의 용량을 초과하는 것을 말한다.

🔒 ③

---

03 교수방법의 혁신

01 다음은 각 교수 · 학습이론과 그것을 구현하기 위한 e-러닝 방법을 짝지은 것이다. 옳은 것을 모두 고른 것은? 10 중등

구분	교수 · 학습이론	e-러닝 방법
ㄱ	벤더빌트대학 CTGV의 정착교수(anchored instruction)이론	상호작용 비디오 체제 활용 수업
ㄴ	브루너(J. Bruner)의 발견학습(discovery learning) 이론	개인교수형 컴퓨터보조수업
ㄷ	스피로(R. Spiro)의 인지적 유연성(cognitive flexibility) 이론	하이퍼텍스트와 하이퍼미디어 활용 수업
ㄹ	라이겔루스(C. Reigeluth)의 정교화교수이론 (elaboration theory of instruction)	온라인 문제기반학습

① ㄱ, ㄴ ② ㄱ, ㄷ
③ ㄴ, ㄹ ④ ㄱ, ㄷ, ㄹ
⑤ ㄴ, ㄷ, ㄹ

⊞ 교수 · 학습이론과 e-러닝 방법

ㄱ. 벤더빌트대학의 인지공학연구소(CTGV)의 정착교수이론은 상황학습을 구현시키는 구체적인 방법으로 제시된 것이다. 대표적인 예로는 Jasper Series(수학 프로그램), Young Sherlock project(국어와 사회과목 프로그램) 등 호환적 비디오 디스크 프로그램이 있다. 정착학습은 실제 상황을 모사한 영상매체의 이야기를 통해 문제를 제시하고, 이를 해결하도록 함으로써 현실 상황에서 활용할 수 있는 유용한 지식을 학습하도록 하는 방법을 말한다. 따라서 ㄱ의 설명은 옳다.
ㄴ. 브루너의 발견학습은 학습자가 스스로 지식의 구조를 발견하는 과정에서 탐구능력과 태도를 기르게 하는 수업방법이다. 그러나 개인교수형 컴퓨터보조수업은 코스웨어 프로그램을 통해 학습자의 반응을 순간적으로 평가 · 진단 · 처방하여 개별화학습을 촉진시키는 수업방법이므로 발견학습이론을 구현시키기에는 적절하지 못하다.
ㄷ. 스피로의 인지적 유연성이론은 즉흥적으로 자신의 지식을 재구성하고 급진적으로 변화하는 상황의 요구에 따라 여러 가지 방법으로 적절하게 대처하는 능력을 기를 수 있도록, 복잡하고 비정형화된 학습의 특성에 초점을 맞춘 이론이다. 따라서 컴퓨터를 통하여 다차원적이고 비선형적인 접근을 실시하는 하이퍼텍스트와 하이퍼미디어 활용 수업이 적합하다.

03

ㄹ. 라이겔루스의 정교화교수이론은 여러 아이디어들을 어떤 순서로 가르칠 것인가와 관련된 거시적 조직전략이론이다. 학습내용의 가장 핵심이 되는 정수(epitome)를 확인하고, 이후 이를 정교화하는 방법을 제시한다. 따라서 복잡하고 비구조적인 문제로 시작하고 그 문제의 해결과정을 중시하는 온라인 문제기반학습을 활용하는 것은 적절하지 않다.

🔒 ②

---

02 다음과 같은 방식으로 진행한 학습체제로 가장 적절한 것은? 07 중등

> 학생들은 학급 홈페이지에 교사가 게시한 학습내용을 수업 시간 전에 스스로 학습하였다. 교실 수업 시간에는 교사의 안내에 따라 그 학습내용을 토대로 토론을 진행하였다. 수업이 끝난 후에는 교사가 제시한 토의 주제에 대하여 홈페이지 게시판에 의견을 제시하였다.

① 블렌디드 학습(blended learning)
② 온라인 프로젝트 학습(online-project learning)
③ 비디오 회의 활용 학습(video conference learning)
④ 온라인 시뮬레이션 학습(online-simulated learning)

▦ 블렌디드 러닝

블렌디드 러닝(blended learning)은 온라인 교육과 오프라인 교육을 통합하여 병행 실시하는 것으로, 다양한 교수방법 및 학습방법의 혼합을 지칭하기도 한다.

🔒 ①

Chapter 04 교육평가

1 교육평가 ┬ **교육평가의** ┬ 개관 ^{93 초등, 25 중등論}
　　　　　　│ **이해** ├ 평가관 ┬ 검사관 ^{97 초등}
　　　　　　│ 　　　　　│ └ 교육관과 평가관 ^{22 중등論}
　　　　　　│ 　　　　　└ 평가절차와 ┬ 일반적 절차
　　　　　　│ 　　　　　　 평가오류 └ 평가의 오류 ^{08 중등, 11 초등}
　　　　　　│
　　　　　　├ **교육평가의** ┬ 목표중심모형 ┬ Tyler의 목표중심평가모형 ^{05 중등, 11 초등, 13 중등}
　　　　　　│ **모형** 　　　　　　│ └ Provus의 괴리(격차)모형
　　　　　　│ 　　　　　├ 판단중심모형 ┬ Scriven의 탈목표평가모형 ^{11 초등}
　　　　　　│ 　　　　　│ 　　　　　├ Stake의 종합실상모형
　　　　　　│ 　　　　　│ 　　　　　└ Eisner의 예술적 비평모형
　　　　　　│ 　　　　　└ 의사결정모형 ─ Stufflebeam의 CIPP 평가모형 ^{99 초등보수, 08 중등, 11 초등}
　　　　　　│
　　　　　　└ **교육평가의** ┬ 평가기준에 ┬ 준거참조평가 ^{90 중등, 94 초등, 97 중등, 99 초등보수, 99~00 중등, 00 초등, 02 초등, 04 초등, 06 초·중등, 15 중등추시論, 18 중등論, 22 중등論, 25 중등論}
　　　　　　　유형 　 따른 유형 ├ 규준참조평가 ^{99 중등, 04 중등, 06 중등, 07 초등, 10 초등, 12 초·중등}
　　　　　　　　　　　　　　 └ 자기참조평가 ^{09~10 초등, 12 중등, 18 중등論, 22 중등論, 24 중등論}
　　　　　　　　　├ 평가시기에 ┬ 진단평가 ^{93 초등, 02 초등, 06 중등, 12 초등}
　　　　　　　　　│ 따른 유형 ├ 형성평가 ^{91 중등, 94 중등, 96 초등, 97 중등, 99~00 초등보수, 02 중등, 03 초등, 14 중등論, 16 중등論, 23 중등論}
　　　　　　　　　│ 　　　　　└ 총괄평가 ^{04 초등, 06 중등}
　　　　　　　　　├ 평가방법에 ┬ 양적 평가
　　　　　　　　　│ 따른 유형 └ 질적 평가
　　　　　　　　　├ 표준화 유무에 ┬ 표준화검사
　　　　　　　　　│ 따른 유형 　└ 교사제작검사
　　　　　　　　　├ 수행평가 ─ 수행평가의 개관, 특징 ^{98 중등, 99 초등보수, 99~00 중등, 00 초등, 03~04 중등, 05 초등, 07 중등}, 방법 ^{99 초등·초등보수, 01~02 중등}, 조건 및 고려사항, 장단점 ^{09 초등}
　　　　　　　　　├ 성취평가제
　　　　　　　　　└ 기타 평가 ┬ 정적 평가와 역동적 평가
　　　　　　　　　　　　　　 ├ 정의적 특성의 평가 ^{19 중등論}
　　　　　　　　　　　　　　 ├ 창의·인성 교육을 위한 평가
　　　　　　　　　　　　　　 ├ 메타평가 ^{00 교대편입, 12 초등}
　　　　　　　　　　　　　　 └ 컴퓨터화 검사 ^{24 중등論}

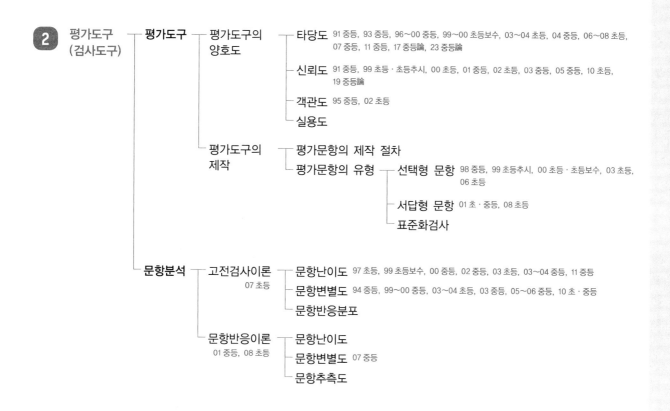

2 평가도구
(검사도구)

├─ **평가도구** ─┬─ 평가도구의 ─┬─ 타당도 91 중등, 93 중등, 96~00 중등, 99~00 초등보수, 03~04 초등, 04 중등, 06~08 초등,
│   │   양호도   │   07 중등, 11 중등, 17 중등論, 23 중등論
│   │   │
│   │   ├─ 신뢰도 91 중등, 99 초등 · 초등추시, 00 초등, 01 중등, 02 초등, 03 중등, 05 중등, 10 초등,
│   │   │   19 중등論
│   │   │
│   │   ├─ 객관도 95 중등, 02 초등
│   │   └─ 실용도
│   │
│   └─ 평가도구의 ─┬─ 평가문항의 제작 절차
│   제작   └─ 평가문항의 유형 ─┬─ 선택형 문항 98 중등, 99 초등추시, 00 초등 · 초등보수, 03 초등,
│   │   06 초등
│   │
│   ├─ 서답형 문항 01 초 · 중등, 08 초등
│   └─ 표준화검사
│
└─ **문항분석** ─┬─ 고전검사이론 ─┬─ 문항난이도 97 초등, 99 초등보수, 00 중등, 02 중등, 03 초등, 03~04 중등, 11 중등
                 │   07 초등   ├─ 문항변별도 94 중등, 99~00 중등, 03~04 초등, 03 중등, 05~06 중등, 10 초 · 중등
                 │   └─ 문항반응분포
                 │
                 └─ 문항반응이론 ─┬─ 문항난이도
                     01 중등, 08 초등 ├─ 문항변별도 07 중등
                                     └─ 문항추측도

Section 01 교육평가

01 교육평가의 이해

01 총평관(assessment)의 입장을 가장 적절하게 표현한 것은? 97초등

① 구인타당도를 중시하는 평가이다.
② 인간의 능력은 변함이 없는 것이다.
③ 평가의 신뢰도가 주된 관심거리이다.
④ 모든 사람에게 똑같은 평가도구를 이용한다.

■■ 총평관
총평관은 개인의 특성을 특별한 환경과 과업 및 준거상황에 관련시켜 의사결정을 하는 것으로, 개인의 특성을 다양한 방법을 동원하여 종합적·전체적으로 평가하는 것을 말한다(전인적 평가). 총평관에서는 구인타당도와 예언타당도가 중시된다.

🔒 ①

02 〈보기〉는 평정법(rating scale method)에 의해서 학생의 수행을 평가할 때, 평정자에 의해 발생할 수 있는 오류의 유형을 설명한 것이다. 옳은 것을 모두 고르면? 08중등

┌─ 보기 ─┐

ㄱ. 논리적 오류(logical error)는 전혀 다른 2가지 행동 특성을 비슷한 것으로 생각해서 평정하는 경향을 말한다.
ㄴ. 후광 효과(halo effect)는 평정대상에 대해 가지고 있는 특정 인상을 토대로 또 다른 특성을 좋게 또는 나쁘게 평정하는 경향을 말한다.
ㄷ. 집중경향의 오류(error of central tendency)는 아주 높은 점수나 낮은 점수는 피하고 평정이 중간 부분에 지나치게 자주 모이는 경향을 말한다.

└──────┘

① ㄱ, ㄴ   ② ㄱ, ㄷ
③ ㄴ, ㄷ   ④ ㄱ, ㄴ, ㄷ

■■ 평정의 오류(논리적 오류, 후광 효과, 집중경향의 오류)
ㄱ. 논리적 오류는 논리적으로 관련이 없는 2가지 행동 특성을 관련이 있는 것으로 착각하여 발생하는 오류이다.
ㄴ. 후광 효과(인상의 오류)는 평가대상의 인상이 평정에 영향을 주어 좋게 또는 나쁘게 평가하는 오류를 말한다.
ㄷ. 집중경향의 오류는 극단적인 점수를 피하고 중간 점수를 주는 오류로, 평가의 결과가 중간 부분에 모이는 경향을 말한다.

🔒 ④

03 다음 대화에서 김 교사가 범하고 있는 평정의 오류는?

11 초등

> 박 교사 : 이제 학생들의 실기평가 채점을 하도록 하
> 지요. 오늘 학생들 중에서 제일 잘한 학생을
> 누구로 할까요?
> 이 교사 : 철수가 제일 연기를 잘한 것 같아요. 동작의
> 섬세함이나 대사의 표현력에서 다른 학생들
> 보다 더 뛰어나게 연기한 것 같아요.
> 김 교사 : 그래요? 저는 철수가 평가장에 들어올 때
> 부터 첫 느낌이 좋지 않았어요. 그래서 연기
> 력도 별로인 것 같아 낮은 점수를 주었어요.

① 대비의 오류(contrast error)
② 관대성의 오류(leniency error)
③ 근접의 오류(approximate error)
④ 인상의 오류(error of halo effect)
⑤ 집중화 경향의 오류(error of central tendency)

⊞ **평정의 오류**(인상의 오류)

인상의 오류는 평가대상의 인상이 평정에 영향을 주어 좋게 또는
나쁘게 평가하는 오류를 말한다. 선입견에 따른 오차로서 평가요
소보다 피평가자의 인상이나 품성에 의해 평가하는 데서 발생한다.
① 대비의 오류는 평가자 자신의 특성과 비교하여 과대 혹은 과소
평가하는 오류이다.
② 관대의 오류는 전반적으로 높은 점수를 주는 오류로, 평가자의
평가기준이 후하여 발생한다. 엄격의 오류는 전반적으로 낮은 점
수를 주는 오류(인색의 오류)로, 평가자의 평가기준이 인색하여
발생한다.
③ 근접의 오류는 비교적 유사한 항목들이 시간적으로나 공간적
으로 가까이 있을 때 비슷하게 평가하는 오류이다.
⑤ 집중경향의 오류는 극단적인 점수를 피하고 중간 점수를 주는
오류로, 평가의 결과가 중간부분에 모이는 경향을 말한다.

🔒 ④

---

02 **교육평가의 모형**

01 〈보기〉에서 목표중심평가의 장점을 골라 바르게 묶은
것은? 05 중등

> ─ 보기 ─
>
> ㄱ. 교육목표를 행동적 용어로 진술하여 명확한 평
> 가 기준을 제시한다.
> ㄴ. 교육목표, 교육내용, 교육평가 간의 논리적 일
> 관성을 유지해 준다.
> ㄷ. 교육평가에서 평가자와 의사 결정자의 역할이
> 명확하게 구분된다.
> ㄹ. 교육목표로 설정되지 않은 부수적 교육활동에 대
> 한 평가가 용이하다.

① ㄱ, ㄴ   ② ㄱ, ㄹ
③ ㄴ, ㄷ   ④ ㄷ, ㄹ

⊞ **목표중심평가**

ㄱ. 목표중심평가는 평가대상 프로그램의 교육목표를 행동적 용
어로 진술하고 그 안에 평가에 대한 준거가 포함되므로 프로그램이
제대로 기능하고 있는지의 여부에 대한 평가기준이 명확하다.
ㄴ. 목표중심평가는 설정된 교육목표에 따라서 교육내용이 구안
되고, 구안된 교육내용에 대한 평가가 뒤따르게 되므로 이들 간에
논리적 일관성이 명료하게 유지된다.
ㄷ. 평가자와 의사 결정자의 역할이 명확하게 구분되는 것은 의
사결정(관리중심적) 평가모형이다.
ㄹ. 목표중심평가에서는 설정되지 않은 교육목표에 대해서는 관
심을 두지 않는다. 따라서 목표로 하지 않은 부수적 활동에 대한
평가는 목표중심평가의 관심 밖이다.

🔒 ①

02 다음과 같은 단계로 진행되는 교육 프로그램 평가모형으로 가장 적절한 것은? 13 중등

> • 1단계 : 학교의 교육목표를 설정한다.
> • 2단계 : 설정된 교육목표를 분류한다.
> • 3단계 : 분류된 교육목표를 행동적 용어로 진술한다.
> • 4단계 : 교육목표의 달성여부를 확인할 수 있는 장면이나 조건을 설정한다.
> • 5단계 : 측정방법 및 도구를 선정 또는 개발한다.
> • 6단계 : 측정을 통하여 자료를 수집한다.
> • 7단계 : 수집된 자료를 분석하여 학생의 성취를 행동 목표와 비교한다.

① 스테이크(R. Stake)의 반응적 평가(responsive evaluation)모형

② 타일러(R. Tyler)의 목표중심평가(objective-oriented evaluation)모형

③ 스크리븐(M. Scriven)의 탈목표평가(goal-free evaluation)모형

④ 구바와 링컨(E. Guba & Y. Lincoln)의 자연주의적 평가(naturalistic evaluation)모형

⑤ 팔렛과 해밀턴(M. Parlett & D. Hamilton)의 조명적 평가(illuminative evaluation)모형

⊞ 목표중심평가

타일러의 목표중심평가는 평가를 미리 설정된 교육 프로그램의 목표가 어느 정도 달성되었는가를 확인하는 것이라고 보고, 명세적으로 진술된 행동목표를 기준으로 교육성과를 평가한다.

🔒 ②

03 김 교사는 스크리븐(M. Scriven)의 판단모형을 활용하여 학교의 '특기적성교육' 프로그램을 평가하고자 한다. 이때 활용할 수 있는 평가방안으로 적절하지 않은 것은? 07 중등

① 비교평가와 비(非)비교평가

② 경험과학적 평가와 예술비평적 평가

③ 목표중심평가와 탈목표(goal-free)평가

④ 내재적 준거에 의한 평가와 외재적 준거에 의한 평가

⊞ 스크리븐의 탈목표평가모형

스크리븐의 탈목표평가모형은 평가를 프로그램의 가치를 판단하는 과정이라고 보고, 교육 프로그램의 의도적 효과뿐만 아니라 의도하지 않은 부수적 효과까지 포함하여 실제 효과를 판단하고자 하는 평가모형이다. 목표중심평가뿐만 아니라 탈목표평가까지 중시하고, 내재적 준거와 외재적 준거에 의한 평가를 동시에 고려하며, 평가의 기능을 형성평가와 총괄평가로 구분하고, 비교평가와 비(非)비교평가를 구분한다. ②는 아이즈너의 견해에 해당한다.

🔒 ②

04 교육프로그램 평가모형의 하나인 CIPP 모형에서 맨 처음 실시해야 할 평가는? 00 초등보수

① 요구평가   ② 과정평가

③ 산출평가   ④ 투입평가

⑤ 시행평가

⊞ 스터플빔의 CIPP 평가모형

스터플빔은 평가를 교육과 관련된 의사결정자에게 유용한 정보를 제공하여 의사결정을 돕는 과정으로 보는 CIPP 평가모형을 제안하였다. CIPP 평가모형은 상황평가(C: context evaluation, 요구평가), 투입평가(I: input evaluation), 과정평가(P: process evaluation), 산출평가(P: product evaluation)로 구성되어 있다.

🔒 ①

05 〈보기〉에서 스터플빔(D. L. Stufflebeam)의 CIPP 모형에 해당하는 설명을 바르게 묶은 것은? ^{08 중등}

> **보기**
>
> ㄱ. 평가자의 주관적인 전문성을 가장 중요한 평가 전략으로 간주한다.
> ㄴ. 평가구조의 차원을 수업, 기관, 행동으로 구성된 차원으로 구분한다.
> ㄷ. 평가자의 역할은 최종적인 가치판단이 아니라, 충분한 정보를 수집·제공하는 것이다.
> ㄹ. 조직의 관리과정 및 의사결정을 중심으로 평가활동을 수행해야 한다는 점을 강조한다.

① ㄱ, ㄴ   ② ㄱ, ㄷ
③ ㄴ, ㄹ   ④ ㄷ, ㄹ

🔡 스터플빔의 CIPP 평가모형

CIPP 모형에서는 평가자의 주관적인 전문성보다는 평가자가 의사결정에 도움을 줄 수 있는 유용한 정보를 수집·제공해야 한다는 것을 강조한다(ㄱ, ㄷ). 또한 조직의 관리과정 및 의사결정을 중심으로 평가활동을 수행해야 한다는 점을 강조함으로써 프로그램 평가의 새로운 지평을 열었다(ㄹ).
ㄴ은 하몬드(Hammond)의 평가과정모형에 대한 설명이다.

🔒 ④

06 방과 후 학교 프로그램을 평가하는 데 참여한 각각의 교사들이 선호하는 교육평가모형을 가장 적절하게 짝지은 것은? ^{11 초등}

> 김 교사: 목표 달성 여부를 확인하기 위해 프로그램에 참여한 학생들의 학업성취도를 평가하는 것이 좋겠습니다.
> 이 교사: 제 생각에는 평가의 주된 목적은 프로그램 개선을 위한 의사결정을 돕는 데 있다고 봅니다. 이를 위해서는 상황, 투입, 과정, 산출의 4가지 측면에서 프로그램을 평가하는 것이 좋다고 생각합니다.
> 박 교사: 저는 프로그램의 부수적인 효과까지 평가 항목에 포함해 분석하는 것이 더 좋다고 생각합니다. 목표 달성에는 실패했지만 부수적인 효과가 큰 경우 그 프로그램을 계속 채택할 수 있기 때문입니다.

	김 교사	이 교사	박 교사
①	타일러 (Tyler) 모형	스테이크 (Stake) 모형	스터플빔 (Stufflebeam) 모형
②	타일러 모형	스터플빔 모형	스크리븐 (Scriven) 모형
③	타일러 모형	스크리븐 모형	스테이크 모형
④	스테이크 모형	스크리븐 모형	타일러 모형
⑤	스테이크 모형	타일러 모형	스크리븐 모형

🔡 타일러, 스터플빔, 스크리븐 모형

김 교사는 목표 달성 여부를 중시한다는 점에서 타일러 모형, 이 교사는 의사결정을 위한 평가를 중시한다는 점에서 스터플빔 모형, 박 교사는 프로그램의 실제 효과를 강조한다는 점에서 스크리븐 모형과 관련된다.

🔒 ②

03 교육평가의 유형

01 다음 중 규준지향평가의 특징으로 볼 수 없는 것은? 99 중등

① 개인차 범위의 극대화를 통해 엄밀하고 정확한 측정을 시도한다.
② 이 평가로 얻은 원점수를 바르게 해석하기 위해서는 비교척도가 필요하다.
③ 적절한 환경과 노력이 있다면, 모두 다 기대 수준에 도달할 수 있다는 믿음을 가지고 있다.
④ 목표 달성 여부보다는 학생 간의 상호 비교에 몰두하여, 교수·학습 과정의 개선에 의미 있는 시사를 주기 어렵다.

> **규준참조평가**(특징)
>
> 규준참조평가는 개인의 학업성취 정도를 규준(norm)에 비추어 집단 내에서의 상대적 위치로 나타내는 평가를 말한다. 규준은 개인이 받는 원점수의 상대적 비교를 위해 사용되는 기준을 말하며, 가장 흔히 사용되는 규준은 평균이다.
> ③은 발달적 교육관에 대한 설명으로 준거참조평가의 특징이다.
>
> 🔓 ③

02 규준참조평가(norm-referenced evaluation)에 관한 진술로 가장 거리가 먼 것은? 06 중등

① 규준이란 교과에서 설정한 학습목표이다.
② 학생 상호 간의 점수 경쟁을 조장할 수 있다.
③ 개인의 집단 내 상대적 위치에 대한 정보 파악이 용이하다.
④ '수·우·미·양·가'의 평어를 부여할 때는 미리 정해 놓은 각 등급의 배당비율을 따른다.

> **규준참조평가**(특징)
>
> 규준참조평가는 개인의 학업성취 정도를 규준(norm)에 비추어 집단 내에서의 상대적 위치로 나타내는 평가를 말한다.
> ① 규준은 개인이 받는 원점수의 상대적 비교를 위해 사용되는 기준을 말하며, 가장 흔히 사용되는 규준은 평균이다.
>
> 🔓 ①

03 규준지향평가와 준거지향평가를 비교한 것으로 적절한 것은? 04 중등

	규준지향평가	준거지향평가
①	절대평가	상대평가
②	타당도 강조	변별도 강조
③	선발적 교육관	발달적 교육관
④	부적편포 기대	정상분포 기대

> **규준참조평가와 준거참조평가**
>
> | 구분 | 규준지향평가 | 준거지향평가 |
> | --- | --- | --- |
> | 평가기준 | 규준
(상대적 기준) | 교육목표
(절대적 기준) |
> | 교육관 | 선발적 교육관 | 발달적 교육관 |
> | 지향분포 | 정상분포 | 부적편포 |
> | 강조되는 평가도구 | 신뢰도 | 타당도 |
> | 학업 실패 원인 | 학생의 능력 | 교사(교육) |
>
> 🔓 ③

04 〈보기〉 중 규준참조평가와 준거참조평가의 차이에 대한 올바른 진술로 짝지은 것은? 07 초등

보기

ㄱ. 규준참조평가는 발달적 교육관에 근거하지만, 준거참조평가는 선발적 교육관에 근거한다.
ㄴ. 규준참조평가에서는 변별도보다 타당도가 중시되지만, 준거참조평가에서는 타당도보다 변별도가 중시된다.
ㄷ. 규준참조평가에서는 다른 학생들보다 높은 점수를 얻기 위해 노력해야 하지만, 준거참조평가에서는 목표에 도달하고자 노력해야 한다.
ㄹ. 규준참조평가에서의 원점수는 규준에 따라 상대적으로 해석되지만, 준거참조평가에서의 원점수는 설정된 기준에 따라 일정한 의미를 지닌다.

① ㄱ, ㄴ ② ㄱ, ㄷ
③ ㄴ, ㄷ ④ ㄷ, ㄹ

⊞ 규준참조평가, 준거참조평가

'규준참조평가'는 선발적 교육관에 근거하고, 타당도보다 변별도를 중시하며, 다른 학생들보다 높은 점수를 얻기 위해 노력해야 한다. 또, 원점수는 규준에 따라 상대적으로 해석된다. 반면, '준거참조평가'는 발달적 교육관에 근거하고, 변별도보다 타당도를 중시하며, 학생들은 목표에 도달하고자 노력해야 한다. 또, 원점수는 설정된 기준에 따라 일정한 의미를 지닌다.

🔒 ④

05 A학교에서는 수학과 학기말 고사를 실시하여 최저 성취수준에 미달되는 학생들을 대상으로 특별보충학습을 하려고 한다. 이러한 목적을 지닌 검사도구를 제작할 때 유의해야 할 점이 아닌 것은? 04 초등

① 검사문항의 대표성
② 교육목표의 재확인 및 상세화
③ 서열을 산출하기 위한 규준의 작성
④ 최저성취수준을 판단하기 위한 준거의 설정

⊞ 준거참조평가(도구제작 시 유의점, 특징)

'최저성취수준'이란 학습자가 학습목표에 대해 최소한 성취해야 할 절대적 기준이므로 이는 준거참조평가(절대평가)와 관련된다. ③ 서열의 산출은 개인차 변별에 초점을 둔 것이므로 규준참조평가(상대평가)와 관련된다.

준거참조평가의 특징
(1) 발달적 교육관에 토대를 둔다.
(2) 부적편포를 전제한다.
(3) 검사(평가도구)의 타당도를 중시한다.
(4) 교수기능을 강화하고 수업 개선의 촉진을 도모한다.
(5) 학생들 간의 경쟁심을 제거하고 협동적 학습을 가능하게 해준다.
(6) 인간의 무한한 가능성과 교육의 효과에 대한 신념을 기초로 한다.

🔒 ③

06 준거지향평가(criterion-referenced evaluation)로 학생들의 학업성취도를 평가하고자 할 때 평가기준의 근거가 되는 것은? 02 초등

① 학습동기 ② 성취목표
③ 학생의 요구 ④ 전체 집단의 성적 분포

⊞ 준거참조평가(평가기준)

준거지향평가는 평가의 기준을 교육과정을 통해 달성하려는 수업목표(성취목표 또는 도착점행동)에 두는 목표지향적 평가이다. 목표지향적 평가에서는 학생의 성취를 확인하고, 해석하며 그에 관한 의사결정을 내리는 평가의 과정 전체가 교육목표에 근거를 두고 있다.

🔒 ②

07 체육 시간에 줄넘기 50번을 계속적으로 하는 학생에게는 '합격', 그렇지 못한 학생에게는 '불합격'이라고 하였다면, 이것은 어떤 평가인가? 00 서울초보

① 상대평가

② 비교평가

③ 양적 평가

④ 규준지향평가

⑤ 준거지향평가

⊞ 준거참조평가(평가기준)

지문에서는 '줄넘기 50번을 계속적으로 넘기'라는 학습목표를 기준으로 합격, 불합격을 평가하고 있으므로, 학습목표를 평가의 기준으로 하여 목표 달성 여부 또는 그 정도를 확인하는 평가방법인 준거지향평가와 관련된다.

🔓 ⑤

08 〈보기〉의 대화에서 학부모가 원하는 정보를 제공하는 데 가장 적합한 평가유형은? 06 초등

┌ 보기 ┐

학부모: 우리 주현이 수학시험 성적은 어떤가요?

최교사: 반에서 10등쯤 합니다.

학부모: 그런가요? 그런데 저는 등수보다 우리 아이가 무엇을 할 줄 아는지, 그런 것들을 좀 알고 싶어요.

① 규준지향평가(norm-referenced evaluation)

② 준거지향평가(criterion-referenced evaluation)

③ 능력지향평가(ability-referenced evaluation)

④ 성장지향평가(growth-referenced evaluation)

⊞ 준거참조평가

〈보기〉의 대화에서 학부모는 주현이의 등수보다는 학습목표 달성 정도에 관심을 두고 있다. 따라서 준거지향평가와 관련된다. 준거지향평가는 준거에 비추어 학습자들이 무엇을 얼마만큼 알고 있느냐에 관심을 두는 평가를 말한다.

🔓 ②

09 다음은 김 교사와 박 교사의 평가 관련 행동을 기술한 것이다. 이들의 행동을 가장 잘 설명해주는 교육평가유형을 〈보기〉에서 골라 짝지은 것은? 12 중등

- 김 교사는 영어 시험에서 T점수로 40점 미만에 해당하는 학생을 찾아내어 특별보충 학습 프로그램에 참가하도록 하였다.
- 박 교사는 국어 시험에서 학기 초에 83점, 학기 중간에 84점, 학기 말에 85점을 얻은 A학생보다 학기 초에 60점, 학기 중간에 70점, 학기 말에 80점을 얻은 B학생이 더 많이 향상되었다는 사실을 고려하여 B학생을 더 긍정적으로 평가하였다. (단, 국어 시험 점수는 동간성이 있다고 가정한다.)

┌ 보기 ┐

ㄱ. 규준참조평가   ㄴ. 준거참조평가

ㄷ. 성장참조평가   ㄹ. 능력참조평가

	김 교사	박 교사
①	ㄱ	ㄴ
②	ㄱ	ㄷ
③	ㄱ	ㄹ
④	ㄴ	ㄷ
⑤	ㄴ	ㄹ

⊞ 규준참조평가, 성장참조평가

김 교사는 영어능력의 상대적 위치를 확인하기 위해 표준점수 중 하나인 'T점수'에 근거하여 학생의 영어능력을 변별하였으므로 '규준참조평가', 박 교사는 초기의 성취수준에 비추어 얼마나 성장하였느냐, 초기 능력수준에 비추어 얼마만큼 능력의 향상을 보였느냐를 기준으로 B학생을 긍정적으로 평가하고 있으므로 '성장참조평가'와 관련된다.

🔓 ②

10 능력참조평가(ability-referenced evaluation)와 성장참조평가(growth-referenced evaluation)의 특징을 〈보기〉의 내용과 옳게 짝지은 것은? 09 초등

> [보기]
>
> ㄱ. 학생들의 상대적 서열에 초점을 맞춰 능력의 변별에 관심을 둔 평가이다.
> ㄴ. 학생들의 성장단계를 고려해 학년별 성취목표의 달성여부에 관심을 둔 평가이다.
> ㄷ. 학생들이 자신의 능력수준에서 그 능력을 얼마나 발휘하느냐에 관심을 둔 평가이다.
> ㄹ. 교수·학습 과정을 통한 변화에 관심을 두며 초기 능력수준에 비해 얼마만큼 능력의 향상을 보였느냐를 강조하는 평가이다.

	능력참조평가	성장참조평가
①	ㄱ	ㄴ
②	ㄱ	ㄹ
③	ㄷ	ㄴ
④	ㄷ	ㄹ
⑤	ㄹ	ㄴ

◱◳ 능력참조평가, 성장참조평가

능력참조평가는 학생 자신의 능력에 비추어 얼마나 최선을 다했느냐, 얼마나 능력을 발휘하였느냐에 관심을 두는 평가이다. 한편, 성장참조평가는 초기의 성취수준에 비추어 얼마나 성장하였느냐에 관심을 두는 평가로, 초기 능력수준에 비추어 얼마만큼 능력의 향상을 보였느냐를 강조하는 평가이다.
ㄱ은 규준참조평가, ㄴ은 준거참조평가에 대한 설명이다.

🔒 ④

11 〈보기〉의 평가유형 적용 사례 중 옳은 것을 모두 고르면? 12 초등

> [보기]
>
> ㄱ. 수업 시작 전에 학생의 학습준비도를 확인하기 위해 진단평가를 실시하였다.
> ㄴ. 수업을 진행하면서 수업내용과 관련된 학생들의 오류와 문제점을 확인해서 피드백하기 위해 형성평가를 실시하였다.
> ㄷ. 학생들 간의 상대적 서열보다는 학생이 무엇을 얼마나 성취하였는가를 확인하기 위해 규준참조평가를 실시하였다.
> ㄹ. 실시된 평가의 장단점을 평가관련자에게 알려주고 평가의 질적 개선을 도모하기 위해 메타평가를 실시하였다.

① ㄱ, ㄴ   ② ㄱ, ㄹ
③ ㄱ, ㄴ, ㄹ   ④ ㄱ, ㄷ, ㄹ
⑤ ㄴ, ㄷ, ㄹ

◱◳ 진단평가, 형성평가, 규준참조평가

ㄱ. 진단평가는 수업 시작 전에 실시하는 평가로서 학생의 수준과 특성을 진단하기 위한 평가이다.
ㄴ. 형성평가는 수업 중에 수시로 실시하는 평가로서, 학생의 학습목표 도달 정도를 확인하여 교육과정과 교수·학습 방법의 개선(피드백, 교정)을 목적으로 실시하는 평가이다.
ㄹ. 메타평가는 평가에 대한 평가, 평가의 평가(evaluation of evaluation)를 의미하며, 평가의 질적 수준을 향상시킬 목적으로 실시한다. 메타평가는 평가계획에 대한 진단적 메타평가, 평가의 실행과정에 대한 형성적 메타평가, 그리고 평가결과에 대한 총괄적 메타평가 등으로 구분할 수 있다.

🔒 ③

12 김 교사는 학생들에게 약수와 배수에 대해 가르치려고 한다. 가르치기에 앞서 김 교사는 덧셈, 뺄셈, 곱셈, 나눗셈 등에 관한 문제로 구성된 간단한 시험을 실시하였다. 시험을 실시한 이유로 가장 적절한 것은? ^{02 초등}

① 시험 보는 기술을 훈련시키기 위해서이다.
② 수학에 관한 흥미를 유발하기 위해서이다.
③ 학생들의 선수학습 정도를 파악해 보기 위해서이다.
④ 약수와 배수에 관한 그릇된 개념을 교정하기 위해서이다.

🔠 진단평가

진단평가는 수업이 시작되기 전에 실시하는 평가로서 학생의 수준과 특성을 진단하기 위한 평가이다. 진단평가를 실시하는 목적은 학생의 선수학습의 정도와 교과의 성취수준을 파악하고, 학생의 전반적 특성(지능, 적성, 흥미, 동기 등)과 학습실패의 교육 외적 원인(신체적·정서적·환경적 요인)을 파악하기 위함이다.

🔒 ③

🔠 진단평가(기능)

진단평가는 수업이 시작되기 전에 실시하는 평가로서 학생의 수준과 특성을 진단하기 위한 평가이다. 진단평가를 실시하면 학생의 선수학습의 정도와 교과의 성취수준을 파악할 수 있고, 학생의 전반적 특성(지능, 적성, 흥미, 동기 등)과 학습실패의 교육 외적 원인(신체적·정서적·환경적 요인)을 파악할 수 있다.
ㄴ은 형성평가, ㄷ은 총괄평가의 기능이다.

🔒 ②

13 〈보기〉에서 진단평가의 기능을 골라 바르게 묶은 것은?
^{07 영양}

┌─ 보기 ─┐
ㄱ. 학습자의 선수학습 정도를 확인한다.
ㄴ. 진행 중인 수업의 수업방법 개선을 위한 정보를 제공한다.
ㄷ. 학습자의 학습목표 도달 여부를 판정하여 학업성적을 산출한다.
ㄹ. 교수·학습이 시작되기 전 학습자의 흥미, 적성, 태도 등을 파악한다.
└────────┘

① ㄱ, ㄷ   ② ㄱ, ㄹ
③ ㄴ, ㄷ   ④ ㄴ, ㄹ

14 다음과 같은 목적으로 실시되는 평가는? ^{00 서울초보}

┌─────────────────────────────┐
교사가 교육의 과정에서 학생의 목표 달성도를 조사하여 학습에서 잘된 점과 잘못된 점을 학생에게 피드백해 주고, 교사 자신의 수업계획과 방법에서 개선할 점을 모색한다.
└─────────────────────────────┘

① 총괄평가   ② 진단평가
③ 정치평가   ④ 형성평가
⑤ 탈목표평가

🔠 형성평가

형성평가는 수업 중에 수시로 실시하는 평가로서, 학생의 학습목표 도달 정도를 확인하여 교육과정과 교수·학습 방법의 개선(피드백, 교정)을 목적으로 실시하는 평가이다.

🔒 ④

15 형성평가에 대한 설명으로 옳은 것은? ⁹⁵ 초등

① 표준화된 학력검사를 실시한다.
② 일반적으로 목표지향평가를 주로 실시한다.
③ 반복되는 학습곤란의 심층적 원인을 규명한다.
④ 수업방법과 관련 있는 특성에 따라 학생을 분류한다.

🔠 **형성평가**

형성평가는 일반적으로 목표지향평가를 주로 실시한다. 형성평가의 중요한 목적은 설정된 목표를 학생이 수긍할 정도로 성취하고 있는지를 결정하려는 것이며, 성취하지 못했을 때 어디를 개선해야할 것인가를 결정하는 정보를 제공하려는 데 있다.

 ② ☞

16 다음과 같은 평가방식은? ⁰² 중등

> • 수업 도중에 실시한다.
> • 학습 단위에 관련된 학생의 진보 상태를 교사와 학생에게 피드백한다.
> • 학습 단위의 구조에 따라 오류를 확인함으로써 교수 방법을 수정 · 보완하는 데 필요한 정보를 수집하기 위해 실시한다.

① 총괄평가   ② 형성평가
③ 사후평가   ④ 진단평가

🔠 **형성평가**(목적)

① 총괄평가는 일련의 학습과제 혹은 특정한 교과의 학습이 끝난 다음에 교수목표의 달성, 성취, 통달여부를 총괄적으로 판정하려는 평가이다.
③ 사후평가는 연구자가 연구대상을 선정하여 처치를 가한 후 그 프로그램의 효과를 검토하는 방법이다.
④ 진단평가는 수업이 시작되기 전에 수업의 대상이 되는 학생의 초기 상태를 진단하는 것이다.

② ☞

17 형성평가에 대한 설명으로 맞게 묶인 것은? ⁰³ 초등

> ┤ 보기 ├
>
> ㄱ. 평가의 주요 목적은 교수 · 학습 방법의 개선에 있다.
> ㄴ. 일련의 교수 · 학습 과정이 종료되는 시점에 실시한다.
> ㄷ. 평가도구 제작 시 최소 성취기준에 근거하여 문항을 출제한다.
> ㄹ. 평가 전문가가 개발한 표준화검사를 평가도구로 활용한다.

① ㄱ, ㄴ   ② ㄱ, ㄷ
③ ㄴ, ㄷ   ④ ㄷ, ㄹ

🔠 **형성평가**

형성평가는 수업 중에 가르치고 배우는 내용을 학습자들이 얼마나 잘 이해하고 있는지를 수시로 점검하여 학생에게 송환효과(feedback)를 주고(ㄴ), 교과과정과 수업방법을 개선하기 위해 실시하는 평가이다(ㄱ). 또한 평가도구 제작 시 최소 성취기준에 근거하여 문항을 출제한다(ㄷ). 평가도구는 학습목표에 기초하여 수업담당 교사가 직접 제작한다(ㄹ).

 ② ☞

18 다음은 형성평가를 위해 선택형 문항을 작성할 때 고려해야 할 사항이다. 이 중 학생들의 학습곤란이나 학습결손을 파악하려는 교사의 의도가 가장 잘 반영된 것은? ⁰⁷ 중등

① 답지가 서로 다른 차원의 내용을 포함하지 않도록 한다.

② 정답이 분명히 드러나지 않도록 오답지의 매력도를 높인다.

③ 추측에 의해 정답을 선택할 가능성이 높아지지 않도록 답지의 수를 늘린다.

④ 학생들이 자주 범할 수 있는 오류의 유형을 확인할 수 있도록 답지를 구성한다.

🔡 형성평가(선택형 문항작성 시 고려사항)

학생들이 평소 자주 범하기 쉬운 오류 유형에 따라 선택형 문항의 오답지를 구성하면, 학생들이 특정 문항을 틀렸을 경우 어떤 오답지를 선택했는가를 봄으로써 그 학생이 어떤 종류의 학습곤란이나 학습결손을 안고 있는지를 직접 파악할 수 있다.

①, ②, ③은 모두 선택형 문항을 작성할 때 고려해야 할 중요한 사항들이다. 이 중 ②와 ③은 학생들이 추측을 통해 정답을 선택할 가능성을 낮춤으로써 문항의 변별도를 높일 수 있는 방법이다. 그러나 문항의 변별도를 높이는 것이 곧 학습자의 학습곤란이나 학습결손에 대한 직접적인 정보를 얻는 방법이 되는 것은 아니다.

🔒 ④

19 교수·학습 과정에서 활용되는 평가에 대한 설명으로 옳지 않은 것은? ⁰⁴ 초등

① 진단평가는 학생의 출발점 행동을 알아보기 위해 실시된다.

② 형성평가는 교수·학습 활동을 개선하기 위한 정보를 제공해 준다.

③ 형성평가에서는 교사가 제작한 검사보다는 표준화 검사가 사용된다.

④ 총괄평가는 학습목표 달성 여부를 판정하여 성적을 산출하는 데 활용된다.

🔡 진단평가, 형성평가, 총괄평가

형성평가는 학습목표에 기초하여 수업담당 교사가 직접 제작한다. 학생 상황과 수업전략을 가장 잘 알고 있는 교사가 평가문항을 제작하여 시행함으로써 교수·학습 방법을 개선할 수 있도록 한다.

🔒 ③

20 〈보기〉의 교사 행동을 진단평가, 형성평가, 총합평가와 가장 적절하게 짝지은 것은? ⁰⁶ 중등

> ┌─ 보기 ─┐
>
> ㄱ. 수업 중에 학습오류 수정을 위하여 쪽지시험을 실시하였다.
> ㄴ. 수업계획을 수립하기 위하여 학생의 기초학습 능력과 선수학습 정도를 파악하였다.
> ㄷ. 기말고사를 실시하여 성적을 부여하였다.

	진단평가	형성평가	총합평가
①	ㄱ	ㄴ	ㄷ
②	ㄴ	ㄱ	ㄷ
③	ㄴ	ㄷ	ㄱ
④	ㄷ	ㄴ	ㄱ

🔡 진단평가, 형성평가, 총괄평가

ㄱ은 형성평가, ㄴ은 진단평가, ㄷ은 총괄평가에 대한 설명이다.

🔒 ②

21 수행평가에 대해 가장 잘 기술한 것은 어느 것인가?

99 중등추시

① 표준화된 검사도구에 의한 평가이다.
② 주된 관심은 학습과정보다 학습결과이다.
③ 타당도에 비해 신뢰도를 강조하는 평가이다.
④ 지식과 기능을 실제 활용할 수 있는 능력에 대한 평가이다.

🔠 **수행평가**

수행평가는 교사가 학생이 학습과제를 수행하는 과정이나 결과를 보고, 그 학생의 지식이나 기능, 태도 등에 대해 전문적으로 판단하는 평가방식을 의미한다. 따라서 수행평가는 지식과 기능을 실제 활용할 수 있는 능력에 대한 평가이다.
① 수행평가는 표준화된 검사도구와 같이 고정되어 있는 선택으로 반응하는 것이 아니라 개방형의 과제에 대하여 학생들 스스로 답을 작성하거나 행동으로 나타내도록 하는 평가방식이다. 또한 ② 학습의 과정에 초점을 맞추지만 결과 또한 중시하며, ③ 신뢰도에 비해 타당도를 강조하는 평가이다.

🔒 ④

🔠 **수행평가**(도입 배경, 의도)

수행평가는 교사가 학생이 학습과제를 수행하는 과정이나 결과를 보고, 그 학생의 지식이나 기능, 태도 등에 대해 전문적으로 판단하는 평가방식을 의미한다. 이런 수행평가의 도입 배경에는 학생의 지적능력과 정의적 특성에 대한 평가를 통합하고자 하는 수행평가의 의도가 있으며, 이를 가장 충실히 반영한 답지는 ④이다. ①, ②, ③은 정의적 특성보다는 지적능력 평가에 치중되어 있다.

🔒 ④

22 수행평가 도입 배경에는 학생의 지적능력과 정의적 특성에 대한 평가를 통합하고자 하는 의도가 있다. 이러한 의도를 가장 충실히 반영한 것은? 07 중등

① 기계모형을 해체하였다가 원상 복구하는 데에 걸리는 시간을 측정하는 평가
② '집합'의 개념을 수학과 생물학의 시각에서 조명하도록 요구하는 논술형 평가
③ 최종 정답만이 아니라 문제풀이 과정까지 드러내도록 요구한 수학의 서답형 평가
④ 모둠의 협동을 요구하는 과학 실험 과제를 제시하고 학생의 행동을 교사가 관찰하여 평정하는 평가

23 수행평가의 특징과 관계가 가장 먼 것은? 03 중등

① 높은 신뢰도
② 높은 타당도
③ 과정(process)에 대한 평가
④ 실제적인 상황에서의 평가

🔠 **수행평가**(특징)

수행평가는 평가자가 학습자들의 학습과제 수행과정 및 결과를 직접 관찰하고, 그 관찰 결과를 전문적으로 판단하는 평가방식을 의미한다. 이러한 수행평가는 선다형 검사에 비해 채점 결과의 신뢰성, 객관성, 정확성, 일관성 등이 떨어지며, 언제, 누가 채점했는지가 결과에 영향을 미칠 가능성이 크다. 즉, 수행평가는 양적인 평가가 아닌 질적인 평가이므로 객관도, 신뢰도보다는 타당도를 중시한다.

🔒 ①

24 수행평가를 실시할 때 유의할 사항으로 가장 옳은 것은?

04 중등

① 신뢰도를 높이기 위해 채점자 사전 교육을 삼가야 한다.
② 타당도를 높이기 위해 간접적인 평가방법을 사용해야 한다.
③ 실용도를 높이기 위해 수행과제의 수를 많이 포함해야 한다.
④ 객관도를 높이기 위해 동일한 문항을 여러 명이 채점하게 한다.

▣ 수행평가(유의점)

객관도는 측정의 결과에 대해 여러 채점자가 어느 정도로 일치된 평가를 하느냐의 정도를 말한다. 수행평가를 실시할 때 객관도를 높이기 위해서는 동일한 문항을 여러 명이 채점해야 한다. 또한 ① 신뢰도를 높이기 위해서는 채점자 사전 교육을 실시해야 하며, ② 타당도를 높이기 위해서는 직접적인 평가방법을 사용해야 한다. ③ 실용도란 경비, 시간, 노력을 적게 들이고도 소기의 목적을 얼마나 달성할 수 있는가의 정도로, 수행평가를 실시할 때 실용도를 높이기 위해서는 단순히 수행과제의 수를 늘리기보다는 비용, 시간을 적게 들이면서 해석·활용이 용이한 수행과제를 제작하여야 한다.

객관도 향상 방법

(1) 평가도구 및 평가기준을 객관화시켜야 한다.
(2) 평가자의 소양을 높여야 한다.
(3) 명확한 평가기준을 마련하여 검사자의 인상, 편견, 감정, 어림짐작, 착오 등 주관적 요소를 최소한으로 줄여야 한다.
(4) 여러 사람이 공동 평가하여 그 결과를 종합하는 것이 좋다.
(5) 논술, 서술형은 문항단위로 채점하여야 한다.

🔒 ④

25 수행평가 과제의 제작과 관련하여 교사가 유의해야 할 점으로 가장 적절한 것은?

09 초등

① 한 가지 이상의 해결책이나 정답이 가능한 과제는 피하도록 한다.
② 학생들의 과제수행력을 고려하여 과제수행 시간이 최대 20분을 초과하지 않도록 한다.
③ 교육목표 및 교육내용과의 관련성을 확인하여 수행평가 과제의 타당성을 확보하도록 한다.
④ 하나의 수행평가 과제에서는 한 가지 학습성과만을 평가할 수 있도록 과제를 구조화하도록 한다.
⑤ 객관식검사가 측정하지 못한 것을 측정하기 위해 교과학습목표와는 독립적인 수행평가 과제가 되도록 한다.

▣ 수행평가(과제 제작 시 유의점)

수행평가 과제를 제작할 때에는 비용 및 시간, 채점기준, 타당도, 신뢰도 등을 고려해야 한다. 수행평가는 학생들의 능력이나 기술에 대한 직접적인 측정이기 때문에 타당도가 중시된다. 수행평가의 타당도에 관한 대부분의 연구들은 내용타당도를 중요하게 다루고 있다. 따라서 교사는 교육목표 및 교육내용과의 관련성을 확인하여 수행평가 과제의 타당성을 확보하도록 해야 한다.

🔒 ③

26 학습자 자신이 지속적, 체계적으로 작성하거나 만든 개인별 작품집 또는 서류철 등을 근거로 평가하는 방법은?

01 중등

① 심층면접법   ② 참여관찰법
③ 실험실기법   ④ 포트폴리오법

▣ 포트폴리오

포트폴리오는 자신이 쓰거나 만든 작품을 지속적이면서도 체계적으로 모아 둔 개인별 작품집 혹은 서류철을 이용한 평가방법이다.

🔒 ④

27 〈보기〉에서 포트폴리오를 이용한 수행평가에 해당하는 설명을 골라 바르게 묶은 것은? 05 초등

┌ 보기 ┐

ㄱ. 과정보다는 결과 평가에 중점을 둔다.
ㄴ. 신뢰도는 높으나, 타당도는 낮은 경향이 있다.
ㄷ. 지적 능력은 물론 정의적 특성도 평가할 수 있다.
ㄹ. 전통적인 인식론보다는 구성주의 인식론에 바탕을 둔다.

① ㄱ, ㄴ
② ㄱ, ㄷ
③ ㄴ, ㄹ
④ ㄷ, ㄹ

⊞ 수행평가(포트폴리오)

포트폴리오는 자신이 쓰거나 만든 작품을 지속적이면서도 체계적으로 모아 둔 개인별 작품집 혹은 서류철을 이용한 평가방법이다. 포트폴리오는 작품집을 이용하여 자신의 변화·발전 과정을 스스로 파악할 수 있도록 하기 때문에 포트폴리오를 이용한 수행평가는 결과뿐만 아니라 과정도 중시한다(ㄱ). 또한 수행평가는 언제, 누가 채점했는지가 결과에 영향을 미칠 가능성이 크기 때문에 높은 신뢰도와는 거리가 멀다(ㄴ).

🔓 ④

28 다음과 같은 자료는 어떤 방법을 사용하여 평가하는 것이 가장 적합한가? 02 중등

┌─────────────────────────────┐
일기장, 연습장, 미술작품집, 과제일지
└─────────────────────────────┘

① 논문형 검사
② 포트폴리오법
③ 관찰법
④ 면접법

⊞ 포트폴리오

포트폴리오는 자신이 쓰거나 만든 작품을 지속적이면서도 체계적으로 모아 둔 개인별 작품집 혹은 서류철을 이용한 평가방법이다. 그림뿐만 아니라 사진이나 시, 소설 등의 작문이나 논설문을 이용하여 평가할 수 있으며, 그 외의 교과 과제물이나 연구보고서 및 실험 실습의 결과 보고서 등을 정리한 자료집을 이용하여 평가할 수도 있다.

🔓 ②

29 최근 학교에서 포트폴리오 평가방법의 적용이 강조되고 있다. 다음 중 학교에서 포트폴리오에 포함될 내용을 결정하고자 할 때 누가 결정하는 것이 가장 타당한가?
00 대구초보

① 교사
② 학생
③ 학부모
④ 평가전문가
⑤ 학생과 교사

⊞ 포트폴리오(내용결정자)

포트폴리오 평가방법은 학생 개개인의 변화, 발달과정을 종합적으로 평가한다. 학생 스스로가 목표설정과 평가에 참여함으로써 창의성이 길러지고 자주적 학습능력이 향상된다. 또한 학생과 학생, 교사와 학생 간에 적극적 상호작용이 이루어져 적극적 교수학습활동이 이루어진다. 따라서 포트폴리오에 포함될 내용을 결정할 때는 학생과 교사가 함께 결정하는 것이 가장 타당하다.

🔓 ⑤

30 평가방법의 개선을 위한 정보를 얻기 위하여 실시하는 평가는? 00 교대편입

① 진단평가
② 포트폴리오(portfolio)에 의한 평가
③ 수행평가
④ 메타평가(meta evaluation)

⊞ 메타평가

메타평가(meta evaluation)는 평가에 대한 평가, 평가의 평가(evaluation of evaluation)를 의미하며, 평가의 질적 수준을 향상시킬 목적으로 실시한다. 메타평가는 평가의 문제가 무엇인지 점검하고 확인하여 평가의 질적 개선을 기할 수 있을 뿐만 아니라 평가가 지향해야 할 점을 안내해 준다. 메타평가는 평가계획에 대한 진단적 메타평가, 평가의 실행과정에 대한 형성적 메타평가, 그리고 평가결과에 대한 총괄적 메타평가 등으로 구분할 수 있다.

🔓 ④

Section 02 평가도구

01 평가도구

01 검사도구의 양호도에 대한 진술로 적절하지 않은 것은?

09 초등

① 높은 타당도는 높은 신뢰도의 선행조건이다.
② 검사가 너무 어렵거나 쉬우면 신뢰도는 낮아진다.
③ 타당도는 무엇을 측정하느냐의 문제로 반드시 준거의 개념이 수반된다.
④ 객관도는 채점자가 편견 없이 얼마나 공정하게 채점하느냐의 문제와 관련된다.
⑤ 신뢰도는 어떻게 측정하느냐의 문제로 얼마나 오차 없이 측정하고 있느냐를 뜻한다.

🔲 검사도구의 양호도

신뢰도는 타당도의 중요한 선행요건으로서 타당도가 높기 위해서는 신뢰도가 높아야 한다. 타당도는 평가도구의 필수불가결한 조건이지만, 신뢰도가 낮으면 타당도는 이에 비례해서 낮아지기 때문에 신뢰도는 타당도의 필요조건이 된다.

🔒 ①

02 검사도구를 제작할 때 교육목표 이원분류표를 작성하는 이유로 가장 적절한 것은? 07 초등

① 검사의 난이도를 높인다.
② 문항의 참신성을 높인다.
③ 채점의 정확성을 높인다.
④ 검사의 내용타당도를 높인다.

🔲 타당도(내용타당도)

이원분류란 내용과 행동을 기준으로 수업목표를 분류하는 작업을 말한다. 검사도구를 제작할 때 이원분류를 통해 교육목표를 작성하는 가장 적절한 이유는 검사의 내용타당도를 높이기 위해서이다.

🔒 ④

03 다음은 김 교사가 학기말 시험문제를 출제하는 과정을 진술한 것이다. 김 교사가 출제과정에서 고려한 타당도로 가장 적합한 것은? 11 중등

> 중학교에서 국어를 가르치고 있는 김 교사는 다음과 같은 방법으로 학기말 시험문제를 출제하였다. 우선 이원분류표에 근거하여 수업목표 및 교수·학습 과정에서 중요하게 다루었던 내용들을 확인하였으며, 이것들을 중심으로 학기말 시험문제를 출제하였다. 시험문제를 출제한 후 국어 교과 전문가와 협의하여 자신이 출제한 문항들이 대표성을 가지고 있는 문항표집인지 점검하였다.

① 내용타당도 ② 안면타당도
③ 공인타당도 ④ 구인타당도
⑤ 예언타당도

🔲 타당도(내용타당도)

학생들의 학업성취도를 평가하기 위한 검사도구를 개발하려고 할 때 교사가 가장 관심을 기울여야 하는 타당도는 내용타당도이다. 내용타당도는 평가도구가 교육목표, 즉 내용을 얼마나 충실히 측정하고 있는가와 관련된 타당도이다. 따라서 검사문항들이 측정하고자 하는 내용들을 잘 대표하여 표집되어 있는지 판단하여야 한다. ② 안면타당도는 검사문항이 측정하고자 하는 것을 제대로 측정하고 있는지를 피험자 입장에서 판단하는 타당도이다. 피험자가 자주 접해 본 문항들이 많으면 안면타당도가 높다.

🔒 ①

04 다음은 수학시험이 끝난 후에 교사와 학생이 나눈 대화의 내용이다. 학생이 제기하고 있는 검사의 양호도 판단기준은? 04 중등

> 교사 : 이번 시험은 수업 시간에 배운 공식만 알면 풀 수 있는 아주 쉬운 문제였지요?
> 학생 : 저도 그 공식은 잘 아는데, 시험에 나온 어휘들이 너무 어려워서 문제를 이해할 수 없었어요. 이번 시험은 수학보다 국어를 잘하는 학생한테 유리한 것 같아요.

① 신뢰도   ② 타당도
③ 객관도   ④ 실용도

▦ **타당도**

타당도란 검사가 본래 재고자 하는 것을 얼마나 충실하게 측정하고 있는가, 즉 검사대상(what)의 충실성·정직성을 의미한다. 지문에서 학생은 수학공식을 알고 있었지만 어휘가 어려워서 수학문제를 풀지 못했으므로, 이 시험은 수학시험에서 측정하려고 하는 것을 충실히 측정하지 못하고 있다.

🔒 ②

05 어느 학교에서, 효(孝)에 대한 지식을 알아보는 지필검사의 결과로 효행 학생을 선발하였다면 다음의 평가조건 중 어느 것을 위배했다고 볼 수 있는가? 99 중등

① 타당도   ② 신뢰도
③ 객관도   ④ 변별도

▦ **타당도**

타당도란 검사가 본래 재고자 하는 것을 얼마나 충실하게 측정하고 있는가, 즉 검사대상(what)의 충실성·정직성을 의미한다. 효행 학생의 선발에 있어서는 효에 관한 지식을 알아보는 지필검사보다는 실제로 행동으로 옮겼는지를 알아보는 검사가 타당성 있는 검사라 할 수 있다. 따라서 지문의 사례는 실용도를 지나치게 강조한 나머지 타당도가 낮아진 경우라고 할 수 있다.

🔒 ①

06 학생들의 학업성취도를 평가하기 위한 검사도구를 개발하려고 할 때 교사가 가장 관심을 기울여야 하는 타당도는? 00 중등

① 내용타당도   ② 구인타당도
③ 공인타당도   ④ 예언타당도

▦ **타당도**(내용타당도)

학생들의 학업성취도를 평가하기 위한 검사도구를 개발하려고 할 때 교사가 가장 관심을 기울여야 하는 타당도는 내용타당도이다. 내용타당도는 평가도구가 교육목표, 즉 내용을 얼마나 충실히 측정하고 있는가와 관련된 타당도이다. 따라서 검사문항들이 전집을 잘 대표할 수 있도록 표집되어 있는지 판단하여야 한다.

🔒 ①

07 학력검사의 내용타당도를 높이기 위한 방법과 가장 밀접하게 관련된 것은? 98 교육행정직

① 문항 수를 늘린다.
② 문항의 곤란도를 높인다.
③ 채점기준을 명확히 세운다.
④ 교육목표를 상세히 진술한다.

▦ **내용타당도를 높이기 위한 방안**

내용타당도는 교육목표가 준거가 되기 때문에 '이원목표 분류표'를 사용하여 교육목표를 세분화하고, 그에 따라 문항이 제작되었는지를 확인함으로써 타당도를 높일 수 있다.
①과 ②는 신뢰도, ③은 객관도를 높이기 위한 방안이다.

🔒 ④

08 지능검사를 만들어서 이것을 표준화된 다른 지능검사와 비교하였더니, 의의 있는 상관관계가 나오지 않았다. 이 검사에서 문제가 되는 것은? 91 공중, 92 중등 유사, 95 전문직

① 내용타당도
② 공인타당도
③ 구인타당도
④ 예언타당도

타당도(공인타당도)

공인타당도는 현시점에서 관련된 두 검사와의 공인(일치) 정도를 밝히는 타당도이다. 준거는 타당성을 인정받고 있는 기존 검사이다. 즉, 새로 제작한 검사(X)와 타당성을 인정받고 있는 기존 검사(Y)와의 공통성을 기준으로 타당도를 밝히는 것이다.

🔒 ②

타당도(준거타당도)

준거타당도는 어떤 평가도구를 제3의 평가도구(준거)와 비교함으로써 타당도를 밝히는 것이다. 준거타당도의 종류로는 공인타당도, 예언타당도가 있다. ㄴ은 공인타당도, ㄹ은 예언타당도에 대한 설명이다. 반면, ㄱ은 내용타당도, ㄷ은 구인타당도에 대한 설명이다.

🔒 ④

09 준거타당도(criterion validity)를 확인하는 사례에 해당되는 것을 〈보기〉에서 고르면? 11 초등

─ 보기 ─

ㄱ. 성격검사의 타당도를 검증하기 위해 성격심리학을 전공한 전문가 집단에게 성격검사 문항에 대한 내용 분석을 의뢰하였다.
ㄴ. 새로 개발한 지능검사의 타당도를 검증하기 위해 이미 타당성을 인정받고 있는 표준화된 지능검사와의 상관계수를 추정하였다.
ㄷ. 불안수준 검사의 타당도를 검증하기 위해 불안수준을 구성하는 3개 하위 요인(자신감, 도전성, 개방성) 간의 상관계수를 추정하였다.
ㄹ. 대학수학능력시험의 타당도를 검증하기 위해 대학수학능력시험 점수와 대학 학점 간의 상관계수를 추정하였다.

① ㄱ, ㄴ
② ㄱ, ㄷ
③ ㄴ, ㄷ
④ ㄴ, ㄹ
⑤ ㄷ, ㄹ

10 검사의 '신뢰도'와 관련된 개념은? 05 초등

① 무엇을 측정하고 있는가?
② 검사의 준거가 무엇인가?
③ 얼마나 빠르게 측정하고 있는가?
④ 얼마나 오차 없이 측정하고 있는가?

신뢰도

신뢰도란 검사가 얼마나 오차 없이 정확하게 측정하고 있는가의 정도, 즉 검사방법(how)의 정확성·일관성을 의미한다.

🔒 ④

11 '중간고사 대체용으로 활용한 표준화 검사의 신뢰도가 교사가 제작한 중간고사용 검사의 신뢰도보다 높았다.'라는 진술에 대한 가장 적절한 해석은? 10 초등

① 표준화 검사가 교사가 제작한 검사보다 실용적이다.

② 표준화 검사의 실시절차가 교사가 제작한 검사의 실시절차보다 간편하다.

③ 표준화 검사의 점수가 교사가 제작한 검사의 점수보다 타당한 측정치이다.

④ 표준화 검사가 교사가 제작한 검사보다 교실에서의 수업내용을 많이 반영하고 있다.

⑤ 표준화 검사가 교사가 제작한 검사보다 재고자 하는 특성을 일관성 있게 측정하고 있다.

🔠 **신뢰도**

신뢰도란 검사가 얼마나 오차 없이 정확하게 측정하고 있는가의 정도, 즉 검사점수의 정확성·일관성을 의미한다.

🔓 ⑤

---

12 〈보기〉의 대화에서 B의 주장을 뒷받침하는 데 반드시 필요한 것은? 05 초등

┌─ 보기 ─────────────────────
│ A : 아드님은 어떻게 됐어요?
│ B : 1점 차이로 떨어졌어요.
│ A : 아이구! 안타깝네요.
│ B : 100점 만점 시험에서 불과 1점 차이로 합격과 불
│   합격을 판가름하는 것은 지나치다고 생각해요.
└────────────────────────────

① 점수의 최빈값   ② 점수의 중앙값

③ 분포의 편포도   ④ 측정의 표준오차

🔠 **신뢰도 추정방법**(측정의 표준오차)

신뢰도의 추정방법은 측정의 표준오차에 의한 방법과 재검사신뢰도, 동형검사신뢰도, 반분신뢰도, 문항내적합치도의 상관계수에 의한 방법이 있다. 측정의 표준오차는 개인의 점수의 안정성과 관련된다. 측정의 표준오차에 의하면 학생의 점수가 일정 신뢰구간 내에 들어가는 것이 추정되어 얻어지는 것이므로 이 방법은 절대적 신뢰도에 관한 것이다. 이는 개인의 점수를 해석하고, 점수 차이를 해석하는 데 유용하다. 즉, 다른 사람의 검사 점수를 비교할 때, 개인의 다른 능력점수를 비교할 때 사용한다. 한편, 상관계수에 의한 방법은 동일 집단에게 동일한 검사나 동형의 검사를 실시하여 얻은 두 척도의 상관계수를 구해, 집단 내의 개인이 상대적으로 일관된 위치를 유지하고 있는지의 정도를 신뢰도 계수로 하여 나타내는 것으로서, 검사 전체 점수의 안정성을 낸다.

🔓 ④

---

13 다음 중 검사 신뢰도를 '신뢰구간'으로 나타내는 접근은?

00 대구 · 경북초보

① 분산분석 접근   ② 상관관계 접근

③ 측정오차 접근   ④ 내적합치도 접근

⑤ 일반화 가능도 이론

🔠 **신뢰도 추정방법**(측정의 표준오차)

검사 신뢰도를 '신뢰구간'으로 나타내는 접근은 측정오차 접근이다. 측정의 표준오차는 개인의 점수의 안정성과 관련되는 것으로, 한 개인의 진점수가 위치할 가능성이 있는 점수들의 범위를 말하며, '신뢰구간', '점수 띠', 또는 '프로파일 띠'라고도 한다. 신뢰도 추정방법에는 크게 측정의 표준오차에 의한 방법과 상관계수에 의한 방법이 있는데, ①, ②, ④, ⑤는 모두 후자의 방법에 해당한다. ① 분산분석 접근은 문항내적합치도를 추정하는 호이트(Hoyt) 신뢰도와 관련되며, ② 상관관계 접근은 재검사신뢰도, 동형검사신뢰도, 내적일관성신뢰도(반분신뢰도, 문항내적합치도)의 상관계수에 의한 방법이며, ④ 내적합치도 접근은 상관계수에 의한 방법이며, ⑤는 관찰된 행위가 해당 전집을 대표하는 일부라고 전제할 때, 표집된 행위가 얼마나 일반화될 수 있는가를 추정하여 고전검사이론의 신뢰도 추정방법을 보완한 이론이다.

🔓 ③

---

14 동일한 시험을 동일한 학생들에게 일정한 시간 간격을 두고 두 번 실시하였다. 두 시험점수의 일치되는 정도가 높다면 다음 중 어느 것이 높은 것을 의미하는가? 99 중등추시

① 타당도　　　　② 신뢰도
③ 객관도　　　　④ 실용도

🔠 신뢰도(재검사신뢰도)

문제는 재검사신뢰도에 대한 설명이며, ② 두 시험점수의 일치 정도가 높다면 그 시험은 신뢰도가 높은 것을 의미한다. 재검사 신뢰도는 한 개의 평가도구 혹은 검사를 같은 집단에 두 번 실시한 후 그 전후의 결과에서 얻은 점수를 기초로 해서 상관계수를 산출하는 방법으로 안정성 계수라고도 한다. 이것은 전후검사의 실시 간격 여부에 따라 오차 가능성이 있다. 간격이 짧으면 신뢰도가 높고, 길면 낮아지므로 두 검사 사이의 시간 간격을 명시해야 하며 보통 2~4주 정도가 적당하다. 재검사신뢰도는 신뢰도 추정방법이 간단하다는 장점이 있지만, 간격에 따라 신뢰도 계수가 달리 추정되는 근본적인 문제(기억 효과나 피험자의 능력 및 성숙의 변화)가 있으며, 검사를 두 번 시행해야 하고 동일한 검사조건(검사환경·검사동기·검사태도)을 만들기 어렵다는 단점이 있다.

🔒 ②

15 검사 – 재검사신뢰도 추정과 관계없는 것은? 05 중등

① 검사실시 간격에 따라 결과가 다르다.
② 기억 및 연습효과가 결과에 영향을 미친다.
③ 검사문항을 반으로 나누어 신뢰도를 추정한다.
④ 동일한 검사환경, 검사동기, 검사태도의 조성이 어렵다.

🔠 신뢰도(재검사신뢰도)

재검사신뢰도는 한 개의 검사를 같은 집단에게 시간적 간격(📌 2주 내지 4주)을 두고 두 번 실시하여, 그 전후(前後) 검사의 결과에서 얻은 점수를 기초로 상관계수를 산출하는 방법이다. 재검사신뢰도는 신뢰도 추정방법이 간단하다는 장점이 있지만, 간격에 따라 신뢰도 계수가 달리 추정되는 근본적인 문제(기억 효과나 피험자의 능력 및 성숙의 변화)가 있으며, 검사를 두 번 시행해야 하고 동일한 검사환경·검사동기·검사태도를 만들기 어렵다는 단점이 있다.
③은 반분신뢰도에 대한 설명이다.

🔒 ③

16 동형의 두 선택형 검사를 개발하여 임의로 선정된 5명의 학생들에게 두 검사를 모두 실시한 후, 학생들을 성적 순으로 나열한 결과는 〈보기〉와 같다. 이 결과를 근거로 검사의 양호도에 대하여 할 수 있는 진술로 가장 적절한 것은? 02 초등

보기

• 검사 1: 김정희, 나연수, 최인철, 한인수, 박인영
• 검사 2: 최인철, 한인수, 나연수, 박인영, 김정희

① 타당도가 적절하다.
② 실용도가 적절하다.
③ 신뢰도가 의심스럽다.
④ 객관도가 의심스럽다.

🔠 신뢰도(동형검사신뢰도)

〈보기〉처럼 동형의 두 선택형 검사를 개발하여 임의로 선정된 5명의 학생들에게 두 검사를 모두 실시한 후, 그 두 검사의 점수들 간의 상관 정도를 알아보는 것은 신뢰도 추정방법 중 '동형검사신뢰도'에 해당한다. 〈보기〉에서 검사 1과 2의 결과가 서로 일치하지 않으므로 이 검사도구는 신뢰도가 의심스럽다고 할 수 있다. 신뢰도가 높은 검사는 정확하고, 다른 상황에서 그 검사가 치러진다 해도 그 점수는 재현 가능하며, 나아가 다른 유사한 검사도구에도 일반화할 수 있음을 의미하기도 한다.

🔒 ③

17 규준지향평가에서 평가결과의 신뢰도 확인을 위해서 '동시에 실시한 동형검사신뢰도 계수'를 산출하였다. 이때 동형검사신뢰도 계수의 크기에 가장 큰 영향을 줄 수 있는 요인은? 01 중등

① 기억력   ② 문항의 동질성
③ 검사내용의 대표성   ④ 수험자의 성장 발달

> **신뢰도**(동형검사신뢰도)
>
> 동형검사란 표면적인 내용은 서로 다르지만, 동질적이고 동일하다고 추정할 수 있는 문항들로 구성된 검사(동일한 능력을 측정하는 문항들로 구성된 검사)이다. 동형검사는 문항의 난이도 및 변별도가 같거나 비슷하고, 문항 내용도 같은 것으로 구성된다. 동형검사신뢰도는 미리 두 개의 동형검사를 제작하고, 그것을 같은 피험자에게 실시해서 두 동형검사에서 얻은 점수 사이의 상관을 산출하여 얻는 신뢰도이며, 흔히 이것을 동형성 계수라고도 한다. 따라서 동형검사신뢰도 계수의 크기에 가장 큰 영향을 줄 수 있는 요인은 문항의 동질성이다.
>
> 🔒 ②

18 한 개의 검사를 어떤 대상에게 실시한 후, 이를 이등분해서 각각 독립된 검사로 생각하고 상관계수를 내어 전체 검사의 신뢰도를 추정하는 것은? 91 공중

① 내적합치도   ② 재검사신뢰도
③ 반분신뢰도   ④ 동형검사신뢰도

> **신뢰도**(반분신뢰도)
>
> 반분신뢰도(동질성 계수)는 한 개의 검사를 어떤 대상에 실시한 후 이를 적절히 두 부분으로 나누어 독립된 검사로 취급하여 이들의 상관계수를 내는 방법으로, 재검사신뢰도가 부적당하거나 동형검사를 만들기 어려울 때 사용한다.
>
> 🔒 ③

19 검사도구의 타당도와 신뢰도에 관한 진술 중에서 옳은 것은? 97 중등

① 신뢰도는 타당도를 높이기 위한 필요충분조건이다.
② 타당도는 측정의 오차에 관한 것으로, 주로 계수로 수량화된다.
③ 신뢰도는 검사의 목적으로 삼는 특성을 충실하게 재는 것에 관련된다.
④ 한 답안에 대한 두 사람의 채점 점수가 다른 것은 신뢰도의 문제이다.

> **타당도와 신뢰도의 비교**
>
> 한 답안에 대한 두 사람의 채점 점수가 다른 것은 채점자 간 신뢰도의 문제로서 신뢰도와 관계된다. ① 타당도는 신뢰도의 충분조건이며, 신뢰도는 타당도의 필요조건이다. ②는 신뢰도, ③은 타당도이다.
>
> 🔒 ④

20 평가에서 신뢰도를 높이는 방법으로 적절한 것은? 94 초등

① 문항의 구성을 이질화한다.
② 검사의 문항 수를 가능한 한 줄인다.
③ 문항변별도가 높은 문항을 많이 쓴다.
④ 난이도가 중간 정도인 문항의 사용은 피한다.
⑤ 검사환경, 시간제한 등의 조건을 다양하게 한다.

> **신뢰도를 높이기 위한 방안**
>
> 평가의 신뢰도를 높이려면 공부 잘하는 학생과 못하는 학생을 구분할 수 있는 ③ 문항변별도가 높은 문항을 많이 써야 한다. 또, ① 문항 구성이 동질적일 때, ② 검사의 문항 수가 늘어날 때, ④ 난이도가 적절할 때, ⑤ 검사환경이나 시간제한 등의 조건이 비슷할 때 신뢰도가 높아진다.
>
> 🔒 ③

21 검사 신뢰도를 높이기 위한 방안을 가장 적절하게 제시한
교사는? 12 초등

> 교   감 : 지난번 중간고사는 25문항이 출제되었지요.
> 그런데 검사 신뢰도가 좀 낮았던 것 같습니다.
> 이번 기말고사에서도 25~30개 정도의 문
> 항을 출제하면서 신뢰도를 좀 더 높일 수
> 있는 방안을 모색해 보아야 할 것 같습니다.
>
> 김 교사 : 네, 문항의 질문 유형이 다양하면 신뢰도가
> 높아지죠. 지난 중간고사에서는 모든 문항이
> '~옳은 것을 고르면?'의 긍정형이었어요. 문
> 항의 질문 유형을 다양하게 하기 위해 10개
> 정도의 문항을 '~옳지 않은 것을 고르면?'의
> 부정형 문항으로 바꾸면 어떨까요?
>
> 이 교사 : 그것보다 저는 문항 수를 좀 줄이는 것이 좋을
> 것 같아요. 시간이 남더라도 충분히 문항을
> 검토하고 답할 수 있도록 문항 수를 20문항
> 으로 줄이는 것이 좋지 않을까요?
>
> 박 교사 : 아니요, 지난 중간고사가 좀 어려워 신뢰도가
> 낮았던 것 같아요. 이번에는 누구나 맞힐 수
> 있는 아주 쉬운 문항의 비중을 늘리고 지난
> 중간고사 때와 같이 25문항으로 하는 것이
> 좋을 것 같아요.
>
> 서 교사 : 저는 문항의 수를 늘려 30문항으로 하는 것이
> 좋을 것 같은데요. 문항 수를 늘리되, 누구나
> 다 맞힐 수 있는 아주 쉬운 문항보다는 변
> 별도가 높은 질 좋은 문항으로 5개 정도 늘
> 리는 것이 좋겠어요.
>
> 최 교사 : 글쎄요, 문항 수를 늘리는 것보다는 시험 범
> 위를 넓히는 것이 신뢰도 향상에 도움이 되지
> 않을까요? 이번 기말고사는 지난 중간고사
> 범위까지 모두 포함시켜 25문항으로 출제
> 하는 것이 어떨까요?

① 김 교사　　　　② 이 교사
③ 박 교사　　　　④ 서 교사
⑤ 최 교사

22 음악 경연 대회에서 5명의 심사위원이 7명의 학생을 평가
하였다. 심사위원은 각 학생에게 부여한 점수 중에서 최고
점과 최하점을 제외한 점수의 합을 최종 평가의 기준으로
삼았다. 이 방법을 사용한 의도는? 03 중등

① 변별도 제고　　　　② 타당도 제고
③ 실용도 제고　　　　④ 신뢰도 제고

⊞ 신뢰도를 높이기 위한 방안

평가의 신뢰도를 높이려면 ④ 문항 수를 늘리고 변별도가 높은
문항으로 구성해야 한다. 또, ① 부정형 문항보다는 가급적 긍정
형 문항이 바람직하며, ② 문항 수를 늘려야 하고, ③ 적절한 난
이도를 유지해야 하며, ⑤ 시험범위는 좁을수록 문항의 동질성이
유지되어 신뢰도가 높아진다.

🔒 ④

⊞ 신뢰도 제고 방안

음악 경연 대회에서 심사위원이 부여한 점수 중 최고점과 최하점
을 제외한 것은 채점의 객관성을 유지하기 위한 방법이며, 이는
신뢰도를 확보하기 위한 것이다. 객관도는 채점자 간 신뢰도라고
하며, 채점자의 채점이 어느 정도 신뢰할 만하고 일관성이 있는
냐의 정도이다. 신뢰도가 평가도구의 변덕에 의해 결정되는 것이
라면, 객관도는 채점자의 변덕에 의해 결정되는 신뢰도이다. 같
은 시험 답안을 가지고도 A교사는 95점, B교사는 80점, C교사는
50점을 줄 가능성은 얼마든지 있다. 이것은 채점자의 편견, 의견,
감정 때문에 일어나는 것이며, 이러한 채점의 주관성을 되도록
줄이는 것이 객관성을 유지하는 길이다. 따라서 심사위원이 최고
점과 최하점을 제외한 점수의 합을 최종 평가의 기준으로 삼는
것은 그만큼 채점자들 간의 편차를 줄이고 일관된 점수를 사용하
고자 하는 의도이므로 객관성과 가장 관련된 신뢰도를 제고하기
위한 것이다.

🔒 ④

23 김 교사는 학기말 평가의 한 부분으로 힘이 물체의 운동에 미치는 영향에 관한 보고서를 작성해 오라는 과제를 부여하였다. 보고서 평가의 타당성과 객관성을 높일 수 있는 방법으로 가장 적절한 것은? 02 초등

① 소수 우수한 학생들의 보고서를 먼저 읽고 채점 기준을 개발한 후 그 기준에 따라 점수를 부여한다.

② 자신은 평가하지 않고 동료 교사가 각 보고서의 질에 따라 5점 척도로 공정하게 평가하도록 한다.

③ 보고서에 포함되어야 할 주요 요소들과 이들의 비중을 고려하여 채점기준을 개발한 후 그 기준에 따라 점수를 부여한다.

④ 가장 우수하다고 판단되는 보고서에 최고 점수를 부여하고 이와 비교해 미흡한 만큼 조금씩 점수를 감하는 방식으로 평가한다.

🔖 객관도를 높이는 방안

평가의 타당성은 '측정하고자 하는 것을 얼마나 충실하게 측정하는가' 하는 것으로, 처음에 의도한 목적과 합당해야 한다는 것이다. 또한 객관성을 확보하기 위해서는 검사결과의 신뢰성을 확보하는 것이 중요하다. 채점자의 채점이 어느 정도 신뢰할 만하고 일관성이 있느냐의 정도를 '객관도'라고 한다. 객관도를 높이기 위해서는 평가도구를 객관화시켜야 하고, 명확한 평가기준을 마련하여야 하며, 가능하면 여러 사람이 공동으로 평가해서 그 결과를 종합하는 것이 좋다.

🔒 ③

24 〈보기〉와 같은 채점 절차를 통해 얻고자 하는 것은? 95 중등

> ┌ 보기 ┐
>
> 논술 시험의 답안을 채점할 때 수업자의 이름을 가리고, 복수의 채점자가 채점한 결과를 합하여 평균을 낸다.

① 객관도의 향상 ② 난이도의 조정
③ 실용도의 증대 ④ 타당도의 확보

🔖 객관도를 높이는 방안

〈보기〉는 채점 시 채점자의 주관적 편견이나 감정을 줄이고 일관된 채점을 하기 위한 것으로 객관도를 향상하기 위한 방법 중의 일부이다.

🔒 ①

25 중간고사 문항들의 곤란도가 서로 다를 경우, 가장 바람직한 문항배열 방법은? 00 중등

① 특별한 원칙 없이 배열한다.

② 가장 쉬운 문항이 검사의 끝부분에 오게 한다.

③ 쉬운 문항일수록 검사의 앞부분에 오도록 배열한다.

④ 쉬운 문항과 어려운 문항을 한 문항씩 교차시켜 배열한다.

🔖 곤란도가 다른 문항배열 방법

문항배열 시 곤란도가 서로 다를 경우에는 쉬운 문항에서 어려운 문항으로 배열한다. 그 밖에 일반적인 문항배열의 방법은 다음과 같다.

(1) 같은 유형의 문항은 함께 묶어 지시를 같은 형태 아래 둔다.

(2) 아주 다른 형태의 문항이 잡다하게 섞여 있는 경우의 혼란을 피하기 위해 문항유형, 문항내용에 따라 묶는다.

🔒 ③

26 선택형 문항제작 원리에 대한 설명으로 옳은 것은? 03 초등

① 답지의 길이와 형태를 다양하게 만든다.
② 긍정 질문과 부정 질문은 동일한 비율로 유지한다.
③ 틀린 답지에 '절대' 혹은 '항상'이라는 단어를 사용한다.
④ 문항의 질문에 정답을 암시하는 내용을 포함시키지 않는다.

⊞ 선택형 문항제작 원리

선택형 문항은 지시문 및 문두와 함께 여러 개의 선택지를 제시해 놓고 그중에서 적합한 답지를 선택하도록 하는 문항형식이다. 이 형식은 응답과정에서 여러 개의 선택지 중 정답지를 확인해서 선택하도록 하는 재인과정을 요구하기 때문에 재인형 문항이라고 부르기도 한다. 선택형 문항의 유형에는 진위형, 선다형, 배합형이 있다. 선택형 문항을 제작할 때는 ① 정답의 단서를 주지 않기 위해 답지의 길이는 비슷하게 만들고, ② 긍정 질문을 위주로 문제를 만들며, ③ 오답지에 절대적인 표현(예 절대로, 항상 등)은 피하는 것이 좋다.

🔒 ④

27 선택형(multiple-choice type) 문항의 단점에 해당하는 것은? 98 중등

① 문항제작자가 문항의 난이도를 조절하기가 어렵다.
② 많은 교수·학습내용을 포괄하여 평가하기가 어렵다.
③ 선발·분류·배치를 위한 시험에서 사용하기가 어렵다.
④ 교수·학습의 과정에 대한 정보를 제공하기가 어렵다.

⊞ 선택형 문항의 단점

선택형 문항은 교수·학습의 과정에 대한 정보를 제공하기 어렵다는 단점이 있다. 이 외에도 선택형 문항은 추측에 의하여 문항의 답을 맞힐 수 있고, 고등정신능력보다는 단순정신능력을 측정할 가능성이 높으며, 문항의 변별력이 감소될 수 있다는 단점이 있다.

🔒 ④

28 선다형 문항을 제작할 때 고려할 사항으로 가장 적절한 것은? 01 초등

① 전문적인 용어를 사용한다.
② 일반화를 강조하는 용어의 사용을 피한다.
③ 긍정 문장과 부정 문장을 균등하게 사용한다.
④ 형용사나 부사 같은 질적 표현을 많이 사용한다.

⊞ 선다형 문항제작 시 고려사항

선다형 문항을 제작할 때 고려할 사항은 다음과 같다.
⑴ '일반화'를 강조하는 말이나 '절대적인' 뜻을 가진 말을 사용하지 말아야 한다.
⑵ 한 개의 문항에는 단일한 아이디어만을 포함시켜야 한다.
⑶ 문항은 쉬운 것에서부터 어려운 것으로 제시되어야 하고, 문항이나 문항 속의 내용이 어떤 논리적인 순서를 가지고 있다면 그러한 순서대로 내용이 제시되어야 한다.
⑷ 문항작성에 있어서 가능한 한 부정 문장을 사용하지 말아야 한다.
⑸ 문항내용 중 가능한 한 반복되는 어구가 없도록 해야 한다.

🔒 ②

29 〈보기〉의 내용은 선다형 문항을 제작할 때 유의점이다. 공통적으로 지적하고 있는 것은? 06 초등

┌─ 보기 ─┐
• 답지들의 형태를 유사하게 할 것
• 정답의 번호를 무선적으로 할 것
• 정답지와 오답지의 길이를 비슷하게 할 것
└─────┘

① 문항은 주요한 학습내용을 포함해야 한다.
② 객관적 채점이 가능하도록 문항을 진술해야 한다.
③ 요령이나 추측만으로 정답을 선택할 가능성이 낮아야 한다.
④ 문항은 가능한 한 단순암기가 아닌 고등사고능력을 측정해야 한다.

31 A교사는 평가문항 제작원리에 근거하여 수업 시간에 다루었던 중요한 교과내용을 중심으로 〈보기〉와 같이 2가지 유형의 시험지를 제작하고, 이 중 어느 하나로 학기말고사를 실시하려고 한다. (가)형과 비교해 볼 때, (나)형에 대한 설명으로 잘못된 것은? 08 초등

┌─ 보기 ├─

- (가)형: 30개의 문항으로 된 사지선다형(multiple-choice type) 시험
- (나)형: 2개의 문항으로 된 논술형(essay type) 시험

① 문항표집의 대표성이 높다.
② 채점 시 채점자의 주관이 개입될 가능성이 높다.
③ 학생이 정답을 모를 때 추측으로 정답을 할 가능성이 거의 없다.
④ 학생의 표현력과 문장력이 평가결과에 영향을 미칠 가능성이 높다.

🔲 논술형 시험

논술형 시험은 문항의 표본 수가 제한되므로, 문항표집의 대표성이 낮다는 단점을 지닌다. 또한 채점하는 데 많은 시간과 노력이 들고, 채점의 객관성과 신뢰성을 유지하기 어렵다는 단점도 있다.

🔒 ①

🔲 선다형 문항제작 시 유의점

선다형 문항은 문두와 몇 개의 답지 또는 선택지를 같이 제시하여 놓고, 조건에 맞는 정답지를 고르도록 하는 형식을 말한다. 〈보기〉의 내용은 선다형 문항을 제작할 때 요령이나 추측만으로 정답을 선택할 가능성을 낮추기 위한 유의점이다.

🔒 ③

30 서술형 문항의 객관적인 채점을 위해 고려할 사항으로 가장 적절한 것은? 01 초등

① 학생단위가 아닌 문항단위로 채점한다.
② 검사를 실시한 후에 채점기준표를 만든다.
③ 학생의 선행학습 수준을 고려하면서 채점한다.
④ 어려운 문항부터 쉬운 문항의 순서로 채점한다.

🔲 서술형 문항 채점 시 고려사항

서술형 문항의 객관적인 채점을 위해서는 학생단위(답안지별)가 아닌 문항단위로 채점해야 한다. 서술형 문항의 객관적인 채점을 위해 고려할 사항은 다음과 같다.
(1) 수험자 집단의 성질을 고려한다.
(2) 지식보다는 고등정신능력을 측정하도록 한다.
(3) 가능하면 채점기준을 미리 제시한다.
(4) 문항 수를 적절히 조정한다.
(5) 구체적인 목적을 검사할 수 있도록 구조화시키고 제한성을 갖도록 한다.
(6) 여러 문항 중에서 선택해서 쓰도록 하지 않는다.

🔒 ①

Chapter
05

교육행정학

1 교육행정의 ── **교육행정** ── 교육행정의 ── 개념 ^{02 초등, 04 초등, 07 중등, 12 중등}, 성격 ^{99 초등추시, 02 초등, 07 중등},
이론 　　　 **이해** 　　　 개념 　　　 원리 ^{99 초등추시, 04 중등}

　　　　　　　　　　　 ── 교육행정학의 ── 고전이론 ── 과학적 관리론 ^{03 중등, 06 중등, 09 초등}
　　　　　　　　　　　　 발달과정 　　　　　　 ── 행정관리론 ^{04 초등}
　　　　　　　　　　　　　　　　　　　　　　 ── 관료제론 ^{98 중등, 99 초등보수, 03 초등, 04 중등}

　　　　　　　　　　　　　　　　 ── 인간관계론 ^{99 중등추시, 00~01 중등, 07 중등, 10 중등}
　　　　　　　　　　　　　　　　 ── 행동과학론
　　　　　　　　　　　　　　　　 ── 체제이론 ^{96 중등, 97 초등, 99 초등추시, 02 중등, 04 중등, 09 중등}
　　　　　　　　　　　　　　　　 ── 대안적 관점 ^{03 초등}

　　　　 ── **조직론** ── 조직이해 ── 조직의 구조 ── 공식조직과 비공식조직 ^{99 초등추시, 16 중등論}
　　　　　　　　　　　　　　　　　　　　　　　 ── 계선조직과 참모조직

　　　　　　　　　　　　　 ── 조직의 유형(Parsons ^{10 중등}, Katz & Kahn, Blau & Scott, Carlson ^{03 중등,}
　　　　　　　　　　　　　　 ^{05 초등, 11 중등}, Etzioni ^{10 중등}, Hall ^{08 초등}, Minzberg ^{02 중등, 07 초등, 10 중등})

　　　　　　　　　　　　　 ── 학교조직의 ── 전문적 관료제 ^{96 초등, 99 초등보수, 01 초등, 02~04 중등, 07 초등,}
　　　　　　　　　　　　　　 특성 ^{04 초등} 　　　　　　　　　　　　　　　　^{15 중등추論, 23 중등論}
　　　　　　　　　　　　　　　　　　　 ── 이완결합체제 ^{99 중등추시, 00 중등, 04 초등, 07 중등, 10 중등, 15 중등추시論}
　　　　　　　　　　　　　　　　　　　 ── 이중조직
　　　　　　　　　　　　　　　　　　　 ── 조직화된 무질서 ^{03 중등, 04 초등, 06 초등, 10 중등}
　　　　　　　　　　　　　　　　　　　 ── 학습조직 ^{09 초등, 15 중등論}
　　　　　　　　　　　　　　　　　　　 ── 전문적 학습공동체 ^{22 중등論}

　　　　　　　　　 ── 조직문화 ── 조직문화의 수준
　　　　　　　　　　　　　　　　 ── McGregor의 X-Y이론 ^{95 중등, 98 중등, 06 초등}
　　　　　　　　　　　　　　　　 ── Ouchi의 Z이론
　　　　　　　　　　　　　　　　 ── Argyris의 미성숙-성숙이론 ^{95 중등}
　　　　　　　　　　　　　　　　 ── Steinhoff & Owens의 학교문화유형론 ^{07 전문상담, 20 중등論}
　　　　　　　　　　　　　　　　 ── Sethia와 Glinow의 문화유형론

　　　　　　　　　 ── 조직풍토 ── Likert의 관리체제 ^{91 중등, 07 초등}
　　　　　　　　　　　　　　　　 ── Halpin & Croft의 학교조직풍토론 ^{02 초등, 07 중등}
　　　　　　　　　　　　　　　　 ── Hoy & Miskel의 학교조직풍토론 ^{11 초등}

　　　　　　　　　 ── 조직갈등 ── 갈등의 순기능과 역기능
　　　　　　　　　　　　　　　　 ── Thomas의 갈등관리전략 ^{99 중등추시, 00 초등, 02~03 초등, 06 초등}

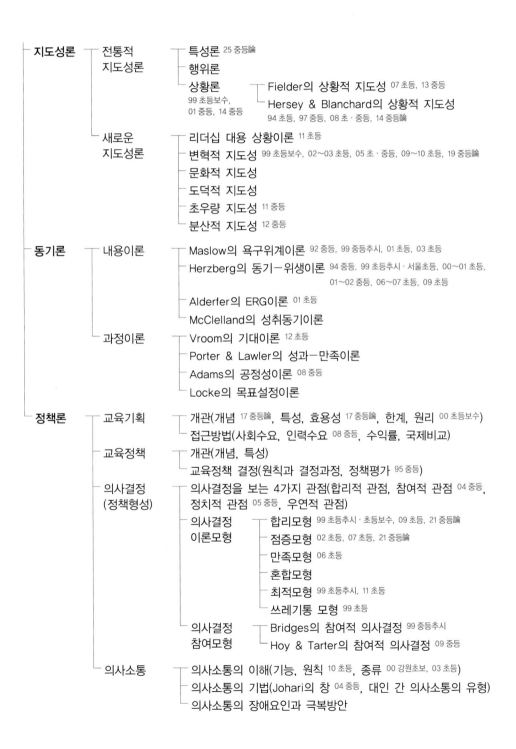

지도성론 ── 전통적 ── 특성론 ^{25 중등論}
　　　　　　　지도성론 ── 행위론
　　　　　　　　　　　　── 상황론 ──┬── Fielder의 상황적 지도성 ^{07 초등, 13 중등}
　　　　　　　　　　　　　　 99 초등보수, └── Hersey & Blanchard의 상황적 지도성
　　　　　　　　　　　　　　 01 중등, 14 중등　　　　94 초등, 97 중등, 08 초·중등, 14 중등論

　　　　　　 └─ 새로운 ── 리더십 대용 상황이론 ^{11 초등}
　　　　　　　　　지도성론 ── 변혁적 지도성 ^{99 초등보수, 02~03 초등, 05 초·중등, 09~10 초등, 19 중등論}
　　　　　　　　　　　　── 문화적 지도성
　　　　　　　　　　　　── 도덕적 지도성
　　　　　　　　　　　　── 초우량 지도성 ^{11 중등}
　　　　　　　　　　　　└─ 분산적 지도성 ^{12 중등}

동기론 ── 내용이론 ── Maslow의 욕구위계이론 ^{92 중등, 99 중등추시, 01 초등, 03 초등}
　　　　　　　　　　── Herzberg의 동기–위생이론 ^{94 중등, 99 초등추시·서울초등, 00~01 초등,}
　　　　　　　　　　　　　　　　　　　　　　　^{01~02 중등, 06~07 초등, 09 초등}
　　　　　　　　　　── Alderfer의 ERG이론 ^{01 초등}
　　　　　　　　　　└─ McClelland의 성취동기이론

　　　　 └─ 과정이론 ── Vroom의 기대이론 ^{12 초등}
　　　　　　　　　　── Porter & Lawler의 성과–만족이론
　　　　　　　　　　── Adams의 공정성이론 ^{08 중등}
　　　　　　　　　　└─ Locke의 목표설정이론

정책론 ── 교육기획 ──┬─ 개관(개념 ^{17 중등論}, 특성, 효용성 ^{17 중등論}, 한계, 원리 ^{00 초등보수})
　　　　　　　　　　　└─ 접근방법(사회수요, 인력수요 ^{08 중등}, 수익률, 국제비교)

　　　 ── 교육정책 ──┬─ 개관(개념, 특성)
　　　　　　　　　　└─ 교육정책 결정(원칙과 결정과정, 정책평가 ^{95 중등})

　　　 ── 의사결정 ──┬─ 의사결정을 보는 4가지 관점(합리적 관점, 참여적 관점 ^{04 중등},
　　　　(정책형성)　　│　　정치적 관점 ^{05 중등}, 우연적 관점)
　　　　　　　　　　├─ 의사결정 ──┬─ 합리모형 ^{99 초등추시·초등보수, 09 초등, 21 중등論}
　　　　　　　　　　│　이론모형 　├─ 점증모형 ^{02 초등, 07 초등, 21 중등論}
　　　　　　　　　　│　　　　　　├─ 만족모형 ^{06 초등}
　　　　　　　　　　│　　　　　　├─ 혼합모형
　　　　　　　　　　│　　　　　　├─ 최적모형 ^{99 초등추시, 11 초등}
　　　　　　　　　　│　　　　　　└─ 쓰레기통 모형 ^{99 초등}
　　　　　　　　　　└─ 의사결정 ──┬─ Bridges의 참여적 의사결정 ^{99 중등추시}
　　　　　　　　　　　　참여모형 　└─ Hoy & Tarter의 참여적 의사결정 ^{09 중등}

　　　 └─ 의사소통 ──┬─ 의사소통의 이해(기능, 원칙 ^{10 초등}, 종류 ^{00 강원초보, 03 초등})
　　　　　　　　　　├─ 의사소통의 기법(Johari의 창 ^{04 중등}, 대인 간 의사소통의 유형)
　　　　　　　　　　└─ 의사소통의 장애요인과 극복방안

교육행정학

2 교육행정의 실제

교육제도 ┬ 교육제도, 학교제도 04 초등, 06 초등
└ 교육자치제도 92 중등, 07 영양, 08 중등

장학행정 ┬ 장학의 이해 ┬ 장학의 개념
│ └ 장학의 발전과정 05 중등 (관리장학, 협동장학, 수업장학, 발달장학 01 초등, 09 초등)
└ 장학의 유형 ┬ 중앙장학
├ 지방장학
├ 지구별 자율장학 98 중등
├ 교내 자율장학 ┬ 임상장학 99 서울초보, 00 초등, 04 중등, 06 초등
│ 14 중등추시論, ├ 동료장학 07 초등, 18 중등論
│ 22 중등論 ├ 자기장학
│ └ 약식장학 98 중등, 05 초등, 07 중등
├ 컨설팅 장학 08 초등, 12 초등
└ 기타 장학 ─ 인간자원장학 01 초등, 09 초등, 선택장학 99 초등보수, 04 중등,
발달장학, 책임장학

인사행정 ┬ 교육인사행정의 이해(개념과 원리, 교육직원의 분류, 교직원의 임용)
├ 교원의 능력개발(현직교육, 승진 12 초등, 전직 10 중등·전보·휴직, 교원능력개발평가 12 초등,
│ 학습연구년제 12 초등)
└ 교원의 사기(권리와 의무 12 초등, 보수와 근무조건, 단체교섭)

재무행정 ┬ 교육재정(성격, 운영원리 02 중등, 05 중등, 13 중등, 지방교육재정 10 중등)
├ 교육비(종류 06~07 중등, 11 중등, 교육비 관리기법 98 중등, 01 초등)
├ 교육예산 ┬ 품목별 예산제도 11 중등
│ 편성기법 ├ 성과주의 예산제도
│ ├ 기획예산제도
│ └ 영기준 예산제도 05 초등, 09 중등
└ 단위학교 예산제도 : 학교회계제도 03 중등, 04 초·중등, 10 초등

학교· ┬ 학교경영 ┬ 학교경영혁신 ┬ 단위학교 책임경영제 96 중등, 99 중등, 09 중등
학급경영 │ 04 초등 │ ├ 학교운영위원회 99 초등추시·중등추시, 00 초등, 05 중등, 06 중등,
│ │ │ 07 초등, 08 중등, 12 초등, 24 중등論
│ │ ├ 학부모의 교육참여
│ │ └ 혁신학교
│ └ 학교경영기법 ┬ 목표관리기법(MBO) 10 중등
│ ├ 총체적 질관리(TQM) 02 초등
│ ├ 조직개발기법(OD) 01 초등
│ ├ 과업평가검토기법(PERT) 04 초등, 07 초등
│ └ 정보관리체제(MIS)
└ 학급경영 ┬ 학급경영의 이해
└ 학급경영의 ┬ 학급경영의 원리
원리와 원칙 └ 학급경영의 원칙 05 중등, 10 초등

Section 01 교육행정의 이론

01 교육행정의 이해

01 〈보기〉의 진술내용과 가장 관련이 많은 교육행정에 대한 관점은? 07 중등

> 보기
>
> - 교육행정은 교육자와 학생 간에 이루어지는 교육활동을 지원하기 위한 보조적 활동이다.
> - 교육행정은 근본적으로 교육의 기본 목표를 보다 능률적으로 달성토록 하기 위한 일련의 지원활동이다.
> - 교육행정은 그 자체에 목적이 있는 것이 아니라 교수·학습을 통해 교육목표를 달성하도록 돕는 수단이다.

① 행정과정론   ② 조건정비론
③ 협동행위론   ④ 사회과정론

🔡 교육행정의 개념(조건정비설)

조건정비설은 교육행정을 '교육을 위한 행정'으로 보는 입장이다. 즉, 교육행정은 교육목적(교수·학습)을 효율적으로 달성하기 위해 필요한 인적·물적·재정적 제반 조건을 정비하는 수단적·봉사적 활동이라고 본다. 이는 '아래에서 위로(from the bottom up)'의 민주적 발상에서 교육행정에 접근하는 입장이다.

🔒 ②

02 행정행위설(또는 경영설)에서 강조되고 있는 교육행정의 정의는? 04 초등

① 수업이 잘 이루어지도록 도와주는 수단적 활동이다.
② 교육에 필요한 인적·물적 조건을 정비해 주는 조장활동이다.
③ 법규에 따라 교육활동이 이루어지도록 감독하는 통제활동이다.
④ 교육체제에 작용하는 여러 변인을 합리적으로 조정하는 활동이다.

🔡 교육행정의 개념(행정행위설)

행정행위설(협동행위설, 경영설)은 교육행정을 교육목적을 최대한 효과적으로 달성하기 위해 제반 조직과 조건을 합리적으로 조정하는 협동적 행위로 보는 견해이다.

🔒 ④

03 교육정책을 수립하는 데 있어서 관련 집단의 참여를 통하여 공정한 민의를 반영하고 결정된 교육정책의 집행과정에서는 권한이양을 통하여 교육행정기관장의 독단과 전제를 막는 것을 기본으로 하는 교육행정원리는 어느 것인가?

99 중등추시

① 효율성의 원리   ② 민주성의 원리
③ 합법성의 원리   ④ 합목적성의 원리

🔡 교육행정의 원리(민주성의 원리)

민주성의 원리란 국민의 의사를 행정에 반영하고 국민을 위한 행정을 해야 한다는 원리이다(🔲 각종 위원회, 심의회제도, 교직원회·협의회·연구회).

🔒 ②

04 교육행정의 규범과 원리 중에서 '효율성의 원리'란?

00 대구 · 경북초보

① 교육행정의 투입에 대한 산출을 높이는 것을 말한다.
② 이해당사자의 광범위한 참여를 보장하는 것을 말한다.
③ 교육행정 활동이 관계 법규에 따라야 하는 것을 말한다.
④ 학교나 교육행정기관이 자율적으로 운영되는 것을 말한다.
⑤ 교육활동의 안정성과 지속성이 확보되어야 하는 것을 말한다.

교육행정의 원리(효율성의 원리)

효율성이란 효과성(effectiveness)과 능률성(efficiency)을 동시에 추구하는 원리이다. 효율성의 원리는 가장 능률적인 방법으로 최대의 목표를 달성하는 원리이며, 최소의 노력과 경비로 최대의 효과를 내도록 하는 경제성의 원리이다.

🔒 ①

05 교육행정의 원리 중 '합법성의 원리'를 바르게 설명한 것은?

07 영양특채

① 교육행정 활동은 법률에 근거하여 집행되어야 한다.
② 교육의 본질을 추구하기 위해서 일반행정으로부터 분리 · 독립되어야 한다.
③ 최소의 인적 · 물적 자원과 시간을 들여서 최대의 성과를 거두어야 한다.
④ 교육행정 활동에 시민을 적극적으로 참여하게 하고 행정이 공개적으로 이루어져야 한다.

교육행정의 원리(합법성의 원리)

합법성의 원리란 ① 모든 교육행정은 법률에 근거해서 법이 정하는 범위 내에서 이루어져야 한다는 것이다. ②는 자주성의 원리, ③은 효율성의 원리, ④는 민주성의 원리에 해당한다.

🔒 ①

06 〈보기〉와 관계 깊은 교육행정의 원리는?

07 전문상담

┌ 보기 ┐
• 경제적 여건이 어려운 학생들이 학교에 다닐 수 있도록 무상의무교육을 실시하거나 장학금을 지급한다.
• 직업을 가진 사람도 학습할 수 있도록 시간제, 계절제, 야간제 교육 프로그램을 제공한다.
└────┘

① 효율성의 원리
② 자주성의 원리
③ 지방분권의 원리
④ 기회균등의 원리

교육행정의 원리(기회균등의 원리)

기회균등의 원리란 모든 국민은 능력에 따라 균등하게 교육받을 권리를 가진다는 것이다. 따라서 성별 · 종교 · 신념 · 신분 · 경제적 지위나 신체적 조건 등을 이유로 차별받지 않아야 한다.

🔒 ④

07 과학적 관리론이 근거하고 있는 인간관을 가장 바르게 설명한 것은?

03 중등

① 인간은 스스로 동기 부여와 자기 규제를 할 수 있는 존재이다.
② 인간은 금전적 보상이나 처벌의 위협에서 일할 동기를 얻는다.
③ 인간은 어떠한 환경에도 적응할 수 있는 유연성을 지니고 있다.
④ 인간은 관리자의 통제보다는 집단의 일체감이나 소속감에 더 잘 감응한다.

과학적 관리론(인간관)

과학적 관리론은 인간의 작업과정을 분석하여 과학적으로 관리하면 조직의 능률과 생산성을 극대화할 수 있다는 이론이다. 과학적 관리론은 인간이 경제적 동물이라는 X이론에 기초한다(경제적 인간관). 작업에서 노동자의 경제적 동기를 중시하고, 인간을 효율적인 기계와 같이 프로그램화하면 낭비와 비능률을 제거하고 최고의 생산성을 올릴 수 있다고 본다.

🔒 ②

08 〈보기〉와 같은 원칙을 제시하고 있는 교육행정이론은?

08 초등

> ──── 보기 ────
>
> • 교육에서의 낭비 요소를 최대한 제거하여야 한다.
> • 가능한 모든 시간에 모든 교육시설을 활용하여야 한다.
> • 교직원의 작업 능률을 최대로 유지하며, 교직원의 수를 최소로 감축하여야 한다.
> • 교사들에게 학교행정을 맡기기보다는 학생들을 가르치는 데에 전념하도록 한다.

① 행동과학론
② 인간관계론
③ 과학적 관리론
④ 사회체제론

🔡 **과학적 관리론**(적용)

지문의 내용은 과학적 관리론을 교육행정에 최초로 도입한 보비트(Bobbitt)의 논문 「교육에서의 낭비 제거」(1912)에 제시된 것들이다.

🔒 ③

🔡 **관료제**(특성과 역기능)

호이와 미스켈(Hoy & Miskel)은 베버(Weber)의 관료제가 교육조직의 구조분석과 이해에 매우 의미 있는 시발점이 된다고 하면서 그 주요 특징들을 분업과 전문화, 권위의 계층화, 경력 지향성, 규칙과 규정, 몰인정성의 5가지로 요약·제시하였다. 베버의 관료제의 특성들은 상호 결합할 때 역기능으로 작용할 가능성이 존재한다. 이러한 측면에서 호이와 미스켈은 앞에서 제시한 관료제의 특성에 따라 관료제의 순기능과 역기능을 다음과 같이 분석하였다.

관료제 특징	순기능	역기능
분업과 전문화	숙련된 기술과 전문성 향상	피로, 권태감 누적
권위의 계층화	원활한 순응과 조정	의사소통의 장애
경력 지향성	동기유발, 유인가	업적(실적)과 연공제 간의 갈등
규칙과 규정	계속성, 통일성, 안정성 확보	목표전도(동조과잉) 현상, 조직의 경직성
몰인정성	의사결정의 합리성 증대	구성원의 사기 저하

🔒 ②

09 관료제의 특성과 특성별 역기능적 결과가 가장 올바르게 짝지어진 것은? 00 대구 · 경북초보

① 경력 지향성의 측면 – 싫증
② 규정과 규칙의 측면 – 목표 전도
③ 비정성의 측면 – 의사소통 봉쇄
④ 권위의 계층 측면 – 사기 저하
⑤ 분업과 전문화의 측면 – 경력과 능력 간의 갈등

10 메이오(Mayo), 뢰슬리스버거(Roethlisberger)가 호손(Hawthorne) 공장에서 수행한 실험연구를 통해 정립된 이론에 근거하여 학교행정을 가장 잘 설명하고 있는 것은?

07 중등

① 학교행정은 계획, 조직, 명령, 조정, 통제의 과정을 거쳐 이루어져야 한다.
② 학교행정가는 구성원의 참여를 보장하고 교직원의 사기와 인화를 촉진해야 한다.
③ 학교행정가는 학교를 하나의 사회체제로 파악하여 체제적 관점에서 접근해야 한다.
④ 학교의 비효율성과 낭비를 제거하고 관리의 효율성을 극대화하기 위해서는 학교 구성원 및 과업에 대한 체계적인 관리가 필요하다.

⬚⬚ 인간관계론

인간관계론은 메이오(E. Mayo)와 뢰슬리스버거(F. Roethlisberger)가 호손(Hawthorne) 공장에서 수행한 실험연구를 통해 정립된 이론이다. 인간관계론에서는 인간의 생산력이 경제적·물리적인 조건들보다 사회·심리적 요건에 의해서 결정된다고 본다. 따라서 인간관계론은 인간의 정서적·비합리적·사회적·심리적인 면을 중시하여 작업능률의 향상을 도모하는 관리법이다.

🔒②

⬚⬚ 인간관계론(내용)

인간관계론은 인간의 정서적·비합리적·사회적·심리적인 면을 중시하여 작업능률의 향상을 도모하는 관리법이다. 인간관계론에서는 조직의 목표달성을 위한 인간의 사회적·심리적 측면과 비공식조직을 중시하고, 민주적 교육행정(민주적 지도성), 각종 인사제도의 창안을 강조한다. 인간관계론은 교육과 교육행정에 많은 영향을 끼쳐 진보주의 교육운동, 민주교육, 민주행정, 인간주의적 장학(민주장학), 학교조직의 민주적 운영의 기초를 제공하였다.

🔒③

11 다음은 어떤 교육행정이론에 대한 설명이다. 이 이론을 적용한 학교 행정의 특징으로 옳은 것을 〈보기〉에서 모두 고른 것은? 10 중등

> • 교육행정의 민주화에 공헌하였다.
> • 비공식 집단의 중요성을 강조한다.
> • 인간은 경제적 유인보다는 사회적·심리적 요인으로 동기유발된다.

─ 보기 ├

> ㄱ. 조직 구성원 간의 권위의 위계가 명확하다.
> ㄴ. 동료 교사 간의 인간관계와 교사의 개인적 사정에 대한 배려를 중시한다.
> ㄷ. 교사와 행정직원의 역할 구분이 명확하여 교사는 가르치는 일에 전념한다.
> ㄹ. 교장은 의사결정 과정에 교사 친목회, 교사 동호회의 의견을 반영한다.
> ㅁ. 교원 평가 결과를 바탕으로 성과 상여금을 지급한다.

① ㄱ, ㄷ   ② ㄱ, ㅁ
③ ㄴ, ㄹ   ④ ㄱ, ㄷ, ㄹ
⑤ ㄴ, ㄹ, ㅁ

12 메이요(Mayo)의 호오손 실험 결과가 학교조직의 운영에 대하여 시사하는 것 중 핵심적인 것은? 00 중등

① 교원 보수 체제의 합리화
② 학교 교실 환경의 중요성
③ 교원 간 인간관계의 중요성
④ 학교 시설 안전 관리의 필요성

⬚⬚ 인간관계론(시사점)

인간관계론은 인간의 정서적·비합리적·사회적·심리적인 면을 중시하여 작업능률의 향상을 도모하는 관리법이다. 따라서 인간의 사회적·심리적 측면과 비공식조직을 중시하고, 민주적 교육행정(민주적 지도성), 각종 인사제도의 창안을 강조한다고 볼 수 있다.

🔒③

13 다음과 가장 부합하는 교육행정이론은? 09 초등

- 학교 구성원들은 역할과 인성의 상호작용을 통해 행동한다.
- 학교는 지역사회의 가치, 정치 및 역사 등에 의해 영향을 받는다.
- 학교의 주요 목적은 학생들에게 성인의 역할을 하도록 준비시키는 것이다.
- 학교 구성원들의 적절한 행동은 공식적 규칙과 비공식적 규범에 의해 이루어진다.

① 비판이론 ② 인간관계론
③ 행정과정론 ④ 사회체제이론
⑤ 과학적 관리론

▣ 사회체제이론

사회체제이론은 사회체제를 개인들의 집합으로 이루어진 사회적 단위라고 보고, 사회체제 속에서 인간이 어떠한 행동을 보이는가를 연구한 이론이다. 사회체제이론은 1950년대에 겟젤스와 구바(Getzels & Guba)에 의해 제안되었으며, 이들은 역할과 인성의 상호작용모형을 제시하였다. 사회체제인 학교체제는 지역사회의 영향을 거부하려는 경향이 있고, 그 학교가 존재하는 더 큰 실제 세계와 단절되려는 경향이 있다. 그러나 사실상 학교는 더 큰 환경과 투입－산출관계를 가지는 순환적 상호작용관계에 있다. 즉, 더 큰 사회적 환경으로부터의 투입(지식, 가치, 돈 등), 학교라고 부르는 사회체제 내부에서 일어나는 교육의 과정(구조, 사람, 기술 등), 그러한 과정을 통하여 사회로 돌아가는 산출(변화된 개인의 형태)의 3가지 과정의 순환적 상호작용관계에 있다. 한편, 사회체제는 개념적이고 상대적이다. 개념은 그 규모나 목적에 관계없이 사회조직에 적용할 수 있는 일반적인 것이다. 가족과 같은 일차적 집단도 사회체제이며, 또 학교체제와 같은 사회체제는 교실, 클럽, 팀과 같은 하위체제를 가지는 사회체제이다. 즉, 모든 공식조직은 사회체제이지만 모든 사회체제가 공식조직은 아니다.

🔒 ④

14 학교현장에서 직면한 문제해결을 위해 카우프만(R. Kaufman)의 '체제접근'을 시도하고자 한다. 체제접근의 '문제 확인' 단계에서 활용하기에 가장 적합한 것은? 04 중등

① 목표관리 ② 요구분석
③ 비용－효과분석 ④ 사업평가검토기법

▣ 체제이론(카우프만의 체제접근모형)

카우프만의 체제접근은 문제해결을 위해 여러 대안으로부터 최적의 해결방안을 얻어내고 이를 실천하고 평가하는 일련의 과정으로 문제 확인, 대안 결정, 해결전략 선택, 해결전략 시행, 성취효과 결정, 전략의 수정 및 재실행 등의 6단계를 제시한다. 이 중 문제 확인 단계는 합의된 필요(요구)로부터 문제를 확인하는 일로, 이 단계에서는 요구분석이 필요하다. 문제는 욕구에 근거를 두고 있는데, 욕구란 '있는 것(현재의 상태)'과 '있어야 할 것(원하는 상태)' 사이의 불일치를 규명한 것이기 때문이다.

🔒 ②

15 학교에 대한 브루코버(W. B. Brookover)와 그 동료들의 사회체제접근 모형에 관한 설명으로 옳은 것을 모두 고른 것은? 09 중등

보기

ㄱ. 학교의 사회·심리적 풍토를 강조한다.
ㄴ. 학교사회에 대한 거시적 접근방식을 취한다.
ㄷ. 교장, 교사, 직원의 배경 요인을 과정 변인으로 설정한다.
ㄹ. 학교를 분석하기 위해 투입－과정－산출모형을 도입한다.
ㅁ. 학교 구성원 상호 간의 역할 지각, 기대, 평가 등을 강조한다.

① ㄱ, ㄴ ② ㄱ, ㄹ, ㅁ
③ ㄴ, ㄷ, ㅁ ④ ㄷ, ㄹ, ㅁ
⑤ ㄱ, ㄴ, ㄹ, ㅁ

🎓 체제이론(브루코버의 체제접근모형)

브루코버(W. B. Brookover)의 체제접근모형은 학교에서 학생들의 학습행동은 학교 사회체제에서 파생되는 사회적·문화적 특성과 함수관계가 있다고 보았으며, 학교의 사회적 체제를 분석하기 위한 준거로 투입－과정－산출모형을 도입하였다. 투입요인으로는 학생집단 특성과 교직원(교장, 교사, 행정직원) 배경을, 과정요인으로는 학교의 사회적 구조와 학교의 사회적 풍토(학교풍토)를, 산출요인으로는 성적, 자아개념, 자신감을 들었다. 2가지 투입요인은 학교의 사회적 구조와 학습풍토에 영향을 주고, 더 나아가 학생의 학업성취, 자아개념, 자신감에 영향을 준다. 학교 내에서 구성원의 상호작용은 학교의 사회·심리적 풍토, 즉 구성원 상호 간의 역할 지각, 기대, 평가, 감정 등으로 나타난다. 따라서 학교 간 성적 격차(산출요인)는 투입요인(학생과 교사의 질)과 과정요인인 사회적 구조와 학교풍토의 상호작용에 의해 발생한다고 보았다. 결국, 학교 간 성적 격차는 투입요인인 학교의 학생 구성과 인적 배경에 영향을 받으며, 특히 과정 변인인 사회적 구조와 사회적 풍토에 큰 영향을 받는다는 것이다. 이러한 브루코버의 사회체제접근모형은 교육제도, 교육재정, 교육과정 등을 고려하지 않은 것으로, 학교사회에 대한 미시적 접근방식을 취한다. 따라서 보기의 설명 중 옳은 것은 ㄱ, ㄹ, ㅁ이다.

🔒②

🎓 겟젤스와 구바(역할과 인성의 상호작용모형)

겟젤스와 구바는 사회체제 내에서의 인간의 행동을 역할과 인성의 상호작용 관계[$B = f(R \times P)$]로 본다. 역할과 인성의 상호작용은 집단의 성격에 따라 다르다. 대체로 학교는 관료제적 특성과 전문적 특성을 다 갖고 있어 역할과 인성이 골고루 영향을 미친다고 볼 수 있다('나'). 군대조직은 역할이('가'), 예술가조직은 인성이('다') 더 큰 영향을 미친다. 학교조직도 위기 시에는 '가' 쪽으로, 안정기에는 '다' 쪽으로 가까워질 가능성이 있다.

🔒②

16 다음 그림은 겟젤스와 구바(Getzels & Guba)의 '역할과 인성의 상호작용모형'을 나타낸 것이다. 이에 대한 해석으로 옳지 않은 것은? 96 중등

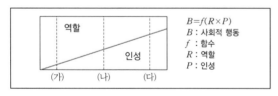

① 학교조직은 대체로 중간 지점인 '나' 부근에 속한다.

② 일반적으로 군대조직은 '다'쪽으로, 예술조직은 '가'쪽으로 치우친다.

③ 사회체제 속에서의 개인의 행동은 역할과 인성이 상호작용하여 나타난다.

④ 학교조직도 위기 시에는 '가'쪽으로, 안정기에는 '다'쪽으로 가까워질 가능성이 있다.

17 다음은 겟젤스와 셀렌(Getzels & Thelen)의 사회체제모형이다. 이 모형을 학교사회에 적용할 때, '지역사회의 요구와 학교 교육목표 간의 갈등' 상황을 나타내는 장면은? 97 초등

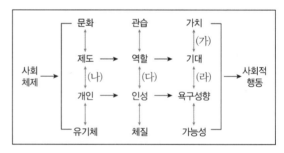

① (가) 장면: 가치 ↔ 기대

② (나) 장면: 제도 ↔ 개인

③ (다) 장면: 역할 ↔ 인성

④ (라) 장면: 기대 ↔ 욕구성향

🎓 겟젤스와 셀렌(사회과정모형)

사회체제모형에서 '지역사회'는 사회적 행동을 규제하는 사회의식, 관습, 가치의 요소로 구성된 인류학적 측면에 포함되고, '학교'는 조직적 차원에서 사회적으로 제도화되어 존재를 인정받는 기관인 '제도'에 속하며, '교육목표'는 역할에 따른 권리와 의무, 특권과 책임 등을 총칭하는 '기대'에 해당된다. 따라서 지역사회의 요구와 학교 교육목표 간의 갈등은 '가치 ↔ 기대'에 해당한다.

🔒①

02 조직론

01 조직의 원리에 비추어 볼 때 43학급 이상의 초등학교에 둘 수 있는 복수교감제가 지니는 취약점과 가장 관련이 있는 것은? 99 초등추시

① 분업화   ② 적도집권

③ 통솔범위   ④ 명령 일원화

🔲 조직의 원리

④ 명령 일원화(명령통일)의 원리란 부하는 1명의 상관에게만 명령을 받고 보고한다는 원리이다. 따라서 복수교감제의 경우 상관이 2명이 있는 셈이어서 명령통일의 원리에 취약하다고 볼 수 있다. ① 분업화의 원리는 업무를 성질별로 나누어 1명에게 1가지의 주된 업무를 분담시키는 원리이고, ② 적도집권의 원리는 중앙집권제와 지방분권제 사이에 적절한 균형을 유지해야 한다는 원리이며, ③ 통솔범위의 원리는 1명의 상관이 직접 통솔할 수 있는 부하의 수에는 한계가 있다는 원리이다.

🔓 ④

02 학교 내에서 교사들의 비공식조직이 갖는 순기능에 해당하는 것은? 00 초등추시

① 합리적 의사결정   ② 공정한 업무처리

③ 표준화된 업무수행   ④ 원활한 인간관계 형성

🔲 비공식조직(순기능)

비공식조직이란 공식조직 속에서 현실의 인간관계를 중심으로 형성되는 자연발생적 조직이다. 비공식조직의 순기능으로는 ④ 원활한 인간관계 형성이 있다. 이뿐만 아니라 비공식조직은 직무집단의 안정화, 의사전달의 원활화, 공식조직의 경직성 완화, 공식조직의 책임자에 대한 능력보완, 직무의 능률적 수행, 구성원 간의 행동기준 확립 등에 기여한다.

🔓 ④

03 계선조직과 참모조직의 특성을 가장 바르게 비교 설명한 것은? 95 초등

① 계선조직은 신축적이고, 참모직은 안정적이다.

② 계선조직은 이상적, 참모조직은 현실적 업무를 추진한다.

③ 계선조직은 참모조직에서 강력한 통솔력을 발휘할 수 있다.

④ 계선조직은 집행, 참모조직은 조언 기능을 수행하는 데 적합하다.

⑤ 계선조직은 집행, 참모조직은 조언 기능을 수행하는 데 적합하다.

🔲 계선조직(장단점)

계선조직은 행정의 수직적인 지휘 명령계통이 명확히 정립되어 업무를 직접 수행하는 제1차적인 조직을 말하고, 참모조직은 막료조직이라고도 하며, 계선조직의 기능을 원활하게 추진하도록 기획·자문·협의·경고 정보수집·통제·인사·조사·연구 등의 기능을 수행하는 조직을 말한다. ① 계선조직은 안정적이고, 참모조직은 신축성을 가져올 수 있다. ② 계선조직은 현실적·보수적이고, 참모조직은 이상적·비판적·개혁적이다. ③ 참모조직보다 계선조직에서 강력한 통솔력을 발휘할 수 있다. ④ 계선조직은 수직적이고, 참모조직은 수평적 구조이다.

🔓 ⑤

04 학교조직에 관한 진술 중 옳은 것은? 98 중등

① 학교의 관료제에는 동조과잉의 장점이 있다.

② 학급은 생활집단의 성격과 학습집단의 성격을 동시에 갖는다.

③ '복합적 조직이론'은 학교를 감옥과 유사한 장소라고 비판한다.

④ 에치오니(Etzioni)의 분류방식에 따르면, 학교는 '강제적 조직'이다.

🔲 학교조직

① 동조과잉은 사회나 집단의 구성원들이 표준적인 행동 양식에 지나치게 동조하는 현상으로 학교 관료제의 단점에 해당한다. ③ 복합적 조직은 공식조직과 비공식조직의 성격을 모두 가지고 있는 조직으로 현대조직이론의 일반적인 특성이라 할 수 있다. 학교를 감옥과 유사한 장소라고 보는 조직은 전인 구속적 조직이다. 전인 구속적 기관(total institution)이란 고프만(E. Goffman)이 처음 사용한 용어이다. 전인 구속적 기관은 그 기관에 수용된 사람들이 행동 전반을 구속하여 사람들을 보호, 관리, 통제하는 기관을 말한다(囫 교도소, 정신병원 등). 학교는 학생의 지적 교육에만 관여하는 것이 아니라 생활전반에 걸쳐서 간섭하는 교육기관이며, 일단 학교에 오면 학생의 행동이 상당히 구속된다. ④ 에치오니의 분류방식에 따르면 학교는 규범적 조직에 해당한다.

🔒 ②

🔲 칼슨의 조직 유형(온상조직)

칼슨은 조직과 고객의 선택 여부를 기준으로 '봉사조직'의 유형을 4가지로 분류하였다.

유형	내용
유형 1 (야생조직)	• 조직과 고객이 독자적인 선택권을 갖고 있는 조직 • 이 조직은 살아남기 위해 경쟁하지 않으면 안 되기 때문에 야생조직이라고 함 • 사립학교, 특목고, 개인병원 등
유형 2 (적응조직)	• 조직이 고객을 선발할 권리는 없고 고객이 조직을 선택할 권리만 있는 조직 • 미국의 주립대학, 자유등록제의 학교
유형 3 (강압조직)	• 조직은 고객선발권을 가지나 고객은 조직선택권이 없는 조직(囫 군대) • 봉사조직으로 존재하기 어려우므로, 이론적으로는 가능하나 실제로는 존재하지 않음
유형 4 (온상조직)	• 조직과 고객 모두 선택권을 갖지 못하는 조직 • 이 조직은 법적으로 존립을 보장받고 있어 온상조직(사육조직)이라고 함 • 공립학교, 정신병원, 고교평준화고교 등

🔒 ④

---

05 그림은 칼슨(R. Carlson)의 봉사조직 유형이다. 〈유형 Ⅳ〉의 설명으로 바른 것은? 05 초등

		고객의 참여 결정권	
		있음	없음
조직의 고객 선택권	있음	유형 Ⅰ	유형 Ⅲ
	없음	유형 Ⅱ	유형 Ⅳ

① 이론적으로는 가능하지만 실제로 존재하기는 어렵다.

② 조직의 일차적 수혜자가 소극적인 참여를 하는 구성원들이다.

③ 고객의 참여 결정권이 없어 치열한 경쟁을 해야만 하는 조직이다.

④ 대체로 그 존립을 법적으로 보장받고 있는 조직들이 여기에 속한다.

06 에치오니(Etzioni)는 조직에서 사용되는 권력 유형과 참여 유형을 기준으로 조직을 그림과 같이 분류하였다. 학교조직은 어느 유형에 가까운가? 93 중등

		참여 유형		
		소외적	타산적	도덕적
권력 유형	강제적	A	D	G
	보상적	B	E	H
	규범적	C	F	I

① A

② E

③ I

④ G

88 에치오니의 조직 유형(규범조직)

에치오니는 권력 유형과 참여 유형을 기준으로 지배적인 조직 유형을 3가지로 분류하였다. 첫째, 강제조직(A)은 물리적 제재나 위협 등 강제적인 통제수단을 사용하며, 구성원들은 소외감을 가지고 참여한다(◉ 교도소, 정신병원). 둘째, 공리조직(E)은 보수, 성과급 등 물질적 보상체제를 이용하여 구성원들을 통제하며, 구성원들은 타산적으로 참여한다(◉ 회사, 기업). 셋째, 규범조직(I)은 사명감, 신념, 존경 등 규범적 권력을 사용하여 구성원들의 높은 도덕적·헌신적 참여를 유도한다(◉ 학교, 종교단체, 자원단체, 종합병원).

🔒 ③

07 다음은 홀(R. H. Hall)의 교육조직구조 유형을 나타낸 것이다. (나)에 대한 설명으로 가장 올바른 것은? 08 초등

		전문성 정도	
		높음	낮음
관료성 정도	높음	(가)	(나)
	낮음	(다)	(라)

① 일상적 운영에서 혼돈과 갈등이 전형적으로 나타나는 구조이다.
② 의사결정의 실질적인 권한이 교사들에게 위임되어 있는 구조이다.
③ 규칙과 절차가 인정에 얽매이지 않고 일관성 있게 적용되는 구조이다.
④ 베버(M. Weber)가 주장한 이상적 관료제의 모습과 가장 유사한 구조이다.

88 홀의 교육조직구조 유형

홀(R. H. Hall)은 전문성과 관료성의 정도를 기준으로 4가지 조직 유형을 제시하였다.

		전문성 정도	
		높음	낮음
관료성 정도	높음	Weber형	권위주의형
	낮음	전문형	혼돈형

(가) Weber형은 ④에 해당하고, (나) 권위주의형은 ③에 해당하며, (다) 전문형은 ②, (라) 혼동형은 ①에 해당한다.

🔒 ③

08 민츠버그(Mintzberg)의 조직이론에 비추어 볼 때, 다음과 같은 특성을 보이는 학교의 조직 형태는? 02 중등

> 학교장은 민주적인 방식으로 학교를 운영하고 있으며, 교직원들은 교육과정 운영 및 제반 학교운영 관련 업무를 권한과 책임을 가지고 처리하고 있다.

① 단순구조
② 임시조직
③ 전문적 관료제
④ 기계적 관료제

88 민츠버그의 조직이론(전문적 관료제)

민츠버그는 조직의 5가지 구성 요소(최고관리층, 중간관리층, 핵심운영층, 기술구조층, 지원부서층)와 조정기제(직접감독, 작업과정의 표준화, 기술의 표준화, 산출의 표준화, 상호조절)를 기준으로 조직 유형을 5가지로 구분하였다. 첫째, 단순구조는 최고경영자가 조직의 핵심부분이며, 직접감독을 주요 조정기제로 하는 소규모 조직이다. 둘째, 기계적 관료제는 기술구조층이 조직의 핵심부분이며, 작업과정의 표준화를 주요 조정기제로 하는 대규모 조직이다. 셋째, 전문적 관료제는 핵심운영층이 조직의 핵심부분이며, 기술의 표준화를 주요 조정기제로 하는 전문적인 조직이다. 넷째, 사업부제 구조는 중간관리층이 조직의 핵심부분이며, 산출의 표준화를 주요 조정기제로 하는 대규모 조직이다. 다섯째, 임시구조(애드호크라시)는 지원부서층이 조직의 핵심부분이며, 상호조절이 주요 조정기제인 수평적인 전문 조직이다.

🔒 ③

09 학교조직의 관료제화 경향을 가장 잘 나타내고 있는 것은? 01 초등

① 학교 관련 법규가 늘어나고 있다.
② 학교 규모가 점차 축소되어가고 있다.
③ 학교에 대한 상급기관의 압력이 점차 줄고 있다.
④ 학교에서 교사들의 상호조절 기회가 늘어나고 있다.

🎴 학교조직(관료제적 특성)

호이와 미스켈(Hoy & Miskel)은 베버(Weber)의 관료제가 교육조직의 구조분석과 이해에 매우 의미 있는 시발점이 된다고 하면서 그 주요 특징들을 분업과 전문화, 권위의 계층화, 경력 지향성, 규칙과 규정, 몰인정성의 5가지로 요약·제시하였다. 베버의 관료제의 특성들은 상호 결합할 때 역기능으로 작용할 가능성이 존재한다. 이러한 측면에서 호이와 미스켈은 앞에서 제시한 관료제의 특성에 따라 관료제의 순기능과 역기능을 다음과 같이 분석하였다.

관료제 특징	순기능	역기능
분업과 전문화	숙련된 기술과 전문성 향상	피로, 권태감 누적
권위의 계층화	원활한 순응과 조정	의사소통의 장애
경력 지향성	동기유발, 유인가	업적(실적)과 연공제 간의 갈등
규칙과 규정	계속성, 통일성, 안정성 확보	목표전도(동조과잉) 현상, 조직의 경직성
몰인정성	의사결정의 합리성 증대	구성원의 사기 저하

① 학교관료제 특징 중의 하나가 규칙과 규정의 강조이다. 모든 업무를 규칙과 규정에 의해 처리하려면 학교 관련 법규가 증가하게 된다.

🔒 ①

🎴 학교조직(관료제의 역기능)

규칙과 규정을 지나치게 강조하면 조직운영이 경직되거나 목표전도 현상이 나타날 수 있다. 규칙과 규정도 결국은 목표 달성을 위한 수단에 불과하다는 점을 인식해야 한다.

🔒 ①

11 교육의 과정은 공장의 생산과정과 달리 투입과 산출의 인과관계를 분명하게 파악할 수 없다. 이러한 교육의 속성 때문에 나타나는 학교조직의 유형은? 00 중등

① 합리적 조직   ② 비공식적 조직
③ 관료적 조직   ④ 이완조직

🎴 학교조직(이완조직)

이완조직은 부서들 간에 상호 관련성은 있지만 구조적으로 느슨하게 결합되어 있어 각각 독립성을 유지하고 있는 조직을 말한다. 학교조직은 특성상 자율성과 자유재량권을 가지고 있으며, 때로는 교사도 형식적인 교장의 지시와 통제를 받을 뿐이다. 이완조직의 특성 중 하나는 투입과 산출의 인과관계를 분명하게 파악할 수 없다는 점이다. 교사의 의도대로 학생의 학업성취도가 나타나는 것은 아니며 여기에는 수많은 변인이 개입된다.

🔒 ④

10 교육에 대한 관료제적 통제가 일으키는 〈보기〉와 같은 현상을 무엇이라고 부르는가? 98 중등

┌─ 보기 ─┐

• '열린교육'의 실적을 교육개혁 평가 항목에 포함시키면, '열린교육'의 효과적 실시보다는 평가자료의 정리에 여념이 없게 되는 현상이 나타난다.
• 사회봉사활동 실적을 학교생활기록부에 기록하고 입시성적에 반영하도록 하면, 봉사활동 실적 쌓기에 집중하는 현상이 나타난다.

└─────┘

① 목표전도 현상   ② 무한경쟁 현상
③ 귀속주의 현상   ④ 상의하달 현상

12 〈보기〉에 제시된 특징과 가장 관련이 많은 학교조직에 대한 관점은? 07 중등

┌─ 보기 ─┐

• 학교 구성원들에게 더 많은 자유재량과 자기결정권을 부여한다.
• 각 부서 및 학년 조직의 국지적(局地的) 적응을 허용하고 인정한다.
• 환경 변화에 적응하기 위해 학교조직에서 이질적인 요소들이 공존하는 것을 허용한다.

└─────┘

① 관료제(bureaucracy)
② 이완조직(loosely coupled system)
③ 사육조직(domesticated organization)
④ 조직화된 무질서(organized anarchy)

🔳 학교조직(이완조직의 특성)

이완조직은 부서들 간에 상호 관련성은 있지만 구조적으로 느슨하게 결합되어 있어 각각 독립성을 유지하고 있는 조직을 말한다. 이완조직은 조직화된 무질서와 구별된다. 조직화된 무질서는 무질서, 무정부 상태에서의 우연적인 조직운영을 특징으로 하는 관점이다. 불분명한 목표, 불확실한 기술, 유동적 참여 현상이 대표적이다. 이것은 질서를 유지하고 있는 이완조직과 구별된다. 이완조직은 구성원의 자율성과 자유재량, 국지적 적응 허용, 이질성의 공존 등을 특징으로 한다. 자유재량과 자기결정권 부여는 질서를 유지하고 있는 조직을 상정하고 있는 개념이며, 국지적 적응을 허용하고 인정한다는 것도 중앙의 질서유지 기제가 있다는 것을 전제로 한 것이다. 또한 환경 변화에 적응하기 위해 이질적인 요소들을 허용한다는 것도 기본적인 질서유지 상태에서 적용될 수 있는 것이다. 따라서 〈보기〉의 내용은 이완조직의 대표적인 특성들이다.

🔓 ②

🔳 학교조직(조직화된 무질서)

조직화된 무질서는 코헨, 마치, 올센 등이 개념화한 것으로, 무질서, 무정부 상태에서의 우연적인 조직운영을 특징으로 하는 관점이다. 불분명한 목표, 불확실한 기술, 유동적 참여 현상이 대표적이다.

🔓 ①

13 학교조직에 대한 학자들의 설명으로 옳지 않은 것은?

10 중등

① 코헨(M. Cohen) 등에 의하면, 학교는 구성원들의 참여가 고정적이고 조직의 목표와 기술이 명확한 조직이다.

② 민츠버그(H. Mintzberg)에 의하면, 학교는 전문적 성격이 강하지만 관료적 성격도 동시에 지니는 전문적 관료제 조직이다.

③ 에치오니(A. Etzioni)의 순응에 기반한 조직 분류에 의하면, 학교는 규범적 권력을 사용하여 구성원들의 높은 헌신적 참여를 유도하는 규범조직이다.

④ 파슨스(T. Parsons)의 사회적 기능에 따른 조직 분류에 의하면, 학교는 유형유지조직에 속하며 체제의 문화를 유지하고 새롭게 하는 기능을 수행한다.

⑤ 와익(K. Weick)에 의하면, 학교는 조직 구조 연결이 자체의 정체성과 독립성을 가지고 있어서 다른 조직에 비해서 구조적으로 느슨하게 결합되어 있는 조직이다.

14 다음 김 교사와 박 교사의 견해와 가장 부합하는 학교조직 유형을 각각 바르게 짝지은 것은? 12 초등

> 최 교장: 학교조직도 다른 조직과 마찬가지로 일정한 목적을 달성하기 위해 협동하는 사람들의 집단입니다. 따라서 구성원들은 학교의 교육목표를 효과적으로 달성하기 위해 정해진 직무분장에 맞춰 일사분란하게 움직여야 합니다. 선생님들은 어떻게 생각하시죠?
>
> 김 교사: 저도 학교는 위계적인 조직이어야 한다고 생각합니다. 다른 한편으로 교사는 개별 교실에서 각기 다른 배경의 학생들을 가르치면서 교육과정, 교수방법, 교육평가 등에서 상당한 자유재량권을 행사하는 전문가이기도 하죠. 따라서 직무수행의 통일된 표준을 찾기는 어렵다고 생각되는데요.
>
> 박 교사: 저는 교직원의 잦은 인사이동, 학생들의 졸업과 입학, 학부모와 지역사회 관계자의 유동적 참여 등의 학교조직의 특성을 고려해 볼 때, 학교 구성원 모두가 동의하는 학교 경영목표가 명확하게 설정되기도 어렵고 그 해석 또한 서로 상이하여 일사분란하게 실행되기도 어렵다고 생각합니다.

	김 교사	박 교사
①	전문적 관료제	조직화된 무질서 조직
②	전문적 관료제	야생조직
③	사육조직	조직화된 무질서 조직
④	사육조직	전문적 관료제
⑤	조직화된 무질서 조직	야생조직

□□ 학교조직(전문적 관료제, 조직화된 무질서)

김 교사는 학교조직이 관료적 성격과 전문적 성격을 공유하고 있다고 보므로 '전문적 관료제', 박 교사는 불분명한 목표, 불확실한 기술, 유동적 참여 현상의 특징을 지닌 것으로 보고 있으므로 조직화된 무질서와 관련된다.

🔒 ①

16 맥그리거(McGregor)의 X이론이 기초하고 있는 인간의 본질에 관한 가정은 어느 것인가? 87 중등

① 인간은 본성적으로 일을 싫어하지 않는다.
② 인간은 자기 통제력을 가진다.
③ 인간은 무엇보다 안전을 원한다.
④ 인간은 적절한 조건만 주어지면 책임을 맡으려 한다.

□□ 맥그리거의 X-Y이론

X이론은 성악설의 인간관으로, 인간은 선천적으로 일을 싫어하며, 지시받기를 좋아하고, 책임을 회피하려고 하며, 무엇보다도 안전을 원한다. 또, 조직의 목표를 달성하기 위해서는 벌을 주고 강압, 통제, 지시, 위협하여야 한다고 본다. 따라서 ③은 X이론, ①, ②, ④는 Y이론에 기초한 인간관이다.

🔒 ③

15 〈보기〉와 같이 학교조직의 특성을 파악할 때, 가장 부합하는 조직 유형은? 06 초등

┌─ 보기 ┐

학교의 목적은 구체적이지도 않고 분명하지도 않다. 비록 그 목적이 명료하게 표방되어 있다고 하더라도 그 해석은 사람마다 다르며, 그것을 달성할 수단과 방법도 분명하게 제시하기 어렵다. 또한 학교의 구성원인 교사들은 수시로 학교를 이동하며, 학생들도 일정한 시간이 지나면 졸업하여 학교를 떠나간다. 학교조직은 이러한 특성으로 인해 여타 조직과 다른 특성을 나타낸다.

① 야생조직(wild organization)
② 사육조직(domasticated organization)
③ 관료조직(bureaucratic organization)
④ 조직화된 무질서 조직(organized anarchy)

□□ 학교조직(조직화된 무질서의 특징)

조직화된 무질서는 코헨, 마치, 올센 등이 개념화한 것으로, 무질서, 무정부 상태에서의 우연적인 조직운영을 특징으로 하는 관점이다. 불분명한 목표, 불확실한 기술, 유동적 참여 현상이 대표적이다.

🔒 ④

17 학교장이 'Y이론'에 입각한 인간관을 가졌을 때, 취할 수 있는 가장 적절한 학교경영 전략은? 98 중등

① 상벌체제를 강화하여 교사를 통제한다.
② 교사의 모든 업무에 대한 상세한 지침을 하달한다.
③ 교사들의 업무를 지원하고 촉진하기 위해 학교조직을 정비한다.
④ 교사들이 미성숙한 상태에 있다고 전제하고, 그들을 관리하는 데 역점을 둔다.

□□ 맥그리거의 X-Y이론

Y이론은 성선설의 인간관으로, 인간은 본래 일을 싫어하지 않으며, 만족스럽다면 놀이(play)와 같이 자연스럽게 여기고, 맡은 일을 수행하기 위하여 자기지시와 자기통제를 할 수 있다. 또, 인간은 책임을 질 수 있고, 최상의 보상을 자기만족과 자기실현에 둔다. 따라서 ③은 Y이론, ①, ②, ④는 X이론에 입각한 학교경영 전략이다.

🔒 ③

18 〈보기〉의 대화에서 추론할 수 있는 전임 교장과 신임 교장의 학교경영 관점을 가장 바르게 짝지은 것은? 06 초등

┌ 보기 ┐

장 교사 : 새로 오신 교장 선생님 정말 좋지?
송 교사 : 그래. 전임 교장 선생님은 일방적인 지시만 해서 싫었는데, 새 교장 선생님은 모든 일을 자율적으로 할 수 있도록 하니까 참 좋아.
최 교사 : 그렇지만 나는 전임 교장 선생님의 경영 방식이 더 효과적이라고 생각해. 그러지 않으면 편하려고만 하는 게 사람 생리인데, 누가 알아서 일 하겠어?

	전임 교장	신임 교장
①	X이론	Y이론
②	Y이론	X이론
③	X이론	Z이론
④	Z이론	Y이론

🔡 맥그리거의 X-Y이론

X이론은 성악설의 인간관으로, 인간은 선천적으로 일을 싫어하며, 지시받기를 좋아하고, 책임을 회피하려고 하며, 무엇보다도 안전을 원한다. 또, 조직의 목표를 달성하기 위해서는 벌을 주고 강압, 통제, 지시, 위협하여야 한다고 본다. 반면, Y이론은 성선설의 인간관으로, 인간은 본래 일을 싫어하지 않으며, 만족스럽다면 놀이(play)와 같이 자연스럽게 여기고, 맡은 일을 수행하기 위하여 자기지시와 자기통제를 할 수 있다. 또, 인간은 책임을 질 수 있고, 최상의 보상을 자기만족과 자기실현에 둔다. 따라서 일방적인 지시만을 하는 전임 교장은 X이론, 업무에 있어 자율적인 분위기를 조성해주는 신임 교장은 Y이론의 학교경영 관점을 지녔다고 할 수 있다.

🔒 ①

19 다음과 같은 상황에 의해 뒷받침될 수 있는 이론을 〈보기〉에서 모두 고른 것은? 95 중등

학교 운영에 있어서 교사들의 자율적 협의를 통한 건의가 수용될 때, 교사들은 교수·학습 활동에 보다 능동적으로 참여하게 되고 직무에 대한 만족감을 더 느끼는 경향이 있다.

┌ 보기 ┐

ㄱ. 맥그리거(McGregor)의 Y이론
ㄴ. 아지리스(Argyris)의 성숙이론
ㄷ. 카우프만(Kaufman)의 체제접근모형
ㄹ. 테일러(Taylor)의 과학적 관리론

① ㄱ, ㄴ   ② ㄴ, ㄷ
③ ㄷ, ㄹ   ④ ㄱ, ㄹ

🔡 맥그리거의 Y이론과 아지리스의 성숙이론

아지리스(Argyris)는 관료적 가치체제(X이론에 근거한 조직)와 인간적 가치체제(Y이론에 근거한 조직)를 비교 연구하여 미성숙－성숙의 연속선(continuum)을 제시하였다. 관료적 가치체제를 따르는 조직(미성숙 조직풍토)에서는 X이론에 근거하여 인간을 부정적이고 수동적인 존재로 취급하기 때문에 피상적이고 의심 많은 인간관계가 형성됨으로써 조직의 문제해결력을 저하시킨다. 반면, 인간적 가치체제를 따르는 조직(성숙 조직풍토)에서는 Y이론에 근거하여 인간을 긍정적인 존재로 보고 성숙한 인간으로 취급함으로써 조직의 효과성이 증대된다.

🔒 ①

www.pmg.co.kr

20 다음 사례와 가장 관계 깊은 스타인호프(C. Steinhoff)와 오웬스(R. Owens)의 학교문화 유형은? ^{07 전문상담}

> B고등학교 교장은 학생들을 일류 대학교에 많이 진학시키는 것을 학교경영 목표로 하고 있다. 이를 위해 교장은 교사가 학생들을 열심히 가르치고 지도하기를 기대한다. 성적이 올라가는 학급의 담임 교사에게는 포상을 주어 학급 성적을 계속 향상시키도록 독려한다.

① 가족문화(family culture)
② 기계문화(machine culture)
③ 공연문화(cabaret culture)
④ 공포문화(horrors culture)

🔲 스타인호프와 오웬스의 학교문화 유형

스타인호프와 오웬스는 공립학교에서 발견될 수 있는 4가지 특유한 문화형질을 통해 학교문화를 가족문화, 기계문화, 공연문화, 공포문화로 분류하였다.
② 기계문화는 모든 것을 기계적인 관계로 파악한다. 학교는 목표달성을 위해 교사들을 이용하는 하나의 기계로 설명된다.

🔒 ②

21 리커트(R. Likert)의 관리체제 중 맥그리거(McGregor)의 Y이론과 관계가 가장 깊은 것은? ^{91 중등}

① 직접적 경영체제
② 자선적 경영체제
③ 참여적 경영체제
④ 자비적 경영체제

🔲 리커트의 관리체제와 맥그리거의 X-Y이론

리커트(Likert)는 상·하급자 간의 관계가 어떠하냐에 따라 조직관리유형(조직풍토)을 체제 1(system 1)에서 체제 4(system 4)에 이르기까지 하나의 연속선(continuum)으로 표시하였다. 체제 1(수탈적 관리체제)은 관리자가 부하를 신뢰하지 않고, 체제 2(자비적 관리체제)는 관리자가 부하에게 자비를 베풀 듯이 신뢰하며, 체제 3(자문적 관리체제)은 관리자가 부하를 상당히 중요한 존재로 인식하나 완전히 신뢰하지는 않으며, 체제 4(참여적 관리체제)는 관리자가 부하를 전적으로 신뢰한다. 여기서 체제 1은 과업 지향적이며 고도로 구조화된 권위적 관리유형(X이론)인 데 비하여, 체제 4는 팀워크·상호 신뢰·상호작용 등에 기반을 둔 관계성 지향적 관리유형(Y이론)이다. 체제 2, 3은 두 개의 양극단의 중간관계에 해당한다.

🔒 ③

22 리커트(R. Likert)의 관리체제 유형 중 다음의 내용과 가장 일치하는 유형은? ^{07 초등}

> 이 학교는 학교 구성원들 간에 폭넓은 참여적 의사결정과 수평적 의사소통이 이루어지고 있다. 또한 학교경영층은 전적으로 교사들을 신뢰하고 참여와 보상을 주요 동기요인으로 사용하며, 학교통제권이 분산되어 있다.

① 체제 1유형
② 체제 2유형
③ 체제 3유형
④ 체제 4유형

🔲 리커트의 관리체제

리커트(Likert)는 상·하급자 간의 관계가 어떠하냐에 따라 조직관리유형(조직풍토)을 체제 1(system 1)에서 체제 4(system 4)에 이르기까지 하나의 연속선(continuum)으로 표시하였다. 이 중 체제 4(참여적 관리체제)는 관리자가 부하를 전적으로 신뢰하므로, 지문과 일치하는 유형은 체제 4이다.

🔒 ④

23 핼핀(Halpin)과 크로프트(Croft)가 교사 행동과 교장 행동의 결합을 토대로 제시하고 있는 학교조직풍토에 비추어 볼 때, (가), (나)의 조직풍토를 바르게 나타낸 것은? ^{02 초등}

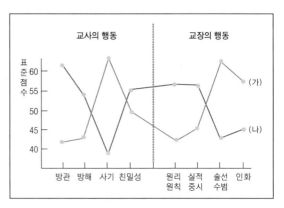

	(가)	(나)
①	개방적 풍토	친교적 풍토
②	통제적 풍토	폐쇄적 풍토
③	개방적 풍토	폐쇄적 풍토
④	친교적 풍토	개방적 풍토

🔲 핼핀과 크로프트의 학교조직풍토론

Halpin과 Croft는 교사의 행동 특성과 교장의 행동 특성에 대한 교사들의 지각을 토대로 학교조직풍토를 6가지 유형으로 분류하였다. 교사의 행동 특성 변인에는 사기, 장애(방해), 친밀, 일탈(방임, 방관)을, 교장의 행동 특성 변인에는 추진(솔선수범), 인화(배려성), 과업(생산성 강조), 냉담(초연성, 원리원칙)을 설정하였다. 이를 기준으로 개방-폐쇄 연속선상의 학교풍토로 개방적, 자율적, 통제적, 친교적, 간섭적(친권적), 폐쇄적 풍토를 제시하였다. 그래프의 (가)는 개방적 풍토로서, 학교의 목표 달성과 구성원들의 사회적 욕구를 동시에 추구하는 매우 활기차고 생기 있는 조직풍토이다. 교장은 추진성이 높고 교사들은 사기가 매우 높다. (나)는 폐쇄적 풍토로서, 교장이 일상적인 일과 불필요한 일을 강조하고, 교사들은 거의 만족감을 느끼지 못하는 비효율적인 풍토이다.

🔒 ③

🔲 핼핀과 크로프트의 학교조직풍토론

Halpin과 Croft는 교사의 행동 특성과 교장의 행동 특성에 대한 교사들의 지각을 토대로 학교조직풍토를 6가지 유형으로 분류하였다. 교사의 행동 특성 변인에는 사기, 장애(방해), 친밀, 일탈(방임, 방관)을, 교장의 행동 특성 변인에는 추진(솔선수범), 인화(배려성), 과업(생산성 강조), 냉담(초연성, 원리원칙)을 설정하였다. 이를 기준으로 개방-폐쇄 연속선상의 학교풍토로 개방적, 자율적, 통제적, 친교적, 간섭적(친권적), 폐쇄적 풍토를 제시하였다. 이 중에서 개방적 풍토는 교사들의 사기(63)와 교장의 추진력(61) 지수는 높고, 교사의 방관(43), 방해(43) 등의 지수는 낮으며, 교사의 친밀성(50)과 교장의 인화(55) 지수는 보통 수준을 유지한다. 개방적 풍토는 학교의 목표 달성과 구성원들의 사회적 욕구를 동시에 추구하는 매우 활기차고 생기 있는 조직풍토이다.

🔒 ①

05

---

24 핼핀(A. Halpin)과 크로프트(D. Croft)는 교장과 교사의 행동 특성을 결합하여 학교조직풍토 유형을 6가지로 제시하였다. 다음은 어느 유형에 가장 가까운 설명인가?

07 중등

> 교사들의 사기와 교장의 추진력 지수는 높고, 방관(disengagement), 방해(hindrance) 등의 지수는 낮으며, 친밀성과 인화(consideration) 지수는 보통 수준을 유지한다. 교장은 매사에 융통성을 보이며, 교사들이 자발적으로 협동하면서 만족감을 갖고 어려움을 극복하도록 격려한다.

① 개방적 풍토(open climate)
② 친교적 풍토(familiar climate)
③ 친권적 풍토(paternal climate)
④ 자율적 풍토(autonomous climate)

---

25 호이와 미스켈(W. Hoy & C. Miskel)의 학교풍토 유형에서 (가)에 대한 설명으로 옳은 것은? 11 초등

① 학교장의 관리가 비효율적이지만, 교사들의 업무 수행은 효율적으로 이루어지는 풍토이다.
② 학교장과 교사들 사이에 신뢰는 있지만, 교사들의 전문적인 업무 수행은 미흡한 풍토이다.
③ 교사에 대한 학교장의 관심과 지원이 미흡하여 교사들이 업무 수행을 태만하게 하는 풍토이다.
④ 학교장은 교사들의 제안을 잘 받아들이고, 교사들은 업무 달성을 위해 매우 헌신하는 풍토이다.
⑤ 학교장이 불필요한 업무만을 강조하기 때문에 교사들이 반감을 가지고 업무를 태만히 하는 풍토이다.

호이와 미스켈의 학교조직풍토론

호이와 미스켈은 교사의 행동 특성(협동적, 친밀적, 일탈적)과 교장의 행동 특성(지원적, 지시적, 제한적)을 결합하여 학교조직풍토를 4가지로 구분하고 개방-폐쇄의 연속선상에서 설명하였다. 개방풍토, 몰입풍토, 일탈풍토, 폐쇄풍토가 그것이다.

(가)는 몰입풍토로서 교사는 개방적이나 교장은 폐쇄성을 나타내는 풍토이다. 교장은 엄격하고 통제적이면서 교사들의 업무나 행동을 방해하지만, 교사들은 높은 협동성과 친밀성을 바탕으로 높은 전문적인 업무수행을 나타낸다.

②는 일탈풍토, ③과 ⑤은 폐쇄풍토, ④는 개방풍토와 관련된다.

🔒 ①

---

27 다음은 학교조직에서 발생되는 갈등을 관리하는 방식을 나타낸 그림이다. 학교조직에서 구성원이나 부서 간에 발생하는 갈등을 해결할 때, 자신이나 자기 부서의 관심사에 대해 양보하고 타인이나 타 부서의 관심사를 충족시켜 주는 방식을 나타내는 것은? ⁰²초등

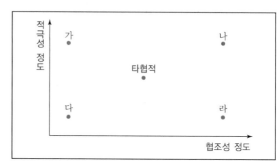

① 가 - 경쟁적   ② 나 - 협동적
③ 다 - 회피적   ④ 라 - 동조적

🔒 토마스의 갈등관리전략(수용형)

토마스는 타인의 관심사를 충족시키려는 정도인 협조성(협동성)과 자신의 관심사를 충족시키려는 정도인 독단성(적극성)을 기준으로 5가지 갈등관리전략을 제시하였다. 경쟁형, 회피형, 수용형, 협력형, 타협형이 그것이다.

'가'는 경쟁형, '나'는 협동형, '다'는 회피형, '라'는 수용형(동조형)이다.

🔒 ④

---

26 학교조직에서 부서 및 구성원 간에 발생하는 갈등을 관리하는 방식 중 부서에서의 의견이나 이해관계를 공동선의 입장에서 모두를 만족시켜 줌으로써 갈등을 관리·처리하는 방식은? ⁹⁹중등추시

① 경쟁형   ② 적응형
③ 회피형   ④ 협동형

🔒 토마스의 갈등관리전략(협동형)

토마스는 타인의 관심사를 충족시키려는 정도인 협조성(협동성)과 자신의 관심사를 충족시키려는 정도인 독단성(적극성)을 기준으로 5가지 갈등관리전략을 제시하였다. 경쟁형, 회피형, 수용형, 협력형, 타협형이 그것이다. 양쪽 관심사를 모두 만족시켜 줌으로써 갈등을 관리·처리하는 방식은 협동형이다.

🔒 ④

---

28 토마스(Thomas) 갈등관리방식 유형 중 다음 〈보기〉의 상황에 효과적인 것은? ⁰⁰초등

> ┌─ 보기 ─
> • 갈등의 쟁점이 사소한 것일 때
> • 갈등 사례를 진정시키고자 할 때
> • 갈등을 해결하고자 하는 비용이 너무 클 때
> • 다른 사람들이 문제를 더 효과적으로 해결할 수 있을 때

① 수용   ② 타협
③ 경쟁   ④ 회피

□□ 토마스의 갈등관리전략(회피형)

〈보기〉의 내용은 회피형에 해당한다. 회피형은 자신과 상대방의 관심사 모두를 무시함으로써 갈등으로부터 탈피하고자 하는 방식이다.

🔒 ④

---

03 지도성론

01 〈보기〉와 관계 깊은 지도성 유형은? 07 전문상담

> ┤ 보기 ├
> • 허쉬와 블란차드(P. Hersey & K. Blanchard)는 지시형, 지도형, 지원형, 위임형으로 구분하였다.
> • 피들러(F. Fielder)는 지도자-구성원 관계, 과업 구조, 지도자 지위 권력을 주요 개념으로 사용하였다.

① 도덕적 지도성 　② 상황적 지도성
③ 변혁적 지도성 　④ 카리스마적 지도성

□□ 상황적 지도성 이론

상황적 지도성 이론은 '모든 상황에 적용할 수 있는 하나의 지도성은 없다.'라는 전제에서 지도성은 '상황적 조건(상황변인)'에 의해서 결정된다는 입장이다. 상황적 지도성 이론의 대표자인 Fielder는 상황의 호의성을 지도자-구성원 관계, 과업 구조, 지도자 지위 권력의 조합으로 봤으며, Hersey & Blanchard는 지도성 행위와 구성원의 성숙도를 조합하여 지도성 유형을 지시형, 지도형, 지원형, 위임형으로 구분하였다.

🔒 ②

---

29 아래 그림은 재미슨(D. Jamieson)과 토마스(K. Thomas)의 갈등해결모형을 나타낸 것이다. 제Ⅴ유형에 대한 진술로 가장 옳은 것은? 06 초등

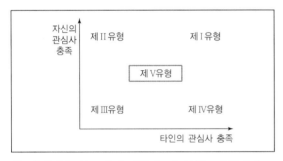

① 상대방을 압도하여 갈등을 해결하는 유형이다.
② 가능한 한 갈등을 무시하고 회피하는 유형이다.
③ 상호 희생과 타협을 통해 갈등을 해소하는 유형이다.
④ 상대의 주장에 따름으로써 갈등을 해소하는 유형이다.

□□ 토마스의 갈등관리전략(타협형)

토마스는 타인의 관심사를 충족시키려는 정도인 협조성(협동성)과 자신의 관심사를 충족시키려는 정도인 독단성(적극성)을 기준으로 5가지 갈등관리전략을 제시하였다. 경쟁형, 회피형, 수용형, 협력형, 타협형이 그것이다. 'Ⅰ유형'은 협동형, 'Ⅱ유형'은 경쟁형, 'Ⅲ유형'은 회피형, 'Ⅳ유형'은 수용형, 'Ⅴ유형'은 타협형이다. 'Ⅴ유형'인 타협형에 대한 설명은 ③이다.
①은 경쟁형, ②는 회피형, ④는 수용형에 대한 설명이다.

🔒 ③

---

02 다음 송 장학사의 진술에서 피들러(F. Fiedler)의 상황적 지도성모형에 근거할 때, '상황' 요소에 해당하는 내용으로 옳은 것만을 있는 대로 고른 것은? 13 중등

> 송 장학사는 A중학교의 학교경영 컨설팅 의뢰에 따라 학교를 방문하여 학교 현장을 분석하고 그 결과를 다음과 같이 진술하였다. A중학교는 ㉠ 교장과 교사가 서로 신뢰하며 존중하고 있었다. ㉡ 교사들은 교육에 대한 열의가 높았고, 업무 능력도 탁월했다. 또한 ㉢ 교사들의 관계도 좋은 편이었다. ㉣ 교사들이 학교에서 하는 업무들은 구조화·체계화되어 있었고, ㉤ 교장이 교사들에게 행사할 수 있는 지위권력 수준은 낮은 편이었다.

① ㉠, ㉣, ㉤ 　　② ㉡, ㉢, ㉣
③ ㉢, ㉣, ㉤ 　　④ ㉠, ㉡, ㉢, ㉤
⑤ ㉠, ㉡, ㉣, ㉤

03 보람중학교에 새로 부임한 김 교장은 교사들의 전문성은 높으나 동기 수준이 낮음을 발견하였다. 김 교장이 우선적으로 발휘해야 할 지도성 유형을 그림에서 고른다면?

97 중등

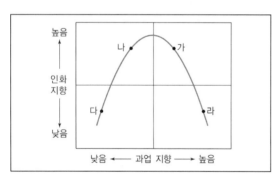

① 가 　　　　　　② 나
③ 다 　　　　　　④ 라

04 다음은 허시(P. Hersey)와 블랜차드(K. H. anchard)의 '상황적 지도성이론'에 관한 모형이다. 이 모형을 학교의 교원 조직에 적용하여 가장 잘 해석한 것은? 08 중등

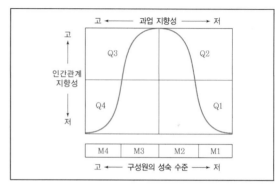

① 교사들의 성숙 수준이 M1이나 M4에 있을 때 교장의 지도력 효과는 가장 낮다.

② 교사들이 의욕과 능력 가운데 어느 하나가 저조하면 교장은 Q1 또는 Q4의 지도력을 보이는 것이 좋다.

③ 교사들의 성숙 수준이 향상될수록 교장은 과업 지향성을 점점 낮추어가는 지도력을 발휘하는 것이 좋다.

④ 교장이 과업 지향성을 중간 정도로, 인간관계 지향성을 최고로 지닐 때, 교사들의 성숙 수준은 정점에 이른다.

05 허시(P. Hersey)와 블랜차드(K. H. Blanchard)의 상황적 지도성이론에서 구성원의 성숙 수준과 효과적 지도성이 바르게 연결된 것은? 08 초등

	구성원의 성숙 수준	효과적 지도성
①	대단히 낮음 (M1)	낮은 과업, 높은 관계 중심 행동
②	보통보다 조금 낮음 (M2)	높은 과업, 낮은 관계 중심 행동
③	보통보다 조금 높음 (M3)	높은 과업, 높은 관계 중심 행동
④	대단히 높음 (M4)	낮은 과업, 낮은 관계 중심 행동

🔡 허시와 블랜차드의 상황적 지도성

구성원의 성숙도 수준이 낮을수록 과업 지향성을 높이고, 성숙도 수준이 높을수록 과업 지향성을 낮추는 방향으로 지도성을 발휘하는 것이 좋다. ①은 높은 과업과 낮은 관계 중심 행동, ②는 높은 과업과 높은 관계 중심 행동, ③은 낮은 과업과 높은 관계 중심 행동, ④는 낮은 과업과 낮은 관계 중심 행동이 효과적이다.

🔒 ④

🔡 리더십 대용 상황이론

리더십 대용 상황이론(모델)은 지도자의 리더십이 상황에 따라 대체되거나 억제될 수 있다는 이론이다. 상황에는 대용 상황과 억제 상황이 있다. 대용 상황은 지도자의 능력을 대신하거나 감소시키는 상황이고, 억제 상황은 지도자의 행동을 억제하거나 무력화시키는 상황을 의미한다. 지문에서 김 교장의 리더십이 무용지물이 되고 만 것은 중진 교사들이 승진 점수의 취득에만 몰두함으로써 교장의 지도성이 무력화되는 억제 상황이 발생했기 때문이다.

🔒 ⑤

06 가을초등학교에서 김 교장이 직면한 사태를 설명할 수 있는 리더십이론으로 가장 적절한 것은? 11 초등

> 김 교장은 9월에 여름초등학교에서 가을초등학교로 전보 발령을 받았다. 그는 여름초등학교에서 리더십이 뛰어나 학교를 크게 발전시켰다는 평을 들었었다. 그러나 중진 교사들이 대부분인 가을초등학교에서는 리더십을 발휘해도 별다른 성과를 거두지 못했다. 교사들이 "몇 년 후에 승진을 해야 하는데 교장이 내게 해 줄 수 있는 것이 아무것도 없다."라고 하면서, 김 교장의 지시를 따르지 않고 승진 점수를 취득하는 일에만 몰두했기 때문이다. 그의 리더십도 승진 앞에서는 무용지물이 되어 버린 것이다.

① 슈퍼 리더십이론　② 리더십 특성이론
③ 변혁적 리더십이론　④ 서번트 리더십이론
⑤ 리더십 대용 상황이론

07 〈보기〉의 대화에서 김 교사의 생각과 가장 일치하는 지도성 이론은? 05 초등

> 보기
>
> 이 교사 : 난 교장 선생님의 경영 방침이 마음에 들어.
> 김 교사 : 왜?
> 이 교사 : 우리 학교의 여건과 실정에 맞는 학교 경영을 하시잖아.
> 김 교사 : 글쎄…… 내 생각은 좀 다른데…… 학교장이라면 주어진 여건을 뛰어넘는 경영 능력을 보여주는 것이 필요하지 않을까?

① 상황적 지도성이론
② 변혁적 지도성이론
③ 행로-목표 지도성이론
④ 관리망 지도성이론

www.pmg.co.kr

변혁적 지도성

변혁적 지도성은 구성원의 성장욕구를 자극하여 동기화시킴으로써 구성원의 태도와 신념을 변화시키고 기대 이상의 성과를 달성하게 하는 지도성을 의미한다. 특히 변혁적 지도성은 지도성이 행사되는 과정에서 지도자의 특성과 행동 스타일에 맞도록 상황 자체와 조직을 변혁하고 개선해 나가는 것을 중시한다. 따라서 〈보기〉의 대화에서 김 교사의 생각은 변혁적 지도성이론과 일치한다.

🔓 ②

08 다음의 〈보기〉에서 열거하고 있는 교장의 행동과 가장 관계가 깊은 지도성은? 00 대구초보

┌ 보기 ┐
- 학교가 추구해야 할 비전을 설정하고, 이를 교직원들이 공유하게 한다.
- 교직원들을 존중하고 그들의 개인적인 감정과 욕구에 관심을 가진다.
- 교직원들에게 자신의 수행에 대하여 항시 반성하고 평가하도록 독려한다.

① 과업 지향적 지도성　② 위계 지향적 지도성
③ 변혁 지향적 지도성　④ 관계 지향적 지도성
⑤ 상황 지향적 지도성

변혁적 지도성

변혁적 지도성은 구성원의 성장욕구를 자극하여 동기화시킴으로써 구성원의 태도와 신념을 변화시키고 기대 이상의 성과를 달성하게 하는 지도성을 의미한다. 변혁적 지도성의 특징으로는 이상적 영향력, 영감적 동기화, 지적 자극, 개별적 배려가 있다.

🔓 ③

09 다음에 제시된 A교장의 지도성 행위를 가장 잘 설명해 주는 이론은? 05 중등

- 교사들에게 학교 경영의 비전을 제시하고 사명감을 고취시킨다.
- 교사 개인의 능력, 배경, 필요에 대해 민감하고 세심한 관심을 기울인다.
- 일상적 수업, 생활지도, 학급 경영의 의미를 새롭게 해석해 보도록 지적으로 자극한다.
- 근무 평정과 성과급 등 보상을 통한 교환 관계를 초월하여 인격적 감화를 통해 영향력을 행사한다.

① 지도자 특성 이론　② 지도성 행위 이론
③ 상황적 지도성 이론　④ 변혁적 지도성 이론

변혁적 지도성

변혁적 지도성은 구성원의 성장욕구를 자극하여 동기화시킴으로써 구성원의 태도와 신념을 변화시키고 기대 이상의 성과를 달성하게 하는 지도성을 의미한다. 변혁적 지도성의 특징으로는 이상적 영향력, 영감적 동기화, 지적 자극, 개별적 배려가 있다.

🔓 ④

10 교사들에게 보상을 대가로 일정한 노력을 요구하기보다는, 교사들의 의식을 변화시키고 지적 자극을 주어 학교조직의 변화를 도모하려는 리더십을 지닌 교장이 일반적으로 가지는 교사관이나 학교 경영 전략이 아닌 것은? 10 초등

① 교사들의 잠재력이나 업무 수행 능력 등을 발전시키는 일은 교장의 책임이라고 생각한다.
② 교사들이 수동적이고 학교 변화에 저항적인 것은 그들의 과거 교직 경험에서 기인한다고 생각한다.
③ 교장이 통제하지 않아도 교사들은 스스로 자기 책임을 수행하고 자기 통제를 행사할 수 있다고 믿는다.
④ 교장은 학교의 여건과 운영방식을 개선하여 교사들이 스스로 조직 목표를 위해 노력하도록 해야 한다고 생각한다.
⑤ 학교 경영은 학교의 변화를 주도하기 위하여 교사들의 행동을 관리하고, 그들에게 책무성을 요구하는 과정이라고 생각한다.

변혁적 지도성

변혁적 지도성은 구성원의 성장욕구를 자극하여 동기화시킴으로써 구성원의 태도와 신념을 변화시키고 기대 이상의 성과를 달성하게 하는 지도성을 의미한다. 변혁적 지도성의 특징으로는 이상적 영향력, 영감적 동기화, 지적 자극, 개별적 배려가 있다. ⑤ 교사들의 행동을 '관리'하는 것은 교환적 지도자의 특성에 해당한다.

⌂ ⑤

11 다음 상황을 읽고, 물음에 답하시오. (4문항) 09 초등

> 푸른초등학교는 저소득층이 밀집된 지역에 위치하고 있는 공립학교이다. 낮은 학업성취도, 경제적·문화적 결핍 등으로 인해 학생들의 분위기는 가라앉아 있었다. 교사들은 이것을 어쩔 수 없는 것으로 받아들였고, 학생 교육에 대한 열의도 부족하였다. 그런데 김 교장이 부임하면서 학교 분위기는 크게 변화하기 시작하였다. 우선 김 교장과 교사들은 계속적인 대화를 통해 서로 인식의 차이를 인정하고 학교를 발전시킬 비전을 공동으로 설정하였다. 학교문제 해결을 위해 여러 팀을 구성하여 교사들이 전체 상황과 연계시켜 체제적으로 사고할 수 있도록 하였으며, 이 과정에서 교사 상호 간에 존중하면서 배우는 문화가 정착되었다. 김 교장은 교사들을 개별적으로 배려하면서 참신하고 비판적인 사고를 할 수 있는 개인적 역량을 고취시켰다. 그 결과 교사들로부터 신뢰와 존경을 얻었으며, 전반적인 학생들의 학업 분위기가 개선되었다.
> 이러한 분위기에서 학생의 학업성취도 향상과 문화결손 치유 등을 위한 새로운 교육과정을 개발하였으나 이를 운영할 수 있는 물적·인적 지원이 턱없이 부족하였다. 문제해결을 위하여 노력한 결과 '㉠ 교육투자우선지역지원사업'의 학교로 지정되었다. 교사들은 준비된 프로그램을 운영하고 그 결과를 분석하고 평가하여 지속적으로 프로그램의 질을 높여 나갔다. 이러한 과정을 거쳐 푸른초등학교는 학생의 학업성취수준이 향상되었으며, 점차 변화와 발전에 대한 조직 역량을 갖추어 가고 있다.

11-1 푸른초등학교가 지향하는 학교조직으로 가장 적합한 것은?

① 야생조직(wild organization)
② 학습조직(learning organization)
③ 조직화된 무정부(organized anarchy)
④ 이완결합조직(loosely coupled system)
⑤ 전문적 관료조직(professional bureaucracy)

학습조직

학습조직은 교사들이 학교 내외의 지식과 정보를 공유하고, 협력적인 학습활동을 전개하며, 지속적으로 새로운 지식을 창출하여 학교의 환경변화에 적응해 나가는 조직이다. 학습조직의 원리에는 개인적 숙련, 정신모델, 비전공유, 팀 학습, 시스템 사고가 있다.

⌂ ②

11-2 김 교장이 학교개선을 위해 교육과정을 편성·운영하고자 할 때 국가교육과정 지침상 어긋나는 것은?

① 학생의 필요와 수준을 고려해 교과서의 내용을 재구성한다.
② 부진아의 학력 향상을 위해 방과후학교와 함께 방학 중 프로그램을 개설하여 운영한다.
③ 과학 실험수업의 충실을 기하기 위해 수업 시간을 연속운영(block time) 방식으로 편성·운영한다.
④ 학생들의 영어능력 함양을 위해 1, 2학년에 정규 교육과정으로 영어교과를 주당 2시간씩 편성·운영한다.
⑤ 학교에 대한 학생들의 자긍심과 소속감을 높이기 위해 학교행사의 일환으로 학생 스스로 계획하는 학교축제를 연다.

교육과정 편성·운영 지침

국가수준 교육과정에 근거할 때 영어교육은 초등학교 3학년부터 실시해야 한다.

⌂ ④

11-3 밑줄 친 ㉠에 가장 부합하는 교육평등관을 가지고 있는 정책이나 사업은?

① 의무교육제도
② 학교정보공시제
③ 고교평준화정책
④ 차터스쿨(Charter School) 제도
⑤ 헤드스타트(Head Start) 프로젝트

> ▦ **결과의 평등** (보상적 평등)
>
> 결과의 평등이란 교육받은 결과, 즉 도착점행동이 같아야 진정한 교육평등이 실현되므로 최종적으로 학교를 떠날 때 학력이 평등해야 하며, 이를 위해 우수한 학생보다 열등한 학생에게 더 많은 투자를 해야 한다는 것이다. 이와 관련된 정책이나 사업으로는 우리나라의 교육복지 투자우선지역학교사업과 농어촌지역 학생 특별전형제, 미국의 Head Start Project, 영국의 Sure Start Program, EAZ(Education Action Zone)와 EIC(Excellence in City), 캐나다의 Fair Start Program, 일본의 Angel Plan Program, 교육우선지구(영국, EPA, EAZ & Eic), 교육우선지역 정책(프랑스, ZEP) 등이 있다.
>
> 🔒 ⑤

11-4 김 교장의 지도성을 가장 잘 나타낸 것은?

① 기술적 지도성 　　② 변혁적 지도성
③ 정치적 지도성 　　④ 교화적 지도성
⑤ 과업지향 지도성

> ▦ **변혁적 지도성**
>
> 변혁적 지도성은 구성원의 성장욕구를 자극하여 동기화시킴으로써 구성원의 태도와 신념을 변화시키고 기대 이상의 성과를 달성하게 하는 지도성을 의미한다. 변혁적 지도성의 특징으로는 이상적 영향력, 영감적 동기화, 지적 자극, 개별적 배려가 있다.
>
> 🔒 ②

12 지도성 이론에 관한 설명으로 옳지 않은 것은? ^{12중등}

① 분산적 지도성(distributed leadership): 인간관계, 동기화 능력 등을 강조하고, 참여적 의사결정을 통해 구성원의 사기를 높인다.
② 변혁적 지도성(transformational leadership): 구성원의 개인적 성장에 관심을 보이며, 비전을 공유하고 지적 자극을 촉진한다.
③ 초우량 지도성(super leadership): 지도자의 특성이나 능력보다 구성원 스스로가 지도자로서의 능력을 계발하고 활용할 수 있도록 한다.
④ 카리스마적 지도성(charismatic leadership): 지도자의 비범한 능력과 개인적 매력 등을 통해 구성원의 헌신적 복종과 충성을 이끌어 낸다.
⑤ 문화적 지도성(cultural leadership): 가치와 의미 추구 욕구를 만족시킴으로써 구성원을 조직의 주인으로 만들고 조직의 제도적 통합을 가능하게 한다.

> ▦ **분산적 지도성**
>
> 분산적 지도성이란 지도자, 구성원, 상황 간의 상호작용에 의해 지도성이 분산되어 실행되는 것(리더십 실행; leadership practice)을 의미한다. 분산적 지도성은 다양한 전문적 지식을 지닌 구성원 간의 공유, 상호의존, 신뢰를 바탕으로 지도성이 공동 실행되며 이 과정에서 창출된 조직학습을 통해 확대된 지도자들이 학교개선과 책무성을 도모한다는 점을 강조한다.
> ①은 서지오바니가 제시한 인간적 지도성에 대한 설명이다. 인간적 지도성은 유용한 사회적·인간적 자원을 활용하는 인간관리자의 역할을 구비한 지도성을 말한다. 인간적 지도성에서는 인간관계, 사교능력, 동기화 능력, 지원, 참여적 의사결정 등을 통해 사람들의 사기를 높이고 조직의 성장을 도모한다.
>
> 🔒 ①

13 다음 특징을 가진 학교장의 지도성이론으로 가장 적절한 것은? 11 중등

> • 학교조직 내의 모든 교원을 각각 지도자로 성장시킨다.
> • 교원들이 자신을 스스로 이끌 수 있는 능력을 개발하도록 한다.
> • 교원들이 자율적으로 팀을 형성하고 협력적으로 직무를 수행할 수 있는 조직문화를 만든다.

① 교환적 지도성
② 과업지향 지도성
③ 관계지향 지도성
④ 초우량(super) 지도성
⑤ 카리스마적(charismatic) 지도성

⊞ 초우량 지도성(슈퍼 리더십)

초우량 지도성은 조직의 지도자가 구성원 각자를 지도자로 성장시켜 스스로를 지도할 수 있도록 만드는 지도성이다. 초우량 지도성은 조직 구성원 각자가 스스로를 통제하고 자신의 삶에서 진정한 주인이 될 수 있도록 자율적 리더십(셀프 리더십)을 개발하는 데 중점을 두는 리더십 개념이다.

🔒 ④

---

04 동기론

01 매슬로우(Maslow)의 이론에서 성장욕구에 해당되지 않는 것은? 03 초등

① 인지 욕구
② 자존 욕구
③ 심미 욕구
④ 자아실현 욕구

⊞ 매슬로우의 욕구위계이론

매슬로우는 인간의 욕구를 생리적 욕구, 안전의 욕구, 사회적 욕구, 존경의 욕구, 자아실현의 욕구 등 5단계로 위계화하여 제시하였다. 그중 결핍욕구는 무엇인가 부족한 것을 충족하려는 욕구로, 충족되면 더 이상 욕구(동기)로 작용하지 않으며, 1~4단계의 욕구가 이에 해당한다. 반면, 성장욕구는 자신의 잠재력을 최대한 실현하려는 욕구로, 완전히 충족될 수 없으므로 계속 욕구(동기)로 작용한다. 5단계의 욕구(지적 욕구, 심미적 욕구, 자아실현 욕구)가 이에 해당한다.

🔒 ②

02 허즈버그(Herzberg)의 '동기 – 위생이론'과 관련 있는 설명은? 00 초등

① 인간은 자연적으로 미성숙 상태에서 성숙 상태로 발달한다.
② 인간은 낮은 수준의 욕구와 높은 수준의 욕구를 가지고 있다.
③ 인간은 성악설의 X이론형이 있고, 성선설의 Y이론형이 있다.
④ 인간의 만족과 불만족은 조직 생활에서 서로 다른 차원으로 나타난다.

⊞ 허즈버그의 동기 – 위생이론

허즈버그(Herzberg)는 Maslow의 욕구위계이론에 기초하여 인간의 욕구를 동기요인과 위생요인의 이원적 구조로 설명한다. 그에 따르면, 직무만족에 기여하는 동기요인과 직무불만족에 기여하는 위생요인은 서로 별개의 차원으로 존재한다. 불만족의 반대는 불만족이 없는 것이며, 만족의 반대는 만족이 없는 것이다.

🔒 ④

03 〈보기〉의 연구 결과를 통해 볼 때, 만족요인과 불만족요인에 관련이 깊은 것을 가장 바르게 짝지은 것은? 06 초등

> ─┤ 보기 ├─
>
> 직무만족과 불만족은 연속상의 양극단에 위치하는 일차원적인 개념이 아니라, 별개로 존재하는 상호 독립적인 개념이다. 그래서 조직생활에서 만족요인이 많으면 만족감이 커지지만, 그것이 없다고 해서 불만족감이 높아지는 것은 아니다. 또한, 불만족요인이 많으면 불만족감이 높아지지만, 그것이 없다고 해서 만족감이 높아지는 것은 아니다.

	만족요인	불만족요인
①	동기요인	위생요인
②	회피요인	접근요인
③	위생요인	동기요인
④	동기요인	접근요인

∷∷ 허즈버그의 동기 – 위생이론

허즈버그(Herzberg)는 Maslow의 욕구위계이론에 기초하여 인간의 욕구를 동기요인과 위생요인의 이원적 구조로 설명한다. 그에 따르면, 직무만족에 기여하는 동기요인과 직무불만족에 기여하는 위생요인은 서로 별개의 차원으로 존재한다. 불만족의 반대는 불만족이 없는 것이며, 만족의 반대는 만족이 없는 것이다.

🔓 ①

04 교육행정이론의 하나인 동기 – 위생이론에서 동기요인에 해당하는 것은? 01 중등

① 감독 기술   ② 작업 내용
③ 작업 조건   ④ 상사와 동료와의 관계

∷∷ 허즈버그의 동기 – 위생이론(동기요인)

동기요인은 직무만족에 기여하는 요인이며 '직무 그 자체'와 관련된 것으로, 성취감, 인정, 책임감, 발전감(성장가능성), 일 그 자체 등이 이에 해당한다. 반면, 위생요인은 직무불만족에 기여하는 요인이며 '직무 환경'과 관련된 것으로, 보수, 근무조건, 직업안정성, 지위, 감독, 대인관계, 정책과 행정, 개인생활 등이 이에 해당한다. 따라서 ②는 동기요인, ①, ③, ④는 위생요인이다.

🔓 ②

05 동기 – 위생이론에 따르면, 교사들의 불만족요인에 해당하는 위생요인은? 00 강원초보

① 가르치는 일 자체
② 학부모로부터의 인정
③ 학생들의 바람직한 변화
④ 가르치는 일의 보람
⑤ 교직의 안정

∷∷ 허즈버그의 동기 – 위생이론(위생요인)

위생요인은 직무불만족에 기여하는 요인이며 '직무 환경'과 관련된 것으로, 보수, 근무조건, 직업안정성, 지위, 감독, 대인관계, 정책과 행정, 개인생활 등이 이에 해당한다. 따라서 ⑤는 위생요인, ①, ②, ③, ④는 동기요인이다.

🔓 ⑤

06 허즈버그(F. Herzberg)의 동기 - 위생이론(motivation-hygiene theory)에 근거할 때, 다음의 상황에서 김 교사의 직무동기를 유발시키는 방법으로 가장 효과적인 것은?

09 초등

> 김 교사는 출근하는 데 2시간가량 걸리는 초등학교로 1년 전에 전근 발령을 받아 정보부장의 직무까지 수행하면서 피로감을 많이 느끼고 있다. 정보부장이라는 직위를 가지고 있지만 정보실 관리와 정보관련 업무에 대한 권한과 책임이 학교장에게 있어서 학교장의 지시에 따라 정보관련 업무를 수행하고 있다. 정보실에 비치된 컴퓨터 등이 노후화되고 고장이 빈번하여 컴퓨터 관련 수업이 이루어지지 못하는 경우가 자주 발생하지만, 학교에서는 정보관련 교육에 대해 관심도 적고 재정지원도 미흡하다. 그런데도 다른 교사들은 정보부장 탓만 한다. 또한 학교 방침에 대한 의견 차이로 동료 교사와 종종 갈등을 겪기도 한다. 이러한 상황에서도 김 교사는 항상 학생들의 정보 역량 육성 방안에 대해 고민을 하면서 직무를 수행하고 있다.

① 정보실의 컴퓨터를 최신 기종으로 교체하고 수업 환경을 개선해 준다.
② 김 교사를 집 근처의 학교로 특별 전근을 시켜 주고 그 학교에서 정보부장을 맡게 해 준다.
③ 인간관계 개선 프로그램을 통해 김 교사와 동료 교사들 간의 대인관계를 원활하게 해 준다.
④ 정보부에 대한 재정 지원을 확대해 주고 김 교사에게 업무 실적에 따른 성과급을 지급해 준다.
⑤ 김 교사가 정보관련 업무 전체에 대한 권한과 책임을 위임받아 자율적으로 일을 수행하게 해 준다.

🔡 **허즈버그의 동기 - 위생이론**(동기유발방법)

김 교사는 출근시간, 컴퓨터 성능, 정보관련 재정지원, 다른 교사들과의 관계 등 여러 위생요인이 미흡함에도 불구하고 항상 학생들의 정보 역량 육성 방안에 대해 고민을 하면서 직무를 수행하고 있으므로, 위생요인보다는 동기요인을 높여 주는 것이 김 교사의 직무동기를 유발시키는 데 효과적이다. 문항 중 동기요인을 높여 주는 것은 ⑤이며, ①, ②, ③, ④는 위생요인과 관련된다.

🔒 ⑤

07 다음에서 권 교사에게 해당하는 직무설계 방법으로 가장 올바른 것은? 07 초등

> 초등학교 정보부장인 권 교사는 할당된 업무를 충실하게 수행한다고 인정받고 있었다. 최근 학교장은 그동안 자신이 수행하던 정보 관련 대외 업무를 권 교사에게 일임하고 정기적으로 보고 받는 방식으로 직무를 재설계 하였다. 권 교사는 자신에게 위임된 업무에 대해 책임감을 갖고 자율적으로 수행하게 되었으며, 이로 인해 직무만족도가 높아지고 교직 전문성도 향상되었다.

① 직무 순환(job rotation)
② 직무 풍요화(job enrichment)
③ 직무 공학화(job engineering)
④ 직무 단순화(job simplification)

🔡 **허즈버그의 동기 - 위생이론**(직무재설계)

직무재설계란 일 그 자체와 관련된 교사의 동기화 전략으로서, 직무 자체 또는 그 수행방식을 변화시키는 것을 말한다. 이에는 직무 풍요화, 자율성 증대, 경력단계 프로그램(인사행정 확대)이 있다. 직무 풍요화란 직무내용을 재편성하는 것으로, 보다 높은 수준의 지식과 기술을 필요로 하는 다양한 작업내용을 직무에 포함시키고, 작업자에게 자신의 성과를 계획·지휘·통제할 수 있는 자율성과 책임감을 많이 부여하며, 개인적 성장의 기회를 제공하도록 직무의 내용을 재편성하는 것을 말한다. 따라서 지문에서 학교장이 정보 관련 대외 업무를 권 교사에게 일임하고, 위임된 업무에 대해 자율성과 책임감을 부여하고 있으므로 ② 직무 풍요화와 관련된다.

🔒 ②

08 다음은 어떤 이론을 학교에 적용한 내용이다. 이 내용에 가장 부합하는 (가) 이론과 (나) 제도를 바르게 짝지은 것은? 12 중등

> • 교사가 더 큰 내적 만족을 얻을 수 있도록 직무를 재설계하는 방법을 모색한다.
> • 교사의 동기는 보수 수준이나 근무 조건의 개선보다 가르치는 일 그 자체의 성취감 등을 통해 더욱 강화된다.
> • 교사에게 직무 수행상의 책임을 증가시키고, 자신의 능력을 발휘할 수 있도록 기회와 재량권을 부여하여 심리적 보상을 얻게 한다.

	(가)	(나)
①	공정성이론	학습연구년제
②	공정성이론	수석교사제
③	목표설정이론	교원성과급제
④	동기-위생이론	수석교사제
⑤	동기-위생이론	교원성과급제

⊞ 허즈버그의 동기 - 위생이론(직무재설계)

직무재설계란 일 그 자체와 관련된 교사의 동기화 전략으로서, 직무 자체 또는 그 수행방식을 변화시키는 것을 말한다. 이에는 직무 풍요화, 자율성 증대, 경력단계 프로그램(인사행정 확대)이 있다. 교직의 경력단계 프로그램의 대표적 예는 수석교사제이다.

🔒 ④

09 다음 〈보기〉의 주장을 효율적으로 실현할 수 있는 제도적 장치는? 00 초등

> ┌ 보기 ┐
> 풍부한 교직 경험을 갖춘 교사가 자긍심을 갖고, 전문적인 지식과 기술 및 교육 실제에 대한 연구 결과를 바탕으로 하여 학교 내 신임교사나 예비 실습교사를 지도할 필요가 있다.

① 교원연수의 학점화 ② 교육관리직의 확대
③ 수석교사제의 도입 ④ 윤리강령의 개정

⊞ 수석교사제

수석교사제는 교사 본연의 가르치는 업무가 존중되고, 그 전문성에 상응하는 역할을 부여하여 수업 전문성을 가진 교사가 우대 받는 교직풍토를 조성하기 위한 제도이다. 수석교사는 학생을 직접 가르치는 일 이외에 수업을 연구하고 동료교사들의 교수 및 연구 활동을 지원하며, 신임교사를 지도하는 멘토 등의 역할을 수행한다. 또, 학교·교육청 단위에서 수업 컨설팅(코칭)을 하거나 교육과정·교수학습·평가방법을 개발하고 보급한다.

🔒 ③

10 현행 초·중등교육법 및 동법 시행령에 근거할 때, 다음 대화에서 수석교사제도에 대한 설명으로 옳은 것만을 있는 대로 고른 것은? 13 중등

> 김 교사 : 이번에 최 선생님이 수석교사가 되셨더군요.
> 이 교사 : ㉠ 수석교사가 되려면 최소 20년 이상의 교육경력이 있어야 하는데 최 선생님이 그렇게 되셨군요. 이제 최 선생님은 ㉡ 동료 선생님들의 교수·연구 활동을 지원하시겠네요. 그런데 학급 담당은 어떻게 되시나요? 수석교사는 학급을 담당하지 않죠?
> 김 교사 : ㉢ 원칙적으로 학급을 담당하지는 않지만, 학교 여건에 따라서 학급을 담당하게 될 수도 있죠.

① ㉡   ② ㉢
③ ㉠, ㉡   ④ ㉡, ㉢
⑤ ㉠, ㉡, ㉢

⊞ 수석교사제

㉠ 수석교사는 15년 이상의 교육경력을 가지고 교수·연구에 우수한 자질과 능력을 가진 사람 중에서 대통령령이 정하는 바에 따라 교육부장관이 정하는 연수 이수 결과를 바탕으로 검정·수여하는 자격증을 받은 사람이어야 한다. ㉡ 수석교사는 학생을 직접 가르치는 일(학생교육 담당 : 주당 수업시수 50% 경감) 이외에 수업을 연구하고 동료교사들의 교수 및 연구 활동을 지원하며, 신임교사를 지도하는 멘토 등의 역할을 수행한다. 따라서 ㉢ 원칙적으로 학급을 담당하지는 않지만, 학교 여건에 따라서 학급을 담당하게 될 수도 있다.

🔒 ④

11 매슬로우(Maslow)와 알더퍼(Alderfer)의 욕구이론을 비교한 〈표〉에서 A, B, C에 해당되는 욕구를 바르게 짝지은 것은? 91 중등전공

욕구계층이론	ERG이론
자아실현 존경－자기자신	A
존경－대인관계 B 안전－대인관계	관계성
안전－물리적 생리적	C

	A	B	C
①	인정	애정	인정
②	성장	소속	존재
③	성숙	성취	성장
④	성취	참여	성숙

🔲 **동기이론**(매슬로우, 앨더퍼)

A는 성장, B는 소속, C는 존재에 해당한다.

🔓 ②

12 다음 그림은 동기이론들 간의 관계를 나타내고 있다. 표 안의 (가)~(라) 중에서 적절하지 않은 것은? 01 초등

	허즈버그 (Herzberg)의 요인이론	매슬로우 (Maslow)의 욕구이론	앨더퍼 (Alderfer)의 ERG 이론
고차적 욕구 ↑ ↓ 기본적 욕구	(가) 동기요인	자아실현욕구	(라) 만족욕구
		(나) 존중욕구	
	위생요인	소속욕구	관계욕구
		(다) 안전욕구	
		생리적 욕구	생존욕구

① (가)   ② (나)
③ (다)   ④ (라)

🔲 **동기이론**(허즈버그, 매슬로우, 앨더퍼)

(라)는 만족욕구가 아니라 성장욕구이다.

🔓 ④

13 다음 내용에 가장 부합하는 동기이론은? 12 초등

- 최 교장은 교사들이 노력만 하면 성과를 얻을 수 있다는 믿음을 주기 위해서 교사를 위한 훈련프로그램, 안내, 지원, 후원, 참여 등을 강화하였다.
- 최 교장은 교사들의 성과와 보상의 연결 정도를 분명히 하였다.
- 최 교장은 교사들이 생각하는 보상에 대한 유인가를 증진시키기 위해 교사들이 더 매력적으로 생각하는 보상내용을 파악하고 그들이 바라는 보상을 적절히 제공하였다.

① 브룸(V. Vroom)의 기대이론
② 허즈버그(F. Herzberg)의 동기-위생이론
③ 아지리스(C. Argyris)의 미성숙-성숙이론
④ 알더퍼(C. Alderfer)의 생존-관계-성장이론
⑤ 로크(E. Locke)와 라탐(G. Latham)의 목표설정이론

🔲 **브룸의 기대이론**

브룸의 기대이론에 따르면, 인간의 동기는 노력을 하면 성과를 얻을 것이라는 성과기대와 성과로 인해 얻게 될 보상에 대한 보상기대 간의 함수관계이며, 이 양자는 개인이 느끼고 있는 유인가에 의하여 조정된다. 가장 강력한 동기를 유발할 수 있는 3가지 요인의 조합은 높은 긍정적 유인가, 높은 보상기대, 높은 성과기대이다.

🔓 ①

14 동기부여에 관한 아담스(J. S. Adams)의 '공정성이론'에서 가장 중시하는 인간의 욕구는? 08 중등

① 정서적 유대를 위한 소속의 욕구
② 타인과의 비교를 통한 형평의 욕구
③ 기본적 생존을 위한 생물학적 욕구
④ 조직의 목표 설정에 대한 참여의 욕구

▣ 아담스의 공정성이론

아담스는 사람들은 자신의 투입과 성과의 비율을 타인의 그것과 비교하여 동일하면 직무에 만족을 느끼지만, 불공정하다고 느끼면 공정성을 회복하는 방향으로 어떤 행동을 동기화한다고 본다. 따라서 아담스의 '공정성이론'에서 가장 중시하는 인간의 욕구는 '타인과의 비교를 통한 형평의 욕구'이다.

🔓 ②

---

05 ▷ **정책론**

01 〈보기〉에서 '인력수요 접근법(manpower approach)'에 의한 교육계획의 수립 절차를 순서대로 바르게 나열한 것은? 08 중등

┌─ 보기 ─┐

ㄱ. 교육자격별 노동력의 부족분 계산
ㄴ. 인력수요 자료의 교육수요 자료로의 전환
ㄷ. 학교수준 및 학교종류(학과)별 적정 양성규모 추정
ㄹ. 기준 연도와 추정 연도의 산업부문별, 직종별 인력 변화 추정

① ㄱ → ㄷ → ㄴ → ㄹ
② ㄱ → ㄹ → ㄷ → ㄴ
③ ㄹ → ㄴ → ㄱ → ㄷ
④ ㄹ → ㄷ → ㄴ → ㄱ

▣ 교육기획의 접근방법(인력수요 접근법)

인력수요 접근법은 경제성장에 필요한 인력의 수요를 예측하여 교육(인력)의 공급을 조절하는 방법이다. 기획수립 절차는 '기준 연도와 추정연도의 산업부문별, 직종별 인력 변화 추정 → 인력수요 자료의 교육수요 자료로의 전환 → 교육자격별 노동력의 부족분 계산 → 학교수준 및 학교종류(학과)별 적정 양성규모 추정'으로 진행된다.

🔓 ③

---

02 다음에 해당하는 의사결정의 관점으로 가장 적절한 것은?
04 중등

┌─────────────────────────┐
│ • 의사결정을 이성적 판단보다는 관련 당사자 간의 논의를 통한 합의의 결과로 본다. │
│ • 관료제적 조직보다는 의사결정 관련자의 능력과 자율이 인정되는 전문직 조직에 더 적합하다. │
└─────────────────────────┘

① 우연적 관점   ② 정치적 관점
③ 참여적 관점   ④ 합리적 관점

의사결정의 관점(참여적 관점)

의사결정이란 어떤 문제해결과 관련하여 여러 가지 대안 중 한 가지 대안을 선택하는 과정이다. 선택이라는 문제를 어떻게 볼 것이냐 하는 시각이 의사결정을 보는 4가지 이론적 관점을 형성한다. 목표를 달성하기 위한 합리적인 최선의 사고방식(합리적 관점), 공동의 목표를 달성하기 위한 관련 당사자들 간의 합의의 결과(참여적 관점), 이해집단 간의 타협 혹은 이해집단의 이익을 극대화하는 방식으로의 협상 결과(정치적 관점), 목표가 명확하지 않은 상황에서 선택의 시기, 관련 당사자, 제기된 문제, 해결방안 등이 복잡하게 뒤엉킨 결과로 나타난 하나의 우연적인 현상(우연적 관점)이라는 생각들이 그것이다.
③ 참여적 관점은 의사결정을 관련 당사자 간의 논의를 통한 합의의 결과라고 본다. 이 관점은 관련자의 능력과 자율이 보장되는 전문적 조직에 적합한 의사결정방식이다.

 ③

의사결정의 관점(정치적 관점)

의사결정에 대한 정치적 관점은 어떠한 조직도 조직 자체의 결정만으로 움직여 가는 것이 아니라, 다른 여러 요인과 세력들에 의해 그 의사가 결정되고 이에 의해 움직이고 있다는 현실적인 이유에서 제기되었다. 그래서 이 관점은 조직에 대하여 영향력을 행사하려는 수많은 이익집단들의 존재를 전제하고, ② 의사결정이란 이러한 이해집단들 간의 타협의 결과라고 본다. 정치적 관점에서의 정책 결정은 ① 정책 자체가 정치적 속성을 지니고 있다는 점에서 비정치적 속성보다 정치적 속성이 강하게 나타나며, ③ 교육정책의 결정에 대해 여론·언론·전문가 집단·이익단체·정당·국회 등이 너무 민감하게 반응하면 합리적 결정을 저해한다. 즉, 정책 '형성' 과정에서는 여러 이해 관련 집단의 문제 신청이 정책을 더 좋은 방향으로 개선하는 계기가 될 수 있는 측면도 없지 않지만, 정책 '결정'의 과정에서는 다양한 대안 중 합리적이고 타당한 대안을 선택하는 데 있어서 이해집단들의 '민감한' 반응은 정책결정과 대안선택의 합리성을 촉진하는 요인은 될 수 없다. ④ 복잡한 사안에 있어 정책결정자들은 합리모형보다 점증모형에 의해 정치적 비난을 피해 점진적으로 개선해 나가는 정책결정방식을 선호하는 경향이 있다.

 ②

---

03 다음과 같은 과정을 거쳐 교원 양성 체제가 개편된다고 가정할 때, 이러한 정책 결정과 관련된 설명으로 가장 적절한 것은? 05 중등

- 사범대 가산점 위헌 결정 후속 조치 계획 수립
- 교원 양성 체제 개편 추진단 구성 운영
- 정책 연구 위탁
- 관련 기관 대표 및 외부 기관 의견 수렴
- 교원 양성 체제 개편 방안(시안)의 발표
- 공청회를 통한 여론 수렴
- 최종안 확정

① 정치적 속성보다 비정치적 속성이 강하게 나타난다.
② 문제해결 혹은 타협점을 찾는 과정에서 정책이 형성되는 경향이 있다.
③ 전문가 집단과 다양한 이해 집단의 민감한 반응은 정책 결정의 합리성 촉진 요인이 된다.
④ 사회적으로 민감하고 이해관계가 복잡한 사안은 점증모형보다 합리모형에 의해 정책이 결정될 가능성이 높다.

04 수학여행의 장소결정에 앞서 교장은 수학여행과 관련된 모든 정보에 기초하여 가능한 모든 대안들을 마련하고, 우선순위에 따라 이상적인 장소로 경주를 결정했다면, 이때 교장이 택한 의사결정모형은 무엇인가? 99 초등추시

① 점증모형　　② 만족모형
③ 전략모형　　④ 합리모형

의사결정모형(합리모형)

합리모형이란 의사결정을 위해 필요한 모든 지식과 정보를 수집하고, 이를 객관적으로 분석·종합하여 최적의 대안을 선택하는 모형이다. 합리모형은 인간의 전지전능함, 합리적 경제인을 전제하고 목표의 극대화를 지향하는 이상적·낙관적 모형이다.
① 점증모형은 현행 대안과 크게 다르지 않은 대안만을 검토하여 현실보다 다소 향상된 대안에 만족하여 의사결정을 하는 것이다.
② 만족모형은 최적의 대안보다는 만족스러운 대안, 즉 어떤 상태의 필요성을 만족시키는 정도의 수준에서 의사결정을 하려는 모형이다.
③ 전략모형은 다양한 이익집단과의 갈등, 협의, 한정된 자원, 공식적 및 비공식적 권한이 존재하는 환경에서 의사결정이 이루어진다고 주장한다.

④

05 대입제도 개선에 있어 다음과 같은 접근을 취하였다. 이러한 정책 결정의 이론적 모형은? ⁹⁹ 서울초보

> • 전문가로 하여금 장기적이고 체계적인 정책 연구를 수행하게 한다.
> • 대입제도와 관련된 모든 가능한 대안을 비교·분석·검토한다.
> • 대입제도의 지엽적 문제보다 중요하고 근본적인 문제로부터 접근해 나간다.
> • 대입제도 본연의 기능을 지향하여 이상적인 대안을 선택한다.

① 점증모형
② 혼합모형
③ 만족화 모형
④ 합리성 모형
⑤ 쓰레기통 모형

> **🔖 의사결정모형**(합리모형)
>
> 합리모형이란 의사결정을 위해 필요한 모든 지식과 정보를 수집하고, 이를 객관적으로 분석·종합하여 최적의 대안을 선택하는 모형이다. 합리모형은 인간의 전지전능함, 합리적 경제인을 전제로 하고 목표의 극대화를 지향하는 이상적·낙관적 모형이다.
>
> 🔒 ④

06 교육정책 결정모형에 대한 설명으로 바른 것은? ⁰⁶ 초등

① 만족모형은 합리성의 한계를 전제하는 현실적 모형이다.
② 점증모형은 급속한 변혁이 요구되는 사회에 적합한 정책모형이다.
③ 합리성 모형은 직관적 판단과 초합리성을 중시하는 이상적 모형이다.
④ 혼합모형은 합리성 모형과 만족모형을 결합하여 발전시킨 모형이다.

> **🔖 의사결정모형**(만족모형)
>
> ① 만족모형은 합리모형의 현실적 한계를 극복하기 위해 제안된 모형으로, 완전한 합리성이 아닌 제한된 합리성에 기초한다. 만족모형에서는 객관적 자료를 바탕으로 여러 대안을 모색하지만, 의사결정자의 주관적 입장에서 만족스러운 대안을 선택한다.
> ② 점증모형은 기존 정책보다 약간 개선된 대안을 선택하므로, 점진적·보수적 성격을 띠어 개혁적이거나 혁신적인 의사결정에는 부적합하다.
> ③ 합리모형은 인간의 합리성을 전제로 최적의 대안을 선택하는 모형이다. 직관적 판단과 초합리성을 중시하는 이상적 모형은 최적모형이다.
> ④ 혼합모형은 기본방향의 설정은 합리모형을 적용하고, 방향 설정 후 세부적인 문제해결은 점증모형을 적용하는 방식으로, 합리모형과 점증모형의 장점을 결합한 모형이다.
>
> 🔒 ①

07 〈보기〉의 특징을 가지고 있는 교육정책 결정의 모형은? ⁰² 초등

> ┌ 보기 ┐
> • 현재 처해 있는 상황이나 현실을 인정한다.
> • 현재보다는 다소 향상된 대안을 모색한다.
> • 제한된 합리성, 매몰 비용(sunk cost), 정책 실현 가능성을 고려한다.

① 합리적 모형
② 점증주의 모형
③ 만족모형
④ 최적모형

> **🔖 의사결정모형**(점증모형)
>
> 점증모형은 기존의 틀 속에서, 기존 정책보다 약간 개선된 대안을 선택하는 모형이다. 이 모형은 정치적 합리성을 추구하며, 문제가 불확실하고 구성원 간의 갈등이 커 대안의 개발이 어렵고 결과 예측이 어려운 경우에 활용된다.
>
> 🔒 ②

08 〈보기〉의 내용을 특징으로 하는 의사결정모형은? 07 초등

┌ 보기 ┐
- 대안의 탐색은 현존 상황에 관련된 것으로 제한한다.
- 대안의 예상 결과에 대한 분석은 현존 상황과의 차이에 초점을 둔다.
- 목적 설정과 대안 개발이 동시에 이루어지므로 목적수단 분석은 적절하지 않은 것으로 간주한다.
- 현존 상황과 관련된 소수의 대안과 그 예상 결과들에 대한 계속적인 비교를 통하여 행동 방안을 결정한다.

① 최적(optimal)모형
② 점증(incremental)모형
③ 합리성(rational) 모형
④ 만족화(satisfying) 모형

🔲 **의사결정모형**(점증모형)

점증모형은 기존의 틀 속에서, 기존 정책보다 약간 개선된 대안을 선택하는 모형이다. 점증모형은 새로운 정책의 토대가 될 과거의 정책을 발견할 수 없을 경우에는 적용이 어려우며, 결정에 있어서 장기적인 것은 등한시되고 단기적인 것에만 관심을 갖게 된다는 한계점을 지니고 있다.

🔓 ②

09 다음 중 '조직화된 무질서(organized anarchies)'를 전제로 하는 의사결정모형은? 00 대구 · 경북초보

① 혼합모형   ② 점증모형
③ 최적화 모형   ④ 만족화 모형
⑤ 쓰레기통 모형

🔲 **의사결정모형**(쓰레기통 모형)

조직화된 무질서 조직은 불분명한 목표, 불확실한 기술, 유동적 참여 등을 특징으로 하며, 이러한 무정부상태에서의 의사결정은 문제와 해결책, 참여자, 선택기회가 뒤죽박죽 섞여 있다가 서로 우연히 만나게 될 때 의사결정이 일어나기 때문에 쓰레기통에 비유하기도 한다. 쓰레기통 모형은 의사결정의 각 단계에 모호성이 개입되며, 조직 내 원인과 결과관계가 불분명하고, 참여자들의 빈번한 변동이 있으며, 특정 문제의 결정에 대한 시간이 제한된다.

🔓 ⑤

10 교육정책 결정모형에 대한 설명으로 옳은 것만을 〈보기〉에서 있는 대로 고른 것은? 13 중등

┌ 보기 ┐
ㄱ. 쓰레기통 모형(garbage-can model)은 조직화된 무질서(organized anarchies) 상태에서 정책 결정이 우발성에 기초하여 이루어지고 있음을 강조한 모형이다.
ㄴ. 점증모형(incremental model)은 합리모형의 비현실성을 극복하기 위해 제안된 것으로, 기존의 정책 틀을 기반으로 하여 현재보다 다소 개선된 수준의 대안을 선택해 나가는 모형이다.
ㄷ. 최적모형(optimal model)은 정책 결정이 합리성에만 근거해서 이루어지는 것은 아니며, 때때로 직관 등 초합리성이 개입되어 이루어짐을 주장한 모형이다.
ㄹ. 혼합모형(mixed-scanning model)은 정책 결정을 기본적인 결정과 세부적인 결정으로 나누고 전자는 합리모형을, 후자는 만족모형을 활용하는 모형이다.

① ㄱ, ㄷ   ② ㄱ, ㄴ, ㄷ
③ ㄱ, ㄴ, ㄹ   ④ ㄴ, ㄷ, ㄹ
⑤ ㄱ, ㄴ, ㄷ, ㄹ

🔲 **의사결정모형**(쓰레기통 · 점증 · 최적 · 혼합모형)

ㄱ, ㄴ, ㄷ의 설명은 타당하다. ㄹ의 혼합모형은 정책 결정을 기본적인 결정과 세부적인 결정으로 나누고 전자는 합리모형을, 후자는 점증모형을 활용하는 모형이다.

🔓 ②

11 교사들의 의사결정 참여에 대한 설명 중 가장 적절한 것은 어느 것인가? ^{99 중등추시}

① 교사들의 개인적인 이해와 관련이 높을 경우 참여에 대한 관심은 낮아진다.

② 교사들이 결정할 사항에 대해 재량권을 갖지 못할 경우 좌절을 겪게 된다.

③ 전문적 지식과 능력을 가진 교사의 참여는 의사결정에 비효과적이다.

④ 교장의 요구를 부득이 받아들여야만 하는 경우 교사들의 참여는 의사결정에 효과적이다.

□□ 참여적 의사결정모형

① 교사는 개인적 이해관계(적절성)가 높으면 의사결정 참여에 관심이 높아지게 되고, ③ 교사의 의사결정에 기여할 수 있는 전문적 지식(전문성), 즉 대안창출을 위해 교사가 소유하고 있는 지식과 정보가 어느 정도인지가 의사결정의 질을 좌우한다. 따라서 전문적 지식과 능력을 가진 교사의 참여는 의사결정에 효과적이다. ④ 교장의 요구를 부득이 받아들여야 하는 상황에서 교사들의 참여는 의사결정에 비효과적이다.

🔒 ②

---

12 다음 그림은 호이와 타터가 제시한 참여적 의사결정의 규범 모형이다. 이 모형에서 교장은 특정 사안에 대한 교사의 관련성과 전문성을 확인하여 해당 교사가 속한 수용영역(zone of acceptance)을 판단하며, 이에 따라 의사결정에 대한 교사의 참여 정도를 다양하게 결정한다. ㉠, ㉡, ㉢의 경우에 해당하는 학교장의 역할이 바르게 나열된 것은? ^{09 중등}

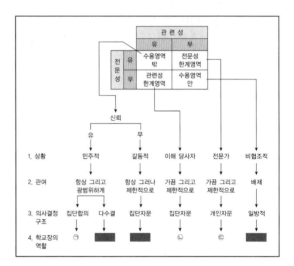

	㉠	㉡	㉢
①	통합자	교육자	간청자
②	간청자	지시자	교육자
③	교육자	통합자	간청자
④	통합자	지시자	교육자
⑤	간청자	통합자	지시자

⊞ 호이와 타터(Hoy & Tarter)의 참여적 의사결정 규범모형

호이와 타터는 Bridges의 참여적 의사결정모형을 발전시켜 관련성과 전문성, 구성원의 신뢰에 따라 참여적 의사결정의 유형을 제시하였다. 그림에서 학교장의 역할을 왼쪽부터 순서대로 나열하면, '통합자, 의회인, 교육자, 교육자, 간청자, 지시자'이다. ㉠ 통합자는 의사결정에서 의견일치를 보기 위해 하급자들을 불러 모은다. 여기서 행정가는 다양한 의견과 관점을 조화시키는 것이 주된 과업이다. 의회의원은 소수의 의견을 보호함으로써 개방적 의사소통을 촉진하고, 민주적 과정을 통해 집단적 결정을 이끌어 내도록 참가자들을 지도한다. ㉡ 교육자는 결정의 쟁점들이 가지고 있는 기회와 제약점들을 집단구성원들에게 설명하고 토론함으로써 변화에 대한 저항을 줄인다. ㉢ 간청자(권유자)는 전문가인 하급자들로부터 조언을 구한다. 행정가가 관련 정보의 산출을 가이드할 때 결정의 질은 향상된다. 지시자는 하급자들이 전문지식이나 개인적인 이해가 없는 경우 일방적 결정을 한다. 이때 그 주된 목적은 효율성이다.

🔒 ①

13 학교조직에서의 비공식적 의사소통에 대한 바른 설명은?

00 강원초보

① 통제하기가 용이하다.
② 의사소통의 책임소재가 분명하다.
③ 교장에게 유익한 정보를 제공할 수 있다.
④ 의사소통의 절차나 방법이 규격화되어 있다.
⑤ 공식적 의사소통이 제약되면 비공식적 의사소통의 양이 줄어든다.

⊞ 의사소통(비공식적 의사소통)

비공식적 의사소통이란 조직 구성원 간의 친분이나 인간관계 등을 통해 비공식적으로 이루어지는 의사소통을 말한다. 비공식적 의사소통은 비교적 솔직하게 전달되어 지도자에게 유익한 정보를 전달하는 수단이 되며, 의사전달이 신속하고, 배후 사정을 소상히 전달할 수 있다는 장점이 있다. 그러나 소문이나 풍문의 형식으로 나타나므로 책임소재가 불분명하고 통제도 어려우며, 왜곡된 정보가 유통될 수 있고, 공식적 의사소통 기능을 마비시킬 수 있다는 단점이 있다.

🔒 ③

14 다음은 교장과의 의사소통에 곤란을 겪고 있는 교사들의 대화 내용이다. 각각의 경우에 교사들이 교장에게 기대하는 교육조직에서의 의사소통 원리를 옳게 짝지은 것은? 10 초등

> 박 교사 : 교장 선생님은 부장 선생님에게만 말씀하시면 그것으로 다 됐다고 생각하시나 봐요. 어제는 나를 보자마자 지난번에 말한 일은 어떻게 됐냐고 하시지 뭐에요. 글쎄 알아보니 부장 선생님께만 말씀하셨던 모양이에요. 그렇게 중요한 일이면 저에게도 알려주셨어야죠.
>
> 최 교사 : 그랬어요? 저도 지난주 운동회 진행하느라 정신없이 바쁜데, 운동장에서 다음 날에 있을 학교평가를 앞두고 준비할 일을 자세하게 말씀하셔서 힘들었어요. 그런 일이면 조용할 때 교장실에서 말씀하시면 좋잖아요.

	박 교사	최 교사
①	분포성	적응성
②	적량성	명료성
③	일관성	적응성
④	적응성	명료성
⑤	분포성	일관성

⊞ 의사소통의 원칙

분포성(배포성)은 모든 정보가 의사소통의 모든 대상에게 골고루 전달되어야 한다는 것이다. 즉, 의사소통의 내용이 모든 사람들이 알 수 있도록 공개되어야 한다는 의미이다. 적응성(융통성)은 의사소통의 내용이 상황에 맞게 융통성 있게 적응할 수 있어야 한다는 것이다. 즉, 구체적인 상황에 적응할 수 있는 현실 적합성을 말한다.

🔒 ①

15 다음은 타인과 의사소통을 할 때 영향을 주는 4가지 유형의 정보를 나타내는 '조하리 창(Johari window)'이다. '조하리 창'에서 〈보기〉의 교사가 속한 영역은? ^{04 중등}

	자신에 관한 정보가 자신에게 알려짐	자신에 관한 정보가 자신에게 알려지지 않음
자신에 관한 정보가 타인에게 알려짐	Ⅰ 영역	Ⅱ 영역
자신에 관한 정보가 타인에게 알려지지 않음	Ⅲ 영역	Ⅳ 영역

┌─ 보기 ─┐
- 자기 이야기는 많이 하면서 상대방의 이야기에는 귀를 기울이지 않는다.
- 인간관계 개선을 위하여 다른 사람들로 하여금 자신에 대한 생각과 감정을 노출시키도록 격려할 필요가 있다.

① Ⅰ영역　　　　② Ⅱ영역
③ Ⅲ영역　　　　④ Ⅳ영역

> **의사소통의 기법**(조하리의 창)
>
> 조하리의 창은 '자신에 관한 정보'가 자신에게 알려진 경우와 알려지지 않은 경우, 그리고 타인에게 알려진 경우와 알려지지 않은 경우의 조합에 의해 4가지 영역으로 구성된다. 개방영역(Open area), 맹목영역(Blind area), 잠재영역(Hidden area), 미지영역(Unknown area)이 그것이다. 조하리 창에는 자신과 타인이 등장하지만 항상 자신이 주체이고, 어떠한 경우에라도 '자신에 관한 정보'를 대상으로 하기 때문에 조하리 창의 핵심은 '자기 자신에 관한 정보'에 있다. Ⅱ영역(맹목영역)은 독단형 의사소통 유형으로서, 자신에 관한 정보가 타인에게는 알려져 있지만, 자신에게는 알려져 있지 않은 부분이다. 이 경우 자기 이야기는 많이 하면서 상대방의 이야기는 귀 기울이지 않거나, 자기주장은 강하면서 상대방의 의견에 대해서는 불신하고 비판적이며 수용하지 않으려 한다. 타인으로부터 피드백을 받지 못할 때 이 부분이 넓어져 효과적인 의사소통이 이루어지기 힘들다.
>
> 🔒 ②

Section 02 교육행정의 실제

01 교육제도

01 〈보기〉의 (가)와 (나)에 적합한 용어로 짝지어진 것은?

06 초등

> **보기**
>
> 학제의 구조는 (가) 과 (나) 에 따라 구성된다. 여기서 (가) 은 어떠한 교육을 하고 있는가, 또는 어떠한 계열의 학생들을 대상으로 하고 있는가를 나타내며, (나) 은 어느 정도의 교육을 받은 상태인가, 혹은 어떠한 연령층을 대상으로 하는가를 나타낸다.

① 계통성 – 단계성
② 단계성 – 계통성
③ 특수성 – 보편성
④ 연속성 – 특수성

🔡 학제의 구조

학교제도(학제)의 구조는 수직적 '계통성'과 수평적 '단계성'에 따라 구성된다. 계통성은 '어떤 교육을 하는가, 또는 어떤 계층(혹은 성별이나 능력)의 취학자를 대상으로 하는가'와 관련되며, 단계성은 '어떤 연령층을 대상으로 하는가, 또는 어느 정도의 교육 단계인가'와 관련된다.

🔒 ①

02 최근 구미에서 진행되고 있는 교육의 재구조화 경향을 가장 바르게 지적한 것은? 00 초등보수

① 교사의 권한을 약화시키고 있다.
② 교육에 경쟁 원리를 적용하고 있다.
③ 재정 지원의 형평성을 강화하고 있다.
④ 학교조직의 관료제적 성격을 강화하고 있다.
⑤ 학생·학부모의 교육 선택권을 제한하고 있다.

🔡 교육의 재구조화 경향

교육 재구조화는 학교란 무엇이고, 어떻게 조직되며, 그리고 어떻게 운영되어야 하는가에 대한 총체적인 재개념화이다. 최근 구미에서 진행되고 있는 교육의 재구조화 경향은 시장경제 원리를 교육에 적용하는 것으로 ① 교사의 권한을 강화시키고, ③ 교육 재정 지원을 축소시키며, 교육을 시장화하여 자본 진출을 도모하고, ④ 학교조직의 전문적 성격을 강화시키고, ⑤ 학생·학부모의 교육 선택권을 확대한다.

🔒 ②

03 최근 공교육의 개혁 방향이 시장경제의 원리에 따라야 한다는 주장이 있다. 이 주장이 의미하는 것을 가장 잘 나타낸 것은? 01 초등

① 학교 구성원 간에 공동체의식을 형성해야 한다.
② 교육을 통해 사회계층 간의 불평등을 해소해야 한다.
③ 학교선택권을 부여하여 자신의 필요에 맞는 교육을 받도록 해야 한다.
④ 교육시장의 경쟁을 원활하게 하기 위해 교육 관료 조직이 단위학교를 규제해야 한다.

🔡 교육의 재구조화 방향

최초의 교육위기를 타개하기 위해 교육에도 시장경제 원리를 보다 적극적으로 도입해야 한다는 주장이 있다. 이는 ③ 교육의 수요자인 학생과 학부모에게 학교 선택권을 부여하여 자신의 필요에 맞는 교육을 받도록 하자는 것을 의미한다. 즉, 다양한 교육인구, 다원화된 사회의 다양한 교육적 욕구와 관심을 충족시켜 주기 위해서 학교는 더욱 분화될 필요가 있으며, 학교의 다양화를 위해서 학교는 교육방침, 교육과정, 수업방식, 학교풍토 등 어떤 측면에서 다른 학교와 구별되는 그 학교 자체의 독특한 프로그램을 개발하고, 학부모에게 그들 학생의 필요, 적성, 능력, 선호에 따라 학교를 선택하게 하여야 한다는 것이다.

🔒 ③

02) 장학행정

01 다음 내용에 해당되는 장학 방법으로 가장 적합한 것은?

99 서울초보

> • 교사의 수업기술 향상이 주된 목적이다.
> • 교실 내에서의 교사 행동 개선에 초점을 둔다.
> • 교사와 장학담당자 간의 대면적인 관계와 상호작용을 중시한다.
> • 수업에 대한 객관적인 피드백을 제공하고 문제 진단과 해결에 조력한다.

① 자기장학   ② 임상장학
③ 과학적 관리장학   ④ 시학적 장학
⑤ 관료적 장학

> **▣ 장학의 유형**(임상장학)
>
> 임상장학은 교사의 수업기술 향상과 전문적 성장을 목적으로 한 교사와 학생의 상호작용에 초점을 둔 교사중심의 장학을 말한다. 임상장학은 교실에서 교사와 장학담당자가 1:1의 친밀한 관계 속에서 계획협의회, 수업관찰, 피드백협의회의 과정을 거치는 특별한 장학대안이다.
>
> 🔓 ②

02 임상장학의 특징을 가장 올바르게 설명한 것은? 00 초등

① 동료교사들이 자신들의 교육활동을 개선하기 위해 공동으로 노력하는 과정이다.
② 학교장이 짧은 시간 동안 학급순시나 수업참관을 통해 교사들에게 지도, 조언하는 과정이다.
③ 교사 개인이 자신의 전문적 발달을 위하여 스스로 체계적인 계획을 세우고 이를 실천하는 과정이다.
④ 교사와 장학담당자 간의 대면적인 상호작용을 통해 교사의 수업의 질 개선을 도모하는 체계적인 지도, 조언과정이다.

> **▣ 장학의 유형**(임상장학)
>
> 임상장학은 교사의 수업기술 향상과 전문적 성장을 목적으로 한 교사와 학생의 상호작용에 초점을 둔 교사중심의 1:1 장학을 말한다. ① 동료장학, ②는 약식장학, ③은 자기장학에 대한 설명이다.
>
> 🔓 ④

03 교수 · 학습 개선을 위해 수업관찰을 하고자 할 때 유의할 사항이 아닌 것은? 04 초등

① 객관적인 태도로 관찰한다.
② 수업관찰의 목적과 내용을 명확히 한다.
③ 수업관찰 전 교사와의 대면은 가급적 피한다.
④ 수업 분위기에 영향을 주는 언행을 해서는 안 된다.

> **▣ 장학의 유형**(임상장학)
>
> 임상장학은 교사의 수업기술 향상과 전문적 성장을 목적으로 한 교사와 학생의 상호작용에 초점을 둔 교사중심의 장학을 말한다. 임상장학은 교실에서 교사와 장학담당자가 1:1의 친밀한 관계 속에서 계획협의회, 수업관찰, 피드백협의회의 과정을 거치는 특별한 장학대안이다.
>
> 🔓 ③

04 〈보기〉와 같이 진행되는 장학의 유형은? 06 초등

> ┤ 보기 ├
> • 장학담당자와 교사가 함께 수업안을 계획 · 검토한다.
> • 교사와 함께 관찰 전략을 협의하고, 수업을 관찰한다.
> • 장학담당자는 수업상황과 교수 · 학습 과정을 분석한다.
> • 관찰 후 협의회를 통해 수업에서 개선할 점을 점검하고 대안을 모색한다.

① 관리장학   ② 확인장학
③ 일상장학   ④ 임상장학

⊞ 장학의 유형(임상장학)

임상장학은 교사의 수업기술 향상과 전문적 성장을 목적으로 한 교사와 학생의 상호작용에 초점을 둔 교사중심의 장학을 말한다. 임상장학은 교실에서 교사와 장학담당자가 1:1의 친밀한 관계 속에서 계획협의회, 수업관찰, 피드백협의회의 과정을 거치는 특별한 장학대안이다.

🔒 ④

06 〈보기〉에 나타나 있는 장학의 유형은? 05 초등

┌─ 보기 ─┐

이번 학기에 천하초등학교에는 신규교사인 김 교사가 부임하였다. 교장은 김 교사가 수업에 어려움을 느끼지 않는지 교감에게 수업을 참관하도록 지시하였다. 교감은 김 교사의 교실을 잠시 방문하여 수업을 참관하고, 그 결과를 교장에게 보고한 후, 김 교사를 만나 간단한 조언을 해주었다.

① 약식장학   ② 요청장학
③ 동료장학   ④ 담임장학

⊞ 장학의 유형(약식장학)

약식장학은 교장이나 교감이 잠깐(5~10분) 교실에 들러 교사의 수업 및 학급경영활동을 관찰하고, 이에 대해 지도·조언하는 활동을 말한다.

🔒 ①

05 〈보기〉에서 선택적 장학 중 동료장학의 주요 특징을 모두 고르면? 07 초등

┌─ 보기 ─┐

ㄱ. 교사의 자율성과 협동성을 기초로 한다.
ㄴ. 원칙적으로 교장이나 교감의 계획과 주도하에 전개된다.
ㄷ. 간헐적이고 짧은 시간 동안의 학급 순시와 감독을 중심활동으로 한다.
ㄹ. 학교의 형편과 교사들의 필요와 요구에 기초하여 다양하고 융통성 있게 운영된다.

① ㄱ, ㄴ   ② ㄱ, ㄹ
③ ㄴ, ㄷ   ④ ㄷ, ㄹ

⊞ 장학의 유형(동료장학)

동료장학은 수업의 개선을 위해 교사들이 서로 협동하는 장학의 형태이다. 동료장학은 1930년대부터 교사들의 수업 개선에 대한 관심이 고조되고 전통적인 장학에 대한 불신감과 부담감이 증대되면서 새롭게 대두된 장학형태이며, 수업의 개선을 위해 교사들이 서로 협동하는 장학의 형태로 협동장학이라고도 한다. 둘 이상의 교사가 상호 간의 교실수업을 관찰하고 관찰에 대한 피드백을 주며 공통된 전문적 관심사를 토론함으로써 그들의 전문적 성장을 위해 협동하기로 동의하는 공식화된 과정을 말한다. ㄴ, ㄷ은 약식장학(전통적 장학, 일상장학)에 대한 설명이다.

🔒 ②

07 다음 〈보기〉의 내용을 모두 포함하고 있는 장학이론은? 01 초등

┌─ 보기 ─┐

• 대다수의 교사는 주어진 직무 이상으로 책임감을 발휘할 수 있다.
• 학교의사결정에 교사가 참여함으로써 학교효과성이 증대되고, 그 결과 교사의 직무만족이 증대된다.
• 학급경영자의 기본 과제는 교사들이 학교의 목표 달성에 능력을 최대한 발휘할 수 있는 환경을 조성하는 일이다.

① 행동과학적 장학   ② 과학적 관리 장학
③ 인간자원론적 장학   ④ 인간관계론적 장학

🔡 **장학의 유형**(인간자원장학)

인간자원장학은 과학적 관리론과 인간관계론을 절충하려는 노력으로 이루어진 것으로, 교사들을 학교의 의사결정 과정에 참여시켜 학교의 효과성을 증대시키고 이를 통해 교사의 직무만족을 높이려는 장학이다. 교사의 자발적 참여를 통해 학교효과성과 교사 직무만족의 증대를 동시에 이끌어 내는 장학이다.

🔒 ③

08 서지오바니(T. J. Sergiovanni)의 인적자원론적 장학의 관점을 가장 잘 나타낸 것은? 09 초등

① 교사의 만족도가 증가하면 학교의 효율성이 증가하고, 이를 통해 공동의 의사결정이 달성된다.
② 교사의 만족도가 증가하면 공동의 의사결정이 달성되고, 이를 통해 학교의 효율성이 증가된다.
③ 학교의 효율성이 증가하면 교사의 만족도가 증가하고, 이를 통해 공동의 의사결정이 달성된다.
④ 공동의 의사결정을 도입하고 나면 학교의 효율성이 증가하고, 이를 통해 교사의 만족도가 증가한다.
⑤ 공동의 의사결정을 도입하고 나면 교사의 만족도가 증가하고, 이를 통해 학교의 효율성이 증가한다.

🔡 **장학의 유형**(인간자원장학)

인간자원장학은 과학적 관리론과 인간관계론을 절충하려는 노력으로 이루어진 것으로, 교사들을 학교의 의사결정 과정에 참여시켜 학교의 효과성을 증대시키고 이를 통해 교사의 직무만족을 높이려는 장학이다.

🔒 ④

09 다음 중 선택적 장학의 입장에서 가장 유익한 장학 방법을 적용하고 있는 경우는? 99 대구초보

① 성숙 단계에 있는 교사에게 임상장학을 활용한다.
② 초임교사들에게 시범, 표준화 같은 장학 방법을 활용한다.
③ 다른 장학 방법을 원하지 않는 교사들에게 임상장학을 활용한다.
④ 초임교사와 성숙 단계에 있는 교사에게 비지시적 방법을 활용한다.
⑤ 경험이 있는 교사 가운데 특별한 문제가 있는 경우 자기장학을 활용한다.

🔡 **장학의 유형**(선택장학)

선택장학은 교사가 여러 장학 대안 중에서 자신에게 맞는 장학 방법을 선택하게 하는 장학을 말한다. 장학의 선택 대안으로는 임상장학, 동료장학, 자기장학, 약식장학 등 학교나 교육청의 사정과 형편에 따라 늘릴 수도 있고 줄일 수도 있다. ② 초임교사에게는 임상장학을 활용한다. 또, 시범, 표준화 같은 장학 방법을 활용할 수 있다. ①은 자기장학을, ③은 약식장학을, ④ 초임교사는 지시적 방법, 성숙 단계에 있는 교사에게는 비지시적 방법을, ⑤ 경험이 있는 교사라도 문제가 있는 경우 임상장학을 활용한다.

🔒 ②

10 '선택적 장학'에 따르면, 교직 경력이 6개월이고 수업기술의 개선에 필요한 도움을 전문가로부터 받고자 하는 교사에게 가장 적합한 장학유형은? 04 중등

① 임상장학   ② 동료장학
③ 자기장학   ④ 전통장학

🔡 **장학의 유형**(선택장학)

선택장학은 교사가 여러 장학 대안 중에서 자신에게 맞는 장학 방법을 선택하게 하는 장학을 말한다. 장학의 선택 대안으로는 임상장학, 동료장학, 자기장학, 약식장학 등 학교나 교육청의 사정과 형편에 따라 늘릴 수도 있고 줄일 수도 있다. 초임교사에게는 임상장학을 활용한다.

🔒 ①

11 장학의 유형 중 컨설팅장학의 특징을 가장 잘 설명한 것은?

08 초등

① 교육청이 주제별로 학교를 무선 표집하여 주제 활동을 점검한다.
② 장학지도반이 교육청의 시책에 대한 학교별 추진 사항을 파악하고 평가한다.
③ 각 학교 담당 장학사가 이전 장학지도 시의 지시 사항에 대한 이행 여부를 확인한다.
④ 교원의 의뢰에 따라 전문성을 갖춘 장학요원들이 교원들의 직무상 문제를 진단하고 해결을 위한 대안 마련 및 실행 과정을 지원한다.

장학의 유형(컨설팅장학)

컨설팅장학은 학교교육을 개선하기 위해서 일정한 전문성을 갖춘 사람들이 학교와 학교 구성원의 요청에 따라 제공하는 독립적인 자문활동을 의미한다.
①은 지방장학 중 표집장학, ②는 지방장학 중 종합장학, ③은 지방장학 중 확인장학에 해당한다.

🔒 ④

12 다음의 대화에서 세 교사가 언급하고 있는 장학지도 유형을 가장 바르게 짝지은 것은? 12 중등

김 교사 : 금년에 발령받은 최 교사는 수업의 질이 낮아 학생과 학부모의 불만이 많습니다. 그의 수업 전문성을 향상시키기 위해서는 전문성을 갖춘 교내 교원의 개별적 도움이 필요합니다. 최 교사의 수업을 함께 계획하고, 실제 수업을 관찰, 분석, 피드백해 줄 필요가 있습니다.

박 교사 : 김 선생님, 저도 초임 때는 그런 경험이 있었어요. 이제 중견교사가 되고 보니 그동안의 노력과 경험으로 수업에 대한 자신감이 생기긴 했어요. 그래도 더 좋은 수업을 위해 제가 필요하다고 생각하면 대학원에도 다니고 각종 연수에도 적극 참여하려고 합니다.

이 교사 : 부족한 부분을 채워야 하겠다는 자발적 의지가 중요해요. 학교에서 일상적으로 이루어지는 장학 활동보다는 내가 모르는 것을 교내·외의 유능한 전문가에게 의뢰하고 체계적인 도움을 받았으면 해요. 때로는 누군가가 전문가를 소개해 주었으면 해요.

	김 교사	박 교사	이 교사
①	동료장학	자기장학	약식장학
②	동료장학	요청장학	컨설팅장학
③	임상장학	자기장학	컨설팅장학
④	임상장학	동료장학	자기장학
⑤	요청장학	약식장학	자기장학

장학의 유형(임상장학, 자기장학, 컨설팅장학)

김 교사가 언급하는 장학은 임상장학이다. 임상장학은 교사의 수업기술 향상과 전문적 성장을 목적으로 한 교사와 학생의 상호작용에 초점을 둔 교사중심의 장학을 말한다. 임상장학은 교실에서 교사와 장학담당자가 1:1의 친밀한 관계 속에서 계획협의회, 수업관찰, 피드백협의회의 과정을 거치는 특별한 장학대안이다. 박 교사는 자기장학을 언급하고 있다. 자기장학은 교사 자신의 전문적 성장을 위해 스스로 계획을 세우고 실천해 나가는 자율장학을 말한다. 자기 수업의 녹음·녹화, 학생의 의견조사, 전문서적 탐독, 대학원 진학이나 각종 세미나 참여, 전문인사의 자문과 조언 등을 활용할 수 있다. 이 교사는 컨설팅장학에 대해 언급하고 있다. 컨설팅장학은 교원의 자발적 의뢰를 바탕으로 교수·학습과 관련된 전문성을 계발하기 위해 교내외의 전문성을 갖춘 사람들이 제공하는 조언활동을 의미한다.

🔒 ③

13 다음 글을 읽고 물음에 답하시오. (4문항) 12 초등

김 교사는 부유한 지역에 위치한 초등학교에서 사회·경제적으로 열악한 지역의 학교로 옮기게 되었다. 김 교사는 이 학교에 오면서부터 유난히 수업진행에 어려움을 느꼈다. 김 교사는 무엇이 문제인지 혼란스러웠다. 그러던 중에 교육청에서 홈페이지에 장학코너를 개설했다는 이야기를 듣고 접속하여, 수업상 애로점을 올리고 도움을 요청했다. 교육청에서 장학위원으로 선발되어 있던 샛별초등학교의 경력 12년 차인 최 교사가 장학을 맡게 되었다. 최 교사는 학습동기를 유발하기 위한 전략과 학생들이 학습내용을 잘 이해할 수 있도록 하는 전략이 필요하다고 지적했다.

우선 학습동기를 유발하기 위해 다음 방법을 적용해 볼 것을 제안했다. ㉠ 학습자들에게 평가의 기준과 구체적 방법을 수업 전에 명확하게 설명해 주고, 학습자들이 학습속도를 스스로 조절할 수 있는 개별화된 학습을 하도록 하며, 단순하고 쉬운 과제를 먼저 제시하고 점진적으로 복잡하고 어려운 과제를 제시하도록 제안했다. 김 교사는 매 수업 이러한 제안을 실행에 옮기려고 노력했다.

다음으로 학생들이 학습내용을 잘 이해할 수 있도록 하기 위한 방법을 다음과 같이 제안했다. ㉡ 첫째, 주요 장의 머리말, 요약 등을 읽어 본 후 교재의 각 부분에 관한 질문을 만들어 보게 하고, 내용에 주의를 집중해서 교재를 읽게 한다. 둘째, 교재를 읽는 동안 교재에 대해 반성적으로 사고하도록 한 후 교재를 보지 않고 읽은 내용을 이야기하게 한다. 셋째, 처음에 만들어 놓은 질문에 답해 보도록 한 후 읽은 것을 토대로 복습하도록 한다.

최 교사의 권고에 따라 실행을 해 본 결과 학생들이 수업에 집중하고 관심을 보이기 시작했다. 또한 전 시간에 배운 내용을 물어보면 대답도 곧잘 하게 되었다. 그러나 여전히 수업 중에 김 교사는 무언가를 설명할 때 학생들이 잘 알아듣지 못하는 것 같은 느낌이 들었다. 이러한 고민을 듣고 이번에는 최 교사가 직접 김 교사의 학교를 방문해 수업을 참관했다.

㉢ 최 교사는 몇 차례 수업 참관을 통해, 김 교사가 수업 중에 매우 정교하고 세련된 논리적 어법을 사용하는 반면 학생들은 투박하고 비논리적인 어법을 사용하는 것을 확인하였다. 최 교사는 김 교사의 언어에 익숙하지 않은 학생들이 수업 내용을 제대로 이해하기 힘들어하고 있으며, 결국 이것이 낮은 학업성취도로 이어질 수 있다고 지적했다. 김 교사는 지금까지 그러한 문제가 있음을 느끼지 못했다며 앞으로 수업 중에 유의하여 지도하겠다고 했다.

그 이후로 김 교사의 수업은 많이 개선되었고 학생들도 수업에 적극적으로 참여하게 되었다. 이 소식을 들은 최 교사는 보람을 느꼈고, 과거와 달리 이러한 형태의 장학이 많이 활성화되어야 한다고 생각했다.

13-1 위와 같은 형태의 장학은?

① 확인장학　　　　② 자기장학
③ 약식장학　　　　④ 관리장학
⑤ 컨설팅장학

> **장학의 유형**(컨설팅장학)
>
> 컨설팅장학은 교원의 자발적 의뢰를 바탕으로 교수·학습과 관련된 전문성을 계발하기 위해 교내외의 전문성을 갖춘 사람들이 제공하는 조언활동을 의미한다.
>
> 🔓 ⑤

13-2 ⊙에 제안된 동기화 전략과 관련된 ARCS 모형의 요소는?

① 만족(Satisfaction) ② 주의(Attention)

③ 관련성(Relevance) ④ 매력성(Appeal)

⑤ 자신감(Confidence)

▣ ARCS 모형

ARCS 모형은 학생의 학습동기를 유발하고 유지시키기 위한 체계적이고 구체적인 지침을 제공하고자 하는 모형이다. 학습동기 유발을 위한 동기요소에는 주의집중(Attention), 관련성(Relevance), 자신감(Confidence), 만족감(Satisfaction)이 있다.
⊙과 같이 명확한 평가기준 및 피드백의 제시, 쉬운 것에서 어려운 것으로 과제 제시, 학습속도를 적절히 조절할 수 있는 기회 제공 등은 자신감과 관련된 전략이다.

 ⑤

13-3 ⓒ의 제안과 가장 부합하는 기법은?

① 약어법(acronym)

② 피큐포알법(PQ4R)

③ 위치법(method of loci)

④ 쐐기단어법(pegword system)

⑤ 유목화기법(categorical clustering)

▣ PQ4R

PQ4R은 'Preview(개관, 훑어보기) → Question(질문) → Read(읽기) → Reflection(숙고) → Recite(암송) → Review(복습)'의 과정을 거친다.

 ②

13-4 ⓒ의 지적과 가장 부합하는 관점은?

① 일리치(I. Illich)의 탈학교론

② 윌리스(P. Willis)의 저항이론

③ 카노이(M. Carnoy)의 종속이론

④ 랑그랑(P. Lengrand)의 생애교육학

⑤ 번스타인(B. Bernstein)의 교육과정사회학

▣ 번스타인의 구어양식 연구

번스타인(B. Bernstein)은 영국의 하류계층의 제한된 어법과 중류계층의 세련된 어법은 가정에서의 사회화를 통해 학습된다고 보았다. 학교학습은 세련된 어법의 구어양식(口語樣式)을 매개로 해서 이루어진다. 중류계층이 구사하는 언어양식은 보편적으로 진술되는 것이므로 구체적으로 같은 경험을 하지 않은 사람에게도 의미의 전달이 가능하지만, 노동계층의 언어양식은 그렇지 않다. 이러한 구어양식의 차이 때문에 중류계층의 자녀가 노동계층의 자녀보다 학교학습에서 학업성취도가 높다.

⑤

05

03 인사행정

01 다음은 어느 교육청의 인사발령에 관한 내용이다. ㉠~㉤ 중 전직(轉職)에 해당하는 것을 모두 고른 것은? 10 중등

> ㉠ 교육청 중등교육과장(장학관)이 A중학교의 교장으로 부임하였고, ㉡ 이전 교장은 인근 고등학교의 교장으로 이동하였다. 한편 ㉢ 관내 초등학교 교사가 A중학교 국어교사로 부임하였고, ㉣ 이전 국어교사는 교육청의 장학사로 이동하였다. 또한 ㉤ 교육청 중등교육과장(장학관)에는 교육연수원에 근무하던 교육연구관이 임용되었다.

① ㉠, ㉣
② ㉡, ㉤
③ ㉡, ㉢, ㉤
④ ㉠, ㉡, ㉢, ㉣
⑤ ㉠, ㉢, ㉣, ㉤

📖 **교원의 능력개발**(전직)

전직이란 종별과 자격 또는 직렬을 달리하는 수평적 이동을 말하며(예 교사 ↔ 장학사, 교감·교장 ↔ 장학관, 교육연구사 ↔ 장학사, 초등교사 ↔ 중등교사), 전보는 동일직위 내에서 현 직위를 유지하면서 근무지를 변경하는 수평적 이동을 말한다(예 A중학교 교사 ↔ B중학교 교사, A중학교 교사 ↔ B고등학교 교사, 초등학교 영양교사(보건교사, 사서교사, 전문상담교사) ↔ 중학교 영양교사(보건교사, 사서교사, 전문상담교사)). 따라서 ㉠, ㉢, ㉣, ㉤은 전직에 해당하며, ㉡은 전보에 해당한다.

🔒 ⑤

02 다음 교사들이 공통적으로 위반하고 있는 교원의 의무는?

12 초등

> • 김 교사는 실험수업 중 안전조치를 하지 않아 학생들이 화상을 입었다.
> • 최 교사는 수업 중에 수업내용과 무관하게 개인적 일로 통화를 하였다.
> • 박 교사는 중간고사에서 과반수 이상을 작년의 기출문제와 동일하게 다시 출제했다.

① 성실의 의무
② 친절의 의무
③ 공정의 의무
④ 비밀엄수의 의무
⑤ 겸직금지의 의무

📖 **교원의 권리와 의무**(성실의 의무)

국가공무원법상 공무원의 적극적 의무에는 선서의 의무, 성실의 의무, 복종의 의무, 친절·공정의 의무, 종교중립의 의무, 비밀엄수의 의무, 청렴의 의무, 품위유지의 의무가 있고, 소극적 의무에는 직장이탈 금지, 외국정부의 영예 등을 받을 경우, 영리업무 및 겸직 금지, 정치운동의 금지, 집단행위의 금지가 있다.
① 성실의 의무는 '모든 공무원은 법령을 준수하여 성실히 직무를 수행하여야 한다.'라는 것이다.

🔒 ①

03 다음 내용에 해당하는 교원인사제도는? 12 초등

> • 교원들의 전문성을 향상시키기 위하여 교원들로 하여금 일정 기간 동안 학교에 복무하지 않고 소속 학교 외에서 연구활동을 할 수 있도록 지원한다.
> • 특별연수의 일환으로 시행하므로 연수 종료 후에는 연수 기간과 동일한 기간을 연수분야와 관련된 직무분야에서 복무하여야 한다.

① 수석교사제
② 직무연수제
③ 보직교사제
④ 순환근무제
⑤ 학습연구년제

📖 **교원인사제도**(학습연구년제)

학습연구년제란 교원들의 전문성을 향상시키기 위하여 1년 동안 학교현장 업무부담에서 벗어나 소속 학교 외에서 연구활동을 할 수 있도록 지원하는 특별연수제도이다. 자격은 교원능력개발평가 결과 우수교사로 한정한다.

🔒 ⑤

04 재무행정

01 다음 (가)~(다)에 들어갈 말로 옳은 것은? 13 중등

> 교육재정의 운영은 재정의 '확보 → 배분 → 지출 →
> 평가'의 과정으로 이루어진다. 확보, 배분, 지출, 평가의
> 각 단계에는 중요하게 요구되는 원리가 있다. '확보' 단
> 계에서 요구되는 원리 중 ___(가)___ 는 교육활동을 운
> 영하는 데 필요한 재원을 충분히 확보해야 한다는 것
> 이고, '배분' 단계에서 요구되는 원리 중 ___(나)___ 는
> 최소한의 재정투자로 최대한의 교육성과를 이룰 수 있
> 도록 교육재정을 사용해야 한다는 것이다. '평가' 단계
> 에서 요구되는 원리 중 ___(다)___ 는 사용한 경비에 대
> 해서는 납득할 만한 이유를 제시할 수 있고 책임을 질
> 수 있어야 한다는 것이다.

	(가)	(나)	(다)
①	안정성의 원리	자율성의 원리	효과성의 원리
②	안정성의 원리	효과성의 원리	적정성의 원리
③	자구성의 원리	효율성의 원리	효과성의 원리
④	충족성의 원리	효과성의 원리	책무성의 원리
⑤	충족성의 원리	효율성의 원리	책무성의 원리

🔲 **교육재정의 운영원리**

확보 단계에서 요구되는 충족성의 원리는 교육활동을 지원할 수
있는 충분한 재원이 확보되어야 한다는 것이고, 배분 단계에서
요구되는 효율성의 원리는 최소한의 재정수입으로 최대한의 교
육성과(교육적 효과와 능률)를 이루어야 한다는 것이며, 평가 단
계에서 요구되는 책무성의 원리는 사용한 경비에 관하여 납득할 만
한 이유를 제시할 수 있고 책임질 수 있어야 한다는 것이다.

🔒 ⑤

02 현행 지방교육재정교부금 제도에 대한 설명으로 옳지 않은 것은? 10 중등

① 지방교육재정교부금은 보통교부금과 특별교부금으로 나누어진다.

② 지방교육재정교부금의 목적은 지방교육의 균형 있는 발전을 도모함에 있다.

③ 특별교부금은 시책사업수요, 지역교육현안수요, 재해대책수요가 있을 때 교부한다.

④ 의무교육기관 교원에 대한 종전의 봉급교부금은 보통교부금에 통합되어 있다.

⑤ 보통교부금의 재원은 내국세 총액의 20% 해당액과 교육세 세입액 전액을 합한 금액이다.

🔲 **지방교육재정교부금**

지방교육재정교부금은 지방자치단체가 교육기관 및 교육행정기
관을 설치·경영하는 데 필요한 재원의 전부 또는 일부를 국가가
교부하여 교육의 균형 있는 발전을 도모함을 목적으로 하는 재원
이다. 교부금의 재원규모는 내국세 총액의 20.0%에 해당하는 금
액과 교육세 세입액 전액을 합한 금액이다. 교부금은 보통교부금과
특별교부금으로 구분된다. 보통교부금은 내국세 총액의 20.0%의
96/100에 해당하는 금액과 교육세 세입액 전액을 합한 금액으로
하고, 특별교부금은 내국세 총액의 20.0%의 4/100에 해당하는
금액으로 한다. 지방교육재정교부금에는 보통교부금의 용도에
대한 특별한 규정이 없고, 특별교부금에 대한 용도만 규정되어
있기 때문에 보통교부금은 특별교부금의 용도 외의 모든 용도에
쓰이는 교부금으로 이해할 수 있다.

🔒 ⑤

03 다음 중 우리나라의 공교육비로 분류되는 경비는?

00 강원초보

① 과외 활동비 ② 하숙비
③ 수업료 ④ 교통비
⑤ 부교재대

교육비(공교육비)

교육비는 운영형태에 따라 공교육비와 사교육비로 분류된다. 공교육비는 국가나 공공단체가 합리적인 예산회계 절차에 의해 지급하는 경비이다. 교육행정비, 학교교육비, 입학금, 수업료 등이 이에 해당한다. 반면, 사교육비는 교육활동에 투입은 되지만 예산회계 절차를 거치지 않는 경비이다. 학부모가 부담하는 교재대, 하숙비, 교통비, 과외비 등이 이에 속한다.

③

04 〈보기〉 중 'OECD 교육지표 국제비교'에서 사용되는 공교육비에 해당되는 것을 모두 고른 것은? 07 중등

┌ 보기 ┐

ㄱ. 정부가 학교 시설 개선을 위해 지출하는 비용
ㄴ. 교육청이 교육청 특색사업을 위해 지출하는 비용
ㄷ. 학부모가 자녀의 학용품을 사기 위해 지출하는 비용
ㄹ. 학부모가 자녀의 학교 등록금을 내기 위해 지출하는 비용
ㅁ. 사립학교 법인이 학교 교직원 급여를 주기 위해 지출하는 비용

① ㄱ, ㄴ ② ㄷ, ㄹ, ㅁ
③ ㄱ, ㄴ, ㄹ, ㅁ ④ ㄱ, ㄴ, ㄷ, ㄹ, ㅁ

교육비(공교육비)

교육비는 운영형태에 따라 공교육비와 사교육비로 분류된다. 공교육비는 국가나 공공단체가 합리적인 예산회계 절차에 의해 지급하는 경비이다. 교육행정비, 학교교육비, 입학금, 수업료 등이 이에 해당한다. 반면, 사교육비는 교육활동에 투입은 되지만 예산회계 절차를 거치지 않는 경비이다. 학부모가 부담하는 교재대, 하숙비, 교통비, 과외비 등이 이에 속한다.

③

05 다음은 가상으로 제시한 국가 수준 교육비의 내역이다. 우리나라 교육비 분류체계(한국교육개발원 기준)에 근거할 때, 공교육비의 총 금액에 해당하는 것은? 11 중등

구분	학교법인 부담 전입금	학부모 부담 학교수업료	학부모 부담 사설학원비	학교시설 감가상각비
금액	5조 원	11조 원	13조 원	2조 원

① 5조 원 ② 7조 원
③ 16조 원 ④ 18조 원
⑤ 31조 원

교육비(공교육비)

공교육비는 국가나 공공단체가 합리적인 예산회계 절차에 의해 지급하는 경비이다. 도표에서 학교법인 부담 전입금, 학부모 부담 학교수업료이 이에 속하며 그 총 금액은 16조 원이다. 학부모 부담 사설학원비는 사교육비이며, 학교시설 감가상각비는 간접교육비에 속한다.

③

06 다음 〈보기〉의 내용과 같은 문제점을 해결하는 데 가장 적합한 예산편성기법은? 00 초등

┌ 보기 ┐

학교예산은 학교교육계획에 의해 지출계획이 수립되고 이를 기초로 편성되어야 한다. 그러나 실제 학교는 학교재정 편성과정에 적극적으로 참여하지 못하고 다만 교육청에서 책정된 예산에 맞추어 학교운영계획을 수립하는 경우가 많다.

① 성과주의 예산 ② 단위학교 예산
③ 품목별 예산 ④ 표준 교육비

🔡 교육예산편성기법(단위학교 예산)

〈보기〉의 내용과 같은 문제점을 해결하는 데 가장 적합한 예산편성기법은 단위학교 예산이다. 단위학교 예산제도는 교장이 예산과정의 중심적인 역할을 담당하는 단위학교 중심의 분권화된 예산제도를 의미한다. 이는 종래의 교육청 중심의 학교예산 편성 및 집행을 학교 단위의 예산편성 및 집행으로 전환하는 것으로 단위학교에서의 예산에 관한 자율적인 책임경영방안이라고 할 수 있다.

2001년 이후부터 실시하고 있는 현행 학교회계제도는 단위학교의 자율적인 예산운영을 통해 다양한 교육활동을 효과적으로 지원하며 학교교육의 질적 수준을 높이기 위해 일상경비와 도급경비의 구분 없이, 표준교육비를 기준으로 총액을 배분한다. 학교운영의 효율화를 위해 학년도와 회계연도를 일치(3월 1일~2월 말일)시키며, 회계연도 개시 전에 일괄 배부하고, 학교운영지원비 등 자체수입을 하나의 통합회계로 운영한다. 또한 예산안은 교직원의 참여와 학교의 제 여건을 고려하여 편성하고, 동 예산안을 학교운영위원회의 심의를 거쳐 학교장이 확정을 한 후 집행한다. 표준교육비의 개념은 일정규모의 단위학교가 그에 상응하는 인적·물적 조건, 즉 표준교육 조건을 확보한 상태에서 정상적인 교육활동을 수행하는 데 필요한 최저 소요교육비를 의미하며, 적정단위교육비라고도 한다. 표준 교육비 설정의 필요성은 교육예산의 편성과 교육계획 수립을 위한 과학적이고 합리적인 기초자료, 교육의 기회균등을 보장하기 위한 경비를 얻기 위해 필요하다.

🔒 ②

🔡 교육예산편성기법(품목별 예산제도)

품목별 예산제도는 지출대상을 인건비, 시설비, 운영비 등과 같이 품목별로 세분화하여 지출대상과 그 한계를 명확히 규정하는 제도이다. 품목별 예산제도의 장점으로는 지출대상을 명확하게 세분화하여 금액으로 표시함으로써 예산의 유용이나 남용을 방지할 수 있고, 예산에 대한 사전 및 사후 통제가 가능하다는 점이 있다. 또, 지출항목과 금액을 명백히 하기 때문에 회계 책임을 분명히 할 수 있으며, 세밀하게 작성된 예산내역을 통해 각종 정보와 자료를 얻을 수 있다.

🔒 ②

07 다음 내용을 특징으로 하는 학교관리기법으로 가장 적절한 것은? 11 중등

- 차기 예산을 편성하는 데 필요한 정보를 얻는다.
- 세출 예산에 대한 엄격한 사전·사후 통제가 가능하다.
- 회계 책임을 분명하게 하고, 예산 담당자의 자유재량 행위를 제한한다.
- 지출대상을 인건비, 시설비, 운영비 등과 같이 세분화하여 금액으로 표시한다.

① 목표관리　　　　② 품목별 예산제도
③ 기획예산제도　　④ 영기준 예산제도
⑤ 정보관리체제

08 〈보기〉의 대화에 나타난 교장의 생각과 가장 일치하는 예산편성기법은? 05 초등

┌─ 보기 ─┐

송 교사 : 내년에는 우리 학교 학생들이 일본의 자매 학교를 방문할 계획이 있는데……
정 교사 : 그런 돈이 어디에 있어? 올해 예산을 잘 봐.
송 교사 : 아냐. 교장 선생님이 올해 예산은 생각하지 말고 계획을 세우라고 했어.
정 교사 : 그래? 그럼 올해 예산은 참고할 필요가 없네.

① 품목별 예산제도(LIBS)
② 영기준 예산제도(ZBBS)
③ 복식 예산배분제도(DBS)
④ 성과주의 예산제도(PBS)

🔡 교육예산편성기법(영기준 예산제도)

영기준 예산이란 전년도 사업을 전혀 고려하지 않고 모든 사업을 제로에서 다시 시작하는 것으로 간주하여 예산을 편성하는 제도이다. 따라서 전년도 예산에 구애받지 않고 신년도 사업을 재평가하여 우선순위를 정하고 한정된 예산을 배분한다.

🔒 ②

09 다음의 학교예산 편성과정에 활용한 예산편성기법으로 가장 적절한 것은? ^{09 중등}

> 올해 9월 A중학교에 부임한 김 교장은 금년도 예산에 구애받지 않고, 모든 사업과 활동을 전면적으로 재검토하여 내년도 사업계획안을 마련하였다. 그리고 교직원 회의를 거쳐 사업의 우선순위를 결정한 다음, 김 교장은 이에 근거하여 한정된 예산을 우선순위에 따라 배분하는 내년도 예산안을 편성하여 학교운영위원회의 심의를 거쳐 확정하였다.

① 목표관리제도
② 기획예산제도
③ 품목별 예산제도
④ 영기준 예산제도
⑤ 성과주의 예산제도

> 🔳 **교육예산편성기법**(영기준 예산제도)
>
> 영기준 예산이란 전년도 사업을 전혀 고려하지 않고 모든 사업을 제로에서 다시 시작하는 것으로 간주하여 예산을 편성하는 제도이다. 따라서 전년도 예산에 구애받지 않고 신년도 사업을 재평가하여 우선순위를 정하고 한정된 예산을 배분한다.
>
> 🔒 ④

---

05 학교 · 학급경영

01 학교단위책임경영(School-Based Management)에서 가장 중요시되어야 할 요소로 짝지어진 것은? ^{99 초등}

① 분권화, 자율, 참여, 책무성
② 조직, 기획, 위임, 책임감
③ 수요자중심, 투명성, 장학, 열린 교육
④ 교과전담제, 국가교육과정, 재정공개, 책무성

> 🔳 **단위학교 책임경영제**(SBM)
>
> 단위학교에 학교운영 권한을 위임하여 학교를 자율적으로 운영하고 그 결과에 대해 책임을 지도록 하는 제도로서, 단위학교의 자율성과 책무성을 강조하기 위한 것이다. 즉, 중앙집권적 학교경영방식에서 탈피한 분권화되고 자율적인 학교운영, 운영주체(교장, 교사, 학부모, 지역인사)의 참여에 의한 학교운영이 가능하며, 그 결과에 대해 책임을 지게 된다.
>
> 🔒 ①

02 현행 우리나라의 학교단위 책임경영제도에 대한 설명으로 옳은 것을 모두 고른 것은? ^{09 중등}

> ㄱ. 단위학교의 자율성, 창의성, 책무성을 강조한다.
> ㄴ. 학교운영위원회를 설치하여 단위학교 내 의사결정의 분권화를 추구하고 있다.
> ㄷ. 단위학교 예산은 예산과목인 '장 · 관 · 항 · 세항 · 목'으로 편성, 집행되는 예산방식을 취한다.
> ㄹ. 교육청에 의한 규제와 지시 위주의 학교경영 방식을 지양하고, 학교경영에 대한 권한을 단위학교에 부여한다.

① ㄱ, ㄴ   ② ㄱ, ㄷ
③ ㄷ, ㄹ   ④ ㄱ, ㄴ, ㄹ
⑤ ㄴ, ㄷ, ㄹ

단위학교 책임경영제(SBM)

단위학교 책임경영제는 학교운영에 관한 권한을 단위학교에 위임하여 학교가 자율적으로 운영할 수 있도록 하는 제도를 의미한다. 즉, 중앙집권적인 학교경영방식에서 탈피하여 교육과정운영, 인사 및 재정상의 권한을 단위학교 운영주체(교장, 교사, 학부모, 지역인사)에게 위임함으로써 그들이 자율적으로 경영하고 그 결과에 대해 책임을 지는 제도로서 단위학교의 자율성 및 책무성을 강조하는 것이다. ㄷ. 단위학교 예산은 일상경비와 도급경비의 구분 없이 표준교육비를 기준으로 집행되는 예산방식을 취하고 있다. 학교는 별도의 학교회계제도를 둔다. 학교회계제도는 단위학교를 중심으로 한 분권화된 예산제도로서, 학교에서의 수입과 지출의 관리와 운영에 관한 계산제도이다. 학교회계연도는 3월 1일부터 이듬해 2월 말일까지로 하고, 예산배부방식은 일상경비와 도급경비 구분 없이 표준교육비를 기준으로 총액배부한다.

🔓 ④

04 다음은 어느 공립중학교의 학교운영위원회 구성·운영 사례이다. 현행 초·중등교육법 및 동법 시행령에 근거할 때, 옳지 않은 것은? 13 중등

> ㉠ 학교의 교원대표·학부모대표 및 지역사회 인사로 학교운영위원회를 구성하였다. 교장을 제외한 교원위원은 교직원 전체회의에서 선출되었고, 학부모위원은 학부모 전체회의에서 직접 선출되었으며, ㉡ 학부모위원 및 교원위원이 지역위원을 선출하였다. 이번 회의의 주요 ㉢ 안건은 학칙의 개정에 관한 사항이었고, 이를 심의하였다. 이번 회의에 ㉣ 교감은 부위원장으로 참여하였다. 다음 회의에는 ㉤ 학교발전기금에 관한 사항을 심의·의결하기로 하였다.

① ㉠   ② ㉡
③ ㉢   ④ ㉣
⑤ ㉤

학교운영위원회

학교운영위원회는 학교운영에 관한 의사결정에 학부모, 교원, 지역인사가 함께 참여함으로써 학교 정책결정의 민주성, 합리성을 확보하고, 교육목표를 효율적으로 달성하기 위한 의사결정 기구이다.
㉠ 학교운영위원회는 교원위원, 학부모위원, 지역인사위원으로 구성되며, ㉡ 지역위원은 학부모위원 및 교원위원이 무기명투표로 선출한다. ㉢ 학교 헌장 및 학칙의 제정 또는 개정에 관한 사항은 학교운영위원회의 심의사항이며, ㉤ 학교발전기금의 조성·운영 및 사용에 관한 사항은 학교운영위원회의 심의·의결사항이다. 그러나 ㉣ 교원위원은 위원장 및 부위원장으로 선출될 수 없다.

🔓 ④

03 학교운영위원회에 관한 설명 중 바른 것은? 98 초등

① 학교운영위원회는 학부모위원과 지역사회인사위원으로 구성된다.
② 체육복, 교복, 부교재를 선정할 때 운영위원회의 심의를 거쳐야 한다.
③ 운영위원장은 학교장이 맡고 부위원장은 학부모위원 중에서 선출한다.
④ 학교장은 운영위원회의 심의를 거친 사항을 반드시 시행해야 한다.

학교운영위원회

학교운영위원회는 학교운영에 관한 의사결정에 학부모, 교원, 지역인사가 함께 참여함으로써 학교 정책결정의 민주성, 합리성을 확보하고, 교육목표를 효율적으로 달성하기 위한 의사결정 기구이다.
② 교과용도서 및 교육자료의 선정에 관한 사항, 교복·체육복·졸업앨범 등 학부모가 경비를 부담하는 사항 등은 학교운영위원회의 심의를 거쳐야 한다. ① 학교운영위원회는 법정위원회이자 심의·자문기구로서 교원위원, 학부모위원, 지역인사위원으로 구성되며, ③ 교원위원은 운영위원장 및 부위원장으로 선출될 수 없다. ④ 국·공립학교장은 심의와 다르게 시행하고자 하는 경우 학교운영위원회와 관할청에 서면으로 보고할 의무를 진다.

🔓 ②

05 현행 국·공립학교의 학교운영위원회와 관련된 진술로 옳지 않은 것은? 12 초등

① 당연직 교원위원을 제외한 교원위원은 교원 중에서 선출하되, 교직원전체회의에서 무기명투표로 선출한다.

② 교장은 학교운영위원회의 심의·의결로 학교발전기금을 조성한 후 학교회계에 통합하여 운영하여야 한다.

③ 지역위원은 학부모위원 또는 교원위원의 추천을 받아 학부모위원 및 교원위원이 무기명투표로 선출한다.

④ 학교운영위원회 위원장은 회의 일시를 일과 후, 주말 등 위원들이 참석하기 편리한 시간으로 정하여야 한다.

⑤ 교장은 학교운영위원회의 심의결과와 다르게 시행하고자 하는 경우에는 이를 학교운영위원회와 관할청에 서면으로 보고하여야 한다.

▦ **학교운영위원회**
① 교장은 당연직 위원이며 나머지 교원위원은 교직원전체회의에서 무기명투표로 선출한다. ③, ④, ⑤의 내용은 법령 그대로이다.
② 학교발전기금은 학교회계와 별도로 학교발전기금회계에서 처리하도록 하고 있다.

🔒 ②

06 〈보기〉의 내용을 특징으로 하는 학교경영기법은? 02 초등

┌ 보기 ┐
• 수요자 중심
• 지속적인 개선
• 학교장의 강력한 지도성
• 학교 구성원의 헌신
• 총체적 참여
└────┘

① 총체적 질관리(TQM)
② 정보관리체제(MIS)
③ 사업평가검토기법(PERT)
④ 목표에 의한 관리(MBO)

▦ **학교경영기법**(총체적 질관리)

① 총체적 질관리는 데밍(Deming)에 의해 소개된 것으로, 지속적인 품질관리를 위해 경영을 개선하려는 노력으로, 고객, 공급자, 이해관계집단 등의 만족수준을 높이고 제품의 질을 높게 유지하려는 것을 말한다. 총체적 질관리는 총체적 참여, 고객·수요자 중심 교육, 지속적인 품질관리, 학교 구성원의 헌신과 학교장의 강력한 지도성을 특징으로 한다.
② 정보관리체제(MIS)는 의사결정자가 합리적인 의사결정을 내릴 수 있도록 경영활동에 필요한 정보를 제공해 주는 체제이다.
③ 사업평가검토기법(PERT)은 어떤 사업수행에 필요한 세부적인 작업 활동과 단계, 이들의 상호관계 등을 검토하여 플로차트(flow chart)를 작성하고 이에 따라 업무를 추진하는 방법이다.
④ 목표관리기법(MBO)은 참여의 과정을 통해 활동의 목표를 명료화하고 체계화함으로써 관리의 효율화를 기하려는 관리기법이다.

🔒 ①

07 〈보기〉의 단계에 따라 이루어지는 학교경영의 계획관리기법은? 07 영양특채

┌ 보기 ┐
• 1단계 : 구체적이고 명확한 교육목적을 개발한다.
• 2단계 : 교장, 교감, 교사 등의 지위에 따라 각자 성취해야 할 목표를 설정한다.
• 3단계 : 동일한 전체 목적을 성취하도록 서로 다른 지위의 목표를 조정하고 통합한다.
• 4단계 : 결과를 측정할 수 있는 수량적 방법을 개발한다.
└────┘

① 델파이(Delphi)
② 목표관리(MBO)
③ 사업평가검토(PERT)
④ 정보관리체제(MIS)

▦ **학교경영기법**(목표관리기법)

목표관리기법은 1954년 드러커(Drucker)가 주창하고 오디온(Odiorne)이 체계화한 능력주의적·민주적 관리기법으로, 참여의 과정을 통해 활동의 목표를 명료화하고 체계화함으로써 관리의 효율화를 기하려는 관리기법이다. 즉, 조직의 구성원들이 공동으로 참여하여 조직의 공동목표(교육목표)를 설정하고, 이에 비추어 각자의 책임영역에 따른 부서별, 개인별 세부목표를 설정하고, 정해진 기준에 따라 각 구성원의 성과를 측정하여 평가하고 보상하는 경영기법이다.

🔒 ②

05

08 다음에서 공통적으로 설명하고 있는 학교경영관리기법은?

10 중등

> • 드러커(P. Drucker)가 소개하고, 오디온(G. Odiorne)이 체계화하였다.
> • 조직 구성원의 전체적인 참여와 합의를 중시한다.
> • 활동의 과정과 결과에 대해 평가하며 수시로 피드백 과정을 거친다.
> • 학교운영의 분권화와 참여를 통해 관료화를 방지할 수 있다.

① 델파이기법(Delphi Technique)
② 비용-수익분석법(Cost-Benefit Analysis)
③ 목표관리기법(Management by Objectives)
④ 영기준 예산제(Zero-Base Budgeting System)
⑤ 정보관리체제(Management Information System)

🔲 학교경영기법(목표관리기법)

목표관리기법은 1954년 드러커(Drucker)가 주창하고 오디온(Odiorne)이 체계화한 능력주의적·민주적 관리기법이다. 목표관리기법은 조직의 구성원들이 공동으로 참여하여 조직의 공동목표(교육목표)를 설정하고, 이에 비추어 각자의 책임영역에 따른 부서별, 개인별 세부목표를 설정하고, 정해진 기준에 따라 각 구성원의 성과를 측정하여 평가하고 보상하는 경영기법이다. 목표관리를 학교경영기법으로 활용하는 경우 모든 학교 활동을 학교 교육목표에 집중시킴으로써 교육의 효율성을 제고시킬 수 있고, 교직원의 참여의식을 높이고, 교직원의 역할과 책무성을 명료히 하는 이점이 있다.
① 델파이기법은 어떤 문제를 예측, 해결하기 위해 체계적인 절차를 거쳐 전문가 집단의 의견을 수집하는 방법이다.
② 비용-수익분석법은 투입된 금액을 산출된 금전적 이익과 비교하여 손익을 분석하는 방법이다.
④ 영기준 예산제도(ZBBS)는 매 회계연도에 따라 전년도 사업을 전혀 고려하지 않고 모든 사업을 제로에서 다시 시작하는 것으로 간주하여 예산을 편성하는 제도이다.
⑤ 정보관리체제(MIS)는 의사결정자가 합리적인 의사결정을 내릴 수 있도록 필요한 정보를 신속하고 정확하게 제공해 주는 체제이다.

🔒 ③

09 다음 〈보기〉의 내용을 가장 잘 나타내고 있는 학교관리기법은? 01 초등

> ┌ 보기 ┐
> • 집단 간의 역동적인 상호작용 중시
> • 행동과학의 지식과 기술을 주로 활용
> • 학교조직의 구조, 가치, 신념을 변화시키기 위한 교육전략 활용
> • 학교의 목적과 개인의 욕구를 결부시켜 학교 전체의 변화 도모

① 조직개발기법(OD)
② 정보관리기법(MIS)
③ 목표관리기법(MBO)
④ 과업평가기법(PERT)

🔲 학교경영기법(조직개발기법)

조직개발기법(OD)이란 행동과학적인 지식과 기술을 활용하여 조직의 목적과 개인의 욕구를 결부시켜서 조직 전체의 변화와 발전을 도모하려는 노력이다. 따라서 조직개발은 새롭고 급격히 변화하는 기술, 시장, 도전에 잘 적응할 수 있도록 조직의 구조, 가치, 신념, 태도 등을 변화시키기 위해 고안된 복합적인 교육전략이다. 조직개발기법의 성격으로는 계획적·포괄적·장기적 변화, 행동과학의 활용, 집단지향적, 집단 간의 역동적 상호작용, 평등주의, 현재성 등이 있다.

🔒 ①

10 다음 사례에서 김 교사가 채택하고 있는 학교경영기법으로 가장 적합한 것은? 04 초등

> 부장교사인 김 교사는 '과학의 날' 행사를 일정에 맞게 차질 없이 추진하기 위해 행사와 관련된 세부적인 작업활동과 단계 및 상호관계, 소요시간과 경비 등을 검토하여 플로차트(flow chart)를 작성하고 이에 따라 업무를 추진하였다.

① 사업평가검토기법(PERT)
② 경영정보체제(MIS)
③ 영기준 예산제도(ZBBS)
④ 목표관리기법(MBO)

⊞ **학교경영기법**(과업평가검토기법)

어떤 사업수행에 필요한 세부적인 작업 활동과 단계, 이들의 상호관계 등을 검토하여 플로차트(flow chart)를 작성하고 이에 따라 업무를 추진하는 방법이다. 과업평가검토기법은 '활동과 단계의 구분 → 플로차트(flow chart) 작성 → 각 작업 활동의 소요시간 추정 → 전체 과제 수행시간 추정'의 절차를 거친다.

🔒 ①

---

11 〈보기〉의 내용들을 실현하는 데 가장 적합한 학교경영관리 기법은? 07 초등

┌─ 보기 ┐

• 효율적인 예산 통제가 가능하며, 최저 비용으로 일정 단축이 가능하다.
• 작업 요소별로 책임부서가 명확해짐으로써 원만한 작업수행이 가능하다.
• 작업 과정의 작성에 관계자들이 참여하게 되므로 구성원들의 참여 의식이 높아진다.
• 작업 과정의 전모를 파악할 수 있기 때문에 작업 추진에 앞서 애로사항을 파악할 수 있다.
• 특정한 과업을 추진하기 위한 세부 작업 활동의 순서와 상호관계를 유기적으로 파악할 수 있다.

└─────────┘

① 정보관리체제(MIS)
② 목표관리기법(MBO)
③ 기획예산제도(PPBS)
④ 과업평가계획기법(PERT)

⊞ **학교경영기법**(과업평가검토기법)

어떤 사업수행에 필요한 세부적인 작업 활동과 단계, 이들의 상호관계 등을 검토하여 플로차트(flow chart)를 작성하고 이에 따라 업무를 추진하는 방법이다. 과업평가검토기법은 '활동과 단계의 구분 → 플로차트(flow chart) 작성 → 각 작업 활동의 소요시간 추정 → 전체 과제 수행시간 추정'의 절차를 거친다.

🔒 ④

---

12 〈보기〉와 가장 관계 깊은 학교경영기법은? 07 전문상담

┌─ 보기 ┐

• 각 활동과 단계를 명확하게 하기 위해 도식화한다.
• 선후관계와 인과관계를 검토하여 과업을 합리적·체계적으로 수행한다.
• 흐름도(flow chart) 작성, 각 작업활동의 소요시간 추정, 전체 과제 수행시간 추정 등의 과정을 거친다.

└─────────┘

① 조직개발기법(OD)
② 경영정보체제(MIS)
③ 영기준 예산제도(ZBBS)
④ 과업평가계획기법(PERT)

⊞ **학교경영기법**(과업평가검토기법)

어떤 사업수행에 필요한 세부적인 작업 활동과 단계, 이들의 상호관계 등을 검토하여 플로차트(flow chart)를 작성하고 이에 따라 업무를 추진하는 방법이다. 과업평가검토기법은 '활동과 단계의 구분 → 플로차트(flow chart) 작성 → 각 작업 활동의 소요시간 추정 → 전체 과제 수행시간 추정'의 절차를 거친다.

🔒 ④

---

13 어떤 교사가 민주적으로 학급을 운영하고자 한다. 이 교사가 학생들에게 자율적으로 청소를 하게 할 때 교사가 해야 할 일로 가장 중요한 것은? 05 중등

① 학생들의 활동을 잘 관찰할 수 있는 위치를 확보한다.
② 청소와 관련된 규칙을 만들 때부터 학생들이 참여하도록 한다.
③ 먼저 청소의 모범을 보여 학생들을 감동시키도록 노력한다.
④ 학생들 각자가 맡은 청소구역을 보다 구체적으로 제시하고 책임을 분명히 한다.

학급경영의 원칙(민주적 학급경영)

'민주적 학급경영'은 인간 존중, 자유, 평등 및 참여와 합의 등의 민주주의의 원칙에 입각하여 학급을 조직하고 운영하는 것을 의미한다. 민주적으로 운영되는 학급에서는 학급 구성원 개개인의 인격이 존중되고 자유로운 학급 분위기가 조성된다. 또한 평등하고 공정한 처사에 의하여 학급이 운영되고, 학급 구성원이 학급 운영에 참여할 수 있는 절차와 과정이 마련되고 존중된다. 이러한 민주적 학급운영은 학급이 민주주의의 학습장이라는 의미에서도 의의가 크다. 따라서 교사가 학생들에게 자율적으로 청소를 하게 하기 위해서는 청소와 관련된 규칙을 만들 때부터 학생들이 참여하도록 해야 한다.

🔒 ②

학급경영의 원칙(민주적 학급경영)

'민주적 학급경영'은 인간 존중, 자유, 평등 및 참여와 합의 등의 민주주의의 원칙에 입각하여 학급을 조직하고 운영하는 것을 의미한다. 민주적으로 운영되는 학급에서는 학급 구성원 개개인의 인격이 존중되고 자유로운 학급 분위기가 조성된다. 또한 평등하고 공정한 처사에 의하여 학급이 운영되고, 학급 구성원이 학급 운영에 참여할 수 있는 절차와 과정이 마련되고 존중된다. 이러한 민주적 학급운영은, 학급이 민주주의의 학습장이라는 의미에서도 의의가 크다.

🔒 ④

14 학급경영의 주체를 다음과 같이 파악하고 있는 교사들이 학급경영 과정에서 보이는 행동 특성을 〈보기〉에서 모두 고르면? 10 초등

> 교육의 목적은 학생들이 민주 사회의 시민으로 성장하도록 돕는 데 있다. 자율적으로 자신의 책임을 다하는 시민만이 민주 사회에서 바람직한 삶을 영위할 수 있다. 학급경영에서도 마찬가지이다. 학생들이 학급 공동체를 구성하고, 자율적으로 학급 내의 문제를 발견하고 해결할 권리와 책임이 있다.

> ── 보기 ──
> ㄱ. 학생들의 개인차를 중시한다.
> ㄴ. 학급 내의 의사결정에서 학생에게 재량과 자유를 충분하게 부여한다.
> ㄷ. 학급경영에 소요되는 시간을 의미 있고 생산적인 것으로 활용한다.
> ㄹ. 학급경영 과정에서 스티커 제도를 활용하는 등 보상적 권한을 자주 행사한다.
> ㅁ. 문제행동을 할 때, 예상되는 결과의 경중에 따라 학생이 자연적 결과를 경험하도록 지켜보기도 한다.

① ㄴ, ㄹ
② ㄱ, ㄴ, ㄷ
③ ㄱ, ㄷ, ㄹ
④ ㄱ, ㄴ, ㄷ, ㅁ
⑤ ㄱ, ㄴ, ㄷ, ㄹ, ㅁ

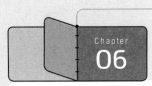

Chapter
06

생활지도와 상담

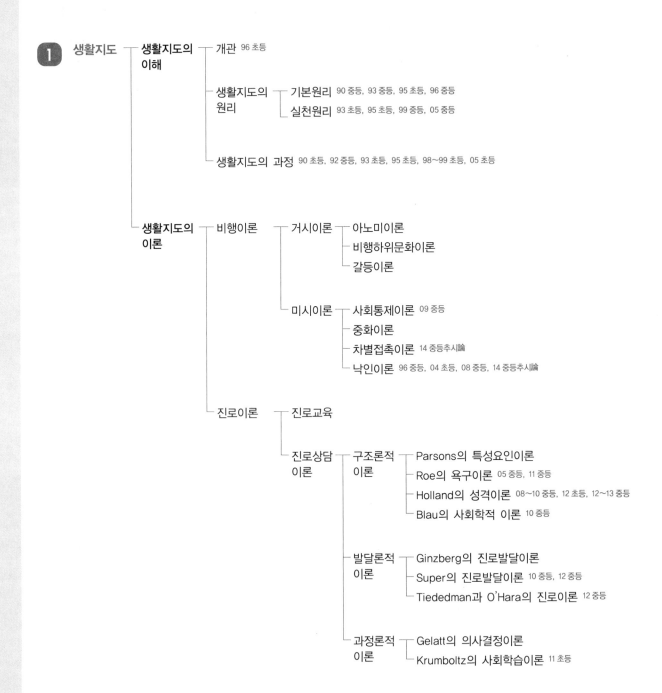

1 생활지도 ── **생활지도의** ── 개관 ^{96 초등}
　　　　　　　이해
　　　　　　　　　　── 생활지도의 ── 기본원리 ^{90 중등, 93 중등, 95 초등, 96 중등}
　　　　　　　　　　　　원리　　　└ 실천원리 ^{93 초등, 95 초등, 99 중등, 05 중등}

　　　　　　　　　　└ 생활지도의 과정 ^{90 초등, 92 중등, 93 초등, 95 초등, 98~99 초등, 05 초등}

　　　　　　　생활지도의 ── 비행이론 ── 거시이론 ── 아노미이론
　　　　　　　이론　　　　　　　　　　　　├ 비행하위문화이론
　　　　　　　　　　　　　　　　　　　　　└ 갈등이론

　　　　　　　　　　　　　　　　└ 미시이론 ── 사회통제이론 ^{09 중등}
　　　　　　　　　　　　　　　　　　　　├ 중화이론
　　　　　　　　　　　　　　　　　　　　├ 차별접촉이론 ^{14 중등추시論}
　　　　　　　　　　　　　　　　　　　　└ 낙인이론 ^{96 중등, 04 초등, 08 중등, 14 중등추시論}

　　　　　　　　　　└ 진로이론 ── 진로교육

　　　　　　　　　　　　　　　└ 진로상담 ── 구조론적 ── Parsons의 특성요인이론
　　　　　　　　　　　　　　　　　이론　　　이론　　├ Roe의 욕구이론 ^{05 중등, 11 중등}
　　　　　　　　　　　　　　　　　　　　　　　　├ Holland의 성격이론 ^{08~10 중등, 12 초등, 12~13 중등}
　　　　　　　　　　　　　　　　　　　　　　　　└ Blau의 사회학적 이론 ^{10 중등}

　　　　　　　　　　　　　　　　　　　　└ 발달론적 ── Ginzberg의 진로발달이론
　　　　　　　　　　　　　　　　　　　　　　이론　　├ Super의 진로발달이론 ^{10 중등, 12 중등}
　　　　　　　　　　　　　　　　　　　　　　　　└ Tiededman과 O'Hara의 진로이론 ^{12 중등}

　　　　　　　　　　　　　　　　　　　　└ 과정론적 ── Gelatt의 의사결정이론
　　　　　　　　　　　　　　　　　　　　　　이론　　└ Krumboltz의 사회학습이론 ^{11 초등}

2 상담활동 ┬ **상담이해** ┬ 상담의 이해 ^{96 초등, 08 중등, 10 초등}
　　　　　　　　　├ 상담의 기본조건 ^{91 중등, 99 초등추시 · 중등, 02~03 초등}
　　　　　　　　　└ 상담의 상담기법 ^{97~98 초등, 99 초등추시, 02 초등, 04 중등, 06~12 초등, 08~10 중등, 12 초등}

　　　　　└ **상담이론** ┬ 정신역동적 상담이론 ┬ Freud의 정신분석적 상담이론 ^{10 중등, 12 중등}
　　　　　　　　　　　　　　　　　　　├ Jung의 분석심리학적 상담이론
　　　　　　　　　　　　　　　　　　　└ Adler의 개인심리학적 상담이론 ^{04 중등, 07 초등}

　　　　　　　　├ 행동중심 상담이론 ┬ Pavlov의 고전적 조건형성이론
　　　　　　　　　(행동주의 상담이론) ├ Skinner의 조작적 조건형성이론
　　　　　　　　　94 초등, 99 초등추시, 06 초등, └ Bandura 사회적 인지학습이론
　　　　　　　　　07~08 중등, 11~12 중등,
　　　　　　　　　14 중등추시論

　　　　　　　　├ 인지중심 상담이론 ┬ Williamson의 지시적 상담이론 ^{00 중등}
　　　　　　　　　(인지적 상담이론) ├ Ellis의 합리적 · 정서적 행동치료 ^{00 초등추시, 02~03 중등, 03 초등, 05 초등, 08 초등, 10 중등, 12 중등}
　　　　　　　　　　　　　　　　　　　├ Beck의 인지치료 ^{01 초등, 06 초등, 11 초등}
　　　　　　　　　　　　　　　　　　　├ Glasser의 현실치료 ^{05~06 중등, 09~10 초등, 12~13 중등}
　　　　　　　　　　　　　　　　　　　└ Berne의 교류분석이론 ^{01 초등, 12 초 · 중등}

　　　　　　　　├ 정서중심 상담이론 ┬ Rogers의 인간중심 상담이론 ^{91 중등, 93~94 초등, 99 초등보수, 00 초등, 01 중등, 02 초등, 03 중등, 06 초등, 10 중등, 12~13 중등, 14 중등추시論}
　　　　　　　　　(인본주의 상담이론) ├ Perls의 게슈탈트 상담이론 ^{07~08 중등, 10~11 중등}
　　　　　　　　　　　　　　　　　　　└ Frankl의 실존주의 상담이론 ^{94 중등}

　　　　　　　　└ 기타 상담이론 ┬ 해결중심 상담이론 ^{08 중등, 10 초등, 12 초등}
　　　　　　　　　　　　　　　　　├ 집단상담
　　　　　　　　　　　　　　　　　└ 학교상담

Section 01 생활지도

01) 생활지도의 이해

01 〈보기〉에서 생활지도의 원리를 바르게 실천하고 있는 예를 모두 고른 것은? [05 중등]

> 보기
>
> ㄱ. A교사는 담임 학급의 학생들에게 학교폭력 예방을 위한 집단활동을 전개하였다.
> ㄴ. B교사는 진학지도를 위해 학생들의 적성검사와 학업성취도 검사결과를 활용하였다.
> ㄷ. C교사는 학생 개개인의 개성이나 권리보다는 학급 전체 구성원들의 집단역동에 더 많은 관심을 집중하였다.
> ㄹ. D교사는 이번 학기 들어 우울증으로 자살을 시도해 온 학생을 외부에 의뢰하지 않고 직접 지도하였다.

① ㄱ, ㄴ   ② ㄷ, ㄹ
③ ㄱ, ㄴ, ㄷ   ④ ㄴ, ㄷ, ㄹ

■■ 생활지도의 실천원리

생활지도의 실천원리에는 전인성의 원리, 균등성의 원리, 적극성의 원리, 과학성의 원리, 계속성의 원리, 협력성의 원리 등이 있다. 〈보기〉에서 ㄱ은 적극성의 원리, ㄴ은 과학성의 원리를 실천한 사례로 볼 수 있다. ㄷ의 생활지도는 학생 개개인의 가능성을 최대한으로 발달하도록 도와주는 것이므로, 학생 개개인의 개성이나 권리를 존중해야 한다. 그러므로 C교사가 학생 개개인의 개성이나 권리보다 학급 전체 구성원들의 집단역동에 더 많은 관심을 집중한 것은 바람직하지 않다. ㄹ에서 D교사가 우울증으로 자살을 시도해 온 학생을 외부에 의뢰하지 않고 직접 지도한 것은 '협력성의 원리'에 위배된다. 생활지도 활동은 학교에서뿐만 아니라 가정, 지역사회가 상호 유기적 관계를 맺고서 아동의 올바른 성장·발달을 도와주어야 한다.

🔒 ①

02 생활지도의 각 영역과 그에 따른 지도내용이 바르게 짝지어진 것은? [99 초등]

① 조사활동 : 전입생의 학교생활 적응을 위한 학교 안내
② 정보활동 : 학생 이해를 돕기 위한 각종 실태 분석 수집
③ 상담활동 : 학생이 안고 있는 당면한 문제해결을 위한 의논
④ 정치활동 : 졸업생과 중도 탈락자들과의 문제 상담

■■ 생활지도의 영역

생활지도는 조사활동, 정보활동, 상담활동, 정치활동, 추수활동 등으로 이루어진다. ①은 정보활동, ②는 조사활동, ③은 상담활동, ④는 추수활동의 설명이다. 따라서 생활지도 영역과 지도내용이 바르게 짝지어진 것은 ③이다.

🔒 ③

03 다음에 나타난 상황으로 보아 제대로 이루어지지 못한 활동은? [95 초등]

> 영일이는 체력장 특급 대상자로 특정 중학교에 배정 받았으나 소질에 맞는 적절한 종목을 찾지 못하고 다시 일반 중학교로 전학하게 되었다.

① 상담활동   ② 정치활동
③ 정보활동   ④ 추수활동

88 생활지도의 영역(정치활동)

정치활동이란 상담결과를 이용하여 학생들을 적재적소에 배치하는 활동을 말한다. 지문에서 학생의 적성과 소질에 맞게 적절한 종목에 배치하지 못한 것은 정치활동이 제대로 이루어지지 못했기 때문이다.

🔒 ②

04 〈보기〉의 생활지도 활동에 해당되는 것은? 05 초등

┌─ 보기 ─┐

철수는 ADHD의 증상을 자주 나타내는 아동이다. 철수의 담임 선생님은 인터넷을 통해서 그 지역의 상담기관들을 조사해서 부모에게 알려 드렸다. 그리고 부모의 동의를 얻어 상담기관에 철수의 지도를 요청하였다.

① 위탁활동   ② 조사활동
③ 정치활동   ④ 추수지도활동

88 생활지도의 영역(위탁활동)

위탁활동이란 상담자가 자기능력으로 해결할 수 없는 내담자의 문제를 전문기관에 맡기는 활동을 말한다. 〈보기〉와 같이 ADHD (주의력결핍과잉행동장애) 아동이나 정서장애(자폐증 포함) 증상의 아동이 있을 경우는 전문상담기관을 조사해서 그 아동의 부모에게 알려주고, 그 부모의 동의를 얻어 전문상담기관에 위탁을 할 수 있다. 이는 위탁활동에 속한다.

🔒 ①

02 생활지도의 이론

01 다음은 교사가 학생들에게 진로지도활동을 시작하면서 소개한 내용의 일부이다. 이 내용에 가장 적합한 진로이론은?

05 중등

┌─────────────────────────┐

인생 초기에 어떤 방식으로 양육되었고, 어떤 경험을 했느냐는 여러분이 장차 어떤 직업을 택하게 되는가에 중요한 영향을 미칩니다. 부모가 자녀를 대하는 양상에 따라 3가지 심리적 환경이 조성됩니다. 냉담한(cold) 가정 분위기, 온정적 또는 냉담한(warm or cold) 가정 분위기, 온정적(warm) 가정 분위기가 그것들입니다.
… (중략) …
수용이나 거부 또는 과잉보호나 과잉 요구에 대한 여러분의 감정이 인간 지향적이거나 비인간 지향적인 생활양식을 발전시키게 됩니다. 이는 결국 여러분들로 하여금 특정한 직업을 선택하도록 하는 진로 지향성을 형성하도록 합니다.

└─────────────────────────┘

① 수퍼(D. Super)의 발달이론
② 홀랜드(J. Holland)의 성격이론
③ 로우(A. Roe)의 욕구이론
④ 파슨스(F. Parsons)의 특성요인이론

88 로우(Roe)의 욕구이론

욕구이론은 개인의 욕구가 직업선택에 큰 영향을 미친다는 이론이다. 이에 따르면, 직업선택은 부모와 자녀의 관계(부모의 양육방식)에서 형성된 개인의 성격과 욕구구조에 의해 결정된다고 본다.

🔒 ③

02 로우(A. Roe)의 욕구이론에 관한 설명으로 옳은 것을 〈보기〉에서 고른 것은? ^{11중등}

보기

ㄱ. 개인의 직업적 성격유형을 직업환경과 연결시킨 육각형 모형에 기반하고 있다.

ㄴ. 부모와 자녀의 관계에 따라 자녀의 성격이 형성되고, 이는 직업선택에 영향을 준다고 본다.

ㄷ. 냉담한 양육환경에서 성장한 사람은 인간 지향적인(person-oriented) 직업을 선택하게 된다고 본다.

ㄹ. 새로운 직업분류체계를 개발함으로써 직업선호도 검사, 직업흥미 검사, 직업명 사전 개발에 영향을 주었다.

① ㄱ, ㄴ ② ㄱ, ㄷ
③ ㄴ, ㄷ ④ ㄴ, ㄹ
⑤ ㄷ, ㄹ

▦ 로우(Roe)의 욕구이론

욕구이론은 개인의 욕구가 직업선택에 큰 영향을 미친다는 이론이다. 이에 따르면, ㄴ. 직업선택은 부모와 자녀의 관계(부모의 양육방식)에서 형성된 개인의 성격과 욕구구조에 의해 결정된다고 본다. ㄹ. 로우(Roe)는 직업들을 흥미에 기초해 총 8가지의 직업군으로 구분하고 책무성에 기초해 6가지 수준으로 나누었는데, 어떤 직업분야 내에서 선택되는 수준은 개인의 욕구강도에 따라 결정된다고 한다.
ㄱ. 홀랜드의 성격이론에 대한 설명이다. ㄷ. 냉담한 양육환경에서 성장한 사람은 비인간 지향적인 직업을 선택하게 된다고 본다.

🔒 ④

03 최 교사는 학생들의 진로지도를 위하여 홀랜드(J. Holland)의 진로탐색검사를 실시하였다. 검사 결과, 영철이의 직업적 성격유형은 다음 그림의 ㉠과 ㉡에 해당되는 것으로 나타났다. 영철이의 직업적 성격특성을 가장 잘 설명하는 것은?

^{09중등}

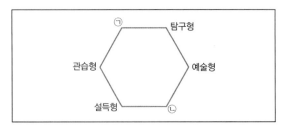

	㉠	㉡
①	다른 사람들과 어울리는 것을 좋아하고, 다른 사람들을 도와주는 활동을 선호한다.	계획에 따라 일하기를 좋아하며, 계산적인 능력을 발휘하는 활동을 선호한다.
②	지도력과 통솔력이 있으며, 말을 잘하고 다른 사람들을 관리하는 활동을 선호한다.	기계를 만지거나 조작하는 것을 좋아하며, 몸을 움직이는 활동을 선호한다.
③	정확하고 분석적이며, 지적 호기심이 많고 체계적인 활동을 선호한다.	변화와 다양성을 좋아하고, 자유롭고 창의적인 활동을 선호한다.
④	계획에 따라 일하기를 좋아하며, 계산적인 능력을 발휘하는 활동을 선호한다.	지도력과 통솔력이 있으며, 말을 잘하고 다른 사람들을 관리하는 활동을 선호한다.
⑤	기계를 만지거나 조작하는 것을 좋아하며, 몸을 움직이는 활동을 선호한다.	다른 사람들과 어울리는 것을 좋아하고, 다른 사람들을 도와주는 활동을 선호한다.

▦ 홀랜드의 인성이론(RIASEC 6각형 모델)

홀랜드(Holland)는 개인의 성격(인성)유형이 직업선택에 중요한 영향을 미친다고 보았다. 즉 사람들은 자기의 성격(인성)유형을 표출할 수 있는 직업환경을 선택한다고 보고, 6가지 성격유형과 직업환경유형을 제시하였다. 그림에서 ㉠은 실재형, ㉡은 사회형이다.
⑤ 실재형은 기계를 만지거나 조작하는 것을 좋아하며, 몸을 움직이는 활동을 선호한다(◙ 기술자, 정비사, 항공기 조종사, 운동선수).
사회형은 다른 사람들과 어울리는 것을 좋아하고, 다른 사람들을 도와주는 활동을 선호한다(◙ 교사, 사회복지사, 상담사, 간호사).

🔒 ⑤

04 진로이론에 대한 설명 중 옳은 것을 〈보기〉에서 고른 것은?

12 중등

┌─ 보기 ┐

ㄱ. 홀랜드(J. Holland)의 진로이론 : 성격유형과 환경유형을 각각 6가지로 구분하고, 책무성 수준에 따라 직업 분류 체계를 만들었다.

ㄴ. 로우(A. Roe)의 진로이론 : 흥미에 기초해서 직업분야를 8개의 군집으로 나누고 직업군의 선택은 부모─자녀 관계 속에서 형성된 도구적 학습경험에 의해서 결정된다.

ㄷ. 수퍼(D. Super)의 진로이론 : 진로발달은 인간의 전 생애에 걸쳐서 이루어지며, 15~17세 시기는 자신의 욕구, 흥미, 능력 등을 고려하여 잠정적인 진로를 선택하는 탐색기에 해당된다.

ㄹ. 티이드만과 오하라(D. Tiedeman & R. O'Hara)의 진로이론 : 직업발달이란 직업 자아정체감을 형성해 나가는 계속적 과정이며, 직업 자아정체감은 의사결정을 되풀이하는 과정에서 성숙된다.

① ㄱ, ㄴ   ② ㄱ, ㄷ   ③ ㄴ, ㄷ
④ ㄴ, ㄹ   ⑤ ㄷ, ㄹ

🔡 **진로이론**(홀랜드, 로우, 수퍼, 티이드만과 오하라)

ㄷ. 수퍼에 의하면, 인간은 자아개념과 일치하는 직업을 선택하며, 이러한 의미에서 직업선택은 자아개념의 실행이다. 수퍼는 진로발달을 전 생애에 걸쳐 이루어지는 연속적인 과정으로 보고, 진로발달 5단계를 제시하였다. 성장기(1~14세), 탐색기(15~24세), 확립기(25~44세), 유지기(45~66세), 쇠퇴기(66세~)가 그것이다. 탐색기는 자신의 욕구, 흥미, 능력 등을 고려하여 잠정적으로 진로를 선택하는 잠정기, 자아개념이 직업적 자아개념으로 전환되는 전환기, 적합하다고 판단한 직업을 시행하며 적합 여부를 시험하는 시행기를 거친다. ㄹ. 티이드만과 오하라(D. Tiedeman&R. O'Hara)는 진로발달은 직업 자아정체감을 형성하는 과정으로 정의하며, 연령과 관계없이 의사결정을 통해 직업의식이 발달한다고 본다. 진로결정과정 7단계(탐색기 ─ 구체화기 ─ 선택기 ─ 명료화기 ─ 순응기 ─ 개혁기 ─ 통합기)를 크게 예상기와 실천기로 구분하고 있다. 한편, ㄱ. 홀랜드는 직업적 성격유형에 따라 직업분류체계를 만들었다. ㄴ. 로우(Roe)는 직업들을 흥미에 기초해 총 8가지의 직업군으로 구분하고 책무성에 기초해 6가지 수준으로 나누었는데, 어떤 직업분야 내에서 선택되는 수준은 개인의 욕구강도에 따라 결정된다고 한다.

🔓 ⑤

05 영철이의 진로선택 요인을 가장 잘 설명해 주는 상담이론은?

11 초등

김 교사는 '진로와 직업'이라는 집단상담 프로그램을 학생들에게 실시하였다. 김 교사는 학생들에게 직업카드를 보여주고 좋아하는 직업을 선택하게 한 후 그 이유를 발표하게 하였다. 변호사 카드를 선택한 영철이는 변호사가 되어 억울한 사람을 도와주고 싶다고 말하였다. 영철이는 최근 아버지가 친구의 빚보증을 섰다가 억울하게 법적 소송에 휘말려 어려움을 겪고 있는 사정을 이야기하였다.

① 로우(A. Roe)의 욕구이론
② 홀랜드(J. Holland)의 인성이론
③ 파슨스(F. Parsons)의 특성─요인이론
④ 크럼볼츠(J. Krumboltz)의 사회학습이론
⑤ 해켓과 베츠(G. Hackett & N. Betz)의 자기효능감이론

🔡 **크럼볼츠의 사회학습이론**

사회학습이론은 진로결정을 학습된 기술로서, 유전적 요인과 특별한 능력, 환경적 조건과 사건, 학습경험, 과제접근기술과 같은 진로결정요인들의 상호작용의 결과라고 본다. 진로결정에 영향을 주는 요인에는 유전적 요인과 특별한 능력, 환경적 조건과 사건, 학습경험, 과제접근기술이 있다.

🔓 ④

Section 02 상담활동

01 상담이해

01 다음은 상담을 담당하는 김 교사가 자기 반 학생을 접수, 면접하는 과정에서 행한 내용이다. 이 내용과 가장 밀접하게 관련되는 상담윤리는? 04 초등

> "상담실에서는 담임도 학생도 아닌 한 인간으로서 인격적으로 동등한 관계여야 해. 그리고 상담실을 나가면 우리는 다시 학생과 담임의 관계로 돌아갈 수 있어야 하거든. 그래야 상담이 될 수 있단다. 그럴 수 있겠니?"

① 상담자는 내담자에게 해로운 영향을 끼칠 수도 있는 이중적 관계를 피해야 한다.
② 상담자는 상담 전 내담자에게 상담의 목표, 기술, 규칙, 한계 등을 알려 주어야 한다.
③ 상담자는 자기가 속한 기관의 목적 및 방침에 모순되지 않는 활동을 할 책임이 있다.
④ 상담자는 상담을 통해 알게 된 내담자의 정보에 대해서 비밀을 보장할 책임이 있다.

상담의 기본원리(이중적 관계)
지문에서 교사는 학생을 지도하는 교사로서 또 상담을 하는 상담자로서 학생과의 관계가 이중적인 것을 볼 수 있다. 이런 경우에는 ① 상담자가 내담자에게 해로운 영향을 끼칠 수도 있으므로 피해야 한다. ②는 상담을 시작하기 전에 해야 할 원리와 관련되고, ③은 사회관계의 원리, ④는 비밀보장의 원리를 말한다.

🔒 ①

02 다음과 같은 상담과 심리치료의 차이점을 대비시킨 표에서 잘못된 것은? 96 초등

구분	상담	심리치료
① 목적	예방	교정
② 대상	정상의 문제	비정상의 문제
③ 방법	정서적인 방법	인지적인 방법
④ 관점	내담자의 문제는 질병이 아니다.	내담자의 문제는 일종의 질병이다.

상담과 심리치료의 차이점
상담(counseling)은 '정상인'을 대상으로 예방에 중점을 두면서 성장과 발달을 촉진하고자 한다면, 심리치료(psycho-therapy)는 '비정상인(환자 : 성격장애, 심리장애)'을 대상으로 치료와 교정에 중점을 두면서 장애를 완화시키고자 한다. 또, 상담은 인지적인 방법(생각이나 의견)을 활용하며 내담자의 문제를 질병으로 간주하지 않는다면, 심리치료는 정서적인 방법(증오, 애정, 충동)을 활용하며, 내담자의 문제를 질병으로 간주한다.

🔒 ③

03 상담하러 교사를 찾아온 학생의 잘잘못을 가리지 않고 학생을 귀중한 인간으로 존중하는 것은 상담관계의 기본조건 중 어느 것에 해당하는가? 00 서울초보

① 수용　　　　　② 승화
③ 일치　　　　　④ 투사
⑤ 공감적 이해

상담의 기본조건(수용)
수용은 내담자를 한 인간으로서 존중하고 있는 그대로 받아들이는 것을 말한다. 내담자의 행동, 감정, 태도 등이 긍정적인 것이든 부정적인 것이든 그대로 하나의 사실로 받아들여야 한다.

🔒 ①

04 영미는 볼멘소리로 "우리 아빠는 나만 보면 야단치세요"라고 불만을 털어놓고 있다. 이때 상담자로서 교사가 해줄 수 있는 '공감적 이해'의 가장 적합한 표현은 무엇인가?

99 초등추시

① 설마 아빠가 너만 미워하실 리가 있니?
② 아빠가 너만 미워하시는 것 같아 속상한가 보구나.
③ 자식이 잘되라고 하시는 말씀인데 네가 이해해야지.
④ 이제부터는 아빠 마음에 들도록 노력해 보는 게 어떠니?

⧉ 상담의 기본조건(공감적 이해)

공감적 이해는 상담자가 내담자의 입장에서 마치 내담자인 것처럼 (as if) 이해하는 것을 말한다. 상담자는 내담자가 표현하는 말뿐만 아니라 그 이면에 숨겨진 내담자의 감정, 신념까지 포착할 수 있어야 한다. 그러므로 상담자에게 '제3의 귀', '제3의 눈'이 요구된다.

🔒 ②

05 〈보기〉의 대화에 나타난 상담교사의 상담행위를 가장 적절하게 표현한 것은? 07 초등

┌─ 보기 ─┐

아 동 : 상담실에는 매일 와야 해요?
상담교사 : 상담은 보통 1주일에 한 번 하는데, 필요하다면 더 자주 할 수도 있단다.
아 동 : 그런데, 제가 선생님한테 말씀드리는 거 우리 엄마한테 말씀하실 건가요?
상담교사 : 아니란다. 네가 여기서 말하는 것은 선생님만 알고 있을 거야. 하지만 네가 너 자신이나 다른 사람에게 해가 되는 일을 한다고 생각이 들면 부모님께 말씀드릴 수도 있어.

① 직면   ② 상담목표 설정
③ 상담의 구조화   ④ 상담자의 자기노출

⧉ 상담기법(구조화)

구조화는 상담의 시작 단계에서 상담자가 상담과정의 본질, 제한조건 및 방향에 대하여 정의를 내려주는 것을 말한다.

🔒 ③

06 다음의 진로지도 상황에서 교사가 적용한 상담기법은?

04 중등

학생 : 우리 엄마 아빠는 제가 의과대학에 진학해서 의사가 되기를 바라세요. 하지만 어려서부터 제 꿈은 좋은 선생님이 되는 것이었거든요. 저는 사범대학에 진학해서 학생들을 잘 가르치고 지도하는 정말 좋은 선생님이 되는 꿈을 이루고 싶어요.

교사 : 네가 장차 의사가 되었으면 하는 부모님의 기대와 교사가 되려는 너의 꿈이 일치하지 않아서 많이 혼란스러운가 보구나. 너는 네 꿈을 이루기 위해 의과대학보다는 사범대학에 진학하고 싶은가 본데…….

학생 : 맞아요, 선생님. 저는 꼭 사범대학에 진학하고 싶은데, 부모님을 어떻게 설득해야 할지 모르겠어요. 저는 지금까지 한 번도 부모님 말씀을 거역한 적이 없었거든요.

① 반영   ② 직면
③ 해석   ④ 구조화

⧉ 상담기법(반영)

반영이란 내담자의 말과 행동에서 표현된 기본적인 감정·생각 및 태도를 상담자가 다른 참신한 말로 부언해 주는 것이다. 내담자의 말을 그대로 되풀이하는 것이 아니라, 그 내용의 밑바탕에 흐르고 있는 감정을 파악하는 것이 중요하다.

🔒 ①

07 상담교사가 '재진술'을 사용하여 학생과 상담하려고 한다. 다음 빈칸에 들어갈 알맞은 반응은? 08 중등

> 학생 : 친구들이 저만 따돌리고, 선생님들께서도 저에게 관심이 없어요.
>
> 교사 : ＿＿＿＿＿＿＿＿＿＿＿＿＿＿＿
>
> ＿＿＿＿＿＿＿＿＿＿＿＿＿＿＿

① 친구들이 너만 따돌리고 선생님들께서도 관심이 없단 말이구나.

② 선생님도 예전에 친구들한테 따돌림을 당했을 때 몹시 힘들었단다.

③ 친구들이 너만 따돌린다는 말이 무슨 말인지 좀 더 이야기해 줄 수 있니?

④ 친구들이 따돌리지 않고 선생님들도 너에게 관심을 가져 주었으면 했는데, 그렇지 않아서 많이 힘들었 겠다.

🔡 상담기법(재진술)

재진술은 내담자의 말을 그대로 되풀이하는 것을 말한다. 이는 내담자가 말한 내용 중 일부를 반복함으로써 상담의 방향을 초점화 (focusing)하는 기술이다. 내담자의 말을 요약하기 위해서는 말의 내용, 말할 때의 감정, 그가 한 말의 목적, 시기, 효과에 대해서 주의를 기울여야 한다. ②는 자기개방(자기노출), ③은 명료화, ④는 공감에 해당한다.

🔒 ①

08 〈보기〉의 상담사례에서 교사가 사용한 상담기법을 바르게 나열한 것은? 08 초등

> ┌ 보기 ┐
>
> 아동 : 어제 오빠랑 싸웠다고 엄마에게 혼났어요. 전 억울해요.
>
> 교사 : ㉠ 엄마에게 혼나서 억울하다는 거구나.
>
> 아동 : 예, 정말 오빠가 먼저 잘못했단 말이에요. 그 런데도 엄마는 저를 인정하지 않으시고 항 상 저만 혼내세요.
>
> 교사 : ㉡ 엄마가 너를 좀 인정해 주셨으면 하는 마 음이 있구나. 그런데 그렇지 않았으니 정말 섭섭했겠다.
>
> 아동 : (울면서) 정말이에요. 엄마는 계속 저를 인 정해주지 않았어요.
>
> 교사 : 그래, 울어도 괜찮아. 그동안 많이 울고 싶었 겠다.

	㉠	㉡
①	명료화	즉시적 반응
②	명료화	공감적 이해
③	재진술	즉시적 반응
④	재진술	공감적 이해

🔡 재진술, 공감적 이해

㉠ 재진술은 내담자의 말을 그대로 되풀이하는 것을 말한다. ㉡ 공감적 이해는 상담자가 내담자의 입장에서 마치 내담자인 것 처럼(as if) 이해하는 것을 말한다.

🔒 ④

09 아동이 "나는 태어나지 말았어야 했나 봐요."라고 말했을 때, 상담교사가 "난 이해가 잘 안 되는데 무슨 뜻인지 자세히 설명해 줄래?"라고 반응했다. 상담교사가 사용한 면담기 술은? 06 초등

① 직면　　　　　② 명료화

③ 재진술　　　　④ 감정의 반영

🔲 **상담기법**(명료화)

명료화는 막연한 것을 분명히 정리하고, 내담자의 말 중에서 모호한 점을 내담자가 확실히 알도록 해주는 것을 말한다.

🔒 ②

중요하다. 예를 들면 일상생활에서 의존적인 사람은 상담실에서도 상담자에게 지나치게 의존하는 경향이 있는데, 이때 상담자는 다른 사람과의 관계에 대해 언급하기보다는 내담자가 상담자와 맺는 관계에 대해서 언급하면서 내담자의 의존성을 지적하고 직면하는 등 즉시적 관계를 이용해 개입하는 것이 효과적일 수 있다.

🔒 ①

10 〈보기〉의 대화에서 상담교사가 사용하고 있는 상담면접기술로 가장 적절한 것은? 07 초등

┌─ 보기 ─┐

아   동 : 애들이 저를 놀리고 때려요. 어쩌죠? 선생님이라면 어떻게 하시겠어요? 선생님이 시키시는 대로 할게요.

상담교사 : 글쎄, 그런데 지금까지 네가 하는 이야기를 들어보면 너한테 어떤 문제들이 있는지만 계속 이야기하고 있어. 방금 전에 말한 문제뿐 아니라 이전에 말했던 문제들도 내가 어떻게 생각하는지 물어보고, 또 내가 시키는 대로 하겠다고 계속 이런 식으로 말하고 있거든. 선생님은 자세한 내용을 모르니까 당황스럽고, 또 마치 너한테 해결책을 줘야 할 것 같은 기분이 들어서 부담스럽기도 하구나.

① 즉시적 반응(immediacy)
② 정보 제공(information giving)
③ 직접적 지도(direct guidance)
④ 내담자의 감정 반영(reflection of feelings)

🔲 **상담기법**(즉시성)

즉시성이란 '지금-여기'서 벌어지는 일(상황) 또는 '지금-여기'에서의 상담자와 내담자의 관계에 직면하여 그것을 다루도록 하는 초점화 기술이다. 즉, '상담 관계에서 상담자와 내담자 간에 현재 이루어지는 상호작용'을 의미한다. 따라서 즉시적 반응이란 현재 내담자와 대화를 하며 상담자가 내적으로 경험하는 것을 활용하여 피드백을 주는 것이다. 즉시적 반응을 활용하여 상담하는 것은 상담실 내에서 내담자가 상담자에게 보이는 반응과 태도에 대해 즉시적인 자료를 통해 생생하고 구체적으로 개입할 수 있기 때문에

11 다음의 (가)와 (나)에서 최 교사가 학생들의 문제를 해결해 주기 위해 사용한 상담기법을 바르게 짝지은 것은? 11 초등

06

┌──────────────────────┐

(가) 수희는 학생들 앞에서 발표할 때마다 앞이 캄캄해지고 전날 준비한 발표 내용이 전혀 기억나지 않는다. 어지럼증이 나고 숨쉬기도 힘들어진다. 최 교사는 먼저 수희에게 이완훈련을 실시한 후 긴장될 때마다 이를 활용하도록 하였다. 다음으로는 불안을 유발하는 요인들을 그 강도에 따라 순서대로 적어 보도록 하였다. 마지막으로 이완된 상태에서 발표 장면을 상상하며 불안 강도가 낮은 것부터 높은 것까지 떠올려 보는 연습을 반복하게 하였다.

(나) 재   영 : 선생님, 저는 엄마 잔소리 때문에 괴로워요. 엄마는 제가 조금만 쉬고 있어도 "공부 안 하니?" 하고, 학교 마치고 집에 조금만 늦게 가도 "왜 이렇게 늦게 오니?" 하며 야단치세요. 엄마는 칭찬은 않고 늘 꾸중만 하세요.

최 교사 : 엄마가 잔소리하고 야단만 쳐서 속상한 모양이구나. 그런데 그건 너에 대한 엄마의 관심의 표현일 거야. 너를 많이 사랑해서 그러시는 게 아닐까?

└──────────────────────┘

	(가)	(나)
①	역설적 개입	재구조화
②	역설적 개입	탈중심화
③	체계적 둔감법	직면
④	체계적 둔감법	재구조화
⑤	홍수법(flooding)	탈중심화

상담기법(체계적 둔감법, 재구조화)

(가) 체계적 둔감법은 역조건 형성을 응용하여 불안이나 공포를 일으키는 조건자극에 이완반응을 결합하여 불안이나 공포를 소거하는 방법이다. 이 과정의 단계는, 근육의 긴장을 이완하고, 불안위계목록을 작성하며, 위계의 목록에 따라 가장 불안을 덜 느끼는 것부터 상상과 긴장이완을 반복하여 체계적으로 불안에 대해 둔감하게 만드는 단계로 진행된다.

(나) 재구조화는 다른 사람의 동기를 살펴서 다른 사람의 행동을 다른 관점에서 보도록 유도하는 기법이다. 비합리적인 사고로 인해 나타나는 비합리적 반응을 해결하기 위한 합리적인 사고를 하도록 하는 상담이다. 상담자는 내담자가 지각하는 상황을 보다 합리적인 방법으로 학습하도록 돕는다.

🔓 ④

---

13 〈보기〉에 있는 내담자의 경험을 중심으로 상담할 때, 상담자의 면담기법과 내용이 바르게 짝지어진 것은? 02 초등

| 보기 |

지난밤 꿈에 저는 아버지와 사냥을 갔어요. 제가 글쎄 사슴인 줄 알고 총을 쏘았는데, 나중에 가까이 가보니 아버지가 죽어 있었어요. 그래서 깜짝 놀라 잠을 깼어요. 제가 얼마 전에 〈디어 헌터〉라는 영화를 보아서 그런 꿈을 꾸었는지도 모르겠어요.

① 해석 : 그런 꿈을 꾼 후, 여러 날 잠을 잘 못 이루었겠군요.

② 명료화 : 그런 끔찍한 꿈을 꾸고 마음이 몹시 아팠겠군요.

③ 직면 : 혹시 아버지가 일찍 사고로 세상을 떠났으면 하는 생각이 마음 한구석에 있었던 것 아닌가요?

④ 반영 : 꿈이었겠지만 총을 잘못 쏘아서 아버지를 돌아가시게 한 죄책감 같은 것을 느꼈겠군요.

상담기법(직면)

③ 직면은 내담자가 모르고 있거나 인정하기를 거부하는 생각과 느낌에 대하여 주목하도록 하는 방법으로, 내담자가 가지고 있는 불일치·모순·생략 등을 상담자가 내담자에게 알려준다. ①은 내담자의 입장에서 내담자인 것처럼 이해하고자 하므로 '공감', ②는 내담자의 말과 행동에서 표현된 감정을 다른 참신한 말로 부언하고 있으므로 '반영', ④는 내담자의 말에 내포된 뜻을 죄책감으로 명확하게 설명하므로 '명료화'에 해당한다.

🔓 ③

---

12 상담교사가 내담 학생이 미처 깨닫지 못하고 있거나 인정하기를 거부하는 생각과 느낌에 대해 주목하도록 하는 것으로서, 언어적 행동과 비언어적 행동이 불일치되는 점을 깨닫게 하기 위해 사용되는 상담기법은? 99 중등추시

① 반영   ② 직면

③ 해석   ④ 재진술

상담기법(직면)

직면은 내담자가 모르고 있거나 인정하기를 거부하는 생각과 느낌에 대하여 주목하도록 하는 방법으로, 내담자가 가지고 있는 불일치·모순·생략 등을 상담자가 내담자에게 알려준다.

 ②

14 다음 대화의 ㉠, ㉡, ㉢에서 김 교사가 활용하고 있는 상담 기법으로 가장 적절한 것은? 09 중등

	㉠	㉡	㉢
①	반영	직면	행동수정
②	재진술	해석	행동실험
③	반영	직면	문제해결
④	반영	해석	행동실험
⑤	재진술	해석	행동수정

> 철　수: 친구들이 모두 저를 싫어하는 거 같아요. 저한테는 아무도 말을 걸지 않아요.
> 김 교사: ㉠ 친구들과 친하게 지내고 싶은데 철수에게 말을 거는 친구가 없어 속상한가 보구나.
> 철　수: 네.
> 김 교사: 그런데 친구들이 철수를 싫어한다는 것은 어떻게 알게 되었지?
> 철　수: 그냥 알아요. 직접 듣지는 않았지만 느낌으로 알아요.
> 김 교사: ㉡ 철수 얘기를 들어보니 선생님 생각에는 그것이 사실이라기보다 철수 혼자서 그럴 거라고 짐작하고 있는 것 같구나.
> 철　수: 아니에요. 진짜 싫어해요.
> 김 교사: 그렇다면 철수 생각이 맞는지 우리 한번 확인해 보면 어떨까?
> 철　수: 어떻게요?
> 김 교사: 혹시 철수가 친구들한테 먼저 말을 걸어본 적 있니?
> 철　수: 아니요.
> 김 교사: 이번에는 철수가 친구들한테 먼저 말을 걸어보면 어떨까? 만약 다섯 명의 친구들에게 말을 건다면 몇 명이나 대답을 할 거 같아?
> 철　수: 아마 한 명도 없을 걸요?
> 김 교사: ㉢ 그럼 내일 다섯 명의 친구들에게 말을 걸어보고, 친구들이 한 명도 대답을 하지 않을 거라는 철수의 생각이 맞는지 확인해 보자. 그리고 방과 후에 나랑 만나서 결과를 살펴보고 다음 단계를 의논해 보는 거야. 할 수 있겠니?
> 철　수: 한번 해 볼게요. 그런데 무슨 말을 하죠?
> 김 교사: 아무 말이라도 좋아. 지우개를 빌려 달라고 해도 좋고 말이야.

🔢 **상담기법**(반영, 해석, 행동실험)

㉠ 반영은 내담자에 의해서 표현된 요소가 되는 주요 내용과 태도를 새로운 용어로 부연해 주는 것이다. 내담자의 말을 그대로 되풀이하는 것이 아니라, 그 내용의 밑바탕에 흐르고 있는 감정을 파악하는 것이 중요하다. ㉡ 해석은 내담자로 하여금 자신의 문제를 과거와는 다른 새로운 각도에서 이해하도록 내담자의 생활 경험과 행동의 의미를 설명하는 것이다. ㉢ 행동실험(behavior experiment)은 일련의 계획된 행동을 해봄으로써 내담자의 사고나 가정의 타당성을 직접적으로 검증해 보는 것을 말한다.

🔒 ④

15 다음 (가), (나), (다)의 박 교사 반응과 가장 부합하는 상담 기법을 각각 바르게 짝지은 것은? [12초등]

> (가) (가영이가 같은 반 친구와 다툰 일에 대해 괜찮다고 말하면서 울먹이며 눈시울이 약간 젖어 있다.)
> 박 교사: 가영아, 너는 괜찮다고 말하지만 목소리가 떨리고 눈물이 글썽이네.
>
> (나) (자신이 공부를 못해서 친구들에게 무시당한다고 생각하는 철수는 학교에서 친구들에게 습관적으로 욕을 하고 자주 싸운다. 그러나 박 교사는 이런 철수가 자신에게 관심을 보이는 음악 선생님께는 깍듯이 인사도 하고, 음악 시간에 좋은 수업태도를 보인다는 것을 알고 있다. 박 교사는 철수와 상담을 하고 있다.)
> 철　수: 애들이 나보고 공부 못한다고 할 때마다 화가 나서 참을 수가 없어요.
> 박 교사: 철수가 제일 화가 날 때는 친구들이 너를 무시한다는 느낌이 들 때구나. 무시당하는 느낌이 들면 화가 나고 그래서 욕을 하고 싸우게 되니 말이야. 그런 걸 보면 다른 사람들이 철수를 함부로 대하지 않고 존중해 주고 인정해 주는 것이 너에게는 정말 중요한가 보다.
>
> (다) 기　욱: 선생님, 저는 영희가 좋아요 그런데 영희가 어떤 때는 저에게 웃으며 대해 주다가 어떤 때는 차갑게 대해요. 영희가 저를 좋아하는지 싫어하는지 헷갈려요.
> 박 교사: 영희가 너를 대하는 태도가 때에 따라 달라지니까 너를 좋아하는지 아닌지 잘 모르겠다는 거구나.

	(가)	(나)	(다)
①	공감	해석	재진술
②	직면	재진술	해석
③	즉시성	재진술	자기개방
④	직면	해석	재진술
⑤	즉시성	직면	공감

⊞ 상담기법(직면, 해석, 재진술)

(가) 직면은 내담자가 모르고 있거나 인정하기를 거부하는 생각과 느낌에 대하여 주목하도록 하는 방법으로, 내담자가 가지고 있는 불일치·모순·생략 등을 상담자가 내담자에게 알려주는 것이다.
(나) 해석은 내담자가 자기의 문제를 새로운 관점에서 이해할 수 있도록 그의 행동, 사고, 감정의 새로운 의미를 설명해 주는 것이다.
(다) 재진술은 내담자의 말을 그대로 되풀이하는 것을 말한다. 이는 내담자가 말한 내용 중 일부를 반복함으로써 상담의 방향을 초점화(focusing)하는 기술이다.

🔒 ④

02 상담이론

01 다음은 교칙을 위반한 학생의 문제행동의 원인에 대해 설명한 상담기록의 일부이다. 여기에 적용된 상담 접근방법은?

04 중등

> 상습적으로 다른 학생들에게 폭력을 휘두르는 영철이의 행동은 자신의 열등감을 극복하고 우월해지고자 하는 동기가 표출된 결과이다. 이러한 행동은 자신을 알아주지 않는 주위 사람들에 대해 공격성을 나타냄으로써 자신도 중요한 사람이 될 수 있을 것으로 여기는 문제행동으로 볼 수 있다.

① 행동주의적 접근 　　② 인간중심적 접근
③ 개인심리학적 접근 　④ 인지행동주의적 접근

🔠 아들러의 개인심리학적 상담이론

개인심리학적 상담이론은 인간의 부적응행동은 비정상적인 방법으로 열등감을 해소하려고 할 때 발생한다고 보고, 내담자의 생활양식을 파악하여 바람직한 방향으로 생활양식을 바꾸도록 재교육하거나 재정향하는 상담방법이다.

🔒 ③

02 상담에서 〈보기〉의 내용을 강조한 인물은? 07 초등

> 보기
>
> • 열등감 　　　　　　• 생활양식
> • 사회적 관심 　　　• 허구적 최종 목적론

① 버언(E. Berne) 　　② 아들러(A. Adler)
③ 로저스(C. Rogers) 　④ 프로이트(S. Freud)

🔠 아들러의 개인심리학적 상담이론

아들러는 부적응행동 또는 이상행동이 개인의 열등감과 직접적으로 관계가 있다고 보고, 상담을 '내담자로 하여금 잘못된 발달을 재구성해 주고 그로 하여금 그의 생활양식과 사회적 상황을 이해하도록 돕는 일'이라고 정의하였다. 아들러의 성격이론의 주요 개념으로는 열등감 보상, 우월성의 추구, 생활양식, 사회적 관심, 창조적 자아, 출생순위, 허구적 최종 목적론(가공적 목적론)이 있다.

🔒 ②

03 시험불안 증세를 보이는 학생에게 적용할 수 있는 행동주의적 상담기법은? 06 초등

① 시험불안과 관련된 내담자의 방어기제를 해석한다.
② 불안위계목록을 작성하고 단계적으로 둔감화시킨다.
③ 내담자가 말하는 내용 속에 다른 숨은 의도가 있는지 분석한다.
④ 내담자에 대한 상담자의 생각과 감정을 솔직하게 이야기해 준다.

🔠 행동중심 상담이론

행동주의에서는 인간의 적응이든 부적응이든 대부분의 행동은 주어진 환경에 의해 학습된다는 전제에서 출발한다. 따라서 행동주의 상담이론은 인간의 잘못된 행동을 수정하는 관점에서 접근한다. 다양한 행동수정기법을 제시하는데, ②는 체계적 둔감법이다. ①은 정신분석적 상담, ③은 교류분석 상담, ④는 인간중심 상담에 대한 설명이다.

🔒 ②

04 다음의 현상을 설명하는 것은? 00 강원초보

> 철수는 글씨를 잘 못 쓴다. 연필 잡기를 싫어하고, 연필도 잘 못 잡고, 선을 바르게 긋지 못하며, 글씨를 쓰는 일에 집중을 못하기 때문이다. 김 교사는 글씨를 잘 쓰는 데 필요한 단계적 행동들을 구분한 다음, 철수가 이러한 행동 하나하나를 수행할 때마다 철수가 좋아하는 사탕을 주어서 글씨를 잘 쓰게 하였다.

① 행동조형 　　　　　② 소거
③ 2차적 강화 　　　　④ 프리맥(Premack)의 원리
⑤ 모델학습

🔠 행동수정기법(행동조형)

행동조형은 지금까지 한 번도 해본 적이 없는 새로운 행동을 가르치기 위하여 그 복잡하고 어려운 행동을 작은 단위의 하위행동으로 세분화하여, 제일 쉽고 낮은 수준의 행동으로부터 점차 어려운 행동으로 유도하여 결국 목표행동인 복잡하고 어려운 행동을 학습하도록 하는 순차적이고 점진적인 강화방법을 말한다.

🔒 ①

05 그릇된 행동을 하는 학생을 일시적으로 다른 장소에 격리시켜서 부적절한 행동을 줄이는 방법은? ^{00 서울초보}

① 소거
② 부적 강화
③ 토큰강화
④ 타임아웃
⑤ 체계적 감감법

> **◱◲ 행동수정기법**(타임아웃)
> 타임아웃은 문제행동을 할 때 정적 강화의 기회(쾌 자극)를 일시적으로 박탈하여 문제행동을 감소시키는 방법이다.
>
> 🔒 ④

06 수업에서 활용한 상담기법을 옳게 제시한 것은? ^{08 중등}

> 김 교사는 수학 시간에 ㉠ 일차 방정식을 푸는 과정을 보여주고 학생들에게 그 방법을 적용하여 문제를 따라서 풀어보도록 하였다. 그리고 ㉡ 학생들이 문제를 맞게 풀 때마다 칭찬을 하고 스티커 한 장을 주며 네 장 이상 모으면 자기가 하고 싶은 활동을 해도 좋다고 허락하였다. ㉢ 문제를 풀지 않고 떠들거나 다른 행동을 하는 학생에게는 교실 뒤편에 서서 김 교사가 풀어 놓은 방정식을 보도록 하였다.

	㉠	㉡	㉢
①	모델링	부적 강화	자극통제
②	모델링	토큰강화	타임아웃
③	조성법	토큰강화	자극통제
④	조성법	부적 강화	타임아웃

> **◱◲ 행동수정기법**(모델링, 토큰강화, 타임아웃)
> ㉠은 교사가 학생들에게 시범을 보이고 이를 학생이 따라 하도록 하는 모델링이며, ㉡은 물질적 또는 사회심리적 보상을 직접 제공하는 대신 나중에 일정한 값진 물건(학용품 또는 장난감)과 교환할 수 있는 상징적인 표(스티커, 점수, 사인 등)를 강화물로 제공하는 토큰강화이다. ㉢은 바람직하지 못한 행동을 감소·제거시키기 위해 그 행동을 한 학생을 일정 기간 동안 수업상황에서 격리시키는 타임아웃이다.
>
> 🔒 ②

07 다음 세 명의 교사가 학생의 행동 특성을 변화시키기 위해 제안한 상담기법으로 가장 적절하게 연결된 것은? ^{12 중등}

> 김 교사 : 명수는 숙제를 해오지 않는 경우가 많습니다. 이 문제를 해결하기 위해 부모님과 의논해서, 숙제를 모두 마치면 명수가 좋아하는 인터넷 게임을 할 수 있도록 해주는 것이 좋을 것 같습니다.
> 박 교사 : 영수는 교사의 지속적인 칭찬이 있을 때에는 주의집중하거나 과제물을 챙겨오는 등 긍정적 행동변화를 보이지만, 그 행동이 계속 유지되지 못하는 경향이 있습니다. 긍정적 행동변화를 지속시키기 위해 매번 칭찬하기보다는 가끔씩 하는 것이 좋을 것 같습니다.
> 서 교사 : 진수는 학교에서 당번이 되어 화장실 청소하는 것을 매우 싫어합니다. 그리고 과제물을 챙겨 오지 않는 경우가 빈번하여 학습에 지장을 초래하곤 합니다. 진수가 과제물을 잘 챙겨 오도록 하기 위해, 과제물을 챙겨 올 경우 화장실 청소를 면제해 주는 방법이 좋을 것 같습니다.

	김 교사	박 교사	서 교사
①	정적 강화	체계적 둔감화	부적 강화
②	정적 강화	간헐적 강화	타임아웃
③	행동조성	자기조절	모방학습
④	프리맥의 강화원리	간헐적 강화	부적 강화
⑤	프리맥의 강화원리	간헐적 강화	타임아웃

> **◱◲ 행동수정기법**(프리맥 원리, 간헐적 강화, 부적 강화)
> 프리맥의 강화원리란 빈도가 높은 행동을 이용하여 빈도가 낮은 행동을 강화하는 방법이며, 간헐적 강화는 매 행동마다 강화물을 주는 것이 아니라 가끔씩 강화물을 주는 것을 말한다. 부적 강화는 불쾌 자극을 제거하여 바람직한 행동의 발생빈도를 증가시키는 것을 말한다.
>
> 🔒 ④

08 다음 글의 (가)~(다)에서 김 교사가 학생들의 문제를 해결하기 위해 활용한 상담기법을 올바르게 짝지은 것은? ^{11 중등}

(가) 기훈이는 공부한 만큼 성적이 나오지 않는 편이라 공부 방법을 개선하고 싶어 한다. 김 교사는 기훈이가 효과적인 공부 방법을 사용할 수 있을 때까지 적절한 공부 방법을 알려주고 사용해 보도록 한 후, 피드백을 제공하였다.

(나) 수정이는 시험 때가 되면 너무 예민해지고 압박감을 많이 느낀다. 김 교사는 이완훈련과 불안위계를 사용하여 수정이의 시험불안을 줄이고자 하였다.

(다) 철수는 기말고사를 앞두고 '이번 시험은 틀림없이 망칠 것이고, 난 결국 인생의 실패자가 될 거야'라고 생각하고 있다. 김 교사는 철수에게 왜 이번 시험을 망칠 것이라고 확신하는지, 또 시험에 한두 번 실패 안 해 본 사람이 어디 있으며, 설령 시험 성적이 원하는 만큼 나오지 않는다고 해도 그것이 어떻게 인생의 실패와 관련되는지를 생각해 보도록 하여 합리적인 신념을 갖게 하고자 하였다.

	(가)	(나)	(다)
①	행동시연	체계적 둔감법	역설적 기법
②	행동시연	체계적 둔감법	논박하기
③	행동시연	용암법(fading)	논박하기
④	자극포화법	용암법(fading)	역설적 기법
⑤	자극포화법	용암법(fading)	논박하기

🔖 행동수정기법(행동시연, 체계적 둔감법, 논박하기)

(가)는 행동시연, (나)는 체계적 둔감법, (다)는 논박하기에 해당한다.

🔓 ②

09 심리검사나 면접을 통해 문제를 진단한 후 전문가가 이를 기초로 처방이나 조언을 직접해주는 상담기법은? ^{00 중등}

① 현실요법
② 지시적 상담기법
③ 내담자 중심 상담기법
④ 합리적-정서적 상담기법

🔖 지시적 상담이론

지시적 상담이론은 내담자의 모든 문제에 대하여 지시적인 요소로써 문제해결을 돕는 상담방법이다. 상담자는 내담자에게 합리적인 자료(해석, 정보, 조언, 충고)를 제공하여 내담자가 당면한 문제를 해결할 수 있도록 돕는다. 임상적 상담, 상담자 중심 상담이라고도 한다.

🔓 ②

10 〈보기〉의 대화에서 합리적-정서적 행동치료의 ABCDE 상담모형 중 B단계에 해당하는 것은? ^{08 초등}

보기

(가) 교사 : 어떤 이야기를 하고 싶니?
　　아동 : 너무 화가 나서 죽겠어요.
(나) 교사 : 무슨 일이 있었을래 그러니?
　　아동 : 호영이가 다른 애랑만 놀아요.
(다) 교사 : 어떤 생각이 들어 화가 난 걸까?
　　아동 : 호영이는 나랑만 놀아야 해요.
(라) 교사 : 호영이는 정말 너랑만 놀아야 될까?
　　아동 : 꼭 그렇지는 않지만……. 나랑 많이 놀면 좋겠어요.

---

① (가)　　　　　　② (나)
③ (다)　　　　　　④ (라)

🔖 엘리스의 인지·정서·행동치료(REBT)

엘리스의 인지·정서·행동치료에서는 비합리적인 자기대화를 제거하는 방법으로 ABCDE 기법을 활용한다. A(선행사건), B(rB, irB), C(결과), D(논박), E(효과)이다. 〈보기〉의 대화에서 '가'는 C단계, '나'는 A단계, '다'는 B단계, '라'는 D단계에 해당한다. 따라서 〈보기〉 중 B단계에 해당하는 것은 ③ '다'이다.

🔓 ③

11 다음 내용에 따르면 김 교사는 어느 이론의 입장에서 상담하고 있는가? 02 중등

> - 철수는 항상 남보다 공부를 잘하고 선생님으로부터 인정받아야 한다고 생각하고 있다.
> - 그래서 철수는 성적이 떨어지거나 선생님으로부터 꾸중을 들으면 심하게 좌절을 한다.
> - 교사는 상담과정에서 철수가 가지고 있는 신념은 현실성이 없음을 깨우치려고 노력하고 있다.
> - 교사는 철수에게 '남으로부터 항상 인정받고 있는 사람'이 있으면 예를 들어 보라고 말하기도 한다.

① 행동주의적 상담이론
② 정신분석적 상담이론
③ 형태주의적 상담이론
④ 합리적 · 정서적 · 행동적 상담이론

🔠 엘리스의 인지 · 정서 · 행동치료(REBT)

엘리스의 인지 · 정서 · 행동치료는 인간의 부적응행동의 원인을 비합리적 신념 때문이라고 보고, 내담자의 비합리적 신념을 합리적 신념으로 바꾸어 줌으로써 내담자의 정서적 · 행동적 결과를 변화시키고자 하는 상담방법이다. 지문에서 철수의 문제와 김 교사의 상담 과정을 보면 다음과 같다.

(1) "철수는 항상 남보다 공부를 잘하고 선생님으로부터 인정받아야 한다고 생각하고 있다."라는 것은 '비합리적 신념'이다.

(2) 이로 인해 "그래서 철수는 성적이 떨어지거나 선생님으로부터 꾸중을 들으면 심하게 좌절을 한다."라고 하는 '부정적 정서'가 유발된 것이다. 이에 대해 김 교사는 "철수에게 '남으로부터 항상 인정받고 있는 사람'이 있으면 예를 들어 보라고 말하기도 한다."라고 하여 '현실성에 근거한 논박'을 한다.

🔒 ④

12 〈보기〉 (가)~(사)의 상황과 엘리스(Ellis)의 합리 – 정서치료(RET) 요소가 바르게 연결된 것은? 03 중등

┌─ 보기 ─┐

(가) 나는 입학시험에 떨어졌다.

(나) 부모님께 죄책감이 들고 자신에게 절망감이 들었다.

(다) 방 안에서만 지내면서 아무도 만나지 않았다.

(라) 입학시험에 떨어진 것은 곧 파멸이라 생각했기 때문이었다.

(마) "떨어진 아이들도 많은데 유독 너만 파멸이라고 생각하면 되겠느냐"라는 어머니의 말씀을 듣고, "나는 왜 시험에 떨어지면 파멸이라고 생각했지?"라고 스스로 반문했다.

(바) 시험에 떨어진 것이 자랑은 아니지만, 그것이 곧 파멸은 아니라는 생각이 들었다.

(사) 시험에 떨어진 것이 불쾌하지만 절망하지는 않게 되면서, 내 실력에 맞는 다른 학교를 알아보게 되었다.

A: 선행사건, irB: 비합리적 신념, rB: 합리적 신념, C: 결과, D: 논박, E: 효과

	(가)	(나)	(다)	(라)	(마)	(바)	(사)
①	A	C	C	irB	D	rB	E
②	A	irB	D	rB	rB	irB	C
③	A	C	E	rB	D	E	C
④	A	irB	C	rB	D	rB	E

🔠 엘리스의 인지 · 정서 · 행동치료(REBT)

엘리스의 인지 · 정서 · 행동치료는 인간의 부적응행동의 원인을 비합리적 신념 때문이라고 보고, 내담자의 비합리적 신념을 합리적 신념으로 바꾸어 줌으로써 내담자의 정서적 · 행동적 결과를 변화시키고자 하는 상담방법이다. 비합리적인 자기대화를 제거하는 방법으로 ABCDE 기법을 활용한다. A(선행사건), B(rB, irB), C(결과), D(논박), E(효과)이다.

🔒 ①

13 다음의 사례를 보고 인지치료적 접근을 하는 상담자가 취하게 될 판단이나 행동으로 적절한 것은? 01 초등

> 내담자는 성적이 상위권인 모범생이다. 그러나 시험 준비를 할 때가 되면 항상 긴장이 심하고 두통, 설사, 몸살로 고생을 한다. 또 시험을 잘 못 보면 어쩌나 하는 걱정이 항상 떠나지 않고 시험에 실패하는 상상을 하면서 괴로워한다.

① 불안을 수용하고 공감하는 방법을 모색한다.
② 시험과 관련된 어떤 나쁜 경험이 있었을 것으로 판단한다.
③ 불안반응을 대체할 수 있는 이완기법을 가르치는 프로그램을 고려한다.
④ 불안을 지속시키고 증폭시키는 내담자의 생각이 무엇인지를 알려고 한다.

⚏ 벡의 인지치료

벡의 인지치료는 인간의 부적응행동의 원인을 역기능적 인지도식에서 발생하는 인지적 오류 때문이라고 보고, 부적절한 사고패턴을 변화시켜 줌으로써 긍정적인 감정, 행동, 사고를 갖도록 하는 상담방법이다. 따라서 인지행동치료는 인지에 초점을 맞추어 자동적 사고와 역기능적 인지도식을 찾아 이를 검증해 나가는 방식으로 진행된다. 그러므로 불안을 지속시키고 증폭시키는 내담자의 생각이 무엇인지를 알아야 한다.

🔒 ④

14 다음에서 무단결석을 한 철수의 문제행동에 대한 박 교사의 생각인 (가)에 가장 부합하는 상담이론은? 11 초등

> 철 수: 어제 늦잠을 잤어요. 아무리 서둘러도 1교시 수업에 늦을 것 같아 '지각할 바에는 학교에 가서 뭐 하나' 하는 생각을 했어요.
> 박 교사: 음, 그래서 결석을 했구나! …… 그런데 조금 늦게라도 학교에 왔으면 좋지 않았을까?
> 철 수: 어차피 수업에 늦을 바에는 학교에 안 가는 게 나을 것이라고 생각했어요.
> 박 교사: 지각할 바에는 결석하는 게 낫다고 생각했구나.
> (가) (박 교사는 철수의 무단결석이 흑백논리적 사고 때문이라고 보고, 그가 보다 합리적으로 사고할 수 있도록 도와주어야겠다고 생각하였다.)

① 인지행동 이론   ② 교류분석 이론
③ 게슈탈트 이론   ④ 정신분석 이론
⑤ 실존주의 이론

⚏ 벡의 인지치료

벡의 인지치료는 인간의 부적응행동의 원인을 역기능적 인지도식에서 발생하는 인지적 오류 때문이라고 보고, 부적절한 사고패턴을 변화시켜 줌으로써 긍정적인 감정·행동·사고를 갖도록 하는 상담방법이다. 현실을 왜곡하여 받아들이는 인지적 오류에는 임의적 추론, 선택적 추상화, 과잉일반화, 과대·과소평가, 사적인 것으로 받아들이기, 이분법적 사고(흑백논리) 등이 있다.

🔒 ①

15 상담교사는 〈보기〉에 제시된 아동의 반응을 '자동적 사고'로 해석하고, 과대 일반화 · 임의적 추론 · 낙인찍기의 개념을 사용하여 아동과 상담하였다. 상담교사가 취한 상담 접근은?

06 초등

┌─ 보기 ─┐

애들이 모두 저를 따돌려요. 오늘은 교문에서 미성이가 저를 못 본 체하고 가버렸어요. 애들이 저를 왕따시키는 것 같아요.

① 교류분석　　　　② 의미치료
③ 인지치료　　　　④ 현실치료

▣ **벡의 인지치료**

벡의 인지치료는 인간의 부적응행동의 원인을 역기능적 인지도식에서 발생하는 인지적 오류 때문이라고 보고, 부적절한 사고패턴을 변화시켜 줌으로써 긍정적인 감정, 행동, 사고를 갖도록 하는 상담방법이다.

🔒 ③

▣ **글래서의 현실치료**

글래서의 현실치료(reality therapy)에서는 개인의 기본적 욕구에서 비롯된 바람이 정말 무엇인가를 파악하지 못하거나, 파악했다 하더라도 그 바람을 바람직한 방식(현실적으로 책임질 수 있는 옳은 방식)으로 충족시키지 못할 때 문제행동이 발생한다고 본다. 따라서 현실치료는 내담자의 기본 욕구를 파악하여 그러한 욕구를 바람직한 방식으로 충족할 수 있도록 하는 상담방식이다. 대표적인 상담절차로는 우볼딩의 WDEP이 있다. W는 바람 파악, D는 현재 행동 파악, E는 평가하기, P는 계획하기이다.

🔒 ①

16 〈보기〉와 같은 절차에 따라 상담을 실시한 김 교사의 상담 기법은? 06 중등

┌─ 보기 ─┐

단계 1 : 김 교사는 내담자인 선미가 무엇을 원하는지 그리고 상담을 통하여 무엇을 기대하는지를 물었다. 이에 선미는 급우들의 따돌림에서 벗어나 좋은 관계를 맺고 싶다고 답하였다.

단계 2 : 김 교사는 선미가 급우들에게 무슨 행동을 어떻게 하고 있는지를 탐색하였다.

단계 3 : 김 교사는 선미에게 급우관계를 개선하기 위해 얼마나 노력했는지, 급우를 대하는 자신의 행동이 얼마나 적절했는지 등을 스스로 평가해 보도록 도왔다.

단계 4 : 김 교사는 선미의 급우관계를 개선하기 위해 선미가 앞으로 실천해야 할 구체적 방안과 계획을 수립하도록 도왔다.

① 현실요법　　　　② 행동수정요법
③ 인간중심요법　　④ 합리 · 정서 행동요법

17 〈보기〉에서 글래서(W. Glasser)의 현실치료이론에 대한 옳은 설명을 모두 고른 것은? 09 초등

┌─ 보기 ─┐

ㄱ. 인간은 기본적으로 생존, 자유, 힘, 즐거움, 소속의 욕구를 가지고 있다.

ㄴ. 인간은 행동을 선택할 수 있고 이미 행한 모든 행동은 선택에 의해서 이루어진 것이다.

ㄷ. 인간은 행동을 선택할 때 자신의 욕구를 최대한으로 충족시키기 위해서 자신을 통제한다.

ㄹ. 전행동(total behavior)은 활동(acting), 생각(thinking), 느낌(feeling), 신체반응(physiology)의 4가지로 구성된다.

ㅁ. 전행동 중에서 인간이 통제할 수 있고, 행동의 방향을 잡아주는 것은 활동과 신체반응이다.

① ㄱ, ㄴ　　　　　② ㄱ, ㄷ, ㄹ
③ ㄷ, ㄹ, ㅁ　　　 ④ ㄱ, ㄴ, ㄷ, ㄹ
⑤ ㄴ, ㄷ, ㄹ, ㅁ

글래서의 현실치료

현실치료에서는 인간은 출생에서 죽음까지 행동하며 사는데 행동은 내적 동기와 선택의 결과이며, 인간의 전행동(total behavior)은 자신이 만족하고자 하는 것을 얻기 위한 최선의 시도들이라고 보았다. 전행동은 각각의 행동이 분리될 수 없지만 구별되는 네 개의 구성 요소, 즉 '활동하기, 생각하기, 느끼기, 신체반응'으로 이루어지고 행위와 사고의 감정을 동반한다. 행동 선택을 '자동차'에 비유하면, 엔진은 기본적 욕구이며, 활동하기, 생각하기, 느끼기, 신체반응은 네 개의 바퀴가 된다. 분명하게 선택된 '활동하기'와 '생각하기'는 앞바퀴로 자동차를 이끈다. '느끼기'와 '신체반응'은 뒷바퀴로 앞바퀴를 따라간다.
ㅁ. 뒷바퀴가 독자적이고 직접적으로 방향을 잡지 못하는 것처럼 '느끼기'와 '신체반응'은 우리가 통제할 수 없다.

🔒 ④

글래서의 현실치료

글래서의 현실치료(reality therapy)에서는 개인의 기본적 욕구(생존, 소속, 힘, 즐거움, 자유)에서 비롯된 바람이 정말 무엇인가를 파악하지 못하거나, 파악했다 하더라도 그 바람을 바람직한 방식(현실적으로 책임질 수 있는 옳은 방식)으로 충족시키지 못할 때 문제행동이 발생한다고 본다.

🔒 ⑤

18 다음의 민호에게서 나타나는 문제행동의 원인에 대한 가설을 상담이론별로 다양하게 세울 수 있다. 주요 상담이론과 가설이 옳게 짝지어진 것은? 10 초등

> 초등학교 5학년, 외동아들인 민호는 엄격하고 폭력적인 아버지와 무엇이든 다 받아주는 어머니 밑에서 자라왔다. 어려서는 얌전하고 말을 잘 듣는 아이였으나, 커가면서 점점 폭력적이고 반항적인 아이로 변해가고 있다. 최근에 민호는 싸움 중에 친구의 앞니를 부러뜨렸는데, 어머니가 사태를 해결해 주지 않으면 학교에 안 가겠다고 버티고 있다.

① 인지치료 - 엄격하고 폭력적인 아버지의 행동방식을 보고 배운 것이다.
② 행동수정 - 존중과 이해를 받지 못해 부정적 자아개념을 형성한 것이다.
③ 정신분석 - 무조건 다 받아주는 어머니로 인해 폭력적인 행동이 강화되었다.
④ 인간중심 - 폭력적인 행동의 이면에는 외동아들로서의 의존적 성격이 깔려 있다.
⑤ 현실치료 - 결핍된 힘의 욕구를 충족하기 위해 폭력이라는 잘못된 방법을 선택한 것이다.

19 글래서(W. Glasser)와 우볼딩(R. Wubbolding)의 현실주의 상담에서 사용되는 〈보기〉의 4단계 상담과정을 순서대로 옳게 배열한 것은? 13 중등

> ┌─ 보기 ─┐
> ㄱ. 내담자의 책임 있는 행동 계획하기
> ㄴ. 내담자의 욕구 파악하기
> ㄷ. 내담자의 현재 행동 탐색하기
> ㄹ. 내담자 자신의 행동 평가하기

① ㄱ - ㄴ - ㄷ - ㄹ   ② ㄱ - ㄷ - ㄴ - ㄹ
③ ㄱ - ㄹ - ㄷ - ㄴ   ④ ㄴ - ㄷ - ㄹ - ㄱ
⑤ ㄴ - ㄹ - ㄷ - ㄱ

글래서의 현실치료(WDEP)

우볼딩의 WDEP은 현실치료의 대표적인 상담절차이다. Want(바람 파악), Doing(현재 행동 파악), Evalution(평가하기), Planning(계획하기)이 그것이다. 지문에서는 'ㄴ(바람 파악) - ㄷ(현재 행동 파악) - ㄹ(평가하기) - ㄱ(계획하기)'의 순이다.

🔒 ④

20 다음은 교류분석이론에서 볼 수 있는 내담자의 대인관계를 나타내는 그림이다. 화살표가 나타내는 대인관계유형의 예로 가장 적절한 것은? 01 초등

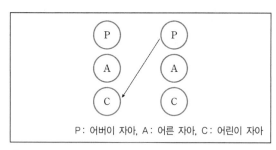

P: 어버이 자아, A: 어른 자아, C: 어린이 자아

① "나하고 같이 농구하러 가지 않을래?"

② "나는 너하고 함께 있으면 항상 마음이 편하고 즐겁단다."

③ "야, 사소한 일에 너무 신경 쓰지 말고 어른스럽게 그냥 넘겨버려."

④ "야, 나이에 맞게 행동해, 그런 쓸데없는 일에 시간 낭비하면 못써!"

🔡 번의 교류분석

교류분석은 '자신의 삶의 입장에 따라 서로가 주고받고 있는 의사소통을 이해하고 분석하는 방법'을 의미한다. 자기를 분석하여 이해함으로써 자기통제, 자율성, 책임감을 높이고 건전한 대인관계를 맺게 하는 것이다. 교류분석에서는 우리 각자가 3가지의 분리된 자아 상태, 즉 부모(Parent), 성인(Adult), 아동(Child) 자아 상태를 가지고 있다고 가정한다. 그림에서 부모 자아(P)에서 아동 자아(C)로 향하는 대인관계 유형의 예는 ④이다. ①은 A → A, ②는 C → C, ③은 P → A의 예이다.

🔒 ④

21 상담이론에 대한 설명 중 옳은 것을 〈보기〉에서 고른 것은? 12 중등

보기

ㄱ. 프로이트(S. Freud)의 정신분석 상담이론은 집단무의식을 강조하며, 주요한 상담기법 중의 하나로 자유연상을 사용한다.

ㄴ. 엘리스(A. Ellis)의 합리·정서·행동 상담이론(REBT)은 신념 체계를 강조하며, 주요한 상담기법 중의 하나로 논박을 사용한다.

ㄷ. 번(E. Berne)의 교류분석 상담이론은 3가지 자아 상태(부모, 성인, 아동)를 강조하며, 주요한 상담기법 중의 하나로 구조분석을 사용한다.

ㄹ. 글래서(W. Glasser)의 현실주의 상담이론은 인간의 5가지 기본 욕구(소속감, 힘, 즐거움, 자유, 생존)를 강조하며, 주요한 상담기법 중의 하나로 생활양식을 분석한다.

① ㄱ, ㄴ   ② ㄱ, ㄷ

③ ㄴ, ㄷ   ④ ㄴ, ㄹ

⑤ ㄷ, ㄹ

🔡 상담이론(프로이트, 엘리스, 번, 글래서)

ㄱ. 프로이트의 정신분석 상담이론의 주요 기법의 하나로 자유연상을 사용하는 점은 맞지만, 집단무의식을 강조한 것은 융의 분석심리학적 상담이론이다.

ㄹ. 글래서의 현실주의 상담에서는 인간의 5가지 기본 욕구를 강조하지만, 생활양식의 분석을 강조한 것은 아들러의 개인심리학적 상담이론이다.

🔒 ③

22 다음과 같은 특징을 가장 잘 나타내는 상담기법은? ^{01 중등}

> • 피상담자는 자아실현의 욕구와 가능성이 있다고 본다.
> • 피상담자의 자기통찰을 통한 행동변화를 중시한다.
> • 상담자와 피상담자의 공감적 관계를 중시한다.

① 인간주의적 상담기법
② 행동주의적 상담기법
③ 정신분석학적 상담기법
④ 합리적-정서적 상담기법

🔡 로저스의 인간중심 상담이론

로저스의 인간중심 상담이론은 인간은 스스로 성장할 수 있는 잠재능력이 있다는 가정에 기초하여, 내담자가 스스로 자신의 문제를 직접 해결하도록 돕는 상담이론이다. 주요 상담기법으로는 진실성, 무조건적인 긍정적 존중(수용), 공감적 이해 등이 있다.

🔒 ①

23 인간중심 상담이론가인 로저스(Rogers)는 '상담자가 내담자를 평가·판단하지 않고 내담자가 나타내는 감정이나 행동 특성들을 있는 그대로 수용하며 내담자를 소중히 여기고 존중하는 태도를 무엇이라고 하였는가? ^{00 초등}

① 진지성(sincerity)
② 일치성(congruence)
③ 공감적 이해(empathic understanding)
④ 무조건적인 긍정적 관심(unconditional positive regard)

🔡 로저스의 인간중심 상담이론

로저스의 인간중심 상담이론은 인간은 스스로 성장할 수 있는 잠재능력이 있다는 가정에 기초하여, 내담자가 스스로 자신의 문제를 직접 해결하도록 돕는 상담이론이다. 주요 상담기법으로는 진실성, 무조건적인 긍정적 존중, 공감적 이해 등이 있다.

🔒 ④

24 다음 진술의 내용과 관련된 상담이론에서 주로 적용하는 상담기법은? ^{07 중등}

> 상담은 내담자가 알아차림(awareness)을 통해 '지금-여기'의 감정에 충실하거나 미해결 과제를 자각하고 표현하게 하여 비효율적인 감정의 고리에서 벗어나도록 돕는 것을 목표로 삼는다.

① 빈 의자 기법   ② 자유연상
③ 합리적 논박   ④ 체계적 둔감법

🔡 게슈탈트 상담이론

게슈탈트 상담이론은 내담자가 현재 느끼고 경험하는 것을 무엇이 방해하는지 알 수 있도록 도움으로써 내담자가 '지금(now)-여기(here)'를 완전히 경험할 수 있도록 돕는 상담방법이다. 주요 상담기법으로는 언어표현 바꾸기, 빈 의자 기법, 환상 기법, 신체행동을 통한 자각 등이 있다.

🔒 ①

25 게슈탈트(Gestalt) 상담이론의 특징은? ^{08 중등}

① 자유와 책임, 삶의 의미, 죽음과 비존재, 진실성을 강조한다.
② 미해결사태를 해결하기 위해 전경과 배경의 자연스러운 교체를 강조한다.
③ 개인의 사회적 관심과 생활양식에 초점을 두고, 열등감의 극복을 강조한다.
④ 자아 상태를 부모 자아, 성인 자아, 어린이 자아로 나누고, 3가지 자아 상태의 균형을 강조한다.

🔡 게슈탈트 상담이론

게슈탈트 상담이론은 내담자가 현재 느끼고 경험하는 것을 무엇이 방해하는지 알 수 있도록 도움으로써 내담자가 '지금(now)-여기(here)'를 완전히 경험할 수 있도록 돕는 상담방법이다. ①은 실존주의 상담, ③은 개인심리학적 상담, ④는 교류분석 상담에 대한 설명이다.

🔒 ②

26 다음 대화에서 최 교사가 활용하고 있는 상담기법과 가장 밀접한 상담이론에 대한 설명으로 옳은 것은? 11 중등

> 민　영: 요즘 영주가 저를 멀리하는데, 저를 정말 싫어하는 것 같지 않으세요?
>
> 최 교사: 나한테 질문하지 말고 네가 영주에 대해 어떻게 느끼는지 말해 보렴.
>
> 민　영: 예전에는 정말 친했는데 요즘은 영주를 보면 섭섭한 마음이 들어요.
>
> 최 교사: 요즘 영주와 얘기를 잘 안 하는 이유가 뭐니? 여기 의자가 두 개 있는데 먼저 네가 앉고 싶은 곳에 앉고, 나머지 의자에는 영주가 앉아 있다고 상상해 보렴. 자, 지금부터 네가 영주에게 원하는 것이 무엇이고, 어떤 감정을 느끼고 있는지 영주에게 직접 얘기해 보겠니?
>
> 민　영: 무엇을 말해야 할지 모르겠어요.
>
> 최 교사: 그럼 '내가 너에게 무엇부터 말해야 할지 잘 모르겠어'라고 말해 보렴.
>
> 민　영: 영주야. 무슨 말부터 해야 할지 잘 모르겠지…… 난 너와 계속 좋은 친구로 지내면 좋겠어. 그런데 요즘 넌 나한테 신경을 너무 안 쓰는 것 같아. 내가 말을 걸면 대꾸도 잘 안 해서 너무 속상해.
>
> 최 교사: 그럼 이제 의자를 바꾸고, 네가 영주의 입장이 되어 민영이에게 얘기해 보겠니?
>
> 민　영: 난 여전히 너를 가장 친한 친구로 생각하고 있어. 그런데 내가 공부에 열중하고 있을 때 네가 말을 걸면 짜증날 때가 많았어. 중학교에 오면서 공부할 게 많아져서 부담스러웠고, 그래서 너한테 신경을 많이 못 썼던 것 같아.
>
> 최 교사: 민영아, 지금 기분이 어떠니?

① 미해결 과제는 현재에 대한 자각(awareness)을 방해한다고 본다.

② 상담자의 진솔성, 무조건적인 긍정적 존중, 공감적 이해를 강조한다.

③ 자아가 무의식적 충동을 조절하기 위해 방어기제를 사용한다는 점을 강조한다.

④ 3R(책임감, 현실, 옳고 그름)을 강조하며, 책임감 있는 사람이 정신적으로 건강하다고 본다.

⑤ 상담자로 하여금 내담자가 최종목표행동에 도달하도록 행동조형(shaping)을 사용할 것을 강조한다.

> **게슈탈트 상담이론**
>
> 게슈탈트 상담이론은 내담자가 현재 느끼고 경험하는 것을 무엇이 방해하는지 알 수 있도록 도움으로써 내담자가 '지금(now)-여기(here)'를 완전히 경험할 수 있도록 돕는 상담방법이다.
>
> ① 미해결 과제란 개체가 게슈탈트(Gestalt)를 형성하지 못했거나 형성된 게슈탈트가 적절히 해소되지 못하여 배경으로 물러나지 못한 상태를 의미한다. 과거의 미해결 과제를 현재까지도 전경으로 떠올리고 있으면, 개체는 현재 자신의 경험과 욕구를 명확히 알아차릴 수 없고 그 순간의 타인 또는 환경과 진실하게 접촉할 수도 없다. ②는 인간중심 상담, ③은 정신분석적 상담, ④는 현실치료, ⑤는 행동중심 상담에 해당한다.
>
> 🔼 ①

27 다음 대화에서 김 교사가 적용한 상담이론은? 08 중등

> 철   수 : 인터넷 게임을 너무 많이 하고 지각을 자주 하니까 성적이 말이 아니에요.
>
> 김 교사 : 그래, 인터넷 게임 시간을 줄이고, 지각을 하지 않았으면 좋겠단 말이지? 그런데 게임 시간과 지각을 줄일 자신이 있니? 완전히 줄일 수 있는 것을 100점으로 하면 몇 점을 줄 수 있어?
>
> 철   수 : 인터넷 게임 줄이기는 80점 정도 자신 있고요, 지각 안 하기는 95점 정도 자신 있어요.
>
> 김 교사 : 철수야, 네가 원하는 대로 이루어진다면 너에게 어떤 일이 일어날 것 같아?
>
> 철   수 : 당연히 성적이 오르겠죠. 부모님이 제일 좋아하실 것 같아요. 요즘 집안 분위기가 별로 안 좋아요. 그런데 제가 성적이 오르고, 게임도 덜 하고, 부모님이 기뻐하실 것 같아요.

① 인지치료 상담
② 해결중심 상담
③ 현실요법 상담
④ 합리적·정서적 행동 상담

器 해결중심 상담이론

해결중심 상담은 내담자가 호소하는 한두 가지 핵심문제를 중심으로 빠른 시간 내에 변화할 수 있도록 돕는 상담이다. 해결중심 상담기법의 가장 큰 특징 중의 하나는 다양한 질문기법을 개발하여 사용한다는 것이다. 지문에서 김 교사는 해결중심 상담의 주요 상담기법인 해결을 위한 '상담 목표 세우기, 척도화 질문, 기적 질문'을 사용하고 있다. 먼저 상담 목표를 세우기 위하여 "인터넷 게임과 지각을 자주하여 성적이 엉망이다."라는 철수의 말에 초점을 둔다. 그 다음 상담자는 인터넷 게임과 지각(행동)을 어느 정도 줄일 수 있는지(자신감)를 물어보고 있다. 여기에서 다른 상담과 구별되는 해결중심 상담의 주요기법인 척도화 질문(100점으로 하면 몇 점을 줄 수 있어?)을 사용하고 있다. 척도화란 문제의 심각도우선순위, 자아 존중감, 성공 가능성이나 자신감 등을 수치화하는 것을 말한다. 마지막으로 상담자는 철수에게 인터넷과 지각을 줄이면 어떤 일이 일어날 것이라고 생각하는지 물어본다. 이것은 기적 질문(miracle question)에 해당한다.

🔓 ②

교육사회학

1 교육사회학 이론 ─ **구교육사회학** ┬ 기능이론
94 중등, 99 초등보수,
01 초·중등, 03 초등,
04~07 중등, 07~09 초등,
11~13 중등, 15 중등추시論

┬ 개관 ── 개요, 사회를 보는 관점, 주요 주장

└ 주요 이론 ┬ 도덕사회화 06 중등, 08 초등
├ 사회화기능론
├ 학교사회화 01 초등, 07 중등
├ 기술기능이론 09 초등, 12 중등
├ 인간자본론 95 중등, 99 중등·초등보수, 07 초등, 13 중등
├ 발전교육론 94 중등, 96 중등, 11 초등
└ 근대화이론

└ 갈등이론
95 중등, 98~99 중등,
99 초등보수, 00 초등,
05 중등, 11 초등

┬ 개관 ── 개요, 사회를 보는 관점, 주요 주장

└ 주요 이론 ┬ 경제적 재생산이론 04 중등, 08 중등, 12 중등
├ 종속이론
├ 급진적 저항이론 02 초등, 04 초등, 10 초등, 11~12 중등
└ 지위경쟁이론 98 초등, 99~00 중등, 00 초등, 02~04 중등,
06 초등, 09 중등, 12 중등

└ **신교육사회학** ┬ 개관 ── 영국(해석학적 관점), 미국(교육과정 사회학), 교육이론의 특징

└ 주요 이론 ┬ 문화적 재생산이론 99 초등보수, 02~03 중등, 06 초·중등, 09 초등, 11 초등
├ 문화적 헤게모니이론 04 초등, 10 중등
├ 사회구성체이론(자본주의 국가론) 00 초등추시, 07 중등, 12~13 중등
├ 문화제국주의이론
├ 저항이론 00 중등, 05 중등, 07 초등, 11 초등
├ 자율이론(문화전달이론) 04 중등, 06 초등, 08 초등, 10 초등, 12 초등, 13 중등
├ 상징적 상호작용이론 05 중등, 08 중등, 10 초등
└ 학교에서 상호작용 연구 ┬ Hargreaves의 교사·학생 상호작용론
├ McNeil의 방어적 수업 06 초등, 13 중등
└ 상호작용 연구의 한계

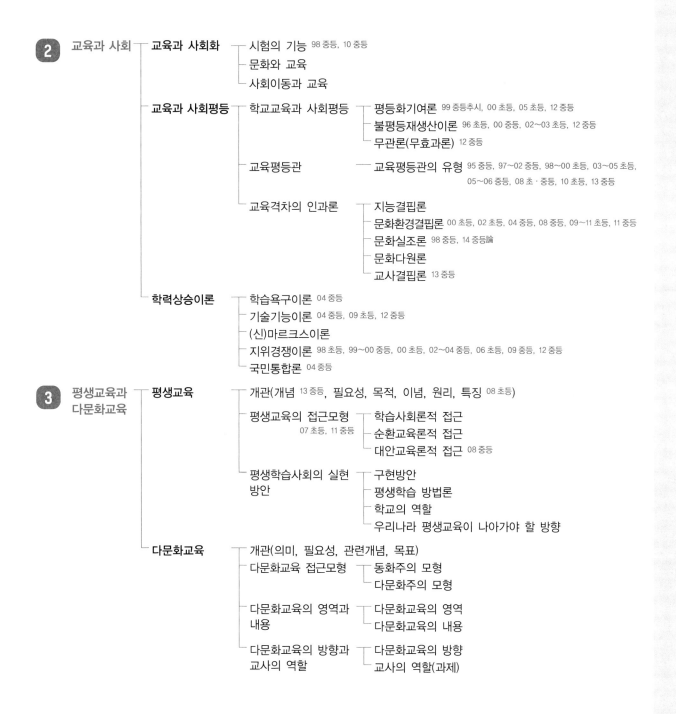

2 교육과 사회 ┬ **교육과 사회화** ┬ 시험의 기능 98 중등, 10 중등
│ ├ 문화와 교육
│ └ 사회이동과 교육
│
├ **교육과 사회평등** ┬ 학교교육과 사회평등 ┬ 평등화기여론 99 중등추시, 00 초등, 05 초등, 12 중등
│ │ ├ 불평등재생산이론 96 초등, 00 중등, 02~03 초등, 12 중등
│ │ └ 무관론(무효과론) 12 중등
│ │
│ ├ 교육평등관 ── 교육평등관의 유형 95 중등, 97~02 중등, 98~00 초등, 03~05 초등,
│ │ 05~06 중등, 08 초ㆍ중등, 10 초등, 13 중등
│ │
│ └ 교육격차의 인과론 ┬ 지능결핍론
│ ├ 문화환경결핍론 00 초등, 02 초등, 04 중등, 08 중등, 09~11 초등, 11 중등
│ ├ 문화실조론 98 중등, 14 중등論
│ ├ 문화다원론
│ └ 교사결핍론 13 중등
│
└ **학력상승이론** ┬ 학습욕구이론 04 중등
├ 기술기능이론 04 중등, 09 초등, 12 중등
├ (신)마르크스이론
├ 지위경쟁이론 98 초등, 99~00 중등, 00 초등, 02~04 중등, 06 초등, 09 중등, 12 중등
└ 국민통합론 04 중등

3 평생교육과 ┬ **평생교육** ┬ 개관(개념 13 중등, 필요성, 목적, 이념, 원리, 특징 08 초등)
다문화교육 │ │
│ ├ 평생교육의 접근모형 ┬ 학습사회론적 접근
│ │ 07 초등, 11 중등 ├ 순환교육론적 접근
│ │ └ 대안교육론적 접근 08 중등
│ │
│ └ 평생학습사회의 실현 ┬ 구현방안
│ 방안 ├ 평생학습 방법론
│ ├ 학교의 역할
│ └ 우리나라 평생교육이 나아가야 할 방향
│
└ **다문화교육** ┬ 개관(의미, 필요성, 관련개념, 목표)
├ 다문화교육 접근모형 ┬ 동화주의 모형
│ └ 다문화주의 모형
│
├ 다문화교육의 영역과 ┬ 다문화교육의 영역
│ 내용 └ 다문화교육의 내용
│
└ 다문화교육의 방향과 ┬ 다문화교육의 방향
교사의 역할 └ 교사의 역할(과제)

교육사회학 이론

---

(01) **구교육사회학**

01 기능론적 관점에서 학교교육을 설명한 것으로 가장 적절한 것은? 06 중등

① 학교는 이데올로기적 국가기구이다.

② 학교 시험은 지배적 문화와 가치관을 주입시키는 도구이다.

③ 학교는 자본주의 사회의 생산관계를 재생산하는 데 기여한다.

④ 학교는 사회생활에 필요한 보편적 가치를 어린 세대에게 가르친다.

▎**기능론의 교육적 관점**

④ 기능론의 관점에서 학교교육의 기능은 크게 사회화의 기능과 선발의 기능이 있다. ①, ②, ③은 갈등론적 관점에 해당한다.

사회화 기능	• 학교는 사회생활에 필요한 가치와 규범을 전달하는 기능을 수행한다. • 교육은 사회화 기능을 수행함으로써 사회의 존속에 필요한 안정과 통합에 기여한다.
선발·배치 기능	• 학교는 경쟁을 통해 능력 있는 사람들을 분류·선발하고, 적재적소에 배치하는 기능을 수행한다. • 교육은 선발·배치 기능을 수행함으로써 능력주의를 실현하고 사회평등화에 기여한다.

🔓 ④

02 다음은 학교교육의 사회적 기능에 대한 관점 중 하나이다. 이 관점에 대한 설명으로 옳지 않은 것은? 11 중등

> 사회를 구성하고 있는 각 요소는 전체의 존속에 공헌한다. 각 구성 요소들은 서로 영향을 미치는 상호의존적 관계에 있으며, 전체적으로 조화롭게 통합되어 있다. 지각·정서·가치관·신념 체계의 주요 부분에 대해서 사회 구성원들 사이에 합의가 이루어져 있다. 교육은 전체 사회의 한 구성 요소이며, 전체 사회의 존속과 유지에 공헌한다.

① 학교교육의 주요 기능은 사회화에 있다.

② 사회체제 존속에 필요한 규범교육을 강조한다.

③ 학교교육은 업적주의 사회 기반을 공고히 한다.

④ 대표적 이론가로 뒤르켐(E. Durkheim)과 파슨스(T. Parsons)가 있다.

⑤ 교육을 둘러싼 집단 간의 이해관계를 분석하는 데 주안점을 둔다.

▎**기능론의 교육적 관점**

기능론은 사회를 유기체에 비유하여 사회의 각 부분이 상호의존적으로 전체 사회의 존속을 위해 필요한 기능을 수행하며, 사회는 항상 안정하려는 속성과 동질성, 균형성을 지향하는 경향이 있다고 본다.

🔓 ⑤

03 다음 중 교육에 대한 기능론적 관점은? 00 초등보수

① 학교는 구성 요소의 기계적 결합으로 형성된다.
② 학교는 능력 있는 사람들을 선발하여 적재적소에 배치한다.
③ 학교는 사회의 변화, 개혁을 위해 학생들을 사회화 시킨다.
④ 학교교육은 기존 질서를 재생산함으로써 사회 이동을 저해한다.

⊞ 기능론의 교육적 관점

기능론은 사회를 유기체에 비유하여 사회의 각 부분이 상호의존적으로 전체 사회의 존속을 위해 필요한 기능을 수행하며, 사회는 항상 안정하려는 속성과 동질성, 균형성을 지향하는 경향이 있다고 본다. 이들에 따르면, 학교교육의 대표적 기능으로 사회화 기능과 선발·배치 기능이 있다.

🔓 ②

⊞ 기능론의 교육적 관점

기능론의 관점에 따르면, 교육과정은 그 사회와 문화의 핵심적 내용을 선정하여 조직한 것이며, 개인의 능력과 노력에 따라 차등적 보상이 주어지고 그 결과 사회적 지위와 계층이 분화된다고 한다. 학교야말로 모든 사람에게 삶의 기회를 평등하게 만드는 가장 중요한 기관이며 사회평등화를 실현할 수 있는 제도적 장치라고 본다.

🔓 ⑤

04 다음 대화에서 학교교육에 관한 기능론적 관점에 가까운 얘기를 한 교사들은? 09 초등

┌─ 보기 ─┐

김 교사 : 요즘 교과서에 대해 말이 많죠? 역시 교과서 내용은 특정 집단의 입장이 반영된 것이라는 생각을 하게 돼요.
최 교사 : 글쎄요. 교과서는 모든 국민들이 합의하고 있는 내용을 담은 것이라고 생각해요.
박 교사 : 그나저나 요즘은 집안형편이 어려운 학생들이 점점 대학에 진학하기 어려운 것 같아요.
정 교사 : 좋은 성적을 받아서 명문대학에 가려면 부유한 집에 태어나는 게 유리하죠.
민 교사 : 그래도 학교는, 가난하지만 노력하는 학생들에게 기회를 주는 곳이라고 봐요.

① 김 교사, 최 교사   ② 김 교사, 민 교사
③ 박 교사, 정 교사   ④ 최 교사, 정 교사
⑤ 최 교사, 민 교사

05 뒤르켐(E. Durkheim)의 '보편적 사회화'를 바르게 설명한 것은?

① 성과 인종에 따라 서로 다른 문화를 습득한다.
② 개인은 자신이 속한 직업의 생활양식을 습득한다.
③ 계층에 따라 서로 다른 가치와 규범을 내면화한다.
④ 한 사회의 공통된 감성과 신념을 새로운 세대에 내면화시킨다.

⊞ 뒤르켐의 보편적 사회화

뒤르켐은 사회화 과정을 보편적 사회화와 특수적 사회화로 나누어 설명한다. 그중 보편적 사회화란 한 사회의 공통된 집합의식을 새로운 세대로 내면화시키는 것으로 사회의 특성을 유지하고, 구성원들의 동질성 확보를 위해 중요하다. 특수적 사회화란 개인이 소속된 집단의 특수환경이 요구하는 특성의 함양을 의미한다.

🔓 ④

06 드리븐(Dreeben)의 학교사회화 내용 중 다음 〈보기〉에 해당하는 규범은? 01 초등

┌─ 보기 ─┐

• 시험 기간에 부정행위를 못하게 한다.
• 숙제를 다른 사람이 대신하지 못하도록 하고, 평가는 개인별로 실시한다.
• 학교에서 학생들 스스로 과제를 처리하게 하고, 자신의 행동에 대한 책임을 지게 한다.

① 특정성(specificity) ② 성취성(achievement)
③ 독립성(independence) ④ 보편성(universalism)

🔡 드리븐의 학교사회화(독립성)

드리븐은 학교는 학생에게 4가지 사회적 규범, 즉 독립성, 성취성, 보편성, 특수성(특정성)을 내면화시키는 것이 중요하다고 하였다. 이 중 독립성 규범은 학문적 학습활동에 적용되는 규범으로, 학교에서 학생들이 과제를 스스로 처리하게 하고 자신의 행동에 대한 책임을 지게 함으로써 습득된다. 또한 부정행위에 대한 규제와 공식적 시험을 통하여 습득된다.

🔒 ③

07 드리븐(R. Dreeben)의 학교사회화 내용 중 다음의 ( )에 해당하는 것은? 07 중등

┌─────────────┐

( )은 학년이 높아짐에 따라 흥미와 적성에 맞는 분야의 교육에 집중함으로써 학생들이 학습하게 되는 것이다.

└─────────────┘

① 독립성 ② 특정성
③ 보편성 ④ 성취성

🔡 드리븐의 학교사회화(특정성)

특정성이란 동일 연령의 학생들은 다른 학년과 구별되어 특정한 환경을 공유하며, 더 나아가 각 개인은 학년이나 학교의 수준이 높아지면서 흥미와 적성에 맞는 분야에 한정하여 그 분야의 교육을 집중적으로 수행함으로써 학습하게 되는 것이다.

🔒 ②

08 다음은 학교사회화 과정에서 습득되는 특성에 대한 드리븐(R. Dreeben)의 설명이다. (가)~(다)에 들어갈 것으로 바르게 묶은 것은? 07 전문상담

┌─────────────┐

학교에서 학생들로 하여금 과제를 스스로 처리하게 하고 자신의 행동에 대하여 책임을 지게 함으로써 ⎡ (가) ⎤이 길러진다. 동일 학년의 학생들이 개인의 특성과 관계없이 같은 학습내용과 과제를 공유함으로써 ⎡ (나) ⎤이(가) 길러진다. 이러한 공유를 바탕으로 학년이 올라감에 따라 자신의 흥미와 적성에 맞는 분야를 교육받는 과정에서 ⎡ (다) ⎤이 길러진다.

└─────────────┘

	(가)	(나)	(다)
①	독립성	보편성	특수성
②	독립성	성취	특수성
③	특수성	보편성	독립성
④	보편성	성취	특수성

🔡 드리븐의 학교사회화(독립성, 보편성, 특수성)

드리븐에 의하면 학교사회화 과정에서 습득되는 특성은 다음과 같다.

독립성	학문적 학습활동에 적용되는 규범으로, 학교에서 독자적으로 할 일이 있다는 것을 배우게 되는 것 ⇨ 학교에서 과제를 스스로 처리해야 하고 자신의 행동에 대한 책임을 지게 함으로써 습득
성취성	사람은 성과(성취)에 따라 대우받는다는 것을 배우는 것 ⇨ 학생들이 할 수 있는 최선을 다해 그들의 과제를 수행해야 한다는 전제를 받아들이고 그 전제에 따라 행동하는 것
보편성	보편적으로 통용되는 일반화된 규범을 배우는 것 ⇨ 동일 연령의 학생들이 같은 학습내용과 과제를 공유함으로써 형성됨
특정성 (특수성)	특정한(특수한) 예외적 상황에 맞게 규칙을 적용하는 것을 배우는 것 ⇨ 동일 연령의 학생들이 다른 학년과 구별되는 특정한 환경을 공유하며, 학년이 높아짐에 따라 자신의 흥미와 적성에 맞는 분야를 교육받는 과정에서 학습

🔒 ①

09 다음 두 교사의 주장에 가장 부합하는 이론을 바르게 짝지은 것은? 11 초등

> 김 교사 : 국가 차원에서 교육의 양과 질을 계획적으로 조절하는 것은 당연합니다. 이 과정에서 적지 않은 비용이 투입되기는 하지만, 경쟁력 있는 인재를 양성하고 합리적 가치를 지향하는 사회가 형성되어 결과적으로 국가적 이익이 창출되는 것이지요.
>
> 박 교사 : 그런데 실제로는 모든 국민이 아닌 특정 계층에게만 혜택이 돌아가고 있습니다. 교육의 과정에서 상위 계층의 자녀들에게는 다양한 기회가 주어지지만, 하위계층의 자녀들에게 그것은 허상일 뿐입니다. 결국 빈부의 대물림으로 이어지는 것입니다.

	김 교사	박 교사
①	발전교육론	재생산이론
②	발전교육론	지위경쟁이론
③	지위경쟁이론	종속이론
④	지위경쟁이론	재생산이론
⑤	상징적 상호작용론	종속이론

발전교육론과 재생산이론

발전교육론은 교육을 국가의 정치·경제·사회발전을 위한 중요한 수단으로 간주하는 관점이다. 이에 따르면, 국가의 정치·경제·사회의 각 부분의 발전을 자극하고 촉진시키기 위하여 교육의 양과 질을 계획적으로 조절해야 한다고 한다. 반면, 재생산이론은 교육은 지배계층의 이익에만 봉사하기 때문에 학교교육을 통해 기존의 불평등 구조가 재생산, 정당화된다고 한다.

🔒 ①

10 갈등이론과 관련된 진술로 옳은 것은? 05 중등

① 학교교육이 기존의 계급구조를 재생산한다고 본다.

② 아동에 대한 교육적 관심이나 유대감을 문화적 자본이라고 한다.

③ 학교에서 체벌을 사용하여 지식을 가르치는 것을 상징적 폭력이라고 한다.

④ 보울스와 긴티스(S. Bowles & H. Gintis)는 학교와 공장에서 다루는 지식의 내용이 동일하다고 본다.

갈등론의 교육적 관점

② 아동에 대한 교육적 관심이나 유대감을 사회적 자본이라 한다.
③ 상징적 폭력(symbolic violence)이란 지배계급이 자신들의 문화에 대한 정통성을 확보하기 위해 사용하는 상징적 힘의 행사를 의미한다. 이것은 지배계급의 의미체계를 다른 계급에게 주입하는 것으로, 기존의 사회질서는 물리적 강제의 결과가 아니라 오히려 상징적 폭력의 결과이다. ④ 보울즈와 긴티스가 주장한 대응이론에서는 생산 작업장의 사회적 관계가 학교에서의 사회적 관계와 그 형식에 있어서 일치, 대응한다는 것을 보여준다. 대응이론에서 중요한 점은 교육의 내용이 아니라, 학교에서의 교사와 학생의 사회적 관계를 통해 생산 현장의 규범과 인성 특성이 암암리에 가르쳐진다는 것이다. 그런 의미에서 학교의 명시적 교육과정보다 잠재적 교육과정이 재생산에 있어 근본적으로 더 중요한 기능을 수행하고 있는 것이다.

🔒 ①

07

11 다음 〈보기〉 중 갈등이론자들이 주장하는 학교교육의 사회적 기능에 대한 설명과 일치하는 것만으로 묶은 것은?

01 초등

─ 보기 ─

ㄱ. 학교는 이념적 국가 기구의 하나로서 지배 이데올로기를 정당화한다.

ㄴ. 학교는 차별적 사회화 과정을 통하여 기존의 불평등한 사회구조를 재생산한다.

ㄷ. 학교는 사회가 필요로 하는 인재를 선발하여 적재 적소에 배치하는 역할을 수행한다.

ㄹ. 학교는 보편적인 사회규범을 내면화하고, 전문성을 신장시켜 사회 발전에 이바지한다.

ㅁ. 학교는 자본주의 사회의 필요에 대응하여 자본주의 생산 양식에 적합한 태도와 가치관을 교육한다.

① ㄱ, ㄴ, ㅁ   ② ㄴ, ㄷ, ㄹ
③ ㄱ, ㄷ, ㄹ   ④ ㄷ, ㄹ, ㅁ

🔲 **갈등론의 교육적 관점**

ㄱ, ㄴ, ㅁ은 갈등론의 관점이며, ㄷ, ㄹ은 기능론의 관점이다.

🔖 ①

12 보울스(S. Bowles)와 긴티스(H. Gintis)의 대응이론(correspondence theory)에서 바라본 교육과 노동의 사회적 관계에 대한 설명으로 옳지 않은 것은? 08 중등

① 학생과 노동자는 각각 학습과 노동으로부터 소외되어 있다.

② 학교에서의 성적 등급은 작업장에서의 보상체제와 일치한다.

③ 작업장에서의 사회적 관계는 학교에서의 사회적 관계에 그대로 반영되어 있다.

④ 지식의 단편화와 분업을 통해서 학생과 노동자의 임무가 효율적으로 확장된다.

🔲 **보울스와 긴티스의 대응이론**

경제적 재생산이론의 대표적인 학자인 보울스와 긴티스는 마르크스의 상부-하부 구조관계에 관한 명제를 그대로 받아들여 교육의 구조가 생산관계에 기초한 사회구조를 반영한다고 주장한다. 보울스와 긴티스는 재생산이 이루어지는 과정을 대응의 원리로 설명한다. 대응이론에 따르면 ④ 분업을 통하여 노동자의 임무가 제한되고 단결이 저해되는 것처럼 지식의 전문화·단편화 및 과도한 경쟁을 통하여 학생의 임무가 제한되고 단결이 제한된다. 또한 ① 학생은 노동자와 같이 권력을 가지고 있지 않다. 교육과정에 대한 학생의 통제는 극소하며, 이것은 노동자 자신의 일에 대한 통제가 극소한 것과 비슷하다. 즉, 학생과 노동자는 각각 학습과 노동으로부터 소외되어 있다. ② 학교에서의 성적등급은 작업장에서의 보상체제와 일치한다. ③ 작업장에서의 사회적 관계는 학교에서의 사회적 관계에 그대로 반영되어 있다고 본다. 즉, 작업장면 내에서의 사회계급 간의 상호관계를 특징짓는 가치, 규범, 그리고 기술의 위계화된 구조양태는 학습상황에서 일상적으로 일어나는 사회적 역동 속에 그대로 반영되어 있다.

🔖 ④

13 다음은 학교의 사회적 역할과 기능에 대한 학자들의 주장이다. (가)와 (나)가 나타내는 개념은? 12 중등

> (가) 학교에서 교장과 교사, 교사와 학생, 학생과 학생, 학생과 학업 사이의 관계는 위계적 노동 분업을 그대로 본뜨고 있다. 자본주의 기업체의 노동 분업처럼 학교제도도 정교하게 구분된 위계적 권위와 통제 체제를 가지고 있으며, 경쟁과 외적인 보상체계가 참여자들의 관계를 지배한다.
>
> (나) 자본주의 사회는 생산 관계의 재생산을 통해 유지된다. 이는 가족, 교회, 학교, 언론, 문학, 미디어 등에 의해 자본주의적 생산 관계의 유지에 필요한 지식, 기술, 태도, 가치 등이 전달되기 때문에 가능하다. 특히 학교는 자본주의 사회에 복종하는 순치된 노동력을 재생산하는 핵심장치이다.

	(가)	(나)
①	대응원리	이데올로기적 국가기구
②	대응원리	억압적 국가기구
③	헤게모니	관료주의적 국가기구
④	아비투스(habitus)	억압적 국가기구
⑤	아비투스(habitus)	관료주의적 국가기구

∷ 대응원리와 이데올로기적 국가기구

보울스와 긴티스(Bowles & Gintis)에 따르면, 학교교육은 자본주의 사회의 불평등한 계급구조를 재생산하는 도구이다. 그는 대응이론에서 교육이 노동구조의 사회관계와 똑같은(대응하는) 사회관계로 운영되고 있다고 비판한다. 한편, 알튀세(L. Althusser)는 자본주의 국가는 이데올로기적 국가기구를 통해 국가가 중립적이라고 믿게 만들어 피지배계급으로부터 능동적인 동의를 이끌어냄으로써 기존의 불평등 관계를 정당화하고 있다고 비판한다.

🔒 ①

14 프레이리(P. Freire)의 문제제기식 교육에 대한 설명으로 옳지 않은 것은? 11 중등

① 학생은 비판적으로 사고하는 사람으로 육성되어야 한다고 하였다.

② 학생의 탐구를 막는 것은 마치 폭력을 행사하는 것과 같다고 본다.

③ 학생에게 지식을 수동적으로 축적하게 하는 교육 방식을 비판하였다.

④ 학교에서는 경쟁을 통해 사회 적응력을 키우는 교육을 해야 한다고 본다.

⑤ 학생이 역사적 맥락에서 자신의 삶을 파악할 수 있게 교육하는 것이 중요하다고 본다.

∷ 프레이리의 문제제기식 교육

프레이리는 전통적 학교교육에서의 은행저금식 교육(banking education)을 비판하고 그 대안으로 문제제기식 교육(problem posing education, 의식화 교육)을 통해 피지배집단으로 하여금 불평등 구조를 타파할 수 있는 힘을 육성할 것을 주장하였다. 은행저금식 교육은 학생이라는 텅 빈 저금통장에 교사가 지식이라는 돈을 저축하는 식의 주입식 교육을 말한다. 문제제기식 교육이란 비인간화와 억압적 상황을 변혁하는 교육방식으로, 세계(현실)를 향해 문제를 제기하고 비판하며 해답을 찾아가는 교육이다.

🔒 ④

02 신교육사회학

01 다음은 어떤 이론적 관점에서 분석한 내용인가? 02 중등

> • 교과서에 등장하는 인물 중에 여성보다 남성이 많다.
> • 미술 교과서에 한국 미술이 아닌 서양 미술이, 음악 교과서에 국악이 아닌 양악이 중심적 위치를 차지하고 있다.

① 경제재생산론　　　② 구조기능이론

③ 근대화교육론　　　④ 신교육사회학이론

🔠 신교육사회학

신교육사회학은 만하임(Mannheim)의 지식사회학이론 등을 기초로 하고 있으며, 교육 불평등의 문제와 관련하여 교육내용이나 교사−학생 상호작용 등을 주된 연구대상으로 삼는다. 신교육사회학자들은 교육과정을 기존 사회지배계층의 이해관계를 반영하여 지배집단의 이권을 세대에 걸쳐 유지시켜 주는 내재적·실질적 도구로 파악하고, 교육과정 속에 숨겨진 이데올로기를 밝히는 데 초점을 둔다. 즉, 학교에서 가르쳐지고 있는 지식은 누구에 의해 구성되었으며, 어떤 이유에서 선택되었고, 어떻게 학생들에게 분배되고 있는가에 관한 문제를 제기한다.

🔒 ④

02 네 명의 교사들이 국사 교과서에 대하여 대화를 나누고 있다. 교과서 내용에 대한 비판적 교육과정사회학자들의 관점과 가장 가까운 관점을 가진 교사들을 바르게 짝지은 것은? 06 중등

> 김 교사 : 우리나라 국사 교과서는 너무 지배층의 관점에 치우쳐 서술되어 있어요. 예를 들면 '만적의 난'과 같은 용어는 지배층의 관점을 단적으로 드러내 주고 있거든요.
>
> 박 교사 : 국사 교과서는 엄선된 필자에 의하여 역사적 사실과 학계의 공통된 견해에 기초하여 집필되었기 때문에 그렇게 편향되었다고 볼 수는 없어요.
>
> 이 교사 : 아니에요. 필자가 남자로 구성되어 있어서 여성의 역사적 활동에 대한 서술이 적고, 그것도 현모양처의 모델을 제시하는 데 중점을 두고 있어서 남성 편향적 역사관을 반영하고 있다고 할 수 있어요.
>
> 최 교사 : 교과서에서 현모양처의 전형을 주로 소개하는 것은 일반 여성의 보편적 역할 모델을 보여주는 것으로 크게 문제될 것은 없다고 봅니다.

① 김 교사 − 최 교사　　② 박 교사 − 이 교사

③ 김 교사 − 이 교사　　④ 박 교사 − 최 교사

🔠 교육과정사회학

교육과정사회학은 교육과정 이론가들에 의해 주도된 것으로, 전통적인 교육과정에 대한 비판에서 출발하였다. 교육과정사회학자들은 학교가 인류의 문화유산이라고 지칭하는 지식 역시 의도적으로 구성되며, 이러한 지식이 모두에게 보편타당한 가치라고 볼 수 없다고 주장한다. 교육과정사회학에서는 학교에서 가르치는 지식은 지배계급에 의해 의도적으로 구성된 지식이라고 본다.

🔒 ③

03 다음의 현상을 설명하는 데 가장 적합한 교육이론은?

02 중등

> - 사회계층별로 독특한 문화를 가지고 있다.
> - 학교 교육과정은 하류계층보다 중상류계층의 문화를 더 많이 반영하고 있다.
> - 예컨대, 학교에서는 대중음악보다 고전음악을 중시하는데, 고전음악을 하류계층보다 중상류계층이 더 많이 향유한다.
> - 따라서, 중상류계층 학생의 학업성취가 하류계층 학생보다 더 높다.

① 저항이론　　　　② 발전교육론
③ 문화재생산론　　④ 상징적상호작용론

⧉ 문화적 재생산이론

문화재생산론은 학교교육의 문화적 역할을 강조하고, 학교교육의 기능을 문화구조에 제한시켜서 사회구조의 불평등 현상을 설명하는 이론이다. 문화재생산론은 학교교육이 지배집단의 '문화자본'을 재창조·정당화하는 역할을 수행한다고 설명한다. 학교는 지배계급이 선호하는 문화영역을 통해 계급적 불평등을 유지·심화시키는 재생산적 기구인 것이다. 문화적 재생산이론의 관점에서 교육현상을 설명한 대표적 학자로는 부르디외(Bourdieu)가 있다.

🔓 ③

04 다음의 가상적 사례를 가장 잘 설명해 주는 이론은? 06 중등

> 가난한 집안에서 태어난 철수는 대중음악을 즐겨 들으며 성장하였고, 부유한 집안에서 태어난 영훈이는 고전음악을 즐겨 들으며 성장하였다. 그런데 학교 음악 시간에는 대중음악보다 고전음악을 주로 가르친다. 고전음악에 익숙한 영훈이는 음악 시간이 즐겁고 성적도 좋지만, 그렇지 못한 철수는 음악 시간이 지루하고 성적도 좋지 못하다.

① 파슨스(T. Parsons)의 학교사회화론
② 부르디외(P. Bourdieu)의 문화자본론
③ 하그리브스(D. Hargreaves)의 상호작용론
④ 보울즈와 긴티스(S. Bowles & H. Gintis)의 대응이론

⧉ 부르디외의 문화적 재생산이론

부르디외는 학교가 문화적 재생산 역할을 통하여 지배계급의 문화자본을 교육과정에 담아 학생들에게 전달함으로써 계급적 불평등을 재생산한다고 본다. 이에 따르면, 학교교육은 상징적 폭력을 통해 자본주의 사회의 구조적 모순과 불평등을 정당화하고 재생산한다. 또 지배계급의 자녀들이 학업성취와 학교활동에서 절대적으로 유리하기 때문에 지배계급의 자녀들은 높은 학력과 학업성취를 통해 자연스럽게 높은 사회적 지위를 차지한다.

🔓 ②

05 〈보기〉에서 부르디외(Bourdieu)의 문화재생산론에 부합하는 것끼리 묶은 것은? 06 초등

> **보기**
>
> ㄱ. 교사가 행하는 폭언을 상징적 폭력이라 한다.
> ㄴ. 문화자본은 가정에서 지출하는 사교육비를 말한다.
> ㄷ. 학업성취는 가정에서 습득한 문화의 영향을 받는다.
> ㄹ. 졸업장·학위·자격증 등은 제도화된 문화자본에 속한다.

① ㄱ, ㄴ　　　　② ㄴ, ㄷ
③ ㄷ, ㄹ　　　　④ ㄱ, ㄹ

⧉ 부르디외의 문화적 재생산이론

ㄱ. 부르디외가 제시한 '상징적 폭력'이란 지배계급이 자신들의 문화에 대한 정통성을 확보하기 위해 사용하는 상징적 힘의 행사를 의미한다. 즉, 지배계급의 의미체계를 다른 계급에게 강제하고 정당화하는 것이 '상징적 폭력'이다.
ㄴ. 문화자본이란 사회적으로 결정된 취향, 지식, 언어형태, 능력 또는 사회로부터 불공평하게 배분된 앎의 형태를 말하며, 학업성취를 촉진시키는 사회적으로 물려받은 언어적 능력과 문화적 능력을 의미한다. 문화자본에는 아비투스적 문화자본, 제도화된 문화자본, 객관화된 문화자본이 있다.

🔓 ③

06 부르디외(P. Bourdieu)가 말한 '상징적 폭력(symbolic violence)'에 해당하는 사례를 〈보기〉에서 고르면? 11 초등

| 보기 |

ㄱ. 민철이는 집안이 갑자기 경제적으로 어려워져 전학을 하게 되었는데 상급생들이 인사를 안 한다고 자주 때려서 그 학교가 싫어졌다.

ㄴ. 종현이는 전국 사투리 경연 대회에 나가 1등을 하였는데 친구들이 매우 부러워해서 어른이 되면 사투리를 연구하는 사람이 되겠다고 다짐했다.

ㄷ. 수업 시간에 선생님이 해외여행 경험을 발표하라고 해서 여러 학생들이 다양한 나라의 여행 경험을 발표했으나 현영이는 외국에 가본 적이 없어서 창피했다.

ㄹ. 지혜는 선생님이 클래식 음악회에 다녀와서 감상문을 써내라고 숙제를 내줬는데 자신은 클래식 음악을 접해 보지도 못한 데다 가정 형편상 음악회에 다녀올 수도 없어 괴로웠다.

① ㄱ, ㄴ ② ㄱ, ㄷ
③ ㄱ, ㄹ ④ ㄴ, ㄹ
⑤ ㄷ, ㄹ

⊞ 부르디외의 문화적 재생산이론(상징적 폭력)

부르디외가 제시한 '상징적 폭력'이란 지배계급이 자신들의 문화에 대한 정통성을 확보하기 위해 사용하는 상징적 힘의 행사를 의미한다. 즉, 지배계급의 의미체계를 다른 계급에게 강제하고 정당화하는 것이 '상징적 폭력'이다. 상징적 폭력을 통해 불평등한 사회질서는 자연스럽게 유지된다.

🔓 ⑤

07 가정배경과 관련된 철수 아버지와 영희 아버지의 대화에서 찾아볼 수 있는 자본으로 가장 적절한 것끼리 짝지은 것은?

11 초등

철수 아버지 : 저는 교육적 차원에서 철수에게 틈틈이 박물관이나 클래식 연주회에 다녀오도록 해요. 교양서적도 자주 읽도록 해 견문을 넓히게 하지요. 이젠 스스로 알아서 합니다.

영희 아버지 : 저희 부부는 영희와 대화를 자주 합니다. 대화 시간을 늘리기 위해 텔레비전을 없앴고, 가급적 식구들이 함께 식사를 해요. 고민도 들어주며 때로는 친구가 되고, 때로는 든든한 후원자가 되려고 노력해요. 영희도 집안의 화목이 공부하는 데 큰 힘이 된다고 자주 말해요.

	철수 아버지	영희 아버지
①	인간자본	문화적 자본
②	인간자본	경제적 자본
③	문화적 자본	경제적 자본
④	문화적 자본	가정 내 사회적 자본
⑤	경제적 자본	가정 내 사회적 자본

⊞ 문화적 자본과 사회적 자본

문화자본(cultural capital)이란 자신의 가정이 계급적으로 위치한 범주에 따라 각 개인이 전수받는 일련의 다양한 언어적·문화적 능력을 의미한다. 부르디외에 따르면 문화적 자본에는 아비투스적 문화자본, 제도화된 문화자본, 객관화된 문화자본이 있다. 콜맨에 따르면, 사회적 자본은 부모와 자녀 사이의 사회적 관계 속에 형성되는 자녀교육에 대한 부모의 관심 및 시간의 투입이라는 형태로 나타난다. 사회적 자본은 가족을 기준으로 안과 밖의 자본으로 구분된다. 먼저 가족 내의 사회자본은 부모와 자식 사이의 관계를 의미하며, 자녀에 대한 부모의 관심, 노력, 교육적 노하우, 기대 수준 등과 관련된다. 가족 외의 사회자본은 부모들이 가정 밖에서 맺고 있는 사회적 관계의 전체를 의미하며, 부모의 친구관계, 어머니의 취업 여부, 이웃과의 교육정보 교류 정도 등과 관련된다.

🔓 ④

08 다음 내용과 공통적으로 관련된 개념은? ¹⁰ 중등

> • 애플(M. Apple)이 교육사회학 이론에 활용한 그람시(A. Gramsci)의 개념이다.
> • 학교는 지배 이데올로기를 정당화하는 역할을 한다.
> • '학교교육이 교육의 기회를 공정하게 제공하고 능력에 따라 사회계층을 결정하게 한다.'라고 믿게 하는 지배력 행사 방식이다.

① 프락시스(praxis)
② 아비투스(habitus)
③ 문화적응(accommodation)
④ 모순간파(penetration)
⑤ 헤게모니(hegemony)

🔲 애플의 문화적 헤게모니이론

애플은 한 사회의 헤게모니(hegemony)가 그 사회체제를 유지하는 데 중요한 기능을 수행한다고 한다. 헤게모니는 사회질서나 체제를 유지하는 문화적 도구이며, 사회통제의 한 형태이다. 헤게모니란 지배집단이 지닌 의미와 가치체계(ideology)를 말하며, 학교의 교육과정에는 이러한 헤게모니가 깊숙이 잠재되어 있다. 학교는 문화적·이념적 헤게모니의 매개자로서 표면적·잠재적 교육과정을 통하여 보이지 않는 가운데 사회를 통제한다.

🔒 ⑤

09 다음의 (가)와 (나)에 들어갈 가장 적합한 용어는? ⁰⁷ 중등

> 알뛰세(L. Althusser)는 학교가 이데올로기적 국가기구로서 사회적 기능을 수행한다고 보았다. 이데올로기적 국가기구로서 학교가 억압적 국가기구와는 달리 가족이나 언론 매체와 유사한 기능을 수행하는 것은, __(가)__ 보다는 __(나)__ 을(를) 통해 그 구성원들에게 영향력을 행사한다는 것을 의미한다.

	(가)	(나)
①	교화	학습
②	공권력	관리
③	강제력	동의
④	이념	설득

🔲 알뛰세의 사회구성체이론(자본주의 국가론)

알뛰세는 국가기구를 억압적 국가기구와 이데올로기적 국가기구로 분류하였다. 억압적 국가기구는 마르크스가 '국가'라고 할 때 주로 의미하던 것으로 사법제도, 군대, 경찰, 정부 등으로 구성된다. 이념적 국가기구는 종교, 교육, 가족, 법률, 정치, 노동조합, 매스커뮤니케이션(신문, 라디오, 텔레비전 등), 문화(문학, 예술, 스포츠 등)로 구성되는 광범위한 것으로 규범과 가치에 관련된 모든 것들이다. 그에 따르면, 자본주의 국가는 이념적 국가기구를 통해 국가가 중립적이라고 믿게 만들어 피지배계급으로부터 능동적인 동의를 이끌어 냄으로써 기존의 불평등 관계를 정당화한다고 한다.

🔒 ③

10 다음의 내용과 관련 깊은 학자는? ⁰⁴ 중등

> 진석은 대화할 때, 논리적이며 추상적이고 문법과 문장 규칙이 정확한 정교화된 언어를 구사하고 있다. 이와 달리 철수는 문법과 문장이 부정확하고 의미가 분명하지 않은 제한된 언어를 사용하고 있다. 이러한 언어 능력 차이로 인해 학교에서 진석은 철수보다 학업 성적이 우수한 것으로 나타났다.

① 영(M. F. D. Young)
② 애플(M. Apple)
③ 번스타인(B. Bernstein)
④ 콜린스(R. Collins)

🔲 번스타인의 사회언어학 연구

번스타인은 사회언어 분석에서 출발하여 교육과정의 조직형성과 사회적 지배원리의 관계에 관한 연구를 거쳐, 한 사회의 지배가 전수되는 기제를 밝히려고 시도하였다. 학교의 언어모형과 학업 성취연구에 따르면 학교에서 지식 전달을 하는 데 주로 사용하는 언어모형은 정교한 어법(세련된 어법)을 선호하기 때문에 이런 언어모형을 어렸을 때부터 자연히 습득한 중산층 아동은 유리한 입장에 놓이게 되며 아울러 학업성취 면에서 그렇지 못한 아동보다 높을 수밖에 없다고 한다.

🔒 ③

11 번스타인(B. Bernstein)이 학업성취에서 노동계급의 자녀들은 중류계급의 자녀들에 비해 불리하다고 주장한 이유로 가장 적절한 것은? 10초등

① 부모의 낮은 지적능력이 자녀들에게 유전되어 학습부진을 초래하기 때문이다.
② 부모의 교육수준이 낮아서 자녀들의 학교과제를 제대로 도와줄 수 없기 때문이다.
③ 부모가 자녀교육에 대한 관심과 열정이 부족하여 자녀와 교육적 상호작용이 부족하기 때문이다.
④ 부모의 소득수준이 낮아서 자녀들의 학습활동에 필요한 경제적 지원을 충분히 하지 못하기 때문이다.
⑤ 부모의 정교하지 못한 어법을 습득한 자녀들이 학교의 공식적 교육상황에 적응하는 데 어려움을 겪기 때문이다.

▤ 번스타인의 사회언어학 연구

번스타인은 가정의 구어양식을 통한 계층 재생산에 관심을 가졌다. 하류계층의 제한된 어법(restricted linguistic codes)과 중류계층의 세련된 어법(elaborated linguistic codes)은 가정에서의 사회화를 통해 학습된다. 그런데 학교학습은 세련된 어법의 구어양식을 매개로 해서 이루어진다. 따라서 이러한 구어양식의 차이 때문에 중류계층의 자녀가 노동계층의 자녀보다 학교학습에서 학업성취도가 높다.

⌂ ⑤

12 번스타인(Bernstein)의 교육과정사회학이론 중 분류(classification)의 개념에 대한 설명 중 바른 것은? 06초등

① 분류는 교과 또는 학과 내의 내용 구분을 말한다.
② 분류가 강한 경우 타 분야와의 교류가 활발해진다.
③ 분류가 약한 경우 상급 과정으로 올라갈수록 교과내용이 전문화·세분화된다.
④ 분류가 약할수록 교육과정이 사회·경제적 요구에 민감하게 반응하여 변화한다.

▤ 번스타인의 교육과정사회학

번스타인은 교육과정 분석에 '분류'와 '구조'의 두 개념을 사용하였으며, 분류와 구조의 정도에 따라 교육과정 유형을 집합형과 통합형으로 나누었다. 이 중 '분류'는 과목 간, 전공 분야 간, 학과 간의 구분을 말하는 것으로 구분된 교육내용들 사이의 경계의 선명도를 의미한다. '구조'는 과목 또는 학과 내 조직의 문제로, 가르칠 내용과 가르치지 않을 내용의 구분이 뚜렷한 정도, 계열성의 엄격성, 시간배정의 엄격도 등을 포함하는 개념이다. 구조화가 철저하면 교사나 학생의 욕구를 반영하기 어렵고, 반대로 구조화가 느슨하게 되어 있으면 욕구를 반영시키기 용이하다.
①은 구조에 대한 설명이고, ② 분류가 강한 경우 타 분야와의 교류가 제한되며, ③ 분류가 강한 경우 상급 과정으로 올라갈수록 교과내용이 전문화·세분화된다.

⌂ ④

13 번스타인(B. Bernstein)의 '보이는 교수법(visible pedagogy)' 과 '보이지 않는 교수법(invisible pedagogy)'에 대한 설명으로 잘못된 것은? 08초등

① 전통적인 지식교육은 '보이는 교수법'에 해당한다.
② '보이는 교수법'은 강한 분류와 강한 구조를 특징으로 한다.
③ '보이지 않는 교수법'에서는 놀이와 공부를 엄격히 구분한다.
④ 두 교수법 사이의 갈등은 신-구 중간계급 사이의 갈등을 반영하고 있다.

⊞ 번스타인의 교육과정사회학

번스타인은 진보주의(열린교육)의 교수법은 '보이지 않는 교수법(invisible pedagogy)'으로, 전통적 교수법은 '보이는 교수법(visible pedagogy)'으로 규정한다. ③ 보이지 않는 교수법은 보이는 교수법과는 달리 공부와 놀이를 구분하지 않는다. 즉, 공부가 놀이가 되고 놀이가 공부가 된다. 이 현상은 번스타인의 용어로는 약한 분류와 약한 구조로 표현된다. 이 교수법은 학령 전 교육단계에 적용된 다음 점차적 중등교육 단계로 확대된다.
① 전통적인 교육은 보이는 교수법에 의해 이루어진다. 학습내용상의 위계질서가 뚜렷하며, 전달절차의 규칙이 엄격히 계열화되어 있으며, 학습내용의 선정준거가 명시적이다.
② 번스타인의 용어로 표현하면 전통적인 지식교육은 강한 분류와 강한 구조로 표현된다. 따라서 배울 만한 가치 있는 내용과 그렇지 못한 내용이 명백하게 구분된다. 예컨대 공부와 놀이의 구분을 들 수 있다.
④ 번스타인에 따르면 보이지 않는 교수법에 의한 열린교육은 보이는 교수법에 의한 전통적인 지식교육과 마찰을 일으킨다. 이러한 교수법에서의 갈등은 단순한 교육관의 차이에서 비롯된 것이 아니라 계급 간의 갈등, 즉 구 중간계급과 신 중간계급 간의 갈등에서 비롯된다.

 ③

14 번스타인(B. Bernstein)의 교육과정사회학 이론에 근거하여, ○○고등학교 교육과정 운영의 특성을 설명한 것으로 옳은 것은? 13중등

> ○○고등학교에서는 A, B, C 과목의 경계가 뚜렷하게 구분되지 않아서 이 교과를 담당하는 세 명의 교사는 담당 교과에 얽매이지 않고 자유롭게 상호 교류한다. 또한 세 명의 교사는 차시마다 가르칠 내용을 정하지 않고 학생들의 흥미나 수업상황에 따라 융통성 있게 조정한다. 수업에서 다루는 주제에 대한 시간 배정도 엄격하지 않다.

① 강한 분류(classification)와 강한 구조(frame)의 집합형 교육과정을 운영하고 있다.
② 강한 분류(classification)와 약한 구조(frame)의 집합형 교육과정을 운영하고 있다.
③ 약한 분류(classification)와 강한 구조(frame)의 통합형 교육과정을 운영하고 있다.
④ 약한 분류(classification)와 약한 구조(frame)의 집합형 교육과정을 운영하고 있다.
⑤ 약한 분류(classification)와 약한 구조(frame)의 통합형 교육과정을 운영하고 있다.

⊞ 번스타인의 교육과정사회학

번스타인에 따르면, 교육과정 조직형태에서 분류(classification)란 과목 간, 전공분야 간, 학과 간의 구분을 의미하며, 내용들 사이의 관계, 경계유지의 정도와 관련된다. 구조(frame)란 과목 또는 학과 내 조직의 문제로서 가르칠 내용과 가르치지 않을 내용의 구분이 뚜렷한 정도(예 계열성의 엄격성, 시간 배정의 엄격성)를 의미한다. 구조화가 철저하면 교육내용의 선정, 조직, 진도에 대하여 교사나 학생의 욕구 반영이 어렵고 느슨하면 상대적으로 쉽다. 분류가 강한 시대에는 집합형 교육과정이, 분류가 약한 시대에는 통합형 교육과정이 등장한다. 지문에서 A, B, C 과목의 경계가 뚜렷하게 구분되지 않다는 것은 약한 분류를 의미하며, 차시마다 가르칠 내용을 정하지 않고 학생들의 흥미나 수업상황에 따라 융통성 있게 조정하고 시간 배정도 엄격하지 않다는 것은 약한 구조를 의미한다. 따라서 ○○고등학교에서는 ⑤ 약한 분류(classification)와 약한 구조(frame)의 통합형 교육과정을 운영하고 있다.

⑤

15 윌리스(P. Willis)가 『노동학습(Learning to labor)』에서 제시한 노동계급 학생들의 특성과 일치하지 않는 것은? 07 초등

① 모범생들을 수동적인 존재로 간주하고 배척한다.
② 반(反)학교 문화를 형성하는 자율적·능동적 존재이다.
③ 육체노동을 남성적 우월성에, 정신노동을 여성적 열등성에 결부시킨다.
④ 노동계급의 처지를 벗어나기 위하여 스스로 포부수준을 높게 설정한다.

🔡 저항이론

윌리스는 영국의 남자종합고등학교에 재학 중인 노동계급 학생들이 수동적 인간관을 극복하고 공장문화와 비슷한 반학교 문화를 형성하여 비저항적 학생들을 경멸하고 학교의 지식과 규칙을 거부, 저항하는 현상을 분석하였다. 저항이론에서는 피지배집단의 일상적인 삶의 경험 속에 지배 이데올로기를 거부하고 극복할 수 있는 잠재적인 힘이 있다고 본다. 노동계급 학생들의 반학교 문화는 그들의 부모가 작업장에서 형성한 문화를 근원으로 하고 있다. 반학교 문화 학생인 '사나이'들은 학교문화에 순응하지 않고 반학교 문화를 형성하는 것이 학교문화에서의 '실패'의 길이고, 그것은 곧 졸업 후의 사무직과 노동직의 갈림길에서 노동직으로 가게 되는 것임을 알면서도, '사나이'의 길을 버리지 않는다. 이들은 남성다움에 가치를 두고 스스로 육체노동직을 선택한다.

🔓 ④

16 교사가 회고하는 다음 학생의 삶을 가장 잘 설명하는 이론은? 11 중등

> 그 학생은 학창 시절 말썽을 많이 피웠지. 비슷한 또래들과 몰려다니면서 싸움도 자주 하고, 각종 교칙을 밥 먹듯이 위반했어. 수업을 시시하다고 하면서 방해하기도 하고, 공부 잘하는 애들을 계집애 같다고 놀려대기도 했어. 반면에 자기 부류의 애들은 사내답다며 우쭐댔지. 자기는 육체노동직에 종사하는 아버지처럼 사나이답게 살고 싶다고 했지. 나중에 보니 그 학생은 스스로 진학을 포기하고 자기 아버지와 같이 육체노동직을 선택하더라고.

① 저항이론
② 헤게모니이론
③ 문화재생산론
④ 경제재생산론
⑤ 상징적 상호작용론

🔡 저항이론

저항이론에서는 기존의 재생산이론과 달리 인간을 사회의 불평등한 구조에 저항·비판·도전하는 능동적인 존재로 취급한다. 노동계급의 학생들(사나이, lads)이 기존의 학교문화에 저항하고 모순을 극복하기 위해 간파(penetration)를 일상생활 속에서 실천하는 반학교 문화(counter-school culture)를 형성하기도 한다. 이런 간파는 제약(limitation)을 통해 저지·중지되기도 한다.

🔓 ①

17 다음 내용에 나타난 교육사회학적 관점은? ^{08 중등}

> 교육은 기계에 맞는 톱니바퀴를 만드는 것이 아닙니다. 삶의 방식은 개인의 선택에 따르는 것으로 매우 다양합니다. 성적이 부진하더라도 그것을 중요한 문제로 삼을지 여부는 학생의 인식에 달려 있습니다. 학생이 학업성적의 가치를 높게 인식하면 열심히 공부할 것이고, 그렇지 않다면 다른 가치 있는 활동에 전념할 것입니다. 교사가 할 일은 학생 자신이 상황을 어떻게 인식하는가에 따라서 사회적 현실이 달라진다는 생각을 갖게 하고, 그에 대한 책임을 다하도록 학생을 격려하는 것입니다.

① 갈등론적 관점   ② 급진론적 관점
③ 구조기능론적 관점   ④ 상호작용론적 관점

🔲 상호작용론적 관점

상호작용론에서는 인간은 상황을 주관적으로 해석하여 의미를 부여하고, 그것에 따라 능동적으로 자신의 행위를 조종하는 주체라고 본다. 따라서 상호작용의 과정은 성격상 각각의 행위자가 상대방이 하는 행위의 의미를 해석하고, 행위의 상황규정을 내리고 그에 맞추어 스스로 행위경과를 조정하면서, 상대방에게 자신의 의미를 제시하는 역동적인 과정이라고 할 수 있다.

🔓 ④

18 다음 학생의 진술을 설명하는 가장 적합한 이론은? ^{05 중등}

> 우리 담임선생님은 '화끈한 선생님'이다. 놀 때 놀게 하고 공부할 때 공부하게 한다. 인기가 정말 좋다. 담당과목이 어려운 수학이지만 모두들 열심히 공부한다. 하지만 옆 반 선생님은 정말 종잡을 수 없다. 애들은 '이상한 선생님'이라고 부른다. 언제 야단칠지 도무지 알 수 없고, 언제 조용히 해야 하는지 알 수 없기 때문에 모두들 선생님의 눈치를 살피게 된다.

① 종속이론   ② 인간자본론
③ 문화적 재생산론   ④ 상징적 상호작용론

🔲 상징적 상호작용론

상징적 상호작용론은 1960년대 과학적 실증주의에 대한 반론으로 제기된 이론으로, 사회적 인간행위는 자연과학처럼 객관적으로 설명될 수 없다고 전제하고 있다. 상징적 상호작용론에서는 인간을 상징과 의미를 주체적으로 창조하고 해석할 수 있는 능력을 갖고 있는 것으로 파악하며, 인간을 능동적으로 사고하고 행동하는 존재로 이해하였다. 상징적 상호작용론은 교사-학생 간에 이루어지는 다양한 현상들, 즉 교사기대 효과, 낙인, 자기충족예언과 같은 현상을 설명하는 유용한 도구가 되었으며, 낙인이론을 비롯하여 민속방법론, 고프만(Goffman)의 연기론, 호만스(Homans)의 교환이론 등에 영향을 끼쳤다.

🔓 ④

19 다음과 같은 학급상황을 설명하는 데 가장 적합한 이론은?
^{10 초등}

> 우리 학급 친구들은 대체로 쾌활하고 말이 많은 편이다. 영어 선생님은 학급 분위기가 들떠 있어서 수업을 제대로 진행할 수가 없다고 하면서, 우리를 '문제 학생'이라고 부르며 자주 꾸짖으신다. 영어 시간만 되면 힘들고 수업 분위기도 가라앉는다. 그런데 담임 선생님은 우리를 '명랑 학생'이라고 부르며 자주 칭찬해 주신다. 담임 선생님의 수업 시간에는 적극적으로 의사표현을 하게 되고 수업 분위기도 활발하다.

① 저항이론   ② 구조기능론
③ 경제재생산론   ④ 문화재생산론
⑤ 상징적 상호작용론

🔲 상징적 상호작용론

상징적 상호작용론에서는 개인의 자아의식 형성은 사회에서의 상호작용의 결과라고 본다. 우리는 타인과의 상호작용을 통하여 의미를 이해하고, 사회적으로 주어진 의미를 중심으로 우리의 생활을 조직하게 된다.

🔓 ⑤

20 맥닐(McNeil)의 방어적 수업과 가장 관계가 먼 것은?

06 초등

① 논쟁의 여지가 있는 주제는 생략한다.
② 어려운 주제는 간단히 언급만 하고 넘어간다.
③ 복잡한 논의를 막기 위해 수업내용을 신비화한다.
④ 토론식 수업을 통해 학생과 활발하게 상호작용한다.

맥닐의 방어적 수업

방어적 수업이란 다인수 학급상황에서 학급 내 규율을 유지하고 자신을 지키기 위해 교육내용을 독특한 방식으로 제시하는 수업 방식을 말한다.

생략	논쟁의 여지가 있는 주제는 몰라도 된다고 하면서 생략하는 방식
신비화	복잡한 주제는 전문가가 아닌 한 알기 어렵다고 말하며 신비화시키는 방법
단편화	어떤 주제든지 서로 연결되지 않는 단편들이나 목록들로 환원시키는 방법
방어적 단순화	수업에 흥미가 없거나 어려운 주제는 가능한 한 단순화시켜 간단히 언급만 하고 넘어가는 방법

🔒 ④

21 다음은 맥닐(L. McNeil)의 연구결과에서 설명하고 있는 수업전략 중 하나이다. 이 수업전략에 해당하는 것은?

13 중등

사회과 교사가 학생들의 능력이나 수업에 대한 관심이 부족하다고 생각할 때 즐겨 사용하는 수업전략이다. 이것의 주요 특징은 교사가 수업 시간에 정치적으로 덜 민감하거나 논쟁의 여지가 적은 주제를 선택한다는 점이다. 이 수업전략을 사용할 때, 교사는 학생들에게 '빈칸 채우기' 형태의 연습문제를 풀게 하거나 주제의 개요만을 말해 주는 방식을 취한다. 이러한 과정을 통해 교사가 중요한 주제를 수업 시간에 다루었다고 학생들이 느끼게 한다.

① 사회화(socialization)
② 식민화(colonization)
③ 신비화(mystification)
④ 도구적 순응(instrumental conformity)
⑤ 방어적 단순화(defensive simplification)

맥닐의 방어적 수업

방어적 수업이란 다인수 학급상황에서 학급 내 규율을 유지하고 자신을 지키기 위해 교육내용을 독특한 방식으로 제시하는 수업 방식을 말한다. ⑤ 방어적 단순화란 수업에 흥미가 없거나 어려운 주제는 가능한 한 단순화시켜 간단히 언급만 하고 넘어가는 방법을 말한다. 교사는 학생들에게 제대로 설명하지 않고 '주제의 개요'만을 말해 주거나, 시험지의 빈칸을 단편적 사실로 채우게 하거나('빈칸 채우기' 연습), 학생들에게 주제의 핵심요소는 빼고 간단히 설명하거나, 이 주제는 깊이 공부하지 않아도 된다고 말함으로써 이를 정당화시킨다.

🔒 ⑤

Section 02 교육과 사회

01 교육과 사회화

01 다음 진술과 가장 관계 깊은 몽고메리(R. Montgomery)가 말한 시험의 교육적 기능은? 07 전문상담

> 교사는 교육과정에 포함된 내용을 가르치고, 그중에서 시험문제를 출제한다. 학생들은 시험에 출제되리라고 예상되는 것을 학습한다. 교사는 자신이 가르치는 것을 학생들이 학습하기를 기대하지만 학생들은 시험에 나올 것으로 예상되는 내용 위주로 공부한다.

① 자격 부여　　　　② 경쟁 촉진
③ 교육과정 결정　　④ 학업성취의 확인

88 시험의 기능(교육적 기능)

몽고메리는 시험을 '교수와 학습과정의 핵심적 부분'이라고 규정하고, 그 기능을 자격 부여, 경쟁 촉진, 선발, 목표와 유인, 교육과정 결정, 학업성취의 확인과 미래학습의 예언이라고 보았다. ③ 교육과정 결정 기능이란 논리적으로는 교육과정이 시험을 결정하지만 실제로는 시험이 교육과정(학생들의 학습내용)을 결정하는 기능을 한다는 것이다. 시험에 출제되는 것을 중심으로 가르치고 배우는 선택적 교수와 선택적 학습이 일어난다.

🔒 ③

02 시험의 '교육적 기능'과 '사회적 기능' 중 '사회적 기능'에 해당하는 것은? 98 중등

① 선택적 학습과 선택적 수업을 조장한다.
② 교육과정을 실제로 결정하는 경향이 있다.
③ 지식의 통제를 통하여 기존의 질서를 정당화한다.
④ 학업성취를 확인하고 미래의 학습에 대한 예측을 하게 한다.

88 시험의 기능(사회적 기능)

시험의 사회적 기능으로는 사회적 선발, 지식의 공식화·위계화, 사회 통제, 사회질서의 정당화와 재생산, 문화의 형성과 변화 등이 있다. ③ 기존 질서를 정당화하는 지식을 학교 시험에 출제할 경우 시험을 통해 기존 질서를 정당화하고 재생산하게 된다(사회질서의 정당화와 재생산 기능). ①, ②, ④는 교육적 기능이다.

🔒 ③

02 교육과 사회평등

01 "학교교육이 사회평등에 기여한다."라는 입장을 뒷받침하는 것으로 가장 적절한 것은? ^{05 중등}

① 교육수익률이 높을 때는 경제적 상류층이 학교교육을 받는다.

② 부모의 사회경제적 지위는 학교교육을 매개로 하여 학생에게 대물림된다.

③ 고용주가 노동자보다 학교교육연한에 따른 수입 증가의 비율이 더 높다.

④ 경제적으로 상·하층인 학생들 간의 성적차가 수업 기간 중에는 커지지 않는 반면, 방학 기간 중에는 커지는 경향이 있다.

> **교육과 사회평등**(블라우와 던컨)
>
> 기능이론에 따르면, 학교교육 자체가 계층 간 격차를 해소하고 사회평등화를 실현할 수 있는 제도적 장치라고 한다. 이를 경험적으로 입증한 사람이 블라우와 던컨(Blau & Duncan)이다. ④는 학생의 가정배경을 학업성취 격차원인의 가장 중요한 요인으로 보았던 콜맨 보고서를 반대하는 시각에서 학교교육효과를 탐색하였던 연구에서 얻은 결과이다.
>
>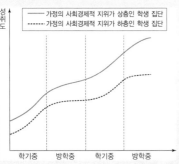
>
> 콜맨은 「Equality of Educational Opportunity(1966)」 보고서(콜맨 보고서)에서 학교가 학업성취도에 별 공헌을 하지 못하고 있으며, 사회적 평등을 위한 기능을 수행하지 못하고 있다는 결론을 도출하였다. 하지만 이 그래프에서는 가정의 사회경제적 지위가 상층인 학생들과 하층인 학생들의 성취도의 격차가 학기 중에는 좁아지고 있으며, 방학 중에는 다시 벌어짐을 볼 수 있다. 이는 학교교육이 사회경제적 지위에 따른 성취도 격차를 줄이는 데 기여하고 있다는 것을 나타낸다. 블라우와 던컨은 교육을 받으면 받을수록 좋은 직업을 얻을 수 있으며, 학교교육은 사회적 출세에 결정적인 역할을 한다고 주장하였다.
>
> ᐱ ④

02 다음은 교육과 사회평등의 관계에 대한 세 교사의 대화이다. 이들 교사의 관점에 대한 설명으로 옳지 않은 것은? ^{12 중등}

(가) 박 교사 : 교육은 사람들의 직업 능력을 향상시켜 줍니다. 실제로 개인의 교육수준이 직업을 획득하는 데 결정적인 역할을 하고 있기 때문이죠. 그러므로 교육을 통해 지위 이동이 가능하고 사회가 평등해질 수 있습니다.
(나) 이 교사 : 교육은 사회평등을 실현하기보다는 오히려 사회불평등을 유지한다고 생각합니다. 단적으로, 교육기회는 모든 사람에게 공평하게 분배되기보다는 상위계층 자녀에게 유리하게 제공되고 있죠. 교육은 계층구조를 유지하는 데 결정적 역할을 하고 있습니다.
(다) 최 교사 : 교육은 사회평등의 문제와는 관계가 없는 것 같아요. 설령 관계가 있다고 하더라도 무시할 정도가 아닐까요? 사회평등 또는 불평등은 교육이 아닌 다른 요인의 영향을 받는 것 같습니다.

① (가)의 관점은 불라우와 던컨(P. Blau & O. Duncan)의 지위획득모형에 반영되어 있다.

② (가)의 관점은 누구나 자신의 재능과 노력에 따라 상급학교에 진학할 수 있고, 원하는 직업을 획득할 수 있다는 주장과 상통한다.

③ (나)의 관점은 교육이 자본주의 체제 내의 계층 간 불평등을 정당화하는 기제에 불과하다는 주장과 유사하다.

④ (나)의 관점은 교육수익률이 높을 때에는 교육기회의 제한과 치열한 경쟁으로 인해 중상위계층만이 교육을 통해 이익을 누리게 된다는 카노이(M. Carnoy)의 연구 결과와 일치한다.

⑤ (다)의 관점은 교육수익률이 고용주, 관리자, 노동자의 순서로 높게 나타나는 현상에 적용해 볼 수 있다.

🔠 교육과 사회평등

교육과 사회평등에 관련해서 3가지 주장이 있다. 첫째, 기능이론의 관점인 평등화기여론이다. 이들은 학교교육 자체가 사회평등화를 실현할 수 있는 제도적 장치라고 본다. 대표적인 학자로는 호레이스 만(Horace Mann), 해비거스트(Havighurst), 블라우와 던컨(Blau & Duncan) 등이 있다. 둘째, 갈등이론의 관점에서 제기하는 불평등재생론이다. 이들은 학교교육은 지배층의 이익에 봉사하는 장치로 사회적 불평등을 재생산한다고 본다. 대표적인 연구사례로는 보울스와 진티스(Bowles & Gintis), 카노이(Carnoy)의 연구, 라이트와 페론(Wright & Perrone)의 연구 등이 있다. 셋째, 무관론(무효과론)이다. 학교교육은 평등화에 관한 한 의미가 없으며, 사회평등화보다 다른 가치를 추구한다고 본다. 대표적 학자로 젠크스(Jencks), 버그(Berg), 앤더슨(Anderson), 부동(Boudon), 치스위크와 민서(Chiswick & Mincer), 써로우(Thurow) 등이 있다.

🔒 ⑤

---

03 "콜만 보고서에 따르면 학교 효과는 미미하다."라는 말의 뜻을 가장 정확하게 풀이한 것은? 00 중등

① 고등학교 졸업자와 대학 졸업자의 실력 차이는 크지 않다.
② 학교에서의 우등생이 사회에서의 우등생이 된다는 보장이 없다.
③ 학생의 성취도는 학교 시설이나 여건에 따라 크게 달라지지 않는다.
④ 학교교육에 대한 투자를 늘리는 것은 바람직한 교육 정책이 아니다.

🔠 콜만 보고서

콜만 보고서는 교육격차의 원인에 대한 연구로 학생의 학업성취도의 격차원인을 학업성적을 결정하는 제반 교육 조건(📶 학교 도서관, 교과서, 교육과정, 교육방법, 교사의 능력 등)에 두었으나 연구결과 ③ 학교의 교육 조건 차이는 학생들의 성적 차와 이렇다 할 관련이 없으며 가정배경, 친구집단이 학생들의 성적 차에 더 큰 영향을 미친다는 사실을 증명하였다.

🔒 ③

---

04 다음 그래프는 콜만(Coleman) 등과는 다른 시각에서 학교 효과를 탐색하였던 연구에서 얻은 것이다. 그래프를 바르게 해석한 것은? 02 초등

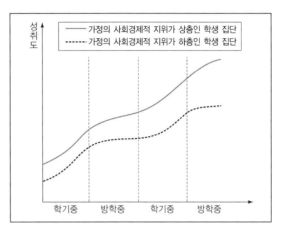

① 학교교육은 사회경제적 지위에 따른 성취도 격차를 줄이는 데 기여하고 있다.
② 방학 중에 학생들은 사회경제적 지위에 관계없이 비슷한 활동들을 하고 있다.
③ 학기 중 학생들의 학습경험은 사회경제적 지위에 따라 뚜렷한 차이를 보이고 있다.
④ 사회경제적 지위에 따른 성취도 격차는 재학 중인 학교의 질 차이에서 비롯되고 있다.

🔠 교육과 사회평등(블라우와 던컨)

콜만 보고서는 학교가 학업성취도에 별 공헌을 하지 못하고 있으며, 사회적 평등을 위한 기능을 수행하지 못하고 있다는 결론을 도출하였다. 하지만 이 그래프에서는 가정의 사회경제적 지위가 상층인 학생들과 하층인 학생들의 성취도의 격차가 학기 중에는 좁아지고 있으며, 방학 중에는 다시 벌어짐을 볼 수 있다. 이는 학교교육이 사회경제적 지위에 따른 성취도 격차를 줄이는 데 기여하고 있다는 것을 나타낸다.

🔒 ①

05 다음 사례에 나타난 학업성취도와 가정환경의 관계를 가장 잘 설명해 주는 이론은? 10초등

> 진영이의 학업성적은 매우 우수하다. 사실 진영이의 가정은 경제적으로 어렵고, 부모님의 교육수준도 낮은 편이다. 그렇지만 부모님이 자녀교육에 대해 관심과 열의가 높아서, 평소 진영이의 공부를 잘 도와주는 것은 물론 대화도 자주 나눈다. 진영이는 이러한 부모님이 있어서 든든하다.

① 콜먼(J. Coleman)의 사회자본론
② 콜린스(R. Collins)의 계층경쟁론
③ 뒤르껭(E. Durkheim)의 아노미론
④ 애플(M. Apple)의 문화적 헤게모니론
⑤ 보울즈와 긴티스(S. Bowles & H. Gintis)의 대응이론

▣ 콜맨의 사회적 자본론

콜맨은 자녀의 성장과 학업성취에 영향을 미치는 가정환경 배경으로 경제자본과 인적자본, 사회자본의 3가지 요소를 제시하고 있다. 경제자본은 가정의 소득수준에 의하여 결정되는 자녀에 대한 부모의 물질적 지원 능력을 가리키고, 인적자본은 부모의 교육수준에 의하여 측정될 수 있으며, 자녀의 학업에 도움을 줄 수 있는 인지적 환경에 영향을 미친다. 그리고 사회자본은 부모와 자녀 사이의 사회적 관계 속에 형성되는 자녀교육에 대한 부모의 관심 및 시간의 투입이라는 형태로 나타난다. 지문에서 경제자본과 인적자본이 약함에도 불구하고 진영이의 학업성적이 높은 이유는 사회자본이 강하기 때문이다.

🔒 ①

06 콜만(J. S. Coleman)의 사회자본(social capital)과 인적자본(human capital)의 개념에 기초하여, 철수네 가정의 인적자본과 사회자본의 강약 정도를 바르게 제시한 것은? 08중등

> 철수는 서울 중심지의 작은 셋집에서 다섯 식구와 함께 살고 있는 중학교 학생이다. 부모님의 학력은 중졸이고, 수입은 넉넉하지 않지만 화목한 가족 관계는 이웃의 모범이 될 정도이다. 철수는 반에서 1등을 놓친 적이 없으며, 작년에는 전국 수학경시대회에서 금상의 영예를 안았다.

① 인적자본과 사회자본이 모두 강하다.
② 인적자본과 사회자본이 모두 약하다.
③ 인적자본은 약하지만 사회자본은 강하다.
④ 인적자본은 강하지만 사회자본은 약하다.

▣ 콜맨의 사회적 자본론

콜맨은 자녀의 성장과 학업성취에 영향을 미치는 가정환경 배경으로 경제자본과 인적자본, 사회자본의 3가지 요소를 제시하고 있다. 경제자본은 가정의 소득수준에 의하여 결정되는 자녀에 대한 부모의 물질적 지원 능력을 가리키고, 인적자본은 부모의 교육수준에 의하여 측정될 수 있으며, 자녀의 학업에 도움을 줄 수 있는 인지적 환경에 영향을 미친다. 그리고 사회자본은 부모와 자녀 사이의 사회적 관계 속에 형성되는 자녀교육에 대한 부모의 관심 및 시간의 투입이라는 형태로 나타난다. 지문에 제시된 학업성취가 높게 나타나는 철수의 가정 내 인적자본과 사회자본을 살펴보면 ③ 부모님의 학력이 낮은 편이므로 인적자본은 약하지만 가족 간의 관계가 화목하여 이웃에게 모범이 될 정도이므로 사회자본은 강하다고 볼 수 있다.

🔒 ③

07 다음은 사회적 자본에 대한 콜맨(J. Coleman)의 설명이다. (가)에 들어갈 것으로 적합하지 않은 것은? [12중등]

> 사회적 자본은 사람들 사이의 사회적 관계에서 형성된다. 가정을 중심으로 사회적 자본을 정의한다면, 좁게는 가정 내 부모와 자녀의 관계이고, 넓게는 부모가 가정 밖에서 맺고 있는 사회적 관계의 전체이다. 실증연구를 수행하고자 할 때, 가정의 사회적 자본은 ___(가)___ 과(와) 같은 변인을 통하여 측정될 수 있다.

① 부모의 문화 취향
② 부모의 친구 관계
③ 어머니의 취업 여부
④ 자녀 교육에 대한 기대 수준
⑤ 이웃과의 교육정보 교류 정도

🔲 콜맨의 사회적 자본

콜맨에 따르면, 사회적 자본은 학업성취에 가장 큰 영향을 미치는 변인으로 가정 내 사회적 자본과 가정 밖 사회적 자본이 있다. 가정 내 사회적 자본은 자녀에 대한 부모의 관심, 노력, 교육적 노하우, 기대 수준 등과 관련되며, 가정 밖 사회적 자본은 부모의 친구 관계, 어머니의 취업 여부, 이웃과의 교육정보 교류 정도 등과 관련된다.

🔒 ①

08 다음은 학생의 학업성취도에 영향을 미치는 가정배경에 관한 대화이다. 각 교사의 대화내용을 콜맨(J. S. Coleman)이 제시한 3가지 자본과 가장 적절하게 짝지은 것은? [09초등]

> 권 교사: 부모의 교육수준이 중요하죠. 학력이 높으면 지적 능력도 뛰어나고 자녀의 학습에도 알게 모르게 영향을 미칠 테니까. 결국 자녀의 성적도 높아진다고 봐야죠.
>
> 김 교사: 저는 부모의 소득이 자녀의 성적에 크게 영향을 미친다고 봐요. 엄청난 사교육비를 생각해 보세요.
>
> 류 교사: 학력과 소득이 높아도 자녀교육에 관심이 없으면 소용없어요. 자녀에게 관심을 가지고 격려도 하고 학습 도우미 역할도 해 주고 그래야 성적이 좋아지죠.

	권 교사	김 교사	류 교사
①	경제자본	사회자본	인간자본
②	사회자본	경제자본	인간자본
③	사회자본	인간자본	경제자본
④	인간자본	사회자본	경제자본
⑤	인간자본	경제자본	사회자본

🔲 학업성취 격차(콜맨의 사회적 자본)

인간자본이란 부모의 교육수준으로 측정되며, 학생의 학업을 돕는 아동의 인지적 환경을 제공한다. 경제자본이란 가족의 부나 소득으로 측정되며, 학생들의 학업성취를 도울 수 있는 물적 자원을 의미한다. 사회자본이란 가족을 기준으로 안과 밖의 자본으로 구분된다. 먼저 가족 내의 사회자본은 부모와 자식 사이의 관계를 의미하며, 가족 외의 사회자본은 부모들이 가정 밖에서 맺고 있는 사회적 관계의 전체를 의미한다.

🔒 ⑤

09 학업성취 결정요인 중 하나인 가정배경은 경제자본, 문화자본, 사회자본, 인간자본 등으로 구성된다. 이 가운데 사회자본의 예로 가장 적절한 것은? 04 중등

① 부모의 경제적 지원 능력
② 부모의 지적 능력 또는 교육수준
③ 가정에서 형성된 취향이나 심미적 태도
④ 부모와 자녀 사이의 상호 신뢰와 유대감

🔲 **학업성취 격차**(콜맨의 사회자본)

사회자본이란 콜맨(Coleman)에 의해 체계화된 용어로, 부모와 자녀 사이의 사회적 관계 속에서 형성되는 자녀교육에 대한 부모의 관심 및 시간투입이라는 형태로 나타난다. 따라서 문항 중 사회자본의 예로 가장 적절한 것은 ④이다.

🔒 ④

10 〈보기〉의 글에서 강조하고 있는 점을 가장 바르게 기술한 것은? 02 초등

― 보기 ―

최근 가정의 경제적 형편보다 부모의 학력이 아동들의 교육 성취도를 더 크게 좌우한다는 연구 결과가 보고되었다. 이러한 결과는 경제적 자본보다 문화적 자본이 교육에서 더 큰 영향력을 발휘하고 있을지 모른다는 짐작을 하게 한다. 그러나 문화적 자본이 가정 안에 아무리 많이 축적되어 있다 하더라도 사회적 자본이 같이 마련되지 못한다면, 그 문화적 자본의 효과가 발현되기는 힘들 것이다.

① 친구 관계가 가정환경보다 중요하다.
② 가정이 위치한 지역 사회의 교육환경이 중요하다.
③ 부모와 자녀 사이의 긴밀한 상호작용이 중요하다.
④ 부모가 사회인으로서 모범을 보여주는 것이 중요하다.

🔲 **학업성취 격차**(콜맨의 사회자본)

콜맨(Coleman)은 부모와 자녀 사이에서 형성된 자녀교육에 대한 부모의 관심, 시간의 투입과 같은 것을 사회적 자본이라고 하였다. 사회적 자본은 학생의 학업성취에 영향을 미치는 학생 배경 요인이 되는데, 가정에서의 사회적 자본을 측정하는 지표는 가정에서 부모가 얼마나 많은 시간을 자녀와 보내는가의 정도, 아이에 대한 주의나 보살핌의 강도와 질이다.

🔒 ③

11 다음 (가)와 (나)에 제시된 학업성취 결정요인의 관점에 대한 설명으로 옳지 않은 것은? 13 중등

(가) 학업성취는 학생의 가정배경에 달려 있다. 부모의 사회·경제적 지위가 높은 학생일수록 더욱 우수한 능력을 갖춘 상태에서 학교에 입학한다. 또한 학교교육의 과정에서도 부모의 사회·경제적 지위가 높은 학생일수록 높은 학업성취를 나타내며, 그 지위가 낮은 학생일수록 낮은 학업성취를 나타낸다.

(나) 교사가 학생을 어떻게 범주화하느냐가 학생의 성적에 영향을 준다. 교사는 대개 학생을 우수 학생, 중간 학생, 열등 학생으로 구분하고 집단별로 상이한 관심과 기대를 드러낸다. 교사가 성적이 향상될 것으로 기대한 학생의 성적은 실제로 향상되는 경향이 있으며, 이 기대효과는 저학년과 하위계층 출신 학생들에게 더 뚜렷하게 나타난다.

① (가)는 헤드스타트 프로그램(Head Start Program)과 같은 보상교육의 필요성에 대한 근거가 된다.
② (가)는 학생의 가정배경과 학업성취의 관계에 관한 콜만 보고서(Coleman Report, 1966)의 연구결과와 일치한다.
③ (가)는 학교교육을 통해 독립성, 성취성, 보편성, 특정성의 규범을 습득할 수 있다는 드리븐(R. Dreeben)의 학교사회화 이론의 배경이 된다.
④ (나)는 교사의 기대가 학생들에게 자성예언(self-fulfilling prophecy)으로 작용함을 보여 준다.
⑤ (나)는 학생에 대한 교사의 범주화 방식이 교사와 학생 간 상호작용에 영향을 주었음을 시사한다.

🔲 학업성취 격차(콜맨 보고서, 자성예언)

콜맨 보고서에 따르면, 가정배경, 학생집단, 학교환경 순으로 학업성취에 영향을 미친다. 결국 부모의 사회·경제적 배경이 학업성취에 가장 큰 영향을 미친다.

한편, 로젠탈과 제이콥슨(Rosenthal & Jacobson)의 연구결과에 따르면, 교사의 학생에 대한 기대 수준이 학생의 학업성취에 강력한 예언력을 갖는다고 한다.

⌂ ③

---

13 교사가 우리나라의 문화유산을 조사해 오라는 과제를 내줄 경우 부모의 학력이 높거나 교양지식을 갖춘 가정의 학생이 과제 수행에 유리할 것이다. 이 사례는 다음 중 어떤 주장과 가장 관련이 깊은가? 99 중등

① 학업성취는 학생의 지능에 따라 달라진다.
② 학업성취는 학생의 성취동기에 따라 달라진다.
③ 학업성취는 학생의 사회적 배경에 따라 달라진다.
④ 학업성취는 학생에 대한 교사의 기대에 따라 달라진다.

🔲 학업성취 격차(문화환경결핍론)

문화환경결핍론은 학업성취의 차이(교육격차)는 부모의 사회·경제적 배경에서 기인하는 것으로, 부모의 사회·경제적 차이(즉, 가정의 문화환경, 언어모형, 지각·태도의 차이)나 상대적 결핍이 개인차를 유발하여 학업성취의 차이를 낳는다고 본다. 대표적인 연구로는 Coleman 보고서, Jencks의 연구, 영국의 Plowden 보고서 등이 있다. 이 밖에도 교육격차가 발생하는 이유에 대한 이론으로는 지능결핍론, 교사결핍론, 문화실조론, 문화다원론 등이 있다.

⌂ ③

---

12 〈보기〉의 내용을 설명하는 데 가장 적합한 개념은? 07 초등

> ┌ 보기 ┐
> • 교사는 아동의 가정배경과 차림새에 따라 능력에 대한 기대를 달리하였다.
> • 교사는 자신이 기대하는 바에 따라 아동 집단을 구분하여 각각 다르게 대하였다.
> • 높은 능력 기대 집단에 속한 아동은 교사와의 상호작용이 활발해지고 성적도 좋아졌으나, 낮은 능력 기대 집단에 속한 아동은 학급 활동 참여가 줄고 성적도 낮아졌다.

① 문화실조(cultural deprivation)
② 상응원리(correspondence principle)
③ 자성예언(self-fulfilling prophecy)
④ 사회적 자본(social capital)

🔲 학업성취 격차(피그말리온 효과, 자성예언)

피그말리온 효과(Pygmalion effect)는 교사의 학생에 대한 기대 수준이 학생의 학업성취에 강력한 예언력을 갖는다는 것이다. 교사가 어떤 학생이 공부를 잘할 것이라고 기대하면 실제로 학업성취도가 높아지고, 공부를 못할 것이라고 기대하면 학업성취도가 낮아지는 경향이 있다.

 ⌂ ③

14 젠크스(Jencks)와 동료학자들의 연구인 「불평등」에 근거하여 볼 때, 〈보기〉 중에서 학생의 학업성취에 가장 큰 영향을 주는 2가지 요인은? 03 초등

┌─ 보기 ┐
ㄱ. 가정의 사회경제적 배경
ㄴ. 학생의 인지적 능력
ㄷ. 교사의 질
ㄹ. 학교의 물리적 시설 및 환경
ㅁ. 능력별 반 편성
└─────────────────┘

① ㄱ, ㄴ   ② ㄱ, ㄹ
③ ㄷ, ㅁ   ④ ㄹ, ㅁ

> **학업성취 격차**(문화환경결핍론; 젠크스의 연구)
>
> 젠크스(Jencks, 1972)의 연구에 의하면, 학생의 학업성취에 영향을 주는 요인은 가정배경(60%), 유전(인지능력, 35~50%), 인종 차, 학교의 질(4%) 순이다. 이러한 젠크스의 연구(1972), 콜맨 보고서(1966), 플라우덴 보고서(1967)는 교육격차의 인과론 중 문화환경결핍론과 관련된다. 문화환경결핍론은 부모의 사회·경제적 차이나 상대적 결핍이 개인차를 유발하여 학업성취의 격차를 낳는다고 본다.
>
> 🔓 ①

15 다음 대화에서 두 교사의 견해와 가장 관련이 깊은 이론에 대한 설명으로 옳지 않은 것은? 11 중등

┌─────────────────────────────┐
│ 김 교사 : 우리 반에는 부모님이 안 계셔서 할머니와 아주 어렵게 사는 학생이 있는데, 문화적으로 결핍된 부분이 많아요. 가정에서 적절한 학습 지원을 못 받아서인지, 공부에 대한 의욕도 없고 교과내용에 대한 기초 지식도 부족해요.
│ 박 교사 : 우리 반에도 결혼이민자가정 학생이 몇 명 있는데, 학생들의 언어 환경이 열악한 것 같아요. 그래서인지 기본적인 읽기, 쓰기가 되지 않고 수업에서도 잘 알아듣지 못해요. 이런 학생들의 학력(學力)을 어떻게 높여야 할지 걱정입니다.
└─────────────────────────────┘

① 취학 이전의 학생의 경험이 학업성취에 중요하게 작용한다고 본다.
② 헤드스타트(Head Start) 프로그램은 이 이론과 관련된 보상정책 중 하나이다.
③ 이 이론을 지지하는 연구로 젠크스(C. Jencks)와 번스타인(B. Bernstein)의 연구가 있다.
④ 가정의 문화적 자원 및 활동이 부족하면 학교에서 학습하는 데 필요한 소양을 갖추기 힘들다고 본다.
⑤ 학교 시설과 교사의 질과 같은 학교 교육환경의 차이로 인해 학생의 학업성취 격차가 발생한다고 본다.

> **학업성취 격차**(문화환경결핍론)
>
> 문화환경결핍론은 학업성취의 차이(교육격차)는 부모의 사회·경제적 배경에서 기인하는 것으로, 부모의 사회·경제적 차이(즉, 가정의 문화환경, 언어모형, 지각·태도의 차이)나 상대적 결핍이 개인차를 유발하여 학업성취의 차이를 낳는다고 본다. 대표적인 연구로는 Coleman 보고서, Jencks의 연구, 영국의 Plowden 보고서, Bernstein의 구어양식 연구 등이 있다.
>
> 🔓 ⑤

16 문화결핍이론에 대한 설명으로 가장 타당한 것은? 03 중등

① 보상교육의 필요성을 강조한다.
② 문화를 고급문화와 하급문화로 구분한다.
③ 가정의 사회계층이 학업성취에 미치는 영향을 무시한다.
④ 교육현상을 설명하는 데 문화는 중요한 요인이 아니라고 본다.

🔲 **학업성취 격차**(문화결핍론)

문화환경결핍론은 학업성취의 차이(교육격차)는 부모의 사회·경제적 배경에서 기인하는 것으로, 부모의 사회·경제적 차이(즉, 가정의 문화환경, 언어모형, 지각·태도의 차이)나 상대적 결핍이 개인차를 유발하여 학업성취의 차이를 낳는다고 본다. 대표적인 연구로는 Coleman 보고서, Jencks의 연구, 영국의 Plowden 보고서 등이 있다. 이에 따르면 보상교육의 필요성을 강조한다.

🔒 ①

🔲 **학업성취 격차**(문화실조론)

문화실조란 인간발달에서 요구되는 문화적 요소의 결핍과 과잉 및 시기적 부적절성에서 일어나는 지적·사회적·인간적 발달의 부분적 상실, 지연, 왜곡현상을 말한다. 문화실조론에서는 학업성취의 격차는 학교학습에 필요한 문화적 경험 부족과 그로 인한 인지능력, 언어능력의 결손에서 비롯된다고 본다. 즉, 학교교육의 핵심을 이루는 문화를 배우지 못한 학생들은 학교에서 요구되는 언어양식, 사고양식, 학습동기 등이 결핍되어 있어 학업성취의 차이가 발생한다고 본다.

🔒 ③

17 아래와 같은 대화에 드러나 있는 교사들의 생각을 가장 잘 나타내고 있는 것은? 00 중등

> 교사 A : "달동네 아이들은 가르치기가 힘들어요. 그 아이들은 문화적 경험이 부족하거든요. 가르치면서 무심코 예를 드는데 못 알아듣는 경우가 대부분이에요."
>
> 교사 B : "맞아요. 이쪽 부촌(富村)에 사는 아이들은 외국 얘기를 해도 잘 알아듣고, 음악, 미술 얘기를 해도 잘 알아듣는데, 달동네 아이들은 수업받을 준비가 안 되어 있어요."

① 주변에 모범으로 삼을 만한 사람이 없는 학생들은 학업성취도가 낮다.
② 가난한 환경에서 성장한 학생들은 문화적 식민주의에 희생되기 쉽다.
③ 빈곤 가정 학생들이 수업 내용을 잘 이해하지 못하는 것은 문화실조 때문이다.
④ 사회경제적 배경이 다르면 학생들이 잠재적 교육과정도 다르게 형성된다.

18 특정 사회계층의 문화에 우월성을 부여하는 이론은?

00 초등보수

① 문화실조론
② 인지인류학
③ 문화재생산론
④ 교육과정사회학
⑤ 사회적 언어모형이론

🔲 **학업성취 격차**(문화실조론)

문화실조론에서는 학업성취의 격차는 학교학습에 필요한 문화적 경험 부족과 그로 인한 인지능력, 언어능력의 결손에서 비롯된다고 본다. 즉, 학업성취의 격차는 학교교육의 핵심을 이루는 문화를 배우지 못했기 때문으로, 가장 이상적인 문화인 '서구 백인 중산층 문화'의 실조가 학습결손의 주원인이 된다고 한다. 이는 곧 문화우월주의 입장을 전제로 한다.

🔒 ①

19 도시·농촌 간 학업성취도 격차에 대한 신교육사회학자의 설명으로 가장 적절한 것은? 00 초등보수

① 열악한 농촌의 학교여건
② 농촌 학부모의 낮은 교육열
③ 농촌 생활과 동떨어진 교육과정
④ 농촌 지역의 부족한 사설교육기관
⑤ 학습동기유발에 불리한 농촌의 취업구조

▣ 학업성취 격차(신교육사회학)

신교육사회학자들은 '교육과정에서 다루는 지식은 특수 사회 계층의 영향력을 받는다.'라고 본다. 따라서 도시·농촌 간의 학업성취도 격차는 농촌 생활과 동떨어진 교육과정에 의한 것으로 본다.

🔒 ③

▣ 교육의 평등

기회의 보장적 평등은 모든 사람에게 동등한 기회가 주어져야 한다는 교육기회의 허용적 평등을 더욱 구체적으로 실현하기 위해서 교육접근기회(취학기회)를 가로막는 경제적·지리적·사회적 제반 장애를 제거하여 교육기회를 보장해야 한다는 관점이다. 조건의 평등은 교육환경(학교시설, 교육과정, 교사의 자질 등)이 동일(평등)해야 한다는 것이고, 결과의 평등은 학업성취가 동일(평등)해야 한다는 것을 말한다.

🔒 ①

20 다음의 ㉠과 ㉡에 해당하는 교육의 평등 개념은? 08 초등

A군은 고등학교가 없는 도서 지역의 가난한 집안 출신이다. A군은 육지로 유학을 나가 고등학교에 다닐 수 있는 경제적 형편이 안 되어 걱정이 컸는데, ㉠ 지방자치단체에서 통학을 위한 배편을 무상으로 지원하게 됨에 따라 집에서 고등학교를 다닐 수 있게 되었다. 더욱이 A군의 담임교사는 미술에 재능이 있는 A군이 작은 시골 학교에서 지도를 제대로 받을 수 없는 상황을 안타깝게 여겨, 방과후학교에 미술 강사를 초빙하여 지도를 받을 수 있도록 하였다. A군은 ㉡ 대도시에서 학교를 다닌 학생들 못지않은 미술 실력을 갖춰 M 대학의 장학생으로 입학할 수 있게 되었다.

	㉠	㉡
①	기회의 보장적 평등	결과의 평등
②	기회의 허용적 평등	조건의 평등
③	기회의 보장적 평등	조건의 평등
④	기회의 허용적 평등	결과의 평등

21 고등학교 의무교육제도화에 관한 교사들이 대화내용과 교육평등관을 가장 적절하게 연결한 것은? 10 초등

홍 교사: 이제 우리나라 경제수준도 높아지고 했으니, 모든 국민이 고등학교 교육을 받을 수 있도록 고등학교 무상의무교육제도를 도입하는 것이 좋을 것 같아요.

정 교사: 개인의 고등학교 진학 여부는 국가에서 개입하기보다는 당사자의 능력과 노력에 맡기는 것이 좋지 않을까요?

박 교사: 글쎄요. 저는 요즘 같은 사회양극화 시대에는 고등학교 무상의무교육제도 도입에서 한발 더 나아가, 계층 간 학업성취도의 격차를 좁힐 수 있도록 소외 계층 학생을 위한 적극적 배려 정책이 필요하다고 보는데요.

	홍 교사	정 교사	박 교사
①	기회 허용적 평등	조건의 평등	기회 보장적 평등
②	기회 보장적 평등	조건의 평등	결과의 평등
③	기회 보장적 평등	기회 허용적 평등	결과의 평등
④	조건의 평등	기회 허용적 평등	기회 보장적 평등
⑤	조건의 평등	결과의 평등	기회 허용적 평등

교육의 평등

기회 허용적 평등은 원하는 누구나 능력이 미치는 데까지 교육받을 수 있도록 교육기회를 허용하자는 평등관이며, 기회 보장적 평등은 허용적 평등에서 더 나아가 교육접근기회를 저해하는 경제적·지리적·사회적 장애를 제거하여 교육기회를 보장해 주자는 평등관이다. 결과의 평등은 교육결과가 같지 않으면 결코 평등이 아니라고 보는 평등관으로, 우수한 학생보다 열등한 학생에게 더 좋은 교육조건을 제공해야 한다고 주장한다.

🔒 ③

---

23 다음은 미국 존슨 대통령이 하워드대학에서 한 연설의 일부이다. 이 연설의 취지에 부합하는 교육정책은? 08 중등

> 오랫동안 쇠사슬에 묶였던 사람들을 갑자기 풀어준 뒤, '맘대로 뛰어보라.'며 달리기 출발선에 세운다면 그것은 공정한 교육정책이 아니다.

① 대학의 기여입학제 허용
② 협약학교 도입(charter school)
③ 농어촌 자녀 특별전형제도 확대
④ 지방교육자치제도 실시 범위 확대

교육의 평등(결과의 평등)

미국 존슨 대통령이 강조하고 있는 것은 결과의 평등(보상적 평등)의 개념이다. 보상적 평등관에서는 능력이 다른 여러 사람들을 같은 수준이 되도록 각각 도와준 뒤 모두 함께 출발해야 한다는 출발점에서의 평등을 추구한다. 보상적 평등과 관련된 교육정책으로는 '농어촌 자녀 특별전형제도의 확대'를 들 수 있다.

🔒 ③

---

22 교육에서 보상적(補償的) 평등관에 관한 설명으로 가장 적절한 것은? 06 중등

① 개인의 능력주의에 기초한 평등관이다.
② 교육을 시장 원리로 접근하려는 평등관이다.
③ 누구에게나 취학기회를 개방해야 한다는 평등관이다.
④ 사회경제적 지위가 낮은 집단의 교육적 결손을 해소하려는 평등관이다.

교육의 평등(결과의 평등)

보상적 평등(결과의 평등)이란 교육받은 결과, 즉 도착점행동이 같아야 진정한 교육평등이 실현된다는 것을 말한다. 최종적으로 학교를 떠날 때 학력이 평등해야 하므로 우수한 학생보다 열등한 학생에게 더 좋은 교육조건을 제공한다. 보상적 평등은 사회경제적 불평등 구조를 해소하기 위한 적극적 조치이다.

🔒 ④

---

24 학습부진 학생을 위해 별도의 교재를 만들어 방과 후 보충지도를 하는 것은 어떤 교육평등관을 실현하기 위한 것인가? 02 중등

① 보상적 평등관   ② 허용적 평등관
③ 보수주의 평등관   ④ 자유주의 평등관

교육의 평등(결과의 평등)

보상적 평등(결과의 평등)이란 사회경제적 불평등 구조를 해소하기 위한 적극적 조치이다. 교육받은 결과, 즉 도착점행동이 같아야 진정한 교육평등이 실현된다고 보므로 우수한 학생보다 열등한 학생에게 더 좋은 교육조건을 제공한다. 학습부진아를 위한 방과 후 보충지도는 보상적 평등의 예에 해당한다.

🔒 ①

25 다음 〈보기〉에 제시된 내용은 어떤 교육 평등관을 실현하기 위한 것인가? 01 초등

┌─ 보기 ─┐

- 농어촌 학생을 위한 대학특례입학제도를 실시한다.
- 저소득층의 취학 전 아동을 위한 보상교육을 실시한다.
- 우수한 학생보다 열등한 학생에게 더 좋은 교육조건을 제공한다.

① 교육과정의 평등
② 교육결과의 평등
③ 교육기회의 허용적 평등
④ 교육기회의 보장적 평등

🔲 **교육의 평등**(결과의 평등)

결과의 평등이란 교육결과가 평등해야 진정한 교육의 평등이라는 관점이다. 교육결과를 평등하게 하기 위하여 우수한 학생보다 열등한 학생에게 더 좋은 교육조건이 제공되어야 한다고 본다. 결과의 평등을 실현하기 위한 정책으로는 능력이 낮은 학생에게 더 좋은 교육여건 제공, 학습부진아에 대한 방과 후 보충지도, 저소득층 취학 전 아동을 위한 보상교육, 교육복지투자우선지역 사업, 농어촌지역 학생의 대학입시특별전형제 등을 들 수 있다.

🔓 ②

26 정부가 다음과 같은 방식으로 교육비를 지원하려고 하는 목적을 가장 잘 설명한 것은? 00 초등보수

┌─ 보기 ─┐

2002년부터 저소득층 자녀가 유치원 교육비를 지원받게 된다. 해당 학부모가 지역교육청에 관계서류를 제출하고, 교육청에서 교육비 지불전표(바우처)를 받아 자녀가 다니는 유치원에 내면, 유치원은 수합된 교육비 지불전표를 교육청에 제출하여 취원 중인 저소득층 자녀의 학비를 지원받게 된다.

① 유치원 취원율을 쉽게 파악할 수 있도록 한다.
② 저소득층 자녀의 유치원 교육기회를 확대한다.
③ 거주지역 인근 유치원으로의 취원을 유도한다.
④ 유치원들이 균형적으로 발전할 수 있도록 한다.
⑤ 지원혜택이 영세한 유치원에 많이 돌아가도록 한다.

🔲 **교육의 평등**(결과의 평등)

〈보기〉는 불우층의 취학 전 어린이에게 기초학습능력을 길러주어 이들이 학교교육에 뒤떨어지지 않도록 예비적 조치를 취하는 저소득층 자녀를 위한 보상교육과 관련된 설명이다. 교육결과의 평등, 즉 보상적 평등과 관련된다. 결과의 평등을 이루려면 우수한 학생보다 열등한 학생에게 더 좋은 교육조건을 제공해야 한다. '능력이 낮은 학생들에게 더 많은 자원과 노력을 투입해야 한다.'라는 역차별의 원리(Mini-Max의 원리)에 근거해서 가정 및 환경배경으로 인한 아동의 불이익을 사회가 보상해야 한다는 논리이다.

🔓 ②

27 다음 상황을 읽고, 물음에 답하시오. ⁰⁹초등

> 푸른초등학교는 저소득층이 밀집된 지역에 위치하고 있는 공립학교이다. 낮은 학업성취도, 경제적·문화적 결핍 등으로 인해 학생들의 분위기는 가라앉아 있었다. 교사들은 이것을 어쩔 수 없는 것으로 받아들였고, 학생 교육에 대한 열의도 부족하였다. 그런데 김 교장이 부임하면서 학교 분위기는 크게 변화하기 시작하였다. 우선 김 교장과 교사들은 계속적인 대화를 통해 서로 인식의 차이를 인정하고 학교를 발전시킬 비전을 공동으로 설정하였다. 학교문제 해결을 위해 여러 팀을 구성하여 교사들이 전체 상황과 연계시켜 체제적으로 사고할 수 있도록 하였으며, 이 과정에서 교사 상호 간에 존중하면서 배우는 문화가 정착되었다. 김 교장은 교사들을 개별적으로 배려하면서 참신하고 비판적인 사고를 할 수 있는 개인적 역량을 고취시켰다. 그 결과 교사들로부터 신뢰와 존경을 얻었으며, 전반적인 학생들의 학업 분위기가 개선되었다.
> 이러한 분위기에서 학생들의 학업성취도 향상과 문화결손치유 등을 위한 새로운 교육과정을 개발하였으나 이를 운영할 수 있는 물적·인적 자원이 턱없이 부족하였다. 문제해결을 위하여 노력한 결과 ㉠ '교육투자우선지역지원사업'의 학교로 지정되었다. 교사들은 준비된 프로그램을 운영하고 그 결과를 분석하고 평가하여 지속적으로 프로그램의 질을 높여 나갔다. 이러한 과정을 거쳐 푸른초등학교는 학생들의 학업성취 수준이 향상되었으며, 점차 변화와 발전에 대한 조직 역량을 갖추어 가고 있다.

밑줄 친 ㉠에 가장 부합하는 교육평등관을 가지고 있는 정책이나 사업은?

① 의무교육제도
② 학교정보공시제
③ 고교평준화정책
④ 차터스쿨(Charter School) 제도
⑤ 헤드스타트(Head Start) 프로젝트

🔲 **교육의 평등**(결과의 평등)

'교육투자우선지역지원사업'은 저소득층 자녀에 대한 삶의 질 향상과 교육기회의 불평등 해소를 위해 추진된 사업으로 교육결과의 평등관이 반영된 정책이다. 교육결과의 평등관이 반영된 또 다른 정책으로는 미국의 헤드스타트(Head Start) 프로젝트, 영국의 교육우선지역사업(EPA : Education Priority Area), 우리나라의 농어촌학생 대상의 '대학특례입학제도' 등이 있다.

🔒 ⑤

28 다음에서 공통적으로 설명하고 있는 '이것'은? ¹²중등

> • 이것은 보상적 평등관에 입각해 있다.
> • 이것의 목적은 소득분배 구조 악화, 빈곤층 비중 확대, 지역별 계층 분화 현상 등이 심화됨에 따라, 경제적 취약집단을 비롯한 교육취약 아동·청소년의 교육적 성취를 제고하는 데 있다.
> • 이것의 내용에는 저소득층 학생이 취약한 환경에서 비롯된 어려움을 극복할 수 있도록 학습, 문화·체험, 심리·정서, 복지 등과 같은 영역의 프로그램이 포함된다.

① 고교선택제
② 복선형 학교제도
③ 고교다양화 정책
④ 교육복지우선지원사업
⑤ 농어촌학생특별전형제

🔲 **교육복지우선지원사업**

교육복지우선지원사업은 결과의 평등(보상적 평등)을 실현하기 위한 정책에 해당한다. 경제적 불평등 관계에 있는 지역이나 학생에게 여러 가지 교육적 혜택을 우선적으로 지원하는 것이다.

🔒 ④

29 최근 들어 교육 불평등 논의는 '수직적 불평등'에서 '수평적 불평등'으로 관심이 확장되고 있다. 〈보기〉에서 '수평적 불평등' 현상을 골라 바르게 묶은 것은? 05 초등

┌─ 보기 ─┐

ㄱ. 학력 수준이 높을수록 고임금 직종에 취직할 확률이 높다.

ㄴ. 장애인을 위한 배려와 교육이 제대로 이루어지지 않고 있다.

ㄷ. 전통적 가부장제에 기인한 남성과 여성의 이분법이 교과서에 남아 있다.

ㄹ. 전문직에 종사하는 부모의 자녀가 우수 대학에 진학할 확률이 높다.

ㅁ. 서울을 제외한 다른 지역 대학 출신들은 취직 등에서 불이익을 받고 있다.

① ㄱ, ㄴ, ㄷ
② ㄱ, ㄷ, ㄹ
③ ㄴ, ㄷ, ㅁ
④ ㄴ, ㄹ, ㅁ

🔲 **교육의 불평등 논의**(수직적 불평등)

〈보기〉의 ㄴ, ㄷ, ㅁ은 수평적 불평등 현상이다. 지금까지 교육사회학에서 평등에 대한 논의는 주로 사회계층론에 입각하여 교육이 사회의 수직적 불평등과 어떠한 관계가 있는가 하는 점에만 주목하여 성차별, 지역 차별, 학력 차별, 장애인 차별 등과 같은 수평적 불평등의 문제는 그다지 다루어지지 못하였다. ㄱ, ㄹ은 수직적 불평등 현상이다.

🔒 ③

---

03 학력상승이론

01 대학의 팽창에 대한 다음과 같은 설명에 가장 근접한 이론은? 09 초등

┌─────────────┐

한국사회가 지식기반사회로 진입함에 따라 고급인력에 대한 수요가 증가하였다. 국가는 이러한 고급인력의 수요에 부응하기 위하여 대학교의 설립과 대학정원의 확대를 허용하였으며, 그 결과 대학이 팽창하였다.

└─────────────┘

① 지위경쟁론
② 기술기능론
③ 국민통합론
④ 계급통제론
⑤ 학습욕구론

🔲 **학력상승이론**(기술기능이론)

기술기능론은 과학기술의 부단한 향상 때문에 직업기술의 수준이 계속 향상되며 이에 따라 사람들의 학력이 높아질 수밖에 없다고 본다.

① 지위경쟁론은 학력이 사회적 지위획득의 수단이기 때문에 사람들이 경쟁적으로 높은 학력을 취득하는 탓에 학력이 계속하여 높아진다고 본다.

③ 국민통합론은 정치적 요인에 의해 교육팽창을 설명하는 이론으로 국가의 형성과 이에 따른 국민통합의 필요성 때문에 교육이 팽창되었다고 본다.

④ 계급통제론은 충성스럽고 순종적이며 순화된 노동력이 학교 교육을 통해 길러지기 때문에 노동시장에서 이러한 노동력이 더 많이 요구되면 학교교육이 확대된다고 본다.

⑤ 학습욕구론은 학력상승의 원인을 지적 성장욕구에서 찾는다.

🔒 ②

02 다음은 학력(學歷)상승의 원인에 대한 두 교사의 대화이다. 각 교사의 설명에 부합하는 학력상승이론을 바르게 짝지은 것은? 12 중등

> 강 교사 : 학교는 산업사회를 지탱하는 핵심 장치입니다. 사람들의 학력이 높아지는 원인은 직종이 다양해지고 각 직업에서 요구하는 지식의 수준이 높아지는 데 있어요. 우리 시대가 유능한 인재를 요구하고 있으니, 학교는 인재 양성에 매진해야 합니다.
>
> 정 교사 : 저는 그렇게 생각하지 않습니다. 직업구조의 변화가 학력상승을 유발하기는 하지만 그것만으로는 충분한 설명이 되지 못합니다. 남보다 한 단계라도 높은 학력을 가지고 있는 것이 좋은 직업 획득에 도움이 되는 상황을 생각해 보세요. 학력상승은 그 결과로 발생하는 현상입니다.

	강 교사	정 교사
①	마르크스이론	지위경쟁이론
②	기술기능이론	마르크스이론
③	기술기능이론	지위경쟁이론
④	지위경쟁이론	기술기능이론
⑤	지위경쟁이론	학습욕구이론

🔡 **학력상승이론**(기술기능이론, 지위경쟁이론)

기술기능이론은 과학기술의 부단한 향상으로 직업기술의 수준이 계속 높아져 사람들의 학력수준이 높아질 수밖에 없다고 보는 이론이다. 이에 따르면, 과학기술이 변화하는 한 학교교육 기간은 계속 늘어나게 되고, 학력 또한 계속 상승하게 된다. 결국 학교는 산업사회를 지탱하는 핵심장치이며, 직종수준에 알맞게 학교제도도 발달하였다고 본다.

🔓 ③

03 다음 〈보기〉의 내용을 포함하는 학력(學歷)상승이론은? 01 초등

> ┤ 보기 ├
> • 학력 간 임금 격차는 치열한 대학 입시 경쟁을 더욱 심화시킨다.
> • 학력의 양적 팽창은 학력의 평가절하 현상을 초래하기도 한다.
> • 학력이 취업 및 결혼을 결정하는 중요한 요소이므로 모든 사람이 상급학교 졸업장을 받기 위하여 온갖 노력을 경주한다.

① 인간자본론   ② 기술기능이론
③ 지위경쟁이론   ④ 학습욕구이론

🔡 **학력상승이론**(지위경쟁이론)

지위경쟁이론은 학력이 사회적 지위획득의 수단이 되면서 사람들이 경쟁적으로 높은 학력을 취득하려고 하기 때문에 학력이 상승한다고 본다. 지위경쟁이론에 의하면, 학교 졸업장은 개인의 능력과 노력의 수준을 나타내는 공인된 품질증명서이고 학교는 사회적 지위획득의 통로이다.

🔓 ③

07

04 〈보기〉의 내용을 설명하는 데 가장 적합한 이론은? 03 중등

┌─ 보기 ┐

가정 형편이 넉넉하지 못한 영희는 학업성취수준
이 비교적 낮았다. 그래서 영희의 어머니는 성공적인
삶을 살도록 하기 위해서 경제적 형편이 어렵지만
무리하여 사교육비를 지출하면서까지 영희를 대학
에 진학시키고자 하였다.

① 지위경쟁이론　　② 예견적 사회화
③ 상징적 상호작용론　④ 기술기능주의이론

▦ 학력상승이론(지위경쟁이론)

지위경쟁이론에서는 타인보다 한 단계라도 높은 학력을 가지고
있는 것은 사회적 지위경쟁에서 결정적으로 유리하기 때문에 모든
사람이 높은 학력, 즉 상급학교 일류학교의 졸업장을 받기 위하여
온갖 힘을 기울인다고 본다. 결과적으로 학교가 확대되지만 그래도
경쟁은 끝나지 않으므로 학교의 확대는 점차 상급으로 파급된다.
도어(Dore)는 이러한 현상을 '졸업장 병'이라고 보았다.

🔒 ①

05 교육팽창과 관련된 설명으로 옳은 것을 〈보기〉에서 모두
고르면? 11 초등

┌─ 보기 ┐

ㄱ. 학벌주의란 학력(學歷)보다 지적·기술적 능력
　　이 지위 결정에 중요한 요소로 작용하는 사회
　　적 풍토를 말한다.
ㄴ. 학력 인플레이션이란 학력의 공급이 수요에 비하
　　여 지나치게 많아 그 가치가 노동시장에서 평가
　　절하되는 것을 말한다.
ㄷ. '졸업장 병(diploma disease)'이란 학력이 지위
　　획득의 수단으로 작용하여 더욱 높은 학력을
　　쌓기 위한 경쟁이 계속되는 것을 말한다.

① ㄴ　　　　　　　　② ㄱ, ㄴ
③ ㄱ, ㄷ　　　　　　④ ㄴ, ㄷ
⑤ ㄱ, ㄴ, ㄷ

▦ 학력상승이론(지위경쟁이론)

학력주의(학벌주의)는 콜린스(Collins)가 제시한 개념으로, 사회적
지위를 결정하는 데 학력(學歷)이 결정적 기준으로 작용하는 사
회를 말한다. 졸업장 병(diploma disease)은 도어(Dore)가 제시한
개념이며, 이로 인해 학력 인플레이션이 초래된다. 졸업장 병은
학력이 지위획득의 수단으로 작용하여 더욱 높은 학력을 쌓기 위한
경쟁이 계속되는 것을 말하며, 이로 인해 학력의 가치가 계속 떨
어져 학력의 평가절하 현상, 즉 학력 인플레이션이 초래된다. 학력
인플레이션은 학력의 양적 팽창으로 인해 학력의 평가절하 현상이
나타나는 것을 말한다.

🔒 ④

06 다음 글을 읽고 물음에 답하시오. (2문항) ^{04 중등}

가상의 나라 에듀니아는 제2차 세계대전 종전과 함께 식민통치에서 벗어나면서, ㉠ 신생 독립국가의 국민에게 요구되는 정체성을 고취시킬 목적으로 초등교육을 중심으로 교육기회를 크게 확대하였다. 그리고 경제개발이 본격화되어 ㉡ 농경사회에서 산업사회로 이행되면서 중등교육과 고등교육에 대한 수요도 자연스럽게 증가하였다. 특히 전통적으로 이 나라 국민들이 학력(學歷)을 ㉢ 특권적 직업이나 정치적 권력의 획득을 위한 수단으로 간주해 왔기 때문에, 시간이 지날수록 고등교육에 대한 수요는 더욱 크게 증가하였다.
한편 이 사회에서는 학력이 일반적 잠재능력을 대변한다는 인식이 팽배해 있어, 학생들이 대학 입학을 위해서는 면학에 정진하지만 일단 대학에 진학한 이후에는 학업을 소홀히 하는 폐단이 나타나고 있다. 그런데 지식기반사회의 도래에 따라 대학교육의 질 개선을 통한 국가경쟁력의 제고가 중요한 현안으로 부각되면서 앞에서 말한 문제점은 더 이상 방치할 수 없게 되었다. 이에 에듀니아 정부는 ㉣ 학력이 개인의 실제적 능력과 생산성의 지표가 되는 교육을 실현하기 위한 정책 방안을 마련하는 데 노심초사하고 있다.

06-1 밑줄 친 ㉠~㉢과 같은 배경에서 진행된 학교교육의 팽창을 설명해 줄 수 있는 이론으로 가장 거리가 먼 것은?

① 학습욕구이론　　　　② 기술기능이론
③ 지위경쟁이론　　　　④ 국민통합이론

🔡 학력상승이론(국민통합이론, 기술기능이론, 지위경쟁이론)
㉠과 같은 배경에서 진행된 학교교육의 팽창을 설명해 줄 수 있는 이론은 국민통합이론이고, ㉡과 같은 배경에서 진행된 학교교육의 팽창을 설명해 줄 수 있는 이론은 기술기능이론이며, ㉢과 같은 배경에서 진행된 학교교육의 팽창을 설명해 줄 수 있는 이론은 지위경쟁이론이다.

🔒 ①

06-2 ㉣과 같은 정책을 수립하는 데 배경이 될 수 있는 이론에 대한 설명으로 가장 적절한 것은?

① 기능주의적 관점을 대변한다.
② 교육의 본질을 선별 기능으로 보았다.
③ 1960년대 이후에 제3세계 학자들을 중심으로 발전하였다.
④ 사회학에서 처음 등장하여 사회과학 전반에 걸쳐 영향력을 키워가고 있다.

🔡 인간자본론
"학력이 개인의 실제적 능력과 생산성의 지표가 되는 교육을 실현하기 위한 정책 방안"이라는 지문에서 '능력과 생산성의 지표'가 핵심 개념이다. 이 개념은 1950년대 말에 미국의 슐츠(T. Schultz) 등에 의해 제기된 인간자본론(human capitalism)을 의미한다. 인간자본론은 교육을 통해 개인과 사회 발전을 도모할 수 있다는 대표적인 기능주의 이론 중의 하나이다.
선별가설론(screening hypothesis)은 교육수준이 생산성을 높이고 나아가 소득수준을 높인다는 인간자본론의 가설을 부정하면서, 교육수준이 생산성을 높인다는 명확한 증거가 없다고 한다. 교육수준이 실질적 능력을 나타내는 것이 아니라, 단지 잠재적 능력이 있다는 막연한 사회적 관행에 의해 선별기능이 이루어진다고 한다. 선별가설론은 기능주의보다 갈등주의에 가까운 이론이라고 할 수 있다. 1960년대에 대부분의 이론들은 서구 선진국에서 태생되었으며, 이들 이론을 세계에서 자국의 발전 모델에 적용한 것에 불과하다. 특히 인간자본론은 미국에 의해 주도됐으며, 그 출발은 사회학이 아니라 경제학자인 슐츠에 의해 제시된 경제학 이론이다.

🔒 ①

평생교육과 다문화교육

01 ▷ 평생교육

01 다음은 평생교육의 발전에 공헌한 학자들의 주장이다. (가)~(다)에 들어갈 말을 올바르게 짝지은 것은? ¹¹중등

- 랑그랑(P. Lengrand) : 『평생교육(L'education permanente)』(1965)을 통해 평생교육은 학습자가 필요로 할 때 언제든지 접근할 수 있어야 하며, (가) 이 통합된 학습을 지원하는 것을 강조하였다. 이를 위해 분절되었던 각 교육제도들을 연계하고 통합하는 사회적 시스템의 필요성을 역설하였다.

- 포르(E. Faure) : 『존재를 위한 학습(Learning To Be)』(1972)을 통해 새 시대 교육제도의 개혁방향으로 '(나) 건설'을 제안하였다. 이 보고서는 초·중등 및 고등교육제도와 교육의 틀을 개혁함으로써 교육의 지평을 넓힐 것을 강조하였다.

- 들로어(J. Delors) : 『학습: 그 안에 담긴 보물(Learning: The Treasure Within)』(1996)을 통해 21세기를 준비하는 네 개의 학습 기둥을 제시했다. 네 개의 학습 기둥은 알기 위한 학습, 행동하기 위한 학습, 존재하기 위한 학습, (나) 위한 학습이다.

	(가)	(나)	(다)
①	앎과 삶	학습사회	함께 살기
②	여가와 노동	학습사회	성찰하기
③	여가와 노동	민주사회	함께 살기
④	여가와 노동	민주사회	성찰하기
⑤	앎과 삶	학습사회	성찰하기

🔡 **평생교육**

(가) 랑그랑(P. Lengrand)은 평생교육은 학습자가 필요로 할 때 언제든지 접근할 수 있어야 하며, 앎과 삶이 통합된 학습을 지원하는 것이어야 한다고 하였다. 이를 위해 한 사회의 교육체제는 형식, 비형식, 무형식을 관통함과 아울러 직업교육과 교양교육 사이의 균열을 극복하는 한편, 전통적 면대면 교육뿐만 아니라 원격교육, 자기주도학습, 맞춤형 교육 등 새로운 시스템을 서로 유의미하게 연계하는 토털 시스템이 되어야 한다고 하였다.
(나) 평생교육에 대한 보다 구체적인 대안은 포르(E. Faure)의 『존재를 위한 학습(Learning To Be)』(1972)에 잘 표현되어 있다.
(다) 들로어(J. Delors)가 제시한 평생교육의 4가지 기둥은 알기 위한 학습, 행동하기 위한 학습, 존재하기 위한 학습, 함께 살기 위한 학습이다.

🔒 ①

02 유네스코(UNESCO) 보고서 『학습 : 내재된 보물(Learning : The Treasure Within)』(1996)에 제시된 평생교육의 '4가지 기둥(4 pillars)'을 〈보기〉에서 고르면? 08 초등

> ┌─ 보기 ┐
>
> ㄱ. 알기 위한 학습(learning to know)
> ㄴ. 존재하기 위한 학습(learning to be)
> ㄷ. 행동하기 위한 학습(learning to do)
> ㄹ. 활력화를 위한 학습(learning to empower)
> ㅁ. 함께 살기 위한 학습(learning to live together)

① ㄱ, ㄴ, ㄷ, ㅁ   ② ㄱ, ㄴ, ㄹ, ㅁ
③ ㄱ, ㄷ, ㄹ, ㅁ   ④ ㄴ, ㄷ, ㄹ, ㅁ

🔲 평생교육의 4가지 기둥

UNESCO 보고서에 제시된 평생교육의 4가지 기둥은 다음과 같다. 첫째, 알기 위한 학습(learning to know)이다. 이것은 인간 개개인의 삶에 의미를 주는 살아 있는 지식의 습득을 위한 학습을 말한다. 보편화되고 객관적인 지식의 내용 습득보다 실생활의 문제해결과 학습방법에 대한 학습을 의미하며, 문제분석력 및 집중력, 평가 관련 사고력을 습득하기를 요구한다. 둘째, 행동하기 위한 학습(learning to do)이다. 이것은 개인의 환경에 대한 창조적인 대응능력의 획득에 대한 학습을 말한다. 이것은 직업기술의 획득뿐만 아니라 여러 상황에 대처하고 팀을 이루어 일할 수 있는 능력의 획득과 관련된다. 셋째, 함께 살기 위한 학습(learning to live together)이다. 이것은 공동체 속에서 다른 사람(지역, 외국사람)과 조화 있는 삶을 영위하며 공존하고 참여할 수 있는 능력을 학습하는 것을 말한다. 교육에서는 기본예절과 공동체의식의 형성 및 타지역 문화와 가치관에 대한 문화상대주의적 태도를 육성하는 교육이 매우 중요하다. 넷째, 존재하기 위한 학습(learning to be)이다. 이것은 교육의 궁극적 목표로서 각 개인의 전인적 발전, 곧 마음과 몸, 지능, 미적 감각, 개인적 책임감, 정신적 가치의 모든 면에서의 조화로운 발전을 통하여 이룩된다.

🔒 ①

03 다음 내용을 공통으로 포함하는 개념과 그 개념을 제안한 학자로 옳은 것은? 13 중등

> • 학습자가 학습에 필요한 자료에 쉽게 접근할 수 있도록 한다.
> • 함께 학습하기를 원하는 학습동료를 쉽게 찾을 수 있도록 지원한다.
> • 학습자가 원하는 전문가, 준전문가, 프리랜서 등 교육자들의 인명록을 갖추어 놓는다.
> • 기능을 가지고 있는 사람들의 인명록을 비치하여 기능 교환이 이루어질 수 있도록 한다.

	개념	학자
①	학습망 (learning webs)	일리치 (I. Illich)
②	학습망 (learning webs)	프레이리 (P. Freire)
③	학습망 (learning webs)	허친스 (R. Hutchins)
④	학습공동체 (learning community)	프레이리 (P. Freire)
⑤	학습공동체 (learning community)	허친스 (R. Hutchins)

🔲 일리치(학습망)

라이머는 『학교는 죽었다』라는 저서에서 학교가 참된 교육을 하지 못하고 있기 때문에 죽은 것이나 다름없다고 비판하였고, 일리치는 이를 받아들여 『탈학교사회』라는 저서에서 학교 위주의 사회를 벗어나야 참된 교육을 되찾을 수 있다고 역설하였다. 라이머와 일리치는 학교는 입시 위주, 지식 위주의 교육을 하기 때문에 인간의 자유로운 성장이나 자아실현, 전인교육 등을 저해한다는 측면에서 학교교육을 비난하였고, 학교는 해체되어야 한다고 보았다. 일리치가 제시한 학습망에는 교육자료에 대한 참고자료망, 교육자에 대한 참고자료망, 동료연결망, 기술교환망이 있다.

🔒 ①

07

04 신자유주의 관점에 기초한 교육개혁과 관련성이 가장 적은 것은? 10 중등

① 교육복지정책을 확대하려고 한다.
② 교육에 대한 국가 역할을 축소하려고 한다.
③ 공교육 유지를 위한 비용의 한계에서 비롯되었다.
④ 학교 민영화를 통해 비효율적 요소를 개혁하려고 한다.
⑤ 학교 선택권 확대를 통해 교육 경쟁력을 제고하려고 한다.

공교육의 개혁(신자유주의 교육)

신자유주의 교육은 교육에 시장경제의 원리를 적용(교육의 상품화)하여 학교 간 경쟁을 강화하고, 민간 주도의 교육서비스를 확대함으로써 교육의 수월성을 확보하고자 하는 교육을 말한다. 공립학교의 비효율적 운영의 근본원인은 학교 교육체제 내의 획일적 통제에 있다고 보고, 이는 선택과 경쟁이라는 방식을 통해 해결될 수 있다고 한다. 신자유주의는 복지보다는 자유를 강조하며, 일체의 제약을 제거하고, 자본의 무제한의 자유를 보장한다. 신자유주의 교육의 특징으로는 공교육체제에 경쟁적 시스템 도입(공립학교 민영화 추진, 학교 간 경쟁체제 도입), 교육의 효율성 극대화(기존 교육의 비효율성과 질적 저하 극복), 수요자 중심 교육(학부모의 학교 선택권 강화), 노동의 유연성을 제고하는 교육(계약제 교원 확대), 자본의 이데올로기를 교육정책에 대폭 반영 등을 들 수 있다. 신자유주의 교육과 관련된 교육제도로는 자석학교(마그넷 스쿨), 협약학교(차터 스쿨), 교육비 지급 보증제(바우처 시스템), 자유 등록제, 자율형 고등학교 등이 있다.

🔒 ①

05 교사들의 대화내용과 공교육의 개혁방향에 대한 관점을 가장 적절하게 연결한 것은? 10 초등

> 김 교사: 학교에 대한 국가의 획일적 통제와 학교의 비효율성이 문제입니다. 수요자의 선택권과 학교 간 경쟁을 강화하고, 민간 주도의 교육서비스를 확대해야 합니다.
>
> 정 교사: 그런 방식은 계급 간 교육 불평등을 더욱 심화시킬 뿐입니다. 교육 불평등을 줄일 수 있는 대책을 세워야 해요. 지배집단의 관점에 치우친 교육과정도 수정해야 하구요.
>
> 최 교사: 저는 학교교육이 학습자의 자율성을 억압하는 것이 문제라고 생각해요. 누구나 자율적으로 학습할 수 있도록 학교를 '학습조직망'으로 대체하는 것이 문제해결의 열쇠가 될 수 있을 것 같아요.

	김 교사	정 교사	최 교사
①	신자유주의	신마르크스주의	탈학교론
②	신자유주의	포스트모던주의	생태주의
③	포스트모던주의	신자유주의	탈학교론
④	포스트모던주의	탈학교론	생태주의
⑤	탈학교론	신마르크스주의	생태주의

공교육의 개혁(신자유주의, 신마르크스주의, 탈학교론)

신자유주의 교육은 교육에 시장경제의 원리를 적용(교육의 상품화)하여 학교 간 경쟁을 강화하고, 민간 주도의 교육서비스를 확대함으로써 교육의 수월성을 확보하고자 하는 교육을 말한다. 김 교사의 견해가 이와 관련된다. 정 교사가 제시한 '교육 불평등 해소를 위해 지배집단의 관점에 치우친 교육과정의 수정'은 '신마르크스주의'와 관계가 있으며, 학교를 '학습조직망'으로 대체하는 최 교사의 공교육 개혁방향은 '탈학교론'과 관계가 있다.

🔒 ①

MEMO

참 잘했어요!

2026 권지수교육학 문제집

논제 쏙쏙

PART

02

논술형 기출분석

2025학년도 중등 교육학 논술

다음은 ○○ 고등학교에서 경력 교사와 신임 교사가 나눈 대화의 일부이다. 이 내용을 읽고 '변화하는 환경에서 교육의 기본에 충실한 교사'라는 주제로 교육과정, 교육방법, 교육평가, 교육행정에 대한 내용을 구성 요소로 하여 서론, 본론, 결론을 갖추어 논하시오. [20점]

경력 교사 : 선생님, 교직 생활의 첫해를 보내면서 어려움은 없으셨나요? 특히, 교육과정을 재구성하면서 교육목표를 설정하는 데 어려움이 있었을 텐데요.

신임 교사 : 예. 다행히도 재구성의 방향을 찾을 수 있었습니다. 최근에는 사회적 요구와 학습자의 특성을 반영한 교육이 두드러져 보이더군요. 그래서 올해는 이 두 가지와 교과에 대한 저의 전문성을 바탕으로 교육목표를 설정하는 데 주력했습니다.

경력 교사 : 잘하셨네요. 그래도 제 의견을 말씀드리면, 선생님이 생각하는 사회적 요구, 학습자의 특성, 교과 전문가의 의견과 함께 교육철학과 학습심리학도 고려하면 앞으로 더 좋은 교육목표를 설정할 수 있을 겁니다.

신임 교사 : 예, 알겠습니다. 또한, 저는 수업 측면에서 학생의 주도적 역할을 강조하는 최근 경향에 따라 구성주의 학습환경을 조성하고자 하였습니다.

경력 교사 : 그러한 학습환경을 설계할 때 선생님께서는 어떤 점을 고려하셨나요?

신임 교사 : 저는 구성주의 학습환경을 설계하면서, 수업에서 어떤 문제를 다루어야 할지 생각했습니다. 또한, 학생이 잘하지 못하는 경우에는 제가 직접 시범을 보여 주기도 했으나, 학생 주도적인 학습환경이라는 측면에서 가급적 개입하지 않으려고 했습니다.

경력 교사 : 그러셨군요. 그런데 구성주의 학습환경에서는 그 환경에 적합한 특성을 갖춘 문제를 선정해야 하고, 그 문제가 전체 학습 과정에서 어떤 역할을 하는지 생각해야 합니다. 또한, 학습 과정에서 교사는 필요하다면 시범 이외에 다른 지원 활동도 해야 합니다.

신임 교사 : 좋은 제안 감사합니다. 그리고 변화된 평가 방식에 따라 지난 학기에 준거참조평가를 실시해 봤는데, 아직 저한테는 준거 설정 방법이 익숙하지 않은 것 같습니다.

경력 교사 : 아! 그러시군요. 준거참조평가에서는 성취수준을 구분하는 것이 중요한데, 준거 설정 방법이 쉽지만은 않지요. 하지만 점차 나아질 겁니다. 더불어 어떠한 평가 방식을 사용하더라도 교사는 교육평가의 기본 가정을 항상 염두에 두는 것이 중요하다고 생각합니다.

신임 교사 : 예, 알겠습니다. 그리고 최근에는 교사가 최신 디지털 기술도 잘 활용할 필요가 있어서, 저는 이런 것에 관심을 갖고 배우는 데 집중했습니다. 또한, 학급과 학교에 대한 전반적인 상황을 파악하기 위해 노력했습니다.

경력 교사 : 네. 그러한 기술적 능력과 상황 파악 능력도 중요하죠. 그리고 학교는 다양한 사람으로 구성된 조직이므로 이와 관련된 능력도 키운다면 선생님의 교직 생활이 점차 좋아질 것이라 기대합니다.

━━━━━━━━━ 배 점 ━━━━━━━━━

- **논술의 내용 [총 15점]**
  - 타일러(R. Tyler)의 교육목표 설정 근거(sources)를 바탕으로, 경력 교사가 언급한 '교육철학'을 교육목표 설정에 적용한 사례를 이유와 함께 1가지, 경력 교사가 언급한 '학습심리학'을 교육목표 설정에 적용한 사례를 이유와 함께 1가지 [4점]
  - 구성주의 학습환경을 조나센(D. Jonassen)의 모형에 따라 설계할 때, 경력 교사가 언급한 '문제'의 특성과 역할 각각 1가지, 모델링 이외의 교사의 지원 활동 사례 2가지 [4점]
  - 경력 교사가 언급한 준거참조평가에서 '준거 설정 방법' 1가지, 교육평가의 기본 가정 3가지 [4점]
  - 카츠(R. Katz)의 리더십 이론에 근거하여, 경력 교사가 언급한 '이와 관련된 능력'의 명칭과, 동료 교사와 관련한 이 능력의 구체적 실천 사례 2가지 [3점]
- **논술의 구성 및 표현 [총 5점]**
  - 논술의 내용과 '변화하는 환경에서 교육의 기본에 충실한 교사'의 연계 및 논리적 형식 [3점]
  - 표현의 적절성 [2점]

01 논제 파악

1 도해조직자(graphic organizer)

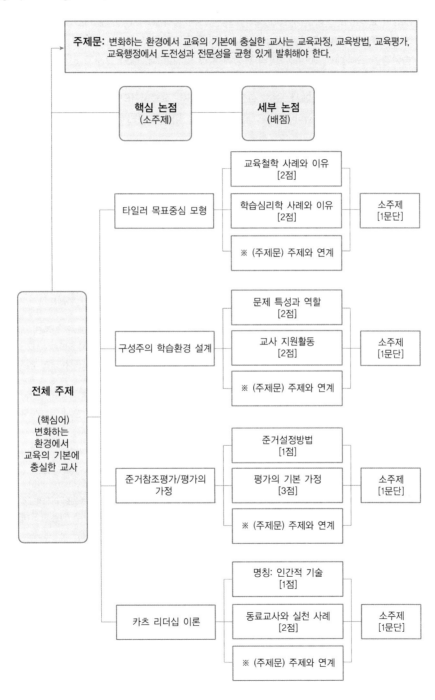

2 배점 분석('내용 영역')

─── 배 점 ───

• **논술의 내용 [총 15점]**
- 타일러(R. Tyler)의 교육목표 설정 근거(sources)를 바탕으로, 경력 교사가 언급한 '교육철학'을 교육목표 설정에 적용한 사례를 이유와 함께 1가지, 경력 교사가 언급한 '학습심리학'을 교육목표 설정에 적용한 사례를 이유와 함께 1가지 [4점]
- 구성주의 학습환경을 조나센(D. Jonassen)의 모형에 따라 설계할 때, 경력 교사가 언급한 '문제'의 특성과 역할 각각 1가지, 모델링 이외의 교사의 지원 활동 사례 2가지 [4점]
- 경력 교사가 언급한 준거참조평가에서 '준거 설정 방법' 1가지, 교육평가의 기본 가정 3가지 [4점]
- 카츠(R. Katz)의 리더십 이론에 근거하여, 경력 교사가 언급한 '이와 관련된 능력'의 명칭과, 동료 교사와 관련한 이 능력의 구체적 실천 사례 2가지 [3점]

3 답안 구상

주제문 변화하는 환경에서 교육의 기본에 충실한 교사는 교육과정, 교육방법, 교육평가, 교육행정에서 도전성과 전문성을 균형 있게 발휘해야 한다.

전체 주제 (대주제)	핵심 논점 (소주제)	세부 논점 (배점)	중심 내용＋설명/논증/(제시문 분석·적용)		배점	출제 영역
변화하는 환경에서 교육의 기본에 충실한 교사	타일러 모형에 근거하여, '교육철학'과 '학습심리학'을 교육목표 설정에 적용한 사례와 이유	① 교육철학 [2점]	교육적으로 추구할 만한 가치가 있는가	⊙ 사례: 학교는 학생에게 기존의 사회 질서에 잘 적응하도록 해야 하는가, 아니면 사회를 개선하고자 하는 의지를 길러주어야 하는가 ⓛ 이유: 잠정적 교육목표들이 모순 없이 일관성을 갖고 있는지 철학적 가치를 따져야 하기 때문	4점	교육과정
		② 학습심리학 [2점]	학습자가 잠정적 목표를 달성할 수 있는가	⊙ 사례: 교육목표가 학생의 연령이나 학년을 고려해 교육적으로 달성 가능한 것인가 ⓛ 이유: 잠정적 교육목표가 의도적인 교육을 통해 달성될 수 있는지 적합성을 분별해야 하기 때문		
		※ 주제와의 연계	교육과정 측면에서는 기본에 충실한 교육과정 재구성이 요구된다.			

조나센 구성주의 학습환경 설계	① 문제의 특성과 역할 [2점]	㉠ 문제 특성 ㉡ 역할	㉠ 문제 특성 : 실제적, 복잡한, 비구조화, 맥락적 문제 ㉡ 역할 : 학생의 학습동기를 유발하고 다양한 전략적 사고를 요구	4점	교육방법
	② 모델링 이외 교사의 지원 활동 [2점]	㉠ 코칭(coaching) ㉡ 스캐폴딩 (scaffolding)	㉠ 코칭은 학습자의 과제 수행 과정을 관찰하고 도와주는 것 ㉡ 스캐폴딩은 학생이 과제 수행에 어려움을 겪을 때 자신의 능력 수준을 넘어서도록 발판을 제공하는 것		
	※ 주제와의 연계	교수방법 측면에서는 최근 경향에 맞추어 구성주의 학습환경을 충실히 조성해야 한다.			
준거참조평가 / 교육평가의 기본 가정	① 준거 설정 방법 [1점]	Angoff 방법	최소능력 보유 피험자들이 가상적으로 어느 정도 비율로 문항의 정답을 맞힐 수 있는가를 판정한 다음, 각 문항의 답을 맞힐 비율의 합을 준거점수로 설정하는 방법	4점	교육평가
	② 평가의 기본 가정 [3점]	㉠ 인간의 잠재능력 개발 가능성 ㉡ 계속성 ㉢ 종합성 ㉣ 자료의 다양성 ㉤ 교육활동의 도움	㉠ 교육평가는 인간의 무한한 잠재능력의 개발 가능성을 전제 ㉡ 교육평가는 계속적이어야 ㉢ 교육평가는 종합적이어야 ㉣ 교육평가의 자료는 다양 ㉤ 교육평가는 교육활동에 도움		
	※ 주제와의 연계	교육평가 측면에서는 변화된 평가 방식에 따라 적절한 평가를 실시하는 것도 중요하다.			
카츠 리더십 이론	① 명칭 [1점]	다양한 사람들로 구성된 조직과 관련된 능력	인간적 기술 – 구성원들과 원활하게 소통하고 인화를 조성하고 협력적으로 일할 수 있는 능력	3점	교육행정
	② 동료 교사와 관련한 실천 사례 [2점]	동료 교사와의 소통, 협력, 공유, 인화 등과 관련되는 활동 내용이라면 모두 정답	㉠ 전문적 학습공동체를 통해 교사들이 지식과 정보를 공유하고 협력적 학습을 실천하는 일 ㉡ 동료 교사들과 정기적으로 교육목표를 공유하고 협력하면서 동료장학을 통해 동료관계를 증진하는 일 ㉢ 동료 교사와 팀티칭을 통해 협력적 학습환경을 조성함 ㉣ 동료 교사와의 갈등상황에서 중재자로서 역할을 수행하며 긍정적인 교육환경을 조성함 등		
	※ 주제와의 연계	교육행정 측면에서 교사는 변화하는 환경에 맞추어 리더십을 발휘할 수 있어야 한다.			

02 모범답안

서론

　오늘날의 교육은 변화하는 사회적 환경으로 인해 교사들에게 더 높은 도전성과 전문성을 요구하고 있다. 이에 따라 교사는 변화하는 요구를 반영하면서도 교육의 기본 원칙에 충실해야 한다. 본 논의에서는 교육과정, 교육방법, 교육평가, 교육행정의 네 가지 요소를 중심으로 이러한 교사의 역할과 실천 방안을 논하고자 한다.

본론

　교육과정 측면에서는 기본에 충실한 교육과정 재구성이 요구된다. 타일러(R. Tyler)에 따르면, 잠정적으로 추출된 교육목표는 교육철학과 학습심리학을 고려해 걸러야 한다고 한다. 첫째, 교육철학은 교육적으로 추구할 만한 가치가 있는가를 묻는다. 예를 들어, 학교는 학생에게 기존의 사회질서에 잘 적응하도록 해야 하는가, 아니면 사회를 개선하고자 하는 의지를 길러주어야 하는가이다. 그 이유는 잠정적 교육목표들이 모순 없이 일관성을 갖고 있는지 철학적 가치를 따져야 하기 때문이다. 둘째, 학습심리학은 학습자가 잠정적 목표를 달성할 수 있는가를 묻는다. 예를 들어, 교육목표가 학생의 연령이나 학년을 고려해 교육적으로 달성 가능한 것인가이다. 그 이유는 잠정적 교육목표가 의도적인 교육을 통해 달성될 수 있는지 적합성을 분별해야 하기 때문이다.

　교수방법 측면에서는 최근 경향에 맞추어 구성주의 학습환경을 충실히 조성해야 한다. 조나센(D. Jonassen)의 모형에 따라 구성주의 학습환경을 설계할 때, 문제는 복잡하고 비구조화된 특성을 지녀야 한다. 이런 문제는 전체 학습과정에서 학생의 학습동기를 유발하고 다양한 전략적 사고를 요구하는 역할을 한다. 한편, 학습 과정에서 교사는 시범 이외에 코칭(coaching)과 스캐폴딩(scaffolding)을 지원해 주어야 한다. 첫째, 코칭은 학습자의 과제 수행 과정을 관찰하고 도와주는 것이다. 학생의 수행을 분석하여 피드백을 제공하고 반성적 사고를 유발한다. 둘째, 스캐폴딩은 학생이 과제 수행에 어려움을 겪을 때 자신의 능력 수준을 넘어서도록 발판을 제공하는 것이다.

　교육평가 측면에서는 변화된 평가 방식에 따라 적절한 평가를 실시하는 것도 중요하다. 준거참조평가를 실시한다면 준거 설정이 중요하다. 준거 설정 방법에는 Angoff 방법이 있다. 이는 최소능력 보유 피험자들이 가상적으로 어느 정도 비율로 문항의 정답을 맞힐 수 있는가를 판정한 다음, 각 문항의 답을 맞힐 비율의 합을 준거 점수로 설정하는 방법이다. 한편, 교육평가의 기본 가정은 다음과 같다. 첫째, 교육평가는 인간의 무한한 잠재능력의 개발 가능성을 전제한다. 교육이 인간 발달의 가능성을 제한하면 교육평가의 기능은 극대화될 수 없다. 둘째, 교육평가는 일회적인 것이 아니라 계속적이어야 한다. 시험, 수업, 대화 등 언제나 모든 장면에서 평가가 이루어져야 한다. 셋째, 교육평가는 종합적이어야 한다. 평가대상의 모든 자료를 종합적으로 수집하여 평가하여야 한다.

교육행정 측면에서 교사는 변화하는 환경에 맞추어 리더십을 발휘할 수 있어야 한다. 카츠(R. Katz)의 리더십 이론에 따르면, 다양한 사람들로 구성된 조직과 관련된 능력은 인간적 기술 능력이다. 이는 구성원들과 원활하게 소통하고 인화를 조성하고 협력적으로 일할 수 있는 능력이다. 이 능력의 실천 사례로는 다음과 같다. 첫째, 전문적 학습공동체를 통해 교사들이 지식과 정보를 공유하고 협력적 학습을 실천하는 일이다. 둘째, 동료 교사들과 정기적으로 교육목표를 공유하고 협력하면서 동료장학을 통해 동료관계를 증진하는 일이다.

결론

변화하는 환경에서 교육의 기본에 충실한 교사는 교육과정, 교육방법, 교육평가, 교육행정에서 도전성과 전문성을 균형 있게 발휘해야 한다. 이를 통해 교사는 학습자 주도의 교육을 실현하고, 미래 사회에 기여하는 인재를 양성하는 데 기여할 수 있다. 교사의 지속적인 자기 성장과 교육철학에 대한 고민은 이런 실천의 핵심이 될 것이다.

다음은 20○○학년도 중등신규임용교사 연수에서 신임 교사와 교육 전문가가 나눈 대담의 일부이다. 이 내용을 읽고 '학습자 맞춤형 교육 지원을 위한 교사의 역량'을 주제로 교육과정, 교수전략, 교육평가, 교육행정을 구성 요소로 하여 서론, 본론, 결론을 갖추어 논하시오. [20점]

··· (상략) ···

사 회 자: 지금까지 세 분의 교육 전문가를 모시고 학습자 맞춤형 교육을 준비하는 학교 현장의 최근 동향과 정책을 들어 봤습니다. 이제, 선생님들께서 궁금한 점을 질문하시면 해당 교육 전문가께서 추가 설명을 해 주시겠습니다.

교 사 A: 제가 교육실습을 나갔던 학교는 학생의 신체 활동을 장려하기 위해 '1인 1운동 맞춤형 동아리'를 운영했어요. 그랬더니 의도치 않게 몇몇 학생은 교우 관계가 좋아져서 봉사활동도 같이 하는 반면, 일부 학생은 너무 친해져서 자기들끼리만 어울리는 문제가 생겼어요. 이렇게 의도치 않게 생긴 현상은 교육과정 측면에서 어떻게 설명할 수 있을지 궁금했습니다.

··· (중략) ···

교 사 B: 강연 중에 교사의 온라인 수업 역량도 강조하셨는데, 온라인 수업을 위한 콘텐츠를 개발하거나 실제 온라인 수업을 운영할 때 교사가 특별히 더 신경 써야 할 점을 추가로 말씀해 주실 수 있을까요?

전문가 C: 네. 온라인 수업은 대면 수업보다 학습자가 상호작용을 하는 데 어려움이 많이 있지요. 따라서 온라인 수업에서 학습자가 할 수 있는 다양한 유형의 상호작용을 고려하여 콘텐츠를 개발하고 온라인 수업을 운영해야 학습 목표를 효과적으로 달성할 수 있을 것입니다.

교 사 D: 강연을 듣고 학습자 맞춤형 교육에서 평가가 중요하다는 것을 잘 이해할 수 있었습니다. 추가적으로, 학생의 능력 수준을 고려한 평가 유형과 검사 방법을 소개해 주실 수 있을까요?

전문가 E: 네. 예를 들어, 평가 유형으로는 능력참조평가를, 검사 방법으로는 컴퓨터 능력적응검사(Computer Adaptive Testing: CAT)를 고려해 볼 수 있습니다. 특히, 컴퓨터 능력적응검사는 단순히 컴퓨터를 이용하여 검사를 실시하고 채점하는 방법에서 더 발전된 특성이 있습니다. 교육 환경의 변화에 따라 학습자 맞춤형 교육이 강조되는 추세이므로 오늘 소개한 평가 유형과 검사 방법에 관심을 가지면 좋을 듯합니다.

교 사 F: 그렇다면, 학습자 맞춤형 교육의 구체적 내용을 학교 교육과정에 반영하려면 학교 내에서 어떠한 논의 과정을 거쳐야 하나요?

전문가 G: 여러 과정이 있습니다만, 학교 교육과정 운영 방법에 대해 법에서 규정한 대로 학교운영위원회의 심의나 자문을 거쳐야 합니다. 이를 위해서는 먼저 학생과 교사의 의견 수렴 과정을 거치는 것이 좋겠습니다.

··· (하략) ···

── 배 점 ──

- **논술의 내용 [총 15점]**
  - 교사 A의 궁금한 점을 설명할 수 있는 교육과정 유형에 근거하여 학습 목표 설정, 교육 내용 구성, 학생 평가 계획 시 교사가 고려해야 할 점 각 1가지 [3점]
  - 전문가 C가 언급한 온라인 수업에서 학습자 상호작용의 어려운 점 1가지, 온라인 수업에서 학습자 상호작용의 유형 3가지와 유형별 서로 다른 기능 각 1가지 [4점]
  - 전문가 E가 학습자 맞춤형 교육을 위해 제시한 평가 유형의 적용과 결과 해석 시 유의점 2가지, 단순히 컴퓨터를 이용하는 검사 방법과 구별되는 컴퓨터 능력적응검사(Computer Adaptive Testing)의 특성 2가지 [4점]
  - 전문가 G가 언급한 학교운영위원회의 법적 구성 위원 3주체, 이러한 3주체 위원 구성의 의의 1가지, 위원으로 학생 참여의 순기능과 역기능 각 1가지 [4점]

- **논술의 구성 및 표현 [총 5점]**
  - 논술의 내용과 '학습자 맞춤형 교육 지원을 위한 교사의 역량'의 연계 및 논리적 형식 [3점]
  - 표현의 적절성 [2점]

01 ﹚ 논제 파악

1 도해조직자(graphic organizer)

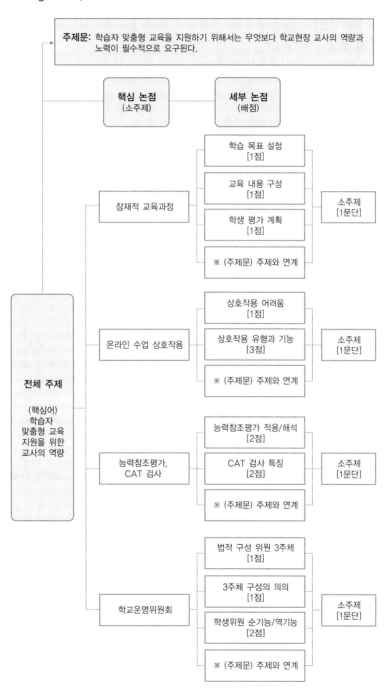

2 배점 분석('내용' 영역)

─── 배 점 ───

• 논술의 내용 [총 15점]
 − 교사 A의 궁금한 점을 설명할 수 있는 교육과정 유형에 근거하여 학습 목표 설정, 교육 내용 구성, 학생 평가 계획 시 교사가 고려해야 할 점 각 1가지 [3점]
 − 전문가 C가 언급한 온라인 수업에서 학습자 상호작용의 어려운 점 1가지, 온라인 수업에서 학습자 상호작용의 유형 3가지와 유형별 서로 다른 기능 각 1가지 [4점]
 − 전문가 E가 학습자 맞춤형 교육을 위해 제시한 평가 유형의 적용과 결과 해석 시 유의점 2가지, 단순히 컴퓨터를 이용하는 검사 방법과 구별되는 컴퓨터 능력적응검사(Computer Adaptive Testing)의 특성 2가지 [4점]
 − 전문가 G가 언급한 학교운영위원회의 법적 구성 위원 3주체, 이러한 3주체 위원 구성의 의의 1가지, 위원으로 학생 참여의 순기능과 역기능 각 1가지 [4점]

3 답안 구상

주제문 학습자 맞춤형 교육을 지원하기 위해서는 무엇보다 학교현장 교사의 역량과 노력이 필수적으로 요구된다.

전체 주제 (대주제)	핵심 논점 (소주제)	세부 논점 (배점)	중심 내용 + 설명/논증/(제시문 분석·적용)		배점	출제 영역
학습자 맞춤형 교육 지원을 위한 교사의 역량	잠재적 교육과정에 근거하여 교육과정 개발 시 고려할 점	① 학습 목표 설정 [1점]	다양한 관점	의도하지 않은 결과가 초래될 수 있다는 점을 인식하여 인지적 영역뿐만 아니라 정의적 측면 등 다양한 관점에서 학습 목표를 수립	3점	교육과정
		② 교육 내용 구성 [1점]	다각적인 분석	특정 교육 내용이 학생에게 어떠한 영향을 미칠지 다각도로 분석하여 신중하게 구성		
		③ 학생 평가 계획 [1점]	탈목표평가	탈목표평가의 관점을 수용하여 의도하지 않은 교육적 결과에 대해서도 종합적으로 평가		
		※ 주제와의 연계	학습자 맞춤형 교육을 지원하려면 교사에게 학습자 맞춤형 교육과정 개발 역량이 필요하다.			

온라인 수업 상호작용	① 상호작용의 어려운 점 [1점]	㉠ 지식, 정보, 활용능력 부족 ㉡ 상호작용 수행 경험 부족 ㉢ 실시간 온라인 학습에서 비언어적 상호작용이 제한적임 ㉣ 비실시간 온라인 학습에서는 질문에 대한 응답에 많은 시간이 소요되고 즉각적인 상호작용이 어려움	㉠ 온라인상에서의 상호작용을 위한 활용도구 및 전략에 대한 정보가 부족하거나, 플랫폼, 앱 등의 테크놀로지에 대한 지식과 활용능력이 부족 ㉡ 온라인 수업 상황에서 어떤 유형의 상호작용이 가능하고, 어떤 방식으로 상호작용 활동을 수행해야 하는지에 대한 경험이 거의 없기 때문에, 수업의 유형이나 학습 상황 등을 고려한 상호작용 활동을 제대로 수행하고 있지 못하고 있는 것이 현실 ㉢ 실시간 온라인 학습에서 학습자가 비디오 화면을 끄면 목소리만으로 학습자의 심리를 추측해야 하는 것처럼 제스처, 몸짓, 목소리 크기, 억양 등을 통한 비언어적 상호작용이 제한적으로 이루어짐 ㉣ 비실시간 온라인 학습에서는 학습자의 질문에 교수자가 응답을 하는 데 많은 시간이 소요되고 즉각적인 상호작용이 어려운 점	4점	교육방법
	② 온라인 수업 상호작용 유형과 그 기능 [3점]	㉠ 교수자와 학습자 간 상호작용 유형 ㉡ 학습자와 학습자 간 상호작용 유형 ㉢ 학습자와 내용 간 상호작용 유형	㉠ 수업내용에 대한 질의응답이나 피드백 제공 등을 통해 학습자의 학습이해력을 점검하고 교수자와 학습자 간의 심리적 거리를 줄이는 기능을 수행 ㉡ 학습내용에 대한 의견교환, 토론 수행, 협동학습 등을 학습자 공동으로 수행하면서 친밀감과 소속감을 높이고 협력적으로 지식을 구성하는 데 도움을 줌 ㉢ 학습내용과 인지적 상호작용을 통해 학습내용을 이해하고 조직하고 정교화하며 고차적 사고를 촉진하는 데 도움을 줌		
	※ 주제와의 연계	학습자 맞춤형 교육을 지원할 수 있는 교사의 교수전략 및 수업 역량이 요구된다.			

	① 능력참조평가의 적용과 결과 해석 시 유의점 [2점]	㉠ 적용 유의점 ㉡ 결과 해석 시 유의점	㉠ 학생의 능력에 대한 정확한 정보를 토대로 적용 ㉡ 능력 이외 다른 요소들은 배제하고 개인의 능력 발휘 정도에만 초점을 두어 결과를 해석		
능력참조평가, CAT 검사	② CAT 검사의 특성 [2점]	㉠ 특징1 ㉡ 특징2	㉠ 모든 피험자에게 동일한 문항을 제시하는 것이 아니라 피험자의 능력 수준에 따라 각기 다른 문항을 제시 → 피험자의 능력을 정확하게 측정할 수 있음 ㉡ 피험자 능력수준에 적합한 효율적이고 개별적인 검사 → 효율적인 검사를 실시할 수 있기 때문에 검사에 소요되는 시간을 단축, 측정 오차 줄임	4점	교육평가
	※ 주제와의 연계	교육과정 측면에서는 학교 교육과정 편성·운영의 만족도를 높이는 방향으로 학교 교육이 개선되어야 한다.			
학교운영위원회	① 법적 구성 위원 3주체 [1점]	학부모, 교원, 지역사회 인사	학부모 위원, 교원 위원, 지역 위원		
	② 3주체 위원 구성의 의의 [1점]	민주성, 합리성, 자율성, 자치성, 책무성	학교운영에 관한 의사결정에 학부모, 교원, 지역사회 인사가 함께 참여함으로써 학교 의사결정의 민주성과 합리성을 증진하고, 학교의 자율성과 책무성을 강화	4점	교육행정
	③ 위원으로 학생 참여의 순기능과 역기능 [2점]	㉠ 순기능 ㉡ 역기능	㉠ 학생의 요구와 필요가 반영된 학생 중심의 학교 교육과정 운영이 가능하고, 학생의 소속감과 주인의식, 나아가 민주시민으로서의 역량을 함양 ㉡ 학생의 정제되지 않은 무리한 요구나 비교육적인 의견 제시로 인해 학교 구성원 간의 갈등이나 학교 교육의 기능이 마비		
	※ 주제와의 연계	교사는 학습자 맞춤형 교육의 내용을 학교 교육과정에 반영할 수 있는 논의 역량을 갖추고 있어야 한다.			

02 모범답안

서론

　최근 학생 중심 교육이 강조됨에 따라 학습자 맞춤형 교육 지원이 주요 현안으로 부각되고 있다. 현장 교사는 교육과정, 교수전략, 교육평가, 교육행정 등 여러 가지 방면에서 학습자 맞춤형 교육의 지원 역량을 함양해 나가야 한다. 제시문의 대담 내용을 토대로 학습자 맞춤형 교육 지원을 위한 교사의 역량에 대해 논의하고자 한다.

본론

　교육과정 측면에서 학습자 맞춤형 교육을 지원하려면 교사에게 학습자 맞춤형 교육과정 개발 역량이 필요하다. 교사 A가 궁금한 잠재적 교육과정에 근거하여 교육과정을 계획할 때에는 다음과 같은 점을 고려해야 한다. 첫째, 학습 목표 설정 시, 의도하지 않은 결과가 초래될 수 있다는 점을 인식하여 인지적 영역뿐만 아니라 정의적 측면 등 다양한 관점에서 학습 목표를 수립해야 한다. 둘째, 교육 내용 구성 시, 특정 교육 내용이 학생에게 어떠한 영향을 미칠지 다각도로 분석하여 신중하게 구성해야 한다. 셋째, 학생 평가 계획 시, 탈목표평가의 관점을 수용하여 의도하지 않은 교육적 결과에 대해서도 종합적으로 평가해야 한다. 교사는 공식적 교육과정은 물론이며 의도하지 않은 잠재적 교육과정까지 고려하여 학습자에게 맞춤형 교육을 지원할 수 있어야 한다.

　교수학습 측면에서는 학습자 맞춤형 교육을 지원할 수 있는 교사의 교수전략 및 수업 역량이 요구된다. 전문가 C가 언급한 온라인 수업에서 학습자 상호작용이 어려운 점은 물리적 환경에 대한 지식과 정보의 부족이다. 온라인 상에서의 상호작용을 위한 활용도구 및 전략에 대한 정보가 부족하거나, 플랫폼, 앱 등의 테크놀로지에 대한 지식과 활용능력이 부족할 때 학습자의 즉각적인 상호작용에 어려움을 호소한다. 온라인 수업에서 학습자 상호작용의 유형과 그 기능은 다음과 같다. 첫째, 교수자와 학습자 간 상호작용 유형이다. 이는 수업내용에 대한 질의응답이나 피드백 제공 등을 통해 학습자의 학습이해력을 점검하고 교수자와 학습자 간의 심리적 거리를 줄이는 기능을 수행한다. 둘째, 학습자와 학습자 간 상호작용 유형이다. 이는 학습내용에 대한 의견교환, 토론수행, 협동학습 등을 학습자 공동으로 수행하면서 친밀감과 소속감을 높이고 협력적으로 지식을 구성하는 데 도움을 준다. 셋째, 학습자와 내용 간 상호작용 유형이다. 이는 학습자가 콘텐츠의 요구에 반응하고 몰입하여 학습함으로써 학습내용을 이해하고 조직하고 정교화하며 고차적 사고를 촉진하는 데 도움을 준다.

교육평가 측면에서 교사는 학습자의 개별 능력을 고려하는 평가 역량을 갖추어 학습자 맞춤형 교육을 지원할 수 있어야 한다. 전문가 E가 학습자 맞춤형 교육을 위해 제시한 능력참조평가를 적용하고 결과를 해석할 때 유의할 점은 다음과 같다. 첫째, 적용 시에는 학생의 능력에 대한 정확한 정보를 토대로 적용해야 한다는 점이다. 능력참조평가는 학생의 능력을 기준으로 평가하기 때문이다. 둘째, 결과 해석 시에는 능력 이외 다른 요소들은 배제하고 개인의 능력 발휘 정도에만 초점을 두어 결과를 해석해야 한다는 점이다. 능력참조평가는 학생 개인의 능력과 능력 발휘 정도를 비교하여 평가하기 때문이다. 한편, 컴퓨터 능력적응검사(CAT)는 다음과 같은 특징이 있다. 첫째, 모든 피험자에게 동일한 문항을 제시하는 것이 아니라 피험자의 능력 수준에 따라 각기 다른 문항을 제시한다. 이 때문에 피험자의 능력을 정확하게 측정할 수 있다. 둘째, 피험자 능력수준에 적합한 효율적이고 개별적인 검사이다. 짧은 시간에 적은 수의 문항으로도 효율적인 검사를 실시할 수 있기 때문에 검사에 소요되는 시간을 단축시키고 측정오차를 줄일 수 있다.

교육행정 측면에서 교사는 학습자 맞춤형 교육의 내용을 학교 교육과정에 반영할 수 있는 논의 역량을 갖추고 있어야 한다. 전문가 G가 언급한 학교운영위원회의 법적 구성 위원 3주체는 학부모, 교원, 지역사회 인사이다. 이 구성의 의의는 학교운영에 관한 의사결정에 학부모, 교원, 지역사회 인사가 함께 참여함으로써 학교 의사결정의 민주성과 합리성을 증진하고, 학교의 자율성과 책무성을 강화할 수 있다는 점이다. 한편, 위원으로 학생 참여 시 순기능은 학생의 요구와 필요가 반영된 학생 중심의 학교 교육과정 운영이 가능하고, 학생의 소속감과 주인의식, 나아가 민주시민으로서의 역량을 함양할 수 있다는 점이다. 반면, 학생의 정제되지 않은 무리한 요구나 비교육적인 의견 제시로 인해 학교 구성원 간의 갈등이나 학교 교육의 기능이 마비될 수 있는 역기능도 존재한다. 교사가 학습자 맞춤형 교육 내용을 논의할 수 있는 역량을 갖추고 그 구체적인 내용을 학교 현장에 구현해 나갈 수 있다면 학습자 맞춤형 교육은 실현될 수 있을 것이다.

결론

학습자 맞춤형 교육을 지원하기 위해서는 무엇보다 학교현장 교사의 역량과 노력이 필수적으로 요구된다. 교사는 교육과정, 교수전략, 교육평가, 교육행정 등 다양한 측면을 고려하여 학습자 맞춤형 교육이 가능하도록 자신의 역량을 다해 나가야 한다. 이 같은 교사의 실천적 노력이 지속된다면 학습자 맞춤형 교육은 보다 효과적으로 정착될 수 있을 것이다.

2023학년도 중등 교육학 논술

다음은 ○○고등학교에서 작성한 '학교 운영 자체 평가 보고서' 중 전년도에 비해 학교 교육 만족도가 높아진 항목에 대한 분석 결과의 일부이다. 만족도 조사 결과 그래프, 서술식 응답, 분석 내용을 읽고 '학생, 학부모, 교사의 의견을 반영한 학교 교육 개선'이라는 주제로 교수전략, 교육평가, 교육과정, 학교 조직을 구성 요소로 하여 서론, 본론, 결론을 갖추어 논하시오. [20점]

학생 만족도 조사 결과	분석 내용
Q. 수업 내용과 과제의 수준이 적절하다. (*5점 리커트 척도) • 어려운 과제도 해결할 자신이 생겼어요. • 공부하기 전에 목표를 설정하는 연습을 했던 것이 도움이 되었어요.	수업 내용과 과제의 수준에 실질적인 변화가 없었지만, 학생들의 만족도가 높아졌다. 이는 사회인지이론에서 제시한 자기효능감과 자기조절을 증진하기 위해 노력한 결과로 분석된다. 특히 자기효능감 형성에 영향을 미치는 숙달 경험과 대리 경험을 학생들에게 제공하고, 자기조절을 촉진하기 위해 학생 스스로 목표 설정 및 계획 단계를 실행하도록 한 것이 효과적이었다. 향후 학생들의 자기효능감 향상을 위해 적절한 교수전략을 지속적으로 모색하고, 자기조절 과정에서 목표 설정 및 계획 단계 이후로 나아가도록 지원할 필요가 있다.

학생 만족도 조사 결과	분석 내용
Q. 학교에서 시행하는 평가는 적절하다. (*5점 리커트 척도) 5 4 3 2 1 2021 2022 • 수업 중 퀴즈, 질문이 학습에 도움이 되었어요. • 시험 문제가 수업에서 배운 것과 약간 다른 것 같아요.	수업 진행 중에 퀴즈, 질문과 같은 형성평가 방법을 적절하게 적용한 점이 학생들의 평가 만족도를 높인 것으로 분석된다. 학생들이 이러한 평가로 인해 부담감을 느끼지 않도록 형성평가에 대해 잘 설명한 것이 효과가 있었다. 한편, 학생 의견 중 검사의 타당도에 대한 의견도 있었다. 교육 현장에서는 정기고사에서의 평가 방법도 중요하므로, 앞으로 평가 문항 개발 시 교육과정에 따라 수업 중에 가르친 부분을 점검하여 타당도를 높일 수 있는 방안을 모색해야 한다.

학부모 만족도 조사 결과	분석 내용
Q. 학교 교육과정이 잘 편성·운영된다. (*5점 리커트 척도) • 우리 아이가 다양한 과목과 활동을 경험할 수 있어 좋았어요. • 학문적 지식을 좀 더 많이 다루어 주셨으면 합니다.	우리 학교에서는 듀이(J. Dewey)의 경험중심 교육과정 이론에 근거하여 과목을 다양화하고 경험을 통한 학습이 가능하도록 하였다. 이 점이 학부모의 만족도를 높이는 데 영향을 주었을 것으로 분석된다. 한편, 학생들이 지식에 더 중점을 두고 학습하기를 희망하는 학부모의 의견이 있었다. 이를 반영하여 학생들의 교과 학습에 도움을 줄 수 있도록 교육과정의 내용 체계를 보완할 필요가 있다. 다음 학년도에는 학문적 지식을 강조한 브루너(J. Bruner)의 교육과정 이론을 바탕으로 교육내용을 선정·조직하는 방안을 보다 체계화하여 균형 잡힌 교육과정을 편성·운영해야 할 것이다.

교사 만족도 조사 결과	분석 내용
Q. 학교 운영에 대해 전반적으로 만족한다. (*5점 리커트 척도) • 기본에 충실해야 한다는 생각이 학교 문화로 자리 잡았습니다. • 학교 구성원 간의 약속이 더 잘 지켜지도록 노력해야 합니다.	학교 운영 전반에 대한 교사의 만족도가 전년도에 비해 상승했다. 학교의 외부 환경 변화와 내부 구성원의 변동이 있었음에도 불구하고 함께 이루어낸 성과였다. 이는 교사의 서술식 응답에서 볼 수 있듯이 기본에 충실한 학교 문화가 형성되었고, 학교 구성원 간 공동의 약속이 준수된 결과라 할 수 있다. 즉, 베버(M. Weber)가 제시한 관료제 이론의 특징 중 하나인 '규칙과 규정'이 학교 조직에 잘 적용된 것으로 판단된다. 앞으로도 이러한 결과가 유지될 수 있도록 '규칙과 규정'의 순기능을 강화하고 역기능을 줄여야 할 것이다.

───── 배 점 ─────

- 논술의 내용 [총 15점]
  - 평가 보고서에서 자기효능감 형성에 영향을 미친다고 분석한 요인에 따른 교수전략 2가지, 자기조절 과정에서 목표 설정 및 계획 단계 이후의 지원 방안 2가지 [4점]
  - 평가 보고서에서 언급한 형성평가를 교사 측면에서 활용할 수 있는 방안 2가지, 평가 보고서에서 제안한 타당도의 명칭과 이 타당도의 확보 방안 1가지 [4점]
  - 평가 보고서에서 학교 교육과정 편성·운영의 만족도를 높인 것으로 분석한 교육과정 이론의 장점 2가지, 학교 교육과정을 보완하기 위해 제안한 교육과정 이론의 교육내용 선정·조직 방안 2가지 [4점]
  - 평가 보고서에서 언급한 관료제 이론의 특징 중 '규칙과 규정'이 학교 조직에 미치는 순기능 2가지, 역기능 1가지 [3점]

- 논술의 구성 및 표현 [총 5점]
  - 논술의 내용과 '학생, 학부모, 교사의 의견을 반영한 학교 교육 개선'의 연계 및 논리적 형식 [3점]
  - 표현의 적절성 [2점]

01 논제 파악

1 도해조직자(graphic organizer)

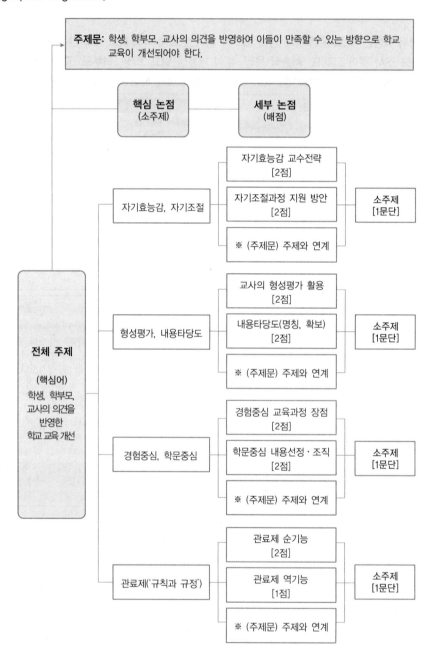

2 배점 분석('내용' 영역)

─────────── 배 점 ───────────

- **논술의 내용 [총 15점]**
  - 평가 보고서에서 자기효능감 형성에 영향을 미친다고 분석한 요인에 따른 교수전략 2가지, 자기조절 과정에서 목표 설정 및 계획 단계 이후의 지원 방안 2가지 [4점]
    ⇨ 숙달 경험과 대리 경험 제공을 위한 교수전략 각각 1가지(2점), 자기조절 과정 지원 2가지(2점) [4점]
  - 평가 보고서에서 언급한 형성평가를 교사 측면에서 활용할 수 있는 방안 2가지, 평가 보고서에서 제안한 타당도의 명칭과 이 타당도의 확보 방안 1가지 [4점]
    ⇨ 교사 측면에서 형성평가의 활용 방안 2가지(2점), 내용타당도 및 그 확보 방안 1가지(2점) [4점]
  - 평가 보고서에서 학교 교육과정 편성·운영의 만족도를 높인 것으로 분석한 교육과정 이론의 장점 2가지, 학교 교육과정을 보완하기 위해 제안한 교육과정 이론의 교육내용 선정·조직 방안 2가지 [4점]
    ⇨ 경험중심 교육과정 장점 2가지(2점), 학문중심 교육과정의 교육내용 선정·조직 방안(2점) [4점]
  - 평가 보고서에서 언급한 관료제 이론의 특징 중 '규칙과 규정'이 학교 조직에 미치는 순기능 2가지, 역기능 1가지 [3점]
    ⇨ '규칙과 규정'의 강조에 따른 순기능 2가지(2점), 역기능 1가지(1점) [3점]

3 답안 구상

주제문 학생, 학부모, 교사의 의견을 반영하여 이들이 만족할 수 있는 방향으로 학교 교육이 개선되어야 한다.

전체 주제 (대주제)	핵심 논점 (소주제)	세부 논점 (배점)	중심 내용 + 설명/논증/(제시문 분석·적용)		배점	출제 영역
학생, 학부모, 교사의 의견을 반영한 학교 교육 개선	자기효능감, 자기조절학습	① 자기효능감 교수전략 [2점]	㉠ 숙달 경험 제공 측면 ㉡ 대리 경험 제공 측면	㉠ 학습자 수준에 맞는 과제, 도전적 과제 제시 등 → 과제 숙달로 성공경험의 기회를 제공 ㉡ 학생 자신과 유사한 또래 모델의 성공적인 모습이나 사례 제시 → 대리 강화를 받도록 함	4점	교육심리
		② 자기조절 과정 지원 (목표 설정 이후 단계) [2점]	㉠ 자기 관찰 (진행 점검) ㉡ 자기 평가 (자기 판단) ㉢ 자기 강화 (자기 반응)	㉠ 학생들에게 체크리스트를 제공 → 목표 달성을 위한 현재의 학습 상황을 관찰하며 점검하도록 지원 ㉡ 자기평가나 자기성찰지를 제공 → 목표 달성 정도를 스스로 평가하도록 지원 ㉢ 자기평가를 토대로 목표 달성 여부에 따라 스스로 강화나 처벌을 하도록 지원		
		※ 주제와의 연계	학생의 자기효능감과 자기조절을 증진하여 학생의 학습 만족도를 높이는 방향으로 학교 교육이 개선되어야 한다.			

형성평가, 내용타당도	① 형성평가의 활용 (교사 측면) [2점]	㉠ 교수내용·교육 과정 개선 ㉡ 교수방법·교수 전략 개선 ㉢ 기타: 피드백 제 공, 수업진행 속도 조절, 학생의 학습 곤란 지점 진단· 교정 등	㉠ 학생의 학습목표 달성 정도나 학생 간 학습수준의 차이, 학습 내용 이해도를 점검하여 교수내 용이나 교육과정을 개선하는 용 도로 활용 ㉡ 학생의 학습 진전 상황이나 교 사의 교수방법에 대한 정보를 수집·분석하여 자신의 교수방 법이나 교수전략을 개선하는 용 도로 활용	4점	교육평가
	② 내용타당도 [2점]	㉠ 명칭 ㉡ 확보 방안	㉠ 내용타당도(교수타당도) ㉡ 이원분류표(이원목적분류표)를 작성하고 그에 따라 검사 문항 을 제작		
	※ 주제와의 연계	교육평가 측면에서는 형성평가의 활용과 타당도의 확보를 통해 학생의 평가 만족도를 높이는 방향으로 학교 교육이 개선되어야 한다.			
경험중심 교육과정, 학문중심 교육과정	① 경험중심 교육과정 (장점) [2점]	㉠ 장점1 ㉡ 장점2	㉠ 학생의 경험과 흥미를 토대로 다양한 활동을 경험하도록 하므 로 학생의 자발적이고 능동적 학습활동 촉진 ㉡ 생활의 문제를 실험적 과정(문 제-가설-자료수집-검증-결론) 을 통해 적극적으로 해결하도록 하므로 문제해결능력과 반성적 사고력을 함양	4점	교육과정
	② 학문중심 교육과정 (교육내용 선정·조직 방안) [2점]	㉠ 교육내용 선정 ㉡ 교육내용 조직	㉠ 지식의 구조: 각 학문에 내재해 있는 기본 개념과 원리를 상호 관련하여 체계화해 놓은 것을 선정 ㉡ 나선형 교육과정: 지식의 구조 는 계속 반복하면서 학습자의 발달단계를 고려하여 점점 폭과 깊이를 확대·심화하도록 조직		
	※ 주제와의 연계	교육과정 측면에서는 학교 교육과정 편성·운영의 만족도 를 높이는 방향으로 학교 교육이 개선되어야 한다.			

관료제 이론 ('규칙과 규정' 강조)	① 순기능 [2점]	계속성, 안정성, 통일성	㉠ 모든 업무가 규칙과 규정에 따라 처리 → 학교 내외부의 변화와 관계없이 조직 운영의 계속성과 안정성 확보 ㉡ 규칙과 규정에 근거하여 업무를 처리 → 업무의 통일성 확보	3점	교육행정
	② 역기능 [1점]	조직운영의 경직성, 목표전도 현상	규칙과 규정을 지나치게 강조하면 조직 운영이 경직되거나 목표전도 현상		
	※ 주제와의 연계	학교 조직의 측면에서는 학교 운영 전반에 대한 교사의 만족도가 상승될 수 있도록 학교 운영이 개선되어야 한다.			

02 | 모범답안

서론

　최근 학생, 학부모, 교사의 의견을 반영한 학교 교육의 개선이 주요 현안으로 부각되고 있다. 학교 현장에서는 학생, 학부모, 교사 등의 학교 교육 만족도가 높아질 수 있도록 교수전략, 교육평가, 교육과정, 학교 조직 등 여러 가지 방면을 검토하며 개선해 나가야 한다. 제시문의 '학교 운영 자체 평가 보고서'를 토대로 학생, 학부모, 교사의 의견을 반영한 학교 교육 개선에 대해 논의하고자 한다.

본론

　먼저, 학생의 자기효능감과 자기조절을 증진하여 학생의 학습 만족도를 높이는 방향으로 학교 교육이 개선되어야 한다. '평가 보고서'에 따르면 자기효능감 형성에 영향을 미친 요인은 숙달 경험과 대리 경험이다. 숙달 경험을 제공하기 위한 교수전략으로는 학습자 수준을 분석하여 그에 맞는 과제나 도전적인 과제 등을 제시하는 것이다. 그러한 과제를 숙달하도록 함으로써 성공경험의 기회를 제공하도록 한다. 대리 경험을 제공하기 위한 교수전략으로는 또래 모델을 활용하는 것이다. 학생 자신과 유사한 모델의 성공적인 모습이나 사례를 제시하여 대리 강화를 받도록 한다. 또 자기조절을 촉진하도록 하는 것도 중요한데, 자기조절 과정에서 목표 설정 이후의 단계에서는 다음과 같이 지원할 수 있다. 첫째, 자기관찰(self monitoring)이다. 학생들에게 체크리스트를 제공하여 목표 달성을 위한 현재의 학습 상황을 관찰하며 점검하도록 지원한다. 둘째, 자기평가(self evaluation)이다. 자기평가지나 자기성찰지를 제공하여 목표 달성 정도를 스스로 평가하도록 지원한다. 학생의 자기효능감과 자기조절을 증진하도록 학교 교육이 개선된다면 학생의 만족도는 더욱 높아질 수 있다.

　교육평가 측면에서는 형성평가의 활용과 타당도의 확보를 통해 학생의 평가 만족도를 높이는 방향으로 학교 교육이 개선되어야 한다. 교사는 수업 진행 중에 실시하는 형성평가를 다음과 같이 활용할 수 있다. 첫째, 학생의 학습목표 달성 정도나 학생 간 학습수준의 차이, 학습내용 이해도 등을 점검하여 보충·심화 등 교수내용이나 교육과정을 개선하는 용도로 활용한다. 둘째, 학생의 학습 진전 상황이나 교사의 교수방법에 대한 정보를 수집·분석하여 자신의 교수방법이나 교수전략을 개선하는 용도로 활용한다. 한편, '평가 보고서'에 제안한 타당도는 내용타당도(교수타당도)이다. 검사가 수업 중에 배운 내용을 얼마나 포함하고 있는가 하는 것이 교수타당도이다. 내용타당도를 확보하기 위해서는 교육목표를 내용영역과 행동영역으로 이분화시켜 표현한 이원분류표를 작성하고 그에 따라 검사 문항을 제작하도록 한다. 수업 중에 형성평가를 적절히 활용하고 타당도를 높일 수 있는 방안을 모색하고 개선해 나간다면 학생의 평가 만족도도 향상될 수 있다.

교육과정 측면에서는 학교 교육과정 편성·운영의 만족도를 높이는 방향으로 학교 교육이 개선되어야 한다. '평가 보고서'에 제시된 경험중심 교육과정 이론은 다음과 같은 장점이 있다. 첫째, 학생의 경험과 흥미를 토대로 다양한 활동을 경험하도록 하므로 학생의 자발적이고 능동적인 학습활동을 촉진할 수 있다. 둘째, 실제 생활의 문제를 실험적 과정(문제-가설-자료수집-검증-결론)을 통해 적극적으로 해결하도록 하므로 문제해결능력과 반성적 사고력을 함양할 수 있다. 한편, 학교 교육과정을 보완하기 위해 제안한 교육과정 이론은 학문중심 교육과정 이론과 관련된다. 학문중심 교육과정에서는 각 학문에 내재해 있는 기본 개념과 원리를 상호 관련하여 체계화 해 놓은 지식의 구조를 교육내용으로 선정한다. 지식의 구조는 계속 반복하면서 학습자의 발달단계를 고려하여 점점 폭과 깊이를 확대·심화하도록 나선형 교육과정으로 조직한다. 학교 교육과정의 편성·운영을 보다 균형 잡힌 방향으로 개선해 나간다면 학교 교육과정 편성·운영에 대한 학부모의 만족도도 높아질 수 있다.

학교 조직의 측면에서는 학교 운영 전반에 대한 교사의 만족도가 상승될 수 있도록 학교 운영이 개선되어야 한다. 학교는 관료제적 특성을 지니고 있으므로 관료제의 특징 중 하나인 '규칙과 규정'이 학교 조직에 적용될 수 있다. 그에 따른 순기능과 역기능이 발생할 수 있다. 순기능을 살펴보면, 첫째, 모든 업무가 규칙과 규정에 따라 처리되므로 학교 내외부의 변화와 관계없이 조직 운영의 계속성과 안정성을 확보할 수 있다. 둘째, 규칙과 규정에 근거하여 업무를 처리해 나감으로써 업무의 통일성을 꾀할 수 있다. 반면, 규칙과 규정을 지나치게 강조하면 조직 운영이 경직되거나 목표전도 현상이 나타나는 역기능도 있다. 그러므로 학교 관료제의 순기능을 강화하고 역기능을 줄이는 방향으로 학교 운영이 개선된다면 학교 운영 전반에 대한 교사의 만족도가 높아질 수 있을 것이다.

결론

학생, 학부모, 교사의 의견을 반영하여 이들이 만족할 수 있는 방향으로 학교 교육이 개선되어야 한다. 이를 위해서는 학생, 학부모, 교사 등의 학교 교육 만족도를 반영하여 교수전략, 교육평가, 교육과정, 학교 조직 등 여러 가지 방면을 검토하며 개선해 나가야 한다. 학교 당국과 학교 구성원 모두의 실천적 노력이 뒤따를 때 학교 교육은 학교 구성원 모두가 만족하는 방향으로 개선될 수 있을 것이다.

다음은 ○○중학교에서 학교 자체 특강을 실시한 교사가 교내 동료 교사와 나눈 대화의 일부이다. 이 내용을 읽고 '학교 내 교사 간 활발한 정보 공유를 통한 교육의 내실화'라는 주제로 교육과정, 교육평가, 교수전략, 교원연수에 대한 내용을 구성 요소로 하여 서론, 본론, 결론을 갖추어 논하시오. [20점]

김 교사 : 송 선생님, 제 특강에 관심을 가져 주셔서 감사합니다. 선생님은 올해 우리 학교에 발령받아 오셨으니 도움이 필요하시면 말씀하세요.

송 교사 : 정말 감사합니다. 그동안은 교과 간 통합에 주로 관심을 가져왔는데, 김 선생님의 특강을 들어 보니 이전 학습 내용과 다음 학습 내용이 자연스럽게 연결되어야 한다는 수직적 연계성도 중요한 것 같더군요. 그래서 이번 학기에는 교과 내 단원의 범위와 계열을 조정할 계획입니다. 선생님께서는 교육과정을 어떻게 재구성하시는지 함께 이야기할 수 있을까요?

김 교사 : 그럼요. 제가 교육과정 재구성한 것을 보내 드릴 테니 보시고 다음에 이야기해요. 그런데 교육 활동에서는 학생에 대한 이해가 중요하잖아요. 학기 초에 진단은 어떤 방식으로 하려고 하시나요?

송 교사 : 이번 학기에는 선생님께서 특강에서 말씀하신 총평(assessment)의 관점에서 진단을 해 보려 합니다.

김 교사 : 좋은 생각입니다. 그리고 우리 학교에서는 평가 결과로 학생 간 비교를 하지 않으니 학기 말 평가에서는 다양한 기준을 활용해 평가 결과를 해석해 보실 것을 제안합니다.

송 교사 : 네, 알겠습니다. 이제 교실 수업에서 사용할 교수전략을 개발해야 하는데 딕과 캐리(W. Dick & L. Carey)의 체제적 교수설계모형을 적용하려고 해요. 이 모형의 교수전략개발 단계에서 개발해야 할 교수전략이 무엇인지 생각 중이에요.

김 교사 : 네, 좋은 전략을 찾으시면 제게도 알려 주세요. 그런데 우리 학교는 온라인 수업을 해야 될 상황이 생길 수도 있어요. 제가 온라인 수업을 해 보니 일부 학생들이 고립감을 느끼더군요. 선생님들이 온라인 수업을 하는 데 필요한 정보를 공유하는 학교 게시판이 있어요. 거기에 학생의 고립감을 해소하는 데 효과를 본 테크놀로지 기반의 교수·학습 활동을 정리해 올려 두었어요.

송 교사 : 네, 온라인 수업을 하게 되면 활용할게요. 선생님 덕분에 좋은 정보를 많이 얻을 수 있어 좋네요. 선생님들 간 활발한 정보 공유의 기회가 더 많아지길 바랍니다.

김 교사 : 네. 앞으로는 정보 공유뿐만 아니라 교사들 간 실질적인 협력도 있었으면 해요. 이를 위해 학교 중심 연수가 활성화되면 좋겠어요.

── 배 점 ──

• 논술의 내용 [총 15점]
  − 송 교사가 언급한 교육과정의 수직적 연계성이 학습자 측면에서 갖는 의의 2가지, 송 교사가 계획하는 교육과정 재구성의 구체적인 방법 2가지 [4점]
  − 송 교사가 총평의 관점에서 학생을 진단할 수 있는 실행 방안 2가지 제시, 송 교사가 활용할 수 있는 평가 결과의 해석 기준 2가지를 각각 그 이유와 함께 제시 [4점]
  − 송 교사가 교실 수업을 위해 개발해야 할 교수전략 2가지 제시, 송 교사가 온라인 수업에서 학생의 고립감 해소를 위해 활용할 수 있는 구체적인 교수·학습 활동 2가지를 각각 그에 적합한 테크놀로지와 함께 제시 [4점]
  − 김 교사가 언급한 학교 중심 연수의 종류 1가지, 학교 중심 연수를 활성화하기 위해 학교 차원에서 지원할 수 있는 구체적인 방안 2가지 [3점]

• 논술의 구성 및 표현 [총 5점]
  − 논술의 내용과 '학교 내 교사 간 활발한 정보 공유를 통한 교육의 내실화'의 연계 및 논리적 형식 [3점]
  − 표현의 적절성 [2점]

01 논제 파악

1 도해조직자(graphic organizer)

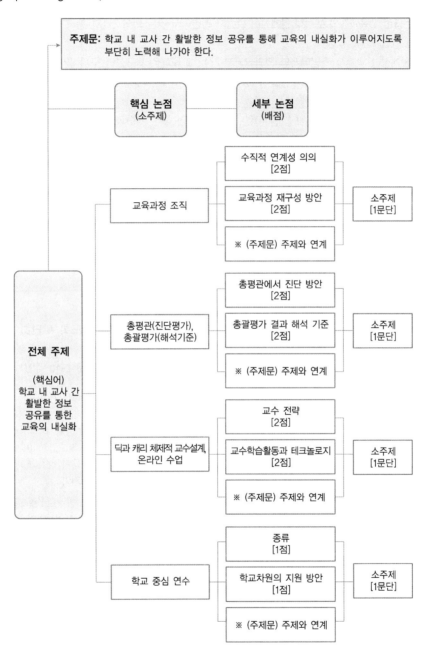

2 배점 분석('내용' 영역)

─── 배 점 ───

- 논술의 내용 [총 15점]
  - 송 교사가 언급한 교육과정의 수직적 연계성이 학습자 측면에서 갖는 의의 2가지, 송 교사가 계획하는 교육과정 재구성의 구체적인 방법 2가지 [4점]
    ⇨ 수직적 연계성이 학습자 측면에서의 의의 2가지(2점), 교육과정 재구성의 구체적인 방법 2가지(2점) [4점]
  - 송 교사가 총평의 관점에서 학생을 진단할 수 있는 실행 방안 2가지 제시, 송 교사가 활용할 수 있는 평가 결과의 해석 기준 2가지를 각각 그 이유와 함께 제시 [4점]
    ⇨ 총평의 관점에서 학생 진단 방안 2가지(2점), 평가 결과의 해석 기준과 그 이유 2가지(2점) [4점]
  - 송 교사가 교실 수업을 위해 개발해야 할 교수전략 2가지 제시, 송 교사가 온라인 수업에서 학생의 고립감 해소를 위해 활용할 수 있는 구체적인 교수·학습 활동 2가지를 각각 그에 적합한 테크놀로지와 함께 제시 [4점]
    ⇨ 교수전략 2가지(2점), 교수·학습 활동과 그에 적합한 테크놀로지 2가지(2점) [4점]
  - 김 교사가 언급한 학교 중심 연수의 종류 1가지, 학교 중심 연수를 활성화하기 위해 학교 차원에서 지원할 수 있는 구체적인 방안 2가지 [3점]
    ⇨ 학교 중심 연수의 종류 1가지(1점), 학교 차원에서 구체적 지원 방안 2가지(2점) [3점]

3 답안 구상

주제문 학교 내 교사 간 활발한 정보 공유를 통해 교육의 내실화가 이루어지도록 부단히 노력해 나가야 한다.

전체 주제 (대주제)	핵심 논점 (소주제)	세부 논점 (배점)	중심 내용 + 설명/논증/(제시문 분석·적용)		배점	출제 영역
학교 내 교사 간 활발한 정보 공유를 통한 교육의 내실화	교육과정 조직	① 수직적 연계성 (학습자 측면 의의) [2점]	㉠ 학습의 효율성 증대 ㉡ 학생의 교육력 감 소와 학업성취도 향상에 기여	㉠ 후속학습의 선행요건이 되는 학 습을 보장 → 학습의 효율성 증대 ㉡ 여러 결절부를 중복, 비약, 낙차 등이 없도록 부드럽게 이어줌 → 학생의 교육력 감소와 학업 성취도 향상 기여	4점	교육과정
		② 교육과정 재구성 방안 (교과 내 단원의 범위와 계열 측면) [2점]	㉠ 범위 측면 ㉡ 계열 측면	㉠ 교육과정상의 필수요소를 중심 으로 핵심내용을 엄선하여 내용 요소의 폭과 수업시수를 재구성 ㉡ 엄선된 학습내용이 순차적으로 심화·확대되도록 내용의 순서 를 조정하여 재구성		
		※ 주제와의 연계	교육과정 조직에 관한 다양한 정보를 교사 간에 공유하고 활용하면 교육이 내실화될 수 있을 것이다.			

총평관에서의 진단검사, 총괄평가에서 평가결과의 해석 기준과 그 이유	① 총평 관점에서 학생 진단 방안 [2점]	㉠ 양적 평가와 질적 평가 활용 ㉡ 투사적 방법 활용	㉠ 객관화된 검사도구를 사용하는 양적 평가와 관찰법·면접법을 사용하는 주관적 질적 평가를 함께 활용 ㉡ 자기보고방법, 역할놀이, 자유연상법 등의 심층적인 투사적 방법을 활용	4점	교육평가
	② 총괄평가에서 평가결과의 해석 기준과 그 이유 [2점]	㉠ 준거지향해석 ㉡ 성장지향해석	㉠ 준거지향해석을 하면 학생의 원점수를 학생이 도달해야 할 성취표준에 비추어 그 성취정도를 확인할 수 있기 때문 ㉡ 성장지향해석은 과거 성취도에 비추어 원점수를 해석하므로 학생의 성장 정도를 파악하는 데 유용하기 때문		
	※ 주제와의 연계	평가에 관한 교사 간 활발한 정보 공유는 교육의 내실화에 기여할 수 있을 것이다.			
딕과 캐리의 교수체제설계, 온라인 수업	① 딕과 캐리의 교수체제설계 : 교수전략 [2점]	㉠ 교수 전 활동 ㉡ 내용 제시 활동	㉠ 학생의 동기유발 전략, 학습목표 제시, 출발점 행동 확인 등 ㉡ 교수 계열화, 교수단위의 크기 결정, 정보와 예 제시 등	4점	교육방법
	② 온라인 수업에서 학생의 고립감 해소 위한 교수·학습활동과 그에 적합한 테크놀로지 [2점]	㉠ 온라인 토의·토론 학습 ㉡ 온라인 협동학습	㉠ 줌(ZOOM)이나 SNS 등에 기반한 온라인 토론활동으로 학생 간 쌍방향 의사소통을 활성화 ㉡ 패들렛(Padlet)이나 온라인 단체 채팅방 등에 기반하여 팀원과 상호협력하며 공동의 과제를 해결		
	※ 주제와의 연계	학교현장의 수업 상황에 맞는 다양한 교수전략을 교사 간에 함께 공유하고 활용하면 교육의 내실화도 가능할 수 있을 것이다.			

학교 중심 연수	① 학교 중심 연수 종류 [1점]	교내자율장학이나 연구수업, 전문적 학습 공동체 활동 등	교내자율장학(수업장학, 동료장학, 자기장학의 결과를 자체연수 때 발표), 컨설팅장학, 연구수업, 교과 교육연구회(동학년 협의회), 직원 연수, 전달강습 등	3점	교육행정
	② 학교 차원의 지원 방안 [2점]	㉠ 자율적 연수 풍토 조성 ㉡ 연수 프로그램과 연수 내용 자체 개발하여 안내	㉠ 교사가 자율적으로 팀을 구성하여 연수하는 자율적인 연수 풍토 조성 → 우수 교과연구회 및 단위 학교의 자율연수 프로그램이 자발적으로 이루어지도록 직능별 전문조직의 육성 및 지원 ㉡ 교사의 필요와 요구에 맞는 연수 프로그램과 연수 내용을 자체 개발하여 안내, 외부 전문가나 학부모를 초대하여 지식과 정보를 함께 공유, 학습		
	※ 주제와의 연계	교사 상호 간에 실질적인 협력이 가능한 학교 중심의 연수가 활성화되면 교육의 내실화도 한층 강화될 것이다.			

02 모범답안

서론

최근 학교 내 교사 간 활발한 정보 공유를 통해 교육을 내실화하자는 논의가 주요 현안으로 대두되고 있다. 교사는 교육과정, 교육평가, 교수전략, 교원연수 등 다양한 방면을 고려하여 학교교육의 내실화를 위한 방안을 모색할 필요가 있다. 제시문의 교사 간 대화 내용을 토대로 학교 내 교사 간 활발한 정보 공유를 통한 교육의 내실화에 대해 논의하고자 한다.

본론

교육을 내실화하려면 교육과정의 효과적인 조직이 선행되어야 하므로 이에 관해 교사 간 활발한 정보 공유가 필요하다. 송 교사가 언급한 교육과정의 수직적 연계성은 이전 학습내용과 다음 학습내용이 자연스럽게 연결되도록 하는 것이다. 수직적 연계성이 학습자 측면에서 갖는 의의는 다음과 같다. 첫째, 교육과정의 수직적 연계는 후속 학습의 선행요건이 되는 학습을 보장함으로써 학습의 효율성이 증대된다. 둘째, 여러 결절부를 중복, 비약, 낙차 등이 없도록 부드럽게 이어줌으로써 학생의 교육력 감소를 방지하고 학업성취수준의 향상에 기여한다. 송 교사가 계획하는 교과 내 단원의 범위와 계열을 조정하는 교육과정 재구성의 방법은 다음과 같다. 첫째, 교육과정상의 필수요소를 중심으로 핵심내용을 엄선하여 내용요소의 폭과 수업시수를 재구성한다. 둘째, 엄선된 학습내용이 나선형 교육과정 원리에 따라 순차적으로 심화·확대되도록 내용의 순서를 조정하여 재구성한다. 교육과정 조직에 관한 다양한 정보를 교사 간에 공유하고 활용하면 교육이 내실화될 수 있을 것이다.

교육평가의 방안과 결과 해석에 대한 교사 간 활발한 정보 공유도 교육의 내실화에 필수적이다. 송 교사가 언급한 총평은 인간의 특성을 종합적으로 평가하는 전인격 평가이다. 총평의 관점에서 학기 초 학생을 진단하려면 다음과 같은 실행 방안을 고려할 수 있다. 첫째, 객관화된 검사도구를 사용하는 양적 평가와 관찰법·면접법을 사용하는 주관적 질적 평가를 함께 활용하여 학생을 진단하고, 그 다양한 증거 사이의 합치성(congruence)을 검토하고 판정한다. 둘째, 자기보고방법, 역할놀이, 자유연상법 등의 심층적인 투사적 방법을 활용하여 전인적인 평가를 실행한다. 한편, 송 교사가 학기 말 평가에서 학생 간 비교를 하지 않고 활용할 수 있는 평가 결과의 해석 기준을 제시하면 다음과 같다. 첫째, 준거지향해석이다. 준거지향해석을 하면 학생의 원점수를 학생이 도달해야 할 성취표준에 비추어 그 성취정도를 확인할 수 있기 때문이다. 둘째, 성장지향해석이다. 성장지향해석은 과거 성취도에 비추어 원점수를 해석하므로 학생의 성장 정도를 파악하는 데 유용하기 때문이다. 평가에 관한 교사 간 활발한 정보 공유는 교육의 내실화에 기여할 수 있을 것이다.

교육의 내실화를 위해서는 교실 수업과 온라인 수업에서 사용할 교수전략 개발에 관해서도 교사 간 활발한 정보 공유가 요구된다. 딕과 캐리의 체제적 교수설계모형에 근거할 때 교실 수업을 위해 개발해야 할 교수전략은 다음과 같다. 첫째, 교수 전 활동에서는 학생의 동기유발 전략, 학습목표 제시, 출발점 행동 확인 등 학습 준비를 위한 전략을 개발한다. 둘째, 학습내용 제시를 위해서는 교수 계열화, 교수단위의 크기 결정, 정보와 예 제시 등 학습내용 제시 전략을 수립한다. 한편, 송 교사가 온라인 수업에서 학생의 고립감 해소를 위해 활용할 수 있는 교수·학습 활동은 다음과 같다. 첫째, 온라인 토의·토론학습을 활용한다. 줌(ZOOM)이나 SNS 등에 기반한 온라인 토론활동으로 학생 간 쌍방향 의사소통을 활성화하는 것이다. 둘째, 온라인 협동학습을 활용한다. 공동 작업이 가능한 패들렛(Padlet)이나 온라인 단체 채팅방 등에 기반하여 팀원과 상호협력하며 공동의 과제를 해결하도록 한다. 학교현장의 수업 상황에 맞는 다양한 교수전략을 교사 간에 함께 공유하고 활용하면 교육의 내실화도 가능할 수 있을 것이다.

교사 간 정보 공유뿐만 아니라 실질적인 협력이 가능한 학교 중심의 연수가 활성화되면 교육이 한층 내실화될 수 있다. 김 교사가 언급한 학교 중심 연수에는 수업장학, 동료장학 등의 결과를 자체연수 때 발표하는 교내자율장학이나 연구수업, 전문적 학습공동체 활동 등이 있다. 학교 중심 연수를 활성화하기 위해서는 다음과 같은 학교 차원에서의 지원 방안이 마련되어야 한다. 첫째, 교사가 자율적으로 팀을 구성하여 연수하는 자율적인 연수 풍토를 조성할 필요가 있다. 이를 위해 우수 교과연구회 및 단위 학교의 자율연수 프로그램이 자발적으로 이루어지도록 직능별 전문조직의 육성 및 지원을 강화하도록 한다. 둘째, 교사의 필요와 요구에 맞는 연수 프로그램과 연수 내용을 자체 개발하여 안내하거나, 교육의 전문성이 높은 외부 전문가나 학부모를 초대하여 교육 관련 지식과 정보를 함께 공유하며 학습하도록 지원한다. 교사 상호 간에 실질적인 협력이 가능한 학교 중심의 연수가 활성화되면 교육의 내실화도 한층 강화될 것이다.

결론

학교현장에서는 학교 내 교사 간 활발한 정보 공유를 통해 교육의 내실화가 이루어지도록 부단히 노력해 나가야 한다. 이를 위해 교육과정, 교육평가, 교수전략, 교원연수 등 다양한 방면에서 교사 간 활발한 정보 공유와 협력이 가능하도록 교사 상호 간의 적극적인 자세가 필요하다. 이 같은 학교현장에서의 지속적인 노력이 계속된다면 학교교육은 보다 내실화될 수 있을 것이다.

Chapter 05

2021학년도 중등 교육학 논술

다음은 ○○ 고등학교에 재직하고 있는 김 교사가 대학 시절 친구 최 교사에게 쓴 이메일의 일부이다. 이 내용을 읽고 '학생의 선택과 결정의 기회를 확대하는 교육'이라는 주제로 교육과정, 교육평가, 수업설계, 학교의 의사결정을 구성 요소로 하여 서론, 본론, 결론을 갖추어 논하시오. [20점]

보고 싶은 친구에게

··· (중략) ···

　학생의 선택과 결정의 기회를 확대하기 위해 우리 학교가 학교 운영 계획을 전체적으로 다시 세우고 있어. 그 과정에서 나는 교육과정 운영, 교육평가 방안, 온라인 수업설계 등을 고민했고 교사협의회에도 참여했어.

　그동안의 교육과정 운영을 되돌아보니 운영에 대한 나의 관점이 달라진 것 같아. 교직 생활 초기에는 국가 교육과정의 내용을 있는 그대로 실행하는 관점으로 교육과정을 운영해 왔어. 그런데 최근 내가 새롭게 관심을 가지게 된 관점은 교육과정을 교사와 학생이 함께 생성하는 교육적 경험으로 보는 거야. 이 관점으로 교육과정을 운영하는 방안을 찾아봐야겠어.

　오늘 읽은 교육평가 방안 보고서에는 학생이 주체가 되는 평가가 학습에 도움이 된다는 내용이 담겨 있었어. 내가 지향해야 할 평가의 방향으로는 적절한데 그 내용이 구체적이지는 않더라. 학생이 스스로 자신을 평가하게 하면 어떠한 효과를 거둘 수 있을지, 그리고 내가 수업에서 이러한 평가를 어떻게 실행할 수 있을지 더 자세히 알아봐야겠어.

··· (중략) ···

　요즘 온라인 수업을 하게 되었어. 학기 초에 학생의 일반적인 특성과 상황은 조사를 했는데 온라인 수업과 관련된 학생의 특성과 학습환경에 대해서도 추가로 파악해야겠어. 그리고 학생이 자신만의 학습목표를 설정하고 학습의 주체가 되는 수업을 어떻게 온라인에서 지원할 수 있을지 고민하다가, 학습과정 중에 나와 학생뿐만 아니라 학생들 간에도 소통이 이루어지도록 토론게시판을 활용하려고 해.

　교사협의회에서는 학교 운영에 학생들의 요구를 반영하는 방안에 대해 논의했어. 다양한 의사결정 방식들이 제안되었는데 그중 A 안은 문제를 확인한 후에 목적과 세부 목표를 설정하고, 가능한 대안들을 모두 탐색하고, 각 대안에 따른 결과를 예측하고 비교해서 최적의 방안을 찾는 방식이었어. B 안은 현실적인 소수의 대안을 검토하고 부분적으로 수정해서 현재의 문제상황을 조금씩 개선해 나가는 방식이었어. 많은 논의를 거친 끝에 B 안으로 결정했어. 나는 B 안에 따른 구체적인 방안을 다음 협의회 때 제안하기로 했어.　··· (하략) ···

──────────────── 배 점 ────────────────

- **논술의 내용 [총 15점]**
  - 교육과정 운영 관점을 스나이더 외(J. Snyder, F. Bolin, & K. Zumwalt)의 분류에 따라 설명할 때, 김 교사가 언급한 자신의 기존 관점의 장점과 단점 각각 1가지, 새롭게 관심을 가지게 된 관점에 적합한 교육과정 운영방안 2가지 [4점]
  - 김 교사가 적용하고자 하는 평가방식이 학생에게 줄 수 있는 교육적 효과 2가지, 이 평가를 수업에서 실행하는 방안 2가지 [4점]
  - 김 교사가 온라인 수업을 위해 추가로 파악하고자 하는 학생특성과 학습환경의 구체적인 예 각각 1가지, 김 교사가 하고자 하는 수업에서 토론게시판을 활용하여 학생을 지원할 수 있는 구체적인 방안 2가지 [4점]
  - A 안과 B 안에 해당하는 의사결정모형의 단점 각각 1가지, 김 교사가 B 안에 따라 학생들의 요구를 반영하기 위해 제안할 수 있는 구체적인 방안 1가지 [3점]
- **논술의 구성 및 표현 [총 5점]**
  - 논술의 내용과 '학생의 선택과 결정의 기회를 확대하는 교육'의 연계 및 논리적 형식 [3점]
  - 표현의 적절성 [2점]

01 논제 파악

1 도해조직자(graphic organizer)

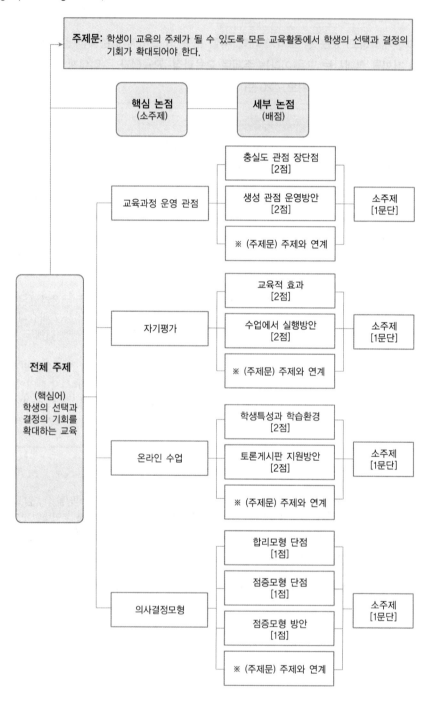

2 배점 분석('내용' 영역)

---- 배 점 ----

• **논술의 내용 [총 15점]**
- 김 교사가 언급한 자신의 기존 교육과정 운영 관점의 장점과 단점 각각 1가지, 새롭게 관심을 가지게 된 관점에 적합한 교육과정 운영방안 2가지 [4점]
⇨ 충실도 관점의 장단점 각각 1가지(2점), 생성 관점의 운영방안 2가지(2점) [4점]
- 김 교사가 적용하고자 하는 평가방식이 학생에게 줄 수 있는 교육적 효과 2가지, 이 평가를 수업에서 실행하는 방안 2가지 [4점]
⇨ 자기평가의 교육적 효과 2가지(2점), 수업에서 자기평가의 실행방안 2가지(2점) [4점]
- 김 교사가 온라인 수업을 위해 추가로 파악하고자 하는 학생특성과 학습환경의 구체적인 예 각각 1가지, 김 교사가 하고자 하는 수업에서 토론게시판을 활용하여 학생을 지원할 수 있는 구체적인 방안 2가지 [4점]
⇨ 학생특성과 학습환경의 구체적 예 각각 1가지(2점), 토론게시판을 활용한 학생 지원방안 2가지(2점) [4점]
- A 안과 B 안에 해당하는 의사결정모형의 단점 각각 1가지, 김 교사가 B 안에 따라 학생들의 요구를 반영하기 위해 제안할 수 있는 구체적인 방안 1가지 [3점]
⇨ 합리모형과 점증모형의 단점 각각 1가지(2점), 점증모형의 구체적 방안 1가지(1점) [3점]

3 답안 구상

주제문 학생이 교육의 주체가 될 수 있도록 모든 교육활동에서 학생의 선택과 결정의 기회가 확대되어야 한다.

전체 주제 (대주제)	핵심 논점 (소주제)	세부 논점 (배점)	중심 내용 + 설명/논증/(제시문 분석 · 적용)		배점	출제 영역
학생의 선택과 결정의 기회를 확대하는 교육	교육과정 운영 관점	① 충실도 관점의 장단점 [2점]	㉠ 장점 : 구조화된 교육과정 ㉡ 단점 : 교사배제 교육과정	㉠ 장점 : 쟁점 사항별 실행수준의 문제와 그에 따른 처방을 구체 적으로 제시 ㉡ 단점 : 교육현장의 특수한 상황 반영하기 어렵고 교사의 능동적 관여 경시	4점	교육과정
		② 생성 관점 운영방안 [2점]	㉠ 교사, 학생 모두 성장 ㉡ 특수한 환경에 맞 추어 운영	㉠ 교사와 학생 모두 지속적인 성 장과 발달이 가능하도록 교육과 정을 창조적으로 운영 ㉡ 교사는 교육과정 개발자이자 창 안자로서 역할을 담당하며, 학 생의 이익을 위하여 학교와 교 실의 복잡하고 특수한 환경에 맞추어 교육과정을 운영		
		※ 주제와의 연계	학생의 선택과 결정의 기회를 확대하기 위해서는 교육과정 운영에 관한 새로운 전환이 우선적으로 요구된다.			

자기평가	① 자기평가의 교육적 효과 [2점]	㉠ 메타인지 향상 ㉡ 스스로 점검기회 제공	㉠ 자신의 인지수준이나 학습전략을 돌아보는 과정에서 메타인지를 향상 ㉡ 학생이 스스로 학습목표를 세우고 학습달성에 대한 계획을 수립하고 스스로 점검해 볼 수 있는 기회를 제공	4점	교육평가
	② 자기평가 실행방안 [2점]	㉠ 독립된 형태로 실행 ㉡ 다른 평가와 연계	㉠ 평정척도법, 체크리스트 등을 제공하여 학생 스스로 자신의 학습과정과 결과에 대해 평가 ㉡ 수업과 연계된 수행평가나 포트폴리오 평가에서 자신의 산출물에 대한 자기성찰의 내용을 포함시켜 실행		
	※ 주제와의 연계	평가방식에 있어서도 학생의 선택과 결정의 기회가 확대되도록 평가의 권한을 학생에게 이양하는 일도 중요하다.			
온라인 수업	① 학생특성과 학습환경 [2점]	㉠ 학생특성 ㉡ 학습환경	㉠ 학생의 컴퓨터 활용 능력, 통신수단의 의사소통능력 등 온라인 활용 역량 ㉡ 온라인 수업에 필요한 하드웨어와 소프트웨어의 구비 여부와 기술적 지원체제, 학습관리시스템(LSM) 등 온라인 수업의 시스템과 콘텐츠 현황	4점	교육방법
	② 토론게시판을 활용한 학생 지원방안 [2점]	㉠ 교사와 학생 간 ㉡ 학생 상호 간	㉠ 토론게시판에서 학생의 학습과정을 손쉽게 점검할 수 있도록 지원하며, 학생의 학습성취 정도에 따라서 적응적인 피드백을 제공 ㉡ 토론게시판을 실시간 토론이나 비실시간 토론의 장으로 다양하게 활용함으로써 학생 상호 간에도 서로 협력하며 자기 주도적 학습 진행		
	※ 주제와의 연계	온라인 수업의 경우, 온라인에서 학생의 선택과 결정의 기회가 확대되도록 학생의 자기 주도적 학습을 지원해 주는 것도 필수적이다.			

의사결정모형	① 합리모형 단점 [1점]	비현실적임	의사결정자의 전지전능함을 전제로 하고 있으나 인간 능력의 한계로 인해 비현실적임	3점	교육행정
	② 점증모형 단점 [1점]	소극적인 악의 제거	문제나 불만의 해소에만 주력함으로써 적극적인 선(善)의 추구보다는 소극적인 악(惡)의 제거에만 관심을 쏟음		
	③ 점증모형에 따른 구체적 방안 [1점]	점진적 개선책 도모	기존의 학교 운영에 관한 학생들의 불만을 학생회나 설문지 등을 통해 제시, 점진적 개선을 도모할 수 있는 제한된 수의 대안을 검토하여 학생의 요구가 반영된 현실성 있는 정책을 선택		
	※ 주제와의 연계	학생의 선택과 결정의 기회가 확대되기 위해서는 학교 운영에 관한 의사결정에서도 학생의 요구가 반영되도록 해야 한다.			

02 **모범답안**

서론

최근 학생참여형 수업이 강조됨에 따라 학생의 선택과 결정의 기회를 확대하는 교육이 주요 현안으로 대두되고 있다. 교사는 교육과정 운영, 평가방식, 수업설계 등에서 학생의 선택과 결정의 기회를 확대해 나가야 하며, 학교 운영에 관한 의사결정에서도 학생의 요구가 반영될 수 있도록 유의해야 한다. 제시문의 이메일 내용을 토대로 학생의 선택과 결정의 기회를 확대하는 교육에 대해 논의하고자 한다.

본론

학생의 선택과 결정의 기회를 확대하기 위해서는 교육과정 운영에 관한 새로운 전환이 우선적으로 요구된다. 스나이더(Snyder) 등에 따르면, 김 교사가 언급한 기존 교육과정 운영의 관점은 충실도 관점이다. 충실도 관점은 교실 외부의 전문가에 의해 고도로 구조화된 교육과정이 개발되므로 쟁점 사항별 실행수준의 문제와 그에 따른 처방을 구체적으로 제시해 줄 수 있다는 장점이 있다. 그러나 교사배제 교육과정으로 설계되어 있어 교육현장의 특수한 상황을 반영하기 어렵고 교사의 능동적 관여를 경시한다는 단점이 있다. 반면, 김 교사가 새롭게 관심을 갖게 된 관점은 생성 관점이며, 그에 적합한 교육과정 운영방안을 제시하면 다음과 같다. 첫째, 교육과정 생성에 참여하고 있는 교사와 학생 모두가 지속적인 성장과 발달이 가능하도록 교육과정을 창조적으로 운영해야 한다. 둘째, 교사는 교육과정 창안자로서 주체적이고 능동적인 역할을 담당하며, 학생의 이익을 위하여 학교와 교실의 복잡하고 특수한 환경에 맞추어 교육과정을 운영해야 한다. 이처럼 교육과정 운영에 관한 학생의 기회를 확대하기 위해서는 생성 관점이 타당해 보인다.

평가방식에 있어서도 학생의 선택과 결정의 기회가 확대되도록 평가의 권한을 학생에게 이양하는 일도 중요하다. 김 교사가 적용하고자 하는 평가방식은 학생이 스스로 자신을 평가하는 자기평가이다. 자기평가는 다음과 같은 교육적 효과가 있다. 첫째, 자신의 인지수준이나 학습전략을 돌아보는 과정에서 메타인지를 향상시킬 수 있다. 둘째, 학생이 스스로 학습목표를 세우고 학습달성에 대한 계획을 수립하고 스스로 점검해 볼 수 있는 기회를 제공할 수 있다. 자기평가를 수업에서 실행하는 방안을 제시하면 다음과 같다. 첫째, 독립된 형태로 자기평가를 실행할 수 있다. 수업 전, 과정 및 종료 이후 평정척도법, 체크리스트 등을 제공하여 학생 스스로 자신의 학습과정과 결과에 대해 평가하도록 한다. 둘째, 다른 평가방법과 연계하여 실행할 수도 있다. 수업과 연계된 수행평가나 포트폴리오 평가에서 자신의 산출물에 대한 자기성찰의 내용을 포함시켜 자기평가가 이루어지도록 한다. 이처럼 평가 측면에서 학생의 기회가 확대되려면 자기평가를 수업에서 적극적으로 실행해 나갈 수 있어야 한다.

온라인 수업의 경우, 온라인에서 학생의 선택과 결정의 기회가 확대되도록 학생의 자기 주도적 학습을 지원해 주는 것도 필수적이다. 이를 위해서는 온라인 수업과 관련된 학생의 특성과 학습환경을 파악하는 일이 중요하다. 학생특성 측면에서는 온라인 수업을 위한 학생의 컴퓨터 활용 능력, 통신수단을 이용한 의사소통능력 등 온라인 활용 역량을 파악해야 하며, 학습환경 측면에서는 온라인 수업에 필요한 하드웨어와 소프트웨어의 구비 여부와 기술적 지원체제, 학습관리시스템(LSM) 등 온라인 수업의 시스템과 콘텐츠 현황을 파악해야 한다. 토론게시판을 활용하여 학생의 학습을 지원하려면 다음과 같은 방안을 활용할 수 있다. 첫째, 토론게시판에서 교사와 학생 간 적극적인 상호작용을 통해 학생의 학습과정을 손쉽게 점검할 수 있도록 지원하며, 학생의 학습성취 정도에 따라서 적응적인 피드백을 제공함으로써 학생의 자기주도학습을 촉진하고 지원한다. 둘째, 토론게시판을 실시간 토론이나 비실시간 토론의 장으로 다양하게 활용함으로써 학생 상호 간에도 서로 협력하며 자기 주도적 학습을 진행할 수 있도록 지원한다. 이처럼 학생의 기회를 확대하려면 온라인 수업에서도 학생이 학습의 주도권을 갖도록 지원해 주어야 한다.

학생의 선택과 결정의 기회가 확대되기 위해서는 학교 운영에 관한 의사결정에서도 학생의 요구가 반영되도록 해야 한다. A 안에 해당하는 의사결정모형은 목표 달성을 위해 모든 대안을 탐색한 후 최적의 대안을 선택하는 합리모형이다. 합리모형은 의사결정자의 전지전능함을 전제로 하고 있으나 인간 능력의 한계로 인해 비현실적이라는 단점이 있다. B 안은 기존의 정책보다 약간 개선된 대안을 선택하는 점증모형에 해당한다. 점증모형은 새로운 목표의 적극적인 추구보다는 드러난 문제나 불만의 해소에만 주력함으로써 적극적인 선(善)의 추구보다는 소극적인 악(惡)의 제거에만 관심을 쏟는다는 단점이 있다. 점증모형에 따라 학생의 요구를 반영하려면, 기존의 학교 운영에 관한 학생들의 불만을 학생회나 설문지 등을 통해 제시하도록 하고, 점진적 개선을 도모할 수 있는 제한된 수의 대안을 검토하여 학생의 요구가 반영된 현실성 있는 정책을 선택하도록 한다. 이처럼 학생의 기회가 확대되려면 학교 운영에서도 학생의 선택과 결정이 존중되도록 해야 한다.

결론

학생이 교육의 주체가 될 수 있도록 모든 교육활동에서 학생의 선택과 결정의 기회가 확대되어야 한다. 이를 위해서 교사는 교육과정 운영에서 학생과 함께 교육경험을 창조하고, 평가에서는 학생의 자기평가를 확대해 주어야 하며, 학습과정에서 학생의 자기 주도적 학습을 적극적으로 지원해 주어야 한다. 나아가 학교 운영에 관한 의사결정에서도 학생의 요구가 반영된 현실적인 정책 수립이 요구된다.

2020학년도 중등 교육학 논술

오늘날과 같은 초연결 사회에서는 다수의 사람이 소통하면서 협력하는 것이 중요하다. 이러한 시대적 추이를 반영하여 ○○고등학교에서는 토의식 수업 활성화를 위한 교사협의회를 개최하였다. 다음은 여기에서 제안된 주요 의견을 정리한 것이다. 그 내용은 지식관, 교육내용, 수업설계, 학교문화의 변화 방향에 관한 것이다. 이를 바탕으로 '토의식 수업 활성화 방안'이라는 주제로 서론, 본론, 결론을 갖추어 논하시오. [20점]

구분	주요 의견
A 교사	• 토의식 수업을 활성화하려면 먼저 지식을 보는 관점의 변화가 필요함 • 교과서에 주어진 지식이 진리라는 생각이나, 지식은 개인이 혼자 만드는 것이라는 생각에서 벗어나는 것이 중요하며, 이와 관련하여 비고츠키(L. Vygotsky)의 지식론이 많은 시사점을 줄 수 있음 • 이 지식론의 관점에서 보면, 교사와 학생의 역할도 기존의 강의식 수업에서의 역할과는 달라질 필요가 있음
B 교사	• 교육과정 분야에서는 교육내용의 선정과 조직방식에 대한 교사의 전문성이 강화될 필요가 있음 • 교육내용 선정과 관련해서는 '영 교육과정'에 관심을 가지는 것이 도움이 됨 • 교육내용 조직과 관련해서는 생활에 필요한 문제를 토의의 중심부에 놓고 여러 교과를 주변부에 결합하는 방식을 활용할 필요가 있음
C 교사	• 토의식 수업이 활발하게 이루어지기 위해서는 수업방법과 학습도구도 달라져야 함 • 수업방법 측면에서는 학생이 함께 다양한 관점에서 문제를 탐색하며 해답을 찾아가는 데 있어서 정착수업(Anchored Instruction)을 활용할 수 있음 • 학습도구 측면에서는 학생이 상호 협력하여 지식을 생성하기 위해 인터넷에서 수집한 정보를 공유하고, 공동으로 수정, 추가, 편집하는 데 위키(Wiki)를 이용할 수 있음(예 위키피디아 등) – 단, 위키를 활용할 때 발생할 수 있는 문제점에 유의해야 함
D 교사	• 학교문화 개선은 토의식 수업 활성화를 위한 토대가 됨 • 우리 학교의 경우, 교사가 학생의 명문대학 합격이라는 목표 달성에 필요한 수단으로 간주되는 학교문화가 형성되어 있어 우려스러움 • 이런 학교문화에서는 활발한 토의식 수업을 기대하기 어려움

── 배 점 ──

• **논술의 내용 [총 15점]**
  – A 교사가 언급한 비고츠키 지식론의 명칭, 이 지식론에서 보는 지식의 성격 1가지와 교사와 학생의 역할 각각 1가지 [4점]
  – B 교사가 말한 '영 교육과정'이 교육내용 선정에 주는 시사점 1가지, B 교사가 말한 교육내용 조직방식의 명칭과 이 조직방식이 토의식 수업에서 가지는 장점과 단점 각각 1가지 [4점]
  – C 교사의 의견에서 제시된 토의식 수업을 설계할 때 활용할 수 있는 정착수업의 원리 2가지, 위키를 활용할 때 발생할 수 있는 문제점 2가지 [4점]
  – 스타인호프와 오웬스(C. Steinhoff & R. Owens)가 분류한 학교문화 유형에 따를 때 D 교사가 우려하는 학교문화 유형의 명칭과 학교 차원에서 그러한 학교문화를 개선하는 방안 2가지 [3점]
• **논술의 구성 및 표현 [총 5점]**
  – 논술의 내용과 '토의식 수업 활성화 방안'의 연계 및 논리적 형식 [3점]
  – 표현의 적절성 [2점]

01 논제 파악

1 도해조직자(graphic organizer)

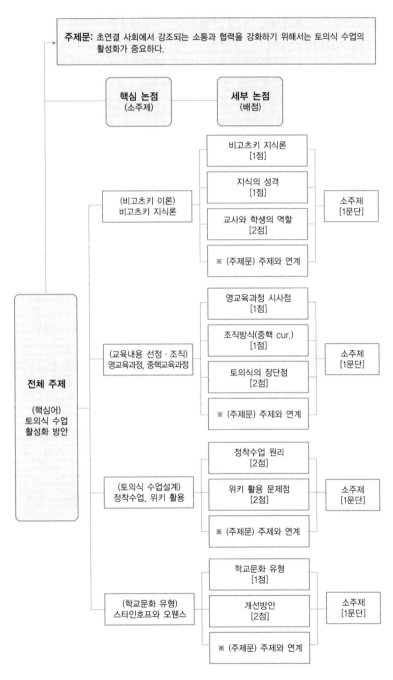

주제문: 초연결 사회에서 강조되는 소통과 협력을 강화하기 위해서는 토의식 수업의 활성화가 중요하다.

핵심 논점 (소주제)

세부 논점 (배점)

전체 주제

(핵심어) 토의식 수업 활성화 방안

(비고츠키 이론) 비고츠키 지식론
- 비고츠키 지식론 [1점]
- 지식의 성격 [1점]
- 교사와 학생의 역할 [2점]
- ※ (주제문) 주제와 연계

소주제 [1문단]

(교육내용 선정·조직) 영교육과정, 중핵교육과정
- 영교육과정 시사점 [1점]
- 조직방식(중핵 cur.) [1점]
- 토의식의 장단점 [2점]
- ※ (주제문) 주제와 연계

소주제 [1문단]

(토의식 수업설계) 정착수업, 위키 활용
- 정착수업 원리 [2점]
- 위키 활용 문제점 [2점]
- ※ (주제문) 주제와 연계

소주제 [1문단]

(학교문화 유형) 스타인호프와 오웬스
- 학교문화 유형 [1점]
- 개선방안 [2점]
- ※ (주제문) 주제와 연계

소주제 [1문단]

2 배점 분석('내용' 영역)

─── 배 점 ───

- 논술의 내용 [총 15점]
  - A 교사가 언급한 비고츠키 지식론의 명칭, 이 지식론에서 보는 지식의 성격 1가지와 교사와 학생의 역할 각각 1가지 [4점]
    ⇨ 비고츠키 지식론의 명칭(1점), 지식의 성격 1가지(1점)와 교사와 학생의 역할 각각 1가지(2점) [4점]
  - B 교사가 말한 '영 교육과정'이 교육내용 선정에 주는 시사점 1가지, B 교사가 말한 교육내용 조직방식의 명칭과 이 조직 방식이 토의식 수업에서 가지는 장점과 단점 각각 1가지 [4점]
    ⇨ '영 교육과정'이 교육내용 선정에 주는 시사점 1가지(1점), 교육내용 조직방식의 명칭(1점)과 이 조직방식이 토의식 수업에서 가지는 장점과 단점 각각 1가지(2점) [4점]
  - C 교사의 의견에서 제시된 토의식 수업을 설계할 때 활용할 수 있는 정착수업의 원리 2가지, 위키를 활용할 때 발생할 수 있는 문제점 2가지 [4점]
    ⇨ 정착수업의 원리 2가지(2점), 위키를 활용할 때 발생할 수 있는 문제점 2가지(2점) [4점]
  - 스타인호프와 오웬스(C. Steinhoff & R. Owens)가 분류한 학교문화 유형에 따를 때 D 교사가 우려하는 학교문화 유형의 명칭과 학교 차원에서 그러한 학교문화를 개선하는 방안 2가지 [3점]
    ⇨ D 교사가 우려하는 학교문화 유형의 명칭(1점)과 학교 차원에서 학교문화 개선 방안 2가지(2점) [3점]

3 답안 구상

주제문 초연결 사회에서 강조되는 소통과 협력을 강화하기 위해서는 토의식 수업의 활성화가 중요하다.

전체 주제 (대주제)	핵심 논점 (소주제)	세부 논점 (배점)	중심 내용 + 설명/논증/(제시문 분석·적용)		배점	출제 영역
토의식 수업 활성화 방안	(비고츠키) 비고츠키 지식론	① 지식론 명칭 [1점]	사회적 구성주의	타인과의 사회적 상호작용 / 사회문화적 맥락을 통해 지식 구성	4점	교육심리
		② 지식의 성격 [1점]	사회적, 맥락의존적	개인이 사회문화적 상황을 통해서 지식을 구성한다고 보기 때문에		
		③ 교사와 학생의 역할 [2점]	㉠ 교사 : 학습환경설계자, 안내자, 촉진자 등 ㉡ 학생 : 지식의 능동적 창조자, 지식 구성자, 사회적 상호작용자, 능동적 학습자 등	㉠ 교사 : 학습자 중심의 사회문화적 학습환경을 설계, 학습을 안내, 촉진 ㉡ 학생 : 사회적 상호작용과 협동에 참여하여 사회문화적 지식을 내면화하는 지식의 능동적 창조자, 지식 구성자		
		※ 주제와의 연계	토의식 수업을 활성화하기 위해서는 사회적 구성주의에 근거한 지식의 성격 규명과 교사 및 학생의 역할 수정이 불가피해 보인다.			

(교육내용 선정 · 조직) 영 교육과정, 중핵 교육과정, 토의식 수업	① 영 교육과정의 시사점 [1점]	영 교육과정	교육적 가치가 있는데도 불구하고 교육내용 선정 단계에서 배제된 특정 교과나 특정 주제, 사고방식이 없는지 살펴서 교육적 가치가 있는 내용은 반드시 선정해야 함을 시사	4점	교육과정
	② 조직방식의 명칭 [1점]	중핵 교육과정	중심과정과 주변과정이 동심원적으로 결합된 교육과정 조직방식		
	③ 조직방식이 토의식 수업에서 가지는 장점과 단점 [2점]	㉠ 장점 : 문제해결력, 비판적 사고력 ㉡ 단점 : 특정 교과 지식의 체계적 습득 어려움	㉠ 장점: 현실에서 부딪치는 실제적 과제를 토의 주제로 선정함으로써 학생의 문제해결력과 비판적 사고력 촉진 ㉡ 단점 : 여러 교과내용과 연결하여 중심 주제를 이해하고 문제를 해결하기 때문에 특정 교과의 지식을 체계적으로 습득하기 어렵다.		
	※ 주제와의 연계	토의식 수업을 활성화하려면 영 교육과정, 중핵 교육과정 등 교육내용의 선정과 조직방식에 대한 교사의 전문성 강화가 요청된다.			
(토의식 수업설계) 정착수업의 원리, 위키 활용	① 정착수업의 원리 [2점]	㉠ 영상매체 이야기 ㉡ 협력적 문제 해결	㉠ 실제 상황을 모사한 영상매체의 이야기를 통해 토의 문제를 제시 ㉡ 문제를 해결하기 위해서는 학생들 간의 협력을 필요로 하도록	4점	교육방법
	② 위키 활용의 문제점 [2점]	㉠ 잘못된 지식 생산 ㉡ 소극적 참여	㉠ 인터넷에서 수집한 정보는 출처도 불분명하고 신뢰할 수 없는 정보들도 있으므로 자칫 잘못된 지식을 재생산 ㉡ 인터넷 활용능력이 떨어지거나 정보처리능력이 부족한 학생의 경우 학습활동에 소극적으로 참여		
	※ 주제와의 연계	토의식 수업이 활성화되려면 정착수업, 위키 등 영상매체나 인터넷을 활용한 효과적인 수업방안의 설계도 매우 중요하다.			

	① 학교문화 유형 명칭 [1점]	기계문화	학교의 목표 달성을 위해 교사를 기계와 같이 취급하며 이용하는 문화	3점	교육행정
(학교문화 유형) 스타인호프와 오웬스의 학교문화 유형론	② 개선안(2가지) [2점]	㉠ 가족/공연문화 조성 ㉡ 변혁적 지도성 발휘	㉠ 학교 구성원이 의무 이상의 헌신과 서로에 대한 관심과 협력, 애정을 갖는 가족문화를 조성, 학생의 반응을 중시하며 훌륭한 교장의 지도하에 탁월한 가르침을 추구하는 공연문화 조성		
			㉡ 교장이 변혁적 지도성을 발휘하여 명문대 합격만 생각하는 교사의 태도와 신념을 변화시키고 혁신적이며 창의적으로 사고하도록 자극하면서 각자의 잠재력을 계발하도록 배려		
	※ 주제와의 연계	자유롭고 민주적인 학교문화가 조성될 때 토의식 수업은 더욱 활성화될 수 있다.			

02 **모범답안**

서론

최근 초연결 사회에서 소통과 협력의 중요성이 강조됨에 따라 토의식 수업의 활성화 방안이 주요 화두로 대두되고 있다. 학교에서는 지식관, 교육내용, 수업설계, 학교문화의 변화 등 광범위한 영역에서 토의식 수업의 활성화를 위한 방안 마련이 요구된다. 제시문의 교사협의회를 토대로 토의식 수업 활성화 방안을 논의하고자 한다.

본론

토의식 수업을 활성화하려면 먼저 지식관의 변화가 필요하다. A 교사가 언급한 비고츠키(Vygotsky) 지식론은 사회적 구성주의이다. 사회적 구성주의는 사회문화적 영향을 중시하는 것으로 타인과의 사회적 상호작용을 지식 구성의 핵심적인 과정으로 본다. 사회적 구성주의에서는 개인이 사회문화적 상황에서 사회적 상호작용을 통해서 지식을 구성한다고 보기 때문에 지식은 사회적이며 맥락의존적일 수밖에 없다. 사회적 구성주의에서 학습의 주체는 학습자이므로 학습자가 학습의 주체로서 주도권을 가질 수 있도록 학습환경을 설계해야 한다. 따라서 교사는 학습자 중심의 사회문화적 학습환경을 설계하고 학습을 안내하며 촉진하는 역할을 수행한다. 학생은 사회적 상호작용과 협동에 참여하여 사회문화적 지식을 내면화하는 지식의 능동적 창조자이자 지식 구성자로서의 역할을 수행한다. 이 지식론에 근거해 볼 때 토의식 수업을 활성화하기 위해서는 사회적 구성주의에 근거한 지식의 성격 규명과 교사 및 학생의 역할 수정이 불가피해 보인다.

교육과정 분야에서는 교육내용의 선정과 조직방식에 대한 교사의 전문적 안목이 요구된다. 교육내용 선정과 관련하여 B 교사가 말한 영 교육과정은 배울만한 가치가 있음에도 불구하고 공식적 교육과정에서 배제된 교육과정이다. 따라서 영 교육과정은 교육내용 선정에서 배제된 특정 교과나 특정 주제, 사고방식이 없는지 살펴서 교육적 가치가 있는 내용은 반드시 선정해야 함을 시사한다. 또, 내용조직과 관련하여 B 교사가 말한 중심부와 주변부를 결합하는 조직방식은 중핵 교육과정이다. 중핵 교육과정은 중심과정과 주변과정이 동심원적으로 결합된 교육과정 조직방식이다. 이 조직방식이 토의식 수업에서 가지는 장점은 현실에서 부딪치는 실제적 과제를 토의 주제로 선정함으로써 학생의 문제해결력과 비판적 사고력을 촉진한다는 점이다. 반면, 여러 교과내용과 연결하여 중심 주제를 이해하고 문제를 해결하기 때문에 특정 교과의 지식을 체계적으로 습득하기 어렵다는 단점이 있다. 이처럼 토의식 수업을 활성화하려면 영 교육과정, 중핵 교육과정 등 교육내용의 선정과 조직방식에 대한 교사의 전문성 강화가 요청된다.

토의식 수업이 활성화되기 위해서는 수업방법과 학습도구의 변화도 불가피하다. 수업방법의 측면에서 C 교사가 제시한 토의식 수업설계에서 활용 가능한 정착수업의 원리 2가지를 제시하면 다음과 같다. 첫째, 실제 상황을 모사한 영상매체의 이야기를 통해 토의 문제를 제시한다. 문제상황을 제시할 때 거시적 상황을 앵커(anchor)로 사용한다. 둘째, 문제를 해결하기 위해서는 학생들 간의 협력을 필요로 하도록 한다. 학생들은 이야기 속에 암시된 여러 단서들을 찾아 협동학습을 통해 문제를 해결한다. 또, 학습도구의 측면에서는 위키(Wiki)를 활용할 수 있으나, 여기에서 발생할 수 있는 문제점에 유의해야 한다. 위키를 활용할 때 발생할 수 있는 문제점 2가지를 제시하면 다음과 같다. 첫째, 인터넷에서 수집한 정보는 출처도 불분명하고 신뢰할 수 없는 정보들도 있으므로 자칫 잘못된 지식을 재생산할 수 있다. 둘째, 인터넷 활용능력이 떨어지거나 정보처리능력이 부족한 학생의 경우 학습활동에 소극적으로 참여할 수 있다. 이처럼 토의식 수업이 활성화되려면 정착수업, 위키 등 영상매체나 인터넷을 활용한 효과적인 수업방안의 설계가 중요하다.

학교문화의 개선은 토의식 수업 활성화를 위한 토대가 된다. 스타인호프와 오웬스(Steinhoff & Owens)가 분류한 학교문화 유형에 따를 때 D 교사가 우려하는 학교문화 유형은 기계문화이다. 기계문화는 학교의 목표 달성을 위해 구성원을 기계와 같이 취급하며 이용하는 문화이다. 이런 문화에서는 활발한 토의식 수업을 기대하기 어렵다. 학교차원에서 기계문화를 개선하는 방안 2가지를 제시하면 다음과 같다. 첫째, 학교 구성원이 의무 이상의 헌신과 서로에 대한 관심과 협력, 애정을 갖는 가족문화를 조성하거나, 학생의 반응을 중시하며 훌륭한 교장의 지도하에 탁월한 가르침을 추구하는 공연문화를 만들어 나간다. 둘째, 교장이 변혁적 지도성을 발휘하여 명문대 합격만 생각하는 교사의 태도와 신념을 변화시키고 혁신적이며 창의적으로 사고하도록 자극하면서 각자의 잠재력을 계발하도록 배려한다. 이처럼 기존의 기계문화를 새로운 문화로 재구조화하고 변혁해 나갈 때 토의식 수업은 더욱 활성화될 수 있다.

결론

초연결 사회에서 강조되는 소통과 협력을 강화하기 위해서는 토의식 수업의 활성화가 매우 중요하다. 토의식 수업을 활성화하려면 사회적 구성주의에 근거한 지식관과 교사 및 학생의 역할을 재조명하고, 교육내용의 선정과 조직방식에서 교사의 전문성을 더욱 강화해 나가야 하며, 정착수업과 위키 등을 활용한 수업방법의 변화도 필수적으로 요청된다. 나아가 학교문화는 토의식 수업 활성화의 토대가 되는 만큼 기계문화를 민주적인 학교문화로 개선해 나갈 수 있어야 할 것이다.

2019학년도 중등 교육학 논술

다음은 ○○중학교 김 교사가 모둠활동 수업 후 성찰한 내용을 기록한 메모이다. 김 교사의 메모를 읽고 '수업 개선을 위한 교사의 반성적 실천'이라는 주제로 학습자에 대한 이해, 교육과정의 편성과 운영, 평가도구의 제작, 교사의 지도성에 대한 내용을 구성 요소로 하여 논하시오. [20점]

#1 평소에 A 학생은 언어 능력이 뛰어나고 B 학생은 수리 능력이 우수하다고만 생각했는데, 오늘 모둠활동에서 보니 다른 학생을 이해하고 도와주면서 상호작용을 잘하는 두 학생의 모습이 비슷했어. 이 학생들의 특성을 잘 살려서 모둠을 이끌도록 하면 앞으로 도움이 될 거야. 그런데 C 학생은 모둠활동에 참여하는 것을 좋아하지 않았지만 자신의 감정과 장단점을 잘 이해하는 편이야. C 학생을 위해서는 자신의 강점을 살릴 수 있는 개별 과제를 먼저 생각해 보자.

#2 모둠활동에 적극적으로 참여하지 못한 학생들이 몇 명 있었지. 이 학생들은 제대로 된 학습경험을 갖지 못한 것이 아닐까? 자신의 학습경험에 대하여 어떻게 느꼈을까? 어쨌든 모둠활동에 관해서는 좀 더 깊이 고민해 봐야겠어. 생각하지 못했던 결과가 이 학생들에게 나타날 수도 있고……

#3 모둠을 구성할 때 태도나 성격 같은 정의적 요소도 반영해야겠어. 진술문을 몇 개 만들어 설문으로 간단히 평가하고 신뢰도는 직접 점검해 보자. 학생들이 각 진술문에 대한 반응을 등급으로 선택하면 그 등급 점수를 합산할 수 있게 해 주는 척도법을 써야지. 설문 문항으로 쓸 진술문을 만들 때 이 척도법의 유의점은 꼭 지키자. 그리고 평가를 한 번만 실시해서 신뢰도를 추정해야 할 텐데 반분검사신뢰도는 단점이 크니 다른 방법으로 신뢰도를 확인해 보자.

#4 더 나은 수업을 위해서 새로운 지도성이 필요하겠어. 내 윤리적·도덕적 기준을 높이고 새로운 방식으로 학생들을 대하자. 학생들의 혁신적·창의적 사고에 자극제가 될 수 있을 거야. 학생들을 적극 참여시켜 동기와 자신감을 높이고 학생 개개인의 욕구에 특별한 관심을 가지며 잠재력을 계발시켜야지. 독서가 이 지도성의 개인적 신장 방안이 될 수 있겠지만, 동료교사와 함께 하는 방법도 찾아보면 좋겠어.

──────── 배 점 ────────

- **논술의 내용 [총 15점]**
  - #1과 관련하여 가드너(H. Gardner)의 다중지능이론 관점에서 A, B 학생의 공통적 강점으로 파악된 지능의 명칭과 개념, 김 교사가 C 학생에게 제공할 수 있는 개별 과제와 그 과제가 적절한 이유 각 1가지 [4점]
  - #2와 관련하여 타일러(R. Tyler)의 학습경험 선정원리 중 기회의 원리로 첫째 물음을 설명하고 만족의 원리로 둘째 물음을 설명, 잭슨(P. Jackson)의 잠재적 교육과정의 개념을 쓰고 그 개념에 근거하여 김 교사가 말하는 '생각하지 못했던 결과'의 예 제시 [4점]
  - #3에 언급된 척도법의 명칭과 이 방법을 적용하기 위하여 진술문을 작성할 때 유의할 점 1가지, 김 교사가 사용할 신뢰도 추정방법 1가지의 명칭과 개념 [4점]
  - #4에 언급된 바스(B. Bass)의 지도성의 명칭, 김 교사가 학교 내에서 동료교사와 함께 이 지도성을 신장할 수 있는 방안 2가지 [3점]

- **논술의 구성 및 표현 [총 5점]**
  - 서론, 본론, 결론 형식의 구성 및 주제와의 연계성 [3점]
  - 표현의 적절성 [2점]

01 논제 파악

1 도해조직자(graphic organizer)

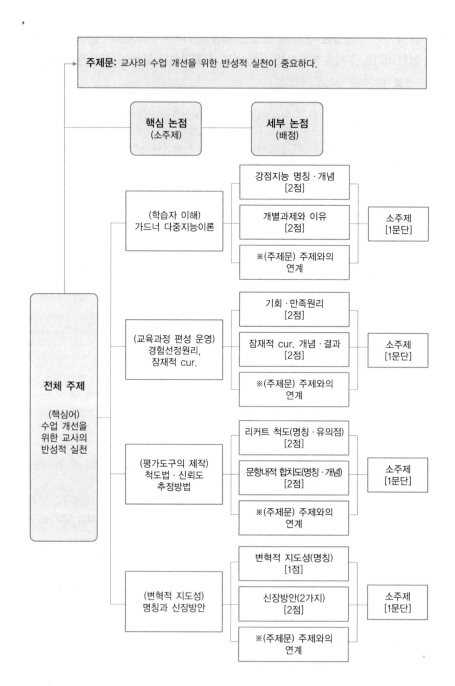

2 배점 분석('내용' 영역)

─────── 배 점 ───────

- **논술의 내용 [총 15점]**
  - 가드너(H. Gardner)의 다중지능이론 관점에서 A, B 학생의 공통적 강점 지능의 명칭과 개념, 김 교사가 C 학생에게 제공할 수 있는 개별 과제와 그 과제가 적절한 이유 각 1가지 [4점]
    ⇨ 대인관계 지능의 명칭과 개념(2점), 개별 과제와 그 이유(2점) [4점]
  - 타일러(R. Tyler)의 학습경험 선정원리 중 기회의 원리로 첫째 물음을 설명, 만족의 원리로 둘째 물음을 설명, 잭슨(P. Jackson)의 잠재적 교육과정의 개념과 김 교사가 말하는 '생각하지 못했던 결과'의 예 제시 [4점]
    ⇨ 기회 및 만족의 원리로 설명(2점), 잠재적 교육과정의 개념(1점)과 생각하지 못했던 결과의 예(1점) [4점]
  - 척도법의 명칭과 진술문을 작성할 때 유의점 1가지, 김 교사가 사용할 신뢰도 추정방법 1가지의 명칭과 개념 [4점]
    ⇨ 리커트 척도의 명칭과 진술문 작성 유의점(2점)과 신뢰도 추정방법(문항내적 합치도) 명칭과 개념(2점) [4점]
  - 바스(B. Bass)의 지도성의 명칭, 동료교사와 함께 이 지도성을 신장할 수 있는 방안 2가지 [3점]
    ⇨ 변혁적 지도성의 명칭(1점), 신장방안 2가지(2점) [3점]

3 답안 구상

주제문 **교사의 수업 개선을 위한 반성적 실천이 중요하다.**

전체 주제 (대주제)	핵심 논점 (소주제)	세부 논점 (배점)	중심 내용 + 설명/논증/(제시문 분석 · 적용)		배점	출제 영역
수업 개선을 위한 교사의 반성적 실천	(학습자 이해) 가드너 다중지능이론	① 지능 명칭 · 개념 [2점]	대인관계 지능	㉠ 대인관계에 필요한 사회적 지능 ㉡ 타인의 기분, 동기, 의도를 구분하고 대응하는 능력	4점	교육심리
		② 개별 과제와 그 이유 [2점]	자기 주도적인 수행이 요구되는 프로젝트형 과제, 자기조절형 과제 등	자신의 장단점을 이해하고 스스로 목표를 설정하며 통제하는 능력인 개인내적 지능이 우세하기 때문		
		※ 주제와의 연계	교사가 자신의 수업을 개선하려면 학생의 장점 지능과 약점 지능을 파악하고 이를 고려해서 자신의 수업을 고민하는 자기반성적 실천이 뒤따라야 한다.			
	(교육과정 편성 · 운영) 경험선정원리, 잠재적cur.	① 기회 · 만족의 원리 [2점]	㉠ 기회의 원리: 교육목표 달성에 필요한 경험의 기회를 제공하는 것 ㉡ 만족의 원리: 학습경험이 학생의 흥미와 관심에 기초함으로써 학생들이 학습활동에서 만족을 느끼도록 하는 것	㉠ 충분한 경험의 기회를 갖지 못할 가능성이 높다. ㉡ 모둠활동에 제공된 학습경험에 흥미를 상실할 가능성이 높다.	4점	교육과정

		② 잠재적 cur. 개념·결과 [2점]	㉠ 개념 ㉡ 결과	㉠ 공식적 교육과정에서 의도하지 않았으나 학생들이 학교생활을 하는 동안 은연중에 학습하는 경험 ㉡ 부정적 태도나 경험 ⇨ 모둠활동이 의도한 교육적 효과보다는 학생 자신이 집단에 불필요한 존재라는 소외감이나 수치심을 경험		
		※ 주제와의 연계	교사가 수업 개선을 위한 반성적 실천에서 유의해야 할 점은 학습경험이 학생들에게 어떠한 영향을 미칠지 다각도로 분석하여 선정하는 신중한 배려이다.		
(평가도구의 제작) 척도법·신뢰도 추정방법	① 리커트 척도 (명칭·유의점) [2점]	㉠ 명칭 ㉡ 진술문 작성 유의점	㉠ 리커트 척도 ㉡ 중립적인 진술문 포함×		
	② 문항내적 합치도 (명칭·개념) [2점]	㉠ 명칭 ㉡ 개념	㉠ 문항내적 합치도 ㉡ 검사 속 문항을 각각 독립된 한 개의 검사 단위로 생각하고 그 합치성·동질성·일치성을 종합하는 신뢰도 추정	4점	교육평가
	※ 주제와의 연계		교사가 수업 개선을 위한 자료를 수집할 때 평가대상의 특성에 맞는 평가도구를 제작하고 그 도구의 신뢰도를 높이기 위한 성찰이 요구된다.		
(변혁적 지도성) 명칭과 신장방안	① 변혁적 지도성 (명칭) [1점]	명칭	변혁적 지도성		
	② 신장방안 (2가지) [2점]	㉠ 전문적 학습공동체 구축 ㉡ 동학년 협의회 내실화	㉠ 가치와 비전을 공유하고 협력적으로 학습하고 새로운 아이디어를 적용해 봄으로써 교사의 전문성을 신장시키고 학급 조직의 문화도 변혁 ㉡ 각 학급상황에서 발생하는 문제에 혁신적으로 대처할 수 있도록 합리적인 문제해결력과 지식을 공유하고 교사 각자의 윤리적·도덕적 기준을 높여 나가도록 노력	3점	교육행정
	※ 주제와의 연계		교사의 수업 개선이 보다 혁신적으로 일어나기 위해서는 새로운 방식으로 학생을 대하고 상황 자체를 변혁할 수 있는 변혁적 지도성을 지속적으로 신장시켜 나가야 한다.		

02 **모범답안**

서론

> 최근 학생의 행복교육을 중시함에 따라 교사의 수업 개선이 중요한 과제로 대두되고 있다. 교사의 수업을 개선하기 위해서는 학습자에 대한 이해, 교육과정의 편성과 운영, 평가도구의 제작, 교사의 지도성 등 광범위한 영역에서 교사의 반성적 실천이 요구된다. 제시문의 성찰 내용을 토대로 '수업 개선을 위한 교사의 반성적 실천'을 논의하고자 한다.

본론

> 교사의 수업 개선을 위해서는 학습자에 대한 성찰적 이해가 우선적으로 요구된다. 가드너(Gardner)의 다중지능 이론에 따를 때, A, B 학생의 공통적인 강점 지능은 대인관계 지능(interpersonal intelligence)이다. 대인관계 지능은 대인관계에 필요한 사회적 지능으로, 타인의 기분, 동기, 의도를 구분하고 대응하는 능력을 의미한다. A, B 학생 모두 다른 학생을 이해하며 모둠활동에 적극적인 것은 대인관계 지능이 높기 때문이다. 그러나 C 학생은 모둠활동에 소극적이다. 이런 C 학생에게 김 교사가 제공할 수 있는 개별 과제는 자기주도나 자기조절이 가능한 프로젝트형 과제이다. 이 과제가 적절한 이유는 C 학생은 자신의 장단점을 이해하고 스스로 목표를 설정하며 통제하는 능력인 개인내적 지능(intrapersonal intelligence)이 우세하기 때문이다. 이처럼 교사가 자신의 수업을 개선하려면 학생의 장점 지능과 약점 지능을 파악하고 이를 고려해서 자신의 수업을 고민하는 자기 반성적 실천이 뒤따라야 한다.
>
> 특히, 교사의 수업 개선에서 주목할 부분은 학생들에게 의미 있는 학습경험의 선정 문제이다. 이와 관련하여, 타일러(R. Tyler)가 제시한 기회의 원리는 교육목표 달성에 필요한 경험의 기회를 제공하는 것이다. 김 교사의 첫째 물음에서 모둠활동에 소극적으로 참여한 학생들은 충분한 경험의 기회를 갖지 못할 가능성이 높다. 또한, 만족의 원리는 학습경험이 학생의 흥미와 관심에 기초함으로써 학생들이 학습활동에서 만족을 느끼도록 하는 것을 말한다. 김 교사의 둘째 물음에서 학생들은 모둠활동에 제공된 학습경험에 흥미를 상실할 가능성이 높다. 이는 곧 학생들에게 의도하지 않은 결과를 초래할 수 있다. 잭슨(Jackson)에 따르면, 공식적 교육과정에서 의도하지 않았으나 학생들이 학교생활을 하는 동안 은연중에 학습하는 경험을 잠재적 교육과정이라 칭한다. 이에 근거할 때 '생각하지 못했던 결과'는 모둠활동에 대한 부정적 태도나 경험이다. 모둠활동이 의도한 교육적 효과보다는 학생 자신이 집단에 불필요한 존재라는 소외감이나 수치심을 경험할 수 있다는 것이다. 따라서 교사가 수업 개선을 위한 반성적 실천에서 유의해야 할 점은 학습경험이 학생들에게 어떠한 영향을 미칠지 다각도로 분석하여 선정하는 신중한 배려이다.

평가도구를 제작하는 일도 수업 개선을 위한 반성적 실천의 중요한 항목이다. 김 교사가 언급한 척도법은 리커트 (Likert) 척도이다. 리커트 척도는 모든 진술문에 반응하도록 한 다음 모든 진술문의 평점점수를 합산하여 정의적 특성 점수로 간주하는 종합평정법이다. 리커트 척도법을 적용하기 위해 진술문을 작성할 때에는 중립적 진술문을 포함하지 않도록 하고, 문항을 간단명료하게 진술해야 한다. 이 평가를 실시할 때 척도의 신뢰도를 확보하는 일이 중요하다. 김 교사가 사용할 신뢰도 추정방법은 문항내적 합치도이다. 이것은 검사 속 문항을 각각 독립한 한 개의 검사 단위로 생각하고 그 합치성·동질성·일치성을 종합하여 상관계수로 나타내는 방법이다. 이처럼 교사가 수업 개선을 위한 자료를 수집할 때 평가대상의 특성에 맞는 평가도구를 제작하고 그 도구의 신뢰도를 높이기 위한 성찰이 요구된다.

보다 나은 수업을 위해서는 지도성에 대한 반성적 실천도 필수적이다. 김 교사가 언급한 지도성은 변혁적 지도성 이다. 변혁적 지도성은 구성원의 성장 욕구를 자극하여 동기화시킴으로써 구성원의 태도와 신념을 변화시키고 기대 이상의 성과를 달성하게 한다. 김 교사가 학교 내 동료교사와 함께 이 지도성을 신장할 수 있는 방안을 제시하면 다음과 같다. 첫째, 전문적 학습공동체를 구축한다. 가치와 비전을 공유하고 협력적으로 학습하고 새로운 아이디어를 적용해 봄으로써 교사의 전문성을 신장시키고 학급 조직의 문화도 변혁해 나갈 수 있다. 둘째, 동학년 협의회를 내실화한다. 각 학급상황에서 발생하는 문제에 혁신적으로 대처할 수 있도록 합리적인 문제해결력과 지식을 공유 하고 교사 각자의 윤리적·도덕적 기준을 높여 나가도록 한다. 이와 같이 교사의 수업 개선이 보다 혁신적으로 일어나기 위해서는 새로운 방식으로 학생을 대하고 상황 자체를 변혁할 수 있는 변혁적 지도성을 지속적으로 신장 시켜 나가야 한다.

결론

교육의 질은 교사의 질을 뛰어넘지 못한다고 한다. 교사의 수업 개선을 위한 반성적 실천이 중요한 이유이다. 이를 위해 교사는 학생의 강점과 약점 능력을 파악해야 하며, 수업에서 학생들이 소외되거나 의도하지 않은 경험을 배우지 않도록 학습경험의 선정에 각별히 주의해야 한다. 나아가 평가도구 제작 시에는 평가하고자 하는 특성에 알맞은 도구를 제작하고 신뢰도를 높여야 한다. 마지막으로 기존 상황을 변혁하고 새로운 방식으로 학생을 대할 수 있도록 교사 자신의 변혁적 지도성도 꾸준히 신장시켜 나가야 할 것이다.

2018학년도 중등 교육학 논술

다음은 A 중학교 학생들의 학업 특성 조사 결과에 관해 두 교사가 나눈 대화 중 일부이다. 대화의 내용은 (1) 교육과정, (2) 수업, (3) 평가, (4) 장학에 관한 것이다. (1)~(4)를 활용하여 '학생의 다양한 특성을 고려하는 교육'이라는 주제로 논하시오. [20점]

박 교사 : 선생님, 우리 학교 학생의 학업 특성을 보면 학습흥미와 수업참여 수준이 전
반적으로 낮아요. 그리고 학업성취, 학습흥미, 수업참여의 개인차가 크다는
것이 눈에 띄네요.

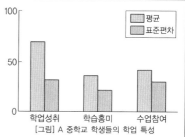
[그림] A 중학교 학생들의 학업 특성
(*3가지 변인의 점수는 서로 비교 가능한 것으로 가정함)

김 교사 : 학생의 개인별 특성이 그만큼 다양하다는 것을 의미하겠죠. 우리 학교 교육과
정도 이를 반영해야 하지 않을까요?

박 교사 : 그렇습니다. 그런데 교육과정을 개발하는 과정에서 학생의 개인별 특성을 중
시하는 의견과 교과를 중시하는 의견 간에 차이가 있습니다. 이를 조율하기
위해서는 시간이 걸리겠지만 적절한 논쟁을 거쳐 합의에 이르는 심사숙고의
과정이 필요합니다.

김 교사 : 네, 그렇다면 학생의 다양한 특성을 반영하기 위한 수업방법으로 어떤 것이 있을까요?

박 교사 : 우리 학교 학생에게는 학습흥미와 수업참여를 높이는 수업이 필요할 것 같아요. 제가 지난번 연구수업에서 문제를
활용한 수업을 했는데, 수업 중에 학생들이 무엇을 해야 하는지 모르는 것 같았어요. 게다가 제가 문제를 잘 구성하지
못했는지 별로 흥미를 보이지 않더라고요. 문제를 활용하는 수업에서는 학생의 역할을 안내하고 좋은 문제를 개발하는
것이 중요하다는 것을 알게 되었어요.

김 교사 : 그렇군요. 이처럼 수업이 학생의 다양한 특성을 반영하게 되면 평가의 방향도 달라질 필요가 있습니다. 앞으로의 평가에
서는 학생의 능력, 적성, 흥미에 적합한 목표를 설정하고 그에 따라 수업과 평가가 이루어지는 것도 의미가 있어 보입니다.

박 교사 : 동의합니다. 그러기 위해서는 평가결과를 해석하고 판단하는 기준도 달라질 필요가 있습니다. 예컨대 학생의 상대적 위
치가 어느 정도인지를 판단하기보다는 미리 설정한 학습목표에 도달했는지 여부를 중시하는 평가유형이 적합해 보입니다.

김 교사 : 네, 저도 그렇게 생각합니다. 그리고 말씀하신 유형 외에 능력참조평가와 성장참조평가도 제안할 수 있겠네요.

박 교사 : 좋은 생각입니다.

김 교사 : 그런데 저 혼자서 학생의 다양한 특성을 고려해서 교육과정을 개발하고 수업을 설계하고 평가하는 것은 힘들어요. 선
생님과 저에게 이 문제가 공동 관심사이니, 여러 선생님과 경험을 공유하고 협력해서 피드백을 주고받는 것이 좋겠어요.

─── 배 점 ───

• **논술의 내용 [총 15점]**
  – 박 교사가 제안하는 워커(D. F. Walker)의 교육과정 개발모형의 명칭, 이 모형을 교육과정 개발에 적용하는 이유 3가지 [4점]
  – 박 교사가 언급하는 PBL(문제중심학습)에서 학습자의 역할 2가지, PBL에 적합한 문제의 특성과 그 특성이 주는 학습효과 1가지 [4점]
  – 박 교사가 제안하는 평가유형의 명칭과 이 유형에서 개인차에 대한 교육적 해석 1가지, 김 교사가 제안하는 2가지 평가유형의 개념 [4점]
  – 김 교사가 언급하는 교내장학 유형의 명칭과 개념, 그 활성화 방안 2가지 [3점]

• **논술의 구성과 표현 [총 5점]**
  – 논술은 서론, 본론, 결론으로 구성하고 [1점], 주어진 주제와 연계할 것 [2점]
  – 표현이 적절할 것 [2점]

01 논제 파악

1 도해조직자(graphic organizer)

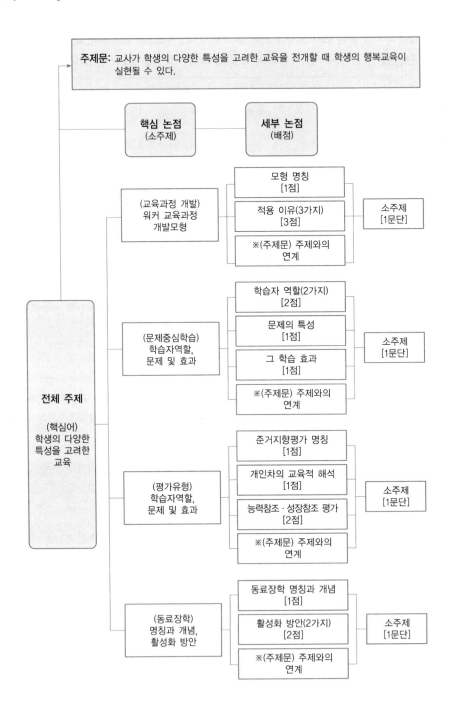

2 배점 분석('내용' 영역)

```
───────────────────── 배 점 ─────────────────────

• 논술의 내용 [총 15점]
 - 박 교사가 제안하는 워커(D. F. Walker)의 교육과정 개발모형의 명칭, 이 모형을 교육과정 개발에 적용하는 이유 3가지
   [4점]
   ⇨ 자연주의적 모형의 명칭(1점), 교육과정 개발에 적용하는 이유 3가지(3점) [4점]
 - 박 교사가 언급하는 PBL(문제중심학습)에서 학습자의 역할 2가지, PBL에 적합한 문제의 특성과 그 특성이 주는 학습효
   과 1가지 [4점]
   ⇨ 학습자의 역할 2가지(2점), 문제의 특성(1점)과 그 특성이 주는 학습효과 1가지(1점) [4점]
 - 박 교사가 제안하는 평가유형의 명칭과 이 유형에서 개인차에 대한 교육적 해석 1가지, 김 교사가 제안하는 2가지 평가
   유형의 개념 [4점]
   ⇨ 준거참조평가의 명칭(1점)과 개인차에 대한 교육적 해석 1가지(1점), 능력참조평가·성장참조평가 개념(2점) [4점]
 - 김 교사가 언급하는 교내장학 유형의 명칭과 개념, 그 활성화 방안 2가지 [3점]
   ⇨ 동료장학의 명칭과 개념(1점), 그 활성화 방안 2가지(2점) [3점]
```

3 답안 구상

주제문 교사가 학생의 다양한 특성을 고려한 교육을 전개할 때 학생의 행복교육이 실현될 수 있다.

전체 주제 (대주제)	핵심 논점 (소주제)	세부 논점 (배점)	중심 내용 + 설명/논증/(제시문 분석·적용)	배점	출제 영역
학생의 다양한 특성을 고려한 교육	(교육과정 개발) 워커 교육과정 개발모형	① 모형 명칭 [1점]	자연주의적 교육과정 개발모형 — 토대, 숙의, 설계의 단계로 구성되며, 실제 상황에서 교육과정이 어떻게 개발되는지 자연스러운 과정을 보여줌	4점	교육과정
		② 적용 이유 (3가지) [3점]	㉠ 개인적 신념과 가치가 표방 ㉡ 숙의 과정이 강조 ㉢ 실제적 상황이 강조	㉠ 학생의 개인별 특성을 중시하는 의견, 교과를 중시하는 의견, 환경을 중시하는 의견 등 다양한 의견들이 자연스럽게 표방 → 공감대를 형성 ㉡ 의견 조정에 시간이 걸리겠지만 논쟁을 거쳐 합의에 이르면서 가장 유망한 교육과정 실천 대안을 검토 ㉢ 타일러 식의 이론적 탐구에서 벗어나서 학교, 학급, 학생을 둘러싼 특수한 상황을 고려하여 현실적 적용 가능성이 높은 교육과정을 구체화		
		※ 주제와의 연계	학생의 다양한 특성을 고려하는 교육이 되려면 교육과정 개발 과정에서 학생의 개별적 특성을 중시하는 의견이 표방되고 타당한 방법으로 합의를 도출해 내는 것이 무엇보다 중요		

(문제중심학습) 학습자역할, 문제 및 효과	① 학습자 역할 (2가지) [2점]	㉠ 협동학습 수행 ㉡ 자기 주도적 학습 수행	㉠ 협동학습 → 문제와 관련된 가설 설정 → 사실 확인, 학습과제 설정 → 문제해결을 위한 구체적인 실 천계획 수립 ㉡ 자기 주도적 학습 → 여러 가지 정보 수집, 분석 → 자신에게 부 여된 학습과제 해결 → 그 결과 그룹 구성원들과 공유	4점	교수방법 및 교육공학
	② 문제의 특성 [1점]	비구조화된 실제적 문제	다양한 접근과 해결이 가능		
	③ 그 학습효과 [1점]	학습효과	학습자의 흥미와 동기유발, 다각적인 해석능력과 전략적 사고력, 문제해 결적 능력이 함양		
	※ 주제와의 연계	PBL과 같은 학습자의 학습흥미와 수업참여가 보장되는 수업 설계, 운영 → 학생의 다양한 특성을 고려한 교육이 수업장 면에서 실천			
(평가유형) 준거지향, 능력지향, 성장지향	① 준거지향평가 명칭 [1점]	준거지향평가	평가기준을 학습목표에 두고 학생의 학습목표 도달 여부를 중시	4점	교육평가
	② 개인차의 교육적 해석 [1점]	개인차	교육의 누적적 실패에서 오는 결과 이며, 이 개인차는 교육적 노력에 의 해 해소될 수 있다고 봄		
	③ 능력참조평가/ 성장참조평가 [2점]	㉠ 능력참조평가 ㉡ 성장참조평가	㉠ 학생의 능력에 비추어 얼마나 최 선을 다했느냐에 관심을 두는 평 가 ㉡ 초기의 성취수준에 비추어 얼마나 성장하였느냐에 관심을 두는 평가		
	※ 주제와의 연계	학생의 개별적 성취수준이 강조되는 다양한 평가도구 개발, 시행 → 학생의 다양한 특성을 고려하는 교육이 비로소 그 교육적 효과			
(동료장학) 명칭과 개념, 활성화 방안	① 동료장학 명칭과 개념 [1점]	동료장학	교사의 수업 개선과 전문적 성장 → 둘 이상의 교사들이 서로 협동하는 장학	3점	교육행정
	② 활성화 방안 (2가지) [2점]	㉠ 동료 간 수업연구를 활성화 ㉡ 공동의 관심사나 주 제를 중심으로 한 협의회를 활성화	㉠ 수업과 관련된 연구과제 공동으 로 선정, 공개수업을 통해 문제점 개선, 경력교사와 초임교사가 짝을 이루어 멘토링 장학 ㉡ 동료교사 간에 공식적이거나 비 공식적인 일련의 협의를 통하여 서로 경험과 정보, 아이디어 등을 공유하며 공동의 관심사나 과업을 해결		
	※ 주제와의 연계	학생의 다양한 특성을 반영하는 교육이 보다 내실화되려면 동료적 과정이 활성화되고 그것이 학교교육의 개선으로 이 어져야 한다.			

02 모범답안

서론

2015 개정 교육과정이 학생의 행복교육을 중시함에 따라 학생의 다양한 특성을 고려한 교육이 강조되고 있다. 교사는 학생의 개인별 특성을 반영한 교육과정을 개발하고, 학생의 학습흥미와 수업참여를 높이는 수업과 평가를 강구할 수 있어야 한다. 더불어 동료장학을 활성화하여 학생의 다양한 특성을 고려한 교육이 보다 내실화될 수 있도록 해야 한다.

본론

박 교사가 제안하는 워커(Walker)의 교육과정 개발모형은 자연주의적 교육과정 개발모형이다. 자연주의적 모형은 토대, 숙의, 설계의 단계로 구성되며, 실제 상황에서 교육과정이 어떻게 개발되는지 자연스러운 과정을 보여준다. 이 모형을 교육과정 개발에 적용하는 이유는 다음과 같다. 첫째, 개인적 신념과 가치가 표방되기 때문이다. 학생의 개인별 특성을 중시하는 의견, 교과를 중시하는 의견, 환경을 중시하는 의견 등 다양한 의견들이 자연스럽게 표방되면서 공감대를 형성할 수 있다. 둘째, 숙의 과정이 강조된다는 점이다. 의견 조정에 시간이 걸리겠지만 논쟁을 거쳐 합의에 이르면서 가장 유망한 교육과정 실천 대안을 검토할 수 있다. 셋째, 실제적 상황이 강조되기 때문이다. 타일러 식의 이론적 탐구에서 벗어나서 학교, 학급, 학생을 둘러싼 특수한 상황을 고려하여 현실적 적용 가능성이 높은 교육과정을 구체화할 수 있다. 이런 점에 근거할 때 학생의 다양한 특성을 고려하는 교육이 되려면 교육과정 개발 과정에서 학생의 개별적 특성을 중시하는 의견이 표방되고 타당한 방법으로 합의를 도출해 내는 것이 무엇보다 중요하다.

학생의 개별적 특성을 반영한 교육과정이 개발되면 교사는 수업을 통해 이를 실천할 수 있어야 한다. 박 교사가 언급한 PBL(문제중심학습)은 문제로부터 학습이 시작되므로 학습자의 역할과 문제의 특성이 매우 중요하다. PBL에서 학습자의 역할을 제시하면 첫째, 협동학습을 수행한다. 문제가 제시되면 학습자들은 협동학습을 통해 문제와 관련된 가설을 설정하고, 사실을 확인하고 학습과제를 설정한 후, 문제해결을 위한 구체적인 실천계획을 수립한다. 둘째, 자기 주도적 학습을 전개한다. 학습자들은 자기 주도적 학습을 통해 여러 가지 정보를 수집·분석하여 자신에게 부여된 학습과제를 해결하고, 그 결과를 그룹 구성원들과 공유한다. 한편, PBL에 적합한 문제는 다양한 접근과 해결이 가능한 비구조화된 실제적인 문제라는 특성이 있다. 문제의 이런 특성으로 인해 학습자의 흥미와 동기가 유발되고, 다각적인 해석능력과 전략적 사고력, 문제해결적 능력이 함양되는 학습효과가 발생한다. 이처럼 교사가 PBL과 같은 학습자의 학습흥미와 수업참여가 보장되는 수업을 설계하여 운영할 때 학생의 다양한 특성을 고려한 교육이 수업장면에서 실천될 수 있다.

학생의 개별적 특성이 수업에 반영되면 평가의 방향을 달리 하는 것도 중요하다. 박 교사가 제안하는 평가유형은 준거참조평가이다. 준거참조평가는 평가기준을 학습목표에 두고 학생의 학습목표 도달 여부를 중시하는 평가유형이다. 이런 준거참조평가에서 개인차는 교육의 누적적 실패에서 오는 결과이며, 이 개인차는 교육적 노력에 의해 해소될 수 있다고 본다. 한편, 김 교사가 제안하는 능력참조평가와 성장참조평가는 평가의 개인화를 강조하는 자기참조평가의 유형에 해당한다. 능력참조평가는 학생의 능력에 비추어 얼마나 최선을 다했느냐에 관심을 두는 평가이다. 개인의 능력과 수행결과를 비교하여 성적을 판정한다. 성장참조평가는 초기의 성취수준에 비추어 얼마나 성장하였느냐에 관심을 두는 평가이다. 현재의 성취수준과 과거의 성취수준 간의 차이점수로 성적을 판정한다. 이런 점에 근거할 때 학생의 상대적 위치보다는 개별적 성취수준이 강조되는 다양한 평가도구를 개발하여 시행할 때 학생의 다양한 특성을 고려하는 교육이 비로소 그 교육적 효과를 거둘 수 있게 된다.

그러나 교사 한 개인의 노력으로 이와 같은 학생의 다양한 특성을 반영한 교육을 실천하기에는 한계가 있다. 동료교사 간의 협력과 공유가 필요한 이유이다. 김 교사가 언급하는 교내장학은 동료장학이다. 동료장학이란 교사의 수업 개선과 전문적 성장을 위해 둘 이상의 교사들이 서로 협동하는 장학을 말한다. 동료장학을 활성화하려면 첫째, 동료 간 수업연구를 활성화하여야 한다. 동료교사들이 수업과 관련된 연구과제를 공동으로 선정하고 공개수업을 통해 문제점을 개선하거나, 경력교사와 초임교사가 짝을 이루어 멘토링 장학을 실천할 수 있다. 둘째, 공동의 관심사나 주제를 중심으로 한 협의회를 활성화한다. 동료교사 간에 공식적이거나 비공식적인 일련의 협의를 통하여 서로 경험과 정보, 아이디어 등을 공유하며 공동의 관심사나 과업을 해결해 나갈 수 있다. 이와 같이 학생의 다양한 특성을 반영하는 교육이 보다 내실화되려면 교사 상호 간에 함께 협동하는 동료적 과정이 활성화되고 그것이 학교교육의 개선으로 이어져야 한다.

결론

교사가 학생의 다양한 특성을 고려한 교육을 전개할 때 학생의 행복교육이 실현될 수 있다. 이를 위해서 교사는 학생의 각기 다른 개별적 특성을 교육과정에 반영하고, 학생의 학습흥미와 수업참여를 높이는 수업과 평가를 계획할 수 있어야 한다. 나아가 교사의 자율성에 기초한 동료장학을 활성화하여 학생의 다양성과 개성이 존중되는 교육이 보다 내실화될 수 있도록 적극적인 자세를 견지해 나가야 할 것이다.

2017학년도 중등 교육학 논술

다음은 신문 기사의 일부이다. 이를 바탕으로 '2015 개정 교육과정의 실질적 구현 방안'이라는 주제로 서론, 본론, 결론의 형식을 갖추어 단위학교 차원에서의 교육기획, 교육과정 내용의 조직, 학생 참여 중심 수업과 그에 따른 평가의 타당도를 논하시오. [20점]

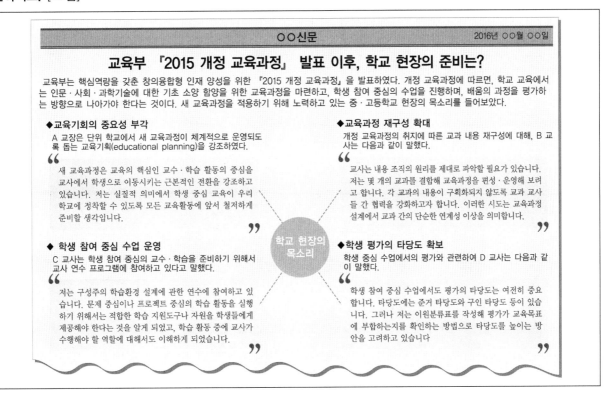

○○신문　　　　　　　2016년 ○○월 ○○일

교육부 『2015 개정 교육과정』 발표 이후, 학교 현장의 준비는?

교육부는 핵심역량을 갖춘 창의융합형 인재 양성을 위한 『2015 개정 교육과정』을 발표하였다. 개정 교육과정에 따르면, 학교 교육에서는 인문·사회·과학기술에 대한 기초 소양 함양을 위한 교육과정을 마련하고, 학생 참여 중심의 수업을 진행하며, 배움의 과정을 평가하는 방향으로 나아가야 한다는 것이다. 새 교육과정을 적용하기 위해 노력하고 있는 중·고등학교 현장의 목소리를 들어보았다.

◆교육기획의 중요성 부각

A 교장은 단위 학교에서 새 교육과정이 체계적으로 운영되도록 돕는 교육기획(educational planning)을 강조하였다.

" 새 교육과정은 교육의 핵심인 교수·학습 활동의 중심을 교사에서 학생으로 이동시키는 근본적인 전환을 강조하고 있습니다. 저는 실질적 의미에서 학생 중심 교육이 우리 학교에 정착할 수 있도록 모든 교육활동에 앞서 철저하게 준비할 생각입니다. "

◆ 학생 참여 중심 수업 운영

C 교사는 학생 참여 중심의 교수·학습을 준비하기 위해서 교사 연수 프로그램에 참여하고 있다고 말했다.

" 저는 구성주의 학습환경 설계에 관한 연수에 참여하고 있습니다. 문제 중심이나 프로젝트 중심의 학습 활동을 실행하기 위해서는 적합한 학습 지원도구나 자원을 학생들에게 제공해야 한다는 것을 알게 되었고, 학습 활동 중에 교사가 수행해야 할 역할에 대해서도 이해하게 되었습니다. "

학교 현장의 목소리

◆교육과정 재구성 확대

개정 교육과정의 취지에 따른 교과 내용 재구성에 대해, B 교사는 다음과 같이 말했다.

" 교사는 내용 조직의 원리를 제대로 파악할 필요가 있습니다. 저는 몇 개의 교과를 결합해 교육과정을 편성·운영해 보려고 합니다. 각 교과의 내용이 구획화되지 않도록 교과 교사들 간 협력을 강화하고자 합니다. 이러한 시도는 교육과정 설계에서 교과 간의 단순한 연계성 이상을 의미합니다. "

◆학생 평가의 타당도 확보

학생 중심 수업에서의 평가와 관련하여 D 교사는 다음과 같이 말했다.

" 학생 참여 중심 수업에서도 평가의 타당도는 여전히 중요합니다. 타당도에는 준거 타당도와 구인 타당도 등이 있습니다. 그러나 저는 이원분류표를 작성해 평가가 교육목표에 부합하는지를 확인하는 방법으로 타당도를 높이는 방안을 고려하고 있습니다 "

――― 배 점 ―――

• **논술의 내용 [총 15점]**
　- A 교장이 강조하고 있는 교육기획의 개념과 그 효용성 2가지 제시 [4점]
　- B 교사가 채택하고자 하는 원리 1가지와 그 외 내용조직의 원리 2가지(연계성 제외) 제시 [4점]
　- C 교사가 실행하려는 구성주의 학습활동을 위한 학습 지원 도구·자원과 교수활동 각각 2가지 제시 [4점]
　- D 교사가 고려하고 있는 타당도의 유형과 개념 제시 [3점]

• **논술의 구성 및 표현 [총 5점]**
　- 논술의 내용과 '2015 개정 교육과정의 실질적 구현 방안'의 연계 및 논리적 형식 [3점]
　- 표현의 적절성 [2점]

01 논제 파악

1 도해조직자(graphic organizer)

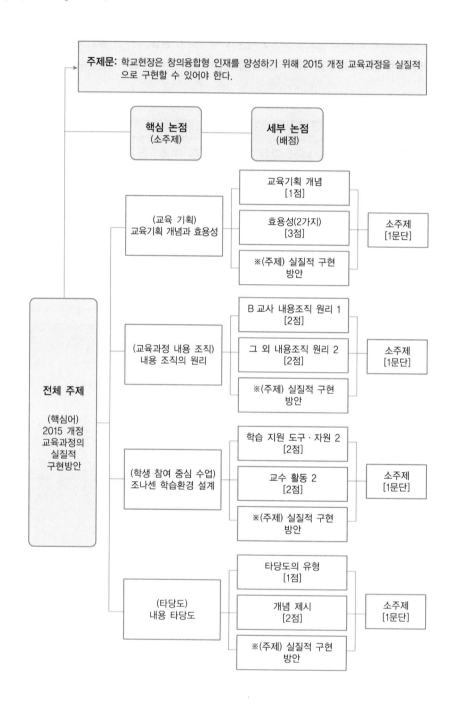

2 배점 분석('내용' 영역)

─────────────────── 배 점 ───────────────────

• 논술의 내용 [총 15점]
 ─ A 교장이 강조하고 있는 교육기획의 개념과 그 효용성 2가지 제시 [4점]
  ⇨ 교육기획의 개념(1점)과 그 효용성(2점) 그리고 부연설명(1점) [4점]
 ─ B 교사가 채택하고자 하는 원리 1가지와 그 외 내용조직의 원리 2가지(연계성 제외) 제시 [4점]
  ⇨ B 교사가 채택하고자 하는 원리 1가지(1점)와 그 외 내용조직의 원리 2가지(2점) 그리고 부연설명(1점) [4점]
 ─ C 교사가 실행하려는 구성주의 학습활동을 위한 학습 지원 도구·자원과 교수활동 각각 2가지 제시 [4점]
  ⇨ 조나센의 구성주의 학습활동을 위한 학습 지원 도구·자원(2점)과 교수활동(2점) [4점]
   [※ 조나센(Jonassen) 언급만 해도 1점 부여]
 ─ D 교사가 고려하고 있는 타당도의 유형과 개념 제시 [3점]
  ⇨ 내용타당도(1점)와 개념 설명(2점)

3 답안 구상

주제문 학교현장은 창의융합형 인재를 양성하기 위해 2015 개정 교육과정을 실질적으로 구현할 수 있어야 한다.

전체 주제 (대주제)	핵심 논점 (소주제)	세부 논점 (배점)	중심 내용 + 설명/논증/(제시문 분석·적용)		배점	출제 영역
2015 개정 교육과정의 실질적 구현 방안	(교육기획) 교육기획의 개념과 효용성	① 교육기획 개념 [1점]	미래의 교육활동에 대한 사전준비 과정	미래의 교육활동에 대비하여 교육목표 달성을 위한 효과적인 수단과 방법을 제시해 주는 지적·합리적인 준비과정	4점	교육행정
		② 효용성 (2가지) [3점]	㉠ 교육행정의 안정화에 기여 ㉡ 교육행정의 효율성과 타당성 제고 ㉢ 기타 : 한정된 재원의 합리적 배분, 교육변화 촉진, 합리적 통제 등	㉠ 뚜렷한 목표와 방향을 설정, 장기적인 교육기획에 따라 일관성 있게 교육체제를 운영 → 조령모개식의 정책 변경이나 방침 변경을 방지 ㉡ 설정된 교육목표를 가장 효율적으로 달성할 수 있는 최적의 대안을 선택 → 효율성↑, 교육목표와 수단을 합리적으로 연결 → 교육행정 활동의 합목적성과 타당성↑		
		※ 새 교육과정의 실질적 구현 방안	단위학교 차원에서 교육기회, 교육내용, 교사, 교육여건, 교육재정 등에 관한 종합적인 교육기획을 모든 교육활동에 앞서 우선적으로 수립해 놓아야 한다.			

(교육과정 내용조직) 내용조직의 원리	① B교사 내용 조직원리 1 [2점]	통합성	교육내용들의 관련성을 바탕으로 이들을 하나의 교과나 과목, 단원으로 묶음	4점	교육과정
	② 그 외 내용 조직원리 (2가지) [2점]	㉠ 계속성 ㉡ 계열성 ㉢ 기타: 범위(스코프), 균형성, 건전성(보 편타당성), 다양성	㉠ 일정 기간 동안 동일한 교육내용이 계속 반복되도록 조직하는 것 ㉡ 이전 교육내용에 기초하여 다음의 교육내용이 전개되어 점차 폭과 깊이를 더해 가도록 조직하는 것		
	※ 새 교육과정의 실질적 구현 방안	교육기획에서 설정한 교육비전을 토대로 학교 교육과정 내용을 개정 교육과정의 취지에 맞게 재조직하는 작업이 필수적이다.			
(학생 참여 중심 수업) 조나센의 구성주의 학습환경 설계모형	① 학습 지원 도구·자원 (2가지) [2점]	㉠ 관련 사례 ㉡ 정보자원 ㉢ 인지적 도구 ㉣ 대화/협력도구 ㉤ 사회적/맥락적 지원	㉠ 정보자원 : 학습자는 충분한 정보자원을 활용하여 문제해결을 위한 가설을 설정, 검증, 지식구조 정교화 ㉡ 인지적 도구 : 학습자가 문제를 원활하게 해결할 수 있도록 학습자의 인지활동을 지원하고 촉진	4점	교수학습 및 교육공학
	② 교수활동 (2가지) [2점]	㉠ 모델링(modeling) ㉡ 코칭(coaching) ㉢ 스캐폴딩 (scaffolding)	㉠ 학습자의 탐색활동을 지원하는 교수활동, 학습자에게 기대되는 수행 사례를 보여주거나, 문제해결 활동에서 학습자가 보여주는 인지적 추론과정을 분명히 한다. ㉡ 학습자의 명료화 활동을 돕기 위한 것, 학습자의 수행 수준을 분석하여 그에 대한 피드백을 제공하고, 학습한 내용에 대해 반추할 것을 요구		
	※ 새 교육과정의 실질적 구현 방안	학교가 효과적인 교수·학습환경을 설계함으로써 교과 특성에 맞는 다양한 학생 참여 중심 수업을 활성화할 수 있어야 한다.			
(타당도) 내용타당도	① 타당도 유형 [1점]	내용타당도	제시문 추론	3점	교육평가
	② 개념 제시 [2점]	평가도구가 그것이 평가하려고 하는 교육목표를 얼마나 충실히 측정하고 있는가를 논리적으로 분석, 측정하려는 타당도	교육목표가 준거가 되기 때문에 이원목표 분류표를 사용하여 교육목표를 세분화하고 그에 따라 문항이 제작되었는지를 확인함으로써 타당도를 높일 수 있다.		
	※ 새 교육과정의 실질적 구현 방안	양호한 평가도구에 근거해 학생 활동을 평가하고, 그 평가 결과를 활용하여 수업의 질을 지속적으로 개선할 수 있어야 한다.			

서론

2015 개정 교육과정이 내년부터 단계적으로 시행됨에 따라 새 교육과정의 실질적 구현 방안이 중요한 과제로 대두되고 있다. 학교현장에서는 단위학교 차원에서 교육활동을 기획하고, 개정 교육과정의 취지에 맞게 교육과정 내용을 재조직하여야 한다. 또한 학생 참여 중심 수업을 효과적으로 운영하면서 그에 따른 평가의 타당도를 확보해 나갈 수 있어야 한다. 제시문의 신문 기사를 토대로 '2015 개정 교육과정의 실질적 구현'이라는 주제를 논하고자 한다.

본론

A 교장이 강조하는 교육기획은 미래의 교육활동에 대한 사전준비 과정에 해당한다. 교육기획은 이처럼 미래의 교육활동에 대비하여 교육목표 달성을 위한 효과적인 수단과 방법을 제시함으로써 교육정책 결정의 효율성과 안정성을 보장해 주는 지적·합리적인 준비과정을 의미한다. 교육기획의 효용성을 제시하면 다음과 같다. 첫째, 교육정책 수행과 교육행정의 안정화에 기여한다. 뚜렷한 목표와 방향을 설정하고 장기적인 교육기획에 따라 일관성 있게 교육체제를 운영한다면 조령모개식의 정책 변경이나 방침 변경을 방지할 수 있다. 둘째, 교육행정 혹은 교육경영의 효율성과 타당성을 제고할 수 있다. 설정된 교육목표를 가장 효율적으로 달성할 수 있는 최적의 대안을 선택함으로써 효율성을 높일 수 있고, 교육목표와 수단을 합리적으로 연결함으로써 교육행정 활동의 합목적성과 타당성을 제고할 수 있다. 이런 점을 토대로 볼 때 2015 개정 교육과정이 실질적으로 구현되려면 단위학교 차원에서 교육기회, 교육내용, 교사, 교육여건, 교육재정 등에 관한 종합적인 교육기획을 모든 교육활동에 앞서 우선적으로 수립해 놓아야 한다.

단위학교에서 교육기획이 마련되면, 학교는 이를 토대로 2015 개정 교육과정의 취지에 맞게 교육과정을 재구성하여야 한다. B 교사가 채택하고자 하는 내용조직의 원리는 통합성이다. 통합성이란 교육내용들의 관련성을 바탕으로 이들을 하나의 교과나 과목 또는 단원으로 묶는 것을 말한다. 이것은 각 교과내용을 제각기 단편적으로 구획하는 것이 아니라 수평적으로 연관시켜 조직하는 것이다. 이런 점에서 B 교사가 각 교과의 내용이 구획화되지 않도록 몇 개의 교과를 결합해 교육과정을 편성·운영하고자 하는 것은 통합성과 일치한다. 이 외에 내용조직의 원리로는 계속성을 들 수 있다. 계속성이란 일정 기간 동안 동일한 교육내용이 계속 반복되도록 조직하는 것이다. 계속성은 중요한 개념이나 원리의 누적학습을 가능하게 한다. 또, 계열성도 있다. 계열성은 이전 교육내용에 기초하여 다음의 교육내용이 전개되어 점차 폭과 깊이를 더해 가도록 조직하는 것을 말한다. 교육내용이 나선형으로 조직됨으로써 동일한 내용의 양적 확대와 질적 심화가 가능해진다. 이런 점에 기초해 볼 때 2015 개정 교육과정을 실질적으로 구현하려면 교육기획에서 설정한 교육비전을 토대로 학교 교육과정 내용을 개정 교육과정의 취지에 맞게 재조직하는 작업이 필수적이다.

2015 개정 교육과정이 강조하는 학생 참여 중심 수업은 구성주의 학습환경 설계를 통해 내실화할 수 있다. 문제 중심이나 프로젝트 중심의 학습활동을 실행하려는 C 교사의 학습환경 설계는 조나센(Jonassen)의 구성주의 학습환경 설계에 해당한다. 이에 근거해 학습 지원 도구·자원 2가지를 제시하면 다음과 같다. 첫째, 관련 사례이다. 문제와 관련된 사례를 충분히 제공하여 학습자가 문제를 보다 명확히 이해할 수 있도록 한다. 둘째, 정보자원이다. 문제를 해결하기 위해 필요한 정보를 충분히 제공해 주어야 한다. 학습자는 이를 통해 가설을 설정하고 검증하면서 자신의 지식구조를 정교화할 수 있게 된다. 한편, 학습자의 학습활동을 지원하기 위한 교수활동 2가지를 제시하면 다음과 같다. 첫째, 모델링이다. 모델링은 전문가가 과제수행의 시범을 보여주는 것으로, 학습자에게 바람직한 수행 사례를 보여주거나, 능숙한 추론과정이나 의사결정방법을 명료화하는 것이다. 둘째, 코칭이다. 코칭은 학습자의 과제 수행을 관찰하고 돕는 것으로, 학습자의 수행수준을 분석하여 피드백을 제공하고, 학습한 내용에 대해 반성적 사고를 유발한다. 이처럼 2015 개정 교육과정을 실질적으로 구현하려면 학교현장에서 효과적인 교수·학습환경을 설계함으로써 교과 특성에 맞는 다양한 학생 참여 중심 수업을 활성화해야 한다.

학생 참여 중심 수업에서는 평가의 타당도를 확보하는 일이 매우 중요하다. D 교사가 고려하고 있는 타당도는 내용타당도이다. 내용타당도는 평가도구가 그것이 평가하려고 하는 교육목표를 얼마나 충실히 측정하고 있는가를 논리적으로 분석, 측정하려는 타당도를 의미한다. 내용타당도는 교육목표가 준거가 되기 때문에 이원목표 분류표를 사용하여 교육목표를 세분화하고 그에 따라 문항이 제작되었는지를 확인함으로써 타당도를 높일 수 있다. 이런 점에서 D 교사가 평가의 타당도를 높이기 위해 이원분류표에 근거해 평가의 교육목표 부합 정도를 확인하고자 하는 것은 내용타당도와 일치한다. 이를 토대로 볼 때 2015 개정 교육과정을 실질적으로 구현하기 위해서는 양호한 평가도구에 근거해 학생 활동을 평가하고, 그 평가결과를 활용하여 수업의 질을 지속적으로 개선할 수 있어야 한다.

결론

학교현장은 창의융합형 인재를 양성하기 위해 2015 개정 교육과정을 실질적으로 구현할 수 있어야 한다. 새 교육과정의 실질적 구현을 위해서는 단위학교에서 새 교육과정이 체계적으로 운영되도록 교육기획을 수립하고 개정 교육과정의 취지에 따라 교과내용을 재구성하여야 한다. 나아가 학생 참여 중심의 교수·학습환경을 효과적으로 설계하고, 그에 따른 양호한 평가도구를 개발 및 활용하여 수업의 질을 지속적으로 개선해 나갈 것이 요구된다.

2016학년도 중등 교육학 논술

다음은 A 중학교에 재직 중인 김 교사가 작성한 자기개발계획서의 일부이다. 김 교사의 자기개발계획서를 읽고 예비 교사 입장에서 '교사가 갖추어야 할 역량'이라는 주제로 교육과정 및 평가유형, 학생의 정체성발달, 조직 활동에 대한 내용을 구성 요소로 하여 서론, 본론, 결론의 형식을 갖추어 논하시오. [20점]

자기개발계획서	
개선 영역	개선 사항
수업 구성	• 학생의 경험을 중시하는 교육과정을 실행할 것 • 학생의 흥미, 요구, 능력을 토대로 한 활동을 증진할 것 • 학생이 관심을 가지는 수업 내용을 찾고, 그것을 조직하여 학생이 직접 경험하게 할 것 • 일방적 개념 전달 위주의 수업을 지양할 것
평가 계획	• 평가 시점에 따라 적절한 평가방법을 마련할 것 • 진단평가 이후 교수·학습이 진행되는 중간에 평가를 실시할 것 • 총괄평가 실시 전 학생의 학습 진전 상황에 관한 정보를 수집·분석할 것
진로지도	• 진로를 결정하지 못한 학생의 경우 성급한 진로선택을 유보하게 할 것 • 학생에게 다양한 진로를 접할 수 있는 충분한 탐색 기회를 제공할 것 • 선배들의 진로 체험담을 들려줌으로써 간접 경험 기회를 제공할 것 • 롤모델의 성공 혹은 실패 사례를 제공할 것
학교 내 조직 활동	• 학교 내 공식조직 안에서 소집단 형태로 운영되는 다양한 조직 활동을 파악할 것 • 학교 구성원들의 욕구 충족을 위한 자발적 모임에 적극 참여할 것 • 활기찬 학교생활을 위해 학습조직 외에도 나와 관심이 같은 동료 교사들과의 모임 활동에 참여할 것

──────── 배 점 ────────

• **논술의 구성 요소 [총 15점]**
 − '수업 구성'에 나타난 교육과정 유형의 장점 및 문제점 각각 2가지 [4점]
 − 김 교사가 실시하려는 평가유형의 기능과 효과적인 시행전략 각각 2가지 [4점]
 − 에릭슨(E. Erikson)의 정체성발달이론에 제시된 개념 1가지(2점)와 반두라(A. Bandura)의 사회인지 학습이론에 제시된 개념 1가지(1점) [3점]
 − '학교 내 조직 활동'에 나타난 조직 형태가 학교조직과 구성원에 미치는 순기능 및 역기능 각각 2가지 [4점]

• **논술의 구성 및 표현 [총 5점]**
 − 논술의 구성 요소와 '교사가 갖추어야 할 역량'과의 연계 및 논리적 형식 [3점]
 − 표현의 적절성 [2점]

01 논제 파악

1 도해조직자(graphic organizer)

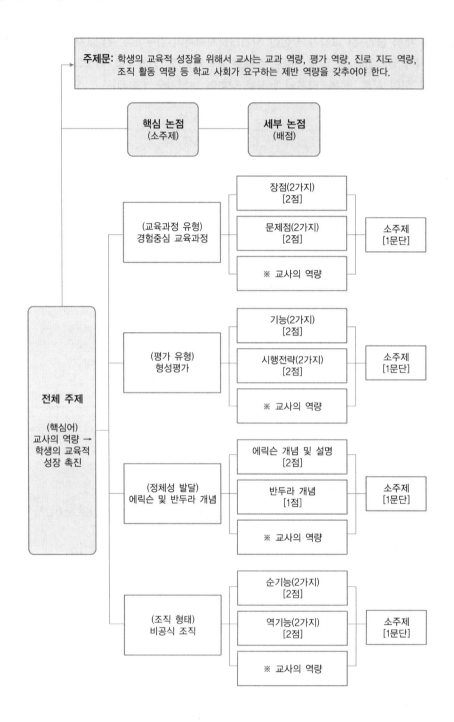

2 배점 분석('내용' 영역)

┌─── 배 점 ──┐

• 논술의 구성 요소 [총 15점]
  − 교육과정 유형의 장점 및 문제점 각각 2가지 [4점]
    ⇨ 경험중심 교육과정의 장점 2가지 [2점] 및 문제점 2가지 [2점]
  − 김 교사가 실시하려는 평가유형의 기능과 효과적인 시행전략 각각 2가지 [4점]
    ⇨ 형성평가의 기능 2가지 [2점] 및 효과적인 시행전략 2가지 [2점]
  − 에릭슨(E. Erikson)의 정체성발달이론에 제시된 개념 1가지(2점)와 반두라(A. Bandura)의 사회인지 학습이론에 제시된 개념 1가지(1점) [3점]
    ⇨ 에릭슨이 제시한 '개념' 및 '개념 설명'[2점], 반두라가 제시한 '개념'[1점]
  − '학교 내 조직 활동'에 나타난 조직 형태가 학교조직과 구성원에 미치는 순기능 및 역기능 각각 2가지 [4점]
    ⇨ 비공식조직의 순기능 2가지 [2점] 및 역기능 2가지 [2점]

└──┘

3 답안 구상

주제문 학생의 교육적 성장을 위해서 교사는 교과 역량, 평가 역량, 진로지도 역량, 조직 활동 역량 등 학교 사회가 요구하는 제반 역량을 갖추어야 한다.

전체 주제 (대주제)	핵심 논점 (소주제)	세부 논점 (배점)	중심 내용 + 설명/논증/(제시문 분석·적용)		배점	출제 영역
교사의 역량 → 학생의 교육적 성장 촉진	(교육과정 유형) 경험중심 교육과정	① 경험중심 교육과정	경험중심 교육과정	학생의 경험을 중심으로 교육과정 구성, 학생의 흥미와 요구를 토대로 운영	4점	교육과정
		② 장점(2가지) [2점]	㉠ 학생의 자발적인 활동을 촉진 ㉡ 실제적인 문제해결능력을 증진	㉠ 수업 내용과 활동이 학생의 흥미와 필요에 바탕을 두기 때문 ㉡ 실제 생활의 문제를 다룸		
		③ 문제점(2가지) [2점]	㉠ 학생들의 기초학력이 저하 ㉡ 교육과정 운영의 효율성이 저하	㉠ 학생의 흥미와 필요가 중심이 됨 ㉡ 직접 경험에 근거하여 수업을 운영할 경우 시간이 오래 걸림		
		※ 교사의 역량	교사는 현행 교육과정이 요구하는 성취기준 달성에 효과적인 교육과정 유형을 선택하고, 최적의 수업방안을 마련할 수 있는 교과 역량을 갖추고 있어야 한다.			

(평가유형) 형성평가	① 형성평가	형성평가	교수·학습 진행 중에 실시하는 평가	4점	교육평가
	② 기능(2가지) [2점]	㉠ 학생의 학습 촉진 ㉡ 교사의 교수방법 개선	㉠ 학생들에게 시기적절한 피드백 제공 → 학생의 학습곤란 발견·교정 ㉡ 학생의 학습 진전 상황을 파악 → 교사의 교수·학습 방법 개선		
	③ 시행전략 (2가지) [2점]	㉠ 준거지향평가를 실시 ㉡ 수시로 평가 실시	㉠ 준거지향평가 → 학생의 목표달성 정도나 학습결손 지점을 정확히 확인하고 목표수준을 성취하도록 함 ㉡ 수시로 평가 실시 → 학생들의 능력이 향상되고 있음을 확인하도록 함으로써 학생의 유능감과 자기효능감을 증진		
	※ 교사의 역량	교사는 시기에 맞는 평가를 계획하고, 상황과 목적에 맞게 평가를 시행할 수 있는 평가 역량을 갖추고 있어야 한다.			
(정체성 발달) 에릭슨 및 반두라 개념	① 개념 및 설명 [2점]	심리적 유예기 ※ 자아정체감 대 역할혼미	사회적 책임으로부터 유예된다는 것, 자신을 찾아 끊임없이 노력하는 기간	3점	교육 심리학
	② 개념 [1점]	관찰학습 또는 대리적 조건형성(대리학습)	㉠ 사회적 상황 속에서 모델의 행동을 관찰하고 모방하는 것으로도 학습하는 현상 ㉡ 다른 사람의 행동을 관찰해 두었다가 유사한 행동을 나타내는 학습현상		
	※ 교사의 역량	교사는 학생들에게 다양한 대안적 가능성을 충분히 탐색하게 한 후 자아정체감을 성공적으로 성취해 낼 수 있도록 진로지도 역량을 구비하고 있어야 한다.			
(조직 형태) 비공식조직	① 비공식조직	현실의 인간관계를 중심으로 이루어지는 자연발생적 조직	제시문: 소집단 형태, 자발적 모임	4점	교육 행정학
	② 순기능(2가지) [2점]	㉠ 학교조직의 허용적 분위기와 개방적 풍토 조성에 기여 ㉡ 직무의 능률적 수행에 기여	㉠ 공식조직의 불충분한 의사전달을 원활화 ㉡ 구성원 간의 협조와 지식 및 경험의 공유가 자유로워짐		
	③ 역기능(2가지) [2점]	㉠ 공식조직의 기능 마비 ㉡ 정실 행위 우려	㉠ 비공식조직 간에 적대 감정이 야기될 경우 ㉡ 비공식조직에 파벌이 조성될 경우		
	※ 교사의 역량	교사는 학교 내 비공식조직의 순기능과 역기능을 고려하면서, 학교조직 전체의 조화와 효율성을 극대화할 수 있는 조직 활동 역량을 갖추어야 한다.			

02 모범답안

서론

오늘날 학교는 사회의 다양한 요구에 따라 교사의 역량을 무엇보다 강조하고 있다. 교사는 교과 역량과 생활지도 역량 및 조직 활동 역량 등 학교 사회가 요구하는 제반 역량을 갖추고 있어야 한다. 제시문의 자기계발계획서를 토대로 경험중심 교육과정, 형성평가의 제 측면, 학생의 정체성 발달을 위한 교사 역량, 학교 내 비공식조직 활동의 기능 등을 검토하면서 '예비교사의 입장에서 교사가 갖추어야 할 역량'을 논의하고자 한다.

본론

교사의 역량이 우선적으로 발휘되는 분야는 교육과정의 구성과 운영이다. 김 교사의 수업 구성에 나타난 교육과정 유형은 경험중심 교육과정이다. 경험중심 교육과정은 학생의 경험을 중심으로 교육과정을 구성하고, 학생의 흥미와 요구를 토대로 운영하는 교육과정을 의미한다. 경험중심 교육과정의 장점은 다음과 같다. 첫째, 수업 내용과 활동이 학생의 흥미와 필요에 바탕을 두기 때문에 학생의 자발적인 활동을 촉진한다. 둘째, 실제 생활의 문제를 다룸으로써 실제적인 문제해결능력을 증진시킨다. 반면, 경험중심 교육과정의 문제점은 다음과 같다. 첫째, 학생의 흥미와 필요가 중심이 되므로 체계적인 지식습득이 어렵고 학생들의 기초학력이 저하될 수 있다. 둘째, 직접 경험에 근거하여 수업을 운영할 경우 시간이 오래 걸려 교육과정 운영의 효율성이 저하될 수 있다. 이를 토대로 볼 때 교사는 현행 교육과정이 요구하는 성취기준 달성에 효과적인 교육과정을 설계하고, 최적의 수업방안을 마련할 수 있는 교과 역량을 갖추고 있어야 한다.

교사는 평가를 계획·시행하는 일에서도 자신의 역량을 발휘할 수 있어야 한다. 김 교사가 실시하려는 평가유형은 형성평가이다. 형성평가는 교수·학습이 진행되는 중간에 실시하는 평가를 의미한다. 형성평가의 기능은 다음과 같다. 첫째, 학생들에게 시기적절한 피드백을 수시로 제공함으로써 학생의 학습활동을 강화하고 촉진해 준다. 둘째, 학생의 학습 진전 상황을 파악하여 교사의 교수·학습 방법을 개선해 준다. 형성평가의 효과적인 시행전략을 제시하면 다음과 같다. 첫째, 준거지향평가를 실시한다. 준거지향평가를 통해 학생의 목표달성 정도나 학습결손 지점을 정확히 확인하고 목표수준을 성취하도록 한다. 둘째, 수시로 평가를 실시한다. 수시로 평가를 실시하여 학생들의 능력이 향상되고 있음을 확인하도록 함으로써 학생의 유능감과 자기효능감을 증진시킨다. 이를 근거로 볼 때 교사는 시기에 맞는 평가를 계획하고, 상황과 목적에 맞게 평가를 시행할 수 있는 평가 역량을 갖추고 있어야 한다.

청소년기는 급격한 신체적·심리적 변화와 사회적 요구에 따라 자기 존재에 대한 새로운 탐색을 시도하는 시기이다. 에릭슨(Erikson)은 이 시기를 자아정체감 대 역할혼미로 규정짓고, 이때 중요한 성격적 특징으로 '심리적 유예기'를 제시하고 있다. 심리적 유예기란 사회적 책임으로부터 유예된다는 것으로 자신을 찾아 끊임없이 노력하는 기간을 의미한다. 김 교사가 학생의 성급한 진로선택을 유보하고 충분한 진로 탐색 기회를 제공하고자 하는 것도 이 때문이다. 이러한 청소년기의 심리 특성을 고려한다면 반두라가 제시한 '관찰학습'에 근거한 진로지도가 요구된다. 관찰학습은 사회적 상황 속에서 모델의 행동을 관찰하고 모방하는 것으로도 학습하는 현상을 일컫는다. 김 교사가 선배들의 진로 체험담이나 롤모델의 성공 혹은 실패 사례를 제공하고자 하는 것은 이와 관련된다. 그러므로 교사는 학생들에게 다양한 대안적 가능성을 충분히 탐색하게 한 후 자아정체감을 성공적으로 성취해 낼 수 있도록 진로지도 역량을 구비하고 있어야 한다.

교사는 학교조직의 한 구성원이라는 점에서 조직 활동을 위한 역량도 갖추고 있어야 한다. '학교 내 조직 활동'에 나타난 조직 형태는 비공식조직이다. 비공식조직은 현실의 인간관계를 중심으로 비합리적·감정적 측면에서 이루어지는 자연발생적 조직을 의미한다. 비공식조직이 갖는 순기능을 설명하면 다음과 같다. 첫째, 법규에 의해 운영되는 학교조직에 융통성을 부여하고 자유로운 대인관계로 인해 개방적 풍토가 형성된다. 둘째, 구성원들의 누적된 심리적 욕구불만의 해소처가 되므로 구성원들에게 귀속감과 안정감을 부여한다. 반면, 비공식조직의 역기능은 다음과 같다. 첫째, 비공식조직 간에 적대 감정이 야기될 경우 공식조직의 기능이 마비될 수 있다. 둘째, 비공식조직에 파벌이 조성되면 정실인사의 계기가 되고, 구성원 간의 갈등과 소외가 초래될 수 있다. 그러므로 학교조직의 한 구성원인 교사는 학교 내 비공식조직의 순기능과 역기능을 고려하면서, 학교조직 전체의 조화와 효율성을 극대화할 수 있는 조직 활동 역량을 구비하고 있어야 한다.

결론

교사는 학교 사회가 요구하는 제반 역량을 필수적으로 갖추고 있어야 한다. 수업을 운영하는 교사는 자신의 역량을 십분 발휘하여 최적의 교육과정을 구성하고 상황과 목적에 맞게 평가를 시행할 수 있어야 한다. 특히 청소년기를 대상으로 하는 교사는 심리적 유예기라는 학생의 심리 특성을 파악하여 학생의 정체성 발달을 도울 수 있어야 한다. 나아가 학교조직의 한 구성원인 교사는 학교조직 전체의 조화와 효율성을 극대화할 수 있도록 조직 활동 역량을 적극 발휘해 나가야 할 것이다.

2015학년도(상반기) 중등 교육학 논술

다음은 A 고등학교 초임교사들을 대상으로 진행한 학교장의 특강 내용 중 일부를 발췌한 부분이다. 발췌한 특강 부분은 학교에 대한 이해 차원에서 (1) 학교교육의 기능과 (2) 학교조직의 특징, 수업에 대한 이해 차원에서 (3) 수업설계와 (4) 학생 평가에 대한 내용이다. 이를 바탕으로 (1)~(4)의 요소를 활용하여 '다양한 요구에 직면한 학교교육에서의 교사의 과제'라는 주제로 서론, 본론, 결론의 형식을 갖춰 논하시오. [20점]

여러분들도 잘 아시겠지만 최근 우리 사회는 학교가 다양한 역할을 수행하도록 요구하고 있습니다. 이에 따라 선생님들께서는 학교 및 수업에 대한 기본적인 이해가 필요하다고 생각합니다.

먼저 교사로서 우리는 학교교육의 기능을 이해해야 합니다. 지금까지 학교는 학생들이 사회 구성원으로서 올바로 성장할 수 있는 보편적 가치와 규범을 가르쳐 왔습니다. 그러나 최근 사회는 학교교육에 다양한 요구를 하게 되면서 학교가 세분화된 직업 집단의 교육 요구를 충족시켜 주기를 원하고 있고, 학교교육의 선발·배치 기능에 다시 주목하고 있습니다. 그러므로 여러분은 학교교육의 선발·배치 기능을 이해하는 한편, 이것이 어떤 한계를 갖는지도 생각해야 할 것입니다.

이와 함께 학교에 대한 사회의 요구에 효율적으로 대응하기 위해서 학교장을 포함한 모든 학교 구성원들은 서로의 행동 특성을 이해해야 합니다. 이를 위해서 학교조직의 특징을 먼저 파악해야 합니다. 학교라는 조직을 합리성의 측면에서만 파악하면 분업과 전문성, 권위의 위계, 규정과 규칙, 몰인정성, 경력 지향성의 특징을 갖는 일반적 관료제의 틀로 설명할 수 있습니다. 그러나 교사들의 전문성이 강조되는 교수·학습의 측면에서 보면 학교조직은 질서 정연하게 구조화되거나 기능적으로 분명하게 연결되어 있지 않은 이완결합체제(loosely coupledsystem)의 특징을 지닙니다. 따라서 우리는 관료제적 관점과 이완결합체제의 관점으로 학교조직의 특징을 이해할 필요가 있습니다.

한편, 사회가 학생들에게 새로운 역량을 요구하고 있고, 이를 키우기 위해 교사는 다양한 수업을 설계할 수 있어야 합니다. 제가 경험했던 많은 교사들은 다양한 수업을 시도해 보고자 하는 열정은 높았지만 새로운 수업방법이나 모형을 활용하여 수업을 설계하거나 수업 상황에 맞게 기존의 교수·학습 지도안을 적용하는 데 어려움을 느꼈습니다. 다양한 교수체제설계 이론과 모형이 있지만 분석, 설계, 개발, 실행, 평가의 과정은 일반적이라고 생각합니다. 이 중 분석과 설계는 다른 과정의 기초가 되기 때문에 중요합니다. 수업 요소들이 서로 어떻게 관련되어 있는지 파악하여 여러분의 수업에 적용해 보시기 바랍니다.

수업설계를 잘하는 것 못지않게 수업 결과를 평가하는 것 또한 중요합니다. 여러분이 어떤 평가기준을 활용하느냐에 따라 평가유형이 달라질 수 있습니다. 자칫하면 평가로 인해 학생들 사이에 서열주의적 사고가 팽배하여 서로 경쟁만 하는 문제가 발생할 수 있습니다. 이를 보완할 수 있는 평가유형에 대해 고민해 볼 필요가 있습니다.

───── 배 점 ─────

• 논술의 내용 [총 15점]
 − 기능론적 관점에서 학교교육의 선발·배치 기능 및 한계 각각 2가지만 제시 [4점]
 − 학교조직의 관료제적 특징과 이완결합체제적 특징 각각 2가지만 제시 [4점]
 − 일반적 교수체제설계에서 분석 및 설계 과정의 주요 활동 각각 2가지만 제시 [4점]
 − 준거지향평가의 개념을 설명하고, 장점 2가지만 제시 [3점]

• 답안의 논리적 구성 및 표현 [총 5점]
 − 논술의 내용과 '학교교육에서 교사의 과제'와의 연계 및 논리적 형식 [3점]
 − 표현의 적절성 [2점]

01 논제 파악

1 도해조직자(graphic organizer)

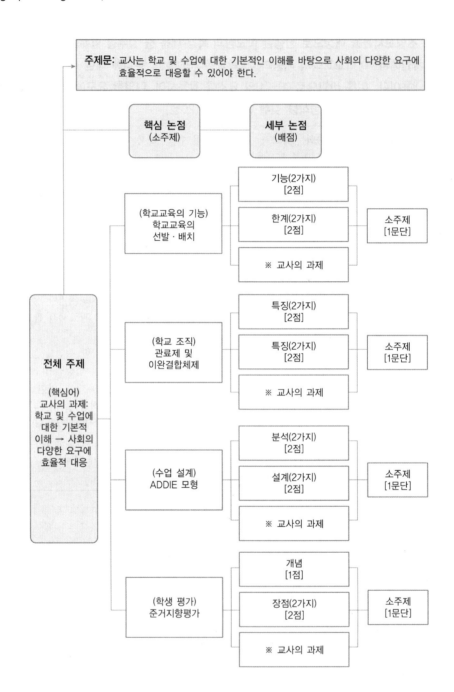

2 배점 분석('내용' 영역)

─────────── 배 점 ───────────

• 논술의 내용 [총 15점]
  - 기능론적 관점에서 학교교육의 선발·배치 기능 및 한계 각각 2가지만 제시 [4점]
    ⇨ 학교교육의 선발·배치 기능 2가지 [2점] 및 한계 2가지 [2점]
  - 학교조직의 관료제적 특징과 이완결합체제적 특징 각각 2가지만 제시 [4점]
    ⇨ 관료제적 특징 2가지 [2점] 및 이완결합체제적 특징 2가지 [2점]
  - 일반적 교수체제설계에서 분석 및 설계 과정의 주요 활동 각각 2가지만 제시 [4점]
    ⇨ ADDIE 모형에서 '분석'의 주요 활동 2가지 [2점] 및 '설계'의 주요 활동 2가지 [2점]
  - 준거지향평가의 개념을 설명하고, 장점 2가지만 제시 [3점]
    ⇨ 준거지향평가의 개념 설명 [1점], 장점 2가지 [2점]

3 답안 구상

주제문 교사는 학교 및 수업에 대한 기본적 이해를 바탕으로 사회의 다양한 요구에 효율적으로 대응할 수 있어야 한다.

전체 주제 (대주제)	핵심 논점 (소주제)	세부 논점 (배점)	중심 내용 + 설명/논증/(제시문 분석·적용)		배점	출제 영역
교사의 과제 : 학교 및 수업에 대한 기본적 이해 → 사회의 다양한 요구에 효율적 대응	(학교교육의 기능) 학교교육의 선발·배치	① 기능론 : 선발·배치	다양한 직업세계에 적합한 사람을 선발, 적재적소에 합리적으로 분류·배치	제시문 추론	4점	교육 사회학
		② 기능(2가지) [2점]	㉠ 능력주의 실현에 기여 ㉡ 사회 평등화에 기여	㉠ 능력에 따라 차등적 보상과 사회적 지위 부여 ㉡ 학교교육이 원활한 사회이동의 장치로 기능		
		③ 한계(2가지) [2점]	㉠ 줄세우기식 교육, 학력주의의 경쟁 부채질 ㉡ 기존의 계층구조를 정당화하는 도구로 전락	㉠ 학력이 사회적 지위획득의 수단으로 작용하기 때문에 ㉡ 학생의 학업성취는 가정의 사회경제적 배경에도 영향을 받기 때문		
		※ 교사의 과제	교사는 학생의 능력과 노력을 중시하되 개인의 개성과 소질이 최대한 발현될 수 있는 다양한 환경을 조성하고, 공정한 기회를 보장해야 한다.			
	(학교조직) 관료제 및 이완결합체제	① 학교조직의 특징	관료제와 이완결합체제의 성격 → 이중적 조직	제시문 추론	4점	교육 행정학

	② 관료제 특징 (2가지) [2점]	㉠ 분업과 전문화 ㉡ 규칙과 규정을 강조	㉠ 학교의 업무 처리 → 교무, 연구, 학생업무 등 업무 분화 → 전문적 처리 ㉡ 업무 수행과 운영 절차에서 통일성을 확보하기 위해 복무지침이나 업무편람 등을 규정 → 교직원들의 행동을 규제		
	③ 이완결합체제 특징(2가지) [2점]	㉠ 많은 자유재량권과 자기결정권 보장 ㉡ 국지적 적응 허용	㉠ 교사는 전문가로서 자율권을 행사하고, 상사나 상부의 권위에 순종 × ㉡ 한 부분의 성공이나 실패가 다른 부분의 성공이나 실패와 연결 ×		
	※ 교사의 과제	교사는 상호 신뢰의 풍토 속에서 맡은 바 행정 업무를 효율적으로 처리하고, 학생 지도에서는 고도의 지적 전문성을 발휘해야 한다.			
(수업설계) ADDIE 모형	① ADDIE 모형	분석, 설계, 개발, 실행, 평가의 단계	제시문 추론	4점	교육방법 및 교육공학
	② 분석(2가지) [2점]	㉠ 요구분석 ㉡ 학습자분석	㉠ 현재의 상태와 원하는 상태 간의 차이를 분석 → 최종 교수목적 도출 ㉡ 출발점 행동, 지적 능력, 동기 등의 학습자 특성을 파악하는 것 → 수업설계 기초자료		
	③ 설계(2가지) [2점]	㉠ 수행목표 명세화 ㉡ 평가도구 개발	㉠ 학습자가 수업을 마쳤을 때 무엇을 할 수 있을 것인가라고 하는 상세한 수업목표를 진술 ㉡ 학습목표 진술을 기준으로 삼아 수업 후 성취수준을 측정할 수 있는 준거지향평가문항을 개발		
	※ 교사의 과제	교사는 다양한 수업설계모형을 활용하여 수업을 새롭게 설계하거나, 기존의 교수·학습 지도안을 수업 상황에 맞게 적용할 수 있는 교과 역량을 갖추고 있어야 한다.			
(학생 평가) 준거지향평가	① 준거지향평가 [1점]	평가기준을 교육을 통해 달성하려는 수업목표(도착점행동)에 두는 목표지향적 평가	제시문 추론	3점	교육평가
	② 장점(2가지) [2점]	㉠ 교수·학습의 개선에 공헌 ㉡ 경쟁보다는 협동적 학습을 조성	㉠ 학생의 학습목표 달성과 관련된 정보를 제공해줌 ㉡ 과제의 숙달과 이해, 목표의 성취 그 자체를 중시		
	※ 교사의 과제	교사는 규준지향평가를 보완할 수 있는 준거지향평가를 적절히 활용함으로써 다양한 요구를 충족시켜 나갈 수 있어야 한다.			

02 모범답안

서론

최근 우리 사회가 학교의 다양한 역할 수행을 요구함에 따라 학교교육에서의 교사의 과제가 부각되고 있다. 교사는 학교교육의 기능과 학교조직의 특징을 파악해야 하며, 구체적인 수업설계와 학생 평가를 바탕으로 수업을 효과적으로 운영할 수 있어야 한다. 제시문의 학교장 특강 내용을 토대로 학교교육의 선발·배치 기능과 한계, 학교조직의 관료제 및 이완결합체제의 특징, ADDIE 수업설계와 준거지향평가를 검토하면서 '다양한 요구에 직면한 학교교육에서의 교사의 과제'를 논하고자 한다.

본론

기능론은 학교교육이 사회화와 선발·배치를 통해 사회의 유지·존속·발전에 기여한다고 설명한다. 기능론적 관점에서 학교교육의 선발·배치 기능을 설명하면 다음과 같다. 첫째, 학교는 선발을 통해 학생들의 능력에 맞는 교육적 경험을 부여하고 사회진출을 가능하게 함으로써 직업세계가 필요로 하는 사람들을 분류하는 여과기능을 한다. 둘째, 선발·배치는 능력과 성취에 따라 사회적 지위와 소득을 배분함으로써 능력주의를 실현하며 사회평등화에 기여한다. 그러나 선발·배치 기능은 다음과 같은 한계가 있다. 첫째, 능력 위주의 교육 선발을 강조함으로써 학력 경쟁을 가열화하고 인성 교육이나 전인 교육을 소홀히 할 수 있다. 둘째, 직업집단의 요구를 충족하기 위한 수단적 기능을 중시함에 따라 교육의 본질적 기능이 훼손될 우려가 있다. 이를 토대로 볼 때 교사에게는 직업집단의 요구와 교육의 본래적 기능 사이에서 적절한 균형을 유지하면서 교육해야 할 과제가 있다.

학교조직은 관료제와 이완결합체제의 성격을 동시에 갖는 이중 조직이다. 학교조직이 지닌 관료제적 특징은 다음과 같다. 첫째, 분업과 전문화이다. 학교조직은 학교의 업무 처리를 위해 교무, 연구, 학생업무 등 업무를 분화해서 전문적으로 처리한다. 둘째, 규칙과 규정을 강조한다. 학교는 업무 수행과 운영 절차에서 통일성을 확보하기 위해 복무지침이나 업무편람 등을 규정하여 교직원들의 행동을 규제한다. 한편, 학교조직의 이완결합체제적 특징은 다음과 같다. 첫째, 교사에게 많은 자유재량권과 자기결정권이 보장된다. 교사는 전문가로서 높은 자율권을 행사하며, 상부나 상사의 권위에 순종하지 않는다. 둘째, 각 부서 및 학년 조직의 국지적 적응을 허용한다. 이 때문에 한 부분의 성공이나 실패가 다른 부분의 성공이나 실패와 별로 연결되지 않는다. 이를 토대로 볼 때 교사는 상호 신뢰의 풍토 속에 맡은 바 행정 업무를 효율적으로 처리하고, 학생 지도에서는 고도의 지적 전문성을 발휘해야 할 과제를 부여받고 있다.

일반적 교수체제설계는 ADDIE 모형으로서 분석, 설계, 개발, 실행, 평가의 단계로 이루어진다. 분석 단계의 주요 활동 2가지를 제시하면 다음과 같다. 첫째, 요구분석이다. 요구분석은 현재의 상태와 원하는 상태 간의 차이를 분석하는 것으로, 이를 통해 최종 교수목적이 도출된다. 둘째, 학습자분석이다. 학습자분석은 출발점 행동, 지적 능력, 동기 등의 학습자 특성을 파악하는 것으로, 수업설계를 위한 기초자료로 활용된다. 설계 단계의 주요 활동 2가지를 제시하면 다음과 같다. 첫째, 수행목표의 명세화이다. 학습자가 수업을 마쳤을 때 무엇을 할 수 있을 것인가라고 하는 상세한 수업목표를 구체적인 행동용어로 진술한다. 둘째, 평가도구의 개발이다. 학습목표 진술을 기준으로 삼아 수업 후 성취수준을 측정할 수 있는 준거지향평가문항을 개발한다. 이를 토대로 볼 때 교사는 다양한 수업설계 모형을 활용하여 수업을 새롭게 설계하거나, 기존의 교수·학습 지도안을 수업 상황에 맞게 적용할 수 있는 교과 역량을 갖추고 있어야 한다.

A 고등학교와 같이 서열주의나 경쟁의 문제를 방지하려면 준거지향평가를 적절히 활용해야 한다. 준거지향평가는 평가기준을 수업목표에 두고 수업목표를 얼마나 달성하였는지 성취수준을 확인하는 목표지향적 평가를 의미한다. 준거지향평가가 지닌 장점은 다음과 같다. 첫째, 교수·학습의 개선에 공헌한다. 준거지향평가는 학생의 학습목표 달성과 관련된 정보를 제공해 주므로 교수·학습의 개선에 유용하다. 둘째, 경쟁보다는 협동적 학습을 조성한다. 준거지향평가에서는 과제의 숙달과 이해, 목표의 성취 그 자체를 중시하므로 학생들 간의 경쟁심을 제거하고 협동적 학습을 가능하게 한다. 이런 점에서 볼 때 교사는 규준지향평가를 보완할 수 있는 준거지향평가를 적절히 활용함으로써 다양한 요구를 충족시켜 나갈 수 있어야 할 것이다.

결론

교사는 학교 및 수업에 대한 기본적인 이해를 바탕으로 사회의 다양한 요구에 효율적으로 대응할 수 있어야 한다. 그러자면 교사는 학교교육의 선발·배치 기능과 한계, 학교조직의 이중적 특징을 파악하여 학생 지도와 행정 업무 처리에 전문성을 발휘할 수 있어야 한다. 나아가 여러 가지 수업설계모형을 활용하여 수업을 설계하고, 학습목표에 근거한 평가를 시행하면서 학생들의 성취감을 고취해 나가야 할 것이다.

2015학년도 중등 교육학 논술

다음은 A 중학교의 학교교육계획서 작성을 위한 워크숍에서 교사들의 분임 토의 결과의 일부를 교감이 발표한 내용이다. 이 내용을 바탕으로 A 중학교가 내년에 중점을 두고자 하는 (1) **교육목적을 자유교육의 관점에서 논하고**, (2) **교육과정 설계 방식의 특징**, (3) **학습동기 향상을 위한 학습과제 제시 방안**, (4) **학습조직의 구축 원리를 각각 3가지씩 설명하시오.**

[20점]

이번 워크숍은 우리 학교의 교육에서 드러난 몇 가지 문제점을 확인하고, 개선 방안을 제시하는 방식으로 진행되었습니다. 주요 내용을 말씀드리면 다음과 같습니다.

먼저, 교육목적에 관한 문제점과 개선 방안입니다. 우리 학교는 학생들의 합리적 정신을 계발하기 위해 지식 교육을 추구해 왔습니다. 그런데 지난해 도입된 국어, 수학, 영어 교과에 대한 특별 보상제 시행으로 이들 교과의 성적은 전반적으로 상승하였지만, 학교가 추구하고자 한 것과 달리 반별 경쟁에서 이기거나 포상을 받기 위한 것으로 교육목적이 왜곡되는 경향이 있었습니다. 이러한 교육목적의 왜곡으로 인하여 교사는 주로 문제 풀이식 수업이나 주입식 수업을 하게 되었고, 학생들은 여러 교과에 스며 있는 다양한 사고방식을 내면화하지 못하는 결과가 초래되었습니다. 이러한 문제점을 보완하기 위하여 내년에는 교육 개념에 충실한 지식 교육, 즉 자유교육(liberal education)의 이상을 구현하는 데 중점을 두고자 합니다.

다음으로, 교육과정 설계 방식 및 수업전략에 관한 문제점과 개선 방안입니다. 교육과정 설계 방식 측면에서, 종전의 방식은 평가 계획보다 수업 계획 중심으로 설계되어 있어서 교사가 교과의 학습목표에 비추어 학생들이 배우는 내용을 올바르게 이해하였는지를 확인하는 데 한계가 있었습니다. 교사는 계획한 진도를 나가기에 급급한 나머지, 학생들의 학습결손을 예방하지 못하였습니다. 내년에는 학생들의 학습목표 달성 정도를 확인하는 데 유용한 교육과정 설계를 하고자 합니다. 또한 수업전략 측면에서 볼 때, 수업에 흥미를 잃어 가는 학생들이 있음에도 불구하고 교사는 학생들의 학습동기를 높일 수 있는 전략을 적극적으로 사용하는 데 소홀했습니다. 수업 상황에서 학생들이 배워야 할 학습과제 그 자체는 학생들에게 흥미로울 수도 있고 그렇지 않을 수도 있습니다. 교사가 수업에 흥미를 잃은 학생들에게 학습과제를 어떻게 제시하느냐에 따라 학습동기를 높일 수 있습니다. 내년에는 이들의 학습동기를 향상할 수 있는 학습과제 제시 방안을 마련하는 데 관심을 기울이고자 합니다.

내년에 우리 학교는 교육 개념에 충실한 지식 교육을 하고, 학생들의 학업성취와 학습동기를 향상하는 데 좀 더 세심한 관심을 가져야 할 것입니다. 이 일의 성공 여부는 교사가 변화의 주체로서 자발적인 노력을 얼마나 기울이느냐에 달려 있습니다. 그래서 우리 학교는 교사 모두가 교육활동에 능동적으로 참여하여, 지식과 학습 정보를 서로 공유하면서 지속적으로 변화해 가는 학습조직(learning organization)을 구축하고자 합니다.

─────── 배 점 ───────

• **논술의 내용 [총 16점]**
  - 자유교육 관점에서의 교육목적 논술 [4점]
  - 교육과정 설계 방식의 특징 3가지 설명 [4점]
  - 학습동기 향상을 위한 학습과제 제시 방안 3가지 설명 [4점]
  - 학습조직의 구축 원리 3가지 설명 [4점]

• **답안의 논리적 구성 및 표현 [총 4점]**

01 논제 파악

1 도해조직자(graphic organizer)

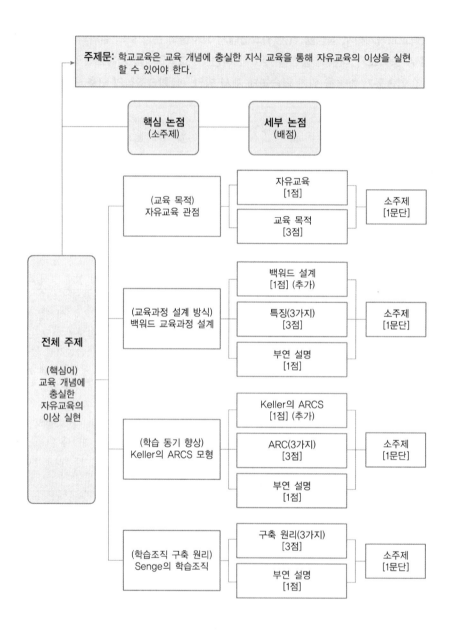

2 배점 분석('내용' 영역)

```
─────────────────── 배 점 ───────────────────

• 논술의 구성 요소 [총 16점]
  ─ 자유교육 관점에서의 교육목적 논술 [4점]
      ⇨ 자유교육 개념, 내재적 목적(본질적 가치) 추구, 지식의 형식 추구 · 합리성의 발달 · 자율성의 신장 [4점]
  ─ 교육과정 설계 방식의 특징 3가지 설명 [4점]
      ⇨ 백워드 교육과정 설계 설명(1점), 그 특징 3가지를 설명(각 1점씩, 총 3점)
       [※ 백워드 교육과정 언급만 해도 2점 부여했음]
  ─ 학습동기 향상을 위한 학습과제 제시 방안 3가지 설명 [4점]
      ⇨ 켈러(Keller)의 ARCS 모형 설명(1점), ARC 3가지 내용 나열 + 1개라도 부연설명 → (4점)
       [※ 켈러(Keller)의 ARCS 모형 언급만 해도 1점 부여]
  ─ 학습조직의 구축 원리 3가지 설명 [4점]
      ⇨ Peter Senge의 학습조직의 내용 5개 중 3개를 충실히 설명하면 4점
```

3 답안 구상

주제문 **학교교육은 교육 개념에 충실한 지식 교육을 통해 자유교육의 이상을 실현할 수 있어야 한다.**

전체 주제 (대주제)	핵심 논점 (소주제)	세부 논점 (배점)	중심 내용 + 설명/논증/(제시문 분석 · 적용)		배점	출제 영역
교육 개념에 충실한 자유교육의 이상 실현	(교육목적) 자유교육 관점	① 자유교육 [1점]	자유교육	㉠ 학생들을 지식의 형식에 입문시 켜 무지나 편견, 오류로부터 자유 로운 합리적 마음을 계발하고자 하 는 교육(고대 그리스 교육에 근원) ㉡ 교육 개념에 충실한 지식교육을 통해 인지적 안목이나 신념체계를 형성하고 합리적 정신을 발달 → 내재적 목적 추구 ㉢ A 중학교는 외재적 목적 추구(문제 풀이식, 주입식 수업)	4점	교육철학
		② 교육목적 [3점]	㉠ 내재적 목적 ㉡ 내재적 목적의 내용	㉠ 교육의 개념 혹은 교육의 활동 그 자체가 가진 목적을 의미 ㉡ 합리성의 발달, 지식의 형식 추구, 자율성의 신장 등		

	① 백워드 설계 [1점]	백워드 설계	'목표 설정, 평가 계획, 수업활동 계획'의 3단계로 교육과정을 설계하는 것		
(교육과정 설계 방식) 백워드 교육과정 설계	② 특징(3가지) [3점]	㉠ 성취기준 강조 ㉡ 학생의 영속적 이해 강조 ㉢ 구체적인 평가 계획 강조	㉠ 목표 설정 과정에서 교과의 내용 성취기준을 반영하며, 평가 계획을 통해 내용과 관련된 수행 성취기준을 명확히 함 ㉡ 교수·학습에서 학생들에게 기본 개념이나 원리에 대한 매우 높은 수준의 이해와 수행을 요구 ㉢ 학습내용 선정에 앞서 매우 구체적인 평가계획안이 마련되어 있어야 함	4점	교육과정
(학습동기 향상) Keller의 ARCS 모형 (과제 제시 방안)	① Keller의 ARCS 모형 [1점]	Keller의 ARCS 모형	주의집중, 관련성, 자신감, 만족감의 네 요소를 동기유발 요소로 구분하고, 각 요소별 구체적인 교수전략을 제시		
	② ARC(3가지) [3점]	㉠ 시청각 자료를 활용 ㉡ 친밀한 인물이나 사건, 예문 등 활용 ㉢ 쉬운 것에서 어려운 것으로 제시	㉠ 지각적 주의 환기가 일어나 학생들의 호기심과 관심을 유발하고 유지 ㉡ 교수내용을 학생들의 필요나 가치와 관련지어 줌으로써 학생들의 학습동기를 촉진 ㉢ 쉬운 것부터 학습과제를 수행하면 성공에 대한 자신감이 생겨 학습동기가 촉진	4점	교육 심리학
(학습조직 구축 원리) Senge의 학습조직	① 학습조직	학습조직	모든 교사가 교육활동에 능동적으로 참여하여 지식과 정보를 서로 공유하고, 협력적 학습활동을 통해 지속적으로 변화해 가는 조직		
	② 학습조직 구축 원리 (3가지) [3점]	㉠ 개인적 숙련 ㉡ 정신모델 ㉢ 공유 비전	㉠ 개인이 추구하는 지식·기술·태도를 형성하기 위해 개인적 역량을 지속적으로 넓혀가고 심화 ㉡ 주변에서 발생하는 현상들을 이해하는 인식체계. 사고의 틀을 새롭게 하기 위해서는 성찰과 탐구라는 2가지 연습이 요구 ㉢ 조직이 추구하는 방향이 무엇이며, 그것이 왜 중요한지에 대해 모든 구성원들이 공감대를 형성하는 것	4점	교육 행정학

02 모범답안

서론

학교교육이 진정 교육 개념에 충실한 교육적 이상을 실현하기 위해서는 교육활동 전반에 대한 근본적 변화가 요구된다. 학교는 교육 개념에 내재된 교육목적을 정립하고 그에 걸맞은 교육과정과 수업전략을 구안하며 교사 주도의 학습조직을 구축하는 등 혁신적 변화의 노력이 필요하다. 제시문의 워크숍 내용을 토대로 자유교육의 관점에서의 교육목적을 논의한 후, 백워드 설계 방식의 특징과 ARCS 이론에 따른 학습동기 향상 방안, Senge가 제시한 학습조직의 구축 원리를 각각 설명하고자 한다.

본론

A 중학교가 중점을 두고자 하는 교육목적은 자유교육의 이상 실현에 초점을 둔 교육의 내재적 목적이다. 고대 그리스 교육에서 출발한 자유교육은 학생들을 지식의 형식에 입문시켜 편견이나 오류로부터 자유로운 합리적 마음을 계발하고자 하는 교육을 의미한다. 학생들은 각 교과 속에 내재된 다양한 사고방식을 내면화함으로써 인지적 안목이나 신념체계를 형성하고 합리적 정신을 발달시켜 나가게 된다. 이것이야말로 교육 개념에 붙박여 있는 교육의 본질적 가치에 충실한 교육이다. 그러나 A 중학교는 본래의 의도와는 달리 경쟁과 포상에 집착하는 외재적 목적으로 교육의 목적이 왜곡되었으며, 이로 인해 문제 풀이식 수업이나 주입식 수업이 자행되었던 것이다. 따라서 A 중학교가 자유교육의 이상을 실현하려면 교육 개념에 충실한 지식교육, 즉 내재적 목적을 추구하는 데 중점을 두어야 한다. 교육의 내재적 목적은 교육의 개념 혹은 교육의 활동 그 자체가 가진 목적을 의미하므로, A 중학교는 합리성의 발달, 지식의 형식 추구, 자율성의 신장 등을 근본 목적으로 삼아야 한다.

참다운 지식교육이 되려면 교육과정 설계는 학생의 이해력 신장에 초점을 두는 방향이라야 한다. 이런 점에서 A 중학교가 중점을 두는 백워드 교육과정 설계는 중요한 의미를 지닌다. 백워드 설계(backward design)는 '바라는 결과의 확인, 수용 가능한 증거의 결정, 학습경험과 수업의 계획'의 3단계로 교육과정을 설계하는 것을 말하며, 그 특징을 제시하면 다음과 같다. 첫째, 성취기준을 강조한다. 백워드 설계는 목표 설정 과정에서 교과의 내용 성취기준을 반영하며, 평가 계획을 통해 내용과 관련된 수행 성취기준을 명확히 한다. 둘째, 학생의 영속적 이해(enduring understanding)를 강조한다. 영속적 이해란 학습자들이 세부내용을 잊어버린 후에도 머릿속에 남아 있는 큰 개념이나 중요한 이해를 뜻한다. 따라서 학생들에게 기본 개념이나 원리에 대한 매우 높은 수준의 이해와 수행을 요구한다. 셋째, 구체적인 평가 계획을 강조한다. 백워드 설계에서는 학습내용 선정에 앞서 매우 구체적인 평가계획안이 마련되어 있어야 한다. 학교 수준에서 수행 성취기준을 마련하고, 교사는 이를 자세히 분석하여 학년 및 단원 수준에 맞는 구체적인 평가기준을 마련하여야 한다.

학생들이 교과 지식을 내면화하려면 적극적인 학습동기가 무엇보다 요청된다. A 중학교 학생들의 학습동기를 향상하려면 켈러(Keller)의 ARCS 모형에 근거한 과제 제시 방안을 설계할 수 있다. ARCS 모형은 주의집중, 관련성, 자신감, 만족감의 네 요소를 동기유발 요소로 구분하고, 각 요소별 구체적인 교수전략을 제시한다. 이에 근거하여 학습과제 제시 방안 3가지를 설명하면 다음과 같다. 첫째, 시청각 자료를 활용하여 학습과제를 제시한다. 시청각 자료를 활용하면 지각적 주의 환기가 일어나 학생들의 호기심과 관심을 유발하고 유지시킬 수 있다. 둘째, 친밀한 인물이나 사건, 예문 등을 활용하여 학습과제를 제시한다. 친밀한 학습과제는 교수내용을 학생들의 필요나 가치와 관련지어 줌으로써 학생들의 학습동기를 촉진시킨다. 셋째, 학습과제를 쉬운 것에서 어려운 것으로 제시한다. 학생들이 쉬운 것부터 학습과제를 수행하면 성공에 대한 자신감이 생겨 학습동기가 촉진된다.

학교 전체가 교육 개념에 충실한 지식교육을 전개하려면 교사가 그 변화의 주체로서 자발적인 노력을 기울이지 않으면 안 된다. A 중학교가 자발적으로 구축하고자 하는 학습조직이란 피터 센게(Peter Senge)가 제시한 개념으로, 모든 교사가 교육활동에 능동적으로 참여하여 지식과 정보를 서로 공유하고, 협력적 학습활동을 통해 지속적으로 변화해 가는 조직을 말한다. 이 학습조직의 구축 원리에는 개인적 숙련, 정신모형, 공유 비전, 팀 학습, 시스템 사고가 있다. 이 중 3가지를 설명하면 다음과 같다. 첫째, 개인적 숙련은 개인이 추구하는 지식·기술·태도를 형성하기 위해 개인적 역량을 지속적으로 넓혀가고 심화시켜 가는 행위를 의미한다. 둘째, 정신모델은 주변에서 발생하는 현상들을 이해하는 인식체계를 의미한다. 사고의 틀을 새롭게 하기 위해서는 성찰과 탐구라는 2가지 연습이 요구된다. 셋째, 공유 비전은 조직이 추구하는 방향이 무엇이며, 그것이 왜 중요한지에 대해 모든 구성원들이 공감대를 형성하는 것을 말한다. 공유 비전은 지속적인 학습활동을 전개할 수 있는 에너지를 제공한다.

결론

학교교육은 교육 개념에 충실한 지식 교육을 통해 자유교육의 이상을 실현할 수 있어야 한다. 자유교육의 이상을 실현하려면 학교가 무엇보다 교육의 본질적 가치에 중점을 두는 교육목적을 정립하여야 한다. 나아가 학생의 이해를 강조하는 백워드 교육과정 설계 방식을 바탕으로 ARCS 모형에 근거하여 학생의 학습동기를 높여 나가야 한다. 특히 이 일의 성공 여부는 변화의 주체인 교사에게 달려 있는 만큼 학교의 모든 교사는 학습조직을 구축하여 혁신적인 변화를 주도해 나갈 수 있어야 할 것이다.

Plus

논술 예시

1. **본론 1문단**

   A 중학교가 중점을 두고자 하는 교육목적은 자유교육의 이상에 부합한 교육의 내재적 목적이다. 자유교육은 교육 개념에 충실한 지식교육을 통해 합리적 정신을 계발하고자 하는 교육을 의미한다. 자유교육의 관점에서 교육목적을 논하면 다음과 같다. 첫째, 교육의 본질적 가치인 내재적 목적을 추구한다. 교육의 내재적 목적이란 교육의 개념 혹은 교육의 활동 그 자체가 가진 목적을 의미하며, 합리성의 발달, 지식의 형식 추구, 자율성의 신장 등이 그 대표적인 예이다. 둘째, 지식의 형식에 입문하여 지식과 이해, 인지적 안목을 형성한다. 교육은 신념체계를 변화시키는 전인 교육이므로 제시문의 문제 풀이식 수업인 훈련과는 구별되어야 한다. 셋째, 학습자의 의식과 자발성을 방법적 원리로 한다. 교육은 학생들이 내재적 가치를 추구하도록 이끌되 그 과정에서 현재 학생의 흥미를 존중하는 방식이라야 한다. 이 점에서 제시문의 주입식 수업과도 구별된다. 따라서 A 중학교가 자유교육의 이상을 실현하려면 교육의 내재적 목적, 즉 인간의 이해와 자발성에 토대를 두고, 학생들이 여러 교과 속에 함의된 인지적 안목을 형성하면서 합리적 마음을 계발하도록 하는 데 중점을 두어야 할 것이다.

2. **본론 4문단**

   A 중학교가 구축하고자 하는 학습조직은 피터 센게(Peter Senge)가 제시한 학습조직이다. 학습조직이란 모든 교사가 교육활동에 능동적으로 참여하여 지식과 정보를 서로 공유하면서 지속적으로 변화해 가는 조직을 말한다. 학습조직의 구축 원리로 개인적 숙련, 정신 모형, 공유 비전, 팀 학습, 시스템 사고를 제시할 수 있는데, 이 중 3가지를 설명하면 다음과 같다. 첫째, 개인적 숙련은 개인이 추구하는 지식·기술·태도를 형성하기 위해 개인적 역량을 지속적으로 넓혀가고 심화시켜 가는 행위를 의미한다. 둘째, 공유 비전은 조직이 추구하는 방향이 무엇이며, 그것이 왜 중요한지에 대해 모든 구성원들이 공감대를 형성하는 것을 말한다. 셋째, 팀 학습은 구성원들이 팀을 이루어 학습하는 것으로 개인 수준의 학습을 증진시키고 조직학습을 유도한다.

2014학년도(상반기) 중등 교육학 논술

다음은 A고등학교의 최 교사가 작성한 성찰 일지의 일부이다. 일지 내용을 바탕으로 철수의 학교 부적응 행동의 원인을 청소년 비행이론에서 2가지만 선택하여 설명하고, 철수의 학교생활 적응을 향상시키기 위한 상담기법을 2가지 관점(① 행동중심 상담, ② 인간중심 상담)에서 각각 2가지씩만 논하시오. 그리고 최 교사가 수업효과성을 높이기 위하여 선택한 2가지 방안(① 학문중심 교육과정 이론에 근거한 수업전략, ② 장학 활동)에 대하여 각각 논하시오. [20점]

일지 #1 2014년 4월 ○○일 ○요일

우리 반 철수가 의외로 반 아이들과 잘 지내지 못하는 것 같아 마음이 쓰인다. 철수와 1학년 때부터 친하게 지냈다는 학급 회장을 불러서 이야기를 해 보니 그렇지 않아도 철수가 요즘 거칠어 보이는 동네 친구들과 어울려 다니는 모습을 자주 보게 되어 학급 회장도 걱정을 하던 중이라고 했다. 그런 데다 철수가 반 아이들에게 괜히 시비를 걸어 싸움이 나게 되면, 그럴 때마다 아이들이 철수를 문제아라고 하니까 그 말을 들은 철수가 더욱더 아이들과 멀어지고 제멋대로 행동한다고 한다. 오늘도 아이들과 사소한 일로 다투다가 갑자기 소리를 지르고 물건을 던지고는 교실에서 나가 버렸다고 한다. 행동이 좋지 않은 친구들과 몰려다니며 그 아이들의 행동을 따라 해서 철수의 행동이 더 거칠어진 걸까? 1학년 때 담임 선생님 말로는 가정 형편이 그리 넉넉하지 않고 부모님이 철수에게 신경을 쓰지 못함에도 불구하고 행실이 바른 아이였다고 하던데, 철수가 왜 점점 변하는 걸까? 아무래도 중간고사 이후에 진행하려고 했던 개별 상담을 당장 시작해야겠다. 그런데 철수를 어떻게 상담하면 좋을까?

일지 #2 2014년 5월 ○○일 ○요일

중간고사 성적이 나왔는데 영희를 포함하여 몇 명의 점수가 매우 낮아서 답안지를 확인해 보았다. OMR 카드에는 답이 전혀 기입되어 있지 않거나 한 번호에만 일괄 기입되어 있었다. 아이들이 시험 자체를 무성의하게 본 것이다. 점심시간에 그 아이들을 불러 이야기를 해 보니 학교에서 배우는 내용이 대학 진학을 하지 않고 취업할 본인들에게는 전혀 쓸모없이 느껴진다고 했다. 특히 오늘 내 수업 시간에 휴대전화만 보고 있어서 주의를 받았던 영희의 말이 아직도 귀에 생생하다. "저는 애견 미용사가 되려고 하는데, 생물학적 지식 같은 걸 배워서 뭐 해요? 내신 관리를 해야 하는 아이들조차 어디 써먹을지도 모르는 개념을 외우기만 하려니까 지겹다고 하던데, 저는 얼마나 더 지겹겠어요."라고 말하는 것이었다. 학교에서 배우는 기초 지식이나 원리가 직업 활동의 근간이 되기도 한다는 것을 어떻게 아이들이 깨닫게 할 수 있을까? 내가 일일이 다 설명해 주지 않아도 아이들이 스스로 교과의 기본 원리를 찾을 수 있게 하려면 어떤 종류의 과제와 활동이 좋을까? 이런 생각들로 머릿속이 복잡하던 중에, 오후에 있었던 교과협의회에서 수업 전문성 개발을 위한 장학 활동을 몇 가지 소개받았다. 이제 내 수업에 대해 차근차근 점검해 봐야겠다.

──────── 배 점 ────────

- **답안의 논리적 구성 및 표현 [총 5점]**
- **논술의 내용 [총 15점]**
  - 청소년 비행이론 관점에서의 설명 [3점]
  - 행동중심 상담 관점에서의 기법 논의 [3점]
  - 인간중심 상담 관점에서의 기법 논의 [3점]
  - 학문중심 교육과정 이론에 근거한 수업전략 논의 [3점]
  - 교사 전문성 개발을 위한 장학 활동 논의 [3점]

01 논제 파악

1 도해조직자(graphic organizer)

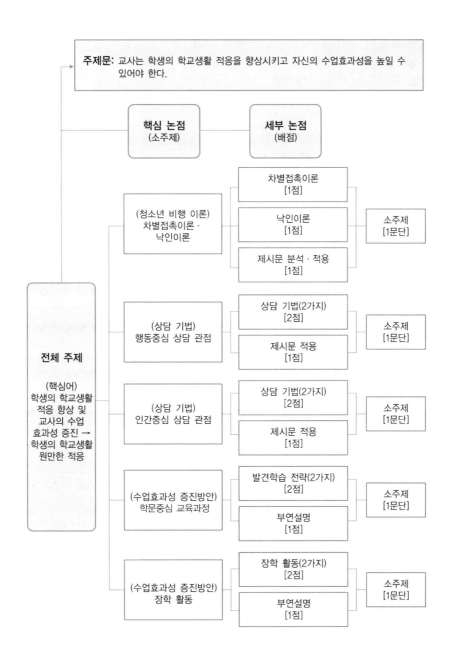

2 배점 분석('내용' 영역)

┌─────────────────────────────────── 배 점 ───────────────────────────────────┐

- **논술의 구성 요소 [총 15점]**
  - 청소년 비행이론 관점에서의 설명 [3점]
    ⇨ 차별접촉이론과 낙인이론 설명(2점), 제시문 분석·적용(1점)
  - 행동중심 상담 관점에서의 기법 논의 [3점]
    ⇨ 상담기법 2가지(2점), 제시문 적용(1점)
  - 인간중심 상담 관점에서의 기법 논의 [3점]
    ⇨ 상담기법 2가지(2점), 제시문 적용(1점)
  - 학문중심 교육과정 이론에 근거한 수업전략 논의 [3점]
    ⇨ 발견학습 전략 2가지(2점) 및 부연설명(1점)
  - 교사 전문성 개발을 위한 장학 활동 논의 [3점]
    ⇨ 장학 활동 2가지(2점) 및 부연설명(1점)

└──┘

3 답안 구상

주제문 교사는 학생의 학교생활 적응을 향상시키고 자신의 수업효과성을 높일 수 있어야 한다.

전체 주제 (대주제)	핵심 논점 (소주제)	세부 논점 (배점)	중심 내용 + 설명/논증/(제시문 분석·적용)		배점	출제 영역
학생의 학교생활 적응 향상 및 교사의 수업효과성 증진 → 학생의 학교생활 원만한 적응	(청소년 비행이론) 차별접촉이론· 낙인이론	① 차별접촉이론 [1점]	차별접촉이론	청소년 비행은 친밀한 집단 내에서 사회적 상호작용이나 모방을 통해 학습	3점	교육 사회학
		② 제시문 분석·적용 [1점]	철수는 거칠어 보이는 동네 친구들과 어울려 다니면서 그 아이들의 행동을 모방 → 철수의 학교 부적응 행동의 원인: 비행집단을 자주 접하면서 그들의 거친 행동을 학습한 데 있다.			
		③ 낙인이론 [1점]	낙인이론	타인이 자기 자신을 우연히 비행자로 낙인 → 비행이 발생		
		④ 제시문 분석·적용	철수도 단순한 시비로 발생한 싸움에서 친구들이 자기를 문제로 낙인찍음으로써 더욱더 제멋대로 행동 → 철수의 학교 부적응 행동은 친구들의 낙인에 의해 더욱 의식화·상습화되었던 것			
	(상담기법) 행동중심 상담 관점	상담기법(2가지) 및 제시문 적용 [3점]	㉠ 행동계약	㉠ 어떤 행동을 하느냐에 따라 그에 대한 대가로 제공되는 강화인과 벌인에 관한 협약 맺고, 그 협약에 따라 자극 제공하면서 행동 수정 ㉡ 철수와의 협의를 통해 목표행동과 계약조건 등을 계약서로 만들어 철수의 바람직한 행동을 증강	3점	생활 지도와 상담

		ⓛ 상반행동강화	㉠ 문제가 되는 행동과 반대되는 바람직한 행동 찾아 강화하는 방법 ㉡ 철수가 상반되는 행동, 즉 친구와 사이좋게 지내는 행동이나 잘 어울리는 행동 등이 있을 때마다 칭찬		
(상담기법) 인간중심 상담 관점	상담기법(2가지) 및 제시문 적용 [3점]	㉠ 무조건적인 긍정적 존중	㉠ 상담자가 내담자의 감정이나 행동특성들을 있는 그대로 수용, 내담자를 소중히 여기고 존중하는 태도 ㉡ 최 교사는 철수를 문제아로 평가 ×, 철수의 문제행동과 억눌린 감정을 있는 그대로 수용	3점	생활 지도와 상담
		㉡ 공감적 이해	㉠ 상담자가 내담자의 입장에서 마치 내담자인 것처럼 듣고 이해하는 것 ㉡ 최 교사는 철수가 문제행동을 하며 느끼는 감정이나 그가 겪은 경험을 철수의 입장에서 느끼고 공감함 → 문제를 스스로 해결할 수 있도록 함		
(수업효과성 증진방안) 학문중심 교육과정	발견학습 전략 (2가지) [3점]	㉠ 나선형 교육과정 ㉡ 스스로 탐구	㉠ 나선형 교육과정에 따라 학습과제 조직, 기본개념과 원리가 내재된 탐구자료를 과제로 제시 ㉡ 학생 스스로 탐구하여 교과의 기본개념과 원리를 발견할 수 있도록 적절한 단서를 제공하면서 안내	3점	교육과정 (교육방법)
(수업효과성 증진방안) 장학 활동	장학 활동(2가지) [3점]	㉠ 임상장학 ㉡ 동료장학	㉠ 장학담당자와 교사가 일대일 관계 속에서 교사의 수업지도 문제 해결, 수업기술 향상 목적으로 실시 → 최 교사는 자신의 요청으로 장학담당자와 계획협의회, 수업관찰, 피드백협의회를 거쳐 자신의 수업을 향상 ㉡ 동료와 서로 협력하여 서로의 수업을 관찰하고 상호 조언하는 장학 → 최 교사는 공통의 관심사를 갖고 있는 동료교사와 상호 간에 수업을 관찰·분석·피드백 → 수업활동 개선	3점	교육 행정학

02 모범답안

서론

학생이 학교생활에 원만히 적응하도록 하기 위해서는 학생의 학교생활 적응을 향상시키고 교사의 수업효과성을 높이는 것이 중요하다. 교사는 학생이 학교생활에 부적응할 경우 그 원인을 파악한 후 적절한 상담을 실시하고, 수업효과성을 높이기 위한 방안을 마련하여야 한다. 제시문의 성찰 일지를 토대로 철수의 학교 부적응 행동의 원인을 차별접촉이론과 낙인이론에 근거하여 설명한 후, 철수의 학교생활 적응을 향상시키기 위한 상담기법과 최 교사가 선택한 발견학습 전략 및 장학 활동을 각각 논하고자 한다.

본론

철수의 학교 부적응 행동의 원인은 차별접촉이론과 낙인이론으로 설명할 수 있다. 첫째, 차별접촉이론에 의하면 청소년 비행은 친밀한 집단 내에서 사회적 상호작용이나 모방을 통해 학습된다고 설명한다. 철수는 거칠어 보이는 동네 친구들과 어울려 다니면서 그 아이들의 행동을 자연스럽게 모방하였다. 따라서 철수의 학교 부적응 행동의 원인은 비행집단을 자주 접하면서 그들의 거친 행동을 학습한 데에 있다. 둘째, 낙인이론에 의하면 타인이 자기 자신을 우연히 비행자로 낙인(labeling)찍었기 때문에 자기의 지위를 비행자로 규정하고 의식적·상습적으로 비행을 저지른다고 설명한다. 철수도 단순한 시비로 발생한 싸움에서 친구들이 자기를 문제아로 낙인찍음으로써 더욱더 제멋대로 행동한 것으로 보인다. 이처럼 철수의 학교 부적응 행동은 친구들의 낙인에 의해 더욱 의식화·상습화되었던 것이다.

철수가 학교생활에 보다 잘 적응하도록 도우려면 행동중심 상담과 인간중심 상담에서의 상담기법이 요구된다. 먼저, 행동중심 상담은 행동수정기법을 이용하여 인간의 행동을 교정하는 상담이론으로, 행동주의 심리학에 기초한다. 철수에게 적용 가능한 행동중심 상담기법은 다음과 같다. 첫째, 행동계약이다. 행동계약은 어떤 행동을 하느냐에 따라 그에 대한 대가로 제공되는 강화인과 벌인에 관한 협약을 맺고, 그 협약에 따라 자극을 제공하면서 행동을 수정하는 기법이다. 철수와의 협의를 통해 목표행동과 계약조건 등을 계약서로 만들어 철수의 바람직한 행동을 증강시킬 수 있다. 둘째, 상반행동강화이다. 이는 문제가 되는 행동과 반대되는 바람직한 행동을 찾아 강화하는 방법으로, 문제행동을 감소시키는 기법이다. 철수가 친구와 다투고 제멋대로 하는 행동과 상반되는 행동, 즉 친구와 사이좋게 지내는 행동이나 잘 어울리는 행동 등이 있을 때마다 칭찬을 해 주도록 한다.

인간중심 상담은 내담자가 스스로 자신의 문제를 직접 해결하도록 돕는 상담이론이다. 인간은 스스로 성장할 수 있는 잠재능력이 있다는 가정에 기초한 것이다. 인간중심 상담의 관점에서 철수에게 적용 가능한 상담기법은 다음과 같다. 첫째, 무조건적인 긍정적 존중이다. 이는 상담자가 내담자의 감정이나 행동특성들을 있는 그대로 수용하며 내담자를 소중히 여기고 존중하는 태도를 말한다. 따라서 최 교사는 철수를 문제아로 평가할 것이 아니라, 철수의 문제행동과 억눌린 감정을 있는 그대로 수용하며 하나의 인격체로 받아들이도록 한다. 둘째, 공감적 이해이다. 이것은 상담자가 내담자의 입장에서 마치 내담자인 것처럼 듣고 이해하는 것을 말한다. 따라서 최 교사는 철수가 문제행동을 하며 느끼는 감정이나 그가 겪은 경험을 철수의 입장에서 느끼고 공감함으로써 철수가 문제를 스스로 해결할 수 있도록 한다.

최 교사가 수업효과성을 높이기 위해 선택한 수업전략은 학문중심 교육과정 이론에 근거한 발견학습이다. 최 교사는 교과의 기본 원리를 학생들 스스로 찾도록 수업전략을 구상하고 있기 때문이다. 이처럼 발견학습은 교사의 지시를 최소화하고 학습과제의 최종적 형태를 학습자 스스로 찾아내게 하는 방법을 의미한다. 최 교사가 지향해야 할 발견학습의 수업전략을 제시하면 다음과 같다. 첫째, 나선형 교육과정에 따라 학습과제를 조직하고, 지식의 구조인 교과의 기본개념과 원리가 내재된 탐구자료를 과제로 제시한다. 지식의 구조는 학생의 발달단계에 따라 작동적·영상적·상징적 표현으로 그 표현방식을 달리할 수 있다. 둘째, 학생 스스로 탐구하여 교과의 기본개념과 원리를 발견할 수 있도록 적절한 단서를 제공하면서 안내한다. 이를 통해 예컨대, 생물학적 원리를 알면 그러한 원리가 반영된 직업 기술들은 따로 배우지 않아도 쉽게 이해할 수 있음을 깨닫도록 지도할 수 있다.

최 교사가 수업 전문성을 개발하기 위해 활용할 수 있는 장학 활동은 다음과 같다. 첫째, 임상장학이다. 임상장학은 장학담당자와 교사가 일대일 관계 속에서 교사의 수업지도 문제를 해결하고 수업기술을 향상할 목적으로 실시하는 장학이다. 임상장학은 교사의 필요와 요청에 의해 이루어진다는 점에서 민주적·교사 중심적 장학이라 할 수 있다. 최 교사는 자신의 요청으로 장학담당자와 수업현장에서 계획협의회, 수업관찰, 피드백협의회를 거쳐 자신의 수업을 향상시킬 수 있다. 둘째, 동료장학이다. 동료장학은 동료와 서로 협력하여 서로의 수업을 관찰하고 상호 조언하는 장학이다. 최 교사는 공통의 관심사를 갖고 있는 동료교사와 상호 간에 수업을 관찰·분석·피드백하여 수업활동을 개선할 수 있다. 셋째, 자기장학이다. 자기장학은 교사 혼자서 스스로 계획을 세우고 실천하는 장학이다. 최 교사는 자신의 수업을 녹음하거나 녹화하여 분석·평가할 수 있고, 자기 수업에 대한 학생의 의견을 듣거나 문헌연구 등을 통해 수업 전문성을 높여 나갈 수 있다.

결론

교사는 학생의 학교생활 적응을 향상시키고 자신의 수업효과성을 높일 수 있어야 한다. 학생이 학교생활에 부적응할 경우 청소년 비행이론에 근거하여 그 원인을 분석하고, 적절한 상담기법을 활용하여 문제를 해결할 수 있어야 한다. 나아가 수업의 실천자인 교사는 학생이 수업에 흥미를 갖고 적극 참여할 수 있도록 교과의 기본 개념과 원리를 탐구하도록 안내하면서, 여러 가지 장학 방법을 활용하여 자신의 수업 전문성을 끊임없이 개발해 나가야 할 것이다.

다음은 A 중학교 초임교사인 박 교사와 경력 교사인 최 교사의 대화 내용이다. 다음 대화문을 바탕으로 학생들이 수업에서 소극적으로 행동하는 문제를 2가지 관점(① 잠재적 교육과정, ② 문화실조)에서 진단하고, 수업에 소극적인 학생들의 학습동기를 유발하기 위한 방안을 3가지 측면(① 협동학습 실행, ② 형성평가 활용, ③ 교사지도성 행동)에서 각각 2가지 씩만 논하시오. [20점]

박 교사: 선생님께서는 교직 생활을 오래 하셨으니 학교의 일상적인 업무뿐만 아니라 가르치는 일에서도 큰 어려움이 없으시죠? 저는 새내기 교사라 그런지 아직 수업이 힘들고 학교 일도 낯섭니다.

최 교사: 저도 처음에는 선생님과 마찬가지로 교직 생활이 힘들었지요. 특히 수업 시간에 반응을 잘 보이지 않으면서 목석처럼 앉아 있는 학생이 있을 때는 어떻게 해야 할지 모르겠더군요.

박 교사: 네, 맞아요. 어떤 학급에서는 제가 열심히 수업을 해도, 또 학생들에게 질문을 던져도 몇몇은 그냥 고개를 숙인 채 조용히 있습니다. 심지어 어떤 학생은 수업 시간에 아예 침묵으로 일관하기도 하고, 저와 눈도 마주치지 않으려고 해요. 또한 가정환경이 좋지 않은 몇몇 학생은 다양한 문화적 경험을 가질 기회가 상대적으로 부족해서 그런지 수업에 관심도 적고 적극적으로 참여하지도 않는 것 같아요.

최 교사: 선생님의 고충은 충분히 공감해요. 그렇다고 해서 수업 시간에 학생들을 그대로 방치해서는 안 됩니다. 교육적으로 바람직하지 않아요.

박 교사: 그럼 수업에 소극적인 학생들을 적극적으로 참여시킬 수 있는 동기유발 방안을 고민해 보아야겠네요. 이를테면 수업 방법 차원에서 학생들끼리 서로 도와 가며 학습하는 형태로 수업을 진행하면 어떨까요?

최 교사: 그거 좋은 생각이네요. 다만 학생들끼리 함께 학습을 하도록 할 때는 무엇보다 서로 도와주고 의존하도록 하는 구조가 중요하다는 점을 유의해야겠지요. 그러한 구조가 없는 경우에는 수업활동에 열심히 참여하지 않는 학생들이 많아진다는 문제가 발생할 수 있어요.

박 교사: 아, 그렇군요. 그런데 선생님, 요즘 저는 수업방법뿐만 아니라 평가에서도 고민거리가 있어요. 저는 학기 중에 수시로 학업성취 결과를 점수로 학생들에게 알려 주고 있는데요. 이렇게 했을 때 성적이 좋은 몇몇 학생들을 제외하고는 나머지 학생들은 자신의 성적을 보고 실망하는 것 같아요.

최 교사: 글쎄요, 평가결과를 선생님처럼 그렇게 제시할 수도 있겠죠. 하지만 학습동기를 유발하기 위해서는 평가를 어떻게 활용하느냐가 중요해요.

박 교사: 그렇군요. 그런데 제가 보기에는 학생들의 수업 참여 정도가 교사의 지도성에 따라서도 다른 것 같아요.

최 교사: 그렇죠. 교사의 지도성 행동에 따라 달라질 수 있죠. 그래서 교사는 지도자로서 학급과 학생의 상황을 고려하여 학생들의 학습동기를 불러일으킬 수 있는 지도성을 발휘해야겠지요.

박 교사: 선생님과 대화를 하다 보니 교사로서 더 고민하고 노력해야겠다는 생각이 듭니다.

최 교사: 그래요, 선생님은 열정이 많으니 잘하실 거예요.

─── 배 점 ───

• 답안의 논리적 구성 및 표현 [총 5점]

• 논술의 내용 [총 15점]
 ─ 잠재적 교육과정 관점에서의 진단 [3점]
 ─ 문화실조 관점에서의 진단 [3점]
 ─ 협동학습 실행 측면, 형성평가 활용 측면, 교사지도성 행동 측면에서의 동기유발 방안 논의 [9점]

01) 논제 파악

1 도해조직자(graphic organizer)

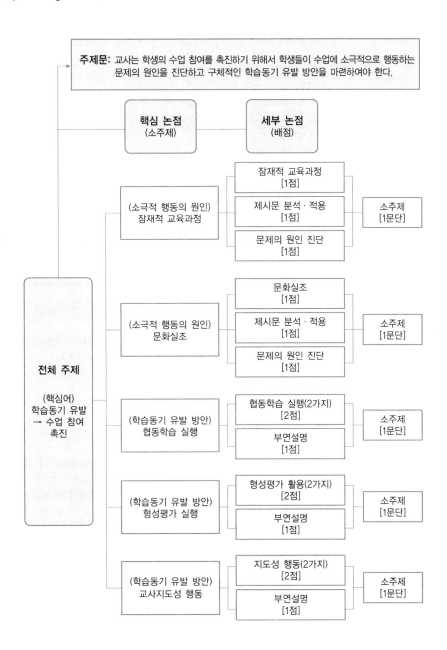

주제문: 교사는 학생의 수업 참여를 촉진하기 위해서 학생들이 수업에 소극적으로 행동하는 문제의 원인을 진단하고 구체적인 학습동기 유발 방안을 마련하여야 한다.

핵심 논점 (소주제) → **세부 논점** (배점)

전체 주제

(핵심어) 학습동기 유발 → 수업 참여 촉진

- (소극적 행동의 원인) 잠재적 교육과정
  - 잠재적 교육과정 [1점]
  - 제시문 분석·적용 [1점]
  - 문제의 원인 진단 [1점]
  - 소주제 [1문단]

- (소극적 행동의 원인) 문화실조
  - 문화실조 [1점]
  - 제시문 분석·적용 [1점]
  - 문제의 원인 진단 [1점]
  - 소주제 [1문단]

- (학습동기 유발 방안) 협동학습 실행
  - 협동학습 실행(2가지) [2점]
  - 부연설명 [1점]
  - 소주제 [1문단]

- (학습동기 유발 방안) 형성평가 실행
  - 형성평가 활용(2가지) [2점]
  - 부연설명 [1점]
  - 소주제 [1문단]

- (학습동기 유발 방안) 교사지도성 행동
  - 지도성 행동(2가지) [2점]
  - 부연설명 [1점]
  - 소주제 [1문단]

2 배점 분석('내용' 영역)

┌─── 배 점 ───┐
- 논술의 내용 [총 15점]
  - 잠재적 교육과정 관점에서의 진단 [3점]
    ⇨ 잠재적 교육과정(1점), 제시문 분석·적용(1점), 잠재적 교육과정에 따를 때 수업에 소극적 행동의 원인(1점)
  - 문화실조 관점에서의 진단 [3점]
    ⇨ 문화실조(1점), 제시문 분석·적용(1점), 문화실조에 따를 때 수업에 소극적인 행동의 원인(1점)
  - 동기유발 방안(협동학습 실행 측면, 형성평가 활용 측면, 교사지도성 행동 측면) 각각 2가지 논의 [9점]
    ⇨ 협동학습 실행 측면 2가지(2점) 및 부연설명(1점), 형성평가 활용 측면 2가지(2점) 및 부연설명(1점), 교사지도성(상황적 지도성) 행동 측면 2가지(2점) 및 부연설명(1점)
└──┘

3 답안 구상

주제문 교사는 학생의 수업 참여를 촉진하기 위해서 학생들이 수업에 소극적으로 행동하는 문제의 원인을 진단하고 구체적인 학습동기유발 방안을 마련하여야 한다.

전체 주제 (대주제)	핵심 논점 (소주제)	세부 논점 (배점)	중심 내용 + 설명/논증/(제시문 분석·적용)		배점	출제 영역
학습동기 유발 → 수업 참여 촉진	(소극적 행동 문제 원인) 잠재적 교육과정	① 잠재적 교육과정 [1점]	잠재적 교육과정	학교에서 의도하지 않았으나 학생들이 은연중에 배우게 되는 모든 경험	3점	교육과정
		② 제시문 분석·적용 [1점]	학생들이 수업 시간에 침묵하거나 교사의 눈을 피하는 행위 등은 공식적 교육과정에서 의도한 것 ×. 따라서 수업에 소극적인 학생의 행동은 잠재적 교육과정에 의해 학습된 것			
		③ 문제의 원인 진단 [1점]	㉠ 군집성 ㉡ 평가 ㉢ 권력관계	㉠ 다른 환경의 학생들이 학교에서 함께 생활하며 서로 어울리는 법을 배움 → 소극적 태도 학습 ㉡ 학생들은 상호 간에 또는 교사에게 여러 가지 평가를 받으며 생활 → 소극적 행동 학습 ㉢ 학생들은 학교 적응을 위해 교사의 권위에 적응하는 것을 배움 → 소극적 태도 학습		

	① 문화실조 [1점]	문화실조	학교학습에 필요한 문화적 경험 부족과 그로 인한 인지능력, 언어능력의 결손에서 학업성취의 격차가 발생		
(소극적 행동 문제 원인) 문화실조	② 제시문 분석·적용 [1점]	가정환경이 좋지 않은 일부 학생들은 수업에 관심이 적고 적극적으로 참여하지 × → 수업 내용과 관련된 다양한 문화적 경험 ×			
	③ 문제의 원인 진단 [1점]	㉠ 부모의 기대 수준 낮음 ㉡ 학생의 언어 능력 부족	㉠ 가정환경이 열악한 가정의 부모는 자녀에게 투자하는 시간과 노력이 적고 자녀의 학업에 무관심 → 학생들 또한 수업에 관심이 적고 소극적일 수밖에 없다. ㉡ 교과내용은 논리적이며 분석적 언어, 교사는 세련된 어법 사용. 그런데 가정환경이 좋지 않은 학생들은 문화 경험의 결핍과 언어 능력의 부족으로 인해 교과내용이나 교사의 언어를 이해하기 어려워한다. → 자연스레 수업에 소극적일 수밖에 없다.	3점	교육 사회학
(학습동기 유발 방안) 협동학습 실행	협동학습 실행 (2가지) [3점]	㉠ 과제를 분담하여 팀의 응집성을 강화 ㉡ 집단보상을 실시하여 협력적 상호작용을 촉진	㉠ 직소(Jigsaw) 모형이나 집단조사(GI)와 같이 학습과제를 세분화하여 집단구성원들에게 한 부분씩 할당 ㉡ 직소(Jigsaw)II 모형이나 성취과제분담(STAD) 모형과 같이 개인점수뿐만 아니라 개인별 향상점수에 토대한 집단보상을 추가	3점	교육방법 및 교육공학
(학습동기 유발 방안) 형성평가 활용	형성평가 활용 (2가지) [3점]	㉠ 수시로 형성평가 실시 ㉡ 적절한 피드백 제공	㉠ 학생의 능력이 향상되고 있음을 확인하도록 하면 학생의 유능감이 향상되어 학습동기를 유발 ㉡ 학생의 오류를 분명히 밝혀주고 그 오류를 교정할 수 있도록 구체적인 피드백을 제공	3점	교육평가
(학습동기 유발 방안) 교사지도성 행동	교사지도성 행동 (2가지) [3점]	㉠ 지시형 ㉡ 지원형	㉠ 학생의 학습능력과 학습동기가 모두 낮을 경우, 높은 과업 행위와 낮은 관계성 행위를 발휘 ㉡ 학생의 학습능력은 적절하지만 학습동기가 낮을 경우, 과업 행위는 낮추고 관계성 행위는 높여야 함	3점	교육 행정학

02 모범답안

서론

최근 학교현장에서는 수업에 소극적인 학생이 증가하고 있어 우려의 목소리가 높다. 교사는 학생이 수업에 소극적일 경우 그 문제의 원인을 진단하고 구체적인 학습동기유발 방안을 마련할 수 있어야 한다. 제시문의 대화 내용을 토대로 학생들이 수업에서 소극적으로 행동하는 문제를 잠재적 교육과정과 문화실조의 관점에서 진단하고, 수업에 소극적인 학생들의 학습동기유발 방안을 협동학습 실행, 형성평가 활용, 교사지도성 행동의 측면에서 논하고자 한다.

본론

잠재적 교육과정은 학교에서 의도하지 않았으나 학생들이 은연중에 배우게 되는 모든 경험을 의미한다. 제시문의 학생들이 수업 시간에 침묵하거나 교사와 눈을 마주치지 않으려는 것 등은 잠재적 교육과정에 의해 학습된 것으로 볼 수 있다. 학생의 이러한 소극적 행동이 잠재적 교육과정에 의해 학습되는 요인은 군집성, 평가, 권력관계로 설명할 수 있다. 첫째, 군집성이다. 서로 다른 환경의 학생들이 학교에 함께 생활하면서 서로 어울리는 법을 배우는데, 집단 안에서 묵묵히 참는 것을 배움으로써 수업에 소극적인 태도를 학습한다. 둘째, 평가이다. 학생들은 상호 간에 또는 교사에게 여러 가지 평가를 받으며 생활한다. 학생들이 교사나 동료에게 부정적인 평가를 받으며 생활할 경우 소극적인 행동을 학습한다. 셋째, 권력관계이다. 학생들은 학교 적응을 위해 교사의 권위에 적응하는 것을 배우는데, 학생들은 교사의 권위에 순응하면서 소극적인 태도를 학습한다.

특히 가정환경이 좋지 않은 학생들은 문화실조로 인해 수업에 소극적이게 된다. 문화실조론에서는 학교학습에 필요한 문화적 경험 부족과 그로 인한 인지능력, 언어능력의 결손에서 학업성취의 격차가 발생한다고 본다. 제시문에서 가정환경이 좋지 않은 일부 학생이 수업에 관심이 적고 소극적인 태도를 보이는 이유도 학교교육의 핵심을 이루는 문화를 배우지 못했기 때문이다. 이들에게 문화적 실조가 나타난 이유를 구체적으로 분석하면 다음과 같다. 첫째, 부모의 기대 수준이 낮다. 가정환경이 열악한 가정의 부모는 자녀에게 투자하는 시간과 노력이 적고 자녀의 학업에 무관심하다. 그렇기 때문에 학생들 또한 수업에 관심이 적고 소극적일 수밖에 없다. 둘째, 학생의 언어 능력이 부족하다. 교과내용은 논리적이며 분석적 언어로 쓰여 있고, 교사는 세련된 어법을 사용한다. 그런데 가정환경이 좋지 않은 학생들은 문화 경험의 결핍과 언어 능력의 부족으로 인해 교과내용이나 교사의 언어를 이해하기 어려워한다. 따라서 이들은 자연스레 수업에 소극적일 수밖에 없다.

　수업에 소극적인 학생들의 학습동기를 유발하기 위해서는 협동학습과 형성평가, 교사지도성의 측면에서 구체적인 방안이 강구되어야 한다. 먼저, 협동학습의 측면이다. 협동학습은 이질집단의 구성원들이 동일한 학습목표를 달성하고자 공동으로 활동하는 수업방법을 의미한다. 제시문과 같이 구성원들 사이에 서로 도와주는 의존적 구조로 협동학습이 이루어지려면 다음과 같은 방안이 필요하다. 첫째, 과제를 분담하여 팀의 응집성을 강화시킨다. 직소(Jigsaw) 모형이나 집단조사(GI)와 같이 학습과제를 세분화하여 집단구성원들에게 한 부분씩 할당하면 전체 과제의 해결을 위해서 구성원들은 상호 의존하며 협동한다. 둘째, 집단보상을 실시하여 협력적 상호작용을 촉진시킨다. 직소(Jigsaw)Ⅱ 모형이나 성취과제분담(STAD) 모형과 같이 개인점수뿐만 아니라 개인별 향상점수에 토대한 집단보상을 추가할 경우 모든 구성원들이 자기 집단을 위해 공헌할 수 있다는 자신감을 갖게 된다.

　형성평가는 교수·학습 중에 실시하는 평가로, 학습의 진전 상황에 대한 정보를 수집·분석하여 수업 및 학습을 개선할 목적으로 실시하는 평가를 의미한다. 수업에 소극적인 학생들의 학습동기를 유발하기 위한 형성평가의 활용 방안을 제시하면 다음과 같다. 첫째, 준거지향평가를 실시한다. 준거지향평가를 통해 학생의 목표달성 정도나 학습결손 지점을 정확히 확인하고 목표수준을 성취하도록 함으로써 학습동기를 유발할 수 있다. 둘째, 적절한 피드백을 제공한다. 학생의 오류를 분명히 밝혀주고 그 오류를 교정할 수 있도록 구체적인 피드백을 제공하면 학생의 학습활동을 강화하고 촉진하게 되므로 학습동기를 증진시킬 수 있다.

　허시와 블랜차드(Hersey & Blanchard)는 '구성원의 성숙도', 즉 능력과 동기 수준에 따라 지도성 행동을 달리해야 한다고 한다. 이에 근거하여, 지도성 행동 측면에서 동기유발 방안을 제시하면 다음과 같다. 첫째, 학생의 학습능력과 학습동기가 모두 낮을 경우 지시형의 지도성이 효과적이다. 즉, 일방적인 과업설명이 요구되는 상황이어서 높은 과업 행위와 낮은 관계성 행위를 발휘해야 한다. 따라서 박 교사는 학생의 학습에 초점을 맞추어 학습방법과 전략을 하나씩 설명해 주는 것이 효과적이다. 둘째, 학생이 적절한 학습능력을 갖추었으나 학습동기가 낮을 경우 지원형의 지도성이 효과적이다. 즉, 과업중심의 일방적 지시는 낮추고 동기를 높여줄 수 있는 높은 관계성 행위가 요구된다. 따라서 박 교사는 학생과의 쌍방향 의사소통을 통해 서로 의견을 교환하고 학생의 자발적인 학습을 조장해야 한다.

결론

　교사는 학생들이 수업에 소극적으로 행동하는 문제의 원인을 진단하고 구체적인 학습동기유발 방안을 마련할 수 있어야 한다. 학생이 수업에 소극적인 이유는 잠재적 교육과정에 의해 학습되거나 다양한 문화적 경험을 가지지 못했기 때문이다. 교사가 학생의 학습동기를 유발하기 위해서는 과제분담이나 집단보상에 토대를 둔 협동학습을 실행하거나 형성평가를 적절히 시행할 수 있어야 한다. 특히 한 학급의 지도자로서 교사는 학급과 학생의 상황을 고려하여 상황적 지도성을 유감없이 발휘해 나갈 수 있어야 할 것이다.

다음은 박 교사가 담당학급의 쌍둥이 남매인 철수와 영희의 어머니와 상담을 실시한 사례이다. 박 교사가 ㉠에서 말했을 법한 영희의 IQ에 대한 올바른 해석에 기반을 두고 영희의 문제를 해결하고자 할 때, '기대×가치이론'과 Maslow의 '욕구위계이론'을 각각 활용하여 영희가 학습동기를 잃게 된 원인과 그 해결방안을 논하시오. [20점]

어 머 니: 선생님, 얼마 전에 외부 상담기관에서 받은 철수와 영희의 지능검사 결과에 대해 상의하고 싶어서 왔어요. 철수는 IQ가 130이라고 나왔는데 자기가 생각한 것보다 IQ가 높지 않다며 시무룩해 있네요. 영희는 IQ가 99로 나왔는데 자신의 IQ가 두 자리라고 속상해하고, 심지어 초등학교 때부터 늘 가지고 있던 간호사의 꿈을 포기한다면서 그동안 학교 공부는 철수보다 오히려 성실했던 아이가 더 이상 공부도 안 하려고 해요.

박 교사: 그런 일이 있었는지 몰랐습니다. 사실 IQ의 의미에 대한 자세한 설명 없이 검사 점수만 알려주게 되면 지금 철수나 영희처럼 IQ의 의미를 오해하는 경우가 많습니다. 아이들은 물론이고 일반 어른들도 IQ의 개념을 정확히 이해하기는 좀 어렵거든요.

어 머 니: 선생님, 그러면 아이들에게 어떻게 이야기해 주어야 할까요? 영희의 IQ가 두 자리라면 문제가 있는 건가요?

박 교사: 10부터 99까지가 다 두 자리인데, IQ가 두 자리라고 무조건 문제가 있는 것은 아닙니다.

어 머 니: 그럼, 영희의 IQ는 대체 어느 정도인가요?

박 교사: _____㉠_____

어 머 니: 아, 그렇군요. 더 높았으면 당연히 좋겠지만 그렇게 실망할 일은 아니네요. 그럼, 철수의 IQ는 어떤가요?

박 교사: 철수의 IQ 130은 철수의 지능검사 점수가 자기 또래 학생들 중에서 상위 2% 정도에 해당한다는 것을 말해 줍니다. 따라서 철수가 매우 높은 수준의 지능을 가지고 있다는 것을 알 수 있습니다. 철수가 시무룩해 할 이유가 전혀 없는 것이죠.

어 머 니: 그렇군요. 하여튼 요즘 영희 때문에 걱정인데, 수업 시간에는 잘하고 있나요? 선생님이 보시기에는 어떤가요?

박 교사: 사실 영희의 경우에는 학습에 더 신경을 써야 할 것으로 보입니다. 그저께 실시했던 중간고사를 채점하는 중인데, 영희의 성적이 많이 떨어졌더라고요. 오늘 어머님의 말씀을 듣고 보니 그 이유를 알겠네요.

───── 배 점 ─────

• 논술의 체계 [총 5점]

• 논술의 내용 [총 15점]
 ─ IQ의 해석 [3점]
 ─ 기대×가치이론에 따른 원인 및 해결방안 [6점]
 ─ 욕구위계이론에 따른 원인 및 해결방안 [6점]

01) 논제 파악

1 도해조직자(graphic organizer)

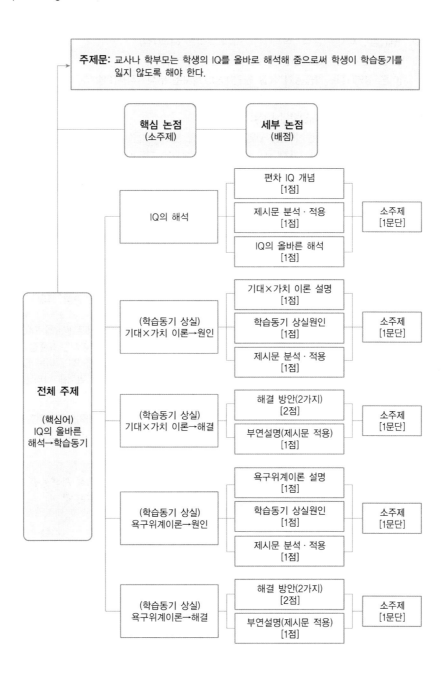

주제문: 교사나 학부모는 학생의 IQ를 올바로 해석해 줌으로써 학생이 학습동기를 잃지 않도록 해야 한다.

핵심 논점 (소주제)	세부 논점 (배점)	
IQ의 해석	편차 IQ 개념 [1점]	
	제시문 분석·적용 [1점]	소주제 [1문단]
	IQ의 올바른 해석 [1점]	
(학습동기 상실) 기대×가치 이론→원인	기대×가치 이론 설명 [1점]	
	학습동기 상실원인 [1점]	소주제 [1문단]
	제시문 분석·적용 [1점]	
(학습동기 상실) 기대×가치 이론→해결	해결 방안(2가지) [2점]	소주제 [1문단]
	부연설명(제시문 적용) [1점]	
(학습동기 상실) 욕구위계이론→원인	욕구위계이론 설명 [1점]	
	학습동기 상실원인 [1점]	소주제 [1문단]
	제시문 분석·적용 [1점]	
(학습동기 상실) 욕구위계이론→해결	해결 방안(2가지) [2점]	소주제 [1문단]
	부연설명(제시문 적용) [1점]	

전체 주제

(핵심어) IQ의 올바른 해석→학습동기

2 배점 분석('내용' 영역)

┌─── 배 점 ───┐

• **논술의 내용 [총 15점]**

  − IQ의 해석 [3점]

    ⇨ 편차 IQ 개념(1점), 제시문 분석·적용(1점), IQ의 올바른 해석(1점)

  − 기대×가치이론에 따른 원인 및 해결방안 [6점]

    ⇨ 기대×가치이론 설명(1점), 학습동기 상실 원인(1점), 제시문 분석·적용(1점) /
      기대×가치이론에 따른 해결방안 2가지(2점) 및 부연설명(제시문 적용)(1점)

  − 욕구위계이론에 따른 원인 및 해결방안 [6점]

    ⇨ 욕구위계이론 설명(1점), 학습동기 상실 원인(1점), 제시문 분석·적용(1점) /
      욕구위계이론에 따른 해결방안 2가지(2점) 및 부연설명(제시문 적용)(1점)

└──┘

3 답안 구상

주제문 교사나 학부모는 학생의 IQ를 올바로 해석해 줌으로써 학생이 학습동기를 잃지 않도록 해야 한다.

전체 주제 (대주제)	핵심 논점 (소주제)	세부 논점 (배점)	중심 내용 + 설명/논증/(제시문 분석·적용)		배점	출제 영역
IQ의 올바른 해석 → 학습동기	IQ의 해석	① 편차 IQ 개념 [1점]	편차 IQ	정규분포를 전제로 평균을 100, 표준편차를 15로 변환시킨 표준점수(DIQ = 100 + 15Z)를 의미, 이는 집단 내에서의 상대적 위치를 나타냄	3점	교육통계, 교육심리학
		② 제시문 분석·적용 [1점]	㉠ 박 교사 ㉠ 답변 ㉡ 철수의 IQ 130을 상위 2% 정도라고 해석	㉠ 영희의 IQ 99는 정상적인 평균 ㉡ 편차 IQ로 해석한 것임		
		③ IQ의 올바른 해석 [1점]	㉠ 상대적 지적 수준 ㉡ 지능을 나타내는 하나의 지표 ㉢ 점수범위로 생각	㉠ 개인의 절대적 지적 수준 × ㉡ 지능과 동일한 것 × ㉢ 단일점수 ×		
	(학습동기 상실) 기대×가치이론 → 상실 원인	① 기대×가치이론 [1점]	개인의 성공 기대와 과제 가치의 곱만큼 동기화	자신이 성공할 것이라는 기대와 그 성공에 부여하는 가치의 곱만큼 동기화	3점	교육심리학
		② 학습동기 상실 원인 [1점]	㉠ 목표 상실 ㉡ 부정적 자기도식 형성	㉠ 영희는 자신의 IQ로는 아무리 노력해도 간호사가 될 수 없을 것이라고 판단함 ㉡ 영희는 '자신의 IQ = 능력이 낮음'이라는 부정적 도식을 만듦		

	③ 제시문 분석·적용 [1점]	영희가 학습동기를 잃게 된 원인	자신은 성공 가능성이 없다고 생각했기 때문		
(학습동기 상실) 기대×가치이론 → 해결방안	해결방안(2가지) [3점]	㉠ 구체적인 장·단기 목표 설정 ㉡ 도전적 과제 제시 ㉢ 과거 수행과 성취 알려줌	㉠ 목표 달성을 위한 노력을 증진하게 되어 성공 가능성에 대한 기대 → 성공에 대한 기대↑ ㉡ 도전적인 과제 제시 → 성공하도록 하면 → 성공 기대와 자기능력에 대한 긍정적 신념도 형성 ㉢ 영희가 과거에 이룬 성취를 보여주어 성공 기대감↑	3점	교육심리학
(학습동기 상실) 욕구위계이론 → 상실 원인	① 욕구위계이론 [1점]	5단계 위계화	㉠ 생리적 욕구, 안전의 욕구, 사회적 욕구(소속 및 애정의 욕구), 존경의 욕구, 자아실현의 욕구 ㉡ 하위 단계의 욕구가 충족되어야 상위 단계의 욕구 나타남	3점	교육심리학
	② 학습동기 상실 원인 [1점]	㉠ 자기 존중 욕구 상실 ㉡ 평판 욕구 상실	㉠ 영희는 자신의 두 자리 IQ를 능력이 낮은 것으로 생각하여 상심하며 실망 ㉡ 영희는 IQ가 낮기 때문에 타인도 자기를 존중하지 않을 것이라고 생각할 것		
	③ 제시문 분석·적용 [1점]	영희가 학습동기를 잃게 된 원인	존경의 욕구를 충족하지 못했기 때문		
(학습동기 상실) 욕구위계이론 → 해결방안	해결방안(2가지) [3점]	㉠ 자기 존중 욕구 충족 ㉡ 평판 욕구 충족 ㉢ 자아실현 욕구 자극	㉠ 영희의 IQ는 또래 아이와 비교하여 평균 정도, IQ는 노력하면 얼마든지 증가 ㉡ 영희의 IQ가 정상적인 수준이므로 남들이 무시할 정도 × ㉢ 영희가 열심히 공부해야 자신의 꿈인 간호사도 될 수 있음을 강조	3점	교육심리학

02 모범답안

서론

학생이 자신의 지능을 바르게 이해하기 위해서는 IQ에 대한 올바른 해석이 중요하다. 교사는 학생의 IQ를 올바로 해석해 줌으로써 IQ로 인해 학생의 학습동기가 상실되는 일이 없도록 해야 한다. 제시문의 박 교사와 학부모의 상담 사례를 토대로 영희의 IQ에 대한 올바른 해석을 논한 후, 기대×가치이론과 Maslow의 욕구위계이론에 근거하여 영희가 학습동기를 잃게 된 원인 및 그 해결방안을 논의하고자 한다.

본론

㉠에서 박 교사의 답변은 '영희의 IQ 99는 정상적인 평균입니다.'라고 예상할 수 있다. 박 교사가 철수의 IQ 130을 상위 2% 정도라고 해석한 점은 편차 IQ를 기준으로 한 것이다. 편차 IQ는 정규분포를 전제로 평균을 100, 표준편차를 15로 변환시킨 표준점수(DIQ = 100 + 15Z)를 의미하며, 이는 집단 내에서의 상대적 위치를 나타낸다. 편차 IQ에 따르면, 영희의 IQ 99는 같은 또래 학생들 중에서 평균의 범위에 속한다. IQ에 대한 올바른 해석을 제시하면 다음과 같다. 첫째, 지능지수는 지능과 동일한 것이 아니라 지능을 나타내는 하나의 지표이다. 둘째, 지능지수는 개인의 절대적 지적 수준이 아니라 상대적 지적 수준을 나타낸다. 셋째, 지능지수는 단일점수보다 점수범위(신뢰구간)로 생각하는 것이 합리적이다. 영희의 예에서 만약 표준오차가 5라면 영희의 IQ는 99가 아니라 94~104라고 생각할 수 있다.

기대×가치이론은 자신이 성공할 것이라는 기대와 그 성공에 부여하는 가치의 곱만큼 동기화된다는 이론이다. 성공 기대는 목표, 과제 난이도, 자기도식, 정서적 기억에 영향을 받으며, 과제 가치는 내재적 흥미(내적 가치), 중요성(달성가치), 효용가치, 비용가치에 영향을 받는다. 기대×가치이론에 따를 때 영희가 학습동기를 잃게 된 원인은 성공 가능성이 없다고 생각했기 때문이다. 영희의 성공 기대가 사라진 요인은 다음과 같다. 첫째, 목표를 상실한 것이다. 영희는 자신의 IQ로는 아무리 노력해도 간호사가 될 수 없을 것이라고 판단하고 있다. 둘째, 부정적 자기도식이 형성된 것이다. 영희는 '자신의 IQ = 능력이 낮음'이라는 부정적 도식을 만들어 자신의 능력을 신뢰하지 않고 있다. 이와 같이 영희는 자신의 IQ를 그릇 해석함으로써 성공 기대가 사라지고, 이로 인해 학습동기를 상실한 것이다.

기대×가치이론에 따를 때 영희의 문제를 해결하려면 영희의 성공 기대감을 향상시켜야 한다. 구체적인 해결방안을 제시하면 다음과 같다. 첫째, 구체적인 장·단기 목표를 설정하게 한다. 구체적인 장기 목표와 이를 달성하기 위한 단기 목표를 함께 설정하여 단계적으로 목표에 접근하도록 하면 목표 달성을 위한 노력을 증진하게 되어 성공 가능성에 대한 기대를 높일 수 있다. 둘째, 도전적 과제를 제시한다. 영희에게 도전적 과제를 제시하여 성공하도록 하면 과제에 대한 성공 기대를 높이면서 자기능력에 대한 긍정적인 신념도 형성해 준다. 셋째, 과거의 수행과 성취를 알려준다. 영희가 과거에 성공 경험이 있을 경우 과거에 이룬 성취를 보여주어 성공 기대감을 향상시키도록 한다.

욕구위계이론은 매슬로우(Maslow)가 주창한 것으로 인간의 욕구는 생리적 욕구, 안전의 욕구, 사회적 욕구(소속 및 애정의 욕구), 존경의 욕구, 자아실현의 욕구 등 5단계로 위계화되어 있으며, 하위 단계의 욕구가 충족되어야 상위 단계의 욕구가 나타난다고 설명한다. 이에 근거할 때 영희가 학습동기를 상실한 이유는 자기 IQ의 의미를 오해하여 존경의 욕구를 충족하지 못했기 때문이다. 존경의 욕구가 결핍된 요인을 분석하면 다음과 같다. 첫째, 자기 존중의 욕구를 충족하지 못하였다. 영희는 자신의 두 자리 IQ를 낮은 능력으로 오인하여 상심하며 실망했다고 볼 수 있다. 둘째, 평판의 욕구를 충족하지 못하였다. 영희는 IQ가 낮기 때문에 타인도 자기를 인정하지 않을 것이라고 생각할 것이기 때문이다. 이처럼 영희는 존경의 욕구가 충족되지 못해 학습을 위한 상위 욕구인 자아실현의 욕구가 나타나지 않게 되고, 이로 인해 학습동기를 잃게 된 것이다.

욕구위계이론에 따를 때 영희의 학습동기를 향상시키려면 존경의 욕구를 충족시켜 주면서 자아실현의 욕구를 개발해 주어야 한다. 구체적인 해결방법을 제시하면 다음과 같다. 첫째, 자기 존중의 욕구를 충족시켜 준다. 영희의 IQ는 또래 아이와 비교하여 평균 정도이므로 문제될 것이 없으며, 또 IQ는 노력하면 얼마든지 증가될 수 있음을 알려주는 것이다. 둘째, 평판의 욕구를 잃지 않도록 한다. 영희의 IQ가 정상적인 수준이므로 남들이 무시할 정도는 아님을 주지시켜 준다. 셋째, 자아실현의 욕구를 자극한다. 영희가 현재 열심히 공부해야 자신의 꿈인 간호사도 될 수 있음을 강조하여 자아실현의 욕구를 자극하는 것이다.

결론

교사나 학부모는 학생의 IQ를 올바로 해석해 줌으로써 학생이 학습동기를 잃지 않도록 해야 한다. 편차 IQ는 집단 내의 상대적 위치를 나타내는 것이므로 개인의 절대적 지능이 될 수 없으며, 단일점수보다 점수범위로 생각하는 것이 합리적이라는 점 등을 안내할 필요가 있다. 학생이 개인의 IQ를 잘못 해석하여 학습동기를 잃게 될 때 교사는 IQ의 올바른 해석에 기반을 두고 성공 기대감을 높이고 존경의 욕구를 충족시켜 줌으로써 학생의 학습동기를 향상해 나가야 할 것이다.

다음은 김 교사가 학생 지도와 상담 방안을 모색하기 위해 박 교사와 나눈 대화의 일부이다. (1) 김 교사가 진영이에게 길러 주어야 할 핵심역량을 2015 개정 교육과정 총론에 근거하여 2가지 제시하고, 각각의 역량을 기르기 위해 어떻게 지도해야 하는지를 진영이의 특성과 관련지어 1가지씩 논하시오. (2) 박 교사의 제안에서 상담 초기에 필요한 관계 형성 방법 3가지를 찾아 쓰고, 김 교사가 그 방법들을 진영이에게 어떻게 적용할지 언어적 표현의 예시를 들어 3가지 논하시오. (3) 대화에서 진영이의 비합리적 신념 2가지를 찾아 쓰고, 그 신념들이 비합리적인 이유를 박 교사의 의견에 근거하여 2가지 제시한 후, 비합리적 신념을 합리적 신념으로 변화시키는 방안 1가지를 구체적으로 논하시오. [총 20점]

김 교사: 우리 반 진영이가 평소에는 학교생활에 큰 어려움이 없는 듯한데, 발표할 때 긴장하고 떨어요. 평소 실력을 발휘하지 못해 너무 속상하다고 합니다. 그래서 저는 진영이를 정말 도와주고 싶어요.

박 교사: 저런, 진영이 입장에서는 정말 속상할 것 같아요. 우선 진영이 감정부터 공감해 줘야겠어요.

김 교사: 네, 그래야겠어요. 진영이는 발표 시간에 자기 생각과 감정을 제대로 표현하지 못해요. 남의 말을 경청하지 못하고, 남의 의견을 존중하지 않아요. 또 한 가지는 진영이가 자신감도 떨어지고, 선생님과 친구들에게 자꾸 의존하고 자기가 주도적으로 하지 않아요.

박 교사: 그렇군요. 선생님도 염려되시겠어요. 그렇지만 진영이와 이야기를 하려면 선생님을 믿고 편안하게 이야기할 수 있도록 수용해 줄 필요가 있겠어요.

김 교사: 네, 저도 그렇게 할 생각입니다. 그런데 진영이가 저에게 의지하려고만 할 때는 어떻게 하는 것이 좋을까요? 저는 진영이가 남에게 의지만 하다가 자기의 능력을 기를 수 있는 기회를 놓칠까 걱정이 됩니다.

박 교사: 지금 선생님이 말씀하신 그 마음을 그대로 진솔하게 표현하시면 좋을 것 같아요.

김 교사: 정말 감사합니다. 마지막으로 고민이 하나 더 있어요. 학생들에게 관심을 가질수록 더 도와주고 싶어요. 진영이는 항상 실수 없이 잘해야만 한다는 신념과 모든 사람에게 인정받아야만 한다는 신념이 너무 강해서 오히려 실수를 많이 하는 거 같아요.

박 교사: 그럴 수도 있겠네요. 진영이에게 그런 신념들은 현실적이지도 않고, 도움도 안 되잖아요. 그래서 제가 추천해 드리고 싶은 것은 진영이의 비합리적 신념을 합리적 신념으로 변화시키는 거예요.

───── 답안 작성 시 유의사항 ─────

- 어법과 원고지 작성법에 맞게 서술하시오.
- 주어진 원고지(1,200자)에 맞게 서술하시오.
  (1,100자 이하 또는 1,200자 초과 시 감점)
- 글의 체계를 논리적으로 짜임새 있게 구성하시오.
- 글의 명료성, 타당성, 일관성을 고려하여 서술하시오.

───── 배 점 ─────

- **논술의 내용 [총 15점]**
  - 2015 개정 교육과정 총론 핵심역량(2점)과 각각의 지도 방안(2점) [4점]
  - 상담 관계 형성 방법(3점)과 언어적 표현의 예시를 든 적용 방안(3점) [6점]
  - 비합리적 신념(2점)과 이유(2점) 및 합리적 신념으로 변화시키는 방안(1점) [5점]
- **논술의 체계 [총 5점]**
  - 글의 논리적 체계성 [3점]
  - 맞춤법 및 원고지 작성법 [1점]
  - 분량 [1점]

01 논제 파악

1 도해조직자(graphic organizer)

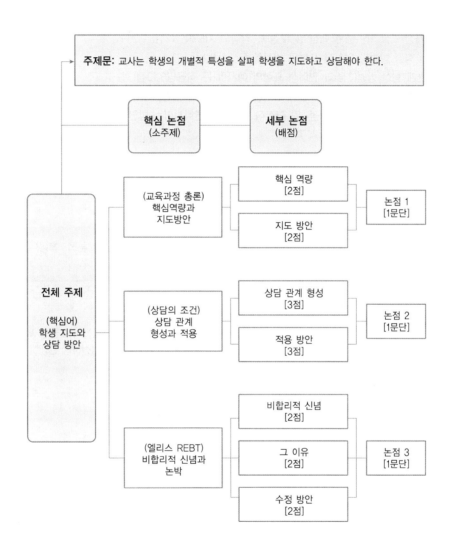

2 배점 분석('내용' 영역)

┌─────────────────────── 배 점 ───────────────────────┐

• **논술의 내용 [총 15점]**
  - 2015 개정 교육과정 총론 핵심역량과 각각의 지도방안 [4점]
    ⇨ 2015 개정 교육과정 총론 핵심역량(2점)과 각각의 지도방안(2점)
  - 상담 관계 형성 방법과 언어적 표현의 예시를 든 적용방안 [6점]
    ⇨ 상담 관계 형성 방법(3점)과 언어적 표현의 예시를 든 적용방안(3점)
  - 비합리적 신념과 이유 및 합리적 신념으로 변화시키는 방안 [5점]
    ⇨ 비합리적 신념(2점)과 이유(2점) 및 합리적 신념으로 변화시키는 방안(1점)

└───┘

3 답안 구상

주제문 교사는 학생의 개별적 특성을 살펴 학생을 지도하고 상담해야 한다.

전체 주제 (대주제)	핵심 논점 (소주제)	세부 논점 (배점)	중심 내용 + 설명/논증/(제시문 분석·적용)		배점	출제 영역
학생 지도와 상담 방안	(교육과정 총론) 핵심역량과 지도방안	① 핵심역량 [2점]	의사소통 역량, 자기관리 역량		4점	교육과정
		② 진영이 특성과 지도방안 [2점]	㉠ 타인과 소통하며 협력할 수 있도록 다양한 상황을 제 시하거나 협동학 습의 기회 마련	자기 생각과 감정의 표현에 서툴고, 남의 의견을 경청하며 존중하는 태 도가 부족		
			㉡ 자아정체성과 자신 감을 갖고 자기 주 도적인 삶을 살 수 있도록 다양한 체 험학습과 자기 주 도적 학습의 기회 제공	자신감이 부족하고 의존적이며 자기 주도성이 약함		
	(상담의 조건) 상담 관계 형성과 적용	① 상담 관계 형성 [3점] ② 적용방안 [3점]	㉠ 공감적 이해	"그래, 속상했구나." 등 공감적 표현을 하며 진영이의 입장에서 마치 진영 이인 것처럼 이해	6점	생활 지도와 상담
			㉡ 수용	"남에게 의존하고 싶은 생각이 들 수 도 있어."라며 진영이의 감정과 태도 를 있는 그대로 무조건적으로 존중		
			㉢ 진실성(솔직성)	"그런데 남에게 의지만 하다가 네 능 력을 기를 수 있는 기회를 놓칠까 걱 정이야."라며 진영이에게 진실하며 정직하게 대함		

(엘리스 REBT) 비합리적 신념과 논박	① 비합리적 신념과 그 이유 1 [2점]	항상 실수 없이 잘해 야만 한다는 신념 (자신에 대한 당위성)	현실적이지 않다. 현실에서는 누구나 실수할 수 있기 때문	5점	생활 지도와 상담
	② 비합리적 신념과 그 이유 2 [2점]	모든 사람에게 인정받 아야만 한다는 신념	그렇게 생각하는 것이 진영이 자신 에게 어떤 도움도 되지 않기 때문		
	③ 수정 방안 [1점]	논박하기	진영이의 비합리적 신념에 대해 논 리성·현실성·실용성에 근거하여 논 박함으로써 비합리적 신념을 합리적 신념으로 변화		

02 모범답안

서론

> 최근 교사의 학생 지도와 상담 활동의 중요성이 커지고 있다. 현장교사는 학생의 개별적 특성에 맞춰 학생을 지도함으로써 미래 사회가 요청하는 역량을 함양해 주어야 한다. 또, 상담에 필요한 관계 형성을 통해 자연스러운 래포를 형성하고, 학생의 부적응 문제를 원만하게 해결해 주어야 한다. (155자)

본론

> 김 교사가 진영이에게 길러주어야 할 핵심역량은 의사소통 역량과 자기관리 역량이다. 각각의 역량을 길러주기 위해 진영이의 특성을 살펴보면, 첫째, 자기 생각과 감정의 표현에 서툴고, 남의 의견을 경청하며 존중하는 태도가 부족하다. 따라서 타인과 소통하며 협력할 수 있도록 다양한 상황을 제시하거나 협동학습의 기회를 마련한다. 둘째, 자신감이 부족하고 의존적이며 자기 주도성이 떨어진다. 따라서 자아정체성과 자신감을 갖고 자기 주도적인 삶을 살 수 있도록 다양한 체험학습과 자기 주도적 학습의 기회를 제공한다.
>
> 박 교사의 제안에서 상담 초기에 필요한 관계 형성 방법은 첫째, 공감적 이해다. 김 교사는 진영이의 말에 "그래, 속상했구나." 등 공감적 표현을 하며 진영이의 입장에서 마치 진영이인 것처럼 이해한다. 둘째, 수용이다. 김 교사는 "남에게 의존하고 싶은 생각이 들 수도 있어."라며 진영이의 감정과 태도를 있는 그대로 무조건적으로 존중한다. 셋째, 진실성이다. 김 교사는 "그런데 남에게 의지만 하다가 네 능력을 기를 수 있는 기회를 놓칠까 걱정이야."라며 진영이에게 진실하며 정직하게 대한다.
>
> 대화에서 진영이의 비합리적 신념을 찾아보면, 첫째, 항상 실수 없이 잘해야만 한다는 신념이다. 이것은 현실적이지 않다. 현실에서는 누구나 실수할 수 있기 때문이다. 둘째, 모든 사람에게 인정받아야만 한다는 신념이다. 그렇게 생각하는 것이 진영이 자신에게 어떤 도움도 되지 않기 때문이다. 이런 진영이의 비합리적 신념을 합리적 신념으로 변화시키는 방안은 '논박하기'이다. 진영이의 비합리적 신념에 대해 논리성·현실성·실용성에 근거하여 논박함으로써 비합리적 신념을 합리적 신념으로 변화시켜 준다.

결론

> 교사는 학생의 개별적 특성을 살펴 학생을 지도하고 상담해야 한다. 이를 위해 학생에게 필요한 역량을 효과적으로 지도하고, 공감, 수용, 진실성 등에 근거하여 학생을 상담하고 도와야 한다. 나아가 학생이 비합리적 신념을 가질 경우 이를 논박하여 합리적 신념으로 변화시켜 주는 일도 중요하다. (161자)

[1,161자/1,200자]

2018학년도 초등 교직 논술

다음은 학교 교육과정에 관한 초등학교 교사들의 대화이다. (1) 박 교사의 말에 나타난 인성의 의미에 근거하여, 인성 교육을 위한 학교 교육과정 편성·운영 시 김 교사가 말하는 '통합'과 '연계'가 필요한 이유를 각각 1가지씩 논하시오. (2) 황 교사의 말에 내포된 교직문화 2가지와 이를 개선하는 데 필요한 교사상 2가지를 각각 제시한 다음, 이러한 교사상의 정립을 위해 활용할 수 있는 동료장학의 방법 2가지를 쓰시오. 그리고 (3) 강 교사의 말에 함의된 교육과정의 유형을 쓰고, 이 교육과정 유형의 관점에 비추어 볼 때 범교과 학습 주제의 지도를 위한 학교 교육과정 '편성'과 '운영' 시 유의해야 할 점을 각각 1가지씩 논하시오. [총 20점]

박 교사:	요즘 인성 교육이 주목받고 있죠. 2015 개정 교육과정 총론에도 인성 교육이 범교과 학습 주제 중의 하나로 제시되어 있고요.
김 교사:	맞아요. 그런데 인성 교육을 포함한 범교과 학습 주제는 교과와 창의적 체험활동 등 교육 활동 전반에 걸쳐 통합적으로 다루도록 하고, 지역사회 및 가정과 연계하여 지도해야 한다는 점에 유의할 필요가 있어요.
박 교사:	좋은 지적이네요. 「인성교육진흥법」에서 인성 교육을 정의한 것을 보면, 인성은 '자신의 내면을 바르고 건전하게 가꾸고 타인·공동체·자연과 더불어 살아가는 데 필요한 인간다운 성품과 역량'이라고 할 수 있는데, 인성의 이러한 의미는 인성 교육에서 왜 통합과 연계가 필요한지를 잘 보여 주는 것 같아요.
김 교사:	그런데 통합과 연계를 위해서는 선생님들이 모여서 긴밀하게 협의하고 조정하는 과정이 필요한데, 그게 보통 어려운 문제가 아니에요.
황 교사:	그렇죠. 선생님들 중에는 자기 경험에 갇힌 나머지 각자의 의견을 허심탄회하게 드러내어 함께 검토하는 것 자체를 상대에 대한 불필요한 간섭으로 여겨 기피하는 분들이 있어요. 문제에 부딪혔을 때 스스로 궁리해 새로운 해결방안을 찾기보다 과거의 경험이나 전통적 방식만을 답습하려는 경향도 없지 않고요.
박 교사:	참 어렵네요. '안전한 생활'이라는 교과서를 만들고 시간을 배당하여 안전 교육을 하도록 한 것처럼, 다른 주제도 다 그렇게 하면 좋을 텐데……
강 교사:	중요한 주제라고 해서 모두 그렇게 할 수는 없죠. 그래서 학교 교육과정을 편성하고 운영하는 일이 더 어려운 것 같아요. 여러 주제 중 일부만 학교 교육과정에 포함되고, 어떤 주제는 포함되었다 하더라도 실제로는 지도가 이루어지지 않는 경우도 있잖아요?

답안 작성 시 유의사항

- 어법과 원고지 작성법에 맞게 서술하시오.
- 주어진 원고지(1,200자)에 맞게 서술하시오.
  (1,100자 이하 또는 1,200자 초과 시 감점)
- 글의 체계를 논리적으로 짜임새 있게 구성하시오.
- 글의 명료성, 타당성, 일관성을 고려하여 서술하시오.

배 점

- 논술의 내용 [총 15점]
  - 인성 교육을 위한 학교 교육과정 편성·운영 시 통합(2점)과 연계(2점)가 필요한 이유 [4점]
  - 교직문화(2점)와 그것을 개선하는 데 필요한 교사상(2점) 및 동료장학 방법(2점) [6점]
  - 교육과정의 유형(1점)과 학교 교육과정 편성·운영 시 유의점(4점) [5점]
- 논술의 체계 [총 5점]
  - 글의 논리적 체계성 [3점]
  - 맞춤법 및 원고지 작성법 [1점]
  - 분량 [1점]

1 도해조직자(graphic organizer)

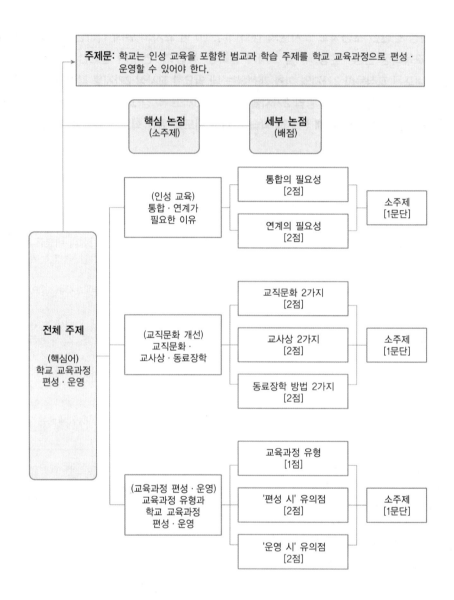

2 배점 분석('내용' 영역)

┌─────────────── 배 점 ───────────────┐

• **논술의 내용 [총 15점]**
  - 인성 교육을 위한 학교 교육과정 편성·운영 [4점]
    ⇨ 인성 교육을 위한 학교 교육과정 편성·운영 시 통합(2점)과 연계(2점)가 필요한 이유
  - 교직문화와 그것을 개선하는 데 필요한 교사상 및 동료장학 방법 [6점]
    ⇨ 교직문화(2점)와 그것을 개선하는 데 필요한 교사상(2점) 및 동료장학 방법(2점)
  - 교육과정의 유형과 학교 교육과정 편성·운영 시 유의점 [5점]
    ⇨ 교육과정의 유형(1점)과 학교 교육과정 편성·운영 시 유의점(4점)

3 답안 구상

주제문 학교는 인성 교육을 포함한 범교과 학습 주제를 학교 교육과정으로 편성·운영할 수 있어야 한다.

전체 주제 (대주제)	핵심 논점 (소주제)	세부 논점 (배점)		중심 내용 + 설명/논증/(제시문 분석·적용)		배점	출제 영역
학교 교육과정 편성·운영	(인성 교육) 통합·연계가 필요한 이유	① 통합 필요성 [2점]		인성이 하나의 교과로 형성되는 것이 아니기 때문	인간다운 성품과 역량은 교과와 창의적 체험활동 등 교육 활동 전반에 걸쳐 통합적으로 지도될 때 함양	4점	교육과정
		② 연계 필요성 [2점]		인성 교육의 실효성을 제고하기 위해서	학교와 가정, 지역사회의 참여와 연대 하에 실시될 때 실효성이 높아짐		
	(교직문화 개선) 교직문화· 교사상· 동료장학	① 교직문화 (2가지) [2점]	㉠ 폐쇄문화	자기 경험에 갇혀 각자의 의견을 드러내기를 꺼림		6점	교직일반 교육행정
			㉡ 보수문화	과거의 경험이나 전통적 방식만 고집함			
		② 교사상 (2가지) [2점]	㉠ 개방적인 교사상	각자의 의견을 자유롭게 개진하고 함께 협력			
			㉡ 혁신적인 교사상	문제를 새로운 각도에서 접근하고 해결			
		③ 동료장학 방법 (2가지) [2점]	㉠ 수업연구 중심의 장학	같은 학년이나 교과 교사끼리 진행			
			㉡ 협의 중심의 장학	특정 관심이나 주제를 중심으로 함			

	① 교육과정 유형 [1점]	영 교육과정	배울 만한 가치가 있음에도 불구하고 의도적으로 배제한 교육과정	5점	교육과정
(교육과정 편성·운영) 교육과정 유형과 학교 교육과정 편성·운영	② 방법 (2가지) [4점]	범교과 학습 주제로 포함되어 있지 않은 주제도 관련 교과(군)에서 충실하게 다뤄지도록 편성	문화예술 교육, 미디어 교육, 의사소통·토론 중심 교육, 정보화 및 정보 윤리 교육 등		
		학교 단위의 연구 체제를 확립하고 범교과 학습도 학교 교육과정의 일부분이라는 인식을 갖고 운영	범교과 학습의 효율적 운영이 가능하며 실제적인 지도로 이어짐		

02 모범답안

서론

최근 인성 교육의 중요성이 부각되고 있다. 현장교사는 통합과 연계를 통해 인성 교육을 내실화하고, 교직문화를 바람직하게 개선할 수 있어야 한다. 또, 영 교육과정에 유의하여 학교 교육과정을 편성·운영할 수 있어야 할 것이다.

(121자)

본론

인성 교육을 위해 학교 교육과정을 편성·운영할 때 '통합'이 요구되는데, 그 이유는 인성이 하나의 교과로 형성되는 것이 아니기 때문이다. 인간다운 성품과 역량은 교과와 창의적 체험활동 등 교육 활동 전반에 걸쳐 통합적으로 지도될 때 함양될 수 있다. 또, 인성 교육의 실효성을 제고하기 위해서는 '연계'도 필수적이다. 인성 교육은 학교와 가정, 지역사회의 참여와 연대하에 실시될 때 실효성이 높아진다.

황 교사의 말에 내포된 교직문화는 첫째, 자기 경험에 갇혀 각자의 의견을 드러내기를 꺼리는 폐쇄문화이다. 둘째, 과거의 경험이나 전통적 방식만 고집하는 보수문화이다. 이를 개선하려면 첫째, 교사들은 각자의 의견을 자유롭게 개진하고 함께 협력하는 개방적인 교사상을 정립해야 한다. 둘째, 문제를 새로운 각도에서 접근하고 해결하려는 혁신적인 교사상도 필요하다. 이를 위해서는 동료장학을 활용하는 방법도 좋다. 동료장학의 방법으로는 같은 학년이나 교과 교사끼리 진행하는 수업연구 중심의 장학이나, 특정 관심이나 주제를 중심으로 한 협의 중심의 장학을 들 수 있다.

강 교사의 말에 함의된 교육과정의 유형은 영 교육과정이다. 영 교육과정은 배울 만한 가치가 있음에도 불구하고 의도적으로 배제한 교육과정을 말한다. 이에 비추어 볼 때 범교과 학습 주제의 지도를 위해 학교 교육과정을 편성·운영할 때 유의할 점은 다음과 같다. 첫째, 범교과 학습 주제로 포함되어 있지 않은 주제도 관련 교과(군)에서 충실하게 다뤄지도록 편성한다. 문화예술 교육, 미디어 교육, 의사소통·토론 중심 교육, 정보화 및 정보 윤리 교육 등이 그것이다. 둘째, 학교 단위의 연구 체제를 확립하고 범교과 학습도 학교 교육과정의 일부분이라는 인식을 갖고 운영해야 한다. 그럴 때 범교과 학습의 효율적 운영이 가능하며 실제적인 지도로 이어질 수 있다.

결론

학교는 인성 교육을 포함한 범교과 학습 주제를 학교 교육과정으로 편성·운영할 수 있어야 한다. 인성 교육은 통합과 연계를 통해 지도해야 하며, 교사들도 개방적이며 혁신적인 교사로 거듭나야 한다. 나아가 범교과 학습 주제를 학교 교육과정으로 편성·운영할 때에는 영 교육과정이 발생하지 않도록 각별한 주의가 요구된다. (172자)

[1,172자/1,200자]

다음은 2015 개정 교육과정에 대한 초등학교 교사들의 대화이다. 대화에 근거하여 (1) 2015 개정 교육과정에서 강조하는 교수·학습의 중점 사항 3가지를 제시하시오(단, 협동학습은 제외). 그리고 (2) 모둠성취분담(STAD) 모형의 보상 방식을 구체적으로 설명한 후 그것이 협동학습의 촉진에 어떻게 기여하는지 쓰고, (3) 정의적 능력에 대한 평가의 중요성과 방법을 각각 2가지씩 논하시오. [총 20점]

김 교사:	이번 2015 개정 교육과정에서는 특별히 교수·학습의 질 개선을 강조하는 것 같더군요.
박 교사:	네, 저도 그렇게 느꼈어요. 교과의 핵심 개념을 중심으로 학습 내용을 구조화하는 데 교육과정 구성의 중점을 둔 것도 그것 때문이라 생각해요.
김 교사:	맞아요. 진도를 나가야 한다는 부담감에 단편적 지식의 암기에 치중하거나, 학생의 수준을 고려하지 않은 채 교과서 내용을 단원 순서에 따라 기계적으로 가르치는 것을 지양해야 할 것 같아요. 교과 울타리에 갇힌 수업 관행도 개선해야 하고요.
박 교사:	이런 측면에서 협동학습의 중요성도 강조한 것 같은데, 김 선생님 반에서는 예전부터 협동학습을 자주 하셨죠?
김 교사:	네, 저는 주로 과제분담학습(Jigsaw, 직소) 모형을 활용했어요. 처음에는 이른바 '직소Ⅰ' 모형을 활용했는데, 개별 보상만 하다 보니까 협동학습의 취지가 약해지더라고요. 그래서 모둠성취분담(STAD) 모형의 보상 방식을 적용해 보았더니 협동학습이 훨씬 잘 이루어졌어요.
박 교사:	오, 그러셨군요. 저도 그렇게 해 봐야겠네요.
김 교사:	교수·학습을 개선하려면 이에 어울리는 평가방법의 개선이 함께 이루어져야 한다고 생각해요.
박 교사:	맞아요. 그동안 우리 교육은 지나치게 인지적 능력 중심으로 이루어지고, 평가 또한 인지적 능력에 치중되어 왔다고 할 수 있죠. 그러다 보니까 자아개념, 태도, 동기와 같은 정의적 능력의 발달과 이에 대한 평가가 상대적으로 소홀히 여겨진 측면이 있어요.
김 교사:	그렇죠. 정의적 능력이 학업성취를 비롯한 인지적 능력의 발달과도 뗄 수 없는 관계에 있고, 초등학교의 교육 목표에 비추어 보면 정의적 측면이 특히 중요한데도 말이에요. 앞으로 인지적 능력과 정의적 능력에 대한 평가를 균형 있게 실시해야겠어요.
박 교사:	그렇게 하려면 정의적 능력을 평가하는 다양한 방법을 상황에 맞게 적절히 활용하는 법을 익혀야 할 것 같아요.
김 교사:	우리 다음 공부 모임에서는 그 주제로 같이 토의해 봐요.

┌──── 답안 작성 시 유의사항 ────┐

• 어법과 원고지 작성법에 맞게 서술하시오.
• 주어진 원고지(1,200자)에 맞게 서술하시오.
  (1,100자 이하 또는 1,200자 초과 시 감점)
• 글의 체계를 논리적으로 짜임새 있게 구성하시오.
• 글의 명료성, 타당성, 일관성을 고려하여 서술하시오.

┌──── 배 점 ────┐

• **논술의 내용 [총 15점]**
  − 교수·학습의 중점 사항 [6점]
  − 모둠성취분담(STAD) 모형의 보상 방식(2점)과 그 보상 방식이 협동학습 촉진에 기여하는 점(1점) [3점]
  − 정의적 능력에 대한 평가의 중요성(4점)과 방법(2점) [6점]
• **논술의 체계 [총 5점]**
  − 분량 [1점]
  − 맞춤법 및 원고지 작성법 [1점]
  − 글의 논리적 체계성 [3점]

01 논제 파악

1 도해조직자(graphic organizer)

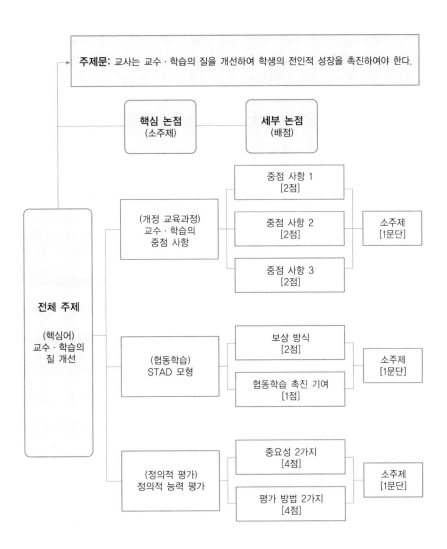

2 배점 분석('내용' 영역)

┌─ 배점 ───┐

• 논술의 내용 [총 15점]
 − 교수·학습의 중점 사항 3가지 [6점]
  ⇨ 2015 개정 교육과정에 제시된 교수·학습의 중점 사항 3가지 및 제시문 연관 설명(각 1가지당 1점씩)
 − 모둠성취분담(STAD) 모형의 보상 방식(2점)과 그 보상 방식이 협동학습 촉진에 기여하는 점(1점) [3점]
  ⇨ STAD 모형의 보상 방식의 구체적 설명(2점)과 그 보상 방식이 협동학습 촉진에 기여하는 점(1점)
 − 정의적 능력에 대한 평가의 중요성(4점)과 방법(2점) [6점]
  ⇨ 정의적 능력에 대한 평가의 중요성 2가지 구체적 설명(4점)과 평가방법 2가지(2점)

└──┘

3 답안 구상

주제문 교사는 교수·학습의 질을 개선하여 학생의 전인적 성장을 촉진하여야 한다.

전체 주제 (대주제)	핵심 논점 (소주제)	세부 논점 (배점)	중심 내용 + 설명/논증/(제시문 분석·적용)		배점	출제 영역
교수· 학습의 질 개선	(개정 교육과정) 교수·학습의 중점 사항	① 중점 사항 1 [2점]	교과의 학습은 핵심 개념과 일반화된 지식의 심층적 이해	단편적 지식의 암기를 개선	6점	교육과정
		② 중점 사항 2 [2점]	각 교과의 핵심 개념과 일반화된 지식 및 기능이 학생의 발달단계에 따라 그 폭과 깊이를 심화	교과서 내용을 단원 순서에 따라 기계적으로 가르치는 것을 방지		
		③ 중점 사항 3 [2점]	학생의 융합적 사고를 기를 수 있도록 교과 내·교과 간 내용 연계성을 고려하여 지도	교과 울타리에 갇힌 수업 관행도 개선		
	(협동학습) STAD 모형	① 보상 방식 [2점]	집단보상 방식	개인별 향상점수를 합산하여 팀 점수를 산출하고 이에 대해 집단보상을 제공하는 방식	3점	교육· 학습
		② 협동학습 촉진 기여 [1점]	협력적인 상호작용 촉진	협력적인 상호작용 촉진		
	(정의적 평가) 정의적 능력 평가	① 중요성(2가지) [4점]	㉠ 전인교육의 이상 실현: 학생의 전인적 발달의 핵심적 구성 요소 ㉡ 학습의 촉진제 역할 수행: 지적 학업성취의 성공과 실패를 결정짓는 중요한 요인으로 작용		6점	교육평가
		② 방법(2가지) [2점]	㉠ 관찰법: 일상생활이나 학습장면에서 학생들의 행동을 관찰하고 해석하여 평가 ㉡ 면접법: 언어적 상호작용을 매개로 학생으로부터 정보를 수집			

02) 모범답안

서론

2015 개정 교육과정이 내년부터 단계적으로 시행됨에 따라 교수·학습의 질 개선이 중요한 과제로 대두되고 있다. 현장교사는 새 교육과정의 취지에 맞게 교육과정을 운영하고 평가방법을 개선할 수 있어야 한다. (112자)

본론

2015 개정 교육과정에서 강조하는 교수·학습의 중점 사항은 다음과 같다. 첫째, 교과의 학습은 핵심 개념과 일반화된 지식의 심층적 이해에 중점을 둔다. 이렇게 하면 김 교사가 강조하듯이 단편적 지식의 암기를 개선할 수 있다. 둘째, 각 교과의 핵심 개념과 일반화된 지식 및 기능이 학생의 발달 단계에 따라 그 폭과 깊이를 심화할 수 있도록 수업을 설계한다. 학생의 발달 수준을 고려하여 수업을 설계하면 교과서 내용을 단원 순서에 따라 기계적으로 가르치는 것을 방지할 수 있다. 셋째, 학생의 융합적 사고를 기를 수 있도록 교과 내·교과 간 내용 연계성을 고려하여 지도한다. 교육과정을 재구성하면 교과 울타리에 갇힌 수업 관행도 개선할 수 있게 된다.

공동학습구조인 모둠성취분담(STAD) 모형의 보상 방식은 개인별 향상점수를 합산하여 팀 점수를 산출하고 이에 대해 집단보상을 제공하는 방식이다. 이렇게 집단보상을 실시할 경우 모든 구성원들은 자기 집단을 위해 공헌할 수 있다는 자신감을 갖게 되고 협력적인 상호작용을 촉진하는 데 기여한다.

교수·학습을 개선하려면 인지적 능력의 평가 못지않게 정의적 능력의 평가도 비중 있게 실시하여야 한다. 정의적 능력에 대한 평가의 중요성을 설명하면 다음과 같다. 첫째, 정의적 특성은 전인교육의 이상을 실현할 수 있는 중요한 교육적 영역이다. 학교교육이 전인교육을 지향한다면 학생의 전인적 발달의 핵심적 구성 요소인 정의적 특성을 평가해야 한다. 둘째, 정의적 특성은 학습의 촉진제 역할을 수행한다. 개인의 정의적 특성은 지적 학업성취의 성공과 실패를 결정짓는 중요한 요인으로 작용하기 때문이다. 한편, 정의적 능력에 대한 평가방법으로는 첫째, 일상생활이나 학습장면에서 학생들의 행동을 관찰하고 해석하여 평가하는 관찰법을 들 수 있다. 둘째, 언어적 상호작용을 매개로 학생으로부터 정보를 수집하는 면접법도 있다.

결론

교사는 교수·학습의 질을 개선하여 학생의 전인적 성장을 촉진하여야 한다. 교수·학습의 질을 개선하기 위해서는 새 교육과정의 취지에 맞게 교육과정을 효과적으로 운영하고, 인지적 능력과 정의적 능력에 대한 평가를 균형 있게 실시해 나가야 할 것이다. (135자)

[1,185자/1,200자]

2016학년도 초등 교직 논술

다음은 ○○초등학교의 교사협의회에서 수업 중 학생 행동 관리에 대해 교사들이 나눈 대화의 일부이다. (1) 수업 상황에서 학생 행동 관리가 필요한 이유를 2가지 제시하고, (2) 신 교사와 김 교사가 각각 학생 행동 관리의 기본 원리로 채택하고 있는 학습이론을 대화 내용에서 근거를 찾아 논하시오. (3) 학습 원리의 측면에서 신 교사와 김 교사의 학생 행동 관리 방법이 성공하기 위한 조건을 각각 1가지씩 제시하고, (4) 정 교사의 의견이 신 교사와 김 교사의 학생 행동 관리에 시사하는 바를 2가지 논하시오. [총 20점]

강 교사: 오늘은 교단생활의 경험을 이야기하고 고민을 나눔으로써 수업 상황에서 학생 행동 관리를 어떻게 하면 잘할 수 있는지 논의하기 위해 모였습니다.

신 교사: 수업을 잘하려면 평소 구체적 학습이론에 기반하여 학생들의 행동을 잘 관리하는 것이 중요하다고 생각해요. 그래서 저는 학기 초에 아이들과 함께 수업 행동 규칙을 4~5가지 정하고 엄격하게 지키려고 노력하죠. 이를 위하여 상벌 기준을 명확히 제시하고 일관성 있게 적용하고 있어요. 규칙을 지킨 아이에게는 스티커를 주어 10개를 모을 때마다 상을 주고, 규칙을 어기는 아이에게는 벌점을 주고 일정 점수를 넘으면 정해진 벌칙을 적용합니다.

김 교사: 저는 좀 생각이 달라요. 무엇보다 교사인 제가 솔선수범하다 보면 아이들은 따라오기 마련이죠. 그래서 저는 수업 중에 지켜야 할 행동을 설명하고 아이들 앞에서 적극적으로 실천하고, 모범적인 학생을 발굴하려고 적극적으로 노력해요. 예를 들면, 수업 시작 전에 먼저 인사를 나누고 수업 중에 요구나 질문 사항이 있으면 어떻게 해야 하는지를 이야기하고 시범을 보인 후, 귀감이 되는 학생을 찾아서 '모범 어린이'로 정해요.

정 교사: 저도 신 선생님이나 김 선생님처럼 해 보았는데 수업 중 학생 행동 관리가 항상 잘 되는 것은 아니더라고요. 그래서 저는 아이들과 함께 수업하면서 내 자신이 어떻게 행동하고 무엇을 느끼는지 교단 일지를 쓰면서 자주 되돌아보곤 합니다. 특히, 수업 중에 아이들이 힘들어하는 것이 무엇인지 생각해 보고 그들의 마음을 읽고 공감하려고 노력해요. 이렇게 하다 보면 아이들도 제 마음을 잘 이해하고 수업도 더 재미있어하는 것 같아요.

강 교사: 어려운 가운데에서도 다양한 방법을 적용하려고 노력하고 계시네요. 모두 장단점이 있는 것 같습니다. 수업 중 학생 행동 관리에 대한 각각의 방법을 좀 더 논의해 볼까요?

…(하략)…

답안 작성 시 유의사항

- 어법과 원고지 작성법에 맞게 서술하시오.
- 주어진 원고지(1,200자)에 맞게 서술하시오.
  (1,100자 이하 또는 1,200자 초과 시 감점)
- 글의 체계를 논리적으로 짜임새 있게 구성하시오.
- 글의 명료성, 타당성, 일관성을 고려하여 서술하시오.

배 점

- **논술의 체계 [총 10점]**
  - 분량 [3점]
  - 맞춤법 및 원고지 작성법 [3점]
  - 글의 논리적 체계성 [4점]
- **논술의 내용 [총 10점]**
  - 수업 상황에서 학생 행동 관리의 필요성 [2점]
  - 신 교사와 김 교사가 각각 채택한 학습이론과 그 근거 [4점]
  - 신 교사와 김 교사의 학생 행동 관리 방법이 성공하기 위한 조건 [2점]
  - 정 교사 의견이 주는 시사점 [2점]

01 논제 파악

1 도해조직자(graphic organizer)

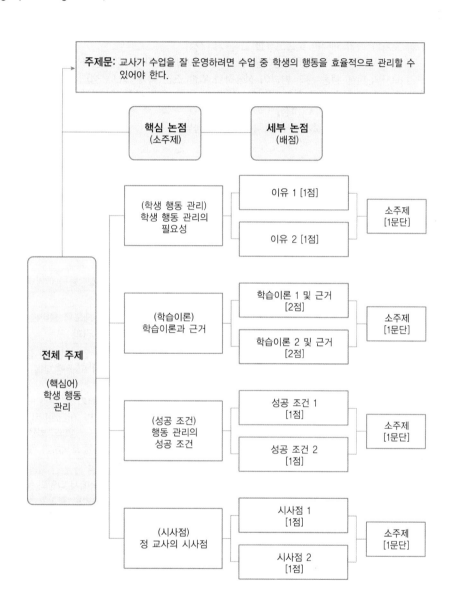

2 배점 분석('내용' 영역)

┌─────────────────────────── 배 점 ───────────────────────────┐

• 논술의 내용 [총 10점]
  − 수업 상황에서 학생 행동 관리의 필요성 2가지 [2점]
    ⇨ 수업 상황에서 학생 행동 관리의 필요성 2가지 설명(각 1가지당 1점씩)
  − 신 교사와 김 교사가 각각 채택한 학습이론과 그 근거 [4점]
    ⇨ 신 교사와 김 교사가 각각 채택한 학습이론과 그 근거 각각 2가지(각 1가지당 1점씩)
  − 신 교사와 김 교사의 학생 행동 관리 방법이 성공하기 위한 조건 각각 1가지(1점) [3점]
    ⇨ 신 교사와 김 교사의 학생 행동 관리 방법이 성공하기 위한 조건 각각 1가지(각 1가지당 1점씩)
  − 정 교사 의견이 주는 시사점 2가지 [4점]
    ⇨ 정 교사 의견이 주는 시사점 2가지 설명(각 1가지당 1점씩)

└──┘

3 답안 구상

주제문 교사는 수업 중 학생의 행동을 효율적으로 관리할 수 있어야 한다.

전체 주제 (대주제)	핵심 논점 (소주제)	세부 논점 (배점)	중심 내용 + 설명/논증/(제시문 분석·적용)		배점	출제 영역
학생 행동 관리	(학생 행동 관리) 학생 행동 관리의 필요성	① 이유 1 [1점]	수업의 효율성 제고	학생들의 비과제행동을 예방하거나 최소화	2점	교직교양
		② 이유 2 [1점]	학습 태도를 바람직하게 형성	학생의 행동과 태도를 올바른 방향으로 유도하고 강화		
	(학습이론) 학습이론과 근거	① 신 교사 학습이론 1 및 근거 [2점]	강화이론	㉠ 강화이론 → 인간의 모든 행동은 강화 자극에 의해 통제될 수 있다고 설명 ㉡ 신 교사가 학기 초 수업 규칙을 수립하고 상벌 기준에 따라 학생 행동을 관리 → 강화와 벌을 통해 학생의 행동을 조형하기 위한 것	4점	교육 심리학
		② 김 교사 학습이론 2 및 근거 [2점]	사회학습의 모델링 이론	㉠ 사회학습이론 → 인간 행동의 학습은 생활 속에서 타인의 행동을 관찰하고 모방한 결과로 설명 ㉡ 김 교사가 교사 자신 및 모범 어린이의 모델링과 이를 통한 행동의 모방을 강조 → 모델링 이론에 따른 것		
	(성공 조건) 행동 관리의 성공 조건	① 신 교사 성공 조건 1[1점]	㉠ 강화물은 바람직한 행동을 한 후에 주되 즉시 제시 ㉡ 벌은 그 이유를 분명히 설명하고 개인적 감정을 개입		2점	교육 심리학
		② 김 교사 성공 조건 2[1점]	㉠ 학생들의 주의를 끌 수 있는 모델을 모범 어린이로 선정 ㉡ 학생들이 모델의 행동을 모방할 경우 보상			
	(시사점) 정 교사 의견의 시사점	① 시사점 1 [1점]	교사의 반성적 성찰	정 교사가 교단 일지를 쓰면서 자신의 행동과 느낌을 성찰	2점	교직교양
		② 시사점 2 [1점]	학생과의 공감적 이해	학생의 소리에 귀 기울이며 공감하고자 노력하는 자세		

02 **모범답안**

서론

최근 학교현장에서는 학생 행동 관리의 중요성이 부각되고 있다. 교사는 학생 행동 관리의 필요성을 이해하고 성공적으로 학생 행동을 관리할 수 있어야 한다. 제시문의 대화를 토대로 학생 행동 관리의 필요성과 학습이론에 근거한 행동 관리의 성공 조건, 정 교사의 시사점을 논하고자 한다. (153자)

본론

수업 상황에서 학생 행동 관리가 필요한 이유는 다음과 같다. 첫째, 수업의 효율성을 높여 준다. 학생 행동 관리는 수업 중 학생들의 비과제행동을 예방하거나 최소화하는 효과가 있다. 둘째, 학습 태도를 바람직하게 형성해 준다. 학생 행동을 관리하면 학생의 행동과 태도를 올바른 방향으로 유도하고 강화시켜 줄 수 있기 때문이다.

학생 행동 관리를 위해 신 교사가 채택한 학습이론은 강화이론이다. 강화이론에 의하면 인간의 모든 행동은 강화 자극에 의해 통제될 수 있다고 설명한다. 그러므로 신 교사가 학기 초 수업 규칙을 수립하고 상벌 기준에 따라 학생 행동을 관리하는 것은 강화와 벌을 통해 학생의 행동을 조형하기 위한 것이라 볼 수 있다. 반면, 김 교사는 사회학습의 모델링 이론을 채택하고 있다. 사회학습이론에서는 인간 행동의 학습은 생활 속에서 타인의 행동을 관찰하고 모방한 결과로 본다. 따라서 김 교사가 교사 자신 및 모범 어린이의 모델링과 이를 통한 행동의 모방을 강조하는 것은 모델링 이론에 따른 것이다.

신 교사의 학생 행동 관리 방법이 성공하기 위해서는 강화물은 바람직한 행동을 한 후에 주되, 즉시 제시하여야 한다. 또, 벌은 그 이유를 분명히 설명하고 개인적 감정을 개입하지 않도록 한다. 한편, 김 교사는 학생들의 주의를 끌 수 있는 모델을 모범 어린이로 선정하고, 학생들이 모델의 행동을 모방할 경우 보상을 주도록 한다.

정 교사는 교사의 반성적 성찰과 학생과의 공감적 이해를 시사한다. 정 교사가 교단 일지를 쓰면서 자신의 행동과 느낌을 성찰하고, 학생의 소리에 귀 기울이며 공감하고자 노력하는 자세가 그것이다. 따라서 신 교사와 김 교사는 스스로 끊임없이 성찰하고 동시에 학생들과 소통하고 공감하려는 자세를 견지해 나가야 한다.

결론

교사는 수업 중 학생의 행동을 효율적으로 관리할 수 있어야 한다. 학생 행동 관리가 수업의 효율성 제고나 학생의 학습 참여 증진에 필요한 만큼 성공적으로 시행할 필요가 있다. 그러나 무엇보다 중요한 것은 교사 스스로 자신의 행동을 성찰하며 학생과 공감하려는 자세를 잃지 않는 일이라 할 것이다. (160자)

[1,160자/1,200자]

2026 권지수교육학 문제집

논제쏙쏙

초판인쇄 | 2025. 4. 10.　**초판발행** | 2025. 4. 15.

편저자 | 권지수　**발행인** | 박 용　**발행처** | (주)박문각출판

등록 | 2015년 4월 29일 제2019-000137호

주소 | 06654 서울시 서초구 효령로 283 서경빌딩

전화 | 교재주문·학습문의 (02)6466-7202

정가 33,000원
ISBN 979-11-7262-718-8

2026 권지수 교육학 문제집

논제쏙쏙

박문각 임용
동영상강의 www.pmg.co.kr

2026 권지수 교육학 문제집

권지수의 만점전략 논제잡기

논제쏙쏙

권지수 편저

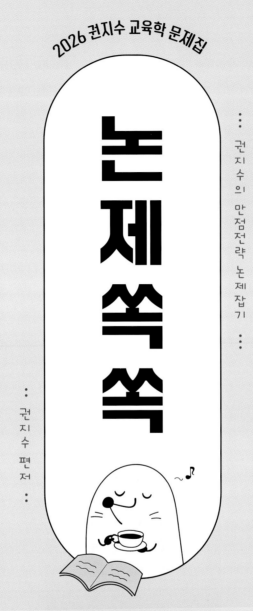

적중예상논제 289

시험에 나올 문제만 쏙! 뽑았다

📑 논술형 모범답안 수록

2026
권지수 교육학 문제집

논제쏙쏙

박문각 임용
동영상강의 www.pmg.co.kr

2026 권지수 교육학 문제집

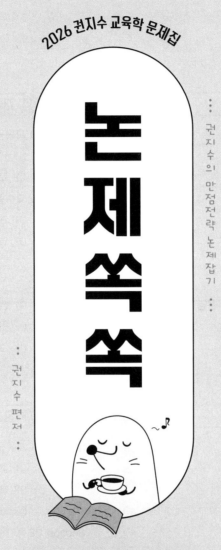

논제 쏙쏙

권지수의 만점전략 논제잡기

권지수 편저

적중예상논제 289

시험에 나올 문제만 쏙! 뽑았다

 논술형 모법답안 수록

박문각

차례

Chapter 05 교육행정학

Chapter 07 교육사회학

Chapter 06 생활지도와 상담

Chapter 08 교육철학

논1. 교육목표가 갖는 기능을 4가지 설명하시오.

논2. 교육목표 진술의 준거 중 4가지를 설명하시오.

논3. 교육내용 선정의 원리 중 5가지를 설명하시오.

논4. 교육내용 조직의 원리 중 3가지를 설명하시오.

논5. 교육내용 조직의 원리 중 범위(scope), 수직적 연계성, 수평적 연계성, 통합성을 설명하시오.

논6. 타일러가 제시한 교육목표 진술의 준거를 제시하시오.

논7. 타일러 교육과정 개발모형의 특징, 장단점을 각각 설명하시오.

논8. 타일러가 제시한 학습경험의 선정 및 조직의 원리를 각각 제시하시오.

논9. 타바의 교육과정 개발모형의 특징을 설명하시오.

논10. 스킬벡의 교육과정 개발모형에서 '상황분석' 및 '목표설정' 단계에서 수행해야 할 활동을 설명하시오.

논11. 스킬벡의 교육과정 개발모형의 특징과 장점을 각각 제시하시오.

논12. 위긴스와 맥타이의 백워드 설계모형에서 목표설정과 평가계획에서의 주요 활동을 각각 설명하시오.

논13. 위긴스와 맥타이의 백워드 설계모형의 특징을 설명하시오.

논14. 위긴스와 맥타이의 백워드 설계모형에서 이해의 6가지 측면을 설명하시오.

논15. 위긴스와 맥타이의 백워드 설계모형의 장점과 단점을 각각 설명하시오.

논16. 워커(Walker)의 자연주의적 교육과정 개발모형의 단계별 주요 활동을 설명하시오.

논17. 아이즈너의 예술적 접근모형의 관점에서 행동목표를 비판하고, 이를 보완할 2가지 목표를 제시하시오.

논18. 아이즈너가 제시한 교사가 갖추어야 할 평가 기술(arts) 2가지를 제시하시오.

논19. 파이나가 강조한 "교육과정은 그 어원인 쿠레레(currere)에 복귀해야 한다."라는 의미를 설명하시오.

논20. 파이나가 강조한 교육과정의 어원인 쿠레레의 방법론 4단계를 설명하시오.

논21. 애플의 관점에서 기술공학적 논리가 교육과정의 설계나 운영을 지배할 경우 나타날 문제점을 비판하시오.

논22. 애플의 관점에서 교사가 컴퓨터를 이용한 교육에만 의존할 경우 나타날 문제점을 비판하시오.

논23. 교육과정의 층위를 설명하시오.

논24. 교과중심 교육과정의 유형 중 상관형, 광역형, 융합형 교육과정을 각각 설명하시오.

논25. 경험중심 교육과정의 장점과 단점을 각각 설명하시오.

논26. 경험중심 교육과정의 유형 중 '활동중심 교육과정', '생성 교육과정', '중핵 교육과정'을 각각 설명하시오.

논27. 학문중심 교육과정의 내용적 목표인 '지식의 구조'의 개념과 그것이 갖는 이점을 각각 제시하시오.

논28. 학문중심 교육과정에서 강조하는 '지식의 구조'를 가르치는 교수전략과 동기유발 방안을 각각 설명하시오.

논29. 학문중심 교육과정에서 교육과정의 조직원리와 표현방법을 각각 설명하시오.

논30. 학문중심 교육과정의 장점과 단점을 각각 설명하시오.

논31. 인간중심 교육과정의 특징과 장단점을 각각 설명하시오.

논32. 교과 통합 운영의 일반적 원칙을 제시하시오.

논33. 통합 교육과정을 운영할 경우의 장점과 단점을 각각 설명하시오.

논34. 통합 교육과정의 통합형태인 다학문적 통합, 간학문적 통합, 탈학문적 통합을 설명하시오.

논35. 역량중심 교육과정의 개념과 그 설계의 특징을 설명하시오.

논36. 잠재적 교육과정의 개념과 원천을 각각 설명하시오.

논37. 잠재적 교육과정의 2가지 관점을 제시하시오.

논38. 잠재적 교육과정을 고려할 때 교육과정 개발의 유의점을 3가지 제시하시오.

논39. 공식적 교육과정과 비교한 잠재적 교육과정의 특징과 교육적 의의를 각각 3가지 설명하시오.

논40. 영 교육과정의 개념과 사례를 설명하고, 그 발생원인을 제시하시오.

논41. 지방분권형 교육과정 결정방식의 장점과 단점을 각각 3가지 제시하시오.

논42. 학교수준 교육과정의 필요성과 학교수준 교육과정 개발의 형태를 제시하시오.

논43. 학교 교육과정의 재구성 방식 3가지를 설명하시오.

논44. 스나이더 등의 교육과정 실행의 관점 3가지를 설명하시오.

논45. 교육과정 압축을 설명하시오.

논46. 집중이수, 블록타임(block-time)의 개념을 각각 설명하시오.

논47. 자유학기제의 개념, 운영방안, 기대효과를 각각 설명하시오.

Section

01

교육과정 개발

---

01 교육과정 개발절차

논1 **교육목표가 갖는 기능을 4가지 설명하시오.**

교육목표는 교육활동이 최종적으로 도달해야 할 학습결과이자 도착점행동으로서 다음과 같은 기능을 갖는다. 첫째, 교육활동의 방향을 제시한다. 교육목표는 교육활동이 나아갈 방향을 제시해 주며, 교육목표가 제시하는 방향에 맞추어 후속적인 교육활동이 전개된다. 둘째, 교육내용의 선정 및 조직의 기준을 제시한다. 교육내용을 선정·조직하는 데 있어서 그 기준은 어디까지나 교육목표이다. 교육목표와 무관한 교육내용을 선정·조직할 경우 목적 없는 활동이 된다. 셋째, 교육평가의 기준을 제시한다. 수업이 끝난 뒤 학생들의 도착점행동을 확인하는 평가를 실시할 때 그 평가기준은 이미 설정된 교육목표가 된다. 넷째, 교육활동을 통제한다. 교육목표에 어긋난 교육활동은 규제됨으로써 전반적인 교육활동이 효과적으로 실천되도록 유도한다.

논2 **교육목표 진술의 준거 중 4가지를 설명하시오.**

교육목표를 진술할 때에는 다음과 같은 준거를 지켜야 한다. 첫째, 구체성이다. 교육목표는 교육내용의 선정·조직 및 교육평가에 실질적인 시사를 줄 수 있도록 구체적이고 명료한 행동 용어로 진술되어야 한다. 둘째, 포괄성이다. 교육의 궁극적 목적이 전인 육성인 만큼 교육목표는 학습자의 사소한 행동이 아니라 폭넓은 행동 특성의 변화를 포함하여야 한다. 셋째, 일관성이다. 설정된 목표들은 서로 논리적 모순이 없고 철학적 일관성이 있어야 한다. 넷째, 실현가능성이다. 교육목표는 교육활동을 통해 실현 가능한 것이어야 한다. 따라서 학습자 개개인의 능력과 수준에 맞아야 할 뿐만 아니라 학교나 학급의 객관적 상황도 고려해야 한다.

논3 **교육내용 선정의 원리 중 5가지를 설명하시오.**

교육내용 선정의 원리 중 5가지를 설명하면 다음과 같다. 첫째, 기회의 원리이다. 교육내용은 교육목표 달성에 필요한 경험의 기회를 제공하는 것이어야 한다. 둘째, 만족의 원리이다. 교육내용은 학생들의 흥미와 관심에 기초하여 학생들이 학습활동에서 만족을 느낄 수 있는 것이어야 한다. 셋째, (학습)가능성의 원리이다. 교육내용은 학습자의 현재 수준에서 학습 가능한 것이어야 한다. 넷째, 일목표 다경험의 원리(동목표 다경험의 원리)이다. 교육내용은 하나의 목표 달성을 위해 여러 가지 경험을 제공하는 것이어야 한다. 다섯째, 일경험 다성과의 원리(동경험 다성과의 원리)이다. 교육내용은 하나의 학습경험을 통해 여러 가지 학습결과를 유발하는 것이어야 한다.

논4 **교육내용 조직의 원리 중 3가지를 설명하시오.**

교육내용 조직의 원리 중 3가지를 설명하면 다음과 같다. 첫째, 계속성(continuity)이다. 일정 기간 동안 동일한 교육내용이 계속 반복되도록 조직한다. 둘째, 계열성(sequence)이다. 계열성은 교육내용의 순서를 결정하는 것으로, 동일한 내용을 점차 폭과 깊이를 더해 가며 조직한다. 셋째, 통합성(integration)이다. 통합성은 학습자에게 통합된 경험을 제공하기 위한 것으로, 유사한 교육내용들을 서로 밀접히 관련지어 하나의 교과나 단원으로 묶어 조직한다.

논5 **교육내용 조직의 원리 중 범위(scope), 수직적 연계성, 수평적 연계성, 통합성을 설명하시오.**

첫째, 범위(scope)는 특정 시점에 학생들이 배우게 될 내용의 폭과 깊이를 결정하는 것을 의미한다. 범위(scope)에는 학교급, 학년, 교과의 스코프 등이 있다. 둘째, 수직적 연계성은 특정한 학습의 종결점이 다음 학습의 출발점과 잘 맞물리도록 교육내용을 조직하는 것을 말한다. 학교급 간, 학년 간, 단원 간의 연속성이 요구된다. 셋째, 수평적 연계성은 동일 학년 내 유사한 교과내용 간에 동일한 수준을 유지하도록 조직하는 것을 의미한다. 넷째, 통합성은 유사한 교육내용들을 서로 밀접히 관련지어 하나의 교과나 단원으로 묶어 조직하는 것을 말한다. 수평적 연계성이 내용 간 '수준'에 관심을 둔다면, 통합성은 내용 간 '연결(관련)'에 주된 초점을 둔다는 점에 차이가 있다.

02 교육과정 개발모형

논6 **타일러가 제시한 교육목표 진술의 준거를 제시하시오.**

타일러는 교육과정 개발에서 교육목표를 가장 중시하며, 교육과정의 다른 요소는 교육목표 달성의 수단으로 간주한다. 이런 점에서 그는 교육목표 진술이 지녀야 할 준거를 다음과 같이 제시했다. 첫째, 구체성이다. 교육목표는 교육경험의 선정·조직 및 교육평가에 실질적인 시사를 줄 수 있도록 구체적이고 명료한 행동 용어로 진술되어야 한다. 이원목표 분류에 근거해 내용차원과 행동차원으로 나누어 진술해야 한다. 둘째, 포괄성이다. 교육의 궁극적 목적이 전인 육성인 만큼 교육목표는 학습자의 사소한 행동이 아니라 폭넓은 행동특성의 변화를 포함하여야 한다. 셋째, 일관성이다. 설정된 목표들은 서로 논리적 모순이 없고 철학적 일관성이 있어야 한다. 넷째, 실현 가능성이다. 교육목표는 교육활동을 통해 실현 가능한 것이어야 한다. 그러므로 학습자 개개인의 능력과 수준에 맞아야 할 뿐만 아니라 학교나 학급의 객관적 상황도 고려해야 한다.

논7 타일러(Tyler) 교육과정 개발모형의 특징, 장단점을 각각 설명하시오.

타일러(Tyler)의 교육과정 개발모형은 교육목표 설정, 학습경험 선정, 학습경험 조직, 평가의 순서로 개발되는 모형이다. 이 모형의 특징을 설명하면 다음과 같다. 첫째, 목표중심 모형이다. 교육과정 요소 중에서 교육목표를 가장 중시하며, 교육과정의 다른 요소는 교육목표 달성의 수단이 된다. 둘째, 합리적 모형이다. 논리적이고 합리적인 일련의 절차를 제시하고 있어 누구나 쉽게 교육과정 개발에 활용할 수 있다. 셋째, 가치중립적 모형이다. '무엇을 가르칠 것인가'에 대한 답변은 회피하고 가치중립적인 입장에서 교육과정 구성방식을 제시한다. 넷째, 처방적 모형이다. 교육과정 개발자가 따라야 할 실제적인 절차를 제시한다는 점에서 처방적이다. 기타, 연역적 모형, 직선형 모형이라는 특징도 있다.

타일러 모형이 지닌 장점을 설명하면 다음과 같다. 첫째, 실용적이다. 어떤 수준이나 어떤 교과, 어떤 수업에서도 활용할 수 있는 폭넓은 유용성이 있다. 둘째, 용이하다. 논리적이고 합리적인 일련의 절차를 제시하고 있어 교육과정 개발자나 수업 계획자가 이를 따라 하기 쉽다. 셋째, 종합적이다. 교육과정과 수업을 구분하지 않고 통합적으로 '목표−경험 선정−경험 조직−평가'를 포괄하는 광범위한 종합성을 띠고 있다. 넷째, 평가에 광범위한 지침을 제공한다. 교육목표를 명세화하고 학생의 행동과 학습경험을 강조함으로써 평가에 매우 광범위한 지침을 제공해 준다. 한편, 타일러 모형이 지닌 단점은 다음과 같다. 첫째, 목표를 내용보다 우위에 두고 있으므로, 내용을 목표 달성을 위한 수단으로 전락시킨다. 둘째, 무엇을 가르쳐야 할 것인가에 대한 대답을 회피함으로써 교육과정의 실질적인 내용을 제시하지 않는다. 셋째, 목표를 미리 설정하기 때문에 역동적인 수업의 진행 과정에서 새롭게 생겨나는 부수적·확산적 목표의 중요성을 간과한다. 넷째, 겉으로 평가할 수 있는 행동만을 지나치게 강조함으로써 잠재적 교육과정이나 내면적 인지구조의 변화, 가치와 태도 및 감정의 변화를 확인하는 데 약하다. 다섯째, 교육과정 개발절차를 지나치게 절차적, 합리적, 규범적으로 처방하여 제시함으로써 실제 교육과정 개발에서 일어나는 많은 복잡한 것들에 대한 기술을 경시한다.

논8 타일러가 제시한 학습경험의 선정 및 조직의 원리를 각각 제시하시오.

타일러는 교육과정 개발을 교육목표를 설정하고, 학습경험을 선정·조직하며, 적절한 평가 수단을 마련하는 과정으로 규정한다. 학습경험의 선정 및 조직에서 지켜야 할 원리를 제시하면 다음과 같다. 먼저, 학습경험의 선정원리를 제시하면 첫째, 기회의 원리이다. 교육목표 달성에 필요한 경험의 기회를 제공하는 학습경험을 선정한다. 둘째, 만족의 원리이다. 학생들의 흥미와 관심에 기초하여 학생들이 학습활동에서 만족을 느낄 수 있는 학습경험을 선정한다. 셋째, 가능성의 원리이다. 학습자의 현재 수준에서 학습 가능한 학습경험을 선정한다. 넷째, 일목표 다경험의 원리이다. 하나의 목표 달성을 위해 여러 가지 경험을 할 수 있는 학습경험을 선정한다. 다섯째, 일경험 다성과의 원리이다. 하나의 학습경험으로 여러 가지 학습결과를 유발하는 학습경험을 선정한다.

다음, 학습경험의 조직 원리를 제시하면 첫째, 계속성이다. 학습경험은 일정 기간 동안 동일한 내용이 계속 반복되도록 조직한다. 둘째, 계열성이다. 학습경험은 동일한 내용을 점차 폭과 깊이를 더해가며 조직한다. 셋째, 통합성이다. 학습자에게 통합된 경험을 제공하기 위하여 유사한 교육내용들을 서로 밀접히 관련지어 하나의 교과나 단원으로 묶어 조직한다.

논9 **타바(Taba)의 교육과정 개발모형의 특징을 설명하시오.**

타바(Taba)의 교육과정 개발모형은 수업 수준에서 교수·학습 활동을 어떻게 전개할 것인가를 염두에 두고 만든 교사중심 모형이다. 요구 진단, 목표설정, 내용 선정, 내용 조직, 학습경험 선정, 학습경험 조직, 평가내용·방법·수단 결정, 균형성과 계열성 검증을 거쳐 시험 단원 개발, 시험 단원 검증, 수정 및 보완, 단원 구조화, 새 단원 정착 및 보급의 과정으로 진행된다. 타바 모형의 특징을 설명하면 다음과 같다. 첫째, 교사중심 모형이다. 외부 전문가에 의해 하향식으로 개발되는 것이 아니라 교사에 의해 만들어지는 현장지향적인 것이다. 둘째, 귀납적 모형이다. 교육과정 개발이 단원(unit) 개발에서부터 교과 형성으로 진행된다. 셋째, 처방적 모형이다. 교육과정 개발자들이 따라야 할 절차를 상세히 제시하고 있다. 넷째, 역동적 모형이다. 계속적인 요구 진단을 통하여 교육과정 요소들의 상호작용을 강조한다.

논10 **스킬벡의 교육과정 개발모형에서 '상황분석' 및 '목표설정' 단계에서 수행해야 할 활동을 설명하시오.**

스킬벡(Skilbeck)의 교육과정 개발모형은 학교현장의 교사들이 융통성 있게 교육과정 개발에 참여할 수 있도록 허용하는 학교중심 교육과정 개발모형이다. 상황분석, 목표설정, 프로그램 구성, 해석(판단)과 실행, 모니터링·피드백·평가·재구성 등의 역동적인 과정으로 개발된다. 이 중 상황분석은 상황을 구성하는 내적·외적 요인들을 분석하는 것을 말한다. 첫째, 내적 요인에는 학생의 적성·능력·교육적 요구, 교사의 가치관·태도·기능·지식·경험, 학교환경, 교육과정 내의 문제점 등이 포함된다. 둘째, 외적 요인에는 학부모의 기대감, 지역사회의 가치, 이데올로기 등과 같은 사회문화적 변화나 교육체제의 요구, 변화하는 교과의 성격, 교사 지원 체제 등이 포함된다. 다음, 목표설정은 상황분석에 기초하여 예상되는 학습결과를 진술하며, 교육활동의 방향을 제시한다.

논11 **스킬벡의 교육과정 개발모형의 특징과 장점을 각각 제시하시오.**

스킬벡의 교육과정 개발모형은 학교현장의 교사들이 융통성 있게 교육과정 개발에 참여하는 학교중심 교육과정 개발모형이다. 상황분석, 목표설정, 프로그램 구성, 해석(판단)과 실행, 모니터링·피드백·평가·재구성 등의 역동적인 과정으로 개발된다. 스킬벡 모형의 특징을 설명하면 다음과 같다. 첫째, 교육과정 개발이 학교 현실이나 상황에 기초하므로 학교 현실을 가장 잘 반영하고 실행가능성이 높은 학교중심 교육과정 개발모형이다. 둘째, 학교, 교사, 학생 등 학교의 개별적 특성을 고려하여 교육과정을 개발하므로 학교 특성을 고려한 교육과정 개발모형이다. 셋째, 학생, 교사, 학부모, 지역사회의 요구와 필요에 따라 발전적으로 수정할 수 있기 때문에 역동적·상호작용적인 교육과정 개발모형이다.

다음, 스킬벡 모형의 장점을 제시하면 다음과 같다. 첫째, 교육과정 개발자의 자율성과 창의성을 중시한다. 학교 현실이나 상황, 학교의 개별적 특성 등을 고려하여 자율적이고 창의적인 교육과정을 개발할 수 있다. 둘째, 학교에 활용하기 적합하다. 학교 상황을 구성하는 내적·외적 요인들을 분석하고, 학생, 교사, 학부모, 지역사회의 요구와 필요를 수용하기 때문에 학교에 적합한 교육과정을 개발할 수 있다.

논12 **위긴스와 맥타이의 백워드 설계모형에서 목표설정과 평가계획에서의 주요 활동을 각각 설명하시오.**

위긴스와 맥타이(Wiggins & McTighe)의 백워드 설계모형은 '바라는 결과의 확인, 수용 가능한 증거의 결정, 학습경험과 수업의 계획'의 순서로 진행되는 모형이며, 학생의 이해력 신장을 강조한다. 먼저, 목표설정은 바라는 결과의 확인을 의미한다. 바라는 결과의 확인은 학생들이 무엇을 이해하고, 알아야 하며, 할 수 있어야 하는지를 밝히는 것이다. 주요 활동을 제시하면 다음과 같다. 첫째, 목표를 설정한다. 국가수준의 성취기준을 분석하여 중요한 개념(big idea)을 확인한 다음 단원의 목표를 설정한다. 둘째, 이해의 측면을 고려한다. 중요한 개념(big idea)이 학생들에게 어떤 특정한 영속적 이해(enduring understanding)를 요구하는지 살핀다. 영속적 이해란 학습자들이 비록 상세 내용을 잊어버린 후에도 머릿속에 남아있는 '큰 개념/중요한 개념(big idea)의 이해'를 의미한다. 셋째, 본질적 질문을 제기한다. 본질적 질문은 학생들이 이해를 향해 나아가도록 목표를 심층적 탐구 질문의 형식으로 제시한 것으로, 영속적 이해를 포괄하는 본질적 질문과 구체적인 내용 중심의 단원 질문을 진술한다. 넷째, 지식과 기능을 구체화한다. 단원의 학습결과 학생들은 무엇을 알아야 하고, 무엇을 할 수 있어야 하는지 구체화한다.

다음, 평가계획은 수용 가능한 증거의 결정을 의미한다. 수용 가능한 증거의 결정은 목표의 성취정도를 확인하는 평가를 계획하는 단계이며, 그 주요 활동은 다음과 같다. 첫째, 수행과제와 평가준거를 결정한다. 수행과제는 바라는 학습결과인 이해의 정도를 파악하기 위한 수행평가를 의미하며, 수행과제가 결정되면 수행결과를 평가할 평가준거인 루브릭(rubric)을 작성한다. 평가준거는 목표와 이해로부터 이끌어 낸다. 둘째, 다른 증거를 결정한다. 퀴즈, 시험, 관찰, 토론, 숙제 등 학생의 이해를 확인할 수 있는 다른 평가 증거를 결정한다. 이때 학생들에게 자기의 학습을 스스로 평가하고 반성할 수 있도록 자기평가의 기회도 계획한다.

논13 **위긴스와 맥타이의 백워드 설계모형의 특징을 설명하시오.**

위긴스와 맥타이(Wiggins & McTighe)의 백워드 설계모형은 '바라는 결과의 확인, 수용 가능한 증거의 결정, 학습경험과 수업의 계획'의 순서로 진행되는 모형이며, 학생의 이해력 신장을 강조한다. 이 모형의 특징을 설명하면 다음과 같다. 첫째, 성취기준을 강조한다. 교과의 내용 성취기준이 목표설정 과정에 반영되며, 이 목표를 마음속에 품고 평가와 수업활동이 계획된다. 둘째, 영속적 이해(enduring understanding)를 강조한다. 백워드 설계모형은 '큰 개념/중요한 개념(big idea)'에 대한 학습자의 영속적 이해를 지향한다. 따라서 학생들에게 기본 개념이나 원리에 대한 매우 높은 수준의 이해와 수행을 요구한다. 셋째, 구체적인 평가계획을 강조한다. 백워드 설계모형은 학습내용 선정에 앞서 매우 구체적인 평가계획안이 미리 마련될 것을 요구한다. 따라서 교사는 성취기준을 분석하여 목표와 이해를 고려한 수행과제와 평가준거, 그 밖의 다른 증거를 계획하여야 한다.

논14 **위긴스와 맥타이의 백워드 설계모형에서 이해의 6가지 측면을 설명하시오.**

백워드 설계모형의 목표설정에서 강조하는 바라는 결과의 내용은 영속적 이해이다. 영속적 이해는 학습자들이 비록 상세 내용을 잊어버린 후에도 머릿속에 남아있는 '큰 개념/중요한 개념(big idea)의 이해'를 뜻하며, 설명, 해석, 적용, 관점, 공감, 자기지식 등 6가지 측면으로 구체화할 수 있다. 첫째, 설명은 사건과 개념(idea)을 '왜' 그리고 '어떻게'를 중심으로 서술하는 능력이다(can explain). 일반화나 원리를 통해 현상이나 사실을 정당하고 조직적으로 설명하기, 통찰력 있게 관련짓기, 실례나 예증을 제공하기 등이 이에 해당한다. 둘째, 해석은 의미를 제공하는 서술이나 번역이다(can interpret). 숨겨진 의미를 도출하기, 의미 있는 스토리 말하기, 적절한 번역 제공하기, 자신의 말로 의미 해석하기 등이 그것이다. 셋째, 적용은 지식을 새로운 상황이나 다양한 맥락에 효과적으로 사용하는 능력이다(can apply). 알고 있는 것을 다양하고 실질적인 맥락에서 효율적으로 사용하고 적용하는 것이다. 넷째, 관점은 비판적이고 통찰력 있는 견해를 의미한다(have perspective). 비판적인 관점으로 보고 듣기, 큰 그림을 이해하기 등이 이에 속한다. 다섯째, 공감은 타인의 감정과 세계관을 수용할 수 있는 능력 이다(can empathize). 다른 사람이 이상하게 생각하고 이질적이며 믿기 어려워하는 것에서 가치를 발견하기, 이전의 직접 경험에 기초하여 민감하게 지각하기 등이 이와 관련된다. 여섯째, 자기지식은 자신의 무지를 아는 지혜 혹은 자신의 사고와 행위를 반성할 수 있는 능력이다(have self-knowledge). 메타인지적 인식을 보여주기, 개인적 스타일, 편견, 투사 등 마음의 습관을 지각하기, 우리가 이해하지 못하는 것을 자각하기, 학습과 경험의 의미를 숙고하기 등이 그것이다.

논15 **위긴스와 맥타이의 백워드 설계모형의 장점과 단점을 각각 설명하시오.**

위긴스와 맥타이의 백워드 설계모형은 목표설정, 평가계획, 수업활동 계획의 순서로 진행되는 모형이며, 학생의 이해력 신장을 강조한다. 백워드 설계모형의 장점은 다음과 같다. 첫째, 국가 교육과정 기준과 현장의 수업을 일치시킨다. 국가수준의 성취기준이 목표설정과 평가계획에 반영되고 이를 중심으로 수업을 전개하기 때문이다. 둘째, 교과서 중심에서 교육과정 중심의 수업으로 전환될 수 있다. 교사가 단원을 설계할 때 국가 교육과정의 성취기준을 출발점으로 삼게 된다는 점에서 교과서 중심 수업에서 교육과정 중심의 수업으로 전환될 수 있다. 셋째, 성취평가제에 대비한 수업 운영이 가능하다. 성취기준을 바탕으로 교육과정을 설계하고, 이를 토대로 수업을 전개하기 때문에 성취평가제에 대비한 수업을 운영할 수 있다. 넷째, 목표, 내용, 평가가 일치하는 교육 과정 설계가 가능하다. 목표와 평가에 합치되는 내용설계가 가능하므로 목표, 내용, 평가가 일치하는 교육과정 설계가 가능하다. 한편, 백워드 설계모형의 단점을 제시하면 다음과 같다. 첫째, 교육내용이 목표 달성을 위한 수단이 된다. 목표를 우위에 두고 교육과정을 설계하므로 교육내용을 목표 달성의 수단 정도로 이해한다. 둘째, 평가 의존적인 수업활동이 우려된다. 평가계획을 수업 계획에 앞서 수립하도록 함으로써 평가 의존적인 수업활동이 전개될 가능성이 있다. 셋째, 학생의 관심이나 흥미를 고려하지 못하는 문제가 있다. 이 모형에서 설정하는 목표는 주로 학문적 지식에 기반한 내용의 이해에 있으므로 학생들의 관심사나 흥미를 고려하지 못할 수도 있다.

논16 **워커(Walker)의 자연주의적 교육과정 개발모형의 단계별 주요 활동을 설명하시오.**

워커(D. Walker)의 '자연주의적 모형'(naturalistic model)은 실제 상황에서 교육과정이 어떻게 개발되는지 자연스런 과정을 묘사하고 있다. 그 단계별 주요 활동을 설명하면 다음과 같다. 첫째, 토대이다. 교육과정 개발 참여자들이 다양한 견해(강령, platform)를 표방하고 공통된 기반을 모색하면서 공감대를 형성한다. 둘째, 숙의이다. 다양한 대안들에 대한 논쟁을 거쳐 합의의 과정에 이름으로써 가장 유망한(그럴듯한) 대안을 선택한다. 강령(platform)이 행동차원의 정책으로 전환되는 과정이다. 셋째, 설계이다. 선택한 대안을 실천 가능한 것으로 구체화한다. 구체적인 교과, 수업, 수업자료나 활동 등을 포함하여 교육 프로그램을 상세화한다.

논17 **아이즈너의 예술적 접근모형의 관점에서 행동목표를 비판하고, 이를 보완할 2가지 목표를 제시하시오.**

아이즈너(Eisner)는 1960년대 당시 유행이었던 행동목표를 강력히 비판하고, 교육과정 개발이란 예술가가 상상력을 발휘하듯이 교육적 상상력을 발휘하는 과정이라고 본다. 행동목표란 수업 전에 미리 구체적인 행동 용어로 진술되는 목표를 말한다. 그러나 행동목표는 다음과 같은 문제점이 있다. 첫째, 행동목표는 수업 중에 발생하는 새로운 목표를 반영하기 어렵다. 수업은 아주 복잡하고 역동적인 과정을 거치면서 진행되므로, 모든 것을 수업 전에 미리 행동목표로 구체화하여 진술하는 것은 불가능하다. 둘째, 행동목표는 교과의 특성을 전혀 고려하지 않고 있다. 창의성을 중시하는 예술 영역은 행동목표 진술이 불가능하고 바람직하지도 않다. 셋째, 기준을 적용하는 일과 판단하는 일을 구분하지 못한다. 학교에서 가장 강조하는 호기심, 창조성, 독창성 등의 특성들은 어떤 '기준을 적용하여' 측정할 수 있는 것이 아니라, 교사들의 '질적인 눈으로' 판단할 수밖에 없는 것이다. 이런 점에서 교사는 문제해결목표와 표현적 결과도 고려해야 한다. 첫째, 문제해결목표는 일정한 조건 내에서 문제를 해결해야 하는 목표를 말하며, 그 해결책은 여러 가지이다. 둘째, 표현적 결과는 목표를 미리 정하지 않고 어떤 활동을 하는 도중이나 끝난 후에 얻게 되는 교육적으로 바람직한 그 무엇을 말한다. 이 같은 문제해결목표나 표현적 결과는 평가에서 질적 평가가 요구되며, 교사의 교육적 감식안이 매우 중시된다.

논18 **아이즈너(Eisner)가 제시한 교사가 갖추어야 할 평가 기술(arts) 2가지를 제시하시오.**

아이즈너에 따르면, 미리 정해진 목표에 비추어 학생의 성취도 달성 여부를 양적으로 판단하는 선다형 지필평가로는 학생의 성취 형태를 질적으로 판단할 수 없다. 학생의 성취 형태에 대한 질적 평가를 위해서는 교사에게 학생 평가 기술이 요구되는데, 이에는 '교육적 감식안(educational connoisseurship)'과 '교육비평(educational criticism)' 능력이 있다. 첫째, 교육적 감식안이란 학생들의 성취(수행) 형태들 사이의 미묘한 차이를 감식(인식)할 수 있는 능력을 말한다. 소믈리에가 포도주들의 미묘한 질의 차이를 구별해 내듯이 교사도 자신이 가르치는 교과에 대한 학생들의 수행(performances) 사이의 미묘한 차이를 구별할 수 있는 감식안을 가져야 한다. 둘째, 교육비평은 전문가가 감식(인식)한 그 미묘한 차이를 그 분야의 비전문가가 이해할 수 있도록 언어로 표현하는 일을 말한다. 교육적 감식안이 감상하는 '감상의 예술'이고 '개인적인' 성격이 강하다면, 비평은 남에게 전달하는 '표출의 예술'이고 '공적인' 성격이 강하다. 이처럼 교사는 '교육적 감식안'과 '교육비평'이라는 질적인 평가 기술(arts)을 터득하기 위하여 학생들의 성취도를 유심히 관찰하고 이를 언어로 형상화하려는 노력을 꾸준히 기울여야 한다.

논19 파이나가 강조한 "교육과정은 그 어원인 쿠레레(currere)에 복귀해야 한다."라는 의미를 설명하시오.

파이나(Pinar)가 강조한 쿠레레(currere)는 동사적 의미로서 과정중심의 교육과정이다. 쿠레레는 실존적 체험과 그 반성, 개인의 인생행로에 대한 해석이다. 즉, 쿠레레로서의 교육과정은 교육자나 학습자가 살아오면서 갖게 된 체험들을 자신의 존재 의미와 관련지어서 해석하고 이를 통하여 자기 반성적인 삶을 살아가도록 하는 과정이다.

논20 파이나(Pinar)가 강조한 교육과정의 어원인 쿠레레의 방법론 4단계를 설명하시오.

파이나(Pinar)에 따르면, 교육과정은 실존적 체험과 그 반성, 개인의 인생행로에 대한 해석이다. 쿠레레의 방법론은 우리가 갖는 교육경험의 본질을 분석하여 그 실존적 의미를 찾는 작업을 지칭한다. 회귀, 전진, 분석, 종합의 4단계로 진행된다. 첫째, 회귀는 과거를 현재화하는 것이다. 자신의 실존적 경험을 회상하면서 기억을 확장하고, 과거의 경험을 최대한 생동감 있게 묘사한다. 둘째, 전진은 미래를 상상하는 것으로, 자유연상을 통해 아직 현실화되지 않은 자신의 미래 모습을 상상해 본다. 셋째, 분석은 다시 현재로 돌아오는 단계로, 과거, 미래, 현재라는 세 장의 사진을 놓고 이들 간의 복잡한 관계를 분석한다. 넷째, 종합에서는 생생한 현실로 돌아가 내면의 목소리에 귀를 기울이고, 자기에게 주어진 현재의 의미를 자문한다.

논21 애플의 관점에서 기술공학적 논리가 교육과정의 설계나 운영을 지배할 경우 나타날 문제점을 비판하시오.

애플(M. Apple)은 기술공학적 논리가 학교 교육과정의 설계와 운영을 지배함으로써 많은 문제점을 초래하고 있다고 비판한다. 첫째, 기술공학적 교육과정에서 교사는 단순 노동자로서 학생들에게 지식을 전달하며, 주어진 목표 달성을 위한 효율성만 강조하므로 학교교육이 지녀야 할 가치창조적인 측면이 도외시된다. 둘째, 기술공학적 교육과정에서는 교육목표의 효율적 달성을 강조하기 때문에 교사는 외부 전문가에 의해 선정·조직된 교육내용을 규정된 절차에 따라 학생들에게 전달하며 관리하는 일종의 관리자로 전락한다. 이로 인해 교사는 학생이나 동료교사들로부터 소외되고, 심지어 교육 자체로부터 점점 소외되어 간다. 셋째, 기술적 통제를 받는 교육과정에서는 구체적으로 명시된 교육목표를 달성한 학생들만이 우수한 학생으로 간주되기 때문에 학생들은 비판적 사고와 자율적 판단 능력을 점차 상실하게 된다.

논22 **애플의 관점에서 교사가 컴퓨터를 이용한 교육에만 의존할 경우 나타날 문제점을 비판하시오.**

애플(M. Apple)은 학교에서 교사가 수업의 질을 향상시키기 위한 수단으로 컴퓨터를 이용하려는 시도를 비판한다. 그 문제점을 비판하면 다음과 같다. 첫째, 교사들이 수업자료를 만드는 과정에서 분리됨으로써 '타인의 생각을 단순히 실행이나 하는 단순 노동자'로 전락할 위험이 높아지며, 결국 교사들의 전문성이 녹슬게 되는 탈숙련화(deskilling) 현상이 발생한다. 둘째, 교사는 대기업에서 만든 교육용 소프트웨어를 단순 실행하며 수업을 관리하는 '수업의 관리자'로 전락한다. 이로 인해 교사는 학생이나 동료교사들로부터 소외되고, 심지어 교육 자체로부터 점점 소외되어 간다. 셋째, 가난한 가정의 아동들은 컴퓨터와 인터넷에의 접근 가능성이 떨어질 수밖에 없고, 그 결과 컴퓨터 관련 교과의 학습이나 인터넷을 이용한 교과의 학습에서 불리한 위치에 서게 된다. 그러나 새로운 테크놀로지가 우리 곁에 항상 존재하며 사라지지 않을 것이라는 점에서, 앞으로 교사의 임무는 어떤 외부적 힘에 의해 교육의 목적이 재정의되지 않도록 해야 하며, 교육적으로 현명한 이유를 가지고 컴퓨터에 접근해야 할 것이다.

교육과정 유형

01 **공식적 교육과정**

논23 **교육과정의 층위를 설명하시오.**

교육과정은 공식화 정도에 따라 표면적(공식적) 교육과정, 잠재적 교육과정, 영 교육과정으로 분류된다. 공식적 교육과정은 형식적인 공식 문서 속에 기술되어 있는 교육과정을 의미하며, 이로 인해 잠재적 교육과정과 영 교육과정이 부산물로 발생한다. 둘째, 잠재적 교육과정은 공식적 교육과정에서 명시하지 않았으나 학생들이 은연중에 배우게 되는 교육과정을 의미한다. 셋째, 영 교육과정은 배울 만한 가치가 있음에도 불구하고 공식적 교육과정이나 수업에서 배제된 교육과정을 말한다.

한편, 교육과정은 그 진행 과정에 따라 계획된 교육과정(의도된 교육과정), 실행된 교육과정(전개된 교육과정), 경험된 교육과정(실현된 교육과정)으로 분류된다. 첫째, 계획된 교육과정은 공식적인 문서 속에 담긴 교육계획이다. 교육과정 문서에는 국가수준 교육과정, 지역수준 교육과정, 학교수준 교육과정이 있다. 둘째, 실행된 교육과정은 교사가 학교에서 실제로 전개한 교육과정이며, 구체적으로 교사의 실천적인 수업행위를 지칭한다. 교사의 수업행위 그 자체가 교육과정인 것이다. 교사의 수업행위는 계획된 교육과정 문서대로 이루어질 수도 있고, 그렇지 않을 수도 있다. 셋째, 경험된 교육과정은 수업을 통해 실현된 교육과정을 의미한다. 계획되고 전개된 교육과정이 본래 의도한 대로 학생들에게 경험되지 않는 경우가 많다. 학생의 수준이나 배경 등에 따라 천차만별의 교육과정이 있을 수 있다.

논24 **교과중심 교육과정의 유형 중 상관형, 광역형, 융합형 교육과정을 각각 설명하시오.**

상관형 교육과정은 학문 병렬 설계 방식으로서 교과의 한계선은 유지하면서도 유사한 교과를 서로 관련시켜 구성한 교육과정을 의미한다. 사실, 원리, 규범의 상관 여하에 따라 사실의 상관, 원리의 상관, 규범의 상관이 있다. 상관형의 장점은 첫째, 각 교과 간의 중복, 상반, 누락을 방지할 수 있다는 점, 둘째, 학습자에게 통합적 학습의 가능성을 증진한다는 점이다. 반면, 단점은 첫째, 여전히 분과 교육과정의 결점을 제거하지 못하고, 인공적·작위적으로 무리하게 상관시키기 쉽다는 점, 둘째, 한정된 상관성만 보장하기 때문에 개별성·관련성은 있으나 포괄성·통합성은 부족하다는 점이다.

광역형 교육과정은 다학문적 설계 방식으로서 서로 유사한 교과들을 한데 묶어 넓은 영역의 하나의 교과로 재조직하는 통합 유형이다. 광역형의 장점은 첫째, 학문의 개별적 성격이 유지되면서 교과목의 통합이 촉진된다는 점, 둘째, 주제와 관련된 지식, 기능, 가치 습득이 쉽다는 점, 셋째, 사실보다는 기본개념과 원리에 보다 충실한 교육과정의 조직을 가능하게 한다는 점이다. 반면, 단점으로는 첫째, 각 학문들 간의 결합의 정도가 낮아 개별 학문의 전문지식 자체를 학습하는 데 그칠 우려가 있다는 점, 둘째, 너무 개략적인 내용만 다루어 학습내용의 깊이가 부족하다는 점이다.

융합형 교육과정은 간학문적 설계 방식으로서 각 교과에 공통되는 개념, 원리, 탐구방법 등을 추출하여 새로운 교과나 단원으로 융합시켜 조직하는 통합 유형이다. 융합형의 장점은 첫째, 창의·융합적인 사고력과 종합적인 문제해결능력을 배양할 수 있다는 점, 둘째, 종합적인 인식론적 경험을 조성하여 학생의 학습동기를 유발하고 이해와 흥미를 높일 수 있다는 점이다. 반면, 단점으로는 첫째, 각 학문에 공통적으로 걸치는 주제를 선정함으로써 각 학문의 개별적 성격이 약화된다는 점, 둘째, 각 교과별 지식을 체계적으로 학습하는 데 장애요인이 될 수 있어 자칫 기초교육을 저해할 수 있다는 점이다.

논25   경험중심 교육과정의 장점과 단점을 각각 설명하시오.

경험중심 교육과정은 학생의 경험을 중심으로 교육과정을 구성하고, 학생의 흥미와 요구를 토대로 운영하는 교육과정을 말한다. 이 교육과정의 장점을 제시하면 다음과 같다. 첫째, 학생의 흥미와 필요를 토대로 교육과정을 구성하므로 학생의 자발적 활동을 촉진한다. 둘째, 실제 생활문제를 다루므로 실제적인 문제해결능력을 함양한다. 셋째, 공동의 과제를 협동하여 해결하는 과정에서 협동성, 사회성, 책임감 등의 민주적 태도와 생활양식이 함양된다. 반면, 이 교육과정의 단점을 제시하면 다음과 같다. 첫째, 학생의 흥미와 필요가 중심이 되면 체계적인 지식 습득이 어려워 학생의 기초학력이 저하될 수 있다. 둘째, 직접 경험에 근거한 수업 운영은 많은 시간을 소요하므로 교육 시간의 경제성이 무시되며 교육과정 운영의 효율성이 저하된다. 셋째, 직접 경험에서 얻은 원리나 사실은 새로운 장면에 적용하기 어렵다.

논26   경험중심 교육과정의 유형 중 '활동중심 교육과정', '생성 교육과정', '중핵 교육과정'을 각각 설명하시오.

경험중심 교육과정이란 학생의 경험을 중심으로 교육과정을 구성하고, 학생의 흥미와 요구를 토대로 운영하는 교육과정을 말한다. 그 조직형태를 '활동중심 교육과정', '생성 교육과정', '중핵 교육과정'을 중심으로 설명하면 다음과 같다. 첫째, 활동중심 교육과정은 학습자의 활동을 중시하는 교육과정을 말한다. 학교활동에 포함되는 학습자의 모든 활동경험을 교육과정으로 보고, 학습자의 흥미나 요구에 기초하여 학습경험을 선정하고 조직한다. 대표적인 형태가 농업교육의 일환으로 제기되고 킬패트릭이 체계화한 구안법(프로젝트법)을 들 수 있다. 둘째, 생성 교육과정이란 사전에 계획하지 않고, 교사와 학생이 학습현장에서 함께 '만들어 가는 교육과정'을 말한다. 사전에 계획된 내용이 없다는 점에서 교사와 학생에게 많은 자유와 융통성이 주어진다. 그러나 자칫하면 내용의 깊이가 없는 피상적인 문제를 다룰 가능성이 매우 높기 때문에 매우 유능한 교사만이 이러한 형태의 교육과정을 운영할 수 있다. 셋째, 중핵 교육과정은 중심과정과 주변과정이 동심원적으로 결합된 교육과정으로, 교과의 선을 없애고 학습자의 흥미나 요구, 사회문제를 중심으로 조직하는 형태이다. 중핵형은 학생들의 필요와 능력에 적합한 의미 있는 학습경험을 촉진하고, 문제해결력과 비판적 사고력을 함양하며, 교과내용의 통합을 통해 개인의 통합적 성장을 촉진한다는 장점이 있다. 그러나 특정 교과의 지식을 체계적으로 학습하기 어렵고, 교사가 다른 교과와 연계하여 교육과정을 구성하고 수업을 준비해야 하므로 수업준비에 많은 시간이 소요된다는 단점이 있다.

논27 **학문중심 교육과정의 내용적 목표인 '지식의 구조'의 개념과 그것이 갖는 이점을 각각 제시하시오.**

학문중심 교육과정이란 각 학문에 내재해 있는 지식의 구조와 지식 탐구 과정을 중심으로 교육과정을 구성하는 것을 말한다. 지식의 구조가 교육의 내용이자 교육의 목표가 된다. 지식의 구조란 각 학문의 기저를 이루고 있는 기본개념과 원리, 핵심 아이디어들을 논리적으로 조직한 것을 말한다. 따라서 지식의 구조를 학습한다는 것은 일반적 개념과 원리들 간의 상호 관련성을 학습한다는 것을 의미한다. 이런 지식의 구조가 갖는 이점을 제시하면 다음과 같다. 첫째, 개별적인 사실이나 현상을 연결해서 '보는 안목'을 익히면 학습한 내용을 쉽게 이해할 수 있다. 둘째, 서로 연결되지 않은 개별적 사실은 파지 기간이 짧으나, 원리나 개념을 중심으로 개별적 사실이나 현상을 구조화시키면 오래 기억할 수 있다. 셋째, 개별적 사실들을 연결하여 얻은 일반적인 개념과 원리는 전혀 다른 새로운 사태의 문제 해결에 쉽게 적용·전이할 수 있다. 넷째, 학문의 기본원리인 지식의 구조를 익히면 초등학생도 학자들이 하는 것과 같은 종류의 일을 하게 되므로 초보지식과 고등지식의 간극을 좁힐 수 있다.

논28 **학문중심 교육과정에서 강조하는 '지식의 구조'를 가르치는 교수전략과 동기유발 방안을 각각 설명하시오.**

학문중심 교육과정에서 지식의 구조를 가르친다는 것은 교과언어(subject language), 즉 해당 분야의 학자들이 하는 것처럼 동일한 탐구활동을 하도록 하는 것을 의미한다. 그 대표적인 교수전략이 발견학습이다. 발견학습은 교사의 지시를 최소화하고 학습과제의 최종적 형태인 지식의 구조를 학습자 스스로 찾아내게 하는 방법이다. 교사는 교과의 기본개념과 원리가 내재된 다양한 탐구자료를 제시하고, 학습자 스스로 개념과 원리를 발견할 수 있도록 단서를 제공하며 안내한다. 또한 최종적인 답변을 주지 않으면서 학습자와 함께 탐구하는 동료로서의 역할을 한다. 발견학습에서 학습자의 동기를 유발하기 위해서는 적절한 강화를 제공해야 한다. 강화는 내적 보상과 외적 보상을 모두 활용하되, 발견 그 자체가 하나의 보상이 되어 내적 만족감과 유능감을 높일 수 있도록 내적 보상과 같은 내재적 동기를 유발하는 것이 매우 중요하다.

논29 **학문중심 교육과정에서 교육과정의 조직원리와 표현방법을 각각 설명하시오.**

학문중심 교육과정은 각 학문에 내재해 있는 지식의 구조와 지식 탐구 과정을 중심으로 교육과정을 구성하는 것을 말한다. 지식의 구조를 가르치기 위한 교육과정(교육내용)의 조직원리가 나선형 교육과정이다. 나선형 교육과정이란 학습자의 발달단계를 고려하여 기본개념과 원리를 반복하면서 점점 폭과 깊이를 확대·심화시켜 조직하는 것을 말한다. 구체적인 조직(구성)원리로는 계속성, 계열성, 통합성을 들 수 있다. 계속성은 동일한 내용이 계속 반복되도록 조직하는 것이고, 계열성은 논리적 계열방법에 따라 교육내용의 폭과 깊이가 확대·심화되도록 조직하는 것이며, 통합성은 기본개념을 교과 간에 상호 연결하고 병합하여 조직하는 것을 말한다. 나선형 교육과정에서 지식의 구조를 표현하는 방식에는 동작 형태로 표현하는 동작적(작동적) 표현방법, 영상으로 표현하는 영상적 표현방법, 상징적 기호로 표현하는 상징적 표현방법이 있다.

논30 **학문중심 교육과정의 장점과 단점을 각각 설명하시오.**

학문중심 교육과정은 각 학문의 기저를 이루고 있는 기본개념과 원리, 핵심 아이디어들을 논리적으로 조직하여 구성한다. 학문중심 교육과정은 다음과 같은 장점이 있다. 첫째, 교육내용을 논리 체계적으로 조직하므로 지식의 경제성과 단순화를 기할 수 있으며, 지식과 기술의 폭발적 증가에 대처할 수 있다. 둘째, 기본개념과 원리를 학습하여 얻은 지식은 다른 사태에 잘 전이되며, 이를 기초로 새로운 지식을 생산할 수 있다. 셋째, 학문 탐구에서 얻는 희열은 내재적 동기를 유발하고 교육의 효과를 더욱 높인다. 넷째, 학문의 기본적인 내용인 지식의 구조를 학습하므로 초보지식과 고등지식 간의 간극을 좁힐 수 있다. 반면, 학문중심 교육과정의 단점은 다음과 같다. 첫째, 지나치게 학문적이고 지적인 교육에 치중하므로 학습자의 정서적 성장에 도움을 주지 못한다. 둘째, 지식의 구조는 순수 지식만을 협소하게 강조하므로 실생활과 유리되어 실용성이 적다. 셋째, 지식의 구조를 발견하도록 하는 수업은 우수한 소수 엘리트 학생에게는 유리하지만, 그 외의 학생들에게는 적절하지 않아 교육의 비민주화 현상을 초래한다. 넷째, 교사가 지식의 구조를 충분히 이해하기 어렵다.

논31 **인간중심 교육과정의 특징과 장단점을 각각 설명하시오.**

인간중심 교육과정은 학생들이 학교생활을 하는 동안에 갖게 되는 의도적·비의도적인 모든 경험을 뜻한다. 교육은 교과를 가르치는 것이 아니라 인간을 가르치는 것이라는 점을 강조한다. 인간중심 교육과정은 다음과 같은 특징을 지닌다. 첫째, 교육의 목적을 자아실현에 두고 전인적 인간 양성을 위해 교육의 인간화를 강조한다. 둘째, 학교 환경이 인간 중심적으로 조성될 때 인간적인 경험을 할 수 있으므로 학교 환경의 인간화를 강조한다. 셋째, 진실성, 학생에 대한 존중과 수용, 공감적 이해를 갖춘 인간주의적 교사를 특별히 요구한다. 넷째, 잠재적 교육과정을 표면적 교육과정과 똑같이, 경우에 따라서는 더 중시한다. 표면적 교육과정이 주로 지식, 기능의 신장에 영향을 미친다면, 잠재적 교육과정은 정의적·사회적 발달에 영향을 주기 때문이다. 이러한 인간중심 교육과정은 다음과 같은 장점이 있다. 첫째, 전인교육을 통하여 인간의 성장 가능성을 조화롭게 발전시킬 수 있다. 둘째, 개인의 자아실현을 강조하므로 학습자의 개별적인 자기 성장을 조장할 수 있다. 셋째, 전인형성을 강조하므로 학습자의 자아개념을 긍정적으로 형성하는 데 도움이 된다. 넷째, 인간적인 교육과 환경을 중시하므로 교육과 교육환경의 인간화에 기여한다. 반면, 인간중심 교육과정은 다음과 같은 단점이 있다. 첫째, 교육환경과 교사의 인간화가 전제되지 않고서는 교육성과의 보장이 어렵다. 둘째, 과대학교와 과밀학급의 개선 및 학교교육에서의 경쟁적 교육풍토 지양 등이 선행되지 않으면 그 실현이 어렵다. 셋째, 개인의 성장만을 중시하므로 교육과 사회와의 관계를 경시할 수 있다.

논32 **교과 통합 운영의 일반적 원칙을 제시하시오.**

교과의 통합 운영은 국가수준 교육과정에서 명확히 구분된 교과들을 수업의 장면에서 다양한 방식으로 상호 연관을 지어서 계획하고 가르치며 평가하는 활동을 말한다. 그 일반적 원칙을 제시하면 다음과 같다. 첫째, 중요성의 원칙이다. 학생의 흥미와 관심에도 부합되어야 하지만, 각 교과의 중요한 내용이 반영되어야 한다. 둘째, 일관성의 원칙이다. 통합 단원의 내용과 활동이 단원의 목표 달성을 위하여 고안된 수업 전략과 부합되어야 한다. 따라서 통합 단원의 얼개를 작성할 때 효과적인 수업계획안도 함께 마련해야 한다. 셋째, 적합성의 원칙이다. 통합 단원이 학습자의 개성과 수준에 맞으며, 학습자의 전인격적 성장을 목표로 해야 한다. 즉, 교과 통합이 궁극적으로 학습자의 과거, 현재, 미래의 삶과 연결되어야 한다.

논33 **통합 교육과정을 운영할 경우의 장점과 단점을 각각 설명하시오.**

통합 교육과정은 학생의 관심이나 흥미, 주제, 개념, 이슈 등을 중심으로 교육내용을 통합하여 조직하는 것을 말한다. 경험 내용의 통일성, 전체성, 통합성을 강조한다. 통합 교육과정을 운영하면 다음과 같은 장점이 있다. 첫째, 통합된 내용을 학습하므로 지식의 급속한 양적 증가와 질적 변화에 대비할 수 있다. 둘째, 중복된 내용을 줄임으로써 필수 교육내용을 배울 시간을 더 늘려 주어 교육과정의 효율적 운영을 가능하게 한다. 셋째, 교육과정 통합은 내재적 가치를 강조하는 학교와 실용적 측면을 중시하는 사회 간의 거리를 좁혀 준다. 한편, 통합 교육과정이 지닌 단점은 다음과 같다. 첫째, 교과목을 논리적으로 연결하여 의미 있게 통합해야 하는 통합 교육과정의 구성은 무척이나 어려운 일이다. 둘째, 현장 교사들에게 각 과목의 모든 내용들에 대한 충분한 이해와 전문적 식견을 요구하는 것은 현실적으로 매우 어렵다. 셋째, 성격이 다른 각 교과의 내용을 일반상식 수준에서 어설프게 통합할 경우 교사에게 부담은 부담대로 가중시키고, 교육의 질은 오히려 더욱 떨어뜨리는 결과를 야기할 수 있다.

논34 **통합 교육과정의 통합 형태인 다학문적 통합, 간학문적 통합, 탈학문적 통합을 각각 설명하시오.**

드레이크(Drake)는 학문이 연결되는 방식 또는 통합의 정도에 따라 통합 교육과정을 다학문적 통합, 간학문적 통합, 탈(초)학문적 통합으로 구분한다. 먼저, 다학문적(multidisciplinary) 통합은 하나의 주제에 대해 여러 학문(교과)의 관점에서 다룰 수 있도록 교육과정을 조직하는 방식이다. 다학문적 통합에서는 각 학문의 정체성(독립성)이 유지되며, 각 교과의 지식과 기능의 습득에 주된 관심을 둔다. 주제에 대한 학습은 부차적이다. 다학문적 통합의 장점은 첫째, 학문의 개별적 성격이 유지되면서 교과목의 통합이 촉진된다는 점, 둘째, 주제와 관련된 교과의 지식, 기능, 가치 습득이 쉽다는 점이다. 반면, 단점은 첫째, 학문들 간의 결합의 정도가 낮아 개별 학문의 전문지식 자체를 학습하는 데 그칠 우려가 있다는 점, 둘째, 너무 개략적인 내용만 다루어 학습내용의 깊이가 부족하다는 점이다.

다음, 간학문적(interdisciplinary) 통합은 여러 학문(교과)에 공통적으로 들어 있는 주제, 개념, 기능 등을 추출하여 이를 중심으로 교육과정을 조직하는 방식이다. 간학문적 통합에서는 학문 간의 엄격한 경계가 붕괴되면서 각 학문의 독립성은 약화되며, 주제나 개념, 기능의 습득에 주된 관심을 둔다. 간학문적 통합의 장점은 첫째, 종합적인 인식론적 경험을 조성하여 학생의 학습동기를 유발하고 이해와 흥미를 높일 수 있다는 점, 둘째, 창의·융합적인 사고력이나 종합적인 문제해결능력을 배양할 수 있다는 점이다. 반면, 단점은 첫째, 각 학문에 공통적으로 걸치는 주제를 선정함으로써 각 학문의 개별적 성격이 약화된다는 점, 둘째, 각 교과별 지식을 체계적으로 학습하는 데 장애요인이 될 수 있어 자칫 기초교육을 저해할 수 있다는 점이다.

마지막으로, 탈(초)학문적(transdisciplinary) 통합은 특정 분과학문(교과)을 초월하여 실제 생활의 주제나 문제, 쟁점을 중심으로 교육과정을 조직하는 방식이다. 탈학문적 통합에서는 각 학문의 정체성(독립성)은 완전히 사라지며, 주제 자체의 탐구에 주된 관심을 가진다. 탈학문적 통합의 장점은 첫째, 학생들의 개인적 필요와 능력에 적합한 학습경험을 마련하고, 의미 있고 중요한 학습경험을 촉진한다는 점, 둘째, 학생들이 현실에서 부딪치는 실제적 과제를 주제로 선정함으로써 문제해결력과 비판적 사고력을 촉진한다는 점, 셋째, 교과내용의 통합을 통해 지식의 상호관련성을 이해시키고, 개인의 통합적 성장을 촉진한다는 점이다. 반면, 단점은 첫째, 여러 분야의 내용과 연결하여 중심 주제를 이해하고 문제를 해결하기 때문에 특정 교과의 지식을 체계적으로 학습하기 어렵다는 점, 둘째, 교사는 자신의 담당교과뿐만 아니라 다른 교과와 연관하여 교육과정을 구성하고 수업을 준비해야 하므로 수업준비에 많은 시간이 소요된다는 점이다.

논35 역량중심 교육과정의 개념과 그 설계의 특징을 설명하시오.

역량중심 교육과정은 사회적 삶에서 필요한 역량을 중심으로 교육과정을 구성하는 것을 말한다. 종래의 교육과정이 교과를 중심으로 접근되어 왔다면, 역량 중심적 접근은 학생들의 사회적 삶에서 필요한 역량을 강화하는 방향으로 교육내용을 제공해야 한다는 것을 의미한다. 역량이란 실제적 삶 속에서 무언가를 할 줄 아는 실질적인 능력, 즉, 지식, 기능, 태도 등의 총체를 의미한다. 역량중심 교육과정의 설계는 다음과 같은 특징을 지닌다. 첫째, 교육과정 설계에서 역량을 우선적으로 고려하고, 그러한 역량의 발달을 촉진할 수 있도록 지식이나 내용을 조직한다. 즉, 종래 교과에 기반하여 설계한 교육과정 설계 방식에서 역량과 지식/내용으로 구분하되, 지식을 통해 역량을 개발하도록 한다. 지식이나 내용은 역량을 발달시키기 위한 수단으로서 가치를 지닌다. 둘째, 교사들은 자신들의 교수맥락에서 특정 역량을 가장 잘 발달시키는 방법이 무엇인지 고려하여 적절한 지식/내용 조직 방식을 결정하게 된다. 이 경우 때로는 분과적으로, 때로는 간학문적으로 혹은 통합적으로 조직된 지식을 통해서 다룰 수 있다.

02 **잠재적 교육과정**

논36 **잠재적 교육과정의 개념과 원천을 각각 설명하시오.**

잠재적 교육과정은 학교에서 의도하지 않았으나 학생들이 학교생활을 하는 동안 은연중에 배우게 되는 경험의 총체를 의미한다. 잠재적 교육과정이 나타나는 원천은 다음과 같다. 첫째, 군집성이다. 다양한 계층의 아이들이 학교에 모임으로써 상호 간에 어울리는 방법을 배운다. 둘째, 상찬(평가)이다. 학생들은 상호 간에 또는 교사에 의해 내려지는 여러 가지 형태의 평가 속에서 살아가는 방법을 배운다. 셋째, 권력관계이다. 학생들은 학교 적응을 위해 교사와 학교 당국의 권위에 적응하는 것을 배운다. 교사의 권위에 대한 순종이 이후 직장에서 상사에 대한 순종으로 이어진다.

논37 **잠재적 교육과정의 2가지 관점을 제시하시오.**

잠재적 교육과정은 명시적(明示的) 교육과정과 비교되는 개념이며, 2가지 관점에서 접근할 수 있다. 첫째, 잠재적 교육과정은 공식적 교육과정에서 의도하지 않았으나 학생이 학교생활에서 겪게 되는 경험이다. 잭슨(Jackson)에 따르면, 학생들은 학교생활을 하는 동안 군집성, 상찬, 권력관계 등을 통해 은연중에 학교생활에 적응하는 방식을 배운다. 이 관점에 따르면 잠재적 교육과정은 공식적 교육과정의 부산물로서 공식적인 교육내용을 가르칠 때 부수적으로 학습된다. 둘째, 잠재적 교육과정은 공식적 교육과정에 의도적으로 숨긴(hidden), 숨어있는(latent) 교육과정이다. 애플(Apple)에 따르면, 공식적 교육과정 속에 모종의 가치가 의도적으로 숨겨져 있을 경우 학생들은 교육내용을 학습하면서 암암리에 그 숨겨진 가치를 습득한다. 이 경우 잠재적 교육과정은 공식적 교육과정의 부산물이 아니라, 공식적 교육과정의 중요한 일부일 수 있다.

논38 **잠재적 교육과정을 고려할 때 교육과정 개발의 유의점을 3가지 제시하시오.**

잠재적 교육과정은 학교에서 의도하지 않은 학습결과를 초래하는 교육과정이다. 따라서 교육과정을 개발할 때 잠재적 교육과정에 특히 유의하여야 한다. 첫째, 교육목표를 수립할 때 설계된 교육과정이 의도하지 않은 결과를 낳을 수 있다는 점을 인식하고 인지적·정의적·인성적 측면 등 다양한 관점에서 교육목표를 수립할 필요가 있다. 둘째, 학습경험의 선정과 조직에 있어서 학생의 참여가 제한적인 교과서 위주의 수업이 아니라 학습경험이 학생에게 어떠한 영향을 미칠지에 대한 다각도의 분석을 통해 학습경험을 선정·조직하는 신중한 배려가 요구된다. 셋째, 평가 기준을 세움에 있어서 탈목표(goal-free) 평가의 관점에서 의도하지 않은 교육적 결과에 대해서도 교육적 책임을 지는 자세가 필요하다.

논39 **공식적 교육과정과 비교한 잠재적 교육과정의 특징과 교육적 의의를 각각 3가지 설명하시오.**

공식적(표면적) 교육과정은 학교에서 의도적으로 조직하여 가르치는 것인 반면, 잠재적 교육과정은 학교에서 의도하지 않았으나 은연중에 배우게 되는 것을 말한다. 공식적 교육과정과 비교하여 잠재적 교육과정의 특징을 설명하면 다음과 같다. 첫째, 공식적 교육과정이 주로 지적인 것과 관련이 있다면, 잠재적 교육과정은 주로 정의적인 영역과 관련이 있다. 둘째, 공식적 교육과정은 단기적 · 일시적인 경향이 있는 데 반하여, 잠재적 교육과정은 장기적 · 반복적이며 보다 항구적이다. 셋째, 공식적 교육과정이 주로 바람직한 것인 데 반하여, 잠재적 교육과정은 바람직한 것뿐만 아니라 바람직하지 못한 것도 포함한다.

한편, 잠재적 교육과정의 교육적 의의를 설명하면 다음과 같다. 첫째, 교육과정의 개념 확장에 기여한다. 잠재적 교육과정은 교육과정의 개발보다는 교육과정의 이해, 의도와 계획보다는 결과와 산출에 주목하게 한다. 우리는 잠재적 교육과정을 통해 학교와 교실 안의 사실을 정확하게 이해할 수 있다. 둘째, 교육평가의 개념 확장에 기여한다. 잠재적 교육과정은 의도한 목표를 얼마나 성취했는가를 측정하는 목표 중심 평가에서 벗어나 의도하지 않은 결과나 산출도 평가하는 탈목표 중심 평가로 평가의 개념을 확장시킨다. 셋째, 학교 교육과정의 효율성 제고에 기여한다. 공식적 교육과정보다 잠재적 교육과정이 학생에게 더 강한 영향력을 미친다. 따라서 학교교육의 효율성을 제고하기 위해서는 공식적 교육과정뿐만 아니라 잠재적 교육과정도 활용할 수 있어야 한다.

03 영 교육과정

논40 **영 교육과정의 개념과 사례를 설명하고, 그 발생원인을 제시하시오.**

영 교육과정은 배울 만한 가치가 있음에도 불구하고 의도적으로 배제한 교육과정을 말한다. 이것은 공적인 문서에 들어 있지 않아서 학생들이 학습하지 못한 내용은 물론이고, 공식적 교육과정에는 포함되어 있지만 학습할 기회가 없었던 내용도 포함한다. 예컨대, 음악 수업에서 고전음악은 가르치나 대중음악은 가르치지 않는 것이나, 고고학이나 미학 등을 교육과정에 포함시키지 않는 것을 들 수 있다. 영 교육과정이 발생하는 원인은 다음과 같다. 첫째, 의욕 부족이다. 교육과정 개발자나 교사의 의욕이 부족하면 중요한 것들이 교육과정에서 배제될 수 있다. 둘째, 무지이다. 모르는 것은 교육과정에 포함될 수 없기 때문에 교육과정 개발자나 교사의 무지(無知)로 인해 영 교육과정이 발생하기도 한다. 셋째, 타성이다. 교육과정 개발자나 교사가 갖고 있는 편견이나 경직된 신념과 같은 잘못된 타성 때문에 영 교육과정이 발생하기도 한다.

교육과정 실제

01 교육과정의 결정 및 운영

논41 **지방분권형 교육과정 결정방식의 장점과 단점을 각각 3가지 제시하시오.**

지방분권형 교육과정 결정방식은 시·도 교육청이나 학교 단위에서 다양한 인사의 참여를 통해 교육과정을 결정하는 것을 말한다. 이러한 결정방식의 장점을 제시하면 다음과 같다. 첫째, 지역과 학교의 특수 상황에 부응하는 다양한 교육과정을 개발할 수 있다. 둘째, 교사들의 참여로 인해 교사들이 교육과정에 대해 주인의식을 가지고 교육과정을 개발·운영하게 된다. 셋째, 주변 상황의 급속한 변화에 대응하여 교육과정을 신속하고 유연하게 수정하고 운영할 수 있다. 반면, 단점을 제시하면 첫째, 시·도 교육청 단위로 교육과정이 개발되므로 전국적으로 합의된 교육과정을 갖기 어렵다. 둘째, 전문가, 예산, 시간, 인식의 부족으로 수준 높은 교육과정의 개발이 어렵다. 셋째, 교육과정 개발의 전문성 부족으로 인하여 학교급 그리고 학교 간 교육과정의 연계가 힘들다.

논42 **학교수준 교육과정의 필요성과 학교수준 교육과정 개발의 형태를 제시하시오.**

학교수준 교육과정은 국가수준 교육과정 기준과 시·도 교육청의 교육과정 편성·운영 지침을 근거로 지역의 특수성과 학교의 실정, 학생의 실태에 알맞게 학교별로 마련한 의도적인 교육실천 계획이다. 학교수준 교육과정이 필요한 이유는 다음과 같다. 첫째, 교육의 효율성 제고이다. 국가수준 교육과정을 학교의 실정에 맞게 재구성하여 학교의 교육과정을 탄력적으로 운영함으로써 교육의 효율성을 높일 수 있다(학교 교육과정의 탄력적 운영). 둘째, 교육의 적합성 제고이다. 지역의 특수성이나 학교의 실정, 학생·교원·학부모의 요구와 필요를 반영하여 해당 학교의 교육과정을 편성·운영함으로써 학교교육의 적합성을 높일 수 있다. 셋째, 교육의 다양성 추구이다. 획일화된 '교과서 중심'에서 학생 개개인의 적성을 반영한 '교육과정 중심'의 학교교육으로 전환됨으로써 교육의 다양성을 실현할 수 있다('교육과정 중심'의 학교교육 추구). 넷째, 교원의 자율성과 전문성 신장이다. 학생의 능력과 욕구, 학교의 지역적 특수성을 가장 잘 아는 그 학교의 교사들이 학교 교육과정 편성·운영 과정에 적극적으로 참여함으로써 교원의 자율성과 전문성을 신장할 수 있다.

학교수준 교육과정 개발의 형태를 제시하면 다음과 같다. 첫째, 교육내용의 재구성이다. 교육과정상에 있는 내용 요소를 중심으로 교사가 그 순서와 내용을 재조정할 수 있다. 예컨대, 통합형 교육과정 구성, 교과서 내용 순서의 변경, 교육과정 상의 필수요소를 중심으로 한 내용 엄선 등이 그것이다. 둘째, 교과목의 탄력적인 편성이다. 여러 학년에 걸쳐 이수하는 교과목을 특정 학년이나 학기에 집중 이수하도록 편성·운영할 수 있다.

예컨대, 중학교 1~3학년군에 편재된 '과학/기술·가정'을, 과학은 1~2학년에 몰아서 편성하고, 기술·가정은 2~3학년에 몰아서 편성하는 방식으로 운영할 수 있다. 셋째, 수업 시간의 탄력적인 운영이다. 학교의 특성이나 학생·교사·학부모의 요구 및 필요에 따라 교과(군)별 20% 범위 내에서 시수를 증감하여 편성·운영할 수 있다. 또한 수업 시간표를 작성할 때 특정 요일에 특정 과목의 시간을 1시간씩 고정 배당하기보다는 필요에 따라 교과목 수업 시간을 융통성 있게 운영할 수 있다(블록타임제, 전일제 등).

논43 학교 교육과정의 재구성 방식 3가지를 설명하시오.

학교 교육과정의 재구성이란 교사가 이미 만들어진 교육과정을 조정하여 교사 자신의 교육과정으로 재구성하는 것을 말한다. 교사는 교육과정이 요구하는 교육목표를 실현하기 위해 교육목표, 학생의 특성이나 수준 등을 고려하여 수업계획, 수업내용과 방법, 평가방법 등을 조정해 나간다. 교육과정 재구성의 방식 3가지를 설명하면 다음과 같다. 첫째, 교과 내 재구성의 방식이다. 한 교과 내에서 교육내용을 재구성하는 방식이다. 성취기준을 중심으로 교과의 순서를 변경하거나 새로운 내용을 추가하거나 내용을 생략 또는 압축하는 방식이 그것이다. 둘째, 교과 간 재구성 방식이다. 특정 교과를 중심으로 다른 교과의 내용을 연계하거나 각 교과 간의 공통 주제나 내용을 추출하여 통합하는 재구성 방식이다. 예컨대, 환경문제, 다문화 등과 같은 주제를 중심으로 프로젝트 수업을 운영하는 경우를 들 수 있다. 셋째, 교과와 창의적 체험활동의 연계를 통한 재구성 방식이다. 교과 활동과 창의적 체험활동의 하위영역인 자율활동, 동아리활동, 봉사활동, 진로활동 등과 연계하여 재구성할 수 있다.

논44 스나이더 등의 교육과정 실행의 관점 3가지를 설명하시오.

교육과정 실행의 관점이란 교육과정의 전개과정을 어떤 시각으로 보는가의 문제를 의미한다. 스나이더(Snyder) 등은 교육과정 실행의 관점을 충실도 관점, 상호적응 관점, 형성(생성) 관점 등 3가지로 제시하였다. 첫째, 충실도 관점은 외부에서 개발된 교육과정이 학교현장에 충실하게 이행되어야 한다는 입장이다. 계획된 교육과정을 강조하며, 교육과정이 계획된 대로 잘 실행되었는지에 관심을 둔다. 교사는 계획된 교육과정의 전달자 또는 소비자로서 수동적이고 소극적인 역할을 담당한다. 둘째, 상호적응 관점은 외부에서 개발된 교육과정이 학교현장의 교사에 의해 조정될 수 있다고 보는 관점이다. 개발자와 사용자 간의 타협과 수정을 강조하며, 새 교육과정이 실제 상황적 맥락과 결부하여 어떻게 실행되었는지에 초점을 둔다. 교사는 계획된 교육과정의 적극적인 재구성자의 역할을 담당한다. 셋째, 형성(생성) 관점은 교육과정을 교사와 학생에 의해 공동으로 만들어가는 교육경험으로 본다. 외부에서 개발된 교육과정은 교실에서 교육경험을 생성할 때 활용할 수 있는 도구로서의 의미만을 지닌다. 교사는 교육과정 개발자이자 창안자로서 주체적이고 능동적인 역할을 담당한다.

논45 교육과정 압축을 설명하시오.

교육과정 압축이란 렌줄리(Renzulli)가 제시한 개념으로, 이질적 교실에 있는 상위 학생들을 위해 이미 숙달한 학습자료의 반복을 피하고 도전적 학습기회를 제공하기 위한 정규 교육과정의 재구성 전략을 말한다. 정규 교육과정에 대한 학습자의 도전 수준을 높이며, 기초학습 기술을 숙달하면서도 심화 또는 속진형 학습활동의 기회를 마련해 준다. 교육과정 압축은 도전적인 학습환경의 마련, 기본 교육과정의 숙달과 능숙, 심화와 속진 경험을 통한 시간 벌기에 그 목적이 있다.

02 2022 개정 교육과정

논46 집중이수, 블록타임(block-time)의 개념을 각각 설명하시오.

집중이수는 여러 학년에 걸쳐 이수하는 과목을 학년별로 집중 이수하거나, 1년간 이수하는 과목을 한 학기 동안 집중적으로 이수하는 것을 말한다. 집중 학습이 가능하고 수업의 효율성을 높일 수 있다.
블록타임(block-time)은 요일별로 나누어 수업하는 대신 여러 시간을 하루에 묶어 연속수업을 하는 경우를 말한다. 연속수업을 진행할 경우 수업의 완성도를 높일 수 있다. 예를 들어, 미술수업이 주당 1~2시간인 경우, 학생들은 주어진 시간 내에 작품을 완성하기 어려울 수 있으나 집중이수제로 3~4시간 연속수업을 진행할 경우 학생들에게는 작품의 완성도를 높이고, 교사는 효과적인 수업을 운영할 수 있다.

논47 자유학기제의 개념, 운영방안, 기대효과를 각각 설명하시오.

자유학기제란 중학교 교육과정 중 한 학기 동안 학생들이 시험 부담에서 벗어나 꿈과 끼를 찾을 수 있도록 학생 참여형으로 수업을 운영하고, 다양한 체험활동이 가능하도록 교육과정을 유연하게 운영하는 제도를 말한다. 자유학기제는 첫째, 지역사회와 연계하여 진로탐색 활동, 주제선택 활동, 동아리 활동, 예술·체육 활동 등 다양한 체험 중심의 자유학기 활동을 운영한다. 둘째, 자유학기에는 협동학습, 토의·토론 학습, 프로젝트 학습 등 학생 참여형 수업을 강화한다. 셋째, 자유학기에는 중간·기말고사 등 일제식 지필평가는 실시하지 않으며, 학생의 학습과 성장을 지원하는 과정 중심의 평가를 실시한다. 넷째, 자유학기에는 학교 내외의 다양한 자원을 활용하여 진로탐색 및 설계를 지원한다. 이런 자유학기제가 가져올 기대효과는 다음과 같다. 첫째, 맞춤형 진로탐색을 통해 적성에 맞는 자기계발이 가능하고, 협동·협업·참여를 통해 인성을 함양할 수 있다. 둘째, 학생의 참여활동이 보장되고 학습동기가 유발되어 만족감 높은 행복한 학교생활이 가능해진다. 셋째, 공교육에 대한 불신을 불식시키고, 학교 정상화를 통해 공교육에 대한 신뢰를 회복할 수 있다.

논1. 스피어만(Spearman)의 일반요인설의 관점에서 지능을 설명하시오.

논2. 카텔(Cattell)의 유동성 지능과 결정성 지능을 설명하시오.

논3. 가드너(Gardner)가 제시한 지능 개념과 지능의 유형을 제시하시오.

논4. 가드너(Gardner)의 다중지능이론을 고려한 교육적 방안을 제시하시오.

논5. 스턴버그(Sternberg)가 제시한 지능 개념, 지능의 세 측면, 교육적 적용방안을 제시하시오.

논6. 지능검사가 갖고 있는 문화적 편향성을 극복하기 위한 문화공평검사를 제시하시오.

논7. 지능지수에 대한 해석상 유의점을 제시하시오.

논8. 창의성의 인지적 구성요소 중 유창성, 융통성, 조직성, 정교성의 개념을 각각 설명하시오.

논9. 창의성의 정의적 특성을 설명하시오.

논10. 창의성 계발 기법 중 브레인스토밍, 시넥틱스, PMI, 육색 사고 모자 기법을 각각 설명하시오.

논11. 위트킨이 제시한 2가지 인지양식, 각 학습자 특성 비교, 각 학습자에게 적합한 교수전략을 제시하시오.

논12. 케이건이 제시한 2가지 인지양식, 각 학습자 특성 비교, 교수전략을 제시하시오.

논13. 콜브(Kolb)가 제시한 4가지 학습유형의 특성을 설명하시오.

논14. 내재적 동기와 외재적 동기를 설명하시오.

논15. 외재적 보상이 내재적 동기를 감소시키는 경우, 외재적 보상으로 내재적 동기를 증가시키는 방법을 제시하시오.

논16. 매슬로우(Maslow)가 제시한 욕구위계이론을 설명하시오.

논17. 매슬로우(Maslow)가 제시한 욕구위계이론이 교육현장에 주는 시사점을 제시하시오.

논18. 자기결정성을 증진하기 위한 전략을 3가지 기본욕구의 측면에서 제시하시오.

논19. 동기가 전혀 없는 학생에게 내재적 동기를 유발하기 위한 전략을 단계적으로 제시하시오.

논20. 보상을 활용하여 내재적 동기를 증가시키는 방법을 3가지 제시하시오.

논21. 자기가치이론에서 제시한 자기장애 전략의 개념 및 사례를 제시하시오.

논22. 귀인이론의 관점에서 바람직한 귀인 유형과 바람직하지 않은 귀인 유형을 제시하시오.

논23. 학습된 무기력감이 형성되는 원인을 귀인이론의 관점에서 설명하고 극복방안을 제시하시오.

논24. 학습된 무기력감이 형성되는 원인과 극복방안을 제시하시오.

논25. 자기효능감의 형성 요인과 증진 방안을 각각 4가지 제시하시오.

논26. 기대×가치이론에 따를 때 학습자의 동기에 영향을 주는 동기화 요소를 제시하시오.

논27. 기대×가치이론에 따를 때 학습자의 학습동기 향상 방안을 제시하시오.

논28. 드웩(Dweck)이 제시한 숙달목표와 수행목표의 개념, 숙달목표 지향성의 증진방안 3가지를 제시하시오.

논29. 성취동기의 개념과 성취동기가 과제 선택과 동기 수준에 미치는 영향을 각각 설명하시오.

논30. 피아제(Piaget) 이론에서 인지발달의 기제인 동화, 조절, 인지적 불평형, 조직화의 개념을 각각 설명하시오.

논31. 피아제(Piaget) 인지발달이론에서 형식적 조작기에 나타나는 인지적 특성 중 3가지를 제시하시오.

논32. 형식적 조작기에 나타나는 자기중심적 사고의 특성과 이를 극복하기 위한 방안을 각각 3가지 제시하시오.

논33. 피아제(Piaget) 인지발달이론에 근거한 교수전략을 4가지 제안하시오.

논34. 비고츠키(Vygotsky) 인지발달이론에서 인지발달을 촉진하는 요인 3가지를 제시하시오.

논35. 비고츠키(Vygotsky) 인지발달이론에서 제시한 사적 언어의 개념과 기능을 설명하시오.

논36. 근접발달영역과 비계설정의 개념, 효과적인 비계설정의 방법을 2가지 제시하시오.

논37. 비고츠키 인지발달이론에 근거한 교수전략을 4가지 제안하시오.

논38. 마샤(Marcia)의 정체성 지위이론에 근거하여 정체감 혼미와 정체감 유실의 개념을 제시하고, 정체감 성취를 돕기 위한 방안을 3가지 제시하시오.

논39. 콜버그(Kohlberg)의 도덕성 발달이론의 관점에서 도덕성의 개념을 설명하고, 학생의 도덕성 발달을 촉진할 수 있는 수업전략을 2가지 제안하시오.

논40. 콜버그(Kohlberg)의 도덕성 발달이론에서 인습 수준에 해당하는 도덕성 발달단계를 설명하시오.

논41. 셀만(Selman)이 제시한 사회적 조망수용능력의 개념을 설명하고, 사회정보적 조망수용과 자기반성적 조망수용의 단계에서 보이는 조망수용의 발달 정도를 각각 설명하시오.

논42. 브론펜브레너(Bronfenbrenner)의 생태학적 발달이론에 근거하여 인간발달에 영향을 미치는 환경체계를 설명하시오.

논43. 행동주의 관점에서 시험불안의 원인을 제시하고, 그 시험불안을 해소할 수 있는 방안을 2가지 제안하시오.

논44. 간헐적 강화계획 중에서 고정강화계획의 2가지 방법을 제시하시오.

논45. 바람직한 행동의 증가와 문제행동의 교정을 위한 행동수정기법을 각각 3가지 제시하시오.

논46. 반두라(Bandura)의 사회인지 학습이론에 근거하여 기대한 강화나 벌이 충족되지 않을 때 나타나는 효과를 설명하시오.

논47. 반두라(Bandura)의 사회인지 학습이론에 근거하여 관찰학습의 과정을 설명하고, 그 효과를 제시하시오.

논48. 자기조절학습의 개념과 효과적인 학습전략을 인지, 동기, 행동의 측면에서 각각 제시하시오.

논49. 정보처리이론의 관점에서 작업기억의 한계용량을 극복할 수 있는 방안을 3가지 제시하시오.

논50. 정보처리이론의 관점에서 유의미한 부호화 전략 4가지를 제시하시오.

논51. 설단현상과 부호화 특수성의 개념을 설명하시오.

논52. 메타인지의 주요 기술 3가지를 제시하시오.

논53. 인본주의 학습이론의 특징과 학습원리를 제시하시오.

논54. 전이이론 중 형식도야설, 동일요소설, 일반화설, 형태이조설에 대하여 각각 설명하시오.

논55. 정보처리이론에 근거할 때 망각이 발생하는 이유를 설명하시오.

논56. 갈등의 여러 양상을 설명하시오.

논57. 방어기제 중 합리화, 투사의 개념을 설명하시오.

Section
01 학습자의 특성

01 인지적 특성

논1 **스피어만(Spearman)의 일반요인설의 관점에서 지능을 설명하시오.**

스피어만(Spearman)에 따르면, 지능은 일반요인(g요인)과 특수요인(s요인)이 결합된 단일능력이다. 이에 따르면, 지능은 모든 정신기능에 작용하는 일반지능에 특수한 과제 수행에 관여하는 특수능력이 덧붙여진 것이다. 일반지능은 모든 지적 과제를 해결하는 데 작용하므로, 지능이 높은 학생은 전 교과에서 높은 성취를 보일 것으로 기대할 수 있다.

논2 **카텔(Cattell)의 유동성 지능과 결정성 지능을 설명하시오.**

카텔(Cattell)이 제시한 유동성 지능은 유전적 요인에 영향을 받는 지능으로, 뇌 발달과 비례한다. 기억력, 지각력, 일반적 추리력, 정보처리속도 등 탈문화적 내용이 이에 해당한다. 유동성 지능은 청소년기까지는 발달하나 그 이후부터는 점차 쇠퇴한다. 반면, 결정성 지능은 환경적 요인에 영향을 받는 지능으로, 문화적 환경과 경험에 의해 발달한다. 독해력, 상식, 문제해결력 등 문화적 내용이 이에 해당한다. 그러므로 결정성 지능은 환경적 자극이 지속되는 한 청소년기 이후에도 계속 발달할 수 있다.

논3 **가드너(Gardner)가 제시한 지능 개념과 지능의 유형을 제시하시오.**

가드너(Gardner)에 따르면, 지능은 단일능력이 아니라 별개의 영역별로 구분되는 9개의 상호 독립적인 지능들로 구성되어 있다. 각 지능 요인들의 결합 형태에 따라 개인의 독특한 지능이 형성된다. 9개의 다중지능 유형은 언어 지능, 논리수학 지능, 대인관계 지능, 자연관찰 지능, 음악 지능, 공간 지능, 신체운동 지능, 개인내적 지능, 실존 지능으로 분류된다. 첫째, 언어 지능은 언어의 의미, 소리, 기능에 대한 민감성을 말하며, 언어의 활용과 관련된 능력이다. 둘째, 논리수학 지능은 논리적·수학적 유형에 대한 민감성을 말하며, 논리적 사고, 수학적 계산, 관계 이해, 추론, 패턴과 유형 인지능력, 문제이해능력이 이에 해당한다. 셋째, 대인관계 지능은 타인의 기분, 동기, 의도를 구분하고 대응하는 능력을 말하며, 대인관계에 필요한 사회적 지능이다. 넷째, 자연관찰 지능은 동식물이나 주변 사물을 관찰하여 공통점과 차이점을 분석하는 능력을 의미한다. 다섯째, 음악 지능은 음정에 대한 민감성을 말하며, 음과 음절을 리듬이나 구조로 결합하는 방법과 음악의 정서적 측면을 이해하는 능력이다. 여섯째, 공간 지능은 시공간 세계에 대한 예민한 지각을 말하며, 시·공간적 세계를 정확히 지각하고, 지각한 것을 토대로 시·공간적 세계를 변형·수정·재창조하는 능력이다. 일곱째, 신체운동 지능은 신체나 사물을 능숙하게 다루는 능력을 의미한다. 여덟째, 개인 내적 지능은 자신에 대한 이해, 통찰, 통제능력을 의미한다. 아홉째, 실존 지능은 인간의 존재 이유, 삶과 죽음, 희로애락, 인간의 본성 및 가치에 대해 철학적·종교적 사고를 할 수 있는 능력을 의미한다.

논4 **가드너(Gardner)의 다중지능이론을 고려한 교육적 방안을 제시하시오.**

가드너(Gardner)에 따르면, 지능은 별개의 영역별로 구분되는 상호 독립적인 다중지능으로 구성되어 있다. 그 다중지능 구성(profile)은 개인마다 다르며, 인간은 최소한 한 가지 이상의 우세한 지능영역을 갖고 있다. 이를 고려할 때 다음과 같은 교육적 방안을 제시할 수 있다. 첫째, 9가지 다중지능을 골고루 반영하여 교육내용(교육과정)을 다양화하거나 각 지능을 통합한 통합교육을 실시하여 다양한 영역의 지능을 고루 발달시키도록 해야 한다. 둘째, 인간은 최소한 한 가지 이상의 우세한 지능영역이 있으므로 학습자에게 약한 영역을 지도할 때 그의 강점 지능을 활용하여 지도하도록 해야 한다. 셋째, 학생마다 다중지능 구성(profile)이 다르므로 학생의 개인차를 고려한 맞춤형 교육이나 선택학습을 실시해야 한다. 넷째, 학생 간의 개인차를 변별하는 평가보다는 학생의 지능에서 강점과 약점을 파악하여 그에 적합한 교육내용과 방법을 연결해 줄 수 있는 평가가 되어야 한다.

논5 **스턴버그(Sternberg)가 제시한 지능 개념, 지능의 세 측면, 교육적 방안을 제시하시오.**

스턴버그(Sternberg)에 따르면, 인간의 지능은 분석적 지능, 경험적 지능, 실제적 지능이 하나의 체계로 통합되어 작용한다. 이를 삼원지능이론이라고 한다. 이들 세 지능 간의 균형을 유지하고 이를 잘 활용할 때 인간은 자신의 목표를 성취하고 그에 따른 성공을 경험한다. 지능의 3가지 측면을 제시하면 다음과 같다. 첫째, 분석적 지능은 새로운 지식을 습득하고 그 지식을 논리적인 문제해결에 적용하는 능력으로, 지식습득요소·수행요소·메타요소로 구성된다. 이것은 종래의 IQ와 관련되는 것으로, 학교 학습에 영향을 준다. 둘째, 경험적 지능은 인간의 경험과 밀접히 관련되어 있는 창의적 능력이다. 익숙한 과제를 자동적으로 수행하는 자동화와 새로운 과제를 처리하는 신기성(통찰력)으로 구성된다. 셋째, 실제적 지능은 실제 생활에서 환경에 잘 적응하고, 환경을 변화시키거나 보다 나은 새로운 환경을 선택하는 능력을 의미하며, 적응·변화·선택으로 구성된다. 이것은 IQ나 학업성적과는 무관한 능력으로, 일상의 경험에 의해 획득되고 발달한다. 다음, 스턴버그의 지능이론에 근거한 교육적 방안을 제시하면 다음과 같다. 첫째, 3가지 능력은 모든 교과 영역에 두루 적용될 수 있으므로 3가지 지능을 반영한 수업을 통해 학생의 지능이 증진될 수 있도록 한다. 둘째, 학생 개개인의 강점과 약점을 확인한 다음 강점을 충분히 활용하고 단점을 보완할 수 있는 교육을 실시해야 한다. 셋째, 수업과 평가를 학생의 능력에 부합시켜야 하며, 그렇게 할 때 학습이 극대화된다.

논6 **지능검사가 갖고 있는 문화적 편향성을 극복하기 위한 문화공평검사를 제시하시오.**

종래의 지능검사는 대부분 언어성 검사로 되어 있어 문화적으로 편향되어 있다. 이를 극복하기 위한 검사가 문화공평검사(culture-fair test)이며, 이에는 SOMPA, K-ABC, UNIT, CPMT 등이 있다. 첫째, SOMPA(다문화적 다원사정체제)는 머서(Mercer)가 특정 집단에 불리하지 않도록 다양한 평가방식을 활용하여 제작한 검사이다. 아동의 의료적 요소와 사회적 요소를 고려한 지능검사로 학생 사정 부분과 부모 면담 부분으로 구분하여 시행한다. 둘째, K-ABC(카우프만 검사)는 문화적 편향성을 극복하기 위해 특정 문화권에 공통된 내용을 가지고 모든 피험자에게 표준화된 동일한 검사방식으로 진행된다. 아동의 학습잠재력과 성취도 측정을 위한 지능검사로, 청각장애인이나 언어장애인, 외국인 아동에게 유용한 검사이다. 셋째, UNIT(동작성 보편지능검사)는 브래큰과 맥칼럼(Bracken & McCallum, 1998)이 아동과 청소년의 일반지능과 인지능력을 측정하기 위해 개발한 것으로, 언어에 기반한 전통적 검사들로 인해 불이익을 받을 수 있는 사람들에게 사용하기 위해 고안된 검사이다. 특수교육 대상자와 정신장애 진단에 유용하다. 넷째, CPMT(색채누진행렬 지능검사, 레이븐 검사)는 언어이해력과는 무관한 범문화적 검사로, 컬러(color)로 구성된 도형검사자극에 근거하여 추론능력을 측정하는 비언어적 검사이다. 검사 수행을 위해 시각기능과 인지능력만을 필요로 하기 때문에 신체장애인, 언어발달지체 아동, 뇌성마비 아동, 청각장애인에게도 적용이 가능하다.

논7 **지능지수에 대한 해석상 유의점을 제시하시오.**

현재 보편적으로 사용되는 지능지수는 편차IQ이다. 편차IQ는 한 사람의 지능을 그와 동일한 연령집단 내에서의 상대적 위치로 규정한 IQ이다. 지능검사 결과로 나타나는 지능지수(IQ)를 해석할 때 유의점을 제시하면 다음과 같다. 첫째, 지능지수는 지능과 동일한 것이 아니다. 지능을 나타내 주는 하나의 지표일 뿐이다. 둘째, 지능지수는 규준점수이기 때문에 개인의 절대적 지적 수준이 아니라 상대적 지적 수준을 나타낸다. 셋째, 지능지수는 측정의 표준오차를 고려할 때 단일점수보다 점수범위(점수띠, 신뢰구간)로 생각하는 것이 합리적이다. 넷째, 지능지수는 고정된 점수가 아니라 개인의 일생 동안 상당한 정도로 변화한다. 다섯째, 지능지수는 학업성적과 높은 상관(r = 0.50)이 있지만 절대적인 척도는 아니다. 그러므로 학생의 학업성적을 이해할 때, 지능 이외에 교사의 수업방법, 가정배경 등 가외변인도 고려해야 한다. 여섯째, 지능검사는 잠재능력이나 인간관계 기술, 창의력, 심미적 능력 등을 측정하지 못한다. 일곱째, 지능지수가 동일하더라도 지능지수를 구성하는 하위요인은 다를 수 있다. 하위요인 간 격차가 크면 학습장애 가능성이 있을 수 있으며, 하위요인을 알 때 지능검사의 활용도가 높아진다.

논8 **창의성의 인지적 구성요소 중 유창성, 융통성, 조직성, 정교성의 개념을 각각 설명하시오.**

창의성은 새롭고 유용하면서도 적절한 가치가 있는 어떤 것을 생산해 내는 능력이다. 창의성의 인지적 구성요소에는 민감성(지각의 개방성), 유창성, 융통성, 독창성, 조직성, 정교성 등이 있다. 이 중 유창성, 융통성, 조직성, 정교성을 설명하면 다음과 같다. 첫째, 유창성이란 일정한 시간 내에 한 범주의 아이디어를 많이 산출해 내는 능력으로, 양의 다양성과 관련된다. 둘째, 융통성이란 고정된 사고에서 벗어나 다양한 범주의 아이디어를 많이 산출해 내는 능력으로, 질의 다양성, 접근방법의 다양성과 관련된다. 셋째, 조직성이란 다양한 사물이나 사상을 서로 구조적이고 기능적으로 관련지어 재구성하는 능력을 의미한다. 복잡한 문제가 보다 간결하게 재구성된다. 넷째, 정교성은 다소 엉성하게 산출된 아이디어에 세부사항(뼈와 살)을 덧붙여 구체화하거나 의미를 명확히 하는 능력을 말한다. 정교성은 사고의 치밀성, 사고의 깊이와 관련된다.

논9   창의성의 정의적 특성을 설명하시오.

과거 창의력은 창의적인 인물의 인지적 특징만을 부각시킨 개념이었으나, 창의성은 인지적, 정의적, 생리적, 심지어 사회적, 맥락적 요소를 포괄하는 하나의 체계를 의미한다. 창의성의 정의적 특성을 설명하면 다음과 같다. 첫째, 창의적인 사람은 새롭고 복잡하고 어려운 문제를 선호하는 경향이 있다. 둘째, 창의적인 사람은 관행에 동조하기를 거부한다. 표준적 패턴에서 과감히 이탈하며, 독립적이기 때문에 때로는 비사교적이고 고립된 사람으로 인식되기도 한다. 셋째, 창의적인 사람은 실패에 대한 불안이 적으며, 약간의 위험부담을 즐기는 경향이 있다. 넷째, 창의적인 사람은 모호성을 참는 역량이 있다. 보통 사람들은 문제상황이 모호할 때 참지 못하고 그 상황을 회피하지만, 창의적인 사람은 잘 참아내고 좌절하지 않으며 주어진 문제를 해결하려고 계속 노력한다. 다섯째, 창의적인 사람은 자신의 경험에 대하여 개방적이다. 사물, 사태, 아이디어를 이미 정해진 범주로 지각하지 않고 자기가 느끼는 그대로 받아들인다.

논10   창의성 계발 기법 중 브레인스토밍, 시넥틱스, PMI, 육색 사고 모자 기법을 각각 설명하시오.

창의성 계발 기법을 설명하면 다음과 같다. 첫째, 브레인스토밍(brainstorming)은 오스본(Osborn)이 창안한 것으로, 자유로운 집단사고를 통해 창의적 아이디어를 창출하는 방법이다. 기본 원리로 자유분방함, 질에 관계없는 많은 양의 아이디어 양산, 아이디어에 대한 비판 금지, 아이디어의 결합과 개선을 중시한다. 둘째, 시넥틱스(synectics)는 고든(Gordon)이 창안한 것으로, 아무 관련이 없어 보이는 요소들을 비유나 유추로 연결하여 새로운 생각을 창출하는 방법이다. 교수법에는 사물이나 현상, 아이디어들을 서로 관련지어 직접 비교하는 '직접 유추', 사람을 특정 사물에 비유하여 생각하는 '대인 유추', 서로 상반된 단어를 연결하여 특정 현상을 기술하는 '상징적 유추', 현실세계를 넘어서는 상상을 하도록 하여 문제를 해결하는 '환상적 유추'가 있다. 셋째, PMI 기법은 드 보노(E. de Bono)가 창안한 것으로, 어떤 문제나 아이디어의 긍정적인 면(Plus), 부정적인 면(Minus), 흥미로운 면(Interesting)을 생각하도록 하는 방법이다. 문제나 대안을 바라보는 시야를 확대해 준다. 넷째, 육색 사고 모자(six thinking hats) 기법은 여섯 색깔의 모자를 바꾸어 쓰면서 자신의 모자가 요구하는 특정한 사고만 하도록 하는 기법이다. 한 번에 한 가지씩 사고할 수 있도록 도와줌으로써 폭넓은 사고를 가능하게 한다. 육색 모자에는 사실적 사고를 요구하는 '백색 모자', 감정적 사고를 요구하는 '적색 모자', 부정적인 논리적 사고를 요구하는 '흑색 모자', 긍정적인 논리적 사고를 요구하는 '황색 모자', 창의적·측면적 사고를 요하는 '녹색 모자', 메타인지적 사고를 요하는 '청색 모자'가 있다.

논11 **위트킨이 제시한 2가지 인지양식, 각 학습자 특성 비교, 각 학습자에게 적합한 교수전략을 제시하시오.**

위트킨(Witkin)은 인지과정에서 보이는 정보나 자극에 대한 심리적 분화 정도에 따라 인지양식을 장독립형과 장의존형으로 구분하였다. 장독립형은 주변의 장(배경)에 영향을 별로 받지 않는 인지양식이다. 심리적 분화가 잘 된 유형으로, 내적 대상에 의존하는 성향이 있다. 반면, 장의존형은 주변의 장(배경)에 영향을 많이 받는 인지양식이다. 심리적 분화가 잘 이루어지지 않은 유형으로, 외적 대상에 의존하는 성향이 있다.

각 학습자의 특성을 비교하면, 첫째, 장독립형 학습자는 세계를 보다 분화된 방식으로 경험하며, 자신이 경험한 것을 논리적으로 잘 분석한다. 반면, 장의존형 학습자는 주어진 대상을 있는 그대로 지각하며 전체적이고 직관적으로 파악하는 경향이 있다. 둘째, 장독립형 학습자는 상황을 분석하여 재조직하고 구조화하는 데 뛰어나며 비구조화된 학습자료를 선호한다. 반면, 장의존형 학습자는 기존의 구조를 그대로 수용하기를 좋아하기 때문에 명료하게 구조화된 학습자료를 선호한다. 셋째, 장독립형 학습자는 내적 준거체계를 소유하고 있어 자신이 세운 목표나 강화에 영향을 받는 경향이 있다. 반면, 장의존형 학습자는 내적 준거체계가 없어 외부에서 세운 목표나 강화에 영향을 받는 경향이 있다. 넷째, 장독립형 학습자는 활동의 선택, 개인의 목표 추구를 통해 내적 동기가 유발되는 경향이 있고, 외부 비판에 영향을 적게 받는다. 반면, 장의존형 학습자는 언어적 칭찬, 외적 보상 등에 의해 외적 동기가 유발되는 경향이 있고, 외부 비판에 영향을 많이 받는다.

각 학습자에게 적합한 교수전략을 제시하면 다음과 같다. 첫째, 장독립형 학습자에게는 개인적 성향이 강조되는 개별학습을 제공하고, 장의존형 학습자에게는 사회적 상호작용이 강조되는 협동학습이나 토론학습을 허용한다. 둘째, 장독립형 학습자에게는 정확한 피드백을 제공하고 부정적 평가도 함께 사용하며, 장의존형 학습자에게는 피드백은 적게 하되 부정적 평가는 피하도록 한다. 셋째, 장독립형 학습자에게는 주제나 문제를 소개하기 위해 적절한 질문을 사용하고, 장의존형 학습자에게는 수업상황과 과정을 확인하기 위해 질문을 사용한다.

논12 **케이건이 제시한 2가지 인지양식, 각 학습자 특성 비교, 교수전략을 제시하시오.**

케이건(Kagan)은 과제 해결에 대한 반응시간과 반응오류(오답 수)를 기준으로 인지양식을 충동형(속응형)과 반성형(숙고형)으로 구분하였다. 충동형은 반응시간은 빠르지만 반응오류가 많은 유형이고, 반성형은 반응시간은 느리지만 반응오류가 적은 유형이다. 충동형 학습자는 사고보다 행동이 앞서서 문제를 해결할 때 빠른 행동을 좋아하지만 그만큼 실수가 많아 학업성취도가 낮을 가능성이 높다. 반면, 반성형 학습자는 행동보다 사고가 앞서기 때문에 행동을 하기 전에 여러 측면에서 검토하는 것을 좋아하며 과제수행에서 실수가 적어 학업성취도가 높게 나타난다.

그러나 극단적인 충동형과 숙고형은 모두 문제가 될 수 있다. 따라서 충동형 학생은 신중하게 사고할 수 있도록 문제해결과정을 혼잣말로 표현하는 '인지적 자기교수'나, 과제 전체를 모두 개괄하도록 하는 '훑어보기 전략'을 통해 충동형을 수정해 주어야 한다. 반면, 반성형 학생은 까다로운 문제에 부딪혔을 때 한 문제를 너무 오랫동안 생각하다가 다른 문제를 놓치는 경우가 생길 수 있으므로 과제를 시간 내에 완성할 수 있도록 어려운 문제는 '건너뛰게 하는 전략'을 가르쳐야 한다.

논13 콜브(Kolb)가 제시한 4가지 학습유형의 특성을 설명하시오.

콜브(Kolb)는 학습자가 사용하는 정보지각방식(perception)과 정보처리방식(processing)에 따라 학습유형을 적응형(조절형), 분산형(발산형), 수렴형, 동화형(융합형)으로 분류하였다. 첫째, 적응형은 구체적인 경험을 통해 지각하고, 활동적인 실험을 통해 정보를 처리하는 유형이다. 이들은 계획 실행에 뛰어나고 새로운 경험을 추구하고 새로운 상황에 잘 적응하며 지도력이 탁월하다. 둘째, 분산형(발산형)은 구체적인 경험을 통해 지각하고, 반성적으로 관찰하며 정보를 처리하는 유형이다. 상상력이 뛰어나고 상황을 여러 관점에서 조망하며 많은 아이디어를 낸다. 셋째, 수렴형은 추상적으로 개념화하여 지각하고, 활동적으로 실험하면서 정보를 처리하는 유형이다. 이들은 가설 설정과 연역적 추리가 뛰어나고, 이론을 실제에 잘 적용할 수 있으므로 의사결정능력이나 문제해결능력이 뛰어나다. 넷째, 동화형(융합형)은 추상적으로 개념화하여 지각하고, 반성적으로 관찰하며 정보를 처리하는 유형이다. 이들은 논리성과 치밀성이 뛰어나고 귀납적 추리에 익숙하므로 이론화를 잘한다.

02 정의적 특성

논14 내재적 동기와 외재적 동기를 설명하시오.

내재적 동기는 유기체 내부에서 비롯되는 동기를 말한다. 과제 수행의 활동 그 자체가 보상인 동기이다. 내재적 동기는 과제에 대한 흥미, 호기심, 성취감, 만족감 등에서 유발된다. 반면, 외재적 동기는 유기체 외부에서 비롯되는 동기이다. 즉, 과제 수행의 결과가 가져다줄 보상이나 벌에서 비롯되는 동기이다. 외재적 동기는 상벌, 경쟁심, 학습결과 제시 등에서 유발된다.

논15 외재적 보상이 내재적 동기를 감소시키는 경우, 외재적 보상으로 내재적 동기를 증가시키는 방법을 제시하시오.

외재적 보상이 내재적 동기를 감소시키는 경우를 제시하면 다음과 같다. 첫째, 내재적으로 동기화된 학생에게 외재적 보상을 제공할 경우이다. 내재적 흥미를 느끼는 과제에 외적 보상을 주면 내재적 동기가 감소된다. 예컨대, 스스로 독서를 열심히 하고 있는 아이에게 과도한 칭찬과 보상을 주면 독서에 대한 내재적 동기를 손상시키고, 독서에 필요한 내재적 동기를 발달시키는 데 장애가 된다. 둘째, 수행한 과제의 질에 관계없이 외재적 보상을 남용할 경우이다. 이 경우 자신의 발전이 아니라 주어질 외적 보상에만 집착하게 함으로써 내재적 동기를 감소시킨다. 예컨대, 수준과 관계없이 책을 읽을 때마다 칭찬 스티커를 주면 쉬운 책을 대충 많이 읽어서 칭찬 스티커를 많이 받고자 하기 때문에 과제에 대한 흥미가 감소하며 보상에만 집착하게 된다.

외재적 보상으로 내재적 동기를 증가시키기 위한 방법을 제시하면 다음과 같다. 첫째, 내재적 흥미를 느끼지 않는 과제에 보상을 사용한다. 흥미를 느끼지 않는 과제를 하는 학생에게 보상을 사용하는 것은 그 과제를 계속해서 하고 싶은 마음이 생기게 하는 내재적 동기를 증가시키는 데 도움을 준다. 둘째, 과제수행의 질을 고려하여 보상을 제공한다. 학생의 능력이나 공부의 질이 향상되는 과제를 수행하는 부분에 보상을 제공하면 과제의 흥미를 증가시키도록 도움을 줄 수 있다. 셋째, 과제수행의 향상적 정보를 보상으로 제공한다. 학습활동에 대한 향상적 정보를 제공하는 정보적 피드백을 제공하면 자기결정성이나 유능감을 지각하게 되어 내재적 동기를 증가시켜 준다.

논16　매슬로우(Maslow)가 제시한 욕구위계이론을 설명하시오.

매슬로우(Maslow)는 인간의 내적 욕구를 동기유발 요인으로 보고, 인간의 욕구를 생리적 욕구, 안전의 욕구, 사회적 욕구, 존경의 욕구, 자아실현의 욕구 등 5단계로 위계화하여 제시하였다. 하위욕구가 충족되어야 상위욕구가 등장한다. 각각을 설명하면 다음과 같다. 첫째, 생리적 욕구는 인간의 삶 그 자체를 유지하기 위한 가장 기초적인 욕구를 말하며, 의식주·성·수면 등의 욕구가 이에 해당한다. 둘째, 안전의 욕구는 신체적 위협이나 위험, 공포나 불안으로부터 벗어나고자 하는 욕구이다. 불안·무질서로부터의 자유, 구조·법·질서·안정에 대한 욕구 등이 이에 해당한다. 셋째, 사회적 욕구는 사회적 존재로서 대인관계의 욕구나 애정·소속의 욕구를 말한다. 집단에의 소속감, 애정, 소속, 우정 등이 그것이다. 넷째, 존경의 욕구는 타인에 의한 존경의 욕구와 자기 존중의 욕구를 말한다. 존경의 욕구가 충족되면 자신감, 권위, 권력 등이 생겨난다. 다섯째, 자아실현의 욕구는 자신의 잠재력을 최대한 실현하려는 욕구이다. 자아실현의 욕구는 지적 욕구와 심미적 욕구 등을 포함한다.

논17　매슬로우(Maslow)가 제시한 욕구위계이론이 교육현장에 주는 시사점을 제시하시오.

매슬로우(Maslow)는 인간의 내적 욕구를 동기유발 요인으로 본다. 그는 인간의 욕구를 생리적 욕구, 안전의 욕구, 사회적 욕구, 존경의 욕구, 자아실현의 욕구 등 5단계로 위계화하였으며, 하위욕구가 충족되어야 상위욕구가 등장한다고 보았다. 욕구위계이론이 교육현장에 주는 시사점은 다음과 같다. 첫째, 교사는 학생의 결핍욕구가 충분히 채워졌는지 항상 주의를 기울여야 한다. 결핍욕구가 모두 충족될 때 학생들은 비로소 성장욕구인 자아실현의 욕구를 충족하기 위해 열성을 보일 수 있다. 둘째, 교사는 학생의 자존감에 상처를 입히는 언행을 삼가야 한다. 교사가 학생의 자존감을 건드리고 상처를 입히면 학생은 더 이상 학습에 흥미를 유지할 수 없게 된다. 셋째, 학생의 동기유발을 위한 사전작업으로 교사는 학생이 지니고 있는 욕구를 충분히 이해하려고 노력해야 한다. 학생이 추구하는 하위수준의 욕구와 교사가 학생에게 요구하는 상위수준의 욕구가 서로 갈등을 일으킬 수도 있기 때문이다.

논18　**자기결정성을 증진하기 위한 전략을 3가지 기본욕구의 측면에서 제시하시오.**

데시와 라이언(Deci & Ryan)의 자기결정성이론에 따르면, 인간은 자신의 행동을 자율적으로 결정하고자 하는 욕구에 의해 동기화된다. 자기결정성은 자율성, 유능감, 관계성의 3가지 기본욕구로 구성된다. 이 3가지 욕구가 개인의 환경에서 지지될 때 내재적 동기가 높아진다. 자기결정성을 증진하기 위한 전략을 제시하면 다음과 같다. 첫째, 자율적인 학습환경을 제공하여 자율성 욕구를 충족시켜 준다. 교사는 학생들이 스스로 학습목표를 설정하고 모니터하도록 격려하고, 학생의 자발적 학습참여를 높은 수준에서 보장함으로써 학생들이 학습활동을 내재화하도록 도와야 한다. 둘째, 성공적인 과제 수행의 경험을 제공하여 유능감 욕구를 충족시켜 준다. 교사는 학생들에게 도전적 과제를 제시하고 과제 수행에 대해 구체적이고 긍정적인 피드백을 제공하여 학생의 능력이 향상되고 있음을 느끼게 해 주어야 한다. 셋째, 친밀한 사회관계를 형성하도록 하여 관계성 욕구를 충족시켜 준다. 교사와 학생이 긍정적인 관계를 형성하고, 협동학습 전략을 사용하여 또래와 친밀한 관계를 형성하도록 한다.

논19　**동기가 전혀 없는 학생에게 내재적 동기를 유발하기 위한 전략을 단계적으로 제시하시오.**

자기결정성 이론에 따르면, 인간의 동기는 자신의 행동을 자율적으로 결정하고자 하는 욕구에서 비롯된다. 따라서 통제적인 교육환경은 내재적 동기를 훼손하며 분노와 불안과 같은 부정적인 감정을 유발하여 무동기를 유도할 수 있다. 한편, 이미 내재적으로 동기화된 학생에게 외적 보상을 제공하거나, 과제 수행의 질에 관계없이 무분별하게 보상을 줄 경우 보상이 통제적 성격을 가지게 되어 내재적 동기가 손상된다.

동기가 전혀 없는 무동기 상태인 학생에게 내재적 동기를 유발하려면 우선, 학생을 무동기 상태에서 외재적 동기 상태로 변화시켜 주어야 한다. 외재적 동기는 인간의 외부에서 비롯되는 동기로 적절한 칭찬과 보상을 통해 유발될 수 있다. 다음, 외재적 동기가 내재적 동기로 발달할 수 있도록 유도해야 한다. 이를 위해서 교사는 활동 과정에 대한 정보적 피드백을 제공해 줌으로써 학생이 사회적 규범과 가치를 자기의 것으로 내면화(internalization)하도록 해야 한다. 마지막으로, 학생의 자기결정성을 높여줌으로써 내재적 동기를 증가시켜 나가야 한다. 인간은 자율성, 유능감, 관계성의 3가지 기본 욕구가 개인의 환경에서 지지될 때 내재적 동기가 높아진다. 따라서 교사는 자율성이 지지되는 학습환경을 제공하고, 성공적인 과제 수행의 경험을 제공하며, 학생과 친밀한 사회적 관계를 형성해 나가야 한다.

논20 **보상을 활용하여 내재적 동기를 증가시키는 방법을 3가지 제시하시오.**

보상을 활용하여 내재적 동기를 증가시키는 방법을 3가지 제시하면 다음과 같다. 첫째, 내재적 흥미를 느끼지 않는 과제에 보상을 사용한다. 내재적 흥미를 느끼는 과제에 외적 보상을 주면 내재적 동기를 손상시킨다. 따라서 흥미를 느끼지 않는 과제에 보상을 사용해야 그 과제를 계속해서 하고 싶은 마음이 생기게 하는 내재적 동기를 증가시킬 수 있다. 둘째, 과제수행의 질을 고려하여 보상을 제공한다. 수행수준에 관계없이 보상을 제공할 경우 흥미가 감소하며 주어질 보상에만 집착하게 된다. 따라서 수행한 과제의 질을 고려하여 보상이 주어져야 한다. 셋째, 과제수행의 향상적 정보를 보상으로 제공한다. 활동에 대한 정보적 피드백을 제공하면 학생은 자기결정성이나 유능감을 지각하게 되고 내재적 동기가 높아진다. 이처럼 교사는 보상이나 칭찬을 매우 신중하게 사용해야 하며, 학습자 개인의 동기 수준 및 상황에 항상 주의하여 접근해야 한다.

논21 **자기가치이론에서 제시한 자기장애 전략의 개념 및 사례를 제시하시오.**

자기가치이론은 동기에 관한 정서적 접근으로, 인간은 누구나 자기 자신을 가치 있는 유능한 존재로 인식하기를 원하며, 이러한 자기가치를 보호하려는 욕구가 인간의 행동을 결정한다고 설명한다. 자기장애(self-handicapping) 전략이란 자기존중감을 보호하기 위해 사용하는 자기보호전략이다. 학생들은 학업 실패 상황에서 자신의 무능함을 보여주지 않기 위해 다양한 자기장애 전략을 구사한다. 자기장애 전략의 대표적인 예로는 비현실적인 목표설정하기, 실패의 원인을 변명하기, 공부를 미루거나 꾸물거리기 등을 들 수 있다.

논22 **귀인이론의 관점에서 바람직한 귀인 유형과 바람직하지 않은 귀인 유형을 제시하시오.**

귀인이론은 어떤 상황의 성공과 실패의 원인을 어디로 돌리느냐에 따라 개인의 정서와 행동에 영향을 미친다고 가정한다. 바람직한 귀인 유형은 첫째, 학습 성공의 원인을 능력이나 노력으로 귀인하는 경우이다. 이 경우 유능감, 자기존중감이 형성되고 성공 기대가 증가하여 과제에 적극적으로 참여하게 된다. 둘째, 학습 실패의 원인을 노력 부족으로 귀인하는 경우이다. 이 경우 수치심, 죄책감을 경험하며 성공 기대가 유지되어 과제에 적극적으로 참여하게 된다. 한편, 바람직하지 않은 귀인 유형은 첫째, 학습 성공의 원인을 운으로 귀인하는 경우이다. 이 경우 무관심이 형성되고 성공 기대가 감소하여 과제 참여에 열의가 부족해진다. 둘째, 학습 실패의 원인을 능력 부족으로 귀인하는 경우이다. 이 경우 무능감, 낮은 자존감을 경험하고 성공 기대가 감소하여 과제 참여에 노력하지 않게 된다.

논23 **학습된 무기력감이 형성되는 원인을 귀인이론의 관점에서 설명하고 극복방안을 제시하시오.**

학습된 무기력감은 계속되는 학업 실패로 인해 무능력감이 학습된 것으로, 아무리 노력해도 성공할 수 없다고 느끼는 자포자기 상태를 말한다. 이 학생들은 거듭된 실패로 인해 자신의 실패가 당연하다고 생각하며 어떠한 시도조차 하지 않고 학업을 쉽게 포기한다. 학습된 무기력감은 동기, 인지, 정서에 심각한 영향을 초래한다. 귀인이론의 관점에서 볼 때 학습된 무기력감은 자신의 실패를 내적, 안정적, 통제 불가능한 요인인 '능력 부족'에 반복적으로 귀인할 때 발생한다. 그러므로 학습된 무기력감을 극복하기 위해서는 학습 실패의 원인을 능력 부족이 아니라 자신의 내부에 존재하는 불안정적이고 통제 가능한 요인인 '노력'이나 '전략 부족'에서 찾도록 훈련해야 한다.

논24 **학습된 무기력감이 형성되는 원인과 극복방안을 제시하시오.**

학습된 무기력감은 계속되는 학업 실패로 인해 무능력감이 학습된 것으로, 아무리 노력해도 성공할 수 없다고 느끼는 자포자기 상태를 말한다. 이 학생들은 거듭된 실패로 인해 자신의 실패가 당연하다고 생각하며 어떠한 시도조차 하지 않고 학업을 쉽게 포기한다. 학습된 무기력감이 형성되는 원인을 제시하면 다음과 같다. 첫째, 계속된 학업 실패이다. 계속된 학업 실패는 학습과제를 해결할 능력이 없다는 무기력감을 학습하게 한다. 둘째, 실패를 능력 부족에 반복적으로 귀인하기 때문이다. 실패를 능력 부족에 반복적으로 귀인할 경우 학습된 무기력감을 형성한다. 셋째, 학부모의 지나치게 높은 기대수준과 과소평가이다. 학부모가 학생이 도달하기 불가능할 정도의 높은 기대수준을 갖고 있거나, 학생의 능력을 과소평가할 경우에 학생은 좌절감을 갖게 되고 스스로 무능력하다고 인식하게 되어 무기력감을 학습한다. 넷째, 교사의 낮은 기대수준과 과소평가이다. 교사가 학생에 대해 낮은 기대수준을 갖거나 학생의 능력을 과소평가할 경우 학생은 스스로 무능하다고 생각하게 되어 무기력감을 학습한다.

학습된 무기력감을 극복하기 위한 방안을 제시하면 다음과 같다. 첫째, 귀인변경 훈련이다. 성공했을 때 능력이나 노력에 귀인하고, 실패했을 때 노력이나 전략 부족에 귀인하도록 훈련한다. 둘째, 자기효능감을 증진시킨다. 성공적인 과제 수행 경험 제공, 구체적인 학습전략 지도, 모델의 활용, 협동학습 전략 활용 등을 통해 자기효능감을 증진시켜 준다. 셋째, 완전학습을 지도한다. 완전학습을 통해 학습과제해결에 성공하면 학습자는 다시 학습동기를 찾게 되어 학습된 무기력에서 벗어날 수 있다. 넷째, 절대평가(준거지향평가)를 사용한다. 남들과 비교하는 학습자의 경우 절대평가는 경쟁심을 배제하고 학습과제의 성공을 경험하게 할 수 있으므로 학습된 무기력감을 해결할 수 있다.

논25 자기효능감의 형성 요인과 증진 방안을 각각 4가지 제시하시오.

자기효능감(self-efficacy)이란 개인이 특정한 과제를 성공적으로 수행할 수 있다는 자신의 능력에 대한 믿음을 말한다. 자기효능감을 형성하는 요인을 제시하면 다음과 같다. 첫째, 과거의 성공 경험이다. 과거의 성공 경험은 자기효능감을 높이는 반면, 실패 경험은 자기효능감을 낮춘다. 둘째, 대리 경험(모델관찰)이다. 자기와 유사한 사람의 성공적인 모습을 관찰하면 자기효능감이 높아지며, 그 모델이 실패하는 것을 관찰하면 자기효능감이 낮아진다. 셋째, 언어적 설득이다. 타인의 칭찬이나 격려와 같은 언어적 설득은 정도가 약하지만 자기효능감에 영향을 준다. 넷째, 정서적 상태이다. 정서적 안정감이나 최상의 컨디션은 자신감을 향상시켜 자기효능감을 높여주는 반면, 불안이나 긴장 등의 부정적 정서 상태는 자기효능감을 떨어뜨린다.

자기효능감을 증진하기 위한 방안을 제시하면 다음과 같다. 첫째, 성공적인 경험을 제공한다. 도전적인 과제를 제시하는 등 다양한 상황에서 학습자들이 성공할 수 있는 경험의 기회를 제공해 준다. 둘째, 모델을 활용한다. 자신과 유사한 모델의 성공적인 수행을 관찰하게 함으로써 자신도 그러한 과제를 수행할 수 있다는 신념을 갖게 한다. 셋째, 언어적 설득을 사용한다. 언어적 설득은 학생의 과제 수행에 자신감을 갖게 하므로 칭찬이나 격려를 통해 자기효능감을 증진시킨다. 넷째, 정서적 대처 기술을 제공한다. 학생의 긴장과 불안을 능력의 부족이 아닌 다른 긍정적인 이유로 귀인하도록 유도하고, 이와 함께 긴장이나 불안에 대처하는 기술을 훈련시키는 것이 필요하다.

논26 기대×가치이론에 따를 때 학습자의 동기에 영향을 주는 동기화 요소를 제시하시오.

기대×가치이론은 기대와 가치가 동기의 결정요인이라고 가정한다. 이에 따르면, 어떤 행동을 하는가는 그 행동을 통해 성공할 것이라는 기대와 과제 수행에 부여하는 가치에 따라 좌우된다. 따라서 학습자의 동기에 영향을 주는 동기화 요소는 기대와 가치라고 할 수 있다. 기대(기대구인)는 성공할 수 있는 가능성에 대한 개인적 신념으로 목표, 과제 난이도, 자기도식, 정서적 기억 등의 하위요인으로 구성된다. 첫째, 목표가 구체적이고 단기적일수록 과제 성공에 대한 기대가 높아진다. 둘째, 과제 난이도를 어떻게 지각하느냐에 따라 과제의 성공 가능성에 대한 기대가 달라진다. 셋째, 자신의 능력에 대한 신념인 자기도식이 긍정적일수록 과제 성공에 대한 기대가 높아진다. 넷째, 이전에 성공한 경험인 정서적 기억이 있을 경우 과제에 대한 성공 기대가 높아진다. 한편, 가치(가치요인)는 과제의 가치에 대한 개인적 신념으로 내재적 흥미, 중요성, 효용가치, 비용 등의 하위요인으로 구성된다. 첫째, 과제에 내재적 흥미를 가질 때 학습동기가 촉진된다. 둘째, 과제 수행이 삶에 중요한 의미가 있다고 생각될 때 학습동기가 촉진된다. 셋째, 과제가 현재나 미래의 목표 달성에 도움이 된다고 느낄 때 학습동기가 촉진된다. 넷째, 과제 수행 결과 얻는 가치가 비용보다 더 높다고 인식할 때 학습동기가 촉진된다.

논27 기대×가치이론에 따를 때 학습자의 학습동기 향상 방안을 제시하시오.

기대×가치이론에 따를 때, 자신이 성공할 것이라는 기대에 그 성공에 대해 부여하는 가치를 곱한 값만큼 동기화된다. 따라서 기대×가치이론에 근거하여 학습자의 학습동기를 향상하려면 성공 기대와 과제 가치를 높여주어야 한다. 먼저, 성공 기대를 높여주기 위해서는 첫째, 구체적인 장기 및 단기 목표를 설정하게 한다.

구체적인 장기 목표와 단기 목표를 함께 설정하여 단계적으로 목표에 접근하도록 하면 목표 달성을 위한 노력을 증진하게 되어 성공 가능성에 대한 기대를 높일 수 있다. 둘째, 도전적 과제를 제공한다. 도전적 과제를 제시하여 성공하도록 하면 과제에 대한 성공 기대를 높이면서 자기 능력에 대한 긍정적인 신념도 형성해 준다. 셋째, 구체적·긍정적 피드백을 제공한다. 과제 수행의 성공 부분과 부족 부분에 대한 구체적이면서 긍정적 피드백을 제공하면 과제 수행에 대한 자신감이 형성되어 성공 기대감을 높일 수 있다. 넷째, 과거의 수행과 성취를 제시한다. 과거의 성공 경험은 미래의 성공에 대한 기대에 영향을 주므로 성공 기대감을 향상할 수 있다. 다음, 과제 가치를 높여주기 위해서는 첫째, 교과의 중요성을 강조한다. 학교에서 다루는 교과가 우리 삶에 얼마나 중요한 의미를 지니는지 강조함으로써 과제 가치에 대한 인식을 높일 수 있다. 둘째, 교과의 효용성을 강조한다. 학교에서 다루는 교과가 미래의 직업선택과 목표 성취에 얼마나 필요한지 강조함으로써 과제 가치를 높일 수 있다.

논28 드웩(Dweck)이 제시한 숙달목표와 수행목표의 개념, 숙달목표 지향성의 증진방안 3가지를 제시하시오.

드웩(Dweck)은 목표지향성이론에서 학생의 목표지향성에 따라 학습동기를 설명한다. 목표는 크게 숙달목표와 수행목표로 분류된다. 숙달목표란 과제의 숙달 및 이해의 증진 등 학습활동 그 자체에 초점을 둔 목표로서, 자신의 유능감을 향상시키는 데 관심을 둔다. 반면, 수행목표는 자신의 능력을 타인의 능력과 비교하는 데 초점을 둔 목표로서, 자신의 능력이 타인에 의해 어떻게 평가받는가에 관심을 둔다. 학생들이 숙달목표를 증진하도록 하기 위한 방안을 제시하면 다음과 같다. 첫째, 도전적 과제를 제시한다. 학생의 능력 범위 안에서 노력하면 해결할 수 있는 적절히 도전적인 과제를 제시하고, 그 과제의 성취 자체에 관심을 가지도록 한다. 둘째, 숙달에 초점을 둔 피드백이나 보상을 제공한다. 학생들의 학습 진전과 능력 향상, 숙달에 초점을 맞추어 피드백이나 보상을 제공하면 숙달목표를 지향하게 된다. 셋째, 자기비교평가나 자기평가를 실시한다. 개인의 진보와 숙달 정도를 기준으로 한 자기비교평가나 자신의 학습수행과정을 스스로 평가하는 자기평가를 실시하여 타인과의 경쟁보다는 자기 과제의 숙달과 학습에 관심을 갖도록 한다.

논29 성취동기의 개념과 성취동기가 과제 선택과 동기 수준에 미치는 영향을 각각 설명하시오.

성취동기란 도전적이고 어려운 과제를 성공적으로 수행하려는 욕구를 말한다. 성취동기는 성취결과와 관계없이 성공 그 자체를 중시하는 것이며, 학업성취와 밀접한 관계가 있다. 먼저, 과제 선택과 관련하여, 성공추구동기가 높은 학생은 성공가능성이 높은 중간 정도 난이도의 과제를 선택하는 경향이 있다. 목표가 달성 가능하면서도 자부심을 느낄 수 있기 때문이다. 반면, 실패회피동기가 높은 학생은 아주 쉬운 과제나 아주 어려운 과제를 선택한다. 아주 쉬운 과제는 실패할 위험 부담이 없이 성취할 수 있고, 아주 어려운 과제는 실패에 대한 변명을 과제의 난이도에 귀인시킬 수 있기 때문이다. 다음, 동일한 과제를 반복적으로 하고 싶은 동기수준과 관련하여, 성공추구동기가 높은 학생은 과제 실패 시 동기가 증가하고, 실패회피동기가 높은 학생은 과제 성공 시 동기가 증가한다.

02 학습자의 발달

01 인지발달이론

논30 **피아제(Piaget) 이론에서 인지발달의 기제인 동화, 조절, 인지적 불평형, 조직화의 개념을 각각 설명하시오.**

피아제(Piaget)에 따르면, 모든 유기체는 환경에 적응하려는 2가지 선천적 경향성인 적응(동화, 조절)과 조직의 기능을 갖고 태어나는데, 이 인지기능의 작용으로 인지도식(schema)이 형성되고 인지구조가 변화된다. 동화 (assimilation)란 새로운 정보를 자신의 기존 인지구조에 흡수하는 것이며, 조절(accommodation)은 자신의 기존 인지구조를 새로운 정보에 알맞게 수정하는 것을 말한다. 동화와 조절을 통해 인간의 인지구조는 평형 (equilibrium)을 유지하게 된다. 그러나 기존의 인지구조와 환경 사이에 동화와 조절이 원활하게 이루어지지 않을 때 인지적 갈등이 생기는데, 이를 인지적 불평형이라고 한다. 즉, 인지적 불평형(cognitive disequilibrium)이란 동화와 조절 간의 인지적 균형이 깨진 인지갈등 상태를 의미한다.

논31 **피아제(Piaget) 인지발달이론에서 형식적 조작기에 나타나는 인지적 특성 중 3가지를 제시하시오.**

형식적 조작기는 구체적 사물 없이도 추상적이고 논리적 사고가 가능하며, 과거·현재·미래를 연결하여 추론할 수 있는 시기이다. 형식적 조작기에 나타나는 인지적 특성 중 3가지를 제시하면 다음과 같다. 첫째, 추상적 사고이다. 추상적 사고는 추상적 개념을 가지고 논리적으로 사고하는 능력을 의미한다. 이로 인해 추상적 관련성을 이해하고, 속담이나 격언의 추상적·상징적 의미를 이해할 수 있다. 둘째, 반성적 추상화이다. 이것은 구체적 경험과 관찰의 한계를 벗어나서, 제시된 정보에 기초해서 내적 성찰을 하는 과정으로, 사고에 대한 사고, 메타 사고를 의미한다. 셋째, 가설·연역적 사고이다. 학생들은 미래의 잠정적인 결론인 가설을 설정하고 연역적으로 검증하며 결론을 추론할 수 있다. 그 결과 이 시기의 학생들은 현실보다는 이상을 추구하는 자기 중심적 사고의 경향을 보이기도 한다.

논32 **형식적 조작기에 나타나는 자기중심적 사고의 특성과 이를 극복하기 위한 방안을 각각 3가지 제시하시오.**

형식적 조작기의 학생들은 이상주의적 사고를 하면서 현실보다는 이상을 추구하는 자기중심적 사고의 경향을 보인다. 자기중심적 사고는 다음과 같은 특성이 있다. 첫째, 가상적 청중이다. 가상적 청중은 모든 사람들이 자기를 주시하고 있다고 생각하는 것으로, 청소년은 이로 인해 강한 자의식을 갖게 된다. 가상적 청중은 청소년기의 과장된 자의식으로 인해 자신이 타인의 집중적 관심과 주의의 대상이 된다고 믿는 자아중심성이다. 둘째, 개인적 신화이다. 이것은 자신의 경험이나 느낌, 생각은 오직 자신만이 겪는 것이라는 믿음을 말한다. 자신이 특별하고 독특한 존재로 자신의 감정이나 경험은 다른 사람과는 근본적으로 다르다고 생각하는 자기 과신적인 자아중심성이다. 셋째, 불사신 신화이다. 불치병, 재난 등 불행한 사건은 남들에게만 일어난다는 생각이다. 형식적 조작기에 있는 청소년의 이런 자기중심성은 다양한 사회적 경험을 통해 극복할 수 있게 해야 한다. 첫째, 가상적 청중이 아닌 실제 사람들의 반응을 경험하도록 한다. 이를 통해 모든 사람들이 늘 자신에게 관심을 갖고 지켜보는 것은 아니라는 점을 깨닫게 하고, 자신을 보다 객관화시켜 이해할 수 있게 한다. 둘째, 타인과의 상호작용을 통해 다른 사람의 생각과 감정 등을 경청해 보도록 한다. 이를 통해 자신이 겪는 생각이나 감정은 누구나 경험하는 비슷한 것이라는 점을 깨닫게 함으로써 개인적 신화를 극복할 수 있게 한다. 셋째, 주위에서 흔히 발생하는 불행한 사건들을 관찰하거나 조사해 보도록 한다. 사건의 발생은 예외가 없다는 점을 깨달음으로써 불사신 신화를 극복하고 매사에 신중한 태도와 행동을 기를 수 있게 한다.

논33 **피아제(Piaget) 인지발달이론에 근거한 교수전략을 4가지 제안하시오.**

피아제(Piaget)에 따르면, 아동의 사고는 성인의 사고와 질적으로 다르며, 세계를 해석하는 독특한 방식을 반영한다. 피아제의 인지발달이론에 근거한 교수전략을 4가지 제안하면 다음과 같다. 첫째, 아동의 사고능력을 키워주는 교육을 실시한다. 피아제에 따르면, 교육의 목표는 각 발달단계에 적합한 사고능력을 키워주는 데 있다. 따라서 주입식 수업 대신 아동이 직접 사고하고 탐구하며 발견할 수 있는 환경을 조성해 주는 것이 중요하다. 둘째, 인지발달수준에 기초한 교육을 실시한다. 피아제에 따르면, 발달이 학습에 선행하며, 발달에 기초하여 학습이 이루어진다. 따라서 현재의 발달수준을 넘어선 교육내용을 제시하면 의미 있는 학습이 일어나지 못한다. 셋째, 인지적 불평형을 유발하는 교육을 실시한다. 상위수준의 단계로 발달하려면 현재의 인지구조로는 해결할 수 없는 인지갈등을 경험해야 한다. 따라서 적정 수준의 곤란도를 가진 과제를 제시하여 이를 해결하도록 함으로써 인지발달을 촉진시켜 주어야 한다. 넷째, 능동적 활동을 강조하는 교육을 한다. 아동은 환경과 끊임없는 상호작용을 통해 세계에 대한 지식을 구성한다. 그러므로 아동 스스로 조작하고 탐색하며 문제를 해결할 수 있는 기회를 충분히 부여해 주어야 한다.

논34 비고츠키(Vygotsky) 인지발달이론에서 인지발달을 촉진하는 요인 3가지를 제시하시오.

비고츠키(Vygotsky)는 사회문화적 맥락 속에서 타인과의 사회적 상호작용을 통해 인지발달이 일어난다고 설명한다. 인지발달을 촉진하는 요인 3가지를 제시하면 다음과 같다. 첫째, 사회적 상호작용이다. 학생은 사회적 상호작용을 통해 외부의 지식을 내면화하며 학습과 인지발달을 가져오게 된다. 내면화(internalization)는 외부의 사회적 활동이 학생의 내부에서 심리적으로 재구성되는 과정을 말한다. 둘째, 언어이다. 언어는 외부의 사회적 지식이 개인 내적 지식으로 내면화되도록 매개한다. 언어는 사회적 상호작용을 가능하게 하는 수단으로서, 다른 이들의 지식에 접근할 수 있게 하고, 인식의 도구를 제공하며, 자신의 사고와 행동을 조절하는 역할을 한다. 셋째, 문화이다. 문화는 발달이 일어나는 상황적 맥락을 제공한다. 학생은 문화적 맥락에서 활용되는 언어, 컴퓨터 등과 같은 문화적 도구를 이용해 논리적으로 사고하며 문제를 해결해 나가게 된다.

논35 비고츠키(Vygotsky) 인지발달이론에서 제시한 사적 언어의 개념과 기능을 설명하시오.

비고츠키(Vygotsky)가 제시한 사적 언어(자기중심적 언어)는 아동이 자기 자신에게 하는 혼잣말을 의미한다. 사적 언어를 비사회적 언어로 미성숙을 대변하는 표상으로 규정한 피아제와 달리, 비고츠키는 사적 언어가 인지발달에 중요한 기능을 수행한다고 본다. 첫째, 사적 언어는 자신의 사고와 행동을 조절하고, 문제해결을 위한 사고의 도구가 된다. 둘째, 사적 언어는 외부의 사회적 지식을 내부의 개인적 지식으로 바꾸어 주는 기제이다. 이러한 사적 언어는 과제가 어렵고 복잡할 때, 중요한 목표를 달성하려고 할 때 많이 사용된다.

논36 근접발달영역과 비계설정의 개념, 효과적인 비계설정의 방법을 2가지 제시하시오.

근접발달영역(ZPD)은 실제적 발달수준과 잠재적 발달수준 사이에 있는 영역으로, 혼자서는 해결할 수 없지만 성인이나 뛰어난 동료의 도움(비계설정, scaffolding)을 받으면 문제를 성공적으로 해결할 수 있는 마법의 중간지대이다. 비계설정(scaffolding)이란 근접발달영역 내에서 제공되는 성인이나 뛰어난 동료의 도움을 말한다. 효과적인 비계설정의 방법을 제시하면 다음과 같다. 첫째, 학습자 스스로 할 수 있도록 지원해 주는 것에 국한해야 한다. 교사나 부모는 도움을 줄 수 있을 뿐, 실제로 학습하는 주체는 학습자 자신이어야 한다. 둘째, 초기 단계에서는 많은 도움을 제공하다가 점점 지원을 줄여서(fading) 스스로 할 수 있는 단계까지 이끌어 나가야 한다.

논37 **비고츠키 인지발달이론에 근거한 교수전략을 4가지 제안하시오.**

비고츠키(Vygotsky)의 인지발달이론에 근거하여 교수전략을 제시하면 다음과 같다. 첫째, 수업은 발달에 선행하도록 계획한다. 교사는 학생들의 근접발달영역을 확인한 다음 그 영역에 부합되는 학습과제를 제시한다. 둘째, 비계설정을 활용한다. 학생들이 문제해결에 어려움을 겪을 때 교사는 부분적으로 해답을 제공하거나 적극적으로 시범을 보이는 등 적절한 비계설정(scaffolding)을 통해 조언과 도움을 제공해 준다. 셋째, 협동학습을 적극 활용한다. 유능한 또래와의 상호작용이 학습자의 사고를 향상시키는 데 매우 효과적이므로, 능력수준이 다른 이질집단의 협동학습을 통해 근접발달영역 안에서의 성장을 촉진시킨다. 넷째, 문제해결을 위해 사적 언어를 활용하도록 지도한다. 사적 언어는 자신의 사고와 행동을 조절하고 문제해결을 위한 사고의 도구가 되므로, 교사는 학생들이 자신의 사고과정을 소리 내어 말할 수 있도록 하며 조금 소란스러운 교실환경을 허용해야 한다.

02 비인지발달이론

논38 **마샤(Marcia)의 정체성 지위이론에 근거하여 정체감 혼미와 정체감 유실(폐쇄)의 개념을 제시하고, 정체감 성취를 돕기 위한 방안을 3가지 제시하시오.**

마샤(Marcia)는 '위기'와 '참여'를 기준으로 정체성 지위를 정체감 혼미, 정체감 유실(폐쇄), 정체감 유예, 정체감 성취 등 4가지 유형으로 분류하였다. 위기는 자신의 정체성을 찾으려고 고민하는 것이고, 참여는 무언가에 전념하는 것을 말한다. 여기서 정체감 혼미란 정체성을 찾으려고 노력하지도 않고 어떤 가치나 활동에 전념하지도 않는 상태를 말한다. 다음, 정체감 유실(폐쇄)은 정체성 위기를 경험하지 않았지만 정체성이 확립된 것처럼 행동하는 상태이다. 남의 정체성을 빌려 쓰면서 자신의 정체성 형성 가능성을 폐쇄하기 때문이다. 학생의 정체감 성취를 돕기 위해서는 첫째, 교사는 청소년이 자기 연령 수준에 맞는 무엇인가에 전념하도록 격려해야 한다. 한 가지 일에 전념하고 스스로 정한 것을 지킬 수 있도록 돕는다. 둘째, 각 분야에 전념하여 성공한 사례를 보여 주고, 교사나 다른 성인이 역할모델이 되어 주는 것도 중요하다. 셋째, 정체성 형성은 일생 동안 지속된다고 볼 수 있으므로, 지속적인 자기평가를 통해 정체성을 확고히 하는 노력이 필요하다.

논39 **콜버그(Kohlberg)의 도덕성 발달이론의 관점에서 도덕성의 개념을 설명하고, 학생의 도덕성 발달을 촉진할 수 있는 수업전략을 제안하시오.**

콜버그(Kohlberg)는 인지발달은 도덕발달의 선결요건이며, 도덕발달은 인지구조의 발달에 따라 나타난다고 본다. 그에 따르면, 도덕성은 옳고 그름에 대한 도덕적 판단능력, 도덕적 추론능력을 말한다. 학생의 도덕성 발달을 촉진할 수 있는 수업전략을 제안하면 다음과 같다. 첫째, 도덕적 판단능력을 길러주는 교육을 한다. 도덕성은 도덕적 판단능력을 의미하므로 구체적 덕목이나 규범의 주입이 아니라 다양한 상황에서 스스로 판단하여 도덕적 행동을 하도록 하는 것이 바람직하다. 둘째, 도덕성 발달 수준에 기초하여 교육한다. 학생들에게 그들의 인지발달수준보다 더 높은 도덕적 판단을 기대할 수 없으므로 학생의 도덕성 발달수준을 이해하고 그에 따라 대응해야 한다. 셋째, 도덕적 인지갈등을 유발하는 교육을 한다. 학생의 현재 도덕적 추론 수준으로는 해결할 수 없는 도덕적 딜레마 상황을 제시하고, 토론을 통해 자신보다 상위수준의 도덕적 사고에 노출되도록 함으로써 도덕발달을 증진시킨다. 넷째, 역할극을 활용한 교육을 한다. 역할극을 활용하여 여러 인물의 입장이 되어 보게 함으로써 다른 사람의 입장을 이해하고 더 높은 수준의 도덕적 추론을 할 수 있도록 돕는다. 다섯째, 모델링을 활용한 교육을 한다. 도덕적 귀감이 되는 모델이나 감동적인 모범 사례, 교사의 도덕적 품성 등 다양한 모델을 활용하여 도덕적 가치와 규범을 배우도록 한다.

논40 **콜버그(Kohlberg)의 도덕성 발달이론에서 인습 수준에 해당하는 도덕성 발달단계를 설명하시오.**

콜버그(Kohlberg)는 인습 혹은 관습을 기준으로 도덕성 발달단계를 3수준 6단계로 구분하였다. 이 중 인습 수준에 해당하는 도덕성 발달단계는 대인관계 조화 지향, 법과 질서 지향의 도덕성 단계이다. 첫째, 대인관계 조화 지향의 단계에서는 주변 사람으로부터 칭찬과 인정을 받는 행위가 도덕적으로 옳은 행위라고 판단한다. 이 단계에서는 타인의 인정과 승인을 지향하며, 주변 사람들의 역할기대에 부합하기 위해 착한 행동을 하려고 한다. 또, 다른 사람의 관점과 의도를 이해할 수 있기 때문에 감정이입을 할 수 있는 능력과 다른 사람을 배려하려는 의식이 강하게 나타난다. 둘째, 법과 질서 지향의 단계에서는 법질서를 준수하고 유지하는 행위를 옳은 행위라고 판단한다. 이 단계에서는 법질서 유지가 절대적이기 때문에 법질서는 예외 없이 철저하게 지켜져야 한다고 생각한다. 또, 대인관계와 구별되는 사회적 관점을 지향하기 때문에 법과 질서를 지키는 것이 자신의 의무라고 생각한다.

논41 셀만(Selman)이 제시한 사회적 조망수용능력의 개념을 설명하고, 사회정보적 조망수용과 자기반성적 조망수용의 단계에서 보이는 조망수용의 발달 정도를 각각 설명하시오.

사회적 조망수용능력이란 사회적 관계를 인지하는 것으로, 타인의 관점, 생각, 감정 등을 추론하여 이해하는 능력을 말한다. 사회적 조망수용능력의 발달은 타인과 잘 지낼 수 있는 성숙한 사회행동을 가능하게 한다. 사회적 조망수용능력은 자기중심적 관점수용, 사회정보적 조망수용, 자기반성적 조망수용, 제3자적 조망수용, 사회적 조망수용의 단계로 발달된다. 먼저, 사회정보적 조망수용의 단계에서는 타인의 조망이 자신의 조망과 다를 수 있다는 것까지는 이해하지만, 아직도 자신의 입장에서 이해하려고 한다. 자신의 행동을 타인의 조망을 통해 평가하기 어렵다. 둘째, 자기반성적 조망수용의 단계에서는 타인의 조망과 자신의 조망을 이해하고, 타인의 입장에서 자신의 생각과 행동을 조망할 수 있다. 그러나 자신의 관점과 타인의 관점을 동시 상호적으로 고려하지는 못한다.

논42 브론펜브레너(Bronfenbrenner)의 생태학적 발달이론에 근거하여 인간발달에 영향을 미치는 환경체계를 설명하시오.

브론펜브레너(Bronfenbrenner)에 따르면, 다차원적인 환경 체계가 상호작용하여 발생하는 힘이 개인의 발달과 행동에 영향을 미친다. 개인을 둘러싼 환경은 미시체계, 중간체계, 외체계, 거시체계, 시간체계로 구분된다. 첫째, 미시체계는 아동이 직접 접촉하는 환경으로, 미시체계와 아동은 직접 양방향적으로 상호작용한다. 둘째, 중간체계는 미시체계들 간의 양방향적인 상호관계를 의미한다. 가정과 학교의 관계, 부모와 교사의 관계 등이 그것이다. 미시체계들 간의 관계가 밀접하면 아동의 발달은 순조롭고 바람직하게 이루어진다. 셋째, 외체계는 아동이 직접 접촉하지는 않지만 아동에게 간접적으로 영향을 미치는 사회적 환경이다. 부모의 직업, 부모의 친구 등이 이에 속한다. 넷째, 거시체계는 아동이 살고 있는 문화적 환경을 의미한다. 개인에게 영향을 미치는 관념, 법, 관습 등이다. 다섯째, 시간체계는 일생 동안 시간의 경과에 따라 발생하는 사건이나 환경의 변화를 말한다. 부모가 이혼한 시점, 동생이 태어난 시점 등이 이와 관련된다.

Section 03 학습자의 학습

01 **행동주의 학습이론**

논43 **행동주의 관점에서 시험불안의 원인을 제시하고, 그 시험불안을 해소할 수 있는 방안을 2가지 제안하시오.**

행동주의 관점에서 시험불안의 원인은 조건화된 정서반응으로 설명할 수 있다. 고전적 조건형성이론에 따르면, 중립자극(NS)과 무조건자극(UCS)이 결합하여 계속적인 정서반응을 경험하면 조건자극(CS)만으로도 조건반응(CR)이 유발된다. 이에 따르면 중립자극(NS)인 시험과 무조건자극(UCS)인 실패가 반복적으로 결합되어 불안을 경험하면 조건자극(CS)인 시험만 생각해도 조건반응(CR)인 불안이 나타난다. 시험불안을 해소할 수 있는 방안을 제시하면 다음과 같다. 첫째, 체계적 둔감법을 활용한다. 시험불안의 위계목록을 작성하고, 명상 등의 이완훈련을 실시한 후, 낮은 수준의 불안 항목에서부터 상상하여 차츰 높은 수준의 불안과 이완을 결합시켜 시험불안을 제거하도록 한다. 둘째, 역조건형성을 활용한다. 시험을 볼 때마다 학생에게 행복감을 주는 음악을 들려주는 등 긍정적인 자극을 제시하여 시험불안을 제거한다. 셋째, 소거를 활용한다. 무조건자극인 실패를 제거하기 위해 시험난이도를 조절하거나 시험지를 선택하게 하여 시험불안을 감소시켜 준다. 넷째, 홍수법을 사용한다. 퀴즈나 작은 시험 등 다양한 시험을 충분히 경험하도록 함으로써 불안을 제거한다. 다섯째, 내파치료를 활용한다. 시험 치는 불안한 장면을 계속 상상하도록 함으로써 불안 요인을 극복할 수 있도록 한다.[*]

[*] 약한 이론임.

논44 **간헐적 강화계획 중에서 고정강화계획의 2가지 방법을 제시하시오.**

간헐적 강화는 일정한 행동에 대해 가끔 부분적으로 강화하는 것을 말한다. 여기에는 고정강화와 변동강화가 있는데, 고정강화의 2가지 방법을 설명하면 다음과 같다. 첫째, 고정간격강화이다. 이것은 정해진 시간마다 한 번씩 강화하는 것으로, 정기고사, 월급 등을 들 수 있다. 고정간격강화는 강화가 주어지는 시점이 가까워지면 반응확률(행동빈도)이 높아지지만, 강화 직후에는 행동빈도가 급격히 떨어지는 강화 후 휴지의 문제가 있다. 둘째, 고정비율강화이다. 이는 정해진 행동반응의 횟수마다 강화하는 것으로, 수학 3문제를 풀 때마다 사탕주기와 같은 것이다. 고정비율강화는 강화 직후에 잠시 휴식과 같이 반응을 일시적으로 중단하는 강화 후 휴지현상이 나타난다.

논45 바람직한 행동의 증가와 문제행동의 교정을 위한 행동수정기법을 각각 3가지 제시하시오.

바람직한 행동의 증가를 위한 행동수정기법 3가지를 제시하면 다음과 같다. 첫째, 프리맥의 원리이다. 이것은 빈도가 높은 행동을 이용하여 빈도가 낮은 행동을 강화하는 방법이다. 강화물은 개인마다 다를 수 있으며, 특히 불쾌자극을 먼저 제시하고, 쾌자극을 나중에 제시해야 한다. 둘째, 토큰강화이다. 토큰(token)을 모아 오면 자기가 좋아하는 강화물과 교환할 수 있게 하여 강화하는 방법이다. 셋째, 행동조성이다. 원하는 행동에 대해 차별적 강화를 함으로써 목표행동을 점진적으로 형성하는 기법이다. 한편, 문제행동의 교정을 위한 행동수정 기법 3가지를 제시하면 다음과 같다. 첫째, 소거이다. 소거는 문제행동에 주던 강화를 중단하여 문제행동을 감소 시키는 방법이다. 일시적으로 소거폭발이 발생할 수 있다. 둘째, 타임아웃이다. 이것은 문제행동을 했을 때 쾌자극이 없는 장소에 일시적으로 격리시키는 것이다. 셋째, 반응대가이다. 문제행동을 할 때마다 정적 강화 물을 박탈하여 문제행동을 감소시키는 방법이다.

02 │ 사회인지 학습이론

논46 반두라(Bandura)의 사회인지 학습이론에 근거하여 기대한 강화나 벌이 충족되지 않을 때 나타나는 효과를 설명하시오.

반두라(Bandura)의 사회인지 학습이론에 따르면, 관찰의 결과, 어떤 행동을 할 때 강화 또는 처벌을 받을 것 이라는 기대가 형성되면 모델의 행동을 학습한다. 하지만 기대는 충족되지 않았을 때에도 행동에 영향을 준다. 첫째, 기대했던 강화인이 발생하지 않으면 이것이 벌인으로 작용하여 다음에 특정행동을 하지 않게 된다. 다음 에도 그럴 것이라고 기대하기 때문이다. 둘째, 기대했던 벌인이 발생하지 않으면 이것이 강화인으로 작용하여 다음에 문제행동을 할 가능성이 높아진다. 역시 다음에도 그럴 것이라고 기대하기 때문이다.

논47 **반두라(Bandura)의 사회인지 학습이론에 근거하여 관찰학습의 과정을 설명하고, 그 효과를 제시하시오.**

관찰학습은 모델에 대한 관찰을 통해 일어나는 인지적·정의적·행동적 변화를 지칭한다. 관찰학습의 과정은 다음과 같다. 첫째, 주의집중이다. 모델의 행동에 주의를 기울이는 단계이다. 모델이 학습자와 유사성이 있거나, 능력이나 지위가 높거나, 매력적일 때 더욱 집중하는 경향이 있다. 둘째, 파지이다. 모델의 행동을 머릿속에 기억하는 단계이다. 모델의 행동은 시각적 또는 언어적 형태의 상징적 부호로 저장된다. 셋째, 재생이다. 기억된 모델의 행동을 능숙하게 수행할 수 있도록 연습하는 단계이다. 모방한 행동을 능숙하게 재생하려면 연습과 피드백을 통해 수행기술을 갖추어야 한다. 넷째, 동기화이다. 강화를 기대하면서 학습한 행동을 동기화하는 단계이다. 긍정적 강화가 기대되면 행동은 수행으로 나타나지만 그렇지 않으면 기대되는 행동은 수행되지 않는다.
관찰학습은 다음과 같은 효과가 있다. 첫째, 모델의 행동을 관찰함으로써 전에는 할 수 없었던 새로운 반응을 학습할 수 있다. 둘째, 모델의 행동은 관찰자가 이미 학습한 행동을 촉진하기도 한다. 셋째, 모델의 행동을 관찰함으로써 어떤 특수한 행위의 억제가 강화되기도 하고 약화되기도 한다. 넷째, 모델의 정서 표출을 관찰함으로써 모델과 동일한 개인의 정서적 반응이 나타날 수 있다.

논48 **자기조절학습의 개념과 효과적인 학습전략을 인지, 동기, 행동의 측면에서 각각 제시하시오.**

자기조절학습은 스스로 설정한 목표를 달성하기 위해 인지, 정서(동기), 행동을 체계적으로 조절하고 통제하는 것을 말한다. 자기조절학습의 효과적인 전략을 인지, 동기, 행동의 측면에서 제시하면 다음과 같다. 첫째, 인지의 측면에서는 정교화, 조직화와 같은 인지전략이나, 자신의 인지과정을 계획·점검·통제하는 메타인지전략을 사용한다. 둘째, 동기의 측면에서는 자기효능감을 높이고, 숙달목표를 지향하며, 학습과제의 가치를 인식하는 전략을 사용한다. 셋째, 행동의 측면에서는 어려움이 있어도 포기하지 않고 노력하고, 동료나 교사에게 도움을 구하거나, 물리적 환경을 자신에게 유리하게 구조화하도록 한다.

---

03 인지주의 학습이론

논49 **정보처리이론의 관점에서 작업기억의 한계용량을 극복할 수 있는 방안을 3가지 제시하시오.**

작업기억은 정보의 일시적 저장소로서 7±2unit(5~9개)의 정보가 약 20초 정도 저장되는 곳이다. 이 같은 작업기억의 제한된 용량을 극복하기 위해서는 인지과부하를 줄여야 한다. 그 방안을 제시하면 첫째, 청킹이다. 청킹은 개별적인 정보를 보다 크고 의미 있는 단위로 묶는 것을 말한다. 청킹화하면 보다 많은 정보를 동시에 처리할 수 있다. 둘째, 자동화이다. 자동화는 의식적인 노력 없이도 정보를 능숙하게 처리할 수 있도록 하는 것을 말한다. 어떤 기능이 자동화되어 있으면 인지부하를 줄여 주므로 보다 많은 정보를 처리할 수 있고, 복잡한 문제해결에도 도움을 준다. 셋째, 이중처리이다. 언어정보와 시각정보는 별개의 인지체제에 저장되므로 언어정보(청각)와 시각정보(시각)를 함께 사용한다. 이렇게 언어적 설명과 함께 시각자료를 활용하면 인지부하를 극복할 수 있고 재생도 쉽다.

논50 **정보처리이론의 관점에서 유의미한 부호화 전략 4가지를 제시하시오.**

새로운 정보를 장기기억 속에 유의미하게 저장하기 위해서는 정보의 변형이 요구된다. 유의미한 부호화 전략을 4가지 제시하면 다음과 같다. 첫째, 정교화이다. 정교화는 새로운 정보를 기존 지식과 연결(연합)하여 의미를 부여하거나 추가·확장하는 전략이다. 구체적 사례 제시나 유추하기 등이 이에 해당한다. 둘째, 조직화이다. 조직화는 별개의 정보를 서로 관련 있는 것끼리 묶어 체계화·구조화하는 것을 말한다. 개념도나 도표를 만드는 것이 이에 해당한다. 셋째, 심상화이다. 정보를 시각적인 형태로 변형하는 것이다. 심상은 또 다른 기억부호를 제공하므로 한 가지 부호보다 회상률을 증가시킨다. 넷째, 맥락화이다. 이것은 정보를 장소나 사람, 감정 등 물리적·정서적 맥락과 함께 학습하는 것을 말한다.

논51 **설단현상과 부호화 특수성의 개념을 설명하시오.**

설단현상은 장기기억 속의 정보를 의식수준으로 떠올리고자 할 때 생각이 날 듯 말 듯 혀끝에서 맴도는 현상을 말한다. 설단현상은 장기기억에 존재하는 특정 정보에 접근할 수 있는 인출단서가 없을 때, 장기기억에 저장된 정보가 체계적이지 못할 때 발생한다. 한편, 부호화 특수성(특정성)이란 정보를 부호화할 때 사용된 맥락이 중요한 인출단서가 된다는 원리이다. 따라서 부호화 맥락과 인출 맥락이 일치할 수 있도록 다양한 맥락과 예시를 사용해서 학습내용을 가르쳐야 한다.

논52 **메타인지의 주요 기술 3가지를 제시하시오.**

메타인지란 자신의 인지과정에 대해 알고, 그것을 토대로 자신의 인지과정을 조절하고 통제하는 것을 의미한다. 즉, 인지에 대한 인지, 사고에 대한 사고이다. 메타인지의 주요 기술에는 계획, 점검, 평가가 있다. 첫째, 계획은 과제해결에 필요한 전 과정을 계획하는 것을 말한다. 목표를 설정하고, 관련 자원을 활성화하고, 적절한 전략을 선택하는 과정이다. 둘째, 점검이다. 점검은 과제의 진행 상황을 확인하고 이해를 점검하며 선택한 전략의 적절성을 점검하고 판단하는 것을 말한다. 셋째, 평가이다. 평가는 학습과정과 결과에 대해 판단을 내리는 것이다. 주의집중을 조정하고, 자기 자신을 체크하며, 목표나 계획, 학습과정과 환경을 조절한다.

04) 인본주의 학습이론

논53 **인본주의 학습이론의 특징과 학습원리를 제시하시오.**

인본주의는 실존주의 철학과 인본주의 심리학에 이론적 토대를 둔 학습이론이다. 인본주의의 학습의 특징을 제시하면 다음과 같다. 첫째, 교육의 궁극적 목표는 전인적 성장과 자아실현에 있으며, 인간적인 환경 조성을 위해 노력한다. 둘째, 학습자 중심의 교육활동을 전개하며, 교사는 학습활동의 안내자, 촉진자, 조력자 등의 역할을 한다. 셋째, 인간의 내면 세계, 즉 내적 행동이나 내적 동기에 관심을 갖는다. 넷째, 인간은 자유의지를 갖고 스스로 삶을 선택하는 존재이며 목적 지향적인 존재이다.

인본주의의 학습원리는 다음과 같다. 첫째, 학습자 중심 교육을 전개한다. 자기 주도적 학습, 학습방법에 대한 학습, 자기평가, 인간적 환경 등을 중시한다. 둘째, 정의적 학습과 인지적 학습을 통합하려는 융합교육을 중시한다. 셋째, 교육과정, 수업방법 등을 학생의 학습양식에 맞추는 교육을 지향한다. 넷째, 개별학습보다 협동학습을 선호한다.

05) 전이와 망각

논54 **전이이론 중 형식도야설, 동일요소설, 일반화설, 형태이조설에 대하여 각각 설명하시오.**

전이는 어떤 상황에서 학습한 내용을 새로운 상황에 적용하거나 사용하는 것을 말한다. 첫째, 형식도야설은 교과라는 형식을 통해 일반정신능력이 잘 훈련되면 자연스럽게 일반적 전이가 발생한다고 강조한다. 둘째, 동일요소설은 선행학습과 후행학습 간 동일한 요소가 있을 때 전이가 발생한다고 설명한다. 셋째, 일반화설(동일원리설)은 두 학습과제 간에 원리가 동일하거나 유사할 때 전이가 발생한다고 본다. 넷째, 형태이조설은 두 학습과제 간에 형태가 비슷할 때 전이된다고 설명한다. 즉, 두 학습자료의 형태나 그 자료 내의 관계성에 공통성이 있을 때 전이된다는 것이다.

논55 **정보처리이론에 근거할 때 망각이 발생하는 이유를 설명하시오.**

정보처리이론에 따르면, 망각은 장기기억 속에 저장된 정보를 제대로 인출하지 못하는 현상이다. 망각이 발생하는 이유는 정보를 부호화할 때 체계적으로 조직하지 못하거나 저장된 정보를 인출할 적절한 단서가 없기 때문이다. 이러한 현상을 설단현상이라 한다. 설단현상은 생각이 날 듯 말 듯 혀끝에서 맴도는 현상이다.

Section
04 적응과 부적응

01 부적응

논56 갈등의 여러 양상을 설명하시오.

갈등이란 여러 욕구가 대립하여 선택이 망설여지는 심리 상태이다. 갈등의 여러 양상을 제시하면 다음과 같다. 첫째, 접근·접근 갈등이다. 두 개의 긍정적 욕구가 동시에 나타나는 심리적 갈등이다. 예컨대, 영화도 보고 싶고 여행도 가고 싶은 경우이다. 둘째, 회피·회피 갈등이다. 두 개의 부정적 욕구가 동시에 나타나는 심리적 갈등이다. 예컨대, 학교는 가기 싫고 부모님께 혼나는 것도 싫은 경우이다. 셋째, 접근·회피 갈등이다. 긍정적 욕구와 부정적 욕구가 동시에 나타나는 심리적 갈등이다. 예컨대, 시험에 합격하고 싶지만 공부는 하기 싫은 경우이다. 넷째, 이중 접근·회피 갈등이다. 긍정적 욕구와 부정적 욕구가 모두 포함된 2가지 욕구 간의 갈등이다. 예컨대, 심순애의 갈등이 이에 해당한다.

02 적응기제

논57 방어기제 중 합리화, 투사의 개념을 설명하시오.

방어기제는 욕구충족이 어려울 경우 현실을 왜곡시켜 자아를 보호함으로써 심리적 평형을 유지하려는 기제이다. 합리화는 그럴듯한 변명을 들어 난처한 입장이나 실패를 정당화하려는 자기기만 전략이다. 여우와 신포도형, 달콤한 레몬형 등이 있다. 여우와 신포도형은 불만족한 현실을 부정하거나 과소평가하는 전략이며, 달콤한 레몬형은 불만족한 현상을 긍정하거나 과대평가하는 전략이다. 한편, 투사는 자신의 잘못이나 결점을 인정하지 않고 타인이나 환경의 탓으로 돌리는 것을 말한다. 책임 전가, 감정 전이 등이 있다. 책임 전가는 다른 사람에게 책임을 전가하는 것이며, 감정 전이는 자신의 감정 상태를 다른 사람에게 떠넘기는 경우이다.

Chapter 03 교수방법 및 교육공학

논1. 커뮤니케이션 모델의 하나인 벌로(Berlo)의 SMCR 모형의 주요 요소를 제시하시오.

논2. 쉐논과 슈람의 통신과정모형을 설명하시오.

논3. 하이니히(Heinich)의 ASSURE 모형에서 매체와 자료를 활용하기 전에 해야 할 주요 활동 3가지를 제시하시오.

논4. ASSURE 모형에서 매체와 자료의 활용 단계에서 해야 할 주요 활동을 제시하시오.

논5. 라이겔루스와 메릴이 제안한 교수설계 시 고려해야 할 교수설계 3대 변인을 각각 설명하시오.

논6. 체제적 교수설계(교수체제설계)의 개념, 필요성, 주요 특징을 설명하시오.

논7. 요구분석의 개념, 필요한 이유, 요구분석의 절차를 설명하시오.

논8. 과제분석의 개념, 필요성, 과제분석의 주요 기법을 설명하시오.

논9. 행동적 목표 진술 방식의 장점과 단점을 각각 3가지씩 제시하시오.

논10. 딕과 캐리(Dick & Carey)의 교수체제설계모형에 따를 때 수업목표를 진술하기 전에 해야 할 분석활동의 주요 내용을 3가지 제시하시오.

논11. 4C/ID 모형의 4가지 구성요소를 제시하시오.

논12. 가네(Gagné)가 제시한 5가지 학습결과(학습영역)를 제시하시오.

논13. 가네(Gagné)의 9가지 수업사태 중 정보의 획득과 수행을 위한 주요 활동 4가지를 제시하시오.

논14. 메릴(Merrill)의 내용요소제시이론에 근거하여 1차 자료제시 방식 4가지를 제시하시오.

논15. 라이겔루스(Reigeluth)가 제시한 개념학습의 3단계를 설명하시오.

논16. 라이겔루스(Reigeluth)의 정교화 교수이론의 개념, 정교화 전략을 제시하시오.

논17. 켈러(Keller)가 제시한 ARCS 이론의 관점에서 학습자의 경험이나 목적, 성취욕구와 관련지어 동기를 유발하기 위한 전략을 3가지 제시하시오.

논18. 켈러(Keller)가 제시한 ARCS 모델의 관점에서 학습자의 자신감과 만족감을 높여 동기를 유발하기 위한 전략을 각각 3가지씩 제시하시오.

논19. 캐롤(Carroll)의 학교학습모형에 근거하여 학생의 완전학습을 위한 전략을 교사의 수업변인의 측면에서 2가지 제시하시오.

논20. 블룸(Bloom)의 완전학습모형에 근거하여 학생의 완전학습을 위한 전략을 3가지 제시하시오.

논21. 브루너(Bruner)의 발견학습의 요소와 특징을 설명하시오.

논22. 브루너(Bruner)의 발견학습에서 교사의 역할을 제시하시오.

논23. 발견학습을 촉진하는 조건을 제시하시오.

논24. 오수벨(Ausubel)의 유의미수용학습의 조건과 수업원리를 제시하시오.

논25. 구성주의 교수설계의 원리와 교사의 역할을 제시하시오.

논26. 생크(Schanks)가 제시한 목표기반시나리오 모형의 구성요소(3가지만)와 주요 특징을 설명하시오.

논27. 상황학습의 과제 설계의 원리를 설명하시오.

논28. 상황학습의 관점에서 제시한 실행공동체와 정당한 주변적 참여의 개념을 설명하시오.

논29. 인지적 도제이론의 수업과정을 설명하시오.

논30. 인지적 유연성이론의 목적과 교수 원칙을 제시하시오.

논31. 정착학습(상황정착수업이론, 상황적 교수학습이론, 앵커드수업모형)의 주요 특징을 설명하시오.

논32. 자원기반학습의 특징과 학습환경 설계방법을 설명하시오.

논33. 웹퀘스트 수업(웹기반 탐구학습)의 개념과 주요 특징을 설명하시오.

논34. 웹기반 협동학습의 장점과 단점을 각각 2가지 제시하시오.

논35. 팀티칭의 장점과 단점을 각각 2가지 제시하고, 성공적인 팀티칭을 위한 고려사항을 제시하시오.

논36. 토의·토론법의 장점과 단점을 각각 3가지씩 제시하시오.

논37. 토의·토론법에서 교사의 역할을 3가지 제시하시오.

논38. 프로젝트 학습의 개념과 수업 전에 해야 할 교사의 준비활동 3가지를 제시하시오.

논39. 프로젝트 학습의 주요 과정과 특징을 제시하시오.

논40. 자기 주도적 학습의 필요성과 교수·학습 과정의 개선 방향을 제시하시오.

논41. 프로그램 학습의 원리를 제시하시오.

논42. 협동학습에서 발생 가능한 문제점을 제시하시오.

논43. 협동학습의 주요 원리와 효과를 제시하시오.

논44. 직소Ⅰ 모형과 직소Ⅱ 모형의 공통점과 차이점을 설명하시오.

논45. 자율적 협동학습(Co-op Co-op)의 주요 절차를 설명하시오.

논46. 성취과제분담모형(STAD)의 특징을 설명하시오.

논47. 인지부하이론에 근거하여 인지부하와 인지과부하의 개념을 설명하시오.

논48. 외생적 인지부하를 줄이기 위한 멀티미디어 설계 원리를 제시하시오.

논49. 액션러닝(Action Learning)의 설계요소와 특징을 제시하시오.

논50. 블렌디드 러닝(blended learning)의 개념과 장점을 제시하시오.

논51. 플립드 러닝(flipped learning)의 개념과 교육적 효과를 제시하시오.

교육공학

---

01 교육공학의 이해

논1 **커뮤니케이션 모델의 하나인 벌로(Berlo)의 SMCR 모형의 주요 요소를 제시하시오.**

벌로(Berlo)의 SMCR 모형에서 통신과정의 주요 요소는 송신자(S), 메시지(M), 채널(C), 수신자(R)이다. 첫째, 송신자(S)는 정보원으로서의 교사에 해당한다. 교사는 통신기술, 태도, 지식수준, 사회체제, 문화양식에 영향을 받으며 메시지를 수신자에게 전달한다. 둘째, 메시지(M)는 학습자에게 전달되는 교육내용이다. 내용, 요소, 구조, 코드, 처리로 기호화된다. 셋째, 채널(C)은 메시지를 전달하는 통신수단이며, 오감(시각, 청각, 촉각, 후각, 미각)을 통해 통신이 일어난다. 넷째, 수신자(R)는 학습자이며, 자신의 통신기술, 태도, 지식수준, 사회체제, 문화양식을 토대로 교사가 전달한 메시지를 해석하여 수용한다. 이런 점에서 볼 때 송신자와 수신자의 하위영역이 일치할수록 학습효과가 극대화된다. 그러므로 교사와 학습자 간에는 학습주제에 대한 사전준비와 사후의 반복학습을 통하여 공유하는 경험의 장을 확대하여야 한다.

논2 **쉐논과 슈람의 통신과정모형을 설명하시오.**

쉐논과 슈람(Schannon & Schramm)의 통신과정모형은 통신과정의 구성요소로서 경험의 장, 피드백, 잡음을 중시한다. 송신자인 교사는 자신의 경험의 장을 바탕으로 메시지를 기호화하여 오감각을 통해 전달하며, 수신자인 학습자는 자신의 경험의 장을 바탕으로 오감각을 통해 들어온 메시지를 해독한다. 그러므로 효과적인 통신이 일어나려면 다음과 같은 조건이 요구된다. 첫째, 송신자와 수신자 사이에 공통된 경험의 장이 많아야 한다. 이를 위해 교사는 학생 경험의 장 쪽으로 메시지 영역을 넓혀야 한다. 둘째, 메시지 전달과정에 잡음이 적을수록 학습효과가 극대화된다. 따라서 교사는 학습에 필요한 최적의 환경을 구축하여 잡음을 최소화해야 한다. 셋째, 피드백이 원활해야 한다. 송신자와 수신자의 상호작용인 피드백이 원활할수록 경험의 차이와 잡음에서 발생하는 문제를 잘 풀어 나갈 수 있다.

02 **교수매체**

논3 **하이니히의 ASSURE 모형에서 매체와 자료를 활용하기 전에 해야 할 주요 활동 3가지를 제시하시오.**

하이니히(Heinich)의 ASSURE 모형은 교수매체와 자료를 효과적이고 체계적으로 활용하기 위한 지침을 제시한다. 매체와 자료를 활용하기 전에 해야 할 주요 활동 3가지를 제시하면 다음과 같다. 첫째, 학습자를 분석한다. 학습자의 일반적 특성, 출발점 행동, 학습유형을 분석하는 것이다. 학습자의 일반적 특성에는 연령, 성별, 학년, 사회문화적 요인 등이 포함되고, 출발점 행동으로는 학습자의 선수 지식, 기능, 태도 등의 정도를 파악한다. 학습유형은 지각적 선호, 정보처리습관, 동기요소 등을 고려한다. 둘째, 목표를 진술한다. 학습목표는 구체적이고 명세적으로 진술하며, 학습자의 입장에서 관찰 가능한 행동동사로 진술한다. 셋째, 매체와 자료를 선정한다. 분석된 학습자 특성과 진술된 학습목표를 토대로 학습목표 달성에 가장 적합한 교수방법과 교수매체, 교수자료를 선정한다. 즉, 학습목표 달성에 가장 적합한 교수방법과 그것에 알맞은 교수매체를 선정하고, 선정된 매체에 사용할 교수자료를 선택하거나 제작한다.

논4 **ASSURE 모형에서 매체와 자료의 활용 단계에서 해야 할 주요 활동을 제시하시오.**

하이니히(Heinich)의 ASSURE 모형에서 매체와 자료의 활용은 선택한 매체와 자료를 교사나 학생이 실제 수업에서 어떻게 사용할 것인지를 계획하는 것이다. 구체적인 주요 활동을 제시하면 다음과 같다. 첫째, 자료를 사전에 검토한다. 자료가 수업에 적합한지, 화질이나 음질에 이상이 없는지 등을 사전에 검토한다. 둘째, 매체와 자료를 준비한다. 계획한 수업활동에 필요한 매체와 자료를 모으고 사용할 순서를 정한다. 셋째, 환경을 준비한다. 매체와 자료를 활용하기에 적합하도록 전원이나 전선의 길이, 조명, 기자재 작동 상태 등 교실의 주변 환경을 점검하고 준비한다. 넷째, 학습자를 준비시킨다. 학습자에게 학습준비를 위해 학습내용과 교수매체에 관한 정보를 제공한다. 수업내용에 대한 전반적인 개요, 학습목표, 주의 깊게 봐야 할 부분 등을 안내함으로써 수업에 대한 기대감과 동기를 갖게 한다. 다섯째, 학습경험을 제공한다. 교수매체를 활용하여 학습자에게 학습경험을 제공한다. 교사중심 수업이라면 교사가 전문가로서 주도하며, 학습자중심 수업이라면 학생들이 자유롭게 경험할 수 있도록 안내하고, 촉진하며, 돕는 역할을 한다.

Section
02
교수설계(ID)

01) **교수설계 이해**

논5 **라이겔루스와 메릴이 제안한 교수설계 시 고려해야 할 교수설계 3대 변인을 각각 설명하시오.**

라이겔루스(Reigeluth)와 메릴(Merrill)이 제안한 교수설계의 3대 변인은 교수조건, 교수방법, 교수성과이다. 첫째, 조건 변인은 교수방법과 상호작용을 하지만 교수설계자나 교사에 의해 통제될 수 없는 제약조건을 의미한다. 조건 변인은 교과를 통해 학생들을 변화시키고자 하는 학습결과인 '교과목표', 교과의 내용이 어떤 지식을 다루는지와 관련된 '교과내용의 특성', 동기나 태도, 학습유형, 선수학습의 정도 등 학습자의 현재 상태를 의미하는 '학습자 특성', 교수매체, 교수자료, 인적·물적 자원 등 교수 상황의 여러 요인인 '제약조건'을 포함한다. 둘째, 방법 변인은 서로 다른 조건하에서 다른 성과를 성취하기 위한 다양한 방안이다. 교사가 필요에 따라 조정할 수 있기 때문에 교사 간 역량의 차이를 드러나게 하는 요인이다. 교과내용을 그 구조와 학습자의 수준에 적합하게 미시적·거시적으로 조직하는 '조직전략', 조직한 내용을 효과적이고 효율적으로 학생에게 전달하는 '전달전략', 조직전략과 전달전략을 교수과정에 언제 어떻게 활용할 것인지를 결정하는 '관리전략'이 이에 해당한다. 셋째, 성과 변인은 서로 다른 교수 조건하에서 사용된 여러 가지 교수방법들이 어떤 면에서 어느 정도 효과가 있었는지를 나타내는 교수활동의 최종 산물이다. 성과 변인은 학습자의 학습목표 달성 여부인 '효과성', 목표 달성에 사용한 시간과 노력, 비용의 정도인 '효율성', 학습자가 지속적으로 학습하기를 원하는 동기수준인 '매력성', 학습결과 나타나는 학습자의 물리적·정서적·신체적 안정의 정도인 '안정성'을 포함한다.

논6 **체제적 교수설계(교수체제설계)의 개념, 필요성, 주요 특징을 설명하시오.**

체제적 교수설계(교수체제설계)란 교수목표를 달성하기 위해 교수체제의 하위요소인 분석, 설계, 개발, 실행, 평가의 과정을 상호 유기적이며 상호작용하도록 관련시켜 효과적이고 효율적인 교수 프로그램을 개발하려는 것이다. 따라서 학습과정에 영향을 미치는 모든 상황적 맥락을 고려하여 융통성 있게 수업활동을 설계한다. 체제적 교수설계의 필요성을 설명하면 다음과 같다. 첫째, 교수설계 초기부터 교수목표를 명확히 하기 때문에 후속되는 수업 계획과 실행을 보다 효과적으로 이끌 수 있다. 둘째, 교수설계의 각 단계들을 연관시켜 설계하므로 교수목표에 가장 적합하고 효과적인 교수전략 또는 학습조건들을 고안할 수 있다. 셋째, 교수설계 과정에서 발생하는 오류를 지속적으로 수정·보완하여 보다 효과적인 교수 프로그램을 완성할 수 있다. 다음, 체제적 교수설계는 다음과 같은 특징을 지닌다. 첫째, 문제해결 지향적이다. 교수체제설계는 교수의 문제를 해결하는 것을 목적으로 하며, 이를 위해 요구분석을 토대로 체제의 목적을 구체적으로 설정한다. 둘째, 총체적인 접근이다. 교수체제설계는 문제의 원인을 규명하고 해결방안을 고안할 때 교수체제의 여러 구성요소들을 총체적이며 유기체적인 관계에서 접근한다. 셋째, 맥락을 중시한다. 교수체제설계는 사회문화적 혹은 역사적인 맥락을 문제분석 및 해결과정 전반에 반영한다.

논7 **요구분석의 개념, 필요한 이유, 요구분석의 절차를 설명하시오.**

요구분석이란 학습자의 바람직한 상태와 현재의 상태 간의 차이(격차)를 분석하여 그 문제의 원인을 규명하고 가장 적합한 해결방안을 찾는 것을 말한다. 요구분석이 필요한 이유를 제시하면, 첫째, 불확실한 문제의 원인을 규명하고 가장 적절한 해결방안을 제안할 수 있다. 둘째, 최적의 수행과 현재의 수행상의 차이를 규명하면, 요구의 우선순위를 결정하고 한정된 자원을 합리적으로 배분할 수 있다. 셋째, 요구분석의 결과를 토대로 교수프로그램의 목적(goal)을 도출하고 교수프로그램을 효과적으로 개발할 수 있다. 다음, 요구분석의 절차를 제시하면 다음과 같다. 첫째, 바람직한 상태를 결정한다. 교육과정이나 교과학습목표 등이 지향하는 학습자의 바람직한 수행 상태를 결정한다. 둘째, 현재의 상태를 측정한다. 자원명세서, 관찰, 면담, 설문조사 등을 토대로 학습자의 현재 수행 상태를 측정한다. 셋째, 요구의 크기를 계산한다. 학습자의 바람직한 상태와 현재의 상태 간의 차이를 분석하는 것이다. 넷째, 요구의 우선순위를 결정한다. 가장 중요하고 주의를 기울여야 하는 차이부터 우선순위를 결정한다. 다섯째, 요구 발생의 원인을 분석한다. 요구가 발생하는 원인을 분석하여 교육적인 요구에 대한 해결방법과 그 외 요구에 대한 해결방법을 분리한다. 여섯째, 교수프로그램을 개발한다. 교육적 요구를 해결하기 위해 적절한 교육프로그램을 개발한다.

논8 **과제분석의 개념, 필요성, 과제분석의 주요 기법을 설명하시오.**

과제분석이란 최종 교수목적을 달성하기 위해 필요한 지식, 기능, 태도 등이 무엇인지 위계적으로 분석하는 것을 말한다. 교수목표(학습목표)의 유형분석과 그 목표의 하위기능분석의 두 단계로 구성된다. 목표유형분석은 그 목표가 어떤 종류의 학습영역인가를 분석하는 것이고, 하위기능분석은 목표와 관련된 기능의 관계를 분석하는 것이다. 이와 같은 과제분석이 필요한 이유를 제시하면, 첫째, 과제분석을 통해 교육에서 성취하고자 하는 지식, 기능, 태도 등 모든 성취목표를 확인할 수 있다. 둘째, 학습내용을 논리적으로 계열화하고 조직화함으로써 학습의 순서를 밝힐 수 있다. 셋째, 학습요소의 중복이나 누락을 방지해 주어 교육비용을 절감할 수 있다. 한편, 하위기능분석에 사용되는 주요 기법에는 군집분석, 위계분석, 절차분석, 통합분석이 있다. 첫째, 군집분석은 학습과제를 군집별로 묶는 기법이다. 언어 정보와 같이 상하의 위계관계가 없는 과제분석에 사용하는 분석법이다. 둘째, 위계분석은 과제 달성에 필요한 기능을 상위기능과 하위기능으로 분석하는 기법이다. 지적 기능과 같이 학습과제가 위계적일 때 사용하는 분석법으로, 지적 기능은 위에서부터 문제해결, 원리, 개념, 변별학습의 순서로 분석한다. 셋째, 절차분석은 먼저 수행해야 할 과제와 나중에 수행해야 할 과제의 순서를 분석하는 기법이다. 운동 기능의 목표와 같이 학습과제가 절차적 순서로 구성된 경우에 사용한다. 넷째, 통합분석은 군집분석, 위계분석, 절차분석을 혼합하여 분석하는 기법으로, 학습과제가 태도 영역일 때 주로 사용한다. 태도 학습은 언어 정보, 지적 기능, 운동 기능을 통해서 어떤 행동을 선택하는 능력이므로 통합분석이 사용된다.

논9 행동적 목표 진술 방식의 장점과 단점을 각각 3가지씩 제시하시오.

행동적 목표 진술이란 수업을 마친 후 학습자가 할 수 있기를 기대하는 성과를 구체적인 행동 용어로 진술하는 것을 말한다. 행동적 목표 진술의 장점을 제시하면 다음과 같다. 첫째, 수업의 방향을 분명히 제시하므로 교사의 수업 전개를 보다 구체화할 수 있다. 둘째, 수업 내용과 방법을 계열화하여 조직할 수 있으므로 교수설계에 기초 정보를 제공해 준다. 셋째, 학습자의 목표 행동을 행동 용어로 진술하면 교육 효과를 정확히 측정할 수 있다. 반면, 행동적 목표 진술의 단점을 제시하면 다음과 같다. 첫째, 수업 중에 발생하는 새로운 목표를 반영하기 어렵다. 수업은 아주 복잡하고 역동적인 과정을 거치면서 진행되므로 모든 것을 수업 전에 미리 행동목표로 구체화하여 진술하는 것은 불가능하다. 둘째, 교과의 특성을 전혀 고려하지 않고 있다. 창의성을 중시하는 예술영역은 구체적인 행동 용어로 진술하기가 불가능하며 바람직하지도 않다. 셋째, 수업실제에서 낱개의 목표를 중심으로 수업이 진행될 가능성이 높으므로 총체적인 지식의 통합성을 기하기 어렵다.

논10 딕과 캐리(Dick & Carey)의 교수체제설계모형에 따를 때 수업목표를 진술하기 전에 해야 할 분석활동의 주요 내용을 3가지 제시하시오.

딕과 캐리(Dick & Carey)의 교수체제설계모형에 따를 때 수업목표를 진술하기 전에 해야 할 분석활동에는 교수목적 설정을 위한 요구분석, 교수분석, 학습자 및 환경분석이 있다. 첫째, 교수목적 설정을 위한 요구분석은 바람직한 상태와 현재의 상태 간의 차이를 분석하는 것이다. 이를 통해 문제의 원인을 규명하고 가장 적합한 해결방안을 찾을 수 있게 된다. 둘째, 교수분석은 교수목표(학습목표)의 유형과 그 목표의 하위기능을 분석하는 것을 말한다. 목표가 어떤 종류의 학습영역인지, 목표와 관련된 하위기능에는 어떤 것들이 있는지를 분석하는 것이다. 하위기능분석에는 군집분석, 위계분석, 절차분석, 통합분석 등이 사용된다. 셋째, 학습자 및 환경분석은 교수전략 수립에 영향을 주는 학습자 특성과 환경을 분석하는 것이다. 출발점 행동, 지능, 적성, 학습양식, 동기 등의 학습자 특성을 분석하고, 교수·학습에 영향을 미치는 제반 환경을 분석한다.

논11 4C/ID 모형의 4가지 구성요소를 제시하시오.

4C/ID(Four Component Instructional Design) 모형은 반 메리엔보어(Van Merriënboer)가 인지부하이론을 기반으로 복합적 인지과제의 학습을 위해 제시한 교수설계모형이다. 복잡한 인지기능을 학습하기 위해서는 학습과제들이 인지부하를 줄일 수 있는 방식으로 순서화하여 제시되어야 한다. 4C/ID 모형은 학습과제, 지원적 정보, 절차적 정보, 부분과제 연습의 4가지 요소로 구성된다. 첫째, 학습과제는 문제나 프로젝트 등의 형태로 실제적(authentic)인 전체과제로 제공한다. 과제는 간단한 것에서 복잡한 순으로 계열화하여 조직하고, 각 과제 해결에 대한 안내와 지원(스캐폴딩)을 점진적으로 줄이도록 설계하여야 한다. 둘째, 지원적 정보는 문제해결에 필요한 비순환적·선언적 지식의 학습을 지원하는 정보이다. 학습자가 과제 계열별로 언제나 활용할 수 있도록 풍부하고 구체적으로 설계하여야 한다. 셋째, 절차적 정보는 문제해결에 필요한 순환적·절차적 지식의 학습을 지원하는 정보이다. 학습과제별로 구체화하여 학습자가 필요로 할 때 가능하면 적시에 제시될 수 있도록 설계하여야 한다. 넷째, 부분과제 연습은 높은 자동화 수준으로 숙달되어야 할 부분과제의 반복연습이다. 절차적 지식의 특성상 알고리즘적인 과제분석이 요구되며, 매우 많은 반복연습이 제공되도록 설계하여야 한다.

03 교수설계 이론

논12 **가네(Gagné)가 제시한 5가지 학습결과(학습영역)를 제시하시오.**

가네(Gagné)는 학습결과로 나타나는 학습능력(learning outcomes)을 언어 정보, 지적 기능, 인지 전략, 태도, 운동 기능의 5가지 영역으로 분류하였다. 첫째, 언어 정보는 사실, 개념, 원리 등을 기억하여 언어로 표현할 수 있는 능력이다. 언어 정보는 명제적(선언적) 지식에 해당하며, 다른 학습을 위한 기본이 된다. 둘째, 지적 기능은 언어, 숫자, 부호 등 상징적 기호를 사용하여 환경과 상호작용할 수 있는 능력을 말한다. 방법적 지식에 해당하며, 학교학습에서 가장 중요하게 다루는 능력이다. 셋째, 인지 전략은 학습자가 기억하고 사고하며 학습하는 방법에 대한 능력이다. 학습자 개인의 학습, 기억, 사고행동을 조정·통제하는 능력으로 학교학습의 가장 큰 목표 영역이다. 암기방법, 조직화 전략, 정교화 전략, 인지 리허설 전략 등이 이에 해당한다. 넷째, 태도는 어떤 대상이나 활동을 선택하는 학습자의 내적·정신적 경향성을 말한다. 태도는 강화, 대리 강화, 동일시 등을 통해 학습된다. 다섯째, 운동 기능은 신체의 근육을 활용하여 특정한 동작을 수행하는 능력을 의미하며, 블룸의 심동적 영역과 동일한 학습능력이다.

논13 **가네(Gagné)의 9가지 수업사태 중 정보의 획득과 수행을 위한 주요 활동 4가지를 제시하시오.**

가네(Gagné)는 학습자의 학습을 촉진하기 위해서는 학습자의 내적 학습과정을 지원하는 외적 수업사태가 적절히 제공되어야 함을 강조한다. 9가지 수업사태 중 정보의 획득과 수행에 관여하는 주요 활동을 제시하면 다음과 같다. 첫째, 자극 제시이다. 학습활동이 구체화되는 첫 단계로, 학습자에게 새로운 학습내용을 적절한 자극의 형태로 제시한다. 예컨대, 핵심내용을 설명하거나 사례를 제시하거나 운동 기능의 시범을 보인다. 학습자는 자극 제시에 따라 선택적 지각을 하게 된다. 둘째, 학습안내 제시이다. 이전 정보와 새로운 정보를 적절히 통합시키는 통합교수가 이루어지며, 도표, 규칙, 암시, 단서 등을 제시하여 학습자의 유의미한 부호화를 지원한다. 셋째, 수행을 유도한다. 연습기회를 제공하여 학습자가 실제로 학습했는지 확인하며, 이때 학습자는 재생하고 반응할 수 있어야 한다. 넷째, 피드백을 제공한다. 수행의 성공 여부와 정확성을 알려주는 정보적 피드백을 제공하는 것으로, 학습자는 피드백을 통해 강화를 받게 된다.

논14 **메릴(Merrill)의 내용요소제시이론에 근거하여 1차 자료제시 방식 4가지를 제시하시오.**

메릴(Merrill)의 내용요소제시이론에서 자료제시형이란 교수목표를 도달하기 위해 학습자에게 제시되는 수업의 형태나 방법을 말한다. 이 중 1차 자료제시형은 학습목표 도달을 위한 가장 최소한의 기본적인 자료제시 형태이다. 1차 제시형은 학습내용의 일반성이나 사례를 설명하거나 질문하는 형태로 제시한다. 이를 구체적으로 설명하면 다음과 같다. 첫째, 일반성 설명식이다. 교사가 개념, 절차, 원리 등 일반성을 설명하는 형태이다. 둘째, 사례 설명식이다. 교사가 개념, 절차, 원리 등의 일반성이 적용된 특정 사례를 설명하는 형태이다. 셋째, 일반성 탐구식이다. 개념, 절차, 원리 등의 일반적인 내용을 완성형으로 질문하는 형태이며, 일반성의 이해를 연습하고 평가한다. 넷째, 사례 탐구식이다. 일반성이 적용된 특정 사례를 찾도록 요구하는 형태이며, 사례의 이해를 연습하고 평가한다.

논15 **라이겔루스(Reigeluth)가 제시한 개념학습의 3단계를 설명하시오.**

라이겔루스(Reigeluth)가 제시한 개념학습은 미시적 조직전략으로서, 제시, 연습, 피드백의 3단계로 진행된다. 첫째, 제시 단계는 개념의 전형 형성, 변별, 일반화로 구성된다. 먼저, 개념의 전형을 형성할 수 있도록 개념의 전형적인 사례를 제시한다. 다음, 다른 개념과 변별할 수 있도록 하기 위해 개념을 정의하고, 그 개념의 결정적 속성을 검토한 후, 개념의 예와 비예를 제시하고 검토한다. 마지막으로, 가변적 속성을 다양하게 변형한 사례를 제시하여 개념을 일반화하도록 한다. 둘째, 연습 단계에서는 개념을 정확히 이해했는지 확인하기 위해 다양한 새로운 사례에 개념을 적용해 보도록 한다. 셋째, 피드백 단계에서는 옳은 응답에 대해 칭찬과 격려로 동기화하고, 옳지 않은 응답에 대해서는 힌트를 제공하거나 재시도하도록 유도한다.

논16 **라이겔루스(Reigeluth)의 정교화 교수이론의 개념, 정교화 전략을 제시하시오.**

라이겔루스(Reigeluth)의 정교화 교수이론은 여러 아이디어들을 어떤 순서로 가르칠 것인가와 관련된 거시적 조직전략이다. 즉, 복잡한 수업내용을 선택(selecting), 계열화(sequencing), 종합(synthesizing), 요약(summarizing)하기 위한 효율적 교수 처방기법을 제시하고 있는 거시적 교수설계이론이다. 기본적인 원리로 학습내용의 가장 핵심이 되는 정수(epitome)를 확인하고, 이후 이를 정교화하는 단순화 조건법을 제시한다. 정교화 전략을 설명하면 다음과 같다. 첫째, 정교화된 계열화이다. 학습내용을 단순에서 복잡, 일반적인 것에서 세부적인 것으로 계열화하여 조직한다. 둘째, 선수학습요소의 계열화이다. 어떤 내용을 학습하기에 앞서 반드시 학습해야 하는 선수학습요소를 순서화하여 가르친다. 셋째, 요약자의 사용이다. 이미 학습한 내용을 망각하지 않도록 복습하는 데 사용되는 전략으로, 간결한 설명이나 사례, 자기평가적 연습문제를 제공한다. 넷째, 종합자의 사용이다. 학습한 내용요소들을 서로 연결하여 통합시키기 위하여 사용하는 전략으로, 통합적 사례나 자기평가적 연습문제를 제공한다. 다섯째, 비유의 활용이다. 새로운 학습내용을 친숙한 아이디어와 관련지어 이해할 수 있도록 한다. 여섯째, 인지전략 촉진자이다. 학습내용을 이해하고 처리할 수 있도록 학습자의 인지전략을 자극하고 도와주는 촉진자로서, 그림이나 도표, 도식, 기억술 등을 활용할 수 있다. 일곱째, 학습자 통제이다. 학습내용, 학습전략, 인지전략 등을 학습자 스스로 선택하고 통제할 수 있도록 한다.

논17 **켈러(Keller)가 제시한 ARCS 이론의 관점에서 학습자의 경험이나 목적, 성취욕구와 관련지어 동기를 유발하기 위한 전략을 3가지 제시하시오.**

켈러(Keller)가 제시한 ARCS 모형에 근거할 때 학습자의 경험이나 목적, 성취욕구와 관련지어 동기를 유발하기 위한 전략은 관련성 전략이다. 이와 관련하여 동기유발 전략을 제시하면 다음과 같다. 첫째, 친밀성 전략이다. 학습자의 경험과 밀접하게 관련된 친밀한 예문이나 배경지식을 활용하여 동기를 높여준다. 둘째, 목적지향성 전략이다. 학습목표가 미래의 실용성과 연관되어 있음을 알려주어 학습자의 목적을 충족시켜 준다. 셋째, 필요나 동기와의 부합 전략이다. 다양한 수준의 목표를 제시하고 선택하도록 하여 성취욕구를 자극하거나, 협동적 상황을 제시하여 소속감 욕구를 충족시켜 줌으로써 동기를 높여준다.

논18 **켈러(Keller)가 제시한 ARCS 모델의 관점에서 학습자의 자신감과 만족감을 높여 동기를 유발하기 위한 전략을 각각 3가지씩 제시하시오.**

켈러(Keller)가 제시한 ARCS 모델의 관점에서 학습자의 자신감과 만족감을 높여 동기를 유발하기 위한 전략을 제시하면 다음과 같다. 먼저, 자신감 전략으로는 첫째, 수업목표를 분명히 제시하고 명확한 평가기준 및 피드백을 제공하여 성공 기대감을 증가시켜 준다. 둘째, 과제를 다양한 수준의 난이도로 계열화하여 제공함으로써 성공을 경험할 수 있는 기회를 제공한다. 셋째, 학습속도나 학습의 끝을 적절히 조절할 수 있는 기회를 제시하여 학습자 스스로 자신을 조절할 수 있도록 해 준다. 다음, 만족감 전략으로는 첫째, 학습한 내용을 적용해 볼 수 있는 연습 문제나 모의 상황을 제공하여 내재적 보상을 얻을 수 있도록 한다. 둘째, 학습 초기에는 계속적 강화를, 연습 단계에서는 간헐적 강화를 사용하여 외재적 보상을 제공한다. 셋째, 학습목표와 내용의 일관성을 유지하고 학습내용과 시험내용을 일치시키는 등 공정성을 느낄 수 있게 한다.

논19 **캐롤(Carroll)의 학교학습모형에 근거하여 학생의 완전학습을 위한 전략을 교사의 수업변인의 측면에서 2가지 제시하시오.**

캐롤(Carroll)의 학교학습모형에 따르면, 학습자가 성취한 학습의 정도는 학습에 필요한 시간에 대한 학습에 사용한 시간의 비율로 결정된다. 학습의 정도를 결정하는 변인 중 교사의 수업 변인은 교수의 질, 학습기회이다. 교사의 수업 변인 측면에서 완전학습 전략을 제시하면 다음과 같다. 첫째, 학습에 필요한 시간인 교수의 질을 높인다. 교수의 질을 높이면 학생의 교수이해력과 학습지속력이 높아지기 때문에 학습의 정도를 높일 수 있다. 따라서 교사는 학습과제를 계열화하여 제시하고, 학생의 학습동기를 유발하고 능동적 참여를 유도하는 등 수업방법을 적절하게 마련하여야 한다. 둘째, 학습에 사용한 시간을 늘려 학습기회를 충분히 허용한다. 학습기회가 충분히 허용되면 적성이 낮은 학생일지라도 완전학습에 이를 수 있다. 이런 점에서 볼 때, 학습에 필요한 시간은 줄이고, 학습에 사용한 시간을 늘리면 학습의 정도가 최대치가 될 수 있을 것이다.

논20 **블룸(Bloom)의 완전학습모형에 근거하여 학생의 완전학습을 위한 전략을 3가지 제시하시오.**

블룸(Bloom)은 학급의 95% 학생들이 학습과제의 90% 이상 학습하는 것을 완전학습이라고 보았으며, 수업목표의 명료화, 형성평가에 의한 학습결손의 발견과 개별지도, 소집단별 상호협력을 통한 복습 등을 중시하였다. 학생의 완전학습을 위한 전략을 제시하면 다음과 같다. 첫째, 학습시간이 매우 중요하다. 교수의 질, 적성과 교수이해력을 높여 학습에 필요한 시간을 줄이고, 보충학습을 포함한 학습기회를 충분히 제공하여 학습에 사용한 시간을 늘리면 완전학습에 이를 수 있다. 둘째, 수업 과정에서 형성평가를 실시한다. 형성평가를 통해 보충학습군과 심화학습군으로 구분하고 계속적인 보충학습과 심화학습의 기회를 제공한다. 셋째, 철저한 개별화 수업을 실시한다. 학습단계마다 따라가지 못하는 학습자에게 철저한 개별화수업을 통해 교정학습의 기회를 제공하면 완전학습에 이를 수 있다.

논21 **브루너(Bruner)의 발견학습의 요소와 특징을 설명하시오.**

브루너(Bruner)가 제시한 발견학습은 교사의 지시를 최소화하고 학습과제의 최종적 형태인 지식의 구조를 학습자 스스로 찾아내게 하는 방법을 말한다. 발견학습이 성립되기 위해서는 다음과 같은 요소가 충족되어야 한다. 첫째, 지식의 구조이다. 지식의 구조란 각 학문의 기저를 이루고 있는 일반적 개념과 원리, 핵심 아이디어들 간의 상호 관련성을 의미한다. 지식의 구조는 발달단계를 고려하여 작동적(enactive), 영상적(iconic), 상징적(symbolic) 표현방식으로 표현된다. 둘째, 계열화이다. 계열화는 지식의 구조를 조직하는 원리이자 가르치는 순서이다. 지식의 구조는 계열성의 원리에 따라 학습자의 발달단계를 고려하여 점점 폭과 깊이를 더해가도록 나선형 교육과정으로 조직되어야 한다. 셋째, 학습경향성이다. 이것은 학습하고자 하는 의욕이나 경향을 의미하는 것으로, 학습과제가 적절한 불확실성을 내포하여 학습자의 도전감과 지적 호기심을 자극할 수 있어야 한다. 넷째, 강화이다. 강화는 학습결과에 대한 대응방안으로, 내적 보상과 외적 보상을 활용할 수 있으며, 특히 효과적이고 지속적인 학습을 위해서는 내적 보상이 매우 중요하다.

이런 발견학습의 특징을 제시하면 다음과 같다. 첫째, 지식의 구조에 대한 철저한 학습을 강조한다. 발견학습에서는 교과의 중간언어나 단편적인 지식을 가르치는 것이 아니라 각 학문을 구성하는 핵심 아이디어나 기본 개념과 원리를 강조한다. 둘째, 학습자의 능동적 학습을 강조한다. 발견학습에서는 학습자 스스로 개념이나 원리를 발견해 내는 능동적이고 주체적인 학습을 강조하며, 이 과정에서 교사는 학습자의 발견과정을 촉진하고 안내하는 역할을 한다. 셋째, 학습의 결과보다 학습의 과정을 강조한다. 발견학습은 교과의 최종형태를 학습자가 스스로 발견하도록 한다는 점에서 학습의 결과보다 학습의 과정이나 학습방법을 강조한다. 넷째, 학습효과의 전이를 중시한다. 발견학습에서는 요소와 요소의 관련성을 파악할 수 있도록 함으로써 기본원리에 의한 학습의 전이를 강조한다.

논22 **브루너(Bruner)의 발견학습에서 교사의 역할을 제시하시오.**

브루너(Bruner)가 제시한 발견학습은 교사의 지시를 최소화하고 학습과제의 최종적 형태인 지식의 구조를 학습자 스스로 찾아내게 하는 방법이다. 발견학습에서 학습자는 문제인식, 가설설정, 가설검증, 결론도출 등의 과정을 거치면서 새로운 개념과 원리를 탐구해 간다. 이 과정에서 교사가 해야 할 역할을 제시하면 다음과 같다. 첫째, 교사는 학습과제를 나선형 교육과정에 따라 조직하고, 지식의 구조인 교과의 기본개념과 원리가 내재된 다양한 탐구자료를 제시해야 한다. 둘째, 학생 스스로 탐구하여 교과의 기본개념과 원리를 발견할 수 있도록 적절한 단서를 제공하면서 안내해야 한다. 셋째, 교사는 최종적인 답변을 주지 않으면서 학습자와 함께 탐구하는 동료로서의 역할을 한다. 넷째, 학습결과에 대해 내적 보상과 외적 보상 등 적절한 강화를 활용할 수 있어야 한다. 특히 효과적이고 지속적인 학습을 위해서는 내적 보상이 매우 중요하다. 다섯째, 비계설정자로서의 역할이 요구된다. 근접발달영역(ZPD)에서 학습자는 처음에는 교사의 도움을 받아 학습하면서 점차 스스로 문제를 해결하고 새로운 개념과 이론을 터득할 수 있도록 해야 한다.

논23 **발견학습을 촉진하는 조건을 제시하시오.**

발견학습을 촉진하는 조건을 제시하면 다음과 같다. 첫째, 학습태세이다. 학습자가 정보들 간의 관계를 발견하려는 발견지향적 태세를 갖고 있을 때 발견이 촉진된다. 둘째, 요구상태이다. 너무 높거나 너무 낮은 동기수준보다 보통의 동기수준이 발견에 도움을 준다. 셋째, 관련정보의 학습이다. 학습자가 구체적인 관련 정보를 많이 가지고 있을 때 발견이 잘 일어난다. 넷째, 연습의 다양성이다. 정보에 접촉하는 사태가 다양하면 할수록 발견의 가능성이 높아진다.

논24 **오수벨(Ausubel)의 유의미수용학습의 조건과 수업원리를 제시하시오.**

오수벨(Ausubel)의 유의미수용학습은 새로운 지식을 학습자의 기존 인지구조에 의미 있게 연결하는 학습을 말한다. 유의미학습이 가장 효과적으로 일어나기 위해서는 학습과제, 인지구조, 학습태세의 3가지 조건을 충족시켜야 한다. 첫째, 학습과제가 논리적 유의미가, 즉 실사성과 구속성을 지녀야 한다. 실사성은 명제가 어떻게 표현되더라도 그 의미가 불변한다는 것이며, 구속성은 임의적으로 연결된 관계가 변하지 않는 것을 의미한다. 둘째, 학습자의 인지구조 속에 관련정착지식이 있어야 한다. 관련정착지식은 논리적 유의미가를 갖는 학습과제를 포섭하는 포섭자 역할을 한다. 셋째, 학습자는 유의미 학습태세를 갖추고 있어야 한다. 학습태세란 학습과제를 인지구조에 포섭하려는 학습자의 성향 또는 의도를 말하며, 이러한 학습자의 학습태세가 없으면 기계적 반복학습이 될 수 있다.

유의미수용학습의 수업원리를 제시하면 다음과 같다. 첫째, 선행조직자의 원리이다. 수업의 도입단계에서 추상성, 일반성, 포괄성의 정도가 높은 입문적 자료를 새로운 학습과제에 앞서 제시해야 한다. 선행조직자는 인지구조 내에서 관련정착지식의 역할을 수행하며 유의미학습을 촉진한다. 둘째, 점진적 분화의 원리이다. 가장 일반적이고 포괄적인 개념을 먼저 제시하고 그 다음에 구체적이고 세분화된 자료를 제시하여야 한다는 것이다. 셋째, 통합적 조정의 원리이다. 새로운 개념은 이전에 학습한 내용과 긴밀한 관련성을 맺으며 통합되도록 제시되어야 한다. 넷째, 선행학습의 요약·정리의 원리이다. 새로운 학습을 시작할 때 지금까지 학습한 내용을 요약·정리해 주면 학습이 촉진된다. 다섯째, 내용의 체계적 조직의 원리이다. 학습내용이 계열적·체계적으로 조직되어 있으면 학습효과를 극대화시킬 수 있다. 여섯째, 학습 준비도의 원리이다. 학습과제는 학습자의 인지구조를 포함한 발달수준에 맞게 제공되어야 한다.

논25 **구성주의 교수설계의 원리와 교사의 역할을 제시하시오.**

구성주의는 학습자를 지식 구성의 주체로 규정하며 학습자 스스로 개인적 또는 사회·문화적 맥락을 토대로 지식을 구성한다고 본다. 구성주의에 근거한 교수설계의 원리를 제시하면 다음과 같다. 첫째, 학습자 중심의 학습환경을 설계해야 한다. 구성주의에서 학습의 주체는 학습자이므로 학습자가 학습의 주체로서 주도권을 가질 수 있도록 학습자 중심의 학습환경을 설계해야 한다. 둘째, 복잡하고 비구조화된 실제적 과제와 맥락을 강조한다. 구성주의에서 학습은 실제적 상황에서 일어나므로 복잡한 비구조화된 실제적인 상황과 맥락이 반영된 학습과제를 제시하여야 한다. 셋째, 협동학습을 강조한다. 지식은 사회적 상호작용을 통해서도 구성되므로 사회적 협동과 상호작용을 강조하는 협동학습을 중시한다.

구성주의 학습에서 교사의 역할을 제시하면 다음과 같다. 첫째, 학습조력자(안내자)이다. 교사는 학생들이 학습과제를 잘 수행할 수 있도록 학습을 안내하고, 모델로서 외현적 행동을 시연하거나 내재적 인지과정을 명료화해 주어야 한다. 둘째, 학습촉진자이다. 교사는 학생들이 문제해결과정에서 어려움을 겪을 때 코칭과 스캐폴딩을 통해 학생의 학습을 촉진해 줄 수 있어야 한다. 셋째, 동료학습자이다. 구성주의에서 교사는 학생의 학습을 방관하는 방관자나 지식을 전달하는 지식 전달자가 아니라 문제를 함께 고민하고 해결해 나가는 동료학습자로서의 역할을 수행해야 한다.

논26 **생크(Schanks)가 제시한 목표기반시나리오 모형의 구성요소(3가지만)와 주요 특징을 설명하시오.**

목표기반시나리오 모형은 생크(R. Schanks)에 의해 개발된 것으로 정해진 목표를 중심으로 시나리오 운영에 참여함으로써 자신도 모르게 목표를 성취하도록 하는 학습형태이다. 목표기반시나리오 모형의 구성 요소 중 3가지를 제시하면 다음과 같다. 첫째, 목표이다. 목표는 학습자들이 획득하기를 원하는 지식과 기술(skill)이다. 학습자에게 구조화된 목표를 제시하여 의도한 지식과 기능을 달성하도록 한다. 둘째, 미션이다. 미션은 학습자들이 설정된 목표를 성취하기 위해 수행해야 하는 과제이다. 미션은 목표와 밀접하게 관련되어야 하며, 실제 상황과 유사하고 흥미롭게 설정되어야 한다. 셋째, 표지 이야기이다. 표지 이야기는 미션과 관련된 상황 맥락과 장면을 이야기 형식으로 설명하고 구체화한 것이다. 표지 이야기는 미션과 마찬가지로 실제적이고도 흥미롭게 구성되어야 한다.

목표기반시나리오 모형의 주요 특징을 설명하면 다음과 같다. 첫째, 학습은 목적 지향적이다. 실제 상황들이 부여하는 목적지향성으로 인해 학습자들은 그 상황에 주목하고 추론하면서, 결국 학습하게 된다는 것이다. 둘째, 목적 지향적 학습은 기대 실패라는 계기를 통해 촉진된다. 현재의 지식이 부족하여 발생한 기대 실패를 분석하고, 부족한 지식을 채우는 과정 속에서 효과적인 학습이 이루어진다고 본다. 셋째, 문제해결은 사례 기반(case-based)으로 이루어진다. 문제상황을 해결하는 과정에서 축적된 해결 사례는 추후 유사한 문제에 보다 효과적인 답을 찾을 수 있도록 해 준다는 것이다.

논27　**상황학습의 과제 설계의 원리를 설명하시오.**

상황학습은 실생활에서 다루어지는 실제적인 과제(authentic tasks)를 실제 사용되는 맥락(context)과 함께 제시하여 지식이 일상생활에 적용되고 전이될 수 있도록 하는 방법이다. 상황학습의 과제 설계의 원리를 설명하면 다음과 같다. 첫째, 실제적인 과제(authentic tasks)를 제시해야 한다. 실제적인 과제는 현실 세계에서 사용되는 과제이며, 지식을 '활용'하여 문제를 해결해야 하는 과제이다. 둘째, 지식이나 기능은 그것이 사용되는 상황이나 맥락(context)과 함께 제시해야 한다. 상황을 제공하는 방법은 다양한 작은 사례나 맥락을 제공하는 미시적 수준과 충분히 풍부하고 복잡한 맥락을 제공하는 거시적 수준으로 나눌 수 있다. 셋째, 전문가의 수행과 사고과정을 반영해야 한다. 실제적인 과제는 학습자들이 전문가처럼 실제 문제해결 상황에 참여할 수 있도록 그 분야의 전문가들이 사용하는 체계적인 문제해결 방법과 사고과정을 반영해야 한다. 넷째, 구체적이고 다양한 사례(cases)를 활용해야 한다. 특정한 맥락에서 구체적이고 다양한 사례를 활용할 때 지식의 전이가 촉진될 수 있고 다양한 상황에서 지식을 사용할 수 있게 된다.

논28　**상황학습의 관점에서 제시한 실행공동체와 정당한 주변적 참여의 개념을 설명하시오.**

상황학습의 관점에 따르면 학습은 실행공동체의 정당한 주변적 참여로부터 핵심적인 구성원이 되어가는 과정에서 일어난다. 실행공동체란 공동의 목적을 가진 사람들이 서로 간의 신뢰를 바탕으로 상호작용하면서 배우고 성장하는 공동체를 말한다. 인지적 도제이론은 학생들이 실행공동체에 참여할 수 있는 하나의 수단이 된다. 정당한 주변적 참여란 학습의 주변 참여자로서 주로 관찰을 통해 학습을 시작하는 것을 말한다. 이들이 전체 과정을 관찰하고 전체 그림을 이해하게 되면 기존의 경험 있는 구성원들에게 지속적인 피드백을 받으면서 점차 공동체의 중심 구성원으로 활동할 수 있게 된다. 이처럼 상황학습에서는 실천공동체에 새로 들어오는 사람이 정당한 주변적 참여를 통해 정식 참여자로 점차 발전하는 과정에서 학습이 발생한다고 본다.

논29　**인지적 도제이론의 수업과정을 설명하시오.**

인지적 도제이론은 초보적인 학습자가 전문가인 교사의 과제수행을 관찰하고 모방함으로써 전문가의 문제해결능력과 사고과정을 습득하도록 하는 것을 말한다. 그 수업과정을 설명하면 다음과 같다. 첫째, 모델링이다. 모델링은 전문가인 교수자가 과제수행의 시범을 보여주는 것을 말한다. 전문가의 수행에 초점을 맞추며, 외현적 행동을 시연하거나 내재적 인지과정을 명료화해 준다. 둘째, 코칭이다. 코칭은 학습자의 과제수행을 관찰하고 돕는 것이다. 학습자의 수행에 초점을 맞추어 학습자를 동기화하고, 수행을 분석하며, 피드백을 제공하고, 배운 내용에 대해 반성적 사고를 유도한다. 셋째, 스캐폴딩이다. 스캐폴딩은 학습자가 어려움에 부딪혔을 때 임시 발판을 제공해 주는 것을 말한다. 이때 교사는 암시나 힌트 등을 제공하되 직접적인 도움을 제공해서는 안 되며, 학습자가 과제수행에 익숙해지면 점차 도움을 감소시켜(fading) 나가면서 더 이상 도움을 받지 않고 과제를 수행할 수 있도록 한다. 넷째, 명료화이다. 학습자가 자신의 지식, 기능, 태도, 사고 등을 명백하게 설명하도록 한다. 학생들에게 자신의 생각을 명확히 표현하도록 질문하거나, 문제해결과정에서 자신의 생각을 말하게 함으로써 명료화를 유도할 수 있다. 다섯째, 반성(성찰)이다. 학습자의 수행과정과 전문가의 수행을 비교할 수 있는 기회를 제공함으로써 자신의 문제해결과정을 성찰하고 문제점을 찾아 수정하도록 한다. 여섯째, 탐색이다. 학생들에게 새로운 문제 상황을 제공하여 자기 나름의 지식과 문제해결전략을 적용하고 전이할 수 있도록 함으로써 학생들이 전문가다운 자율성을 획득하도록 한다.

논30 인지적 유연성이론의 목적과 교수 원칙을 제시하시오.

인지적 유연성이론은 복잡하고 비구조화된 과제와 학습환경을 제공하여 복잡하고 다차원적인 개념의 지식을 재현하도록 함으로써 인지적 유연성을 획득하도록 하는 방법이다. 인지적 유연성이론은 학습자들이 여러 지식의 범주를 넘나들며 자신의 지식을 융통성 있게 재구성할 수 있도록 '상황의존적인 스키마의 연합체(situation-dependent schema assembly)'의 형성을 목적으로 한다. 이 이론의 교수원칙을 제시하면 다음과 같다. 첫째, 주제 중심의 학습을 한다. '상황의존적인 스키마의 연합체'를 형성할 수 있도록 주제중심의 학습을 한다. 둘째, 복잡성을 지닌 과제를 세분화하여 제시한다. 학생들이 충분히 다룰 수 있는 정도의 복잡성을 지닌 과제를 작게 세분화하여 제시함으로써 상황과 맥락에 따라 효율적이고 유동적으로 대처할 수 있도록 한다. 셋째, 다양한 소규모의 사례를 제시한다. 지식을 실제 상황에 맥락적으로 적용하기 위해서는 다양한 소규모 사례(mini-cases)의 경험이 필요하다.

논31 정착학습(상황정착수업이론, 상황적 교수학습이론, 앵커드수업모형)의 주요 특징을 설명하시오.

정착학습은 실제 문제상황을 영상매체의 이야기로 학생들에게 제시하고 이를 해결하도록 하는 방법을 말한다. 문제해결과정에서 학생들은 현실 상황에서 활용할 수 있는 유용한 지식을 학습하게 된다. 정착학습의 특징을 설명하면 다음과 같다. 첫째, 정황중심으로 학습이 전개된다. 학생들에게 관심의 대상이 되는 문제나 쟁점이 들어 있는 이야기, 모험담 등과 같은 정황(anchor)이 학습과정의 중심이 된다. 둘째, 테크놀로지 중심적이다. 학습은 실제 상황을 모사한 영상매체의 이야기를 통해 이루어진다. 셋째, 과제는 학습자들에게 친숙한 이야기 형태로 구성된다. 친숙한 이야기 속에는 과제를 해결하는 데 필요한 모든 정보와 단서들이 함축되어 있다.

논32 자원기반학습의 특징과 학습환경 설계방법을 제시하시오.

자원기반학습은 학습자 스스로 다양한 학습자원과 직접적인 상호작용을 하면서 최종 결과물을 만들어 내는 학습자 중심의 학습방법이다. 그 특징을 제시하면 다음과 같다. 첫째, 학습자가 필요한 자원을 적절히 활용할 수 있도록 다양한 자원을 관리하고 제공한다. 학습자는 인쇄매체, 전자매체(인터넷 웹), 인간자원 등을 활용할 수 있다. 둘째, 학습자에게 학습양식에 따라 다양한 자원을 선택할 수 있는 기회를 제공한다. 이를 통해 다양한 학습양식에 따른 융통성과 학습자의 능동성을 촉진한다. 셋째, 학습자에게 학습하는 방법과 필요한 기술을 개발할 수 있는 적절한 기회를 제공한다. 학습자는 다양한 자원과 상호작용하면서 자료를 수집하고 분석하며 이해하는 능력(기능)을 향상시킬 수 있다.

자원기반학습은 자원이 적용되는 문제상황, 자원기반학습을 위해 활용되는 학습도구, 자원을 활용하는 교수전략들을 상황에 따라 적절히 고려하여 설계할 필요가 있다. 이를 고려한 학습환경 설계방법을 제시하면, 첫째, 상황맥락적 문제상황을 제시한다. 학습자 개개인이 다양한 관점에서 문제상황을 조사할 수 있도록 상황맥락적 관점에서 문제상황을 제시해야 한다. 둘째, 다양한 자원을 제공한다. 자원은 학습을 지원하는 자료로서, 인쇄매체, 전자매체, 인간자원 등에 이르기까지 다양할 수 있다. 셋째, 학습도구를 제공한다. 학습도구는 정보가 있는 장소를 찾아내고, 접근하고, 조작하고, 정보의 효용성을 해석하고 평가하는 것을 지원해 준다. 넷째, 스캐폴딩을 제공해 준다. 학습자가 자신의 학습을 주도해 나갈 수 있도록 학습자의 학습을 도와주는 스캐폴딩을 적절히 제공해 준다.

논33 **웹퀘스트 수업(웹기반 탐구학습)의 개념과 주요 특징을 설명하시오.**

웹퀘스트는 인터넷 정보를 활용한 과제해결 활동이다. 학생들은 일종의 프로젝트로 부과된 특정 과제를 해결하기 위해 인터넷을 탐색한 뒤 최종 리포트를 작성하게 된다. 그 특징을 설명하면 다음과 같다. 첫째, 교사의 지시와 안내에 기초한 수업이다. 웹퀘스트는 학습과제, 활동과정, 정보자원 등을 교사가 제공하고 안내하는 방법으로 진행된다. 이는 학생들에게 시간과 노력을 줄여주어서 학습과제 해결에 더 집중하도록 하기 위함이다. 둘째, 실생활과 관련된 과제를 제공한다. 웹퀘스트에서는 학생들이 실생활과 관련된 주제를 선택하여 문제를 해결하도록 한다. 이를 통해 학습동기를 유발하고 현실적으로 의미 있는 학습이 이루어지도록 한다. 셋째, 협동학습으로 진행한다. 웹퀘스트는 학습자들이 역할분담을 통해 과제를 해결할 수 있도록 협동학습의 방식으로 진행된다.

논34 **웹기반 협동학습의 장점과 단점을 각각 2가지 제시하시오.**

웹기반 협동학습은 인터넷과 소집단 협동학습을 결합한 수업의 형태이다. 학생들은 웹을 기반으로 팀원과 상호협력하며 공동의 목표를 달성하게 된다. 웹기반 협동학습의 장점을 제시하면, 첫째, 학습기회가 확대된다. 웹기반 협동학습은 시공간의 제약을 극복하여 언제, 어디서나 협동학습이 가능하므로 학생들의 학습기회가 확대된다. 둘째, 학습효과가 극대화된다. 웹이 가지는 편의성과 접근성에 기초해 볼 때 반복적이며 집중적인 협동학습이 가능하므로 학생들의 학습수준의 향상과 학습효과의 극대화에 크게 기여한다. 반면, 웹기반 협동학습의 단점을 제시하면, 첫째, 팀원 간 의견 조율에 많은 시간이 소요된다. 학습활동이 전자우편, 게시판, 채팅 등 온라인을 통해 진행되므로 팀원 간의 의견 조율에 많은 시간이 소요될 수 있다. 둘째, 정보의 과부하를 초래할 수 있다. 웹기반 협동학습에서는 인터넷을 이용하여 다양한 자원에 접근할 수 있으므로 학습자가 처리해야 하는 정보에 과부하가 발생할 수 있다.

교수방법

01 전통적 교수법

논35 팀티칭의 장점과 단점을 각각 2가지 제시하고, 성공적인 팀티칭을 위한 고려사항을 제시하시오.

팀티칭은 2명 이상의 교사들이 협력하여 함께 가르치는 교수방법을 일컫는다. 팀티칭의 장점을 제시하면, 첫째, 교사는 자신의 전문성을 최대한 살려 학생들에게 풍부한 경험을 제공할 수 있다. 둘째, 교사들이 교육과정 계획과 준비에 적극적으로 참여할 수 있어 수업자료의 중복을 피하고 새로운 자료를 개발할 수 있다. 반면, 팀티칭의 단점으로는 첫째, 교사들 간의 의견이 일치되지 않을 경우 학생들에게 혼란을 줄 수 있다. 둘째, 학생들이 다양한 교사들의 특성에 적응하려면 적응할 수 있는 시간이 요구될 수 있다. 한편, 성공적인 팀티칭을 위해서는 다음과 같은 사항을 고려해야 한다. 첫째, 교사들 간의 팀워크가 중요하다. 따라서 교사가 자신의 대인관계 스타일을 알고 단점을 보완하려는 노력을 해야 한다. 둘째, 교사들 간의 의사소통이 원활해야 한다. 이를 위해 효율적인 열린 의사소통이 가능한 조직문화를 구축하도록 노력한다. 셋째, 다른 교사의 수업을 참관하고 건설적인 피드백을 주고받음으로써 팀티칭의 효과를 극대화해야 한다.

논36 토의 · 토론법의 장점과 단점을 각각 3가지씩 제시하시오.

토의 · 토론법이란 공동학습의 한 형태로, 어떤 주제에 대해 구성원들 간의 언어적 상호작용을 통해 결론을 이끌어 내는 방법을 말한다. 토의 · 토론법의 장점을 제시하면, 첫째, 타인의 의견을 존중하고, 협력하고 타협하는 사회적 기능과 태도를 형성함으로써 민주적 태도와 가치관을 함양할 수 있다. 둘째, 문제해결과정에서 비판적 사고력, 문제해결력 등 고등정신능력을 습득할 수 있다. 셋째, 학습자가 자발적이고 적극적으로 참여하게 되므로 학습동기와 흥미를 유발하고 자율성을 향상시킬 수 있다. 반면, 토의 · 토론이 지니는 단점을 제시하면, 첫째, 토의를 하기 위해서는 준비와 계획뿐만 아니라 진행과정에서도 많은 시간이 소요된다. 둘째, 소수의 토론자에 의해 토의가 주도될 우려가 있다. 이 경우 나머지 학습자들은 토의과정에 방관하거나 무관심한 상태에 빠질 위험이 있다. 셋째, 일부 학습자의 경우 평가불안이나 사회적 태만을 보일 수 있다.

논37 **토의·토론법에서 교사의 역할을 3가지 제시하시오.**

토의·토론법이란 교사와 학습자, 학습자와 학습자 간의 언어적 상호작용을 통해 결론을 이끌어 내는 공동학습의 한 형태이다. 토의·토론법에서 교사가 해야 할 역할을 제시하면 다음과 같다. 첫째, 안내자이다. 토의·토론 수업은 종류도 많고 학생들의 역할도 다양하므로 교사는 토의·토론 수업의 규칙, 방법, 절차 등을 안내해 주어야 한다. 둘째, 촉진자이다. 교사는 학생들이 토의·토론에 적극적으로 참여할 수 있도록 구체적이고 개방적인 질문을 제기하여 수업을 촉진해야 한다. 셋째, 조정자이다. 교사는 토의·토론 과정에서 나오는 서로 다른 의견을 조정하여 학생들이 공동의 문제를 원만히 해결할 수 있도록 해야 한다.

논38 **프로젝트 학습의 개념과 수업 전에 해야 할 교사의 준비활동 3가지를 제시하시오.**

프로젝트 학습은 실제 생활과 관련된 특정 주제를 학습자 스스로 선정하여 수행하면서 구체적인 결과물을 만들어 내는 교수방법이다. 프로젝트 수업을 운영하기 위해 교사가 사전에 해야 할 준비활동은 다음과 같다. 첫째, 주제를 추출한다. 국가 교육과정의 성취기준과 학교의 교육목표를 분석하여 학생들의 역량을 함양하는 데 적합한 주제를 추출한다. 둘째, 교육과정을 재구성한다. 프로젝트를 해결하기 위해서는 학생들에게 여러 분야의 지식이 요구되므로, 교과 내에서 내용 조정과 교과 간의 통합, 교과와 창의적 체험활동과의 연계 등의 교육과정 재구성이 이루어져야 한다. 셋째, 학습자원을 선정한다. 학습자 스스로 선정한 과제를 해결하기 위해서는 다양한 학습자원이 필요하므로, 교사는 학습자들이 탐구해야 할 학습자원을 미리 선정하여 제시하는 것이 바람직하다.

논39 **프로젝트 학습의 주요 과정과 특징을 제시하시오.**

프로젝트 학습은 실제 생활과 관련된 특정 주제를 학습자 스스로 선정하여 수행하면서 구체적인 결과물을 만들어 내는 교수방법이다. 그 주요 과정은 목표 설정, 계획, 실행, 평가의 단계로 진행된다. 첫째, 목표 설정 단계에서는 학습자 스스로 학습주제나 학습문제를 선택한다. 둘째, 계획 단계에서는 목표 달성을 위한 방법을 설계한다. 셋째, 실행단계에서는 학습자는 계획에 맞춰 수행하며, 교사는 학습자의 창의성을 존중하고 원활한 학습환경 조성에 조력한다. 넷째, 평가 단계에서는 결과물에 대해 학습자 자신의 자기평가, 상호평가, 교사평가 등을 실시한다.

프로젝트 학습의 특징을 제시하면 다음과 같다. 첫째, 프로젝트법은 교사가 부과한 활동이 아니라 학습자가 선정한 실제적 주제나 문제를 중심으로 진행된다. 둘째, 실제적 주제나 문제에 대한 학습자의 자율적인 계획과 실행을 강조한다. 셋째, 학습자는 학습의 전 과정을 스스로 결정하며, 학습에 대한 책임도 동시에 지닌다.

논40 **자기 주도적 학습의 필요성과 교수 · 학습 과정의 개선 방향을 제시하시오.**

자기 주도적 학습은 학습목표, 학습내용, 학습방법, 학습평가 등 학습의 전 과정을 학습자 스스로 선택하고 결정하는 것을 의미한다. 자기 주도적 학습의 필요성을 제시하면 다음과 같다. 첫째, 인간 본성의 존중이다. 인간은 자아실현의 욕구 성향을 갖고 있으므로 자기 주도적 학습은 인간주의 교육의 본령이다. 둘째, 교육 본연의 임무이다. 자기 주도적 학습능력은 인간 성장과 발달에 가장 기본적인 능력이며, 교육의 본질적 · 핵심적 목표이므로, 교육에 부여된 고유한 임무와 역할이다. 셋째, 사회 변화에 따른 교육기회의 확대이다. 지식정보화 사회에서는 학생들이 새로운 지식 · 기술 · 태도 등을 언제 어디서나 지속적으로 습득할 수 있는 자기 주도적인 평생학습능력을 필요로 한다.

자기 주도적 학습능력을 기르기 위한 교수 · 학습 과정의 개선방안을 제시하면 다음과 같다. 첫째, 교사의 가르치는 활동보다 학생의 학습활동을 더 중시하는 학생 중심의 교육으로 전환해야 한다. 둘째, 교육과정의 탄력적 운영이 요구된다. 정규교과시간이나 창의적 체험활동, 방과 후 교육활동 시간을 최대한 활용하여 자기 주도적 학습을 할 수 있는 기회를 제공한다.

논41 **프로그램 학습의 원리를 제시하시오.**

프로그램 학습은 학습자가 자신의 능력과 속도에 따라 스스로 학습하면서 점진적으로 학습목표에 도달하도록 하는 학습방법이다. 그 원리를 제시하면 다음과 같다. 첫째, 자기 속도(pace)의 원리이다. 학습자의 능력에 맞는 속도로 학습을 진행한다. 둘째, 점진적 접근(small step)의 원리이다. 학습내용을 세분화하여, 쉬운 것에서 어려운 것으로 점진적으로 나아가게 한다. 셋째, 적극적 반응의 원리이다. 학습자의 수준에 맞는 문제에 적극적으로 참여하여 활동한다. 넷째, 즉각적 강화의 원리이다. 학습결과에 대해 즉각적인 피드백을 주면서 즉각적인 강화를 제공한다. 다섯째, 자기검증의 원리이다. 무엇이 어떤 이유로 맞고 틀렸는지 확인하여 스스로 검증할 수 있도록 한다.

02 **협동학습**

논42 **협동학습에서 발생 가능한 문제점을 제시하시오.**

협동학습은 학습능력이 다른 학생들로 이질집단을 구성하여 공동의 학습목표 달성을 위해 함께 협력하는 수업방법이다. 협동학습에서 발생 가능한 문제점을 제시하면 다음과 같다. 첫째, 부익부 현상이다. 이것은 학습능력이 높은 학습자가 더 많은 활동을 통해 소집단을 장악하는 현상이다. 둘째, 무임승객 효과이다. 학습능력이 낮은 학습자가 적극적으로 학습에 참여하지 않고도 높은 학습성과를 공유하는 현상을 의미한다. 셋째, 봉 효과이다. 봉 효과는 학습능력이 높은 학습자가 자기의 노력이 다른 학습자에게 돌아갈까봐 소극적으로 학습에 참여하려는 현상이다.

논43 **협동학습의 주요 원리와 효과를 제시하시오.**

협동학습의 효과를 극대화하기 위해 협동학습에서 고려해야 할 주요 원리를 제시하면 다음과 같다. 첫째, 긍정적 상호 의존성이다. 학생들 개개인이 집단의 성공을 위해 자신뿐만 아니라 동료들도 성취할 수 있도록 서로 도움을 주는 관계를 유지해야 한다. 둘째, 개별 책무성이다. 구성원 각자의 수행이 집단 전체의 수행 결과에 영향을 주므로, 집단 목표의 성공적 성취를 위해 과제를 숙달해야 하는 책임이 학생 개개인에게 있다는 것을 인식해야 한다. 셋째, 대면적 상호작용이다. 집단구성원 각자가 집단의 목표를 성취하기 위해 다른 구성원들과 얼굴을 맞대고 서로 격려하고 촉진시켜 주어야 한다. 넷째, 사회적 기술(social skill)이다. 집단구성원들이 서로 배려하고 존중하면서 상호작용할 수 있도록 사회적 기술을 발달시켜야 한다. 한편, 협동학습의 효과를 제시하면 다음과 같다. 첫째, 집단구성원 전체가 서로 협력하여 교과 지식을 습득하므로 혼자 학습할 때보다 학업성취도를 향상시킬 수 있다. 둘째, 집단구성원들이 서로 배려하고 존중하면서 협동하는 등 학생들의 사회적 관계 기술을 발달시킬 수 있다. 셋째, 집단의 과제 해결에 적극 참여함으로써 모든 구성원이 자기 집단을 위해 공헌할 수 있다는 자신감과 자아존중감을 높일 수 있다.

논44 **직소Ⅰ 모형과 직소Ⅱ 모형의 공통점과 차이점을 설명하시오.**

직소Ⅰ과 직소Ⅱ는 공통적으로 모집단이 전문가 집단으로 갈라져서 소주제를 학습한 후 다시 모집단으로 돌아와서 가르치는 형태의 학습모형이다. 다만, 직소Ⅰ과 직소Ⅱ는 다음과 같은 점에서 차이가 있다. 첫째, 보상의 측면에서, 직소Ⅰ은 개별시험(퀴즈)을 보고 개별보상을 하지만, 직소Ⅱ는 개개인의 기준점수에 비해 향상된 점수를 합산하여 팀 점수를 산정하고, 이를 토대로 개별보상과 집단보상을 제공한다. 둘째, 직소Ⅰ은 교사가 과제를 분담해 주지만, 직소Ⅱ는 학생이 자율적으로 과제를 선택할 수 있다.

논45 **자율적 협동학습(Co-op Co-op)의 주요 절차를 설명하시오.**

자율적 협동학습(Co-op Co-op)은 학급 전체의 과제를 소주제로 나누고 같은 소주제를 선택한 학생들끼리 팀을 구성하여 팀별로 학습한 후 동료 및 교사에 의한 다면적 평가를 실시하는 모형이다. 자율적 협동학습의 주요 절차를 제시하면 다음과 같다. 첫째, 학습과제 선정과 팀 구성이다. 교사와 학생이 토의를 통해 학습과제를 선정하고, 학습과제를 소주제로 분류한 다음 같은 소주제를 선택한 학생들끼리 팀을 구성한다. 둘째, 팀 활동이다. 팀에서는 소주제를 하위 미니주제로 분담하고, 각자 개별적으로 정보를 수집하고, 개별활동을 종합하고, 팀 보고서를 작성한 다음, 학급 전체에 발표한다. 셋째, 다면적 평가이다. 팀 동료에 의한 팀 기여도 평가, 교사에 의한 소주제 학습기여도 평가, 전체 학급동료들에 의한 팀 보고서 평가를 실시한다.

논46 **성취과제분담모형(STAD)의 특징을 설명하시오.**

성취과제분담모형(STAD)은 개인의 성취가 팀의 성취로 연결될 수 있도록 하여 협동학습을 촉진시키는 모형이다. 이 모형의 특징은 첫째, 공동학습구조이다. 이질적인 집단을 구성하되 집단구성원의 역할이 분담되지 않는 공동학습구조를 띤다. 둘째, 집단보상을 제공한다. 공동학습 후 형성평가를 실시하고, 개인별 향상점수를 계산하여 팀 점수를 산출하며, 팀 점수가 가장 높은 팀에게 집단보상을 제공한다.

03 교수방법의 혁신

논47 **인지부하이론에 근거하여 인지부하와 인지과부하의 개념을 설명하시오.**

인지부하란 과제를 수행할 때 학습자의 인지체계에 부과되는 정신적, 인지적 노력을 의미한다. 인지부하는 작업기억의 한계 용량으로 인해 발생한다. 인지과부하란 과제해결에 요구되는 인지부하의 총량(내재적 인지부하 + 본질적 인지부하 + 외생적 인지부하)이 학습자의 작업기억의 용량을 초과할 때 발생하는 것을 의미한다.

논48 **외생적 인지부하를 줄이기 위한 멀티미디어 설계 원리를 제시하시오.**

외생적 인지부하란 학습과정에서 불필요하게 투입된 인지적 노력이다. 외생적 인지부하는 부적절한 학습자료나 자료제시 방식 등으로 인해 발생한다. 외생적 인지부하를 줄이기 위한 멀티미디어 설계 원리를 제시하면 다음과 같다. 첫째, 근접성의 원리이다. 글(텍스트)과 그림(그래픽), 시각과 청각은 시공간적으로 서로 가깝게 제시해야 한다는 원리이다. 만약 이 둘을 서로 분리해서 제시하면 학습자의 주의가 분산되고 부가적인 정신적 노력을 투입해야 하기 때문이다. 둘째, 양식의 원리이다. 시각 채널과 청각 채널을 모두 활용할 수 있도록 제시해야 한다는 것이다. 글(텍스트)과 그림(그래픽)만 제시하면 시각처리에 의한 인지부하만 높아진다. 따라서 텍스트 대신에 오디오를 활용하여 그림과 그에 상응하는 오디오(내레이션)를 동시에 제공하면 인지부하를 적절하게 관리할 수 있다. 셋째, 중복의 원리이다. 화면에 제시된 그림(그래픽)을 설명하기 위해 동일한 내용을 담고 있는 텍스트와 오디오의 중복 사용을 피해야 한다. 넷째, 일관성의 원리이다. 학습내용에 관련된 내용만으로 구성해야 한다. 학습과 관련 없는 불필요한 배경음악, 그림, 텍스트 정보 등을 추가해서는 안 된다.

논49 **액션러닝(action learning)의 설계요소와 특징을 제시하시오.**

액션러닝은 '행함으로써 배운다(learning by doing)'라는 학습원리를 기반으로 팀원들과 함께 실제적인 문제를 해결하는 과정에서 학습이 이루어지는 역량개발의 교육방식이다. 그 설계요소를 제시하면 다음과 같다. 첫째, 과제(문제)이다. 개인 또는 팀이 해결해야 할 실제적인 문제(과제)를 발견하거나 선택한다. 둘째, 학습팀이다. 4~8명 정도로 학습팀(실행팀)을 구성하며, 문제해결에 대한 창의적 접근이 가능하도록 다양한 시각과 경험을 가진 이질적인 집단으로 구성한다. 셋째, 실행의지이다. 문제해결을 위한 실행의지와 실천행위가 필요하다. 넷째, 질문과 성찰이다. 문제해결과정에서 문제의 본질과 효과적인 문제해결방법에 대해 팀 구성원의 상호 질문과 성찰, 피드백이 이루어져야 한다. 다섯째, 지식획득이다. 문제해결과정에서 문제 내용 관련 지식과 문제해결과정 관련 지식을 획득한다. 여섯째, 러닝코치이다. 학습팀이 문제(과제)를 명확히 정의하고 타당한 해결방법을 탐색해서 올바른 의사결정을 할 수 있도록 조력하는 역할을 한다.

액션러닝의 특징을 제시하면 다음과 같다. 첫째, 액션러닝에서 해결하는 문제는 학습팀이 실제로 겪고 있는 어려움이나 주변의 문제들이기 때문에 학습경험이 실시간이고 현재진행형이다. 둘째, 액션러닝 학습자 개인의 학습 역량뿐만 아니라 학습팀과 소속된 집단 전체의 역량을 향상시킨다. 셋째, 액션러닝은 교수자가 학습자를 의도적으로 조직하여 권위적으로 운영하는 것이 아니라 학습자의 자발적이고 민주적인 참여로 진행된다. 넷째, 서로 다른 경험과 학습을 수행하는 동료 팀으로부터 다양한 관점을 공유함으로써 최적의 해결방안을 도출할 수 있다.

논50 블렌디드 러닝(blended learning)의 개념과 장점을 제시하시오.

블렌디드 러닝은 학습효과를 극대화하기 위해 2가지 이상의 학습방법을 결합한 것으로, 일반적으로 온라인 학습과 오프라인 학습이 혼합된 교육방식을 가리킨다. 블렌디드 러닝의 장점을 제시하면 다음과 같다. 첫째, 학습효과가 극대화된다. 학습자의 학습 스타일이나 콘텐츠의 특성에 맞는 다양한 방법을 혼합해 제공함으로써 학습효과를 극대화할 수 있다. 둘째, 학습기회가 확대된다. 온·오프라인 학습환경의 장점을 결합하여 개발되므로 오프라인 학습이 갖는 시·공간적 제약에서 벗어나서 다양한 교육정보를 활용한 교육이 가능하다. 셋째, 학습자 중심의 학습이 가능해진다. 일방적인 강의 위주의 정보 전달에서 벗어나 개인의 요구에 부응하는 개별화학습을 촉진하고 자기 주도적 학습 능력을 신장시킬 수 있다. 넷째, 개발시간과 비용을 최적화한다. 온라인 형태의 경우 개발 비용은 많이 들지만 실행 비용을 최소화할 수 있고, 오프라인 방식은 실행 비용이 비교적 높은 편이나 시간 활용을 집중시킬 수 있는 장점이 있다.

논51 플립드 러닝(flipped learning)의 개념과 교육적 효과를 제시하시오.

플립드 러닝은 기존 방식을 '뒤집는(flip)' 학습으로, 교실 수업 이전에 동영상으로 미리 학습하고, 수업 시간에는 토의, 토론, 실습, 프로젝트, 문제해결 등의 다양한 활동을 하는 방식을 말한다. 그 교육적 효과를 제시하면 다음과 같다. 첫째, 교실 수업 전에 미리 학습내용을 익히고 참여할 경우 학습시간이 늘어나게 되므로 프로젝트 학습, 토론학습, 협동학습 등 다양한 학습자 중심의 수업을 운영할 수 있다. 둘째, 플립드 러닝에서는 학생의 개별적 학습활동 시간과 교사와 학생의 상호작용 시간이 증가하므로 반복학습이나 심화, 보충형 학습 등을 통해 학습의 효율성을 높일 수 있다. 셋째, 이미 학습한 내용을 수업에서 다루므로 학습에 대한 자신감을 고취시킬 수 있다. 미리 주요 사항들을 학습해 와서 추가적인 활동을 함께 하므로, 교실 현장에서의 학업격차는 줄어들 수 있고, 학업능력이 떨어지는 학생들도 수업에 더욱 자신감 있는 태도로 참여할 수 있다.

교육평가

논1. 교육평가관의 3가지 관점의 개념을 제시하고, 각각의 특징을 설명하시오.

논2. 선발적 교육관과 발달적 교육관의 특징을 각각 3가지씩 제시하시오.

논3. 평가(평정)의 오류를 제시하시오.

논4. 타일러(Tyler)의 목표중심평가모형의 특징, 장점 및 단점을 각각 3가지씩 제시하시오.

논5. 스크리븐(Scriven)의 탈목표평가모형의 개념과 특징 5가지를 제시하시오.

논6. 아이즈너(Eisner)의 예술적 비평모형(감식안 및 교육비평모형)의 특징과 구성요소를 제시하시오.

논7. 스터플빔(Stufflebeam)의 CIPP 평가모형에 근거하여 평가 유형 4가지를 제시하시오.

논8. 준거참조평가의 개념을 제시하고, 그 특징과 장단점을 각각 3가지씩 설명하시오.

논9. 규준참조평가의 개념을 제시하고, 그 특징과 장단점을 각각 3가지씩 설명하시오.

논10. 자기참조평가의 유형 3가지를 제시하시오.

논11. 진단평가의 개념을 제시하고, 그 목적과 효과적인 시행전략을 각각 3가지씩 설명하시오.

논12. 형성평가의 개념을 제시하고, 그 목적과 효과적인 시행전략을 각각 3가지씩 설명하시오.

논13. 수행평가의 개념을 제시하고, 그 특징과 수행평가 시 고려할 사항을 각각 3가지씩 설명하시오.

논14. 포트폴리오(portfolio) 평가의 개념과 그 특징 4가지를 제시하시오.

논15. 과정 중심의 평가유형을 4가지 제시하시오.

논16. 성취평가제의 의미와 그 특징을 3가지 제시하시오.

논17. 역동적 평가의 개념을 제시하고, 역동적 평가의 특징을 3가지 제시하시오.

논18. 정의적 평가의 개념을 제시하고, 필요한 이유와 평가방법을 각각 4가지씩 설명하시오.

논19. 메타평가의 개념을 제시하고, 그 유형을 3가지 제시하시오.

논20. 평가도구의 조건인 타당도의 개념과 종류 5가지를 제시하시오.

논21. 신뢰도, 객관도, 실용도의 개념을 제시하시오.

논22. 신뢰도와 타당도의 관계를 설명하시오.

논23. 검사의 신뢰도와 객관도를 높이는 방안을 각각 4가지씩 제시하시오.

논24. 문항분석의 개념을 제시하고, 문항난이도와 문항변별도를 각각 설명하시오.

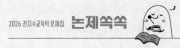

교육평가

01 교육평가의 이해

논1 **교육평가관의 3가지 관점의 개념을 제시하고, 각각의 특징을 설명하시오.**

교육평가관은 인간관, 환경관, 검사의 강조점, 증거 수집방법 등에서 매우 대조적인 모습을 보이며, 이러한 특성에 따라 측정관, 평가관, 총평관으로 구분될 수 있다. 먼저, 측정관은 일정한 규칙에 따라 어떤 대상의 속성에 수치를 부여하는 것을 말하며, 선발적 교육관과 밀접한 관련성을 가진다. 예컨대, 저울로 몸무게를 재거나 시험에서 몇 점을 얻었는가를 계산하는 것은 측정이다. 측정관의 특징을 설명하면, 첫째, 모든 실재나 인간행동 특성은 안정성이 있고 불변한다고 전제한다. 따라서 어떤 현상이든 정확하게 측정할 수 있다고 본다. 둘째, 실재의 안정성에 영향을 미치는 환경 변인은 측정의 정확성을 저해하는 오차 변인으로 간주하며, 환경의 영향을 통제하거나 극소화하려고 한다. 셋째, 실재의 안정성을 강조하므로 신뢰도와 객관도를 중시한다. 측정관에서는 얼마나 오차 없이 정확히 측정하느냐가 가장 중요한 관건이 된다. 넷째, 신뢰성과 객관성이 보장된 측정을 위해서는 누가 언제 어디서 측정해도 같은 결과를 얻을 수 있도록 측정 절차나 방법에 있어 표준화를 요구한다. 다섯째, 선발적 교육관과 밀접한 관련성을 가진다. 선발적 교육관은 인간의 지적 능력은 타고났으며 변하지 않는다고 보므로 소수의 학습자만 교육을 받을 수 있다고 본다. 따라서 이러한 교육관은 우수자 선발과 개인차 변별에 초점을 두고, 각 학습자가 지닌 고유한 특성을 가장 능률적으로 나타내는 데 목적이 있기 때문에 측정관이 지배할 가능성이 높다.

다음, 평가관은 교육목표에 비추어 학습자의 변화를 알아보는 것을 말하며, 발달적 교육관과 밀접한 관련성을 지닌다. 측정관이 수치에 대해 가치판단을 배제한다면, 평가는 측정을 통해 수집한 자료에 가치판단을 내리는 활동이다. 예컨대, 점수를 일정한 기준에 따라 판정하여 성적(A, B, C, D, E, F)을 부여하고 성취정도를 판단하는 것은 평가이다. 평가관의 특징을 설명하면, 첫째, 모든 실재나 인간행동 특성은 안정성이 없고 변한다고 전제하며, 이 변화를 교육적으로 가치 있게 생각한다. 둘째, 인간 행동의 변화 가능성을 전제하므로 환경 변인은 행동 변화를 일으키는 중요한 자원(원천)으로 간주하며, 환경 변인을 적극적으로 이용하려고 한다. 셋째, 학습자의 변화 정도를 목표에 비추어 평가해야 하므로 내용타당도를 중시한다. 넷째, 변화의 증거를 얻을 수 있는 모든 방법을 사용하며, 양적 자료뿐만 아니라 질적 자료도 중요한 정보원으로 간주한다. 다섯째, 발달적 교육관과 밀접한 관련성을 갖는다. 발달적 교육관은 모든 학습자에게 적절한 교수·학습 환경만 제공하면 누구나 의도한 교육목표에 도달할 수 있다고 본다. 따라서 이러한 교육관은 학습자의 개인차 변별보다는 교육목표 달성에 초점을 두고 학습자의 교육적 변화에 영향을 주는 다양한 변인에 더 많은 관심을 가지고 있기 때문에 평가관이 지배할 가능성이 높다.

마지막으로, 총평관은 인간의 특성을 여러 다양한 방법을 동원하여 종합적으로 평가하는 것을 말하며, 인본주의적 교육관과 밀접한 관련성이 있다. 예컨대, 대학 신입생 선발을 위해 고교 내신성적, 생활기록부, 대학수능점수, 논술고사 성적, 면접고사 성적 등 다양한 자료를 수집하는 것은 총평관에 의한 입학사정이라 할 수 있다. 총평관의 특징을 설명하면, 첫째, 인간행동 특성은 환경과의 역동적 상호작용을 통해 변화한다고 전제한다. 둘째, 환경을 행동변화를 강요하는 압력으로 간주한다. 따라서 환경이 요구하는 압력이나 역할을 먼저 분석하고, 다음에 개인의 특성이 이에 적합한지 분석하고 결정한다. 평가관에서는 환경을 변화의 자원으로 보았지만, 총평관에서는 환경을 개인과 상호작용하는 주체로 본다. 셋째, 인간의 행동 특성의 구성요인을 얼마나 충실하게 측정하느냐가 중요하므로 구인타당도를 중시한다. 넷째, 상황에 비춘 변화의 증거를 얻을 수 있는 모든 방법을 사용하며, 양적 방법과 질적 방법을 모두 동원한다. 따라서 자기보고법, 관찰법, 면접법, 역할놀이, 자유연상법 등의 투사적 방법을 통해서도 정보를 수집한다. 다섯째, 인본주의적 교육관과 밀접한 관련성을 가진다. 인본주의 교육관에서는 교육을 자아실현의 과정으로 보고, 인간을 환경과 능동적으로 상호작용하는 존재로 간주한다. 이러한 교육관은 전인적인 입장에서의 검사를 중시한다는 점에서 인간행동의 특성을 전체적으로 이해하려는 총평관과 깊은 관련을 갖는다.

논2 선발적 교육관과 발달적 교육관의 특징을 각각 3가지씩 제시하시오.

선발적 교육관은 유전론에 입각하여 인간의 지적 능력은 타고났으며 변하지 않는다고 전제하며, 소수 학습자만 교육을 받을 수 있다고 보는 교육관이다. 따라서 개인차는 극복 불가능하며, 인간행동의 변화 가능성에 대해 매우 부정적인 견해를 보이는 입장이다. 선발적 교육관의 특징을 제시하면 다음과 같다. 첫째, 개인차 변별에 중점을 두며, 교육목표에 도달 가능한 소수의 우수자를 선발하는 것을 평가의 목적으로 삼는다. 둘째, 우수자 선발을 위한 개인차 변별에 중점을 두므로 학생의 상대적 위치를 비교하기 위한 규준지향평가방식을 지향한다. 셋째, 유전론에 근거하므로 학업실패의 책임은 학생에게 있다고 본다. 반면, 발달적 교육관은 환경론에 입각하여 모든 학습자에게 적절한 교수·학습 환경만 제공하면 누구나 의도한 교육목표에 도달할 수 있다고 보는 교육관이다. 따라서 개인차는 극복 가능하며, 교육을 통한 인간행동의 변화가능성에 대해 매우 긍정적인 입장을 취한다. 발달적 교육관의 특징을 제시하면 다음과 같다. 첫째, 수업목표 달성도에 중점을 두며, 가장 적절한 교수방법을 제공하여 완전학습에 이르는 데 평가의 목적이 있다. 둘째, 수업목표 달성도에 중점을 두므로 미리 설정해 놓은 수업목표의 달성도를 평가하는 목표지향평가방식을 지향한다. 셋째, 환경론에 근거하므로 학업실패의 책임은 교사에게 있다고 본다.

논3 평가(평정)의 오류(오차)를 제시하시오.

어떤 대상을 완벽하게 평가할 수 없기 때문에 평정자의 평정과정에서 여러 가지 오류가 발생한다. 평가의 오류를 제시하면 다음과 같다. 첫째, 인상의 오류이다. 인상의 오류는 선입견에 따른 오차로서, 평가대상의 인상이 평정에 영향을 주어 좋게 또는 나쁘게 평가하는 오류이다. 둘째, 논리적 오류이다. 논리적 오류는 관련의 착각에 해당하는 것으로, 논리적으로 관련이 없는 2가지 행동특성을 관련이 있는 것으로 판단하여 평가하는 오류이다. 셋째, 집중경향의 오류이다. 이것은 극단적인 점수를 피하고 중간 점수를 주는 오류로, 평가의 결과가 중간부분에 모이는 경향을 말한다. 넷째, 대비의 오류이다. 이것은 평가자 자신의 특성과 비교하여 과대 혹은 과소 평가하는 오류이다. 다섯째, 근접의 오류이다. 이는 비교적 유사한 항목들이 시간적으로나 공간적으로 가까이 있을 때 비슷하게 평가하는 오류이다. 여섯째, 표준의 오류이다. 이것은 점수를 주는 표준이 평가자마다 달라서 발생하는 오류이다. 일곱째, 관용의 오류와 엄격의 오류이다. 관용의 오류는 전반적으로 높은 점수를 주는 오류이며, 평가자의 평가기준이 후하여 발생한다. 반면, 엄격의 오류(인색의 오류)는 전반적으로 낮은 점수를 주는 오류이며, 평가자의 평가기준이 인색하여 발생한다.

02 교육평가의 모형

논4 타일러(Tyler)의 목표중심평가모형의 특징, 장점 및 단점을 각각 3가지씩 제시하시오.

타일러(Tyler)의 목표중심평가모형은 평가를 미리 설정된 프로그램의 목표 달성 정도를 확인하는 것으로 보고, 명세적으로 진술된 행동목표를 기준으로 교육성과를 평가한다. 목표중심평가모형의 특징을 제시하면 다음과 같다. 첫째, 교육목표의 달성 정도를 평가하는 것이므로 교육목표가 평가에서 핵심적인 기준이 된다. 둘째, 행동적 용어로 진술된 교육목표에 비추어 평가하므로 측정 및 평가가 쉽다. 셋째, 목표중심모형을 활용하면 교육목표와 학생 성취 간의 합치 여부를 체계적이고 논리적으로 검증할 수 있다. 목표중심평가모형의 장점을 제시하면 다음과 같다. 첫째, 교육목표를 행동적 용어로 진술하여 명확한 평가기준을 제시한다. 둘째, 교육목표, 교육내용, 교육평가 간의 논리적 일관성을 유지해 준다. 셋째, 평가를 통해 교육목표의 실현 정도를 명확히 파악할 수 있다. 반면, 목표중심평가모형의 단점을 제시하면, 첫째, 행동적 용어로 진술하기 어려운 교육목표에 대한 평가는 처음부터 아예 의도적으로 제외한다. 둘째, 목표로 설정되지 않은 부수적·잠재적 교육효과에 대한 평가가 불가능하다. 셋째, 교육성과에만 관심을 가지므로 교육의 과정 자체에 대한 평가를 소홀히 하며, 교육과정의 본질적인 개선에도 한계가 있다.

논5 **스크리븐(Scriven)의 탈목표평가모형의 개념과 특징 5가지를 제시하시오.**

스크리븐(Scriven)의 탈목표평가모형은 평가를 프로그램의 가치를 판단하는 과정이라고 보고, 프로그램이 의도한 효과뿐만 아니라 부수적 효과까지 포함하여 실제 효과를 판단하고자 하는 모형이다. 탈목표평가모형에서는 표적집단, 즉 교육관계자의 요구를 기준으로 프로그램의 실제 효과나 가치를 판단하고자 한다. 탈목표평가모형의 특징을 제시하면 다음과 같다. 첫째, 의도한 효과를 평가하는 목표중심평가뿐만 아니라 목표 이외의 부수적 효과를 평가하는 탈목표평가를 중시한다. 둘째, 프로그램의 자체의 가치나 장단점, 효과 등을 따지는 비(非)비교평가뿐만 아니라, 다른 프로그램의 가치나 장점, 효과 등을 비교하는 비교평가도 중시한다. 셋째, 프로그램에 내재된 기본적 속성인 내재적 준거에 의한 평가뿐만 아니라 프로그램이 발휘하는 기능적 속성인 외재적 준거에 의한 평가도 실시한다. 넷째, 진행 중인 수업을 개선하기 위하여 실시하는 형성평가와 이미 완성된 수업의 가치를 총합적으로 판단하는 총합평가를 구별하여 판단한다. 다섯째, 정해진 목표의 성취정도뿐만 아니라 목표 그 자체의 가치도 판단한다. 제시된 목표의 질과 가치가 낮다고 판단될 때에는 거부하는 태도도 가져야 한다.

논6 **아이즈너(Eisner)의 예술적 비평모형(감식안 및 교육비평모형)의 특징과 구성요소를 제시하시오.**

아이즈너(Eisner)의 감식안 및 교육비평모형은 예술작품을 감정하고 비평할 때 그 분야의 전문가가 사용하는 방법과 절차를 교육평가에 원용(援用)하려는 접근이다. 이 평가모형의 특징을 제시하면 다음과 같다. 첫째, 평가대상을 전문가의 입장에서 비판적으로 기술·사정·조명하는 데 그 목적이 있다. 그만큼 평가자의 전문성과 자질을 무엇보다 중시한다. 둘째, 자료에 대한 통계적 분석을 지양하고, 평가자의 전문성에 입각한 질적 평가를 중시한다. 즉, 평가자의 지각적 민감성, 풍부한 경험, 세련된 통찰, 전문적 판단을 토대로 하는 평가활동을 강조한다. 셋째, 평가자는 평가대상의 질을 판단할 수 있는 교육적 감식안과 그 미묘한 질적 차이를 표현할 수 있는 교육비평능력이 요구된다. 이런 점에서 이 평가모형은 '감식안'과 '교육비평'으로 구성된다. 첫째, 감식안은 평가대상의 미묘하면서도 중요한 자질을 인식하는 능력이다. 감식안은 지극히 사적인 성격이 강한 감상의 예술이다. 둘째, 교육비평은 전문가의 인식을 글로 표현하는 일을 의미한다. 교육비평은 공적인 성격이 강한 표출의 예술이다. 대상의 속성을 언어적으로 생생하게 조명해 주기 위해 비평에는 은유, 비유, 제안, 암시 등의 방법이 사용된다.

논7 **스터플빔(Stufflebeam)의 CIPP 평가모형에 근거하여 평가 유형 4가지를 제시하시오.**

스터플빔(Stufflebeam)은 평가를 의사결정자에게 유용한 정보를 제공하여 의사결정을 돕는 과정으로 보고, 상황, 투입, 과정, 산출의 측면에서 4가지 평가 유형을 제시하였다. 첫째, 상황평가는 목표 설정을 위한 계획 의사결정에 도움을 주기 위한 평가이다. 내외적 상황·맥락, 대상 집단의 요구를 분석하여 교육목표를 결정하는 합리적 기초나 이유를 제공한다. 둘째, 투입평가는 구조화 의사결정에 도움을 주기 위한 평가이다. 목표 달성에 적합한 전략과 절차, 인적·물적 자원, 예산, 시기 등에 관한 정보를 수집하여 제공한다. 셋째, 과정평가는 실행 의사결정에 도움을 주기 위한 평가이다. 프로그램이 계획한 대로 실행되고 있는지 정보를 수집하여 피드백을 제공함으로써 프로그램의 운영 상황을 검토하는 것이다. 넷째, 산출평가는 재순환 의사결정에 도움을 주기 위한 평가이다. 프로그램의 목표 달성의 정도를 정확히 판단하여 프로그램의 계속 사용 여부를 결정하도록 도와준다.

03 교육평가의 유형

논8 **준거참조평가의 개념을 제시하고, 그 특징과 장단점을 각각 3가지씩 설명하시오.**

준거참조평가는 평가기준을 학습목표에 두고 학습목표를 얼마나 달성하였는지 성취수준을 확인하는 평가방법이다. 준거참조평가는 학생의 성취수준을 확인하고 교수·학습 방법을 개선하는 데 목적이 있다. 준거참조평가의 특징을 제시하면 다음과 같다. 첫째, 준거참조평가는 적절한 교수·학습 환경만 제공하면 거의 모든 학습자가 의도한 학습목표에 도달할 수 있다는 발달적 교육관에 근거한다. 둘째, 준거참조평가에서는 평가도구가 교육목표를 얼마나 충실히 측정하고 있는지가 중요한 과제가 되므로 검사의 타당도를 중시한다. 셋째, 준거참조평가는 거의 모든 학생들이 학습목표에 도달할 수 있다고 기대하므로 검사 점수의 부적 편포를 전제한다. 한편, 준거참조평가의 장점을 제시하면 다음과 같다. 첫째, 무엇을 알고 무엇을 모르는지에 대한 직접적인 정보를 제공해 주므로 교수·학습 이론에 적합하다. 둘째, 교수·학습 프로그램이 어느 정도 효과가 있었는지에 대한 정보를 제공해 주므로 교수·학습 개선에 유용하다. 셋째, 과제의 숙달과 이해, 목표의 성취 그 자체를 중시하므로 학생들 간의 경쟁심을 제거하고 협동적 학습을 가능하게 한다. 반면, 준거지향평가의 단점을 제시하면 다음과 같다. 첫째, 준거참조평가에서는 각 학생의 집단 내에서의 상대적 위치를 알 수 없으므로 개인차 변별이 어렵다. 둘째, 절대적 기준인 교육목표를 누가, 어떻게 정하느냐는 고도의 전문성이 요구되기 때문에 준거 설정이 어렵다. 셋째, 정상분포를 부정하므로 평가결과에 대한 통계적 처리가 곤란하여 점수를 통계적으로 활용할 수 없다.

논9 **규준참조평가의 개념을 제시하고, 그 특징과 장단점을 각각 3가지씩 설명하시오.**

규준참조평가는 평가기준을 집단 내부에 두고 개인의 성취수준을 집단 내에서의 상대적 위치로 나타내는 평가방법이다. 상대적 비교를 위해 규준점수(예 연령점수, 석차점수, 백분위점수, 표준점수)를 사용하며, 개인차 변별에 목적이 있다. 규준참조평가의 특징을 제시하면 다음과 같다. 첫째, 규준참조평가에서는 학생의 개인차를 당연시하며, 우수한 학생을 선발하고자 하는 선발적 교육관에 근거한다. 둘째, 규준참조평가에서는 학생들의 개인차를 오차 없이 얼마나 정확하게 측정하는가가 중요한 과제가 되므로 검사의 신뢰도를 중시한다. 셋째, 규준참조평가는 개인차의 변별에 관심을 두기 때문에 평균을 중심으로 좌우대칭형인 정상분포를 전제한다. 한편, 규준참조평가의 장점을 제시하면 다음과 같다. 첫째, 규준참조평가에서는 각 학생의 집단 내에서의 상대적 위치를 명확히 파악할 수 있으므로 개인차를 변별할 수 있다. 둘째, 규준참조평가는 신뢰도가 높은 객관적 평가를 사용하게 되므로 교사의 편견을 배제할 수 있다. 셋째, 규준참조평가는 학생들을 비교하기 때문에 경쟁을 통해 외재적 동기를 유발할 수 있다. 반면, 규준참조평가의 단점을 제시하면 다음과 같다. 첫째, 무엇을 알고 무엇을 모르는지에 관심을 두지 않으므로 교수·학습 이론에 맞지 않다. 둘째, 규준참조평가는 학생의 상대적 위치에 대한 정보만 제공해 줄 뿐 교수·학습 개선에 대한 구체적인 정보를 제공해 주지 못한다. 셋째, 규준참조평가에서는 학생들 간의 상대적 비교와 우열을 강조하기 때문에 경쟁심리가 조장되며 정서적 불안과 비인간화를 초래할 수 있다.

논10 **자기참조평가의 유형 3가지를 제시하시오.**

자기참조평가는 학습자의 개별화 평가로서 성장지향평가, 능력지향평가, 노력지향평가가 있다. 첫째, 성장지향평가는 초기의 성취수준에 비추어 얼마나 성장하였느냐, 얼마나 능력의 향상을 보였느냐에 관심을 두는 평가이다. 이 평가에서는 학생의 현재 성취수준이 과거 성취수준보다 더 높으면 좋은 성적을 부여한다. 둘째, 능력지향평가는 학생 자신의 능력을 기준으로 얼마나 최선을 다했느냐, 얼마나 능력을 발휘하였느냐에 관심을 두는 평가이다. 이 평가에서는 시험 성적이 같더라도 능력이 낮은 학생이 능력이 높은 학생보다 더 높은 성적을 받게 된다. 셋째, 노력지향평가는 노력의 정도를 기준으로 얼마나 노력을 하였는가에 관심을 두는 평가이다. 이 평가에서는 점수에 관계없이 열심히 노력한 학생이 높은 성적을 받게 된다.

논11 **진단평가의 개념을 제시하고, 그 목적과 효과적인 시행전략을 각각 3가지씩 설명하시오.**

진단평가는 일반적으로 교수·학습(수업) 전에 학생의 수준과 특성을 진단하기 위해 실시하는 평가이다. 학습자의 특성에 적절한 교육내용과 교수전략을 투입함으로써 교수·학습의 효과를 극대화하기 위해 실시한다. 진단평가의 목적을 제시하면 다음과 같다. 첫째, 진단평가는 수업목표 달성에 필요한 선수학습의 정도를 확인하기 위해 실시한다. 둘째, 진단평가는 앞으로 가르치려는 교과목표를 어느 정도 성취했는지 파악하여 학생 수준에 맞는 교과목표나 교수프로그램을 제공하기 위해 실시한다. 셋째, 학생이 학습과정에서 계속적인 결함을 보일 경우 교육 외적 원인, 즉 신체적·정서적·환경적 요인의 결함을 확인하기 위해 실시한다. 다음, 진단평가의 효과적인 시행전략을 제시하면 다음과 같다. 첫째, 준거지향평가 및 규준지향평가를 활용한다. 학습자의 선수학습의 정도나 교과목표의 사전 성취수준을 파악할 때에는 준거지향평가를 실시하고, 학습자의 일반적 특성을 측정할 때에는 규준지향평가를 시행한다. 둘째, 다양한 평가도구를 활용한다. 표준화 학력검사나 표준화 진단검사, 교사제작검사, 관찰법, 체크리스트 등 다양한 평가도구를 활용하여 진단평가를 시행한다. 셋째, 종합적인 진단이 되도록 한다. 지적 영역뿐만 아니라 정의적 영역, 심동적 영역도 진단하고, 신체적·심리적·환경적 요인도 확인하도록 한다.

논12 **형성평가의 개념을 제시하고, 그 목적과 효과적인 시행전략을 각각 3가지씩 설명하시오.**

형성평가는 교수·학습의 진행 과정에서 학생의 학습목표 달성 정도를 수시로 점검하여 피드백을 제공함으로써 학생의 학습을 촉진하고 수업을 개선할 목적으로 실시하는 평가이다. 형성평가의 목적을 제시하면 다음과 같다. 첫째, 학생의 수준에 적합한 피드백을 수시로 제공함으로써 학생의 학습활동을 강화하고 촉진해 준다. 둘째, 학습 진전 상황에 대한 정보를 수집·분석하여 교사의 교수·학습 방법을 개선한다. 셋째, 학생의 학습 성공과 실패 등을 확인하여 학생의 학습곤란 지점을 진단(발견)하고 교정해 준다. 다음, 형성평가의 효과적인 시행전략을 제시하면 다음과 같다. 첫째, 형성평가는 학습목표 달성 정도를 수시로 점검하는 활동이므로 학습목표에 기초하여 준거지향평가를 실시한다. 둘째, 수시로 평가를 실시하여 학생들의 능력이 향상되고 있음을 확인하도록 함으로써 학생의 유능감과 자기효능감을 증진시킨다. 셋째, 학생의 오류를 교정할 수 있도록 구체적인 피드백을 제공함으로써 학습활동을 강화하고 촉진한다.

논13 **수행평가의 개념을 제시하고, 그 특징과 수행평가 시 고려할 사항을 각각 3가지씩 설명하시오.**

수행평가는 학생이 자신의 지식이나 기능을 산출물이나 행동 또는 답으로 나타내도록 요구하는 평가방식이다. 교사는 학생의 학습과제 수행의 과정이나 결과를 보고, 그 학생의 지식이나 기능, 태도 등을 전문적으로 판단하게 된다. 수행평가의 특징을 설명하면 다음과 같다. 첫째, 수행평가는 채점이 주로 관찰과 판단을 통해 이루어지므로 교사의 전문적 판단에 의거하여 주관적으로 평가한다. 둘째, 수행평가는 학생이 문제의 정답을 선택하게 하는 것이 아니라, 자기 스스로 답을 작성하거나 행동으로 나타내도록 요구한다. 셋째, 수행평가는 학생의 인지적 영역뿐만 아니라 정의적인 영역, 심동적 영역에 대한 종합적이고 전인적인 평가를 중시한다. 다음, 수행평가 시 고려할 사항을 제시하면 다음과 같다. 첫째, 비용과 시간이다. 수행평가는 전통적인 지필검사보다 검사의 개발·실시·채점에 비용과 시간이 많이 소요되므로 채점의 공정성을 위해 많은 교사가 필요하며 비용과 시간을 확보할 수 있어야 한다. 둘째, 채점기준이다. 수행평가는 다양한 평가방법으로 점수를 부여하므로 채점기준에 대한 전체적인 틀과 구체적인 채점기준을 마련해 놓아야 한다. 셋째, 신뢰도이다. 수행평가는 주관적 평가이므로 오차가 개입될 소지가 많다. 따라서 신뢰도를 확보할 수 있도록 다수의 채점자 확보, 명확한 채점기준, 채점자 훈련 등이 요구된다.

논14 **포트폴리오(portfolio) 평가의 개념과 그 특징 4가지를 제시하시오.**

포트폴리오 평가는 하나 이상의 분야에서 학생의 진보, 성취 정도를 보여주는 학생과제 수집물, 개인별 작품집을 평가하는 방법을 의미한다. 그 특징을 제시하면 다음과 같다. 첫째, 포트폴리오 평가는 장시간에 걸친 학생의 성장과 학습의 성과를 나타내 준다. 둘째, 포트폴리오 평가는 교수·학습의 목적에 따라 만들어지며, 학생들에게 자신의 학습에 대한 정리나 반성의 기회를 제공해 준다. 셋째, 포트폴리오 평가는 학생들에게 포트폴리오에 포함될 항목과 구성방법 등을 정할 수 있는 선택의 기회를 제공한다. 넷째, 포트폴리오 평가는 학생들에게 실제적인 학습을 하게 하고, 학생들이 학습을 지배하며 몰두할 수 있는 기회를 제공한다.

논15 **과정 중심의 평가유형을 4가지 제시하시오.**

학생의 학습과 성장을 지원하는 과정 중심의 평가에는 형성평가, 협력기반 수행평가, 자기성찰평가, 동료평가 등이 있다. 첫째, 형성평가는 교수·학습의 진행 과정에서 학생 및 교사 자신에게 수시로 피드백을 제공하여 학생의 학습을 촉진하고 수업을 개선하기 위한 평가이다. 둘째, 협력기반 수행평가는 2인 이상의 학생들이 서로 협력하여 수행하면서 그들의 지식과 기능을 산출물로 나타내도록 하는 평가이다. 셋째, 자기성찰평가는 학생 스스로 자신의 학습과정이나 수행수준을 모니터링하고 평가하는 활동을 총칭한다. 학생들은 스스로 자기평가를 해봄으로써 자신의 학습상의 강약점을 이해할 수 있으며, 학습전략을 수립할 수 있고, 더 나아가 자신의 학습에 대한 책임을 가질 수 있다. 넷째, 동료평가는 동료끼리 서로의 학습에 대해 점검하는 평가로서, 이를 통해 서로 협력하고 함께 성장하는 경험을 키울 수 있다.

논16 **성취평가제의 의미와 그 특징을 3가지 제시하시오.**

성취평가제는 국가 교육과정에 근거하여 개발된 성취기준에 따라 학생의 성취수준을 평가하는 준거지향평가를 가리킨다. 그 특징을 제시하면, 첫째, 미리 선정된 수행준거(교육목표)에 따라 평가하고 그 결과를 해석한다. 둘째, 학생이 무엇을 알고 무엇을 할 수 있는지에 대한 정보를 제공해 준다. 셋째, 내용과 과정에 대한 심층적 분석으로 교수·학습 개선이 용이하다.

논17 **역동적 평가의 개념을 제시하고, 역동적 평가의 특징을 3가지 제시하시오.**

역동적 평가는 평가자와 학생 간의 역동적 상호작용을 중시하는 평가를 말한다. 역동적 평가에서는 명시적 또는 묵시적으로 힌트와 피드백을 제공하면서 학생의 잠재적 능력을 평가한다. 역동적 평가의 특징을 제시하면 다음과 같다. 첫째, 평가목적의 측면에서 현재의 교육목표 달성도를 평가하는 것이 아니라 미래의 향상가능성을 평가한다. 둘째, 평가내용의 측면에서 학습과정과 학습결과를 모두 중시한다. 셋째, 평가방법 면에서 응답의 이유나 과정도 중시하며, 지속적이고 종합적인 평가이다.

논18 **정의적 평가의 개념을 제시하고, 필요한 이유와 평가방법을 각각 4가지씩 설명하시오.**

정의적 평가는 학습자의 태도, 자아개념, 학습동기, 성격, 도덕성 등 정의적 특성을 평가하는 것을 말한다. 정의적 특성의 평가는 인간으로서의 학생에게 관심을 가지고, 그들의 성질을 이해하고 돕고자 하는 것이 주된 목적이다. 정의적 특성의 평가가 필요한 이유는 다음과 같다. 첫째, 정의적 특성은 학생의 전인적 발달을 꾀하는 핵심적 구성요소의 하나로서 전인교육의 이상을 실현할 수 있는 중요한 교육적 영역이다. 둘째, 정의적 특성은 학습의 촉진제 역할을 수행하므로 지적 학업성취의 성공과 실패를 결정짓는 중요한 요인으로 작용한다. 셋째, 정의적 특성의 평가는 교육 프로그램의 개선에 중요한 정보를 제공해 준다. 이러한 학생의 정의적 특성을 바탕으로 교육과정과 교수방법을 개선하고 개발할 수 있다. 넷째, 정의적 특성의 평가는 학생의 지도에 유익한 정보를 제공해 준다. 이러한 객관적 정보는 학생의 학습을 진단하고 도와주며, 학생의 문제행동을 교정하고 치료하는 데 중요한 역할을 한다. 한편, 정의적 특성의 평가방법을 제시하면 다음과 같다. 첫째, 관찰법이 있다. 관찰법은 일상생활이나 학습장면에서 학생들이 보이는 행동을 관찰하고 해석하여 학생의 정의적 특성을 평가하는 방법이다. 둘째, 면접법이 있다. 면접법은 언어적 상호작용을 매개로 학생으로부터 정보를 수집하는 방법이다. 면대면 면접, 전화면접, 화상면접, 개별면접, 집단면접 등 다양한 방법을 활용할 수 있다. 셋째, 질문지법이 있다. 질문지법은 미리 작성해 놓은 질문지에 자신의 의견이나 사실을 답하는 방법이다. 주어진 질문에 자유롭게 진술하는 자유반응형(개방형)과 선택지를 고르는 선택형이 있다. 넷째, 사회성 측정법이 있다. 사회성 측정법은 학생이 자기 동료에게 어떻게 수용되고 있는가를 평가하는 방법이다. 이를 통해 개인의 사회적 적응력을 향상시킬 수 있고, 집단의 사회구조를 개선할 수 있다.

논19 **메타평가의 개념을 제시하고, 그 유형을 3가지 제시하시오.**

메타평가는 평가에 대한 평가, 평가의 평가를 의미하며, 평가의 질적 수준을 향상시킬 목적으로 실시한다. 그 유형 3가지를 제시하면 다음과 같다. 첫째, 진단적 메타평가이다. 이는 평가가 실시되기 전 단계에서 이루어지는 평가이다. 평가를 어떻게 준비하고 계획했는가를 평가 관련 변인들과의 관련성을 중시하면서 평가한다. 둘째, 형성적 메타평가이다. 이것은 평가를 실시하는 과정에서 이루어지는 평가이다. 평가의 실행 과정에서 평가자에게 피드백을 제공함으로써 평가활동을 개선하는 데 목적을 둔다. 셋째, 총괄적 메타평가이다. 이것은 평가 활동이 종료된 후 그 평가의 가치와 장단점을 총체적으로 판단하는 평가이다. 관련 당사자들에게 평가의 질에 대한 정보를 제공하기 위한 목적으로 실시한다.

평가도구

---

01 **평가도구**

논20 **평가도구의 조건인 타당도의 개념과 종류 5가지를 제시하시오.**

타당도는 검사가 본래 재고자 하는 것을 얼마나 충실하게 측정하고 있는가의 정도, 즉 검사대상(what)의 충실성·정직성을 의미한다. 타당도에는 내용타당도, 공인타당도, 예언타당도, 구인타당도, 결과타당도가 있다. 첫째, 내용타당도는 평가도구가 교육목표, 즉 내용을 얼마나 충실히 측정하고 있는가와 관련된 타당도이다. 표집타당도, 주관적 타당도라고도 한다. 둘째, 공인타당도는 현시점에서 관련된 두 검사와의 공인 정도를 밝히는 타당도이다. 새로이 제작된 검사도구로 기존의 검사도구를 대체하고자 할 때 사용한다. 셋째, 예언타당도는 어떤 검사결과가 피험자의 미래 행동특성을 얼마나 정확히 예언하느냐와 관련된 타당도이다. 많은 경우 상관계수보다는 통계적으로 복잡한 회귀분석을 사용한다. 넷째, 구인타당도는 어떤 검사가 조작적으로 정의한 구인을 얼마나 충실히 재고 있는가와 관련된 타당도이다. 다섯째, 결과타당도는 검사를 실시하고 난 뒤 검사결과에 대한 가치판단으로, 검사가 체제(system) 전체에 어떤 교육효과나 결과를 가져왔는지 교육적·사회적 파급효과를 검토하는 것을 말한다.

논21 **신뢰도, 객관도, 실용도의 개념을 제시하시오.**

신뢰도는 검사가 얼마나 오차 없이 정확하게 측정하고 있는가의 정도, 즉, 검사점수의 정확성·일관성·안정성을 의미한다. 한 검사에서 얻어진 점수를 얼마나 믿을 수 있느냐 하는 정도와 관련된다. 다음, 객관도는 채점자(평가자) 신뢰도로서, 채점자가 주관적 편견을 배제하고 얼마나 공정하게 채점하느냐의 문제이다. 즉, 채점의 일관성의 정도이다. 객관도에는 한 채점자가 모든 대상을 일관성 있게 측정하는지를 살피는 채점자 내 신뢰도와 채점자들 사이에서의 채점의 유사성을 의미하는 채점자 간 신뢰도가 있다. 다음, 실용도는 검사의 경제성 정도를 의미하며, 하나의 평가도구가 문항제작, 평가실시, 채점에서 비용, 시간, 노력 등을 적게 들여 소기의 목적을 달성하는 정도이다.

논22　**신뢰도와 타당도의 관계를 설명하시오.**

신뢰도는 타당도의 필요조건이지 충분조건은 아니며, 타당도는 신뢰도의 충분조건이다. 따라서 타당도가 높으면 신뢰도도 높으나, 신뢰도가 높다고 타당도가 높은 것은 아니다. 또, 타당도가 낮아도 신뢰도는 높을 수 있으나, 신뢰도가 낮으면 타당도도 낮다. 다음으로, 높은 신뢰도는 높은 타당도의 선행조건이다. 신뢰도는 타당도의 중요한 선행 요건으로서 타당도가 높기 위해서는 신뢰도가 높아야 한다.

논23　**검사의 신뢰도와 객관도를 높이는 방안을 각각 4가지씩 제시하시오.**

검사의 신뢰도를 높이기 위해서는 첫째, 시험의 문항 수를 많이 출제하며, 객관식 문제에서 답지 수(선택문항 수)를 많이 한다. 둘째, 학습내용 중에서 골고루 출제한다. 셋째, 검사문항을 동질적으로 구성한다. 넷째, 문항난이도를 적절하게(50% 내외) 유지한다. 한편, 객관도를 높이기 위해서는 첫째, 평가도구를 객관화시켜야 한다. 주관식 검사의 경우 검사자의 개인적 편견이나 감정이 작용될 가능성이 높다. 둘째, 평가자의 소양을 높여야 한다. 셋째, 명확한 평가기준(예 루브릭)을 마련하여야 한다. 넷째, 가능하면 여러 사람이 공동으로 평가하여 그 결과를 종합하는 것이 좋다.

02　**문항분석**

논24　**문항분석의 개념을 제시하고, 고전검사이론에 근거하여 문항난이도와 문항변별도를 각각 설명하시오.**

문항분석은 어떤 검사를 구성하고 있는 개개 문항의 양호도를 검증하는 것을 말한다. 문항분석은 객관식 선택형 문항에 한하여 실시하며, 문항분석의 유형에는 검사도구의 총점에 기초한 고전검사이론을 이용한 문항분석과 문항특성곡선에 기초한 문항반응이론을 이용한 문항분석이 있다.

학교현장에서 많이 활용하는 고전검사이론에 따른 문항분석 방법은 문항의 양호도, 즉 문항난이도, 문항변별도, 문항반응분포를 검증함으로써 이루어진다. 문항난이도는 문항의 쉽고 어려운 정도를 말하며, 전체 사례 수 중에서 정답을 한 학생의 비율로 나타낸다. 난이도 지수는 0~100% 사이에 위치하며, 한 문항의 정답률이 높을수록 문항난이도는 크고, 문항난이도가 클수록 그 문항은 쉬운 문항이다. 둘째, 문항변별도는 개개 문항이 피험자의 상하능력을 변별해 주는 정도를 말한다. 상위집단의 정답률에서 하위집단의 정답률을 빼어 산출하며, −1.0~+1.0 사이의 변산을 갖는다. 문항변별도가 높을수록 검사의 신뢰도가 높으며, 지수가 0이나 음수로 나오는 문항은 양호하지 못한 문항에 해당한다. 셋째, 문항반응분포는 각 문항별 학생들의 반응분포를 말한다. 문항반응분포를 분석하는 것은 정답과 오답이 제구실을 하고 있는가를 알아보기 위함이며, 가장 이상적인 문항반응분포는 정답지에 50%가 반응하고 나머지 오답지에 고르게 분산되어 반응하는 것이다.

교육행정학

논1. 교육행정의 원리를 제시하시오.

논2. 과학적 관리론이 교육에 적용될 경우 긍정적 측면과 부정적 측면을 설명하시오.

논3. 인간관계론의 교육적 적용방안을 제시하시오.

논4. 카우프만(Kaufman)의 체제접근모형의 관점에서 학교체제의 문제를 해결하기 위한 절차를 제시하시오.

논5. 겟젤스와 구바(Getzels & Guba)의 사회과정모형에 근거하여 학교 구성원의 사회적 행동을 설명하시오.

논6. 겟젤스와 셸렌(Getzels & Thelen)의 수정모형에 근거하여 학교 구성원의 행위가 체제가 목표로 하는 사회적 행동으로 나타나기 위한 조건을 제시하시오.

논7. 비공식조직의 개념과 비공식조직이 갖는 순기능과 역기능을 설명하시오.

논8. 에치오니(Etzioni)의 조직유형 분류에 근거할 때 규범조직의 개념과 사례를 제시하시오.

논9. 학교관료제의 특성과 학교관료제가 갖는 순기능과 역기능을 설명하시오.

논10. 학교조직을 전문적 관료제로 규정할 경우, 학교조직의 관료제적 특성과 전문적 특성을 각각 3가지 제시하시오.

논11. 이완결합체제(이완조직)의 개념과 특성을 설명하시오.

논12. 조직화된 무질서의 개념과 특징을 설명하시오.

논13. 학습조직의 개념과 구축원리를 설명하시오.

논14. 전문적 학습공동체(교사학습공동체)의 필요성과 특징을 설명하시오.

논15. 호이와 미스켈(Hoy & Miskel)이 제시한 조직문화의 수준을 설명하시오.

논16. 맥그리거(McGregor)의 X-Y이론에 근거한 인간관과 경영전략을 각각 설명하시오.

논17. 아지리스(Argyris)의 미성숙-성숙이론을 설명하시오.

논18. 스타인호프와 오웬스(Steinhoff & Owens)가 제시한 학교문화의 유형을 설명하시오.

논19. 핼핀과 크로프트(Halpin & Croft)의 학교조직풍토론에 근거하여 학교풍토의 유형을 제시하시오.

논20. 호이와 클로버, 미스켈(Hoy, Clover & Miskel)이 제시한 4가지 유형의 학교조직풍토를 설명하시오.

논21. 조직갈등이 갖는 순기능과 역기능을 설명하시오.

논22. 토마스와 제미슨(Thomas & Jamieson)의 갈등관리전략에 근거하여 조직상황에 따른 갈등관리전략을 제시하시오.

논23. 피들러(Fiedler)의 상황적 지도성 이론을 설명하시오.

논24. 허시와 블랜차드(Hersey & Blanchard)의 상황적 지도성 이론을 설명하시오.

논25. 리더십 대용 상황이론을 설명하시오.

논26. 변혁적 지도성의 핵심요소 4가지를 제시하시오.

논27. 초우량 지도성(슈퍼리더십)의 개념과 특징을 설명하시오.

논28. 분산적 지도성 이론의 개념, 특징, 분산적 지도성 실행의 구성 요소를 제시하시오.

논29. 매슬로우의 욕구위계이론에서 제시한 욕구 5가지를 제시하시오.

논30. 허즈버그(Herzberg)의 동기-위생이론을 설명하고, 학교조직에의 시사점을 제시하시오.

논31. 앨더퍼(Aldefer)의 생존-관계-성장(ERG)이론을 설명하시오.

논32. 브룸(Vroom)의 기대이론에 근거하여 학교 구성원의 동기유발 방안을 제시하시오.

논33. 아담스(Adams)의 공정성이론의 관점에서 공정성 회복을 위한 행동유형을 3가지 제시하시오.

논34. 로크(Locke)의 목표설정이론에 근거하여 목표가 지녀야 할 속성을 3가지 제시하시오.

논35. 교육기획의 개념과 효용성 3가지를 제시하시오.

논36. 교육정책의 특성과 교육정책 결정의 원칙을 제시하시오.

논37. 의사결정모형 중 최적모형과 쓰레기통 모형을 각각 설명하시오.

논38. 브리지스(Bridge)의 참여적 의사결정에 근거하여 4가지 상황에 따른 의사결정의 형태를 설명하시오.

논39. 호이와 타터(Hoy & Tarter)의 참여적 의사결정에 근거하여 5가지 상황에 따른 의사결정 형태를 설명하시오.

논40. 레드필드(Redfield)가 주장한 의사소통의 원칙을 제시하시오.

논41. 조하리의 창(Johari's window)에 근거하여 의사소통의 유형을 제시하시오.

논42. 교육자치제도의 원리를 제시하시오.

논43. 임상장학의 개념과 특징, 유의점을 제시하시오.

논44. 동료장학의 개념, 유형, 특징, 장점을 제시하시오.

논45. 자기장학의 개념, 방법, 특징을 제시하시오.

논46. 컨설팅 장학의 개념과 기본원리를 제시하시오.

논47. 학습연구년제의 개념과 기대효과를 설명하시오.

논48. 성과주의 예산제도, 기획예산제도, 영기준예산제도의 개념과 장단점을 각각 설명하시오.

논49. 단위학교 예산제도의 개념과 운영상의 특징 그리고 장점을 설명하시오.

논50. 단위학교 책임경영제(SBM)의 개념과 교육적 의의를 설명하시오.

논51. 학교운영위원회의 개념과 성격을 설명하시오.

논52. 혁신학교의 개념과 운영상의 특징을 설명하시오.

논53. 목표관리기법의 개념과 특징, 장단점을 설명하시오.

논54. 학급경영의 원칙을 제시하시오.

교육행정의 이론

01 **교육행정의 이해**

논1 **교육행정의 원리를 제시하시오.**

교육행정의 원리에는 효율성의 원리, 자주성의 원리, 민주성의 원리, 지방분권의 원리, 안정성의 원리, 전문성 보장의 원리, 기회균등의 원리, 합법성의 원리 등이 있다. 이를 설명하면 다음과 같다. 첫째, 효율성의 원리는 효과성과 능률성을 동시에 추구하는 원리이다. 효과성은 목표 달성의 정도를 따지는 질적 개념이고, 능률성은 최소한의 자원과 시간을 들여 최대의 성과를 거두는 양적 개념이다. 둘째, 자주성의 원리는 교육이 그 본질을 추구하기 위하여 일반행정에서 분리·독립되고 정치와 종교로부터 중립성을 유지해야 한다는 원리이다. 셋째, 민주성의 원리는 국민의 의사를 행정에 반영하고 국민을 위한 행정을 해야 한다는 원리이다. 넷째, 지방분권의 원리는 교육은 지역주민의 적극적인 참여와 공정한 통제에 의해 실시되어야 한다는 원리이다. 다섯째, 안정성의 원리는 교육정책이나 프로그램은 장기적인 안목에서 계속성과 일관성을 유지해야 한다는 원리이다. 여섯째, 전문성 보장의 원리는 교육활동은 전문적 활동이므로 전문적 지식과 기술을 습득한 전문가가 담당해야 한다는 원리이다. 일곱째, 기회균등의 원리는 모든 국민은 능력에 따라 균등하게 교육받을 권리를 가지므로 성별·종교· 신념·신분·경제적 지위나 신체적 조건 등을 이유로 차별받지 않아야 한다는 원리이다. 여덟째, 합법성의 원리는 모든 교육행정은 법률에 근거해서 법이 정하는 범위 내에서 이루어져야 한다는 원리이다.

논2 **과학적 관리론이 교육에 적용될 경우 긍정적 측면과 부정적 측면을 설명하시오.**

과학적 관리론은 인간의 작업과정을 표준화하여 과학적으로 관리함으로써 낭비와 비능률을 제거하고 조직의 생산성을 극대화할 것을 목적으로 한다. 이를 위해 과학적 관리론은 인간의 경제적 동기를 중시하고, 표준화된 조건과 과업의 전문화, 경영과 노동의 분리를 강조한다. 이런 과학적 관리론이 교육의 영역에 적용될 경우 긍정적, 부정적 측면이 동시에 제기될 수 있다. 먼저, 긍정적 측면을 제시하면 다음과 같다. 첫째, 학교조직과 인간관리가 과학화되고 교육활동에서의 낭비가 최대한 제거되기 때문에 교육의 능률성을 높이는 데 기여할 수 있다. 둘째, 학교업무가 보다 분업화·전문화됨으로써 교사의 숙련된 기술과 전문성을 향상시킬 수 있다. 셋째, 과업수행의 정도에 따라 성과급이 부여됨으로써 구성원의 동기를 유발할 수 있다. 반면, 부정적 측면을 제시 하면 다음과 같다. 첫째, 교육목표와 교육내용, 교육방법 등이 규격화·획일화됨으로써 학생의 개성과 다양성 이 상실될 우려가 있다. 둘째, 학교교육에 공장제 모델이 적용되므로 전인형성을 목적으로 하는 교육의 특성이 무시되고 장기적으로는 교육의 발전을 저해할 수 있다. 셋째, 교장, 교사, 학생 간의 상하 위계관계가 강조됨으로써 학교관료제를 심화시키고 교육의 비인간화를 촉진할 수 있다. 넷째, 학생의 학업성취도로 교육의 능률성과 효과성을 판단하게 되므로 교육의 가치지향성과 교육의 인간지향성이 몰각될 우려가 있다.

논3 **인간관계론의 교육적 적용방안을 제시하시오.**

호손 실험에서 기원한 인간관계론은 경제적 보상보다는 인간의 정서적·사회심리적인 측면을 중시하여 작업능률의 향상을 도모하고자 하는 관리법이다. 이에 따르면, 인간은 기본적으로 경제적 보상보다 사회적·심리적 욕구에 의해 동기화된다고 보며, 자연발생적인 조직인 비공식조직의 규범에 영향을 많이 받는다고 한다. 이런 점에서 인간관계론을 교육 영역에 적용할 경우 다음과 같은 점에 특별히 유의하여야 할 것이다. 첫째, 구성원의 사회·심리적 욕구를 중시해야 한다. 구성원의 사회·심리적 욕구가 동기유발의 매우 중요한 동인이기 때문에 개인의 사회·심리적 욕구를 충족시켜 줌으로써 구성원이 안정감과 만족감을 갖도록 해야 한다. 둘째, 비공식조직도 중시해야 한다. 비공식조직의 사회규범이 구성원의 행동과 조직의 생산성에 큰 영향을 미치므로, 비공식조직의 의견을 의사결정과정에 반영하고 비공식조직이 관리자와 일체감을 갖도록 하는 것이 필요하다. 셋째, 민주적인 교육행정이 요구된다. 학교의 의사결정과정에 구성원들을 적극적으로 참여시키고, 각종 인사제도를 창안하여 구성원들의 욕구를 충족시키며 사기를 진작해야 한다.

논4 **카우프만(Kaufman)의 체제접근모형의 관점에서 학교체제의 문제를 해결하기 위한 절차를 제시하시오.**

카우프만(Kaufman)의 체제접근모형은 학교사회를 하나의 체제(system)로 보고 학교사회를 구성하고 있는 요소들과 그것의 구조와 기능을 파악하여 학교를 체계적으로 이해하고자 한다. 따라서 이 관점에서 학교체제의 문제를 해결하고자 한다면 문제해결을 위한 여러 가지 대안을 구성하고 최적의 해결방안을 찾아 이를 실천하고 평가하는 노력이 필요하다. 그 구체적인 절차를 제시하면 다음과 같다. 첫째, 문제를 확인해야 한다. 요구분석을 토대로 문제를 확인하고, 문제해결을 위한 요건을 구체화할 필요가 있다. 둘째, 대안을 결정한다. 대안은 문제를 해결할 수 있는 목표를 의미하며, 이는 목표관리기법(MBO)에 근거하여 학교조직의 목표를 결정할 수 있다. 셋째, 해결전략을 선정한다. 결정된 대안을 실현할 수 있는 해결전략을 선택해야 하는데, 이를 위해 투입−산출 분석이나 기획예산제도(PPBS) 등을 활용할 수 있다. 넷째, 해결전략을 시행한다. 과업평가검토기법(PERT) 등을 활용하여 해결전략을 실행하고, 적절한 실행자료를 수집한다. 다섯째, 성취효과를 결정한다. 문제해결과정의 성과가 얼마나 성취되었는지를 평가하는 것이다. 여섯째, 성과가 실행대로 이루어지지 않았을 경우 언제든지 필요한 수정을 하도록 한다.

논5 **겟젤스와 구바(Getzels & Guba)의 사회과정모형에 근거하여 학교 구성원의 사회적 행동을 설명하시오.**

겟젤스와 구바(Getzels & Guba)에 따르면, 사회체제 속에서 인간의 행동은 조직의 규범적 차원과 개인의 심리적 차원의 상호작용의 결과로 나타난다고 한다. 조직의 규범적 차원을 형성하는 요소는 제도, 역할, 역할기대이며, 개인의 심리적 차원을 형성하는 요소는 개인, 인성(성격), 욕구성향이다. 그러므로 사회체제 속에서 개인의 사회적 행동은 이 두 차원의 동시적 상호작용의 결과로 나타난다. 특히 학교는 관료제적 특성과 전문적 특성을 다 갖고 있어 역할과 인성이 골고루 영향을 미친다고 볼 수 있다. 가장 이상적인 것은 양 차원의 균형, 즉 조직의 목표 달성과 개인의 욕구충족이 적절히 조화를 이루는 것이다.

논6 **겟젤스와 셀렌(Getzels & Thelen)의 수정모형에 근거하여 학교 구성원의 행위가 체제가 목표로 하는 사회적 행동으로 나타나기 위한 조건을 제시하시오.**

겟젤스와 셀렌(Getzels & Thelen)은 겟젤스와 구바 모형에 인류학적·조직풍토적·생물학적 차원을 추가하여 보다 다양한 사회적 행동을 설명하고자 한다. 겟젤스와 셀렌의 수정모형에 근거할 때 학교 구성원이 체제가 목표로 하는 사회적 행동으로 나타나기 위한 조건을 제시하면 다음과 같다. 첫째, 합리성이 요구된다. 역할기대와 제도적 목표가 논리적으로 일치하면 합리성이 생긴다. 둘째, 일체감이 요구된다. 개인의 욕구성향과 제도적 목표가 일치하면 체제와의 일체감이 형성된다. 셋째, 소속감이 필요하다. 개인의 욕구성향과 역할기대가 일치하면 집단의 일원으로서 소속감이 생긴다. 이와 같이 역할수행자는 개인적 차원과 제도적 차원이 일치하면 조직의 목표를 고도로 성취할 수 있게 된다.

02 **조직론**

논7 **비공식조직의 개념과 비공식조직이 갖는 순기능과 역기능을 설명하시오.**

비공식조직은 공식조직 속에서 현실의 인간관계를 중심으로 형성되는 자연발생적 조직을 의미한다. 따라서 비공식조직은 조직의 목적달성을 위해 인위적으로 만든 공식조직과 대비된다. 비공식조직이 갖는 순기능을 제시하면 다음과 같다. 첫째, 직무집단의 안정화에 기여한다. 구성원들의 누적된 심리적 욕구불만의 해소처가 되므로 귀속감과 안정감을 부여한다. 둘째, 의사전달의 원활화에 기여한다. 공식적 구조만으로는 불충분한 의사전달을 비공식적 통로를 통하여 보충해 준다. 셋째, 공식조직의 경직성 완화에 기여한다. 법규에 의해 운영되는 공식조직에 융통성을 부여하고 대인관계가 활성화되어 개방적 풍토가 형성된다. 반면, 비공식조직이 갖는 역기능을 제시하면 다음과 같다. 첫째, 정실행위가 우려된다. 비공식조직에서 파벌이 형성되면 정실인사가 나타날 수 있고, 이로 인해 구성원 간의 갈등과 소외가 초래될 수 있다. 둘째, 적대감정이 우려된다. 비공식조직 간에 적대감정이 야기될 경우 공식조직의 기능이 마비될 수도 있다. 셋째, 비공식적 의사전달의 역기능이 우려된다. 왜곡된 정보 및 가십(gossip), 소문 등 비공식적 의사전달의 역기능이 나타날 수 있고, 이로 인해 구성원의 사기가 저하될 수 있다.

논8 **에치오니(Etzioni)의 조직유형 분류에 근거할 때 규범조직의 개념과 사례를 제시하시오.**

에치오니(Etzioni)는 권력 유형과 참여 유형을 기준으로 조직유형을 강제조직, 공리조직, 규범조직으로 분류하였다. 규범조직은 사명감, 신념, 존경 등 규범적 권력을 사용하여 구성원들의 높은 도덕적·헌신적 참여를 유도하는 조직을 말한다. 즉, 사명감, 신념, 존경, 애정 등 상징적·도덕적 가치가 통제수단이 되며, 구성원들은 높은 사명감과 신념을 갖고 자발적·헌신적으로 참여하는 조직이다. 규범조직의 사례로는 학교, 종교단체, 대학, 자원단체, 종합병원 등을 들 수 있다. 우리나라 공교육의 위기로 지목되는 '수업붕괴', '학교실패', '학교해체' 등의 문제를 해결하기 위해서는 학교조직이 확고한 규범조직으로서의 특성을 유지해 나가야 한다.

논9 **학교관료제의 특성과 학교관료제가 갖는 순기능과 역기능을 설명하시오.**

학교관료제의 특성을 제시하면 다음과 같다. 첫째, 분업과 전문화이다. 학교의 업무처리를 위하여 교무, 연구, 학생업무 등과 같은 업무를 분화해서 전문적으로 처리한다. 둘째, 권위의 위계화(계층화)이다. 학교조직의 업무 분화에 따라 이를 조정하기 위하여 교장－교감－보직교사－교사 등 상하의 위계에 따라 권한과 직위를 배분하고 있다. 셋째, 경력 지향성이다. 조직의 안정성을 위해 승진은 경력과 같은 연공 서열주의가 기본이 된다. 넷째, 규칙과 규정의 강조이다. 교직원의 행동을 규제하고 업무 수행의 통일성을 확보하기 위해 복무지침, 내규, 업무편람 등의 규칙과 규정을 제정·활용한다. 다섯째, 몰인정성(공평무사성)이다. 개인적인 감정이나 편견에 치우치지 않고 합리적으로 직무를 수행한다.

학교관료제가 갖는 순기능과 역기능을 제시하면 다음과 같다. 첫째, 분업과 전문화가 강조되기 때문에 구성원들이 하나의 맡은 업무에 전념함으로써 전문성을 향상할 수 있다. 그러나 맡은 업무만 계속 반복하다 보면 피로감이나 권태감이 누적될 수 있다. 둘째, 권위의 위계화로 인해 상하의 지휘체계가 확립되어 있어 업무의 원활한 조정과 통제가 용이하다. 그러나 지나치게 위계화가 강조되면 상하 간의 의사소통에 장애가 생길 수 있다. 셋째, 경력 지향성의 특성상 경력을 위주로 인사를 하면 구성원들이 조직에 충성하도록 유인할 수 있다. 그러나 능력이 있어도 경력에 막혀 진급할 수 없으므로 무사안일주의에 빠지거나 업적과 연공제 간의 갈등이 생길 수 있다. 넷째, 모든 업무를 규칙과 규정에 의해 처리함으로써 업무의 통일성과 안정성을 이룰 수 있다. 그러나 규칙과 규정을 지나치게 강조하면 조직 운영이 경직되거나 목표전도 현상이 나타날 수 있다. 다섯째, 몰인정성으로 인해 개인적 감정이나 편견에 치우치지 않으므로 의사결정의 합리성을 높일 수 있다. 그러나 개인적인 감정이나 개인 간의 편차 등을 전혀 고려하지 않고 지나치게 합리성만을 강조하다 보면 심리적·정서적인 면이 무시되어 구성원의 사기를 저하시킬 수도 있다.

논10 **학교조직을 전문적 관료제로 규정할 경우, 학교조직의 관료제적 특성과 전문적 특성을 각각 3가지 제시하시오.**

학교조직은 전문적 관료제로서 관료제적 특성과 전문적 특성을 모두 갖고 있다. 학교조직의 관료제적 특성을 3가지 제시하면 다음과 같다. 첫째, 분업과 전문화이다. 학교의 업무처리를 위하여 교무, 연구, 학생업무 등과 같은 업무를 분화해서 전문적으로 처리한다. 둘째, 권위의 위계화(계층화)이다. 학교조직은 교장-교감-보직교사-교사 등 상하의 위계에 따라 권한과 직위를 배분하고 있다. 셋째, 경력 지향성이다. 조직의 안정성을 위해 승진은 경력과 같은 연공 서열주의가 기본이 된다. 한편, 학교조직이 갖는 전문적 특성은 다음과 같다. 첫째, 교사들에게 자유재량권을 부여한다. 교사들은 독립적인 교실에서 상당한 자유재량권을 가지고 학생들을 가르친다. 둘째, 직무수행의 통일된 표준과 엄격한 감독이 없다. 교사들은 직무수행의 통일된 표준을 갖기 어렵고, 엄격한 감독을 받지도 않는다. 셋째, 의사결정의 참여를 보장한다. 학교는 교사들이 전문가임을 인정하고 의사결정에 보다 많은 참여를 보장한다.

논11 **이완결합체제(이완조직)의 개념과 특성을 설명하시오.**

이완결합체제란 부서들 간에 상호 관련성은 있지만 구조적으로 느슨하게 결합되어 있어 각각 독립성을 유지하고 있는 조직을 말한다. 학교조직은 특성상 자율성과 자유재량권을 가지고 있으며, 때로는 교사도 형식적인 교장의 지시와 통제를 받을 뿐이다. 이완결합체제의 특성을 설명하면 다음과 같다. 첫째, 학교 구성원들에게 보다 많은 자유재량권과 자기결정권을 부여한다. 그래서 교사는 전문가로서 자율권을 행사하며, 상부나 상사의 권위에 순종하지 않는다. 둘째, 각 부서 및 학년 조직의 국지적 적응을 허용한다. 이 때문에 한 부분의 성공이나 실패가 다른 부분의 성공이나 실패와 별로 연결되지 않는다. 셋째, 환경 변화에 적응하기 위해 학교조직에서 이질적인 요소들이 공존하는 것을 허용한다. 넷째, 기발한 해결책의 개발을 장려하며, 광범한 환경변화에 대해 민감하다.

논12 **조직화된 무질서의 개념과 특징을 설명하시오.**

조직화된 무질서란 조직화는 되어 있지만 구조화되어 있지 않거나 합리적·과학적·논리적으로 파악될 수 없는 조직을 말한다. 조직화된 무질서의 특성을 설명하면 다음과 같다. 첫째, 불분명한 목표이다. 교육조직의 목표가 분명하지 않고 추상적인 단어로 진술되어 있으며 교육주체들마다 다르게 규정한다. 둘째, 불확실한 기술이다. 교사들마다 각기 상이한 교수방법과 기술을 사용하고 있지만, 그 어느 것이 효과적인 것인가를 분명하게 말할 수 없다. 셋째, 구성원의 유동적 참여이다. 학교조직의 구성원인 학생, 교사, 행정가 등이 고정적이지 못하고 유동적이다. 학생들은 일정 기간이 지나면 졸업하고, 교사와 행정가도 이동한다.

논13 **학습조직의 개념과 구축원리를 설명하시오.**

학습조직은 교사들이 학교 내외의 지식과 정보를 공유하고, 협력적인 학습활동을 전개하며, 지속적으로 새로운 지식을 창출하여 학교의 환경변화에 적응해 나가는 조직이다. 학습조직의 구축원리를 설명하면 다음과 같다. 첫째, 개인적 숙련(personal mastery)이 요구된다. 개인적 숙련은 개인이 추구하는 지식, 기술, 태도를 형성하기 위해 개인적 역량을 지속적으로 키워가는 행위를 의미한다. 교사는 개인의 비전을 달성하기 위해 끊임없이 학습활동을 전개해야 한다. 둘째, 정신 모델(mental model)을 닦아야 한다. 정신 모델은 주변에서 발생하는 현상들을 이해하는 인식체계를 의미한다. 교사는 성찰과 탐구를 통해 자신의 사고의 틀을 새롭게 하는 훈련을 해야 한다. 셋째, 비전 공유(shared vision)가 요구된다. 비전 공유는 조직이 추구하는 방향과 그 중요성에 대해 모든 구성원들이 공감대를 형성하는 것이다. 비전 공유를 통해 조직의 미래 이미지를 개발해 나가야 한다. 넷째, 팀 학습(team learning)이 요구된다. 팀 학습은 구성원들이 팀을 이루어 학습하는 것이다. 팀 학습은 개인 학습을 증진시키고 조직 학습을 유도하게 한다. 넷째, 시스템 사고(system thinking)를 해야 한다. 시스템 사고는 조직에서 일어나는 여러 가지 사건들을 부분적으로 접근하기보다는 전체의 역동적인 상호작용 관계로 이해하고 사고하는 방식이다. 시스템 사고는 교사들이 학교교육의 문제를 전체적 관점에서 볼 수 있도록 유도한다.

논14 **전문적 학습공동체(교사학습공동체)의 필요성과 특징을 설명하시오.**

전문적 학습공동체는 교사의 전문성 신장과 학생의 학습 증진을 위해 협력적으로 배우고 탐구하며 실천하는 교육전문가 집단이다. 교사들은 동료성을 바탕으로 공동으로 연구하고, 공동으로 실천하면서 집단적 성장을 이루게 된다. 전문적 학습공동체가 필요한 이유를 설명하면 다음과 같다. 첫째, 학생의 학업성취도 향상을 위해 필요하다. 교사학습공동체는 학생의 학습 증진에 중점을 두고 협력하여 공부하고 새로운 아이디어를 적용해 나가기 때문에 학생들의 성취도를 향상시키는 데 효과적이다. 둘째, 교사의 전문성 신장에 효과적이다. 교사들이 협력하여 학습하고, 배운 것을 현장에서 실천함으로써 교사의 수업 개선 및 전문성 신장에 효과적이다. 셋째, 학교의 조직문화를 개선할 수 있다. 교사들이 전문적 학습공동체의 협력적 학습활동에 자발적으로 참여함으로써 협력적 학교 조직문화를 형성하고, 이로 인해 교육의 상향식 개혁이 가능하다.

전문적 학습공동체의 특징을 설명하면 다음과 같다. 첫째, 가치와 비전의 공유이다. 모든 구성원들이 조직이 추구하는 방향과 목적에 대해 합의나 공감대를 형성한다. 둘째, 협력적 학습 및 적용이다. 교사들은 학생의 학습 증진을 위해 함께 협력하여 공부하고, 새로운 아이디어와 정보를 적용하여 문제를 해결하고자 한다. 셋째, 개인적 경험의 공유 및 반성적 대화이다. 교사들은 그들의 수업 행동을 검토하기 위해 서로의 교실을 방문하거나 각자 적용한 결과를 공유하고 토론하면서 자신의 실천을 반성한다. 넷째, 지원적·공유적인 리더십이다. 구성원들은 리더십을 공유하고 지원적 리더십을 발휘한다. 교사는 학교 문제에 대해 토의하고 결정을 내리는 데 지속적으로 참여하며 민주적인 결정을 내리게 된다. 다섯째, 지원적 상황이다. 전문적 학습공동체에서는 교사가 학교의 문제를 연구하고 동료들과 토론할 수 있도록 교사의 활동을 지원하는 인적·물적 환경을 제공한다.

논15 **호이와 미스켈(Hoy & Miskel)이 제시한 조직문화의 수준을 설명하시오.**

호이와 미스켈(Hoy & Miskel)에 따르면, 조직문화는 구체적·표면적 수준에서 추상적·심층적 수준에 이르기까지 다양한 형태로 분류된다. 조직문화의 수준을 제시하면 다음과 같다. 첫째, 공유된 규범으로서의 문화이다. 공유된 규범은 문화의 가장 구체적이고 표면적인 수준이다. 규범은 조직 구성원들이 마땅히 따르도록 할 원리나 법칙을 의미하며, 구성원들의 행동을 규제한다. 둘째, 공유된 가치로서의 문화이다. 공유된 가치는 문화의 중간수준으로서 구성원이 공유하는 가치관이며 바람직한 것을 의미한다. 공유된 가치는 조직을 바로 그 조직으로 만드는 조직의 기본적 특성이다. 이를 공유함으로써 구성원들은 조직의 일원으로서 자부심을 느끼고, 조직생활의 참 의미를 알게 된다. 셋째, 묵시적 가정으로서의 문화이다. 묵시적 가정은 문화의 가장 추상적이고 심층적 수준에 해당하며, 조직 구성원들이 아주 당연시하는 가정을 의미한다. 가정을 해독하고 구체적인 문화의 형태로 실현한 것이 가치관과 규범이다.

논16 **맥그리거(McGregor)의 X-Y이론에 근거한 인간관과 경영전략을 각각 설명하시오.**

맥그리거(McGregor)는 2가지 인간관과 그에 따른 경영전략의 차이를 X-Y이론으로 제시하였다. X이론은 성악설에, Y이론은 성선설에 근거한다. 먼저, X이론에 근거한 인간관은 성악설의 인간관이다. 이에 따르면, 인간은 선천적으로 일을 싫어하며, 지시받기를 좋아하고, 책임을 회피하려고 한다. 또 일에 대한 만족감이나 보람보다는 경제적 보상에 의해 동기가 유발된다. 따라서 X이론에 근거할 때의 경영전략으로는 행정가가 구성원을 설득하고 경제적 보상을 주거나, 강압과 처벌, 통제 등 권위주의적이고 강압적인 지도성을 발휘하는 방식을 취한다. 반면, Y이론에 근거한 인간관은 성선설의 인관관이다. 이에 따르면, 인간은 본래 일을 싫어하지 않으며, 맡은 일을 수행하기 위하여 자기지시와 자기통제를 할 수 있다. 또, 책임을 맡아 일하기를 좋아하고, 최상의 보상을 자기만족과 자기실현에 둔다. 따라서 Y이론에 근거할 때의 경영전략으로는 행정가가 구성원의 사회·심리적 욕구를 충족하여 자발적 근무의욕과 동기를 유발시켜 주거나, 조직의 제반 여건과 운영방법을 정비하여 구성원의 노력을 촉진하고 지원하는 방식을 취한다.

논17 **아지리스(Argyris)의 미성숙-성숙이론을 설명하시오.**

아지리스(Argyris)는 X이론에 근거한 관료적 가치체제와 Y이론에 근거한 인간적 가치체제를 비교 연구하여 미성숙-성숙의 연속선을 제시하였다. 먼저, 관료적 가치체제를 따르는 조직은 X이론에 근거하여 인간을 부정적이고 미성숙한 존재로 취급한다. 이러한 조직에서는 의심 많은 인간관계가 형성되어 대인관계능력을 저하시키고 집단 간 갈등을 야기하며, 결국 조직의 문제해결력을 저하시킨다. 반면, 인간적 가치체제를 따르는 조직은 Y이론에 근거하여 인간을 긍정적이고 성숙한 인간으로 취급한다. 이러한 조직에서는 신뢰하는 인간관계가 형성되어 대인관계능력을 증가시키고 집단 간 협동, 융통성이 증가되어, 결과적으로 조직의 효과성이 증대된다. 따라서 조직 관리자는 구성원을 성숙한 인간으로 취급하고 그러한 문화풍토를 조성하는 데 최선의 노력을 기울여야 한다. 조직 내의 구성원에게 자율성과 책임의 폭을 넓혀 주고 믿음으로 대해 주며, 직장에서 성숙할 수 있는 기회를 부여하면, 구성원의 자아실현욕구와 함께 조직의 목표도 달성된다.

논18 **스타인호프와 오웬스(Steinhoff & Owens)가 제시한 학교문화의 유형을 설명하시오.**

스타인호프와 오웬스(Steinhoff & Owens)는 공립학교에서 발견될 수 있는 4가지 특유한 문화형질을 통해 학교문화를 분류하였다. 가족문화, 기계문화, 공연문화, 공포문화가 그것이다. 이를 설명하면 다음과 같다. 첫째, 가족문화에서 학교는 '가정(home)'이나 '팀(team)'에 비유된다. 교장은 부모나 코치로 묘사되며, 학교는 가족으로서 애정적이고 우정적이며, 협동적이고 보호적이다. 구성원은 의무 이상의 헌신과 서로에 대한 관심을 갖고, 제 몫을 다하고자 한다. 둘째, 기계문화에서 학교는 '기계(machine)'에 비유되며, 교장은 기계공으로 묘사된다. 이 학교에서는 모든 것을 기계적인 관계로 파악하며, 학교의 목표 달성을 위해 교사를 기계와 같이 취급하며 이용한다. 셋째, 공연문화에서 학교는 쇼를 시연하는 '공연장(cabret)'에 비유되며, 교장은 곡마단 단장이나 공연 사회자로 간주된다. 학교는 청중으로서 학생의 반응을 중시하며, 훌륭한 교장의 지도하에 탁월하고 멋진 가르침을 추구한다. 넷째, 공포문화에서 학교는 '전쟁터'나 '악몽'에 비유된다. 학교 구성원들은 서로 비난하고 적대적이며 고립된 생활을 한다. 교장은 자기 자리를 유지하기 위해 무엇이든지 희생의 제물로 삼을 준비가 되어 있다.

논19 **핼핀과 크로프트(Halpin & Croft)의 학교조직풍토론에 근거하여 학교풍토의 유형을 제시하시오.**

핼핀과 크로프트(Halpin & Croft)는 교사의 행동 특성과 교장의 행동 특성에 대한 교사들의 '지각'을 토대로 학교조직풍토를 6가지 유형으로 분류하였다. 개방적 풍토, 자율적 풍토, 통제적 풍토, 친교적 풍토, 간섭적 풍토, 폐쇄적 풍토가 그것이다. 첫째, 개방적 풍토는 교사의 사기와 교장의 추진성이 매우 높아 아주 활기차고 생기 있는 조직풍토이다. 교장이 과업을 강조하지 않아도 교사들이 학교의 목표 달성에 헌신하며 개인의 사회적 욕구도 충족하는 가장 바람직한 풍토이다. 둘째, 자율적 풍토는 교장은 냉담하지만 과업을 강조하지 않고, 교사들은 높은 사기와 친밀성을 바탕으로 매우 자유롭게 업무를 수행하며 사회적 욕구를 충족하는 자유보장적 풍토이다. 셋째, 통제적 풍토는 교장은 냉담하며 과업을 강조하지만, 교사는 방해로 느끼며 친밀성이 낮아 사회적 욕구충족이 소홀히 되는 지시적인 풍토이다. 하지만 목적 달성에서 오는 성취감이 높아 친교적 풍토보다 사기가 더 높게 나타난다. 넷째, 친교적 풍토는 교장은 극히 배려적이고 과업을 강조하지 않으며, 교사도 친밀성을 추구하며 업무에는 일탈적인 사교적인 풍토이다. 교장과 교사들 간에 우호적 태도가 형성되고 사회적 욕구는 잘 충족되나, 조직의 목표 달성을 위한 집단 활동이 부족하다. 다섯째, 간섭적 풍토는 교장은 배려적이면서 과업을 강조하지만, 교사는 업무에 무관심하고 친밀성도 낮아 과업성취나 사회적 욕구 충족 모두에 부적합한 풍토이다. 여섯째, 폐쇄적 풍토는 교사의 사기는 극도로 떨어져 있고 업무에는 무관심한데, 교장은 극히 냉담하며 불필요한 일과 과업만 지나치게 강조하는 비효율적인 풍토이다. 응급수술이 필요한 가장 바람직하지 못한 풍토이다.

논20 **호이와 클로버, 미스켈(Hoy, Clover & Miskel)이 제시한 4가지 유형의 학교조직풍토를 제시하시오.**

호이와 클로버, 미스켈(Hoy, Clover & Miskel)은 개정된 조직문화풍토척도(OCDQ-RE)를 사용하여 학교조직
풍토를 4가지로 구분하고 개방−폐쇄의 연속선상에서 설명하였다. 학교조직풍토의 4가지 유형으로는 개방풍토,
몰입풍토, 일탈풍토, 폐쇄풍토가 있다. 이를 설명하면 다음과 같다. 첫째, 개방풍토는 교사와 교장이 모두 개방
성을 나타내는 풍토이다. 교장은 교사의 제안과 전문성을 존중하며, 교사는 높은 협동성과 친밀성을 유지하며
과업에 헌신하는 풍토이다. 학교 구성원 간 협동, 존경, 신뢰가 형성되어 있는 풍토이다. 둘째, 몰입풍토는 교
사는 개방적이나 교장은 폐쇄성을 나타내는 풍토이다. 교장은 비효과적인 통제를 하며 교사의 업무를 방해하
지만, 교사는 높은 협동성과 친밀성을 바탕으로 높은 전문적인 업무수행을 하는 풍토이다. 셋째, 일탈풍토는
교사는 폐쇄적이나 교장은 개방성을 나타내는 풍토이다. 교장은 교사들에게 관심이 많으며 지원적인 데 반하
여, 교사는 교장을 무시하거나 협조하지 않을 뿐만 아니라, 교사 간에도 불화와 분열을 보이며 헌신적이지
않은 풍토이다. 넷째, 폐쇄풍토는 교사와 교장 모두가 폐쇄성을 나타내는 풍토이다. 교장은 일상적이거나 불
필요한 잡무만을 강조하며 엄격한 통제를 하고, 교사는 교장과 불화하고 업무에 관심과 책임감이 없으며 헌신
적이지 않은 풍토이다.

논21 **조직갈등이 갖는 순기능과 역기능을 설명하시오.**

조직 내 갈등(conflict)이란 행동주체 간의 대립적 내지 적대적 상호관계를 말한다. 조직갈등이 갖는 순기능을
제시하면 다음과 같다. 첫째, 조직의 변화와 혁신을 촉진하여 새로운 화합의 계기가 될 수 있다. 둘째, 조직
내 문제에 대한 정보와 자기반성의 기회를 제공한다. 셋째, 조직 내의 갈등을 관리하고 방지할 수 있는 방법을
학습할 수 있는 기회를 제공한다. 반면, 조직갈등이 갖는 역기능을 제시하면 다음과 같다. 첫째, 목표 달성에
필요한 시간과 자원을 낭비할 수 있다. 둘째, 구성원에게 정신적·육체적·정서적으로 긴장과 불안, 고통, 스
트레스 등을 유발한다. 셋째, 조직갈등이 심해질 경우 조직의 안정성, 조화성, 통일성을 깨뜨릴 수 있다.

논22 **토마스와 제미슨(Thomas & Jamieson)의 갈등관리전략에 근거하여 조직상황에 따른 갈등관리전략을 제
시하시오.**

토마스와 제미슨(Thomas & Jamieson)에 따르면, 타인의 관심사를 충족시키려는 협조성과 자신의 관심사를
충족시키려는 독단성의 정도를 기준으로 조직상황에 따른 갈등관리전략을 경쟁, 회피, 수용, 협력, 타협의 형
으로 분류한다. 첫째, 경쟁형은 상대방을 희생시키고 자신의 이익이나 관심사를 충족하려는 전략으로, 한쪽이
이익을 얻는 반면 다른 쪽이 손해를 보는 승패전략이다. 신속한 결정이 요구되는 긴급한 상황일 때, 조직의
성장에 매우 중요한 문제일 때 적합하다. 둘째, 회피형은 자신과 상대방의 관심사 모두를 무시함으로써 갈등
으로부터 탈피하고자 하는 방식이다. 쟁점이 사소하거나 해결책의 비용이 효과보다 훨씬 클 때 효과적이다.
셋째, 수용형은 좋은 인간관계를 유지하기 위해서 자신의 욕구충족은 포기하고 상대방의 주장에 따름으로써
갈등을 해소하는 방법이다. 자기가 잘못한 것을 알았을 때, 보다 중요한 문제를 위해 좋은 관계를 유지해야

할 때 적합하다. 넷째, 협력형은 양쪽의 관심사를 모두 만족시키려는 접근으로, 양자 모두에게 이익을 주는 승승전략이다. 목표가 학습하는 것일 때, 합의와 헌신이 중요할 때 효과적이다. 다섯째, 타협형은 양쪽이 조금씩 상호 양보하여 절충안을 찾으려는 방법이다. 복잡한 문제에 대한 일시적인 해결책을 얻고자 할 때, 당사자들의 주장이 서로 대치되어 있을 때 적합하다.

03 ┃ 지도성론

논23 │ 피들러(Fiedler)의 상황적 지도성 이론을 설명하시오.

피들러(Fiedler)의 상황적 지도성 이론은 '상황의 호의성'에 따라 지도성 유형을 달리 해야 한다는 이론이다. 상황의 호의성 변인에는 지도자와 구성원의 관계, 과업구조, 지도자의 지위 권력이 있다. 지도자와 구성원의 관계는 지도자와 구성원 간 신뢰와 존경의 정도를 의미하며, 과업구조는 과업의 특성, 즉 과업이 명확하게 규정되고 수행방법이 체계화·구조화되어 있는 정도를 뜻하며, 지도자의 지위 권력은 조직이 지도자의 지위에 부여한 권력의 정도를 말한다. 피들러의 상황적 지도성에 따르면, 상황이 호의적이거나 비호의적일 때는 과업지향적 지도자가 가장 효과적이며, 상황의 호의성이 중간 정도일 때는 관계지향적 지도자가 가장 효과적이다.

논24 │ 허시와 블랜차드(Hersey & Blanchard)의 상황적 지도성 이론을 설명하시오.

허시와 블랜차드(Hersey & Blanchard)는 구성원의 성숙도에 따라 지도성 유형을 달리 해야 한다고 한다. 구성원의 성숙도는 개인적 직무수행능력인 직무성숙도와 개인적 동기수준인 심리적 성숙도를 의미한다. 구성원의 성숙도에 따른 효과적인 지도성 유형을 제시하면 다음과 같다. 첫째, 지시형이다. 구성원의 능력과 동기가 모두 낮을 경우, 일방적인 과업설명이 요구되는 상황이어서 높은 과업 행위와 낮은 관계성 행위가 효과적이다. 둘째, 지도형이다. 구성원이 능력은 낮으나 적절한 동기를 가지고 있는 경우, 능력을 높여주기 위한 높은 과업행위와 고양된 동기를 계속 유지하기 위한 높은 관계성 행위가 효과적이다. 셋째, 지원형이다. 구성원이 적절한 능력을 갖되 낮은 동기를 가지고 있는 경우, 일방적인 지시인 과업행위는 낮추고 동기를 높여줄 수 있는 높은 관계성 행위가 효과적이다. 넷째, 위임형이다. 구성원의 능력과 동기가 모두 높을 때, 과업과 관계성 행위를 모두 줄이고 권한을 대폭 위임하는 것이 효과적이다.

논25 리더십 대용 상황이론을 설명하시오.

리더십 대용 상황이론은 지도자의 리더십이 상황에 따라 대체되거나 억제될 수 있다는 이론이다. 여기서 상황은 대용 상황과 억제 상황으로 구분할 수 있다. 대용 상황은 지도자의 능력을 대신하거나 감소시키는 상황을 의미하며, 대용 상황은 지도자의 행동을 불필요하게 만든다. 예컨대, 구성원의 높은 수준의 능력과 전문성, 구조화된 과업 특성, 공식적인 역할과 절차 등으로 인해 학교장의 지도성이 필요하지 않은 경우는 구성원이 학교장의 지도성을 대용하는 상황적 조건이다. 또, 억제 상황은 지도자의 행동을 억제하거나 무력화시키는 상황을 말한다. 즉, 지도자가 특정한 방식으로 행동하지 못하게 하거나 지도자 행동의 영향력을 무력화시키는 상황이다. 예컨대, 학교장이 제공하는 인센티브에 대해 교사들이 무관심한 것은 학교장의 행동을 무력화하는 상황적 조건이다.

리더십 대용 상황으로 작용할 수 있는 상황 변인에는 구성원 특성, 과업 특성, 조직 특성이 있다. 구성원 특성은 구성원의 능력, 훈련, 경험과 지식, 전문성 여부, 보상에 대한 무관심 등이며, 과업 특성은 구조화된 일상적 과업, 내재적 만족을 주는 과업, 과업에 의해 제공되는 피드백 등이고, 조직 특성은 역할과 절차의 공식화, 규정과 정책의 신축성, 구성원의 응집력, 지도자와 구성원의 공간적 거리 등이다. 이처럼 리더십 대용 상황이론은 과업수행이 지도자가 가지고 있는 그 어떤 것에 의존하지 않고 구성원, 과업, 조직 특성에 달려 있다는 점을 강조한다.

논26 변혁적 지도성의 핵심요소 4가지를 제시하시오.

변혁적 지도성은 상황에 부합하는 방식으로 지도성을 발휘하는 것이 아니라 자신의 특성과 행동 스타일에 맞도록 상황 자체와 조직을 변혁하고 개선해 나가는 것을 중시하는 지도성이다. 변혁적 지도성은 구성원의 성장욕구를 자극하여 동기화시킴으로써 구성원의 태도와 신념을 변화시키고 기대 이상의 성과를 달성하게 한다. 변혁적 지도성의 핵심 요소를 제시하면 다음과 같다. 첫째, 이상적인 완전한 영향력이다. 지도자는 구성원들에게 비전을 제시하고 신뢰와 존경을 받으며 동일시와 모방의 대상이 되어 이상적인 영향력을 행사한다. 둘째, 영감적 동기화이다. 지도자는 구성원들에게 비전을 공유하도록 하고, 조직의 과업이 달성되고 조직이 발전할 수 있다는 기대와 도전감을 주어 구성원들을 동기화한다. 셋째, 지적 자극이다. 지도자가 구성원들이 기존 상황에 대해 새로운 방식으로 혁신적이며 창의적으로 사고하도록 자극한다. 넷째, 개별적 배려이다. 지도자는 구성원들의 개인적 성장 욕구에 관심을 보이고 새로운 학습기회를 제공하여 구성원들이 자신의 잠재력을 계발하도록 배려한다.

논27 **초우량 지도성(슈퍼리더십)의 개념과 특징을 설명하시오.**

초우량 지도성은 자율적 리더십(셀프 리더십) 개발에 중점을 둔 지도성 개념으로, 조직의 지도자가 구성원 각자를 지도자로 성장시켜 스스로를 자율적으로 지도할 수 있도록 만드는 지도성이다. 초우량 지도성의 특징을 설명하면 다음과 같다. 첫째, 초우량 지도성은 외적인 통제보다는 구성원들의 자기지도적(self-leading)이고 자율적인 내적 통제와 동기를 무엇보다 중시한다. 둘째, 초우량 지도성은 지도자만의 능력이나 특성보다는 구성원들이 스스로 지도자로서의 능력을 개발하도록 하는 데 초점을 둔다. 셋째, 초우량 지도성은 지도자가 '구성원들의 지도자'가 아니라 '지도자들의 지도자'로서 모든 구성원들을 지도자로 변혁시키는 리더십이다.

논28 **분산적 지도성 이론의 개념, 특징, 분산적 지도성 실행의 구성요소를 제시하시오.**

분산적 지도성이란 지도자, 구성원, 상황 간의 상호작용에 의해 지도성이 분산되어 실행되는 것을 의미한다. 분산적 지도성은 학교장과 학교 구성원 모두가 공동의 지도성을 실행하며, 그에 대한 공동 책임을 수행하면서 조직의 효과성과 개인적 전문성 및 역량을 극대화하는 것을 목표로 한다. 분산적 지도성의 특징을 제시하면 다음과 같다. 첫째, 분산적 지도성은 조직 내 다수의 공식적 · 비공식적 지도자들의 집단 지도성을 강조한다. 이들은 공통의 목표를 위해 서로 상호작용하면서 지도성을 실행한다. 둘째, 분산적 지도성은 다수의 지도자들이 네트워크를 형성하여 상호 의존 및 신뢰와 협력을 기반으로 지도성이 공동 실행된다. 셋째, 분산적 지도성은 학교 구성원 간의 전문적 지식의 공유, 상호의존, 신뢰를 바탕으로 조직학습(팀 학습)을 하며 학교개선과 책무성을 도모한다. 이런 분산적 지도성이 실행되기 위한 구성요소를 제시하면 다음과 같다. 첫째, 지도자이다. 분산적 지도성은 공식적 · 비공식적 지도자를 포함한 다수의 지도자들에 의해 지도성이 실행되며, 이들은 공통의 목표를 위해 서로 상호작용한다. 둘째, 구성원이다. 구성원은 지도성 실행의 주체로서 서로에게 영향력을 행사하면서 상호의존 및 신뢰와 협력의 조직문화를 만들어 낸다. 셋째, 분산적 지도성에서 지도자들은 상황과 상호작용한다. 상황은 정례화된 활동, 도구, 제도, 구조 등을 포함하는 요소이다.

04 동기론

논29 **매슬로우의 욕구위계이론에서 제시한 욕구 5가지를 제시하시오.**

매슬로우(Maslow)는 인간의 욕구를 생리적 욕구, 안전의 욕구, 사회적 욕구, 존경의 욕구, 자아실현의 욕구 등 5단계로 위계화하여 제시하고, 하위욕구가 충족되어야 상위욕구가 등장한다고 한다. 인간의 욕구 5가지를 제시하면 다음과 같다. 첫째, 생리적 욕구이다. 인간의 삶 그 자체를 유지하기 위한 가장 기초적인 욕구이다. 둘째, 안전의 욕구이다. 신체적 위협이나 위험, 공포나 불안으로부터 벗어나고자 하는 욕구이다. 셋째, 사회적 욕구이다. 사회적 존재로서 대인관계의 욕구나 애정·소속의 욕구이다. 넷째, 존경의 욕구이다. 타인에 의한 존경의 욕구와 자기 존중의 욕구를 의미한다. 다섯째, 자아실현의 욕구이다. 자신의 잠재력을 최대한 실현하려는 욕구이다. 지적 욕구와 심미적 욕구 등을 포함한다.

논30 **허즈버그(Herzberg)의 동기 – 위생이론을 설명하고, 학교조직에의 시사점을 제시하시오.**

허즈버그(Herzberg)는 인간의 욕구를 동기요인과 위생요인의 이원적 구조로 설명하며, 이들은 서로 별개의 차원으로 존재한다고 본다. 이 두 요인을 설명하면 다음과 같다. 첫째, 동기요인은 직무 그 자체와 관련된 것으로 직무만족에 기여하는 요인이다. 성취감, 책임감, 발전감 등이 이에 해당한다. 동기요인은 충족되지 않아도 불만은 없으나, 충족되면 강력한 동기를 부여하며 직무만족에 긍정적인 영향을 준다. 둘째, 위생요인은 직무환경과 관련된 것으로 직무불만족에 기여하는 요인이다. 보수, 근무조건, 직업안정성 등이 이에 해당한다. 위생요인은 충족되지 않으면 직무에 불만족을 가져오지만, 충족되더라도 강력한 동기를 부여하거나 직무만족에 기여하지는 못한다. 이런 점을 토대로 허즈버그(Herzberg)의 동기 – 위생이론이 학교조직에 주는 시사점을 제시하면 다음과 같다. 첫째, 일 자체와 관련하여 직무 풍요화가 요구된다. 직무 풍요화는 교사들에게 직무수행상의 권한을 대폭 이양하고, 자율성과 책임을 많이 부여하여, 자신의 능력을 발휘하며 성장할 기회를 갖도록 직무내용을 재편성하는 것을 말한다. 둘째, 구성원의 자율성 증대가 요구된다. 직무수행에 관련된 의사결정과정에 구성원을 적극적으로 참여시켜 구성원의 자율성을 증대시켜 주는 것이다. 셋째, 경력단계 프로그램을 도입한다. 이는 '교사 → 교감 → 교장'으로 이어지는 단순한 교직의 직위를 다단계로 재설계하는 것을 말한다. 수석교사제와 같이 직무의 다양성과 책임을 증가시켜 궁극적으로 교직의 보람과 만족을 경험하게 해야 한다.

논31 **앨더퍼(Aldefer)의 생존 - 관계 - 성장(ERG)이론을 설명하시오.**

앨더퍼(Aldefer)는 매슬로우(Maslow)의 욕구위계이론을 개선하여 인간의 욕구를 생존욕구(E), 관계욕구(R), 성장욕구(G)로 구분하여 제시하였다. 첫째, 생존욕구는 인간의 생존에 필요한 욕구를 의미하며, 매슬로우가 제시한 1단계 생리적 욕구, 2단계 안전의 욕구 중 일부가 이에 해당한다. 둘째, 관계욕구는 사회적 존재로서 타인과 인간관계를 맺고자 하는 욕구를 의미한다. 매슬로우가 제시한 2단계 욕구 중 안전한 대인관계의 욕구, 3단계 사회적 욕구, 4단계 욕구 중 타인의 존경을 받고 싶은 욕구가 이에 속한다. 셋째, 성장욕구는 인간이 성장하고 잠재력을 최대한 발휘하고자 하는 욕구를 의미한다. 매슬로우가 제시한 4단계 욕구 중 자존의 욕구, 5단계 자아실현의 욕구가 이에 해당한다. 앨더퍼(Alderfer)에 따르면, 2가지 이상의 욕구가 동시에 작용할 수 있으며, 또 하위 수준의 욕구가 충족되지 않아도 상위수준의 욕구가 발생할 수 있다고 주장한다. 따라서 교사들이 직무수행의 과정에서 생존욕구가 완전히 충족되지 않더라도 자율성을 부여하고 일 자체를 흥미롭고 도전감 있게 제시해 주면 성장욕구를 자극하여 동기부여가 될 수 있다.

논32 **브룸(Vroom)의 기대이론에 근거하여 학교 구성원의 동기유발 방안을 제시하시오.**

브룸(Vroom)의 기대이론에 따르면, 인간의 동기는 성과기대와 보상기대, 유인가의 함수관계로 결정된다고 한다. 성과기대는 노력을 하면 성과를 얻을 것이라는 주관적 믿음이며, 보상기대는 성과를 내면 보상을 받을 것이라는 주관적 믿음이고, 유인가는 어떤 결과나 보상이 주는 매력의 정도이다. 따라서 가장 강력한 동기를 유발할 수 있는 3가지 요인의 조합은 높은 성과기대, 높은 보상기대, 높은 긍정적 유인가다. 이런 점에서 학교 구성원의 동기유발 방안을 제시하면 다음과 같다. 첫째, 높은 성과기대가 필요하다. 학교경영자는 교사들이 노력만 하면 성과를 얻을 수 있다는 큰 믿음을 심어 주어야 한다. 이를 위해 교사를 위한 훈련 프로그램이나 멘토링, 안내, 지원 등이 중요하다. 둘째, 높은 보상기대가 요구된다. 학교경영자는 교사들이 노력을 하여 성과를 내면 성과가 보상으로 이어질 수 있다는 보상기대를 분명히 하고 구체화하여야 한다. 또, 보상체계의 공정성을 증진시켜야 한다. 셋째, 높은 유인가이다. 학교경영자는 교사들의 열망을 충족할 수 있도록 보상이 주는 매력의 정도를 증진하여야 한다. 이를 위해 교사들이 더 매력적으로 생각하는 보상내용이 무엇인가를 생각해야 한다.

논33 **아담스(Adams)의 공정성이론의 관점에서 공정성 회복을 위한 행동유형을 3가지 제시하시오.**

아담스(Adams)의 공정성이론에 따르면, 사람들은 자신의 투입과 성과의 비율을 타인의 그것과 비교하여 동일하면 직무에 만족을 느끼지만, 불공정하다고 느끼면 공정성을 회복하는 방향으로 어떤 행동을 동기화한다. 이러한 관점에서 공정성 회복을 위한 행동유형을 설명하면 다음과 같다. 첫째, 투입을 변경한다. 사람들은 불공정성이 유리한 것이냐 불리한 것이냐에 따라 투입을 증가시키거나 감소시킨다. 과소보상의 경우 노력을 감소시킬 것이고, 과대보상의 경우 노력을 증가시킬 것이다. 둘째, 성과를 변경한다. 투입의 증가 없이 임금인상이나 근무조건의 개선을 요구할 수 있다. 셋째, 투입이나 성과의 인지적 왜곡을 시도한다. 실제로 투입이나 성과를 변경하지 않고, 자신 또는 타인의 투입이나 결과를 인지적으로 왜곡시켜 공정성을 회복하고자 한다.

논34 로크(Locke)의 목표설정이론에 근거하여 목표가 지녀야 할 속성을 3가지 제시하시오.

로크(Locke)가 제시한 목표설정이론은 목표가 실제 행위나 성과를 결정하는 요인이므로, 목표가 동기를 형성하는 가장 중요한 원천이라고 본다. 따라서 성공적인 과업수행을 위해서는 성공적인 목표설정이 필요하다. 목표가 지녀야 할 속성을 3가지 제시하면 다음과 같다. 첫째, 구체성이다. 막연한 목표보다는 구체적인 목표가 성과를 더 높여준다. 구체적인 목표는 모호성을 감소시켜 주고 행동방향을 명확히 제시해 주기 때문이다. 둘째, 곤란성이다. 쉬운 목표보다는 다소 어려운 목표가 성과를 높이는 데 유리하다. 도전감을 주고 많은 노력을 집중하도록 자극하기 때문이다. 셋째, 참여이다. 구성원들이 목표설정 과정에 참여하면 직무만족도를 높이고 적극적으로 목표를 달성하고자 하므로 성과를 높일 수 있다.

---

05 정책론

논35 교육기획의 개념과 효용성 3가지를 제시하시오.

교육기획은 미래의 교육활동에 대한 사전준비 과정을 의미한다. 즉, 미래의 교육활동에 대비하여 교육목표를 효율적이고 안정적으로 달성하기 위해 교육활동의 방향과 효과적인 수단 및 방법을 제시하는 지적·합리적인 사전준비 과정이다. 교육기획의 효용성을 3가지 제시하면 다음과 같다. 첫째, 교육행정의 안정화에 기여한다. 뚜렷한 목표와 방향을 설정하고 장기적인 교육기획에 따라 일관성 있게 교육체제를 운영한다면 조령모개식의 정책 변경이나 방침 변경은 일어나지 않게 된다. 둘째, 교육행정의 효율성과 타당성을 제고한다. 설정된 교육목표를 가장 효율적으로 달성할 수 있는 최적의 대안을 선택함으로써 효율성을 높일 수 있고, 교육목표와 이를 달성하기 위한 수단을 합리적으로 연결함으로써 교육행정 활동의 합목적성과 타당성을 제고할 수 있다. 셋째, 한정된 재원을 합리적으로 배분할 수 있다. 교육기획은 교육투자 지출의 우선순위를 합리적으로 설정하고 그 효과를 극대화하도록 배분함으로써 투자의 효율성을 제고할 수 있게 한다.

논36 교육정책의 특성과 교육정책 결정의 원칙을 제시하시오.

교육정책은 교육목적의 달성을 위해 정부가 국민의 동의를 바탕으로 결정한 교육에 관한 기본적인 지침 혹은 의사결정을 말한다. 교육정책의 특성을 제시하면 다음과 같다. 첫째, 교육정책은 정책 행위라는 측면에서 정부가 수행하는 교육에 관한 공적인 의사결정이라는 특징을 가진다. 둘째, 교육정책은 그 형성 과정에서 정치적 과정을 통해 이루어지므로 본질적으로 권력의 문제와 깊은 관련을 맺는다. 셋째, 교육정책은 효과의 측면에서 교육활동에 대한 기본 지침을 제시하여 교육목적을 실현하고자 하는 데 근본적인 목적을 가진다.

한편, 교육정책 결정의 원칙을 제시하면 다음과 같다. 첫째, 민주성의 원리이다. 교육정책은 국민의 참여와 민주적 절차에 의하여 수립되어야 한다. 둘째, 중립성의 원리이다. 교육정책은 정치적·종교적·사회적 압력에 좌우되지 않고, 교육정책 자체의 타당성과 효율성에 기초하여 수립되어야 한다. 셋째, 효율성의 원리이다. 교육정책은 형성과정·집행·결과에 있어서 능률적이고 효과적이어야 한다. 넷째, 합리성의 원리이다. 교육정책은 가치지향적인 정책에 객관성과 과학성을 부여하고 현실에 입각한 합리적 원리에 기초해야 한다.

논37 의사결정모형 중 최적모형과 쓰레기통 모형을 각각 설명하시오.

드로어(Dror)가 제안한 최적모형은 합리성과 초합리성을 동시에 고려하여 최적치를 추구하는 규범적인 모형이다. 최적모형은 초합리적 요인을 의사결정에 포함함으로써 창의적이고 혁신적인 의사결정이 가능할 수 있지만, 불분명한 초합리성에 의존하고 있어 다소간 비현실적이고 이상적인 의사결정에 그칠 수 있다는 문제가 있다.

한편, 코헨(Cohen)과 마치(March)가 주장한 쓰레기통 모형은 의사결정이 합리적인 과정에 의해서 이루어지는 것이 아니라, 의사결정의 요소인 문제, 해결책, 참여자, 선택 기회가 어떤 계기로 서로 우연히 만나게 될 때 의사결정이 이루어진다고 본다. 이 모형은 문제와는 별개로 해결책이 먼저 제시될 수 있는 이유, 해결되는 문제가 거의 없는 이유를 설명하는 데 도움을 줄 수 있다. 그러나 '조직화된 무질서' 조직에서 일어나는 의사결정모형이라는 점에서 모든 조직의 보편적 의사결정의 행태를 설명하기에는 한계가 있다.

논38 브리지스(Bridge)의 참여적 의사결정에 근거하여 4가지 상황에 따른 의사결정의 형태를 설명하시오.

브리지스(Bridge)는 의사결정의 수용영역을 검토하고, 적절성과 전문성을 기준으로 구성원들의 의사결정 참여 여부를 결정할 것을 제안한다. 수용영역은 구성원이 상급자의 의사결정을 기꺼이 받아들이는 영역이며, 적절성은 개인적 이해관계이고, 전문성은 전문적 지식의 소유이다. 이 2가지 준거로 4가지 상황에 따른 의사결정의 형태를 제시하면 다음과 같다. 첫째, 구성원이 개인적 이해관계(적절성)와 전문적 지식(전문성)을 모두 가지고 있어 수용영역 밖에 있는 경우, 구성원을 초기단계인 문제의 인지부터 자주 적극적으로 참여시킨다. 이때 리더는 소수의 의견까지 보장하여 의회주의형 의사결정이 이루어지도록 한다. 둘째, 구성원이 개인적 이해관계(적절성)는 있으나 전문적 지식(전문성)이 없어 수용영역 한계영역(한계조건)에 있는 경우, 구성원을 최종대안을 선택할 때 가끔 제한적으로 참여시킨다. 이때 참여시키는 목적은 구성원에게 이해를 구하거나 설득·합의를 도출하여 저항을 최소화하기 위해서다. 이 과정에서 리더는 부분적인 참여로 의사결정에 감정적 반항을 감소시켜 커다란 마찰 없이 민주적으로 문제를 해결한다. 셋째, 구성원이 전문적 지식(전문성)은 있으나 개인적 이해관계(적절성)가 없는 경우이다. 이 경우도 수용영역 한계영역(한계조건)에 있는 경우이므로 구성원을 대안제시나 결과평가 단계에서 가끔 제한적으로 참여시킨다. 참여시키는 목적은 질 높은 아이디어나 정보를 얻기 위해서다. 넷째, 구성원이 이해관계도 없고 전문성도 없는 경우이다. 이 경우는 수용영역 안에 있으므로 구성원을 참여시킬 필요가 없다.

논39 **호이와 타터(Hoy & Tarter)의 참여적 의사결정에 근거하여 의사결정 형태를 설명하시오.**

호이와 타터(Hoy & Tarter)는 관련성과 전문성, 구성원의 신뢰(헌신)에 따라 참여적 의사결정의 유형을 제시하였다. 5가지 상황에 따른 참여적 의사결정의 형태를 제시하면 다음과 같다. 첫째, 구성원이 개인적 이해관계(관련성)와 전문적 지식(전문성)을 모두 갖추어 수용영역 밖에 있고 구성원의 신뢰가 있는 민주적 상황인 경우, 구성원을 항상 광범위하게 참여시킨다. 이 상황에서 유일한 쟁점은 의사결정을 합의로 할 것인가, 다수결로 할 것인가의 문제이다. 집단합의로 의사결정을 할 경우 교장은 통합자의 역할을 수행하여 각기 다른 입장을 통합하여 일치된 의견을 얻어낸다. 또는 다수결로 의사결정을 할 경우 교장은 의회인의 역할을 수행하여 공개 토론을 조성하고 집단결정을 이끌어 낸다. 둘째, 구성원이 개인적 이해관계(관련성)와 전문적 지식(전문성)을 모두 갖추어 수용영역 밖에 있지만 구성원의 신뢰가 없는 갈등적 상황인 경우이다. 이 경우 조직의 복지와 일치하는 방향으로도 나아가야 하기 때문에 구성원을 항상 그러나 제한적으로 참여시킨다. 이때는 집단자문의 형태로 의사결정이 이루어지며, 교장은 교육자의 역할을 수행하여 쟁점을 설명하고 논의함으로써 저항을 줄이고 결정을 수용하도록 한다. 셋째, 구성원이 개인적 이해관계가 있지만 전문성이 부족한 이해당사자 상황인 경우, 구성원을 가끔씩 제한적으로 참여시킨다. 이 경우 집단자문의 형태로 의사결정이 이루어지며, 교장은 교육자의 역할을 수행하여 쟁점을 설명하고 논의함으로써 저항을 줄이고 결정을 수용하도록 한다. 넷째, 구성원이 이해관계는 없지만 전문성이 있는 전문가 상황인 경우, 구성원을 가끔 제한적으로 참여시킨다. 이 경우 개인자문으로 의사결정이 진행되며, 교장은 간청자로서 조언과 충고를 구하며 의사결정의 질을 향상한다. 다섯째, 구성원이 관련성도 없고 전문성도 없는 비협조적 상황이라면, 의사결정은 수용영역 안에 있으므로 구성원의 참여를 배제한다. 이때는 교장이 일방적으로 의사를 결정하고 지시자로서 역할을 수행하며 효율성을 성취하도록 한다.

논40 **레드필드(Redfield)가 주장한 의사소통의 원칙을 제시하시오.**

레드필드(Redfield)가 주장한 의사소통의 원칙을 제시하면 다음과 같다. 첫째, 명료성이다. 의사전달 내용이 명확해야 한다. 피전달자가 분명하고 정확하게 이해할 수 있도록 간결한 문장과 쉬운 용어를 사용한다. 둘째, 일관성이다. 의사소통 내용의 전후가 일치되어 모순이 없어야 한다. 셋째, 적응성(융통성)이다. 의사소통의 내용이 구체적인 상황에 맞아 현실 적합성을 갖는 것이어야 한다. 넷째, 분포성이다. 의사소통의 내용이 모든 대상에게 골고루 전달되어야 한다. 다섯째, 적시성이다. 의사소통은 적시에 이루어져야 한다. 의사전달이 가장 효율적으로 이루어질 수 있는 적정한 시기를 놓쳐서는 안 된다. 여섯째, 적량성이다. 과다하지도 과소하지도 않은 적당량의 정보를 전달해야 한다. 일곱째, 통일성이다. 조직 전체의 입장에서 동일하게 수용되는 표현이어야 한다. 여덟째, 관심과 수용이다. 전달자가 피전달자의 주의와 관심을 끌 수 있어야 하고, 피전달자가 정보를 수용될 수 있어야 한다.

논41 **조하리의 창(Johari's window)에 근거하여 의사소통의 유형을 제시하시오.**

조하리의 창(Johari's window)은 '자신에 관한 정보'가 자신에게 알려진 경우와 알려지지 않은 경우 그리고 타인에게 알려진 경우와 알려지지 않은 경우의 조합에 의해 4가지 영역으로 구성된다. 첫째, 개방적 영역이다. 개방적 영역은 민주형 의사소통 유형으로서, 자신에 관한 정보가 자신이나 타인에게 잘 알려져 있는 부분이다. 효과적인 의사소통을 위해서는 이 부분의 영역을 넓혀 가야 하는데, 자기노출을 하고 피드백을 많이 받을 때 가능하다. 둘째, 맹목적 영역이다. 맹목적 영역은 독단형 의사소통 유형으로서, 자신에 관한 정보가 타인에게는 알려져 있지만 자신에게는 알려져 있지 않은 부분이다. 이 경우 자기주장은 강하면서 상대방의 의견을 수용하지 않으려 한다. 타인으로부터 피드백을 받지 못할 때 이 부분이 넓어져 효과적인 의사소통이 이루어지기 힘들다. 셋째, 잠재적 영역이다. 잠재적 영역은 비밀형(과묵형) 의사소통 유형이며, 자신에 관한 정보가 자신에게는 알려져 있지만 타인에게는 알려져 있지 않은 부분이다. 이 경우 자신의 의견이나 감정을 표출하지 않고 타인으로부터 정보를 얻으려는 경향이 크다. 넷째, 미지적 영역이다. 미지적 영역은 폐쇄형 의사소통 유형에 속하며, 자신에 관한 정보가 자신과 타인에게 모두 알려져 있지 않은 부분에 해당한다. 자신에 대한 견해를 표출하지도 않고 타인으로부터 피드백을 받지도 않는 경우에 형성된다. 계속될 때 일상적인 의사소통이 어려워지며 자기 폐쇄적이기 쉽다.

교육행정의 실제

01) 교육제도

논42 **교육자치제도의 원리를 제시하시오.**

교육자치제는 지방분권의 원리에 따라 교육행정을 일반행정으로부터 분리·독립시켜 교육행정의 조직과 운영면에서 교육의 자주성을 보장하는 제도이다. 교육자치제의 원리를 제시하면 다음과 같다. 첫째, 지방분권의 원리이다. 교육정책의 결정과 중요시책의 집행에서 중앙집권을 지양하고, 각 지방자치단체로 권한을 분산하고 이양하는 것을 말한다. 둘째, 주민통제의 원리이다. 교육정책을 민의에 따라 결정하고 운영하는 것, 즉 지역주민이 그들의 대표를 통하여 교육정책을 심의·의결하는 것이다. 셋째, 자주성 존중의 원리이다. 지방교육행정을 일반행정에서 분리·독립시키고 교육활동을 자주적으로 결정하고 실천할 수 있도록 보장하는 것이다. 넷째, 전문적 관리(전문성)의 원리이다. 지방교육행정조직에서 교육감을 비롯한 중요한 행정적 인사 시 교육 또는 교육행정의 전문성이 보장되어야 한다는 것이다.

02) 장학행정

논43 **임상장학의 개념과 특징, 유의점을 제시하시오.**

임상장학은 교실 내에서 교사의 수업기술 향상과 전문적 성장을 목적으로 교실수업에 초점을 둔 교사중심의 장학을 말한다. 임상장학은 교사와 장학담당자가 1 : 1의 친밀한 관계 속에서 계획협의회, 수업관찰, 피드백협의회의 과정을 거치면서 진행된다. 임상장학의 특징을 제시하면 다음과 같다. 첫째, 교사와 장학담당자 간의 관계는 상하관계보다는 쌍방적 동료관계를 지향한다. 장학담당자는 교사와 사전에 수업계획에 대해 충분히 협의한 후 수업을 관찰·분석·평가하며 이에 기초하여 교수활동을 개선하고자 한다. 둘째, 수업분석에 중점을 둔다. 임상장학은 교사의 교실수업에 초점을 맞추고, 교사가 문제로 삼는 수업의 문제를 분석하고 해결하고자 한다. 셋째, 교사와 장학담당자 간의 친밀한 인간관계를 강조한다. 임상장학은 교사의 필요와 요청에 의해서 이루어지는 만큼 1 : 1의 친밀한 인간관계 속에서 진행된다. 넷째, 교사의 자발적 노력을 강조한다. 임상장학은 교사가 수업을 개선하겠다는 적극적인 의지를 가지고 있어야 효과적이다. 한편, 임상장학 시 유의점을 제시하면 다음과 같다. 첫째, 교사에 대한 평가를 지양하고, 교사와 상호 신뢰하며 동료적인 인간관계가 형성되었을 때 그 효과를 높일 수 있다. 둘째, 교사는 자신의 전문성 향상을 위해 임상장학이 꼭 필요한 것이라는 점을 이해해야 한다. 셋째, 임상장학에서는 수업을 관찰하여 그 자료를 정확하고 객관적으로 제공하는 일이 중요하다.

넷째, 행정 중심에서 교육과정이나 수업 중심으로, 공문에 의한 지시 중심에서 현장 중심으로, 상하관계에서 대등한 관계로, 가르치고 배우는 자 중심으로 상호 대등한 방향으로 나아가야 할 것이다.

논44 **동료장학의 개념, 유형, 특징, 장점을 제시하시오.**

동료장학은 교사의 수업 개선과 전문적 성장을 위해 둘 이상의 교사가 서로 협동하는 장학의 형태이다. 동료장학은 수업연구 중심 동료장학, 협의 중심 동료장학, 연수 중심 동료장학 등 다양한 형태로 진행될 수 있다. 첫째, 수업연구 중심 동료장학은 동료교사들이 수업과 관련된 연구과제를 공동으로 선정하고 공개수업을 통해 문제점을 개선하거나, 경력교사와 초임교사가 짝을 이루어 상호 간에 수업을 공개·관찰하고 의견을 교환하여 수업방법의 개선을 도모하는 형태(멘토링 장학)이다. 둘째, 협의 중심 동료장학은 동료교사들 간에서 특정 주제에 관해 일련의 협의를 통해 서로 경험, 정보, 도움, 충고 등을 교환하거나, 공동 관심사나 공동 과제를 서로 협의하는 형태이다. 셋째, 연수 중심 동료장학은 각종 자체 연수를 계획, 추진, 평가할 때 공동연구자로서 서로 경험, 정보, 아이디어를 교환하거나, 때로는 강사나 자원인사로서 공동으로 협력하는 형태이다. 이러한 동료장학의 장점을 제시하면 다음과 같다. 첫째, 동료교사끼리 수업전략을 설계하고 실천해 봄으로써 수업 개선에 크게 기여할 수 있고, 이는 결국 학교교육의 개선에도 긍정적인 효과를 가져올 수 있다. 둘째, 적극적인 동료관계를 증진할 수 있고, 이를 토대로 학생 교육에 대한 교사의 적극적인 자세와 전문적 성장을 도모할 수 있다. 셋째, 수업 개선을 위해 교사들이 공동으로 노력하도록 함으로써 장학 활동을 위해 학교의 인적 자원을 최대한 활용할 수 있다.

논45 **자기장학의 개념, 방법, 특징을 제시하시오.**

자기장학은 교사 자신의 전문적 성장을 위해 스스로 계획을 세우고 실천해 나가는 자율장학을 말한다. 자기장학은 가장 이상적인 장학 형태라 할 수 있다. 자기장학의 방법으로는 자기 수업의 녹음·녹화, 학생의 의견조사, 전문서적 탐독, 대학원 진학이나 각종 세미나 참여, 전문인사의 자문과 조언 등을 활용할 수 있다. 자기장학의 특징을 제시하면 다음과 같다. 첫째, 교사 자신이 스스로 계획을 세워 실천하며, 그 결과에 대하여 자기반성을 하는 활동이다. 둘째, 제반 전문적인 영역에서의 교사 자신의 성장과 발달을 도모한다. 셋째, 교사 자신의 자율성과 자기발전의 의지 및 능력을 기초로 한다. 넷째, 장학사나 교장은 자원인사로 봉사해 주고 교사 자신이 자기 경험에 의해 개발·실천한다.

논46 **컨설팅 장학의 개념과 기본원리를 제시하시오.**

컨설팅 장학은 학교교육의 개선을 개선하기 위해서 일정한 전문성을 갖춘 사람들이 학교 구성원의 요청에 따라 제공하는 독립적인 자문활동을 의미한다. 컨선팅 장학의 기본원리를 제시하면 다음과 같다. 첫째, 전문성의 원리이다. 컨설팅은 학교경영과 교육에 대해 전문성을 갖춘 사람에 의해 이루어져야 한다. 둘째, 자발성의 원리이다. 컨설팅은 의뢰인의 자발적인 요청에 기초해야 한다. 셋째, 자문성의 원리이다. 컨설팅은 본질적으로 자문활동이어야 한다. 따라서 컨설턴트가 의뢰인을 대신해서 교육을 담당하거나 학교를 경영하는 것이 아니다. 넷째, 독립성의 원리이다. 컨설턴트와 의뢰인의 관계는 상호 독립적이어야 하며, 상하관계나 종속관계에 있어서는 안 된다. 다섯째, 일시성의 원리이다. 의뢰인과 컨설턴트와의 관계는 특정 과제해결을 위한 일시적인 관계여야 한다. 일단 의뢰한 문제가 해결되면 컨설팅 관계는 종료되어야 한다. 여섯째, 교육성의 원리이다. 컨설턴트는 의뢰인을 대상으로 문제해결에 필요한 정보를 제공하고 교육이나 훈련을 실시해야 한다.

03 **인사행정**

논47 **학습연구년제의 개념과 기대효과를 설명하시오.**

학습연구년제란 교원들의 전문성을 향상시키기 위하여 1년 동안 학교현장 업무부담에서 벗어나 소속 학교 외에서 연구활동을 할 수 있도록 지원하는 특별연수 제도이다. 학습연구년은 교원능력개발평가 결과 우수교사에게 제공된다. 학습연구년제를 실시할 경우의 기대효과는 다음과 같다. 첫째, 교원능력개발평가 시행에 따른 합리적 보상기제를 마련하고, 다양한 연구활동을 지원함으로써 교원의 전문성을 제고할 수 있다. 둘째, 교직 사회의 전문적 지식 축적 및 실천적 연구 결과의 공유를 통해 궁극적으로 교직사회의 학습화를 촉진할 수 있다. 셋째, 교원의 전문직으로서 자부심을 제고하고, 자기계발 및 재충전으로 교직에 대한 헌신을 유도하고 교원의 사기를 진작할 수 있다.

04 ┐ 재무행정

논48 **성과주의 예산제도, 기획예산제도, 영기준 예산제도의 개념과 장단점을 각각 설명하시오.**

성과주의 예산제도(PBS)는 사업별·활동별로 예산을 편성하는 제도이다. 예산과목을 기능별(목표별·활동별)로 분류한 다음 각 기관의 세부사업별 사업량을 수량으로 표시하고, 단위원가에 사업량을 곱하여 예산액을 편성한다. 성과주의 예산제도의 장점을 제시하면 다음과 같다. 첫째, 사업별, 활동별로 예산이 편성되므로 각 기관이 무슨 사업을 추진하는지 쉽게 이해할 수 있다. 둘째, 기능별, 사업별로 예산이 집행되므로 예산집행에서 신축성과 융통성을 기할 수 있다. 반면, 단점으로는 첫째, 업무측정단위의 선정이 어렵고, 단위원가의 계산도 곤란하며, 성과 측정이 어렵다. 둘째, 예산통제가 어렵고, 회계책임이 불분명하여 공금관리에 어려움이 있다.

기획예산제도(PPBS)는 사업계획(목표)과 예산편성을 결합시켜 한정된 재원을 적절히 배분하는 계획기능 중심의 예산 편성기법이다. 절약과 능률, 효과성, 경제적 합리성, 합목적성, 과학적 객관성 등을 이념으로 한다. 기획예산제도의 장점을 제시하면 다음과 같다. 첫째, 사업계획과 예산편성이 유기적으로 연결되어 있어 한정된 자원을 합리적으로 배분할 수 있다. 둘째, 모든 것을 중앙집권적으로 처리할 수 있기 때문에 예산편성의 의사결정과정을 일원화할 수 있다. 반면, 단점으로는 첫째, 정보가 최고 의사결정자에게 집중됨으로써 예산제도에 있어 지나치게 중앙집권화 성향을 초래할 수 있다. 둘째, 목표설정 시 의견 조율이 쉽지 않고, 교육목표는 양적으로 계산할 수 없는 경우가 많다.

영기준 예산제도(ZBBS)는 전년도 사업을 전혀 고려하지 않고 모든 사업을 제로에서 다시 시작하는 것으로 간주하여 예산을 편성하는 제도이다. 영기준 예산제도의 장점을 제시하면 다음과 같다. 첫째, 학교경영에 전 교직원의 참여를 유도할 수 있고, 창의적이고 자발적인 사업구상과 실행을 유인할 수 있다. 둘째, 모든 사업을 전면적으로 재검토하기 때문에 우선순위가 낮은 사업에서 우선순위가 높은 사업으로 재원을 전환할 수 있어 합리적인 예산배분이 가능하다. 셋째, 학교경영 계획과 예산이 일치함으로써 교장의 합리적이고 과학적인 경영을 지원할 수 있다. 반면, 단점으로는 첫째, 모든 사업을 제로(zero)의 상태에서 분석해야 하므로 시간과 노력의 부담이 과중되며, 우선순위를 결정하는 데 어려움이 있다. 둘째, 교원들이 예산업무에 정통하지 않아 시행착오를 할 가능성이 많다. 셋째, 사업이 기각되거나 평가절하되면 비협조적 풍토가 야기될 수 있다.

논49 **단위학교 예산제도의 개념과 운영상의 특징 그리고 장점을 설명하시오.**

단위학교 예산제도(SBBS)는 단위학교 책임경영이 강조되면서 도입된 방법으로, 단위학교를 중심으로 한 분권화된 예산제도이다. 이에 단위학교의 모든 세입과 세출을 일원화하여 학교가 자율적으로 예산을 편성·운영할 수 있도록 하는 학교회계제도를 운영하고 있다. 단위학교 예산제도의 운영상 특징을 제시하면, 첫째, 회계연도는 학년도와 일치시켜 3월 1일부터 이듬해 2월 말일까지로 한다. 둘째, 일상경비와 도급경비의 구분 없이 표준교육비를 기준으로 총액배부한다. 셋째, 재원에 따른 사용목적 구분 없이 학교실정에 따라 자율적으로 세출예산을 편성한다. 이런 단위학교 예산제도의 장점을 제시하면, 첫째, 모든 세입과 세출을 일원화함으로써 학교재정의 효율적인 운영이 가능하다. 둘째, 예산편성과정에 교사와 학부모의 참여가 증대되어 학교재정운영의 투명성과 신뢰성이 높아진다. 셋째, 단위학교에서 자율적인 예산운영이 가능해져서 다양한 교육활동을 효과적으로 지원하며 학교교육의 질적 수준을 높일 수 있다.

논50 **단위학교 책임경영제(SBM)의 개념과 교육적 의의를 설명하시오.**

단위학교 책임경영제(SBM)는 단위학교에 학교운영의 권한을 위임하여 학교를 자율적으로 운영하고 그 결과에 대해 책임을 지는 제도로서, 단위학교의 자율성과 책무성을 강조하기 위한 것이다. 단위학교 책임경영제의 교육적 의의를 설명하면 다음과 같다. 첫째, 단위학교 책임경영제를 실시하면 각 학교 실정에 맞는 교육을 실시할 수 있으므로 수요자 중심의 교육을 실현할 수 있다. 둘째, 단위학교 책임경영제에서는 학교장을 중심으로 교육당사자가 교육운영에 적극적으로 참여하게 됨으로써 교육의 효율성과 내실화를 기할 수 있다. 셋째, 단위학교 책임경영제를 실시하면 각 지역에 맞는 교육을 실시할 수 있으므로 교육 자치제를 실현할 수 있다.

논51 **학교운영위원회의 개념과 성격을 설명하시오.**

학교운영위원회는 학교운영에 관한 의사결정에 학부모, 교원, 지역사회 인사가 함께 참여함으로써 학교 정책결정의 민주성, 합리성을 제고하고, 교육목표를 효율적으로 달성하기 위한 의사결정기구이다. 학교운영위원회의 성격을 설명하면 다음과 같다. 첫째, 법정위원회이다. 학교운영위원회는 법령에 근거하여 모든 초·중·고등학교 및 특수학교에 반드시 설치·운영하여야 하는 법정위원회이다. 둘째, 심의·자문기구이다. 학교운영위원회는 학교운영에 관한 중요한 사항에 대해 국공립학교의 경우 심의하는 심의기구이며 사립학교의 경우 자문하는 자문기구로서의 성격을 지닌다. 셋째, 교육자치기구이다. 학교운영의 중요한 사항에 대해 학교 구성원들이 참여하여 민주적인 절차에 따라 자율적으로 결정하는 단위학교 차원의 교육자치기구이다.

논52 **혁신학교의 개념과 운영상의 특징을 설명하시오.**

혁신학교는 학교단위 주도로 지역사회와 협력하여 학교의 운영을 행정 중심에서 교육과정 중심으로 변화시키고자 하는 것을 말한다. 혁신학교는 입시성적이 좌우되는 기존의 좋은 학교의 개념에서 벗어나 학생과 학부모가 만족하는 다양한 배움 중심의 학교를 추구한다. 혁신학교의 운영상 특징을 설명하면 다음과 같다. 첫째, 혁신학교는 학생들이 자기 주도적으로 상호 협력하고 공동체와 더불어 살아가기 위한 기본적이고 실제적인 역량을 위한 학습자 중심의 교육과정을 운영한다. 둘째, 혁신학교는 자율적 책무성을 바탕으로 학생들의 교육활동을 촉진하고 교사들이 수업에 집중할 수 있도록 교육과정 중심의 학교 운영을 한다. 셋째, 교사들이 교수·학습 전문성을 신장할 수 있도록 지원을 확대하고, 학교의 자원뿐만 아니라 지역사회가 교육활동의 확산된 터가 될 수 있도록 학부모 및 지역사회와 연대성을 갖고 소통한다.

논53 **목표관리기법의 개념과 특징, 장단점을 설명하시오.**

목표관리기법(MBO)은 조직의 구성원들이 조직의 목표설정에 공동으로 참여하고, 이에 비추어 각자의 세부목표를 설정하며, 각 구성원의 성과에 대해 평가하고 보상하는 경영기법이다. 목표관리기법의 특징을 설명하면 다음과 같다. 첫째, 목표관리제에서는 교장과 교사들이 공동으로 목표를 설정한다. 이 때문에 목표관리는 민주적 학교경영의 한 형태이다. 둘째, 학교의 목표는 구성원들의 합의로 결정되고, 각자의 역할에 대해서도 명료하게 진술되어야 한다. 셋째, 모든 구성원들이 목표설정에 참여하고 그 성과에 대해 책임을 가지게 되므로 자기통제를 통해 목표를 적극적으로 달성하고자 한다. 넷째, 목표관리에서는 공동의 노력을 통한 목표 달성과 이에 대한 평가 및 보상을 중요하게 생각한다. 한편, 목표관리기법의 장단점을 제시하면 다음과 같다. 목표관리기법의 장점으로는 첫째, 모든 교육활동을 학교 교육목표에 집중시킴으로써 교육의 효율성을 제고할 수 있다. 둘째, 교장, 교감을 비롯한 모든 교사들이 함께 활동계획을 수립하고 이를 활용함으로써 교직원들의 참여의식을 높일 수 있다. 셋째, 학교운영의 분권화와 참여를 통해 관료화를 방지할 수 있다. 목표관리기법의 단점으로는 첫째, 목표를 지나치게 중시하여 구체적이고 단기적인 목표 달성에 치중하기 때문에 장기적이고 전인적 목표를 추구하는 학교 교육활동에는 부적합한 측면이 있다. 둘째, 목표설정과 성과보고 등에 많은 시간과 노력이 필요하므로 교직원들의 업무 부담을 가중시키고 불만의 원인이 될 수 있다. 셋째, 측정 가능하고 계량적인 교육목표를 설정하고 평가하고자 하기 때문에 학교교육을 오도할 가능성이 있다.

논54 **학급경영의 원칙을 제시하시오.**

학급경영은 담임교사가 교육목표 달성을 위해 교육활동을 계획·조직·실행하는 제반 활동을 의미한다. 학급경영의 원칙은 교육적 학급경영, 학생이해의 학급경영, 민주적 학급경영, 효율적 학급경영으로 나누어 볼 수 있다. 첫째, 교육적 학급경영은 모든 학급경영활동이 교육의 본질과 목적에 부합되도록 운영하라는 원칙이다. 교육이 인간 성향의 가변성을 믿고 개인이 지닌 잠재력을 최대한 발전시키고자 하는 노력이듯, 학급경영도 학생 개개인의 인지적·정의적·신체적 능력을 최대로 개발하여 자아실현된 인간에 도달할 수 있도록 운영되어야 한다. 둘째, 학생이해의 학급경영은 학급경영의 구상과 전개가 학생의 이해를 기반으로 이루어져야 한다는 원칙이다. 효과적인 학급경영을 위하여 학생의 발달단계에 따른 제 특징과 학습능력 및 준비도, 그리고 집단역학과 사회적 심리의 이해를 근거로 학급의 제 활동이 구성되고 운영되어야 한다. 셋째, 민주적 학급경영은 인간존중, 자유, 평등, 참여, 합의 등 민주주의 이념에 입각하여 학급을 경영하는 원칙이다. 학급 구성원 개개인의 인격이 존중되고, 자유로운 학급 분위기가 조성되며, 학생 스스로 결정할 수 있고 책임질 수 있는 자율적 행동을 조성하는 원리이다. 넷째, 효율적 학급경영은 효율적이고 능률적으로 학급을 운영하는 원칙이다. 효율성은 학급의 자원을 경제적으로 사용하여 최대의 성과를 얻는 것을 말한다. 학급자원을 경제적으로 사용하여 학급목표를 달성함과 동시에 학급구성원의 심리적 만족을 충족시키는 학급운영이 효율적인 학급경영이다.

MEMO

Chapter 06

생활지도와 상담

논1. 생활지도의 기본원리와 실천원리를 제시하시오.

논2. 생활지도의 주요 영역 5가지를 제시하시오.

논3. 사회통제이론, 중화이론, 차별접촉이론, 낙인이론의 관점에서 청소년비행을 설명하시오.

논4. 홀랜드(Holland)의 성격이론의 관점에서 직업적 성격유형과 그 특성을 설명하시오.

논5. 수퍼(Super)의 진로발달이론에 근거하여 청소년기 진로발달의 특성을 설명하시오.

논6. 크럼볼츠(Krumboltz)의 사회학습이론에 근거하여 진로결정에 영향을 주는 요인 4가지를 제시하시오.

논7. 상담기법 중 반영, 재진술, 즉시성, 명료화, 직면, 해석의 의미를 설명하시오.

논8. 아들러(Adler)의 개인심리학적 상담이론의 상담목표와 상담기법 3가지를 제시하시오.

논9. 엘리스(Ellis)의 합리적ㆍ정서적 행동치료의 상담목표와 상담기법을 인지, 정서, 행동적 측면에서 제시하시오.

논10. 벡(Beck)의 인지치료의 상담목표와 상담기법 3가지를 제시하시오.

논11. 글래써(Glasser)의 현실치료에서 가정하는 인간관과 상담과정을 제시하시오.

논12. 로저스(Rogers)의 인간중심 상담이론에서 제시한 실현 경향성과 가치 조건화의 개념을 설명하고, 상담기법 3가지를 제시하시오.

논13. 게슈탈트(gestalt) 상담이론의 상담목표와 상담기법 3가지를 제시하시오.

논14. 해결중심 상담이론의 인간관과 상담기법 3가지를 제시하시오.

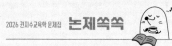

Section

01 생활지도

01) 생활지도의 이해

논1 **생활지도의 기본원리와 실천원리를 제시하시오.**

생활지도의 기본원리를 제시하면 다음과 같다. 첫째, 자아실현의 원리이다. 생활지도의 궁극적 목적은 모든 개인이 자아실현을 할 수 있도록 돕는 것이라는 원리이다. 둘째, 수용의 원리이다. 일방적 지시나 억압, 명령을 배제하고, 학생 개인의 가치와 존엄성을 인정하고 한 인간으로서 존중하며 받아들여야 한다는 원리이다. 셋째, 인간관계의 원리이다. 생활지도는 교사와 학생 사이의 참다운 인간관계가 형성될 때 가능하다는 원리이다. 넷째, 자율성 존중의 원리이다. 생활지도는 학생의 성장을 조력하는 과정이므로 학생 스스로 문제의 핵심을 파악하고 해결해 나갈 수 있도록 문제해결의 자율적 능력과 태도를 강조해야 한다는 원리이다. 다섯째, 적응의 원리이다. 생활지도는 학생의 생활 적응을 돕는 과정이므로 학생 자신과 현실을 이해하고 생활에 능동적으로 적응할 수 있도록 해야 한다는 원리이다.

생활지도의 실천원리를 제시하면 다음과 같다. 첫째, 전인성의 원리이다. 생활지도는 개인의 생활영역 중 일부만을 다루는 것이 아니라, 개인의 전체적인 면, 즉 지·덕·체의 조화로운 발달을 도모하는 활동이어야 한다는 원리이다. 둘째, 균등성의 원리이다. 생활지도는 문제나 부적응아만을 대상으로 하는 것이 아니라, 정상적인 모든 학생을 대상으로 하는 것이어야 한다는 원리이다. 셋째, 적극성의 원리이다. 생활지도는 소극적인 치료나 교정보다는 적극적인 예방과 지도에 중점을 두어야 한다는 원리이다. 넷째, 과학성의 원리이다. 생활지도는 상식적 판단이나 임상적 판단에만 기초하지 말고 객관적인 방법과 자료에 기초하여야 한다는 원리이다. 다섯째, 계속성의 원리이다. 생활지도는 단 한 번의 지도로 끝나는 것이 아니라, 진급, 진학, 졸업, 취직 후에도 계속되어야 한다는 것이다. 여섯째, 협력성의 원리이다. 생활지도는 담임교사나 상담교사는 물론 학교 전교직원과 가정 및 지역사회의 유기적인 연대와 협력이 필요하다는 것이다.

논2 생활지도의 주요 영역 5가지를 제시하시오.

생활지도는 조사활동, 정보활동, 상담활동, 정치활동, 추수활동으로 전개된다. 첫째, 조사활동은 학생 개인의 이해에 필요한 기초적인 자료를 조사하고 수집하는 활동이다. 가정환경, 학업성취도, 지능, 인성, 적성, 건강상태, 흥미, 장래희망 등 생활지도에 필요한 일체의 개인적 자료를 조사하고 수집한다. 둘째, 정보활동은 학생의 문제해결과 적응에 필요한 각종 자료와 정보를 제공하는 활동이다. 학생들에게 제공되는 정보는 교육정보, 직업정보, 개인적·사회적 정보 등이 있다. 셋째, 상담활동은 생활지도에서 가장 중핵적인 활동으로, 상담자와 내담자 간의 독특한 관계에서 상담과 상담의 기법을 통해 행해지는 개별적인 문제해결과정이다. 넷째, 정치활동은 상담결과를 이용하여 학생들을 적재적소에 배치하는 활동을 말하며, 교육적 정치활동과 직업적 정치활동으로 대별된다. 다섯째, 추수활동은 정치 후 잘 적응하고 있는지 사후 점검하는 활동이면서, 생활지도의 프로그램 개선을 위한 정보를 수집하는 활동을 말한다. 전화, 면접, 관찰, 질문지, 방문지도 등의 방법을 활용할 수 있다.

02 생활지도의 이론

논3 사회통제이론, 중화이론, 차별접촉이론, 낙인이론의 관점에서 청소년비행을 설명하시오.

사회통제이론은 비행성향을 통제해 줄 수 있는 사회적 유대(연대)가 약화될 때 청소년의 비행이 발생한다고 본다. 사회적 유대 요소로는 애착, 전념, 참여, 신념 등을 꼽을 수 있다. 애착은 부모, 또래, 교사 등 의미 있는 타인과 정서적으로 밀착된 정도를 말하며, 전념(집착)은 사회적 보상이 높은 목표를 설정하고 설정한 목표를 달성하기 위해 끈기 있게 집착하는 것을 말한다. 참여는 관례적 활동에 투입하는 시간의 양을 말하며, 신념은 사회적 규칙과 가치를 자신의 신념처럼 수용하는 것을 의미한다.

중화이론에 따르면, 비행청소년들은 자기의 행위가 나쁘다는 것을 알면서도 중화기술을 사용하여 죄의식 없이 비행을 저지른다고 본다. 중화기술에는 비행의 책임을 전가하는 책임의 부정, 피해발생을 부정하는 가해의 부정, 피해자에 대한 정당한 행위를 주장하는 피해자의 부정, 비난자를 비난하는 비난자의 비난, 더 높은 충성심에 호소하는 대의명분에의 호소 등이 있다.

차별접촉이론에 따르면, 비행은 친밀한 집단 내에서 사회적 상호작용이나 모방을 통해 사회적으로 학습된 결과라고 본다. 따라서 청소년들이 일탈집단을 직·간접적으로 자주 접하게 되면 일탈청소년이 될 수 있다.

낙인이론에 따르면, 타인이 자기 자신을 우연히 비행자로 낙인(labeling)찍었기 때문에 자기의 지위를 비행자로 규정하고 의식적·상습적으로 비행을 저지른다고 설명한다. 비행은 행위자의 내적 특성이 아니라 주위에서 비행자로 의미를 부여하며 만들어진다고 보는 것이다.

논4 **홀랜드(Holland)의 성격이론의 관점에서 직업적 성격유형과 그 특성을 설명하시오.**

홀랜드(J. Holland)의 성격(인성)이론에서는 성격유형과 직업환경을 각각 6가지로 분류하고, 개인의 성격유형에 맞는 직업환경을 찾아야 한다고 본다. 직업적 성격유형과 그 특성을 설명하면 다음과 같다. 첫째, 실재형이다. 실재형은 기계를 만지거나 조작하는 것을 좋아하며, 몸을 움직이는 활동을 선호한다. 그러나 교육적인 활동이나 치료적인 활동은 좋아하지 않는다. 둘째, 탐구형이다. 탐구형은 정확하고 논리·분석적이며, 지적 호기심이 많고 체계적인 활동을 선호한다. 그러나 사회적이고 반복적인 활동에는 관심이 부족하다. 셋째, 예술형이다. 예술형은 변화와 다양성을 좋아하고, 자유롭고 창의적인 활동을 선호한다. 그러나 체계적이며 구조적인 활동에는 흥미가 없다. 넷째, 사회형이다. 사회형은 다른 사람들과 어울리는 것을 좋아하고, 다른 사람들을 도와주는 활동을 선호한다. 그러나 도구와 기계를 포함하는 질서정연하고, 체계적인 활동에는 흥미가 없다. 다섯째, 설득형이다. 설득형은 지도력과 통솔력이 있으며, 말을 잘하고 다른 사람들을 관리하는 활동을 선호한다. 그러나 관찰적·상징적·체계적 활동에는 흥미가 없다. 여섯째, 관습형이다. 관습형은 계획에 따라 일하기를 좋아하며, 계산적인 능력을 발휘하거나 자료를 기록·정리·조직하는 활동을 선호한다. 그러나 창의적·자율적이며 체계적인 활동에는 매우 혼란을 느낀다.

논5 **수퍼(Super)의 진로발달이론에 근거하여 청소년기 진로발달의 특성을 설명하시오.**

수퍼(Super)에 따르면, 인간은 자신의 자아개념과 일치하는 직업을 선택하며, 이런 의미에서 직업선택은 자아개념의 실행이라고 본다. 수퍼는 진로발달단계로 성장기, 탐색기, 확립기, 유지기, 쇠퇴기 등 5단계를 제시하였는데, 그중 청소년기의 진로발달단계에 해당하는 것은 탐색기이다. 탐색기 단계에 해당하는 청소년기는 학교활동, 여가활동 등을 통해 자아를 검증하고 역할을 수행하며 직업탐색을 시도하는 시기이다. 이때의 진로발달은 잠정기, 전환기, 시행기로 진행된다. 잠정기에는 자신의 욕구, 흥미, 능력 등을 고려하여 잠정적으로 진로를 선택하며, 전환기는 자아개념이 직업적 자아개념으로 전환되는 시기이고, 시행기는 적합하다고 판단한 직업을 시행하며 적합 여부를 시험하는 단계이다.

논6 **크럼볼츠(Krumboltz)의 사회학습이론에 근거하여 진로결정에 영향을 주는 요인 4가지를 제시하시오.**

크럼볼츠(Krumboltz)의 사회학습이론에 따르면, 진로결정은 학습된 기술로서, 유전적 요인과 특별한 능력, 환경적 조건과 사건, 학습경험, 과제접근기술과 같은 진로결정요인들의 상호작용의 결과라고 본다. 진로결정에 영향이 미치는 요인에는 유전적 요인과 특별한 능력, 환경적 조건과 사건, 학습경험, 과제접근기술이 있다. 첫째, 유전적 요인과 특별한 능력은 개인의 진로기회를 제한하는 타고난 특질을 말한다. 인종, 성별, 신체용모, 성격, 지능, 예술적 재능 등이 직업이나 교육선택에 영향을 미칠 수 있는 요인이다. 둘째, 환경적 조건과 사건은 환경에서의 특정한 사건이 활동, 진로선호, 기술개발 등에 영향을 미친다는 것이다. 취업 및 훈련 기회취업구조, 교육제도, 가정의 영향, 이웃과 지역사회의 영향 등 환경에서의 특정한 사건이 이에 해당한다. 셋째, 학습경험은 개인이 과거에 학습한 경험이 현재 또는 미래의 교육적·직업적 의사결정에 영향을 미친다는 것을 말한다. 진로결정과 관련된 과거의 학습경험으로 어떤 행동에 대해 강화를 받는 도구적 학습경험, 이전의 중립적 사건이나 자극을 비중립적 사건이나 자극과 연결시키는 연상적 학습경험, 타인의 행동을 관찰, 모방할 때 나타나는 대리적 학습경험이 있다. 넷째, 과제접근기술은 개인이 환경을 이해하고 그에 대처하며 미래를 예견하는 능력이나 경험으로, 유전적 요인, 환경적 조건이나 사건, 학습경험 간의 상호작용의 결과로 나타난다.

Section

02

상담활동

---

01) **상담이해**

논7 **상담기법 중 반영, 재진술, 즉시성, 명료화, 직면, 해석의 의미를 설명하시오.**

첫째, 반영은 내담자의 말과 행동에서 표현된 기본적인 감정을 상담자가 다른 참신한 말로 부언해 주는 것이다. 상담자는 내담자가 자신의 감정을 알아차리고 경험하게 함으로써 문제해결에 이르도록 돕는다. 둘째, 재진술은 내담자의 말을 그대로 되풀이하는 것을 말한다. 이는 내담자가 말한 내용 중 일부를 반복함으로써 상담의 방향을 초점화(focusing)하는 기술이다. 셋째, 즉시성은 '과거－거기'에서 벌어졌던 일보다는 '지금－여기'에서 벌어지는 일(상황) 또는 '지금－여기'에서의 상담자와 내담자의 관계에 직면하여 그것을 다루도록 하는 초점화 기술이다. 상황의 즉시성과 관계의 즉시성이 있다. 넷째, 명료화는 내담자의 말에 내포된 뜻을 상담자가 자신의 언어로 내담자에게 명확하게 말해 주거나, 내담자에게 분명하게 말해 달라고 요청하는 것이다. 다섯째, 직면은 내담자가 모르고 있거나 인정하기를 거부하는 생각과 느낌에 대하여 주목하도록 하는 방법으로, 내담자가 가지고 있는 불일치·모순·생략 등을 상담자가 내담자에게 알려주는 것이다. 여섯째, 해석은 내담자가 자신의 문제를 새로운 각도에서 이해하도록 내담자의 행동, 사고, 감정의 의미를 설명해주는 것이다. 해석은 내담자가 과거의 생각과는 다른 새로운 참조체제(frame of reference)를 바탕으로 자신의 문제를 이해할 수 있도록 도와준다.

논8 **아들러(Adler)의 개인심리학적 상담이론의 상담목표와 상담기법 3가지를 제시하시오.**

아들러(Adler)의 개인심리학적 상담이론은 인간의 부적응행동은 비정상적인 방법으로 열등감을 해소하려고 할 때 발생한다고 보고, 내담자의 생활양식을 파악하여 바람직한 방향으로 생활양식을 바꾸도록 재교육하거나 재정향하는 상담방법을 말한다. 이 상담이론의 상담목표는 상담을 통해 내담자의 생활양식을 파악하여 바람직한 방향으로 생활양식을 바꾸도록 재교육이나 재정향하는 데 있다. 상담기법을 제시하면 다음과 같다. 첫째, 즉시성이다. 지금 여기에서 일어나는 내담자의 말과 행동의 모순점을 즉각적으로 지적하는 것으로, 상담과정에서 일어나는 것이 내담자 자신의 생활양식의 표본임을 깨닫게 한다. 둘째, 격려이다. 격려는 내담자의 기를 살려주는 작업으로, 내담자가 열등감과 낮은 자아개념을 극복할 수 있게 하며, 재정향 단계에서 행동의 변화를 가져오는 데 유용하다. 셋째, '마치~처럼 행동하기'이다. 이것은 내담자가 마치 자신이 원하는 상황에 있는 것처럼 상상하고 행동하도록 하는 일종의 역할연기이다. 내담자는 '마치~인 것처럼' 행동해 봄으로써 새로운 감정과 자신감을 준다.

논9 **엘리스(Ellis)의 합리적·정서적 행동치료의 상담목표와 상담기법을 인지, 정서, 행동적 측면에서 제시하시오.**

엘리스(Ellis)의 합리적·정서적 행동치료는 인간 부적응행동의 원인을 비합리적 신념 때문이라고 보고, 내담자의 비합리적 신념을 합리적 신념으로 바꾸어 줌으로써 내담자의 정서적·행동적 결과를 변화시키고자 하는 상담방법이다. 이 상담이론의 상담목표는 내담자의 비합리적·비현실적 신념을 합리적·현실적 신념으로 변화시켜, 융통성 있고 생산적인 삶을 살아가도록 돕는 데 있다. 상담기법을 제시하면 다음과 같다. 첫째, 인지적 측면에서 비합리적 신념에 대한 논박을 들 수 있다. 내담자가 가진 비합리적 신념이나 사고에 대해 논리성·현실성·실용성에 근거하여 논박하는 것으로, 내담자의 비합리적 신념을 수정하기 위한 가장 대표적인 방법이다. 둘째, 정서적 측면에서는 무조건적인 수용을 들 수 있다. 인간은 불완전한 존재라는 것을 수용하도록 하여 다른 사람에게 인정받지 못하더라도 그것이 곧 현실임을 받아들일 수 있도록 한다. 셋째, 행동적 측면에서는 여론조사를 들 수 있다. 자신이 실패자인지 물어서 그 결과를 보고하도록 하는 기법이다. 이 기법을 통하여 내담자는 자신의 사고를 현실적으로 검증받는 기회를 가진다.

논10 **벡(Beck)의 인지치료의 상담목표와 상담기법 3가지를 제시하시오.**

벡(Beck)의 인지치료는 인간의 부적응행동의 원인을 역기능적 인지도식에서 발생하는 인지적 오류 때문이라고 보고, 부적절한 사고패턴을 변화시켜 줌으로써 긍정적인 감정, 행동, 사고를 갖도록 하는 상담방법이다. 이 상담이론의 상담목표는 역기능적 인지도식이나 인지적 왜곡을 제거하여 긍정적인 감정, 행동, 사고를 갖도록 하는 데 있다. 상담기법 3가지를 제시하면 다음과 같다. 첫째, 절대성에 도전하기이다. 상담자는 내담자가 어떤 절대성 단어를 자주 사용하는가를 파악하여 내담자에게 그러한 생각이 잘못됐음을 깨닫게 한다. 둘째, 재귀인 하기이다. 과도하게 자신에게 책임소재를 귀인하는 습관을 재귀인하도록 하여 사건의 책임을 정당하게 하도록 조력한다. 셋째, 인지 왜곡 명명하기이다. 내담자가 사용하는 인지 왜곡이 흑백논리, 지나친 일반화, 선택적 추상 등과 같은 여러 가지 인지 왜곡 중 어떤 것에 해당하는지 명명하도록 하는 것이다. 인지 왜곡 명명하기는 자동적 사고를 범주화하는 데 도움이 될 수 있다.

논11 **글래써(Glasser)의 현실치료에서 가정하는 인간관과 상담과정을 제시하시오.**

글래써(Glasser)의 현실치료는 내담자의 기본 욕구를 파악하여 그러한 욕구를 바람직한 방식으로 충족할 수 있도록 하는 상담방식이다. 현실치료에서 가정하는 인간은 5가지 기본 욕구, 즉 생존의 욕구, 소속의 욕구, 힘의 욕구, 즐거움의 욕구, 자유의 욕구를 갖고 태어나며, 이를 충족하기 위해 자신의 행동을 통제하고 선택한 다고 한다. 현실치료의 상담과정을 제시하면 다음과 같다. 첫째, 바람 파악(Want)이다. 내담자에게 "무엇을 원하는가?"라고 질문을 하여, 내담자의 바람이나 욕구가 무엇인지를 탐색하도록 한다. 둘째, 현재 행동 파악(Doing)이다. 내담자에게 "당신은 무엇을 하고 있습니까?"라는 질문을 통해 내담자의 현재 행동을 파악하도록 한다. 셋째, 평가하기(Evaluating)이다. 내담자가 3R(현실성, 책임감, 옳고 그름)을 기준으로 자신의 행동을 스스로 평가하도록 한다. 넷째, 계획하기(Planning)이다. 내담자의 행동 중 잘못된 행동을 찾아 바람직한 방법으로 자신의 바람과 욕구를 충족시킬 수 있도록 계획하고 실행한다.

논12 **로저스(Rogers)의 인간중심 상담이론에서 제시한 실현 경향성과 가치 조건화의 개념을 설명하고, 상담기법 3가지를 제시하시오.**

로저스(Rogers)의 인간중심 상담이론은 인간은 스스로 성장할 수 있는 잠재능력이 있다는 가정에 기초하여, 내담자가 스스로 자신의 문제를 직접 해결하도록 돕는 상담이론이다. 이 상담이론에서 제시한 실현 경향성이 란 인간이 자신의 잠재력을 실현하려는 타고난 경향성을 말한다. 따라서 적절한 환경만 제공된다면(if~then) 인간은 스스로 자기를 실현하게 된다. 가치 조건화란 가치가 있고 없음을 규정짓는 외부적인 조건을 말한다. 외적으로 규정된 조건들에 들어맞을 때 가치가 있는 것이며, 조건에 부합되지 않으면 가치가 없다는 것이다. 이 상담이론의 상담기법 3가지를 제시하면 다음과 같다. 첫째, 진실성(genuineness)이다. 상담자는 내담자와의 관계에서 경험하는 것을 솔직하게 그대로 표현해야 한다. 내담자에게 느끼는 긍정적·부정적 감정을 모두 표현할 수 있으며, 이를 통해 내담자는 자기와 경험 간의 불일치를 좁힐 수 있게 된다. 둘째, 무조건적인 긍정적 존중(unconditional positive regard)이다. 내담자의 내면 경험을 특정한 가치 조건에 입각해서 판단·평가하는 것이 아니라 있는 그대로 무조건적으로 존중하고 수용해 주어야 한다. 이를 통해 가치 조건들을 해제하고 자신의 경험들에 새로운 의미와 중요성을 부여할 수 있게 된다. 셋째, 공감적 이해(empathetic understanding)이다. 상담자가 내담자의 감정에 빠져들지 않으면서 내담자의 감정을 자기의 감정인 것처럼 느끼는 것을 의미한다. 공감적 이해를 통해 내담자는 자유로운 자기이해와 자기수용, 참된 성장의 길로 나아갈 수 있게 된다.

논13 **게슈탈트(gestalt) 상담이론의 상담목표와 상담기법 3가지를 제시하시오.**

게슈탈트(gestalt) 상담이론은 내담자가 현재 느끼고 경험하는 것을 무엇이 방해하는지 알 수 있도록 도움으로써 내담자가 '지금(now)–여기(here)'를 완전히 경험할 수 있도록 돕는 상담방법이다. 이 상담이론의 상담목표는 상담자가 내담자가 자신의 욕구와 감정을 분명히 알아차리고 이를 환경과의 접촉을 통해 항상 잘 해소할 수 있도록 도와주는 데 있다. 상담기법 3가지를 제시하면 다음과 같다. 첫째, 빈 의자 기법이다. 빈 의자 두 개를 이용하여 문제의 인물이 옆에 앉아 있다고 가정하여 그에 대한 감정과 갈등을 이야기해 보고, 또 의자를 바꿔 문제의 인물의 입장에서 말해 보게 하는 기법이다. 둘째, 환상 기법이다. 실제 장면을 연상하는 환상을 통해 지금–여기로 경험을 재현하는 방법이다. 셋째, 신체 행동을 통한 자각이다. 특히 내담자의 신체 행동이 언어적 표현과 일치하지 않을 때 그러한 불일치를 지적하여 내담자의 자각을 확장시키는 방법이다.

논14 **해결중심 상담이론의 인간관과 상담기법 3가지를 제시하시오.**

해결중심 상담이론은 내담자가 호소하는 한두 가지 핵심문제를 중심으로 빠른 시간 내에 변화할 수 있도록 돕는 상담이다. 문제의 원인을 규명하기보다는 학생이 가진 자원을 활용하면서 해결방법에 중점을 두어 단기간 내에 해결하고자 한다. 이 상담이론에서 가정하는 인간은 자신 안에 자신의 문제해결능력과 자원을 지니고 있다고 본다. 따라서 구체적이며 실현가능한 목표를 세우고 이에 집중하게 함으로써 문제를 해결할 수 있도록 돕는다. 이 상담이론의 상담기법 3가지를 제시하면 다음과 같다. 첫째, 척도질문이다. 숫자의 마력을 이용하여 내담자의 문제의 심각성, 목표의 성공 가능성, 성취 정도, 자신감 등을 수치로 표현하는 것이다. 둘째, 예외질문이다. 문제가 발생하지 않은 예외적 상황을 찾아내어 성공의 확신을 심어주는 것이다. 셋째, 기적질문이다. 문제가 해결된 상태를 상상해 보도록 하는 방법으로, 바뀐 현실을 꿈꾸고 희망을 갖게 하는 역할을 한다. 문제에 대한 집착으로부터 벗어나서 '문제 중심'에서 '해결 중심' 영역으로 전환하게 만드는 데 효과적이다.

교육사회학

논1. 기능이론에서 주장하는 사회의 본질, 교육관, 문제점을 각각 설명하시오.

논2. 기능이론에 근거하여 학교의 사회화 기능을 설명하시오.

논3. 기능이론에 근거하여 학교교육의 선발·배치 기능을 설명하시오.

논4. 갈등이론에서 주장하는 사회의 본질, 교육관, 문제점을 각각 설명하시오.

논5. 보울스와 진티스(Bowles & Gintis)의 경제적 재생산이론을 설명하시오.

논6. 일리치(Illich)가 주장한 4가지 학습망을 제시하시오.

논7. 번스타인(Bernstein)이 사회언어학 연구에서 제시한 세련된 어법과 제한된 어법을 설명하시오.

논8. 부르디외(P. Bourdieu)가 제시한 아비투스(habitus)와 그 특징, 상징적 폭력, 문화자본을 제시하시오.

논9. 부르디외(Bourdieu)가 주장한 문화적 재생산의 경로를 설명하시오.

논10. 윌리스(Willis)가 주장한 저항이론의 인간관, 반학교문화, 간파와 제약의 개념을 설명하시오.

논11. 번스타인(Bernstein)의 자율이론에서 제시한 분류와 구조, 교육과정 조직형태를 제시하시오.

논12. 번스타인(Bernstein)의 자율이론에서 제시한 보이는 교수법과 보이지 않는 교수법을 설명하시오.

논13. 상징적 상호작용론을 설명하시오.

논14. 하그리브스(Hargreaves)가 규정한 교사의 자기개념의 유형 3가지를 제시하시오.

논15. 맥닐(McNeil)이 제시한 방어적 수업의 유형 4가지를 제시하시오.

논16. 드리븐(Dreeben)이 규범적 사회화에서 강조한 4가지 규범을 제시하시오.

논17. 문화실조의 개념을 설명하시오.

논18. 시험의 교육적 기능과 사회적 기능을 각각 제시하시오.

논19. 교육평등의 4가지 관점을 설명하시오.

논20. 콜맨(Coleman)의 경제적 자본, 인적 자본, 사회적 자본에 대해 각각 설명하시오.

논21. 학업성취도 격차 요인에 관한 지능결핍론, 문화환경결핍론, 교사결핍론, 문화다원론을 각각 설명하시오.

논22. 브루코버(Brookover)의 체제접근모형에 근거하여 학생의 학업성취의 차이를 2가지 측면에서 설명하시오.

논23. 학력상승의 원인을 설명하는 여러 가지 이론들을 제시하시오.

논24. 평생교육의 개념과 평생학습의 실천원리를 제시하시오.

논25. 다문화교육의 정책모형에 관한 2가지 관점을 제시하시오.

논26. 다문화교육의 방향을 제시하시오.

Section 01 교육사회학 이론

01 구교육사회학

논1 기능이론에서 주장하는 사회의 본질, 교육관, 문제점을 각각 설명하시오.

기능이론은 사회를 유기체에 비유하여 설명하는 관점이다. 기능이론은 사회의 본질로서 구조와 기능, 통합, 안정, 합의를 강조한다. 첫째, 사회는 여러 부분들로 전체를 이루고 있으며, 사회의 각 부분들은 고유한 기능을 수행하며 사회 전체의 유지·존속에 기여한다. 둘째, 사회의 각 부분들은 유기적으로 통합되어 있고, 한 부분의 변화는 다른 부분에 영향을 미치며, 사회의 각 부분들은 상호 의존적인 관계에 있다. 셋째, 사회는 항상 균형과 안정을 추구하는 속성을 지니고 있으며, 어떤 충격에 의하여 안정이 깨뜨려지면 이를 회복하기 위해 노력한다. 넷째, 사회의 중요한 가치나 신념체계에 대하여 사회 구성원들 간에 합의가 이루어져 있다.

기능이론은 교육과 사회의 관계를 긍정적·낙관적으로 보며, 학교의 순기능에 주목한다. 이에 따르면, 교육은 전체 사회의 한 하위체제로서 사회화와 선발·배치의 기능을 수행한다. 사회화는 학생에게 사회적 가치나 규범을 전수하여 비사회적 존재를 사회적 존재로 변모시켜주는 것이며, 선발·배치는 다양한 분야에 적합한 사람을 선발하고, 적재적소에 합리적으로 배치하는 것을 말한다. 교육은 이러한 기능을 수행하면서 차등적 보상에 따른 능력주의를 실현하고 사회평등화에 기여한다.

그러나 기능이론은 다음과 같은 문제가 있다. 첫째, 사회가 인간을 지배한다는 점에서 인간을 수동적이고 사회에 종속된 존재로 파악한다. 둘째, 교육의 본질적 기능보다 사회의 유지·존속을 위한 수단적 기능을 중시한다. 셋째, 능력 위주의 교육선발을 강조함으로써 인지적 측면의 학력 경쟁을 가열화하고 인성 교육이나 전인 교육을 소홀히 한다. 넷째, 학생들의 개별성보다는 공통성 내지 유사성을 강조함으로써 학교교육을 규격화한다. 다섯째, 사회개혁보다는 기존 질서 범위 내에서 안정을 지향하는 보수적 입장을 취한다. 여섯째, 사회 통합과 합의를 지나치게 강조한 나머지 사회 속의 다양한 집단 간의 갈등을 잘 다루지 못한다.

논2 기능이론에 근거하여 학교의 사회화 기능을 설명하시오.

기능이론에 따르면 학교는 사회 전체의 유지·존속을 위해 사회화와 선발·배치라는 고유한 기능을 수행한다. 사회화는 크게 2가지 방식으로 이루어진다. 첫째, 보편적 사회화이다. 이것은 사회 전체의 보편적 가치와 규범을 새로운 세대에게 내면화하는 것을 말하며, 이를 통해 그 사회의 특성을 유지하고 사회구성원들의 동질성을 확보할 수 있게 된다. 둘째, 특수적 사회화 내지 역할 사회화이다. 이는 분업화된 특정 사회의 역할수행에 필요한 가치, 규범, 능력을 내면화하는 것을 말한다. 이를 위해 학생들은 사회가 분화·발전함에 따라 요구되는 지식과 기술 등을 습득하게 된다.

논3 **기능이론에 근거하여 학교교육의 선발·배치 기능을 설명하시오.**

기능이론에 따르면, 교육은 전체 사회의 한 하위체제로서 사회화와 선발·배치의 기능을 수행한다. 선발·배치는 다양한 분야에 적합한 사람을 선발하고, 적재적소에 합리적으로 배치하는 것을 말한다. 학교교육의 선발·배치 기능을 설명하면, 첫째, 선발은 학생들을 능력의 종류와 수준에 따라 분류함으로써 학습자에 대한 진단기능을 한다. 둘째, 학교는 선발을 통해 학생들의 능력에 맞는 교육적 경험을 부여하고 이를 토대로 사회 진출을 가능하게 함으로써 직업세계가 필요로 하는 사람들을 분류하는 여과기능을 한다. 셋째, 선발은 능력과 성취에 따라 사회적 지위와 소득을 배분함으로써 개인적으로는 개인의 능력을 극대화할 수 있는 기회를 부여하며 사회평등화에 기여한다. 넷째, 선발은 사회적 성취에 따라 사회경제적 지위를 배분함으로써 사회적으로는 인력활용을 극대화할 수 있게 해준다.

논4 **갈등이론에서 주장하는 사회의 본질, 교육관, 문제점을 각각 설명하시오.**

갈등이론은 사회의 본질을 갈등과 변동, 강제의 과정으로 이해하는 관점이다. 첫째, 인간의 욕구는 무한한데 자원의 희소성으로 인해 인간 간의 갈등은 불가피하다고 본다. 둘째, 모든 사회는 언제나 변화의 과정에 있으며, 집단 간의 계속적인 투쟁과 갈등은 사회를 항상 유동적 상태에 있게 한다. 셋째, 권력을 획득한 지배집단은 자신의 지위를 유지하기 위해 피지배집단을 억압하고 강제한다.

갈등이론은 교육과 사회의 관계를 부정적·비판적으로 보며, 학교의 역기능에 주목한다. 이에 따르면, 교육은 지배집단의 문화를 정당화하고 주입하며, 기존의 불평등한 구조를 재생산한다. 따라서 학교는 기존 질서를 정당화하는 장치에 불과하며, 능력주의 선발은 허구이므로 학교교육을 통한 계층이동이 불가능하다고 본다. 갈등이론의 문제점은 첫째, 교육이 생산관계에 의해 결정된다는 경제적 결정론에 빠져 있다는 점이다. 둘째, 사회구조를 지배−피지배의 이분법에 따라 단순화하고 교육을 지배자에게 봉사하는 것으로 규정함으로써 교육의 본질을 왜곡한다. 셋째, 개인의 자유의지를 무시하고 사회적 조건만 지나치게 강조하고 있다. 넷째, 업적주의적 사회이동 기능, 유능한 인재의 선발, 공동체의식을 통한 사회적 결속 등 학교교육의 공헌을 완전히 무시하고 있다.

논5 **보울스와 진티스(Bowles & Gintis)의 경제적 재생산이론을 설명하시오.**

보울스와 진티스(Bowles & Gintis)의 경제적 재생산이론은 학교교육이 자본주의 사회의 불평등한 경제적 구조를 재생산하고 정당화하는 도구라고 주장한다. 학교교육은 자본주의적 사회관계에 잘 순응할 수 있는 노동력을 양산하기 위한 제도로 발전되어 왔으며, 학교에서의 잠재적 교육과정을 통해 학생들은 체제 순응적인 성격특성을 학습한다고 본다. 이처럼 교육의 사회적 관계가 노동 구조의 사회적 관계와 서로 대응하는 대응원리(correspondence principle)에 따라 이루어지는 재생산이며, 재생산의 근원은 불평등한 경제 구조라고 본다. 따라서 자본주의 체제에서의 학교교육은 경제적 모순을 은폐하고 불평등한 사회구조를 그대로 반영하기에 학교의 독자적 기능은 불가능하다고 본다. 그렇기 때문에 자본주의가 존속되는 한 학교는 자본주의적 생산양식을 벗어날 수 없다고 본다. 그러므로 학교의 개혁은 무의미하고, 사회적 진보를 위해서는 자본주의 경제체제의 전면적인 재구조만이 나아갈 방향이라고 주장한다.

논6 **일리치(Illich)가 주장한 4가지 학습망을 제시하시오.**

일리치(Illich)는 의무교육이 학교에 의한 교육독점 현상을 초래하였으며, 교육을 학교의 산물로 받아들인 결과 학교의 이수증서에 의존하고 있다고 비판한다. 학교가 입시 위주, 지식 위주의 교육을 하기 때문에 인간의 자유로운 성장이나 자아실현, 전인교육 등을 저해하므로 학교는 해체되어야 한다고 주장하였다. 탈학교사회의 형성을 위해서 일리치는 기존의 학교제도를 대치할 수 있는 학습망(learning webs)을 제안한다. 학습망이란 현재의 획일적인 학교중심의 교육에서 벗어나 학습의 네트워크(network)를 통한 다양한 학습방법과 과정을 말한다. 학습망에는 교육자료에 대한 참고자료망, 교육자에 대한 참고자료망, 동료연결망, 기술교환망이 있다. 첫째, 교육자료에 대한 참고자료망은 학습자가 학습에 필요한 자료에 쉽게 접근할 수 있도록 한다. 둘째, 교육자에 대한 참고자료망은 학습자가 원하는 전문가, 준전문가, 프리랜서 등 교육자들의 인명록을 갖추어 놓는 것이다. 셋째, 동료연결망은 함께 학습하기를 원하는 학습동료를 쉽게 찾을 수 있도록 지원한다. 넷째, 기술교환망은 기능을 가지고 있는 사람들의 인명록을 비치하여 기능 교환이 이루어질 수 있도록 한다.

---

02 **신교육사회학**

논7 **번스타인(Bernstein)이 사회언어학 연구에서 제시한 세련된 어법과 제한된 어법을 설명하시오.**

번스타인(Bernstein)은 사회언어학적(구어양식) 연구를 바탕으로 언어를 통한 계층 재생산의 관점에서 '세련된 어법'과 '제한된 어법'을 제시하였다. 중류계층의 세련된 어법과 하류계층(노동계층)의 제한된 어법은 가정의 사회화를 통해 학습된다. 세련된 어법은 추상적이고 보편적이며 논리적인 특징을 지니는 데 반해, 제한된 어법은 구체적이고 감정적이며 비논리적인 특징을 지닌다. 학교학습은 세련된 어법의 구어양식을 매개로 해서 이루어지기 때문에 제한된 어법을 사용하는 하류계층의 자녀가 중류계층의 자녀보다 학업성취도가 낮을 수밖에 없다는 것이 그의 주장이다.

논8 **부르디외(P. Bourdieu)가 제시한 아비투스(habitus)와 그 특징, 상징적 폭력, 문화자본을 제시하시오.**

부르디외(P. Bourdieu)는 현대사회에서 지배구조 혹은 계급구조가 어떻게 유지되고 재생산되는지, 피지배계급 혹은 노동계급이 어떻게 그들의 지위를 '자연스러운' 것으로 받아들이는지를 문화에 관한 분석을 중심으로 제기한다. '아비투스(habitus)'란 개인에게 내면화되고 체화된 문화적 취향으로서, 특정한 사회적 환경에 의해 획득된 성향, 사고, 판단과 행위 도식을 의미한다. 이런 취향은 사회적 지위, 교육환경, 계급위상에 따라 후천적으로 습득되는 취향이므로, 자신이 속한 계급적 취향과 사회의 계급구조를 반영한다는 특징이 있다. '상징적 폭력(symbolic violence)'은 특정 계급의 의미체계나 문화체계를 다른 계급에게 강제적으로 주입하는 것을 말한다. 학교교육은 지배계층의 문화를 모든 학생들에게 주입하는 상징적 폭력을 통해 자본주의 사회의 구조적 모순과 불평등을 정당화하고 재생산한다. 한편, 부르디외(P. Bourdieu)는 문화자본을 3가지로 구분한다. 첫째, 아비투스적 문화자본이다. 아비투스적 문화자본은 교육이나 가정환경의 영향으로 개인에게 내면화되고 체화된 문화적 취향이나 문화능력을 말한다. 둘째, 제도화된 문화자본이다. 이것은 시험성적, 졸업장, 자격증, 학위증서 등과 같이 교육제도를 통해 공식적 가치를 인정받는 문화자본을 말한다. 셋째, 객관화된 문화자본이다. 이는 문화적 재화들, 예컨대 고서나 예술품, 골동품 등과 같이 법적 소유권의 형태로 존재하는 문화자본을 의미한다.

논9 부르디외(P. Bourdieu)가 주장한 문화적 재생산의 경로를 설명하시오.

부르디외(P. Bourdieu)는 그의 문화적 재생산이론에서 학교는 지배계급의 문화자본을 재생산하고 정당화한다고 주장한다. 즉, 학교는 지배계급의 문화자본을 교육과정에 담아 학생들에게 전달함으로써 불평등한 계급구조를 재생산한다는 것이다. 문화적 재생산의 경로는 2가지로 설명된다. 첫째, 아비투스－상징적 폭력을 통한 재생산이다. 학교는 지배계급의 문화적 취향을 정규 교육과정에 담아 모든 학생들에게 주입하는 상징적 폭력을 행사한다. 이로 인해 지배계급의 문화가 보편적 가치로 인식되어 지배계급에 유리한 기존 질서가 정당화되고 재생산된다. 둘째, 제도화된 문화자본을 통한 재생산이다. 학교가 지배계급의 문화를 가르치기 때문에 지배계급의 자녀들은 높은 학업성취와 학력을 통해 자연스럽게 높은 사회적 지위를 차지한다.

논10 윌리스(Willis)가 주장한 저항이론의 인간관, 반학교문화, 간파와 제약의 개념을 설명하시오.

윌리스(Willis)의 저항이론에 따르면, 인간은 사회의 불평등한 구조에 저항하고 비판하며 도전하는 능동적인 존재이다. 노동계급의 학생들(사나이, lads)은 기존의 학교문화에 저항하고 모순을 극복하기 위해 간파(penetration)를 일상생활 속에서 실천하는 반학교문화(counter-school culture)를 형성하기도 한다. 반학교문화(counter-school culture)는 노동계급의 학생들이 자발적으로 형성한 학교 내의 하위문화로, 교사나 비저항적 학생들(얌전이, ear hole)을 경멸하고, 학교의 권위와 지적 활동의 가치 및 규칙 등 기존의 학교문화를 거부하고 저항하는 문화이다.

'간파(penetration)'는 자신이 처한 삶의 조건과 위치를 꿰뚫어 보고 현실의 모순을 폭로하는 것을 말한다. 노동계급 학생들은 이미 부모, 친척 등을 통하여 직업세계에 대한 정보와 경험이 학교교육의 내용과 다르다는 것을 터득함으로써 그들이 속하게 될 직업적 위치를 간파하고 있다. 노동계급의 학생들은 이런 간파를 통해 학교의 공식 문화를 거부하는 반학교문화를 형성하게 된다. '제약(limitation)'은 노동계급의 학생들이 노동계급을 자랑스럽게 여기고 남성우월주의와 인종차별주의적 태도를 견지하면서 스스로 육체노동직을 선택하는 것을 말한다. 그들은 비판적 사고를 통해 사회구조적 변화를 꾀할 수 있다는 사실을 간과하고 새로운 가치와 담론을 형성하는 데 실패한다. 결국 이들의 저항행위는 자신들의 삶에 아무런 긍정적 영향을 끼치지 못한 상태로 현존하는 불평등 구조를 재생산하는 것으로 종결된다. 이런 점에서 노동계급의 학생들은 반학교문화를 만들어 기존의 불평등 구조에 저항하며 스스로 육체노동을 선택하지만, 결국 기존 질서의 한계를 벗어나지 못한다고 볼 수 있다.

논11 **번스타인(Bernstein)의 자율이론에서 제시한 분류와 구조, 교육과정 조직형태를 제시하시오.**

번스타인(Bernstein)은 교육과정의 조직원리가 사회질서의 기본원리를 반영한다고 주장하며, 분류와 구조라는 개념을 사용하여 교육과정의 조직형태를 제시하였다. '분류(classification)'란 과목 간, 전공분야 간, 학과 간의 구분을 말하며, 내용들 사이의 관계나 경계유지의 정도와 관련된다. 분류가 강하면 타 분야와의 교류가 거의 없고 집합형 교육과정이 조직되지만, 분류가 약하면 횡적 교류가 활발하며 통합형 교육과정이 조직된다. 한편, '구조(frame)'는 과목 또는 학과 내 조직의 문제로, 가르칠 내용과 가르치지 않을 내용의 구분이 뚜렷한 정도, 계열성의 엄격성, 시간 배정의 엄격성 등을 포함하는 개념이다. 구조화가 철저하면 교사나 학생의 욕구를 반영하기 어렵고, 반대로 구조화가 느슨하면 욕구를 반영하기 쉽다.

번스타인(Bernstein)은 분류와 구조라는 개념을 사용하여 교육과정 유형을 집합형(collection type) 교육과정과 통합형(integrated type) 교육과정으로 구분하였다. 집합형 교육과정은 엄격히 구분된 과목 및 전공분야 또는 학과들로 구성되어 있어 과목 간, 전공분야 간, 학과 간의 상호 관련이나 교류가 거의 없다. 또한, 상급과정으로 올라갈수록 점점 전문화되고 세분화되어 학습영역이 좁아진다. 반면, 통합형 교육과정은 과목 및 학과 간의 구분이 뚜렷하지 않아 횡적 교류가 활발하다. 그래서 여러 개의 과목들이 어떤 상위개념이나 원칙에 따라 큰 덩어리로 조직된다.

교육과정과 사회질서의 관계를 살펴보면 다음과 같다. 첫째, 분류가 강한 시대에는 집합형 교육과정이 조직되며, '교육의 코드(code of education)'가 중시되어 교육의 자율성은 상당 정도 유지된다. 둘째, 분류가 약한 시대에는 통합형 교육과정이 조직되며, '생산의 코드(code of production)'가 중시되어 교육의 자율성은 약화되고 교육은 사회·경제적인 하부구조에 예속된다. 이러한 교육과정의 결정은 구중간계급과 신중간계급 간의 계급적 갈등에서 비롯되며, 교육과정이 어떻게 결정되든 지배계급에 유리한 내용으로 조직되기 때문에 피지배계층의 이익 실현과는 무관한 것이 된다.

논12 **번스타인(Bernstein)의 자율이론에서 제시한 보이는 교수법과 보이지 않는 교수법을 설명하시오.**

번스타인(Bernstein)은 전통적 교수법을 '보이는 교수법(visible pedagogy)'으로, 진보주의(열린교육)의 교수법을 '보이지 않는 교수법(invisible pedagogy)'으로 규정한다. 첫째, 보이는 교수법(가시적 교수법)은 전통적 교수법으로 강한 분류와 강한 구조를 특징으로 한다. 보이는 교수법은 놀이와 학습을 엄격히 구분한다. 따라서 배울 만한 가치 있는 내용과 그렇지 못한 내용이 명백하게 구분된다. 그만큼 교사의 자율성은 축소된다. 둘째, 보이지 않는 교수법(비가시적 교수법)은 진보주의 교수법으로 약한 분류와 약한 구조를 특징으로 한다. 보이지 않는 교수법은 놀이와 학습을 엄격히 구분하지 않는다. 즉, 공부가 놀이가 되고 놀이가 공부가 된다. 그만큼 교사의 자율성은 확대된다. 번스타인에 따르면, 보이지 않는 교수법에 의한 열린교육은 보이는 교수법에 의한 전통적인 지식교육과 마찰을 일으킨다. 이러한 교수법에서의 갈등은 단순한 교육관의 차이에서 비롯된 것이 아니라 계급 간의 갈등, 즉 구중간계급과 신중간계급 간의 갈등에서 비롯된다.

논13 **상징적 상호작용론을 설명하시오.**

상징적 상호작용론에서 인간은 어떤 현상이나 대상에 부여하는 의미에 입각하여 상호작용하며 행동한다. 따라서 사람은 대상이 자신에게 주는 의미에 기초하여 그 대상을 향해 행동한다. 우리는 타인과의 상호작용을 통하여 의미를 이해하고, 사회적으로 주어진 의미를 중심으로 우리의 생활을 조직하게 된다.

논14 **하그리브스(Hargreaves)가 규정한 교사의 자기개념의 유형 3가지를 제시하시오.**

하그리브스(Hargreaves)는 학급에서 주도권을 쥐고 학급상황을 규정하는 쪽은 교사이므로, 교사가 어떤 자기개념을 가지고 학생을 어떻게 규정하는가에 따라 교사의 유형을 3가지로 구분하였다. 맹수조련형, 연예인형, 낭만가형이 그것이다. 첫째, 맹수조련형은 학생은 거칠고 아무것도 모르는 존재이므로, 교사는 이들에게 필요한 지식을 가르치고, 윤리적 행동을 훈련시켜 길이 잘 든 모범생으로 만드는 것이 교사의 역할이라고 생각한다. 그러므로 교사는 담당교과의 충분한 지식을 갖추고 있어야 하고, 학생을 다룰 줄 알아야 하며, 학생은 교사의 지식에 충실히 따라야 한다고 생각한다. 둘째, 연예인형은 학생들이 학습에 흥미를 느끼도록 교수자료를 풍부하게 만들고 시청각 기법을 활용하는 등, 즐겁게 배우도록 하는 것이 교사의 역할이라고 생각한다. 이러한 교사들은 학생들을 친구처럼 대하면서 격의 없는 관계를 유지하려고 노력한다. 셋째, 낭만가형은 학생은 누구나 학습하기를 좋아하므로 학습할 수 있는 여건을 조성하고, 학습자가 스스로 선택할 수 있도록 다양한 학습기회를 만들어 주는 것이 교사의 역할이라고 생각한다. 그러므로 수업내용도 교사가 독단적으로 정하지 않고 학생과 상의하여 결정하는 것이 좋다고 생각한다. 이러한 교사들은 기본적으로 학생들의 학습능력과 학습의지를 신뢰하는 것이 특징이다.

논15 **맥닐(McNeil)이 제시한 방어적 수업의 유형 4가지를 제시하시오.**

다인수 학급상황에서 교사는 교육내용을 독특한 방식으로 제시하고 학생의 반응을 줄이는 방식으로 수업을 진행하는데, 이러한 수업방식을 '방어적 수업'이라고 한다. 맥닐(McNeil)이 제시한 방어적 수업에는 생략, 신비화, 단편화, 방어적 단순화가 있다. 첫째, 생략(omission)은 논쟁의 여지가 있는 주제는 몰라도 된다고 하면서 생략하는 방식이다. 일정 부분이나 한 단원 전체를 생략하고 넘어간다. 둘째, 신비화(mystifying)는 이해가 안 되는 복잡한 주제는 전문가만 알 수 있기 때문에 알기 어렵다고 말하며 신비화시키는 방법이다. 노트 베껴 쓰기를 지시하거나 그냥 외우라고 강요한다. 셋째, 단편화(fragmentation)는 어떤 주제든지 서로 연결되지 않는 단편들이나 목록들로 환원시키는 방법이다. 지식을 잘게 쪼개서 가르친다. 넷째, 방어적 단순화(defensive simplification)는 수업에 흥미가 없거나 어려운 주제는 가능한 한 단순화시켜 간단히 언급만 하고 넘어가는 방법이다. '빈칸 채우기' 연습을 하거나, '주제의 개요'만 말해 주는 식으로 진행한다.

교육과 사회

01 교육과 사회화

논16 드리븐(Dreeben)이 규범적 사회화에서 강조한 4가지 규범을 제시하시오.

드리븐(Dreeben)은 학교에서 학생들이 공통적으로 습득하게 되는 규범으로 독립성, 성취성, 보편성, 특수성(특정성)을 제시하였다. 첫째, 독립성(independence)은 학문적 학습활동에 적용되는 규범으로, 학교에서 과제를 스스로 처리하게 하고 자신의 행동에 책임을 지게 함으로써 습득된다. 예컨대, 시험기간에 부정행위를 못 하게 하거나, 숙제를 다른 사람이 대신 하지 못하도록 하고, 평가를 개인별로 실시하는 것 등을 통해 독립성을 강조하게 된다. 둘째, 성취성(achievement)은 사람은 자기의 노력이나 의도보다는 성과(성취)에 따라 대우받는다는 것을 배우는 것을 말한다. 학생들이 할 수 있는 최선을 다해 그들의 과제를 수행해야 한다는 전제를 받아들이고 그 전제하에 행동할 때 습득된다. 셋째, 보편성(universalism)은 모두에게 적용되는 보편적인 규범(규칙)을 배우는 것을 말한다. 동일 연령의 학생들이 같은 학습내용과 과제를 공유함으로써 형성된다. 넷째, 특수성(specificity)은 특별히 인정되는 예외적 상황이 있을 때 그에 맞게 규칙을 적용하는 것을 배우는 것을 말한다. 학년이 올라감에 따라 자신의 흥미와 적성에 맞는 분야를 집중적으로 교육받는 과정에서 학습된다.

논17 문화실조의 개념을 설명하시오.

문화실조(cultural deprivation)란 인간 발달에서 요구되는 문화적 요소의 결핍이나 시기적 부적절성에 의해 발생하는 인지적·사회적·인간적 발달의 부분적 상실·지연·왜곡현상을 말한다. 문화실조가 발생할 경우 보상교육(결과적 평등관)을 실시하여 보충해 주어야 한다.

논18 시험의 교육적 기능과 사회적 기능을 각각 제시하시오.

시험의 교육적 기능을 제시하면 다음과 같다. 첫째, 자격 부여 기능이다. 시험은 성취수준을 기준으로 일정한 능력이나 자격을 부여한다. 둘째, 선발 기능이다. 시험은 상급학년 또는 상급학교의 진학에 적절한 자를 선발하는 기능을 한다. 셋째, 경쟁촉진 기능이다. 시험이 상대적 기준으로 학생을 판정하고 이에 근거해 학생을 선발하는 기능을 수행할 경우 학생들에게 지나친 경쟁을 유발하고 사회적 긴장을 조성할 수 있다. 과열된 경쟁은 점수경쟁, 등수경쟁, 학력경쟁(학벌경쟁)으로 이어진다. 넷째, 목표와 유인 기능이다. 시험은 학생들에게 학습목표를 제시해 주고, 그 목표에 도달하고자 하는 동기를 촉발하는 유인으로 작용한다. 다섯째, 교육과정 결정 기능이다. 시험에 출제되는 것을 중심으로 가르치고 배우는 선택적 교수와 선택적 학습이 일어나기 때문에 시험이 교육과정을 결정하는 기능을 한다. 여섯째, 학업성취의 확인 및 미래학습의 예언 기능이다. 전통적으로 중시해 오던 시험의 기능으로, 교수활동의 종결단계에 실시하여 교육의 결과를 확인하고, 이를 토대로 학생의 미래학습을 예언한다.

시험의 사회적 기능을 제시하면 다음과 같다. 첫째, 사회적 선발 기능이다. 시험의 결과가 개인의 능력과 노력을 반영한다고 판단할 경우 시험의 결과에 따라 사회적 보상과 지위가 부여되는 사회적 선발의 기능을 담당한다. 둘째, 지식의 공식화와 위계화 기능이다. 시험에 출제되고 정답으로 규정되는 지식은 그 사회가 공식적으로 인정하는 지식이 된다. 이로 인해 시험에 출제되는 지식과 그렇지 않은 지식 사이에는 자연히 위계화가 이루어지게 된다. 셋째, 사회통제 기능이다. 시험에 출제되는 지식은 공식적으로 인정받는 가치 있는 지식이 된다. 그러므로 시험에 사고방식과 행동을 통제할 수 있는 지식과 규범을 출제할 경우 시험을 통한 사회통제가 가능해진다. 넷째, 사회질서의 정당화와 재생산 기능이다. 기존 질서를 정당화하는 지식을 학교 시험에 출제할 경우, 학생들은 이 지식을 공식적이고 가치 있는 것으로 받아들이게 되므로 시험을 통해 기존 질서를 정당화하고 재생산하게 된다.

02 교육과 사회평등

논19 교육평등의 4가지 관점을 설명하시오.

교육평등의 4가지 관점에는 교육기회의 허용적 평등과 보장적 평등, 교육조건의 평등, 보상적 평등이 있다. 첫째, 허용적 평등은 모든 사람에게 교육받을 기회, 즉 출발점 행동이 동등하게 보장되어야 한다는 것을 말한다. 주어진 기회를 누릴 수 있느냐의 여부는 개인의 능력에 따라 다를 수 있다. 둘째, 보장적 평등은 교육을 가로 막는 제반 경제적·지리적·사회적 장애를 제거함으로써 누구나 학교에 다닐 수 있도록 실질적으로 교육기회를 보장해 주어야 한다는 것을 말한다. 무상의무교육제도가 대표적인 정책이다. 셋째, 과정의 평등(교육조건의 평등)은 학교시설, 교사의 자질, 교육과정, 학생수준 등 학교의 교육여건에 있어서 학교 간 차이가 없어야 한다는 것을 말한다. 1974년부터 시행되어 온 우리나라의 고교평준화 정책이 이에 해당한다. 넷째, 결과의 평등(보상적 평등)은 교육받은 결과, 즉 도착점행동이 같아야 진정한 교육평등이 실현된다는 관점이다. '능력이 낮은 학생들에게 더 많은 자원과 노력을 투입해야 한다.'라는 역차별의 원리(Mini-Max의 원리)에 근거해서 가정 및 환경 배경으로 인한 아동의 불이익을 사회가 보상해야 한다는 평등관이다. 우리나라의 교육복지 투자 우선지역학교 사업, 농어촌지역 학생 대학입학특별전형제, 기회균등할당제, 미국의 Head Start Project, 영국의 Sure Start Program 등이 이에 해당한다.

논20 **콜맨(Coleman)의 경제적 자본, 인적 자본, 사회적 자본에 대해 각각 설명하시오.**

콜맨(Coleman)은 「교육기회의 평등」이라는 보고서에서 가정배경 변인, 학생집단 변인, 학교특성(학교 환경) 변인의 순으로 학생의 학업성취에 영향을 미친다고 주장하고, 학생의 가정배경 변인을 경제적 자본, 인적 자본, 사회적 자본으로 구분하여 제시하였다. 첫째, 경제적 자본(financial capital)은 소득, 재산, 직업과 같이 학생의 학업성취를 도울 수 있는 부모의 경제적 지원 능력을 말한다. 둘째, 인적 자본(human capital)은 학생의 학업성취를 도울 수 있는 부모의 학력이나 교육수준을 말한다. 셋째, 사회적 자본(social capital)은 학생의 학업성취에 가장 큰 영향을 미치는 요인으로, 부모와 자식 간의 상호작용적 관계를 말한다. 사회적 자본은 자녀에 대한 부모의 관심, 교육적 노하우, 기대 수준 등의 가정 내 사회적 자본과, 부모의 친구 관계, 어머니의 취업 여부, 이웃 간 교육정보 교류 정도 등의 가정 밖 사회적 자본으로 구성된다.

논21 **학업성취도 격차 요인에 관한 지능결핍론, 문화환경결핍론, 교사결핍론, 문화다원론을 각각 설명하시오.**

지능결핍론은 지능지수(IQ)가 학업성취를 예언해 준다고 전제하고, 학업성취도 격차는 개인의 낮은 지능지수로부터 기인한다고 보는 이론이다.

문화환경결핍론은 학업성취도 격차는 부모의 사회·경제적 배경에서 기인한 것으로, 가정의 문화환경, 언어모형, 지각·태도의 차이나 상대적 결핍이 개인차를 가져와 학업성취의 차이를 낳는다고 보는 이론이다. 학교의 교육여건이 학업성취도에 미치는 영향은 거의 없으며, 학생의 가정배경이 학생의 학업성취에 가장 큰 영향을 미친다고 주장한 콜맨(Coleman)의 연구결과가 이에 속한다.

교사결핍론은 학업성취도 격차는 학교 자체의 사회적 특성이나 교사·학생의 대인지각의 차이에서 비롯된다는 이론이다. 학생에 대한 교사의 긍정적 기대수준이 긍정적 학업성취로 이어진다는 로젠탈과 제이콥슨(Rosenthal & Jacobson)의 연구 결과나, 교수·학습방법만 적절하게 제시되고 학습시간만 충분히 주어지면 학급의 95% 학생이 교육목표에 도달할 수 있다고 주장한 블룸(Bloom)의 완전학습이론, 그리고 학교풍토가 학생 간 학업성취도 차이를 낳는다고 주장한 브루코버(Brookover)의 연구가 이와 관련된다.

문화다원론은 학교가 특정계층의 문화를 가르침으로써 그 문화와 다른 문화권에서 살아와 그 문화에 익숙지 않은 학생들의 학업성취가 낮게 나타난다고 주장하는 이론이다. 낮은 학력을 언어나 가치, 인지양식의 결핍으로 보지 않기 때문에 학업성취의 차이를 학생의 문제가 아닌 편향된 문화를 가르치는 학교의 문제라고 본다. 학습결손을 극복하기 위해서는 학교의 교육과정이 특정한 집단의 것으로 편향되지 않고, 여러 집단의 문화를 균형 있게 다룰 수 있도록 교육과정을 재구성해 주어야 한다고 주장한다.

논22 **브루코버(Brookover)의 체제접근모형에 근거하여 학생의 학업성취의 차이를 2가지 측면에서 설명하시오.**

브루코버(Brookover)는 투입-과정-산출모형을 도입하여 학교의 사회체제를 분석하였다. 학생집단 특성과 교직원 배경이 투입되면 이들이 학교의 사회적 구조 및 사회적 풍토와 상호작용하면서 학습효과를 산출한다는 것이다. 이에 근거하여 학생의 학업성취의 차이를 설명하면 다음과 같다. 첫째, 학교의 투입변인인 학생과 교직원의 구성 특성이 학교의 사회적 구조와 사회적 풍토, 즉 학습풍토에 많은 영향을 주기 때문에 산출변인인 학생의 학업성취, 자아개념, 자신감에 영향을 준다. 둘째, 학교 내에서 구성원의 상호작용은 구성원 상호 간의 적절한 역할 지각, 기대, 평가 등으로 나타나며, 이로 인해 학생들은 학교 사회체제 속에서 교장, 교사, 동료학생들이 갖는 기대나 역할, 학구적 규범에 따라 행동하게 된다. 이러한 상호작용 과정은 학업성취나 자아개념, 자신감에 지대한 영향을 주게 된다. 이런 점에서 볼 때 학생의 학업성취의 차이는 결국 학교의 사회체제가 만들어 내는 사회적 · 문화적 특성, 즉 학교의 학습풍토에 크게 영향을 받는다고 볼 수 있다. 또 이러한 학교의 학습풍토는 학교의 투입요소인 학생이나 교직원의 구성 특성에 큰 영향을 받게 된다고 볼 수 있다.

03) 학력상승이론

논23 학력상승의 원인을 설명하는 여러 가지 이론들을 제시하시오.

학력상승의 원인을 설명하는 이론에는 학습욕구이론, 기술기능이론, (신)마르크스이론, 지위경쟁이론, 국민통합론 등이 있다. 이를 설명하면 다음과 같다.

첫째, 학습욕구이론은 학력상승을 설명하는 심리학적 접근으로, 인간은 학습욕구를 가지고 있으며 학교는 그 욕구를 충족시켜 주는 기관으로 전제하고, 강한 학습욕구에 의해 학력상승이 일어난다고 보는 이론이다. 그러나 이 이론은 학교가 학습욕구를 충족시켜 주는 기관이라는 사실을 입증하기 어렵다는 비판을 받는다.

둘째, 기술기능이론은 학력상승을 경제적인 관점에서 설명하는 이론으로, 과학기술의 진보에 따라 요구되는 교육수준 또한 계속 상승하여 학교교육이 끊임없이 팽창한다고 본다. 고학력 사회는 고도 산업사회의 결과이고, 학교는 산업사회를 지탱하는 핵심장치라고 본다.

셋째, (신)마르크스이론도 학력상승을 경제적 관점에서 설명하는 이론으로, 자본주의 경제체제를 유지하기 위한 의무교육 실시로 학력이 상승되었다고 본다.

넷째, 지위경쟁이론은 학력상승을 사회적인 관점에서 설명하는 이론으로, 학력이 사회적 지위획득의 수단이기 때문에 사람들이 경쟁적으로 높은 학력을 취득하는 탓에 학력은 계속 상승한다고 보는 이론이다. 현대 사회에서의 학력은 지위획득을 위한 합법적 수단이고, 졸업장은 개인의 능력과 노력수준을 나타내는 공인된 품질증명서라고 본다.

다섯째, 국민통합론은 학력상승을 설명하는 정치적 접근으로, 교육은 국민으로서의 정체감을 형성시키는 주요한 요인이며, 근대국가의 형성과 이에 따른 국민통합의 필요성 때문에 의무교육이 실시되었고, 그 결과 학력이 상승되었다고 본다.

평생교육과 다문화교육

01 평생교육

논24 평생교육의 개념과 평생학습의 실천원리를 제시하시오.

평생교육이란 일생을 통한 교육으로 요람에서 무덤까지 전 생애를 통한 수직적 교육과 가정·학교·사회에 걸쳐서 이루어지는 수평적 교육을 통합한 교육을 총칭하는 개념이다. 평생학습의 실천원리는 들로어(Delor)가 제시한 것으로 이를 설명하면 다음과 같다. 첫째, 알기 위한 학습이다. 이것은 인간 개개인의 삶에 의미를 주는 살아 있는 지식의 습득을 위한 학습을 말한다. 객관적인 지식의 습득보다 실생활의 문제해결과 학습방법에 대한 학습을 의미한다. 둘째, 행동하기 위한 학습이다. 이것은 개인의 환경에 대한 창조적인 대응능력의 획득에 대한 학습을 말한다. 이런 학습은 학교의 지식이 사회의 작업장으로 전이되는 과정으로, 앎에서 행동으로 옮기는 실천의 학습을 의미한다. 셋째, 함께 살기 위한 학습이다. 이것은 공동체 속에서 타인을 이해하고 타인과 조화로운 삶을 영위할 수 있는 능력을 학습하는 것을 말한다. 이는 다원주의·상호이해·평화의 가치를 존중하는 정신과 관련된다. 넷째, 존재하기 위한 학습이다. 이것은 교육의 궁극적 목표로서 각 개인의 전인적 발전을 통해서 이룩된다. 이는 개인의 인성을 보다 잘 성장시키고, 자율성·판단력·책임감을 가지고 행동할 수 있게 해 준다.

02 다문화교육

논25 다문화교육의 정책모형에 관한 2가지 관점을 제시하시오.

다문화교육의 정책모형에는 동화주의 관점과 다문화주의 관점이 있다. 첫째, 동화주의(assimilation) 관점은 이주민에게 자신의 문화적 정체성을 포기하고 주류문화에 동화되거나 융합되도록 요구하는 관점이다. 이 관점은 문화 용광로(melting pot)에 비유되며, 소수집단의 구성원을 주류 사회의 구성원으로 효과적으로 적응시키는 것에 초점을 둔다. 둘째, 다문화주의(multiculturalism) 관점은 한 사회 내에서 소수자들이 자신의 문화적 정체성을 유지하면서 공존하는 것을 허용하는 관점이다. 이 관점은 문화의 샐러드 그릇(salad bowl)에 비유되며, 문화의 다양한 가치를 인정하고 개인에게 문화를 선택할 권리를 부여한다.

논26 **다문화교육의 방향을 제시하시오.**

다문화교육은 다양한 인종, 민족, 계층, 문화 집단의 학생들에게 균등한 교육적 기회를 보장하는 것을 목표로 하는 교육이다. 다문화교육의 방향을 제시하면 다음과 같다. 첫째, 내용을 통합한다. 이는 문화적 다양성을 통합적으로 활용하는 것으로, 사회의 다양한 집단과 구성원의 역사, 문화, 가치와 관련된 내용을 교육과정에 반영한다. 둘째, 지식 구성 과정을 이해시킨다. 암묵적 문화적 관점이나 편견들이 지식이 구성되는 과정에 영향을 미친다는 사실을 학생들에게 이해시키고 지식에 대한 비판적 해석 능력을 개발하도록 한다. 셋째, 편견을 감소시킨다. 교수법과 자료를 활용하여 학생들이 다른 문화 집단에 대해 긍정적이고 우호적인 태도와 가치를 발달시키도록 돕는다. 넷째, 공평한 교수법을 사용한다. 다양한 학생들의 배움에 적합한 교수법을 사용하여, 다양한 인종이나 민족 및 사회계층을 가진 학생들의 평등한 학업성취를 위한 교수법을 개발해야 한다. 다섯째, 다문화적 학교문화와 조직을 형성한다. 다양한 배경을 지닌 학생들이 학교에서 교육적 평등과 문화적 능력을 경험할 수 있도록 학교의 문화와 조직을 재구조화해야 한다.

논1. 교육철학의 기능을 설명하시오.

논2. 정범모의 공학적 개념을 설명하시오.

논3. 피터스(R. S. Peters)의 성년식 개념을 설명하시오.

논4. 피터스(Peters)의 관점에서 지식의 형식의 정당화 논리인 선험적 정당화를 설명하시오.

논5. 교육의 내재적 목적과 외재적 목적과의 바람직한 관계에 대해서 논의하시오.

논6. 듀이(Dewey)의 관점에서 경험과 사고의 관계, 교과와 경험의 관계, 교육내용의 조직방식을 논의하시오.

논7. 진보주의의 교육원리를 제시하시오.

논8. 본질주의의 교육원리를 제시하시오.

논9. 항존주의의 교육원리를 제시하시오.

논10. 재건주의의 교육원리를 제시하시오.

논11. 실존주의 교육사상의 특징을 제시하시오.

논12. 분석철학의 의의를 설명하시오.

논13. 하버마스(J. Habermas)의 의사소통적 합리성을 설명하시오.

논14. 프레이리(P. Freire)가 제시한 은행 저금식 교육과 문제 제기식 교육을 설명하시오.

논15. 포스트모더니즘(Postmodernism)의 특징을 제시하시오.

논16. 포스트모더니즘(Postmodernism)이 현대 교육에 주는 의미를 제시하시오.

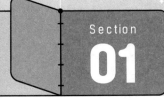

교육철학의 이해

01 교육철학의 기초

논1 교육철학의 기능을 설명하시오.

교육철학은 분석적 기능, 평가적 기능, 사변적 기능, 통합적 기능을 갖는다. 첫째, 분석적 기능은 언어의 의미와 논리적 관계를 명백히 하거나 각종 가치판단 기준을 밝히는 행위를 말한다. 분석적 기능은 언어의 애매모호함을 없애거나 줄여준다. 둘째, 평가적 기능은 어떤 기준에 비추어 실천, 이론, 주장, 원리가 만족스러운가를 밝히는 가치판단 행위이다. 분석적 기능이 좌표 혹은 원리를 명백히 하는 노력이라면, 평가적 기능은 그 좌표 혹은 원리대로 교육을 이루고자 하는 노력이다. 셋째, 사변적 기능은 어떤 문제를 해결하기 위해 새로운 의견, 제안, 가설, 원리, 이론 등을 창출하려는 노력을 말한다. 분석적 기능이 가치판단 기준을 밝히는 행위라면, 평가적 기능은 가치판단을 하는 행위이며, 사변적 기능은 대안을 제시하는 행위이다. 넷째, 통합적 기능은 하나의 현상이나 과정을 전체로서 파악하고 여러 부분과 차원을 통합하여 이해하려는 행위를 말한다. 교육현상을 이해하기 위해 다양한 학문의 서로 다른 관점을 통합하여 이해하는 노력이 필요하다.

02 교육의 개념과 목적

논2 정범모의 공학적 개념을 설명하시오.

정범모의 공학적 개념은 교육을 인간행동의 계획적 변화로 설명한다. 교육이기 위해서는 '인간행동, 변화, 계획적'이라는 3가지 조건을 충족해야 한다. 첫째, 교육은 '인간행동'을 대상으로 한다. 이 행동은 외현적 행동뿐만 아니라 지식, 사고, 가치관, 동기 등의 내면적 행동을 포함한다. 따라서 인간행동은 과학적으로 규정되어야 한다. 둘째, 교육은 인간행동의 '변화'에 관심을 둔다. 변화는 육성, 조성, 함양, 계발 등을 포함하는 포괄적 개념이다. 교육이 참된 가치를 지니려면 인간행동의 변화를 실지로 일으킬 수 있는 힘, 즉 '교육력'을 지녀야 한다. 셋째, 인간행동의 변화는 '계획적으로' 일어난 변화이어야 한다. 계획에는 교육목적, 교육이론, 교육과정이 포함되어 있어야 한다. 이 계획은 교육이 본래 임무를 다할 수 있는 가장 중요한 조건이다.

논3 **피터스(R. S. Peters)의 성년식 개념을 설명하시오.**

피터스에 따르면, 교육은 교육의 개념 안에 붙박여 있는 3가지 준거를 모두 충족시키는 방향으로, 가치 있는 활동 또는 사고와 행동의 양식으로 사람들을 입문시키는 성년식이다. 3가지 준거는 규범적 준거, 인지적 준거, 과정적 준거이다. 첫째, 교육은 규범적 준거를 만족시켜야 한다. 이것은 교육의 내재적 가치 지향성을 의미하는 것으로, 내재적 가치는 교육의 개념 속에 들어 있는 바람직성, 규범성, 가치성, 좋음 등과 가치를 함의한다. 둘째, 인지적 준거를 만족시켜야 한다. 이는 내재적 가치가 내용 면에서 구체화된 것으로, 교육은 지식의 형식을 통해 지식과 이해, 인지적 안목을 형성하는 것이어야 한다. 이런 점에서 교육은 제한된 특수 기술의 연마인 훈련과 구별된다. 셋째, 과정적 준거를 만족시켜야 한다. 교육은 교육내용을 도덕적으로 온당한 방법, 즉 학습자의 의식과 자발성에 토대하여 전수되어야 한다는 것이다. 이런 점에서 교육은 조건화나 세뇌, 교화와 구별된다.

논4 **피터스(Peters)의 관점에서 지식의 형식의 정당화 논리인 선험적 정당화를 설명하시오.**

선험적 정당화는 개인이 받아들이는지와 무관하게 성립하는 정당화이다. '왜 지식의 형식을 배워야 하는가'라는 질문과 대답은 지식의 형식을 떠나서는 무의미하며, '지식의 형식'의 가치는 그 질문이 의미 있게 성립하기 위해서는 논리적 가정으로서 받아들이지 않으면 안 되기 때문에 정당화된다. 지식의 형식들은 인간이 오랜 세월 동안 누적적으로 발전시켜 온 공적 전통을 체계화한 것이다. 따라서 우리가 이 세상을 살아가기 위해서는 좋든 싫든 간에 지식의 형식에 입문하지 않으면 안 된다. 지식의 형식은 삶을 원만하게 살아가기 위해 요구되는 우리 삶의 선험적이고 논리적인 전제 조건이다.

논5 **교육의 내재적 목적과 외재적 목적과의 바람직한 관계에 대해서 논의하시오.**

교육의 목적은 교육이 지향하는 기본 방향으로서 크게 내재적 목적과 외재적 목적으로 구분된다. 내재적 목적은 교육활동의 목적을 그 활동 내에서 찾는 것을 말한다. 이것은 교육의 개념 혹은 교육의 활동 그 자체가 가진 목적을 의미하며, 합리성의 발달이나 지식의 형식 추구, 자율성의 신장 등이 그 대표적인 예이다. 그러나 교육은 사회적 활동인 만큼 사회적 요구나 필요에서 벗어날 수 없다는 한계가 있다. 한편, 외재적 목적은 교육활동의 목적을 그 활동 밖에서 찾는 것으로, 교육을 다른 활동의 목적을 위한 수단으로 사용하는 것을 의미한다. 출세나 직업 준비, 국가발전을 위한 교육이 바로 그것이며, 이 경우 교육은 수단─목적의 관계로 연결되어 있거나 다른 무엇을 위한 필요에 의해서 행해진다. 그러나 이 경우 교육활동은 심하게 왜곡되거나 명목상으로만 교육일 뿐 실제적으로 교육이 아닌 다른 활동으로 변질되고 마는 문제가 있다. 따라서 올바른 교육의 목적을 정립하기 위해서는 내재적 목적을 훼손하지 않으면서 외재적 목적을 고려하는 방향이어야 한다.

Section
02 전통 철학사상

01 관념론과 실재론

※ 관련 논제가 없습니다.

02 프래그머티즘

논6 **듀이(Dewey)의 관점에서 경험과 사고의 관계, 교과와 경험의 관계, 교육내용의 조직방식을 논의하시오.**

듀이(Dewey)에 따르면, 모든 경험은 능동적 측면인 '해 보는 것(trying)'과 수동적 측면인 '당하는 것(undergoing)'의 결합으로 구성된다. '사고(thinking)'란 이 둘의 상호관계를 지각하는 것을 말한다. 따라서 경험이 가치 있으려면 경험에는 사고가 반드시 개입되어야 한다. 이 경험은 또 다른 경험의 토대가 되면서 경험에서 경험으로 이르는 계속적 성장을 가능하게 한다. 한편, 교과지식은 원래 일상생활의 경험에서 나온 것이다. 그러므로 교과와 경험은 서로 대립하는 관계가 아니라 교과를 경험하는 것이 학교교육의 중요한 과제이다. 따라서 교과의 주요 개념, 법칙 등을 학생의 경험 수준으로 풀어내어 그것을 해 보고 겪는 활동을 가능하게 해야 한다. 교육내용을 조직할 때는 학생의 심리에서 출발하여 교과의 논리로 나아가야 한다. 학생의 심리란 학생의 흥미, 관심, 능력 등을 가리키며, 교과의 논리란 교과를 구성하는 요소들 간의 논리적 관계를 말한다.

현대 교육철학

01) **20세기 전반의 교육철학**

논7 **진보주의의 교육원리를 제시하시오.**

진보주의는 전통교육을 비판하고 아동중심 교육을 적극적으로 실천하기 위해 등장한 교육개혁운동(신교육운동)이다. 이에 따라 아동을 교육의 출발점으로 삼고, 아동의 흥미와 욕구, 경험을 존중하는 교육을 강조한다. 진보주의 교육이론을 설명하면 다음과 같다. 첫째, 교육은 미래 생활을 위한 준비가 아니라 현재의 생활 그 자체이다. 아동은 경험을 통해 학습하므로 교육은 생활과 직접적으로 관련 있는 것이어야 한다. 둘째, 학습은 아동의 흥미와 직접 관련되어야 한다. 따라서 학습과정은 교사나 교과서에 의해 일방적으로 정해져서는 안 되며, 아동의 흥미와 욕구가 반영된 것이어야 한다. 셋째, 교육방법은 교과내용의 주입보다는 문제해결식 학습이어야 한다. 지식은 능동적 활동을 통해 획득되며 행동으로도 옮겨져야 한다. 넷째, 교사는 아동을 지시하는 입장이 아니라 조력하는 역할을 해야 한다. 교사는 아동이 자신의 발달단계와 능력에 맞게 자유롭게 학습하도록 하되, 곤경에 처해 있을 때는 도와주어야 한다. 다섯째, 학교는 경쟁보다는 협동을 장려하는 곳이어야 한다. 학교는 학생들에게 사랑과 동료의식, 공동체적 가치를 심어 주도록 해야 한다. 여섯째, 민주주의만이 성장에 필요한 사상과 인격의 상호작용을 허용하고 촉진한다. 따라서 학교생활 그 자체가 민주적으로 운영되어야 하며, 그것을 실천할 수 있는 과외 활동이 권장되어야 한다.

논8 **본질주의의 교육원리를 제시하시오.**

본질주의는 진보주의가 지나치게 아동의 흥미와 욕구를 존중한 나머지 본질적 문화유산의 전달을 망각하고 있다고 비판하면서 등장하였다. 본질주의는 교육은 인류가 쌓아 온 문화유산 중에서 가장 본질적인 것을 전달하는 것이어야 한다고 주장한 교육사조이다. 본질주의의 교육원리를 제시하면 다음과 같다. 첫째, 학습은 원래 강한 훈련을 수반하는 것이어야 한다. 따라서 학생들이 싫어하는 경우에도 인내하고 학습하게 해야 한다. 흥미는 어떤 과제나 교과를 해결해 내도록 훈련받는 과정이나 그 결과로 생겨난다고 주장한다. 둘째, 교육의 주도권은 교사에게 있어야 한다. 미성숙자인 학생은 성인의 지도와 통제를 받아야 성숙한 인격과 능력을 갖출 수 있다. 셋째, 교육과정의 핵심은 소정의 교과를 철저하게 이수하는 것이다. 아동이 흥미를 가지고 배우는 내용에 몰입해야 한다. 이런 흥미는 교과의 논리적 체계와 자신의 도덕적 훈련에 의한 결과로 수반된다. 넷째, 학교는 전통적인 학문적 훈련방식을 계속 유지해야 한다. 학생이 배워야 할 것은 교과나 지식의 본질적인 개념들이며, 이런 개념들은 전통적인 학문적 훈련방식으로 가르쳐야 한다.

논9 **항존주의의 교육원리를 제시하시오.**

항존주의는 진보주의(프래그머티즘)를 전면적으로 부정하면서 등장한 교육사조이다. 항존주의는 영원불변의 절대적 진리를 통해 인간의 이성을 계발하는 것을 교육의 최대목적으로 삼는 교육철학사조이다. 그 교육원리를 제시하면 다음과 같다. 첫째, 인간성은 변하지 않기 때문에 교육의 본질도 변하지 않으며, 교육도 언제 어디서나 동일해야 한다. 둘째, 이성이 인간의 최고 속성이기 때문에 교육은 이성을 계발시키는 데 집중되어야 한다. 셋째, 교육의 과업은 현실세계가 아니라 영원불변의 진리에 학생들을 적응시키는 것이어야 한다. 넷째, 교육은 생활의 모방이 아니라 생활의 준비다. 학교는 학생들이 문화적 유산의 훌륭한 업적을 습득할 수 있도록 준비된 인위적 환경이 되어야 한다. 다섯째, 학생들은 세계의 영원성에 익숙하게 하는 기본적인 과목들을 배워야 한다. 학교는 이성의 훈련과 지성의 계발을 위한 자유교육 혹은 교양교육을 해야 한다. 여섯째, 학생들은 인간의 위대한 소망과 성취를 나타낸 위대한 고전들(The Great Books)을 읽어야 한다. 인류의 지혜가 담긴 고전을 통해 학생들은 진리를 발견하게 된다.

논10 **재건주의의 교육원리를 제시하시오.**

재건주의는 인류가 처한 문화적 위기를 극복하고 교육을 통한 사회개조와 이상적인 문화건설을 강조하는 교육사조이다. 재건주의는 진보주의, 본질주의, 항존주의의 단점을 배격하고 장점을 종합하여 새로운 사회를 건설하고자 한다. 그 교육원리를 제시하면 다음과 같다. 첫째, 교육은 문화의 기본적 가치를 실현시키는 새로운 사회질서를 창조하는 일에 전념해야 하며, 동시에 현대 세계의 사회적·경제적 세력과 조화를 이루어야 한다. 둘째, 새로운 사회는 진정으로 민주적인 사회가 되어야 하며, 이러한 사회는 민주적인 방법으로 실현되어야 한다. 셋째, 교육은 사회적 자아실현을 추구하고, 학생·학교·교육은 사회적·문화적 힘에 의해 재구성되어야 한다. 넷째, 교사는 재건주의자들이 제시하는 새로운 사회건설의 긴급성과 타당성을 학생들에게 민주적인 방법으로 확신시켜 주어야 한다. 다섯째, 교육의 목적과 수단은 문화적 위기를 극복할 수 있도록 철저하게 개조되어야 하고, 행동과학의 연구가 발견해 낸 제반 원리들에 맞아야 한다.

02 **20세기 후반의 교육철학**

논11 **실존주의 교육사상의 특징을 제시하시오.**

실존주의는 1, 2차 세계대전을 거치면서 대두된 철학으로 인간의 실존성과 주체성을 강조하는 철학이다. 실존주의에서 말하는 실존은 바로 '나'로 존재하는 인간의 구체적인 삶의 현실이며 주체적인 삶의 본모습이다. 그 교육사상의 특징을 제시하면 다음과 같다. 첫째, 자아실현적 인간 형성을 목적으로 한다. 개인이 자유로운 선택과 판단에 의해 행동하고 그에 책임질 수 있는 자아실현적 인간 형성, 전인교육을 교육의 목적으로 삼는다. 둘째, 학생의 개성과 주체성을 존중한다. 인간은 자신의 존재의미를 결정한 후 본질을 규명하므로 학생의 개성과 주체성을 존중하는 교육을 강조한다. 셋째, 인격적 만남의 교육을 중시한다. 만남은 교육에 선행하며, 나와 너의 인격적 만남이 있을 때 진정한 교육이 가능하다고 본다. 넷째, 비연속적·단속적 교육을 중시한다. 인간은 '위기, 각성, 충고, 상담, 만남, 모험과 좌절' 등과 같은 비연속적 요소에 의해 비약적으로 성장한다고 본다. 다섯째, 교사는 주어진 지식을 일방적으로 주입하는 사람이 아니라, 학생 각자의 특수성(개성)에 맞는 적절한 만남을 예비하는 사람이어야 한다. 이러한 교사의 자질로는 무조건적이고 긍정적인 존중, 공감적 이해, 진실성 등이 요구된다. 여섯째, 삶의 어두운 면도 인정하는 교육이다. 죽음, 좌절, 공포, 갈등과 같은 인간 삶의 어두운 면도 보여 줘서 적극적인 삶의 의미를 느끼도록 한다.

논12 **분석철학의 의의를 설명하시오.**

분석철학은 사고의 명료화를 위해 언어의 의미를 엄밀하게 분석하고자 하는 철학사조이다. 교육의 주요 개념이나 용어에 대한 철학적 분석을 토대로 교육에 대한 사고나 판단을 명료하게 해 준다. 분석철학의 의의를 설명하면 다음과 같다. 첫째, 분석철학은 교육의 개념이나 용어에 대한 철학적 분석을 함으로써 교육에 대한 사고나 판단을 명료하게 하는 데 기여하였다. 둘째, 분석철학은 지식의 성격에 대한 탐구를 통해 교육내용(교과)을 논리적으로 선정·조직하는 데 도움을 주었다. 셋째, 분석철학은 교육의 윤리적 차원을 분명히 해 주었다. 분석적 방법을 사용하여 교화, 훈련, 자유, 권위 등의 개념을 분석하고, 이것들이 교육의 상황에서 정당하게 사용될 수 있는지를 검토하였다. 넷째, 분석철학은 교사들의 태도에 영향을 주었다. 분석철학은 교사들에게 명료하게 생각하고 말하도록 촉구한다. 다섯째, 교육적 논의에서 사용되는 개념들을 명료하게 분석하고 그 논리적 타당성을 검토함으로써 교육철학을 하나의 독립적이고 객관적인 학문분야로 성립시키는 데 기여하였다.

논13 하버마스(J. Habermas)의 의사소통적 합리성을 설명하시오.

하버마스(Habermas)는 목적보다 수단을 중시하는 도구적 이성을 비판하고 합리적 의사소통을 중시한다. 근대사회가 추구해 온 과학과 기술에 의한 합리적 효율성은 가치중립성을 표방하기 때문에 모든 사람들이 의심 없이 받아들였지만, 그로 인해 의미상실이나 아노미, 심리적 노이로제와 같은 생활세계의 병리현상을 증폭시켰다고 비판한다. 하버마스에 따르면, 이러한 문제의 해결은 의사소통의 합리성을 회복하여 목적의 규범성과 정당성을 검증할 때 가능하다고 보며, 이를 위해 '의사소통적 합리성'을 강조한다. 합리적 의사소통이란 이상적 담화상황을 의미하는 것으로, 대화 당사자 간에 평등한 발언 기회가 보장되는 상황에서 타당한 근거에 바탕을 둔 자유토론에 의해 합의, 곧 진리를 도출하는 대화를 의미한다.

논14 프레이리(P. Freire)가 제시한 은행 저금식 교육과 문제 제기식 교육을 설명하시오.

은행 저금식 교육(banking education)은 학생이라는 텅 빈 저금통장에 교사가 지식이라는 돈을 저축하는 식의 교육을 말한다. 교사가 특정 지식을 일방적으로 설명하면 학생들은 그것을 암기하고 저장한다. 이러한 주입식 교육에서는 교사와 학생의 관계가 수직적이며, 인간을 단지 주어진 현실에 적응하는 객체적 존재로 전락시킨다. 문제 제기식 교육(problem posing education)은 비인간화와 억압적 상황을 변혁하는 교육방식으로, 세계(현실)를 향해 문제를 제기하고 비판하며 해답을 찾아가는 교육을 말한다. 이를 구체적으로 설명하면 다음과 같다. 첫째, 교육목적 면에서, 은행 저금식 교육의 목적이 억압적 현실을 지속시키는 데 있다면, 문제 제기식 교육의 목적은 억압적 상황을 '억압적 상황'으로 인식하고, 이를 변혁하는 데 있다. 둘째, 교육내용 면에서, 은행 저금식 교육에서 '지식'은 단편적인 정보들의 집합을 가리킨다면, 문제 제기식 교육에서 지식은 행위의 주체와 그 주변 세계를 향해 질문을 던지고 해답을 탐구해 가는 과정 자체를 가리킨다. 교육내용은 학생들이 제기하는 문제들이며, 저장되어야 할 내용이 아니라 해결되어야 할 문제이다. 셋째, 교육방법의 면에서, 은행 저금식 교육이 단편적인 정보들을 전달하고 주입하는 일이라면, 문제 제기식 교육은 교사와 학생이 공동의 탐구자로서 대화를 통해 지식을 재현하고 재창조하는 일이다. 교사와 학생이 대화를 통해 함께 지식을 탐구하는 것을 강조하며, 현상 이면에 어떤 힘이 작용하는지 파헤쳐 밝혀낸다. 넷째, 교육결과의 면에서, 프레이리는 문제 제기식 교육을 통해 인간이 의식화되면 의식을 실천하는 존재로 변한다고 보았다.

논15 **포스트모더니즘(Postmodernism)의 특징을 제시하시오.**

포스트모더니즘은 계몽사상적 이성 혹은 합리성을 거부하고 보편적 이론이나 사상의 거대한 체제의 해체를 주장하는 경향을 의미한다. 그 특징을 제시하면 다음과 같다. 첫째, 반합리주의(반이성주의)이다. 포스트모더니즘은 인간의 이성 혹은 합리성의 절대성을 거부하고 개인의 감정과 정서를 중요시한다. 둘째, 상대적 인식론이다. 포스트모더니즘은 진리의 보편타당성을 부정하고 모든 인식활동은 인식주체의 상대적 관점에서 이루어질 수밖에 없다고 주장한다. 셋째, 탈정전화(脫正典化)를 강조한다. 포스트모더니즘은 정전(正典)이란 의미가 없으며, 고급문화와 저급 대중문화의 구분 또한 무의미하다는 입장이다. 오히려 사고방식의 차이, 생활방식의 차이를 권유한다. 넷째, 유희적 행복감을 향유한다. 포스트모더니즘은 역사적·도덕적 중압감에서 벗어나 유희적 행복감을 향유하는 것이 인간의 본질에 부합하는 바람직한 삶의 모습이라고 본다. 다섯째, 소서사(작은 이야기)에 관심을 둔다. 포스트모더니즘은 진보, 해방, 복지, 정의 등 대서사(거대 담론)를 거부하고, 여성문제, 인종문제, 빈민문제, 청소년문제 등 소서사(작은 담론)에 관심을 둔다.

논16 **포스트모더니즘(Postmodernism)이 현대 교육에 주는 의미를 제시하시오.**

포스트모더니즘(Postmodernism)이 현대 교육에 주는 의미를 제시하면 다음과 같다. 첫째, 전통적 지식관의 전환을 요구한다. 포스트모더니즘은 객관적이고 보편타당한 지식관을 거부하고, 지식은 특정한 사회적·역사적 상황 속에서 형성되고 재구성되는 것이라고 본다. 둘째, 기존 교육과정에 대한 심각한 비판을 제기한다. 포스트모더니즘은 보편적 지식과 가치를 전달하는 단일한 교육과정을 거부하고, 사람들의 다양한 관심과 가치를 존중하고 반영할 수 있는 다양한 교육과정을 요구한다. 셋째, 전통적 학생관의 수정을 요구한다. 포스트모더니즘은 학생을 수동적인 존재로 간주하지 않고, 학습내용을 재해석하고 재창조하는 능동적이고 주체적인 존재로 규정한다. 따라서 교사는 학생들의 관심, 흥미, 행동 등에 주의를 기울여야 하고, 학생들을 수업에 적극 참여시켜 비판적인 능력과 창의성을 신장할 수 있도록 해야 한다. 넷째, 전통적 교육방법의 전환을 요구한다. 포스트모더니즘은 전통적인 교육의 일방적인 전달과 주입식 교육방법을 탈피하고, 교사와 학생, 학생과 학생 간의 개방적이고 비판적인 대화와 토론, 협동, 자율적인 참여와 창의적인 탐구의 방법으로 전환해야 한다고 제안한다. 그리고 학생 간의 협동학습을 장려한다. 다섯째, 학생중심의 교육을 지향한다. 포스트모더니즘은 인간의 능동적 지식 구성을 강조하므로 학생의 자발적인 학습을 강조하는 학생중심교육을 요구한다. 여섯째, 학교문화 해석의 다양성을 요구한다. 포스트모더니즘은 각 문화집단의 다원성을 인정하고 존중하므로 학교는 사회 문화의 다양성과 다원성에 보다 민감해야 하며, 교사나 학생, 지역사회의 다양한 가치관과 신념들을 존중해야 한다. 일곱째, 공교육 체제의 변화를 요구한다. 포스트모더니스트들은 전체적이고 획일적인 전통적 공교육 체제는 더 이상 적합하지 않다고 생각한다. 포스트모더니즘은 새로운 사회적 조건에 적합한 보다 유연하고 다양한 교육체제를 요구한다.

2026 권지수교육학 문제집

논제쏙쏙

적중예상논제 289

초판인쇄 | 2025. 4. 10. **초판발행** | 2025. 4. 15.

편저자 | 권지수 **발행인** | 박 용 **발행처** | (주)박문각출판

등록 | 2015년 4월 29일 제2019-000137호

주소 | 06654 서울시 서초구 효령로 283 서경빌딩

전화 | 교재주문·학습문의 (02)6466-7202

ISBN 979-11-7262-718-8

교육학 논술 시험 후기

권지수 교수님, 정말 감사합니다. 서울 수석입니다.
교수님의 이론에 대한 명확한 개념 설명과 구조화가 정말 저와 잘 맞았었고,
오픈형 문제 전략, 제시문 분석 방법 등 모든 전략과 노하우를
배울 수 있어서 수석 합격이 가능했습니다.
ID: Yeo○○

교수님 감사합니다! 초수에 20점 만점으로 경기 최종 합격했습니다.
교수님께서 항상 말씀하신 '제시문 속에 답이 있다'를 생각하며
시험지를 분석했습니다. 교수님이 오픈형 문제 대비 전략, 제시문 분석 방법 등을
가르쳐주신 덕분에 만점이라는 좋은 결과가 나온 것 같습니다.
ID: DAN○○

감사합니다, 교수님! 2년 연속 합격했습니다.
전체 커리큘럼을 수강하면서 익혔던 청킹과 설명이 줄줄이 기억나서
많은 시간을 들이지 않고도 첫 임용과 재임용 연이어 합격했습니다.
'교육학'하면 교수님의 목소리와 청킹이 떠오릅니다.
장시간 방대한 양을 전략적으로 공부해야하는데,
교수님께서 제시해 주신 임용 공부 방법은 저게 좋은 길잡이가 됐습니다.
ID: 황금발○

교수님, 감사합니다! N수생에게 교육학이 효자 과목이었어요.
교수님 강의를 들어보니 추상적인 이론을 학교 현장과 연결 지어 주셔서
교육학의 큰 그림까지 그릴 수 있었고, 문제가 묻는 범위와 조건을
종합적으로 고려해 출제자가 요구하는 답을 쓰는 방법을 배웠습니다!
시험이 어려웠는데, 저는 교수님께서 가르쳐주신 모르는 문제를 대하는
스킬들을 활용해 고득점을 받을 수 있었어요!
ID: 빵고양○

2026 권지수 교육학 논제쏙쏙

2024 고객선호브랜드지수 1위
교육(교육서비스)부문 1위

2023 고객선호브랜드지수 1위
교육(교육서비스)부문 1위

2022 한국 브랜드 만족지수 1위
교육(교육서비스)부문 1위

2021 조선일보 국가브랜드 대상
에듀테크 부문 수상

2021 대한민국 소비자 선호도 1위
교육부문 1위

2020 한국 산업의 1등
브랜드 대상 수상

2019 한국 우수브랜드
평가대상 수상

2018 대한민국 교육산업 대상
교육서비스 부문 수상

브랜드스탁 BSTI
브랜드 가치평가 1위

교재 문의 02. 6466. 7202   학원 문의 02. 816. 2030   온라인강의 문의 02. 6466. 7201

13370

9 791172 627188
ISBN 979-11-7262-718-8

권지수 교육학
탁월한 만점전략 시리즈

합격지수 100 권지수 교육학 (상), (하)

권지수 교육학 핵심요약집 핵심쏙쏙

권지수 교육학 필수요약집 요점쏙쏙

권지수 교육학 문제집 논제쏙쏙